U0862250

中国石油化工集团公司年鉴

2015

《中国石油化工集团公司年鉴》编委会　编

中国石化出版社

图书在版编目(CIP)数据

中国石油化工集团公司年鉴. 2015 /《中国石油化工集团公司年鉴》编委会编. —北京：中国石化出版社，2015.10

ISBN 978-7-5114-3653-5

Ⅰ. ①中… Ⅱ. ①中… Ⅲ. ①石油化工厂-中国-2015-年鉴 Ⅳ. ①F426.22-54

中国版本图书馆CIP数据核字(2015)第230654号

未经本社书面授权，本书任何部分不得被复制、抄袭，或者以任何形式或任何方式传播。版权所有，侵权必究。

中国石化出版社出版发行

地址：北京市东城区安定门外大街58号

邮编：100011 电话：(010)84271850

读者服务部电话：(010)84289974

http：//www.sinopec-press.com

E-mail：press@sinopec.com

北京科信印刷有限公司印刷

全国各地新华书店经销

*

787×1092毫米 16开本 42.5印张 64彩页 1374千字

2015年10月第1版 2015年10月第1次印刷

定价：280.00元

（如出现印装质量问题，请与我社读者服务部联系调换）

《中国石油化工集团公司年鉴》2015 版
编　委　会

主　任： 徐　槟　集团公司党组成员、党组纪检组组长

编　委：

江正洪　股份公司副总裁兼企业改革管理部主任

常振勇　股份公司副总裁兼化工事业部主任

刘中云　集团公司总经理助理兼人事部主任

周恒友　办公厅（总经理办公室、总裁办公室）主任兼政策研究室主任

钱光顺　党群工作部（党组办公室）主任

戴照明　发展计划部主任

温冬芬　集团财务部主任

解正林　资本运营部（资产经营管理有限公司）主任（执行董事、总经理）

蒋振盈　安全监管局局长

耿承辉　能源管理与环境保护部主任

陈明政　矿区（社区）管理部主任

唐苏欣　外事局局长

邹惠平　审计局局长

吕大鹏　宣传工作部（企业文化部、新闻办公室）主任

顾敏清　离退休工作部主任

俞仁明　生产经营管理部主任

王德华　股份财务部代理主任

谢在库　科技部主任

杜江波　法律部主任

李国清　工程部主任

王玉冰　物资装备部（国际事业有限公司）主任（执行董事、总经理）、党委副书记

李德芳　信息化管理部主任

李联五　油田勘探开发事业部（油气勘探开发公司）党委书记、副主任

赵日峰　炼油事业部主任

孙久勤　油品销售事业部（销售有限公司）党委书记、副董事长

杨　军　百川经济贸易公司（机关服务中心）总经理（主任）、党委书记

王子康　中国石化出版社有限公司执行董事、总经理

《中国石油化工集团公司年鉴》2015版
编 辑 部

主　　任：王子康

副 主 任：蒋　琦

编　　辑：单新东　孙　明　杨文宇

责任编辑：单新东　孙　明

广告编辑：王　进

地　　址：北京市东城区安外大街58号

邮政编码：100011

电　　话：（010）84289951 84289953

传　　真：（010）84289951

电子信箱：jiangq@sinopec.com

The Editorial Department of
《CHINA PETROCHEMICAL CORPORATION YEARBOOK》

Add：58 Anwai Street, Dongcheng District, Beijing China

P.C：100011

Tel：+86-10-84289951/84289953

Fax：+86-10-84289951

Email：jiangq@sinopec.com

组织机构

（截至2014年底）

- 中国石油化工集团公司
  - 办公厅（党组办公室、董事会办公室、总经理办公室）
  - 发展计划部
  - 财务部
  - 生产经营管理部
  - 企业改革管理部
  - 人事部
  - 科技部
  - 法律部
  - 资本运营部
  - 安全监管局
  - 能源管理与环境保护部
  - 工程部
  - 矿区（社区）管理部
  - 物资装备部（国际事业公司）
  - 信息化管理部
  - 外事局
  - 审计局
  - 监察局
  - 思想政治工作部（直属党委）
  - 离退休工作部
  - 机关服务局

- 机构投资者
- 中国石油化工股份有限
  - 监事会
  - 董事会
    - 董事会秘书局
    - 审计委员会
    - 战略委员会
    - 总裁班子
      - 总部职能部门
        - 总裁办公室
        - 发展计划部
        - 财务部
        - 生产经营管理部
        - 企业改革管理部
        - 人事部
        - 科技部
        - 法律部
        - 资本运营部
        - 安全监管部
        - 能源管理与环境保护部
        - 工程部
        - 物资装备部(国际事业公司)
        - 信息化管理部
        - 外事部
        - 审计部
        - 监察部
        - 企业文化部
        - 离退休工作部

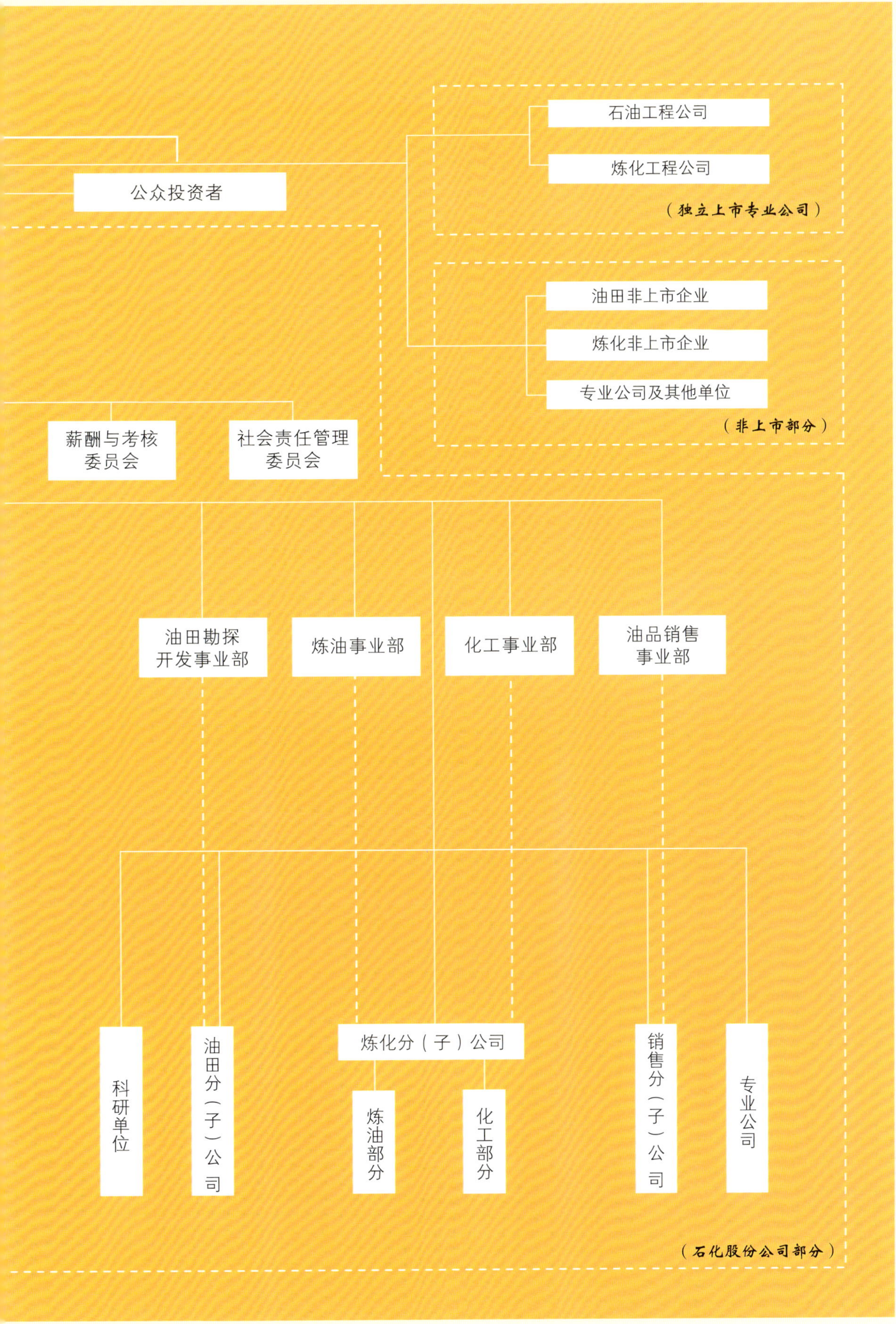

石油工程公司
炼化工程公司
（独立上市专业公司）
公众投资者
油田非上市企业
炼化非上市企业
专业公司及其他单位
（非上市部分）
薪酬与考核委员会
社会责任管理委员会
油田勘探开发事业部
炼油事业部
化工事业部
油品销售事业部
科研单位
油田分（子）公司
炼化分（子）公司
炼油部分
化工部分
销售分（子）公司
专业公司
（石化股份公司部分）

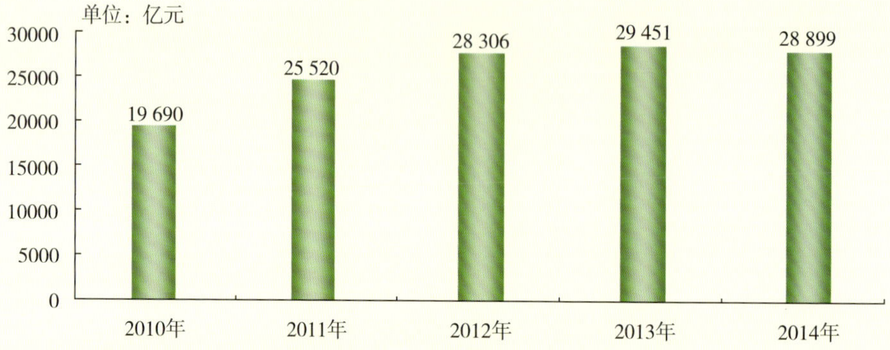

营业收入

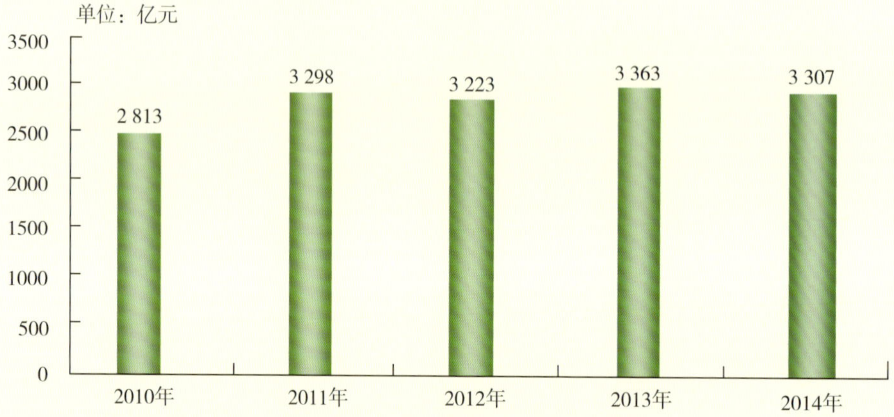

上缴税费

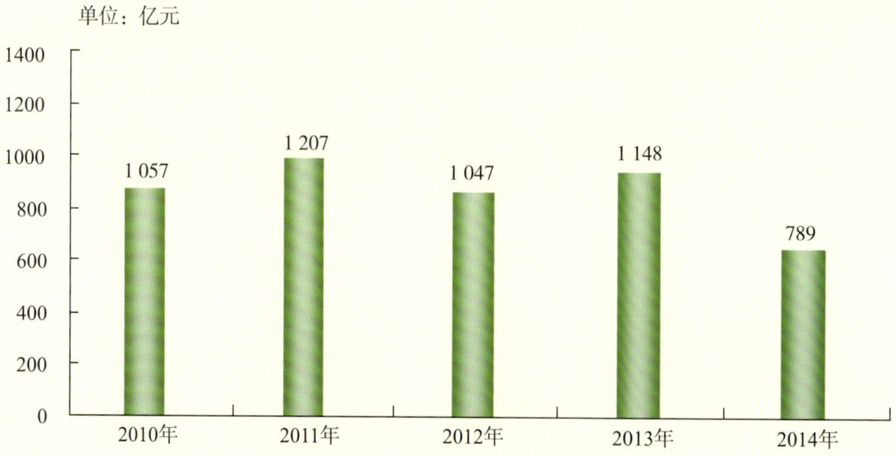

利润总额

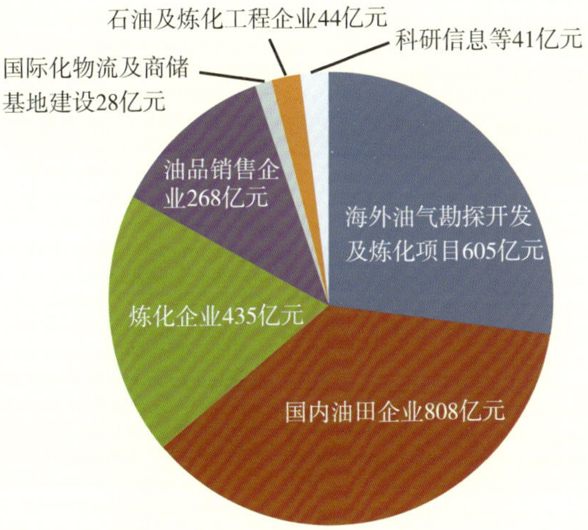

固定资产投资

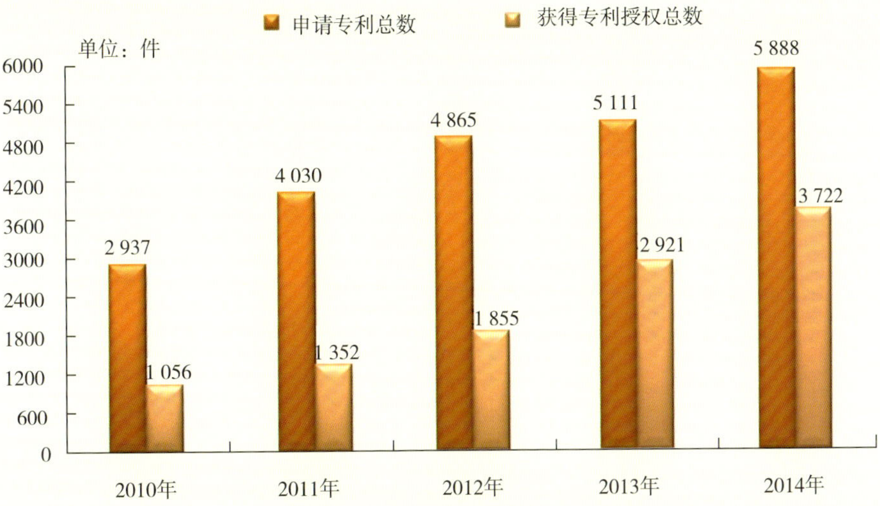

申请专利及获得专利授权总数

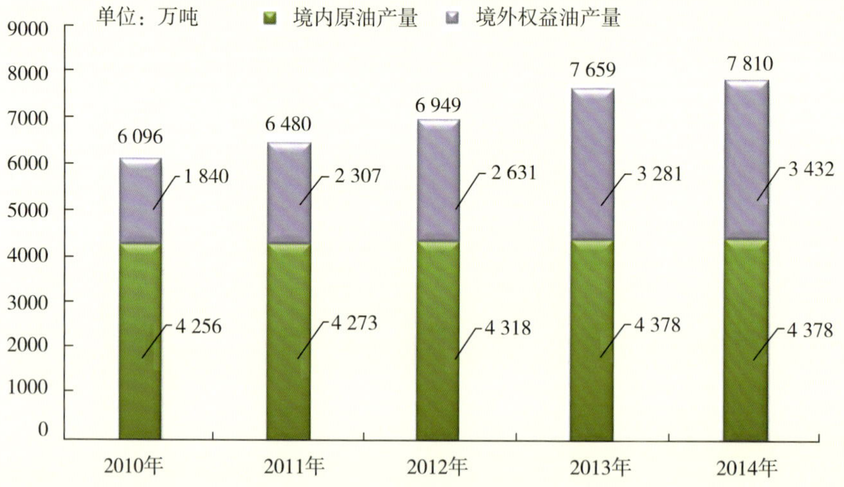

原油总产量

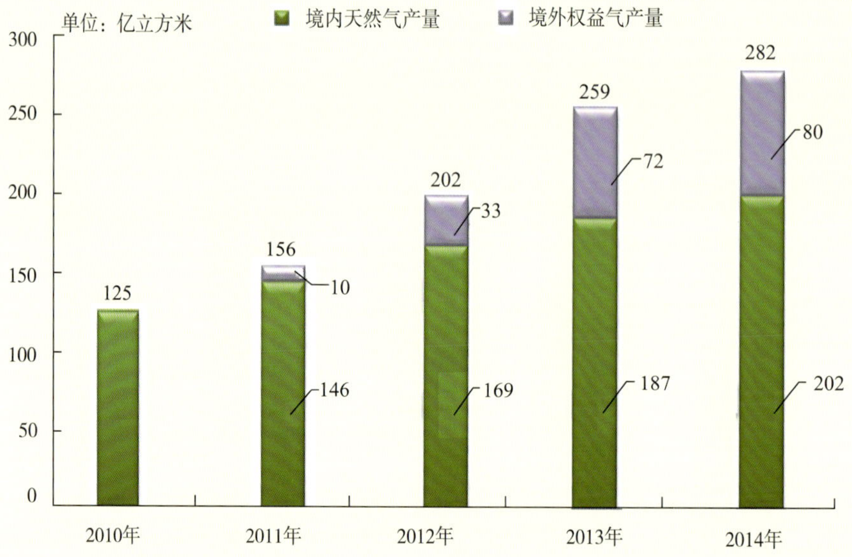

天然气总产量

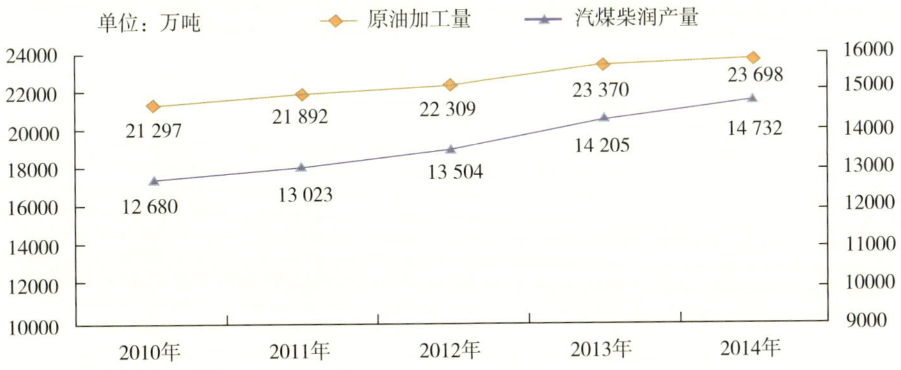

原油加工量及汽煤柴润产量

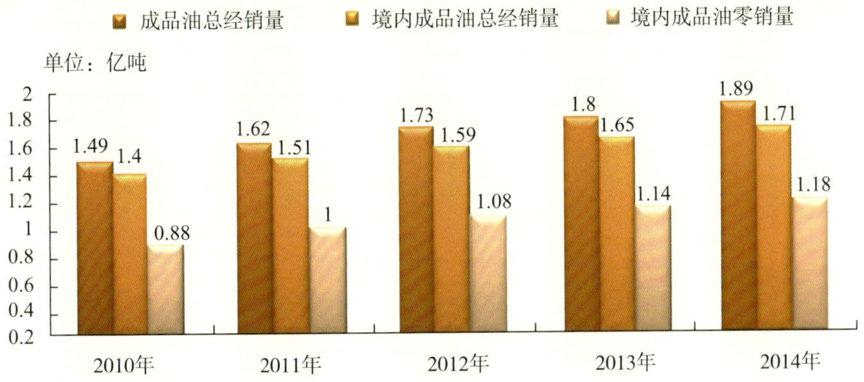

成品油经营量

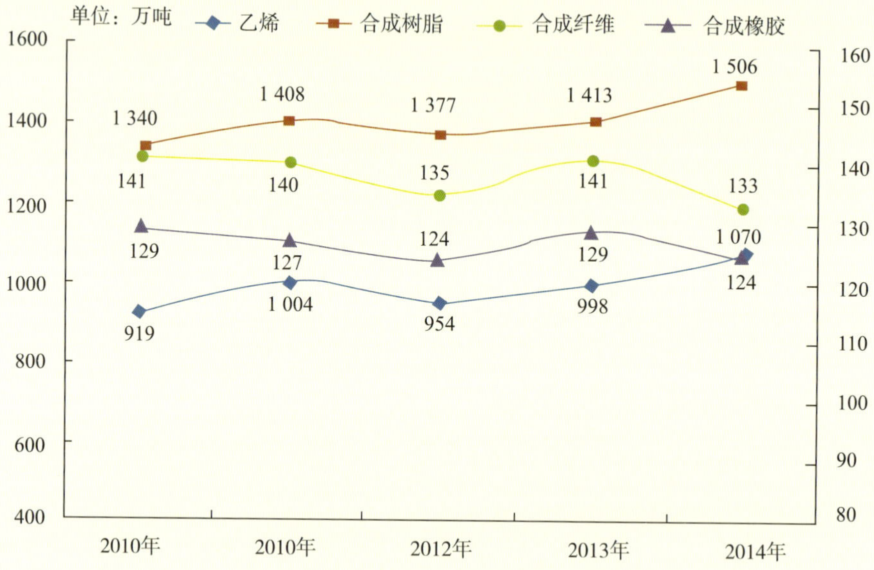

乙烯及三大合成材料产量

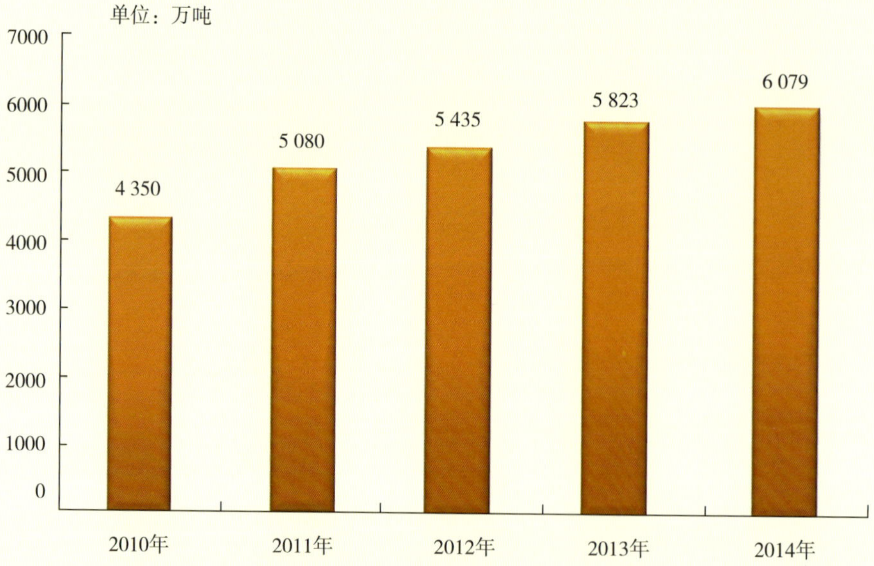

化工产品经营总量

2014 年，石化集团公司国内上游板块加大对天然气特别是页岩气的投入，其中涪陵页岩气田提前投入商业运行，标志着中国首个大型页岩气田正式诞生，使中国成为继美国之后第 2 个实现页岩气商业性开发的国家，中国石化因此获世界页岩油气峰会授予的“页岩油气国际先锋奖”。图为涪陵页岩气田焦页 42 号平台井工厂同步压裂施工现场

2014 年，石化集团公司国内原油产量 4 378.47 万吨，与上年基本持平；天然气产量 201.72 亿立方米，上产 14.75 亿立方米。境外油气勘探取得较好成效，全年实现海外权益油气产量 4 092 万吨油当量，增长 5.7%。图为中国石化重点项目元坝（高含硫天然气）净化厂

2014 年，石化集团公司炼油板块抓紧实施改扩建工程及生产清洁能源项目。全年加工原油 2.37 亿吨、增长 1.4%，生产成品油 1.46 亿吨、增长 3.8%, 高附加值产品比例持续提高，产品盈利能力进一步增强。图为茂名石化 1 000 万吨 / 年常减压装置

2014 年，石化集团公司化工板块加大产品结构、装置结构调整力度，果断关停近百套没有边际贡献的装置，彻底退出尿素、涤纶长丝等业务。全年化工产品经营总量 6 079 万吨、增长 4.4%，生产乙烯 1 070 万吨、增长 7.2%。图为广州石化化工区全景

2014 年，石化集团公司油品销售板块加快优化投资结构，推动传统业务稳定增长、非油业务快速增长。全年实现成品油经营量 1.89 亿吨、增长 5.1%，销售天然气 183.1 亿立方米、增长 8.7%，非油业务实现营业额 171 亿元、增长 28%。图为重庆石油分公司高滩岩加油站

2014 年，石化集团公司持续加大投资优化调整力度，一批重点工程建设项目顺利推进，一大批基本建设和大修改造项目按期建成投产投用并发挥投资效益。图为中国石化首个 LNG 接收项目在山东投产

2014 年，石化集团公司石油工程板块加大科技创新力度，关键技术实现国产化和配套应用，水平井钻完井、分段压裂试气和测录井及综合评价解释等工艺技术走在国内前列。积极拓展境外市场，全年新签合同额 39 亿美元。图为江汉石油工程公司工区

2014 年，石化集团公司炼化工程板块强化过程管理，保障系统内重点项目顺利推进、系统外项目顺利实施，同时为客户提供非传统领域的整体解决方案。提升境外资源整合优势，提高市场开发效率，全年新签合同额 18.7 亿美元。图为中国石化首套具有自主知识产权的 60 万吨 / 年对二甲苯装置

2014 年，石化集团公司深刻吸取“11·22”事故教训，全面开展“从严管理年”活动，以前所未有的力度抓安全生产，严格排查整治安全隐患，安全生产形势逐步好转，成功举行首次跨境综合应急演练。图为胜利油田在埕岛海域成功举行 2014 年度海上联合应急演练

2014 年，石化集团公司绿色低碳发展成果明显，“碧水蓝天”项目顺利推进，“能效倍增”计划启动实施，地热产业实现快速发展，各项环保指标全面达标。全年外排废水达标率 99.3%，有控废气外排达标率 98.7%，固废合规处置率 100%。图为镇海炼化生产区一角

2014 年，石化集团公司发挥科技创新的支撑引领作用，取得了一批战略性、应用性新成果。全年申请境内外专利 5 888 件、获授权 3 722 件，获国家技术发明一等奖 1 项、科技进步一等奖 3 项，中国专利金奖 1 项。图为中国石化科技创新功勋奖获得者徐又春为学员讲学

2014 年，石化集团公司信息化建设取得新进展，财务共享中心试点运行，ERP 大集中、智能石化试点、移动应用有了新进展，促进了管理提升和效率提高。图为茂名石化中控室

2014 年，石化集团公司坚定不移深化改革，持续强化管理，启动并完成油品销售重组引资工作，打响中央企业混合所有制改革第一枪；石油工程实现借壳上市，石油机械制造业务整体注入江钻股份走上自我发展轨道；国内上游板块油公司体制机制改革全面推进；转变总部职能、做实事业部进一步深化。图为石油工程公司 A 股更名仪式现场

2014 年，石化集团公司围绕企业改革发展和人才队伍建设需要，分级分类开展培训，共培训各类重点人才 4 000 人次、关键岗位人才 5 000 多人次，员工远程学习总学时数达 1 542 万小时。图为风险勘探咨询机构专家为学员授课

2014 年，石化集团公司大规模开展学习贯彻习近平总书记系列重要讲话精神和党的十八届三中全会精神轮训，扎实推进党的群众路线教育实践活动整改工作，加强对中央“八项规定”精神和党组实施细则执行情况的监督检查，首次全面开展党建考核。图为石化集团公司 2014 年度工作会议现场

2014 年，石化集团公司进一步加强公司治理力度，法律风险防控体系不断完善，促进了依法治企、合规经营；效能监察和审计监督持续加强，保障了公司健康发展；颁布实施职工违纪违规行为处分规定，监督执纪的规范化水平有新提升。图为国家宪法日主题签名活动现场

2014 年 8 月 8 日，石化集团公司正式发布新版企业文化建设纲要，确定了“为美好生活加油”的企业使命，“建设成为人民满意、世界一流能源化工公司”的企业愿景，“人本、责任、诚信、精细、创新、共赢”的核心价值观。大力实施惠民工程，员工群众居住条件大幅改善。图为大型抒情现代豫剧《情暖中原》演出剧照

2014 年，石化集团公司坚持爱心办企业、热心献社会。全年向教育事业捐款 696 万元；在安徽、湖南共投入扶贫资金 7 749 万元，在甘肃投入 5 500 万元，援藏援青投入 3 750 万元；积极支援云南鲁甸和普洱景谷县、四川康定地震灾区救援工作；“健康快车”开进广东、山东和山西，共治愈白内障患者 3 006 人。图为中国石化援建的青海芒崖行委文体活动中心

编 辑 说 明

《中国石油化工集团公司年鉴》（简称《年鉴》）是中国石油化工集团公司正式对外公布一定时期生产、经营、财务状况及有关数据资料的权威性出版物，向国内外公开发行。《年鉴》从1988年问世至今，已出版20卷。2015版《年鉴》为第21卷。

2015版《年鉴》全面、系统地记述了2014年石化集团公司在生产经营、深化改革、科技创新和企业管理等各方面的基本情况和重大事项，图文并茂，直观反映了石化集团公司及其所属企事业单位的新变化、新成果，为各级领导科学决策和科学管理提供依据，为石化集团公司内部和社会各界人士了解石化集团公司提供翔实、可靠、可鉴资料。

2015版《年鉴》将“节能环保”栏目名称改为“绿色低碳”。全书共设28个栏目：大事记、总述、境内油气勘探开发、境内石油工程、炼油生产、化工生产、境内炼化工程、产品销售、国际化经营、重点工程建设、公用工程、安全生产、绿色低碳、科研开发与管理、企业改革与管理、财务资产管理、人事管理、物资采购与管理、信息化建设与管理、法律管理、审计与监察、矿区（社区）建设、企业党建与企业文化、新闻与出版、企事业单位、人物、统计资料、附录。为便于读者查阅和检索，文前附中、英文目录，书后附表题索引和撰稿人名索引。

《年鉴》所收录的数据表中，空格表示该项统计数据不详，“—”表示无该项统计数据，“…”表示该项数据不足本表最小单位数。

《年鉴》中，“中国石油化工集团公司”简称“石化集团公司”，“中国石油化工股份有限公司”简称“石化股份公司”，两者统称“中国石化”。

《年鉴》中插图由各单位提供，图片版权归各单位所有。

在《年鉴》的编纂和出版过程中，承蒙有关单位领导、专家、管理人员的大力支持和帮助，在此，谨向为《年鉴》提供稿件和资料、对稿件进行审读把关以及给予《年鉴》各种帮助的人士，致以诚挚的谢意。对2015版《年鉴》存在的缺点和疏漏，诚请广大读者批评指正。

《中国石油化工集团公司年鉴》编辑部

2015年8月

目　　录

大　事　记

总　　述

境内油气勘探开发

境内石油工程

炼油生产

化工生产

境内炼化工程

产品销售

天然气销售

国际化经营

重点工程建设

公用工程

安全生产

绿色低碳

科研开发与管理

企业改革与管理

财务资产管理

人事管理

物资采购与管理

信息化建设与管理

法律管理

审计与监察

内部审计

纪检监察

矿区(社区)建设

企业党建与企业文化

新闻与出版

企事业单位

人　　物

统计资料

附　　录

索　　引

CONTENTS

Petrochemical Production

Domestic Refinery and Chemical Engineering

Marketing

Natural Gas Marketing

Oil(Gas)Station Product Markting

Other Oil Refining Product Marketing

Petrochemical Product Marketing

International Operation

Key Projects Construction

Public Utilities

Safety

Green & Low – carbon

Scientific Research, Development and Management

Corporate Reform & Management

Finance & Assets Management

Personnel Management

Material Purchase & Management

Information Construction and Management

Legal Affairs

Audit & Supervision

Internal Audit

Discipline Supervision

Mining Area (Community) Construction

Party Building and Corporate Culture

News & Publishing

Enterprise & Institutions

Personages

Statistics

Appendix

Index

企业形象宣传专版单位名称

封三:SAP 公司

封底:雪佛龙菲利普斯国际化工公司

前　插　页

1. 法国兴业银行
2. 中国工商银行
3. 天津钢管集团
4. 新加坡凯发集团
5. Eneos Italsing Pte Ltd
6. 新加坡 PEC 股份有限公司
7. 南光(集团)有限公司
8. 金桐石油化工有限公司
9. 林德集团
10. 威立雅水务有限公司
11. 荷兰安智银行
12. 瑞穗银行
13. 三菱东京银行
14. 大华银行
15. 星展银行
16. 加拿大丰业银行
17. 三井化学株式会社
18. 丸红(北京)商业贸易有限公司
19. 上海化学工业区发展有限公司
20. 北京世纪天宇广告有限公司
21. 摩科瑞能源集团

中　插　页

1. 中国石化润滑油有限公司
2. 中国石化集团新星石油公司
3. 中国石化茂名石化
4. 中国石化上海石化
5. 中国石化国际石油勘探开发公司
6. 中国石化金陵石化
7. 中国石化扬子石化
8. 扬子石化-巴斯夫有限责任公司
9. 中国石化武汉石化
10. 中国石化山东石油分公司
11. 中国石化上海石油化工研究院
12. 中石化第五建设有限公司
13. 石化盈科信息技术有限责任公司
14. 上海石化物资交易中心有限公司

大事记

2014 年

1 月

10 日 2013 年度国家科学技术奖励大会在京召开，中国石化有 4 项成果获奖，其中获国家技术发明二等奖 2 项、国家科学技术进步二等奖 2 项。

13 日 中石化休斯顿研究开发中心进展情况汇报暨揭牌仪式在北京、休斯顿、纽约三地同时以音视频会议形式举行。这标志着中国石化第 1 个境外研究机构正式成立运行，也标志着中国石化科技创新工作一个新模式的开始。

2 月

6 日 哈萨克斯坦共和国总统纳扎尔巴耶夫前往阿特劳炼油厂项目现场视察，实地查看了洛阳工程公司 EPCC 总承包的芳烃和石油深加工项目建设情况，对中国石化工程建设者的辛勤劳动给予高度评价，并祝大家春节快乐。

11 日 中国石化与德国巴斯夫在茂名高新技术产业开发区为双方合资的世界级异壬醇装置建设工程举行了简朴的奠基仪式。这是中国首次引进巴斯夫先进的异壬醇专利技术，填补了国内该产品生产领域的空白。

12 日 中国石化 1#生物航煤正式获得生产许可，标志着中国石化成为国内首家拥有完全自主生物航煤生产技术的企业。

19 日 石化股份公司董事会审议通过了《启动中国石化销售业务重组、引入社会和民营资本实现混合所有制经营的议案》。

3 月

24 日 中国石化页岩气勘探取得重大突破，中国首个大型页岩气田——涪陵页岩气田提前进入商业化开发阶段。

4 月

2 日 中国石化召开会议启动“从严管理年”活动，将 2014 年确定为“从严管理年”，主要是深刻吸取“11 · 22”事故教训，全面提升企业管理水平。

4 日 采用中国石化自主开发技术建成的海南炼化 60 万吨/年芳烃吸附分离装置完成 72 小时标定，标志着中国石化掌握了芳烃联合装置中的催化重整、芳烃抽提、吸附分离、二甲苯异构化、甲苯歧化和烷基转移全流程生产技术，结束了中国芳烃核心技术依赖国外的历史。

18 日 国家环保部宣布正式解除因未完成 2012 年氮氧化物减排指标对中国石化炼化项目实施环评限批的决定，各省级环保部门同步解除。

5 月

20 日 在中国国家主席习近平和俄罗斯总统普京的见证下，中国石化与俄罗斯西布尔公司签署建立合资公司的协议。

6 月

26 日 中国石化正式启动“能效倍增”计划，这是继 2013 年推出“碧水蓝天”环保行动后，中国石化在绿色低碳发展、践行生态文明建设上又一重大举措，也是中国企业首次推出类似计划。

7 月

7 日 2014 年《财富》世界 500 强排行榜公布，中国石化排名比上年上升 1 位，首次进入前三阵营。

8 月

8 日 中国石化正式颁布《中国石油化工集团公司企业文化建设纲要（2014 年修订版）》，确立了“为美好生活加油”的企业使命，“建设成为人民满意、世界一流能源化工公司”的企业愿景，“人本、责任、诚信、精细、创新、共赢”的企业核心价值观。

20 日 石化集团公司重大装备国产化课题“加氢装置用双相不锈钢高压空冷器研制”工业试验成功，填补了国内空白。

9 月

12 日 油品销售公司与 25 家境内外投资者签署《关于中国石化销售有限公司之增资协议》，由全体投资者以现金方式认购销售公司股权。

12 日 仪征化纤与石化股份公司签署《资产出售协议》和《股份回购协议》，并与石化集团公司签署《发行股份购买资产协议》。同日，石化股份公司与江汉石油管理局签署《关于江汉石油钻头股份有限公司的国有产权划转协议》。通过上述交易，标志着石油工程公司整体上市取得重要进展。

11 月

5 日 在美国达拉斯举行的第 5 届世界页岩油气峰会授予中国石化“页岩油气国际先锋奖”，以表彰北美以外世界首个页岩气重大商业发现，这是全球第 4 家获此殊荣的公司。

20 日 中国石化再次荣获中华健康快车基金会“光明功勋特别奖”。

24 日 中央第六巡视组巡视中国石化工作动员会召开。根据中央安排，中央巡视组在中国石化开展为期 1 个月的专项巡视工作。

12 月

11 日 中国石化荣获“2014 最具责任感企业”，是唯一连续 4 年获得该荣誉的石油化工企业。

12 日 石化集团公司党组纪检组(监察局)北京、南京、武汉、广州、成都 5 个分组(局)正式成立，中国石化纪检监察体制改革迈出重要一步。

13 日 中国石化首个 LNG(液化天然气)项目在青岛投入试运行，首船15 万立方米 LNG 商业气到港接卸。

22 日 随着焦页 15 - 3HF 井等 3 口井相继顺利放喷测试求产，中国石化涪陵页岩气田 2014 年完成试气井 75 口，提前完成全年新建 20 亿立方米产能目标任务。

29 日 中国石化发布国内首个页岩气 ESG(环境、社会、治理)报告，向利益相关方展示中国石化页岩气开发的 ESG 表现，倡导全社会关注页岩气开发的 ESG 情况，并主动接受媒体、公众和利益相关方的监督。

总　述

适应新常态　打造新动力
推动公司持续健康发展取得新突破

2014 年是中国石化极不平凡的一年，也是公司生产经营环境变化最大的一年。世界经济复苏缓慢，中国经济发展进入新常态，石油石化市场低迷，国际原油价格下半年大幅跳水，国内成品油价格出现“十一连降”。面对严峻挑战，中国石化认真贯彻落实党中央、国务院的战略部署，坚持稳中求进工作总基调，科学把握发展大势，自觉遵循发展规律，变压力为动力，化挑战为机遇，始终以提高发展质量和效益为中心，迎难而上，开拓创新，取得了来之不易的经营业绩。

一、生产经营保持平稳运行

一年来，中国石化积极应对市场变化和国际油价连续大幅下跌的影响，积极主动作为，大力开源节流，总体保持了生产经营平稳运行。全年，境内生产原油 4 378.47 万吨、同比(下同)持平，生产天然气 201.72 亿立方米、增长 8%；境外实现权益油气当量产量 4 092 万吨、增长 5.7%；加工原油 2.37 亿吨、增长 1.4%；成品油经营量 1.89 亿吨、增长 5.1%；生产乙烯 1 069.78 万吨、增长 7.2%，化工产品经营总量 6 079 万吨、增长 4.4%。全年实现营业收入 2.89 万亿元，上缴税费 3 307.22 亿元，实现利润 788.53 亿元。

二、结构调整取得积极成效

中国石化紧紧围绕提高发展质量和效益这个中心，结构调整全面展开，重点领域力度加大。国内上游突出发展清洁能源，加大对天然气特别是页岩气的投入，一批 LNG 项目建设加快推进，公司迎来天然气大发展的新阶段。涪陵页岩气田提前投入商业运行，标志着中国首个大型页岩气田正式诞生，使中国成为继美国之后第 2 个实现页岩气商业性开发的国家，中国石化因此获世界页岩油气峰会授予的页岩油气国际先锋奖。炼油板块坚持市场导向，高附加值产品比例持续提高，产品盈利能力进一步增强。化工板块加大产品结构、装置结构调整力度，果断关停近百套没有边际贡献的装置，彻底退出尿素、涤纶长丝等业务。成品油销售加紧布局非油品业务，积极推进跨界合作，初步展现了良好前景。绿色低碳发展成果明显，油品质量升级目标提前实现，“碧水蓝天”项目顺利推进，“能效倍增”计划启动实施，地热产业实现快速发展，各项环保指标全面达标。

三、深化改革取得重要进展

按照中央的部署和要求，中国石化坚定不移深化改革。油品销售重组引资工作顺利完成，打响了中央企业混合所有制改革第一枪，实现了国有资产保值增值，增强了国有资本活力、控制力、影响力、抗风险能力。石油工程通过与仪征化纤资产重组实现借壳上市，石油机械制造业务整体注入江钻股份，走上了自我发展之路，并在资本市场树立了良好形象。转变总部职能、做实事业部进一步推进，事业部公司化运作机制正在形成，改革效果初步显现。油公司体制机制建设全面启动，国内上游板块改革调整取得可喜进展。注重回报的投资管理机制不断完善，预算目标形成和考核分配的效益导向机制更加健全。财务共享中心东营分中心试点上线运行。

四、企业管理水平持续提升

中国石化深刻吸取“11·22”事故教训，全面开展“从严管理年”活动，以前所未有的力度抓安全生产，严格排查整治安全隐患，安全生产形势逐步好转。加强项目开工、竣工验收管理，全面排查整改未批先建、久试未验等遗留问题。严格规范工程招投标管理，推动招投标公开规范透明操作，促进了依法合规经营。出台安全、环保、质量、稳定、“小金库”5 个领域的问责办法和职工违纪违规行为处分规定，严格责任追究的制度更加完善。修订绩效考核办法，实行季度考核，严考核、硬兑现，推动了目标任务的完成。ERP 大集中、智能石化试点、移动应用有了新进展，促进了管理提升和效率提高。持续完善法律风险防控体系，为公司依法经营、维护利益提供了支持和保障。围绕重点领域、重大事项开展效能监察和审计监督，动真碰硬，促进了精细管理。

五、科技创新支撑引领作用充分发挥

中国石化围绕提质增效、转型发展推进科技创新，把准方向、突出重点、加快突破，取得了一批战略性、应用性新成果。页岩气“井工厂”同步交叉压裂试验获得成功，大大提高了施工效率、缩短了平均单井钻完井周期。大幅度提高采收率技术应用进一步扩大，火成岩三维地震采集技术取得积极进展，隐蔽油气藏成藏富集规律研究逐步深化。60 万吨/年逆流连续重整技术、柴油超深度加氢脱硫技术等实现工业转化，合成气制乙二醇、粉煤加压气化、6 万吨/年超仿棉技术成功实现工业应用，超低密度聚乙烯等一批新产品投入市场。污水综合治理技术取得突破，燃煤锅炉烟气脱硝技术实现长周期平稳运行。全年申请境内外专利 5 888 件、获得授权 3 722 件，获得国家技术发明一等奖 1 项、国家科技进步一等奖 3 项、中国专利金奖 1 项。“石油化工的未来”论坛成功举办，涌现出许多新设想、新思路、新技术，展示了未来发展的光明前景。

六、党建和队伍建设取得新成绩

中国石化大规模开展学习贯彻习近平总书记系列重要讲话精神和党的十八届三中全会精神轮训。扎实推进党的群众路线教育实践活动整改工作。加强对中央“八项规定”精神和党组实施细则执行情况的监督检查，“四风”问题进一步得到遏制。细化党委主体责任和纪委监督责任，改革纪检监察体制，成立 5 个纪检监察分组(局)，积极配合中央巡视组完成专项巡视，坚决查办违纪违法案件，党风廉政建设有力推进。修订党组工作规则，制定直属单位党委工作规则和基层党支部工作细则，自上而下的党建制度体系初步形成。首次全面开展党建考核。出台加强领导班子和干部队伍建设 9 项 23 条措施，进一步推进规范化、标准化、制度化管理。颁布新版企业文化建设纲要，努力打造公司软实力。大力实施惠民工程，员工群众居住条件大幅改善。积极引导社会舆论，加强正面宣传，公司形象不断提升。

总之，过去的2014 年，中国石化全体干部员工在困难中奋起、在挑战中求进，谱写了公司改革发展新篇章。2015 年是全面深化改革的关键之年，是全面推进依法治国的开局之年，也是全面完成“十二五”规划的收官之年，既面临严峻的挑战，也面临难得的机遇，生产经营和改革发展任务非常繁重。面对新形势、新任务，中国石化全体干部员工将紧密团结在以习近平同志为总书记的党中央周围，高举中国特色社会主义伟大旗帜，以邓小平理论、“三个代表”重要思想、科学发展观为指导，坚持稳中求进工作总基调，主动适应新常态，紧紧围绕提高发展质量和效益这个中心，更加注重结构调整、资源优化、创新驱动，不断强化风险管控，充分调动各方面积极性，推动公司持续健康发展取得新突破，为实现中华民族伟大复兴中国梦做出新的更大贡献！

境内油气勘探开发

◇ 综述

◇ 油气勘探

◇ 油田开发

◇ 气田开发

◇ 采油气管理

◇ 油气集输

◇ 设备管理

◇ 基层管理

综　　述

2014 年，油田板块深入贯彻落实石化集团公司年度工作会议精神，紧密围绕提高发展质量和效益这个中心和深化改革、转型发展、从严管理三大主题，敢于担当、锐意进取、真抓实干，全面完成年度生产经营任务。

一、大打油气勘探进攻仗，取得一批新发现和商业发现

油田板块紧盯“23341”重点勘探工程，深化基础研究，科学论证部署，强化实施管理，取得一系列新成果。

新区新领域预探取得 17 个油气新发现和 4 个好苗头，开辟了油气增储新阵地。天然气方面，在龙门山前带雷口坡组、杭锦旗、西湖凹陷、塔中北坡、四川盆地下组合、川东北须家河组、长岭凹陷龙凤山取得 7 个新发现。石油方面，在塔里木盆地鹰山组、春光探区白垩系、胜利滩海、博兴南坡滩坝砂、东濮凹陷西南洼、江陵凹陷南斜坡、高邮凹陷隐蔽油藏和北部斜坡、溱潼凹陷西斜坡、海安曲塘东南斜坡取得 10 个新发现；在伦坡拉盆地、敦煌盆地、突泉盆地及金湖三河深凹发现 4 个好苗头。

区带评价勘探取得 11 个商业发现，实现了规模增储新突破。石油评价勘探在济阳、镇泾、准西缘、塔河奥陶系、查干凹陷、伏龙泉断陷、高邮、溱潼取得 8 个规模商业发现，新增控制储量 2 亿吨；天然气评价勘探在鄂北、川西坳陷东坡和元坝取得 3 个规模商业发现，新增控制储量 2 276 亿立方米。

二、大打原油开发提质增效攻坚仗，实现产量硬稳定

油田板块紧密围绕增加经济可采储量，突出开发效益，强化滚动勘探与油藏评价，加快产能建设，深化老区精细开发，年产原油保持稳定。

滚动勘探与油藏评价落实一批产建新阵地，全年落实商业开发储量 1.2 亿吨。原油产能建设提质增效迈上新台阶。全面落实首席师负责制，全力抓好部署和方案优化，停缓建低效或风险大的项目 37 个，增加效益相对较好的项目 41 个，方案质量显著提高，实施整体效果优于方案设计。

老区深化精细开发见到新成效。大力推进四大精细开发工程，老区开发效果持续改善。自然递减 12.2%、综合递减 6.9%，同比分别下降 0.7 和 0.4 个百分点；综合含水率 89.2%，保持稳定。改善水驱工程：对整装和断块油藏持续采取优化调整注采井网、单元整体综合治理等措施，水驱储量控制程度进一步提升；胜利油田胜一区沙二 1－3 整装油藏通过矢量开发一体化调整，单元日增油 70 吨，水驱控制程度提高至 94%。改善低渗油藏开发效果工程：持续推进差异化开发调整治理，积极开展补充能量试验，吸水和产液状况进一步改善。稠油稳产工程：大力推广应用稠油开发适用技术，确保了东部稠油产量稳定。塔河控递减工程：扩大注水替油和注水驱油规模，加大注氮气增油力度，开展专项综合治理，自然递减首次控制在 17% 以内。

三、天然气重点产能建设工程顺利推进，保持持续上产

油田板块加强滚动勘探与气藏评价，加快推进重点产能建设工程，强化普光等老气田管理，年产常规天然气 190.6 亿立方米，同比上产 5.2 亿立方米。

滚动勘探与气藏评价扎实推进。全年落实商业开发储量 631 亿立方米。其中，鄂北落实商业开发储量 529 亿立方米，开辟了华北分公司持续上产新阵地；川西东坡落实商业开发储量 102 亿立方米，为川西中浅层稳产提供了资源支撑。

重点产能建设工程顺利推进。元坝 17 亿立方米试采工程投产一次成功：各项地面工程顺利中交，净化厂第一、二列联合装置试车投产一次成功；试采区钻井工程全部完成，滚动区钻井工程加快推进，19 口完钻井测试日产气 42 万—104 万立方米，均达到方案设计水平。大牛地上产工程：持续推进大 98 井井区规模建产，新建产能 10 亿立方米，新增经济可采储量 55 亿立方米。川西中浅层稳产工程：加快中江、高庙建产，优化老区开发，新建产能 4 亿立方米，新增经济可采储量 47 亿立方米。

四、页岩气勘探开发高效推进，形成大发展良好局面

勘探方面，涪陵焦石坝新增页岩气探明储量 1 067.5亿立方米，标志着中国首个大型页岩气田诞生，在中国页岩气勘探开发史上具有里程碑意义；金页 1HF 井在川西南寒武系筇竹寺组获工业气流，实现了页岩气新层系商业发现；丁页 2HF 井在川东南丁山志留系龙马溪组获工业气流，实现了海相深层页岩气新发现。开发方面，涪陵页岩气田一期 50 亿立方米产能建设高效推进，累计完钻井 138 口、投产井 89 口，投产井日产水平均超过方案设计，建成产能 25 亿立方米，年产气 10.8 亿立方米。焦页 1HF 井按 6 万米^3/日配产稳产 784 天；焦页 6－2HF 井累计产气突破 1.3 亿立方米，是国内首口产量破亿立方米的页岩气井。

五、精细化管理向纵深推进，超额完成年度利润

面对油气价格低于预算的严峻经营形势，油田板块加强全口径预算和全口径成本管理，深挖控本增效潜力，超额完成年度利润。

全口径成本管理创出新水平。油田板块认真落实各项成本管理责任，加强重点和异常成本分析管控，全年油气单位完全成本比预算降低 20 元/吨，有力遏制了成本上涨趋势。全力增加经济可采储量和提高资产效益，减少折旧折耗费用 17 亿元；积极提高措施有效率，优化生产运行，减少操作成本 7 亿元；加快资金回笼，降低存货占用，减少财务费用 6 亿元；采取有力措施压减非生产性支出 0.5 亿元，减少矿产资源补偿费 2.3 亿元；勘探费用和人工成本得到有效控制。

亏损企业扭亏工作取得新进展。总部与 6 家亏损企业反复研讨，因企制宜制定了扭亏方案，明确了扭亏时间表，并为每家企业指定 1 名班子成员进行帮扶。各企业全力落实扭亏方案，取得了积极进展。特别是江汉油田加快页岩气上产、严控成本，年内如期实现扭亏为盈，打好了亏损企业扭亏的第一仗。

区块目标管理实现新提升。油田板块将 193 个油气区块全部纳入区块目标管理体系，优化完善区块评价指标体系，科学制定成本效益分类标准，持续深入开展投入产出分析，启动区块预算管理，努力做到“五到区块”，促进了区块经营状况改善。

六、关键技术攻关应用成效显著，促进了增储上产

页岩气开发技术取得重要进展。3 500 米以浅页岩气开发技术进一步配套完善。“井工厂”同步交叉压裂试验获得成功，施工效率提高 50%，其中焦页 42 号平台 17 天完成 75 段压裂施工，创国内页岩气单平台连续压裂施工段数最多、加砂量和加液量最大等多项施工纪录。3 500 米以深页岩气开发技术取得突破。自主研发的 3000 型压裂车组成功投用，完成南页 1HF 井深层压裂施工，最大垂深 4 627 米。

大幅度提高采收率技术应用规模进一步扩大。实施化学驱项目 82 个，年增油 168 万吨，提高采收率 6%—10%；气驱项目 16 个，年增油 30 万吨，提高采收率 3%—5%。西北塔河注氮气提高采收率技术应用规模持续扩大，年增油 25 万吨。

采油工艺技术进一步创新完善。胜利油田在草 20 平 90 井成功实施大斜度稠油注采一体化工艺技术，下泵井段井斜达 84 度，在国内属首例。河南油田研发的稠油热采斜直井返层开采技术现场试验 29 井次，管柱最长封堵期超过 16 个月。

石油工程技术取得新进展。①重点工区钻井提速创出新指标。涪陵工区全力推进钻井流水线作业，积极推广水平段一趟钻技术，平均单井钻完井周期同比缩短 24%。塔河油田主体推广应用新三级井身结构及配套工艺，平均单井钻井周期同比缩短 29%。②火成岩三维地震采集技术取得积极进展。江苏油田徐闻工区强化表层结构调查，采用“泥土 + 砂石”闷井激发和正交对称观测系统，采集资料品质显著提升。

七、油公司体制机制建设全面启动，迈出油田板块深化改革的实质性步伐

油公司建设方案编制完成并开始全面实施。总部开展全覆盖式调研，摸清管理现状，广泛听取企业意见建议，结合企业实际和内外部发展环境，历经上下 10 余次讨论完善，集中各层次人员智慧，编制形成了油公司建设指导意见及 4 个配套框架方案，经石化集团公司党组会研究通过，为规范有序推进油公司建设奠定了坚实基础。

做实事业部取得实质性进展。按照石化集团公司做实事业部方案，油田事业部成立党委，完善内部机构，明确职责，进一步强化了对板块战略发展、投资、财务、人事、科研、考核和安全环保等方面的管理。

八、从严管理扎实推进，进一步提升了油田板块整体管理水平

安全环保和节能减排管理进一步加强。安全环保方面，全面推进安全责任与业务岗位职责同步落实，完善 HSE 制度、管理体系和各级应急预案，全力推行“五岗”管理，加强安全大检查以及井控、海上、环保、承包商和设备等专项检查与监管，积极推进智能化管线管理系统建设，积极落实新建项目“三同时”措施，完成 1 221 口废弃井封堵、152 个重点安全隐患项目和 24 个“碧水蓝天”项目治理，进一步提升了 HSE 管控和防范能力，实现了“五个避免”。节能减排方面，加快“能效倍增”计划编制实施，扎实开展合同能源管理，全年万元产值综合能耗低于考核指标 1.73%。

投资计划管理进一步加强。①企业投资观念有了实质性转变。油田板块全面推行增量效益考核机制，加大了投资约束力。各单位效益观念、回报理念普遍增强，反复论证部署、认真筛选项目、层层优化方案，压减低效投资，停止无效项目，切实做到了“投资讲效益、花钱比回报”。②完善了以效益最大化为核心的投资决策机制。总部层面建立和完善了地震、预探、产能建设等项目统一优选平台，企业层面建立了勘探评价项目排队优选机制，确保了部署和投资投向的优化。总部和企业都建立了投资项目办公会决策制度，对效益不达标、方案优化不到位、风险不可控和 HSE 不符合要求的项目不予通过。总部全年召开 12 次投资项目办公会，审议项目 129 项，否决 4 项、暂缓实施 7 项，审减投资 13.3 亿元。③建立了以投资回报为主线的计划管理机制。总部严格推行“先有方案、先批可研、后下计划，有了计划再实施”的计划管理程序，加密下达频次，加强季度分析，及时优化调整，并在批文中增列项目成果效益指标作为检查考核依据，实现了从单一计划向投入产出计划的转变，有效遏制了未批先建现象。

企业管理进一步加强。考核管理方面，修订了油田板块年度绩效考核实施细则，加大了利润指标考核权重，将新增经济可采储量和勘探开发成本纳入考核体系；制定了油田企业季度绩效考核兑现细则和油气超产奖励政策，充分调动了企业争做多做贡献的积极性。人力资源管理方面，启动油公司“三定”标准编制，积极推进用工制度改革，加强人工成本预算管理，见到了初步成效。

地面工程管理进一步加强。制定了海上平台、海底管道、高含硫天然气集输管道和站场检维修及报废管理规定，完成油气管网图册编制和静态数据库建设，夯实了管理基础；涪陵、元坝等重点工程“四化”建设见到显著成效。

九、队伍作风建设持续加强，凝聚了油田板块改革发展的强大合力

油田板块各级领导班子和领导干部牢固树立教育实践活动收尾不收场的意识，继续拧紧发条，坚持思想不疲、标准不低、措施不软，以“钉钉子”精神按计划推进整改落实和建章立制工作，以教育实践活动中的宝贵经验持续抓作风、改作风，实现了作风建设新常态，进一步密切了党群干群关系，增强了队伍的凝聚力、战斗力和执行力，为“打造上游长板、建设世界一流”提供了坚强保障。

（李　冰）

油气勘探

【概述】 2014 年，石化股份公司在常规油气勘探方面取得了 17 个油气新发现、11 个商业发现、4 个好苗头的油气勘探成果，确保了年度储量任务的完成。全年新增石油控制储量 2.51 亿吨、预测储量 2.36 亿吨，分别为年计划的 100% 和 118%；新增天然气控制储量 2 951 亿立方米、预测储量 4 551 亿立方米，分别为年计划的 115% 和 132%。截至年底，石化股份公司在全国 70 个盆地（坳陷）拥有有效探矿权区块 286 个，面积 95.68 万平方千米。

（何　斌）

【常规勘探工作量】 2014 年完成二维地震 5 186 千米、三维地震 8 457 平方千米；完成各类探井 297 口，进尺 89.56 万米；获工业油气流预探井 31 口，成功率 47.7%。

（何　斌）

【17 个油气新发现】 天然气方面，彭州 1 井在四川盆地龙门山前带雷口坡组取得重大发现，开辟了规模增储新阵地；锦 98 井在杭锦旗盒 1 段获工业气流，进一步揭示了鄂北岩性气藏规模增储潜力；海域西湖凹陷深层勘探取得重要进展，含气范围进一步扩大；塔中北坡、四川盆地下组合、川东北须家河组、长岭凹陷龙凤山取得 4 个新发现。石油方面，塔深 3 井、于奇西 1 井在塔里木盆地鹰山组取得重要新发现，打开了塔河油田深化勘探新局面；春 57 井、59 井在春光探区白垩系获工业油流，实现了准西缘新层系勘探新突破；垦东 893 井、91 井在胜利滩海获工业油流，实现了垦东岩性油气藏勘探新发现；在博兴南坡滩坝砂、东濮凹陷西南洼、江陵凹陷南斜坡、高邮凹陷隐蔽油藏和北部斜坡、溱潼凹陷西斜坡、海安曲塘东南斜坡取得 7 个新发现。

（何　斌）

【11 个商业发现】 石油评价勘探取得 8 个商业发现：镇泾探区新增石油控制储量 7 626 万吨，济阳探区新增石油控制储量 5 243 万吨，准噶尔西缘新增石油控制储量 4 451 万吨，塔河奥陶系新增石油控制储量 4 011 万吨，查干凹陷新增石油控制储量 1 258 万吨，溱潼凹陷新增石油控制储量 847 万吨，高邮凹陷新增石油控制储量 558 万吨，伏龙泉断陷新增石油控制储量 360 万吨。天然气评价勘探取得 3 个商业发现：鄂北新增天然气控制储量 974 亿立方米，川西坳陷东坡侏罗系落实天然气控制储量 650 亿立方米，川东北元坝中浅层落实天然气控制储量 654 亿立方米。

（何　斌）

【4 个好苗头】 伦坡拉盆地旺 1 井在牛堡组见油气显示，预测区带油气资源量 1.8 亿吨。川东北镇巴

山前带金溪2井钻遇厚层礁滩相白云岩，并获油气显示。敦煌盆地西参1井侏罗系试获低产油流，对认识区域内中小型沉积盆地有指导意义。松辽地区突泉盆地突参1井侏罗系获低产油流。

（何　斌）

【勘探效益】 2014年共预探圈闭184个，完钻162个，有结论159个，新获工业油气流圈闭65个，圈闭预探成功率40.1%。平均每口探井控制油当量地质储量为166万吨，每米进尺控制油当量地质储量550.3吨。控制每吨油当量地质储量直接成本25.92元。

（何　斌）

【非常规勘探开发工作量】 2014年完成二维地震448.76千米、三维地震367.76平方千米。钻井636口，进尺123.67万米。其中，页岩气勘探完钻井4口，正钻井6口；页岩气开发完钻井112口，完成压裂井80口，投产井76口；煤层气完钻井520口。新建页岩气产能25亿立方米，年产气10.81亿立方米，商品量10.38亿立方米，分别为年度目标的100%、105%和108%。

（龚　铭）

【页岩气主要进展】 提交了中国首个页岩气探明储量，证实焦石坝产建区资源丰度高、资源落实。2014年7月18日，在国土资源部组织的油气储量评审会上，专家组对焦石坝区块焦页1—焦页3井区探明地质储量进行了评审，认定涪陵页岩气田是典型的优质海相页岩气，新增页岩气探明含气面积106.45平方千米，新增探明地质储量1 067.5亿立方米，标志着中国第1个大型页岩气田诞生。

涪陵国家级页岩气示范区一期50亿立方米产能建设全面展开，各项工作有序推进。①钻井工程按运行计划有序推进，开钻井145口，完钻112口，完成进尺52.68万米。②试气工作进展顺利，投产井测试产量高于开发方案设计的6万米^3/日。③地面工程建设有条不紊展开，完成40亿米^3/年集输工程、15亿米^3/年脱水装置、2.7万米^3/日供水系统、13座地面集气站、1座集输气末站、1座15亿米^3/年天然气脱水站、70.15千米集输气管线、48千米3.5万米^3/日供水管线的建设。

金页1HF井在井研—犍为区块寒武系筇竹寺组获工业气流，实现了页岩气新层系商业发现。该井完钻井深4 623米，水平井段1 160米，分15段压裂，分别采用7毫米、6毫米和5毫米油嘴×15.1毫米孔板制度试求产，分别获日产5.9万、5.6万和4.9万立方米工业气流。

丁页2HF井在川东南丁山志留系龙马溪组获工业气流，实现了海相深层页岩气新发现。该井完钻井深3 336米，水平段长996.32米，分12段压裂，测试瞬时产量3.5万—10万米^3/日。

形成了3 500米以浅页岩气长水平段水平井优快钻井技术系列。①钻井工程优化设计技术不断完善。②优选长寿命耐油螺杆+研发全井眼高效PDC钻头组合，三开机械钻速稳步提高。③“井工厂”钻井现场试验提速提效，突破关键技术瓶颈，研制了快移快装钻机集成技术核心部件和装备，形成国内领先的核心技术系列。④推广学习曲线，推行方案设计、技术工艺、监督管理、工程质量考评标准化建设，实现了“技术管理双提速”。

形成了3 500米以浅水平井压裂试气配套工艺技术系列。①改进理念和思路，形成标准化压裂设计方法和流程。②不断优化调整，形成了不同层位水平井压裂施工工艺参数。③优化配方，形成低成本高效压裂材料体系。④形成长水平段连续油管钻塞工艺。⑤成功开展页岩气“井工厂”同步、交替模式压裂。⑥研制了国产化配套压裂设备，形成了适应于复杂山地条件下地面配套装备。⑦形成了安全合理采输工程，满足了气田安全采气、集输、合格净化的需要。

深层页岩气井钻探、压裂技术方面取得积极进展。在南川区块南川断鼻部署的南页1HF井，完钻井深5 820米，分15段压裂，创造了国内页岩气井井深(斜深5 820米，垂深4 627米)、施工压力、单段平均液量等多项施工纪录，为深层页岩气开发积累了宝贵经验。

（龚　铭）

【煤层气主要进展】 延川南煤层气田5亿立方米产能建设稳步推进。截至2014年底，累计完钻井808口，占产建方案工作量的100%；完成压裂井772口，占产建方案工作量的95.5%；完成投产井754口，占产建方案工作量的93.3%；有产气井253口，日产气达到14.09万立方米，其中千立方米井达到46口。

（龚　铭）

油 田 开 发

【概述】 2014年，面对投资规模大幅下降、安全环保工作标准提高等新挑战，油田开发工作坚持狠抓过程优化，强化滚动勘探与油藏评价，加快新区建产，深化老区精细开发，千方百计增加经济可采储量、降低开发成本，确保了原油产量稳定。

油田开发资源动用情况。截至年底，石化股份公司投入开发油田 204 个，动用石油地质储量 70.9 亿吨，当年新增动用储量 1.1 亿吨。井网、工艺条件下标定可采储量 18.81 亿吨，采收率 26.53%。

油田开发现状。截至年底，共有油水井数 66 163 口，其中油井 48 592 口、注水井 17 571 口。油井开井 41 201 口，开井率 84.8%，年均含水 89.5%，平均单井日产油 2.9 吨，采油速度 0.64%，剩余可采储量采油速度 11.22%，采出程度 21.62%。注水开井 14 260 口，开井率 81.2%，平均单井日注水 67.8 立方米，年注水 3.5 亿立方米，月注采比 0.91，累计注采比 0.81。

（许进进）

【原油产量】 2014 年，石化集团公司原油产量达到 4 378.5 万吨，同比增产 0.5 万吨。其中，东部油区产油 3 382.3 万吨；西部油区产油 996.2 万吨，增长 22.2 万吨。胜利油田生产原油 2 787.1 万吨，比年初计划超产 1.1 万吨，上产 11.1 万吨，连续 2 年实现超产上产。各油田企业原油产量见表 1。

（许进进）

表 1　**石化集团公司各油田企业原油产量**　万吨

油田＼年份	2014	2013	2012	2011	2010	2009
石化集团公司合计	4 378.47	4 378.01	4 318.25	4 272.85	4 256.08	4 241.55
胜利油田	2 787.14	2 776.24	2 755.00	2 734.00	2 734.00	2 783.50
中原油田	231.00	243.00	252.00	262.40	272.50	289.20
河南油田	241.00	235.00	226.00	225.00	227.00	187.50
江苏油田	171.00	171.20	171.00	171.00	171.00	171.00
江汉油田	97.50	98.20	96.90	96.50	96.50	96.00
西北油田分公司	735.50	737.00	735.00	725.00	700.00	660.00
华东分公司	35.00	30.30	23.50	18.00	15.00	13.00
华北分公司	53.50	60.00	32.00	15.40	12.50	12.00
东北分公司	19.30	21.70	22.00	21.00	22.50	24.10
西南油气分公司	2.30	2.20	2.20	2.00	2.50	2.70
上海海洋油气分公司	5.20	3.20	2.60	2.50	2.50	2.50

【滚动勘探与油藏评价】 以增加商业开发储量为核心，更加注重质量和效益，更加注重前期基础研究，更加注重风险控制，更加注重过程管理，全年落实商业开发储量 1.2 亿吨。落实了准噶尔、塔河、胜利东部、溱潼西斜坡 4 个产建阵地：准西和准北稠稀并举，落实商业开发储量 1 200 万吨，基本落实了建成 200 万吨/年产油能力的阵地准备；胜利东部落实商业开发储量近 4 000 万吨，较好地支撑了企业的可持续发展；塔河深化小型缝洞体精细刻画，落实商业开发储量 1 500 万吨；溱潼凹陷西斜坡复杂断裂带滚动挖潜，新增商业开发储量 500 万吨，保持了原油产量较快增长态势。明确了 4 个商业开发增储潜力区：胜利垦西三合村、胜利海上垦东 893、江陵地区新下段、塔河于奇西 1。

（许进进）

【产能建设】 努力提高产能建设整体效益和质量。突出抓好产能建设项目部署、方案和设计优化，强化跟踪分析，及时优化调整。全年共停缓建低效益、大风险产能项目 37 个，增加实施相对优质的新项目

41个。按照新的管理要求，各油田企业千方百计地落实项目、落实井位，千方百计地优化方案、优化设计，进一步提高了产建成效。全年新建产能436万吨；投产新井3 175口，年产油294万吨，平均单井日产油5.8吨，比方案设计水平高0.1吨；新增经济可采储量3 763万吨，开发成本20.2美元/桶，同比下降3.8美元/桶；形成了准西缘、胜利海上和苏北盆地3个上产阵地，同比分别上产45万吨、9万吨、4.5万吨。

（许进进）

【老油田精细开发】 老油田递减趋缓、含水稳定。自然递减控制在12.2%、综合递减6.9%，同比分别下降0.7和0.4个百分点；综合含水稳定在89.2%。以胜利、中原为代表的东部油田，持续加强高含水油田的精细注水管理，开辟提高“三率”示范区，加强井组治理力度，全年自然递减控制在11.7%，同比下降0.3个百分点，连续3年保持下降。西北油田分公司坚持强化区块综合治理，积极扩大注氮气应用规模，递减控制再创新水平，自然递减16.35%，同比下降1.99个百分点。

（许进进）

【油田开发技术】 注气提高采收率试验取得突破性进展。西北塔河注氮气提高采收率技术完善选井标准，制定注气参数优化办法，优化配套性价比较高的管柱、工艺和设备，形成了技术系列，应用规模进一步扩大，全年实施注气270轮次，年增油23.4万吨，提高采收率2.5个百分点，平均单井周期产油1 275吨。华东张家垛油田张3区块大倾角异常高压低渗油藏二氧化碳驱试验见效明显，张3-斜1井日产油从7.6吨上升到13吨。

难采油藏开发技术攻关试验取得新进展。西北油田分公司成功研发了139.7毫米特殊直连扣套管，抗外挤强度从25兆帕提高到56.3兆帕，攻克了深井高压水层封隔难题，形成了超深开窗侧钻井封隔高压水层技术，应用8井次，增油4 028吨。胜利油田开展径向钻井提高产能试验，针对薄层稠油和低渗透油藏实施5口井，平均单井日产油从1.8吨提高到4.5吨。华北分公司持续推进致密油藏有效开发技术试验，利用老井先后开辟了直注平采、平注平采、端点注水等补充能量试验区，通过优化注入参数、实施周期性注采，部分井见到一定的增油效果。

技术集成应用取得新成效。形成了精细注水测调一体化工艺，实现了可视、实时在线测调，两层分注测调时间可节省65%，累计应用1 200多口井。海上长效安全生产技术日益完善，形成了海上长寿命细分注水管柱、海上电泵自动化闭环控制、低附加压差分层防砂完井和油水井管柱腐蚀防护等工艺。胜利油田在城区、滩海、低渗区块推广应用“一台多井”模式，855口井优化组台260个，节约土地3 982亩(2.65平方千米)。

（许进进）

【油田开发管理】 持续推进滚动勘探与油藏评价工作。落实相应管理办法，理顺工作流程，形成项目筛选、计划下达、跟踪检查各个环节的工作要求。组织召开2次商业开发储量审查会，摸清了下步产能建设的主要阵地和潜力方向。

积极推进油田开发项目统一筛选平台应用。增量开发项目管理模式不断深化和完善，覆盖7个大类开发投资项目的统一排队筛选平台首次投入应用，针对企业申报的2015年503个投资项目进行效益统一排队筛选，形成了不同油价条件下的部署方案，为决策优化奠定了坚实基础。

进一步深化增量项目管理。在项目目标中细化和明确效益指标，相关文本责任人签字，经企业总经理办公会审批形成批文，并提交总部备案。完成方案或设计的优化、审批、备案流程，才能申报和分批下达，并作为跟踪检查的依据。各油田企业制定了实施细则，从年初的不适应到逐渐运行顺畅，开发投资项目责、权、利统一的项目管理模式逐步形成。

进一步精细化存量管理。结合区块目标管理，推进全覆盖、全要素分析，特别是针对低效、无效区块进行了系统研究，明确了挖潜增效目标和暂不投入区域。各油田企业建立了重大措施管理办法，推行措施责任制，落实分级责任，提高措施总体效益。

持续开展项目全过程的跟踪监管与优化调整。加强“油田开发部署管理系统”的建设与维护，组织编写月度分析报告，及时掌握实施进展和效果。开展6批次项目对接，检查项目进展、落实分批部署、控制实施风险。

（许进进）

气田开发

【概述】 2014年，天然气开发工作以提高发展质量和效益为核心，以安全生产为保障，全力抓好元坝海相、大牛地、川西中浅层和海域四大产能建设工程，加强滚动勘探与气藏评价工作，积极准备新的建产阵地，加强产销衔接，超额完成年度天然气生产任务。

气田开发储量动用情况。截至年底，石化股份公司各油田企业投入开发气田 115 个，累计动用天然气储量 13 329.04 亿立方米，储量动用率 51.73%，可采储量 4 893.95 亿立方米，标定采收率 36.72%，剩余可采储量 2 436.19 亿立方米。其中，气层气动用储量 10 077.69 亿立方米，可采储量 3 962.94 亿立方米，标定采收率 39.32%，剩余可采储量 2 262.97 亿立方米；溶解气动用储量 3 251.35 亿立方米，可采储量 931.01 亿立方米，标定采收率 28.63%，剩余可采储量 173.22 亿立方米。全年新增天然气动用储量 1 197.00 亿立方米、可采储量 545.57 亿立方米。

气田开发现状。截至年底，共有天然气生产井 4 550 口，开井3 497口，开井率76.86%，平均单井日产气 1.85 万立方米，采气速度 2.19%。采出程度 16.88%，剩余可采储量 2 033.23 亿立方米，储采比为 9.23。2014 年度天然气储采平衡系数为 2.4。

（张　华）

【天然气产量】 2014 年计划工业气产量 190 亿立方米，实际完成 190.56 亿立方米，完成年度计划的 100.29%，同比增加 5.2 亿立方米，增幅 2.8%。

（张　华）

【生产能力】 截至 2014 年底，石化集团公司天然气生产能力 222.41 亿立方米，同比增加 23.67 亿立方米。气层气生产能力 210.06 亿立方米，增加 23.61 亿立方米。其中，新建气层气生产能力 38.85 亿立方米，气层气老区核减生产能力 15.24 亿立方米。溶解气生产能力 12.35 亿立方米，增加 0.06 亿立方米。其中，新建溶解气生产能力 1.71 亿立方米，溶解气老区核减生产能力 1.65 亿立方米。

（张　华）

【天然气开发管理】 元坝 17 亿立方米试采产能建设工程投产一次成功。西南油气分公司强化气藏地质研究，全力抓好现场组织管理与协调，确保了元坝气田试采项目一次投产成功。气田动用储量 515.36 亿立方米，新钻开发井 9 口，利用老井 5 口，建成混合气产能 20 亿立方米（净化气产能 17 亿立方米）。该工程的投产大幅提高了石化股份公司的天然气供应能力。

大牛地气田持续上产工程高效推进。华北分公司继续加强致密低渗气藏储层预测和含气性预测技术、水平井优快钻完井和分段压裂技术的研究和应用，在大牛地气田大 65—大 98 井区，新钻开发井 120 口，动用储量 477 亿立方米，平均单井日配产 2.5 万立方米，新建产能 10 亿立方米。截至 2014 年底，大牛地气田天然气保有生产能力达 45.5 亿米^3/年，年产天然气 40.0 亿立方米，同比增长 5.6 亿立方米。

川西中浅层持续上产工程稳步开展。西南油气分公司加大新区中江—高庙沙溪庙组气藏的评价和开发建产力度，加强老区新场沙溪庙组气藏、马井—什邡蓬莱镇组气藏精细调整和滚动扩边，新建产能 4 亿立方米。截至 2014 年底，川西地区天然气保有生产能力达 30.3 亿米^3/年，年产天然气 33.8 亿立方米，同比增长 1.6 亿立方米。

滚动勘探与气藏评价取得新进展。应用成熟的储层预测技术和水平井工程工艺技术系列，大牛地气田大 98—大 75 井区和大 65—大 66 井区落实商业开发储量 280 亿立方米；采用水平井缝网加砂酸压技术进行产能评价取得成功，大牛地气田下古奥陶系风化壳气藏落实商业开发储量 109 亿立方米；杭锦旗锦 66 井区应用和完善大牛地储层预测和含气性预测技术，以及水平井工程工艺技术，评价落实盒 2、盒 3 段商业开发储量 140 亿立方米；川西东坡中江沙溪庙组气藏评价落实商业开发储量 102 亿立方米。

（张　华）

采油气管理

【采油工程队伍】 截至 2014 年底，石化股份公司采油工程系统共有采油（气）厂 58 个、作业处（公司）3 个、采油院（工程院）10 个，合计总人数 151 009 人。其中，采油（气）厂 143 560 人，作业处（公司）4 108 人，采油院（工程院）3 341 人。从队伍类型上看，采油工程一线及辅助队伍（队站）共有 2 237 支、111 416人，采油（气）厂科研单位 131 个、5 615 人。其中，主要采油队伍（采油队、采气队、注水队、注聚队、注汽队）658 支、59 240 人，主要作业队伍（作业队、大修队和试油试气队）476 支、15 776 人。

（马玉生）

【重点工艺技术措施工作量及效果】 2014 年，石化股份公司各油田企业共实施油气水井大修作业 1 213 口，成功 1 150 口，成功率 94.8%，平均修井天数

26天。从大修工艺类型上看，大修主要以套损井修复、井下落物打捞、管柱解卡、复杂故障修复等复杂工艺为主，共实施974口，占大修成功井数的84.7%。共实施油气水井补孔改层措施4 873井次，有效4 049井次，有效率83.1%；油气水井压裂616井次，有效551井次，有效率89.4%。其中，水平井分段压裂352口(油井86口，气井266口)，占压裂总井次的57.1%。油气水井酸化1 762井次，有效1 513井次，有效率85.9%。油井泵升级1 325井次，有效1 050井次，有效率79.2%。油井防砂1 987井次，有效1 686井次，有效率84.9%。

（马玉生）

【采油气工程综合管理】 2014年，采油工程系统牢固树立提升发展质量和效益的理念，坚持技术与效益并行，积极组织生产、科研和管理工作，通过强化技术对降本增效的重要作用，积极开展专项治理及节能降耗等工作，采油气管理水平和运行效率得到进一步提升。

①开展专项调研和分析。调研油田板块采油工程技术瓶颈、南页1井分段压裂情况，分析20口已投产页岩气分段压裂水平井完井投产情况，解答联合国负责任投资原则组织提出的页岩气压裂过程中的环境保护问题。②每月继续定期编发《采油工程简报》《分段压裂水平井生产情况简报》和《油田开发区块目标管理工作简报》。③提高信息共享水平。全面执行中国石化工程库网络化填报和管理，以区块形式归集中国石化工程库管理系统。④长停井、废弃井治理有序推进。编制了《中国石化废弃井管理办法(征求意见稿)》，初步搭建了废弃井管理数据库，强化高风险治理管控，全年共完成1 827口井治理。⑤持续加大关键技术攻关和应用。在水平井压裂技术、页岩气完井开发技术、稠油热采、精细注水和海上安全生产技术等方面取得了进展或规模化应用。自主研发了可溶性纳米球、大通径桥塞等工具，全面应用裸眼分压、水力喷射、可钻桥塞等工艺，试验了自悬浮清水压裂等技术，全年共实施分段压裂水平井352口。国产泵送桥塞及配套技术在焦石42号平台成功应用，页岩气完井技术全面实现国产化。单2-平8井试验稠油水平井分段防砂、分段注汽技术，首次实现物理分隔均匀注汽。测调一体化精细注水工艺，两层测调时间节省65%，技术标准达到或超越大庆油田水平，累计应用1 200余口井。⑥严格采油气各生产环节的过程管理和成本控制，全年作业工作量下降3.3%，降本增效成果显著。

（马玉生）

【井下作业工作量情况】 2014年，石化股份公司各油田企业共完成油气水井井下作业工作量48 808井次，其中措施作业19 975井次，维护作业24 776井次，新井投产、投注4 057井次(口)，分别占总作业工作量的40.93%、50.76%和8.31%。油气水井年作业频次0.76次/口(不含新井和投注)，其中年措施作业频次0.34次/口，年维护作业频次0.42次/口。从生产井类型看，油井作业39 374井次，气井作业779井次，水井作业8 655井次，分别占油气水井井下作业总工作量的80.67%、1.60%和17.73%。

（赵崇镇）

【井下作业施工能力】 截至2014年底，石化股份公司各油田企业拥有小修队伍410支，年施工能力34 645口；大修队伍40支，年施工能力548口；试油(气)队伍26支，年施工能力1 199口。

（马玉生）

【井下作业装备现状】 截至2014年底，石化股份公司各油田企业共有井下作业设备3 116台(套)。后勤场站100座，其中油管厂23家，年检测油管2 730万米，年修复油管2 521万米；抽油杆厂11家，年检测抽油杆683万米，年修复抽油杆516万米；配液站3座，年配液能力13.2万立方米。

（马玉生）

油气集输

【概述】 截至2014年底，油田原油集输处理系统共建有联合站113座、接转站252座、原油稳定装置47套、油库12座、原油储罐库容146.06万立方米、原油外输管道1 127.30千米。设计联合站原油稳定能力5 709万吨/年，原油外输能力8 829万吨/年，2014年稳定原油2 672.70万吨。油田采出水处理系统建有污水处理站176座，设计含油污水处理能力142.74万米^3/日，全年处理含油污水4.49亿立方米。注水系统共有各类注水站760座、配水间2 823座，全年实际污水回注3.93亿立方米(其中有效回注3.30亿立方米)，污水处理站出口水质达标率92.1%。

（王立坤）

【主要技术经济指标】 油气集输密闭率70.1%，输油泵平均运行效率51.1%，管网效率81.4%，集输系统效率41.6%；注水泵平均运行效率74.3%，注水系统注水管网效率72.6%，注水系统效率54.0%。

（王立坤）

设备管理

【概述】 截至2014年底，石化股份公司油田设备固定资产原值403.06亿元、净值195.20亿元，设备新度系数为0.48。设备管理人员4 022人，设备维修人员7 116人；装机总功率873.03万千瓦。共有主要专业设备72 963台（套），设备资产原值316.02亿元，净值153.97亿元，新度系数0.47。其中，注采设备41 845台、油气处理与集输设备11 381台、运输车辆1 447台、辅助专用车辆1 715台、动力设备6 312台、工程机械956台。设备综合完好率99.14%，主要设备利用率87.86%。

（王　飞）

【油田设备状况】 2014年石化股份公司各油田企业主要设备平均新度系数见表2。

表2　**2014年石化股份公司各油田企业主要设备平均新度系数**

单位名称	钻采特车	注采设备	天然气处理设备	运输车辆	动力设备	其他	合计
石化股份公司	0.43	0.45	0.47	0.32	0.55	0.53	0.43
胜利油田分公司	0.47	0.45	0.33	0.33	0.30	0.25	0.43
中原油田分公司	0.30	0.34	0.15	0.28	0.42	0.21	0.33
普光分公司	0.67	0.75	0.75	0.25	0.68	0.72	0.70
河南油田分公司	0.42	0.42	0.38	0.34	0.21	0.25	0.39
江苏油田公公司	0.51	0.54	0.52	0.42	0.44	0.27	0.53
江汉油田分公司	0.34	0.42	0.46	0.26	0.36	0.40	0.41
东北油气分公司	0.54	0.56	0.67	0.45	0.55	0.42	0.61
华北分公司	0.80	0.96	0.55	0.81	0.82	0.63	0.71
西北油田分公司	0.11	0.64	0.23	0.03	0.51	0.53	0.32
西南油气分公司	0.45	0.16	0.15	0.33	0.47	0.39	0.28
华东分公司	0.51	0.66	0.65	0.21	0.78	0.40	0.68

（王　飞）

【设备管理】 高度重视，严密组织，油田板块设备大检查成效显著。在总部的统一部署下，检查自2014年6月16日开始，至6月22日结束，历时7天，采取重点检查与一般抽查相结合、检查问题与督促整改相结合、总结经验与交流学习相结合的工作方式，通过听汇报、看资料、查设备、提问题、召开座谈会等形式，共计抽查6个油田企业所属的15个二级单位、36个基层单位、现场设备338台（套），查出问题和隐患111个，已全部限期整改完毕，确保了安全生产。

组织制定《高含硫天然气集输管道和站场检维修及报废管理规定》《海上平台检维修及报废管理规定》《海底管道检维修及报废管理规定》3项管理规定，为设备规范检维修及报废管理提供了依据。

大力推广节能环保设备。全年推广应用网电作业机、液压蓄能作业机、油管自动输送装置等节能环保设备40余套，既保障了作业生产，又取得了较好的节能环保效果。

紧紧围绕重点工程建设项目，狠抓大型、关键设备保供工作，确保了工程建设顺利实施。针对大牛地增压扩容项目11台压缩机运行中出现的问题，先后3次到现场及厂家，及时协调压缩机螺栓断脱的事故，组织论证解决措施，保障了运行安全。

（王　飞）

基层管理

【油公司体制机制建设】 开展全覆盖式调研，摸清管理现状，广泛听取企业意见建议，结合企业实际和内外部发展环境，历经上下10余次讨论完善，集中各层次人员智慧，编制形成了《中国石化油公司体制机制建设指导意见》及《分公司机关建设框架方案》《采油气厂建设框架方案》《科研队伍建设框架方案》《专业化队伍建设框架方案》4个配套框架方案，经石化集团公司党组会研究通过，为规范有序推进油公司建设奠定了坚实基础。石化集团公司油公司建设领导小组对各油气田企业上报的方案进行了审查批复。批复方案与现状相比，共减少分公司级机关部门24个、厂级机关科室149个；组建315个采油(气)管理区，减少基层单位555个；减少分公司级科研院3个、厂级科研所13个；整合组建分公司级和厂级专业化队伍334支。各单位按照批复方案精心组织实施，科研队伍建设基本到位，分公司机关、采油(气)厂和专业化队伍及配套机制建设有序推进。

(靳红兴)

【做实油田事业部】 按照石化集团公司"转变总部职能，做实油田、炼油、化工事业部"有关精神，坚持责权利对等原则，围绕事业部作为板块业务的利润中心和管理中心的定位，进一步强化了对板块战略发展、投资、财务、人事、科研、考核和安全环保等方面的管理。油田事业部成立了党委，完善了内部机构，组建了安全环保处、人力资源管理处、信息与科技管理处等处室；根据事业部职能变化，梳理了各处室管理职能。

(靳红兴)

【开展"从严管理年"活动】 油田板块坚持与教育实践活动整改工作相结合，与生产经营实际相结合，与基层管理提升活动相结合，与第六届"五项劳动竞赛"活动相结合，以基层为主阵地，以加强领导班子和干部队伍建设、强化"三基"工作、落实岗位责任制为重点，开展"从严管理年"活动。在活动中，各油田企业广泛落实"吸取'11·22'事故教训和从严管理大讨论、安全绿色发展理念大教育、岗位履职和应急能力大培训、岗位技能大练兵、岗位责任制大检查、生产经营指标大竞赛"六大措施，全面梳理查找问题，逐一整改落实，做到了时时从严、事事从严，实现了安全环保意识提升、员工素质技能提升、岗位履职水平提升、团队执行力提升、从严管理水平提升和单位业绩贡献提升。

(靳红兴)

【区块目标管理】 2014年，制定了区块效益及成本分类标准，印发了石化股份公司《气田开发区块目标管理办法(试行)》，把油气田开发区块重新梳理并规范为165个油田开发区块、33个气田开发区块。全面组织开展了区块投入产出分析工作，优选出20个典型区块进行重点督导，公布了区块利润、成本完成情况及排序，直观反映区块经营、效益情况，在胜利、西北开展了ERP大集中试点，大力落实"五到区块"工作，对促进区块效益的改善提升起到了重要作用。

(马玉生)

【持续开展"五项劳动竞赛"】 聚焦提升发展质量和效益，以"指标实、效益实、创新实"为基本要求，成功开展了第六届竞赛评比工作。在评比内容上，将采油气厂所辖区块目标管理指标排名前1/2作为主要参评条件，突出产量、成本、效益三维度评比；在评比方式上，变分公司自我推荐为石化股份公司层面统一评比，充分体现红旗优胜采油气厂的先进性和代表性；在过程管理上，借助"五项劳动竞赛"信息系统，强化动态跟踪、全过程管理，同时将连续5届红旗采油气厂冠名为先锋采油气厂，竞赛的先进性、激励性进一步增强。通过完善竞赛考评体系，做到了用数据说话，量化排序、优胜劣汰。经过评比排名，第六届竞赛共比出先锋采油气厂6个、红旗采油气厂21个、优胜采油气厂9个、金牌队所142个、五星级站库35个、银牌队所164个、四星级站库25个。与上届相比，采油气厂蝉联荣誉19个、晋级9个、降级2个、淘汰8个，红旗优胜采油气厂动态变化率55.9%，淘汰率23.5%；基层单位蝉联274个、晋级80个、降级12个、淘汰61个，动态变化率42.5%、淘汰率16.9%。

(靳红兴)

境内石油工程

综　述

2014 年，国际油价大幅下挫，工作量急剧下滑，重组上市工作紧迫和安全生产形势严峻，石油工程板块生产经营经受极大考验。面对困难局面，石油工程板块积极落实石化集团公司年度工作会议部署，紧紧围绕"一个中心""三大主题"，始终坚持"市场是根、服务是魂、效益是本"发展理念，着力拓市场、调结构、抓优化、建高端、严管理，全力挖潜增效，总体实现了生产经营和改革发展任务。

一、以服务勘探开发为首任，坚持提速提质提效，巩固并扩大了双赢成果

按照石化集团公司高效勘探、高效开发对石油工程的新要求，坚持保障勘探开发这个大局不动摇，用优良装备、优快技术、优秀队伍服务系统内部市场，为"五大会战"和各油区增储建产提供了有力的技术支撑和工程服务保障。与重组前相比，保障水平、服务效率、技措效果和生产组织效率持续提升，新区、老区井位等钻机现象基本消失。钻机平均月速度达到 2 478 米/台，同比提高 327 米/台；平均建井周期为 35 天，同比缩短 5.78 天；物探资料、井身质量和固井质量合格率、取芯收获率、测录井处理解释准确率、特种作业施工一次成功率、地面工程质量优良率等技术和质量指标均有新的提升。特别是涪陵国家页岩气示范区提速成效明显，通过研发应用新技术、新装备，推行"井工厂"模式和"流水线"作业，强化生产运行过程管理，平均完井周期稳定在 80 天左右，最快钻井周期不到 40 天，工程整体造价有了较大幅度下降。牢固树立内部市场也是市场的观念，不断强化服务意识，主动上门服务，与系统内多家单位建立战略合作机制；在新区成立了西部项目部和西南、华北、东北 3 个新区项目协调组，贴近一线组织生产，优化新区资源配置，以实际行动赢得了各油公司的大力支持。与上年相比，2014 年内部市场占有率提升了 3—5 个百分点。

二、持续推进结构调整，促进结构优化升级

在石化集团公司支持下，石油工程板块剥离 3 类非在职人员费用及机构管理费用 12.74 亿元，剥离办矿区业务支出 9 519 万元，基本实现了存续业务的整体剥离。制定出台石油工程队伍调整意见，重点淘汰无资质、超龄服役或老旧高耗及存在严重安全隐患装备。对石油工程单位和测井类队伍进行了资质复审工作。通过复审的队伍为：石油工程单位资质 181 支，其中甲级 46 支、乙级 90 支、达标 39 支、国外队伍 6 支；测井(含射孔)队 335 支，其中甲级 110 支、乙级 165 支、达标 45 支、国外队伍 15 支。年内压减专业队伍 152 支，其中钻井压减 66 支，录井压减 77 支，物探压减 9 支，对压减队伍实施了装备封存、资质收回。对各地区公司、专业公司及其所属二级单位拟定了压减层级计划。稳步推进业务外包和劳务输出，严控用工总量，盘活人力资源存量，截至 12 月底，用工总数比上年末减少 9 994 人，较重组前减少 16 938 人。

三、发挥专业化形成的资源统一配置优势，全方位推进资源优化

把资源优化作为内部挖潜、提高效率的重要抓手，加强组织领导，落实责任分工，建立例会机制，打破体制和管理的围墙，从公司、区域、企业 3 个层面推动石油工程资源的优化共享。按照内部收益率、投资利润率等指标对投资项目进行高低排队和比优遴选，持续优化调整投资结构。2014 年，将投资计划由 60 亿元压减到 50 亿元以内，实施过程中严格执行先调剂后更新的原则，严格控制非生产性项目，全年优化调减投资 11.57 亿元。注重发挥绩效考核政策的导向功能，新增资产利润率指标，促进各单位主动减少资产占用。制定公司《内部闲置、低效生产设备调剂盘活意见》和《资产优化实施方案》，搭建网上资产调剂租赁平台，对资产调出、调入方实施双向激励约束，实现了大型设备调剂、租赁、置换和转让常态化工作模式。全年通过内部调剂、利旧盘活资产 4.5 亿元，降低外部租赁费 1.89 亿元。

四、充分发挥科技的支撑和引领作用，打造高端取得新进展

瞄准非常规油气工程技术等勘探开发重点需求，加大科技创新力度，以应对页岩气、致密油气为代表的非常规工程技术集成创新和规模化应用取得重大进展，关键技术实现国产化和配套应用，水平井钻完井、分段压裂试气和测录井及综合评价解释等工艺技术走在国内前列，具有世界先进水平的 3000 型压裂车组成功实现工业化应用，为石化集团公司实现页岩气商业化运行提供了有力支持。在科研运行机制上，按照一级立项、项目管理、产权共享，对重点科研课题公开招投标，鼓励跨行业、跨行政体制组成联合攻关团队，全过程实行项目化管理。在地区公司层面，组建了江汉页岩气公司和中原工程技术服务公司，为技术服务业务独立发展进行了探索。同时不断加快对外合作步伐，学习借鉴国内外知名工程技术公司的先进技术和管理经验，与美国 FTS、威德福的合资合作公司分别组建完成；与哈里伯顿、法国地球物理勘探公司、英国 AMEC 工程公司、沙特 SCEC 公司以及中国兵器装备集团等公司的对外合作按计划推进。

（贺 莹）

石油地球物理勘探

【概述】 专业化重组后，石油工程地球物理公司负责统筹物探采集、处理、解释一体化经营。截至 2014 年底，石化集团公司共有陆地采集队伍 64 支，其中地震队伍 61 支、重磁电 1 支、VSP 与井间队伍 2 支；海上物探队伍 3 支。国内市场 50 支，其中甲级队 39 支、乙级队 11 支；国际市场 16 支。从业人员 9 346 人，其中正式职工 7 856 人、其他用工 1 490 人。2014 年，实现营业收入 47. 57 亿元。

（李 佩）

【主要装备】 截至 2014 年底，石化集团公司共有可控震源 140 台、数字地震仪主机共计 76 台(套)、接收道数 32. 67 万道；拥有全数字地震三分量数字检波器 2. 55 万个、单分量数字检波器 1 万个；拥有 VSP 采集设备 6 套、运载设备 2 434 台。

（李 佩）

【采集工作量及实施情况】 2014 年，完成二维地震 13 940 千米，其中集团内部 5 559 千米、国内外部市场 2 048 千米、国外市场 6 333 千米；完成三维地震 11 842 平方千米，其中集团内部 5 672 平方千米、国内外部市场 191 平方千米、国外市场 5 979 平方千米。国内二维日均生产 134 炮，同比提高 6. 5%；三维日均生产 434 炮，同比提高 7. 2%；地震资料优良率 88. 6%，同比提高 4. 8%。

（李 佩）

【主要技术进步】 首次实施陆上大面积三维地震块内无痕采集。针对陆上三维地震采集实施受装备、规模、近源干扰等制约，长期以来不能同时进行大面积施工、分块施工存在边界效应等问题，开展大三维地震整体设计、近地表整体建模、超级排列共享联动、超级排列实时监控、多源混源协同激发技术攻关，形成了陆上大面积三维无痕采集技术。在杭锦旗独贵加汗地区首次应用，满覆盖面积 1 377 平方千米，自西向东分为 4 个区块，统一施工设计、统一表层建模、统一质量标准、统一设备管理、统一队伍管理、统一施工组织，530 平方千米超级排列整体同步采集，共投入 428XL 地震仪 5. 5 万道、检波器 16. 5 万串，完成总炮数 95 455 炮，平均日效1 853炮，资料优良率达到 94. 88%，4 个区块无痕连接，获得高品质的剖面。

高效可控震源技术再获突破。2014 年，可控震源高能宽频激发技术进一步发展完善，并在塔里木盆地皮山地区成功应用，成为国内首个特大流动沙漠超深目的可控震源生产项目。历时 64 天完成 64 241炮，最高日产 1 378 炮，平均日产1 004炮，地震资料品质优于常规炸药震源，频带拓宽 10—15 赫兹，同时降低了高风险地区的公共安全风险，为可控震源在大沙漠区推广应用奠定了坚实基础，加快了向绿色、高效物探转型的步伐。

高精度三维开发地震技术发展进入新阶段。2014 年，在塔河油田 10 区西开展宽方位高精度开发地震采集试验，采用 42 线 8 炮 336 道观测系统，排列片道数14 112道，横纵比 1. 0。资料处理结果显示，串珠状反射更加清晰准确，弱小串珠得以呈现，不整合面起伏更加明显，标志着高精度开发地震技术进入新阶段，同时也为超级大排列在高精度地震采集中推广应用奠定了良好基础。

火成岩高精度地震采集技术效果显著。针对迈陈凹陷徐闻地区近地表多期火成岩喷发、表层复杂多变等技术难点，在精细表层结构调查的基础上，通过激发岩性优选和大组合基距激发等技术手段，降低了火成岩屏蔽对地震波激发的影响，大幅提高了徐闻工区资料品质和成像精度。

复杂环境下页岩气勘探地震采集技术成功应用。针对丁山地区地形高陡、地表灰岩出露、特别是东部连片大型煤矿采空区强干扰叠合区等技术难点，成功应用采空区时移地震技术以及基于三维速度场和目标层正演模拟的增强型观测系统设计技术，有效识别近地表煤矿采空区，优化设计观测系统，优选炮点加密位置，获得了高质量的页岩气地震勘探资料。

山前带宽线采集攻关取得积极进展。针对龙门山山前带近地表及深部地震地质条件的复杂性，通过开展激发、接收、观测系统和干扰波调查试验研究，确定了 5 线 3 炮宽线排列、20 米接收道距、2 250次覆盖次数的采集方案，剖面质量大幅度提高。

2014 年，石油工程地球物理公司的“可控震源高效地震采集与处理关键技术”获石化集团公司科技进步二等奖。

（李 佩）

【对外合作】 2014 年，石化集团公司与中兴通讯股份有限公司签订战略合作框架协议，双方将在地震勘探仪器研发及ICT等领域开展双边合作；石油工程地球物理公司与北京大学石油与天然气研究中心签署合作框架协议，共建油气地质与地球物理实验室。

（李　佩）

钻井工程

【概述】 2014年，石化集团公司共有钻井研究、专业技术服务及钻井施工单位42个，其中陆地钻井公司23个，海洋钻井公司2个，钻井研究院3个，钻井技术服务公司8个，其他油田服务公司6个。钻井系统用工总量约6.3万人，其中在岗正式职工约3.7万人。

（黄立玫）

【主要装备】 拥有陆地钻机811台，其中电动钻机203台、机电复合驱动钻机231台套、机械钻机377台套；海洋钻井平台11座，其中座底式3座、自升式7座、半潜式1座。各类顶驱238套；LWD(FEWD)78套，MWD172套；防喷器2 368台，其中单闸板290台、双闸板793台、环形防喷器531台；固井装备876台，其中水泥车280台、泥浆撬14台；欠平衡装备旋转防喷器55台；空气压缩机89套；钻机网电装置202台套。

（黄立玫）

【主要工作量完成情况】 2014年，平均动用钻机475.47台。全年开钻井4 680口；完井4 675口，其中集团内部市场3 779口、国内外部市场323口、国际市场573口；完成钻井进尺1 187万米，其中集团内部市场941.4万米、国内外部市场106.2万米、国际市场139.4万米。

（黄立玫）

【重点工艺井应用】 完成深井、超深井钻井321口，其中超深井(6 000米以深)钻井150口；定向井服务1 935井次，其中水平井587井次；各类固井9 269次；常规欠平衡井26口，其中气体钻井了21口。

（黄立玫）

【重点技术进步】 钻井提速提效效果显著。推广井身结构优化技术、“PDC钻头+扭力冲击器”“孕镶金刚石钻头+涡轮钻具”复合钻井及空气钻井等提速配套技术，并应用水力振荡器、水力加压器等工具，有效地提高机械钻速。2014年平均钻井月速2 492.13米/台，平均机械钻速10.98米/时，平均井深2 564.53米，平均动用队年进尺23 388.15米。

页岩气钻井技术逐步完善。形成页岩气长井段水平井钻井、三维大斜度井定向井、“井工厂”钻井、油基钻井液、油基泥浆固井等工程配套技术，逐步实现页岩气钻井技术和工具的国产化。发布《非常规油气井钻前工程技术要求》《非常规油气井钻机型机选型与配套》《非常规油气井钻井井身质量要求》《非常规油气水平井固井技术要求》等中国石化企业标准。

超深井钻井技术趋于成熟。开展钻井地质环境因素研究，推广超深井大水眼钻具钻进技术、垂直钻井技术、“PDC钻头+扭力冲击发生器”“PDC钻头+高速螺杆钻具”复合钻井等系列技术，形成超深井钻井配套技术，有效推进了西北、西南油区勘探开发进程。2014年超深井共完井150口，进尺67.87万米。其中，6 000—7 000米深井完井118口，进尺51.44万米，机械钻速6.68米/时，钻井周期79.34天；超过7 000米的井完井32口，进尺16.43万米，机械钻速4.85米/时，钻井周期132.55天。

创造多项钻井新纪录。①超深井钻井技术：热普3011－1井，由中原石油工程公司施工，完钻井深7 030米，创中国石化7 000—7 500米井段钻井周期最短纪录(72.9天)。②气体钻井技术：西北哈深2井，由胜利石油工程公司施工，空气钻井段93.00—671.27米，完钻井深5 173.50米，创中国石化气体钻井井深最深纪录(5 173.50米)。③套管开窗侧钻技术：YJ1－4CH井，由中原石油工程公司提供钻井施工，胜利石油工程公司提供套管开窗侧钻技术服务，完钻井深7 773.48米，垂深7 218.47米，创中国石化套管开窗侧钻点最深纪录(7 100米)；TP332CH井，由中原石油工程公司提供钻井施工，胜利石油工程公司提供套管开窗侧钻技术服务，完钻井深7 854.63米，垂深7 066.37米，创中国石化套管开窗侧钻完钻井深最深纪录(7 854.63米)。

（黄立玫）

测　井

【概述】 2014年，石化集团公司有测井、射孔队伍335支，其中裸眼井测井队202支、生产测井队47支、射孔队86支，分布在集团内部285支、国内外部35支、国外市场15支；共有员工6 365人；年经营收入28亿元。

（张新华）

【主要装备】 拥有主要测井仪器1 321台套，新度系数0.45，其中地面系统343套，包括成像测井地面系统137套、快速测井平台仪器81套、国产数控系列116套。拥有测井绞车382台套。其他设备426台套。拥有井下仪器7 558支，包括成像井下仪器321支、特殊井下仪器296支、常规井下仪器6 941支。

（杨明清）

【工作量】 2014年，石化集团公司测井队伍累计完成各类测井1.95万井次（不含射孔）、3.88亿标准米，同比分别减少2 069井次、0.57亿标准米。其中，国内集团内部市场完成各类测井1.68万井次，同比减少1 868井次；国内集团外部市场完成各类测井2 480井次，减少200井次；国外市场完成各类测井204井次，减少1井次。测井曲线合格率100%。

（张新华）

【主要技术进步】 泵送桥塞及多级射孔联作技术实现国产化，对国家级页岩气示范区焦石坝一期50亿立方米产能建设形成支撑。多极子阵列声波测井仪研制成功并应用，针对复杂储层和非常规油气藏的测井解释技术得到完善，解释精度不断提高。同时，泵出存储式测井技术以及大功率爬行器持续进步，并得到推广应用，在提速提效等方面发挥了重要作用。

（张新华）

录　井

【概述】 2014年，石化集团公司录井系统共有队伍733支，其中综合录井队568支、气测录井队4支、地质录井队161支；分布在集团内部585支、国内外部98支、国外市场50支。用工总量6 014人。年经营收入16亿元。

（张新华）

【主要装备】 拥有主要录井设备866台，新度系数0.42。其中，国产综合录井仪313台，新度系数0.44；原装进口综合录井仪32台，新度系数0.26；组装进口综合录井仪109台，新度系数0.46；气测录井仪27台，新度系数0.44；地质录井仪209台，新度系数0.55。

（杨明清）

【工作量】 截至2014年底，石化集团公司录井队伍累计完成录井5 160口、录井进尺1 280.75万米，同比分别减少298口、120.25万米。其中，国内集团内部市场完成录井4 623口，同比减少347口；国内集团外部市场完成录井317口，增加51口；国外市场完成录井220口，减少2口。录井质量合格率100%。

（张新华）

【主要技术进步】 综合录井仪在EXPLORER ZH－2品牌基础上升级到ZH－3型，无线传感器和系统软件等得到提升。综合地质导向技术持续进步，实现了井场多源数据采集、地质建模及实时监控调整，为提高储层钻遇率发挥了重要作用。

（张新华）

特种作业

【概述】 石化集团公司井下特种作业系统主要为油气田勘探开发提供试油测试、储层改造、修井完井等专业的石油工程承包和技术服务。全系统拥有员工11 472人，专业队伍343支。在页岩气试气压裂、酸性气试气、高温高压深井作业和滩海油田作业等方面有突出的表现，为油田增储上产、非常规勘探开发和滩海油田作业提供了有力保障。

（曹　明）

【主要装备】 拥有各类主要生产设备2 403台（套），拥有2000型及以上泵车214台，资产原值49.9亿元，新度系数0.66。

（曹　明）

【作业工作量】 2014年，完成井下作业7 345井次，完成试油气2 181层次。

（曹　明）

【主要技术进步】 页岩气试气压裂技术取得实质性突破，重点保障重庆涪陵页岩气产能建设，形成了页岩气开发大规模试气压裂关键技术，具备了页岩气水平井水平段长2 000米、分段压裂20段以上的技术施工能力。酸性气试气技术取得阶段性成果，形成了超深水平井酸压投产一体化管柱技术、长水平段衬管完井转向酸化工艺技术、试气投产作业套管保护技术、超深含硫气井连续油管修井技术等多项关键工艺技术，为元坝酸性气田2014年安全高效建成17亿米^3/年产能提供了强有力的支撑。大尺寸超长连续油管施工技术日臻成熟，通过优化管串组合，配套射孔、打捞、钻塞工具，满足页岩气水平井施工需要；此外，连续油管光纤产气剖面测试技术在涪陵得到成功应用。滩海油田作业做出新的贡献，大力支持胜利油田海上油田建设，能满足45米以浅的滩海海上作业，为胜利滩海油田产量突破300万吨做出贡献。

（曹　明）

油田地面工程建设

【概述】 2014年，油田地面建设经济效益稳定持续，基础管理体系逐步完善，市场开发力度持续加大，成本管控有效增强。全年新签合同额170.34亿元，其中集团内部116.22亿元、国内外部33.40亿元、海外20.72亿元；实现收入205.67亿元，其中集团内部107.26亿元、国内外部38.41亿元、海外60亿元；实现考核利润3.88亿元。

（刘　芳）

【资质情况】 拥有的设计咨询资质：工程勘察综合甲级，石油天然气（海洋石油）、离岸海洋工程、建筑行业（建筑工程）、市政行业（给排水、热力、燃气、环境）工程设计甲级；化工石化医药行业、水利行业（灌溉排涝、河道整治）、电子通信广电行业（电子系统工程）、机械行业（通用设备制造业工程）专业设计乙级，Ⅰ、Ⅱ、Ⅲ类压力容器设计资质和压力管道设计资质，相应设计资质的工程总承包资质。

施工及制造资质：化工石油工程、房屋建筑工程、公路工程、水利水电工程、市政公用工程施工总承包一级，桥梁工程、海洋石油工程、化工石油设备安装工程、钢结构工程、管道工程、地基与基础工程、建筑装饰装修工程、消防工程、防腐保温工程施工专业承包一级，港口与航道工程、机电设备安装工程、送变电工程、电力工程、无损检测工程专业承包二级，A1、A2、A3级压力容器制造许可证，GA1甲级、GB1级（含PE管道）、GB2级、GC1级压力管道安装许可证，GB1级、GB2级、GC1（2）（3）级、GC2级、GC3级压力管道设计许可证。

监理资质：房屋建筑工程、化工石油工程、市政公用工程监理甲级，电力工程监理乙级。

各所属单位全部通过ISO 9000质量认证、ISO 1800安全体系认证、OHSAS 18000职业健康安全管理体系认证。

（刘　芳）

【市场情况】 市场主要分为三大板块，分别是国内集团内部市场、国内集团外部市场和海外市场。国内集团内部市场主要服务胜利、中原、河南、江汉、江苏、西南、西北、东北、华北、华东等各油田，以及天然气分公司、管道储运公司、油品销售公司、炼化工程公司、长城能源化工公司、新星公司、国际石油勘探开发公司等专业公司。2014年，重点推进长输管道工程专业化发展，成立了新粤浙煤气管道工作组；拟重组成立海工专业公司和节能环保专业公司，培养新的业务增长点。国内集团外部市场主要涉及中国石油、中国海油、中化、各地煤化气公司、城市燃气公司等单位，以及高速公路、城市管网、房地产民用工程等社会市场。

（刘　芳）

【主要装备】 截至2014年底，拥有各类工程设备及仪器2.4万余台（套），包括各类工程机械、起重搬运机械、焊接切割设备、定向钻机组、工程勘察设备和仪器仪表等。滩浅海工程建设装备齐全，可建造浅海自升式平台、1万吨级大型固定平台，铺管作业水深可达100米。2014年重点安排了新粤浙管道施工设备购置、海上施工打桩锤更新项目、常规施工设备更新改造等项目，购置了海上液压打桩锤、600吨轮载式定向穿越机、重型海上静力触探设备、大型带压开孔封堵设备、LNG外罐施工装备、全自动焊机等先进设备，增强了高端化装备实力，为进一步开拓市场保供生产做好准备。

（刘　芳）

【主要技术进步】 2014年，石油工程系统共开展各级科研项目200余项，其中国家级5项、省部级30余项。国家科技支撑项目——大规模燃煤电厂烟气二氧化碳捕集纯化、驱油与封存工程示范及评价等；国家科技重大专项课题——集输系统积液、硫沉积与腐蚀控制技术；石化集团公司重大（重点）科技项目有：新粤浙煤制天然气长输管道工程建设关键技术、高含硫酸性气田集输系统维护及关键装备研究、油气田开采废气液环保节能技术等。

拥有施工工法 115 项，其中国家级工法 12 项、省(部)级工法 103 项。拥有授权专利 333 件，2014 年新申请专利 58 件，获得授权专利 84 件。

(刘　芳)

【重点工程】 2014 年，国内主要完成元坝气田 17 亿米^3/年试采地面集输工程、山东液化天然气(LNG)线路二标段主干线与泊里分输站外输管线工程、徐州新安油库工程、新疆春十区块燃煤高压注气站工程、中原油田石化总厂催化烟气脱硫脱硝装置工程、埕岛中心三号平台及其配套工程；开工及在建广西 LNG 项目输气管道工程粤西支线总承包工程、榆林—济南输气管道增压工程、大连石油化工研究院建设项目、广西 LNG 项目输气管道工程勘察设计、德阳清洁能源回收及利用项目、中天合创鄂尔多斯煤炭深加工示范项目净水场工程、中原—开封输气管道更新改造工程黄河穿越段工程、南气北输管道更新改造工程黄河穿越段工程、春光油田排二联合站自控系统改造工程、井楼油田燃煤锅炉烟气脱硫脱硝除尘改造工程、涪陵页岩气外输管线工程、平北黄岩一期上部组块及生活模块 EPC 项目。

(刘　芳)

海洋石油工程

【海洋石油工程装备】 2014 年，石油工程系统拥有海上钻井平台 11 座，其中自升式钻井平台 7 座、坐底式钻井平台 3 座、半潜式平台 1 座；修井作业平台 4 座，其中自升式 3 座、吊装式修井模块 1 座；各类船舶 266 艘，其中地震物探船 58 艘、地质工程调查船 2 艘、海洋运输船 8 艘。

(张　军)

【海洋工程建造与安装】 拥有分别位于胜利桩西内港和龙口胜利港的 2 处海工建造基地，以及胜利 901 铺管船、胜利 902 铺管船等海上施工专用船舶和装备。EPC 总承包的渤海海域处理液量规模最大的综合平台——埕岛中心三号平台及其配套工程于 2014 年建成并投产，获全国优秀焊接工程奖；承担的青东 5 区块滩海陆岸工程建成投产，研究应用了透空式进海路配套技术，满足了经济、环保要求；建成交付了胜利作业六号平台，作业水深 50 米，总重量达 5 500 吨；完成埕岛中心二号平台停产改造和 SH8 独立桩海上拆除，开辟了海上大型生产平台维修改造和废弃平台拆除施工新业务；EPC 总承包的平北黄岩 3 个上部组块建造项目，完成主体建造任务。

(刘　芳)

机械制造

【概述】 拥有三机厂、四机厂、钢管厂、江钻股份公司、四机赛瓦公司和机械研究院 6 家石油机械装备研发制造企业，分布在湖北武汉、荆州和潜江等地，涵盖钻井、采油及作业、油气集输工程等领域，产品包括钻机、钻头钻具、固井设备、压裂设备、修井作业设备、连续油管作业设备、带压作业设备、井下工具、油气输送钢管、天然气压缩机、水处理设备等，建有国家认定企业技术中心、院士专家工作站、博士后科研工作站、全国钻采专标委固压设备标准工作部等，市场覆盖全国各油气生产区域并出口 40 多个国家或地区，形成产品门类较为齐全、特色技术优势较为突出的石油机械装备研发、制造、销售和服务体系。

(田治明)

【四机厂获批筹建国家油气钻采设备质量监督检验中心】 2014 年 1 月 6 日，四机厂世纪派创石油机械检测中心获得国家质检总局正式批准筹建国家油气钻采设备质量监督检验中心。四机厂世纪派创石油机械检测中心建成了钻修井机综合性能试验场、固井压裂设备综合性能测试实验室、水压测试中心等，通过国家实验室认可与计量认证，取得 ISO 9001 和 API 双认证，检测能力覆盖 90% 以上的石油钻采类产品，检测项目达到 200 多个。

(陈志毅)

【江钻股份公司被认定为首批国家级知识产权示范企业】 2014 年 1 月 16 日，江钻股份公司被认定为第 1 批国家级知识产权示范企业，获得相关优惠政策和扶持。江钻股份公司面向市场开展“产、学、研、用”合作，持续推进技术创新和产品研发，积极构建具有自主知识产权的技术体系，获得中国授权专利 110 件，美国、俄罗斯、伊朗等国外授权专利 17 件，专有技术 217 项，技术创新数量和质量均走在行业前列。

(曹海峰)

【2 项 QC 成果在中国质量协会获奖】 2014 年 5 月 5 日，在中国质量协会举办的质量管理小组成果评选中，江钻股份公司牙轮车间钻铰 QC 小组“提高钻铰齿孔工序标准齿孔率”成果获一等奖，四机厂铆焊分

厂现场技术 QC 小组“降低螺旋输砂器装配返工率”成果获三等奖。课题实施以来，牙轮钻铰齿孔工序标准齿孔率提高到 99.96%，螺旋输砂器装配返工率降低 26.5 个百分点，有力促进了产品质量提升、加工效率优化和挖潜增效。

（田治明）

【四机厂获第 6 届 TWI 年度大奖峰会最高奖】 2014 年 5 月 19 日，在第 6 届 TWI 年度大奖峰会上，四机厂获年度卓越发展奖。该奖项是 TWI 峰会设立的最高奖项，四机厂是本届峰会唯一获此殊荣的企业。峰会上，四机厂发布的“0110 国配库领料流程的改善”和“大件入库流程改善”2 个工作改善提案，获得与会专家“‘教科书式’工作改善案例”的美誉。案例由该厂物流中心实施，通过对原有领料入库流程的分解和重组，创建起高效、安全、方便、快捷的新流程。仅“大件入库流程改善”提案，就可减少库存摆放面积约 3 000 平方米，每年可节约库房租赁费 28.8 万元、管理费用 11.5 万元、吊装运输费用近 120 万元。

（庞　坚　李　莹）

【成套钻修设备首次走进壳牌集团】 2014 年 5 月 27 日，四机厂与北京瑞智石油建井服务有限公司签订出口加拿大 1 台 XJ250 大配套修井机的供货合同。这是该厂首次以自营出口形式向加拿大出口石油设备，也是四机厂成套钻修设备第 1 次走进壳牌集团。

（王　佩　庞　坚）

【7 000 米钻机首次出口阿根廷】 2014 年 5 月 29 日，四机厂获得出口阿根廷 1 套 ZJ70D 大配套钻机的供货合同，这是该厂继 3 套 7 000 米钻机出口委内瑞拉后，在南美市场取得的又一突破。

（王　佩　庞　坚）

【压裂设备在涪陵示范区创 4 项新纪录】 2014 年 8 月 30 日，焦页 42 号平台 4 口井“井工厂”同步交叉压裂施工圆满成功。本次压裂规模为国内最大，所有参与施工的设备均由四机厂生产，其中包括 10 台 3000 型压裂车和 28 台 2500 型、2300 型压裂车，以及混砂车、管汇车、仪表车、配液车、供砂车等庞大的设备群，总装机功率 9.42 万马力，单日 8 段 15 小时连续作业，创造了四机厂压裂设备在单平台应用数量最多、总装机功率最大、连续作业时间最长、整体网络控制设备数量最多 4 项新纪录。

（任文喜　付喜艳）

【四机厂院士专家工作站揭牌】 2014 年 11 月 22 日，四机厂院士专家工作站揭牌仪式在湖北荆州隆重举行。中国工程院院士、武汉大学校长李晓红专家团队进驻四机厂院士专家工作站，就页岩气高效开发装备技术和超大规模压裂施工装备技术开展合作研究。揭牌仪式后，举办了中国页岩气高效开发装备技术院士论坛及研讨会。鲜学福、赵文智、罗平亚、李晓红 4 位中国工程院院士，分别就中国页岩气资源潜力与未来开发利用趋势预测、二氧化碳与页岩气竞争吸附动力学研究、页岩气开发钻井液技术、无水压裂技术探索等内容做了专题报告。

（余志群　赵　忍）

设备管理

【概述】 截至 2014 年底，石油工程系统拥有主要专业设备 17 018 台（套），其中陆地石油钻机 811 台（套），海洋石油钻井平台 11 座，测井设备 1 321 台（套），录井设备 866 台（套），钻采特车 2 043 台，地震物探设备 2 366 台（套），工程机械 1 243 台，海洋工程船舶 266 艘。设备资产原值 527.86 亿元，净值 268.35 亿元，新度系数 0.47。设备管理人员 1 464 人，设备维修人员 2 320 人。

（张　军）

【主要设备技术指标】 2014 年，石油工程主要专业设备综合完好率 99.04%，运转时率 67.61%。各专业设备指标见表 1。

表 1　2014 年石油工程主要专业设备技术指标

技术指标 / 设备分类	设备数量	综合完好率/%	运转时率/%	故障停机率/%	新度系数
钻井设备	822	99.46	74.91	0.05	0.47
测井设备	1 321	99.67	69.51	0	0.45

续表

设备分类＼技术指标	设备数量	综合完好率/%	运转时率/%	故障停机率/%	新度系数
录井设备	866	98.35	82.38	0	0.42
钻采特车	2 043	99.96	44.85	0.01	0.66
地震物探设备	2 366	99.29	71.43	0	0.47
工程机械	1 243	99.02	66.63	0	0.44
船　舶	266	99.06	51.78	0.02	0.67

（张　军）

【重大装备技术选型论证工作】 组织开展2014年度石油工程重大装备更新改造技术选型、方案论证和技术谈判工作，确定包括钻井、物探、测井、录井、固井、作业、油建和海洋8个专业主体与配套设备更新技术选型方案，组织签订567份技术协议，组织完成以上设备的集团化采购工作。同时对安排实施的沙特和科威特钻机项目重大装备的投产进度进行了跟踪和验收，确保重大装备的及时投产运行，有力保障了非常规和海外重点项目对石油工程重大装备的需求。

（张　军）

【设备大检查】 组织开展2014年度设备大检查工作，重点抽查在西北、西南施工的钻井、管具、固井、测井、录井及井下作业等队伍，共计抽查项目部6个、钻井队18支、大修队1支、录井队9支、压裂队4支，共查出各类问题234个，其中设备现场问题179个、基础管理问题55个，对查出的问题分类分层制定了整改措施。

（张　军）

【设备检测评估】 组织开展2014年石油钻机、修井机井架底座和整机检测评估分级工作，根据设备整体检测评估计划，全年共完成钻机修井机井架底座检测318部、各类整机检测评估80套。出具398份专业设备检测评估报告，全面分析了设备的整体状况、存在问题、安全隐患并指导制定了整改措施。通过以上工作的开展，进一步规范了大型设备检测评估工作，健全了大型设备档案资料，并为设备维修保养和判废报废工作提供了基础和依据，切实提升了设备运行效率和质量，确保了设备的本质安全。

（张　军）

【机械研发制造业务管理】 进一步明确机械研发制造业务的发展思路，组织编写《中国石化制造2025（石油工程装备）》。组织开展水下采油树关键技术研究及成套设备研制、海洋石油水下井口头系统工程、3000型成套压裂装备应用示范工程、海洋油气压裂作业系统研制、160吨油气不压井作业装备研制及转化、低成本低噪音地热钻机研制项目等研发工作。积极推进机械制造业务的合资合作工作，与多家公司进行技术交流，其中与德国海瑞克公司就钻机自动化项目开展合作并取得实质进展。

（张　军）

【新设备应用】 组织胜利和中原钻井公司对胜动集团开发的TP12V190ZLO－3、TP12V190ZLDPO－3共2种钻井用天然气发动机进行多次工业性试验并取得成功，此天然气发动机适于5 000米以下钻机替代柴油机作为钻机动力设备，达到节能减排、降本增效需求。积极组织推动焦石坝工区网电钻机使用工作，在效益与减排方面取得较好的成效。

（张　军）

炼油生产

- ◇ 综述
- ◇ 工艺技术进展
- ◇ 装置达标和节能减排
- ◇ 设备管理
- ◇ 质量管理
- ◇ 原油资源及储运

综　　述

2014年是炼油生产经营异常艰难的一年，国内油品市场需求增速持续下降，结构性供需矛盾与产能过剩局面并存，特别是7月以后，国内成品油价格出现“十一连降”，炼油经营形势急转直下。面对严峻形势，炼油板块认真贯彻石化集团公司党组部署，始终围绕提高发展质量和效益，优化生产组织，强化从严管理，推进转型发展，炼油生产经营取得较好成绩。

坚持贴近市场，灵活组织生产。以整体效益最大化为原则，优化加工量安排，控制效益较差企业的加工负荷，对边际效益为负的企业实施阶段性停产；合理安排有效产能，优化检修组织，全年推迟装置检修15套次，提前检修4套次，主动延长检修8套次，长期安排停工待料装置56套；完善出口设施、优化出口品种，保持了出口成品油稳定增长，拉动加工增量464万吨。

围绕价值创造，优化产品结构。适应市场需求结构的变化，紧盯产品价值创造的潜力，持续开展PIMS和RSIM全流程优化模型的应用，灵活调整生产组织；实施企业间和板块间物料互供，加大产销协调，提高计划执行率；加强与中国航油协调，扩大航煤以出顶进业务，航煤产量取得突破；附加值较高的汽油、高标号汽油、航煤以及国Ⅳ以上标准油品均大幅高于加工量增幅，产品结构优化继续成为主要的增效措施。

把握核心要素，突出成本控制。发挥装置潜力，积极配合联合石化公司调整采购策略和节奏，在原油贴水和油价大幅下降背景下，实现了整体采购降本目标；持续优化国内原油运输，全年原油资源配置完成中管道输送量比例同比增加2.23%，二程、三程运输持续减少，“一程油轮大型化，二程运输管道化”的运输格局基本确立；抓住化工原材料和辅材原料价格下行趋势，强化招投标和议价谈判，四季度起柴油和渣油加氢催化剂价格下降20%以上。

着眼内涵发展，调控资本投入。推进安全环保隐患治理和质量升级项目，突出存量资产结构调优，控制新建产能投资节奏，全年炼油板块累计投入233亿元(含管道)。石家庄炼化、扬子石化、塔河炼化等油品质量升级和改造项目顺利投产；泰州石化装置关停和转型发展取得突破；以海南炼化、镇海炼化、青岛炼化为核心，金陵石化、扬子石化、天津石化等为补充的出口格局初步形成；限期治理的催化烟气、污水提标项目按期完成并投用。

推进质量升级，奉献清洁能源。根据国家油品质量升级要求加快项目建设，优化生产方案调整。自2014年8月15日起车用柴油全部达到国Ⅳ标准，提前完成了柴油质量升级工作。同时适应地方个性化排放要求，主动配合销售企业推动相关省市加快油品质量升级步伐，保证了南京市、福建省、浙江省、广东省、天津市等区域高标准油品供应。

强化从严管理，夯实发展基础。狠抓非计划停工管理，按照事故模式分类分级，推行月度通报、季度分析、即时约谈、专项考核等方式加强管理，炼油非计划停工多发势头有所遏制；严抓检维修管理，坚持淡季检修最大化调控，编制三年滚动计划，强化检修准备、检修过程、开停工等关键环节技术服务；强化安全环保管理，深刻吸取“11·22”事故教训，开展“大检查、大治理和回头看”活动，组织管道专项检查和安全专项抽查，推进安全风险防控和隐患防治常态化。

促进职能转变，做实事业部。按照总部统一部署，安全、环保、投资以及原油业务管理等9项职能顺利移交、平稳过渡。在成立机构和补充人员后，强化了安全环保责任意识和履职要求，各项工作全面铺开并初见成效；制定了《炼油板块固定资产投资管理暂行办法》等5项制度，建立了投资回报比选排队机制；初步完成炼化企业组织机构标准化和“三定”规范；修订了绩效考核办法，以效益为导向，主辅结合、全方位、多角度的考核激励体系基本形成。

（孟宪强）

工艺技术进展

【常减压蒸馏】 截至2014年底，中国石化35家炼油企业共有66套常减压装置，总加工能力为2.92亿吨/年，比上年增加1 300万吨/年。全年共有59套装置投入运行，共加工原油2.37亿吨，同比增加328万吨。原油平均硫含量1.53%，平均酸值0.52毫克(氢氧化钾)/克，API平均29.38。常减压蒸馏工艺的技术进展主要集中在原料劣质化、运行周期延长、节能降耗等方面。

原料劣质化：加工原油中的劣质原油比例从上年的63.20%增加到67.02%，同比增加了3.82个百分点。

工艺指标情况：常减压装置的一次平均轻收为40.57%，比上年下降1.21个百分点；总拔67.69%，比上年下降0.97个百分点；装置能耗9.10千克标油/吨，比上年下降0.03千克标油/吨。

运行周期延长：通过强化设备管理、开展工艺防腐、严格日常巡检、及时消除隐患，有效减少了非计划停工。截至年底，有11套常减压装置实现四年一修的长周期运行目标。

新技术应用：茂名分公司、扬子石化持续推进原油在线调和技术的应用。

（林 崧）

【催化裂化】 2014年，中国石化催化裂化装置在改善产品分布、提升环保水平等方面进步较大。装置总加工能力达到7 551万吨/年，比上年增加440万吨/年，平均装置规模130万吨/年。其中，扬子200万吨/年、石家庄220万吨/年催化投产，中国石化200万吨/年以上催化裂化装置达到12套。全年运行装置52套，加工原料6 751万吨，运行期间负荷率96.58%。与此同时，一批新技术、实用技术在催化裂化装置中得到应用。

环保减排：催化裂化烟气净化取得显著进展，天津、石家庄、齐鲁、武汉、金陵、高桥、镇海、茂名等26套催化裂化装置的烟气脱硫脱硝设施投用，烟气中硫、氮氧化物排放大幅下降。受烟气脱硫脱销施工及运行影响，催化裂化装置平均能耗50.20千克标油/吨，同比升高1.23千克标油/吨。

产品结构优化：全年，催化轻收由上年的18.64%提高至18.98%；共生产汽油2 996万吨，同比增加186万吨，汽油收率从43.96%上升到44.38%，增加0.42个百分点，经济效益显著提高。

新技术应用：结合催化裂化提升增效活动，优化操作模式，采用增产汽油催化裂化催化剂，改善产品分布。完成国家环境保护部要求的中国石化“十二五”主要污染物总量减排目标责任书中36套催化裂化烟气二氧化硫治理项目。

（林 崧）

【延迟焦化】 2014年，中国石化共有36套延迟焦化装置运行，分布于25家企业，年加工能力4 685万吨，年处理量4 274万吨，平均负荷率95.97%，装置综合能耗为22.98千克标油/吨。焦化装置进一步优化操作，降低循环比、提高反应苛刻度，总液收继续保持在较优水平。

原料劣质化：焦化原料平均残炭达到21.79%、同比上升0.92个百分点，密度1.017千克/米^3、同比上升0.003千克/米^3。在原料持续劣质化的情况下，焦化装置的总液收达到63.1%，较上年降低1个百分点。通过优化加热炉操作、降低循环比等措施，焦化装置保持了较好的运行水平，生焦指数降低到1.33，同比下降了0.04个单位。

装置运行情况：开展多项措施提升装置运行水平，通过远程诊断系统结焦风险预测、操作条件对比优化等措施，引导基层装置深度开展提高运行效率的生产优化；同时继续开展各种渠道宣传推广焦化装置高苛刻度操作的经验和效果，有效地提升装置规范化、标准化运行水平。

装置改造及新装置投产：镇海炼化引进美国技术新建的210万吨/年延迟焦化装置投产，长岭炼化焦化装置完成改造。

（林 崧）

【催化重整】 2014年，中国石化新增重整能力290万吨/年，总加工能力达到3 133万吨/年。有37套催化重整装置运行，其中连续重整29套，加工量2 414万吨，平均运行负荷99.75%，生成油辛烷桶89.13%，能耗65.46千克标油/吨；半再生重整8套，加工量128万吨，平均运行负荷76.47%，生成油辛烷桶89.44%，能耗60.10千克标油/吨。

连续重整技术发展：工程建设公司与石油化工科学研究院联合开发的“60万吨/年逆流床连续重整技术”为中国石化自主研发、拥有完全自主知识产权，属世界首创，于2014年11月通过中国石化组织的技术鉴定。

新建连续重整装置投产：新建3套连续重整装置投产，包括扬子150万吨/年连续重整装置、石家庄120万吨/年连续重整装置、塔河60万吨/年连续重整装置。

连续重整催化剂应用：石油化工科学研究院开发的PS系列连续重整催化剂进一步推广应用。2014年投产的扬子石化150万吨/年国产连续重整、塔河炼化60万吨/年国产连续重整、石家庄炼化120万吨/年连续重整均采用PS－VI催化剂。截至年底，国内已投产的63套连续重整装置中，已有45套(其中中国石化27套)采用了PS－VI催化剂，4套采用了PS－VII型催化剂。

（林 崧）

【润滑油】 截至2014年底，石化集团公司共有糠醛精制装置9套，能力327万吨/年，负荷率80.13%；酮苯脱蜡装置12套，能力279万吨/年，负荷率75.55%；白土补充精制装置8套，能力123万吨/年，负荷率58.02%；加氢补充精制装置1套，能力10万吨/年，负荷率89.60%；润滑油加氢—老三套组合工艺装置2套，其中加氢改质总能力50万吨/年，负荷率71.27%；润滑油全加氢装置1套，其中裂化单元能力 30 万吨/年，负荷率 47.67%。2014 年基础油综合收率同比降低 1.86 个百分点，综合能耗同比上升 22.43 千克标油/吨基础油，综合物耗同比上升 0.52 千克/吨基础油。

6 月，润滑油天津分公司 5 000 吨/年精细润滑脂生产装置投产，实现了自主知识产权、具有国际竞争力的精细润滑脂产品的工业化生产，填补了高铁润滑、风电润滑等多项国内空白。

2014 年，润滑油公司投产包括 HDC－1 超重负荷发动机冷却液等在内的新产品 57 个，当年新产品产量达到 2.3 万吨。开发的汽油机油 SN/GF－5 5W－30、5W－20 获得美国福特技术认证，取得福特全球第 3 家供应商代码，至此长城汽油机油产品获得全球所有主流汽车厂商的认证。完成包括 ES－B 润滑脂获得 Bosch（博世）认证在内的国际 OEM 认证 50 项，写入说明书 63 家。申请发明专利 76 件，新增授权专利 36 件。

2014 年，润滑油公司多项重点项目取得突破。长城“氟素”润滑油脂产品成功护航长征三号丙增强型火箭顺利首飞；长城舰艇通用柴油机油被指定为某大型补给舰发动机用油；开发了 PSA A5/B5 0W－30 产品并配套神龙新车型；开发了长城 TGSB（M）/LF 32 涡轮机油新产品，满足世界上要求最苛刻的三菱重工 M02 规格要求；研制超高碱值船用气缸油产品 50100，取得 MAN 公司认证并在招商局集团多条新造 VLCC 超级油轮使用；75W－90 高铁齿轮油获长春客车厂技术认可，成为 CRH 380 动车组推荐的首款国产润滑油；自主技术磺酸钙润滑脂产品在太钢成功替代进口产品，取得了冶金行业高端用脂的技术突破；开发完成满足美国 FDA 标准的系列食品级润滑油、脂产品，获得美国 NSF（美国国家卫生基金会）认证，在啤酒生产等食品加工机械上成功使用，填补行业空白。

（林　崧）

装置达标和节能减排

【概述】 2014 年，中国石化 33 家炼油企业（不含福建炼化）轻油收率同比提高 0.39 个百分点，综合商品率降低 0.14 个百分点，加工损失率持平，综合能耗上升 2.3 千克标油/吨。

（李　鹏）

【炼油达标】 2014 年，中国石化轻质油收率、加工损失率、综合能耗、原油储运损失 4 项指标达到了年度达标考核指标，价值量化后炼油专业实现保标，是继 2003 年以来连续第 12 年实现专业达标。

1. 专业达标

实现炼油专业保标的企业有 20 家，分别是燕山、天津、沧州、河南、中原、齐鲁、胜利、九江、武汉、荆门、金陵、镇海、广州、北海、清江、扬州、泰州、东兴、青岛炼化、巴陵。

2. 专业竞赛

大型炼厂排名第 1 至第 6 位的企业是青岛炼化、广州、齐鲁、天津、镇海、金陵；中型炼厂排名第 1 至第 2 位的企业是北海、湛江；小型炼厂排名第 1 位的企业是清江。

3. 同类装置竞赛

常减压装置：56 套运行的常减压装置参与同类装置竞赛，排名第 1 至第 10 位的是金陵 4#、茂名 5#、天津 3#、青岛炼化、海南、北海、湛江、九江 1#、齐鲁 3#、武汉 2#。进步最快奖：武汉 1#（排名进步 26 名）、广州 3#（排名进步 25 名）。

催化裂化装置：52 套运行的催化裂化装置参与同类装置竞赛，排名第 1 至第 10 位的是九江 1#、上海 2#、青岛炼化、荆门 2#、镇海 2#、金陵 1#、青岛石化、茂名 4#、武汉 1#、安庆 1#。进步最快奖：荆门 1#（排名进步 32 名）、茂名 2#（排名进步 27 名）。

加氢裂化装置：20 套运行的加氢裂化装置参与同类装置竞赛，排名第 1 至第 4 位的是茂名 2#、广州、海南、天津 2#。9 套运行的渣油加氢装置参与同类装置竞赛，排名第 1 至第 3 位的是茂名、海南、长岭。

延迟焦化装置：36 套运行的延迟焦化装置参与同类装置竞赛，排名第 1 至第 6 位的是金陵 3#、广州 3#、广州 2#、武汉 2#、洛阳、北海。进步最快奖：镇海 2#（排名进步 18 名）。

催化重整装置：29 套运行的连续重整装置参与同类装置竞赛，排名第 1 至第 6 位的是金陵 2#、青岛炼化、茂名、镇海 3#、洛阳、天津。

半再生重整装置：5 套运行的半再生重整装置参与同类装置竞赛，排名第 1 位的是青岛石化。

蜡油加氢处理装置：13 套运行的蜡油加氢处理装置参与同类装置竞赛，排名第 1 至第 2 位的是洛阳、青岛炼化。

柴油加氢精制装置：52 套运行的柴油加氢精制装置参与同类装置竞赛，排名第 1 至第 10 位的是茂名 3#、北海、青岛炼化、天津 3#、广州 5#、九江 3#、安庆 4#、镇海 6#、齐鲁 3#、广州 4#。进步最快奖：海南（排名进步 18 名）、武汉 2#（排名进步 17 名）。

航煤加氢精制装置：18 套运行的航煤加氢精制

装置参与同类装置竞赛，排名第1至第3位的是茂名、燕山、天津。

汽油加氢精制装置：13套运行的催化汽油加氢精制装置参与同类装置竞赛，排名第1至第3位的是：北海、九江、青岛石化。

S-Zorb装置：18套运行的S-Zorb装置参与同类装置竞赛，排名第1至第5位的是镇海1#、金陵1#、济南、安庆、上海石化。

硫回收装置：49套运行的硫回收装置参与同类装置竞赛，排名第1至第6位的是：齐鲁2#、北海、洛阳1#、金陵4#、湛江2#、茂名6#。进步最快奖：胜利(排名进步25名)、镇海(排名进步20名)。

制氢装置：31套运行的制氢装置参与同类装置竞赛，排名第1至第3位的是武汉1#、沧州、青岛炼化2#。

气分装置：47套运行的气分装置参与同类装置竞赛，排名第1至第6位的是湛江2#、安庆2#、镇海2#、镇海1#、金陵1#、武汉2#。

溶剂精制装置：8套运行的溶剂精制装置参与同类装置竞赛，排名第1位的是济南1#。

溶剂脱蜡装置：12套运行的溶剂脱蜡装置参与同类装置竞赛，排名第1至第2位的是荆门1#、茂名1#。

MTBE装置：21套运行的MTBE装置参与同类装置竞赛，排名第1至第3位的是青岛炼化、北海、武汉。

污水汽提装置：62套运行的污水汽提装置参与同类装置竞赛，排名第1至第6位的是青岛炼化、镇海2#、洛阳1#、九江1#、武汉3#、金陵1#。

（李 鹏）

【节能减排】 2014年，因结构调整、质量升级、环保达标等因素影响，炼油综合能耗同比上升2.3千克标油/吨。用能水平持续进步，单因能耗同比降低1%。全面贯彻和实施"能效倍增"计划工作理念、方法，完善能耗预算、考核评价体系，提高单因能耗考核权重；开展节能调研及公用工程优化服务，为中小企业提供技术支持；加强节能培训，推广成熟及新型节能技术，促进企业用能水平提升；大力推动合同能源管理，合同能源管理取得新突破，拓宽了节能资金和技术渠道。随着各种节能技术的应用，装置能耗持续降低，全年主要生产装置用能水平持续提升，其中航煤加氢能耗同比下降44%、渣油加氢下降9%、柴油加氢下降3%、加氢裂化下降2%、制氢下降5%、常减压下降1%。

（谢小华）

【节水减排】 2014年，各炼油企业工业水运行情况良好，加工吨原料油平均取新水同比降低0.01吨；吨油排污水降低0.01吨；工业水重复利用率提高0.14个百分点；循环水浓缩倍数上升0.02倍；吨油取新水、排污水均达到历史最好水平。

继续推进节水减排工作。增加雨水回用设施，减少新鲜水用量；工业水运行差的企业向先进企业取经，制定措施减少循环水质波动大等问题，全年累计节约新水237万吨，减排污水210万吨，降本减费2 905万元，取得了良好的经济效益和社会效益。

（朱 哲）

设备管理

【概述】 2014年，炼油企业6类主要生产装置检修136套，是检修装置最多的一年，其中常减压装置检修18套、催化裂化装置22套、延迟焦化装置18套、加氢裂化装置16套、重整装置16套、加氢精制28套、润滑油及其他装置18套。炼油板块进一步加大检修管理力度：编写了《炼油企业检修管理指南》，2014年1月开始执行，为检修管理提供技术和管理依据，达到规范化管理目的；深入重点检修企业一线，开展检修全过程调研服务；开展企业间交流学习，提高检修管理人员水平；加强检修考核，年初下发了《炼油企业检修管理考核办法》，年中又制定了《炼油企业检修专项奖励办法》，以检修专项考核和奖励为导向，进一步提高了企业对检修管理的重视程度。从实施情况看，取得了较好效果，135套检修装置做到了一次开车成功。高桥分公司首次全厂装置停工检修，以解决公用工程系统从未进行全面检修而存在隐患的问题。为抓好此次检修，企业检修管理采用了"检修总指挥部+分指挥部、专业组、攻关组"模式；认真抓好检修准备工作，在少数技改项目批准时间晚的不利情况下，通过优化，达到了检修开始"四全"的目标；通过调整检修时间和优化检修安排，将检修高峰人数从近1万人缩减至6 840人。检修指挥部实行统一办公和"一门式"服务；上线了检修管理信息平台，对检修全过程进行动态监控。经过64天检修，所有装置做到一次开车成功。

各企业继续抓好装置运行管理，把提高装置长周期运行水平当作降本减费、提升企业竞争力的重要措施来抓，装置运行水平进一步提高。截至年底，在中国石化主要炼油生产装置中，有112套装置实现四年一修，比上年增加20套；三年一修以上的有337套，同比增加33套。

炼油板块坚持组织设备专家深入企业进行调研和开展各种技术服务活动，2014 年9 次派设备专家到现场技术服务，帮助企业解决大机组振动、设备结焦清理等实际问题，促进了企业检修质量和设备运行水平的提高。

进一步加强烟机运行管理。2014 年，中国石化47 台烟机累计负荷率85.8%，提高1.0 个百分点；能量回收率92.0%，提高0.1 个百分点；同步运行率98.8%，提高0.3 个百分点。烟机同步运行率和负荷率保持了较高水平。

（任 刚）

【设备防腐蚀管理】 2014 年，设备腐蚀依然比较严重，腐蚀泄漏时有发生，因腐蚀导致的非计划停工9 次，占总次数的14.5%。

常减压、催化分馏和吸收稳定、加氢高压换热器、空冷等系统均出现了比较严重的设备腐蚀问题。常减压装置设备腐蚀依然主要集中在常压塔中上部塔壁、塔盘、分配器以及塔回流段等部位，从腐蚀形态看此部位的腐蚀属于氯化氢+硫化氢+水的腐蚀环境。部分企业的减压塔规整填料出现了腐蚀破碎，主要是在环烷酸以及高负荷下减压塔线速高的共同作用使塔填料出现腐蚀破碎。由于原料氯含量超标，部分企业加氢装置高压换热器、空冷换热管内出现铵盐结晶、结垢，堵塞腐蚀设备，导致设备出现泄漏。

（吕 伟）

【加热炉运行情况】 通过对加热炉持续的节能改造和示范炉项目推广，加热炉热效率进一步提高。2014 年组织加热炉测评中心对15 家炼油企业的304 台加热炉的运行和管理进行了检查和测评，加权平均热效率91.9%，同比提高0.4 个百分点；平均排烟温度136.7℃，上升1.5℃；氧含量4.07%，继续保持较低水平。

组织加热炉测评中心制定催化余热锅炉热利用率测试方法，对15 家企业的25 台催化余热锅炉进行了测试，加权平均热利用率68.9%，排烟温度193.73℃。

（朱 哲）

质量管理

【概述】 2014 年，中国石化炼油企业继续推进产品质量升级工作，在保证车用汽油达到国Ⅳ标准的同时，提前实现国Ⅳ车用柴油产品质量升级，并满足地方省市质量升级工作要求。炼油产品质量总体保持稳定，通过严格产品内控指标管理和加强全过程产品质量控制，产品质量稳定满足标准和用户使用要求。在国家、各级政府部门和中国石化对炼油企业产品质量监督抽查中，产品质量合格率均达到了100%。

（尹彤华）

【产品实物质量】 2014 年，炼油产品实物质量总体稳定，质量升级工作稳步推进。车用汽油质量全面达到国Ⅳ标准要求，提前完成了国Ⅳ车用柴油质量升级任务，供应南京、广东的车用汽柴油质量达到国Ⅴ油品标准要求。为确保产品质量升级工作顺利完成，组织部分重点企业就质量升级方案、项目建设与投产进度、系统置换时间、区域优化加工、应急处理措施等方面的内容进行了对接落实，并跟踪实施进度。

国Ⅳ车用柴油升级：完成新建、改造柴油加氢精制、加氢裂化、加氢改质等项目建设，同时为满足氢气资源与污染物排放的要求，配套建设了重整、制氢、硫黄回收等装置。8 月15 日起，出厂车用柴油全部达到国Ⅳ标准。

地标汽、柴油升级：积极支持各省、市提前实施质量升级的要求，在满足北京、上海、江苏等地国Ⅴ车用汽、柴油需求的基础上，积极跟踪各地方提前质量升级情况，根据地方政府确定的供应时间，组织相关重点企业就产品质量升级措施进行专项对接落实，并及时跟踪实施进度，保证了广东省国Ⅴ车用汽油、杭嘉湖国Ⅴ车用汽油、南京市国Ⅴ车用柴油、天津市国Ⅴ车用汽柴油等产品的及时供应。

（尹彤华）

【产品质量管理】 2014 年，中国石化积极践行“每一滴油都是承诺”的质量方针，不断完善客户服务管理理念，以炼油企业产品质量管理制度为重点，强化质量管理体系运行的有效性，全面提升企业质量管理水平。通过严格产品内控指标管理，强化过程质量控制，完善原料质量把关，积极开展用户质量技术服务，提高了炼油产品质量的控制管理水平。组织开展了“质量日”活动，召开炼油质量工作会议，强化用户走访活动，完善质量责任追究制度，提高了全体员工的质量意识和管理队伍的业务技术水平。各企业强化质量管理，狠抓全员、全过程质量培训和质量控制，加大质量事故责任考核力度，炼油质量管理工作得到了全面提高。

（尹彤华）

原油资源及储运

【原油资源】 2014年，石化集团公司炼化企业共完成原油资源配置2.38亿吨，其中石化集团公司自产3 261万吨、中国石油原油653万吨、中国海油原油390万吨、进口原油1.95亿吨。石化集团公司原油资源完成情况见表1。

表1　石化集团公司原油资源完成情况　万吨

项目＼年份	2014	2013	2012	2011	2010	2009
原油资源总量	23 840	23 386	22 308	21 996	21 405	18 521
自产原油	3 261	3 384	3 466	3 484	3 513	3 190
中国石油资源	653	473	516	572	510	705
中国海油资源	390	557	686	806	855	797
进口原油	19 536	18 971	17 641	17 133	16 527	13 829

（陈　栋）

【自产原油销售流向】 2014年，石化集团公司油田企业共完成原油资源配置商品量4 194万吨。其中，供石化集团公司炼化企业3 261万吨，供中国石油205万吨，供地方炼油企业695万吨。石化集团公司自产原油销售流向见表2。

（陈　栋）

表2　石化集团公司自产原油销售流向　万吨

项目＼年份	2014	2013	2012	2011	2010
原油配置量	4 194	4 204	4 153	4 099	4 087
石化企业	3 261	3 384	3 466	3 484	3 513
中国石油	205	197	188	166	136
地方企业	695	566	445	403	387
其　他	24	18	59	92	63
库存增减	9	39	-4	-42	-5

【储运设施】 原油管道：截至2014年底，石化集团公司共拥有在用原油长输管道7 051千米，设计输油能力(含二次输油能力)2.20亿吨/年，2014年实际完成原油输送量1.74亿吨。其中，管道储运公司负责运营管理的原油长输管道6 093千米，设计输油能力1.64亿吨/年，2014年实际完成原油输送量1.24亿吨，连续5年突破1亿吨，保障了炼化企业原油资源需求；油田企业负责运营管理的原油长输管道408千米，设计输油能力2 080万吨/年，2014年实际完成原油输送量1 334万吨；炼化企业负责运营管理的原油长输管道550千米，设计输油能力3 500万吨/年，2014年实际完成原油输送量3 631万吨。

原油储罐：截至2014年底，石化集团公司在用原油罐容合计5 618万立方米，其中炼化企业1 549万立方米、油田企业350万立方米、管道储运公司1 306万立方米、原油商业储备2 412万立方米。负责运营管理的国家储备原油罐容合计840万立方米。

原油码头：截至2014年底，石化集团公司共拥有原油深水码头12座、25万吨级以上原油泊位16座，分别是曹妃甸实华、天津港实华、青岛实华、日照实华、宁波实华、舟山实华、湛江港石化7座合资原油码头和镇海算山、福建青兰山、广石化惠州、茂名水东和海南洋浦5座企业自用原油码头。

（陈　栋）

【原油储运设施投用情况】　仪征—扬子原油管道建设工程建成投产。该工程途经行政区域依次为仪征市、南京市六合区，全线长35千米，干线及站场设计压力为4.0兆帕，设计输量为1 500万吨/年，线路管道规格为直径711毫米。工程于2014年10月23日中交，11月11日投产条件确认，12月2日顺利投用。

天津大港原油商业储备基地工程中交验收。该工程设计库容130万立方米，于2013年2月20日桩基工程开工，2014年12月16日顺利中交验收。基地的建成投产、较好的区域位置优势和储运系统依托条件，有效地缓解了华北地区炼化企业的原油储存压力。

（陈　栋）

【加强原油储运损失管理】　2014年，继续抓好原油储运管理工作，深化基准损失比对管理，加大“比学赶超”力度，促进企业及时发现差距，深入分析原因，抓好整改落实。全年原油储运损失率比上年下降0.011个百分点，减少原油损失2.0万吨。扬子、天津、金陵、茂名、镇海、青岛炼化、北海、上海、高桥、齐鲁、广州11家企业的实际储运损失率达到“优秀”等级。

（任　刚）

化工生产

◇ 综述

◇ 有机原料

◇ 合成树脂

◇ 合成橡胶

◇ 合成纤维

◇ 化肥

◇ 无机原料

◇ 质量管理

◇ 设备管理

◇ 达标管理和节能减排

◇ 计量管理

综　　述

2014年，世界经济复苏缓慢，中国经济增速回落，化工市场延续供大于求格局。产品价格下跌，市场竞争加剧，毛利空间被严重压缩。面对极为严峻的市场形势和艰巨繁重的生产经营、改革调整任务，化工板块在石化集团公司党组的正确领导下，以提高发展质量和效益为中心，紧紧围绕深化改革、转型发展、强化管理的工作主题、结构调整、降本压费、产销衔接，坚持低库存运行控制经营风险，生产经营和改革发展取得较好的成绩。

经营总量进一步做大。全年生产乙烯1 070万吨，同比(下同)增加72万吨；生产对二甲苯479万吨，增加31万吨；实现经营总量6 079万吨，增加256万吨。

结构调整持续推进。原料、装置以及产品结构调整工作均取得显著成效。吨乙烯原料成本降低105元，降本13.46亿元。截至2014年底，停产99套装置，其中长停64套、阶段性停工35套，全年减亏止损8亿元。合成树脂新产品与专用料比例57.4%，提高2.1个百分点；高附加值橡胶产品比例17.3%，提高1.6个百分点；聚酯专用料和差别化纤维产品比例76.8%，提高5.9个百分点。

技术经济指标进一步提升。采用所罗门全球烯烃绩效评价价格体系，中国石化14套乙烯装置重置资产投资回报率、净现金收益、现金操作费用和净能耗4项关键指标进步明显，茂名石化、中韩石化、中沙石化、镇海炼化(剔除大修因素)已处于世界石脑油群组前列。万元产值综合能耗1.52吨标煤，降低0.02个单位。节水880万吨，减排740万吨。

成本费用得到有效控制。变动费用、制造费用、管理费用、营业费用、财务费用均控制在年度预算内，化工吨产品完全费用1 457元，比年度预算目标低129元；6项重点费用比预算指标节约0.3亿元；降本增效10.5亿元，超年度目标31%。

竞争力继续增强。全年化工板块亏损28.1亿元(包括消化仪征化纤重组损失12亿元)，比年度预算少78.1亿元。7家非上市化工企业亏损25.5亿元，比年度指标超亏7.5亿元。与国内同行相比，石脑油效益优势同比扩大51亿元，保持市场竞争的比较优势。

一、狠抓从严管理，强化安全、环保、质量各项工作

2014年是中国石化“从严管理年”，化工板块按照总部统一部署，深入开展大讨论，全面诊断、梳理问题，详细制定实施方案，建立长效机制，确保活动扎实有效开展。

强化装置运行管理。修订完善非计划停工管理办法，首次把非计划停工纳入企业绩效考核内容。采用通报、专题分析、约谈、年度考核等形式，以高压态势严格考核问责。发挥整体优势，实现信息共享，在化工调度指挥系统开发非计划停工管理模块，已录入340起典型案例，使各企业能及时了解系统内非计划停工情况，杜绝同类事故重复发生，企业非计划停工频发的势头得到明显遏制。全年主要化工装置运行平稳率为96.6%，同比持平，事业部和石化股份公司级非计划停工25次，同比减少17次。

强化安全生产管理。深刻汲取“11·22”事故教训，在全系统组织2个阶段的专项安全检查，覆盖全部炼化企业。台湾高雄“8·1”气爆事件以及昆山“8·2”特别重大爆炸事故发生后，迅速组织企业对物料管道、原料(燃料)煤仓及输送系统、合成树脂料仓开展专项检查，及时防范风险。探索适合化工生产特点的监督管理方式，将石化集团公司安全大检查、安全巡视与事业部、企业日常监督有机结合，注重实效，实现安全监督管理的常态化。做好OSHA统计与分析，定期提出专题报告，客观反映安全管理薄弱环节。

积极推进隐患治理。按照“总部监督、分级管理、企业负责”的原则，落实项目“五定”管理，建立完善月报制度，及时协调解决问题，确保按期完成。全年化工板块批复安全隐患治理项目136项，投资5.65亿元，完成86项，其余项目正在实施。

强化环保管理。组织开展环保工作检查，从制度落实、总量减排、污染治理及达标排放、清洁生产、“三同时”、环境监测、环境风险7个方面查出67项问题，逐项提出整改要求和建议。开展芳烃装置泄漏检测和修复(LDAR)专项工作，完成燕山、齐鲁、天津3家企业10万多个点的检测，发现并处置泄漏点932个，减排VOC 156.1吨/年。积极推进环保治理，全年实施项目60项、投资14亿元，初步估算，年减排二氧化硫1 130吨、氮氧化物1.8万吨、COD 420吨、氨氮7吨、VOC 4 970吨。

加强检维修管理和现场服务。组织系统内专家，就检修计划及其内容、深度，检修工作的重点和难点等进行全面研讨，协助企业优化、完善开停工和检修方案，落实停开工低排放措施；开展现场技术服务，及时发现和解决检修过程中暴露的问题；针对装置运行中重要设备、关键部位出现的故障和问题，帮助查找原因、分析问题，研究落实解决方案，取得较好的效果。

加强质量管理。开展中国石化“质量日”和全国“质量月”活动，进一步提高全员质量意识。加强质量管理体系建设，组织开展体系有效性检查。强化质量监督和管理，持续开展质量改进。全年未发生上报石化集团公司质量事故，石化集团公司抽检样品235个，合格率100%；化工销售累计走访客户6 000余家(次)，其中联合生产企业共同走访1 000余家(次)，开展技术服务160余项，客户投诉同比减少7件。

二、狠抓结构调整，促进化工业务转型发展

2014年，化工板块将结构调整作为全年工作的重中之重，全力推进，为化工板块提高发展的质量和效益发挥了积极作用。

推进产业结构调整，积极稳妥退出长期亏损、扭亏无望的业务。4月，仪化公司长丝及加弹丝装置全部停工，标志着石化股份公司全面退出涤纶长丝业务。随着巴陵—长岭氢气管线的投用，湖北化肥合成气制乙二醇示范项目的建成投产，尿素业务全面退出。针对齐鲁氯碱存在的问题，停产环氧氯丙烷、隔膜碱、1#离子膜碱、1#氯乙烯和2#聚氯乙烯装置，将聚氯乙烯的月产量控制在2万吨以内。

推进原料结构调整，继续降低乙烯原料成本。裂解炉改造项目从以节能为重点调整为以原料适应性为重点、兼顾节能，全年完成8台裂解炉改造。发挥一体化优势，用好炼油、化工副产干气、饱和液化气、轻烃等资源。开展动态效益测算，灵活调整原料结构。全馏分石脑油投入比例40.76%，降低3.47个百分点。

推进产品结构调整，持续开展企业间的优化分工，开发生产效益好、有市场的专用料及差异化产品。开发成功茂金属高强度热缩膜材料、C型氯化聚乙烯、超低密度聚乙烯、透明抗冲聚丙烯等高附加值新牌号。聚乙烯承压管材料和聚乙烯汽车油箱料分别在中国石化加油站和福特汽车成功应用。溴化丁基装置攻关解决长周期运行问题，SBS/SEBS环保产品获国际认可。低熔点聚酯在万吨级装置上进行工业化试生产，6万吨/年超仿棉改造项目建成投产，丙烯腈聚合物改性产品、水溶聚酰胺切片、扁平腈纶等新产品开发取得突破。

推进装置结构调整。逐套装置进行效益测算，对没有边际贡献且不影响产品链的装置坚决限产、停产。关停巴陵和齐鲁隔膜碱装置、洛阳合资公司的聚丙烯及BOPP装置，及时止损减亏。

三、狠抓产销协同，紧贴市场优化运营

在坚持以销定产的基础上，以整体效益最大化为目标，加大效益测算力度，根据市场变化，合理调整装置负荷，适时优化产品结构。全年乙烯装置保持较高负荷，特别是下半年，确保效益好的环氧乙烷、苯乙烯、高压聚乙烯、低压聚乙烯等乙烯链产品满负荷生产，尽量外销乙烯，安排线性聚乙烯、聚乙烯醇等产品适当降低负荷，大幅压产效益差的聚氯乙烯。及时安排效益变差的芳烃装置降负荷生产，并对天津、上海2套小芳烃实施阶段性停产。合纤产品链安排PTA、聚酯切片等效益差的产品低负荷生产和阶段性停产，全年压产合纤12万吨、合纤原料64万吨、合纤聚合物47万吨。不考虑限产推价的收效，通过优化排产减亏约8亿元。

四、狠抓降本减费，严格控制成本支出

大力弘扬勤俭节约、艰苦奋斗的优良传统，以全面预算、全员成本目标管理和经济活动分析为抓手，采取各种措施、多管齐下控制成本费用。跟踪市场变化，努力降低存货、应收账款等流动资金占用，减少财务费用；强化节能减排，注重节能降耗、绿色低碳项目的实际效果，降低燃动费用；从严控制行政性和非生产性支出，6项重点费用同比减少5 590万元，比年度预算节约2 993万元。在消化折旧、人工成本等费用刚性上涨，以及市场下行产量减少的情况下，化工吨产品费用比年度指标低129元，降低8.1%。

五、狠抓投资优化，控制投资风险，注重投资回报

紧紧围绕提高发展质量和效益这个中心，持续加大投资优化力度，全年完成投资177亿元，在增加宁东煤化工项目股权收购并消化统计口径调整因素的基础上，投资规模仍控制在年度计划内，并有效保证了重点工程建设和安全环保需要。通过战略研究、市场分析和技术方案比较，反复优化中科、古雷、海南第2套芳烃、巴陵福建己内酰胺、安庆醚前液化气深加工等项目方案，研究提出青岛LNG轻烃和进口乙烷、丙烷利用方案，研究论证上海赛科、燕山、天津、中原建设MTO调整乙烯原料结构的方案，重新评估煤化工项目经济性和竞争力，从源头上控制投资风险。

继续抓好重点项目竣工投产工作，组织开展技术方案优化、“三查四定”整改落实、开工条件检查确认和投料试车现场服务等各项工作。宁夏能化历时半年打通全流程，成为中国石化首个建成投产的大型煤化工项目；扬子石化煤制气、湖北化肥合成气制乙二醇2套工业示范装置分别于1月、3月顺利开工试运，标志着中国石化在煤气化技术自主研发领域取得重大突破；南京化工公司煤制氢装置于4月顺利投产，为南京地区氢气资源的稳定供应和优化平衡创造有利条件；山东科鲁尔丙烯腈项目创造国内同类装置建设速度最快、投产时间最短、投资最省、设备国产化率最高4项纪录；长岭HPPO工业试验装置环氧丙烷单元于12月6日投外购双氧水开工，20日产品质量达到设计要求，一次开车成功。

六、积极推进改革，促进职能转变

为适应事业部职能转变的新形势、新任务和新要求，更好地发挥事业部在原料优化配置、产品统筹布局、运营整体优化等方面的作用，在总部的统一部署下，增设安全环保、投资发展和人事劳资处室，充实管理力量。结合职能转变后的管理要求，建立相应的投资考核体系、非计划停工管理办法、安保基金考核管理办法、预算管理以及化工板块绩效考核管理办法，逐步理顺管理流程、完善考核办法，为进一步做实事业部、建设事业部打下良好基础。

（张金萍）

有机原料

【概述】 石化集团公司有机原料主要产品有乙烯、丙烯、丁二烯、苯、甲苯、二甲苯、甲醇、丁醇、辛醇、环氧乙烷、环氧丙烷、环氧氯丙烷、苯酚、丙酮、丙烯酸、苯乙烯和苯酐等。其中，乙烯、丙烯、丁二烯、苯、甲苯、二甲苯为基础有机原料，其余为主要中间原料。

石化集团公司主要有机原料生产能力见表1。由表1可见，邻二甲苯、间二甲苯、丁醇、辛醇、环氧乙烷、环氧丙烷、环氧氯丙烷、丙烯酸、苯酐生产能力没有变化，其他产品的生产能力有所增加，其中甲醇、苯酚、丙酮的生产能力增长幅度较大，超过了40%。

石化集团公司主要有机原料产量见表2。由表2可见，乙烯、丙烯、丁二烯、苯、甲苯、间二甲苯、对二甲苯、甲醇、环氧乙烷、苯酚、丙酮和丙烯酸的产量同比有不同幅度的增加；混合二甲苯、邻二甲苯、丁醇、辛醇、环氧丙烷、环氧氯丙烷、苯乙烯和苯酐等有机原料的产量同比有不同幅度的减少。石化集团公司的乙烯、丙烯、丁二烯、对二甲苯等产品在中国大陆地区继续保持主导地位。

表1　石化集团公司主要有机原料生产能力　万吨/年

产品名称＼年份	2014	2013	2012	2011	2010	2009
乙　烯	1 052.00	1 033.00	957.50	957.50	947.50	728.50
丙　烯	980.42	934.85	884.38	858.76	813.33	653.67
丁二烯	185.14	168.64	155.64	155.64	147.14	109.64
苯	538.38	505.61	454.59	411.84	410.34	370.52
甲　苯	143.14	136.14	117.44	117.44	117.44	103.45
混合二甲苯	305.76	233.66	179.98	146.52	146.52	119.96
邻二甲苯	46.52	46.52	34.52	34.52	34.52	30.52
间二甲苯	8.00	8.00	8.00	8.00	8.00	8.00
对二甲苯	483.91	477.91	406.81	406.81	406.81	406.81
甲　醇	131.74	87.10	97.10	44.50	44.50	44.50
丁　醇	37.50	37.50	37.50	26.50	17.00	15.00
辛　醇	30.50	30.50	30.50	41.50	41.50	41.50
环氧乙烷	121.31	121.31	68.46	64.46	49.46	35.46

续表

年份 产品名称	2014	2013	2012	2011	2010	2009
环氧丙烷	28.50	28.50	28.50	28.50	36.50	8.00
环氧氯丙烷	5.60	5.60	5.60	5.60	5.60	5.60
苯　酚	85.75	60.75	59.40	59.40	59.40	35.00
丙　酮	52.14	37.14	36.27	36.27	36.27	21.00
丙烯酸	23.08	23.08	23.08	23.08	23.08	23.08
苯乙烯	224.60	221.90	203.90	203.90	195.40	133.40
苯　酐	4.00	4.00	12.00	12.00	12.00	12.00

表 2　　石化集团公司主要有机原料产品产量　　万吨

年份 产品名称	2014	2013	2012	2011	2010	2009
乙　烯	1 069.78	997.98	954.18	1 003.75	918.95	671.33
丙　烯	896.59	855.47	808.77	819.96	752.97	633.65
丁二烯	145.46	132.85	137.36	137.33	122.93	86.72
苯	399.54	374.53	351.72	359.13	352.15	248.81
甲　苯	133.46	100.80	92.67	84.23	107.96	58.91
混合二甲苯	174.80	189.85	183.09	150.31	163.69	89.79
邻二甲苯	52.95	54.12	55.05	55.57	50.10	47.33
间二甲苯	5.18	4.95	4.91	5.59	3.79	3.43
对二甲苯	479.14	447.79	440.55	441.11	402.31	297.73
甲　醇	106.77	53.22	64.90	19.88	32.97	19.71
丁　醇	34.17	35.11	37.05	27.34	21.69	21.22
辛　醇	27.55	29.32	33.08	41.51	44.21	42.11
环氧乙烷	112.03	86.79	70.12	65.62	52.22	41.46
环氧丙烷	26.51	29.66	29.47	30.58	20.61	8.62
环氧氯丙烷	1.22	3.07	4.68	4.17	4.61	3.36
苯　酚	62.97	59.72	59.66	63.14	54.97	32.22
丙　酮	38.97	37.08	37.02	39.24	34.10	20.11
丙烯酸	12.12	6.37	11.59	14.37	5.81	14.07
苯乙烯	208.37	214.51	204.22	191.97	163.68	109.94
苯　酐	1.79	3.84	12.75	11.62	12.05	11.64

（张　燕）

【乙烯】 石化集团公司生产乙烯的企业有燕山分公司、上海石化、齐鲁分公司、扬子石化有限公司、茂名分公司、镇海炼化、广州分公司、天津分公司、中原石化、中韩石化、上海赛科公司、扬巴公司、福建炼化、中沙石化和燕化有限公司共15家。

截至2014年底，石化集团公司乙烯生产能力为1 052万吨/年（含中原MTO装置），增加19万吨/年，其中福建炼化乙烯装置扩能新增19万吨/年。

各企业乙烯生产能力分别为：燕山分公司71万吨/年、上海石化70万吨/年、齐鲁分公司80万吨/年、扬子石化有限公司80万吨/年、茂名分公司100万吨/年、镇海炼化100万吨/年、广州分公司21万吨/年、天津分公司20万吨/年、中原石化28万吨/年（其中乙烯装置产能10万吨/年、MTO装置产能10万吨/年）、中韩石化80万吨/年、上海赛科公司114万吨/年、扬巴公司74万吨/年、福建炼化99万吨/年、中沙石化100万吨/年、燕化有限公司15万吨/年。

2014年，石化集团公司实际生产乙烯1 069.78万吨，增产71.80万吨、增加7.19%。各企业乙烯产量详见表3。

表3 **石化集团公司分企业乙烯产量** 万吨/年

企业名称 \ 年份	2014	2013	2012	2011	2010	2009
石化集团公司合计	1 069.78	997.98	954.18	1 003.75	918.95	671.33
燕山分公司	77.63	72.30	75.06	75.31	84.16	84.13
上海石化	80.44	95.33	91.47	91.01	97.29	92.77
齐鲁分公司	80.07	72.30	80.07	85.17	85.57	76.01
扬子石化有限公司	75.66	70.55	64.95	81.81	67.85	79.60
茂名分公司	114.12	112.55	110.14	108.52	98.14	106.06
镇海炼化	97.06	111.08	110.27	110.84	52.59	—
广州分公司	22.21	22.50	22.42	20.41	22.46	22.50
天津分公司	21.33	22.21	18.82	23.05	23.76	18.91
中原石化	23.58	24.86	20.89	18.26	21.20	20.58
裂　解	12.33	12.79	12.10	16.53	21.20	20.58
MTO	11.26	12.07	8.78	1.74	—	—
中韩石化	83.09	25.67	0	—	—	—
上海赛科公司	108.09	116.67	104.09	106.52	129.43	87.53
扬巴公司	76.68	71.90	67.56	72.09	53.62	62.23
福建炼化	102.11	71.41	85.15	85.23	84.36	20.99
中沙石化	107.71	108.64	94.34	111.21	85.49	—
燕化有限公司	0	0	8.95	14.32	13.03	—

（张　燕）

【丙烯】 石化集团公司生产丙烯的企业有胜利油田分公司、石家庄炼化、上海石化、扬子石化有限公司（包括泰州石化和清江石化）、镇海炼化（包括杭州石化有限责任公司）、福建炼化、河南油田分公司、中原油田分公司、江苏油田分公司、燕山分公司、西安分公司、天津分公司、沧州分公司、高桥分公司、金陵分公司、安庆分公司、九江分公司、济南分公司、齐鲁分公司、青岛炼化、青岛石化、洛阳分公司、中原石化、武汉分公司、荆门分公司、长岭分公司、广州分公司、茂名分公司、湛江东兴公司、上海赛科公司、扬巴公司、中沙石化、海南炼化、中韩石化、燕化有限公司和巴陵石化共36家。

截至2014年底，石化集团公司丙烯生产能力为980.42万吨/年、增长45.57万吨/年、增长4.87%。丙烯生产能力变化的主要因素为：天津分公司生产能力核增1.5万吨/年，石家庄炼化生产能力核增11.3万吨/年，扬子石化生产能力核增16.85万吨/年，福建炼化生产能力核增15.92万吨/年。

2014年，石化集团公司实际生产丙烯896.59万吨，增产41.12万吨、增长4.81%。其中，炼油丙烯354.00万吨，减少0.45万吨；化工丙烯542.59万吨，增加41.58万吨。

（张 燕）

【丁二烯】 石化集团公司生产丁二烯的企业有上海石化、扬子石化有限公司、镇海炼化、福建炼化、燕山分公司、齐鲁分公司、广州分公司、茂名分公司、上海赛科公司、扬巴公司、中沙石化、中韩石化和燕化有限公司共13家。

截至2014年底，石化集团公司丁二烯生产能力为185.14万吨/年，增加16.5万吨/年、增长9.78%，其中上海赛科公司新建1套10.5万吨/年丁二烯装置，福建炼化装置扩能新增6万吨/年。

2014年，石化集团公司实际生产丁二烯145.46万吨，增加12.61万吨。

（张 燕）

【苯】 石化集团公司生产纯苯的企业有燕山分公司、天津分公司、石家庄炼化、上海石化、高桥分公司、上海赛科公司、金陵分公司、扬子石化有限公司、扬巴公司、镇海炼化、福建炼化、安庆分公司、九江分公司、济南分公司、齐鲁分公司、青岛石化、洛阳分公司、中原石化、武汉分公司、荆门分公司、长岭分公司、广州分公司、茂名分公司、湛江东兴公司、北海炼化、西安分公司、塔河炼化、中韩石化、海南炼化共29家。

截至2014年底，石化集团公司纯苯生产能力为538.38万吨/年。新增32.77万吨/年，其中燕山分公司新增10.00万吨/年、石家庄炼化新增7.00万吨/年、扬子石化有限公司新增12.77万吨/年、福建炼化新增3.00万吨/年。

2014年，石化集团公司实际生产纯苯399.54万吨，增加25.01万吨、增长6.68%。

（马国锋）

【甲苯】 石化集团公司生产甲苯的企业有天津分公司、石家庄炼化、上海赛科公司、金陵分公司、扬子石化有限公司、扬巴公司、镇海炼化、福建炼化、安庆分公司、齐鲁分公司、武汉分公司、长岭分公司、广州分公司、茂名分公司、中韩石化、海南炼化共16家。

截至2014年底，石化集团公司甲苯生产能力为143.14万吨/年，新增7.00万吨/年，主要是石家庄炼化产能增加。

2014年，石化集团公司实际生产甲苯133.46万吨，增加32.66万吨、增长32.40%。

（马国锋）

【混合二甲苯】 石化集团公司生产混合二甲苯的企业有天津分公司、石家庄炼化、高桥分公司、上海赛科公司、金陵分公司、扬巴公司、镇海炼化、安庆分公司、九江分公司、齐鲁分公司、青岛炼化、武汉分公司、长岭分公司、广州分公司、茂名分公司、湛江东兴公司、中韩石化共17家。

截至2014年底，石化集团公司混合二甲苯生产能力为305.76万吨/年，新增72.10万吨/年，其中石家庄炼化新增26.00万吨/年、九江分公司新增33.50万吨/年、北海炼化新增12.60万吨/年。

2014年，石化集团公司实际生产混合二甲苯174.80万吨，减少15.05万吨、降低7.93%。

（马国锋）

【对二甲苯】 石化集团公司生产对二甲苯的企业有天津分公司、上海石化、金陵分公司、扬子石化有限公司、镇海炼化、福建炼化、齐鲁分公司、洛阳分公司、海南炼化共9家。其中，镇海炼化司采用法国石油科学研究院(IFP)的工艺技术，海南炼化采用中国石化自主知识产权的成套技术；其他企业均采用美国环球油品公司(UOP)的工艺技术；上海石化和天津分公司分别有2套对二甲苯吸附分离装置。

截至2014年底，石化集团公司对二甲苯生产能力为483.91万吨/年，新增6.00万吨/年，主要是福建炼化产能增加。

2014年，石化集团公司实际生产对二甲苯479.14万吨，同比增加31.35万吨、增长7.00%。

（马国锋）

【邻二甲苯】 石化集团公司生产邻二甲苯的企业有扬子石化有限公司、镇海炼化、金陵分公司、齐鲁分公司、洛阳分公司、海南炼化共6家。

截至2014年底，石化集团公司邻二甲苯生产能力为46.52万吨/年；2014年实际生产邻二甲苯52.95万吨，减少1.17万吨、降低2.16%。

（马国锋）

【间二甲苯】 石化集团公司生产间二甲苯的企业只有燕山分公司，由吸附分离法生产对二甲苯改造为生产间二甲苯。

截至2014年底，石化集团公司间二甲苯生产能力为8.00万吨/年；2014年实际生产间二甲苯5.18万吨，增加0.23万吨、增长4.68%。

（马国锋）

【甲醇】 石化集团公司生产甲醇的企业有四川维尼纶厂和长城能源化工公司。

截至2014年底，石化集团公司甲醇生产能力为131.74万吨/年，新增44.64万吨/年，主要是长城能源化工(宁夏)有限公司煤化工装置建成投产。

2014年，石化集团公司实际生产甲醇106.77万吨，增加53.54万吨、增长100.60%。

（马国锋）

【丁醇】 石化集团公司生产丁醇的企业有齐鲁分公司、燕化有限公司、扬巴公司和长城能源化工公司。

截至2014年底，石化集团公司丁醇生产能力为37.50万吨/年；2014年实际生产丁醇34.17万吨，减少0.94万吨、降低2.68%。

（马国锋）

【辛醇】 石化集团公司生产辛醇的企业有齐鲁分公司和燕化有限公司。

截至2014年底，石化集团公司辛醇生产能力为30.5万吨/年；2014年实际生产辛醇27.55万吨，减少1.77万吨、降低6.03%。

（马国锋）

【环氧乙烷】 石化集团公司生产环氧乙烷的企业有燕山分公司、天津分公司、中沙石化、上海石化、扬子石化有限公司、扬巴公司、镇海炼化、茂名分公司和中韩石化共9家。

截至2014年底，石化集团公司环氧乙烷生产能力为121.31万吨/年；2014年实际生产环氧乙烷112.03万吨，增加25.24万吨、增长29.08%。

（马国锋）

【环氧丙烷】 石化集团公司生产环氧丙烷的企业只有镇海利安德化学有限公司，采用共氧化法生产环氧丙烷联产苯乙烯工艺技术。

截至2014年底，石化集团公司环氧丙烷生产能力为28.5万吨/年；2014年实际生产环氧丙烷26.51万吨，减少3.14万吨、降低10.60%。

（马国锋）

【环氧氯丙烷】 石化集团公司生产环氧氯丙烷的企业有齐鲁分公司和巴陵石化。

截至2014年底，石化集团公司环氧氯丙烷生产能力为5.60万吨/年；2014年实际生产环氧氯丙烷1.22万吨，减少1.86万吨、降低60.40%。

（马国锋）

【苯酚】 石化集团公司生产苯酚的企业有燕山分公司、高桥分公司、中沙石化和上海中石化三井化工有限公司。

截至2014年底，石化集团公司苯酚生产能力为85.75万吨/年，新增25.00万吨/年，主要是上海中石化三井化工有限公司新建装置投产。

2014年，石化集团公司实际生产苯酚62.97万吨，增加3.25万吨、增长5.45%。

（马国锋）

【丙酮】 石化集团公司生产丙酮的企业有燕山分公司、高桥分公司、中沙石化和上海中石化三井化工有限公司。

截至2014年底，石化集团公司丙酮生产能力为52.14万吨/年，新增15.00万吨/年，主要是上海中石化三井化工有限公司新建装置投产。

2014年，石化集团公司实际生产丙酮38.97万吨，增加1.89万吨、增长5.09%。

（马国锋）

【丙烯酸】 石化集团公司生产丙烯酸的企业只有扬巴公司，燕化有限公司丙烯酸装置停产。

截至2014年底，石化集团公司丙烯酸生产能力为23.08万吨/年；2014年实际生产丙烯酸12.12万吨，增加5.75万吨、增长90.16%。

（马国锋）

【苯乙烯】 石化集团公司生产苯乙烯的企业有燕山

分公司、上海赛科公司、扬巴公司、镇海利安德化学有限公司、安庆分公司、齐鲁分公司、青岛炼化、广州分公司、茂名分公司、巴陵石化、湛江东兴公司共11家。其中，镇海利安德化学有限公司采用共氧化法生产环氧丙烷联苯乙烯工艺技术，安庆分公司、青岛炼化、巴陵石化、湛江东兴公司采用催化干气制乙苯和乙苯脱氢制苯乙烯技术，燕山分公司、上海赛科公司均各有1套传统乙烯法制苯乙烯装置和1套裂解汽油抽提制苯乙烯装置。

截至2014年底，石化集团公司苯乙烯生产能力为224.60万吨/年，新增2.70万吨/年，主要是燕山分公司裂解汽油抽提苯乙烯装置开工运行。

2014年，石化集团公司实际生产苯乙烯208.37万吨，减少6.14万吨、降低2.86%。

（马国锋）

【苯酐】 石化集团公司生产苯酐的企业只有齐鲁分公司。

截至2014年底，石化集团公司苯酐生产能力为4.00万吨/年；2014年实际生产苯酐1.79万吨，减少2.05万吨、降低53.47%。

（马国锋）

合成树脂

【概述】 2014年，石化集团公司合成树脂产能进一步增长，茂名分公司20万吨/年气相法聚丙烯装置、石家庄炼化20万吨/年环管法聚丙烯装置建成投产。截至年底，石化集团公司合成树脂总生产能力为1 593.38万吨/年，增加45.00万吨/年、增长2.91%。其中，聚乙烯、聚氯乙烯、聚苯乙烯和ABS树脂生产能力没有变化；聚丙烯生产能力为669.56万吨/年，增长7.21%。各种合成树脂生产能力见表4。

2014年，石化集团公司合成树脂产量为1 505.96万吨，增产93.03万吨。其中，聚乙烯产量为711.13万吨，增产51.47万吨；聚丙烯产量为629.96万吨，增产48.12万吨。各种合成树脂产量见表5。

在合成树脂中，聚乙烯、聚丙烯两大品种占主导地位，总产能为1 360.48万吨/年，占石化集团公司合成树脂生产能力的85.38%。2014年，聚乙烯和聚丙烯总产量为1 341.09万吨，占石化集团公司合成树脂产量的89.05%。

2014年，全国合成树脂产量为6 950.66万吨，石化集团公司合成树脂产量占全国总产量的21.67%。

2014年，石化集团公司合成树脂生产装置进一步优化运行，采用膜分离、变压吸附、无动力深冷分离等先进回收技术减少火炬气中烯烃排放，节能减排等各项工作成效显著。聚乙烯、聚丙烯物耗及能耗指标有多项创历史最好水平。

表4 **石化集团公司合成树脂分品种生产能力** 万吨/年

产品名称＼年份	2014	2013	2012	2011	2010	2009
合成树脂合计	1 593.38	1 548.38	1 394.06	1 351.86	1 330.26	1 159.88
聚乙烯	690.92	690.92	596.10	596.10	596.10	510.10
LDPE	117.62	117.62	117.80	117.80	117.80	137.80
HDPE	288.30	288.30	228.30	228.30	228.30	197.30
LLDPE	285.00	285.00	250.00	250.00	250.00	175.00
聚丙烯	669.56	624.55	570.06	527.86	516.36	437.78
聚氯乙烯	60.00	60.00	60.00	60.00	60.00	77.00
聚苯乙烯	75.00	75.00	75.00	75.00	75.00	77.90
ABS	20.00	20.00	20.00	20.00	20.00	20.00
其他树脂	77.90	77.90	72.90	72.90	62.80	37.10

表 5　**石化集团公司合成树脂分品种产量**　万吨

产品名称 \ 年份	2014	2013	2012	2011	2010	2009
合成树脂合计	1 505.96	1 412.93	1 376.64	1 407.68	1 339.80	1 090.73
聚乙烯	711.13	659.66	620.23	655.05	620.03	476.96
LDPE	130.36	130.84	125.86	139.04	137.82	141.76
HDPE	261.75	234.43	227.12	223.53	236.56	172.82
LLDPE	319.00	294.25	265.73	290.70	244.24	160.88
聚丙烯	629.96	581.84	555.10	557.31	520.19	440.48
聚苯乙烯	64.87	66.54	67.16	66.93	69.22	62.99
聚氯乙烯	22.41	30.83	57.78	58.93	59.63	51.37
ABS	10.75	12.09	14.23	13.58	16.62	14.24
其他树脂	66.83	61.97	62.14	55.88	54.11	44.69

（刘志武）

【聚乙烯】 截至 2014 年底，石化集团公司有 31 套聚乙烯装置，总生产能力为 690.92 万吨/年，其中单线能力最大的是镇海炼化线性低密度聚乙烯装置，生产能力达到 45 万吨/年。

31 套聚乙烯装置中，LDPE 装置有釜式法工艺 1 套、管式法工艺 7 套；HDPE 装置有淤浆法工艺 7 套、气相法工艺 4 套、环管加气相法工艺 1 套；LLDPE 装置有气相法工艺 11 套。

（刘志武）

【低密度聚乙烯】 截至 2014 年底，石化集团公司 LDPE 生产装置产能为 117.62 万吨/年。装置总数为 8 套，分别是燕山分公司、上海石化、茂名分公司各 2 套，齐鲁分公司、扬巴公司各 1 套。

2014 年，石化集团公司 LDPE 产量为 130.36 万吨，减产 0.48 万吨。LDPE 产量见表 6。

表 6　**石化集团公司各企业 LDPE 产量**　万吨

企业名称 \ 年份	2014	2013	2012	2011	2010	2009
石化集团公司合计	130.36	130.84	125.86	139.04	137.82	141.76
燕山分公司	28.19	32.37	29.56	29.44	39.51	43.43
上海石化	18.53	19.92	18.71	19.69	19.64	20.16
齐鲁分公司	17.81	13.47	16.46	18.30	17.51	15.84
茂名分公司	40.59	39.13	38.07	41.41	37.48	38.85
扬巴公司	24.54	24.30	20.38	24.66	20.46	23.48
北京华美聚合物有限公司①	0.70	1.65	2.68	5.54	3.22	—

①北京华美聚合物有限公司为 EVA 装置兼产 LDPE 产品

（刘志武）

【高密度聚乙烯】 截至2014年底，石化集团公司HDPE装置生产能力为288.30万吨/年。装置总数为12套，分别是燕化有限公司、扬子石化、燕山分公司、茂名分公司、上海赛科公司、福建联合石化公司、中沙石化、中韩石化各1套，齐鲁分公司、上海石化各2套。

2014年，石化集团公司HDPE产量为261.75万吨，增产27.32万吨、增长11.65%。详见表7。

表7　石化集团公司各企业HDPE产量　万吨

企业名称＼年份	2014	2013	2012	2011	2010	2009
石化集团公司合计	261.75	234.43	227.12	223.53	236.56	172.82
燕山分公司	17.23	15.55	18.03	18.13	20.73	19.25
上海石化	35.05	40.21	40.88	39.18	41.09	38.85
扬子石化	24.09	21.61	25.95	27.92	23.34	26.89
齐鲁分公司	32.82	24.54	16.91	16.49	16.74	15.35
茂名分公司	36.42	37.16	38.48	34.52	28.24	36.03
上海赛科公司	33.68	36.65	35.37	35.18	39.86	30.90
福建联合石化公司	28.00	23.24	26.36	23.03	39.96	4.50
中沙石化	27.87	27.23	24.69	28.14	25.29	—
中韩石化	26.59	8.24	—	—	—	—
燕化有限公司	—	—	0.45	0.94	1.31	1.04

（刘志武）

【线性低密度聚乙烯】 2014年，石化集团公司LLDPE装置生产能力285万吨/年，共有11套LLDPE装置。其中，天津分公司、齐鲁分公司、中原石化、茂名分公司、广州分公司、扬子石化、福建联合石化公司、镇海炼化各1套，采用美国UCC公司气相流化床工艺路线；中沙石化、中韩石化采用自主开发气相法工艺路线；上海赛科公司LLDPE装置采用BP公司的气相法工艺路线。

2014年，石化集团公司LLDPE产量为319.00万吨，增产24.75万吨。详见表8。

表8　石化集团公司各企业LLDPE产量　万吨

企业名称＼年份	2014	2013	2012	2011	2010	2009
石化集团公司合计	319.00	294.25	265.73	290.70	244.24	160.88
扬子石化	21.10	24.43	18.85	29.93	25.75	29.17
齐鲁石化	11.80	9.10	8.72	11.75	13.33	11.92
广州分公司	21.58	22.21	21.22	19.33	21.5	21.82
茂名分公司	20.55	20.30	16.25	16.56	18.59	21.46

续表

企业名称＼年份	2014	2013	2012	2011	2010	2009
天津分公司	11.70	13.01	11.75	14.24	14.49	11.46
中原石化	24.49	26.08	21.78	19.08	22.38	21.71
上海赛科公司	33.80	36.97	27.06	31.67	36.78	28.52
福建联合石化公司	69.95	52.00	63.81	65.63	47.33	14.82
镇海炼化	41.57	48.80	47.99	47.36	19.81	—
中沙石化	31.25	34.49	28.30	35.15	24.28	—
中韩石化	31.21	6.86	—	—	—	—

（刘志武）

【聚丙烯】 截至2014年底，石化集团公司聚丙烯生产能力为669.56万吨/年，增加45.01万吨/年。其中，连续法聚丙烯装置有38套，生产能力为628.20万吨/年，增加45.00万吨/年，占聚丙烯总生产能力的93.82%。石化集团公司聚丙烯生产工艺以环管法工艺为主，有24套环管法聚丙烯装置，占聚丙烯装置的63.16%。其中，6套为引进海蒙特环管技术，单线能力最大为茂名分公司17万吨/年聚丙烯装置；17套为国产化环管技术，单线能力最大为镇海炼化30万吨/年聚丙烯装置。其他14套装置中，5套为三井油化釜式法聚丙烯工艺；5套为INEOS(原阿莫科)气相法聚丙烯工艺，2套为“NOVOLENE”气相法聚丙烯工艺，1套为“HORIZONE”气相法聚丙烯工艺，1套为BASSEL公司的多区反应聚合工艺。石化集团公司间歇法聚丙烯装置生产能力为41.36万吨/年。

2014年，石化集团公司聚丙烯产量为629.96万吨，增加48.12万吨。其中，连续法聚丙烯产量为605.58万吨，增加50.05万吨；间歇法聚丙烯装置产量为24.38万吨，减少了1.93万吨。详见表9。

2014年，石化集团公司聚丙烯装置总体运行良好，能耗、物耗指标保持在国内先进水平。

表9　　石化集团公司各企业聚丙烯产量①　　万吨

企业名称＼年份	2014	2013	2012	2011	2010	2009
石化集团公司合计	629.96	581.84	555.10	557.31	520.19	440.48
连续法聚丙烯	605.58	555.53	527.43	526.72	485.39	409.12
燕山分公司	44.54	38.11	39.80	41.72	45.29	45.69
上海石化	45.09	47.11	44.56	46.61	48.24	46.85
扬子石化	40.05	41.35	38.13	45.81	38.78	45.27
福建联合石化公司	60.69	42.63	52.88	50.66	47.48	18.55
齐鲁分公司	9.17	7.62	5.99	9.03	9.22	8.51
武汉分公司	11.21	10.47	9.96	11.40	10.65	11.05
九江分公司	9.23	11.16	9.74	8.44	6.98	10.32

续表

企业名称 \ 年份	2014	2013	2012	2011	2010	2009
济南分公司	11.63	9.40	11.14	10.18	9.10	9.68
荆门分公司	10.21	12.94	11.81	12.28	12.37	12.25
长岭分公司	10.93	14.72	14.25	11.86	9.60	11.23
广州分公司	21.56	22.18	21.16	18.66	21.03	19.67
天津分公司	7.08	7.29	6.54	7.27	7.43	5.48
茂名分公司	59.53	55.37	52.90	53.03	49.50	55.64
洛阳分公司	13.39	13.85	7.55	7.35	9.14	8.26
中原石化	16.51	17.08	13.27	8.14	8.52	7.97
镇海炼化	49.41	56.64	55.18	56.40	37.42	24.36
海南炼化	21.84	17.70	23.41	23.85	20.78	22.81
青岛炼化	19.88	21.44	23.82	19.06	21.17	18.61
湛江东兴公司	13.09	12.21	9.85	12.40	11.26	3.08
北海分公司	11.50	10.40	9.27	—	—	—
石家庄炼化	2.25	—	—	—	—	—
上海赛科公司	26.16	27.71	24.57	25.54	29.71	23.84
中沙石化	49.55	46.28	41.65	47.03	31.72	—
中韩石化	41.08	11.87	—	—	—	—
间歇式聚丙烯(总量)②	24.38	26.31	27.67	30.59	34.80	31.36

①表中所列出企业均为连续法聚丙烯企业

②间歇法聚丙烯含改性聚丙烯装置

(刘志武)

【聚苯乙烯】 截至2014年底，石化集团公司共有6套聚苯乙烯生产装置，都采用连续本体法工艺。其中，燕山分公司、广州分公司、茂名分公司、上海赛科公司各1套，扬巴公司2套。

2014年，石化集团公司聚苯乙烯生产能力为75.00万吨/年，产能没有变化；产量为64.87万吨，减产1.67万吨。详见表10。

(刘志武)

表10 **石化集团公司各企业聚苯乙烯产量** 万吨

企业名称 \ 年份	2014	2013	2012	2011	2010	2009
石化集团公司合计	64.87	66.54	67.16	66.93	69.22	62.99
燕山分公司	0	0	0	4.32	5.17	5.58

续表

年份 / 企业名称	2014	2013	2012	2011	2010	2009
广州分公司	6.91	6.35	5.83	5.56	6.20	6.12
茂名分公司	8.34	6.76	7.36	8.59	7.31	7.78
上海赛科公司	27.53	30.58	30.58	25.81	27.84	21.73
扬巴公司	22.09	22.85	23.39	22.65	22.70	21.78

【聚氯乙烯】 石化集团公司生产聚氯乙烯的企业只有齐鲁分公司1家，生产能力为60万吨/年，没有变化。2014年产量为22.41万吨。详见表4和表5。

（刘志武）

【ABS】 石化集团公司生产ABS树脂的企业只有高桥分公司1家，生产能力为20万吨/年，没有变化。2014年产量为10.75万吨。详见表4和表5。

（刘志武）

【其他树脂】 石化集团公司生产的其他树脂包括聚醚树脂、乙烯醋酸乙烯共聚物(EVA)、环氧树脂等。2014，石化集团公司其他树脂生产能力为77.90万吨/年，产量为66.83万吨。分品种产量见表11。

表11　　石化集团公司其他树脂产量　　万吨

年份 / 产品名称	2014	2013	2012	2011	2010	2009
其他树脂合计	66.83	61.97	62.14	55.88	54.11	44.69
乙烯醋酸乙烯共聚物	34.62	29.67	31.22	26.44	22.72	16.03
环氧树脂	5.85	5.89	5.00	4.11	4.04	4.12
聚　醚	23.03	21.69	22.19	23.28	25.31	23.09
其他塑料或共聚物	3.33	4.72	3.72	2.05	2.04	1.46

石化集团公司生产乙烯醋酸乙烯共聚物(EVA)的企业有扬巴公司、燕化有限公司、燕山分公司、北京华美聚合物有限公司共4家。截至2014年底，石化集团公司EVA生产能力为30万吨/年；2014年产量为34.62万吨，增加4.95万吨。

石化集团公司生产环氧树脂的企业为巴陵石化；生产能力为9.2万吨/年；2014年产量为5.85万吨，减产0.04万吨。

石化集团公司生产聚醚树脂的企业有2家，生产能力为27.70万吨/年；2014年总产量为23.03万吨，增产1.34万吨。

（刘志武）

合 成 橡 胶

【概述】 截至2014年底，石化集团公司合成橡胶生产能力为179万吨/年，增加13.5万吨/年。石化集团公司合成橡胶分品种装置生产能力见表12。

2014年，石化集团公司合成橡胶产量为124.02万吨，减少5.2万吨。石化集团公司合成橡胶各产品产量见表13。

表12 **石化集团公司合成橡胶分品种生产能力** 万吨/年

年份 产品名称	2014	2013	2012	2011	2010	2009
合成橡胶合计	179.00	165.50	132.00	129.00	129.00	129.00
丁苯橡胶	49.70	49.70	49.70	49.70	49.70	49.70
胶　乳	10.00	10.00	10.00	10.00	10.00	10.00
充油胶	16.40	16.40	16.40	16.40	16.40	16.40
软　胶	23.30	23.30	23.30	23.30	23.30	23.30
顺丁橡胶①	63.30	63.30	38.80	35.80	35.80	35.80
丁基/溴化丁基橡胶	13.50	4.50	4.50	4.50	4.50	4.50
SBS 热塑弹性体	34.00	37.00	36.00	36.00	36.00	36.00
SIS 橡胶	4.00	4.00	1.00	1.00	1.00	1.00
SEBS 橡胶	4.00	4.00	2.00	2.00	2.00	2.00
异戊橡胶	3.00	3.00	0	0	0	0
乙丙橡胶	7.50	0	0	0	0	0

① 顺丁橡胶产能含锂系低顺橡胶产能

表13 **石化集团公司合成橡胶各产品产量** 万吨

年份 产品名称	2014	2013	2012	2011	2010	2009
合成橡胶合计	124.02	129.22	124.15	127.20	129.04	117.33
丁苯橡胶	45.59	47.25	51.76	54.37	48.76	39.96
胶　乳	5.23	6.28	7.99	8.61	9.18	8.15
充油胶	13.89	16.38	18.51	18.85	15.14	12.27
软　胶	26.47	24.59	25.26	26.92	24.44	19.54
顺丁橡胶①	41.75	43.85	39.70	39.33	39.99	36.78
丁基/溴化丁基橡胶	2.61	3.50	3.24	3.73	3.69	4.03
SBS 热塑弹性体	27.36	28.69	24.42	25.87	33.03	33.58
SIS 橡胶	2.99	2.48	2.55	2.01	2.19	1.85
SEBS 橡胶	3.72	3.22	2.47	1.89	1.47	1.12
异戊橡胶	0	0.24	0	0	0	0

①顺丁橡胶产量含锂系低顺橡胶产量

（徐忠亮）

【顺丁橡胶】 截至2014年底，石化集团公司顺丁橡胶生产能力为63.3万吨/年，与上年持平。其中，燕山分公司稀土顺丁装置实现批量稳定生产，并完成72小时标定考核工作；产品顺式含量达到98%以上，性能与国外产品相当；产品实现全产全销，获得多家轮胎企业的认可。

2014年，石化集团公司共生产顺丁橡胶41.75万吨，同比减少2.1万吨。分企业产量见表14。

表 14　　**石化集团公司各企业顺丁橡胶产量**　　万吨

企业名称＼年份	2014	2013	2012	2011	2010	2009
石化集团公司合计	41.75	43.85	39.70	39.33	39.99	36.78
燕山分公司①	13.38	13.45	14.53	13.30	14.70	14.36
高桥分公司②	14.46	15.66	15.21	16.43	15.95	13.92
齐鲁分公司	7.00	5.60	6.48	6.47	5.24	4.74
巴陵石化	0	3.35	3.48	3.13	4.10	3.77
茂名分公司	6.72	4.69	—	—	—	—
扬子—金浦公司	0.19	1.10	—	—	—	—

①含稀土顺丁产量

②含锂系低顺橡胶产量

（徐忠亮）

【丁苯橡胶】 截至 2014 年底，石化集团公司丁苯橡胶生产能力为 49.7 万吨/年，与上年持平；2014 年生产丁苯橡胶 45.59 万吨，同比减少 1.66 万吨。分企业产量见表 15。

表 15　　**石化集团公司各企业丁苯橡胶产量**　　万吨

企业名称＼年份	2014	2013	2012	2011	2010	2009
石化集团公司合计	45.59	47.24	51.76	54.37	48.76	39.96
齐鲁分公司	29.77	30.40	34.11	33.89	29.39	20.15
高桥分公司	0.73	0.71	0.52	0.60	0.95	2.67
高桥石化控股公司	5.23	6.28	7.99	8.61	9.18	8.00
扬子—金浦公司	9.75	9.85	9.15	11.27	9.23	9.14
胶　乳						
石化集团公司合计	5.23	6.28	7.99	8.61	9.18	8.15
高桥分公司	—	—	—	—	—	0.15
高桥石化控股公司	5.23	6.28	7.99	8.61	9.18	8.00
充油胶						
石化集团公司合计	13.89	16.38	18.51	18.85	15.23	12.27
齐鲁分公司	10.05	12.73	14.41	12.67	10.92	7.08
高桥分公司	0	0	0	0	0.10	1.31
扬子—金浦公司	3.84	3.65	4.10	6.18	4.21	3.88
软　胶						
石化集团公司合计	26.47	24.59	25.26	26.91	24.34	19.54

续表

企业名称＼年份	2014	2013	2012	2011	2010	2009
齐鲁分公司	19.72	17.67	19.69	21.22	18.47	13.07
高桥分公司	0.73	0.71	0.52	0.60	0.85	1.21
扬子—金浦公司	5.91	6.21	5.05	5.09	5.02	5.27

（徐忠亮）

【SBS热塑性弹性体】 截至2014年底，石化集团公司SBS生产能力为34万吨/年，减少3万吨/年，主要原因是燕山分公司SBS装置生产能力由9万吨/年减少到6万吨/年。2014年，石化集团公司SBS产量为27.36万吨，减少1.33万吨。分企业产量见表16。

（徐忠亮）

表16　石化集团公司各企业SBS热塑性弹性体产量　万吨

企业名称＼年份	2014	2013	2012	2011	2010	2009
石化集团公司合计	27.36	28.69	24.42	25.87	33.03	33.58
燕山分公司	1.50	2.43	2.06	4.87	9.22	9.09
巴陵石化	18.10	17.90	14.08	12.53	15.38	14.21
茂名分公司	7.76	8.36	8.28	8.47	8.44	10.28

【SIS橡胶】 截至2014年底，石化集团公司只有巴陵分公司生产SIS橡胶，生产能力为4万吨/年，与上年持平；2014年产量为2.99万吨，增加0.51万吨。

（徐忠亮）

【SEBS橡胶】 截至2014年底，石化集团公司只有巴陵分公司生产SEBS橡胶，生产能力为4万吨/年，与上年持平；2014年产量为3.72万吨，增加0.5万吨。

（徐忠亮）

【丁基橡胶】 截至2014年底，石化集团公司只有燕山分公司生产丁基/普通溴化丁基橡胶，生产能力为13.5万吨/年，增加9万吨/年。2014年，燕山分公司9万吨/年丁基橡胶装置实现一次开车成功，成为中国已建成的年生产能力最大的丁基橡胶生产装置。2014年，石化集团公司共生产丁基/溴化丁基橡胶2.61万吨，减少0.89万吨。

（徐忠亮）

【乙丙橡胶】 截至2014年底，石化集团公司只有高桥分公司具备乙丙橡胶生产能力，生产能力为7.5万吨/年。2014年，高桥分公司7.5万吨/年乙丙橡胶装置实现一次开车成功，并完成4045M、2060M、3092M等多个牌号的考核工作，产品各项指标全部合格。标志着国内单套规模最大、工艺最先进的三元乙丙橡胶装置成功建成投产。

（徐忠亮）

【异戊橡胶】 截至2014年底，石化集团公司只有燕山分公司具备异戊橡胶生产能力，生产能力为3万吨/年。

（徐忠亮）

合成纤维

【概述】 2014年，石化集团公司合成纤维原料产能增加，合成纤维聚合物产能减少，合成纤维的产能持平；合成纤维原料和合成纤维聚合物以及合成纤维的产量降低。

截至2014年底，石化集团公司合成纤维原料生产能力为748.76万吨/年，增加36万吨/年、增长5.05%；合成纤维聚合物生产能力为356.63万吨/年，减少22.8万吨/年，降低6.01%；合成纤维生产能力为164.81万吨/年，与上年持平。石化集团公司所属企业主要合成纤维及原料生产装置的能力见表17。

表 17　　石化集团公司各企业主要合成纤维及原料生产装置能力

万吨/年

企业名称	合纤原料	PTA	PIA	己内酰胺	丙烯腈	乙二醇	合纤聚合物	聚酯	PBT	PVA	聚酰胺	合成纤维	涤纶	腈纶	维纶	高强高模 PE	丙纶
燕山分公司	13.00	—	5.00	—	—	8.00	—	—	—	—	—	—	—	—	—	—	—
天津分公司	40.66	34.40	—	—	—	6.26	20.00	20.00	—	—	—	10.00	10.00	—	—	—	—
石家庄炼化	16.00	—	—	16.00	—	—	2.50	—	—	—	2.50	—	—	—	—	—	—
上海石化	108.60	40.00	—	—	13.00	55.60	58.93	55.10	—	3.83	—	27.93	12.15	14.08	—	—	1.70
扬子石化	131.00	105.00	—	—	—	26.00	—	—	—	—	—	—	—	—	—	—	—
仪化股份公司	100.00	100.00	—	—	—	—	217.70	217.70	—	—	—	89.53	89.40	—	—	0.13	—
镇海炼化	65.00	—	—	—	—	65.00	—	—	—	—	—	—	—	—	—	—	—
安庆分公司	21.00	—	—	—	21.00	—	—	—	—	—	—	7.00	—	7.00	—	—	—
齐鲁分公司	21.00	—	—	—	21.00	—	—	—	—	—	—	5.40	—	5.40	—	—	—
巴陵分公司	50.00	—	—	50.00	—	—	5.20	—	—	—	5.20	—	—	—	—	—	—
洛阳分公司	32.50	32.50	—	—	—	—	24.00	24.00	—	—	—	21.20	21.20	—	—	—	—
湖北化肥分公司	20.00	—	—	—	—	20.00	—	—	—	—	—	—	—	—	—	—	—
中韩石化	28.00	—	—	—	—	28.00	—	—	—	—	—	—	—	—	—	—	—
上海赛科公司	26.00	—	—	—	26.00	—	—	—	—	—	—	—	—	—	—	—	—
扬巴公司	33.00	—	—	—	—	33.00	—	—	—	—	—	—	—	—	—	—	—
中沙石化	36.00	—	—	—	—	36.00	—	—	—	—	—	—	—	—	—	—	—
仪征资产分公司	—	—	—	—	—	—	9.50	—	9.50	—	—	—	—	—	—	—	—
燕化有限公司	4.00	—	—	—	—	4.00	2.80	—	—	2.80	—	—	—	—	—	—	—
四川维尼纶厂	—	—	—	—	—	—	16.00	—	—	16.00	—	3.15	—	—	3.15	—	—
茂名分公司	3.00	—	—	—	—	3.00	—	—	—	—	—	—	—	—	—	—	—
扬州石油化工厂	—	—	—	—	—	—	—	—	—	—	—	0.60	—	—	—	—	0.60
合　计	748.76	311.90	5.00	66.00	81.00	284.86	356.63	316.80	9.50	22.63	7.70	164.81	132.75	26.48	3.15	0.13	2.30

2014 年，石化集团公司生产合成纤维原料572.46 万吨，减少 53.87 万吨，降低 8.60%；生产合成纤维聚合物 284.29 万吨，减少 44.51 万吨，降低 13.54%；生产合成纤维 133.13 万吨，减少 7.9 万吨，降低 5.60%。

（周向进）

【合成纤维原料】 石化集团公司生产的合成纤维原料有精对苯二甲酸（PTA）、精间苯二甲酸（PIA）、丙烯腈（AN）、己内酰胺（CPL）、乙二醇（EG）5 个品种。截至 2014 年底，石化集团公司合成纤维原料的生产能力为 748.76 万吨/年，增加 36 万吨/年、增长 5.05%。其中，齐鲁分公司合资新建 1 套丙烯腈装置，增加产能 13 万吨/年；扬巴公司通过技术改造增加乙二醇产能 3 万吨/年；湖北化肥分公司新建 1 套煤制乙二醇装置，增加产能 20 万吨/年产能。

2014 年，石化集团公司生产合成纤维原料572.46 万吨，减少 53.87 万吨、降低 8.60%。石化集团公司合成纤维原料各品种产量见表 18。

表 18　　石化集团公司合成纤维原料各品种产量　　万吨

产品名称＼年份	2014	2013	2012	2011	2010	2009
合成纤维原料合计	572.46	626.33	606.25	644.41	597.47	506.56
PTA	247.61	294.69	312.53	347.70	338.28	328.90
PIA	4.70	4.61	4.50	3.99	2.05	2.50
丙烯腈	73.68	70.32	61.32	53.59	57.03	49.63
己内酰胺	53.00	54.90	30.46	30.89	29.34	18.41
乙二醇	193.46	201.82	197.45	208.23	170.76	104.80

1. 精对苯二甲酸

截至 2014 年底，石化集团公司 PTA 产能为311.90 万吨/年，与上年持平。生产 PTA 的企业有天津分公司、上海石化、扬子石化、仪化股份公司和洛阳分公司 5 家。

2014 年，石化集团公司 PTA 产量为 247.61 万吨，减少 47.08 万吨、降低 15.97%。石化集团公司各企业 PTA 产量见表 19。

表 19　　石化集团公司各企业 PTA 产量　　万吨

企业名称＼年份	2014	2013	2012	2011	2010	2009
石化集团公司合计	247.61	294.69	312.53	347.70	338.28	328.90
燕山分公司①	4.70	4.61	4.50	3.99	2.05	2.50
天津分公司	21.79	31.23	27.60	32.76	32.83	24.76
上海石化	31.27	35.81	40.35	39.14	39.15	38.09
扬子石化	69.74	92.21	109.53	141.49	130.08	132.48
仪化股份公司	101.51	105.82	104.42	104.20	104.12	102.33
洛阳分公司	23.31	29.62	30.63	30.11	32.10	31.24

①燕山分公司产品为精间苯二甲酸（PIA）

2. 丙烯腈

石化集团公司生产丙烯腈的企业有上海石化、安庆分公司、齐鲁分公司和上海赛科公司 4 家，其中 2014 年齐鲁分公司合资新建的 1 套 13 万吨/年丙烯腈装置建成投产。

2014 年，石化集团公司生产丙烯腈 73. 68 万吨，增加 3. 36 万吨、增长 4. 79%。石化集团公司各企业丙烯腈产量见表 20。

表 20　　石化集团公司各企业丙烯腈产量　　万吨

企业名称＼年份	2014	2013	2012	2011	2010	2009
石化集团公司合计	73. 68	70. 32	61. 32	53. 59	57. 03	49. 63
上海石化	14. 52	12. 84	14. 32	13. 17	14. 64	12. 78
安庆分公司	22. 45	18. 07	7. 72	8. 67	8. 64	8. 57
齐鲁分公司	10. 99	10. 65	10. 27	6. 35	4. 43	4. 26
上海赛科公司	25. 72	28. 76	28. 99	25. 40	29. 32	24. 02

3. 己内酰胺

石化集团公司生产己内酰胺的企业有巴陵分公司和石家庄炼化 2 家，其中巴陵分公司产能为 50 万吨/年，石家庄炼化产能为 16 万吨/年。

2014 年，石化集团公司生产己内酰胺 53 万吨，减少 1. 90 万吨、降低 3. 45%。石化集团公司各企业己内酰胺产量见表 21。

表 21　　石化集团公司各企业己内酰胺产量　　万吨

企业名称＼年份	2014	2013	2012	2011	2010	2009
石化集团公司合计	53. 00	54. 90	30. 46	30. 89	29. 34	18. 41
石家庄炼化	2. 89	11. 24	9. 84	10. 86	10. 05	4. 60
巴陵分公司	50. 11	43. 66	20. 62	20. 03	19. 29	13. 81

4. 乙二醇

石化集团公司生产乙二醇的企业有燕山分公司、燕化有限公司(原北京东方石油化工有限公司)、天津分公司、上海石化、扬子石化、茂名分公司、扬巴公司、镇海炼化、中沙石化、中韩石化，以及湖北化肥分公司 11 家企业。其中，燕山分公司、燕化有限公司、扬子石化、上海石化和中韩石化采用美国科学设计公司专利技术，天津分公司、茂名分公司采用荷兰壳牌公司专利技术，扬巴公司采用巴斯夫专利技术，湖北化肥分公司采用中国石化拥有自主知识产权的国产技术。

2014 年，石化集团公司增加乙二醇产能 23 万吨/年，其中湖北化肥分公司新建乙二醇装置增加产能 20 万吨/年，扬巴公司增加产能 3 万吨/年。

2014 年，石化集团公司生产乙二醇 193. 46 万吨，减少 8. 36 万吨、降低 4. 14%。石化集团公司各企业乙二醇产量见表 22。

表22 **石化集团公司各企业乙二醇产量** 万吨

企业名称 \ 年份	2014	2013	2012	2011	2010	2009
石化集团公司合计	193.46	201.82	197.45	208.23	170.76	104.80
燕山分公司	5.97	3.71	5.91	4.68	6.34	6.37
上海石化	24.80	39.05	46.89	42.31	41.23	39.40
扬子石化	16.73	18.44	11.64	13.31	15.66	16.00
天津分公司	3.47	3.96	3.73	4.19	3.88	3.30
茂名分公司	3.17	4.56	6.80	7.62	6.61	3.66
湖北化肥分公司	3.47	—	—	—	—	—
扬巴公司	29.79	28.73	32.78	36.08	29.09	32.61
燕化有限公司	0	0	2.36	4.20	3.30	3.46
镇海炼化	45.06	52.45	54.57	56.85	30.01	—
中沙石化	37.68	40.55	32.76	39.00	34.64	—
中韩石化	23.33	10.36	—	—	—	—

5. 精间苯二甲酸

石化集团公司生产精间苯二甲酸的企业只有燕山分公司，也是国内唯一一家生产PIA产品的企业。装置生产能力为5万吨/年。2014年，石化集团公司生产PIA产品4.70万吨，增加0.09万吨、增长1.95%。

（周向进）

【合成纤维聚合物】 石化集团公司生产的合成纤维聚合物主要品种有聚酯(PET)、聚乙烯醇(PVA)、聚己内酰胺(PA6)、聚对苯二甲酸丁二酯(PBT)、纤维级聚丙烯(纤维级PP)、纤维级聚乙烯(纤维级超高分子量PE)。

截至2014年底，石化集团公司合成纤维聚合物生产能力为356.63万吨/年，减少22.80万吨/年、降低6.01%。其中，仪化公司核销聚酯产能20.80万吨/年。

2014年，石化集团公司生产合成纤维聚合物284.29万吨，减少44.50万吨、降低13.54%。石化集团公司合成纤维聚合物各品种产量见表23。

表23 **石化集团公司合成纤维聚合物各品种产量** 万吨

产品名称 \ 年份	2014	2013	2012	2011	2010	2009
合成纤维聚合物合计	284.29	328.79	334.13	332.01	325.91	304.90
聚　酯	258.78	298.75	301.76	310.36	304.88	290.62
聚对苯二甲酸丁二酯	5.69	5.94	5.45	2.49	2.50	—
聚乙烯醇	14.46	16.78	19.76	13.10	12.68	9.68
聚己内酰胺	5.36	7.33	7.18	6.05	5.84	4.60

1. 聚酯

石化集团公司生产聚酯产品的企业有上海石化、仪化股份公司、天津分公司、洛阳分公司和仪征资产分公司 5 家企业。

2014 年，石化集团公司生产聚酯 258.78 万吨，减少 39.97 万吨、降低 13.38%。石化集团公司各企业聚酯产量见表 24。

表 24　石化集团公司各企业聚酯产量　万吨

企业名称＼年份	2014	2013	2012	2011	2010	2009
石化集团公司合计	258.78	298.75	301.76	310.36	304.88	290.62
上海石化	40.12	49.09	59.41	62.08	60.31	55.61
仪化股份公司	191.94	194.72	174.58	177.06	173.57	173.66
天津分公司	16.38	29.10	26.00	29.83	28.55	22.48
洛阳分公司	10.33	12.91	19.72	18.45	19.90	18.30
仪征资产分公司①	—	12.93	22.05	22.95	22.56	20.56

①仪征资产分公司聚酯产能于 2014 年核销

2. 聚乙烯醇

石化集团公司生产聚乙烯醇的企业有上海石化、四川维尼纶厂、燕化有限公司和长城能源化工公司 4 家。其中，上海石化和燕化有限公司以乙烯为原料，四川维尼纶厂和长城能源化工公司以乙炔为原料。四川维尼纶厂以天然气为原料生产乙炔，是石化集团公司唯一使用天然气做原料生产合成纤维的企业。长城能源化工公司以电石为原料生产乙炔，聚乙烯醇装置产能为 10 万吨/年，产能未纳入 2014 年统计口径。

2014 年，石化集团公司生产聚乙烯醇 14.46 万吨，减少 2.32 万吨、降低 13.84%。石化集团公司各企业聚乙烯醇产量见表 25。

表 25　石化集团公司各企业聚乙烯醇产量　万吨

企业名称＼年份	2014	2013	2012	2011	2010	2009
石化集团公司合计	14.46	16.78	19.74	13.10	12.68	9.68
上海石化	1.58	3.26	4.20	4.34	4.01	4.36
燕化有限公司	0	0.16	1.21	2.38	2.51	—
四川维尼纶厂	12.79	13.36	14.32	6.38	6.15	5.33
长城能源化工公司	0.09	—	—	—	—	—

3. 聚己内酰胺

石化集团公司生产聚己内酰胺的企业有石家庄炼化和巴陵分公司 2 家。2014 年生产聚己内酰胺 5.36 万吨，减少 1.97 万吨，降低 26.89%。其中，2014 年石家庄炼化生产聚己内酰胺 0.67 万吨，巴陵分公司生产聚己内酰胺 4.69 万吨。

4. 纤维级聚丙烯和纤维级聚乙烯

纤维级聚丙烯是生产丙纶的原料。石化集团公司连续法聚丙烯装置均能生产纤维级聚丙烯，企业根据市场需求组织纤维级牌号的生产。

纤维级超高分子量聚乙烯是生产高强高模聚乙烯纤维的原料，其生产能力、产量均在聚乙烯(合成树脂)中统计。

（周向进）

【合成纤维】　合成纤维的五大品种是涤纶、锦纶、腈纶、维纶、丙纶，俗称“五大纶”。石化集团公司拥有涤纶、腈纶、维纶、丙纶生产装置。截至2014年底，石化集团公司合成纤维生产能力为164.81万吨/年，同比持平；2014年生产合成纤维133.13万吨，减少7.90万吨、降低5.60%。石化集团公司合成纤维各品种产量见表26。

表26 石化集团公司合成纤维各品种产量 万吨

产品名称＼年份	2014	2013	2012	2011	2010	2009
合成纤维合计	133.13	141.03	135.33	140.33	140.57	131.40
涤　纶	105.30	109.30	104.35	108.38	107.68	99.10
腈　纶	25.73	29.27	28.92	29.88	31.02	30.48
维　纶	1.62	1.79	1.42	1.55	1.29	1.25
丙　纶	0.35	0.57	0.53	0.52	0.58	0.57

1. 涤纶

石化集团公司生产涤纶纤维的企业有上海石化、仪化股份公司、天津分公司和洛阳分公司4家。截至2014年底，石化集团公司涤纶纤维生产能力为132.75万吨/年，其中涤纶长丝的生产能力为22.95万吨/年；2014年生产涤纶纤维105.30万吨，减少4万吨，降低3.66%。石化集团公司各企业涤纶产量见表27。

表27 石化集团公司各企业涤纶产量 万吨

企业名称＼年份	2014	2013	2012	2011	2010	2009
石化集团公司合计	105.30	109.30	104.35	108.38	107.68	99.10
上海石化	7.74	8.64	8.59	8.92	8.72	8.06
仪化股份公司	76.48	77.33	68.33	71.67	70.65	67.48
天津分公司	10.88	11.53	10.31	12.12	12.41	9.73
洛阳分公司	10.19	11.80	17.13	15.67	15.90	13.83

2. 腈纶

石化集团公司生产腈纶纤维的企业有上海石化、安庆分公司和齐鲁分公司3家。

截至2014年底，石化集团公司腈纶生产能力为26.48万吨/年，同比持平；2014年生产腈纶纤维25.73万吨，减少3.54万吨、降低12.11%。石化集团公司各企业腈纶产量见表28。

表28 石化集团公司各企业腈纶产量 万吨

企业名称＼年份	2014	2013	2012	2011	2010	2009
石化集团公司合计	25.73	29.27	28.92	29.88	31.02	30.48
上海石化	15.49	16.62	16.57	16.09	16.64	16.07
安庆分公司	6.58	7.13	6.38	7.88	7.87	7.87
齐鲁分公司	3.65	5.51	5.97	5.92	6.52	6.50

3. 维纶

石化集团公司生产维纶纤维的企业只有四川维尼纶厂1家，采用国内技术。生产能力为3.15万吨/年，主要产品有维纶短纤维和维纶丝束（长丝）。2014年生产维纶纤维1.62万吨，减少0.16万吨、降低9.12%。

4. 高强高模聚乙烯（PE）纤维

石化集团公司生产高强高模聚乙烯纤维的企业只有仪化股份公司1家。2014年产量为1 192吨，增加213吨、增长21.73%。

（周向进）

化　　肥

【概述】 石化集团公司化肥主要产品有合成氨、尿素、复合肥、硫酸铵、硝酸铵、混配复合肥料等。石化集团公司主要化肥生产能力见表29，产量见表30。

从表29可见，硫酸铵生产能力增加，主要是齐鲁分公司硫酸铵装置生产能力增加；合成氨、尿素、复合肥、硝酸铵产品生产能力没有变化。

从表30可见，合成氨、尿素、复合肥、硫酸铵、硝酸铵、混配复合肥料产量均有所减少，其中尿素产量减少幅度达到90%。

2014年，石化集团公司积极推进化肥产品结构调整和业务转型工作，实现尿素业务全面退出。湖北化肥20万吨/年合成气制乙二醇工业示范装置于3月建成投产，4月实现尿素停产，转为合成气资源以满足乙二醇装置运行为主、合成氨装置低负荷运行的生产模式，实现以生产合成氨、尿素为主转向以生产乙二醇为主的业务转型。巴陵分公司积极推进巴陵—长岭氢气输送管线和液氨码头建设工作，5月巴陵—长岭氢气输送管线投用后，化肥装置以向企业内和企业间供氢、供氨为主，实现尿素停产。齐鲁分公司达州化肥装置全年停产，四川维尼纶厂合成氨装置因天然气资源不足阶段性生产。

（吴昌保）

表29　　石化集团公司主要化肥生产能力　　万吨/年

产品名称＼年份	2014	2013	2012	2011	2010	2009
合成氨	180.70	180.70	210.70	234.70	269.20	269.20
尿　素	211.40	211.40	263.40	303.40	363.40	363.40
复合肥	50.00	50.00	50.00	50.00	50.00	50.00
硫酸铵	88.05	86.25	52.25	50.25	42.25	42.25
硝酸铵（工业用）	20.00	20.00	15.00	15.00	15.00	15.00

表30　　石化集团公司主要化肥产品产量　　万吨

产品名称＼年份	2014	2013	2012	2011	2010	2009
合成氨	95.50	115.94	126.43	111.12	119.10	135.15
尿　素	9.27	91.78	105.23	77.98	122.34	175.22
复合肥	13.94	24.23	28.08	27.90	33.04	29.11
硫酸铵	84.78	96.26	57.28	57.90	56.78	39.29
硝酸铵（工业用）	8.75	13.07	13.02	13.60	14.64	12.78
混配复合肥料	4.53	4.77	4.27	4.10	3.93	4.34

【合成氨】 2014年，石化集团公司生产合成氨的企业有安庆分公司、巴陵分公司、湖北化肥分公司、南京化工公司和四川维尼纶厂共5家。截至年底，石化集团公司合成氨生产能力为180.70万吨/年。

2014年，石化集团公司实际生产合成氨95.50万吨，减少17.63%，约占全国合成氨总产量的1.68%。其中，安庆分公司减产0.36万吨，巴陵分公司减产1.65万吨，湖北化肥分公司减产13.89万吨，南京化工公司减产3.44万吨，四川维尼纶厂减产1.11万吨。各企业合成氨产量详见表31。

（杨　砚）

表31　石化集团公司各企业合成氨产量　万吨

企业名称	设计能力/万吨·年$^{-1}$ \ 年份	2014	2013	2012	2011	2010	2009
石化集团公司合计	180.70	95.50	115.94	126.43	111.12	119.10	135.15
安庆分公司	32.00	25.50	25.86	21.43	18.12	15.82	20.34
巴陵分公司	43.00	35.78	37.42	36.70	32.49	25.94	18.55
湖北化肥分公司	30.00	14.55	28.44	28.68	22.28	21.74	18.58
齐鲁分公司	29.20	—	—	—	—	6.59	—
金陵分公司	—	—	—	—	—	—	10.02
镇海炼化	—	—	—	—	—	6.01	18.30
九江分公司	—	—	—	—	—	12.97	26.53
南京化工公司	26.50	19.29	22.73	25.34	22.50	18.72	21.69
四川维尼纶厂	20.00	0.38	1.48	14.28	15.73	11.31	1.13

【尿素】 2014年，石化集团公司生产尿素的企业有湖北化肥分公司、安庆分公司、巴陵分公司和齐鲁分公司共4家。截至年底，石化集团公司尿素（实物量）生产能力为211.40万吨/年。2014年实际生产尿素（实物量）9.27万吨，同比减少89.90%，约占全国尿素总产量的0.13%。4家企业中仅湖北化肥分公司1—4月生产尿素，其他尿素装置全年停产或关停。各企业尿素产量详见表32。

表32　石化集团公司各企业尿素产量　万吨

企业名称	设计能力/万吨·年$^{-1}$ \ 年份	2014	2013	2012	2011	2010	2009
石化集团公司合计	211.40	9.27	91.78	105.23	77.98	122.34	175.22
安庆分公司	52.00	—	25.56	31.61	26.57	22.80	29.82
巴陵分公司	61.00	—	24.55	29.36	18.78	25.65	19.17
湖北化肥分公司	48.00	9.27	41.67	44.26	32.63	30.64	31.56
齐鲁分公司	50.40	—	—	—	—	8.72	—
金陵分公司	—	—	—	—	—	—	17.28
镇海炼化	—	—	—	—	—	10.47	32.20
九江分公司	—	—	—	—	—	24.05	45.19

（杨　砚）

【复合肥】 2014 年，石化集团公司生产复合肥的企业有南京化工公司和安庆石化 2 家。截至年底，石化集团公司复合肥生产能力为 50 万吨/年，产能没有变化；2014 年实际生产复合肥 13.94 万吨，同比减产 10.29 万吨、降低 42.47%。

（杨　砚）

【硫酸铵】 2014 年，石化集团公司生产硫酸铵的企业有石家庄炼化、巴陵分公司、安庆分公司、齐鲁分公司和湖北化肥共 5 家。截至年底，石化集团公司硫酸铵(实物量)生产能力为 88.05 万吨/年，增加 1.8 万吨/年。齐鲁分公司 13 万吨/年丙烯腈装置建成投产后，副产硫酸铵(实物量)生产能力从 0.45 万吨/年增加到 2.25 万吨/年。

2014 年，石化集团公司实际生产硫酸铵(实物量)84.78 万吨，减产 11.47 万吨、降低 11.92%。

（杨　砚）

【硝酸铵】 2014 年，石化集团公司生产硝酸铵的企业只有南京化工公司 1 家，生产能力为 20 万吨/年，产能没有变化。全年实际生产硝酸铵(实物量)8.75 万吨，减产 4.32 万吨、降低 33.03%。

（杨　砚）

【混配复合肥料】 2014 年，石化集团公司生产混配复合肥料的企业只有南京化工公司 1 家，全年实际生产混配复合肥料 4.53 万吨，减产 0.24 万吨、降低 4.96%。

（杨　砚）

【煤气化装置运行】 截至 2014 年底，石化集团公司有 10 套煤气化装置运行，其中金陵分公司、齐鲁分公司、茂名分公司、长城能源化工(宁夏)有限公司以及南京化工公司 6 套煤气化装置采用 GE 水煤浆气化技术，安庆分公司、巴陵分公司、湖北化肥分公司 3 套煤气化装置采用 Shell 干粉煤气化技术，扬子石化 1 套煤气化装置采用中国石化具有自主知识产权的 SE 干粉煤气化技术。

2014 年，茂名分公司、南京化工公司、宁夏能化 3 套水煤浆气化装置和扬子石化单喷嘴干粉煤气化装置均实现一次开车成功。通过推广行之有效的管理方法、做好装置检修消缺和预防性维修工作，主要煤气化装置运行平稳，齐鲁水煤浆气化装置实现连续运行 538 天，安庆、巴陵煤气化装置实现百日安稳运行常态化、最长连续运行周期均突破 200 天。

（吴昌保）

无机原料

【概述】 2014 年，石化集团公司生产无机原料的企业有南京化工公司、齐鲁分公司、巴陵分公司、巴陵资产分公司、石家庄炼化、江汉油田分公司、荆门分公司等。主要无机原料为“三酸两碱”。石化集团公司主要无机原料生产能力见表 33，产量见表 34。

表 33　　石化集团公司主要无机原料生产能力　　万吨/年

产品名称 \ 年份	2014	2013	2012	2011	2010	2009
硫　酸	113.50	113.50	119.50	119.50	119.50	119.50
浓硝酸	22.00	22.00	22.00	22.00	22.00	22.00
盐酸(折 31%)	14.43	14.43	14.43	14.43	12.43	25.53
烧　碱	59.30	64.30	84.30	84.30	80.30	92.30
纯　碱	120.25	120.25	120.25	120.25	120.25	120.25

表 34　　石化集团公司主要无机原料产品产量　　万吨

产品名称＼年份	2014	2013	2012	2011	2010	2009
硫　酸	64.13	77.44	88.94	94.94	100.29	78.90
浓硝酸	19.16	21.34	20.41	17.76	20.56	15.60
盐酸(折31%)	23.67	27.15	32.21	29.93	30.80	26.43
烧　碱	52.49	61.06	82.63	80.92	80.31	67.80
纯　碱	112.69	98.92	102.73	113.69	106.11	102.30

（杨　砚）

【硫酸】 2014年，石化集团公司生产硫酸的企业有南京化工公司、石家庄炼化、巴陵分公司、荆门分公司共4家。截至年底，石化集团公司硫酸生产能力为113.50万吨/年，产能没有变化；2014年实际生产硫酸64.13万吨，减产13.31万吨、降低17.19%。

（杨　砚）

【硝酸】 2014年，石化集团公司硝酸生产企业仅有南京化工公司，浓硝酸生产能力为22万吨/年，产能没有变化；2014年实际生产浓硝酸19.12万吨，减产2.22万吨、降低10.42%。

（杨　砚）

【盐酸】 2014年，石化集团公司生产盐酸的企业有南京化工公司、巴陵资产分公司、齐鲁分公司和江汉油田分公司共4家。截至年底，石化集团公司盐酸生产能力为14.43万吨/年(不含南京化工公司副产盐酸产能)；2014年实际生产盐酸23.67万吨，减产3.48万吨、降低12.80%，4家企业产量均有所减少。

（杨　砚）

【烧碱】 2014年，石化集团公司生产烧碱的企业有齐鲁分公司、江汉油田分公司、南京化工公司和巴陵资产分公司共4家。截至年底，石化集团公司烧碱生产能力59.30万吨/年，减少5万吨/年。齐鲁分公司关停5万吨/年离子膜烧碱装置，烧碱生产能力从25万吨/年减少到20万吨/年。

2014年，石化集团公司实际生产烧碱52.49万吨，减产8.56万吨、降低14.02%，主要是齐鲁分公司产量减少。

（吴昌保）

【纯碱】 2014年，石化集团公司纯碱生产企业为南京化工公司连云港碱厂，生产能力为120万吨/年，全年实际生产纯碱112.69万吨，增产13.77万吨、增长13.92%。

2014年，全国累计生产纯碱2 588万吨，增长8.1%，其中石化集团公司产量约占全国总产量的4.35%，上升0.22个百分点。

（吴昌保）

质量管理

【概述】 2014年，世界经济复苏缓慢，中国经济增速回落，化工市场延续供大于求格局；产品价格下跌，市场竞争加剧，板块毛利空间被严重压缩。面对极为严峻的市场形势和艰巨繁重的生产经营、改革调整任务，化工板块以提高发展质量和效益为中心，紧紧围绕深化改革、转型发展、从严管理的工作主题，践行“每一滴油都是承诺”的社会责任，落实“质量永远领先一步”的质量方针，防范重大质量风险，确保化工产品质量100%合格。①持续推进质量管理体系建设，形成以预防为主的“防、控”体系；派出观察员对燕山分公司、湖北化肥分公司的质量管理体系认证审核过程进行观察，监督审核机构的工作能力和工作质量，观察、了解被审核单位的质量管理体系运行情况；组织对仪化公司、南京化工公司、中原石化和湖北化肥4家企业的质量管理体系有效性检查，督促企业落实检查问题的整改，进一步提升企业质量管理水平。②持续推进中国石化炼化企业实验室信息化管理系统（LIMS）统一标准化编码及标准化模板的实施。③推进化工产品标准化管理，提升产品质量水平。④开展2014年度质量管理奖评选工作；以《中国石化质量管理奖评价内容》为标准，对申报质量管理奖的企业进行评分推选，四川维尼纶厂、燕山分公司、扬子石化和镇海炼化4家公司被评为2014年质量管理奖先进单位；同时推荐花瑞香等12人为质量管理奖先进个人。全年化工产品质量总体保持受控，出厂产品合格率100%；在国家、各级政府部门和石化集团公司对化工企业产品质量监督抽查中，抽检产品合格率达100%；全年无上报石化集团公司的质量事故。

（杨世飞）

【客户服务】 ①在中国石化“质量日”期间，邀请52家企业的64名代表分别参加在上海石化、中韩石化召开的2014年化工产品客户座谈会，邀请客户走进企业共商质量大计，重点向客户介绍企业生产经营、质量管理、新产品开发、市场销售和客户服务等情况，并认真听取客户在产品质量、计量、服务、开发、排产计划等方面意见和需求，进一步加深客户对中国石化品牌的良好印象，增强客户信心。②开展对线性聚乙烯和环氧乙烷2个化工产品的用户满意度调查，从产品质量、包装、交付点、投诉处理和技术服务等方面开展全面的调查；客户满意度调查分别完成475份和132份问卷，总体满意度得分分别为94.39分和94.96分，③加强用户服务，不断提升用户服务水平，2014年累计走访客户6 000余家次，开展技术服务160余项，其中联合生产企业共同走访客户1 000余家次。④及时跟踪、协调客户投诉处理，提高投诉处理完成率，2014年共接到64件投诉，同比减少7件；投诉处理完成率为100%，平均处理时间8天。

（杨世飞）

【质量培训】 ①以中国石化“质量日”和全国“质量月”活动为契机，开展生动活泼、形式多样的质量专题活动，通过标语、板报、电视、网络、报纸等宣传阵地，广泛宣传中国石化的质量方针、质量目标和社会责任，营造人人关注质量、追求一流质量的企业文化氛围。②举办第3期化工分析检验技术高级研修班，采用集中授课、现场教学、企业研修、撰写论文、交流答辩的方式，紧密结合企业生产实际，进一步提高培训效果。

（杨世飞）

【化工产品等级品率完成情况】 2014年，合成树脂一级品以上比例90.55%，降低4.09个百分点。分品种来看，聚丙烯83.99%，降低8.39个百分点；高压聚乙烯98.21%，提高0.68个百分点；低压聚乙烯94.98%，降低0.23个百分点；线性聚乙烯98.21%，持平；聚苯乙烯99.09%，提高0.34个百分点；聚氯乙烯98.60%，提高3.48个百分点。

合成橡胶一级品以上比例74.32%，降低1.88个百分点。分品种来看，丁苯橡胶（包括SBS、SEBS）64.59%，降低2.41个百分点；顺丁橡胶92.33%，降低0.51个百分点；丁基橡胶80.46%，降低1.62个百分点。

合成纤维一级品以上比例99.07%，提高0.04个百分点。分品种来看，涤纶99.65%，提高0.30个百分点；腈纶99.96%，降低0.03个百分点；维纶31.12%，降低19.38个百分点。

合纤原料一级品以上比例99.99%，持平。分品种来看，丙烯腈100%，同比持平；精对苯二甲酸100%，提高0.02个百分点；乙二醇99.95%，降低0.05个百分点；己内酰胺100%，提高0.01个百分点。

合纤聚合物一级品以上比例98.28%，提高0.24个百分点。分品种来看，锦纶切片98.18%，降低0.39个百分点；聚乙烯醇89.35%，提高6.55个百分点；聚酯98.74%，降低0.13个百分点。

尿素优级品率100%，提高0.03个百分点。

（杨世飞）

设备管理

【概述】 2014年，石化集团公司20家化工企业固定资产原值为2 803.80亿元，净值为1 181.06亿元，其中设备固定资产原值为2 415.69亿元，净值为893.82亿元，设备新度系数为0.37。

20家化工企业共有设备1 948 536台，完好设备1 944 138台，完好率99.77%，其中主要设备190 836台，完好设备190 081台，主要设备完好率99.60%。设备静密封点数30 543 468个，泄漏点数1 864个，泄漏率为0.061‰。

设备分类情况：塔类5 025台，反应器类2 779台，储罐类38 904台，炉类762台，换热设备类25 497台，阀门类518 605台，通用机械类62 871台，动力设备类3 099台，电气设备类179 247台，自动控制及仪器仪表类966 559台，其他14 240台。关键机组1 169台，其中各类气体压缩机（250千瓦以上)818 台(电机驱动的 608 台，蒸汽透平驱动的 210 台)，冷冻机(200 千瓦以上)265 台(电机驱动的 249 台，蒸汽透平驱动的 16 台)，发电机(3 000 千瓦以上)73 台，烟汽轮机(500 千瓦以上)13 台。在用压力容器 32 835 台，其中一类容器 12 645 台，二类容器 12 070 台，三类容器 2 370 台。GC1、GC2、GC3 类工业管道 1 029.49 万米，其中 GC1 管道 56.50 万米，GC2 管道 633.02 万米，GC3 管道 251.92 万米。在用安全阀 38 881 台，其中国产阀 27 313台，进口阀 11 578 台。

仪表及自动化设备总台数 1 038 726 台，完好总台数 1 002 131 台，完好率 96.48%，其中使用台数 903 534 台，使用率 86.98%；DCS 总套数为 589 套，PLC 总套数为 1 643 套，ESD 总套数为 291 套，在线分析仪表总套数为 10 729 套；总回路数 476 227 个，控制回路 87 108 个，联锁回路 99 235 个。

20 家化工企业全年消耗新鲜水 3.45 亿吨，年节水总量 1 529.04 万吨，年减排总量 791.20 万吨，全年循环水供水总量 158.33 亿吨。

(刘国帅)

【召开设备动力管理会议】 扬子一氧化碳装置转化炉频繁损坏问题原因分析及解决方案研讨会。旨在彻底解决上分配管 T 型三通和下热壁管泄漏故障。

高温管道效能监测研讨会。旨在摸清高温管道保温散热状况，评估其绝热性能，同时为高温管道节能改造提供依据；研讨监测方法、标准、考核和评价体系等。

化工板块管理工作座谈会。旨在进一步强化设备管理，交流管理经验，提升专业管理水平；总结各企业 2013 年设备管理工作；部署 2014 年设备管理重点工作。

广州分公司乙烯“三机”改造论证会。旨在解决由于压缩机整体结构未做较大改动，最优工况点偏移，效率下降；透平机组效率较低，运行成本高，透平动静叶片冲蚀减薄，复速级动静叶片碰磨损伤等缺陷。论证在透平本体不变的情况下，利用备用转子，通过更换高效动叶片、喷嘴，改变密封形式等措施来提高效率的可行性。

上海石化 2# 烯烃压缩机组问题研讨会。旨在解决 GB－201 高压缸密封油高位槽液位开关低低报，停车灯亮，注水泵停车灯亮，注水泵停车、但压缩机没有停车；以及汽轮机主推力瓦运行温度高、压缩机中压缸浮环密封故障、润滑油油品质量变差等问题。

循环水管理工作座谈会。总结循环水管理工作的经验，研究循环水管理的重点问题，以及国家能源管理的一些政策要求变化对循环管理的影响。

EVA 装置一次机国产化研讨会。旨在进一步分析电气、控制、管路及工艺对压缩机系统构成的潜在影响，稳妥推进国产化工作。

(刘国帅)

【工作调研】 石化大机组转动设备运行现状调查与发展研究。针对机组运行企业：通过调研，对机组的运行提出技术建议，以实现机组高效、安全、可靠的长周期运行，进一步实现企业经济效益的稳步提升；针对设备制造企业：通过调研了解现有大机组实际运行水平与国外先进水平的差距，促进中国压缩机气动设计和制造水平的提升；针对总部：对各企业转动设备选型、改造和更新提供技术建议。2014 年 7—10 月分别对镇海炼化、安庆石化、天津石化、齐鲁石化进行现场调研和座谈。主要内容包括核实调查表的数据、到现场查看机组的运行情况、机组现场仪表统一安排和研讨；就机组各段间介质组分、防喘阀开度和机组的轴向剖面图或转子图的尺寸等进行核实；询问机组运行情况。

裂解炉检测。2014 年共对 9 家企业的 83 台裂解炉进行资料检查和现场测试。83 台裂解炉总设计热负荷为 4 697 兆瓦，实际运行热负荷 4 141 兆瓦，负荷率 88%。实测加权平均热效率 93.92%，加权平均排烟氧含量 2.31%，加权平均排烟温度 120℃，算术平均一氧化碳浓度 18×10^{-6}；均达到《中国石化炼化企业加热炉管理规定》要求。烟气中污染物平均排放浓度：二氧化硫 0，氮氧化物 71×10^{-6}，符合 DB 11/447—2007《炼油与石油化学工业大气污染物排放标准》。

芳烃炉检测。2014 年共对 9 家企业的 80 台芳烃炉进行资料检查和现场测试。80 台芳烃炉总设计热负荷为 2 306 兆瓦，实际运行热负荷 2 022 兆瓦，负荷率 89%。实测加权平均热效率 92.04%，加权平均排烟氧含量 3.60%，加权平均排烟温度 130.4℃，算术平均一氧化碳浓度 11×10^{-6}，均达到《中国石化炼化企业加热炉管理规定》要求。烟气中污染物平均排放浓度：二氧化硫 1.3×10^{-6}，氮氧化物 85×10^{-6}，符合 DB 11/447—2007《炼油与石油化学工业大气污染物排放标准》。

(刘国帅)

达标管理和节能减排

【企业达标】 2014 年，参与化工达标的企业共 20

家，其中镇海分公司、茂名分公司、广州分公司等企业完成情况较好。

（刘志武）

【专业达标】 乙烯专业、芳烃专业、基本有机化工专业、合成树脂专业、合成橡胶专业、合纤原料专业合成纤维专业、碳一化工及化肥专业、特殊化学品专业的达标率均为 100%。

（刘志武）

【节能专业达标】 2014 年，化工板块万元产值综合能耗 1.52 吨标煤，同比下降 0.02 个单位，节能率 1.57%。

（刘志武）

【装置长周期运行攻关】 2014 年，齐鲁分公司煤气化装置实现 538 天的长周期运行，创世界同类装置长周期连续运行纪录。

（刘志武）

【同类装置竞赛】 2014 年，化工板块有 21 类 140 套装置参加同类装置竞赛，通过对产量、物耗、能耗、生产运行、质量、环保等指标的综合横向评定，共有 49 套装置获得竞赛奖励。其中，乙烯装置获得前 3 名的分别是茂名分公司、燕山分公司、中韩石化；芳烃装置获得前 3 名的分别是扬子石化、天津分公司 2#、镇海炼化；乙二醇装置获得前 3 名的分别是镇海炼化、上海石化 2#、天津分公司；苯乙烯装置获得前 2 名的是安庆分公司和齐鲁分公司；苯酚丙酮装置获得第 1 名的是高桥分公司 2#；丁二烯装置获得前 3 名的是镇海炼化、扬子石化、广州分公司；高压聚乙烯装置获得前 3 名的是茂名分公司 2#、燕山分公司 2#、齐鲁分公司；低压聚乙烯装置获得前 2 名的是扬子石化、茂名分公司；线性聚乙烯装置获得前 3 名的是茂名分公司、镇海炼化、中原石化；化工连续法聚丙烯装置获得前 3 名的是燕山分公司 1#、广州分公司 1#、上海石化 1#；炼油连续法聚丙烯装置获得前 3 名的是海南炼化、九江分公司、济南分公司；顺丁橡胶装置获得第 1 名的是齐鲁分公司；SBS 装置获得第 1 名的是巴陵石化；PTA 装置获得前 3 名的是扬子石化 3#、仪化公司 2#、仪化公司 1#；丙烯腈装置获得第 1 名的是安庆分公司；聚酯装置获得前 3 名的是仪化公司 4 厂、仪化公司 1 厂、仪化公司 3 厂；涤纶短丝装置获得前 3 名的是仪化公司 1#、2#和 3#；腈纶装置获得前 3 名的是上海石化(北)、上海石化(南)、上海石化(金阳)；己内酰胺装置获得第 1 名的是巴陵分公司；煤气化装置获得前 3 名的是齐鲁分公司、巴陵分公司、安庆分公司。

（刘志武）

【技术经济指标继续改善】 2014 年，化工板块加大结构调整力度，原料、装置以及产品结构调整工作均取得显著成效，装置运行良好，技术经济指标取得进步，较好地完成年度生产计划。全年，乙烯装置损失率下降 0.01 个百分点，高附产品能耗下降 6.36 千克标油/吨；芳烃装置损失率下降 0.07 个百分点；聚烯烃有 6 项能耗、物耗指标创历史最好水平，EVA、ABS、环氧树脂等品种消耗受控良好；PTA、聚酯的物耗、能耗同比进一步下降；煤化工主要装置实现长周期运行，成本进一步下降，齐鲁煤化工装置再次创造同类装置连续运行时间世界纪录。

高附加值专用料和差别化产品的开发生产取得新进展，产品结构进一步优化。合成树脂新产品与专用料比例 57.4%，提高 2.1 个百分点；聚酯和合纤差别化率 76.8%，提高 5.9 个百分点。

（刘志武）

【达标重点工作】 乙烯装置：通过优化运行，提高轻烃裂解炉连续投炉时间，增加轻质原料来源，满足原料优化需求；低温热综合利用；裂解炉群负荷优化分配，提高整体运行效率；裂解深度控制系统等先进控制系统稳定投用，实现裂解炉工艺条件精确控制。根据乙烯负荷，动态优化压缩工段三机操作，降蒸汽消耗。

芳烃装置：重整料优化，提高原料芳潜；优化反应系统操作，根据实际负荷调整歧化、异构化催化剂氢烃比，降低压缩机透平蒸汽消耗；优化操作，提高加热炉的热效率；应用脱烯烃催化剂，降低白土消耗。

聚烯烃装置：优化聚合、原料精制等单元工艺操作参数，加强关键机组使用及维护，实现长周期经济运行；加强排放气烯烃含量定期检测，消除排放火炬泄漏点；优化排放气回收系统运行，采用先进回收技术增加烯烃回收量；优化牌号切换技术，规范切换过程参数调整技术文件实现平稳切换，减少过渡料，保证产品质量。

PTA 装置：优化不同生产负荷时的反应参数，提高 PX 转化率；稳定装置反应状况，精细调整负荷，避免反应温度剧烈波动，降低 PX 及醋酸损失；合理控制氧化催化剂浓度、反应温度、停留时间，在确保 CTA 质量条件下尽量降低醋酸和 PX 的燃烧反应；优化压滤机的操作，延长单台运转周期；加强废水管理，杜绝超标排放。

煤气化装置：加强原料煤的煤质管理，降低生产成本；优化气化炉操作，保持炉温接近气化反应的最佳温度，调整氧煤比，提高气化炉产出气体中一氧化碳和氢气的含量；优化气化炉热备时间，适当降低热备温度，降低燃料气消耗；做好关键机组巡检、维修等特护工作。

强化工艺技术管理，打造专业化技术管理人才队伍、素质过硬的技能操作人员队伍。做好工艺规程和操作法的编制修订、装置开停车方案编制完善、工艺操作技术指令标准化、牌号切换技术优化等基础技术工作，加强工艺管理过程检查、监督，提高技术台账、技术月报记录、编制质量，规范有序开展工作。继续开展专业技术人员、技能操作人员培训，2014年先后组织裂解炉技术等高级技术研修班及不同层次的专业技术培训。

（刘志武）

【节能减排】 2014年，化工板块通过编制年度燃动消耗预算，深入分析装置消耗数据，充分挖掘企业节能潜力，组织落实多项节能措施。积极推进“能效倍增”计划，结构节能、管理节能、技术节能和合同能源项目管理工作有序推进。低温热利用、裂解汽油加氢装置节能优化等重点工作取得进展，节能效果明显。化工板块万元产值综合能耗完成1.52吨标煤，比计划低0.01个单位，同比下降0.02个单位；托管化工企业万元产值综合能耗完成1.20吨标煤，比计划低0.04个单位，同比下降0.04个单位。汇总完成2014年化工“能效倍增”计划，项目总数208项，计划投资12.66亿元。

重点节能项目取得进展。燕山分公司化工七厂制苯装置脱重塔塔釜新增再沸器回收溶剂余热改造项目，投用后效果显著，2014年节约1.5兆帕蒸汽4.38万吨，节约循环水80万吨，年创效益860万元。该项目由经研院采用合同能源方式实施，获得了政府116万元财政奖励资金。齐鲁石化、镇海炼化进行裂解汽油加氢装置节能改造，成效突出。通过新增脱戊烷塔进料预热器、二段进出料换热器、二段进料加热器等措施，优化换热流程，改造后综合能耗可降低35%，年节约标煤8 000吨。

开展节能技术培训。在管理干部学院举办了以用能优化为主题的高级研修班，学习研讨节能技术，挖掘各企业具体节能措施。

全年，化工板块碳排放量约5 000万吨，吨产品二氧化碳排放量为1.38吨，万元产值二氧化碳排放量为1.77吨。

组织编写《化工生产企业温室气体排放量计算方法》企业标准，并于年内颁布实施，规范化工生产企业温室气体排放量计算方法，提高石化企业排放量统计的一致性和标准化。

（黄志壮）

计量管理

【计量管理与监督】 ①持续推进石脑油途耗管理，督促企业深入分析原因，采取有效措施降低石脑油途耗率。2014年石脑油累计途耗率为0.05%，其中，水运途耗率最高为0.29%。②组织企业计量专家编写《企业能源计量常见难题解析与对策》，深入总结、交流和传承计量工作长期积累的宝贵经验，提高企业能源计量水平。③组织齐鲁分公司开展中国石化“铁路进厂石脑油计量情况调研”项目的实施工作，对企业石脑油计量损耗情况进行现场调研；通过数据分析和现场沟通，查找损耗原因，并提出改进建议。④组织召开环氧乙烷交接计量交流会，深入分析环氧乙烷供需双方计量差异产生的原因，提出减小计量误差的措施。⑤完成“我身边计量人”的推选工作。

（杨世飞）

境内炼化工程

◇ 综述

◇ 生产经营管理

◇ 技术创新

◇ 企业管理

◇ QHSE管理

综　　述

2014年，炼化工程板块积极落实石化集团公司年度工作会议各项部署，齐心协力、攻坚克难，不断挖掘一体化优势，着力深化改革、优化资源配置、转变发展方式、狠抓生产经营、大力开拓市场、强化技术创新，各项工作取得了显著成效。

生产经营任务全面完成。2014年下半年，全球原油供需失衡，国际原油价格大幅下挫，能源化工行业面临严峻挑战，面对快速变化的不利局面，炼化工程板块积极顺应市场变化和自身发展要求，确定"能化为本、创新驱动、全球发展、价值聚焦"四大战略，围绕目标和战略制定并施行可行的方案和措施。整合市场开发优势和资源，加大对外宣传与推广力度，强化精细化管理，加大项目过程管控，各项工作保持平稳的发展势头。全年，实现营业额493.46亿元、同比增长12.99%。

重点工程保障有力。2014年，炼化工程板块强化过程管理，全力保障中国石化重点工程项目顺利实施，项目质量、安全整体受控。

（刘红叶）

生产经营管理

【市场开发】 2014年，炼化工程板块发挥产业链、业务链、技术链的整体优势，加大市场开拓力度，新签多项炼油、石油化工、清洁能源大型项目，未完成合同额为1 039.22亿元，同比增长12.3%。全年境内新签合同额为492.49亿元。

截至年底，签订的境内代表性项目包括中安联合煤业化工有限公司170万吨/年煤制甲醇及烯烃转化项目总承包合同、中国石化青岛液化天然气有限责任公司山东液化天然气（LNG）项目接收站场站区工程总承包合同、福建联合石化公司18/40万吨/年环氧乙烷/乙二醇（EO/EG）总承包合同、神华宁煤集团400万吨/年煤炭间接液化示范项目空分及油品加工装置详细工程设计和采购（EP）承包合同、青海大美煤业股份有限公司煤炭深加工示范项目（一期工程）DMTO及烯烃分离等单元（EPC）总承包合同、青海大美甘河工业区尾气综合利用制烯烃项目聚丙烯装置EPC总承包合同、南京金陵亨斯迈新材料有限责任公司环氧丙烷项目生产装置EPC总承包合同、中国石化催化剂南京分公司3 000吨/年SMTO催化剂项目生产装置EPC总承包合同。

（刘红叶）

【重点项目实施】 中天合创煤化工项目：截至2014年底，该项目详细设计、施工工作已全面展开，项目整体进度完成约50%，现场全面转入预制及2015年春天施工高峰期的准备工作。

中安煤化项目：截至2014年底，该项目设计工作已全面展开，详细设计工作完成约20%，现场施工处于前期，主要为桩基工程施工和土建施工。

元坝天然气净化项目：该项目合同工作范围主要包括4个系列300万米^3/日天然气的净化装置、脱硫装置、脱水装置、硫黄回收装置、尾气处理装置、硫黄成型装置和酸性水汽提装置及其他辅助生产设施的EPC总承包。截至2014年底，4个净化联合装置以及硫黄成型装置等31个实体单元均已中交投用。

中化泉州项目：截至2014年底，该项目已中交投用。

石家庄炼化项目：该项目合同工作范围包括新建10套炼油生产装置，改造配套储运、水、电、气等公用工程及辅助生产设施等单元的EPC总承包。截至2014年底，该项目已中交投用。

山东LNG储罐区项目：该项目合同工作范围主要包括一期码头工程、接收站工程、1#—3#储罐工程和二期4#储罐工程及轻烃回收等单元的EPC总承包。截至2014年底，项目一期工程中交投用，项目二期总体进度完成约90%，安全、质量、进度全面受控。

榆林煤化工项目：截至2014年底，该项目已中交投用。

蒲城清洁能源化工有限责任公司70万吨/年煤制烯烃项目DMTO－Ⅱ装置：该项目合同工作范围主要包括70万吨/年甲醇制烯烃（DMTO－Ⅱ）装置的EPC总承包。截至2014年底，该项目已中交投用。

浙江兴兴新能源有限公司DMTO及聚烯烃项目：该项目合同工作范围主要包括180万吨/年甲醇制烯烃（DMTO）装置、30万吨/年聚乙烯装置、39万吨/年聚丙烯等单元的EPC总承包。截至2014年底，该项目已中交。

内蒙古中煤蒙大新能源化工有限公司年产50万吨工程塑料项目MTO装置、烯烃分离装置及聚丙烯工程：该项目合同工作范围主要包括180万吨/年甲醇制烯烃（DMTO）装置、30万吨/年聚烯烃装置、60万吨/年烯烃分离等单元的EPC总承包。截至2014年底，该项目总体进度完成约90%，安全、质量、进度全面受控。

神华宁煤煤制油项目：该项目合同工作范围主要包括空分及400万吨/年煤焦油加氢等单元的EP

总承包。截至 2014 年底，该项目总体进度完成约 80%，安全、质量、进度全面受控。

青海大美 DMTO 项目：该项目合同工作范围主要包括 60 万吨/年甲醇制烯烃(DMTO)装置、60 万吨/年烯烃分离等单元的 EPC 总承包。截至 2014 年底，该项目总体进度完成约 10%，安全、质量、进度全面受控。

(刘红叶)

技术创新

【概述】 2014 年共承担 26 项"十条龙"攻关项目，其中逆流重整、乙烯分离、芳烃成套技术、SE 东方炉、第三代聚丙烯、RSDS－Ⅲ技术等 10 个项目"出龙"并实现工业转化，为技术引领市场提供了新的成果；炼厂能效提升与全厂节能、污水深度处理等 5 个新项目"入龙"。

(刘红叶)

【新技术工业化运用】 湖北化肥 20 万吨/年合成气制乙二醇工业示范装置成套技术打通全流程，乙二醇产品质量全部合格，紫外透光率等关键指标达到国家优等品标准，示范装置已达 95% 的生产负荷。

"单喷嘴冷壁式粉煤加压气化(SE)成套技术开发"SE 东方炉工业示范装置项目气化投料成功，打通变换、净化等全流程并产出合格氢气送入管网，项目一次投料试车成功，装置运行良好。

运用可再生湿法烟气脱硫技术的济南分公司 140 万吨/年重油催化裂化装置烟气脱硫项目完成装置建设并顺利投运，避免了传统技术的硫酸盐排放。

5 万吨/年沸腾床加氢装置在金陵石化开车，脱硫脱硝技术成果得到大范围的应用，对公司技术带动市场、技术引领市场产生了重大的影响。

(刘红叶)

【煤化工】 山东神达/昊达 100 万吨/年 DMTO 联合装置于 2014 年 11 月 29 日投料生产，标志着世界首套采用自主知识产权的烯烃分离工艺工程技术的 DMTO 联合装置实现一次开车成功。使用 DMTO 第二代技术的蒲城清洁能源化工有限责任公司 70 万吨/年煤制烯烃成功投运。移动床甲醇制丙烯催化剂和工艺研究通过了中国石化评议；日投煤 2 000 吨级 SE 粉煤气化技术工艺包开发工作已完成。与 ExxonMobil 合作研发的流化床甲醇制汽油(MTG)技术完成冷模流态化试验，热态中试装置已完成建设。3 000 米^3(标准)/时煤制天然气(SNG)试验装置在陕西大唐投运并完成标定，半工业化装置在设计中。

(刘红叶)

【新领域技术研发】 2014 年，新开技术研发课题 150 余项，涉及新能源利用领域技术开发、环境保护领域多项技术研发及安全环保施工工艺的研发。其中，LNG、页岩气利用等新能源领域的开发利用和地热、低温热利用等环保、节能技术是研发重点；同时配合市场开发，探索涉及污染治理技术、大气治理、污水处理等多方面技术合作。

(刘红叶)

【技术许可与知识产权】 2014 年，炼化工程新签技术许可合同额 1.38 亿元。知识产权工作保持良好势头，全年完成新专利申请 411 件(发明专利 212 件)，获授权专利 361 件。截至年底，累计有效专利达 1 414件，待审查专利申请 690 件。

(刘红叶)

【获奖情况】 2014 年，炼化工程板块共获省部级以上各类科技进步奖励 46 项，其中特等奖 1 项、一等奖 5 项、二等奖 6 项、三等奖 5 项。其中，参与开发的"甲醇制取低碳烯烃(DMTO)"技术项目获国家技术发明一等奖；参与的"极端条件下重要压力容器的设计、制造与维护"项目获国家科技进步一等奖；参与的"重大化工装置中细颗粒污染物过程减排新技术研发与应用"项目获得国家技术发明二等奖；参与的"高酸重质原油全额高效加工的技术创新及工业应用"项目获得国家科技进步二等奖。

(刘红叶)

企业管理

【概述】 按照"创建世界一流工程公司"的愿景和"深化专业化重组、优化资源分配、争创最大效益"的发展思路，全面推进企业的资源优化和改革重组。

重型起重运输业务重组改革工作有效推进，新成立的中石化重型起重运输工程有限责任公司(简称起运公司)各项工作有序开展。2014 年，起运公司完成工商注册，取得安全生产许可证，通过 QHSE 体系认证终审，获得质量、环境、职业健康安全管理体系认证证书，并于 2015 年初获得"道路运输经营许可证"，开启实体化、专业化经营。

将中石化洛阳工程有限公司研发基地调整成为

中石化炼化工程洛阳工程技术研发中心(简称工程技术研发中心),旨在提高技术研发的资源利用效率,构建技术研发的特色优势,打造面向全范围的工程技术研发平台、技术支持与服务基地,为技术创新和技术能力提升服务。工程技术研发中心以"为建设集工程承包商与技术专利商为一体的世界一流工程公司提供技术支撑"为总目标,面向各子公司开展工程技术研发,作为研发平台进行技术合作和技术服务,为主业的市场开拓和业务发展提供支持。

为整合优化在沙特地区的资源、提升在沙特地区的竞争实力,成立了"中石化炼化工程(集团)股份有限公司沙特公司"(简称沙特公司)。沙特公司将全面负责在沙特业务,统一整合包含生产生活基地及各种工程建设设备机具在内的人、财、物,实现资源的集中管理和优化利用。

QHSE 管理

【概述】 2014年,炼化工程板块认真贯彻落实国家安全环保工作要求和石化集团公司 HSE 工作会议精神,坚持以遏制事故发生为工作重心,以"管理提升"活动为载体,持续推动 QHSE 管理体系建设,层层落实 QHSE 责任制,重视员工职业健康,提供更优质的产品和服务,坚持安全生产、绿色生产,全面提高本质安全水平,切实保护生态环境。

(刘红叶)

【QHSE 管理体系】 进一步完善 QHSE 管理体系,提高 QHSE 的管控能力。全面开展从严管理活动,狠抓制度执行和责任落实,以强化管理和落实责任为主线,执行全员参与、落实责任、完善体系、持续改进、过程控制、服务用户的要求,通过签署 QHSE 责任书、开展培训和监督检查等活动,强化对分包商的管理,认真查找薄弱环节,抓好直接作业环节的 QHSE 监管,基础管理工作得到进一步加强,在建项目的质量、安全和境外公共安全形势总体受控。

(刘红叶)

产品销售

◇ 天然气销售

综述

经营管理

基础设施建设

◇ 加油（气）站产品销售

综述

产品营销

改革与管理

◇ 其他炼油产品销售

炼油自销产品

燃料油

◇ 化工产品销售

综述

专业管理

产品储运

市场行情

天然气销售

综　　述

2014年，天然气销售企业着力强化市场开拓，切实抓好工程建设，精心组织生产运行，全面深化企业管理，各项工作均取得优异成绩，天然气业务继续保持良好的发展态势。全年销售天然气183.1亿立方米，同比增长8.7%。其中，按照产地分，胜利油田2.27亿立方米、西北油田12.63亿立方米、中原油田2.73亿立方米、河南油田0.25亿立方米、江苏油田0.32亿立方米、江汉油田11.54亿立方米、华北分公司38.41亿立方米、东北油气分公司6.09亿立方米、上海海洋油气分公司3.26亿立方米、西南油气分公司32.12亿立方米、中原油田普光分公司73.48亿立方米；按照资源类型分，常规天然气172.72亿立方米、页岩气10.38亿立方米；按照销售单位分，天然气分公司128.9亿立方米、油田企业54.2亿立方米。

（杨延平）

经 营 管 理

【资源经营】 面对复杂的市场环境，不断完善经营策略，抢市场、调结构、扩销量、增效益，资源经营量持续增加。川气东送管道沿线市场销售83.97亿立方米(含页岩气10.38亿立方米)、增长9.6%，榆济管道沿线市场销售36.87亿立方米、增长18.2%；进口LNG销售3 492吨、实现零的突破，形成管道气、页岩气、LNG等多气源混合销售的局面。

积极协调兄弟企业管道资源，制定科学的价格策略，大力开发新用户，新增管道气用户9家、LNG用户25家，新增用气量约11亿米^3/年；在经营好自有资源的同时，积极经营管网资源，采取外采、代输、代加工等方式扩大经营总量，其中外采国内LNG 20.77万吨，代加工LNG 17.01万吨，代输天然气8.06亿立方米，提高了经营收益。

（杨延平）

【管网市场】 区域管网市场进一步拓展。在17家省级(区域)合资公司的基础上，新增湖南、河北、重庆3家省级管网合资公司，天津管网合资合作已达成意向，恒通物流合资公司已成立，邯郸、濮阳、湛江、北海等一批高压环网合资合作项目积极推进，市场经营范围不断扩大。

（杨延平）

【销售管理】 天然气销售管理得到强化。加强对油田企业的业务指导，天然气销售量超计划完成；继续做好内部企业的供气安排，新增用气量2.23亿立方米，既提高了整体效益，又储备了优质市场。

（杨延平）

基础设施建设

【概述】 面对重点工程项目多、建设工期紧、工程管理任务重的形势，统筹安排计划，优化人员力量，强化现场管理，加大外协力度，重点项目建设取得积极进展。

（杨延平）

【管道工程】 新疆煤制气外输管道工程项目申请报告已上报国家发改委，正在加快推进核准手续办理；鄂安沧管道和青宁管道获开展前期工作的支持函，正在协调管道路由；山东LNG配套管网和济青二线管道建设全面展开，济青二线工程累计焊接300千米，山东LNG配套管道累计焊接155千米、主干线投运试生产；广西LNG配套管道快速推进，累计焊接512千米；涪陵页岩气外输管道获得核准，累计焊接62千米；南乐—寺庄输气管道工程打火开焊，中原—开封管道取得东明段核准批复；榆济线增压工程榆林首站完成，平遥站形象进度80%；川气东送管道增压扩能工程全面启动。

（杨延平）

【LNG工程】 山东LNG项目一期工程顺利投产并于2014年12月13日进入商业运营，第4台储罐形象进度96.5%；广西LNG工程整体形象进度57%，工程建设处于受控状态；天津LNG工程获得核准，4台储罐完成气顶升作业；温州LNG工程获得开展前期工作的支持函，核准所需的21项评价已完成18项、19项支持性文件已完成17项。

（杨延平）

【储气库工程及其他】 金坛储气库累计造腔41万立方米；文23储气库正在开展前期工作。国家大流量标定站武汉分站总体形象进度45%，移动标准装置检定流量计 159 台。

（杨延平）

加油(气)站产品销售

综　　述

2014 年，国际油价"断崖式"下滑，创 5 年来新低，国内成品油调价频率和幅度刷新历史纪录，下半年更是遭遇前所未有的"十一连跌"，加之国内经济增幅明显放缓，成品油市场呈现消费增量不足、资源严重过剩、竞争日益加剧的新常态。面对严峻形势，油品销售企业以提高发展质量和效益为中心，深化改革、转型发展、从严管理，一手抓油品销售业务改革重组、一手抓逆市扩销创效，实现了"两手抓、两不误"。全年，成品油总经销量 1.89 亿吨、同比增长 5.1%，其中境内成品油总经销量 1.71 亿吨、增长 3.4%；零售量 1.18 亿吨、增长 3.6%。天然气经营量 14.9 亿立方米、增长 48.4%。非油品营业额 171 亿元，同比增长 28%。

（任建宇）

产 品 营 销

【成品油经营】 零售上，开展"加油站综合服务提升年"活动，大力开展小额配送，深入推进油非互动、加油卡营销、点对点竞争等差异化策略，努力做大零售经营规模。优化品种结构，扩大汽油销售，抓住地域性、季节性、节假日等消费特点，灵活调整营销策略，在汽油消费增长低于预期的情况下，汽油销量实现稳步增长，零售同比增幅达 7.6%。强化考核导向作用，精耕细作挖掘增量潜力，一站一策提升单站销量，全年新培育 5 000 吨以上大站 202 座。全面推广加油卡网上营业厅和全国充值卡，不断拓展增值服务，增强客户黏性，累计发行加油卡 1.3 亿张，持卡消费比例 45%，同比提高 5 个百分点，网厅交易额实现690 亿元，大大改善了客户消费体验。

直分销上，加强客户维系，建立专项考核，开展专项营销，提升直分销网点和配送能力，努力开拓终端，做大经营规模，实现稳价增量。针对"营改增"政策的深入实施，组织开展交通运输行业专项开发，对行业客户进行全面调查、梳理和有序拓展，通过上门走访、营销宣传、专项服务等措施，引导客户购买，实现购销双赢。借助推行二维码增值税发票和开展消费税专项稽查，针对前期从地炼购买非标、逃票油品的社会加油站，进行专项开发，增量效果明显。全年直分销经营量同比增长 2.8%。

（任建宇）

【天然气经营】 大力拓展零售业务，积极开发交通运输、工业园区等直销大客户，扩大市场份额。对外积极协调生产企业以销定产，合理安排加工负荷，贴近需求制定分地域、分企业产品结构和数量，为省市经营创造良好的资源环境，提升企业创效水平。对内实施采销联动、滚动平衡策略，以销定采，优化资源结构、库存结构和物流优化，降低运输成本，防范经营风险，提升经济效益。

（任建宇）

【非油品经营】 结合改革重组工作的推进，充分吸纳投资者和业务合作伙伴的意见，确定新业务发展方向，并逐项制定发展规划。先后与润泰、顺丰、腾讯、海尔等 15 家企业签署业务合作协议，逐步开展跨界合作试点。积极开发自有品牌商品，推出"易捷·卓玛泉"，正式进军水产业；大力推广车用环保产品，海龙尾气处理液市场反应良好。成立中石化易捷公司，设立义乌集采中心，扩大统采规模，丰富商品品类，加大重点和特色商品推介，实现了非油品业务较快增长。

（任建宇）

改革与管理

【改革重组】 2014 年 2 月 19 日，石化股份公司召开董事会审议通过《启动中国石化销售业务重组、引入社会和民营资本实现混合所有制经营的议案》。4 月 30 日，完成销售业务内部重组，31 家省级分公司及其管理的长期股权投资、中国石化燃料油销售有限公司、中石化(香港)有限公司、中石化(香港)航空燃油有限公司的业务、资产、人员全部注入到中国石化销售有限公司。6 月 30 日，石化股份公司发布公告，称中国石化销售有限公司拟通过增资扩股的方式，引入社会和民营资本。按照"三公一透""三个优先"的原则，采取独立评审的方式，经过非约束性报价和约束性报价两轮遴选，最终决定 25 家境内外投资者，并于 9 月 12 日分别签署了《关于中国石化销售有限公司之增资协议》。12 月 31 日，中国石化销售有限公司增资扩股项目获得国家发改委和商务部等国家部委批复，包括《国家发展改革委关于中国石化销售有限公司并购增资项目核准的批复》和《商务部关于同意中国石化销售有限公司增资事项的批复》等。

（任建宇）

【品牌建设】 大力改善消费体验，始终坚持以“人民满意”为自觉追求，加快向“以客户为中心”的经营理念转变，千方百计为客户提供品质更优、性价比更高、更健康舒适的商品和服务。为持卡用户开辟网上营业厅和手机终端，提供充值、查询、预分配等服务，受到用户好评；不断开拓交叉营销，开展跨界经营服务试点，努力增加增值服务，丰富“油品感谢”积分兑换商品。加大形象改造和油气回收改造投入，努力打造更多环境优美、安全环保、温馨和谐的消费网点，全年投资约 12 亿元完成 66 座油库和 4 011座加油站的油气回收改造。按照石化集团公司的统一部署，提前开展油品质量升级，优先推进省会城市、自有炼厂所在地油品质量升级，积极践行绿色低碳发展战略。

（任建宇）

【队伍建设】 以“服务发展、服务企业、服务基层、服务群众”为重点，加强企业作风建设，强化激励保障机制，增强凝聚力向心力，统筹推进三支人才队伍建设，调动各类人才积极性、主动性和创造性，确保油品销售企业人才资源数量、素质满足主营业务、新兴业务和国际化业务发展需求。通过公开推荐、竞聘，考核调入长期借用人员，开展业务主管的选拔竞聘，调整部分机关处级干部，优化机关干部队伍结构。制定下发《油品销售企业 2014—2020 年人才队伍建设规划》及 9 个配套制度，在三支人才队伍的引进、培养、选拔、使用、激励等方面做出了明确的规定，不断理顺管理体制，扎实推进人才工作分级管理；加大培养开发力度，全面提升销售企业人才队伍素质能力。组织各销售企业在上中游企业公开招聘安全环保、数质量管理、设备管理、管道运行、加气业务五大专业亟需人才，缓解了销售企业的管理之急，进一步夯实了管理基础。为推动非油品业务快速发展，积极开展易捷公司社会招聘，按照选聘程序，确定多名职业经理人人选。

（任建宇）

【科技创新】 2014 年投入 2 883 万元用于科技开发与应用推广工作，同比增加 604 万元。“脂肪酸甲酯改善柴油润滑性能的应用研究”等 20 项科技项目（技术标准）立项，“万吨级柴油车尾气处理液技术开发及工业试验”等 18 项科研课题通过石化集团公司鉴定或验收，“中国石化成品油电子商务平台”等 5 个项目获石化集团公司科技进步奖。科技项目整体进展良好，针对销售新兴业务、制约企业发展的安全、管道、储运等瓶颈难题，展开深入研究，有效支撑了销售企业经营发展。

（任建宇）

【质量管理】 持续加强 ISO 9000 质量管理体系建设，提高体系运行有效性，质量管理向规范化、科学化迈进。继续强化“抓两头、控过程”的管控措施，针对外采油品的复杂特性，研究完善了 19 项内控质量指标，严把外采油品质量关，全年 3 000 多万吨外采油没有发生一起质量事故；做好油品升级应对和售后服务，加快客户投诉的响应、提供用油指导服务，提高用户满意度；继续开展监督抽查、明察暗访，检查制度落实情况；开展数质量专业培训和比对工作，提高专业技能和数质量管理水平；开展多方位的油品质量监测，提高市场油品质量的预判能力和风险防控水平。

（任建宇）

【安全生产】 坚持从严管理，实现安全平稳运行。落实“从严管理年”要求，全面推进安全环保理念向夯实管理基础、确保长远可持续发展转变。深刻汲取“11·22”事故教训，全面开展销售企业“安全隐患整改年”活动，对 9 000 余项安全环保隐患进行有效治理，整改完成率超过 98%，本质安全得到显著改善；在石化集团公司安全、环保大检查的基础上，组织开展施工安全、非油品仓储等专项检查，对查出问题实施闭环管理，有效保障了安全平稳运营；加强外管道巡线管理，强化第三方施工监控，打孔盗油数量同比降低 60%。

（任建宇）

【信息化建设】 推进信息化和工业化深度融合，加强顶层设计，通过新建、整合、提升、废除等多种方式，加强信息技术标准体系建设，逐步完成设备、数据、接口、协议和集成标准化，打通技术壁垒，实现有效融合。加快加油卡系统与其他信息系统整合，深挖管理潜能，防控运行风险。开发资金智能清账系统，确保“资金到账后销售”。完成 BW 报表与股权管理系统集成，加强对合资企业监控。挖掘加油卡服务内涵，完善办卡、退卡、充值、查询等服务流程；加快加油卡系统提升，清理睡眠卡，提高服务效率；全面推广电子商务平台，大力推广自助圈存设备，减少客户现场办理业务时间，提高客户满意度。

（任建宇）

其他炼油产品销售

炼油自销产品

【概述】 2014 年，中国石化炼油自销产品（除汽油、煤油、柴油及化工轻油以外）合计销量 5 353 万吨，销售均价 4 001 元/吨（不含税），近 75% 的炼油自销产品由炼油销售公司、化工销售有限公司等专业化公司统一销售。通过优化资源配置，加强产销协调，采取灵活的营销策略，紧贴市场销售，专业化优势得到了较好的发挥。

（王新军）

【专业化经营】 润滑油公司坚持“扩量增效”方针，在总体经营形势不利的情况下，取得了较好的经营效益。全年销售润滑油脂 110.2 万吨，实现利润 7.4 亿元。加大工业客户开发力度，全年共开发战略新客户 73 家、规模工业客户 703 家，新增销量 1.5 万吨，形成稳定合作的规模工业客户 4 356 家。加大车用油开发力度，新增城市公共系统规模客户 500 多家，其中公交客户 114 家。新兴业务发展迅速，全年汽车养护品销售完成年计划的 142%，同比增长 64%；电子商务销售额 2 680 万元、增长 50%，浏览人数 290 万人、上升 56%，“双 11”单日销售额超 800 万元，连续 5 年排名“双 11”润滑油行业单店销售额第一。

炼油销售公司全年销售产品 3 155 万吨，其中自营 95.7 万吨。推进销售业务前移，结合液化气整合成功经验，将硫黄、石蜡销售业务前移至代表处销售，销售业务更加贴近生产、贴近市场。真诚热情服务客户，获得市场广泛认可，获中国铝业优秀供应商、中国建材防水协会最佳行业价值链供应商称号。与美国 RAIN CII 公司续签石油焦 5 年购销长约，石油焦产品在海外获得市场认可。实施产品差异化销售策略，拓展工业原料液化气市场，全年工业气比例同比提高 9.2 个百分点，做乙烯原料的饱和气销量增长 17.5%。推进沥青多元化销售，全年出口沥青同比增长 21.3%，西藏等西部市场开发取得突破。面对石油焦下游产业持续萎缩，及时调整策略，巩固和扩大与关键客户的战略深度合作，石油焦经营量达到 1 155 万吨，直供率 71.6%。协调开通普光硫黄火车专用线运输资质，拓宽了销售渠道，降低了客户运输成本。

（王新军）

【品牌建设】 润滑油公司围绕品牌形象提升、重点产品宣传、网络优化传播等手段，开展“长城”润滑油品牌推广，不断强化“高科技、高品质、国际化”品牌形象；参加光明日报社组织的“新丝路万里行”大型系列文化活动，自西安出发，经新疆、吉尔吉斯斯坦、伊朗、希腊，最终到达罗马，整个行程 50 天，在向世界展现几千年丝绸古道魅力的同时，也提升了中国石化“长城”润滑油的品牌形象。2014 年，“长城”润滑油被评为润滑油行业中国第一品牌，在世界品牌实验室（World Brand Lab）发布的 2014 年“中国 500 最具价值品牌”排行榜中名列第一。

2014 年，“东海牌”沥青成功中标西藏拉临高速，实现了中国石化“东海牌”90A 级沥青和 SBS 改性沥青在西藏高速路上零突破，同时在江北公路、边防公路首次将 110B 温拌沥青成功推向西藏市场。“东海牌”沥青成功应用于西安咸阳机场跑道、河北京石高速、广州试车场、青龙高速、龙瑞高速、成安渝高速、新溆高速、贵梧高速，以及应用于贵州公路养护、云南公路养护、广东公路养护等重点项目，进一步提升了“东海牌”沥青品牌声誉。推广应用高铁乳化沥青等沥青新产品约 8 万吨，主供哈齐高铁、宁安高铁，改性乳化沥青系列产品应用于京台高速大修工程等，进一步提升了“东海牌”沥青品牌的市场影响力。

（王新军）

燃　料　油

【概述】 2014 年，石化集团公司燃料油经营工作取得新进展，实现经营量 2 032 万吨，增长 0.2%。保税船供油实现逆市增长。国内高价区港口经营比重有效提高，远洋渔业 MGO 资源销量增长 30%。开通锦州、丹东等港口业务，东北港口业务实现全覆盖，天津、辽宁、舟山、长江沿线港口市场占有率大幅提升。全年完成保税经营量 322 万吨，市场占有率

33%，同比提高4个百分点。内贸业务转型发展势头良好。积极向终端零售转型，积极推进"一站一策"，推进内贸船加油代供连锁经营。加强资源统筹，发布实施《船用轻质燃料油企业标准》，争取石化资源效益最大化。调和技术研发、组分采购取得突破，建立东北调和基地，努力满足市场需求。全年内贸经营总量501万吨，其中水上销量155万吨。

（李登兴）

化工产品销售

综　　述

2014年，化工销售企业紧紧围绕中国石化建设人民满意、世界一流能源化工公司的战略部署，认真落实石化集团公司工作会议精神，以维护化工产业链健康发展为追求和使命，深入开展"从严管理年"和"效率营销年"主题活动，认真组织资源优化，灵活调整营销策略，努力保障产品供应，积极适应市场需要，贴心服务于客户共同发展，较好地完成年初布置的各项工作。全年实现经营总量6 079万吨，同比增加256万吨、增长4.4%，其中化工销售公司经营量为5 300余万吨、增长约3%。

（于治宇）

专业管理

【商情管理】 始终以化工产业链健康发展为中心任务，全面加强市场分析预测、产销研用协调保证平稳供应。建立短期价格预测体系和主要产品产能数据库，加强Periscope、BW等信息化系统分析应用，加强前瞻研判，实施日资源分配管理等工作，强化过程控制，规范业务运作，库存保持在较低水平。及时调整营销策略，有效应对市场变化，尤其针对12月化工市场大幅补跌的严峻态势，密切产销衔接，有效控制库存风险，促进部分化工产品供应的稳定。通过走访国内外同行、参加国际会议及国内行业会议等手段，进一步加强信息交流和贸易合作洽谈工作。

（于治宇）

【业务流程优化】 不断改善客户体验，全年深入开展"效率营销年"主题活动，广泛调研收集效率营销建议，制定46项业务流程优化措施，年内完成25项，订单执行效率同比提升14.9%。各区域分公司广泛开展效率营销建议征集活动，制定有力措施优化内部管理，取得显著效果。积极推广IC卡系统，优化提升系统功能，发货效率进一步提高。配合实施化工产品库存信息动态集成项目，29家生产企业实现上线运行。开发推广移动营销平台和移动办公系统，方便客户采购和内部营销管理，实现移动审批，提升营销水平。

（于治宇）

【建设移动营销平台和移动办公平台】 移动营销平台在各区域市场全面推广，为客户提供资金、订单、通知、竞拍等业务功能，为客户经理提供客户资金和计划查询、订单开具、计划申报等功能。开发移动办公平台，完成在全系统的部署，集成信息门户、公文审批、合同审批、业务审批（调价、价格政策、客户准入、供应商准入、库存审批、信用审批等）、财务审批（费用报销、付款项目审批），实现员工PC平台与移动平台的无缝沟通，以及各种业务提醒功能实时手机响应，提升工作效率。

（于治宇）

【推进电子商务平台建设】 开展电子商务平台发展趋势调研，形成调研报告，开展电子商务的整体规划，确定化工电子商务的发展方向。进一步完善现有平台，在开展竞拍交易的同时，开展电子超市业务，并配套建立电子交易客户管理流程，缩短电子交易客户准入和系统响应时间；在海峡石化交易中心开设专场，配合物流和金融服务，为用户服务；选择战略客户，建立B2B信息系统集成工具，实现上下游系统自动集成。

（于治宇）

【客户开发和服务管理】 巩固和拓展营销渠道，全年累计开发客户1 000多家，新增交易量140万吨。加强生产型客户开发和产品直销，全年统销产品直销率同比提高1.9个百分点。持续开展客户走访，加强客户技术服务，及时收集客户意见和需求，利用自身优势积极提供综合解决方案，与更多客户实现战略合作。开展客户满意度调查，客户满意度连续5年实现提升。重视客户投诉处理，投诉数量同比下降10%。加强客户管理，优化客户结构，开展客户资质审查，强化客户资信管理。结合业务要求，建立电子交易客户管理流程，并优化信息系统配置，缩短电子交易客户准入时间，为推进电子交易奠定基础。通过客户结构和交易情况分析，动态监控公司客户结构变化，巩固优质核心客户群。

（于治宇）

【产销研用结合】 加强市场分析和信息共享，组织协调生产企业共同走访客户，促进生产企业与下游客户需求对接、服务上门，快速有效传递市场信号，加强产销衔接，促进企业根据市场需求优化生产安排。发挥销售的桥梁作用，加强资源优化，促进化工业务原料结构和产品结构调整。精心组织内部互供，利用资源优势加强原料保供，有效保障企业原料需求。保证生产企业后路畅通，提高生产企业效益；精心组织新增资源销售，宁夏能化产品顺利投放市场。加强产销研用合作，发挥 MPRC 小组作用，加强新产品开发推广，增强技术服务，扩大新产品产销规模，及时满足市场新需求。

（于治宇）

【风险管控】 完成内控实施细则、内控风险清单、全面预算管理、信用管理办法修订，初步建立网点模拟核算模块；加强企业风险预警系统应用，扩大物流保险覆盖范围。规范外贸物流业务管理，制定存货管理、飞行检查、虚拟库管理等专项制度，按照“四不两直”原则加大飞行盘点力度，加强货权风险防控。加强制度体系建设，完成香港公司制度梳理及标准化工作，全年下发制度 38 项。制定合同管理办法，组织开展合同培训，CMIS 系统非标准文本合同法律审核率 100%，标准文本使用率和线上签订率进一步提高，合同管理初步实现制度化和信息化。组织开展存货和货权管理、自备车管理、换货业务、八项费用、商业保险等专项审计，规范经营管理，有效堵塞漏洞，提升管理水平。

（于治宇）

【HSE 管理】 完善应急预案，防范安全环保风险。合并应急响应相近的专项预案，按照简明扼要、切实可行、实战管用的原则，采用“1+6”模式，制定下发《突发事件应急预案》(2014 试行版)。结合“从严管理年”和“效率营销年”活动，开展“安全生产月”和“安全生产万里行”活动，开展安全宣传教育、应急预案演练、推动隐患治理、加强汛期安全生产和现场安全管理。根据总部 HSE 大检查反馈结果，对自有库区存在问题进行整改，组织学习《安全生产法》，修订完善化工销售 HSE 责任书，成立化工销售反恐防范工作领导小组。

（于治宇）

产 品 储 运

【建立船舶认证长效工作机制】 充分利用系统内外人力资源，在加强模式创新的同时，加强专业人才的培养，选择第三方独立检查机构 SGS 与外聘的外部检查官共同组建检查工作组，并以《化学品船舶检查认证管理手册》颁布为契机，明确实施范围，细化实施原则，建立船舶认证长效工作机制。共完成 123 艘船舶认证工作，其中化工销售公司独立检查认证 50 艘，CDI 和 SIRE 检查的船舶完成评估 73 艘。

（于治宇）

【自提危化品车辆管理】 车辆检查标准全面完善提高。车辆实施备案管理，建立自提危化品车辆数据库。以部分高危产品试点，委托 SGS 对 10 类高危产品自提车辆承运商进行认证，共完成检查车辆 1 500 辆，其中通过检查车辆比例为 92%。以齐鲁石化、扬子石化为试点，将 10 类高危产品的自提业务纳入 IC 卡系统管理范围；在 LIS 中新建自提业务车辆信息资源库，并与 IC 卡系统集成，实现自提业务管理及预警分析。

（于治宇）

【物流服务商准入资质复审与评级】 针对物流服务商资源库中在用的所有物流服务商开展准入资质评估与评级工作。提升准入资质与评级标准，对资源库中在用服务商重新进行准入评估。建立服务商退出机制。将标杆、战略物流服务商评级标准结合准入资质标准一并同步进行评估。根据物联网项目需要，针对性地选取部分物流服务商进行项目需求调研和宣贯。

（于治宇）

【自备车安全预警管理】 与铁路总公司合作，在原有 TMIS 系统基础上，组织开发车辆安全运行过程监控及预警功能模块。定期对预警车辆的轨迹和动态进行跟踪，对存在的问题及时进行整改。

（于治宇）

【铁路运输信息系统(TIMS)】 编制完成系统提升完善方案，在系统原有功能基础上，新增铁路运输经济性分析功能模块，形成 TMIS 系统与 LIS 系统的集成意向，并完成可研评审等前期工作。

（于治宇）

【物联网项目建设】 完成项目筹备基础工作，项目可研已经通过评审，并组织物流服务商专家代表进行第1次项目集中，初步完成基础资料及业务表单收集工作。完成北斗/GPS设备厂商选型工作，开始平台切换。作为物联网应用项目子项目之一，粤东物流园濠江库仓储管理系统已完成仓储业务管理，涵盖入库、出库、移位、盘点等15个模块、90余项细化功能。

（于治宇）

【推广区域应急救援联盟】 提出区域应急救援联盟理念，在危化品出厂量大、物流服务商相对集中的地区建立联盟，同一地区的物流服务商通过相互协作、分担费用的方式，形成优势互补，共同增强救援力量，有助于减少物流服务商在应急救援设备方面的投入，提升应急处置能力。

（于治宇）

市场行情

【概述】 2014年，化工产品市场结构性过程加剧，供应总量继续有所增加，市场供需矛盾没有显著改观。一是全球经济复苏基本得以巩固，美国货币政策调整并产生溢出效应，发达经济体货币政策出现分化。二是新兴市场与发展中经济体进入中高速增长周期，发达经济体消费低迷，国际贸易进入低速增长通道。三是多重因素导致原油价格暴跌。化工产品市场整体供大于求形势加剧，行业毛利水平处于低位。

（于治宇）

【有机化工产品】 有机化工产品价格基本与原油、石脑油走势趋同。芳烃产品价格除在二季度略有反弹外，其他时间均处于下行通道中，在四季度大幅走低。纯苯价格全年整体下行，甲苯市场价格受进口增加、下游调油需求低迷等影响，全年处于相对低位。邻苯受萘法替代及苯酐市场低迷影响，价格冲高回落。丁二烯受外盘价格大幅波动、下游合成橡胶行业需求清淡等因素影响，全年维持宽幅震荡的走势，四季度快速下行。苯乙烯前3个季度呈现区间震荡，进入四季度在化工产品整体回落的背景下，价格持续快速大幅下滑。环氧乙烷市场价格前10个月基本平稳，11月开始快速回落。苯酚、丙酮在前3个季度价格始终处于高位，相对于原料价格，苯酚出现长时间的稳步上涨，四季度价格快速下跌。

（于治宇）

【合成树脂】 合成树脂产品价格一季度震荡下跌，在3月逐渐企稳；随着需求好转，二季度市场价格震荡走高，6月底多数品种价格达到年内高位；随着延长榆林、中煤陕西、宁煤二期等项目陆续开车，市场供应预期增加，三季度市场高位震荡回落；随着国际原油价格暴跌，四季度市场价格大幅下挫，年底小幅反弹。

（于治宇）

【合成橡胶】 2014年市场资源显著过剩，天然橡胶和合成橡胶价格重心整体下移，其中天然橡胶下降约30%；合成橡胶中顺丁橡胶、乳聚丁苯橡胶下跌均超过10%，SBS橡胶下跌15%以上，丁基橡胶跌幅超过20%。天然橡胶价格逐步接近甚至低于合成橡胶，下游行业逐步加大天然橡胶的使用量，减少合成橡胶用量，国内合成橡胶消费量出现负增长，全年合成橡胶装置整体开工率较上年下降约10%。

（于治宇）

【合纤原料】 2014年，亚洲新增产能集中释放，装置开工率、加工区间均下降。国内PTA行业连续整体亏损超30个月，产品价格和行业利润情况不断创出新低。下游聚酯对原料PTA消费放缓，进一步放大PTA产能过度投资的矛盾。主要合纤原料产品市场价格整体呈现下跌趋势，三季度反弹达到年度最高点，之后受国际原油大幅下跌等因素影响，价格快速下滑。2014年，韩国PX新建装置集中建成投产，出口中国377万吨，占同期中国进口总量的38.5%。

（于治宇）

【合成纤维】 截至2014年年底，国内聚酯产能达到4 600余万吨/年，总体过剩加剧。全年聚酯切片出口量增加约17%，价格大幅震荡下行。短纤、长丝产量基本持平，价格震荡下行。涤纶出口量增长约24%。腈纶产量基本持平，进口下降24%，价格总体平稳上行，年末下跌。

（于治宇）

【其他产品】 2014年，甲醇行情呈全年单边下跌走势，国内供给大增、进出口量保持稳定，下游需求没有显著改善；年末甲醇价格跌至5年来的最低水平。硫酸铵市场以调整震荡为主；全年硫酸铵出口总量416万吨，同比增加43%。MTBE市场价格全年呈下滑走势，国内产量增加，进口量同比减少4.3%，出口基本持平。BDO市场价格一季度弱势盘整，4月市场利空因素触发了一轮深跌，至7月初达到最低价格，9月起因市场货源不足价格急涨，自10月起步入传统淡季。PTMEG市场价格一路走低。

（于治宇）

国际化经营

◇ 综述

◇ 对外经济合作

◇ 国际贸易

◇ 外事管理

综　　述

2014 年，全球经济温和复苏。世界石油市场大幅波动，国际油价总体呈前高后低宽幅震荡走势，下半年油价断崖式暴跌；美国退出量化宽松和全球其他主要经济体开启量化宽松；地缘政治风险高危地区有所扩大；全球油气格局发生深刻的变化。面对复杂的国际环境和严峻生产经营形势，中国石化紧紧围绕“建设世界一流能源化工公司”的战略目标，强化以效益为中心的发展理念，发挥集团化、一体化优势，认真工作，国际化经营业务稳步增长。境内合资合作以促进技术进步和结构调整为导向，继续加强与国际石油石化公司的合资合作，设立上海高桥丁腈橡胶等合资公司，古雷炼化一体化项目和中沙二期聚碳酸酯项目取得实质进展，页岩油(气)勘探开发合作取得较大进步。境外油气资源投资负重前行，新项目开发突出效益和结构调整，完成加拿大 PNW LNG 10% 权益收购；勘探新增油气储量效果良好；积极优化开发生产，权益油气产量再创新高。境外炼油化工和仓储物流合资合作取得重大进展，境外首个合资炼厂——沙特延布炼厂正式投产运行，多个下游合资合作项目稳妥推进。国际工程技术服务发展形势喜人，专业化重组提升了国际竞争力，提高了市场开发效率，项目管理和执行水平稳步提升，境外市场和业务规模有序增长。国际贸易积极跟踪国际市场变化，充分发挥国际化贸易团队力量，建立全球化运作机制，主动适应国际油价大幅波动的新常态，不断增强国内外市场统筹和资源优化能力，把握市场趋势，及时调整经营策略，经营发展取得新成绩。

（卫　东　张清云）

对外经济合作

【境内合资合作】 坚持以效益为中心，以促进技术进步和结构调整为导向，继续加强与国际石油石化公司的合资合作，与俄罗斯西布尔公司合资的上海高桥丁腈橡胶项目、与香港盈德公司合资的九江空分项目、与美国 FTS 公司合资的压裂服务项目、与美国威德福合资的钻井服务项目均顺利设立合资公司，实质性推动了古雷炼化一体化项目和中沙二期聚碳酸酯项目进展；页岩油(气)等非常规油气能源勘探开发合作取得了较大进步，与 BP 签署孔雀河地区非常规资源联合研究协议，与雪佛龙合作龙里地区页岩气联合研究和与壳牌合作湘鄂西地区页岩气联合研究工作基本完成，完成凯里、龙里、五指山、綦江、孔雀河等地区对外开放的申报和批复工作。为加速推进涪陵页岩气开发进程，与重庆市有关企业分别成立页岩气勘探开发、页岩气销售以及页岩气液化工厂共 3 家合资公司。为实现股权多元化，完成新粤浙管道投资公司、四川省天然气管道公司、新疆煤制气公司、海峡石化产品交易中心股权调整工作，全力支持完成油品销售板块增资扩股政府审批工作，进一步改善了中国石化的资本结构，提高国有资本的控制力和影响力。

（张明华）

【境外油气勘探开发】 2014 年是海外生产经营经受严峻考验的一年，世界经济复苏缓慢，国际油价连续暴跌，公共安全形势依然严峻。海外油气业务抗压前行，实现了生产平稳运行。

抓好已有项目勘探、开发和生产，着力挖潜增效，增加项目价值。勘探成效显著，探井、评价井成功率分别为 53.6% 和 74.5%；哈萨克斯坦 F 区块和巴西 RSB 项目宣布商业发现。全年勘探新增权益石油储量和天然气储量为年度计划的 124% 和 210.7%。开发生产超计划运行，全年实现权益油气产量 4 092 万吨油当量，新建权益产能超 700 万吨。

新项目开发积极转变观念，以投资回报为主线，更加注重质量和效益。聚焦重点战略领域，交割安哥拉 31 区块 10% 权益和加拿大 PNW LNG 10% 权益项目。

截至 2014 年底，在全球 27 个国家和地区执行 51 个勘探开发项目。

（卫　东　张清云）

【境外炼化合资合作】 积极稳妥地推进和发展境外炼油化工和仓储物流等项目合资合作，取得实质性进展。中国石化第 1 个境外合资炼厂——沙特延布炼厂项目正式投产运行；完成印尼国家石油公司炼油改造招商项目实地考察，递交意向书并中标，双方就其中南苏门答腊 1 500 万吨/年炼厂升级改造项目签署谅解备忘录；与巴西国家石油公司合作完成巴西 Premium I 炼厂项目联合可研；向南非国家石油公司发出兴趣函，表达了与其共同收购相关炼厂的意愿；完成多个并购项目的尽职调查、估值和交易价格谈判等工作；完成蒙古国 160 亿米^3/年煤制气项目预可研工作；启动印尼煤化工项目的相关前期工作。此外，积极推进美国华美化工、美国碧科、加拿大梅塞尼斯、印尼卡苏瑞、俄罗斯阿穆尔等一批天然气化工项目的前期工作。

（邹文智　杨　硕）

【境外炼化工程技术服务】　发挥资源整合优势，提高市场开发效率。2014年，炼化工程板块在境外执行的项目共有19个，合同总额62.93亿美元。全年新签合同额18.7亿美元，完成合同额13.6亿美元。项目主要集中在沙特阿拉伯、哈萨克斯坦和美国。马来西亚国家石油公司RAPID炼化一体化渣油加氢项目完成中标、签约并开始执行，标志着炼化工程业务在东南亚地区实现了重要突破。执行项目管理和作业人员10 879人，其中中国石化员工1 244人、国内雇佣及分包人员4 583人、国外雇佣及当地分包人员5 052人。

（邹文智　杨　硕）

【境外石油工程技术服务】　认真落实国际化经营战略，有效发挥海外业务管理职能作用，充分调动地区公司、专业公司积极性，努力拓展海外市场、强化项目管理、扩大业务规模，持续转变发展方式，积极探索新形势下海外业务管理体制机制，各项工作取得较好业绩。

全年在科威特市场签约27台钻修井机项目，合同额11.5亿美元，为科威特国家石油公司服务的钻修井机达到42台，成为科威特国家石油公司最大的陆上钻井工程承包商；沙特市场新签合同额4.5亿美元，为沙特阿美公司服务的钻修井机达到54台，完成合同额8.3亿美元，成为沙特阿美最大的陆上钻井工程承包商；成功签署厄瓜多尔国家石油公司I－L－Y油田综合服务项目，合同期15年。

截至2014年底，在41个国家执行552个石油工程技术服务合同，合同总额187.1亿美元。全年新签合同额39亿美元，完成合同额30.8亿美元。海外员工总数28 785人，其中中方员工11 486人、外籍员工17 299人。

（卫　东　张清云）

【国际科技合作】　与澳大利亚联邦科学院、法国科学院、麻省理工学院、美国勘探地球物理学家学会、休斯敦大学岩石物理实验室、科罗拉多矿业学院、塔尔萨大学、德克萨斯大学达拉斯分校、丹麦技术大学、英国帝国理工大学、卡尔加里大学、英国Heriot－Watt大学就油气勘探开发技术进行合作；与战略联盟伙伴美国康菲公司和UOP公司就炼油技术开展合作；与德西尼布公司合作在国外推广中国石化炼油技术；与日本丰田公司在成品油、润滑油和树脂领域进行技术合作；与美国叶史瓦大学开展基于同步辐射原位表征技术的基础研究；与美国LUMMUS公司继续就推广新乙烯回收技术开展合作。

（柳江琳）

国际贸易

【原油和成品油贸易】　原油进口贸易坚持多元化战略，积极拓展资源渠道，降低采购成本，做大第三方贸易，保障国内原油安全稳定供应。全年进口原油1.95亿吨，同比增长2.98%；第三方贸易原油完成1.03亿吨，增长8.42%。根据国内成品油市场平衡情况，充分发挥两种资源、两个市场优势，在保证国内成品油供应的基础上，合理安排成品油出口，提高炼油负荷，有效缓解炼油能力过剩矛盾，全年出口成品油1 160万吨，增长45.36%；发挥贸易优势，完成成品油第三方贸易量1 430万吨。

（卫　东　张清云　张明华　杨　硕）

【设备材料及石化产品国际贸易】　围绕生产建设主业，发挥集团化和专业化采购优势，强化各境内外公司市场主体作用，进一步提高物资进口保供能力和产品出口保畅能力，全年实现石化产品、设备材料等国际贸易额29.6亿美元。

（卫　东　张清云　张明华　杨　硕）

【催化剂销售】　全年催化剂出口额4.3亿美元。聚乙烯催化剂、S－Zorb和苯乙烯催化剂首次进入美国市场，氢氧化催化剂、银催化剂等成功进入中东市场。

（卫　东　张清云　张明华　杨　硕）

【燃料油贸易】　燃料油优化资源采购，努力降低海外采购成本和仓储费用，充分挖掘国际化经营潜力，全年海外经营量635万吨，经营质量稳步提高。

（卫　东　张清云　张明华　杨　硕）

外事管理

【概述】　2014年是石化集团公司有史以来生产经营环境最具挑战的一年。石化集团公司坚持外事无小事和寓管理于服务之中的理念，积极开展“从严管理年”活动，努力在因公出国(境)和境外公共安全管理上把好关，同时为“走出去”人员和国际化业务不断提供有效保障和服务。

(戚　鸣)

【外事体制机制建设】 根据中央和石化集团公司党组的新精神和新要求，重新修订《中国石化外事管理规定》和《中国石化因公出国(境)管理实施细则》，突出加强党对外事工作的集中统一领导，各单位主要负责人是本单位外事工作第一责任人，强调各单位须保留外事部门牌子的基本要求，全系统外事管理体制机制得到进一步完善。

(戚　鸣)

【因公出国(境)管理】 2014 年，中国石化实际派出各类团组 3 760 个、17 090 人次。其中，临时出国(境)团组 2 332 个、7 241 人次，团组数同比减少 1%，人次数减少 10 %。全系统发生因公出国(境)费用合计 3.99 亿元，减少 22%，其中总部机关出国(境)费用 2 238 万元，减少 44%。

2014 年，石化集团公司首次对因公临时出国(境)任务全面实行计划和预算双重管理。严把计划审核关，上报的生产经营性出访计划和非生产经营性出访计划，仅在总部层面被分别压减了 17% 和 61%，企业层面也大幅进行了核减；严把预算管理关，各单位在上一年实际出国(境)费用的基础上对本年度预算进行压减，在总部层面压减了上报预算的 33%。

从严审核审批出国(境)任务。将审核重点放在出访的必要性、出访人员的必要性、出访时间的必要性 3 个方面。全年审核出访申请 5 890 个，对其中近 2 400 个提出各种审核意见，有 39 个团组未被批准，对 172 个团组的人数和在外时间进行压减，共压减 4 169 人·天。按照每人每天 200 美元计算，约节省 500 万元人民币。

(戚　鸣)

【境外公共安全管理】 截至 2014 年底，中国石化在 76 个国家(地区)设有 414 家境外机构，同比增加 6 个国家和 41 家境外机构；有长期外派人员的境外机构 233 家，分布在 59 个国家(地区)，同比增加 17 家机构和 3 个国家；境外用工总量 62 400 人，增加 3 806人，其中处于红色、橙色风险国家(地区)的人员约占境外用工总量的 34.5%。面对严峻的境外安全形势和艰巨的内部管理任务，石化集团公司继续在强基础、严管理、抓预防上下功夫，全年未发生境外公共安全伤亡事件，连续 6 年保持境外公共安全零死亡记录，连续 2 年保持零伤亡记录，得到国家有关部委和党组领导高度肯定。

境外公共安全制度体系基本形成。在《中国石化境外公共安全管理办法》制度下，已经形成了涵盖风险评估、安全培训、安保配备、审计监督、特殊疾病防治等 8 个领域的制度文件，为石化集团公司境外公共安全工作打下了良好的制度基础。

“预防为主”方针得到贯彻落实。石化集团公司高度重视境外公共安全的风险预防工作，无论是监管主体还是责任主体、执行主体，三级主体的责任履行较好，风险防范能力进一步提升。①重点抓风险评估。根据《境外公共安全风险评估规范》，不仅对新项目和续签项目进行公共安全风险评估，对在建项目也进行每年的动态评估，防止情况变化带来的新风险。②重点抓派出人员培训。按照《境外公共安全培训管理办法》和《培训标准》，严格执行不培训不派出，培训不合格不派出制度。2014 年在境内办班 110 期，培训 7 406 人；在境外送课上门 8 期，培训 506 人。截至年底，除少数在外人员未完成培训外，绝大多数单位的在外人员均已完成第 1 轮培训任务，在外常驻的 1 208 人中，已完成培训的占 98%。③重点抓安保标准落实。根据《境外公共安全安保设施和安保力量配备指南》，组织境外安保对标，对查出的问题分期分批抓紧整改。④加强疫情防范。2014 年以沙特为中心的冠状病毒呼吸综合症在中东地区扩散，西非埃博拉疫情爆发。总部先后在不同阶段发出通知，提出具体防范要求。派出单位迅速落实总部要求，成立疫情应急小组，紧盯疫情发展，及时采取各种有效措施。截至年底，中国石化员工无一感染疫病。

坚持问题导向，开展专项治理。在沙特开展交通安全专项整治，与驻沙特各机构主要负责人签订《交通安全责任书》，督促各家完善相关制度并开展交通安全宣传，对驾驶员进行全员培训，当年交通伤亡为零，进而在各境外机构推广沙特经验，首次实现中国石化境外交通安全零伤亡目标。

(戚　鸣)

【重要外事活动和对外交流】 2014 年，石化集团公司积极开展对外高层交往，并组织技术和管理方面的交流，探索引智工作方向等，为改革发展和从严管理服务。

高层交往频繁，与合作伙伴关系进一步加强。全年总部层面共组织会见、交流活动 428 场。一年来，党组领导拜会了印尼总统佐科、委内瑞拉总统马杜罗、阿根廷总统克里斯蒂娜、美国国务卿克里、蒙古国大呼拉尔主席恩赫包勒德等20多位国家元首、政府部长，会见了6位驻华大使和近300位合作伙伴。通过这些活动，宣传了中国石化对外合作理念、实力和技术，增进了相互了解，扩大了对外影响，拓宽了合作渠道，为进一步加强国际合作奠定了良好基础。

服务国家整体外交，助推国家层面实质性合作。2014年，董事长傅成玉陪同习近平、李克强、张高丽等国家领导人出访和会见外国元首、政要9次。总部领导还多次在中外元首或政府首脑见证下签署合作文件，包括与俄罗斯西布尔公司签署的《上海丁腈橡胶合资合同》、与科威特石油公司签署的《合作谅解备忘录》、与美国蓝宝石能源公司签署的《建立绿色合作伙伴关系的意向书》等，为国家层面的战略合作增添了实质内容。

扩大对外技术、业务交流。石化集团公司各层级对外交流十分活跃，针对性和目的性较强。总部层面组织技术、业务交流27场。重点围绕国际原油贸易与内部供应关系、化工转型发展、全员生产管理(TPM)、城市型炼厂安全环保、能源行业发展趋势、国际油价与海外资产并购、LNG发展、煤化工技术、页岩气技术、境外公共安全和HSE管理等课题开展交流。各企业组织的对外交流逐步增加。上游企业重视与国际油公司、外国政府有关部门的交流合作，下游企业注重技术发展和管理进步，科研单位不断加大与国际上走在前沿的不同专业领域研究机构和专家的交流力度，营造了较好的学术氛围。

找准对象，大胆引智。2014年完成国家外专局批准的引进国外技术、管理人才项目5个，高端外国专家项目1个，并争取到国家专项资金资助。各企业根据自身特点，通过引智寻找捷径，提升技术竞争力和管理竞争力。其中，总部与茂名石化共同聘请日籍专家在茂名石化开展全员生产管理活动(TPM)，取得初步成效。据统计，2014年茂名石化整体设备故障率同比下降20%，泄漏率下降42%。该日籍专家被中国政府授予2014年友谊奖。

（戚　鸣）

【相关外事管理】 邀请外国人来华。在外事综合应用系统中，新增外国人来华邀请管理模块，利用信息化手段提升该项业务的管理水平。全系统全年共办理849人次邀请，其中企业自行签发1、2次非特殊国别邀请247批次，共计421人次；总部审发《被授权单位邀请函》199批次，共计428人次。

国际会展。认真执行2014年度出国(境)会展计划，确保出国(境)参会参展有序进行。重点支持科研单位参加专业性国际会展，开展对外交流，支持论文被采用的科研人员参会。重要的国际会议，由总部统一组团；由多个单位参加的专业性国际会议，指定牵头单位；重要国际展览，指定专业公司或业务单位牵头，相关单位共同参加，统一设立展台，既全面宣传中国石化，又整合了资源，节约了参展费用。全年约70个会展团组统一组团，有效避免了多头组团，分散参会参展的情况。

（戚　鸣）

【外事服务】 兑现服务承诺，巩固服务成果，创新服务内容。2014年，石化集团公司继续充实“五创新”内容。①在制度上增加证照办理灵活性，只要有潜在需要就可由派出单位提前为有关人员申办护照、通行证和签证、签注。全年，总部共为115个团组紧急办理出国(境)任务。②继续扩大使用APEC商务旅行卡。中国石化累计办卡突破500张，在央企中办卡总数排名第一。③为部分国家“办签难”提供专项帮助。针对哈萨克斯坦签证办理时间长、获签率低的情况，积极协调，取得外交部和哈驻华使馆支持，全年为在哈机构办妥加急工作签证227份。

依靠技术进步，提升服务水平。2014年，石化集团公司开始推广使用因公护照生物特征信息采集系统，在60家下属单位设点上线运行，实现了申办因公护照流程的重大变革，彻底解决了多年来出国(境)人员必须来京办护照的难题，降低了差旅成本，提高了工作效率。

实现外事信息共享。总部将面向外事专办员的微信平台改版为面向全集团的“外事之窗”微信公众号，每周发布2次，内容包括石化集团公司外事活动信息、国内涉外信息、国际涉华信息、境外公共安全形势分析、新签证政策、外事教育提醒等。各境外代表处积极搜集、报送信息，总部全年编发《外事简讯》443期，同比增长12%。总部还在门户网站上开辟出访总结交流园地，供内部共享出访成果。

（戚　鸣）

重点工程建设

综　　述

2014年，工程建设系统按照党组的统一部署，以提高发展质量和效益为中心，以深化改革、转型发展、从严管理为主线，持续加强工程项目管理和工程建设监管力度，扎实开展各项工作，抓好重点项目、推动一般项目，有效保证了工程建设与生产经营总体部署的相互协调，一大批基本建设和大修改造项目按期建成投产投用并发挥投资效益。

全年完成33套炼化装置投产、2座储运设施和2条长输管道投入运营。7个汽柴油质量升级项目按计划建成投产，36个国家环保部督办的催化裂化及烟气脱硫脱硝项目全部按期建成投用。完成11家炼化企业203套装置大修改造任务。

全年共安排重点工程建设项目42项，其中中国石化首个LNG项目——山东LNG项目顺利建成投运，为中国石化绿色低碳战略奠定坚实基础；胜利中心三号平台建成投用，元坝净化厂第一、二联合装置顺利投产，扬子和石家庄油品质量升级、塔河重质原油改质配套、宁夏能化、湖北化肥合成气制乙二醇、燕山润滑油及丁基橡胶、长岭双氧水制环氧丙烷、扬子单喷嘴粉煤气化、茂名和南化煤制氢项目全面建成投产；海南原油商储库、湖南成品油管道二期、驻马店—信阳成品油管道建成投用，黄岛地下水封洞库具备投油条件。涪陵页岩气、大牛地气田、西北油田分公司等地面产能工程陆续投产，广西和天津LNG、中天合创鄂尔多斯煤化工、九江油品质量升级、安庆800万吨配套成品油管道、涪陵—王场输气管道、济南—青岛输气管道、胜利东辛输油管道项目加紧实施；中科合资广东炼化一体化总体设计方案进行优化比选，涪陵LNG工厂，湛江地下水封洞库，苏北、甬台温、江西二期等成品油管道建设有序推进，印尼巴淡仓储和新粤浙输气管道项目前期工作积极推进，其余重点项目按计划稳步实施，总体进展顺利。

工程建设系统在总结传承中国石化工程建设30年发展经验的基础上，着手打造中国石化工程建设“3557管理体系”，即提出建立境内工程项目、境外工程项目、大修改造项目3个路线图，归纳确定项目前期、定义、实施、试运行与验收、后评价5个阶段，全面实施HSE、质量、进度、投资、合同5个控制，以及招标投标、标准定额、行政许可、资质资格、信息集成、竣工验收、绩效考核7个专项管理。

（宋　铎）

油田地面建设项目

【埕岛中心三号平台及海上配套工程建成投产】 该工程新建中心三号平台1座、生活动力平台1座。截至2014年底，项目建成投产。

（冯红民）

【元坝气田17亿米^3/年前期试采地面工程建成投产】 截至2014年底，该项目公用工程、地面集输管道及站场建成投产；净化厂全面中交并建成投产。

（冯红民）

【大牛地气田10亿米^3/年产能建设地面工程开工并建成投产】 该工程建设集气站5座、单井管线700千米、支干线50千米。项目于2014年4月15日开工，截至12月底，工程建成投产。

（冯红民）

【西北油田分公司产能建设地面工程开工并主体建成投产】 该工程包括10区奥陶系油藏(四、五期)、9区奥陶系凝析气藏产能建设地面工程及塔河油田注水工程等子项。项目于2014年3月开工，截至12月底，除塔河油田注水工程外均建成投产。

（冯红民）

炼油项目

【汽柴油质量升级项目】 2014年，有3个柴油质量升级项目进行建设并建成中交：天津200万吨/年柴油加氢装置于8月30日中交，9月28日投料试车成功；茂名300万吨/年柴油加氢装置于9月30日中交，11月24日投料试车成功；金陵300万吨/年柴油加氢装置于12月30日建成中交。

汽油质量升级共有6套S－Zorb装置进行建设，其中4套建成投产：石家庄150万吨/年S－Zorb装置于4月15日中交，8月20日投料试车成功；镇海90万吨/年S－Zorb装置于5月25日中交，7月31日投料试车成功；青岛炼化150万吨/年S－Zorb装置于6月6日中交，7月14日投料试车成功；金陵150万吨/年S－Zorb装置于8月11日中交，9月2日投料试车成功。

（周旭东）

【九江分公司油品质量升级改造项目续建】 截至

2014 年底，工程总进度完成 80.7%，苯抽提装置投运，项目累计完成投资 47.44 亿元，占总概算 70.94 亿元的 66.87%。

（周旭东）

【中科合资广东炼化一体化项目】 项目设计炼油能力 1 500 万吨/年、乙烯生产能力 80 万吨/年，主要装置包括 32 套工艺装置和 4×410 吨/时 CFB 锅炉、2×100 兆瓦发电机组及相应配套公用工程；厂外工程包括码头和成品油管道，其中码头建在厂区北侧，共 10 个泊位，项目可研批复总投资 455 亿元。截至 2014 年底，场平施工累计完成 73.9%，码头围堰、疏浚、吹填工程累计完成 3.3%，重件道路和管廊道路工程累计完成 43%；全厂“三纵一横”道路累计完成 21%；临时排水累计完成 67%。项目始建累计完成投资 28.84 亿元。

（周旭东）

【石家庄油品质量升级及原油劣质化改造工程建成投产】 项目批复投资 66 亿元，于 2011 年 5 月 6 日开工建设。2014 年 6 月 5 日，项目最后一套催化装置中交；7 月—9 月 4 日，整个装置全流程贯通，生产出合格产品，实现一次投料试车成功。

（远　征）

【扬子石化炼油改造项目全面投产】 项目批复总投资 83.18 亿元，于 2011 年 8 月 8 日开工。2014 年 10 月 24 日，项目全面中交；12 月 3 日，800 万吨/年常减压蒸馏装置顺利投产，标志着扬子石化炼油改造项目全面建成投产。

（远　征）

【塔河重质原油改质配套完善项目正式投产】 项目批准基础设计概算 20.30 亿元，于 2012 年 7 月开始现场施工，2013 年 12 月中交，2014 年 7 月 20 日全部投产。

（远　征）

化 工 项 目

【脱硫脱硝项目群】 脱硫脱硝项目群共包含 30 家企业 69 个项目进行建设。其中，催化装置脱硫脱硝项目 41 个共计 41 套装置，锅炉装置脱硫脱硝项目 28 个共计 89 台炉。国家环保部 2014 年 4 月第 30 号公告涉及中国石化 27 家企业 33 个废气减排项目，其中催化项目 31 个，锅炉项目 2 个计 4 台锅炉；国家环保部 2014 年 7 月发布的《京津冀及周边地区重点行业大气污染限期治理方案》涉及中国石化天津、石家庄、齐鲁 3 家企业 3 个锅炉项目共计 17 台炉。以上项目(简称责任书项目)共 36 个，均已包含在脱硫脱硝项目群中。2014 年脱硫脱硝项目群建成中交 54 个，其中责任书项目建成投用 32 个。

（周旭东）

【金陵亨斯迈环氧丙烷项目续建】 该项目主要建设 24 万吨/年 PO、74.2 万吨/年 MTBE 装置及配套设施，可研批复总投资 47.11 亿元，由金陵分公司代表石化股份公司与亨斯迈化工贸易(上海)有限公司合资成立南京金陵亨斯迈新材料有限责任公司，注册资本金为总投资额的 1/3，投资双方按照 51∶49 的比例以现金方式出资，其余资金由合资公司申请银行贷款解决。截至 2014 年底，桩基施工完成 61.6%，围墙、总图道路及相关雨水管道施工完成 61%，过氧化反应器框架基础浇筑完成。

（周旭东）

【国电中国石化宁夏能源化工公司宁东工业园一期项目投产】 2014 年 9 月 26 日，100 万吨电石渣制水泥项目顺利产出合格产品，标志着宁夏能化园区一期 8 个项目全面打通流程，实现一次开车成功。

（周旭东）

【中安联合煤化一体化项目】 项目一期工程建设 170 万吨/年煤制甲醇及转化烯烃和衍生物，配套建设 400 万吨/年煤矿。计划总投资 267 亿元，其中煤化工项目 202 亿元。截至 2014 年底，项目建设所需的规划、备案/核准、环评、安评、水资源等获批复；气化 EPC、动力中心 EPC 合同签订；总体进度完成 18.6%。

（周旭东）

【中天合创鄂尔多斯煤化工示范项目续建】 煤化工一期工程总投资 267.94 亿元，于 2013 年 3 月 1 日全厂勘察开工。截至 2014 年底，项目总进度完成 47%，土建施工渐次收尾，工艺管道预制开始。

（远　征）

物流储运项目

【山东 LNG 项目】 接收站一期工程建成投用。2014 年 11 月 26 日，项目完成首船调试气 12.6 万立方米的接卸；12 月 3 日，气化气成功外输；12 月 23 日，实现首船商业气接卸。

输气干线工程部分建成投用。2014 年完成主干线及泊里分输清管站和胶州分输站(扩建)的施工建设工作，12 月 3 日顺利完成投产送气；莱西和张应分输清管站准备进场施工。截至年底，输气管道累计组焊 154.6 千米，回填 127 千米，其中接收站—泊里分输站段 13.6 千米已于 12 月 3 日建成投用。

(李长印　侯志强)

【济南—青岛输气管道二线工程续建】 工程基础设计批复长度 402 千米，设置 10 座站场、14 座阀室。截至 2014 年底，线路累计焊接 301.7 千米、完成 75%，回填 248.8 千米；1 座站场开工。

(李长印　侯志强)

【珠三角成品油管道二期及配套油库工程基本建成】 该工程管道全长 460 千米，共设 5 座站场、3 座油库，设计输量 235 万吨/年。截至 2014 年底，管道组焊累计完成 99.8%，曲溪—梅州段基本完成，准备开展水联运；泽华首站、曲溪站场和梅州末站施工完成；曲溪油库和梅州中村油库交付使用。

(李长印　侯志强)

【驻马店—信阳成品油管道及配套油库工程建成投用】 该工程管道全长 172 千米，设站场 2 座、油库 1 座，输量 430 万吨/年。工程于 2012 年 6 月 28 日开工，线路信阳油库以南(信阳油库—广水段)于 2013 年 8 月 15 日建成投用，油库以北段于 2014 年 10 月 24 日建成投用。

(李长印)

【贵阳—重庆成品油管道工程续建】 该工程管道全长 478 千米，设站场 6 座，输量 580 万吨/年。工程于 2010 年 10 月 18 日开工。截至 2014 年底，线路工程全部完成，江津站完成 60%、桐梓减压站完成 90%。

(李长印　侯志强)

【湖南二期成品油管道及配套油库工程建成投用】 该工程管道全长 533 千米，设 5 座站场、6 座油库，设计输量 270 万吨/年。工程于 2011 年 7 月 22 日开工。湘潭—娄底段、长沙—郴州段分别于 2014 年 2 月 12 日、6 月 16 日投油。

(李长印　侯志强)

【甬台温成品油管道及配套油库工程续建】 该工程管道全长 430 千米，共设 6 座站场、4 座油库，设计输量 460 万吨/年。工程于 2012 年 7 月 5 日开工。截至 2014 年底，累计放线 373.8 千米，扫线 273.9 千米，组焊 268.4 千米(62.4%)，回填 209.5 千米；2 座站场施工，2 座油库收尾。

(李长印　侯志强)

【苏北成品油管道及配套油库工程续建】 该工程管道全长 618 千米，共设 7 座站场及油库，设计输量 550 万吨/年。工程于 2012 年 9 月 28 日开工。截至 2014 年底，主干线于 12 月 15 日顺利完成水联运，其中扬子首站于 2014 年 12 月 31 日提前投用进油；宿迁黑鱼汪油库新建 8 台储罐，主体安装基本完成。

(李长印　侯志强)

【安庆石化 800 万吨/年炼化一体化成品油管道及配套油库工程续建】 该工程管道全长 520 千米，设 5 座站场、4 座油库，设计输量 430 万吨/年。工程于 2012 年 11 月 18 日开工，截至 2014 年底，累计完成焊接 503.5 千米，回填 501.3 千米；5 座站库中，1 座中交、3 座收尾、1 座进行土建施工。

(李长印　侯志强)

【江西成品油管道二期及配套油库工程续建】 该工程管道全长 742 千米，设 6 座油库，设计输量 450 万吨/年。工程于 2012 年 7 月 20 日开工，截至 2014 年底，线路工程全部完成，6 座站库分别进行土建和工艺安装施工。

(李长印　侯志强)

【广西 LNG 项目续建】 该项目分码头、接收站、输气管道 3 个部分。一期建设输气管道原设计“一干六支”，长度为 1 336.88 千米，根据市场情况调整为“一干二支”，线路长度约 647 千米，输气能力 80 亿米^3/年，沿线设 11 座站场、24 座阀室，包括北海—柳州主干线 492 千米、柳州支线 36 千米、粤西支线 129 千米。项目于 2013 年 6 月 24 日获得国家发改委核准，LNG 码头工程于 2014 年 3 月 25 日开工。截至 2014 年底，码头工程完成 50%，LNG 接收站总体完成 57.1%，输气管道组焊 511.6 千米、完成 79.1%。

(李长印)

【天津 LNG 项目开工建设】 该项目分码头、接收站、输气管道 3 个部分。一期建设规模 300 万吨/年，码头工程包括 1 座 26.6 万立方米 LNG 运输船码头

(兼顾 3 万立方米 LNG 船装船功能)，接收站内建设 4 座 16 万立方米 LNG 储罐及配套工艺处理设施。二期规模扩至 1 000 万吨/年。输气管道线路全长 580 千米，输气能力 136 亿米^3/年，沿途设分输站 10 座、线路截断阀室 31 座。项目于 2014 年 7 月 7 日获得国家发改委核准。截至 2014 年底，接收站总体完成 10.6%，12 月 10—17 日陆续完成 1#、2#、4#和 3#LNG 储罐完成气吹顶升施工。

(李长印)

【涪陵—王场输气管道工程开工建设】 该项目是涪陵页岩气外输工程的一期工程，线路工程管道全长 141 千米，设计输量为 72.3 亿米^3/年。全线设置涪陵压气站、王场清管站站场 2 座和 8 座线路截断阀室。项目于 2014 年 12 月 19 日获得重庆市发改委核准。截至 2014 年底，线路累计组焊 68.6 千米，完成 48.7%。

(李长印)

【胜利油田东辛输油管道工程开工建设】 工程线路全长 88 千米，设计输量 800 万吨/年，改造东营、临淄原油库，新建乐安中间站。该工程于 2014 年 7 月开工。截至 2014 年底，线路累计组焊 79.7 千米，完成 90.6%；乐安联合站完成 80%，东营原油库完成 60%，临淄原油库完成 90%。

(李长印)

工程建设管理

【设计管理】 及时抓好重点项目设计协调。2014 年，主要组织了中天合创、中安、贵州等几个煤化工项目的设计协调。

中国石化标准化设计、模块化建设、标准化采购的基础工作取得很大进展，工程材料编码体系和管道材料等级库形成实际成果。明确了数字化工厂交付标准与平台建设的目标和内容、系统架构与功能，并开始在镇海炼化开展典型装置试点项目的组织实施。中国石化项目建设管理平台立项开发进展顺利，2014 年 7 月开始在青海大美项目试用。10 月 20 日和 12 月 3 日发布了智能化管线管理系统数字化管线 2 批数据采集模板，正在形成初步设计、详细设计、采办、竣工和运行管理的技术要求，并在镇海炼化进行试点。

受国家质检总局委托，组织开展压力管道设计审批人员培训。开展压力容器、压力管道设计许可换证评审工作。编制、完善相关设计管理制度。《中国石化固定资产投资项目设计管理规定》《中国石化建设工程项目设计过程专项审查管理规定》《工程质量检查与成品质量评定办法》《设计交底规定》《设计文件签署规定》《设计协调会制度》《现场设计代表规定》等制度上报审批。

(王永焕)

【生产准备与投料试车】 2014 年，共有 33 套炼油化工生产装置完成投料试车，2 条长输管道和 2 座储运设施建成投用(见表 1)。为保证投料试车一次成功，全年总部共组织项目总体试车方案审查 14 次、项目投料试车条件检查 19 次，组织开车队 16 支、专家组 19 个，参加现场试车服务 26 人次，组织现场协调会 7 次。

(谢国学)

表 1　　2014 年新建炼油化工装置和油气储运设施投产计划完成情况

序号	装置名称	建设规模/万吨 · 年$^{-1}$	投料试车/建成投用时间
一	扬子石化		
1	单喷嘴煤气化	7 万米^3(标准)/时	1 月 23 日
2	硫黄回收	14	1 月 5 日
3	加氢裂化	200	3 月 12 日
4	渣油加氢	200	7 月 19 日
5	催化裂化	200	7 月 21 日
6	连续重整	150	6 月 30 日

续表

序号	装置名称	建设规模/万吨·年$^{-1}$	投料试车/建成投用时间
7	柴油加氢	370	11 月 24 日
二	石家庄炼化		
8	硫黄回收	8	8 月 21 日
9	连续重整	120	8 月 19 日
10	蜡油加氢	180	8 月 20 日
11	渣油加氢	150	9 月 4 日
12	催化裂化	220	8 月 20 日
13	S – Zorb	150	8 月 22 日
14	聚丙烯	20	8 月 19 日
三	茂名分公司	200	
15	煤制氢	20 万米^3(标准)/时	1 月 21 日
16	柴油加氢	300	11 月 26 日
17	聚丙烯	20	8 月 28 日
四	燕山分公司		
18	润滑油加氢	45	4 月 3 日
五	南京化工公司		
19	煤制氢	12 万米^3(标准)/时	4 月 3 日
六	镇海炼化		
20	S – Zorb	90	7 月 31 日
21	焦化	210	10 月 8 日
七	青岛炼化		
22	S – Zorb	150	7 月 14 日
八	金陵石化		
23	S – Zorb	150	9 月 2 日
九	湖北化肥		
24	合成气制乙二醇	20	3 月 6 日
十	西南油气分公司		
25	元坝净化厂一联合	8.5 亿米^3/年	12 月 22 日
26	元坝净化厂二联合	8.5 亿米^3/年	12 月 10 日

续表

序号	装置名称	建设规模/万吨·年$^{-1}$	投料试车/建成投用时间
十一	塔河炼化		
27	连续重整	60	7月12日
28	异构化	30	7月20日
十二	天津石化		
29	柴油加氢	200	10月28日
十三	长城能源化工公司		11月3日
30	醋酸	30	6月2日
31	BDO	20	8月1日
32	甲醇	45	1月16日
33	聚乙烯醇	10	8月25日
十四	天然气分公司		
34	山东 LNG	300	11月18日
十五	石油商储公司		
35	海南石油商业储备基地	255	11月21日
十六	河南石油分公司		
36	驻马店—信阳成品油管道	430	11月16日
十七	湖南石油分公司		
37	成品油管道二期	270	2月11日

【竣工验收】 2014年初，经过排查，截至2013年底前已实际开工建设并且未完成竣工验收的限上项目有497个，涉及65家企事业单位。其中，332个是已完工未竣工验收的项目，其余165个是已开工建设但还未投产投用的在建项目。332个已完工未验收项目共计有2 656项专项验收，截至2014年底完成2 175项，完成率81.9%。2014年完成109个项目竣工验收销项。

（周旭东）

【大修改造】 2014年有12家企业的224套装置大修改造被列入总部重点项目(见表2)。全年重点大修改造项目计划的检修费用18.3亿元，同步实施的改造费用36.87亿元，共计大修改造费用55.17亿元。全厂性停工大修改造企业6家，系列停工大修改造5家；全年停工大修改造装置212套。其中检修停工装置达到30套以上的3家，包括镇海40套、九江37套、高桥43套。大修改造量达到3亿元以上的有5家，包括赛科3.85亿元、长岭6.3亿元、镇海14.5亿元、扬子3.26亿元、高桥10.17亿元。

2014年对11家企业的大修改造组织协调会及调研共计19次，组织质量大检查3次。审批大修改造组织机构9家，备案2家。总部层面信息化系统第一阶段已建立，于九江石化大修期间试用；企业层面有3家企业信息化系统上线运行。进入大修改造的施工队伍主要有26家，以第四、第五、第十建设公司和南京、宁波工程公司为主；设计单位有10家，以SEI、洛阳工程公司、宁波工程公司为主。

2014年完成总部层面大修改造项目管理路线图的编制，并启动企业层面大修改造管理路线图的编制。

（王扶卷）

表2　　2014年重点大修改造项目实施情况

序号	企业名称	大修时间	检修装置	主要改造项目	备注
1	赛科	3月10日—4月25日	90万吨/年乙烯系列6套装置	DCS集中控制	全厂大修
2	长岭	3月18日—5月19日	800万吨/年常减压系列18套装置	240万吨/年汽柴油加氢、280万吨/年催化、焦化装置完善改造；催化烟气脱硫；计量系统完善等项目	全厂大修改造
3	巴陵	3月18日—5月5日	200万吨/年常减压系列9套装置	催化两器隐患治理等项目	
4	石家庄	炼油9月10日开车完成，化工于2014年年内无计划开车	500万吨/年常减压系列14套装置；化工己内酰胺等12套装置；公用工程	延迟焦化装置优化；延迟焦化装置焦炭塔更新；烟气达标排放改造；DCS集中控制等项目	全厂大修改造
5	镇海	5月18日—7月11日 10月16日—11月29日	600万吨/年常减压系列19套装置；乙烯系列12套装置；PX系列9套	乙烯装置消缺和节能完善；EO/EG装置新增EO精制系统及配套设施；烟气脱硫脱硝；柴油质量升级改造等项目	
6	上海	6月28日—7月30日	800万吨/年常减压系列8套装置	3#柴油加氢质量升级	
7	扬子	7月29日—9月14日	40万吨/年乙烯系列等8套装置	芳烃Regent－Plus ESD系统改造	乙烯全停
8	九江	11月1日—12月10日	500万吨/年常减压系列37套装置	DCS集中控制；火炬移位等项目	全厂大修改造
9	高桥	9月19日—11月12日	500万吨/年、800万吨/年常减压系列43套装置	2#重整生产芳烃；3#催化改造；烟气脱硫	炼油全停大修改造
10	西安	11月1日—12月18日	500万吨/年常减压系列9套装置	油品质量升级；烟气脱硫等项目	全厂大修改造

续表

序号	企业名称	大修时间	检修装置	主要改造项目	备注
11	荆门	11月30日—	400万吨/年常减压系列11套装置	1#、2#催化烟气脱硫脱硝等项目	
12	茂名	推迟至2015年			化工全停大修改造
总计			212		

【南京项目管理中心】 2014年，南京项目管理中心认真贯彻石化集团公司年度工作会议精神，结合中国石化“从严管理年”活动的开展，重点围绕重点工程建设管理，通过在中安联合项目、中天合创项目、中科项目、武汉乙烯、扬子炼油二期、扬巴二期等项目现场开展专业化项目管理工作，认真履行项目管理职责。其中，中安联合煤化工项目组建了中安联合煤化工项目管理部，项目前期工作基本完成，基础设计全面收尾，各主要装置的基础设计批复完成。大部分工艺装置及公用工程项目的详细设计已经全面展开，业主采购的62台长周期设备订货完成。项目总体进展累计完成18.6%，按照资本性支出统计，2014年度投资完成15.58亿元，开工累积完成投资20.63亿元。扬子炼油改造项目航煤加氢装置于2014年10月24日实现中交，标志着项目14个主装置及其配套公用工程全面建设中交，基本实现工程建设中交目标。项目全年累计完成投资13亿元，占年度计划的99.99%；项目开工累计完成投资74.54亿元，占总体设计批复概算总投资的94.78%，完成了总部要求的年度投资任务。武汉乙烯项目2014年主要是项目收尾工作，竣工资料清理交付工作基本完成，抓紧完成工程结算工作和合同关闭的清理工作。截至年底，共签订合同2 198份，其中物资采购合同1 821份，采购合同除部分合同质保金外，结算基本完成；工程合同377份，设计合同、监理合同、检测合同、系统外单位EPC和施工等312份合同结算基本完成。按照总部的统一部署和安排，全面开展“从严管理年”活动和贯彻新版企业文化建设纲要活动。

（王　宁）

工程建设监管

【工程质量监督】 2014年，石化工程质量监督机构认真贯彻落实2014年度石化集团公司工作会议精神，遵循“质量永远领先一步”的方针，以“从严管理”为主线，以质量效益为中心，忠实履行职能，圆满地完成各项工作任务。

认真履行质量监督职能，确保工程质量总体受控。①重点建设项目监督到位。统一平衡协调监督资源，确保机构人员落实到位；加强监督文件编制、交底、实施、档案归档等全过程管理；各监督组在做好日常巡检的基础上，重点抓好参建单位质保体系运行、分包管理、设备材料进场检验、人员资格、焊接、热处理、无损检测等关键环节的监督，规范参建单位的质量行为，促进实体质量的提高。②中小项目不留死角。各分站抓大不放小，统筹兼顾，认真安排好力量，保证监督到位，不留死角，使中小项目也处在有效的监管范围内。全年总站受理的监督项目共计2 762项，总投资达976.4亿元。其中，限上投资项目168项，投资额为877.7亿元；限下项目2 594项，投资额为98.7亿元。全年监督检查共发现各类质量问题21 447个。签发《质量问题整改通知单》2 429份、《质量责任主体不良记录》6份，执行停检点检查8 278次，编制完成《工程质量监督报告》819份。

强化培训，提高人员素质。①加强对参建单位的培训。全年，总站组织2期工程质量管理培训班，对培训课程进行了策划、优化，取得较好效果；各分站共组织31次培训，培训人员达3 000多人，进一步强化了参建单位质量意识，提升了质量管理水平。②监督系统内部积极开展学习与培训。9月，总站组织了监督工程师考前培训，培训效果较好；各分站积极开展站内人员业务培训，全年组织内部培训60多次，参加外部培训450人次。

注重组织过程资产的积累，提高科研水平。总站组织开展“石油化工工程质量监督技术研究”科研课题的研发工作，完成13.36万字的研究报告和2.27万字的应用报告，顺利通过科技部组织的验收。同时，继续推动《石油化工工程质量监督规范》的编制工作，完成送审稿审查。组织编写并出版《石油化工工程质量监督案例》(第二册)，将项目建设过程中发现的典型质量问题按照专业进行分类，分析原因，提出处理意见，为监督工程师解决实际问题提供很好的参考和指导。完成监督工程师培训教材的修订出版工作，共成稿6个分册，其中3个分册进入出版阶段。

顺利完成管道监检资质核准，依法开展监督检验工作。积极做好管道监检资质核准，完成资质许可必备条件。经过检验人员培训取证、压力管道监检体系建立运行、试检验项目的监检、鉴定评审等工作，6月6日总站正式取得国家质检总局特种设备综合检验机构甲类资质许可，标志着石化管道监检由授权管理向资质管理的转变。取证后，依法迈开了石化项目管道监检前3步。第1步，在北京、江西、浙江等部分省市完成备案工作；第2步，完善长输、工业、公用3个专业监督检验细则，特别是对控制点的设置和监检要求进行了完善和细化；第3步，重点开展了燕山、海南和九江项目的监检工作，确保项目管道安装质量。

及时修订完善相关质量监管制度，规范工作行为。①修订完善总部层面的质量监管制度。按照主干业务、业务流程、工作程序3个层次，总站对工程质量监督、质量管理等业务进行了梳理。对梳理出的《中国石化工程质量管理规定》等5项制度进行了修订，编制了《中国石化工程质量个人诚信管理规定》初稿，《中国石化工程质量监察规定》《中国石化工程质量检查规程》已经发布执行，其余进入公文会签阶段。②修订完善分站相关制度。各分站对内部有关质量监管制度进行了梳理，结合一些新的管理要求制定了新的制度，对有些制度中的内容进行了修订完善，对有些不适合管理要求的制度予以废止，共修订完善制度69项，新建制度40项，废止6项。

加大处罚力度，维护健康的建设环境。根据石化集团公司从严管理的部署和要求，总站加大了对发现问题的处罚力度，特别是对弄虚作假、偷工减料行为进行严肃处理。其中，提交中国石化招标委员会处理意见2份，给物资装备部质量问题通报2份，总站直接给相关责任主体公司本部发出问题通报5份。

(胡国勇)

【工程质量监察】 加强企业内部质量监察，促进质量管理体系有效运行。①完善监察大纲和工作用表，使其适用性更高、可操作性更强，为进一步深化和规范质量监察工作奠定了基础。②总部层面的监察，督促参建单位本部完善质量管理体系。总站组织对九江石化设计工程有限公司等30家单位进行质量监察，发现问题646项。通过对各单位本部的监察，使相关责任单位了解了中国石化的工程质量管理要求，促进了责任主体公司本部质量体系有效运转，加强其对项目部的监督管理，提升了对现场工程质量的事前控制力度，为保证石化建设项目整体质量提供了保障。③分站层面的质量监察，促进项目部管理体系的有效运行。各分站根据年初制定的计划，对分站监督项目的责任主体积极开展监察工作，并督促问题的整改落实，以质量监察推动项目工程质量管理水平的提高。

(胡国勇)

【工程质量大检查】 2014年，总站组织对安庆800万吨/年炼化一体化配套成品油管道工程等进行了41次质量大检查，发现质量问题4 149项，均得到有效整改。检查突出对单位资质和人员资格的检查，杜绝无资质、资格施工的现象；突出对监理工作质量的检查，发挥监理的质量把关作用；突出防腐保温质量的检查，确保装置的长周期运行。各分站组织项目综合检查240次，提出质量问题8 165项；组织专项检查299次，提出问题6 880项。检查提出的问题均督促责任单位进行了整改，对保证工程整体质量起到很好的促进作用，收到良好的效果。

(胡国勇)

【招投标管理】 2014年招标、投标管理工作结合中国石化工程建设项目的特点，继续关键招标申报审批程序，完成招标方案、招标文件、招标申请、招标结果、专家库、资源库、直接委托等各类线上、线下审批及备案约9 120次。直接监管总投资3 000万元以上的工程项目367个，其中包括全部石化集团公司重点工程项目，中标额约为407.76亿元，共计893个标段，其中勘察设计74个标段、总承包46个标段、施工494个标段、监理176个标段、其他103个标段。

深化招投标组织机构改革，完成招标投标管理委员会人员调整，根据石化集团公司年度工作会议精神和党组领导关于建设工程招标投标工作的相关要求，编写《中国石化建设工程招标投标管理体制改革方案》，推动中国石化建设工程招标投标深化改革工作。同时根据总部机关业务、流程梳理优化的指导意见，确定工程建设招标投标监管3项细分业务、11项工作职责(描述了主管部门职责，牵头部门职责，协同部门职责，事业部、专业公司职责及企业职责)，完成流程图的绘制。

全面开展《中国石化建设工程招标投标管理规定》《中国石化建设工程分包发包管理办法》等6项制度的修编工作，通过进一步梳理、明晰各方职责，规范和细化招投标管理程序，明确各项违规行为相对应的处理处罚措施，提高制度的可操作性，6项制度初稿编制完成。开展《中国石化招标文件标准文本》编制工作，按照"总体统筹规划、协调推进、分步实施"原则，成立强有力的招标文件标准文本编制组织机构，明确相关责任人，建立沟通机制，有序开展140个招标文件标准文本编制工作。

按照自查自纠阶段、集中检查整治阶段、巩固深化阶段的整体安排，牵头组织开展"六打六治"工程施工集中整治工作。组成联合工作组，对《关于工程招投标管理情况的专项审计调查报告》中反映的应招未招问题合同进行逐一落实情况、分析背景原因及决策过程。

牵头组织中国石化建设工程电子招标投标交易平台及管理系统建设工作，按照"合法合规、流程规范、集中监管、阳光操作、永久追溯"的原则，通过完善提升现有的中国石化建设工程招标投标监督管理平台，引进成熟产品建设中国石化电子交易平台，形成全流程的中国石化建设工程招标投标信息管理系统，建立中国石化工程建设招标投标全流程在线运行的监督、管理、交易、考核、评价体系。主要完成项目调研立项、交易平台询价、需求详细对接、交易平台初步开发、专家抽取及通知功能完善、开评标系统培训及测试、交易平台试点申报等工作。

(杨　旭)

【工程招标】 2014年，石化集团公司组织招标428项，共计509个标段，累计中标金额281.97亿元。其中，EPC招标27项、27个标段，中标金额约196.71亿元；工程设计招标31项、33个标段，中标金额约1.67亿元；工程监理招标72项、85个标段，中标金额约2.65亿元；施工招标176项、212个标段，中标金额约73.37亿元；工程造价咨询等其他类招标122项、152个标段，中标金额约7.57亿元。

招标项目涉及中天合创鄂尔多斯煤炭深加工示范项目、中安联合煤化有限责任公司煤制170万吨/年甲醇及转化烯烃项目、新疆能源化工有限公司大井南一号及二号矿井及配套选煤厂建设项目、贵州织金60万吨/年聚烯烃项目、山东液化天然气(LNG)项目、广西液化天然气(LNG)项目、天津液化天然气(LNG)项目、巴陵福建20万吨/年己内酰胺建设项目、中科合资广东炼化一体化项目、南京金陵亨斯迈环氧丙烷项目、涪陵—王场输气管道工程、涪陵页岩气田焦石坝区块产能建设项目、中石化(香港)洋浦成品油保税库配套码头工程和防波堤工程、福建联合石化乙烯脱瓶颈改造项目、管道储运分公司仪长复线仪九段工程等150个工程建设项目；涉及中天合创能源有限责任公司、中安联合煤化有限责任公司、长城能化(贵州)公司、新疆能源化工有限公司、江汉油田分公司、管道储运分公司、广西天然气管道有限责任公司、天津液化天然气有限责任公司、山东液化天然气(LNG)项目机关服务中心等55家招标单位。项目评标工作中共调用评标专家库中的专家1 826人次。

6月，石化集团公司通过住房和城乡建设部工程招标代理甲级资格的延续审批，有效期至2019年6月5日。

(杨越强)

【标准管理】 2014年，石油化工工程建设标准化工作以打造"国际一流"为目标，按照国际化、数字化、创新思维的要求，全面落实各项工作任务，取得了较好的成绩。

1. 完善标准体系

标准体系规划先行。2014年初，《工程建设标准体系(石油化工部分)》完成出版、发行，并在国家工程建设标准化信息网上发布。该体系是标准制修订工作的总体规划，明确了所列标准的基本定位，也是今后标准立项的重要依据。

《标准执行表》为标准的实施监督提供支撑。2014年7月，完成《炼化工程建设标准执行表》审查，该执行表汇编了近3 100项标准及文件，涵盖炼油、化工、煤化工和LNG等工程建设领域。10月，完成《油气管道工程建设标准执行表》审查，该执行表汇编了25个专业类别1 709项标准及文件，涵盖输油管道、输气管道工程建设领域。

2. 标准制修订工作扎实推进

2014年，在编工程建设标准制修订项目101项(国家标准13项、行业标准88项)，完成国家标准和行业标准报批47项(含英文版17项，见表5)，其中经公告批准发布国家标准9项(见表3)、行业标准13项(见表4)，尚处于国家有关部委审批流程中的8项。

认真落实国家有关节能、环保和卫生防护等要求，组织做好《设计能耗计算标准》(局部修订)、《烟气二氧化碳捕集纯化设计规范》等国家标准，《加油站用埋地双层储罐技术规范》《装置应急冲淋系统设计规范》等行业标准的编制工作。加强重点标准的编制，启动国家标准《工程数字化交付标准》的编制和行业标准《工程建设项目交工技术文件规定》的修订。《工程钢脚手架搭设安全技术规范》(SH/T 3555—2014)完成报批，并于2014年11月1日起实施，为脚手架搭设规范化和相应工程费用计价提供了依据。

3. 积极组织国标和行标立项工作

2014年6月，组织2015年52项国家标准和行业标准立项的内部评审，其中40项通过审查并上报国家，组织了标准立项答辩。《石油化工钢制设备抗震鉴定标准》和《石油化工钢制设备抗震设计规范》2项国家标准，《工程高处作业安全技术规范》等18项行业标准通过了评审。

4. 及时组织标准宣贯

2014年，有计划地组织22项新版标准的宣贯，包括列入住建部2014年宣贯计划的《石油化工工程防渗技术规范》《油品装载系统油气回收设施设计规范》等8项国家标准，600多名技术人员参加了学习。积极利用信息技术扩大标准的影响力。各公司利用内部网络，设立标准查询平台，及时发布标准更新信息；同时，在选派技术骨干参加标准宣贯培训的基础上，进一步组织公司内部技术人员学习，领会和掌握标准规范的真实意图，确保工程质量。

5. 努力推进标准国际化

适应国外投资项目建设需要，推进SDEP国际化。组织召开"中国石化炼化工程建设标准国际化"专题会议，明确SDEP修订完善的工作思路。将SDEP的应用范围扩展到煤化工、天然气化工、生物能源化工等新领域。同时，借鉴国外同类公司的成功经验，整合国内、国外标准资源，进一步提高SDEP按照项目所在国及合资方要求转化为项目技术规定的可操作性。开展SDEP修订编制方案的研究，研究SDEP体系构架、标准构成、采标方案、专业水平分析以及SDEP管理体系构建等。2014年，启动了第一阶段的编制方案研究，由SEI牵头负责。

开展英文版标准编制工作。2014年共安排74项国家标准和行业标准的英文版编制。年内完成40项初稿，24项通过审查，其中国家标准《石油化工金属管道工程施工质量验收规范》等17项已报批，并通过住建部的审核，已转入出版阶段。

参与中外标准对比分析，开展炼化工程本质安全对比研究。结合国家安监总局的要求，参与完成《国内外标准对比分析报告(消防安全)》专题研究项目。以沙特项目标准为基础，完成境内外炼化工程建设标准对比研究报告初稿，为完善SDEP打下良好的基础。开展炼化工程本质安全对比研究工作。通过查找炼化工程项目在安全生产装备、设施建设方面与发达国家同类公司的差距，以及中国现行相关标准和中国石化炼化工程建设标准与国外同类公司标准在本质安全水平上的差异，评估差异带来的对安全及投资的影响，为炼化企业制定整改方案和企业标准奠定基础。

继续开展与国外标准化组织的技术交流活动。组织配管专业技术委员参加ASME B31.3春季会议。通过与国外标准化组织的交流，开拓了工作思路，及时获取了国际标准化信息，为准确采用国外先进标准创造了条件。

11月13日，美国防火协会(NFPA)副总裁一行到工程部访问，双方就合作事宜进行会谈，同意在NFPA标准翻译推广、安全消防技术研究与探讨、技术培训等方面开展深入合作。经过初步协商达成以下合作意向：NFPA拟参加于2015年10月由中国石化安全卫生消防设计技术中心站与其他单位联合举办的"石油化工防火防爆技术研讨会"(名称暂定)，并在会上展示最新的科研成果或介绍最新推出的标准。NFPA拟邀请中国石化相关人员参加2015年6月的NFPA年会。

国外标准信息库的使用管理工作。截至2014年底，信息库授权用户已超过400个；各单位进入信息库查询27 580人次，检索和下载PDF/HTML文件达110 855项。7月，组织了信息库应用培训。

6. 加强基础工作

进一步规范工程建设工法管理。2014年，结合住建部对工法管理的新要求，组织制定《中国石油化工集团公司工程建设工法管理办法》(于2015年2月15日开始实施)，该办法将进一步规范中国石化工程建设工法的组织管理，提高管理水平。

继续为工程项目提供技术支撑。①关注工程实践中遇到的技术难题，及时提供技术支持。2014年，召开了氢气输送管道和乙炔管道工程标准专题会，解决了管道在设计、施工中标准的应用问题。组织了不锈钢复合材料焊接技术、单罐单堤等专题研讨。②开展基础研究，引领技术进步。2014年，SEI完成各类企业级工程标准文本310项，包括HAZOP审查导则、LNG储罐铝合金用焊丝采购技术条件、安全仪表系统的安全完整性等级分级审查导则(SIL)、煤制燃料雷电安全规定等基础工作。SNEC在编制《石油化工煤贮运建(构)筑物设计规范》的同时，还开展了煤化工装置选材和煤气化装置绩效评价指标体系及运行优化的研究，并形成专项研究报告。另外，第十建设公司也组织了不锈钢复合材料焊接技术的研究。③中心站业务建设有序开展，影响力进一步扩大。2014年，在机械站举办的机泵年会上，与会代表分别就石化行业机械设备工程建设标准的应用与对比、石油和化工行业节能环保技术与应用，以及新技术、新材料在石化领域的应用等三大主题进行了广泛的沟通和交流。此外，还举办了石油化工压缩机、汽轮机最新技术应用论坛。另外开设技术讲座24场，共300余名代表出席。在粉体站举办的年会上，针对国内粉尘爆炸事故频频发生的现象，特别邀请粉尘防爆专家讲授“粉尘爆炸的成因与防止粉尘爆炸”和“聚烯烃料仓静电燃爆的危险分析及对国家标准的解读”等课题，受到与会代表的广泛好评。《石油化工工程建设标准化》杂志编辑部继续遵循办刊宗旨，为企业提供技术服务，全年出版正刊4期、增刊1期。

（葛春玉 周家祥）

表3　　2014年发布的石油化工工程建设国家标准

序号	标准编号	标准名称	代替标准	实施日期
1	GB 50074—2014	石油库设计规范	GB 50074—2002	2015-5-1
2	GB 50984—2014	石油化工工厂布置设计规范	—	2014-12-1
3	GB 50996—2014	地下水封石洞油库施工及验收规范	—	2015-2-1
4	GB/T 51007—2014	石油化工用机泵工程设计规范	—	2015-4-1
5	GB 50992—2014	石油化工工程地震破坏鉴定标准	—	2015-2-1
6	GB 50994—2014	工业企业电气设备抗震鉴定标准	—	2015-3-1
7	GB 51006—2014	石油化工建(构)筑物荷载规范	—	2015-4-1
8	GB/T 51026—2014	石油库设计文件编制标准	—	2015-5-1
9	GB/T 51027—2014	石油化工企业总图制图标准	—	2015-5-1

表4　　2014年发布的石油化工工程建设行业标准

序号	标准编号	标准名称	代替标准	实施日期
1	SH/T 3007—2014	石油化工储运系统罐区设计规范	SH/T 3007—2007	2014-11-1
2	SH/T 3029—2014	石油化工排气筒和火炬塔架设计规范	SH 3029—1991	2014-11-1
3	SH/T 3043—2014	石油化工设备管道钢结构表面色和标志规定	SH 3043—2003	2015-6-1
4	SH/T 3051—2014	石油化工配管工程术语	SH/T 3051—2004	2015-6-1
5	SH/T 3052—2014	石油化工配管工程设计图例	SH/T 3052—2004	2015-6-1
6	SH 3147—2014	石油化工构筑物抗震设计规范	SH/T 3147—2004	2014-11-1
7	SH/T 3176—2014	石油化工工厂系统工程设计文件编制标准	—	2015-6-1
8	SH/T 3426—2014	石油化工钢制夹套管法兰	—	2015-6-1
9	SH/T 3504—2014	石油化工隔热耐磨衬里设备和管道施工质量验收规范	SH/T 3504—2009	2014-11-1

续表

序号	标准编号	标准名称	代替标准	实施日期
10	SH/T 3528—2014	石油化工钢制储罐地基与基础施工及验收规范	SH/T 3528—2005	2014－11－1
11	SH/T 3555—2014	石油化工工程钢脚手架搭设安全技术规范	—	2014－11－1
12	SH/T 3902—2014	石油化工配管工程常用缩略语	SH/T 3902—2004	2015－6－1
13	SH/T 3904—2014	石油化工建设工程项目竣工验收规定	SH/T 3904—2005	2015－6－1

表5　2014年完成报批的石油化工工程建设国家标准和行业标准（英文版）

序号	标准编号	标准名称	标准英文名称
1	GB 50517—2010	石油化工金属管道工程施工质量验收规范	Code for construction quality acceptance of metallic piping in petrochemical engineering
2	GB 50690—2011	石油化工非金属管道施工质量验收规范	Code for construction quality acceptance of non－metallic piping in petrochemical engineering
3	GB 50393—2008	钢质石油储罐防腐蚀工程技术规范	Technical code for anticorrosive engineering of the steel petroleum tank
4	SH 3011—2011	石油化工工艺装置布置设计规范	Specification for design of process plant layout in petrochemical engineering
5	SH 3012—2011	石油化工金属管道布置设计规范	Specification for design of metallic piping layout in petrochemical engineering
6	SH/T 3059—2012	石油化工管道设计器材选用规范	Specification for piping material design selection in petrochemical industry
7	SH/T 3096—2012	高硫原油加工装置设备和管道设计选材导则	Material selection guideline for design of equipment and piping in units processing sulfur crude oils
8	SH/T 3129—2012	高酸原油加工装置设备和管道设计选材导则	Material selection guideline for design of equipment and piping in units processing acid crude oils
9	SH/T 3139—2011	石油化工重载荷离心泵工程技术规范	Technical specification of centrifugal pumps for heavy duty services in petrochemical engineering

续表

序号	标准编号	标准名称	标准英文名称
10	SH/T 3140—2011	石油化工中、轻载荷离心泵工程技术规范	Technical specification of centrifugal pumps for medium and light duty services in petrochemical engineering
11	SH/T 3143—2012	石油化工往复压缩机工程技术规范	Technical specification for reciprocating compressor in petrochemical industry
12	SH/T 3171—2011	石油化工挠性联轴器工程技术规范	Technical specification of flexible coupling in petrochemical engineering
13	SH/T 3405—2012	石油化工钢管尺寸系列	Series of steel pipe size in petrochemical industry
14	SH/T 3408—2012	石油化工钢制对焊管件	Steel butt - welding pipe fittings in petrochemical industry
15	SH/T 3410—2012	石油化工锻钢制承插焊和螺纹管件	Forged steel socket - welded and threaded fittings in petrochemical industry
16	SH/T 3098—2011	石油化工塔器设计规范	Specification for design of column in petrochemical industry
17	SH/T 3088—2012	石油化工塔盘技术规范	Technical specification of tower trays in petrochemical industry

【炼油化工定额和工程造价管理】 2014 年，主要开展了定额动态调整、计价体系文件编制和修订、造价咨询企业资质和从业人员资格管理等工作。

继续做好定额动态管理工作。根据工程定额动态管理要求，在 2011 年、2013 年动态调整 2007 版《石油化工安装工程预算定额》《石油化工安装工程费用定额》的基础上，进一步调整定额人工费单价和脚手架搭拆费系数。安装工程定额人工费单价由 60.98 元/工日调整为 70.46 元/工日；各专业册的脚手架搭拆费取费系数适当调高，同时在搭拆费中补充机械费，各类费用比例相应调整。在 2013 年动态调整 2009 版《石油化工行业检修工程预算定额》的基础上，进一步将检修工程费取费基数中的人工费单价调整为 60.98 元/工日，并相应调整取费费率。

石油化工建筑工程计价体系文件发布试行。石油化工建筑工程计价体系文件于 2014 年 11 月发布试行，包括《石油化工建筑工程概算定额》《石油化工建筑工程综合定额》《石油化工建筑工程费用定额》及其配套软件。该体系文件试行后，将为概算编制和审查、工程招投标、工程费结算支付等工作提供依据，有助于解决建筑工程概算精度低、招投标难度大、合同争议多等问题。

《通用安装工程消耗量定额》修订工作。本次修订工作的主要特点是突出量真价实的原则，中国石化承担了第 1 册《机械设备安装工程》和第 8 册《工业管道安装工程》的修订任务。该套定额预计于 2015 年一季度发布。

启动《石油化工工程建设设计概算编制办法》和《石油化工工程建设费用定额》修订工作。本次修订工作将解决安全生产费、脚手架搭设费的专款专用问题，同时将合理调整、细分概算中有关费用类别，以满足建设分工不断细化的需要。

造价咨询企业和从业人员资质管理。截至 2014 年底，有 20 家甲级造价咨询企业和 687 名注册造价工程师在石化专委会注册管理。为进一步规范从业人员资格管理工作，修订了中国石化《工程造价从业人员资格管理规定》，进一步明确了从业人员资格认证程序，简化了继续教育和资格复检要求，减轻了从业人员负担，提高了制度的可操作性和有效性。石油工程造价管理中心、工程定额管理站和设计概预算中心站分别组织了上岗培训和继续教育培训，1 400多人参加了学习。

跟踪市场行情波动，加强计价体系动态管理。根据总部发布的采购指导价格，每2个月公布1次炼化工程主要材料的概算编制价格，每半年合成、公布非标设备价格信息。全年完成《工程经济信息》和《工程造价信息》各6期。此外，还通过建立安装工程造价指数体系，跟踪典型地区、重点工程的施工要素价格情况，为《安装定额》《检修定额》的动态调整提供科学依据。

（邱正华）

【石油工程造价管理】 2014年，按照建设石油工程造价现代管理体系的要求，明确提出造价工作定额标准化、价格市场化、造价信息化、管理精细化的目标，开展石油工程消耗量定额体系建设、预算价格动态管理体系建设、工程量清单计价体系建设、估算指标体系建设、信息化建设工程，作为提升造价管理的阶段性重点，取得了显著成果，石油工程造价管理系统各单位共完成工程结算审核528.94亿元。

定额管理。着力推进消耗量定额体系建设。根据石化集团公司部署，完成2014版石油专业工程定额修订，组织落实定额人工费补差结算，配合做好石油工程公司重组上市工作。贯彻石化集团公司页岩气开发战略部署，编制完成涪陵页岩气焦石坝工区钻井和试气定额，为同行业第1套页岩气工程定额，也是第1套以消耗量定额形式编制的石油专业工程定额。健全石油安装工程消耗量定额体系，编制完成浅海石油安装工程消耗量定额及费用定额。进一步规范定额项目修订程序，改进定额修编组织方式，实行计划管理，注重发挥各油田业务专长，完成40多类定额项目修编，保持定额的适用性。配合重点项目建设，开展新粤浙管道补充定额前期准备工作。

估算指标。健全石油工程估算指标体系建设取得初步成果。作为石油工程造价年度工作的一项重点，钻井、石油地面建设和井下3个专业全面展开、统筹兼顾、稳步推进。钻井工程估算指标，在前期工作的基础上，按照量价分离原则对估算指标参数做了较为系统地调整和改进，优化估算指标测算方法，完成6个油区编制任务，整体工作量过半。石油地面建设工程估算指标，2014年按计划开展了井场工程、管线、计量站、配水间、10千伏线路、金属储罐6类指标编制，率先完成胜利油区指标编制并发布试行，在此基础上组织了各油区开展本油区的指标编制工作。井下作业工程估算指标，分析、构建典型井工序模板，完成胜利油区的指标编制工作，为全系统推行编制工作奠定了基础、积累了经验。

预算价格。以价格市场化为目标，着眼加强预算价格动态管理，规范预算价格管理范围，健全预算价格管理机制，注重开展业务管理制度建设，及时调整、补充石油工程主要材料预算价格，根据油田企业生产自用成品油价格和油套管采购价格变化，同步调整成品油和油套管预算价格。

清单计价。着眼于造价管理的市场化发展，开展石油专业工程的工程量清单计价模式的基础研究和探索。根据国家2013版工程量清单计价规范，结合石油工程现状，在国内同行业率先开展钻井工程清单计价模式的研究，编制完成钻井工程量清单计算规范。组织修订石油地面建设工程清单计价规范，新编了浅海建设工程工程量计算规范。

信息化建设。坚持信息化建设进一步提升工作质量和效率。以石油工程结算数据统计分析为核心，进一步健全石油工程造价统计报表，建立造价信息季度公报制度，根据需求逐渐拓展统计信息内容。重点建设统一、规范的石油工程结算信息数据库，通过标准化的数据库管理，拓展结算数据统计分析的深度和广度。

基础工作。在加强业务建设的同时，持续加强队伍建设，贯彻党风廉政建设各项要求，强化作风建设，为整体工作开展奠定基础。落实从业资格管理，开展钻井工程造价从业资格培训。

（王　珞）

工程建设企业管理

【施工企业资质管理】 截至2014年12月，石化建设分会有施工资质的企业共90家，其中施工总承包特级1家、一级26家、二级22家、三级1家，专业承包一级20家、二级14家、三级6家。全年共有2家企业2项资质通过国家住房和城乡建设部核准，分别是中石化宁波工程有限公司取得化工石油工程施工总承包特级资质，中石化中原建设工程有限公司取得地基与基础工程专业承包二级资质。

（张虹薇）

【勘察设计企业资质管理】 截至2014年12月，石化建设分会共有勘察设计企业47家，其中工程设计企业综合甲级4家、行业甲级19家、专业甲级17家，行业乙级1家、专业乙级1家；工程勘察综合甲级3家、专业甲级5家、专业乙级2家。全年共组织完成17家工程勘察设计企业的资质升级、延续、换证和核定材料的初审和上报工作，其中工程勘察企业综合甲级2家、专业甲级1家，工程设计企业行业甲级12家、专业甲乙级3家。2家综合甲级工程勘察企业、13家行业和专业甲乙级工程设计企业一次性顺利通过国家住房和城乡建设部组织的最终审查，并换发相应工程勘察、设计资质证书。17家工程勘察设计企业中，石化集团公司所属企业6家、改制企业11家。

（胡瑞玲）

【工程建设监理】 截至2014年12月，石化建设分会共有监理会员企业50家，其中综合资质2家、专业甲级资质44家、专业乙级资质4家。全年共举办3期石油化工监理工程师执业资格培训班，培训人数333人，其中180人取得石油化工监理工程师执业资格；举办1期石化项目总监理工程师培训班，培训人数101人，其中96人取得石化项目总监资格；开展石油化工监理工程师执业资格延续注册工作，872名监理工程师取得延续注册资格。

（张欣华）

【优质工程评选】 组织完成2013年度石化集团公司优质工程奖评审工作，共16项工程获奖（见表6）。九江分公司150万吨/年柴油加氢装置工程获得2013—2014年度国家优质工程奖，1人获国家优质工程奖突出贡献者称号。

表6　石化集团公司2013年度优质工程

序号	工程名称	申报单位
1	榆林—济南输气管道工程	石化股份公司天然气分公司
2	上海石化炼油改造项目第二联合装置及配套系统	上海石油化工股份有限公司
3	武汉—广水成品油管道工程	中国石化销售有限公司华中分公司
4	塔河油田四号联合站及配套工程	石化股份公司西北油田分公司
5	齐鲁分公司合成树脂产品结构调整25万吨/年高密度聚乙烯装置	山东齐鲁石化建设有限公司
6	上海石化炼油改造工程390万吨/年渣油加氢装置	中石化第十建设有限公司
7	茂名分公司油品质量升级改造工程	石化股份公司茂名分公司
8	九江分公司120万吨/年连续重整及25万吨/年苯抽提联合装置	石化股份公司九江分公司
9	金陵分公司油品质量升级改造工程加氢—催化联合装置	中石化南京工程有限公司
10	武汉分公司油品质量升级改造二期工程	石化股份公司武汉分公司
11	新疆维美化工二期项目	新疆维美化工有限责任公司
12	仪征化纤股份有限公司40万吨/年聚酯专用料项目	中国石化仪征化纤股份有限公司
13	东方油库改建工程	石化股份公司北京石油分公司
14	济南分公司5 000吨/年硫黄回收装置技术改造	山东三维石化工程股份有限公司
15	中原文96地下储气库地面工程	石化股份公司天然气分公司
16	普光气田大湾区块集输主体工程	石化股份公司中原油田普光分公司

（梁　丽）

【勘察设计“四优”评选】 组织开展石化集团公司2012—2013年度工程勘察设计“四优”项目的初审工作。共有15家工程勘察设计企业参与本次评优工作，申报工程项目共计89项，其中工程设计75项、勘察3项、计算机软件11项。

推荐22项工程勘察设计以及软件开发项目申报2010年度国家优秀勘察设计奖，其中9项分获国家金、银、铜奖和1项计算机软件开发行业奖。

（胡瑞玲）

【先进工程建设监理企业和优秀项目总监理工程师评选】 组织开展2013年度石化集团公司先进工程建设监理企业和优秀项目总监理工程师评选。共有14家工程建设监理企业和16个项目总监理工程师参与了评选活动，13家优秀监理企业和8名优秀项目总监理工程师获奖。

（胡瑞玲）

【石化建设分会主要工作】 2014年，组织编制《中国石化工程建设项目施工单位考核办法》《中国石化工程建设项目监理单位考核办法》《中国石化工程建设项目检测单位考核办法》《中国石化工程建设单位项目管理专业人员资格管理办法》《中国石化项目总监理工程师和石化监理工程师资格管理办法》《中国石化工程建设单位项目管理人员HSE资格管理办法》《中国石化管道热处理人员资格管理办法》《中国石化工程建设施工技术方案审查管理办法》《中国石化优质工程管理办法》《中国石化工程创优计划编制指南》10项制度。

9月，联合中国就业培训技术指导中心和石油、化工、电力、核工业、冶金行业协会成功举办了第3届全国吊装技能竞赛。石化建设分会会员企业获竞赛团体奖第1、2、3名的好成绩。

2014年，经会员企业自行申报、石化建设分会推荐，中石化第四建设有限公司、中石化第十建设有限公司、北京燕华工程建设有限公司3家会员企业获得中国建筑业协会2013年度中国建筑业成长性百强企业称号；中石化第十建设有限公司、中石化胜利油建工程有限公司、中石化中原建设工程有限公司、北京燕华工程建设有限公司、广东茂化建集团有限公司、山东胜越石化工程建设有限公司、北京燕化天钲建筑工程有限责任公司7家会员企业被评为全国优秀施工企业。

（韩建阳）

公用工程

◇ 热电

◇ 水务

热　电

【概述】 2014年，热电业务版块认真贯彻落实石化集团公司工作会议精神，按照党组的决策部署和要求，继续深化热电专业化管理，加强运行优化，深入开展“比学赶帮超”工作，大力推进压降厂用电专项治理，加强新技术研究与应用，各项技术经济指标水平持续提升。抓住煤炭价格处于历史低位的有利时机，增产增效，积极落实外购电降本措施，热电业务赢利能力进一步增强。以安全稳定和保障供应为核心，不断夯实安全基础，强化可靠性管理，机组运行稳定性进一步提升，发电设备利用小时数高于全国火电行业平均水平。规范煤炭入厂全过程管理，完善煤炭检验管理流程和考核机制，煤炭计量和采样、制样、化验等质量验收环节各项工作迈上新台阶，煤炭亏吨亏卡问题得到有效遏制，入厂入炉煤热值差指标优于国家一流火电厂考核标准。加强电力行业政策研究，大力推进热电环保治理工作，形成石化集团公司燃煤电厂实施节能综合升级改造、实现超洁净环保排放的治理思路和措施建议。

（田　竞）

【服务保障能力不断提升】 2014年，努力克服整体热电产品结构变化及脱硫脱硝新项目投用对装置能耗的影响，热电装置运行总体平稳，保证了主业的用电用热需求，较好地完成年初确定的目标任务。全年石化集团公司累计发电量327.08亿千瓦·时，同比增加2.53%；发电设备利用小时数5 437小时，比全国火电机组平均水平高731小时。累计供热量3.25亿吉焦，增加1.43%。在完成服务保障工作的同时，狠抓经济运行，全年供电标煤耗331.72克/(千瓦·时)，降低0.97克/(千瓦·时)，创历史最好水平。不断夯实安全基础，强化可靠性管理，机组运行稳定性进一步提升，全年锅炉汽机非计划停工下降56.58%。

（田　竞）

【赢利能力进一步增强】 2014年，热电业务抓住煤炭价格处于历史低位的有利时机，积极增产增效，CFB机组根据石油焦和煤炭的市场价格动态，适时提高锅炉掺煤率。全年发电完全成本0.37元/(千瓦·时)，下降5.13%，比外购电价低0.20元/(千瓦·时)左右；供热完全成本42.87元/吉焦，下降5.34%。25家独立核算的电站实现内部利润约43亿元，增长20.78%。

（田　竞）

【积极落实外购电降本措施】 高桥石化针对国家电网上海电力公司调整结算方式的不合理要求，沟通上海市经信委，经过多轮谈判，实际结算电量部分比预结算价格降低0.31—0.41元/(千瓦·时)，全年减少支出2.42亿元。针对自发电缺口较大而需从电网大量购电的企业，协调支持企业采取大用户直购电方式，进一步降低购电成本。荆门石化向国电集团荆门热电厂直购电6 100万千瓦·时，2014年四季度综合降本约122万元。

（田　竞）

【“比学赶帮超”工作持续深入】 2014年，通过“比学赶帮超”工作，促进企业不断优化运行、创先争优。胜利发电厂不断开展科技创新，共取得30万千瓦机组磨煤机节电技术、煤粉锅炉高效洁净燃烧优化技术等40余项科技成果，为节能降耗提供了有力的技术支撑。茂名石化根据锅炉烟气量、风道阻力等运行参数，优化风机运行，停运2台烟气脱硫增压风机和2台脱硫塔循环泵，减少厂用电负荷近900千瓦。扬子石化利用自主开发的给水母管压力APC控制技术，实现给水母管压力精确控制，压力由13.2兆帕降为12.8兆帕，给水泵单位电耗明显降低，全年节电365万千瓦·时；试点煤炭掺配和经济性优化，通过多煤种锅炉性能试验研究，指导煤炭采购和配煤掺烧，取得明显成效。齐鲁石化、仪化公司积极开拓对外供电、供汽市场，全年分别实现外部收入2.88亿元和1.35亿元。

（田　竞）

【稳步推进压降厂用电专项治理】 2014年，总部组织召开压降厂用电专题推进会，交流仪化公司、巴陵石化等先进经验及中南大学、胜利发电厂、广州智光等成熟技术，年度压降厂用电目标不仅分解到企业和装置，还进一步细化到风机、制粉、锅炉给水、循环水和脱硫5个主要耗电系统；有序推进锅炉制粉系统合同能源管理项目试点；编制下发《中国石化热电装置压降厂用电技术导则》，指导企业有针对性地开展压降厂用电工作；同时加强现场跟踪和指导，对14家落后企业开展现场督导和服务，帮助排查管理薄弱环节，从加强管理和技术改造两个方面，提出可量化的具体压降措施。全年同口径压降厂用电量约1.6亿千瓦·时。

（田　竞）

【制定节能环保策略】 按照政策要求，开展全系统热电业务节能减排、煤炭减量替代的规划研究和措施推进。按照国务院《大气污染防治行动计划》等政策要求，详细分析政策对石化集团公司热电业务的影响，提出实施热电机组煤炭减量和清洁能源替代的工作思路和技术方案。落实脱硫脱硝除尘国家新标准，提出系统完善和节能综合升级改造方案。根据国家能源局等三部委《煤电节能减排升级和改造行动计划(2014—2020 年)》等政策要求，结合自身实际，形成石化集团公司燃煤电厂实施节能综合升级改造、实现超洁净环保排放的治理思路和措施建议。

(田　竞)

【新技术研究与应用成效显著】 胜利油田和茂名石化开展热力系统能量利用优化研究和试验，为炼油区热电机组供电标煤耗指标下降 37.6 克/(千瓦·时)提供了有力支撑，验收达标后具有在全系统推广的价值。广州石化是石化集团公司第 1 家燃煤机组全面达到燃气轮机组排放标准的企业。该公司 2 台 420 吨/时循环流化床锅炉和 2 台 220 吨/时煤粉锅炉环保改造项目，采用了烟气循环流化床干法脱硫除尘一体化技术和 SNCR/SCR 脱硝技术，氮氧化物、二氧化硫、烟尘指标明显优于燃气轮机组排放限值的最新要求；无废水排放，运行费用低，高效脱除二氧化硫、三氧化硫和重金属污染物，彻底消除湿法脱硫烟尘拖尾顽症。

(田　竞)

【大力推进热电环保治理工作】 2014 年，为推进企业热电业务实施环保新标准，做好石化集团公司氨法脱硫应用情况的分析和问题整改工作，组织技术专家对湖北化肥热电锅炉开展运行后评价，组织企业认真总结经验教训，制定脱硫升级措施。根据《京津冀及周边地区重点行业大气污染限期治理方案》要求，开展天津石化、石家庄炼化、齐鲁石化 3 家企业热电锅炉脱硫、脱硝、除尘改造工程专项督察，确保完成环保部下达的限期治理目标。根据《煤电节能减排升级和改造行动计划(2014—2020 年)》等政策要求，交流推广广州石化热电机组环保治理一体化工程经验，学习考察外高桥三电厂、嘉兴电厂等国家煤电节能减排示范电站，提出燃煤电厂达到燃机排放标准环保升级改造的技术路径。

(田　竞)

【加强专业指导和技术服务】 为进一步增强热电专业指导和服务能力，2014 年组织镇海、茂名等企业一线专家对齐鲁石化炼油动力站和二化动力站的 5 台 CFB 机组开展现场管理诊断和运行优化指导，专家组经过现场诊断，按照当前、检修时期、中长期 3 个阶段，提出 33 项有针对性的建议措施。组织上海交大、上海锅炉厂、胜利发电厂等单位专家，帮助上海石化分析热电煤粉炉脱硝项目投运后频繁爆管问题成因，提出近期检修补救措施和后续改造方案，为脱硝项目设计改进和解决其他类似问题提供借鉴。

(田　竞)

【严格规范煤炭入厂验收管理】 2014 年，大力推进煤炭采购、储运、使用等全过程优化，建立健全亏吨亏卡控制机制，细化分析煤炭购、耗、存动态指标，跟踪分析煤炭价格和热电运行指标，加强量化考核，努力降低入厂入炉煤热值差指标。全年，石化集团公司入厂入炉煤热值差指标完成 184.39 千焦/千克，同比下降 71.24 千焦/千克，降幅 27.87%。加强煤炭验收标准化建设，初步完成石化集团公司企业标准《动力煤炭验收技术规程》的编制工作。

(田　竞)

【热电专业管理现场评价】 为贯彻石化集团公司关于节能减排以及推进专业化发展的工作部署，落实《中国石化热电专业竞赛管理办法》等有关规定，抽调企业 26 名专业骨干，分 5 个小组对 25 家企业的 35 家电站开展了热电专业管理现场评价工作。通过现场评价，共排查出专业管理、煤炭检验、压降厂用电 3 个方面各类问题 569 个，同时提出整改建议 456 条，企业根据评价组专家建议进行问题整改落实工作。

(田　竞)

【热电专业竞赛考评与表彰】 经过年度指标考核和现场评价，胜利油田、茂名石化、扬子石化、齐鲁石化、广州石化、青岛炼化、巴陵石化、镇海炼化、天津石化、四川维尼纶厂、金陵石化 11 家企业获 2014 年度热电专业竞赛综合竞赛优胜奖，仪化公司、巴陵石化、茂名石化、天津石化、广州石化分获锅炉、汽机、燃料、电气、环保单项优胜奖；专业竞赛还对综合竞赛中后进企业进行了鞭策，给予石家庄炼化挂“黄旗”警示。

(田　竞)

【进一步提升热电专业信息化水平】 2014 年，热电专业在充分调研的基础上，开展中国石化热电生产营运管理信息系统(一期)建设。该系统以现有热电专业管理数据为基础，能够全方位、多视角、可视化地综合展示企业热电生产营运情况，为实时跟踪和监控企业热电专业管理动态、统一组织资源、从整体上指挥生产营运、实现实时生产调度提供了技术支撑，对提高中国石化热电专业化管理水平具有重要的现实意义。截至年底，系统已经开发了热电计划、热电运行、煤炭管理、费用管理、可靠性管理、热电竞赛、运营分析、机组实时运行、基础管理、综合管理等功能模块，集成了齐鲁分公司生产调度指标统计与机组在线经济性诊断系统，经过2期培训后已经开始上线试运行。

（田　竞）

【组织开展热电业务技术培训】 为进一步加强热电专业化发展的人才队伍建设，根据石化集团公司年度培训计划安排，2014年先后举办了第3期热电运行技术高级研修班和热电领域专家专题研讨班。为加强煤炭入厂全过程管理，提高煤炭检验技术水平，结合中国石化企业用煤特点和管理要求，举办1期煤炭入厂管理与检验技术培训班。

（田　竞）

水　　务

【概述】 2014年，水务系统认真贯彻落实石化集团公司工作会议精神，围绕降本增效、绿色低碳发展，大力推行标准化管理，积极开展新鲜水漏损治理、循环水整体优化等工作，节水减排、节能降耗再上新水平，各项水务指标持续改善，专业化管理取得显著成效。

（叶晓林）

【有力地保障了主业生产需求】 2014年取水11.62亿立方米，同比降低1.90%；时供循环水287.33万立方米，增加0.51%；时产化学水2.93万立方米，增加5.48%；处理污水3.44亿立方米，降低0.58%。

（叶晓林）

【降本增效成效显著】 11项水务专业竞赛指标同比总体进步2.20%。其中，供水自用损失率8.30%，下降2.75%；循环水标准补新水率10.55‰，下降0.65%；化学水标准离子水耗23.21米^3/千摩，下降3.55%；全年节水2 200万立方米。新鲜水完全成本1.48元/米^3，循环水完全成本0.19元/米^3，化学水完全成本5.75元/米^3，污水处理完全成本3 552.78元/千污染当量，实现内部利润约12亿元。

（叶晓林）

【专业管理基础进一步夯实】 参照最新的国标和行标要求，结合石化集团公司实际情况，组织有关专家全面制定4种水务系统的管理标准。其中，新鲜水、循环水管理标准已作为中国石化一级企业标准颁布实施；化学水、污水处理与回用管理标准已完成三审，具备终审条件。长岭炼化等企业依据有关标准，全面修订工艺技术规程、岗位操作法等多项制度，进一步规范水务专业管理。

（叶晓林）

【循环水系统整体优化取得新进展】 在成功试点的基础上，编制下发《循环水系统整体优化三年专项治理工作要点》，指导企业通过降低管网系统流阻，合理控制换热器温差，改善冷却塔热力性能，提高机泵综合效率和自控水平。整体优化的核心目标是全面提高循环水系统的运行管理水平，包括提升装备水平，在高适配性的前提下，实现机泵高效化；提升运行控制水平，增加调控手段，实现水量、水压控制精细化；提升关键换热器的监测水平，实现温差、流量的可视化，逐步解决换热器泄漏难题。2014年对28套循环水系统进行整体优化，全部完成后年耗电量降低25%以上、约1.9亿千瓦·时，年循环量降低5%以上、约9.1亿立方米，降本约1.5亿元。其中，茂名石化四循A年节电2 000万千瓦·时以上。

（叶晓林）

【外部市场开拓能力不断增强】 认真落实石化集团公司市场化经营和专业化发展要求，具备条件的企业充分发挥专业优势，不断提升外部创效能力。中原油田通过“一压缩两提高”活动，做大对外供水市场，做强水务运维市场，做优水务施工市场，实现外部收入7 500万元，分流人员175人。齐鲁石化全面拓展4种水务系统的外部市场，增加收入5 631万元。扬子石化为周边化工园区供水1 983万立方米，增加收入3 967万元。

（叶晓林）

【专业培训】 举办循环水管理标准培训班，促进专业标准的推行；面向水厂厂长，举办第1期高级研讨班，通过集中授课和现场教学的方式，进行产业政策、专业知识、经营管理等综合培训，促进石化集团公司水务专业专家库建设。

（叶晓林）

【"比学赶帮超"形成长效机制】 继续升级改造水务生产营运管理信息系统，提升通报指标等管理效率。各有关企业通过竞赛平台，发现短板，组织攻关，提升运行水平。整合系统内外资源，完善水务专家库，组织专家赴广州、长岭等企业，开展循环水系统整体优化现场服务，成效显著。经过指标考评、现场考评等综合评价，2014 年度茂名石化、高桥石化、广州石化等 10 家企业获综合竞赛优胜奖，中原油田、九江石化、北海炼化等 16 家企业获单项竞赛优胜奖；胜利油田、镇海炼化、江苏油田等 10 家企业获全员成本目标管理奖。

（叶晓林）

GLOBAL DERIVATIVES HOUSE OF THE YEAR

THANK YOU TO OUR CLIENTS!
WORKING IN PARTNERSHIP
TO ACHIEVE WIN-WIN SOLUTIONS

WITH YOU, AS ONE TEAM

Risk Awards 2015

Global Derivatives House of the Year
Risk Solutions House of the Year
Equity Derivatives House of the Year

ocietegenerale.asia

JILDING TEAM SPIRIT TOGETHER

SOCIETE GENERALE
Corporate & Investment Banking

S COMMUNICATION IS FOR PROFESSIONAL CLIENTS ONLY AND IS NOT DIRECTED AT RETAIL CLIENTS.

iete Generale is a French credit institution (bank) and an investment services provider (entitled to perform any banking activity and/or to provide any investment service under MiFID except the operation of Multilateral ding Facilities) authorised and regulated by the French Autorité de Contrôle Prudentiel et de Résolution ("ACPR") (the French Prudential and Resolution Control Authority) and the Autorité des Marchés Financiers («AMF»). document is issued in the U.K. by the London Branch of Societe Generale, authorized in the U.K. by the Prudential Regulation Authority and subject to limited regulation by the Financial Conduct Authority and Prudential ulation Authority. Details about the extent of our authorisation and regulation by the Prudential Regulation Authority, and regulation by the Financial Conduct Authority are available from us on request. 2014 Societe Generale up and its affiliates. © David Despau – FRED & FARID

点击移动金融　　分享精彩人生

工商银行推出全新e-ICBC线上金融服务

苹果系统　安卓系统

网站 www.icbc.com.cn 服务热线95588

您也可以用手机登陆wap.icbc.com.cn或者发短信到95588，享受我行丰富的金融服务。

ICBC

您 身 边 的 银 行　可 信 赖 的 银 行

工行与您分享银行级品质电商平台新体验。

融e购依托工行金融优势，精选名商、名店、名品，提供商城购物、逸贷等服务。积分能抵现，品质有保障。

客户端下载

微信公众号

融e购网站mall.icbc.com.cn 服务热线95588

您也可以通过登陆网上银行www.icbc.com.cn

或者手机银行wap.icbc.com.cn享受我行丰富的金融服务。

ICBC 融e购

您 身 边 的 银 行　可 信 赖 的 银 行

TPCO TIANJIN PIPE (GROUP) CORPORATION

天津钢管集团股份有限公司

以人为本　创新为魂

客户为先　责任至上

天津钢管集团股份有限公司（TPCO）又称“天津无缝”，地处天津滨海新区，是中国石油管材生产基地和中国能源工业用管供应基地。

TPCO从德国、意大利、美国、英国、比利时等国引进了世界上先进的炼钢、轧管、管加工和产品研发及检测设备，并配备了完善的自动化系统。拥有MPM、PQF、ASSEL和REM四种机型、七套轧机，可按照API、ISO、ASTM、ASME、DIN、JIS、EN等际标准及国家标准和用户协议生产外25-1200mm，壁厚1-80mm的优质石油专用管、高低压锅炉管、高压化肥管、石油裂化管、高压气管、管线管、核电管、支柱管、车桥管、地质管机械管、结构管、流体管等钢管。

TPCO建有完善的质量保证体系和世界先进的企业技术中心，开发出多项具有自主知识权的产品，先后取得API、ISO9001、ISO14001、OSHMS-18001、特种设备制造许可证等认证还取得了沙特国家石油公司、壳牌、美孚等78家国家石油公司及国际大油公司和28家国际名工程公司及其他非石油类公司认证。

2011年，TPCO为扩充产品种类，与山西太钢不锈钢股份有限公司共同投资组建了具有界先进技术水平的焊管生产企业。现有ERW355和660两条高频直缝电阻焊钢管生产线。产品格为Φ127-Φ660mm，壁厚3.2-22.2mm，钢级可达到X80、P110。

近年来，TPCO在做大做强钢管主业的同时，积极推进国际化发展战略。2009年9月印尼加工项目建成。2014年8月7日，美国无缝钢管项目一期管加工单元生产出第一支合格石油管，同年11月25日，首批石油套管在美国成功下井。二期轧管和管加工单元已经启动建设该项目将建设一条从炼钢、轧管、热处理到管加工的全流程生产线，无缝钢管设计产能50万吨。

现今，TPCO无缝钢管年生产能力已达400万吨（其中油套管150万吨，特殊扣50万吨）焊管年生产能力45万吨。产品广泛用于能源、化工、电力、气瓶、机械制造、基础设施、舶、海工、军工等各个行业，并出口到100多个国家和地区。截至2014年底，已向全球供应缝钢管3028万吨，包括油井管1648万吨，非油井管1380万吨，其中具有自主知识产权的产330万吨。

TPCO历经二十多年的不懈奋斗，由生产单一无缝钢管产品的专业厂发展成为集无缝管、焊管、铜材、不锈板、彩涂板、高压气瓶、钻杆等多种冶金产品为一体的综合企业团，并拓展到设备制造、国际贸易和物流等新的产业。公司现已成为多产业交替拉动、协发展的综合性大型企业集团。

地址:天津市东丽区津塘公路396号 ● 邮编：300301 ● 电话：022-24802978 ● 传真：022-24801320 ● 网址：www.tp

Hyflux®

www.hyflux.com

凯发水务方案让生活更美好

凯发是提供综合水务解决方案的全球公司，致力于提供可持续性的环境解决方案，包括膜技术海水淡化、中水回用、废水处理（包括膜生物反应器）和自来水处理。集团业务遍布东南亚、中国、印度、中东、非州与美洲。凯发于1994年开拓中国市场，在中国已建造超过30个综合水务项目，包括著名的天津大港海水淡化厂。凯发致力于为中国客户提供创新而高效以及低运营费用的水务解决方案，并降低环境污染指数。

凯发特别关注膜和材料技术，针对市政市场以及制造业、电子业、食品饮料业、纺织服装业、能源动力业、石化行业及制药业等工业领域，凯发已经研发多项处理水和工业流体的专利产品和系统。

凯发中国

上海市浦东新区东方路1217号陆家嘴金融服务广场5楼 邮编：200127

电话：（86）21-5080 5118，传真：（86）21-5080 5128

ENEOS ItalSing

The Partner by Choice in Lubricants

Asia's Premier Lubricant Contract Manufacture

We Believe

That Delivering Value to Our Customers
Is A Fulfilling Experience for Our Employees
Achieving a Good Return for Our Shareholders
And Contributing to the Well-being of Our Community

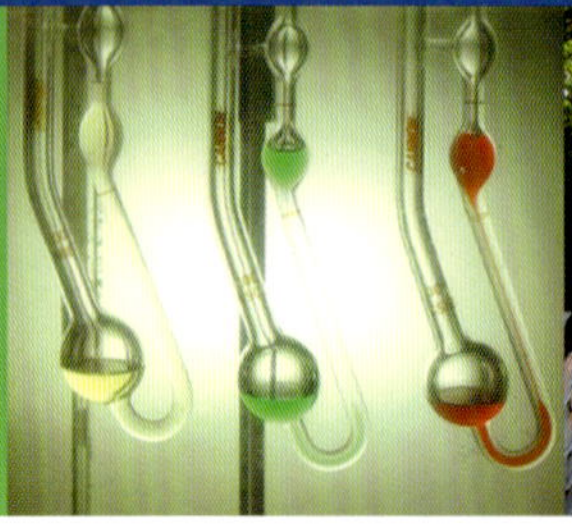

Our Products and Services

Contract Manufacturing

ENEOS ItalSing is one of the largest Lubricant Contract Manufacturers in Asia. With the ENEOS ItalSing reliability in quality and service, customers will find the One-Stop Total Service of great value to their supply chain leveraging on the chemical and logistics hub in Singapore.

Supply of Quality Products

ENEOS ItalSing products are manufactured using only quality additive packages and base stocks available to meet the highest industry specifications.

Core Integrated Management System

ENEOS ItalSing is committed to a safe and healthy workplace and protecting the environment while continuing to be the partner by choice of our Customers.

Partner By Choice Through Superior Customer Value

Behind all the modern facilities and equipment is a team of dedicated professionals who are committed to delivering superior customer value on quality products at competitive costs. We are committed to be your Partner by Choice in Lubricants.

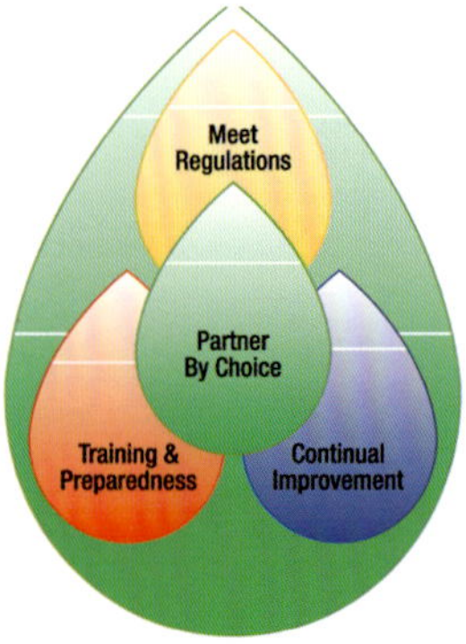

Integrated Management Syster

Quality Assurance Laborator

ISO 9001+14001 REGISTERED
DNV
UKAS MANAGEMENT SYSTEMS
013
DNV Certification B.V.

OHSAS 18001
DNV
REGISTERED FIRM

An ISO 9001 Certified Company
An ISO 14001 Certified Company
An OHSAS 18001 Certified Compar

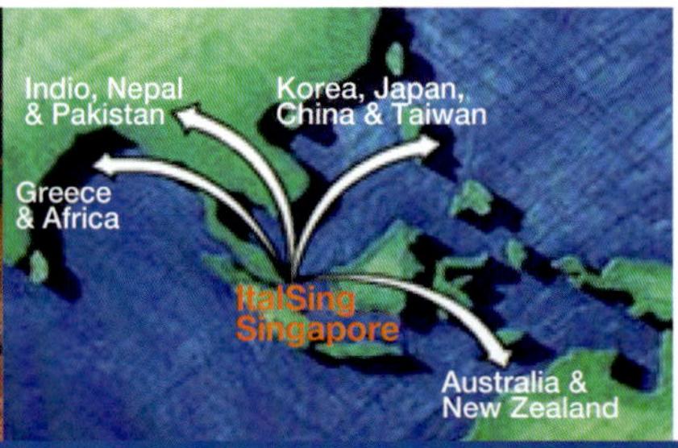

ENEOS ItalSing Pte Ltd

9-B Jurong Pier Road Singapore 619163
Tel: (65) 6266 1966 **Fax:** (65) 6268 9490
Website: www.eneositalsing.com.sg

SPC A Member of PetroChina
ENEOS

PEC LTD.

Helmed by an experienced management team,
PEC has one of the best safety and quality records in the industry.
Backed by a pool of skilled workforce, coupled with a large fleet of engineering equipment, in-house developed EIS system as well as established processes and methodologies.

PEC has built a strong reputation and track record as a reliable and trusted provider of integrated Project and Maintenance Solutions to the Oil & Gas, Petrochemical, Terminal and Pharmaceutical industries with fabrication facilities spread across Asia and the Middle East.

OIL & CHEMICAL TERMINAL

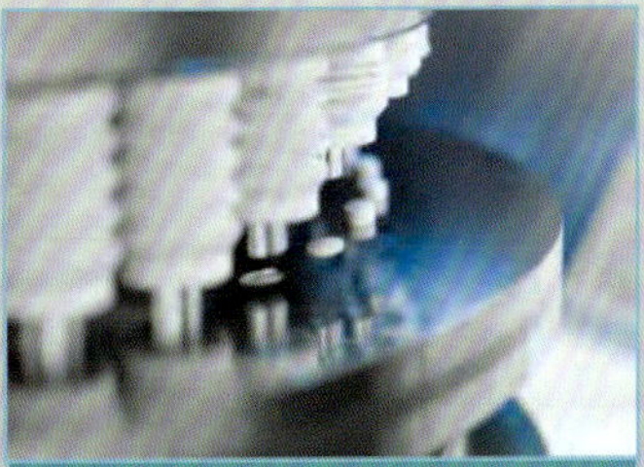
PHARMACEUTICAL

PETROCHEMICAL

OIL & GAS

项目工程（EPC，EPCM及施工）

项目工程：PEC提供工程设计、采购和施工(EPC) 或施工管理服务。

工程设计：包括概念设计、初步设计、详细工程设计。

工程采购：包括材料和设备的采购以及材料管理。

项目施工：包括管道、钢结构和压力容器的预制和安装，机电设备、电气、仪表和控制系统安装，以及提供脚手架，油漆，保温和消防系统等配套工程安装。

检维修服务

检维修服务涵盖装置日常维修和停工检修，以及相关服务。业务范围从单个装置设备维修到一站式全工厂检维修服务。PEC作为一个一站式检维修服务提供商，能够提供所有必要的工程专业服务，包括土木、机械、电气及仪器仪表、储罐、钢结构、管道、油漆、脚手架、保温、防火、检测及防腐和高压清洗等。

ASIA

MIDDLE EAST

21 Shipyard Road Singapore 628144
T: +65 62689788 F: +65 62689488
E: info@peceng.com
www.peceng.com

南光(集團)有限公司
NAM KWONG (GROUP) COMPANY LIMITED

南光（集团）有限公司是总部设在澳门的国资委直属中央企业，集团前身南光贸易公司成立于1949年8月，是澳门较早的中资机构。在六十五年的发展历程中，南光积极进取，勇于开拓，走过了一段艰苦创业、自强不息的不平凡里程；并较好地完成了各个历史时期国家所赋予的不同使命，为澳门回归祖国、发展内地与澳门的经贸关系、推动祖国的对外经济贸易事业、促进澳门社会的繁荣稳定做出了应有的贡献。

南光集团主营业务包括日用消费品贸易、酒店（含旅遊）、地产开发经营和综合物流服务四大类。集团是澳门大型能源产品和主要的鲜活冷冻食品、酒店旅遊会展、物流服务供应商；拥有油气中转储运和航煤专供设施；是澳门天然气管网的建设和运营商、澳门电力公司的单一大股东、澳门公共交通服务的主要专营企业；分别在澳门、桂林、杭州、西安、加拿大投资有8家星级酒店；是澳门地区办理“港澳居民来往内地通行证”和“台湾居民来往大陆通行证”的指定单位；致力于地产投资与开发，在澳门、海口、上海、无锡等地区自主或合作开发了大量优质地产项目；有澳门大型的内港码头、干冻仓库和跨境运输车队；与几十个国家和地区有长期贸易往来。

今天的南光集团，在我国全面建设小康社会的伟大进程中和澳门推进经济适度多元化的新形势下，抓住机遇，加快发展，转型升级和提高企业核心竞争力，用最好的回报社会，为澳门社会繁荣稳定做出新贡献。

用最好的回報社會

这是我们的追求，也是我们过去、现在和将来存在的价值。

澳门罗理基博士大马路南光大厦十六楼 Tel: (853) 83911660 Fax: (853) 28330853 http://www.namkwong.com.mo

市人大代表参察公司

总经理参加台湾工业园开业典礼

副总经理张涛拜访台湾工业总会理事长

投资股东方交流

南京大学 — 金桐石化科教基金新的合作签字仪式

遵章守纪　严谨细实

科学高效　团结和谐

金桐石油化工有限公司

金桐石油化工有限公司位于南京经济技术开发区内，系中国石化集团金陵石油化工有限责任公司与英属维尔京群岛宝智投资有限公司（台湾和桐化学股份有限公司的全资子公司）合资组建的大型中外石化合资企业，1993年9月1日正式成立，总投资为4.762亿元人民币，注册资本为1.682亿元人民币。主要生产装置为10万吨/年烷基苯装置和3万吨/年烷基苯磺酸装置。公司主要产品有直链烷基苯、烷基苯磺酸；副产品有重烷基苯、焦油、氢气、溶剂油料。公司生产装置引进国外先进技术和部分关键设备，生产全过程采用世界上先进的DCS集散控制系统。

2002年4月8日，双方再次合资组建了中外合资经营企业 —— 江苏金桐化学工业有限公司。项目总投资5.558亿元人民币，注册资本3.452亿元人民币。主要生产装置为7.2万吨/年烷基苯装置。

2011年，为了及时抓住市场，扩大生产规模，提升企业在国际市场的竞争力，合资双方鉴于二十年来卓有成效的合作基础，以及双方优势，决定再次携手创新业，在南京化学工业园区成立江苏金桐表面活性剂有限公司，投资新建7.2万吨/年烷基苯生产装置，项目总投资10亿元人民币，注册资本2.6亿元人民币。生产装置引用国内外先进的烷基苯技术成果，低消耗，高质量，低成本，项目建成后，在南京地区将形成37多万吨/年烷基苯的生产能力，地区烷基苯总规模在世界上名列前茅。在满足国内市场需求的同时，项目将提高出口能力，在国际上将取得较强的竞争优势。

金桐石油化工有限公司投产至2015年，已经20多年了，其生产和经营状况一直良好，为国家和社会做出了贡献，并取得了一些可喜成绩，荣获一系列的光荣称号，历年来被南京市经济委员会评为南京市先进外商投资企业、南京市优秀外商投资企业；被南京市计划委员会评为南京市工业重点项目成绩显著单位；被南京市外商投资企业协会评为南京市外商投资先进企业；被南京市国家税务局评为光荣纳税大户；被中国建设银行南京分行和企业信用等级评定委员会评为企业信用等级AAA企业；被南京市科学技术委员会评为南京市高新技术企业；被南京市安全生产委员会评为南京市安全生产先进单位；被南京经济技术开发区安委会和公安分局评为安全文明单位。1998年始进入中国外商投资企业500强。

此外金桐石油化工有限公司还根据目前国际和国内市场的发展，在巩固本业的前提下，扩大生产规模和市场布局，搞好多元化的发展，如：在厦门成立厦门金桐合成洗涤剂有限公司，在四川成立四川金桐石油化工有限公司和四川金桐精细化学有限公司，在安徽成立安徽金桐精细化学有限公司。

址：南京经济技术开发区尧新大道201号, 210046　电话：025-85563140, 85580090　传真：025-85563340, 85562474

林德集团

以技术卓越成就气体行业领先

作为一家世界一流的气体和工程公司，我们不断开发环保能源等创新的解决方案，以此打造更美好和更可持续发展的未来。林德气体东亚区总部位于上海。在中国，林德下设约70家全资及合资公司，拥有近5,500名员工（气体及工程），在主要工业中心建有200多个运行现场。林德的专长和能力涵盖整个气体供应链——从气体生产设施的设计和建造，到运行、配送、气体应用解决方案、安装和量身定制的物流支持。林德为石油化工等行业开发一系列的气体生产装置和供应方案，提供众多气体产品和相关解决方案以适应不同客户的需求。

林德中国研发中心位于上海，是林德在全球的三个研发中心之一，负责开发新的工业气体应用技术和解决方案以满足我们在中国和亚太地区的客户需求。通过分别位于中国、美国、德国三个中心的持续研发工作，林德将概念转化成新的可持续发展技术和解决方案，帮助我们的客户实现竞争优势并获得新的市场机会。

林德气体中国客服中心全天候24小时为您服务：电话 +86 400 820 1798，电邮 csc.lg.cn@linde.com

如需了解更多信息，请登陆林德气体中文网站 www.linde-gas.com.cn

关注林德气体官微
赢取iWatch大奖

Setting Standards
精于品 诚于行

VEOLIA

资源再生，生生不息

关于未来的故事——重新定义可持续性

城市和工业企业是我们的两大客户群。作为工业企业的合作伙伴，我们为客户量身定制多种解决方案，满足所有环保领域需求：

- 水回收利用
- 有害/无害废弃物再生
- 拆除敏感设备
- 能源管理
- 土壤修复等

联系方式：
威立雅
北京市东三环北路8号亮马河大厦办公楼1座23层
电话：59532000
传真：59532215

www.veolia.cn

Small world, here I come

Explorers used to cross oceans to meet new civilisations. Today we contact each other from the Great Wall of China to the shores of the Baltic Sea. Are you tapping into the potential of your local markets? Our global network of professionals can help break down borders anytime.

To find out how we can help you develop lasting connections, go to ingcb.com.

[World, here I come]

荷兰安智银行股份有限公司北京分行
中国北京朝阳区东三环北路八号
亮马河大厦1座1510室
邮政编码：100004

网址: www.ingcb.com
电话: +8610 659 066 06
传真: +8610 659 009 57

ING

ING Commercial Banking

MIZUHO
瑞穗银行(中国)有限公司
One MIZUHO
与您携手,共创未来
ne MIZUHO
ing the future with you
http://www.mizuhobank.com/china/cn/

为世界所选，
值得信赖的
全球性
金融集团

The Bank of Tokyo-Mitsubishi UFJ , Ltd.

A member of MUFG, a global financial group
www.mufg.jp

2015 Mitsubishi UFJ Financial Group

MUFG

Overseas Bank Limited (Company Registration Number 193500026Z)

星展企业银行

洞悉亚洲 成就商机

www.dbs.com/corpoate

www.dbs.com.hk

带动亚洲思维

星展银行 DB

$5,000,000,000
Senior Notes
Joint Bookrunner
April 2014

$200,000,000
Credit Facility
Mandated Lead Arranger
December 2013

$100,000,000
Credit Facility
Lender
August 2013

C$18,500,000
Credit Facility
SBLC Issuer
June 2013

TALISMAN ENERGY
$300,000,000
Credit Facility
Lender
February 2013

$100,000,000
Credit Facility
Lender
April 2011

Advised on the acquisition of the Argentine subsidiary of Occidental Petroleum Corporation
$2,450,000,000
Financial Advisor
February 2011

Advised on the subscription of new shares comprising a 40% interest in Repsol Brasil S.A.
$7,109,000,000
Financial Advisor
December 2010

Local Insight.
Global Opportunity.

Today's market landscape is dynamic and challenging. At Scotiabank, we have the market intelligence, technical expertise and full-service product suite to help you gain a competitive advantage. Our sophisticated energy platform fully integrates equity, debt, corporate lending, FX and commodity hedging, payments and capital markets solutions for energy sector companies. And our unique global footprint positions us to work seamlessly across geographies to meet the needs of our multi-national and local clients looking to conduct business across multiple markets.

We want to thank Sinopec for being a valued client and for allowing our expertise to contribute to their success.

Janis Bremner
Global Loan Syndications
+65.6305.8390
janis.bremner@scotiabank.com

Wai-Choong Hui
Corporate Banking
+852.2861.9419
waichoong.hui@scotiabank.com

Gerrard Katz
Foreign Exchange
+852.2861.4770
gerrard.katz@scotiabank.com

Caroline Kracht
M&A Advisory
+852.2861.9405
caroline.kracht@scotiabank.com

Craig Marran
Debt Capital Markets and Risk Solutions
+65.6305.8326
craig.marran@scotiabank.com

Nicolas Tardieu
Energy Banking
+65.6305.8252
nicolas.tardieu@scotiabank.com

gbm.scotiabank.com/energy

Scotiabank™
加拿大丰业银行

Corporate Banking | Investment Banking - Scotia Waterous | Capital Markets | Research | Cash Management
Trade Finance | U.S. Equity Sales and Research - Scotia Howard Weil

mark of The Bank of Nova Scotia. Used under license, where applicable. Scotiabank is a marketing name for the global corporate and investment banking and capital markets businesses of The Bank of otia and certain of its affiliates in the countries where they operate, including Scotia Capital Inc., Scotia Waterous Inc., Scotia Waterous (USA) Inc., Scotia Waterous (UK) Limited, BNS (Asia) Limited and apital (USA) Inc., which are non-bank affiliates of The Bank of Nova Scotia and are members of the Scotiabank group and authorized users of the mark. Scotia Capital Inc. is a Member of the Canadian Protection Fund. Scotia Capital (USA) Inc. is a registered broker-dealer with the SEC and is a member of FINRA, NYSE and SIPC. Not all products and services are offered in all jurisdictions. Services d are available only in jurisdictions where permitted by law.

Mitsui Chemicals
一起从亚洲
向世界挑战。
中国石化集团与三井化学携手，
开拓更广阔的天地。
有多年合作关系的中国石化集团与三井化学不仅设
立了合资企业等，还于 2009 年更加加强了合作关系，
签订了加强关系备忘录。
利用各自的优势，保持着更具有国际竞争力的紧密
合作关系。
三井化学株式会社
东京都港区东新桥 1-5-2 汐留 City Center
电话：+81-3-6253-2100 传真：+81-3-6253-4245
URL http://group.mitsuichemicals.com
三井化学(中国)管理有限公
上海市浦东新区银城中路 200 号中银大厦 2501 室
电话：+86-21-5888-6336 传真：+86-21-5888-6337
URL http://cn.mitsuichem.com

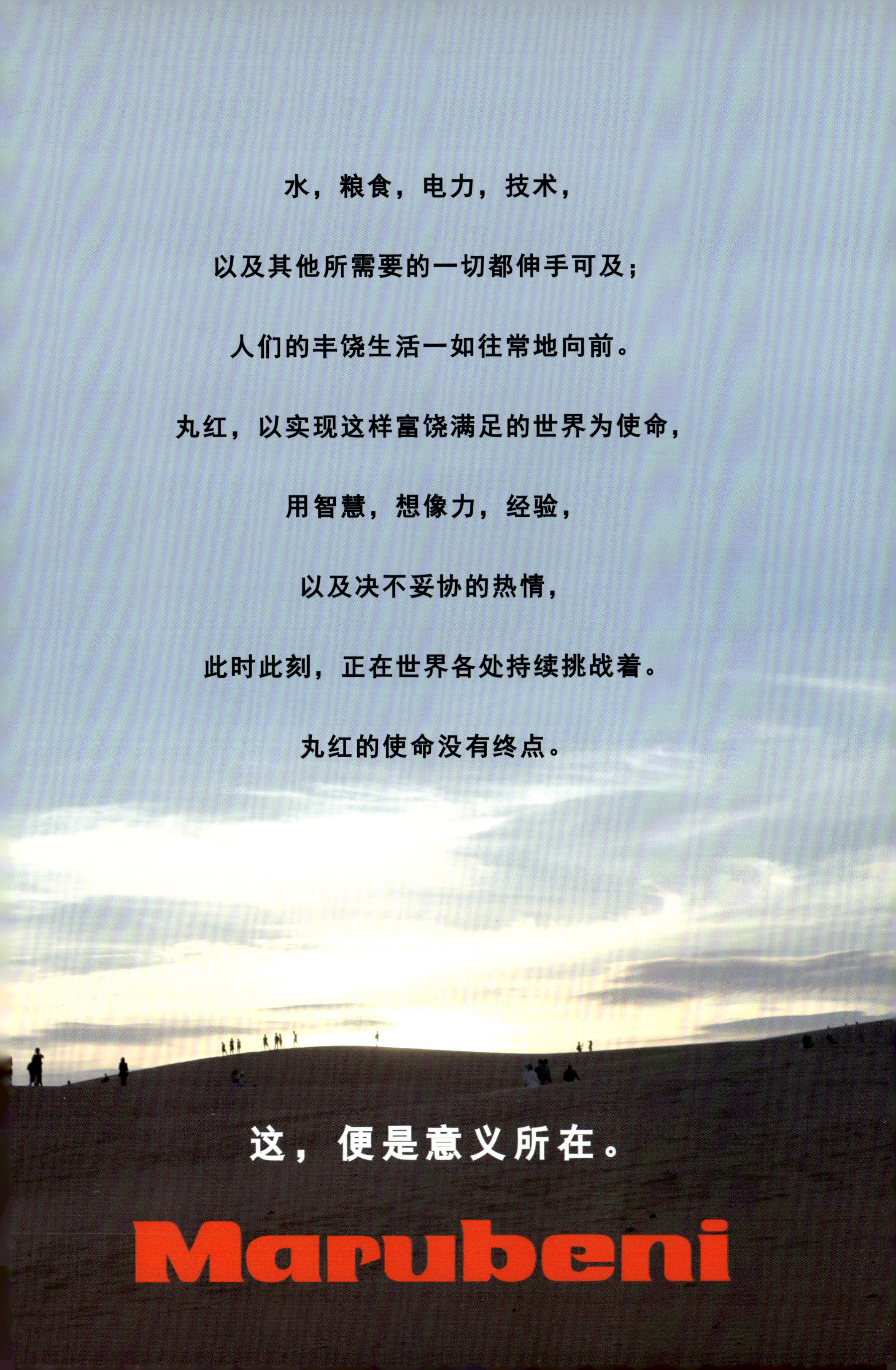
水，粮食，电力，技术，
以及其他所需要的一切都伸手可及；
人们的丰饶生活一如往常地向前。
丸红，以实现这样富饶满足的世界为使命，
用智慧，想像力，经验，
以及决不妥协的热情，
此时此刻，正在世界各处持续挑战着。
丸红的使命没有终点。
这，便是意义所在。
Marubeni

上海化工区管理中心

SCIP

上海化学工业区

SHANGHAI CHEMICAL INDUSTRY PARK

上海化学工业经济技术开发区位于杭州湾北岸，规划面积29.4平方千米，管理面积36.1平方千米，是以石油化工及其衍生产品为主的专业开发区。园区对标世界一流，遵循“产品项目、公用辅助、物流传输、环境保护、管理服务”五个一体化理念，奉行“健康、安全、环境”（HSE）和责任关怀相统一的国际化工行业规范与准则，致力于建设具有国际竞争力的石化基地和循环经济示范基地。

经过十多年开发建设，上海化工区已成为上海乃至全国集聚知名跨国化工企业较多、经济开放度较大、循环经济水平较高的开发区之一，累计引进项目投资245亿美元，完成固定资产投资1217亿元，区内上下游产品关联度达到80%以上。2014年，上海化工区被列入国家新一轮石化产业总体规划的七大石化基地之一，被中国石油和化学工业联合会评为“中国化工园区20强”之首，荣获“全国石油和化工行业责任关怀最佳组织单位”称号。全年，化工区共完成工业总产值970.8亿元，销售收入1005.27亿元；引进项目投资20.03亿美元，完成固定资产投资120.38亿元；区内注册企业实现利润15.25亿元，实缴税金53.41亿元；万元产值能耗0.891吨标准煤/万元。

化工固体废弃物处理装置

化工品罐区

高桥石化苯酚丙酮装置

上海氯碱公司烧碱和二氯乙烷装置

赢创德固赛多用户基地

拜耳一体化化工生产基地

化工液体码头

公共管廊

上海赛科公司乙烯装置

携手中国石化十六载，共创美好新未来！

MERCURIA
摩科瑞
摩科瑞能源集团是全球一流的独立能源及大宗商品贸易公司之一，主要交易中心位于日内瓦、北京、上海、新加坡、伦敦和休斯敦，从事包括原油、成品油、石油化工品、天然气、电力、煤炭、铁矿石、二氧化碳减排指标、生物柴油和基本金属在内的实货和衍生产品的交易。集团在全球范围内所拥有的油田、矿产、电力设施、码头等资产为客户提供了从容的贸易解决方案。2014年集团营业额超过1000亿美元。
北京市朝阳区建外大街2号银泰中心C座3001室 / 邮编:100022
www.mercuria.com
86-10-8507 9800

安全生产

◇ 综述

◇ 安全监督管理

◇ 职业健康管理

◇ 应急管理

◇ 油气田及输油气管道安全保护

综　　述

2014 年，石化集团公司认真贯彻落实党中央、国务院关于加强安全工作的系列指示精神，按照党组“深化改革、转型发展、从严管理”的要求，深刻吸取“11 · 22”事故教训，全面强化安全监管，实现“五个避免”的总体目标，安全生产总体平稳。

完善安全生产责任制和事故问责制度。修改下发《总部机关各部门(单位)主要安全职责(安全生产责任制)》，同时要求各企事业单位完善本单位的各级安全生产责任制。制定石化集团公司生产安全事故领导干部处分办法，严格事故责任追究。全年 5 位党组领导先后到 7 家事故企业召开现场会，有 8 名党组管理的领导干部因事故被问责。各事故单位也加大了责任追究力度，207 人受到了责任追究。

按照从严管理的要求，开展安全巡视、安全大检查和“四不两直”专项检查。石化集团公司成立 8 个安全环保巡视组，完成对 115 家企业的巡视，提交 89 份巡视报告和 4 份专题报告，查出问题 1 800 余个，提出整改建议 291 条。组织年度安全大检查，成立 16 个检查组，检查了 83 家企业、2 个上游工区和 4 个重点工程建设项目，查出各类问题 4 585 项，不能立即整改的都落实了相应的防护措施。为提高大检查水平，编制了安全检查表，建立了安全检查专家库。开展“四不两直”专项检查，先后检查 10 家重点企业，查出各类问题 245 项；进行了井控和海(水)上安全专项检查，查出问题 559 项。

集中开展隐患排查治理和“六打六治”行动。积极开展隐患排查，启动油气输送管道暨厂际管道和罐区隐患排查整治攻坚战，共排查出各类管道安全问题 18 117 处，其中石化集团公司重点监管的隐患 4 840处，需要政府协调才能解决的隐患 1 745 处。及时下达隐患治理计划，2014 年，总部共下达隐患治理项目 6 602 项，已完成治理 5 985 项。落实国务院安委会要求，重点开展危险化学品、油气管道、工程施工和交通运输安全 4 个方面的打非治违专项行动，收到较好的效果。巴陵石化将承运商的相关车辆和人员信息等录入进出厂系统中，所有证件与系统中的资料匹配后才能入厂；工程部开展了工程施工方面违法违规专项整治，查出转包、违规分包、无资质施工等方面问题 199 项，通过完善制度、责任追究和挂牌督办等措施督促整改。

加强突发事件应急能力建设。修订石化集团公司总体应急预案和安全生产应急预案；各企业修订完善专项预案 800 余个，制定现场处置方案 8. 5 万余个。开展各级各类应急演练，组织境外应急综合演练和原油长输管道泄漏爆炸事故应急预案桌面演练。全年共开展直属企业级应急演练 80 余次，其他各级应急演练上千次。完成石化集团公司应急指挥系统一期建设，实现了总部与企业的一体化应急指挥，做到总部应急指挥中心与 14 辆应急通信指挥车、83 家企业应急值班电话的互联互通。

清理建设项目安全“三同时”旧账，化解违法风险。成立专项工作小组，集中清理未办理安全、职业卫生和消防行政许可手续的建设项目。天津石化和镇海炼化等企业领导重视、与地方政府沟通协调有力，整改工作力度大，基本完成了整改。

强化承包商和现场作业的安全监管。对于风险重大作业，推行业主和施工单位专人双监护。集中组织对承包商主要负责人、安全管理部门负责人和项目经理的安全培训，培训 43 期，4 310 人考核合格，取得石化集团公司安全培训合格证书。开展承包商安全管理的专项检查，总部组织了 10 个组，检查了 29 家企业，抽查了 171 家承包商，查出各类问题 386 项。检查了在建的 37 个脱硫脱硝项目，发现问题 337 项。

加强油气安保和反恐防范工作。继续推进平安油区、平安管道建设工作，全年发生侵害油田、管道刑事案件 1 743 起，同比下降 7. 3%。胜利采油厂等 31 家单位和胜利石油管理局的张文明等 88 人受到全国油气田及输油气管道安全保护工作部际联席会议的表彰。积极开展新疆爆炸物品专项整治工作，组建 2 支专业清线队伍，完成南疆地区 20 173 千米地震测线的清线工作，共清理出雷管 98 发、炸药 489 千克。

规范劳动防护，保障员工健康。制定《个体劳动防护用品配备要求》和《劳动保护服装技术要求》等 9 项石化集团公司标准。开展了在用劳动防护用品实际防护性能的检测检验，进行了化验室(实验室)的专项整治。

不断推进安全信息化建设。建成了涵盖教育培训、隐患管理、变更管理和承包商管理等 16 个功能模块的石化集团公司安全管理信息系统，并在炼化企业全部上线，简化了业务管理程序，促进了管理的标准化，基本满足了决策层、管理层和操作层的安全管理要求。青岛石化运用作业许可电子签发功能，实现了作业票证签发定人员、定单位、定地点、定时间的管理。

（吴小毅）

安全监督管理

【安全生产指标控制情况】 2014年，石化集团公司避免了重大人身伤亡、重大井喷失控、重大火灾爆炸、重大社会影响、重大公共安全责任事故。全年累计发生19起事故、死亡27人，其中上报事故5起、死亡8人；承包商事故14起、死亡19人。

（吴小毅）

【从严管理活动】 2014年，印发《安全监管系统强化从严管理的措施意见》，明确了完善安全生产问责制度、规范和加强隐患管理、加大直接作业现场安全监管力度等8个方面工作。要求各企事业单位切实强化从严管理，以严格的制度、严细的方案、严密的措施，强化安全认识、落实安全责任、筑牢安全基础，推进安全生产管理全面提升。通过安全巡视、年度安全大检查以及“四不两直”专项检查等途径，检查、督导企业的贯彻落实情况。通过开展从严管理，各企业的安全监管水平有了进一步的提升，现场违章及事故发生得到有效遏制，重大事故隐患得到有效排除，安全形势总体保持平稳。

（吴小毅）

【安全先进单位和先进个人】 2014年，石化集团公司决定授予勘探分公司等49家企业2014年度安全生产先进单位称号，授予九江石油化工总厂等10家企业2014年度职业健康先进单位称号，授予胜利石油管理局消防支队等16支消防队2014年度优秀消防队称号，授予中原石油勘探局社会治安综合治理办公室等5个单位平安油区建设先进单位称号，授予销售华南分公司昆明管理处等5个单位平安管道建设先进单位称号；授予郭旭升等94人2014年度安全生产先进管理者称号，授予冯展杭等500人2014年度安全生产先进职工称号。

（吴小毅）

【安全教育培训】 2014年，石化集团公司高度重视企业各级负责人、安全专业管理人员的HSE培训，将培训教育作为提升员工HSE素质的最根本措施，分层次、多形式开展HSE培训。总部层面，分别举办了炼化企业安全工程师岗位培训班、炼化与工程建设企业安全处(科)长岗位专业培训班、炼化企业装置安全总监岗位培训与研讨班等安全监管人员培训班，共培训394人，切实提高监管队伍的专业素质。举办了领导干部高级管理人员安全培训班，对53名企业主要负责人和安全分管领导进行了集中培训。培训期间，设置了新安全生产法，职业健康、应急管理等法律法规政策解读，中国石化HSE管理信息系统介绍，“11·22”事故反思等课程，邀请了国家安监总局、国家应急管理中心的领导和专家授课。

各企业按照石化集团公司的教育培训计划，举办了各类安全干部、安全技术人员、职工、外来施工人员、特种作业人员的培训班，开展岗位安全资质、安全技能培训，专题安全培训，事故演练，消防演练等。

（吴小毅）

【安全文化建设工作】 2014年，石化集团公司积极推广企业优秀的安全监管经验，组织编印了《企业安全管理“亮点”汇编》，对企业安全管理典型经验和有效做法进行了总结提炼和推广，并在安全处长会上通过经验分享的方式分别介绍了武汉石化在创建安全工程方面、勘探分公司在建设勘探工程长效安全机制方面、九江石化在强化过程监管方面、浙江石油分公司在未遂事故管理方面、销售华南分公司在打造平安管道方面的优秀经验和做法，取得良好反响。

（吴小毅）

【“安全生产月”活动】 活动期间，石化集团公司邀请了国家安监总局的领导对总部机关各部门、专业公司、驻京单位等做了《坚守红线，从严管理，打赢安全生产保卫战》专题讲座，通过事故案例开展警示教育，通过法制宣讲，强化“红线”意识教育，用事故教训推动企业落实责任、完善措施。齐鲁石化被评为全国“安全生产月”活动优秀组织单位。

（吴小毅）

【安全科技】 2014年共确定了180余项安全科研项目，重点对新工艺本质安全技术、事故分析研究与事故应急响应、消防技术、设备安全等方面开展研究。全年共获得科技奖项17项，其中“基于多信息融合的石化装置异常工况监测预警关键技术”获得国家安监总局科技成果一等奖，“中国石化HSE管理信息系统研发与推广应用”获二等奖，“危险化学品从业单位安全生产标准化评审标准及应用”“炼油、化工危险工艺分级安全管理措施研究”获三等奖；“石化企业安全监管及其移动应用系统的研发与推广应用”获得中国石油和化工自动化行业协会科学技术二等奖。

（吴小毅）

【海(水)上安全监管】 2014 年，石化集团公司继续依法依规开展海上安全监管工作，连续第 4 年实现所辖区域海洋石油作业无上报石化集团公司级事故。①做好安全生产许可证审查申报，全年共完成胜利石油工程井下作业公司等 13 家单位安全生产许可的延期、变更工作，其中变更 8 家、延期 5 家。②修订应急预案，完成海洋采油厂等 10 家海洋石油企业的应急预案备案工作。③落实海洋石油作业设施备案管理，对钻井平台、修井平台、物探船、起重船等作业设施实施了备案管理。全年共受理作业设施备案申请 38 项，现场检查和复查 45 人次，发放检查备忘录 16 份，提出整改意见和建议 98 条，核发作业设施备案通知书 38 份。④加强建设项目“三同时”监管，共完成 15 项相关备案工作，其中包括 9 个海洋石油建设项目安全预评价报告的审查备案、6 项试生产备案。⑤强化弃井作业监管，共完成弃井备案 3 项。⑥强化安全培训。共举办海上安全救生培训班 47 期，培训学员 3 125 人次；举办油气消防培训班 14 期，培训学员 582 人次；举办海上硫化氢培训班 2 期，培训学员 197 人次；举办安全资格初训班 2 期，培训学员 244 人次；举办安全资格复训班 8 期，培训学员 843 人次。⑦积极开展安全督察工作。2014 年 5 月 13—26 日，组织开展海上井控专项安全督察，共发现涉海(水)安全问题 52 项。石化分部胜利海监处全年累计现场检查 67 次，发现各类问题 237 项。

（崔伟珍）

【安保基金灾害及事故财产损失理赔】 2014 年，按照石化集团公司转变职能、做实事业部要求，新制定了《中国石化安全生产保证基金资金管理办法》，修订了《中国石化安全生产保证基金自然灾害及事故损失赔偿细则》。全年发生自然灾害损失赔偿 83 项，赔偿金额 1.36 亿元，其中赔偿金额在 100 万元以上的 33 项，赔偿金额 1.2 亿元。预付管道储运公司 2013 年“11 · 22”事故损失赔款 5 亿元，共计赔偿 6.36 亿元。“威马逊”台风和“海鸥”台风造成灾害损失赔款 7 937 万元，占全年灾害赔偿金额的 58.28%。

（赵　震）

职业健康管理

【基础建设活动】 全面部署石化集团公司职业卫生基础建设工作的深入开展，要求自查达标企业要积极申请达标验收，未达标企业要狠抓对标整改。制定职业卫生基础建设活动建设检查细则，结合石化集团公司安全大检查，对企业开展职业卫生全面达标基础建设活动情况进行检查。

（王　坤）

【建设项目职业卫生“三同时”管理】 2014 年，结合建设项目可研、基础设计阶段的批复，全年共核查、监督 182 个建设项目职业卫生“三同时”工作的落实。按照职责权限，逐项跟踪由国务院及其有关部门批复(核准、备案)项目的职业卫生“三同时”工作落实情况。认真落实建设单位主体责任，开展了新疆煤制气外输管道工程，文 23 地下储气库，海南炼化 60 万吨/年对二甲苯装置(2#)及配套工程，温州液化天然气(LNG)项目，内蒙白音查干、查干油田项目，荆门石化油品质量升级及适应性改造项目，华东局延川南煤层气田 5 亿立方米产能建设和新疆准东 80 亿立方米煤制天然气等项目的职业卫生“三同时”工作。大力推动“久试未验”项目职业卫生“三同时”的持续整改。

（王　坤）

【加强劳动保护管理】 2014 年共对 205 个财务报表单位申报的 2014 年劳动保护费用预算进行审核，下达年度控制指标 21.72 亿元。下发《关于加强劳动防护用品监督检测检验工作的通知》，继续加强劳动保护用品的检测检验。下发《关于吸取事故教训切实加强承包商劳动保护用品监管工作的通知》，要求各企业将承包商的职业卫生管理工作纳入监管范围。组织仪化公司等单位，立项研制开发“仪纶”超仿棉夏季劳保服装面料，安排制作炼化板块夏服在 23 家炼化企业进行试穿，效果较好。

（王　坤）

【推进专项研究和治理】 针对化验室操作人群新增慢性职业病突出问题，组织职业卫生专业人员，协助九江石化开展中心化验室标准化创建活动。针对华北分公司反映的大牛地工区员工过敏情况，立项开展大牛地工区员工过敏防治研究；为有效掌握炼化企业员工心理健康状况，立项开展炼化企业员工心理卫生服务模式探讨与研究；组织胜利检测中心劳保检测所、仪化公司有关人员，协调落实高性能防切割手套标准立项准备、标准起草工作；委托西南石油工程公司承担“钻井队职业卫生防护规程”研究制定。完成“中国石化职工健康状况调查”项目鉴定验收。完成噪声、苯、氢氟酸作业及化验室作业 4 项职业危害专题调查，为系统实施职业危害防治措施提供了依据。

（王　坤）

【职业卫生教育培训】 2014年共组织举办了6期职业卫生专业培训班，有340人接受了专业培训。落实全国职业病防治知识竞赛和《职业病防治法》宣传周活动。在国家安监总局、全国总工会组织的全国职业病防治知识竞赛中，石化集团公司和15家二级单位获得优胜单位奖，3名员工获得优秀组织者奖。

（王 坤）

【专业技术交流会】 2014年7月25日，石化集团公司在九江石化组织召开第11届职业卫生技术交流会。共组织撰写、交流职业卫生调查评价、防护技术、检测技术、健康监护和职业卫生管理等方面的论文230余篇，通报了实验室调研情况和劳动防护用品检测检验情况。现场参观了九江石化中心化验室标准化建设管理运行现场。深入分析职业健康工作面临的形势及存在问题，安排部署下步工作任务。

（王 坤）

【员工职业健康监护】 2014年，职工实际累计职业健康监护体检50万人次，受检率大于98.7%。建立健全职工健康监护档案，职业健康档案覆盖率100%，对员工健康实施动态管理，对职业禁忌症者及时进行调离，对疑似职业病患者及时安排复查和诊断，确保异常人员能够得到妥善处理。加强海外员工职业健康管理，提出"就高不就低"的管理原则。全年，企业共上报新诊断职业病例25例，督促相关企业严格按程序调查分析致病原因，提出整改防范措施。

（王 坤）

【工伤预防及措施】 通过完善科学管理制度，落实各项安全生产防护措施，定期开展安全生产检查，加强从业人员特别是新员工的职业培训，如实告知工作过程中可能产生的职业病危害及其后果、职业病防护措施和待遇，层层落实安全责任，加强特殊气象条件作业管理，配备劳动防护用品，合理制定员工工作计划和排班计划，开展员工心理健康教育与健康促进，定期开展应急演练等工作，用科学的管理措施防范和杜绝工伤事故发生。严格按照国家《工伤保险条例》和地方政府有关要求，积极参加并按时足额缴纳工伤保险。

（王 坤）

应急管理

【完善应急管理机制】 为全面总结"11·22"事故教训，2014年启动了石化集团公司安全生产应急管理规定、总体应急预案及安全生产应急预案的修订工作，着重在应急组织机构及职责、事件分类分级和应急响应程序等方面进行了重新梳理，从管理制度、预案内容上规范应急工作。各企业认真开展危害识别和风险评估，结合实际不断修订完善本单位的应急预案，全年共修订完善专项预案800余个、现场处置方案8.5万余个。逐步形成了由健全的应急组织机构、完善的应急预案体系、强有力的应急指挥系统和专业应急救援队伍构成的石化集团公司应急管理长效机制。

（米红梅）

【应急演练活动】 2014年，总部层面组织开展了2014年境外应急演练和原油长输管道泄漏爆炸应急预案桌面演练。境外应急演练打通了石化集团公司总部与海外项目的应急联络通道，检验了海外项目应急处置能力。首次大型的桌面演练是石化集团公司应急管理工作的一次积极尝试，对加强应急管理工作，特别是企业应急管理能力和技战术水平具有指导意义。各级企业开展了贴近实际、注重实效、针对性强的应急演练，采用不预先通知演练人员、不告知具体时间、不确定具体地点的方式进行，达到了实战效果。全年全系统开展各级各类应急演练56万余次，300多万人次参与演练，其中基层单位现场处置方案演练55万多次。

（米红梅）

【开展应急预案简明化试点工作】 天津石化作为试点单位之一，在国家安全生产应急救援指挥中心指导下，在原有编制原则的基础上，进行了大胆的创新和突破，编制了1套简化版的应急预案和应急处置卡，突出体现了简明化、专业化、卡片化、动态化4个特点。

（米红梅）

【继续推进应急指挥系统建设】 2014年，石化集团公司在总部与燕山石化、镇海炼化、广州石化、扬子石化4家企业分别建成了应急指挥系统，实现了总部应急指挥中心与14辆应急通信指挥车、83家企业应急值班电话的互联互通。应急指挥系统先后在2014年的春节应急值班检查、扬子石化"6·9"炼油厂硫黄回收酸性水罐区火灾事故的应急处置、2014年石化集团公司境外应急演练以及原油长输管道泄漏爆炸事故应急预案桌面演练中发挥了重要作用。

（米红梅）

【加强协同机制建设】 2014 年重点推进了石化集团公司区域联防工作，2 次组织联防片区组长单位负责人集中讨论工作，研究完善工作的办法措施，在联防预案制定、区域比武对抗、案例研讨、技术装备交流等方面丰富了工作内容，强化了联防联络机制。区域联防工作在 2014 年扬子石化“6 · 9”炼油厂硫黄回收酸性水罐区火灾事故应急救援工作中发挥了重要作用，得到石化集团公司党组领导的肯定。

（米红梅）

【应急培训】 2014 年，总部层面举办了 2 期应急管理人员培训班、1 期消防应急救援装备管理人员培训班、1 期消防应急救援装备管理人员培训班、1 期防火管理人员培训班和 2 期站库消防安全仿真培训班。在课程设置上，既注重理论学习，又增加了大量的实操课程和国内外有代表性案例的讨论学习，并邀请总部、国家部委和科研院所以及企业专家授课交流。全年参加总部应急消防各类培训的人员总数超过 400 人。

（米红梅）

油气田及输油气管道安全保护

【概述】 2014 年，根据全国部际联席会议和石化集团公司的部署要求，深化推进平安建设，深入推进反恐防范工作的组织领导，强化企业主体责任落实，以重点督办问题为抓手，推进联席会议机制和挂牌督办机制向市县延伸，把问题解决在基层；完善内部治安保卫工作单位主要负责人责任制和员工“一岗双责”责任制，进一步提升“三防”措施，坚决杜绝内外勾结、预埋盗油孔阀等问题。全年没有发生因涉油案件、第三方施工导致的重大公共安全事件和恐怖袭击等重大涉油案(事)件。截至 2014 年底，全国部际联席会议挂牌督办有关中国石化企业的 4 起督办案件破获 3 起，8 处违章占压清理了 4 处。发生侵害油田、管道刑事案件 1 975 起，同比下降 7.3%；被打孔盗油 636 次，油田企业下降 6%，成品油管道下降 38%；发生开井盗油 473 次，下降 21%；清除违章占压物 8 616 处；制止第三方施工破坏 2 257 次，监护第三方施工 176.57 万小时。河南油田、江苏油田、齐鲁石化连续 5 年，天津石化、销售华南分公司、销售华东分公司连续 3 年实现管道零打孔，多条原油、天然气和成品油长输管道实现了零打孔、零污染、零占压、零事故目标，油气安保工作继续保持了总体稳定趋好的态势。

（杨　羽）

【重点油区治安整治“百日会战”】 根据全国部际联席会议及重点油区治安整治“百日会战”部署会统一要求，制定了《中国石化重点油区治安整治“百日会战”实施方案》。会战期间，津冀鲁豫油区共查破涉及中国石化案件 478 起，其中打孔盗油 83 起、开井盗油 108 起，打掉涉油犯罪团伙 18 个，抓获犯罪嫌疑人员 183 名，捣毁收油窝点 3 个，收缴被盗原油 148 吨，缴获盗油车辆 18 台，取缔土炼油炉 2 座，取缔窃电厂点 1 个，挽回直接经济损失 112 万元，清除管道违章占压物 1 259 处。

（杨　羽）

【长输管道巡护座谈会】 2014 年 10 月 22 日，石化集团公司长输管道巡护线工作座谈会在广州石化召开。这是石化集团公司首次将管道巡护工作作为专题进行研究的重要会议。销售华南分公司演示了长输管道巡护应用卫星定位巡线智能管理系统，6 家企业和各事业部汇报了管道巡护情况。会议提出了 5 点要求：继续落实管道安保“七个同步”机制；严格要求和考核巡线人员的巡线区域、巡线轨迹、在线时间、行进速度，保证巡护人员素质、装备配备等，切实发挥出巡线工作的作用；坚持从油气基础设施安全保护和防恐工作的实战出发，实现信息分析研判与防控工作的有机结合；注重联合联动，建立健全政府协同监管机制、政企联动机制、社会公众信息沟通机制；发挥部门职能作用，及时研究解决问题，建立严格的责任追究制度。

（杨　羽）

【平安建设】 进一步完善相关制度，组织编制《输油气长输管道巡护管理办法》和《输油气长输管道第三方施工管理办法》。连续第 3 年开展“平安油区”“平安管道”建设工作检查，共组织 8 个检查组 34 名成员，先后对 8 家油田企业的平安油区建设工作和 7 家管道企业的平安管道建设工作进行了抽查，对受检企业不打招呼、不预先通知、不预设检查路线，直奔企业主管部门、基层单位和现场。共检查了 27 个二级单位、80 余个作业现场，召开座谈和讲评会 25 个，查出各类问题 92 个。加强宣贯和培训工作，举办了综治保卫干部培训班，有关企业的 53 名处科级人员接受培训；向企业征集了管道巡线员先进工作经验和爱岗敬业事迹 125 篇稿件，出版了《管道保护的足迹》。

（杨　羽）

【企业主体责任落实】 制度建设更加完备。大多数企业从机关到场站基层，层层建制度、层层抓落实，分层次建、分系统建，真正做到了纵向到底、横向到边。

平安建设领导小组的职能作用发挥更加充分。胜利、河南等油田强化人防管理；江汉油田、华东分公司、销售华南分公司通过签订安全责任书，严格执行“一岗双责”制；管道储运公司、天然气分公司认真落实领导干部 HSE 定点承包联系点和机关领导干部管道安全巡查分段承包制；华北石油局党政一把手亲自抓平安建设工作，取得了显著的进步。

巡护工作不断加强。各管道企业深刻反思“11·22”事故教训，从制度入手强化外管道全天候监护，细化管理流程，提高巡护效能。多数管道企业引进 GPS 巡线管理系统，将巡线管理列入绩效考核的重要指标，及时发现、有效预防了一批打孔盗油、第三方施工破坏、新发违章占压，取得了很好的效果。

自主研发技防水平上台阶。中原油田开展无人机巡线技术研究，已实现无人机自主制作、自动巡航 20 千米。胜利油田桩西采油厂桩二生产管理区采油一队职工毕新忠，发明改造几十项防盗技术，获得多项国家专利。

努力提升综治保卫队伍的战斗力。中原油田积极探索稳定综治保卫队伍的有效途径，专门组织综治、人力资源、财务等部门对治保队员岗位薪酬进行研讨，明确治保队员待遇同采油区生产经营效益挂钩，享受一线采油工绩效工资系数；油田在技术比武中增设了治保系统项目，使比武成绩优秀者也能享受到相应的待遇。华北石油局在短时间内初步建立了平安油区创建各类规章制度 20 余项，组建了高素质综治保卫队伍公司，配备高水准的防护器具和巡逻车辆。

（杨　羽）

【企地联动】 胜利油田根据石化集团公司和东营市签订的战略合作框架协议，与当地油区稽查支队建立联合稽查站。中原油田与濮阳市建立了油地高层领导联席会制度，每年汇集一次促进双方共同发展的重大议题，强化了油地一家、油地共荣意识。江汉油田及时与涪陵区等新区块地方政法部门协作，建立企地联防联治工作机构，出台《关于严厉打击非法阻拦页岩气生产建设的通告》，确保了页岩气生产的顺利进行。华北石油局与榆林市、庆阳市、吴忠市等地建立市县级联席会议制度，与延安市政府签订战略合作协议，第一次将影响油田发展的重要问题写入合作协议，稳步推进平安油区创建工作。管道企业继续推进沿线县乡的联席会议，搭建企地警共建平台。北京石油分公司积极协调北京市政管委，将管道纳入市政基础设施管理，并专门建立了“北京市挖掘工程地下管线安全防护信息沟通系统”平台，保障了相关大型市政工程项目及时与管道权属企业的信息沟通和施工监控。管道储运公司积极协调浙江警方限时侦破 2014 年 5 月 20 日甬宁原油管道湖州段被打孔盗油案件。6 月 4 日中原油田胡 114 井开井放油案件经企警全力侦破，主犯于当天下午被抓获。销售华北分公司协调管道沿线公安使用移动警灯对高秆作物实时监察，规避打孔盗油案件的高发势头。

（杨　羽）

【防恐工作】 成立石化集团公司反恐防范工作领导小组，下发《关于加强油气管线及油库等重要部位反恐防范工作的紧急通知》，各事业部(管理部)、专业公司和直属企业迅速成立以主要领导为组长的反恐防范工作领导小组。组织有关事业部赴西北油田分公司、塔河炼化、新疆石油分公司和石油工程公司等驻疆企业传达贯彻有关指示精神，开展反恐防范专项督导检查，对有关工作进行再检查、再部署。

宁波镇海原油商业储备基地反恐怖防范试点建设系统项目顺利通过验收。该项目是国家反恐办反恐怖防范重要目标联系点之一，有关单位在原有安保系统基础上，依照国家反恐办有关文件精神，从防恐的智能性、完整性、先进性的角度出发，在人防、物防、技防 3 个方面进行较大的提升改造，成为全国反恐防范标准单位。

强化防恐措施。下发《关于进一步加强重大活动期间重点部位防恐工作的通知》和《关于做好青奥会期间油气安保工作的通知》。西北油田加强与中国石化驻疆企业的联防联动，多次协助配合地方政府、公安机关抓获“国保”嫌疑人，联合公安机关开展巡逻执勤，涉油案件同比下降 57%。江苏油田、华东石油局、管道储运公司、销售华东分公司均按照石化集团公司和当地政府要求落实企业职责，制定防恐处理突发事件应急预案，在南京“青奥会”期间未发生重大涉油案件和事故。

按照公安部的要求，下发《关于严控加油站销售散装汽油的通知》。要求在重大活动期间和敏感时期，采取实名登记，严禁加油站以任何形式销售散装汽油。

举办驻疆单位公共安全培训班。先后于 2014 年 8 月和 11 月在新疆举办 2 期驻疆单位反恐防范培训班，邀请公安和具有特殊培训资质的机构对驻疆企业 135 名从事安全、生产调度、综合治理、安保、护卫、应急等工作的管理人员和骨干员工授课，提高了一线综合处突能力。

编辑出版《防范恐怖袭击知识问答》，向总部和企业发放 3 万余册。

（杨　羽）

绿色低碳

◇ 综述

◇ 能源管理

◇ 环境保护

◇ 应对气候变化

综　　述

2014年，石化集团公司深入贯彻党的十八大会议精神，以推进生态文明建设、坚持绿色低碳发展战略为引领，践行“三个一”环保理念，启动“能效倍增”计划，深入开展“碧水蓝天”环保专项行动，积极推进碳资产管理，进一步发挥节能减排降碳一体化管理优势，能源环境工作成效持续提升。

全年，石化集团公司万元产值综合能耗为0.55吨标煤、同比下降0.6%，相当于节约55万吨标煤、减少二氧化碳排放135万吨；工业取水量下降1.1%，节水880万吨；外排废水达标率99.3%，有控废气外排达标率98.7%，固废合规处置率100%。4项主要污染物化学需氧量、氨氮、二氧化硫、氮氧化物排放量，分别比上年下降5.56%、5.54%、9.09%和7.14%，全面完成国家下达的年度减排目标。

2014年，石化集团公司获联合国全球契约中国网络关注气候·生态文明先锋企业称号、“关注气候与环境保护最佳实践”案例奖；被评为2014中国低碳榜样，是唯一连续5年获此荣誉的企业；在全国石油和化工行业“能效领跑者”活动评选中，青岛炼化获原油加工企业第1名。

胜利油田等23家被评为2014年度石化集团公司节能工作先进单位，江苏油田等23家企业被评为2014年度环境保护先进单位，茂名石化等17家企业被评为2014年度碳资产管理工作先进单位。夏慧芳等253人被评为2014年度节能工作先进个人，张玉明等87人被评为2014年度环境保护先进管理者，王小红等256人被评为2014年度环境保护先进工作者，李涛等21人被评为2014年度碳资产管理工作先进个人。

（蒋　璇）

能源管理

【正式启动“能效倍增”计划】 2014年6月，“能效倍增”计划正式启动，这是继2013年推出“碧水蓝天”环保专项行动之后，石化集团公司在绿色低碳发展、践行生态文明建设上又一重大举措，也是中国企业首次推出类似计划。计划分3步走：到2015年，提高能效20%；到2020年，提高能效65%，实现增产不增能；到2025年，提高能效100%，实现能效倍增，提升企业发展的竞争力。“能效倍增”计划当年实施573个项目，实现节能87万吨标煤，节能项目投资17.3亿元。

（蒋　璇）

【积极推动合同能源管理】 2014年，石化集团公司开展淘汰落后电机、低温余热利用等合同能源管理项目111项，节能16.6万吨标煤。节能服务公司与燕山石化2个节能改造合同能源管理项目共获得中央财政及北京市财政奖励资金258万元。茂名石化、广州石化和湛江东兴3家企业与南方电网公司利用广东省财政补贴政策，以合同能源管理方式更新落后淘汰电机375台。

（蒋　璇）

【逐步强化节能管理基础工作】 重点推广油田采油污水余热利用、高效节能设备、冷凝水和乏汽回收等十大成熟先进节能技术，投资8.4亿元，实施237个项目，节能22.3万吨标煤，实现效益3.7亿元。推进能源结构调整，实施结构节能项目138项，投资1.8亿元，节能49万吨标煤，实现效益5.1亿元。推进能源管理中心建设，扬子石化、燕山石化2家试点企业利用系统优化模块，开展公用工程系统节能优化，降低成本1 124万元。加强节能监测工作，组织对茂名石化等5家单位开展节能监测，挖掘节能潜力14万吨标煤。

（蒋　璇）

环境保护

【全力推动总量减排工作】 紧盯国家“三条红线”任务，扎实有效推进总量减排工作。2014年，石化集团公司4项主要污染物全面完成国家环保部下达的年度考核指标；国家环保部重点监管的14个废水、51个烟气治理减排项目全部建成；总部环境在线监控平台基本建成，158个国控点实现有效上传；全年完成减排项目119个，总投资96.3亿元，其中扬子石化和九江石化的污水深度处理及回用工程、齐鲁石化锅炉烟气脱硫脱硝改造工程以及广州石化锅炉烟气超洁净排放改造等重点项目，引起社会高度关注，对石化集团公司总量减排工作贡献较大。

（蒋　璇）

【持续推进“碧水蓝天”环保专项行动】 截至2014年底，已落实投资项目数、下达投资总额分别达到项目总数、投资总额的71.7%和52.9%。同时，根据国家和地方环保新要求及企业实际，新增环保治理项目168个，新增投资94.1亿元。

（蒋　璇）

【从严从细规范环保管理】　落实"从严管理年"活动要求，规范环保管理。①组织修制定《环境保护管理办法》《建设项目环境保护管理办法》等17个环保制度，进一步界定各层级环保责任，规范工作流程，加大问责和处罚力度；举办多期能源管理与环境保护类培训班，组织各类专家进行授课，提高领导干部、中层管理人员、技术骨干、基层人员等各梯队的环保管理和技术水平。②开展重点企业对口帮扶和服务。组织对江汉油田涪陵工区、广州石化、南京化工公司等13家企业开展环保专项帮扶，提出解决方案；与广东省环保厅建立联合工作机制，湛江东兴、茂名石化等企业环保遗留问题取得突破。③组织开展环保专项巡视、年度检查和督察。石化集团公司安全环保巡视组完成104家企业的巡视工作，提交巡视报告84份，为推动环保工作做出重要贡献；改变环保大检查方式，对所属企业环保重点工作进行现场检查、指导；开展境外HSSE联合检查，提高境外企业环境风险防控能力。④持续开展清洁生产。组织对北海炼化、高桥石化进行清洁生产验收。截至2014年底，共有26家炼化企业和3家油田企业通过石化集团公司组织的清洁生产验收。

（蒋　璇）

【狠抓建设项目全过程环保管理】　从严规范项目审批，有效遏制"未评先批""未批先建"现象发生。服务大局，推进重点项目的环评审批和竣工验收。天津LNG、胜利埕岛油田开发等6个项目获得国家环保部、国家海洋局的环境影响评价批复；茂名石化100万吨/年乙烯等9个项目通过了国家竣工环保验收。全力督办历史遗留项目整改，采取一事一案的办法，落实责任，破解难题。

（蒋　璇）

【不断提高环境风险防控能力】　开展涉水企业环境安全检查，80家企业上报了自查报告。开展固废、土壤与地下水现状调查和污染防控技术研究。开展炼化、储运及销售企业环保现状调查。开展企业环保风险评估和隐患排查，48家企业上报181项环保隐患，对所有隐患进行分类、建立台账，制定管理措施，需立项治理的隐患均已立项解决。

（蒋　璇）

应对气候变化

【基础能力建设进一步加强】　①完善管理体系。制定制度，明确职责，理顺业务流程；完成碳资产管理信息系统碳盘查、碳核查模块建设，初步建立温室气体排放统计、监测系统。②在"2014年生态文明·美丽家园——关注气候中国峰会"上，积极与BP、壳牌等企业开展技术交流，吸取先进的管理理念和经验。③加强碳资产技术管理。印发《CDM方法学应用指南》，完成沥青产品碳足迹（国内部分）研究；"二氧化碳直接矿化磷石膏联产硫基复肥工艺开发"科研项目正在进行5万米^3/时工艺包设计；二氧化碳捕集工艺持续改进，能耗下降可达20%以上。

（蒋　璇）

【碳资产管理取得新成绩】　①碳盘查、碳核查工作走在国内企业的前列。完成2014年全系统的碳盘查、碳核查工作，确定了企业温室气体排放核算方法；在碳交易试点省市温室气体核算办法制定中，茂名石化、天津石化等企业的修改建议被采纳；经济技术研究院、中原油田完成温室气体核算标准的编制。②温室气体实质减排取得新进展。胜利油田等4家企业大力开展二氧化碳驱油矿场试验，增加可采储量，提高原油采收率，2014年注入二氧化碳35万吨、增油4.3万吨，已累计注入二氧化碳100万吨，增油18.8万吨；西北油田分公司等单位大力开展套管气、原油集输系统等甲烷回收利用，2014年回收约1亿立方米，减少温室气体排放约150万吨二氧化碳当量。③碳资产价值管理工作取得突破。申报5个CCER项目，预计可签发经核证减排量40万吨/年；碳交易试点企业均按要求完成碳配额履约，交易量210多万吨，交易额8 600多万元。

（蒋　璇）

科研开发与管理

◇ 综述

◇ 科技成果

◇ 新产品开发

◇ 知识产权

◇ 技术监督

综　　述

2014 年，科技系统认真贯彻创新驱动发展战略，紧紧围绕提高发展质量和效益这个中心，牢牢把握深化改革、转型发展、从严管理工作主题，推进总师技术负责制，推行项目招标竞争机制，突出重大技术攻关，强化未来技术研究，严格知识产权和质量管理，各项工作取得了可喜成绩。

围绕提质增效，突出创新驱动，一批技术实现工业转化。初步建立了页岩气地质综合评价技术，提交了中国第 1 个页岩气探明储量。页岩气“井工厂”优快钻井、压裂、试气流程化作业技术试验成功，施工效率显著提高。形成了致密碎屑岩储层甜点综合评价预测方法，支撑了鄂南地区勘探。明确了准噶尔盆地石炭系勘探潜力和准西北缘油气富集规律，优选了有利区带。可控震源高效地震采集技术取得突破，施工效率大幅提升。形成中低温、高温地热井成井工艺配套技术。获得国内第 1 张生物航煤生产许可证，推动了中国生物航煤产业化和商业应用。世界首套逆流连续重整装置投入运行。高芳烃含量催化柴油加氢转化技术、满足欧Ⅴ排放标准的汽油生产技术等实现工业转化，推动了油品质量升级。大型芳烃工业生产装置完成技术鉴定，各项技术指标达到世界先进水平，综合能耗处于世界领先水平。合成气制乙二醇、粉煤加压气化炉工业示范装置成功投产。第三代环管法聚丙烯等示范装置一次开车成功。超仿棉、抗菌聚丙烯、低温包装用聚丙烯等新产品开发成功。重点企业污水综合治理技术、化工装置尾气综合治理技术实现工业应用，燃煤锅炉烟气脱硝试验装置实现长周期平稳运行，促进了“碧水蓝天”计划的实施。

深化改革，从严管理，科技管理再上新台阶。编制《中国石化贯彻创新驱动发展战略实施方案》，明确了深化科技体制机制改革、谋划实施引领计划、着力推进支撑计划等重点目标任务。制定《总部层面技术管理体系总师履职管理规定》《中国石化总师办公会制度》，推动了总师技术负责制的落实。推行科研项目公开招标竞争机制，与国家自然科学基金委联合设立“石油化工联合基金”；完成公司首批对外招标科研项目的招标与立项工作。改革直属研究院科研项目立项办法，加大了淘汰力度。完善技术奖酬金管理办法，细化直属院考核办法，增强了对承担国家项目、基础研究项目以及技术出口的激励。积极推动开放创新，休斯顿研发中心挂牌运行。成功举办“石油化工的未来”论坛，促进了管理和科研人员解放思想，聚焦未来方向，营造了良好创新氛围。

加强知识产权管理，专利申请量再创新高，科技成果丰硕。加强重大技术自由运作权分析，维护了公司合法权益。持续加强知识产权人才队伍建设和培训，强化技术研发人员的知识产权保护、运用意识。持续加强技术贸易和技术许可工作。全年国内外专利申请量再创新高，达到 5 888 件，同比增长 15.2%；获得国内外授权专利 3 722 件，同比增长 27.4%。有 12 项科技成果获国家奖励，其中国家技术发明一等奖 1 项、二等奖 3 项，国家科技进步一等奖 3 项、二等奖 5 项。获得中国专利金奖 1 项、优秀奖 6 项。有 130 项基础研究、技术发明和科技进步成果获得石化集团公司奖励。

积极推进质量监督和标准化工作。制定《质量事故领导干部处分办法》；持续加强产品质量监督抽检；开展质量管理体系有效性监督检查；完成质量管理体系认证机构的考核评价与调整；协调航空油料鉴定委员会，推进新增航煤产能和生产装置认证；积极参与国际标准制定工作，《塑料—聚乙烯模塑盒基础材料命名和分类基础》等国际标准正式发布。

（林　源）

科技成果

【概述】 2014 年度，石化集团公司获得国家授予的科学技术奖励项目 12 项，其中技术发明奖一等奖 1 项、二等奖 3 项，科学技术进步奖一等奖 3 项、二等奖 5 项。中国石化完成科技成果鉴定 237 项。石化集团公司授予前瞻性基础性研究科学奖 9 项，其中一等奖 2 项、二等奖 2 项、三等奖 5 项；授予技术发明奖 12 项，其中一等奖 2 项、二等奖 3 项、三等奖 7 项；授予科技进步奖 109 项，其中特等奖 2 项、一等奖 15 项、二等奖 33 项、三等奖 59 项。2014 年度国家授予石化集团公司科学技术奖励项目和石化集团公司科学技术奖励项目见附录 1。

（杨维先）

【重油催化裂解生成丙烯的分子反应化学】 该项目采用分子模拟计算与化学试验相结合的方法，从分子水平上研究了重油催化裂解生产丙烯的反应化学。获得的主要创新性认识包括重油中具有烷烃性质烃的裂解引发反应遵循的五配位正碳离子反应机理是导致大量甲烷生成的主要原因；强化三配位正碳离子与原料中大分子烷烃的氢负离子转移反应可以达到降低甲烷和促进丙烯生成的目的；正碳离子的异构化与裂解反应相竞争；重油中具有烷烃性质烃类的裂解链的引发反应路径具有多元性；干气主要来自五配位正碳离子的裂解反应；丙烯可发生再转化反应，氢气可抑制丙烯的再转化。项目申请中国发明专利18件，涉外专利20件，均获授权；发表论文15篇。项目成果已应用于指导安庆分公司DCC、沈阳蜡化CPP和九江石化CGP工业装置的丙烯生产技术的优化。该项目获2014年度石化集团公司前瞻性基础性研究科学一等奖。

（杨维先）

【中国海相页岩气富集规律与选区评价】 该项目为《中国页岩气早期资源潜力分析》《中国石化南方页岩气潜力分析与选区评价》等10个项目成果的集成。创新点：通过前瞻性调研及相关研究，指出四川盆地及其周缘是页岩气勘探的重点领域；集成页岩储层微观孔隙结构表征技术，研发现场含气量测定仪等仪器及测试技术；建立了页岩气选区评价、目标评价和资源评价方法。页岩气资源评价、选区评价、目标评价方法已被各分公司应用，研发的页岩储层微观孔隙结构精细表征、脉冲渗透率测定技术提高了认识页岩微观特征能力，摆脱了国外技术垄断。现场含气量测定、测井综合评价有力支撑了中国石化页岩气勘探开发，已完成8口井测定。该项目获2014年度石化集团公司前瞻性基础性研究科学奖一等奖。

（杨维先）

【沸石分子筛的多级复合孔道构建及其催化基础】 该项目以扩散、孔道与催化性能的构效关系为依据，在学术上解决了多级复合孔材料合成方法、复合孔数量可控与优化、大孔/介孔和微孔有序分布与组合3个关键科学问题，率先开创了“纳米模板组装”“沸石限域晶化”“沸石骨架控制刻蚀”“可控相分离—固相转晶”“分子筛共结晶”“外延生长”等多级孔道复合构建新方法，成功创制了微孔—微孔、微孔—介孔、微孔—介孔—大孔—等一系列新型的多级孔复合催化新材料，并研究了其在重芳烃转化、碳四烯烃转化、乙醇胺等高附加值化学品催化合成等催化反应的应用和规律，建立了催化材料多级复合孔构建及催化基础的技术平台，取得了重大的学术研究成果，在国内外的分子筛及相关催化领域取得重要学术影响，并在技术上支撑了重芳烃转化、碳四烯烃转化等增产芳烃、烯烃技术催化剂和催化新工艺的开发，为石油化工资源高效利用和煤化工技术创新做出了贡献。项目获国外发明专利授权7件、国内发明专利授权14件。该项目获2014年度石化集团公司前瞻性基础性研究科学奖二等奖。

（杨维先）

【具有全新组成和结构的球形载体材料及在聚烯烃催化剂中的应用】 该项目首次发现特定结构的环氧化合物与卤化镁醇合物之间可发生化学反应得到一种新型镁化合物，并通过对反应析出条件的控制使其具有良好的颗粒形态；提出上述反应可能的反应机理；研究了不同反应条件对镁化合物制备的影响，确定了较佳的合成工艺条件；以上述镁化合物为载体，探索催化剂的合成工艺，并成功制备出球形聚丙烯催化剂。丙烯本体聚合结果表明，以新型镁化合物为载体制备的球形催化剂在进行丙烯聚合时显示出较高的聚合活性和良好的氢调敏感性，且聚合物的细粉含量低。该镁化合物及其制备的烯烃聚合催化剂均已申请专利并获得授权。新型结构镁化合物载体制备工艺简单、原料价格低廉，有利于缩短催化剂生产周期，降低生产成本，并且拥有自主知识产权，有助于打破国外公司对聚烯烃催化剂技术的专利保护，提升中国石化聚烯烃催化剂的核心竞争力。该项目获2014年度石化集团公司前瞻性基础性研究科学奖二等奖。

（杨维先）

【具有超高活性的高性能聚丙烯HA催化剂的开发】 该项目开发了以氯化镁醇合物为载体，以二醇酯和二醚化合物为复配内给电子体的高性能聚丙烯HA催化剂，并实现了工业化；确定了直接从聚合反应器内制备高纯聚丙烯的聚合工艺条件；实现了其在现有工业装置上的应用并开发了F300C新牌号聚丙烯树脂。HA催化剂相关技术已有8件授权专利。HA催化剂的利润率明显高于现有DQC催化剂；使用其可大幅减少助催化剂的使用量，节约成本；既可生产高端牌号的产品，产品附加值高，又可作为现有商业催化剂的升级替代产品。该项目获2014年度石化集团公司技术发明奖一等奖。

（杨维先）

【单晶多空心钛硅分子筛催化剂HTS－3研制】 该项目通过对空心钛硅分子筛催化剂催化机理进一步研究，发明了单晶多空心钛硅分子筛催化剂HTS－3。该催化剂催速寿命显著延长到120小时，催化性能显著提高，工业应用转化率达99.6%—99.9%；选择性达 99.7%—99.9%；膜清洗周期达 1—3 个月。发明了复合助剂重排、钛酯水解控制、硅钛胶平衡补水移醇促聚、大晶粒钛硅分子筛制备和表面富钛均布 5 个核心技术，并开发了助滤剂—膜过滤优化、分子筛湿磨过程控制和分子筛微波焙烧等分子筛催化剂制备 3 个工业生产关键技术，实现了单晶多空心钛硅分子筛催化剂 HTS－3 工业稳定性生产。产品已用于巴陵 20 万吨/年、石家庄 10 万吨/年和浙江 20 万吨/年工业装置。项目获授权发明专利 15 件，其中 2 件国外、13 件国内并申报 8 项中国石化专有技术。该项目获 2014 年度石化集团公司技术发明奖一等奖。

（杨维先）

【低渗透油藏精细回注水全程水质控制技术】 该项目建立了金属膜保障机制；研发了高含硫回注水生化—氧化—超滤处理技术；建立了管道内壁固着菌检测及杀灭技术，研发抑菌防腐涂层。项目获授权专利 6 件，制定标准 2 项，出版专著 1 部，发表技术论文 2 篇。项目成果先后在纯梁、滨南、东辛、现河、桩西等采油厂低渗区块实施，所实施区块金属膜过滤器使用寿命提高到 5 年以上，滤后水稳定达到 A 级，注水井口水质达标率 100%，井筒水质得到改善。项目形成的精细回注水处理—输送—回注全链条节点链式管理方法及技术成果具有广阔的推广应用前景。该项目获 2014 年度石化集团公司技术发明奖二等奖。

（杨维先）

【生产过程环境友好的低成本加氢裂化催化剂创制】 该项目通过选用清洁、低成本的原材料，创新催化剂制备理念和方法，构建了加氢裂化催化剂清洁生产和低成本制备的技术平台。平台集成清洁法胶溶剂、较高 pH 值低黏度清洁金属盐溶液和高耐酸性改性分子筛等制备技术，催化剂制备过程中免除使用含氮化合物，实现了氨氮和氮氧化物污染物的零排放；通过加氢金属活性相物种优选与引入方式的优化研究，使催化剂金属总量和堆积密度大幅度降低，比常规方法制备的参比剂分别降低了 20% 和 6.5%；催化剂性能与常规方法制备催化剂的水平相当，单位体积催化剂原材料成本降低约为 28%。项目申请 11 件中国专利，获授权 9 件。项目成果在 5 套次的工业加氢裂化装置上进行工业应用，总加工能力超过 800 万吨/年，取得良好的工业应用业绩。该项目获 2014 年度石化集团公司技术发明奖二等奖。

（杨维先）

【直接聚合法高熔体强度聚丙烯技术开发及应用】 该项目在国内首次开发了直接聚合物生产高熔体强度聚丙烯技术。在镇海炼化 20 万吨/年双环管聚丙烯生产装置上进行了高熔体强度聚丙烯的工业化生产，生产出均聚高熔体强度聚丙烯树脂 2 200 吨（牌号为 HMS 20Z）、无规共聚高熔体强度聚丙烯树脂 3 000吨（牌号为 E02ES），产品性能达到国际先进水平，并成功替代进口同类产品。项目申请中国发明专利 23 件，其中 11 件获得授权。该项目获 2014 年度石化集团公司技术发明奖二等奖。

（杨维先）

【南方海相页岩气富集机理、关键技术与涪陵气田的发现】 该项目查明了页岩气地质特征，发现了深水陆棚相优质页岩气层关键参数耦合规律，揭示了南方高演化海相页岩气形成及赋存机理；首次提出了南方复杂构造区、高演化海相页岩气“二元”富集理论认识，建立了 3 类 18 项参数的海相页岩气评价体系与标准，优选了焦石坝等有利目标；形成了海相页岩气评价预测技术方法系列：测井快速识别和定量解释评价技术、地震综合预测技术、高压页岩气层含气量确定与页岩气储量计算方法；创新形成了水平井优快钻完井技术，形成“两低三好”滑溜水、“两低四好”活性胶液压裂液体系和“3343”压裂模式，实现了焦石坝地区页岩气有效压裂。项目申请国家专利 21 件（已获得授权 7 件），发表论文 84 篇，提交三级储量 2 402.36 亿立方米，成果整体达到国际领先，推动了中国页岩气产业的发展。研究成果有效支撑了南方海相页岩气的勘探、开发，在四川盆地南部取得战略性突破，发现涪陵页岩气田，实现商业开发。该项目获 2014 年度石化集团公司科技进步奖特等奖。

（杨维先）

【芳烃关键技术开发及应用】 该项目集成自主芳烃抽提、歧化及烷基转移、吸附分离、异构化和二甲苯分馏等技术形成了中国石化自主芳烃成套技术，首次在海南炼化 60 万吨/年芳烃联合装置成功应用。通过系统优化，提出了能量综合利用新方案，充分利用装置的低温热，大幅度降低了装置的能耗，使该装置的能耗处于同类装置领先水平。实现了二甲苯分离塔、二甲苯塔重沸炉、异构化进料板壳式换热器等超大型装备的首次国内设计与制造。采用小晶粒分子筛、传质性能优异的吸附剂，新结构吸附塔内构件，带有独特设计床层管线冲洗的吸附分离工艺。采用优化的吸附室功能分区。率先采用能量综合利用技术，大幅降低能耗，世界领先。项目获得中国专利授权13件，使中国石化成为全球第3个具有完全自主知识产权的大芳烃生产技术专利商。该项目获2014年度石化集团公司科技进步奖特等奖。

（杨维先）

【页岩气水平井钻完井与分段压裂关键技术及工业化应用】 该项目研究形成了水平井段长2 000米钻完井及20段以上压裂能力的页岩气工程配套技术，打造了具有自主知识产权的完整页岩气工程技术链，6项关键技术实现重大突破。项目申请国家专利30件，申请4套软件著作权登记，发表论文52篇，制定了各级共6项规范与标准。在焦石坝等区为38口页岩气井提供了全方位的钻完井和压裂技术支持。焦石坝单井平均日产气高达15万立方米以上。研究成果也成功应用于元页HF-1、丁页2HF、南页1HF等3 500米以深的页岩气井，打破了国外的技术垄断。该项目获2014年度石化集团公司科技进步奖一等奖。

（杨维先）

【成都凹陷天然气富集规律与高效勘探开发技术】 该项目提出了“叠覆型致密砂岩气区”成藏地质理论和川西前陆盆地“二元体系域”层序地层学模式，形成了致密砂岩气藏储层及含气性预测评价技术体系及水平井管内封隔器多级多缝分段压裂技术体系。项目形成的理论和方法技术及时应用于川西中浅层勘探开发生产工作，实现了川西负向构造勘探的重大突破，实现了成都凹陷天然气的高效勘探开发，取得了显著的经济效益和社会效益。该项目获2014年度石化集团公司科技进步奖一等奖。

（杨维先）

【中国海相碳酸盐岩层系油气富集规律与分布预测】 该项目建立了不同类型海相优质烃源岩的生排烃模式，揭示了海相碳酸盐岩“溶蚀窗”发育规律，形成了盖层有效性评价方法及分析技术，提出了源盖控烃、斜坡、枢纽控聚勘探评价思路与技术方法。塔河油田由溶洞向溶洞+裂缝复合型储层勘探目标外围拓展；应用礁滩相储层预测与成藏模式实现四川盆地天然气地质储量持续增长。该项目获2014年度石化集团公司科技进步奖一等奖。

（杨维先）

【海油陆采高效开发关键技术】 该项目形成了窄河道不连续砂体精细刻画与描述技术；人工岛密集丛式井组多钻机联合钻井模式；丛式井振动测距防碰监测技术。项目获授权专利6件，其中发明专利2件、实用新型专利4件；获软件著作权1项；发表论文10篇。项目研究期间，顺利完成了垦东123和青东5两个大型密集丛式井组，总计81口井。垦东123井组累计缩短钻井周期137.98天，青东5井组累计缩短钻井周期920.49天，创造了中国石化单平台口井数最多纪录。该项目获2014年度石化集团公司科技进步奖一等奖。

（杨维先）

【滩海油田油水井安全控制技术研究】 该项目通过引进、消化吸收、自主创新，开展国内外技术调研、总体方案优化设计、样机试制等研究，形成了5种不同油水井安全控制技术和井下安全阀检测技术，满足了滩海油田油水井安全控制要求。经中国石化鉴定委员会鉴定；该项目整体技术达到国际领先水平。该项目首创了注水井双管安全控制阀及双管分注井安全生产管柱；建立了国内首家井下安全阀检测实验室，获API授权。项目获授权发明专利4件、实用新型15件，发表论文13篇，制定国家、行业标准各2项。2011年1月—2013年12月，滩海油田油水井安全控制技术在胜利海上应用了421口电泵井、18口螺杆泵井、18口自喷井和241口注水井，累计应用698井次。该项目获2014年度石化集团公司科技进步奖一等奖。

（杨维先）

【低渗透油藏仿水平井注水开发技术】 该项目针对低渗透油藏提高采收率和效益开发的需求，开展了仿水平井注水开发关键技术研究。明确了低渗储层线性驱优于径向驱的机理，建立了非达西渗流模型，提出有效泄油半径计算方法，形成了裂缝井网协同优化设计技术；建立了相控三维力学参数求解模型，精确模拟三维地应力场；形成了定向高导长缝压裂技术，运用径向水射流，实现定向压裂，研发上浮下沉人工隔板工艺，实现缝高控制，延伸缝长；研发了有机分子膜增注剂，实现了基质的反渗析作用，研发了高压长效注水管柱和高压注水井口测试防喷装置。实现了规模化推广，日油水平1 974吨，占低渗透油藏的15.9%，成为低渗透油藏百万吨产能增长点建设的重要支撑点。项目申请专利24件，获得授权14件；研发软件1套。该技术在胜利油田得到规模应用，仿水平井注水开发技术推广前景广阔，可覆盖1.26亿吨的探明未动储量，经济、社会效益非常显著。该项目获 2014 年度石化集团公司科技进步奖一等奖。

（杨维先）

【气相超稳分子筛连续化工艺及其催化剂的开发】 该项目首次开发了气相超稳分子筛连续化生产工艺和设备成套技术；研究开发了适用于工业化生产的连续化气相超稳分子筛的反应工艺及反应器；开发了配套的分子筛回收设备和废气回收装置，实现了气相超稳分子筛连续化工业化稳定生产，并且人工劳动强度小，生产效率高；开发的分子筛具有硅铝比高、热及水热稳定性好、酸中心稳定性好及重油裂化能力强的优点；用此分子筛为活性组元开发了 HSC－1 多产汽油重油剂。所开发的气相超稳分子筛生产过程不产生氨氮污染，实现了分子筛催化剂生产全程无铵化。项目申请发明专利 22 件(获授权 5 件)。用气相超稳分子筛开发的 HSC－1 多产汽油重油剂在济南分公司成功进行工业应用，结果表明：使用 HSC－1剂，总液收及汽油产率分别增加 0.74 及 3.66 个百分点。项目成果已在 30 余套 FCC 装置使用。该项目获 2014 年度石化集团公司科技进步奖一等奖。

（杨维先）

【高芳烃含量催化柴油加氢转化技术开发与工业应用】 该项目通过开发强裂化、弱加氢、多环芳烃定向转化能力强的专有催化剂以及避开芳烃加氢饱和最佳反应区域的工艺技术，处理高芳烃含量催化柴油，可生产高辛烷值清洁汽油调和组分和清洁柴油调和组分。其中，生产的汽油辛烷值高、BTX 含量高、硫含量低；生产的柴油密度降低幅度和十六烷值增加幅度大、硫含量低。项目已获授权 4 件中国发明专利，具有自主知识产权。该项目获 2014 年度石化集团公司科技进步奖一等奖。

（杨维先）

【大幅提高胜利难动用稠油采收率化学强化开采组合新技术开发与应用】 该项目首次从稠油中分离出对驱油有贡献的天然组分并进行结构表征，明确了化学剂分子结构与驱油效率的关系，在研制的耐温驱油剂和自渗透溶剂基础上，创新了微乳液驱油体系；明确了微乳液作用下稠油驱替的渗流特征，建立了微乳液开发稠油在 CMG 数值模拟软件中的数值模拟方法；优化了微乳液组合气体体系在薄层、深层稠油应用的关键参数，形成了化学强化冷、热采组合工艺技术，并在胜利油田得到规模化应用，累计增油超过 3 万吨，提高采收率 6 个百分点，部分区块首次实现经济开发。创新点：发明耐温驱油剂、自渗透溶剂和微乳液驱油体系各 1 套；创建微乳液驱油模块，创新化学法稠油开发数值模拟方法；形成微乳液强化热采和微乳液组合二氧化碳强化冷采技术各 1 套。项目申请国家发明专利 7 件，中国石化具有自由运作权。该项目获 2014 年度石化集团公司科技进步奖一等奖。

（杨维先）

【NH 系列聚胺抑制剂的开发与应用】 该项目进行聚胺抑制剂分子结构设计，研究了聚胺抑制剂的合成工艺；研究了聚胺页岩抑制剂的抑制机理和评价方法，制定了 NH 系列聚胺抑制剂企业标准；通过室内配伍性试验，开发了适用于江苏油田、河南油田、西南油气分公司、华东分公司地层特征的聚胺钻井液体系；编制了聚胺钻井液体系现场施工技术规范。项目申请中国发明专利 10 件，获授权 2 件；申请新加坡专利 1 件。在中国石化易井壁失稳地层现场应用 117 口井，施工井段平均井径扩大率 2.87%—9.3%；施工井段复杂时效率降低率泌阳凹陷为 74.4%，张店油田、江苏地区复杂时间为零。聚胺抑制剂及其钻井液体系性能达到了国际先进水平。聚胺钻井液体系的开发可有效解决泥页岩含量高地层井壁失稳的技术难题，具有良好的经济效益和社会效益。该项目获 2014 年度石化集团公司科技进步奖一等奖。

（杨维先）

【甲苯甲醇甲基化制二甲苯技术开发及 20 万吨/年工业试验】 根据甲苯甲基化反应体系的本质要求，构建了 MTX－1000T 和 MTX－1000B 复合催化剂体系，研发了高性能的 MTX－1000T 甲苯甲基化制二甲苯催化剂和高效催化脱除含氧化合物的 MTX－1000B 催化剂，自主开发了原创性的 MTX 甲苯甲基化制二甲苯成套工艺技术。2012 年 12 月，扬子石化世界首套 20 万吨/年 MTX 工业示范装置一次投料成功，首次将甲醇引入了芳烃联合装置，在全球率先实现了该技术的工业化。工业试验运转结果表明，甲苯转化率大于 32%（质），二甲苯选择性大于 80%（质），甲醇转化率 100%（质），产物水相的 pH 值大于 6，验证了甲醇作为联合装置芳烃原料的安全性，废水可达标排放。项目申请 11 件中国发明专利，获授权 3 件，形成了具有自主知识产权的原创性的 MTX 成套工艺技术。该项目获 2014 年度石化集团公司科技进步奖一等奖。

（杨维先）

【催化裂化烟气除尘脱硫脱硝成套技术】 该项目成功开发了催化裂化烟气选择性催化还原(SCR)脱硝工艺，适用于催化裂化烟气脱硝的蜂窝状氨SCR催化剂，催化裂化烟气新型双塔双循湍冲文丘里除尘脱硫工艺，脱硫废液胀鼓式过滤、深度氧化处理技术，大型SCR反应器、喷氨组件、文丘里格栅、圆筒除雾器、消泡器及其喷嘴、逆喷喷头、脱硫废水氧化塔等关键设备和内构件。该成套技术具有自主知识产权整体技术，达到国际领先水平。项目已获授权中国专利30件，其中发明专利12件。截至2014年底，该技术在湛江东兴等近20家炼化企业的FCC烟气脱硫脱硝装置得到了应用。其中，镇海炼化180万吨/年重油催化裂化脱硫脱硝除尘一体化装置，每年可减排二氧化硫1 479吨、氮氧化物206吨、粉尘867吨，环境效益和社会效益显著。该项目获2014年度石化集团公司科技进步奖一等奖。

（杨维先）

【中原文96枯竭气藏储气库注采技术】 文96地下储气库是中国石化第1座地下储气库，由文96气藏改建而成，是榆林—济南输气管道配套工程。该项目形成了储气库地质条件精细描述技术、圈闭有效性评价技术、储气库产能评价及井网部署优化技术、注采双向生产运行节点系统分析技术、超低压气库储层保护技术、高孔密复合射孔技术、老井井况及密封性评价技术、复杂井况井修井技术、细分层保压候凝封井技术等枯竭气藏改建储气库系列关键技术成果，技术水平整体达到国内领先，部分达到国际先进。成功指导了文96储气库14口新钻注采井井位部署、单井注采运行方案制定以及63口老井的废弃封堵、大修利用现场实施，为文96储气库安全建设、平稳运行提供了技术保障。项目获得国家专利1件。截至2014年12月3日，累计注气3.94亿立方米，累计采气1.25亿立方米，保障了榆济管道的平稳运行和河南、山东两地天然气市场季节调峰。为华北地区提供了能源安全保障。该项目获2014年度石化集团公司科技进步奖一等奖。

（杨维先）

【国产825合金材料高压空冷器成套技术开发】 该项目①优化研究国产825合金材料成分最佳配方，采用真空感应加电渣重熔冶炼工艺，成品材料耐蚀性能与国外同类产品相比提高50%以上；②国内首创热挤压和斜轧穿孔管材制造工艺，管材成材率提高10%以上，国内首次在镍基合金管材制造中采用光亮热处理，材料综合性能达到国外同类产品技术水平；③创新形成了新型丝堵密封结构设计技术、降低管箱焊接变形和管箱100%射线检测系列制造技术，高压空冷器管箱、丝堵和管接头水压试验、整体水下氦气试验一次100%合格；④制定了1项国家标准、2项YB行业标准和《加氢高压空冷器系统设计、制造、检验》及《高压空冷器安装、检修、运行》2项中国石化标准，保证了高压空冷器长周期安全运行。项目获授权实用新型专利1件，成果应用于长岭分公司渣油加氢处理装置，通过工艺和装置停工检修考核，满足工艺性能指标，丝堵和管接头无一泄漏，确保装置安全稳定运行。项目成果已推广应用于中国石化6套32片加氢高压空冷器，节约投资2 500万元，且已推广到全国炼油行业，彻底解决了炼厂加氢装置安全稳定运行的隐患。该项目获2014年度石化集团公司科技进步奖一等奖。

（杨维先）

【中国石化合同管理信息系统】 该项目实现了合同管理制度的规范化、标准化和信息化改造；落实了合同管理工作的专业化和一体化；实现了合同远程分析、即时监控、优化决策的一体化集成和合同全生命周期管理；降低合同管理成本合同管理的电子化，提高了合同的审批效率，从而节省了费用。该项目获2014年度石化集团公司科技进步奖一等奖。

新产品开发

【合成树脂新产品】 1. 抗菌塑料

中国石化发明的新型Narpow® 抗菌剂，在聚丙烯、苯乙烯等树脂中添加0.1%—0.3%(质)，可使材料抗菌率大于99%，防霉等级达到0级，解决了普通抗菌剂在聚丙烯、苯乙烯等材料中易团聚、抗菌效率低、易变色、抗菌持久性差等问题。产品已申请发明专利33件，其中获授权24件。

中国石化在国际上首次在工业聚合装置上开发出了抗菌聚丙烯树脂，包括3个注塑级牌号PPB－M30－VS、QPK10、QP73NKJ和1个纤维级牌号PPR－Y40KJ－V。经标准检测中心(SGS)等第三方检测机构检测证实：注塑级抗菌聚丙烯的抗菌防霉性能符合GB 21551.2—2010《家用和类似用途电器的抗菌、除菌、净化功能 抗菌材料的特殊要求》，抗菌率大于99%，防霉达到0—1级，安全性符合GB 21551.2—2010《家用和类似用途电器的抗菌、除菌、净化功能通则》标准，通过急性口服毒性、鼠伤寒沙门氏菌/回复突变试验(Ames)、体外哺乳动物细胞染色体畸变试验、斑马鱼急性毒性试验等测试；纤维级抗菌聚丙烯通过了 FDA21 CFR177.1570 相关认证，根据 AATCC100《纺织品抗菌性能测试》，抗菌率大于99%。

抗菌聚丙烯树脂的开发，填补了国内外市场空白，开发的抗菌产品已在海尔、美的、科勒等家电、卫浴、日用品、纺织品、包装、电子电器等企业进行了推广应用，应用效果良好。

2. 透明抗冲聚丙烯

中国石化成功地开发了透明抗冲聚丙烯产品，将抗冲聚丙烯雾度降至15%以下。此类材料较传统的透明聚丙烯冲击强度大幅提升，常温冲击性能提高3倍以上。工业化产品取得了医疗、RoHS、FDA等多项食品、药品接触认证。

中国石化在国内首创并商业化此类透明抗冲产品，所开发的系列化产品有 MT25 - S、MT08 - S、QCT08N、QCT20N 等多个牌号，在宜家家居、特百惠、山东威高、广东振兴、福建茶花等透明包装、家居用品、医疗器械行业内知明企业大批量应用。

3. 高密度聚乙烯土工膜专用料

中国石化采用 Chevron Phillips 环管淤浆法工艺，开发出了高密度聚乙烯土工膜专用料（牌号 TR400N），其氧化诱导期、切口恒载荷应力开裂(NCTL)等性能均优于国际同类产品。经北京华盾雪花塑料集团有限责任公司、华忠(青岛)环境科技有限公司等用户应用表明，该专用料还同时具有优良的加工性能，其制成的光面和糙面高密度聚乙烯土工膜各项性能指标均远超过 GRI GM13—2012、GB/T 17643—2011 等国内外高密度聚乙烯土工膜的产品标准技术要求。

（赵　红）

【纤维新产品】 1. 超仿棉共聚酯短纤维

2014 年采用切片纺在 20K 先后进行了 5 次试生产，累计生产超仿棉短纤 196 吨，销售 202 吨。通过不断工艺优化，生产运行逐步稳定，消耗不断降低，质量稳步提高。熔体直纺超仿棉短纤的首次试生产，品种包括机织用、针织用、涡流纺用及 PU 基布用产品，累计产量 489 吨，正组织产品用户试用及市场开拓工 。

2. 直接纺短纤维有色丝

采用在线添加技术，在 32K 的熔体管线上完成了侧线在线添加装置技术改造，2014 年累计生产荧光增白产品 2 355.85 吨、黑色丝 442 吨，其中增白产品质量达到和超过了 20K 生产的水平，用户试用反应良好。

3. 增强型聚酯切片 FG720

该产品已形成较为成熟的配方及生产工艺，实现了产品正常生产销售。2014 年累计生产 16 386.7 吨，销售 16 812 吨。产品具有强度高、低聚物含量低的优点，主要用于加工太阳能背板膜、绝缘膜等特殊聚酯薄膜，产品质量获得用户认可。

4. 超高分子量聚乙烯纤维

开发了 30D—400D 细旦渔线系列高附加值产品，月销售量由 4 吨增加到 8 吨左右；开发了 15D—40D 的超细旦产品，其中 30D、40D 已形成正常销售，产品质量也得到用户认可；开发了黑色、红色、橘黄色、黄色等有色纤维，产品质量得到用户的认可；开发生产了 1.2D×51 毫米、1.2D×38 毫米、1.9D×51 毫米、1.9D×38 毫米短纤维，部分销售到国外试用。

5. 非锑型膜用聚酯切片

2014 年在 10 单元先后组织了 3 次非锑型膜用聚酯切片 FG650 生产，累计产量 3 111 吨，销售 1 925吨，国内 1 家用户已正常使用该产品生产光学膜，另有 2 家用户在组织产品试用。

6. 柔性板材用聚酯基料

成功开发用于制作箱包材料的板材用基础切片——工程塑料用聚酯切片，该新产品的生产技术属于国际先进。随着后道产品从试验开发逐步转入产业化生产及市场需求量的增加，上海石化积极做好 1 万吨/年聚酯装置的工艺优化和稳定生产工作。2014 年，生产工程塑料用聚酯切片 2 091 吨，销售 1 862.3吨，累计销售收入 1 445.12 万元。

7. 低熔点聚酯切片

自行研制开发了低熔点聚酯切片，并形成系列化产品，熔点范围 110℃—230℃，是国内最早也是仅有的实现连续化生产低熔点聚酯切片的企业。该聚酯具有熔点低且稳定、热黏合强度高、物理化学性能稳定等优点，用作非织造布的低熔点聚酯，具有粘接迅速、强度高、无毒害、无污染等优良性能，被誉为“绿色胶黏剂”，发展前景广阔。2014 年 1 月，在 1 万吨生产线上首次实现批量化生产，共生产 519 吨，累计销售收入 487.78 万元，取得了较好的经济效益。

8. 亲水型聚酯切片及短纤维

2014 年 2 月，在 2 号聚酯装置 4 系列生产线(6 万吨)上首次实现了工业化生产，其熔体直供短丝装置生产亲水型涡流纺用涤纶短纤维。试验所得的亲水型聚酯切片以及短纤维经客户使用后评价：产品确实能达到高亲水、快干排汗的效果。

9. 阻燃聚酯切片

2014 年 1 月起，阻燃聚酯切片(有光、半消光、全消光)通过上海市高新技术成果转化认定，5年之内享受政府财政专项资金支持，阻燃聚酯切片的增效将更加显著。全年产量2 269吨，销量2 623吨，累计销售收入2 625.93万元，毛利总额146.14万元。

10. 原液着色腈纶

完善了产品色系及品种，不断优化了原料配色工艺，减少批次之间色差，优化生产，缩短产品交货周期，开发的HF和MF两大系列产品，分别在服用、家私及户外产品领域得到较好的使用，最终的产品独居风格，受到市场的欢迎。通过MPR团队的形式，生产、研发及销售之间及时沟通，延伸了产品开发的范畴，使产品的开发及改进真正适应市场需求。2014年原液着色产品的销售量达到1 500吨以上，与常规产品相比毛利增加1 400元/吨以上。

（原 玲）

【精细化工产品】 1. 聚醚多元醇中国石化组织对汽车板块用聚醚产品进行技术攻关，降低GEP－828Y和GPOP－H45Y的醛及残单含量。通过对GEP－828Y合成配方的改变、精制工艺以及聚醚存储条件的改进，使聚醚醛含量达到了客户的要求，且质量稳定性有很大改善；通过对GPOP－H45Y的合成工艺、脱单工艺的改进以及聚醚存储条件的改变，苯乙烯残单下降了60%左右，达到了5微克/克左右，完全满足了客户的要求。通过多次实验室合成，优化了工艺配方和工艺操作参数，使GR－403G产品合格率达到100%，其中一级品率60%。

连续化方式生产TEP－565B合成POPB/43。通过新品开发对若干产品的筛选，确定适合的牌号。在此基础上通过小试，最终开发出以DMC连续化工艺替代过去间歇式工艺，并合成出POPB－43，满足客户的需求。2014年生产POPB/43共4 000吨，每吨利润以275元/吨计算，共获利110万元。

ED－37B是一款替代ED－37A的新产品，其中对投料的方式，环氧乙烷封端等进行调整。聚醚多元醇精制用吸附剂的国产化，新品开发通过对10余种国产吸附剂与进口吸附剂进行比较试验，筛选出一种国产吸附剂，可以完全替代进口吸附剂。每吨降低成本1 500元，吸附剂年用量34.27吨，可以降低成本5.21万元/年。

通过多部门联合攻关，先后对ED－28、MN－450L、EP－330N、EP－3600、POP05/45、POP05/45G、POPL－43等产品进行工艺技术的改进，在降低气味方面有了大幅提高，改进了产品质量，形成了出口产品，2014年出口5 800吨。

2. 环氧树脂

2014年，开发新产品、新牌号5个，共生产各类环氧树脂60 267吨，销量57 390吨(部分内供)。

混合型粉末涂料用环氧树脂(CYD－013L)：采用环氧树脂和聚酯树脂为主要原料制备，可改善纯环氧粉末涂料的耐候性，提高涂料的耐热性，使得生产出的涂膜具有良好物理机械性能和化学稳定性能，外观、光泽、柔韧性、附着力、抗冲击性、流平性、装饰性、机械性能和耐腐蚀性良好，且生产成本低于环氧粉末涂料，是一种装饰性和防腐蚀性皆优的粉末涂料。该产品开拓了新的固体环氧树脂产品应用领域，2014年完成开发并形成了产品暂行标准，销售近60吨产品。

高软化点邻甲酚醛环氧树脂(CYDCN－208H)：在万吨装置上，开发了邻甲酚醛环氧树脂合成助剂工艺，完善了工艺技术条件，实现了低、中、高软化点邻甲酚醛环氧树脂产品牌号系列化，产品质量得到市场认可，可顶替进口。2014年"1万吨/年邻甲酚醛环氧树脂成套工业技术开发"通过总部鉴定。在装置上开发了软化点95℃的高软化点产品，并形成了产品暂行标准，满足高档油墨领域质量要求。

低黏度高品质液体环氧树脂(CYD－126)：2014年开发了黏度5 000—9 000毫帕·秒产品新牌号，并形成了产品暂行标准。该产品降低了产品消耗，可降低成本约1 000元/吨，提高了产品质量，提升了液体环氧树脂市场竞争力。

对已有的水性环氧树脂、风力发电用环氧树脂等新产品主要进行技术改进及应用推广。其中，累计产销水性环氧1 100多吨，2014年平均边际贡献超过4 500元/吨；风力发电用环氧树脂具有较好的创效能力 。

（原 玲）

【生物化工产品】 以抚顺石油化工研究院院为依托的中国石化生物燃料及生物化工重点实验室，全年开展技术工程化项目2项，全年共申请发明专利84件。

1. 1，3－丙二醇

2014年进行了1万吨/年1，3－丙二醇工艺包开发。采用连续离交脱盐，替代3 000吨电渗析＋固定床离交脱盐方式，有助于降低项目水耗和三废排放，操作和维护成本低，提高了装置的运行效率；建立了相应规格1，3－丙二醇产品质量标准；确定了发酵设备的形式、比较经济的浓缩方案等，同时为降低能耗、降低废固排放，从氮气通入量、pH调节方式角度，对1，3－丙二醇发酵工艺进行了试验优化。

2. D－乳酸

2014 年完成了小试课题各项任务，主要开展了葡萄糖原料和廉价氮源方面的发酵工艺优化工作，并初步确定了中试种子培养的操作流程，待优化的发酵工艺确定后，再开展 100 升发酵验证试验，为 3 立方米的中试试验奠定基础。

3. L－丙交酯

开展了“L－丙交酯合成新技术及装备的开发”项目研究。进行了小试验证、合成条件以及不同乳酸原料的对比实验。对不同的精制纯化方法进行了探索研究，建立相关的分析检测方法，为中试放大提供良好的工艺基础，提出中试设计的流程方案。

4. 纤维素乙醇

开展了连续酶解与同步糖化发酵和中性蒸汽爆破预处理技术研究。确定了小试工艺条件，设计建设了实验室装置。对稀酸蒸汽爆破的预处理玉米秸秆实现了高总固浓度纤维原料的酶解过程及酶解的连续化。对发酵液循环回收纤维素酶和分段酶解发酵进行了探索研究，可降低纤维素酶的使用量 50% 以上。建成了预处理玉米秸秆的评价体系。委托设计 5 千克/时中性蒸汽爆破装置，建设正在进行。

（原　玲）

知识产权

【概述】 2014 年，中国石化知识产权创造、保护和管理能力继续获得提升，专利申请工作再上新台阶，特别是在技术秘密保护方面，采取多项保护措施，加大了保护力度，并针对知识产权纠纷日益增多的趋势，启动开展了知识产权法律风险防范工作。全年，中国石化共申请专利 5 888 件，同比增长 15.2%，其中中国专利申请 5 594 件，增长 16%；境外专利申请 294 件，增加 3 件。获得授权专利 3 722 件、增长 27.4%，其中获得中国授权专利 3 522 件，增加 708 件；获得境外授权专利 200 件，较上年增加 1 倍。截至 2014 年 10 月 31 日，中国石化累计申请专利 38 895 件，其中向境外申请专利 2 617 件；累计获得授权专利 20 437 件，其中获得境外授权专利 1 213件。

中国石化在 2014 年中国国家知识产权局举办的“第十六届中国专利奖”评选活动中获得 1 项专利金奖和 6 项专利优秀奖。获北京市专利示范单位荣誉称号。

从 2014 年 7 月国务院国资委发布的《2013 年中央企业专利情况排序》来看，中国石化 2013 年度累计有效发明专利拥有量排名第一、发明专利申请量和授权量均排名第二、累计拥有有效专利量排名第三，继续保持了央企的领军地位。特别是中国石化发明专利比例(74%)，远高于央企平均水平(53%)。

（查芷琦）

【继续加强技术秘密保护工作】 ①仍以直属研究院为工作重点，开展专有技术的认定工作和相关保密协议检查，共对 83 项技术进行了专有技术认定，对 223 项技术进行了专有技术登记管理。②启动了企业层面的技术秘密梳理、认定和保护工作。③继续对高市场敏感度成套技术、战略新兴技术加强技术秘密保护，研发、设计、中试和工业化实施单位协调作战，就成套技术涉及的工艺流程、设备部件、工艺操作条件、工艺控制方法、相关原料和助剂、工程设计技术、环保节能等的所有相关改进和创新，进行挖掘、梳理、提炼，并针对提炼出的创新点，按照创新程度的高低、技术的特点及先进性、保密的难易、被反向工程的可能性等，以专利和专有技术有机结合多重保护为原则，选择适宜的综合保护方式。对适宜采用专利保护的技术，适时提出专利申请，同时加强专利撰写质量的把关；对于适宜用专有技术保护的，明确保密要点、涉密人员和涉密载体，有针对性地采取相应的保密措施。④针对在互联网等新兴媒体及出版专著、发表文章等传统出版物中出现的各类泄密问题，积极采取应对和防控措施，不断强化和提升出版、编撰、研究、设计等单位的网络保密意识及技术秘密管理水平。

（查芷琦）

【继续稳步推进专利战略研究工作】 专利战略研究工作已基本成为直属研究院常态化管理工作的一部分；专利战略研究的意义和价值促使越来越多的企业积极参与该项工作。2014 年度完成了近 20 项专利战略研究课题。

（查芷琦）

【新的专利管理系统已初步建成并试运行】 2014 年，在原专利管理系统数据库的基础上，开发了新的专利管理系统。新系统保留和简化了原系统的中国专利申报申请模块，引入了境外专利申请的指导和指引功能，专利数据库与商业专利数据库中公开数据实现实时对接与自动更新功能。新系统实现了无纸化办公，进一步提升了管理效率和管理水平。

（查芷琦）

【知识产权培训工作】 2014年，在全系统内组织了3期培训班，其中第1期主要针对技术人员，以全面保护创新成果为培训目标，并依据上下游不同技术领域的特点，有针对性地设计了不同的培训内容；第2期主要针对知识产权管理负责人，以有效防控知识产权法律风险为培训目标；第3期主要针对知识产权管理实务人员，以熟练操作新的知识产权管理系统为培训目标，3期共培训相关人员超过200人次。

（查芷琦）

技术监督

【质量管理与监督】 印发了《中国石化2014年度质量工作要点》，确定了指导思想、质量目标，提出了5个方面的工作要点和8项具体措施。

组织开展中国石化“质量日”“质量月”活动。2014年4月7日是中国石化的第4个质量日，下发了《关于开展2014年中国石化“质量日”活动的通知》，活动主题为“强化从严管理，提高质量水平”，由总部层面统一安排11项“质量日”专题活动。4月4日在总部召开了“质量日”活动质量专题报告视频会，邀请中国航天科工集团三院的专家做质量管理专题报告。9月下发了《关于开展2013年全国“质量月”活动的通知》，组织开展主题为“推动三个转变建设质量强国”的中国石化“质量月”活动，其间重点安排了质量宣传、质量检查等5项活动。

推进中国石化质量管理体系建设。①对准入的质量管理体系认证机构实施管理。建立评价办法；进行2013年度评价打分；对排名末位的认证机构工作情况进行深入调查，并取消北京中安质环认证中心质量管理体系认证准入资格；召开认证机构工作会议，通报认证机构存在的典型问题，并提出中国石化对准入认证机构的管理要求。②对下属单位开展质量管理体系有效性监督检查。总部各事业部（专业公司）共计检查了26个单位，观察了9家单位。

开展2014年度产品质量监督抽查工作。2月下发了《关于2013年油田企业采购物资质量监督抽查结果的通报》和《关于2013年石油和石油化工产品质量监督抽查结果的通报》，督促企业进一步加强质量管理。根据2014年产品质量监督抽查计划，共抽查石油和石油化工产品1 856个，合格1 842个，合格率为99.25%，比上年下降了0.45个百分点。抽查合格率100%的石油产品是燃料油、军用柴油、石蜡、沥青、润滑油（脂），抽查合格率100%的化工产品是基本有机原料、合成树脂、合成橡胶和合成纤维。共抽查油田企业采购物资5类样品403个，合格368个，抽查合格率为91.32%，比上年下降1.68个百分点。其中，抽查采油助剂样品116个，合格112个，合格率为96.55%；抽查机电产品样品31个，合格29个，合格率为93.55%；抽查油套管样品42个，合格41个，合格率为97.62%；抽查钻井液化学剂样品140个，合格119个，合格率为85%；抽查井下工具样品74批次，合格67批次，合格率为90.54%。

组织开展质量培训。举办了第7期和第8期企业领导人培训班，来自石油工程、炼化企业、销售企业共64人参加了培训。举办了第11期质量处（科）长岗位培训班，来自48家单位共52名质量处（科）长及后备干部参加了培训。举办了第2期质量管理体系审核员培训班，共计40人参加了培训。

组织召开质量工作例会。分别于2月11日、7月9日、10月23日组织召开了3次质量工作例会，各事业部（管理部）汇报上季度质量工作完成情况，提出下季度的质量工作计划。

组织开展2014年度质量管理奖评选工作。编制中国石化质量管理奖评价表，并于12月下发了《关于开展2014年度质量管理奖评选的通知》。中国石化质量管理奖设先进单位和先进个人2个奖项，其中先进单位授予持续应用先进质量管理方法和理念，在质量管理方面成绩突出，产品质量、工程质量和服务质量达到国内及行业先进水平，具有标杆示范作用的二级单位；先进个人授予在质量管理岗位上忠于职守、无私奉献、事迹突出、具有榜样作用的个人。

组织行业“质量标杆”申报工作。根据石油和化学工业联合会《关于组织开展2014年石油和化工行业“质量标杆”活动的通知》，组织4家单位开展申报工作，镇海炼化、润滑油公司、浙江石油分公司3个单位获得表彰。

7月7日印发了《中国石油化工集团公司质量事故领导干部处分办法》和《中国石油化工股份有限公司质量事故领导干部处分办法》。

（赵　巍）

【标准化管理】 截至2014年12月底，全国石油产品和润滑剂标准化技术委员会归口管理的石油和石油化工产品标准（含试验方法标准）共1 249项，其中国家标准 395 项、石油化工行业标准 848 项、国家实物标准 6 项。

国家标准制修订：2014 年，全国石油产品和润滑剂标准化技术委员会组织完成制定和修订并上报国家标准化管理委员会的国家标准 15 项，国家标准化管理委员会批准发布 35 项石油化工国家标准(见表 1)。

表 1　2014 年批准发布的石油化工国家标准

序号	标准号	标准名称	实施日期
1	GB/T 498—2014	石油产品及润滑剂 分类方法和类别的确定	2014-06-01
2	GB/T 4507—2014	沥青软化点测定法 环球法	2014-06-01
3	GB/T 5671—2014	汽车通用锂基润滑脂	2014-06-01
4	GB/T 6986—2014	石油产品浊点测定法	2014-06-01
5	GB/T 7304—2014	石油产品酸值的测定 电位滴定法	2014-06-01
6	GB/T 7631.9—2014	润滑剂、工业用油和有关产品(L 类)的分类 第 9 部分：D 组(压缩机)	2014-06-01
7	GB/T 7631.11—2014	润滑剂、工业用油和有关产品(L 类)的分类 第 11 部分：G 组(导轨)	2014-06-01
8	GB/T 7631.12—2014	润滑剂、工业用油和有关产品(L 类)的分类 第 12 部分：Q 组(有机热载体)	2014-06-01
9	GB/T 7631.17—2014	润滑剂、工业用油和相关产品(L 类)的分类 第 17 部分：E 组(内燃机油)	2014-06-01
10	GB/T 8026—2014	石油蜡和石油脂滴熔点测定法	2014-06-01
11	GB/T 11145—2014	润滑剂低温黏度的测定 勃罗克费尔特黏度计法	2014-06-01
12	GB/T 20828—2014	柴油机燃料调和用生物柴油(BD100)	2014-06-01
13	GB/T 25199—2014	生物柴油调和燃料(B5)	2014-06-01
14	GB/T 30514—2014	玻璃毛细管运动黏度计 规格和操作说明	2014-06-01
15	GB/T 30515—2014	透明和不透明液体石油产品运动黏度测定法及动力黏度计算法	2014-06-01
16	GB/T 30516—2014	高黏高弹道路沥青	2014-06-01
17	GB/T 30517—2014	液化石油气中游离水的试验 目视法	2014-06-01
18	GB/T 30518—2014	液化石油气中可溶性残留物的测定 高温气相色谱法	2014-06-01
19	GB/T 30519—2014	轻质石油馏分和产品中烃族组成和苯的测定 多维气相色谱法	2014-06-01
20	GB/T 7715—2014	工业用乙烯	2014-12-01
21	GB/T 7716—2014	聚合级丙烯	2014-12-01
22	GB/T 8657—2014	苯乙烯—丁二烯生橡胶　皂和有机酸含量的测定	2014-12-01
23	GB/T 11141—2014	工业用轻质烯烃中微量硫的测定	2014-12-01
24	GB/T 12701—2014	工业用乙烯、丙烯中微量含氧化合物的测定　气相色谱法	2014-12-01

续表

序号	标准号	标准名称	实施日期
25	GB/T 13289—2014	工业用乙烯液态和气态采样法	2014-12-01
26	GB/T 13290—2014	工业用丙烯和丁二烯液态采样法	2014-12-01
27	GB/T 24797.3—2014	橡胶包装用薄膜　第3部分：乙烯—丙烯—二烯烃橡胶(EPDM)、丙烯腈—丁二烯橡胶(NBR)、氢化丙烯腈—丁二烯橡胶(HNBR)、乙烯基丙烯酸酯橡胶(AEM)和丙烯酸酯橡胶(ACM)	2014-12-01
28	GB/T 30918—2014	非充油溶液聚合型异戊二烯橡胶(IR)　评价方法	2014-12-01
29	GB/T 30919—2014	苯乙烯—丁二烯生橡胶 N-亚硝基胺化合物的测定　气相色谱—热能分析法	2014-12-01
30	GB/T 30920—2014	氯磺化聚乙烯(CSM)橡胶	2014-12-01
31	GB/T 30921.1—2014	工业用精对苯二甲酸(PTA)试验方法　第1部分：对羧基苯甲醛(4-CBA)和对甲基苯甲酸(p-TOL)含量的测定	2014-12-01
32	GB/T 30922—2014	异丁烯—异戊二烯橡胶(IIR)	2014-12-01
33	GB/T 30923—2014	塑料　聚丙烯(PP)熔喷专用料	2014-12-01
34	GB/T 30924.2—2014	塑料　乙烯—乙酸乙烯酯(EVAC)模塑和挤出材料　第2部分：试样制备和性能测定	2014-12-01
35	GB/T 30925—2014	塑料　乙烯—乙酸乙烯酯共聚物(EVAC)热塑性塑料　乙酸乙烯酯含量的测定	2014-12-01

石油化工行业标准制修订：2014年，中国石化组织完成制定和修订并上报国家能源局的石油化工行业标准共28项，国家工业和信息化部批准发布了42项石油化工行业标准(见表2)。

表2　　2014年批准发布的石油化工行业标准

序号	标准编号	标准名称	实施日期
1	SH/T 1779—2014	1，2，4-三甲基苯	2014-10-1
2	SH/T 1627.1—2014	工业用乙腈　第1部分：规格	2014-10-1
3	SH/T 1628.1—2014	工业用乙酸乙烯酯　第1部分：规格	2014-10-1
4	SH/T 1628.6—2014	工业用乙酸乙烯酯　第6部分：对苯二酚的测定	2014-10-1
5	SH/T 1776—2014	工业用乙烯、丙烯中微量氯的测定　微库仑法	2014-10-1
6	SH/T 1777—2014	化学级丙烯	2014-10-1
7	SH/T 1778—2014	化学级丙烯纯度与烃类杂质的测定　气相色谱法	2014-10-1
8	SH/T 1608—2014	羧基丁苯胶乳对钙离子稳定性的测定	2014-10-1
9	SH/T 1502—2014	丁苯胶乳中结合苯乙烯含量的测定　折光指数法	2014-10-1

续表

序号	标准编号	标准名称	实施日期
10	SH/T 1049—2014	丁二烯橡胶溶液色度的测定　目视法	2014 - 10 - 1
11	SH/T 1503—2014	丁腈胶乳中结合丙烯腈含量的测定	2014 - 10 - 1
12	SH/T 1050—2014	合成生橡胶凝胶含量的测定	2014 - 10 - 1
13	SH/T 1152—2014	合成橡胶胶乳表观黏度的测定	2014 - 10 - 1
14	SH/T 1156—2014	合成橡胶胶乳表面张力的测定	2014 - 10 - 1
15	NB/SH/T 0203—2014	润滑脂承载能力的测定 梯姆肯法	2014 - 11 - 1
16	NB/SH/T 0387—2014	钢丝绳用润滑脂	2014 - 11 - 1
17	NB/SH/T 0416—2014	重质液体石蜡	2014 - 11 - 1
18	NB/SH/T 0437—2014	7007、7008 号通用航空润滑脂	2014 - 11 - 1
19	NB/SH/T 0438—2014	7011 号低温极压脂	2014 - 11 - 1
20	NB/SH/T 0456—2014	特 7 号精密仪表脂	2014 - 11 - 1
21	NB/SH/T 0459—2014	特 221 号润滑脂	2014 - 11 - 1
22	NB/SH/T 0517—2014	车辆齿轮油防锈性能的评定 L - 33 - 1 法	2014 - 11 - 1
23	NB/SH/T 0632—2014	比热容的测定 差示扫描量热法	2014 - 11 - 1
24	NB/SH/T 0663—2014	汽油中醇类和醚类含量的测定 气相色谱法	2014 - 11 - 1
25	NB/SH/T 0723—2014	柴油机油在 121℃下腐蚀性能评定法	2014 - 11 - 1
26	NB/SH/T 0737—2014	沥青弹性恢复测定法 延度仪法	2014 - 11 - 1
27	NB/SH/T 0739—2014	沥青高温黏度测定法 旋转黏度仪法	2014 - 11 - 1
28	NB/SH/T 0877—2014	润滑油橡胶相容性测定法	2014 - 11 - 1
29	NB/SH/T 0878—2014	液压液性能的评定 T6H20C 双泵试验法	2014 - 11 - 1
30	NB/SH/T 0879—2014	含残渣油样沸程分布的测定 高温气相色谱法	2014 - 11 - 1
31	NB/SH/T 0880—2014	润滑油及添加剂中的钙、氯、铜、镁、磷、硫和锌含量的测定 波长色散 X 射线荧光光谱法	2014 - 11 - 1
32	NB/SH/T 0881—2014	道桥用环氧沥青	2014 - 11 - 1
33	NB/SH/T 0882—2014	润滑油极压性能的测定 SRV 试验机法	2014 - 11 - 1
34	NB/SH/T 0883—2014	柴油着火滞后期和导出十六烷值的测定等容燃烧室法	2014 - 11 - 1
35	NB/SH/T 0884—2014	柴油机油性能的评定 康明斯 ISM 法	2014 - 11 - 1
36	NB/SH/T 0885—2014	润滑油基础油中总芳烃和总饱和烃含量的测定 示差折光检测器高效液相色谱法	2014 - 11 - 1
37	NB/SH/T 0886—2014	石油产品倾点的测定 自动倾斜法	2014 - 11 - 1
38	NB/SH/T 0887—2014	生物切片专用蜡	2014 - 11 - 1

续表

序号	标准编号	标准名称	实施日期
39	NB/SH/T 0888—2014	硬质合金专用蜡	2014-11-1
40	NB/SH/T 0889—2014	液体石蜡产品和原料正构烷烃含量及碳数分布的测定 气相色谱法	2014-11-1
41	NB/SH/T 0890—2014	低温蒸发回收乳化沥青残留物试验法	2014-11-1
42	NB/SH/T 0891—2014	在用发动机油中烟炱含量测定法 分光光度法	2014-11-1

中国石化企业标准制修订：2014年完成制定和修订并批准发布的石化集团公司企业标准共计113项(见表3)。

表3　　2014年批准发布的石化集团公司企业标准

序号	标准编号	标准名称	实施日期
1	Q/SH 0096.2—2014	个体劳动防护用品配备要求 第2部分：炼化企业	2014-09-01
2	Q/SH 0096.3—2014	个体劳动防护用品配备要求 第3部分：销售企业	2014-09-01
3	Q/SH 0096.4—2014	个体劳动防护用品配备要求 第4部分：工程建设企业	2014-09-01
4	Q/SH 0102—2014	物料分类与代码	2014-04-04
5	Q/SH 0185.5—2014	地震资料采集技术规程 第5部分：黄土塬	2014-09-01
6	Q/SH 0566.3—2014	油气田生产设施设备检维修规范 第3部分：地面泵	2014-09-01
7	Q/SH 0566.9—2014	油气田生产设施设备检维修规范 第9部分：电脱水器	2014-09-01
8	Q/SH 0566.10—2014	油气田生产设施设备检维修规范 第10部分：井口设施	2014-09-01
9	Q/SH 0566.11—2014	油气田生产设施设备检维修规范 第11部分：膨胀机	2014-09-01
10	Q/SH 0566.12—2014	油气田生产设施设备检维修规范 第12部分：塔	2014-09-01
11	Q/SH PRD0573—2014	船用轻质燃料油	2014-03-01
12	Q/SH 0574—2014	圆薄板泥岩脆性测定 抗弯模量法	2014-09-01
13	Q/SH 0575—2014	气体中二氧化碳及微量氦、氖、氢组分分析　气相色谱法	2014-09-01
14	Q/SH 0576—2014	原油和沉积有机质中芳烃的气相色谱—质谱分析方法	2014-09-01
15	Q/SH 0577—2014	海外油田开发方案编制指南	2014-09-01
16	Q/SH 0578—2014	油藏岩石水驱油效率测定方法	2014-09-01
17	Q/SH 0579—2014	采油(气)主要生产管理指标及计算方法	2014-09-01
18	Q/SH 0580—2014	注聚工艺技术规程	2014-09-01

续表

序号	标准编号	标准名称	实施日期
19	Q/SH 0581—2014	高压注水井分层测试技术规程	2014 - 09 - 01
20	Q/SH 0582—2014	油田采出液水含量测定法	2014 - 09 - 01
21	Q/SH 0583—2014	油田回注水水质检测评价方法	2014 - 09 - 01
22	Q/SH 0584—2014	石油天然气控制储量计算细则	2014 - 09 - 01
23	Q/SH 0585—2014	石油天然气预测储量计算细则	2014 - 09 - 01
24	Q/SH 0586—2014	含硫气田环境空气监测技术规范	2014 - 09 - 01
25	Q/SH 0587. 1—2014	劳动保护服装技术要求 第 1 部分：通则	2014 - 09 - 01
26	Q/SH 0587. 2—2014	劳动保护服装技术要求 第 2 部分：油田企业	2014 - 09 - 01
27	Q/SH 0587. 3—2014	劳动保护服装技术要求 第 3 部分：炼化企业	2014 - 09 - 01
28	Q/SH 0587. 4—2014	劳动保护服装技术要求 第 4 部分：销售企业	2014 - 09 - 01
29	Q/SH 0587. 5—2014	劳动保护服装技术要求 第 5 部分：工程建设企业	2014 - 09 - 01
30	Q/SH 0588. 1—2014	地震勘探设计规范 第 1 部分：资料采集	2014 - 09 - 01
31	Q/SH 0588. 2—2014	地震勘探设计规范 第 2 部分：资料处理	2014 - 09 - 01
32	Q/SH 0588. 3—2014	地震勘探设计规范 第 3 部分：资料解释	2014 - 09 - 01
33	Q/SH 0589—2014	滩海地震勘探测量规范	2014 - 09 - 01
34	Q/SH 0590—2014	地震资料保幅处理技术规范	2014 - 09 - 01
35	Q/SH 0591—2014	测井下井仪器接头通用技术条件	2014 - 09 - 01
36	Q/SH 0592—2014	阵列感应测井资料处理解释技术规范	2014 - 09 - 01
37	Q/SH 0593—2014	泵出存储式测井作业技术规范	2014 - 09 - 01
38	Q/SH 0594—2014	致密砂岩油藏测井资料处理解释规范	2014 - 09 - 01
39	Q/SH 0595—2014	致密砂岩气藏测井资料处理解释规范	2014 - 09 - 01
40	Q/SH PRD0596—2014	高强棉型涤纶短纤维	2014 - 10 - 01
41	Q/SH 0597—2014	工业用精对苯二甲酸中金属含量的测定　电感耦合等离子发射光谱法	2014 - 10 - 01
42	Q/SH 0598. 1—2014	物业服务规范　第 1 部分：住宅物业	2014 - 09 - 01
43	Q/SH 0598. 2—2014	物业服务规范　第 2 部分：办公物业	2014 - 09 - 01
44	Q/SH 0598. 3—2014	物业服务规范　第 3 部分：生产区物业	2014 - 09 - 01
45	Q/SH 0599. 1—2014	矿区(社区)供水电气热服务规范　第 1 部分：供水服务	2014 - 09 - 01
46	Q/SH 0599. 2—2014	矿区(社区)供水电气热服务规范　第 2 部分：供电服务	2014 - 09 - 01
47	Q/SH 0599. 3—2014	矿区(社区)供水电气热服务规范　第 3 部分：供热服务	2014 - 09 - 01

续表

序号	标准编号	标准名称	实施日期
48	Q/SH 0600—2014	市政服务规范	2014-09-01
49	Q/SH 0436—2014	柴油中总污染物含量测定法	2015-01-01
50	Q/SH 0075—2014	油气井钻井地质设计规范	2015-03-01
51	Q/SH 0080—2014	尾管悬挂器及尾管回接装置操作规程	2015-03-01
52	Q/SH 0601—2014	遇油遇水自膨胀封隔器操作规程	2015-03-01
53	Q/SH 0602—2014	微牙痕技术起下合金管柱操作规程	2015-03-01
54	Q/SH 0603—2014	固井液压扶正器推荐使用方法(试行)	2015-03-01
55	Q/SH 0604—2014	打捞式免钻除完井工艺推荐作法	2015-03-01
56	Q/SH 0605—2014	油基钻井液技术规范	2015-03-01
57	Q/SH 0606—2014	页岩油气井录井资料录取及解释技术要求	2015-03-01
58	Q/SH 0607.1—2014	综合录井仪配套要求 第1部分：EXPLORER ZH-2 综合录井仪	2015-03-01
59	Q/SH 0607.2—2014	综合录井仪配套要求 第2部分：EXPLORER ZH-2 综合录井仪(差分色谱)	2015-03-01
60	Q/SH 0607.3—2014	综合录井仪配套要求 第3部分：GDS综合录井仪	2015-03-01
61	Q/SH 0608—2014	油气井录井技术系列	2015-03-01
62	Q/SH 0609—2014	荧光录井规范	2015-03-01
63	Q/SH 0610—2014	化工生产企业温室气体排放量计算方法	2015-05-01
64	Q/SH PRD0611—2014	注塑类聚乙烯树脂	2015-05-01
65	Q/SH 0612—2014	水平井井下作业推荐作法	2015-03-01
66	Q/SH 0613—2014	油基泥浆固井质量测井及其评价推荐作法	2015-03-01
67	Q/SH 0614—2014	致密砂岩油气地质录井补充规范	2015-03-01
68	Q/SH 0615—2014	非常规水平井多级射孔与桥塞联作推荐作法	2015-03-01
69	Q/SH 0616—2014	聚合物压裂液性能测定方法	2015-03-01
70	Q/SH 0617—2014	地面交联酸评价方法	2015-03-01
71	Q/SH 0618—2014	非常规储层压裂用超低密度支撑剂技术条件	2015-03-01
72	Q/SH 0619—2014	页岩气压裂用降阻水技术条件	2015-03-01
73	Q/SH 0620—2014	煤层气压裂工程质量验收规范	2015-03-01
74	Q/SH 0621—2014	酸压工程设计规范	2015-03-01
75	Q/SH 0622—2014	酸压施工规范	2015-03-01
76	Q/SH 0623—2014	裸眼水平井多级压裂预置管柱操作规程	2015-03-01
77	Q/SH 0624—2014	地震勘探资料叠后地震属性解释技术规范	2015-03-01
78	Q/SH 0625—2014	地震勘探资料逆时偏移(RTM)成像处理技术规程	2015-03-01

续表

序号	标准编号	标准名称	实施日期
79	Q/SH 0626—2014	碎屑岩储层地震预测技术规范	2015－03－01
80	Q/SH 0627—2014	页岩油气地震预测技术规范	2015－03－01
81	Q/SH 0628.1—2014	水务管理技术要求 第1部分：新鲜水	2015－03－01
82	Q/SH 0628.2—2014	水务管理技术要求 第2部分：循环水	2015－03－01
83	Q/SH 0629—2014	中国石化境外海(水)上安保设施和安保力量配备指南	2015－03－01
84	Q/SH 0630—2014	煤层气钻井工程质量评级	2015－03－01
85	Q/SH 0631—2014	钻杆检测与分级技术规范	2015－03－01
86	SPTS—EQ02—T001	管壳式换热器采购技术规范	2015－02－01
87	SPTS—EQ02—T003	可拆卸板式热交换器采购技术规范	2015－02－01
88	SPTS—EQ02—Z001	螺纹锁紧环换热器采购技术规范	2015－02－01
89	SPTS—EQ04—T001	碳钢、低合金钢压力容器采购技术规范	2015－02－01
90	SPTS—EQ04—T005	奥氏体不锈钢制压力容器采购技术规范	2015－02－01
91	SPTS—EQ12—T001	中低压空冷器采购技术规范	2015－02－01
92	SPTS—EQ12—T002	高压空冷器采购技术规范	2015－02－01
93	SPTS—FU01—T001	一般炼油装置加热炉用P5合金钢管采购技术条件	2015－02－01
94	SPTS—FU01—T002	一般炼油装置加热炉用P9合金钢管采购技术条件	2015－02－01
95	SPTS—FU01—T003	工业炉用P11合金钢管采购技术条件	2015－02－01
96	SPTS—FU01—T004	工业炉用P22合金钢管采购技术条件	2015－02－01
97	SPTS—RE01—T001	离心压缩机组润滑油站采购技术规定	2015－02－01
98	SPTS—RE02—T002	往复压缩机气缸尺寸系列	2015－02－01
99	SPTS—RE02—T003	往复压缩机气阀尺寸系列	2015－02－01
100	SPTS—RE02—T004	往复压缩机活塞环、支承环尺寸系列	2015－02－01
101	SPTS—RE02—T005	往复压缩机填料系列	2015－02－01
102	SPTS—RE02—T006	往复压缩机活塞杆尺寸系列	2015－02－01
103	SPTS—RE02—T007	往复压缩机基础件系列	2015－02－01
104	SPTS—RE03—T001	工艺螺杆压缩机转子尺寸系列	2015－02－01
105	SPTS—RE03—T002	工艺螺杆压缩机轴封型式及安装尺寸	2015－02－01
106	SPTS—RE03—T003	工艺螺杆压缩机轴承型式及安装尺寸	2015－02－01
107	SPTS—RE03—T004	工艺螺杆压缩机气缸系列	2015－02－01
108	SPTS—RE04—T001	重载荷离心泵轴径尺寸	2015－02－01

续表

序号	标准编号	标准名称	实施日期
109	SPTS—RE04—T002	重载荷离心泵用机械密封压盖及密封接口方位及尺寸	2015－02－01
110	SPTS—ST01—T003	12.5 万 m^3 浮顶油罐用钢板技术条件　第 2 部分：Q235B 和 Q345R 钢板	2015－02－01
111	SPTS—ST01—T004	12.5 万 m^3 浮顶油罐用钢板技术条件　第 1 部分：12MnNiVR 钢板	2015－02－01
112	SPTS—ST01—T005	15 万 m^3 浮顶油罐用钢板技术条件　第 1 部分：12MnNiVR 钢板	2015－02－01
113	SPTS—ST01—T006	15 万 m^3 浮顶油罐用钢板技术条件　第 2 部分：Q235B 和 Q345R 钢板	2015－02－01

注：序号 86—113 为物资采购标准，标准编号统一定为 Q/SHCG 100－2014，表中编号为序列号

（华祖瑜　刘慧敏）

【计量管理与监督】　中国油气计量技术论坛举办：2014 年，每两年一次的中国油气计量技术论坛由中国石化举办。2 月底，下发论坛论文征集通知，截至 5 月底，共收到论文 174 篇；6 月，在北京昌平中国石化会议中心组织专家对中国石化论文进行了评审；8 月，在总部机关召开三大公司论文联合评审会；10 月 27—29 日，在江苏南京金陵之星大酒店举办论坛。

《成品油交接计量管理规定》企业标准修订：针对 2013 年底油品销售企业成品油数质量效能监察发现的计量问题，组织专家对原《成品油交接计量管理规定》企业标准进行修订。2014 年 8 月，召开修订工作协调会。根据会议精神，于 2014 年 9 月 11 日起，组织专家组开展了对青岛炼化、销售华北分公司、山东石油分公司的实地调研。调研内容为成品油交接计量方式及允差、计量器具配备及使用、人员配备及管理情况、2013 年及 2014 年上半年成品油交接计量数据报表情况，针对不同计量方式还开展了现场对比试验。2014 年 10 月 10 日起，开展对镇海炼化、广州分公司、浙江石油分公司、广东石油分公司、销售华东分公司、销售华南分公司的第二阶段成品油交接计量实地调研。根据调研结果，起草《成品油交接计量管理规定》企业标准初稿并于 11 月底进行了初步审查，2015 年 1 月进行了终审。

计量人员培训：根据《关于印发 2014 年各类培训班计划的通知》的安排，2014 年 6 月，在江苏南京举办测量管理体系内审员培训班；分别于 7 月、9 月，在天津举办了气体检测报警仪计量检定员、流量计量技术培训班；9 月 10—29 日，在北京燕化教培中心举办了第 13 期企业计量处（科）长岗位培训班，圆满完成 2014 年培训计划。

（尉忠友）

企业改革与管理

◇ 综述

◇ 体制改革

◇ 企业管理

◇ 内控与风险管理

◇ 资本运作

◇ 股权管理

综　述

2014年，石化集团公司紧紧围绕“一个中心、三大主题”，以深化改革为动力，以从严管理为手段，促进公司转型发展，不断推进世界一流能源化工公司建设。

在深化改革方面，认真贯彻中央及国资委关于深化国资国企改革的决策部署，顶层设计、统筹谋划，突出重点、稳妥推进，着力在重要领域和关键环节改革攻坚，破解影响发展的体制机制障碍，释放改革红利。按照石化集团公司成为国有资本投资公司的控股公司体制，开展未来体制架构和治理体系的顶层设计；启动并完成油品销售重组引资工作，引入社会和民营资本实行混合所有制经营取得实质性突破，打响中央企业混合所有制改革第一枪；通过与仪征化纤资产重组借壳上市的方式，成功将石油工程公司整体改造成上市公司，实现自我发展；启动油公司体制机制建设，拉开中国石化国内上游板块改革调整大幕，破解“大而全”“小而全”老大难问题迈出重要一步，取得可喜进展；完成转变总部职能、做实事业部阶段性改革，事业部公司化运行效果初步显现；着力推进煤化工、原油储运、金融、地热、出版传媒等业务的专业化发展，稳妥开展共享服务平台及海外业务管理体制建设，均取得阶段性成果，石化集团公司控股公司体制架构进一步清晰和完善；加大运行机制改革力度，注重回报的投资管理机制不断完善，预算目标形成和考核分配的效益导向机制初步建立，首次在集团层面开展对板块和企业的季度考核，并在财务、人力资源、科技体制机制、物资采购等方面统筹推进管理优化。

在强化管理方面，突出从严管理主题主线。深入贯彻落实习近平总书记重要讲话精神，深刻吸取“11·22”事故血的教训，以前所未有的力度和全员参与的方式，在全公司开展“从严管理年”活动，营造了从严管理氛围，解决了一批突出问题；以前所未有的力度抓安全生产，按照“全覆盖、零容忍、严执法、重实效”的要求，组织开展隐患大排查、大整治，落实责任，加大整改力度；大力开展制度流程建设，以业务为中心，突出职责、流程和规章制度三位一体，突出与内控、风控的深度融合，从总部开始自上而下推进，初步建立跨总部部门、事业部和企业3个层面的业务流程手册和业务职责手册，并同步强化风控、内控工作；出台安全、环保、质量、稳定、“小金库”5个领域的问责办法和《职工违纪违规行为处分规定》，构建起重点领域领导责任追究和从严问责机制；加强项目开工、竣工验收管理，全面排查整改“未批先建”“久试未验”等遗留问题；严格规范工程招投标管理，从体制机制上研究解决决策、执行、监督既相分离又相协调的问题，推动招投标公开规范透明操作，促进依法合规经营；创新开展管理诊断服务与评价，统一诊断评价内容、标准和格式，组织专家团队、采取现场集中办公的方式，帮助企业梳理解决体制机制、管理方面的突出问题，搭建从严管理评价改进平台。

（张建国）

体制改革

【转变总部职能、做实事业部】　为积极稳妥推进转变总部职能、做实事业部工作，确保相关职能落实到位，在《转变总部职能做实油田、炼油、化工事业部实施方案》（中国石化企〔2013〕731号，以下简称731号文件）明确事业部与总部职能部门在投资、财务、人事、科研、考核5个方面权责界面划分的基础上，梳理油田、炼油、化工3个事业部与油品销售事业部在机构设置和职能划分上的差异，研究提出调整完善3个事业部在投资、财务、人事、科研、考核、安全、环保7个方面与职能部门权责界面划分以及机构设置的方案。2014年5月5日，石化集团公司下发《转变总部职能做实油田、炼油、化工事业部实施方案》，明确油田、炼油、化工3个事业部在上述7个方面的职能，落实事业部机构设置和人员配备，同时废止731号文件。

（邢新丽）

【成立原油储运专业公司】　为进一步促进石化集团公司原油储运业务的专业化发展，建立符合网运分开的体制机制，巩固原油储运业务的战略保障作用，加强原油储运业务的安全运行，发挥资源优势，2014年4月18日，石化股份公司下发《关于成立原油储运专业公司的通知》，将管道储运分公司重组为原油储运专业公司，将其全部资产、负债及人员一并纳入原油储运专业公司。重组后公司名称是中国石化管道储运有限公司，注册地江苏省徐州市，注册资本120亿元。管道储运有限公司为石化股份公司全资子公司，是石化股份公司原油物流专业公司，负责中国石化原油管道储运业务的归口管理，是中国石化原油管道储运业务投资的平台，负责中国石化原油管道储运业务投资和经营，组织协调中国石化原油管道储运项目建设，对原油管道储运企业进行专业化管理。

（邢新丽）

【设立财务共享服务中心】 为进一步整合资源、优化业务流程、提高运行效率，降低运营成本，2014年1月5日，石化集团公司下发《关于设立财务共享服务中心的通知》，设立财务共享服务中心，开展共享服务试点。试点期间，财务共享服务中心暂列入总部机关序列，比照总部机关部门管理，随业务发展逐步成为独立运营的直属单位；下设东营分中心，暂挂靠胜利油田，业务运营及绩效考核由财务共享服务中心负责管理，党群工作委托胜利油田管理，其他有关行政事务依托胜利油田办理。

（邢新丽）

【设立生产调度指挥中心】 为加强生产运行调度指挥和应急值班工作，2014年4月30日，石化集团公司下发《关于设立生产调度指挥中心的通知》，以生产经营管理部调度处为基础，组建生产调度指挥中心，挂靠生产经营管理部。生产调度指挥中心主要负责生产调度指挥体系建设、生产经营运行监督、应急值班等工作。

（邢新丽）

【调整绿化、房产管理职能】 为进一步整合总部社区管理职能，强化矿区（社区）业务的统一归口管理，2014年4月30日，石化集团公司下发《关于调整集团公司绿化、房产管理职能的通知》，将机关服务中心负责的石化集团公司绿化、房产管理职能调整到矿区（社区）管理部，由矿区（社区）管理部履行相关职能；同时，将石化集团公司住房制度改革领导小组办公室、绿化委员会办公室调整到矿区（社区）管理部。

（邢新丽）

【调整井控管理职能】 2014年7月4日，石化集团公司下发《关于调整集团公司井控管理职能的通知》，将石化集团公司井控工作领导小组办公室由安全监管局（部）调整到油田勘探开发事业部。油田勘探开发事业部加挂石化集团公司井控工作领导小组办公室牌子，归口管理石化集团公司井控工作，统筹石化集团公司井控工作的日常综合协调和监督管理。

（邢新丽）

【进一步明确注入润滑油公司资产范围】 为加快推进润滑油公司业务重组整合工作，2014年5月30日，石化股份公司下发《关于进一步明确注入中国石化润滑油有限公司资产范围的通知》，对注入润滑油公司的土地、房产及构筑物、股权、长城商标以及与润滑油有关的专利等资产范围进一步明确。

（邢新丽）

【完成31家省级石油分公司名称变更】 为贯彻落实十八届三中全会精神，促进石化股份公司油品销售业务可持续发展，引入社会和民营资本参与国有企业改革，积极探索和发展混合所有制经济，决定以中国石化销售有限公司为平台，整合中国石化旗下油品销售业务。2014年3月25日，石化股份公司下发《关于中国石油化工股份有限公司31家省级石油分公司名称变更的通知》，对石化股份公司31家省级石油分公司名称进行变更，名称由“中国石油化工股份有限公司××石油分公司”变更为“中国石化销售有限公司××石油分公司”，为油品销售业务重组奠定了基础。

（邢新丽）

【变更勘探南方分公司名称】 为贯彻落实石化集团公司全方位深化改革、促进转型发展、创新油公司体制机制建设的战略部署，促进面向新区勘探领域的专业化发展，2014年7月26日，石化股份公司下发《关于勘探南方分公司变更名称的批复》，同意将“中国石油化工股份有限公司勘探南方分公司”名称变更为“中国石油化工股份有限公司勘探分公司”。

（邢新丽）

【整合巴陵石化液化气销售业务】 为充分发挥统销优势，提高整体效益，2014年3月12日，石化股份公司下发《关于整合巴陵石化液化气销售业务的批复》，同意炼油销售公司对资产公司巴陵石化分公司液化气销售业务进行整合，按代理模式统一销售。

（邢新丽）

【整合西南油气分公司元坝净化厂硫黄销售业务】 为充分发挥统销优势，提高整体效益，2014年12月6日，石化股份公司下发《关于整合西南油气分公司元坝净化厂硫黄销售业务的批复》，同意炼油销售公司对西南油气分公司元坝净化厂硫黄销售业务进行整合，按买断模式统一销售。

（邢新丽）

【调整完善石油工程业务管理体制】 为加快推进石油工程整体上市，对石油工程相关业务管理体制进行调整。①对上海海洋石油局进行重组改制。2014年6月12日，石化集团公司下发《上海海洋石油局石油工程专业化重组和矿区（社区）管理体制调整实施方案的批复》，将海洋石油工程业务、资产、负债划转上海海洋石油勘探开发总公司；将上海海洋石油勘探开发总公司改制为中石化海洋石油工程有限公司，作为石油工程公司的子公司；同时，将上海海洋石油局调整为由石化集团公司直接管理。②对石油工程公司部分矿区(社区)进行划转。7月23日，石化集团公司下发《关于石油工程技术服务有限公司部分矿区(社区)划转西南石油局的批复》，将石油工程公司所属石油工程地球物理有限公司中南分公司的矿区(社区)业务、资产、人员整体划转西南石油局；7月24日，石化集团公司下发《关于石油工程技术服务有限公司部分矿区(社区)划转胜利石油管理局的批复》，将石油工程公司所属石油工程地球物理有限公司胜利分公司的矿区(社区)业务、资产、人员整体划转胜利石油管理局；7月24日，石化集团公司下发《关于石油工程技术服务有限公司部分矿区(社区)划转江苏石油勘探局的批复》，将石油工程公司所属江苏石油工程有限公司和石油工程地球物理有限公司江苏分公司的矿区(社区)业务、资产、人员整体划转江苏石油勘探局。

(邢新丽)

【积极推进业务外包工作】 为进一步规范运作、加快实施、有效推进业务外包，建立市场化用工机制，在2013年出台的《关于进一步推进业务外包工作指导意见》(中国石化企〔2013〕299号，以下简称299号文)的基础上，进一步组织各事业部、专业公司合理划分各业务板块核心业务和非核心业务范围，修订完善指导意见。2014年11月17日，石化集团公司下发《关于进一步推进业务外包工作的指导意见》，明确总部职能部门、板块主管部门、企业的职责分工，规范操作流程、健全管理体系，同时废止299号文。

(邢新丽)

【调整生产经营管理部与炼油事业部原油管理职能】 为进一步落实综合部门和事业部职责定位，构建完整的炼油业务价值链，提高发展质量与效益，2014年11月25日，石化股份公司下发《关于调整生产经营管理部与炼油事业部原油管理职能的通知》，将生产经营管理部负责的原油采购计划、船期计划、配置运输计划、日常运行及相关业务，调整到炼油事业部。生产经营管理部保留原油政策应对、总量平衡、整体优化、对外联络、板块协调及商储国储管理。

(邢新丽)

【推进地热产业专业化发展】 2014年4月23日，石化集团公司召开专题会议，研究明确了以提供热源为主的自主经营模式、以提供技术服务咨询为主获取收益模式、合资合作模式3种集团内部地热发展合作模式及需要石化集团公司支持的政策措施，要求新星公司按照专业化发展、市场化运营、突出管控和技术引领、多种运营方式并存的精干高效商业运作模式，依照石化集团公司授权，投资地热产业、统筹地热产业发展；要突出和强化专业化管理职能，进一步强化、细化地热专业化管理，统筹组织地热专业技术培训，建立不同经营模式下地热业务运营流程、规范、标准等制度体系。

(李旭东)

【撤销天然气工程项目管理部】 2014年12月15日，石化股份公司下发《关于撤销中国石油化工股份有限公司天燃气工程项目管理部的通知》，决定撤销天燃气工程项目管理部。天然气工程项目管理部承担的酸性气田勘探开发项目监督管理、技术支持、协调服务等职能由油田勘探开发事业部承接，元坝气田的投产运行等工作由西南油气分公司负责具体实施。

(李旭东)

企业管理

【全员开展“从严管理年”活动】 2014年，石化集团公司以前所未有的力度和全员参与的方式，在全系统开展“从严管理年”活动。通过一年来的活动实践，“发展不能以牺牲人的生命为代价”的红线意识和绿色低碳发展等安全环保理念更加深入人心，成为广大干部职工的一种履职责任感、职业操守和自觉追求；敢于直面问题、勇于担当、真抓实管，“四不两直”“四不放过”，逐步成为领导干部的新面貌；领导抓、抓领导、大家合力抓，逐步成为从严管理的新常态。特别是，集中梳理和解决一批涉及安全环保、领导干部作风、管理失严、岗位执行力不强、基层组织涣散、制度执行不力等方面的突出问题，并且坚持边查边改边固化活动成果，修订完善和出台一批新制度，查处一批违规违纪人员，从严管理的长效机制初步形成，从严责任落实、从严责任追究、从严制度执行的管理要求逐步实现。全年，石化集团公司上下共梳理各类问题28 173项，整改完成25 820项，整改完成率91.6%。

(王俊瑶)

【深入开展管理优化工作】 在2013年成立中国石化资源优化领导小组的基础上，2014年初，下发了《关于抓好资源优化项目方案制定和实施工作的通知》，明确了2014年资源优化工作任务和目标，共计30个优化项目、76个优化子项。其中，管理优化方面，组织有关部门针对事业部建设、资本运营、财务管理、人力资源管理、科技创新、社区改革、信息化管理等重要管理领域，提出国有资本运营和国有资本投资体制研究、加强事业部建设、发挥绩效考核导向功能、资本运营优化、财务管理优化、人力资源管理优化、创新科技体制机制、深化社区改革、信息化管理优化、共享服务优化、专业化发展优化、国际化发展优化、强化物资采购管理运行、强化安全环保运行14个优化项目，共分解出29个子项，制定并实施38个实施方案。

（王俊瑶）

【开展管理诊断与评价工作】 为贯彻落实石化集团公司工作会议精神，把深化改革、转型发展、从严管理的要求落实到企业生产经营管理的各项工作中，解决企业管理工作不平衡问题，石化集团公司制定了《关于开展管理诊断与评价工作意见》和评价标准，重点从体制机制、制度管理、"三基"管理、内控管理和考核管理等方面，通过企业自我诊断与评价、企业间交叉诊断与评价和组织专家团队诊断与评价等组织形式，查找管理短板，明确整改措施，落实各级管理责任，总结典型经验、做法，建立从严管理的长效机制。2014年，石化集团公司组织部分企业骨干人员，分批次深入中原石油工程公司、茂名石化、广东石油、第五建设公司等43家企业生产一线，通过调查问卷、座谈交流、员工访谈、现场查看、资料查阅、企业自我评价等方式，挖掘经验做法，查找存在问题，提出意见和建议，形成管理诊断与评价工作报告反馈有关单位，取得较好效果。

（朱好生）

【有序开展改善经营管理建议工作】 2014年，石化集团公司对2013年度销售企业推广的建议项目进行总结评价，组织了189项、600多项次推广应用，累计降本增效6 000多万元。通过宣传发动，引导员工围绕年度重点献计献策，截至年底，共收到建议37 137项，采纳22 795项，降本增效3.56亿元。

（朱好生）

【强化"三基"管理】 在基层单位评价方面，完善了基层领导班子建设、干部职工队伍建设、班组管理、岗位责任制落实、改善经营管理、技术经济指标完成、生产经营任务完成7个方面基层单位评价标准，增加了岗位责任制和现场管理等内容，并调整了评价权重；在企业评价方面，完善了组织管理体系、工作规划及年度计划制定、长效机制、创新创效、对标管理、经验交流和改善经营管理7个方面量化评价标准。为了鼓励先进，总结经验，树立典型，进一步提升"三基"工作管理水平，2014年，石化集团公司共评选出14家"三基"工作先进组织单位、97家先进基层单位和112名先进个人。通过总结推广西南油气田"听、查、看、促"管理法、海南石油"加油站网上巡检法"、广东石油"可操作、可视化、通俗化"的口袋书管理法、洛阳工程公司的量化岗位责任管理等经验做法，强化了岗位责任落实，促进"三基"管理的规范化、精细化。

（朱好生）

【进一步推进管理现代化创新工作】 2014年，石化集团公司在明确管理创新重点的基础上，抓住重点环节，推进管理现代化创新工作。①围绕强化从严管理、提高发展质量和企业管理的重点、增效点，明确了管理创新重点，即资源优化、"三基"管理、信息化深度融合、内控与全面风险管理、预算与全员成本管理、改善经营管理、对标管理、物资采购管理、项目管理、国际化经营、品牌营销与服务创新，以及管理理念、企业文化、低碳环保、安全生产、节能减排等方面。②抓好成果选题立项、跟踪评价、审核评定、效益评估、成果推广5个关键环节，培育有代表性、有效益、有推广价值的管理创新成果。③组织第23届管理现代化评审工作，共有289项成果被评为石化集团公司管理现代化创新成果，其中一等55项、二等113项、三等121项。石化集团公司推荐上报的10项成果被审定为第21届国家级企业现代化创新成果。其中，石化股份公司"大型企业集团内部诊断服务管理"、镇海炼化"以打造世界一流企业为目标的智能型炼化工厂建设"获得一等奖，中原油田"国有石油企业引入民间资本的油气勘探开发项目合作机制创建"、润滑油公司"以快速响应、高效配套为导向的润滑油企业与大客户协同研发管理"、安全工程研究院"石化企业以信息化为手段的HSE管理体系建设"、国际石油勘探开发公司Addax公司"国际油公司勘探开发一体化管理机制的构建"、财务公司"企业集团财务公司客户信用评级体系建设"、化工销售公司"大型化工企业基于落袋价格分析的销售管理"、第十建设公司"大型建筑企业项目施工成本管理优化"、浙江温州石油分公司

"成品油销售企业增强归属感的基层员工自主管理"获得二等奖。

（赵 楠）

【建立效益导向考核办法】 2014年，石化集团公司按照效益导向要求，从预算目标形成、考核机制、兑现机制等方面，修订完善了《中国石化年度绩效考核管理办法(试行)》。①调整总部机关部门、板块和直属单位及部门(单位)领导班子考核内容，考核指标设置更加精简，指标权重设置凸显效益。②引入"联合基数法"，建立了新的利润预算目标形成机制，利润目标由上下级各自提出，按一定权重加权后形成目标基准值，充分赋予板块、企业在申报目标上的自主权，一定程度上改变了上下博弈。③建立新的利润目标考核计分方法，引导板块、企业报出较高目标和实现更多利润。④完善综合考核计分办法，板块层面建立效益共担与联动考核的评价机制，突出整体效益最大化；企业层面在考核目标完成的基础上，按贡献程度和进步程度进行激励。⑤加大考核结果应用力度，单位年度考核兑现实行"分分清"，充分调动企业创效的积极性。新办法自2015年1月1日起正式实施。

（李召雪）

【试行开展季度考核】 2014年，为进一步加强年度考核过程管理，确保实现全年效益目标，石化集团公司按照效益导向、注重实效、分级考核的原则，研究制定季度绩效考核方案，首次在石化集团公司范围内试行开展板块和直属单位层面的季度考核，重点考核单位实际利润完成情况是否达到时间进度要求，并综合考虑盈亏单位差异、效益贡献大小等因素进行奖惩，促进各单位全力以赴保效益促发展。

（李召雪）

【规范高管人员考核管理】 石化集团公司作为董事会试点企业，国务院国资委授权董事会对公司高管人员实施考核。2014年，按照董事会有关要求，在总结上年度考核做法的基础上，进一步修订完善高管人员年度考核办法，规范高管人员考核管理。①细化考核内容。高管人员考核内容包括公司整体业绩指标和分管业务绩效指标2个部分，其中公司整体业绩指标与国务院国资委测试评价内容一致；分管业务绩效细化为分管业务经济指标、分管重点工作和分管业务安全环保工作等，实行定性与定量相结合。②改进考核方式。对分管业务绩效评价以董事会作为考核主体，根据各项目标任务实际完成情况分3档进行评价考核，充分体现"谁主管谁考核"原则。③规范考核程序。重点从目标确定流程和考核结果确定流程2个方面对高管人员考核程序进行规范，确保可操作性。高管人员考核管理的规范完善，促进了石化集团公司董事会规范化运行，提高了公司治理水平。

（李召雪）

【持续推进对标评价和"比学赶帮超"工作】 2014年，石化集团公司进一步完善对标评价指标体系，测算发布2013年对标评价标准和对标结果，形成2007—2013年连续7年的对标数据库，为各单位诊断提升"管理短板"提供依据。强化"比学赶帮超"工作交流，印发29家企业典型经验材料，促进学习借鉴，共同提升。

（李召雪）

【积极开展管理制度体系建设】 2014年，石化集团公司按照党组关于建立最严格管理制度体系的有关要求，认真梳理分析制度建设与管理工作的成效及存在的问题，研究提出总部机关管理制度体系建设方案，从总部开始，自上而下推进制度流程建设。以业务为中心，突出制度与流程、职责三位一体，与内控、风控相融合，梳理了总部各部门7 000余项工作事项，确定总部层面169项业务、468项细分业务，绘制372条业务流程，初步建立起跨总部部门、事业部(专业公司)和企业3个层面的业务流程手册和业务职责手册，为制度流程化、信息化奠定基础。

（高鸿儒）

【出台安全等5个领域问责制度】 为贯彻石化集团公司党组依法依规治企、从严治企的要求，2014年，下发安全、环境、质量、维稳和"小金库"5个领域领导干部问责办法，明确事故(事件)等级、事故(事件)调查和责任认定程序、党纪政纪处分标准、问责实施程序等内容，构建起重点领域领导干部责任追究和从严问责机制。

（高鸿儒）

内控与风险管理

【动态完善内控制度体系】 2014年，石化集团公司修订更新了《总部内控手册》《企业内控手册》、《企业内控实施细则指导意见》，组织企业编制内控实施细则；结合总部管理制度体系建设，通过业务流程分析梳理，进一步优化内控制度，突出以风险管理为导向的内控制度特征，提高了内控制度设计的科学性及运行效率；以 ERP 大集中为契机，推进内部控制与 ERP 深度融合，全面梳理 ERP 相关流程，将内部控制要求嵌入 ERP 模板，实现线上自动控制；结合各单位的意见和建议，动态修订内控制度，确保内控制度适应石化集团公司管理需要；深化内控管理信息系统应用，通过信息系统落实内控责任，提高内控效率和效果。

（慕戈飞）

【组织年度风险评估】 2014 年，石化集团公司组织有关专家，通过集体讨论、政策分析、行业标杆比较、专题研究等方法，对国内外宏观经济形势及石油石化行业发展态势进行分析预测。在此基础上，结合实际，从战略、财务、市场、运营、法律等方面，对面临的各类内外部风险进行全面梳理，初始识别出 2014 年面临的主要风险。针对各项风险，深入进行成因分析，综合设计风险评估调查问卷，在总部部门和企业范围内开展风险识别与评估工作。

（高海军）

【加强重大重要风险管理】 2014 年，石化集团公司评估确定 44 项重大重要风险，其中重大风险 10 项。针对各类重大、重要风险，研究制定加强风险管理的策略和措施，落实管理责任，总部及所属企业每月开展经济活动分析，结合外部环境变化和内部管理需要，及时调整风险应对策略和措施，有效规避和防范各类风险损失。各单位围绕公司发展战略及年度生产经营目标，定期或不定期开展风险评估，及时改进风险应对策略和措施，确保各类风险可控、在控。编制年度全面风险管理报告，建立风险信息沟通报告机制，定期沟通报告风险信息。

（高海军）

资本运作

【概述】 2014 年，主要开展了油品销售板块重组引资工作、石油工程板块重组上市工作、香港冠德公司第 2 次资本运作工作、石化股份公司收购石化集团公司延布炼油项目公司股权、石化集团公司增持石化股份公司股票和石化股份公司发行 300 亿元 A 股可转换债券等重点工作。

（郑子翔）

【启动并完成油品销售板块重组引资工作】 为了贯彻落实党的十八届三中全会关于发展混合所有制经济的相关要求，结合中国石化自身改革发展战略需要，积极研究探索混合所有制经济在中国石化的实现形式，促进油品销售业务的可持续发展，2014 年 2 月，石化集团公司启动了油品销售业务板块内部重组、引入社会资本和民营资本、实行混合所有制经营的相关工作。4 月 1 日，油品销售业务板块完成内部重组，6 月对外公布引资方案；9 月，中国石化销售有限公司(简称油品销售公司)与 25 家投资者集团签订增资协议，通过增资扩股方式引入社会资本和民营资本总额约人民币 1 070.94 亿元，占增资后油品销售公司股比约为 29.99%；12 月底重组引资方案获得商务部和国家发改委的正式核准；截至 2015 年 3 月 5 日，25 家投资者集团向油品销售公司缴纳增资价款共计人民币 1 050.44 亿元(含等值美元)。此次重组引资工作是石化集团公司贯彻落实党的十八届三中全会关于发展混合所制经济的一项重要举措，实现了国有资产保值增值，增强了国有资本活力、控制力和影响力，为油品销售公司保持健康发展和进一步深化改革创造了条件，对于促进企业进一步完善现代企业制度和公司治理结构、建立市场化的管理体制和运营机制、增强企业活力、提升企业价值均具有积极意义。

（郑子翔）

【实施冠德公司第 2 次资本运作工作】 为了充分利用中石化冠德控股有限公司(简称冠德公司)红筹股平台优势，盘活上市子公司融资渠道，实现公司自我发展，逐步将冠德公司打造成国际一流仓储物流公司，石化集团公司启动冠德公司第 2 次资本运作工作，拟将榆济管道相关资产通过资本运作注入冠德公司。2013 年 12 月 30 日，石化集团公司党组审议通过了相关议案。榆济管道取得了安全生产许可和环保认证，土地、房产办证工作也取得了预期进展；石化股份公司以榆济管道经评估后的净资产出资设立了中石化榆济管道有限责任公司(简称榆济公司)。石化集团公司董事会、冠德公司董事会和股东大会先后批准同意了石化股份公司将持有的榆济公司 100% 股权协议转让给冠德公司的全资子公司经贸冠德发展有限责任公司。该项工作将待商务部完成外资并购审批后交割。通过分阶段实施母公司资产注入和资本市场配股融资，在促进资源整合、推进专业化发展的同时，通过内部产权流转，冠德公司实现了自我发展。

（郑子翔）

【实施石油工程板块重组上市工作】 为了加快石油工程公司重组上市工作步伐，2014 年 5 月 27 日，石化集团公司党组决定启动石油工程板块重组上市工作，9 月审议通过了石油工程板块整体上市方案。

石油工程公司借助仪征化纤整体上市。方案要点：仪征化纤向中国石化出售全部化纤业务相关资产和负债，按照经国务院国资委备案的评估值确定的交易价格为 64.91 亿元；仪征化纤定向回购中国石化持有的全部 24.15 亿股仪征化纤 A 股股份并注销，回购价格 2.61 元/股，合计价款为 63.03 亿元。两者差额中国石化以现金补足；仪征化纤发行 92.24 亿股 A 股股份(2.61 元/股)收购石化集团公司持有的石油工程公司 100% 股权；同时实施配套融资。

2014 年 9 月 12 日，石化集团公司第一届董事会第十八次会议、中国石化第五届董事会第二十次会议、仪征化纤第七届董事会第十七次会议分别审议通过重大资产重组的议案；11 月 11 日，仪征化纤召开 2014 年第一次临时股东大会、A 股类别股东大会和 H 股类别股东大会审议通过重组方案。10 月 17 日，国务院国资委出具《关于中国石化仪征化纤股份有限公司资产重组及配套融资有关问题的批复》，批准本次重大资产重组方案；12 月 4 日，中国证监会并购重组审核委员会审核通过本次重大资产重组方案；12 月 18 日，中国证监会下发《关于核准中国石化仪征化纤股份有限公司重大资产重组及向中国石油化工集团公司发行股份购买资产并募集配套资金的批复》；2015 年 2 月 9 日，仪征化纤召开 2015 年第一次临时股东大会，审议通过了修改公司章程、变更公司名称和注册地及选举新一届董、监事等议案。

石油机械公司整体上市。方案要点：江钻股份 67.5% 股权从江汉石油管理局无偿划转至石化集团公司；江钻股份将所持有的江钻天祥 51% 股权、隆盛化工 65% 股权转让给石化股份公司；江钻股份向不超过 10 名特定投资者，非公开发行不超过 1.2 亿股 A 股股票，募集资金不超过 18 亿元用于收购石油机械公司 100% 股权。

2014 年 9 月 12 日，石化集团公司第一届董事会第十八次会议、江钻股份第五届董事会第二十六次会议分别审议通过相关事项议案；10 月 8 日，江钻股份召开 2014 年第二次临时股东大会，审议通过相关事项议案。9 月 28 日，国务院国资委批准江钻股份非公开发行股票和江钻股份股权无偿划转事宜；10 月 29 日，中国证监会出具了《关于核准豁免中国石油化工集团公司要约收购江汉石油钻头股份有限公司义务的批复》；2015 年 3 月 2 日，中国证监会发审委审核通过了江钻股份本次非公开发行股票并使用募集资金收购石油机械公司 100% 股权的方案。

（金　岩）

【石化集团公司增持石化股份公司股票】 为了提振资本市场信心，稳定国有控股上市公司股价，石化集团公司于 2014 年 1 月 13—22 日，通过上海证券交易所交易系统累计增持石化股份公司 A 股股份合计约 5 772.22 万股，约占其总股本的 0.05%，增持资金支出约 2.64 亿元。增持完成后，石化集团公司持有石化股份公司 A 股股份约 857.21 亿股。截至 2014 年 12 月 31 日，石化股份公司总股本约 1 182.80 亿股，石化集团公司持有石化股份公司 A 股股份约占其总股本的 72.47%。

（金　岩）

【石化股份公司收购石化集团公司延布炼油项目公司股权】 为了打造石化股份公司炼油业务长板，2014 年 7 月，石化集团公司成立海外资产注入项目协调组，全面开展相关工作。10 月 30 日，石化股份公司新设全资子公司中石化海外投资控股有限公司(简称海外控股公司)与石化集团公司全资子公司中国石化盛骏国际投资有限公司(简称盛骏公司)签订《盛骏收购协议》。根据该协议，海外控股公司将收购盛骏公司持有的荷兰 COOP99% 的成员权益。同日，石化股份公司全资子公司中石化化工销售(香港)有限公司(简称化销香港公司)与盛骏公司全资子公司 MIL 签订《MIL 收购协议》。根据该协议，化销香港公司将收购 MIL 持有的荷兰 COOP1% 的成员权益。上述收购的目的为通过收购荷兰 COOP 的全部成员权益以获得沙特延布项目公司 37.5% 的权益。截至 2014 年 12 月 31 日，《盛骏收购协议》和《MIL 收购协议》项下的交割已完成。

（李　果）

股权管理

【股权管理制度继续完善】 按照从严管理要求，进一步落实股权管理责任，规范推动股权有序流转，研究起草《中国石化企业国有产权协议转让工作指引》《中国石化企业国有产权进场交易工作指引》和《中国石化企业国有产权无偿划转工作指引》，进一步细化企业、总部 2 个层面产权流转处置工作职责，规范产权流转处置业务操作流程。

（闵　川）

【股权管理基础工作持续加强】 充分发挥股权管理

信息系统平台作用，提高股权管理信息化、精细化水平，通过加强信息数据分析运用，努力为石化集团公司战略规划、产权重组和结构调整提供决策依据。组织销售板块所属企业开展股权管理和股权管理信息系统应用专题培训，提高了股权管理人员业务水平，为混改后规范管理和独立运作创造了条件。组织开展境内外股权投资统计分析工作，完成股权管理年度分析报告。完成《关于中国石油化工集团公司及其下属企业所持上市公司股份变动事项的报告》等6个专项报告的起草和报送国务院国资委工作。

（闵　川）

【股权合资工作有序开展】 组织完成入股上海环境能源交易所和增资中石化绿源地热能开发有限公司工作，为实施节能减排和绿色低碳发展战略提供支持；调整安庆炼化曙光丁辛醇化工有限公司、海南实华嘉盛化工有限公司、北京聚菱燕塑料有限公司等股权结构，进一步防范股权投资风险；投资设立防城港运泓公司和金贸国际贸易公司等，持续推进资源优化和结构调整，盘活存量资产，促进转型发展。

（闵　川）

【股权运营管理不断深化】 以质量和效益为核心，不断强化股权投资运营管理，切实防范投资风险，总体投资收益水平显著提高；定期对股权投资单位运营情况进行分析，加强动态监控，对股权投资单位上报的重大事项进行认真审核，在重大事项决策上切实贯彻股东意志，依法行使股东权利。同时结合出台股利分配政策相关规定，进一步规范股权投资收益收取管理，努力提升现金流回报。

（闵　川）

【积极推动股权流转提升股权价值】 对现有股权投资项目进行梳理分析，下发2014年、2015年及以后年度低效、无效和非主业产权投资流转处置计划。通过全程督导、实施责任包干、细化完善清退方案，全年按计划完成清退项目39项。同时，根据境内外资本市场变化情况，研究提出出售部分财务性股票投资方案并组织实施。全年累计出售股票18支，取得变现资金64.7亿元，实现投资收益约49.52亿元。

（闵　川）

财务资产管理

- ◇ 综述
- ◇ 预算管理
- ◇ 资金管理
- ◇ 会计管理
- ◇ 资产管理
- ◇ 土地管理
- ◇ 年金管理
- ◇ 总部机关财务管理
- ◇ 价格管理
- ◇ 财税政策争取
- ◇ 保险管理
- ◇ 财会队伍建设
- ◇ 财务状况

综　　述

2014 年是石化集团公司生产经营极为困难的一年。国际原油价格暴跌，国内成品油价格“十一连降”，化工产品市场需求不旺，产能过剩矛盾突出。面对公司赢利能力下降、经营现金流减少、付息债务增加、改革任务繁重等一系列挑战，财务系统紧紧围绕“一个中心，三大主题”，抓住创收增效、改革创新、从严管理等关键环节，迎难而上，积极应对，全方位加强价值管理，推进“三大计划”融合，加强现金流管理，深化全员成本目标管理，不断提升财务管理水平，为石化集团公司改革发展做出了应有的贡献。

（巩祎昌 魏　哲）

预 算 管 理

【推进“三大计划”协同融合】 坚持效益优先推动事前算赢，财务预算与生产经营、投资计划进一步协同融合。坚持用利润、成本费用等效益指标优化生产经营运行，紧贴市场需求安排月度生产经营计划、编制效益预算，促进企业深化产品、原料、装置的结构优化调整，加强运行费用管控，资源配置效率进一步提升。坚持把资金承受能力与投资规模相衔接，以效益排队安排投资项目，企业投资回报意识进一步增强。

（巩祎昌 魏　哲）

【深化财务分析】 坚持问题导向，改进分析方式，加大预算执行的跟踪分析和过程控制，每月对关键财务指标进行监测分析，及时揭示运行风险，提出经营管理改进建议，全年共提出各种管理建议 136 条。强化财务专题分析，财务活动分析由全面分析向综合指标通报 + 专题分析转变，财务分析的针对性、指导性进一步增强。全年组织开展人民币汇率波动、营运资金占用、进口原油采购、库存管理等 8 个方面 15 次专题分析。

（巩祎昌　魏　哲）

【深入推进全员成本目标管理】 以全员成本目标管理为抓手，以资源优化为重点，层层落实全口径成本管控责任，严格执行倒逼机制，努力挖掘成本潜力。在人工、折旧等支出同比增长的情况下，石化集团公司油气单位完全成本、化工吨产品完全加工费、销售吨油商品流通费分别低于预算 25 元、132 元和 14 元，炼油业务在加工量低于年度生产计划的情况下实现单位完全加工费与预算持平，初步遏制了成本费用上升过快的势头；落实中央“八项规定”精神，“六项费用”支出较上年下降了 24.2%。西北油田、镇海炼化、茂名分公司、浙江石油分公司、工程建设公司等 46 家单位获 55 项次全员成本目标管理奖；江苏油田分公司、联合石化公司、上海石化、南京化工公司等 30 家单位在物资采购、原油采购、热电、水务业务等方面获奖；西北油田分公司采油二厂“一体化运行、全口径成本管控项目”、济南分公司常减压车间“系统管理法在装置节能降耗中的应用项目”等 7 个基层单位获得成本管理优秀项目奖。

（巩祎昌　魏　哲）

【完善预算管理机制】 以落实责任、减少博弈、强化回报为切入点，积极研究调整利润预算目标形成机制，初步形成“存量资产回报 + 增量投入回报”与零基预算相结合的预算目标确定模式。配合企业改革管理部门落实工效联动政策，缩短考核周期，及时将效益压力传递到各层级、各岗位，引导各板块各企业以月保季、以季保年地完成年度效益目标。按照党组做实事业部、建设事业部的部署要求，做好宏观协调，匹配专业公司资金池，调整资产、土地审批权限，将专业公司的财务管理主体责任落到实处。

（巩祎昌　魏　哲）

【编制完成 2015 年财务预算】 研究制定 2015 年财务预算编制工作方案，按照加强三大计划协同、完善预算管理机制、强化各层级预算目标管理责任的要求，落实事业部、专业公司作为“三大计划”编制和执行的主体责任，提出完善实施利润预算目标与工资总额联动挂钩办法。加强与各事业部、专业公司的对接和沟通，编制完成石化集团公司 2015 年财务预算。

（巩祎昌　魏　哲）

资 金 管 理

【加强筹融资统筹运作】 继续发挥资金集中管理优势，充分发挥境内外两个资金平台作用，扩大与国际银行的沟通协作，加强筹融资的整体统筹运作，积极拓展资金渠道，不断丰富融资手段，多种渠道筹措资金，满足了公司发展的资金需求。全年组织融资197亿美元、350亿元人民币，综合融资成本率3.04%，石化集团公司评级被上调至主权级AA-。紧盯市场，深入分析，大胆判断，以较低价格发行60亿美元国际债券，综合发行成本2.38%，全部用于置换较高息和即将到期的债务。组织盛骏公司续发30亿美元USCP，有效降低境外周转贷款资金成本。

（巩祎昌　魏　哲）

【强化债务管理】 合理摆布境外融资与境内融资、本币融资与外币融资、直接融资与间接融资、短期融资与长期融资比例，确保生产经营和改革发展的资金需求。分板块拟定付息债务管控策略，对社区服务企业，重点强化以收定支管理，从严从紧审批月度资金支出；对工程服务企业，重点监测应收账款、存货占用情况，及时协调关联交易结算，控制外部债权增长；对国际石油勘探开发公司、原油储备等债务规模较大的企业，逐笔分析债务期限结构和利率构成，明确综合成本控制目标。境内人民币融资坚持以财务公司为主，着力实现融资费用内部化；境外融资以盛骏公司为主，着力通过拓展融资渠道、匹配融资期限、适应市场走势，力求取得最佳债务结构的管控策略。在资金缺口700亿元的情况下，石化集团公司全年付息债务增加302亿元。组织开展2005年以来石化集团公司付息债务情况分析，提出强化投资回报、坚持现金流导向、降低资金占用、优化债务结构、谋划退出机制等管理建议，对公司制定投资决策、强化可持续发展发挥了作用。

（巩祎昌　魏　哲）

【加强“两金”管理】 研究制定工程类企业资金占用管控标准，推动建立工程类企业应收账款及存货管控标准模型，为资金占用管控的标准化、程序化和规范化提供系统支持。加强“两金”占用指标管理，逐个企业下达应收账款、存货、预付账款、其他应收款等资金占用指标，细化奖惩措施，企业控制资金占用、提升经营现金流的意识显著增强。积极推进企业往来款项清理，梳理内部往来款项形成原因，加大内部资金占用统筹协调力度，加快内部往来款项清理工作，截至2014年底，石油工程公司与矿区企业之间历史挂账全部清理完毕，清理外部逾期结算挂账10.9亿元，组织石油工程和炼化工程清理存货92.9亿元。建立外部重点客户往来款项清理联系制度，与中国石油建立工作协调机制和联系制度，清理1亿多元长期逾期较难结算挂账，提升了资金周转效率。

（巩祎昌　魏　哲）

【加强资金日常管理】 以年度、月度、每日资金预算安排为抓手，以统一资金运营为平台，综合利用境内财务公司、境外盛骏公司以及外部银行，统一组织、调度头寸。加强与银行合作，保证了加油站上门收款业务稳定开展，确保资金及时归集。根据资金余缺情况，充分利用银行“法人账户透支”业务，最大限度地平抑月度运行中收入和支出的不均衡，提高资金效率。逐步加强对控股子公司、合资公司的资金管理，加强对控股子公司和合资公司短期闲置资金货币资金的监督管理，通过委贷的方式集中到总部，统一调度安排使用，提高了资金使用效率。挖掘存量流动资金潜力，针对化工销售、油品销售等企业应收票据存量较大的情况，启动内部票据流转试点工作，减少了票据贴现利息支出。

（巩祎昌　魏　哲）

【严控资金风险】 组织开展银行账户和资金安全自查，规范内部结算行为，严格资金预算制度，堵塞资金安全漏洞。组织梳理境外项目资金安全隐患，分国家、分项目建立境外安全隐患台账。积极参与公司有关海外投资项目的前期论证，针对存在的风险隐患提出有针对性建议。做好金融衍生业务计划及日常管理，及时整理上报2014年度金融衍生品业务预算，取得国务院国资委对境外商品衍生业务新增品种资质的核准批复。强化授信保证业务管理，以国家外管局下发新的担保办法为契机，修订石化集团公司担保办法，明确担保业务“负面清单”，规范授信额度切分和使用，落实授信担保业务月报表、季总结制度。

（巩祎昌　魏　哲）

【防范汇率波动风险】 积极应对汇率大幅波动，周密组织汇兑损益和原油购汇成本管理。针对公司原油购汇频繁、资金流量大的实际，专门成立汇率管控小组，加强汇率走势研判和跟踪，合理安排原油购汇资金，精心研判增减美元贷款运作时间窗口，获取汇率收益。加强汇率变动分析，摆布好汇率波动加大情况下外币资金存量、应收款项和应付款项在规模和结构上的比例关系，把握好结购汇时间窗口，减少汇兑损失、降低汇率风险。对一些汇率波动频繁的小币种，认真测算项目收入、支出币种结构，分析项目涉及币种的汇率走势，识别可能遇到的风险，制定项目结算币种策略，同时密切关注当地政治、经济形势变化，制定应急止损机制。

（巩祎昌　魏　哲）

【加强资金制度建设】 适应新形势、新任务和新要求，修订《担保业务管理办法》《金融衍生品业务管理办法》《境外资金平台监督管理暂行办法》《内部关联交易管理及结算办法》，制定《境外发债主体费用支付规范》《投资资金支付流程》《企业委存委贷管理办法》等内部制度。以强化资金管理基础工作为目标，对现有资金业务从发起、运行到结束每个节点进行认真梳理和分析，编制完成资金管理业务流程系统，基本构建形成制度覆盖业务、内控监管执行、流程指导操作的资金管控制度体系。

（巩祎昌　魏　哲）

【推进全球资金池建设】 组织制定全球资金池项目工作方案，倒排时间节点，细化工作流程，优化业务设计。完成盛骏公司核心系统功能提升及生产系统部署，搭建完善境外资金集中信息化应用平台。结合不同国家及项目特点，综合考虑法律许可、成本可行、操作可控、管理有效等因素，制定部分企业试点及推广上线方案。组织协调相关单位，明确职责分工，落实工作任务，完成直联银行接口功能联调测试工作。

（巩祎昌　魏　哲）

会计管理

【规范会计核算】 修订完善《会计手册》（2014 版），新增碳资产、保险业务、合营安排等会计核算业务，补充调整长期股权投资、会计信息工作规范、总会计师职责等方面内容，细化明确了建造合同核算的具体业务处理规范。充实月度会计信息考评内容，在常规检查项目的基础上，增加对预提暂估业务核算、建造合同业务核算、差旅费用核算、非标准单位使用和核算、公益及保障业务核算、总部核算等规范性检查，提高了企业核算规范性。加强日常财务数据质量管控，提高监控能力，在数据源头及时发现报表问题并进行调整，提高了报表出具的效率和质量。

（巩祎昌　魏　哲）

【会计集中核算系统通过验收】 总部开发建设的石化集团公司会计集中核算系统（AIC）顺利通过项目验收评审。会计集中核算系统的推广应用，建立了石化集团公司规范统一的核算标准体系和刚性的标准执行机制，实现了会计核算标准与信息系统的融合，信息可比性显著增强。实现了会计核算信息的实时集中、集团内部交易规范化流程化管理、合并抵消凭证的自动生成，报表出具由层层上报、逐级汇总变为基于会计“一本账”数据自动出具，确保了账表一致，效率显著提高。截至 2014 年底，AIC 系统已在集团直管企业 1 776 个独立核算主体应用实施并平稳运行，石化股份公司所属 125 个核算主体也已应用 AIC 系统开展会计核算工作，实施范围和实施效果超出系统设计的预期目标。

（巩祎昌　魏　哲）

【深化会计信息化系统应用】 收集整理企业反映问题和重点工作流程，编制石化集团公司《AIC 系统常见问题解答》《AIC 系统管理工作流程》手册，与《AIC 系统操作手册》共同搭建形成以操作指南、问题解答、工作流程管理为核心支撑的 AIC 系统运维体系。持续完善与 TMS 系统、HR 系统、资产管理模块、财务公司 ERP、外事管理等系统集成，开展与国际石油勘探开发公司 ERP 系统、石化集团公司费用报销系统的集成，实现了会计集中核算系统与相关系统的集成和资源共享，建立形成以会计集中核算为核心、财务管理功能丰富的财务管理信息系统。启动会计报表优化提升项目，初步完成 346 张报表的指标需求和指标库建设，确定了项目的可研、目标方案和实现途径。参与 ERP 大集中财务模板开发测试机试点上线工作，积极推动会计标准化、报表数据管控、关联交易平台改造提升等重点项目工作。积极开展电子档案试点和会计档案电子化研究，初步形成会计档案电子化思路。

（巩祎昌　魏　哲）

【加快推进财务共享服务建设】 全力推进财务共享服务试点工作，完成东营财务共享服务分中心的筹建，已经到位300名财务人员，顺利完成首批13家试点单位的业务迁移工作。积极推进财务共享服务信息系统建设，组织开发一体化共享服务技术平台，支撑了共享服务业务的顺利开展。制定财务共享中心规章制度、工作规范和财务共享服务目录，明确企业与共享中心之间的业务界面和责任界面。组织开发费用报销管理系统，完成胜利油田、齐鲁石化、广东石油分公司等20家企业的试点上线。启动财务共享服务扩大试点工作，在前期试点基础上选择齐鲁石化、金陵石化、山东石油分公司、江苏石油分公司进行扩大试点。推进会计档案电子化工作，形成初步方案。

（巩祎昌　魏　哲）

【努力服务转型发展】 充实《集团公司主要会计信息摘要》，在集团层面增加业务分部、现金流、资本支出、折旧及折耗等重要指标，丰富了各项财务比率指标和各类人均指标。完成对石化集团公司董事会和新一届外派监事会关于2013年石化集团公司财务决算的汇报，得到外部董事及外派监事会的认可和肯定。充分依托会计集中核算信息系统，在规定时间内顺利完成会计核算架构调整、数据权限调整等工作，确保重组企业日常会计业务的快速及时处理，确保2014年会计报表工作的顺利进行。此次账务调整涉及464个核算主体，调整凭证19 265张，重新出具报表61 835张，涉及划拨资产18 480项。

（巩祎昌　魏　哲）

【整改审计检查问题】 对照国家审计署发布的11家中央企业《2012年度财务收支审计结果公告》，对审计公告披露的问题进行了梳理和甄别，组织全系统对内审外查中发现的问题进行对照检查，制定下发《关于对照近期审计署〈审计公告〉有关问题开展检查的通知》，对企业整改工作进行部署安排，对照检查中涉及的财务管理及会计核算方面的问题纳入重点审计范围，组织企业进行深入整改落实及制度完善。加大内审外查发现问题的整改力度，针对国务院国资委决算批复问题、年报审计机构提出的审计问题，专门下达整改通知，全程跟踪督导整改结果，实行问题销号管理。

（巩祎昌　魏　哲）

【全面完成2013年度财务决算】 加强财务日常管控，严格规范执行《会计手册》，依托会计集中核算系统深化应用，完成石化集团公司2013年度财务决算工作。会计师事务所对石化集团公司所属各级次共522家企业（含股份）进行了审计，审计报告除新划入的经济出版社为保留意见外，其他企业均为无保留意见。在财政部、国务院国资委2013年度财务决算审核中，石化集团公司及所属全级次子公司的财务决算一次性顺利通过审核，决算完成时间节点也比上年提前近1个月，对保证公司海外筹融资发挥了作用。2014年，石化集团公司被国务院国资委评为财务决算先进单位。

（巩祎昌　魏　哲）

资产管理

【开展低效无效资产清理处置】 制定《关于开展清理处置低效无效资产工作的意见》，明确清理处置的范围、工作目标、工作要求以及配套政策支持，组织企业全面梳理分析资产质量，认真制定清理处置工作方案。二季度，向板块及企业下达低效无效资产清理处置计划，并定期督导检查，积极推动清理处置工作。全年共清理处置低效无效资产原值126.3亿元。通过清理处置，石化集团公司资产质量进一步改善，企业的发展质量和效益意识进一步增强。

（巩祎昌　魏　哲）

【积极参与支持深化改革】 面对繁重的改革任务，强化政策研究，精心设计运行方案，加强与国家部委的沟通协调，积极推动各项改革工作的顺利进行。石油工程公司、仪化公司、石油机械公司等单位全力组织开展尽职调查、盈利预测、业务调整等工作，确保了石油工程重组上市方案的按期实施。油品销售企业广大财务人员上下协同，攻坚克难，按时完成资产审计评估、税务筹划、土地房产权证规范等工作，成功完成重组引资工作。

（巩祎昌　魏　哲）

【加强资产基础管理】 制定《中国石化资产转让进场交易管理暂行办法》，明确石化集团公司实物资产进场交易的类型、标准以及操作规则，推动了资产交易的公开与透明。落实石化集团公司做实事业部的工作要求，制定《关于进一步加强国勘公司资产管理有关事项的通知》，明确国际石油勘探开发公司是其海外资产管理的责任主体，在下沉责任的同时，保证总部对其重大资产事项的监管。

（巩祎昌　魏　哲）

土 地 管 理

【加强待用土地盘活处置】 下发《关于下达 2014 年待用土地盘活处置计划的通知》，组织企业利用中国石化与地方省市签订协议开展战略合作的契机，通过企地合作方式，推进待用土地盘活处置工作。通过融入地方、借势发展、合作共赢的联合开发方式，盘活待用土地。通过答疑、座谈、现场指导等形式，指导企业主动运作盘活处置事项，按照审批权限完成胜利油田广南、广北水库部分土地交由政府收储，商储公司占用宁波海利公司用地，广东石油分公司三风塘油库用地置换等 58 项土地盘活处置工作。通过总部引导、带动盘活处置工作，推动待用土地盘活处置进度，提高了盘活处置效率和效益。全年累计盘活处置待用土地 391 宗、735 万平方米。

（巩祎昌　魏　哲）

【加强无证土地权属办证工作】 年初，制定《2014 年无证土地办证计划》，落实具体办证任务。各企业每季度末提交无证土地办证工作进展报告。5 月，召集有关企业就无证土地办理情况进行对接，对办证过程中遇到的问题进行沟通协调，督办无证土地办证情况。全年累计办理土地权证 3 613 宗。

（巩祎昌　魏　哲）

【完成土地租金协调及收取】 根据 2014 年财务预算，完成胜利油田山东省授权经营土地收益支付，中原油田和燕山石化土地处置租金核减，油品销售企业集中梳理调减等工作，确定 2014 年土地租金数额。完成土地租金发票开具及代扣代缴税工作。按照发票限额 4 200 万元标准，开具土地租金发票 344 张、开票金额 96.7 亿元。

（巩祎昌　魏　哲）

【精益土地管理体系成果受到表彰】 以“精益土地管理体系在特大型企业集团的创建与实施”为题，申报公司土地管理创新成果，获得中国石化第 23 届管理现代化创新成果一等奖。

（巩祎昌　魏　哲）

【加强土地资本运作】 指导石油工程公司和油品销售企业摸清土地基本情况，做好用地分割和规范，确定评估原则和评估方式。协调杭州石化整体搬迁涉及土地谈判事宜，测算杭州炼厂规划用途土地价值量，指导杭州石化与杭州市经信委沟通、协调，推进杭州炼厂搬迁关停工作谈判，积极维护中国石化土地合法权益。研究燕山石化东方石化厂调整转型方案及自有土地现状用途基本情况，测算规划用途土地价值量，为调整转型做好前期准备工作。到部分炼化企业现场调研，了解企业生产经营、用工总量及存量土地情况，通过测算现状土地价值及规划用途土地价值，为集团领导决策提供依据。

（巩祎昌　魏　哲）

年 金 管 理

【加强年金投资运营管理】 严格执行收益预算管理，以预算统领日常投资分析和运营监督工作，确保年度年金投资政策的落实。资产配置策略继续向有收益保障的协议存款及优质创新类固定收益产品倾斜，慎配股票等风险资产，全年收益增长平稳有序，避免了净值的大幅波动。按照“抓大不放小”原则，不断提高年金精细化管理程度，加强活期存款管理，将活期存款比例纳入日报监管范围。建立正回购融资台账制度，对每一笔融资的期限、利率及投向安排进行合理性分析，督促机构加强融资管理，提高融资收益。按最低费率原则统一各机构券商交易席位，降低交易费率。截至 2014 年底，当年投资收益率 7.62%，累计收益率 18.84%，完成理事会下达的年度投资收益目标。

（巩祎昌　魏　哲）

【全力参与公司油品销售股权投资】 针对国家现有年金政策不允许年金直接投资未上市公司股权的实际，多次到国家人社部汇报沟通，积极争取国家政策支持。9 月，人社部正式行文同意石化集团公司年金按 50 亿元额度对油品销售股权进行投资。确定以股权资产为基础、以养老金产品为载体的投资方案，获得人社部等监管部门的批准。积极跟踪油品销售业务重组进展，确定养老金产品的管理费率，组织年金理事会与长江养老保险公司签署委托投资协议，积极配合长江养老保险公司与油品销售公司签署股权增资协议，明确养老金产品具体估值方法及日常工作流程，周密规划投资资金，顺利完成年金参与公司销售股权投资工作。

（巩祎昌　魏　哲）

【**完成年金缴费归集和待遇支付任务**】 根据财政部等四部委制定的年金个人所得税政策，多次与账管人、托管人就待遇支付方式调整、账管系统功能升级和纳税申报等事项进行商讨，制定方案、提出工作要求，保证了退休人员年金待遇的按时支付。截至2014年底，当年新增缴费资金34.56亿元，累计333.16亿元，当年为3.72万名职工支付企业年金待遇5.13亿元，累计支付13.61亿元。

（巩祎昌　魏　哲）

总部机关财务管理

【**开展总部机关固定资产清查**】 为落实从严管理要求，摸清总部机关办公地址迁移以及机构人员变动所引起的资产变化，解决管理中存在的漏洞和问题，强化资产管理、规范财务核算，组织开展总部机关固定资产清查工作，通过精心制定工作方案，细化组织运行，逐项核实部门清查结果，及时汇总分析，编写总部机关固定资产清查报告并分类提出处理意见，及时完成相关账务处理工作。通过清查，全面摸清了总部机关固定资产状况，为强化总部机关资产管理、规范财务核算奠定了基础。

（巩祎昌　魏　哲）

【**修订总部机关经费管理制度**】 贯彻落实中央“八项规定”和党政机关厉行节约反对浪费条例，根据国家有关部门颁布的会议费、差旅费等管理规定，结合总部机关实际情况，修订《总部机关经费管理实施细则》，重点完善相关费用支出标准，规范业务流程，为确保总部机关各项费用支出合法、规范夯实了基础。

（巩祎昌　魏　哲）

【**完成2013年总部机关财务决算和2014年预算编制**】 提前做好决算前的各项准备，妥善解决决算中遇到的问题，及时协调审计调整事项，按期完成2013年总部机关财务决算工作。坚持保证总部机关工作正常运转和严格控制费用支出的原则，认真审核总部机关各部门上报的各项工作经费和专项费用预算，按时完成2014年总部机关经费预算编制工作，并向各部门下达了部门工作经费预算指标，同时对费用支出提出具体要求。

（巩祎昌　魏　哲）

价格管理

【**推动落实价格政策**】 积极主动向国家有关部委提出价格政策调整建议，重点推动天然气和页岩气价格市场化改革步伐。重点推动天然气价格实现存增量并轨，向市场化方向稳步推进，争取到非居民用存量天然气价格提高。积极推动国家进一步完善现行成品油价格形成机制，持续推进成品油优质优价政策，跟踪了解地方油品质量进展情况，及时制定内部互供价格结算方案，并督促企业加快油品质量升级步伐，争取早日将油品质量升级加价政策落实到位。

（巩祎昌　魏　哲）

【**加强内部价格管理**】 在整体效益最大化前提下，按照内部市场化和做实事业部的要求，全面梳理和分析内部互供产品存在的价格问题，及时落实热电联动调价，合理确定内部板块间互供的原油、天然气、成品油以及管道运输定价。进口原油买断价格机制初见成效，实施效果基本达到年度预算目标，有效降低进口原油采购成本。对炼化间互供的氢气、石脑油、干气等产品的定价原则进行合理调整；对一部分具备条件的产品尝试改由事业部协商确定价格，对事业部内部产品定价权限下放给事业部自主定价。

（巩祎昌　魏　哲）

财税政策争取

【**落实国家财政资金支持**】 加强与国家有关部门的汇报沟通，加大财税政策争取和落实力度，全力落实“十二五”财政资金和国有资本经营预算资金共计294亿元，用于支持石化集团公司“走出去”、商业储备、页岩气开发、油气质量升级等重点项目建设，是“十二五”以来争取国家资金支持最多的一年。

（巩祎昌　魏　哲）

【争取落实税收优惠政策】 主要争取到汽柴油连续加工抵扣消费税政策、进口 LNG 免征进口环节增值税政策、恢复生物柴油进口关税政策、石油特别收益金调整起征点政策、房改房土地免征使用税政策。加大财税政策研究和筹划力度，积极配合石化集团公司重组改制，研究争取油品销售业务混合经营涉税政策，做好税务筹划。阶段性化解了税企之间消费税、离退休补贴所得税等政策争议。积极落实优惠政策，重点做好石脑油互供计划调整申请、自用成品油消费税退税、土地使用税减免及资源综合利用所得税政策的落实。配合国家税务总局做好消费税税目注释的修订，配合做好成品油消费税征管体制改革和资源税改革工作，维护企业利益。

（巩祎昌　魏　哲）

【规范内部税务管理】 修订涉税管理规章制度，梳理涉税业务流程，规范纳税行为。服务企业，协调涉税争议，重点协调天津石化进口石脑油消费税历史遗留问题、中原油田退还多缴的企业所得税、炼化企业涉及消费税争议。走访各级税务机关，争取总局及各省市税务机关的理解和支持，建立了良好互信的税企沟通协调渠道。

（巩祎昌　魏　哲）

保 险 管 理

【加强保险制度建设】 修订完成中国石化《外派人员人身意外及雇主责任保险管理办法》和有关配套制度。制定《境外保险业务监管暂行办法》及《境外业务保险管理暂行办法》，加强境外业务保险管理，规范保险活动行为，明确境外业务保险各方职责与定位。结合总部机关管理制度体系建设，对总部保险业务流程进行梳理和规划。

（巩祎昌　魏　哲）

【开展保险业务调查】 会同国家保监会相关人员一起对中原油田、扬子石化等有关企业保险业务进行调研，重点了解安保基金提取、支付和管理情况，保险业务管理程序、保险公司及保险经纪公司选择标准、招投标政策及目前管理中存在的不足。赴中国石油自保公司、中国海油资金部开展学习交流活动，建立互动沟通机制。开展企业商业保险情况调查，主要对各企业办理的商业保险业务和 2015 年投保计划情况进行摸底。

（巩祎昌　魏　哲）

财会队伍建设

【推动总会计师职责转变】 各单位主要领导高度重视总会计师职责转变工作，修订了内控制度，细化了总会计师职责权限，总会计师工作介入面明显拓宽、作用进一步发挥。总会计师认真履行职责，积极参与生产经营、投资审查、资产运营、重组改制等价值管理活动，总会计师职责转型基本落到实处。总部各事业部、专业公司的总会计师，以做实事业部、建设事业部、实现专业化发展为契机，全面参与公司生产运行、结构调整、重组改革等工作，管理职责有了较大转变。各企业总会计师开始全面参与价值管理。组织开展企业贯彻落实《关于印发〈进一步强化总会计师工作职责规定（试行）〉的通知》调查问卷，基本摸清了企业总会计师职责转变情况。

（巩祎昌　魏　哲）

【加强财会人员培训】 首次在上海国家会计学院举办 2 期 CFO 培训班，成效显著。继续举办资金、土地、资产、会计集中核算等各类培训班 9 个，培训人员 817 人次；各企业层面结合自身实际，开展了丰富多彩的技能比武和学习培训。培训内容突出热点、难点和重点业务，针对财务专业开展，财务人员素质进一步提高。

（巩祎昌　魏　哲）

财 务 状 况

【概述】 2014 年，石化集团公司合并报表实现营业收入 28 899. 34 亿元，实现利润 788. 53 亿元，实现利税 3 662. 55 亿元，实现净利润 451. 49 亿元。截至年底，石化集团公司合并报表资产总额 22 283. 66 亿元，负债总额 12 777. 07 亿元，所有者权益 9 506. 59 亿元（其中归属于母公司权益 7 355. 67 亿元，占所有者权益的 77. 37%），资本负债率 39. 33%。资产负债率为 57. 34 %，比年初下降了 0. 4 个百分点；应收账款周转率 33. 95 次，同比增加 2. 08 次。

石化集团公司合并会计报表见表 1 和表 2。

（刘海燕　张镇远）

表1 **利润表** 百万元

项目	2014年	2013年	2012年
营业收入	2 889 934.29	2 945 074.98	2 830 609.46
营业总成本	2 822 711.00	2 836 863.67	2 735 080.73
营业成本	2 439 816.83	2 469 599.13	2 365 265.04
营业税金及附加	205 829.10	207 821.98	205 827.57
销售费用	49 245.38	46 740.37	42 645.37
管理费用	77 303.01	78 171.37	76 899.11
勘探费用	21 370.40	16 796.92	20 643.01
财务费用	19 111.18	13 398.04	15 953.17
资产减值损失	10 035.10	4 335.88	7 847.45
加：公允价值变动收益	-4 151.32	2 165.28	207.39
投资收益	12 028.24	3 882.42	6 212.22
营业利润	75 100.20	114 259.00	101 948.34
加：营业外收入	7 726.35	5 536.09	6 572.64
减：营业外支出	3 973.83	4 980.33	3 859.08
利润总额	78 852.73	114 814.75	104 661.90
减：所得税费用	33 704.18	37 147.21	34 870.83
净利润	45 148.54	77 667.54	69 791.07
减：少数股东损益	13 250.36	22 749.75	17 921.78
归属于母公司所有者的净利润	31 898.18	54 917.80	51 869.29

表2 **资产负债表**

项目	2014年	2013年（调整后）	2013年（调整前）	2012年
流动资产：				
货币资金	35 218.56	52 996.72	52 996.72	42 572.99
应收票据	16 575.33	31 285.48	31 285.48	22 683.55
应收账款	88 474.41	76 679.42	76 679.42	101 925.33
预付款项	12 141.94	11 615.06	11 615.06	12 616.68
其他应收款	38 371.85	22 279.02	22 279.02	7 371.12
存　货	275 181.02	291 663.03	291 663.03	281 064.85
一年内到期的非流动资产	8 351.02	7 454.81	7 454.81	9 456.38
其他流动资产	24 257.11	20 535.19	20 535.19	3 991.40
流动资产合计	498 571.24	514 508.73	514 508.73	481 682.30
非流动资产：				
可供出售金融资产	7 701.84	13 117.79	7 976.75	5 675.20
长期应收款	34 147.77	30 781.40	30 781.40	23 416.27
长期股权投资	219 502.55	211 051.39	216 192.43	189 447.78
固定资产	596 120.07	569 429.79	569 429.79	508 574.26
油气资产	450 631.24	414 510.90	414 510.90	374 690.85
工程物资	1 654.43	2 645.08	2 645.08	3 004.72
在建工程	233 923.58	220 598.72	220 598.72	222 368.01
无形资产	103 988.99	86 054.78	86 054.78	74 736.85
商　誉	37 205.32	37 348.18	37 348.18	38 298.10
长期待摊费用	19 015.90	16 315.44	16 315.44	14 932.88
递延所得税资产	10 288.94	9 570.52	9 570.52	9 151.46
其他非流动资产	15 614.30	10 990.18	10 990.18	2 099.64
非流动资产合计	1 729 794.94	1 622 414.18	1 622 414.18	1 466 396.03
资产总计	2 228 366.18	2 136 922.92	2 136 922.92	1 948 078.32

注：2014年，石化集团公司对一次性住房补贴政策进行清算，冲回已计提未发放一次性住房补贴尾款，增加年初未分配利润。按照《企业会计准则》及国家相关文件规定，进行追溯调整

单位：百万元

项目	2014 年	2013 年（调整后）	2013 年（调整前）	2012 年
流动负债：				
短期借款	162 689. 50	113 053. 68	113 053. 68	81 055. 05
应付票据	7 026. 45	7 387. 63	7 387. 63	9 017. 70
应付账款	249 055. 21	253 865. 64	253 865. 64	258 675. 06
预收款项	113 405. 37	100 551. 41	100 551. 41	90 020. 28
应付职工薪酬	3 732. 08	4 751. 97	6 777. 87	21 844. 48
应交税费	38 456. 71	45 154. 13	45 154. 13	28 608. 70
应付利息	3 115. 30	3 445. 72	3 445. 72	2 875. 57
其他应付款	100 885. 99	84 370. 81	84 370. 81	71 893. 46
一年内到期的非流动负债	98 561. 09	80 411. 74	80 411. 74	30 480. 40
其他流动负债	39 943. 08	44 926. 05	44 926. 05	65 920. 47
流动负债合计	816 870. 79	737 918. 79	739 944. 69	660 391. 19
非流动负债：				
长期借款	178 289. 25	226 662. 59	226 662. 59	236 484. 01
应付债券	158 814. 21	138 114. 98	138 114. 98	143 308. 24
长期应付款	29 826. 87	43 525. 77	43 526. 65	36 653. 20
长期应付职工薪酬	2 807. 14	2 175. 01	—	—
预计负债	40 576. 72	35 524. 95	35 852. 40	30 819. 65
递延所得税负债	44 012. 78	44 843. 41	44 843. 41	43 974. 38
其他非流动负债	6 509. 71	5 127. 02	5 127. 02	4 855. 24
非流动负债合计	460 836. 66	495 973. 73	494 127. 05	496 094. 72
负债合计	1 277 707. 46	1 233 892. 52	1 234 071. 74	1 156 485. 91
所有者权益：				
实收资本	303 222. 26	274 866. 53	274 866. 53	249 594. 63
资本公积	51 575. 28	52 720. 37	52 720. 37	46 040. 64
其他综合收益	-33 146. 01	-14 007. 95	-14 007. 95	-6 718. 38
专项储备	931. 21	1 685. 40	1 685. 40	3 284. 44
盈余公积	183 271. 60	176 763. 24	176 763. 24	169 465. 70
一般风险准备	716. 59	656. 88	656. 88	639. 60
未分配利润	228 996. 02	213 491. 97	213 312. 75	173 004. 70
归属于母公司所有者权益合计	735 566. 95	706 176. 44	705 997. 22	635 311. 33
少数所有者权益	215 091. 78	196 853. 96	196 853. 96	156 281. 08
所有者权益合计	950 658. 73	903 030. 40	902 851. 18	791 592. 42
负债和所有者权益总计	2 228 366. 18	2 136 922. 92	2 136 922. 92	1 948 078. 32

人事管理

◇ 综述

◇ 领导班子和干部队伍建设

◇ 人才队伍建设

◇ 劳动与薪酬管理

◇ 人才培训开发

◇ 总部机关人事管理

◇ 综合与信息管理

◇ 离退休人员管理

综　　述

2014年，石化集团公司人事工作认真学习贯彻党的十八大、十八届三中、四中全会精神和习近平总书记系列讲话精神，紧紧围绕“一个中心、三大主题”，解放思想、转变观念、凝心聚力，履职尽责、真抓实干、改革创新，领导班子和干部队伍建设、劳动薪酬管理、人才队伍建设、培训开发、自身建设等各项工作取得新的成效，为开创组织人事工作新局面、更好地服务石化集团公司改革发展奠定坚实基础。

领导班子和干部队伍建设　认真学习贯彻党的十八大、十八届三中、四中全会精神和习近平总书记系列讲话精神，严明党的政治纪律、组织纪律，严肃党内政治生活，深入开展党的群众路线教育实践活动整改落实工作，领导班子和干部队伍思想作风建设进一步加强。出台《关于加强领导班子和干部队伍建设的九项措施》，从全局、战略高度对领导班子和干部队伍建设进行顶层设计和系统谋划。围绕事业发展大局需要选干部配班子，加强干部交流和培养锻炼，为实施“六大发展战略”提供组织保证。落实从严管理要求，切实加强干部监督管理，营造风清气正的用人生态环境。

人才队伍建设　进一步畅通人才成长通道，整体推进人才队伍建设。加强科技领军人才培养和高层次人才引进，注重优秀科技人才和拔尖技能人才的评选表彰和激励引导，高层次人才不断涌现。深化落实总师技术负责制，健全更好发挥领军专家作用机制。搭建石化集团公司统一的人力资源配置平台，促进人才优化配置。适应转变总部职能、做实事业部要求，做好机构编制管理和干部公开选聘等工作，加强总部机关干部能力提升和作风建设，保持总部机关精干高效。统筹协调海外人力资源管理制度建设和海外员工队伍发展，加强海外人力资源管理，国际化经营人才队伍建设取得新成效。

劳动与薪酬管理　贯彻落实国家法律法规要求，实施深化劳动用工制度改革、规范劳务派遣工作，构建以岗位为基础的新型用工管理体系，加强员工能进能出的市场化机制建设。持续严格控制用工总量，通过严把入口、畅通出口，推进业务(服务)外包，加强系统内人力资源统筹配置、盘活用工存量等重点措施，石化集团公司用工总量进一步减少，劳动生产率不断提高。强化效益决定分配理念，完善工资效益联动机制，改进工资总额核定办法，实行工资总额按事业部整体切块管理。坚持薪酬分配向主营业务、高层次人才倾斜，保持生产一线职工收入适当增长。进一步规范领导人员收入管理，实施领导人员任期激励。积极探索市场化的中长期激励机制。发挥补充保险等薪酬福利作用，研究提出石化集团公司统一补充医疗保险政策框架方案，加强职工保障体系建设。落实好激励性年金政策，提高贡献突出的骨干人员激励性年金水平，增强激励约束效果。

人才培训开发　围绕企业改革发展和人才队伍建设需要，分级分类开展培训。全年培训各类重点人才4 000人次、关键岗位人才5 000多人次，员工远程学习总学时数达到1 542万小时。通过加强培训需求分析和考核评估，严格培训项目运行管理，积极推进培训资源开发和优化共享，大力推进远程培训应用，不断提升培训的针对性和实效性，促进员工队伍整体素质不断提高。

综合与信息管理　以业务为导向扩充完善、优化提升HR系统的综合应用及专项工作功能，稳步推进HR系统深化应用，海外单位HR系统实施应用顺利推进，集成共享的范围进一步扩大，进一步发挥HR系统的支持作用。落实总部机关制度体系建设要求，对人事工作主要业务、职责和流程进行全面梳理，扎实推进管理优化项目实施，提升人力资源管理科学化水平。

离退休人员管理　认真贯彻落实党和国家离退休工作方针政策，召开石化集团公司离退休工作会议，进一步加强制度建设，认真开展“五好”创建活动，深入推进敬老文化、养老文化建设，大力开展“敬老月”活动，丰富离退休人员精神文化生活，保持离退休人员队伍的和谐稳定。

(钟文标)

领导班子和干部队伍建设

【领导班子思想政治建设】　①坚持把深入学习贯彻习近平总书记系列讲话精神和十八届三中、四中全会精神作为首要政治任务。先后举办8期集中轮训班，每期5天，集中轮训领导人员991人。②按照中组部《关于开好2014年度县以上党和国家机关党员领导干部民主生活会的通知》精神，结合石化集团公司实际，确定“严格党内生活，严守党的纪律，深化作风建设”为会议主题，借鉴和运用群众路线教育实践活动专题民主生活会的好做法好经验，部署开好直属单位领导班子民主生活会，推动作风进一步转变，班子凝聚力、战斗力进一步增强。③强化党性教育和实践锻炼。以坚定理想信念和严格党的纪律为重点，对63名新进班子的领导干部进行任职资格培训，组织41名“70后”高级管理人才开展培训并重上井冈山，通过重温中国革命历史，开展党性党风教育，进一步增强学员的理想信念。从7月起，先后举办7期领导干部选学班，549名党组管理的领导干部分别围绕领导影响力、战略创新、战略性绩效管理、财务管理、风险管理、企业文化、品牌管理等专题，参加为期3—4天的集中培训。此外，通过选派干部到重大工程、艰苦地区、复杂环境中锻炼等形式，让干部在实践中砥砺品质、锤炼党性、经受考验。④研究制定《关于加强领导班子和干部队伍建设的九项措施》，从全局、战略高度对当前和今后一个时期领导班子和干部队伍建设进行顶层设计和系统谋划，为进一步提高领导班子和干部队伍建设质量和水平指明方向。

（牟蔚亭）

【优化干部资源配置】 ①以更高标准选优配强“一把手”。坚持把“一把手”队伍放在优先建设的重要位置，综合考虑干部的专业素质、工作经历、性格特点以及单位经营状况、班子运行情况等因素，确保把最合适的人选到“一把手”位置上，重点对63家单位（部门）的正职进行调整。②大力推进干部交流。认真落实干部交流工作规定，从关心爱护干部角度出发，对在同一岗位任职时间过长的干部加大交流力度。全年交流领导干部81人，其中正职领导干部61人，干部资源得到进一步优化配置。做好企地之间对口支援和干部挂职锻炼，选拔5名援疆干部进疆工作，接收国务院国资委、外交部和甘肃、内蒙古和青海选派的8名干部到中国石化挂职。③健全班子配备。针对多数班子普遍缺员、影响企业和部门工作正常开展的状况，在对51家单位（部门）进行干部考察的基础上，突出结构优化和整体功能发挥，完善领导班子配备。立足石化集团公司改革发展全局和上中下游干部资源一盘棋，先后对炼化工程、油品销售、煤化工项目、炼化企业、科研等板块进行调整优化，班子整体效能得到加强。

（牟蔚亭）

【干部工作】 ①强化纪检监察队伍建设。根据党组关于推进纪检监察体制机制改革的有关精神，本着有利于发挥纪委监督保证作用的原则，提交党组讨论通过5个地区纪检分组（监察分局）领导班子配备和部分重要骨干企业专职纪委书记配备意见，为更好地履行党风廉政建设监督责任提供组织保障。②加强党组巡视工作力量。协调胜利油田等33家单位推荐党组巡视组工作成员人选，研究提出6个党组巡视组人员组成意见。配合中央巡视组做好对中国石化的专项巡视工作，就干部选拔任用工作向中央巡视组做专题汇报。③健全部分上市公司治理结构。坚决落实党组关于抓紧推进石油工程及机械制造板块重组上市工作部署和证券监管机构监管要求，明确石油工程公司和石油工程机械公司董事会、监事会及领导班子配备，做实炼化工程公司董事会和监事会，促进公司治理结构规范有效运作。研究改进中国石化控股（参股）企业董事监事选（委）派工作，简化审批程序，调动企业积极性。④充实煤化工新兴业务领导力量。完善长城能源化工公司领导班子配备，组建长城能化贵州公司领导班子，充实新疆能化和内蒙古化工项目部领导力量，从系统外引进煤矿管理人才到长城能源化工公司和宁夏能化任职；结合股权变更情况，进一步完善宁夏能化治理结构，重新任命领导班子；健全煤化工板块党群组织设置，成立长城能化贵州公司、宁夏能化、新疆能化党委、纪委、工会和内蒙古化工项目部纪工委（工会），为加快新兴业务发展提供组织保证。

（牟蔚亭）

【坚持从严管理监督】 ①认真完成“裸官”专项清理工作。认真贯彻中组部通知要求，印发《关于进一步规范配偶已移居国（境）外的副处级及以上人员任职管理的通知》，在调查摸底和汇总分析的基础上，严格工作程序和组织纪律，限期完成18名“裸官”（其中党组管理领导人员5名、处级干部13名）的个别谈话和组织调整工作，形成专项报告报中组部。②清理规范退（离）休领导人员兼职。认真落实中组部规范退（离）休领导干部在社会团体兼职问题（中组发〔2014〕11号）和党政领导干部在企业兼职（任职）问题（中组发〔2013〕18号）通知要求，严格领导人员兼职管理，重点对党组管理的退（离）休领导人员兼职情况开展调查摸底及清理。③扎实开展领导干部个人有关事项报告抽查核实工作。根据中组部、国务院国资委相关要求，组织150家单位的1 058名党组管理领导干部报告个人有关事项。按照3%的比例要求，对34名党组管理领导人员个人有关事项信息进行抽查核实，对存在瞒报漏报问题的人员组织重新填报，进一步增强领导人员的戒惧意识和规矩意识。④注重发挥信访举报在整治违规用人行为中的主渠道作用，及时查核处理群众信访反映问题。2014年，共受理群众来信和邮件举报51件，其中反映选人用人问题的22件、涉及干部能力作风问题的

24 件、反映其他问题的 5 件。

（牟蔚亭）

人才队伍建设

【高层次人才选拔培养】 在勘探开发、炼油化工核心业务主要专业技术领域选聘 10 名石化集团公司首席专家、107 名高级专家，完成首批 37 名石化集团公司高级专家年度考核工作。指导直属单位加强高层次人才选聘，深化人才成长通道建设。截至 2014 年底，共聘任 10 名石化集团公司首席专家、143 名高级专家和 95 名直属单位首席专家，聘任 19 名石化集团公司技能大师和 66 名直属单位首席技师。吴巍、刘传喜入选“百千万人才工程”国家级人选，国殿斌、刘全有获孙越崎科技青年奖，65 人享受国务院政府特殊津贴（其中专业技术人才 54 人、高技能人才 11 人）。

（丁新兴）

【高层次人才引进】 继续拓宽高层次人才引进渠道，引进 3 名“千人计划”海外科学家，并以项目合作方式引进 1 名美国工程院院士，截至 2014 年底，已纳入“千人计划”且正式到岗开展工作的专家达 10 人。

（丁新兴）

【人才配置】 围绕支撑重大项目和新兴业务发展统筹配置内外部优秀人才，升级并正式启用中国石化人才招聘网站，搭建信息发布及时通达、招聘管理公开透明的人才市场化配置平台，形成公开招聘和组织调剂统分结合、内部配置与外部补充相结合的成熟人才配置模式，内部输送配置煤化工、天然气业务重大项目关键岗位及油品销售企业急需人才 400 多人，引进高层次人才和紧缺人才 60 人。

（丁新兴）

【职称评审】 组织开展石化集团公司职称外语考试和职称评审工作，230 人通过教授级任职资格评审，5 553 人通过高级任职资格评审，9 095 人通过中、初级任职资格评审。

（丁新兴）

【博士后工作】 中国石化有博士后工作（流动）站 28 个，在站 198 人，当年出站 67 人，有 49 人出站后留在中国石化工作；承担省部级科研课题 108 项，博士后科研成果获省部级奖 11 项，申请专利 164 件；在核心期刊发表论文 176 篇。选拔 1 名博士服务团成员支援西部大开发工作。

（丁新兴）

【技术能手评审】 组织开展优秀技能人才推荐和评选活动，经人力资源和社会保障部批准，唐元生、张义铁、苏鹤昉、杜书东、张松梅被评为全国技术能手，扬子石化获国家技能人才培育突出贡献奖（单位），孟向明获国家技能人才培育突出贡献奖（个人），另有 268 人被授予石化集团公司技术能手称号。

（丁新兴）

【职业技能鉴定】 审核对接各单位 2014 年职业技能工作计划，指导 20 家单位对 2 158 名考评员进行培训，完成《国家职业分类大典》石油化工专业修订，组织高级技师职业资格评审工作。全年共鉴定 12.6 万人，通过 7.4 万人，其中技师 3 336 人，高级技师 1 458 人。合同制员工中技能操作人员持证率为 92.1%，高技能人才总量达 18.67 万人，占技能操作人员比例为 62.0%。

（丁新兴）

【业务竞赛】 举办 7 个专业的业务技术比武和 5 个工种的职业技能竞赛，85 家直属单位的 3 193 名选手参加预赛和复赛，659 名选手参加决赛。完善业务竞赛优秀选手奖励政策，200 名选手获金、银、铜、奖，29 家单位获团体奖，24 家单位获优秀组织奖，68 名金奖获得者被授予石化集团公司技术能手称号，17 名选手晋升高级技师职业资格。

（丁新兴）

劳动与薪酬管理

【用工总量管理】 坚持严把入口、畅通出口，通过积极推进非核心业务外包，提升定员水平、清退富余用工等措施，持续降低用工总量，有效控制人工成本。组织部分企业开展严格“三定”试点，探索新形势下严格“三定”的有效方法，为全面开展“三定”、强化择优竞争、显化富余人员奠定基础。组织协调系统内人力资源统筹配置，部分企业积极探索系统外业务承包，进一步盘活用工存量。研究用工总量管理办法、系统内人力资源统筹配置、优化用工激励约束等制度和政策，引导企业自觉严格控制用工总量、提高劳动生产率。截至 2014 年底，用工总量为 92.67 万人，同比减少 6.64 万人。

（董　烨）

【用工制度改革】 按照中央深化国有企业改革要求，结合石化集团公司实际，研究深化用工制度改革思路和措施，制定《关于深化用工制度改革的意见》《岗位类别划分和用工配置规范》及配套文件。会同相关部门、事业部和专业公司，分板块对推进深化用工制度改革、规范劳务派遣进行政策培训和工作布置，组织企业编制深化用工制度改革方案，牵头组织审核企业方案。

（董　烨）

【分流安置富余人员和用工规范管理】 落实党组“养人不养企业”要求，研究制定产业结构调整和严格“三定”显化富余人员的分流安置政策，组织指导部分企业先行先试。积极探索和尝试有效做法，部分企业办理特殊工种提前退休取得进展。组织开展 2013—2014 年度劳动用工管理检查评比，全面完成第一轮检查评比工作，进一步提高企业劳动用工管理规范化水平。

（董　烨）

【工资总额和人工成本管理】 根据做实事业部要求，转变管理方式，对事业部和专业公司实行工资总额、人工成本切块管理，调动事业部和专业公司积极性。调整改进工资总额核定办法，完善工资效益联动机制，年初按 95% 下达工资基数，将剩余工资存量与国务院国资委核定的工资增量用于考核分配，激励企业提高效益。开展直属企业及负责人季度考核兑现工作。开展人工成本对标管理，公开发布对标结果，促进企业改善管理水平。

（董岚峰）

【领导人员薪酬管理】 根据石化集团公司高管薪酬管理办法，协调好国务院国资委调控与董事会决策之间的关系，稳妥实施年度奖金兑现工作。首次实施直属企业负责人 2010—2012 年任期兑现，优化收入结构，提高中长期收入在薪酬结构的比重。作为石化集团公司改革创新的有益尝试，帮助上海石化制定实施股票期权计划，探索中长期激励机制。研究直属企业负责人薪酬制度，提出进一步优化收入结构的建议方案。

（董岚峰）

【社会保险及企业补充保险管理】 根据国家《关于进一步做好行业企业社会保险纳入地方管理工作的通知》，协助胜利油田、巴陵石化等 9 家企业开展基本医疗保险移交工作。结合国家政策，研究提出全系统统一补充医疗保险的框架方案。运用激励性年金政策，加大对贡献突出的科研设计、经营管理和高技能人才的激励力度，全年约 3.5 万人获得激励性年金。

（董岚峰）

人才培训开发

【培训管理】 围绕石化集团公司改革发展部署，研究加强和改进培训开发工作的主要思路及措施。组织制定依托远程培训系统搭建培训信息管理平台和培训资源共享平台实施方案，启动平台开发工作。组织全系统培训师资梳理分析工作，研究提出培训质量评估、师资管理等相关管理措施，探索加强区域内培训合作、资源共享的机制。

（邹　强）

【集中轮训】 按照中央统一部署，分层开展学习贯彻习近平总书记系列讲话精神和党的十八届三中全会精神轮训。总部举办 8 期集中轮训班，培训领导人员 991 人。各直属单位和总部机关采取集中办班、专题研讨等多种形式，组织中层领导人员集中轮训，全系统培训中层领导人员 1.38 万人，实现培训对象全覆盖。

（邹　强）

【重点人才培训】 适应重组上市等重点工作需要，举办上市业务、销售板块重组业务、勘探决策、CFO 等培训研讨班；组织领导人员战略创新等专题培训，举办领导人员任职资格班、中青年高级管理人才培训班，培训高层经营管理人员 1 163 人次。组织炼化设备领军专家高级研讨班，举办钻井技术等专家专题研讨班及气田开发技术、煤化工技术等高研班，培训高层次专业技术人才 1 047 人次。开展石油钻井工等工种拔尖技能人才专题研讨，培训 195 人。举办海外炼化项目骨干培训班等中长期国际化人才班以及国际法律、HSE 专家等专业培训班和短期专题适应性培训班，培训 1 035 人次。

（邹　强）

【远程培训】 远程培训系统二期建设顺利实施，实现互联网访问、移动学习等功能。2014 年系统新增注册员工15.6万人，员工年度远程学习1 542万小时，总注册登录员工达59.1万人，已发布课件总数达6 173个(其中在线课件4 787个、移动课件1 386个)、试题达37.1万道。

（邹 强）

【培训资源建设】 初步形成经营管理人员通用管理能力课程体系框架，初步建成安全管理岗位专业培训课程体系。组织开发安全事故案例、标准化操作等远程培训课件，完成999个远程培训课件开发。

（邹 强）

【毕业生引进工作】 组织招聘单位严格按网上报名、资格审查、统一初选考试、测试面试等程序实施，顺利完成2014年度毕业生招聘工作。启动2015年度毕业生引进工作，研究推出10项优化改进措施，包括调整统一初选考试、测试面试和人选公示时间，优化毕业生招聘工作安排；放宽部分岗位招聘条件；放大测试面试入围比例，为更多毕业生提供参加测试面试机会；实行“优才引进”激励政策，对符合岗位招聘条件、在国内外有较高专业水准和公信度的大赛中获得一等及以上奖项，或连续2年获得国家奖学金的优秀毕业生，给予免予参加统一初选考试政策，简化招聘流程，开辟“绿色通道”；组织招聘单位到清华、北大等14所高校进行宣讲，扩大引才宣传；实行资格审查单位间交叉互审，提升招聘网站功能，减少企业上报环节，强化违规问责和协调服务等。

（邹 强）

总部机关人事管理

【概述】 截至2014年底，总部直接负责人事管理的24个部门内设处室201个，处级及以下定员1 233人，实有处级及以下员工927人，其中硕士研究生以上学历占38.9%，大学本科学历占56.1%；正高级职称占8.2%，副高级职称占62.3%，中级职称占22.0%；平均年龄42.1岁。

（冯洪祥）

【机构编制管理】 及时做好油田、炼油、化工事业部内设机构及编制定员调整工作，分别在3个事业部新设内设机构3个，核增定员15人，确保各事业部投资发展、考核、人事管理等管理职责的落实。根据职能调整情况，及时做好矿区(社区)管理部、工程部、资本运营部、化工事业部内设机构及编制定员调整工作。为满足部门实际工作需要，在办公厅单独设立党建协调处，在安全监管局单独设立海上监督处，在信息化管理部新设安全技术管理处。

（冯洪祥）

【机关员工队伍建设】 积极做好总部机关处级领导人员选聘工作，共计开展处级干部选聘工作16次，新提聘处级领导人员45人，对资本运营部、科技部、能源管理与环境保护部、油田勘探开发事业部的6个处级领导岗位面向系统内单位公开招聘，进一步拓宽选人用人渠道。进一步畅通员工成长通道，组织实施部门专家选聘工作4次，聘任部门专家19人。积极做好业务人员聘任工作，组织开展业务岗位公开招聘3次，涉及5个部门、20个岗位；指导部门开展业务人员内部选聘23次，聘任业务人员113人。组织召开总部机关(部分在京单位)工程、经济、政工3个系列的职称评审会，对申报相应任职资格的150人进行评审，有88人通过评审或推荐到石化集团公司高评会。

（冯洪祥）

【机关员工培训工作】 以专题讲座、远程培训等形式，组织总部机关员工深入学习党的十八届三中、四中全会和习近平总书记系列重要讲话精神。举办2期新提聘处级领导人员脱产培训班，参加培训124人；举办1期部门专家脱产培训班，参加培训51人；举办2期业务人员培训班，参加培训134人；委托培训机构组织开展总部机关英语培训，参加培训93人。

（冯洪祥）

【薪酬保险工作】 研究制定《总部机关激励性年金实施方案》，组织总部机关各部门做好本年度享受激励性年金人选评选工作，共有247人享受激励性年金。认真做好总部机关员工工资资金发放、保险及住房公积金缴纳和年金管理日常工作。

（冯洪祥）

综合与信息管理

【组织人事部门自身建设】 把握“管宏观、管总量、管规则、管敏感”原则，落实总部机关制度体系建设要求，全面梳理人事工作主要业务、职责和流程，扎实推进人力资源管理转型优化。修订印发《员工守则》(2014 版)。针对组织人事干部队伍的突出问题，制定印发《关于组织人事部门执行“十个不准”、树立“六种形象”的通知》，要求组织人事系统认真贯彻“三严三实”要求，严格执行“十个不准”，着力树立忠诚、正派、有为、创新、严谨、服务 6 种形象。

(钟文标)

【人力资源信息化建设】 以业务为导向扩充完善、优化提升 HR 系统的综合应用及专项工作功能，在新组建单位推广系统实施和上线应用，组织员工发展模块试点应用，完成相关配置及与财务系统集成应用调整。稳步推进 HR 系统深化应用，向总部 23 个部门开放综合应用平台，完成相关事业部 HR 系统权限配置，扩展总部和企业运用系统管控业务范围。海外单位 HR 系统实施应用顺利推进，在线应用及统计分析进一步规范。集成共享的范围进一步扩大，实现与费用报销系统、HSE 系统集成，与石化股份公司 ERP 财务、会计集中核算系统、HRP 领导人员管理等系统的信息集成应用运行平稳。建立完善系统运行支持体系和日常问题处理机制。

(李堂亮)

离退休人员管理

【概述】 截至 2014 年底，石化集团公司共有离退休人员 41.16 万人，其中离休干部 4 746 人、退休干部 13.36 万人、退休工人 27.32 万人；另有内退人员 1.85 万人。离退休人员和内退人员总计 43.01 万人。离退休人员党员 14.31 万人(含内退人员党员 5 841 人)，设有 106 个离退休人员党委、257 个党总支、3 479个党支部。专职离退休工作人员 4 993 人，兼职离退休工作人员 1 155 人。共有活动站(室)1 222 个，面积达 81 万平方米；老年大学及分校 141 所，在校学员 4.5 万多人；老年文体协会(队)2 231 个，会员达 20 多万人，占离退休人员总数的 46.5%。

(崔文生)

【离退休工作会议】 召开石化集团公司离退休工作会议，回顾总结 4 年来的离退休和关心下一代工作，研究部署当前和今后一个时期的工作任务；表彰 15 家离退休工作先进单位、50 名尊老敬老好干部、65 个离退休工作先进集体和 105 名先进个人，以及 70 个关心下一代工作先进集体和 115 名先进个人。

(崔文生)

【“五好”创建活动】 组织开展石化集团公司“五好”老年活动中心、站、室和老年大学创建活动，评选出“五好”老年活动中心 82 个、老年活动站 27 个、老年活动室 35 个、老年大学 30 所、老年大学分校 8 所。

(崔文生)

【敬老文化、养老文化建设】 召开石化集团公司敬老文化、养老文化建设推进会。举办践行敬老文化、养老文化征文比赛，75 篇践行敬老文化文章、70 篇践行养老文化文章获奖。继续开展石化健康老人评选活动，137 名老同志被评为石化健康老人。组织开展“敬老月”活动，举办石化集团公司第 3 届离退休人员文艺比赛、在京单位离退休人员文艺演出、石化集团公司第 3 届离退休人员文艺汇演，丰富了离退休人员精神文化生活。

(崔文生)

【关心下一代工作】 认真开展社会主义核心价值观教育活动，继续加强对青年员工的“传帮带”，引导“五老”积极参与社区管理。分片区召开石化集团公司关心下一代工作经验交流会。向中国关工委推荐 6 个单位关工委的品牌工作，受到中国关工委的好评。

(崔文生)

物资采购与管理

综　　述

2014年，中国石化物资供应系统紧紧围绕石化集团公司深化改革、转型发展、从严管理要求，以资源优化和保供降本为主线，以巩固集中统一的管理体制和完善科学理性运行机制为中心，以夯实基础、强化服务和加强监管为抓手，以提高集团化采购质量、加强招标采购、标准化采购、供应商管理、储备管理为重点，坚持安全第一，努力降本增效，为建设世界一流能源化工公司保驾护航。

全力保障生产建设物资供应。物资供应系统广大干部职工努力贴近生产建设需要，紧盯石化集团公司重点工程项目，加大沟通协调力度，强化服务意识，严抓过程控制，有效保证了生产建设物资的安全、及时和经济供应。

稳步提升集团化采购规模和质量。充分发挥企业的积极性和人力资源优势，做实区域协同采购，扩大集团化采购规模。大力推进战略采购和框架协议采购，不断提升集团化采购质量。加强市场与价格研究，进一步提高资源获取能力、市场议价能力和风险防控能力。

大力推进招标采购工作。按照国家招标投标法律法规和石化集团公司加强依法治企的要求，稳步推进依法招标采购。在框架协议招标、国际招标、招标专业化、招标管理等方面都取得了重大突破，大幅提升招标规模和比例，规范招标业务运行，营造公平竞争交易环境，进一步降低了采购成本。

全面开展物资供应管理资源优化工作。根据石化集团公司资源优化整体部署，从集团和物资供应系统两个层面积极推进资源优化工作。集团层面，总部承担了3个资源优化项目，其中2个项目已实施；物资供应系统层面，通过座谈会、调研等形式，研讨确定资源优化项目和优化措施，积极组织实施，取得良好的优化效果。

不断强化物资管理。坚决贯彻石化集团公司党组要求，坚持物资供应管理"七统一"，巩固完善物资供应管理体制，持续优化完善业务运行机制，加强标准化、供应商关系管理、信息化建设、储备管理等方面的工作，坚决推进从严管理，强化物资供应队伍建设，进一步提升了物资供应管理水平。

（李超杰）

保供降本

【概述】 2014年，物资供应系统广大干部职工以资源优化和保供降本为主线，千方百计抓资源、防风险、控成本，出色地保障了石化集团公司生产建设物资供应。

（李超杰）

【生产建设物资供应】 2014年，采购化工原辅料、煤炭、设备、材料等物资2150亿元，节约采购资金76亿元，采购资金节约率3.5%，有力地保障了生产建设物资的安全、及时和经济供应。

保供能力进一步增强。紧盯石化集团公司重点工程项目，提升服务意识，加强过程控制，采取组织制定采购策略和全流程控制计划、监控实施进展、重点协调解决重大异常事项等措施，保障了元坝气田、涪陵页岩气、催化烟气脱硫脱硝、LNG、中天合创鄂尔多斯煤化工项目、中安煤化一体化项目等42个项目的物资供应工作。加强对重大检维修与改造项目的保供协调工作，根据石化集团公司年度重点大修改造项目计划，全力保障镇海炼化、上海高桥分公司、九江分公司等11家企业216套装置的大检修物资供应。加大对突发异常事件物资需求的快速响应与支持，对于企业反映的突发事件及时报告、及时响应、及时安排，全年协调处理了湖北化肥乙二醇装置循环气压缩机管道衬里脱落、洛阳分公司PX装置异构化压缩机转子轴断裂、扬子石化酸性水罐区火灾、茂名分公司柴油加氢装置高压临氢阀门泄漏等突发事件，全力保障物资供应。

降本效果进一步加大。化工方面，通过密切跟踪市场变化，及时调整采购价格，全年炼化"三剂"和油田化学剂平均采购价格同比下降3.3%，降低采购成本3.96亿元；安庆分公司克服无机化学品物料多、区域性强、多属危险化学品、梳理工作量大等困难，全面梳理规模超过50万元的物资并纳入招标采购范围，共梳理出招标品种41个，金额30亿元，截至年底，已完成18亿元规模的招标，与前期采购价格相比，节约采购金额1亿元。煤炭方面，加大与矿方谈判力度，建立煤炭定价机制，与神华、中煤、同煤等大矿参照环渤海指数定价，实现采购价格比市场煤低3—10元/吨，累计降低采购成本2 513万元；利用南京区域企业多的优势，有效实现了基地联动，提升了对徐淮矿方的议价能力，进一步提高"海进江"资源比重，促使徐淮矿方不断降价，累计降低采购成本3 687万元。材料方面，创新招标模式，使用关联性招标，在中天合创输水管线及直缝电阻焊管年度框架采购协议招标中，将以往分别进行招标的钢板与制管进行关联，将钢板生产厂与钢管加工厂进行组合，提高了资源配置水平，共节约采购资金2.29亿元。

（李超杰）

集团化采购

【概述】 2014年，集团化采购规模稳步扩大，全年集团化采购1 600亿元，集团化采购率74.4%，节约采购资金54亿元。集团化采购质量大幅提升，战略采购和框架协议采购的比例越来越高，集团化采购优势进一步显现。

（李超杰）

【扩大集团化采购规模】 优化调整集团化采购目录，将较通用的办公用服务器、工作站等6个企业自采品种调整为总部组采品种，进一步扩大组采规模。扩大区域协同采购物资品种，将277个较通用物资需求调整为区域协同采购品种，分南京、上海等9个区域开展区域协同采购，进一步改变区域内企业分散采购的局面，2014年区域协同采购达到155亿元。

（李超杰）

【提高集团化采购质量】 按照“优势互补、互利互惠、合作共赢、共同发展”的原则，与国内外主要矿业集团、钢铁集团、制造集团开展战略合作，推进总部直接集中采购向战略采购转变，2014年总部直接集中采购战略采购率达到89.8%。梳理尚未实行框架协议采购的总部组织集中采购物资品种，扩大总部组织集中采购框架协议物资范围，由总部通过招标统一与供应商签订框架协议，直属企业执行框架协议项下订单。全年总部组织集中采购框架协议采购率达到79%。

（李超杰）

【加强集团化采购物资市场研究】 跟踪大宗物资市场价格，随时掌握成本变化，加大成本构成分析成果应用，建立科学理性的定价与调价机制，较好地掌握了采购工作主动权。全年累计发布30期《物资管理简报》、36期煤炭、化工辅料、钢材等主要品种的框架协议执行（指导）价格，努力降低集团化采购成本，充分显现了集团化采购优势。

（李超杰）

招 标 采 购

【概述】 2014年，按照依法治企的要求，全面推进招标采购工作。大力宣贯普及招标投标法律法规、制度规定及操作规范，有效提升招标规模，强化招标采购监督管理，建立公平竞争的采购环境。

（李超杰）

【物资采购招标工作会】 2014年9月，组织召开物资采购招标工作会议，通报了物资采购招标推进情况以及取得的成效，进一步统一思想、提高认识，对下一步招标采购工作进行安排部署，要求快速提升招标采购规模，稳步推进公开招标，着力提升招标采购规范化水平。

（李超杰）

【建立公平竞争的招标环境】 ①引入全球优秀供应商参与竞争。加大全球优秀供应商搜寻力度，邀请优秀供应商参与招标，为实现科学招标创造条件。地球物理公司沙漠推土机和上海海洋油气分公司测井设备原为独家采购，通过引入国外供应商参与竞争，实现了国际招标，与概算金额相比，节约采购资金800万美元。②通过资格后审为招标创造条件。胜利油田海洋钻井平台首次招标因投标商不足3家而流标，后通过资格后审方式实施公开招标，最终顺利完成招标采购任务，不仅采购到高配置的钻井平台，同时还节省采购资金5 800万元。③创新招标组织形式。在中国石化6个区域的管束协同框架协议招标中，首次集合所有区域需求，统一评标办法、统一报价格式、统一评标标准，对6个区域管束共计30个标进行集中招标，评标专家按照规范的招标流程，把单独招标需要7天的招标工作在1.5天内完成，大大节约了业主与投标商的时间和精力，提高了工作效率。

（李超杰）

【大幅提升招标规模】 2014年招标采购金额522.7亿元，完成年度计划130.7%，较上年增加193.3亿元、增长58.7%。收集各企业推进招标采购的成功经验和典型做法，每季度发布石化集团公司招标通报，并在招标工作会议上充分交流，鼓励各企业进行学习和比对。总部组织帮扶小组到招标基础较薄弱的西安石化、江汉油田、华北石油局等企业进行现场帮扶，指导帮助企业打通招标流程，实现招标业务零的突破。将招标采购率纳入企业物资供应“比学赶帮超”指标，每个月按业务板块通报企业的自采物资招标采购率和排名，对排名前25%的挂红旗鼓励，排名最后一位的挂黄旗警告。石化集团公司将招标采购纳入企业领导班子年度考核指标，增强了企业对招标工作的重视程度。

（李超杰）

【提升招标工作水平】 在上年招投标制度修订的基础上，进一步细化完善招标文件，形成一单一招和框架协议两大系列、集团化采购和企业自采两个层次的招标文件。按照依法依规的原则，组织对评标办法库的评标办法进行全面修订，新创建修订评标办法148项，建立评标办法模板126个。组织各单位对评标专家库进行全面清理，在对原3 864名评标专家进行考核评价的基础上，对评标专家库成员进行淘汰、增补和优化。按照规范招标的要求对原电子招标平台进行全面的修订升级，完成5.0版新招标平台的功能开发工作。

（李超杰）

【强化监督管理】 ①强化网上监控。招标管理人员通过电子商务网，对企业招标范围、招标方案、操作过程等情况进行监控，及时发现和纠正问题；每月通过BW系统抽取采购金额超过100万元以上的采购合同进行分析，对没有实施招标的企业要求说明原因。②开展专项检查。2014年对12家企业物资采购招标情况进行专项效能监察，发现招标采购率低、应招未招、招标业务操作不规范等问题，要求受检企业重视招标采购工作，切实提高招标采购的规范性和自采业务的招标比例。③进行专项督办。全年对12家企业进行审计，对涉及物资采购招标的问题，采取约谈、函询、现场督办等方式督促整改，共约谈企业4次、函询3次、现场督办3次，各企业积极组织整改，并及时上报整改结果。

（李超杰）

资源优化

【概述】 2014年，石化集团公司大力开展资源优化工作，物资供应系统高度重视，按照石化集团公司资源优化领导小组的统一部署，全力推进集团层面物资采购管理资源优化项目，同时积极开展部门层面物资供应管理资源优化工作。

（李超杰）

【集团层面】 2014年，物资采购管理共有3项工作被列入石化集团公司资源优化项目，分别是“巩固提升集中统一管理”“加强企业自采监管”和“优化煤炭采购”。总部成立资源优化工作领导小组，制定项目优化方案，明确了项目优化工作的思路、目标、内容、责任分工、主要措施和工作进度。

巩固提升集中统一管理项目。在全面梳理分析物资供应管理资源现状及问题的基础上，研究制定了物资供应管理体制机制优化方案。在修订完善方案的过程中，组织7个调研组深入胜利油田、中原油田、燕山石化等18家企业开展现场调研，召集20家企业供应处长进行3次集中座谈研讨，书面征求21个总部机关职能部门、事业部和专业公司的意见和建议。

加强企业自采监管项目。2014年3月制定了《企业自行采购监管实施方案》，明确了职责分工、监管内容、监管措施和工作要求。4月向企业印发《关于进一步加强企业自行采购监管的通知》，建立了企业自采问题的收集渠道。从4月开始收集、整理企业自行采购存在的主要问题，及时向工程部、科技部、各事业部、各专业公司反馈。全年共收集各类企业自采问题515项，经过梳理审核，通报了44项典型问题，要求企业根据问题制定整改措施，逐一落实，避免类似问题再次发生，取得了良好的监管效果。

优化煤炭采购项目。积极推进煤炭资源结构优化，提高优质煤的采购比例，加大秦皇岛基地调进神华、同煤等优质资源的力度，提高发热量，降低硫含量，通过调整煤质调价标准引导供应商提高煤炭质量，坚持大矿采购，进一步提高战略采购及进口煤炭采购规模，全年向战略供应商采购煤炭1 326万吨，同比提高0.9%。提高进口煤炭的采购规模，积极开拓进口煤炭市场，全年进口保供煤炭采购211万吨，同比提高20.3%。通过加强煤炭市场分析、定期发布煤炭商情周报、指导企业及时调整采购策略、监控企业煤炭库存规模、优化完善定价机制、强化煤炭入厂质量管理等多项措施，全年累计降低煤炭采购成本4.2亿元。

（李超杰）

【部门层面】 2014年，物资供应系统将物资供应管理资源优化和内部经营管理资源优化作为年度重点工作，以重服务、控风险、抓优化、提绩效为主线，进一步理顺业务流程、堵塞管理漏洞、提高管理水平，更好地保障石化集团公司生产建设物资供应。

物资供应管理。根据年初物资供应管理资源优化工作安排，组织多次供应处长、管理科长研讨会，深入企业开展6轮大规模的调研活动，梳理出336项资源优化建议。经分析整理，将9个方面18项涉及面广的问题列为资源优化项目，将11个方面30项涉及面小、能够立行立改的问题列为整改项目。7月，发布《关于实施物资供应管理资源优化项目的通知》，明确了项目的责任分工和进度计划。截至2014年底，除3项需要2015年中期完成的资源优化项目以外，其余资源优化和整改项目已全部按计划完成。

内部经营管理。按照资源优化工作统一部署，召开内部资源优化研讨会，组织5个调研小组分别赴上海公司、天津公司、重庆公司、华南公司、南京公司、武汉公司、宁波公司、华东公司开展调研工作。对调研结果进行汇总分析，形成管理制度类、运行机制类、业务模式类、财务类、信息系统类、招标类共6个大类27个方面51个问题的优化项目清单，落实项目的具体责任人和优化措施，并按照每周一次对接，每月组织一次办公会的频率对资源优化工作进行督办，确保按进度完成优化工作，至年底，已完成全部的资源优化项目，取得良好效果。

（李超杰）

物资管理

【概述】 2014年，物资供应系统继续强化物资供应管理，巩固完善物资供应管理体制，持续优化业务运行机制，大力推进标准化采购和招标采购，强化供应商关系管理和储备管理，持续加强信息化建设和物资采购监管，积极开展队伍培训，加大走出去学习力度，显著提升了物资供应管理水平。中国石化在中央企业管理提升活动中成绩突出，被国务院国资委授予采购管理专项提升先进单位称号。

（李超杰）

【巩固完善物资供应管理体制】 中国石化已经形成了物归一家、对内统一管理、对外集中采购、上下分工协作的物资供应管理体制格局。

坚持集中统一。坚持集中统一的物资供应管理体制方向，加强对国际石油勘探开发公司、石油工程公司、炼化工程公司等专业公司物资供应管理体制情况的指导，对接落实采购机构设置、供应商管理、集团化采购、电子化采购等情况，督促坚持“七统一”要求，积极探索海外项目集中采购的思路、措施。

加强合资企业物资供应归口管理。制定《关于加强中国石化合资企业物资供应管理的指导意见》，要求合资企业参与集团化采购，开展网上采购，使用中国石化供应商网络。建立与合资企业月度沟通机制，要求合资企业按季度上报统计数据。将中韩（武汉）公司物资采购纳入中国石化“七统一”物资采购管理体系。在与中国石化—西布尔公司合资合作谈判中，将合资企业管理要求列入合资协议。

推进煤化工项目物资供应归口管理、集中采购。开展对中安联合煤化工有限公司、长城能化贵州公司、宁夏能化等煤化工项目单位物资供应管理调研，召开煤化工项目物资供应管理专题会，理顺煤化工项目物资供应管理体制，指导煤化工项目参与集团化采购。

（李超杰）

【持续优化业务运行机制】 对物资供应传统业务改造落后的企业进行“一对一”帮扶。2014年，总部选择传统业务改造工作优秀的直属企业组成帮扶小组，对短板企业就近开展结对帮扶。中原油田、齐鲁石化、洛阳石化等企业，分别与华北石油局、济南炼化、西安石化等管理薄弱企业结对，签订帮扶协议，面对面诊断问题，手把手传授工作经验，实打实制定改进措施。通过先进企业真帮，落后企业真改，被帮扶企业物资供应管理水平得到大幅提升。

固化传统业务改造成果。总结直属企业在物资供应传统业务改造实践中好的做法，修订完善相关采购管理制度，优化相关业务流程，并将制度的新要求和业务流程的优化点固化到企业资源计划（ERP）、电子商务（EC）等采购管理信息系统中。通过成果固化，促进物资采购工作进一步由业务操作型向管理控制型转变。

大力推进专家采购、开门采购。整合各专业物资采购专家资源，统一物资采购专家库，组成共计3 703人的跨部门、分专业、多功能的专家采购团队，广泛参与物资采购过程决策，进一步提高物资采购的科学化决策水平和公开透明度。

（李超杰）

【大力推进标准化采购】 优化标准化采购工作机制。每季度召开“三化”工作小组碰头会，总结“三化”工作推进情况，研讨存在问题，提出解决方案，定期发布标准化工作简报。开展石化用材现状和发展趋势调研，摸清了现状及存在问题，研讨解决方案和措施。开展示范工程区建设，已初步完成了抽油机、采油井口、注水井口、水套炉等多种设备的标准化工作方案和采购技术标准编制。

稳步推进物资采购技术标准体系建设。制修订双螺杆压缩机转子系列化、奥氏体不锈钢制压力容器、柴油抗磨剂、合金钢管、罐板等动静设备、材料、化工专业一级企标48项，发布中国石化采购技术标准56项，超额完成100项采购技术标准制修订的年度工作目标。2014年累计制定发布采购技术标准179项。

新建项目标准化采购成效显著。在S－Zorb项目建设中，发布了《关于大力开展 S－Zorb 装置标准化采购的通知》，明确实施方案，制定了离心泵、往复压缩机、过滤器、加热炉管等 13 项采购技术标准，大力推进标准化采购。在脱硫脱硝项目群和 EVA 工艺包采购过程中，推行专利技术工艺包采购标准化，实现了工艺包范围、深度的标准化和专利设备选型标准化，取得了显著成果。

积极开展采购技术标准执行情况检查。组织对《重载荷离心泵轴径系列化》《机械密封压盖及密封接口方位和尺寸》和部分油田化学剂标准执行情况进行了专项检查。大耐、格瑞德、合肥华升等供应商按照中国石化采购技术标准要求，对设计图纸和产品进行了更新升级。九江分公司、茂名分公司、金陵分公司等企业订购的 193 台离心泵，除更新的 54 台外，其余 139 台全部按照标准规范制造，占 74.6%，为离心泵及其主要部件的通用互换奠定了基础。

（李超杰）

【强化供应商关系管理】　大力推进境外优秀供应商搜寻。2014 年 2 月，制定了境外优秀供应商搜寻方案，明确了搜寻范围、工作职责和工作程序，建立了月度报告、季度通报、监督考核等工作机制。3 月，分专业梳理年度搜寻需求，重点搜寻代理商在网络内制造商不在网络内供应商、新建项目所需物资供应商、物资品种供应商数量不足 3 家的，共提出搜寻需求 171 项。截至 2014 年底，完成现场考察供应商 110 家，占搜寻需求项数的 64.3%；已办理入网供应商 84 家，占年度工作责任目标的 140%，超额完成了年度工作目标。

持续优化网络供应商结构。5—8 月，对网络内 1 521家集团化采购物资代理商进行了全面梳理，停用了涉及 1 065 家代理商的许可供应产品目录，变更了 154 家代理商的供应商类型。对连续 2 年无交易的供应商进行清理，每月对国家法律法规明确要求的重要资质进行监控，到期未更新的停用其交易资格，2014 年停用了 423 家 2 年无交易、1 868 家重要资质有效期过期供应商的交易资格。严格落实违约供应商“零”报告制和处罚制度，根据每月上报的质量、价格、交货、服务、恪守商业道德等方面有违约行为的供应商情况，依据供应商违约行为以及对中国石化造成的不良影响程度，全年共处理了 43 家违约供应商。其中，取消网络成员资格 3 家、暂停交易资格 4 家、石化集团公司内部通报 14 家、书面警告 22 家。

修订完善供应商管理制度。制定发布区域协同采购物资供应商现场考察评价标准，组建 1 454 人的集团化采购物资供应商资格预审专家团队。制定发布供应商现场考察指南，进一步规范供应商现场考察流程，提高现场考察技术含量，严格把控供应商准入风险。修订发布供应商动态量化考核业绩引导订货管理办法，明确提出了将中国石化内部业绩、分级管理结果以及中国石化外部业绩应用到具体采购业务中，落实业绩引导订货机制要求。

全面开展集团化采购物资供应商年审工作。7 月，制定了 2014 年集团化采购供应商年审方案，明确年审供应商范围、年审内容及工作进度安排。8—11 月，组织完成了 5 224 家集团化采购供应商的资质审核、整体实力评价和年度风险评估，并对风险评估高的或 3 年内未进行现场考察的 266 家供应商开展现场考察。11—12 月，开展了年审结果的集中会审，提出 528 家年审不合格拟停用许可供应产品目录供应商名单、2 047 家限期整改供应商名单，评估了供应商整体实力并在全球供应商管理系统录入结果。

（李超杰）

【物资供应信息化建设】　全面完善各项系统功能。优化招标平台评标专家库维护、更新、抽取功能，开发完成国际招标信息录入功能，实现进口物资采购申请、采购委托、招标结果全流程网上操作，完善了评标办法维护、更新功能。提升供应商管理系统功能，优化企业自采流通商审批流程、供应商动态量化评分功能，强化供应商管理信息集成应用，完成经营类与保供类供应商合并、代理商与生产商关联、供应商评分标准、风险评估内容在系统中的更新和调整等功能的开发。完善物资供应管理相关系统功能，完成了对制度、流程和系统固化情况梳理，涉及 37 个制度 1 514 项条款，其中 1 070 条主要管控内容都在 66 个流程中有体现。

新版物料编码切换上线。2014 年 4 月，新版《物料分类与代码》作为石化集团公司企业标准发布实施，并于 9 月切换上线。新版物料编码对 2013 年编制的 56 个大类的 4 369 个物料模板重新进行了梳理，对其中 739 个进行了优化，新增模板 80 个，模板总数由 4 369 个调整为 4 449 个，包括一般物资模板 2 927个、配件类物资模板 586 个、收容类物资模板 608 个、产品类物资模板 328 个。

电子商务系统 EC5.0 成功上线。在覆盖 EC4.0 所有业务基础上，进一步优化了招标、询比价等采购业务流程和系统功能。全面改造系统技术架构，实现组织架构、系统功能、业务流程的灵活配置和系统性能的显著提升，业务响应平均时间由 6—7 秒大幅缩短到 1—3 秒。完善流程引导方式，采用形象化的图标代替文字菜单，使操作界面更加友好、便捷。2014年11月12日，电子商务系统EC5.0正式上线运行。

（李超杰）

【储备管理工作】 截至2014年底，石化集团公司库存总规模96亿元；库存积压物资10亿元，比上年减少2.2亿元，减少18%，库存结构明显优化，新增积压得到有效控制。

构建新增积压物资防控机制。强化月度分析监控，按月分析企业库存管控情况，特别是新增积压物资防控情况，提出专项分析报告，明确重点督办企业和事项，每季度以物资管理简报形式全面分析、通报企业库存考核指标完成情况。对防控措施不到位、整改不力的7家重点企业下发整改督办单，专人跟踪督促问题整改；对新增积压增长较快、处置率较低的6家企业，组织开展现场诊断，深入剖析问题根源，帮助制定优化改进措施和实施计划。

推进即时物流圈建设。制定《即时供应物流圈建设工作指导意见》，明确了工作思路，确定了工作运行机制和操作流程。年初确定的10个集团化采购品种，完成碳素容器钢板、螺纹钢、柴油十六烷值改进剂等7个品种物流圈建设，进口轴承和通用阀门2个品种已签订框架采购协议，督导南京、上海地区企业开展区域即时供应物流圈建设试点。

加大库存信息共享力度。在储备管理系统分9个区域建立了库存信息虚拟库，共享石化集团公司56个大类、90%左右库存物资的信息。开放了石化集团公司总部相关部门和各企业采购、生产、设备、技术、工程、财务等岗位的库存信息实时查询权限，各级用户可随时查看各企业常规储备物资、积压物资、特储物资、可调剂物资库存明细，以及已建立的供应商库存明细，大大促进了库存信息的共享。

加速规范仓储配送管理。在对27家重点企业进行问卷调查、深入16家企业开展现场调研座谈、全面掌握企业需求的基础上，确定了物资仓储配送标准化管理思路和制度、规范编写大纲，制定了工作进度计划。协调组织胜利油田、齐鲁分公司、安庆分公司等6家企业仓储管理专业人员，按进度安排编制物资仓储与配送管理规定和业务规范。

（李超杰）

【从严管理】 从严治理独家采购、指定采购。制定了指定采购、独家采购监督管理规定，从严管控指定采购、独家采购。总部指定采购、独家采购已全面实行网上公示，独家采购必须接受相关利益方监督，通过专家组论证。

大力开展企业自采物资、招标管理效能监察和油田非安装设备采购专项监察效能。对12家企业开展企业自采物资和招标采购效能监察情况进行了检查，共查出一般性问题45个，提出整改要求或建议75条；对6家企业开展油田非安装设备采购专项监察，共查出一般性问题21个，提出整改要求或建议33条，所有受检企业积极组织整改，进一步规范企业采购行为。

开展物资采购“四不两直”检查。对燕山石化、河南油田、洛阳分公司等企业采取业务访谈、资料抽查等形式进行物资供应管理“四不两直”专项检查，检查发现企业在物资供应管理体制、制度建设、需求计划管理、框架协议采购、过程控制、独家采购等方面共16个问题，并向企业反馈，督促整改。

（李超杰）

【物资供应队伍建设】 组织开展物资供应主管经理培训班。邀请中国物流与采购联合会采购委首席顾问王大勇讲解供应链管理知识；物资装备部副主任解读中国石化物资供应管理体系；胜利油田、江苏油田、西南油气田、齐鲁分公司、茂名分公司分别就治理独家采购、需求计划管理、库存改代利用、招标采购、采购案例教育等做了经验交流；各位主管经理就贯彻落实石化集团公司深化改革、转型发展、从严管理的要求，进一步加强物资供应管理工作进行了研讨。

组织开展物资供应处级干部培训班。2014年4—11月，组织了4期物资供应处级干部培训班，来自72家石油石化企业的153名处级干部参加了培训。培训人员圆满完成了各项学习任务，撰写了5个共性问题的20篇专题报告，丰富了管理知识，提升了管理能力，增强了沟通交流。

组织开展物资供应管理科长培训班。讲解了物资供应管理制度体系及绩效考核、招标管理制度、大数据挖掘与分析等方面的内容，对学习型组织建设、过程控制、需求计划管理、制度流程标准化、采购案例教育、招标采购等方面的工作进行了交流。分组研讨了指定采购和独家采购监督管理办法、物资供应专业化分工流程化操作管理规定、物资采购专家库管理办法、物资供应管理绩效考核工作优化。征集了石油石化企业对物资供应管理资源优化的意见和建议。

（李超杰）

【走出去学习】 2014年，组织到西门子、IBM、国家电网、海尔等国际国内行业领先企业调研，交流采购管理先进理论和最佳实践；3月，赴CAPS美国总部对战略采购、框架协议采购、供应商绩效考核等方面进行了面对面的交流；6月，参加了CAPS与华为集团联合组织的全球采购战略专题论坛；10月，参加了EIPM举办的“2014年亚洲首席采购官圆桌会议”，10月底组织部分企业物资供应部门负责人赴EIPM进行了共享服务平台建设、采购与供应链战略、供应商价值等课题的学习；11月初，参加了中国石油学会石油物资专委会举办的石油石化采购与供应链管理论坛，学习借鉴了国内外优秀企业采购与供应链管理先进经验和典型做法，进一步提升管理水平。

（李超杰）

信息化建设与管理

◇ 综述

◇ 示范工程建设

◇ 系统建设与应用

◇ 信息基础设施与安全建设

◇ 信息化综合管理

综　述

2014 年，石化集团公司按照“两化”深度融合的总体思路，紧紧围绕“一个中心”“三大主题”重点任务，全面落实“十二五”信息化规划各项任务，积极推进“三大平台”完善提升和 4 项示范工程建设，深入开展信息化创新应用活动，“两化”融合取得明显成效，支撑和促进了公司改革转型、提质增效和从严管理。其中，智能化管线系统在 7 家企业上线运行，提升了油气管线运行管理水平；安全管理、环境保护、能源优化等系统加快推广，促进了“碧水蓝天”“能效倍增”计划实施，为安全环保、节能减排、绿色低碳发展发挥了重要作用；ERP、资金集中、合同管理等系统进一步深化应用，促进了管理规范化，提升了从严管理实效。石化集团公司被国务院国资委评为管理信息化专项提升先进单位，有 19 家企业入选工信部首批“‘两化’融合管理体系”贯标试点企业名单。

（王景涛）

示范工程建设

【经营管理平台集中集成】 ①ERP 大集中试点取得成功。全面梳理设计 944 个单元流程、885 个业务场景，将原有分散开发的 8 万多个应用程序整合为 3 000多个，建成集成、优化的 ERP 大集中模板，流程标准化率达到 94%。在胜利油田、镇海炼化、江苏石油等 10 家试点企业开展了 ERP 大集中实施并实现系统上线运行，提高了企业流程标准化程度，整合了跨板块、跨职能的业务操作，支持了共享服务、热电水务、油田区块核算等业务创新应用。②集团直属单位 ERP 建设加快推进。完成国际石油勘探开发公司本部（含温非尔德）的 ERP 实施和哈萨克斯坦公司的 ERP 详细设计，制定了炼化工程公司 ERP 项目总体设计方案。③经营管理平台集中集成度进一步提高。在 ERP 大集中实施过程中，构建了以企业服务总线为核心的系统集成平台，为 20 余个总部统建应用系统设计接口模板 183 个，规范了 110 余个企业自建应用系统的集成方式，实现了 ERP 大集中系统与各应用系统的标准化、规范化集成；构建了以数据仓库为核心的数据集成平台，搭建了数据分发系统，实现了 ERP 数据的共享利用。④总部数据仓库功能提升和创新应用。完成了总部统一数据仓库（EDW）系统向内存计算（HANA）迁移，数据加载性能和处理能力得到显著提升；初步搭建了经营大数据分析平台，在北京石油、上海石油等 5 家销售企业开展了非油品类分析大数据应用，支持了商品促销、铺货等商业决策；建设了化销换货、工程物资等专项分析应用，其中化销换货分析上线 5 个月节省物流费用 2 635 万元。

（王景涛）

【智能石化试点】 ①智能工厂试点建设取得新突破。初步形成涵盖业务标准、数据标准、技术标准、应用标准、实施标准和运维标准的智能工厂标准化体系，4 家试点企业在生产管控、供应链管理、HSE 管理、设备管理、辅助决策等业务领域的智能化应用初见成效。燕山石化建立了协同一体化的生产管控新模式，提高了物料动态平衡、全流程生产优化水平，建立异常识别模型，形成了 9 类生产预警信息的三级报警模式，实现调度异常的自动感知、实时监控及调度指导方案的主动推送。镇海炼化基于国产化三维平台，开展设备检维修、防腐、特种设备检验等设备领域的智能化应用，实现吊装方案、检维修工序、设备检维修及拆装等专业化三维模拟应用；建成国内石化行业首个超大型全封闭、全自动、无人操作的智能立体仓库，实现了固体产品包装、仓库作业的自动化管理和无人装车发货。茂名石化基于可视化的二、三维平台，建立了一体化的生产指挥调度平台和三维工厂模型、仿真应急演练模型，实现重点环境排放点 100% 实时监控与分析，实现总部、企业和现场的三级联动应急指挥，支撑了企业关键防火区域火灾、爆炸、罐泄漏等事故模拟分析及抢险预演。九江石化建成了生产管控中心，实现生产运行、调度指挥、全流程优化、安全管控、环保监测、DCS 控制、视频监控等一体化管控，促进企业提质增效成效显著，经济效益、安全环保等主要经济技术指标从炼化板块排名靠后跃升为沿江企业首位。②智能化管线管理系统建设完成 7 家试点，实现了当年完成系统规划设计、当年完成系统搭建和试点实施的建设目标。管道储运公司、茂名石化等 7 家试点企业实现系统上线运行，并总结形成 5 类 21 项的推广模板。③完成智能油田建设整体规划与方案设计，中原油田、西北油田分公司等企业在部分高产井实现生产现场可视化管理，提高了管理效率和劳动生产率。

（王景涛）

【移动应用】 初步建成统一的移动应用平台，在总部机关和 19 家企业完成移动应用平台、移动业务功能实施，实现业务审批、统计分析、外操巡检、客户服务等功能应用，活跃用户超过1.7万人。企业利用统一移动平台在生产经营等业务领域开展了移动应用，油田企业实现生产经营指标、HSE风险监控、管道占压GIS地图等经营信息展示和数据分析；炼化企业利用移动终端开展日常巡检，现场采集故障数据和运行参数，及时发现、处理设备缺陷和存在的安全隐患；油品销售企业建立"掌上营业厅"，开展了多渠道加油卡充值、促销信息推送等增值服务。

（王景涛）

【IT共享服务中心】 搭建了基础设施云平台，为财务共享、ERP大集中等40个系统应用和大数据分析等8个项目开发测试提供资源服务，实现软硬件资源的按需分配和应用系统快速部署。初步建成中国石化IT运维平台框架，完成呼叫中心、IT服务门户、服务管理等系统的基础功能开发实施，实现对服务过程和服务水平的全透明化管理。建成财务共享服务技术服务平台(SSF)，已在胜利油田、国际石油勘探开发公司等13家试点企业上线运行；建成费用报销系统，已在齐鲁石化、广东石油分公司等20家企业上线应用，系统用户近24万，累计处理单据14万多笔，为财务共享服务中心正式运营提供了技术支撑。

（王景涛）

系统建设与应用

【经营管理系统】 ERP系统完善提升：根据企业管理体制机制变革，完成对物资装备部(国际事业公司)、联合石化公司、管道储运公司等17家企业ERP系统的组织架构调整；按照销售板块混合所有制改革、润滑油公司"分转子"改革要求，完成33家油品销售企业、润滑油公司22家单位的ERP系统调整。资金集中管理系统建成资金集中管理综合分析平台，系统应用扩展到境内外所有单位，进一步提升了集团资金整体运营能力。人力资源管理(HR)系统开发建立人力资源配置平台，提高了人才内部配置效率，支持了人力资源共享优化。物资采购电子商务系统(5.0)顺利上线，新版物料编码全面启用，进一步规范了物资供应管理。合同管理系统在8家境外单位完成推广，在线管理合同151万份，合同示范文本使用率由上年的68%提高到73%。

（王景涛）

【生产管理系统】 安全管理与应急指挥系统建设：完成河南油田、燕山石化、北京石油等16家企业的系统功能升级，累计完成42家企业推广，已覆盖所有炼化企业；完成总部和4家企业应急指挥建设，初步形成总部、企业和现场三级一体化的应急指挥体系，支撑了境外应急综合演练，参与处置4次突发应急事件。环境保护信息系统建设：系统在线监测功能上线运行，实现对企业362个国控和省控污染源外排口数据的在线监测。生产计划优化(PIMS)系统完善提升：完成对34家炼油企业PIMS模型功能提升，完成炼油板块生产计划整体优化系统建设。

（王景涛）

【油田企业信息化】 源头数据采集系统推广应用：完善了勘探开发源头数据采集系统运维体系，保障了2 700余个采集点的稳定采集，支持了油田企业100多个应用系统的数据综合利用。勘探开发区域数据中心建设：完成勘探开发区域数据中心的整体规划，建成中原油田、江汉油田勘探开发数据中心，已累计建成4个企业级勘探开发数据中心，管理4 705个区块(单元)的数据资料和6万多口井的生产动态数据，支撑26个局级重点应用系统，为14类综合研究主流专业软件提供数据服务。勘探开发综合应用服务平台建设：完成采油厂、分公司、研究院3个层面的应用整合，扩展了服务模式，实现119个业务岗位定制应用。集输与注水系统推广应用：在胜利油田、河南油田等5家企业采油厂推广应用集输与注水系统，共实施优化方案294个，节水节电效果显著，节能率达到3.5%以上。

（王景涛）

【炼化企业信息化】 MES系统深化应用：完成上海石化、荆门石化等5家企业系统功能提升，同步完成安庆石化、石家庄炼化等工程扩建企业系统适应性改造，实现27家企业MES系统化工产品生产、库存与化工销售公司的产销衔接应用，支撑了化工产品产、销、储、运的协同运营。能源管理系统试点建设：在燕山石化、扬子石化2家企业试点成功，强化了对能源的产、输、转、耗全过程的跟踪、核算、分析和评价，实现能流可视化、能效最大化与在线可优化，2家试点企业能源在线优化节约成本1 168万元/年，有力支撑了"能效倍增"计划。操作管理系统建设：在茂名石化、广州石化等4家炼化企业推广应用，系统覆盖290余套主体装置，建立

2.3 万余条装置操作监控指标，实现内、外操管理高效协同，提高了现场处置质量和工作效率，有效消除了事故隐患，保障了装置安全平稳运行，促进操作平稳率提高 5.3%，操作合格率从 90.7% 提升至 100%。先进过程控制(APC)系统推广应用：当年完成 24 套炼油装置和 6 套化工装置 APC 系统建设，累计投用 171 套，实现 APC 系统与实时优化系统集成应用，促进了装置操作优化、产品质量提升，新增效益 4 700 多万元/年。在总部和企业建成投用热电、水务管理系统，支撑和促进了热电、水务等专业化管理。

（王景涛）

【销售企业信息化】 完成燃料油、润滑油等专业销售企业的客户关系管理(CRM)系统建设，通过客户服务平台、客户服务 APP、客户服务中心等建设，为内部营销部门和外部客户提供销售、营销、服务等多种业务支持，提升了客户体验，提高了服务质量和销售管理效率。IC 加油卡系统通过等保测评，保障了系统平稳运行，2014 年发卡 2 378 万张(其中区外 150 万张，区内 2 228 万张)。完成非油品业务经营管理系统(二期)项目建设，商品、供应商等基础数据和采购、结算等业务纳入统一管理，已在线管理供应商 7 000 多家、各类商品 4.4 万余种，实现供应商的协同服务，提高了总部对非油品商品、供应商、采购、结算等业务的监控管理能力。完善提升成品油物流管理系统，实现总部、企业和承运单位间的业务协同、资源优化，物流优化降本成效显著。完成北京石油、湖北石油 2 家试点企业普通发票管理系统上线运行，在江苏石油、湖南石油等 4 家企业开展自动清账系统试点建设。

（王景涛）

【科研与工程单位信息化】 知识管理系统建设：已在石油勘探开发研究院、石油工程技术研究院等 4 家单位上线试运行，为 11 个项目提供知识检索和推送服务。科研门径系统建设：在北京化工研究院、抚顺石油化工研究院等 5 家科研院所得到初步应用，实现 118 个科研项目不同科研阶段门径量化管理。炼油技术分析及远程诊断系统推广应用：在 138 套炼油装置建成投用，实现 6 类炼油主装置全覆盖，700 多名专家在线开展问题诊断，月均解决企业生产问题 50 余项。石油工程公司利用精准化钻井、三维地质导向等自主知识产权软件，为安全高效钻井和提高水平井储层钻遇率提供有力支持。炼化工程公司开展了一体化信息管理平台、多专业协同设计平台和数字化工厂交付平台建设，大力推进设计集成化和管理现代化，提高了工程设计质量和数字化管理水平。

（王景涛）

信息基础设施与安全建设

【信息基础设施建设】 完成 5 个国内区域网络中心建设，累计投用 11 个国内区域中心，已有 147 家企业切换上线，提升了主干网运行稳定性及传输能力。

（王景涛）

【基础应用系统建设】 统一通讯系统集成了安全管理、邮件等 667 个应用系统，提升了内部员工沟通和数据传输能力。开发完成通用版无纸化会议系统，进一步扩大使用范围，支撑了石化集团公司经济活动分析会等重要会议。完成总部和 9 家企业视频会议系统提升，提升了视频会议系统的稳定性与可靠性，总部全年利用视频会议系统召开会议 803 次，与会人数超过 60 万人次(其中境外参会 3 万人次)。

（王景涛）

【信息安全建设】 加强信息安全组织管理，在总部成立安全技术管理处，在企业落实信息安全管理专职岗位，发布《关于加强中国石化信息安全工作的指导意见》，建立起信息安全通报和重大突发事件报告机制。加强信息安全防控，完成总部和 35 家企业桌面安全系统部署；完成统一身份管理系统试点建设，实现胜利油田、燕山石化、九江石化 110 多个应用系统的集成；完成 20 家省市公司加油卡系统等保测评，对 18 家企业开展安全风险评估；及时发布高危漏洞风险预警，处理安全事件和隐患整改 33 起；完成资金集中等 10 个重要应用系统灾备建设，组织开展资金集中、HR、MES 等重点系统应急演练，提高了信息安全应急处置能力和基层员工的信息安全意识。

（王景涛）

信息化综合管理

【加强信息化组织领导】 定期召开总部信息化领导小组会议和专题会议，研究和决策了 ERP 大集中、信息安全等重大信息化事项；将网络和信息安全专项考核纳入企业领导人员年度绩效考核范围。

（王景涛）

【完善信息化制度体系】 根据石化集团公司深化改革、转型发展要求，结合新技术发展趋势，健全了信息化制度体系框架，优化了重点环节工作流程，修订完善《信息化管理办法》等33项制度。

（王景涛）

【加强信息化顶层设计】 结合云计算、大数据、新一代移动通信等新技术趋势，明确了中国石化信息化未来发展的架构、体系和技术路线，以及大平台、大系统、大运维的建设思路，确定了平台化建设、移动化应用、国产化替代的建设策略。完成ERP大集中、智能工厂等专项规划，开展"信息化技术引领石化产业"专题研究，制定了"两化"深度融合方案和推进计划。

（王景涛）

【加强信息化队伍建设】 加强信息化培训。统一组织各类培训5 000余人次，其中组织3期企业领导人员信息化培训班，培训党组管理干部85人；举办8期企业处长、业务专家培训班；在集团范围内选拔35名优秀青工，组织开展信息化国际化人才培训。组织举办信息安全技术竞赛，共有72家企业的440名选手参赛，12家企业和24名个人分获团体和个人金、银、铜奖。完成首批信息化专家评定，共评出管理专家24人、技术专家31人。

（王景涛）

【推进"两化"深度融合】 全面推进ERP登高计划，发布新版《ERP登高计划指标》，并根据企业专业化、一体化的管理特点，对天然气分公司、催化剂公司、化工销售公司等6家专业公司设立专门的指标体系。深入企业一线开展帮促交流活动22次，为企业解决问题385个；组织油田、科研板块ERP登高示范企业交流、炼化板块MES应用经验交流，促进了企业创新应用、绩效应用水平提升，评选出深化应用成果346项，实现了90%企业ERP新一轮应用达标、炼化企业MES系统100%应用达标。组织企业参加工信部"'两化'融合管理体系"贯标活动，共有19家企业入选首批贯标试点名单，已有8家企业完成了"两化"融合管理体系建设，镇海炼化、茂名石化、上海石化、安庆石化、济南炼化、北京石油、山东石油7家企业顺利通过贯标认定。

（王景涛）

法律管理

- ◇ 综述
- ◇ 体系建设
- ◇ 合同项目
- ◇ 法律纠纷
- ◇ 公司事务
- ◇ 普法培训
- ◇ 法律资源

综　　述

2014年，法律系统围绕石化集团公司中心工作，深入贯彻落实十八届三中、四中全会依法治国重要方略、央企法制工作会议和石化集团公司工作会议精神，强化法律从严管理，严格依法治理，大力推进依法治企、依法决策，完成中央企业法制工作新“三年目标计划”，落实“六五”普法规划，加快境内外法律管理体制机制建设，持续完善法律风险防控体系，弘扬中国石化法治文化，着力打造“法治石化”“平安石化”，为公司生产经营、效益增长、改革发展、和谐稳定、国际化经营提供了有力的法律支撑和保障，各项目标、任务圆满完成，各项工作取得积极进展。

全面完成新“三年目标计划”各项指标。完成央企法制工作“三年目标计划”各项工作要求，规章制度、经济合同、重大决策法律审核率均达到100%，重要子企业总法律顾问专职率、法律顾问持证率双超国务院国资委要求的80%。中国石化在国务院国资委对中央企业落实法制工作第3个3年目标的年度考评中取得A类评价的好成绩，位列中央企业前列。

法律业务国际化取得重要进展。按计划编写完成土耳其等9个国家和地区《投资贸易法律指南》。根据国务院国资委安排，编印完成《企业境外法律风险防范国别指引》德国分册。将法律培训内容嵌入外事公共安全培训流程，推动涉外和外派人员法律培训制度化。

法律风险防控体系建设稳步推进。编印《中国石化法律风险管理报告(2014)》；严格执行企业定期上报《法律风险提示信息》制度，定期编制《法律风险提示》《案件月报》，供党组领导参阅。组织编制《中国石化法律风险管理清单(2014)》，为全系统法律人员和业务人员识别、掌握、防控本岗位、业务领域相关法律风险提供保障。法律人员全程参与经办资本运作、融资担保、中外合资、收购兼并等重大项目。

法治文化建设不断深化。按季度下发领导干部学法主题，对新提拔党组管理的领导干部进行法律培训。成功举办以“弘扬宪法精神　建设法治石化”为主题的国家宪法日签名活动。

2014年，在国务院国资委中央企业管理提升活动中，中国石化获国务院国资委法律管理专项提升先进单位称号。

（王　栋）

体系建设

【制度建设】　修订完善中国石化《合同管理办法》《工商事务管理办法》《授权委托管理办法》《商标管理办法》和《境外法律工作暂行办法》5部现行法律管理制度，新制定《法律风险管理实施细则》《法律综合管理系统管理办法》2部法律制度。对法律部15项内部管理制度进行修订和完善，进一步规范部门内部的行为，完善工作制度和工作程序，明确权责。审核了《科研项目对外招标试行办法》《投资项目责任追溯暂行管理办法》《关联交易结算管理办法》《工程分包管理办法》《中国石化集团化采购管理办法》《石化重大技术装备研制工作管理办法》《中石化保险有限公司业务监管暂行办法》《中国石化集团公司担保业务管理暂行办法》等相关制度，提出修改意见。

（王　栋）

【持续推进总法律顾问述职工作】　继续在全系统组织开展总法律顾问述职工作。2014年，采取书面述职的方式，以总法律顾问履职情况、法律管理提升方案落实情况、法制工作第3个3年目标完成情况和“六五”普法工作开展及中期督导部署情况为4项常规述职内容，结合各阶段主题开展述职工作，进一步提升全系统总法律顾问履职意识。

（孙黎明）

【进一步提高企业法律顾问执业资格持证率】　截至2014年年底，全系统持有企业法律顾问执业资格证的人数达816人，占应持证专职法律人员986人的83%，持证率进一步提高。

（孙黎明）

合同项目

【深化国别法律环境研究】　持续开展国别法律环境研究，继续牵头组织《投资贸易法律指南》编写工作。2014年，编印澳门、马来西亚、肯尼亚、阿曼、尼日尔、土耳其、泰国、也门和西班牙9个国家和地区《投资贸易法律指南》。截至2014年底，已完成46个国家和地区的国别指南编写工作。承担国务院国资委组织的《企业境外法律风险防范国别指引——德国》编写工作。

（李　驰）

【重点热点敏感问题研究】 持续开展涉外重点、热点、敏感案例和事件的研究。针对美国制裁伊朗以及美国、欧盟与俄罗斯相互制裁，美国证券交易委员会对四大会计师事务所中国分支机构做出初步处罚裁决，BP 漏油事故判决等与公司业务紧密相关或引发深远法律影响的国际热点问题、事件编发简报；持续关注境外法律环境变化，如墨西哥能源改革法案法、香港竞争法草案、莫桑比克出台新石油法以及首轮区块公开招标等；对网络交易平台合同格式条款反垄断、境外投资、跨境担保业务管理等事项及时出具简报。

（常明霞）

【深入推进 CMIS 系统二期建设】 2014 年 3 月，启动 CMIS 二期需求分析工作。5 月，各境外实施单位组建 CMIS 建设领导小组，境外 CMIS 系统先后完成了 4 次业务对接和需求确认，为驻香港、新加坡实施单位定制了 32 个业务场景；境内部分梳理确定了 13 个模块 173 个功能提升点。6 月 12 日，CMIS 系统取得国家版权局颁发的计算机软件著作权登记证书。9 月，国务院国资委政策法规局刊发《高起点、高标准、高效率——中国石化通过信息化提升合同管理水平》简报，并上挂国务院国资委网站。10 月，CMIS 二期项目可行性研究报告获得批复。至年底，完成石油工程、山东石油、长城能化、经济出版社等新增单位系统实施，完成销售公司、炼化工程、燃料油、润滑油等单位 CMIS 数据调整，配合 ERP 大集中工作完成 11 家单位 ERP 接口提升工作，完成境内系统提升功能开发测试，完成驻香港、新加坡 8 家单位 CMIS 上线实施。CMIS 系统获 2014 年度中国石化科学技术进步一等奖。

（李　驰）

【重大项目法律服务】 2014 年共参与项目 26 个，其中境内项目 4 个、涉外项目 22 个，共出具法律意见书 13 份，审查会签文件 54 件次。此外，还通过解答电话咨询、发送电子邮件、参加会议等多种方式为总部部门和企业提供法律服务。2014 年参与的资本运作和境外合资合作项目主要包括公司油品销售业务板块重组项目、石油工程业务重组项目、参股俄罗斯西布尔公司等；融资担保项目包括石化集团公司 60 亿美元债券发行、石化集团公司担保的国勘与国家开发银行 29 亿美元贷款项目、石化集团公司全球资金集中银企直联项目等；反垄断项目包括燃料油公司经营者集中申报项目。

（常明霞）

【总部机关合同管理】 严格总部机关日常合同审核、盖章和归档工作。2014 年，审查总部机关送审合同共 255 份，其中石化集团公司合同 132 份，石化股份公司合同 123 份；标准合同 104 份，非标准合同 151 份。

（郭　飞）

【合同管理员培训】 2014 年共举办华北、山东、华中、华东、华南、西南、西北、新疆、北京一片区和二片区 10 个片区 8 期合同管理员培训，为中原油田开设专门培训，共培训 1 245 名合同管理员，提高了合同管理员的业务素质，实现合同管理员持证上岗，进一步提升了全系统合同管理水平。完成 LIMIS 合同管理员信息采集和上传工作。

（郭　飞）

法律纠纷

【重大外部纠纷案件】 总部和企业上下联动、密切跟踪、积极推进重大涉外案件、技术秘密侵权案件、网络舆情维权案件和侵权纠纷案等类型案件。2014 年，全系统共办结案件 445 件，取得孙某在美国诉中国石化案、国际事业公司欧亚钻机瑞典仲裁案、联合石化债务纠纷案等重大、敏感案件的全面胜诉，避免和挽回损失 3.3 亿元、54.3 亿美元。新增办结案件统计见图 1。

（马继亮）

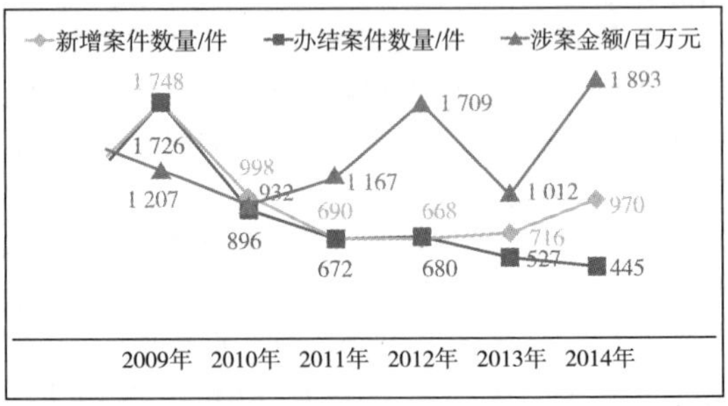

图 1　新增办结案件统计

【突发事件应对】 继续全程参与"11·22"事故后期理赔和善后工作。参与"4·28"脚手架倒塌事故处理等工作，提供相关法律服务。

（张志军）

【知识产权保护】 强化知识产权法律保护，加快知识产权重大案件处理进程，重点防范技术引进可能引发的侵权风险。汇编《中国石化知识产权典型案例》20篇；开发涉外技术引进和涉外技术交流保密2个涉外合同示范文本，从源头上防范企业"走出去"过程中面临的知识产权风险。

（吴　洁）

【劳动用工】 配合劳动用工制度改革，协助相关部门做好法律服务；就《中国石化职工违纪违规行为处分办法》等涉及职工利益的规章制度制定出具法律意见；举办中国石化劳动争议解决培训班，全系统36家单位的50余名法律和人事工作人员参加培训和研讨；组织编制完成《中国石化劳动用工法律风险提示》和《劳动纠纷典型案例汇编（2015）》，梳理劳动用工法律风险点，总结办案经验，指导企业防范劳动用工法律风险，应对劳动用工纠纷。

（张志军）

【法律风险防控】 印发《中国石化法律风险管理实施细则》，编制《中国石化法律风险管理报告（2014）》和《中国石化法律风险管理清单（2014）》，提示、警示全系统年度十大法律风险及应对措施。定期编制《案件月报》《法律风险提示》。组织法律风险管理专家组成员赴胜利油田纯梁采油厂调研法律风险管理工作进岗位、进制度、进流程情况。为化工销售公司进行法律风险防范专题讲座，结合实际、通过大量案例，提出经营管理法律风险及防控措施。会同管道公司着力解决影响公司安全生产的打孔盗油和违法占压两大顽症，开展管道法律维权保护专项工作。编印《依法随行——中国石化领导干部法律指南》《依法随行——中国石化油田企业员工法律指南》《依法随行——中国石化油品销售企业员工法律指南》《产品质量典型案例汇编》。

（江　渊）

【举办法律纠纷处理技术比武】 为提高中国石化法律人员纠纷处理技能，提升全系统法律纠纷处理水平，根据石化集团公司2014年业务竞赛统一安排，自3月起，在全系统举办法律纠纷技能比武活动。7月25日，在6个赛区举办法律纠纷处理技术比武个人赛，来自全系统的362名选手参赛，27名选手脱颖而出，分获金、银、铜奖。10月20—21日，团体赛在总部举行。团体赛采用模拟法庭形式，各代表队按照原告、被告角色对阵，由资深法官、仲裁员担任模拟法庭法官。经过紧张角逐，决出2个一等奖、2个二等奖、4个三等奖、8名最佳辩手和20家优秀组织奖。

（江　渊）

举办法律纠纷处理技术比武

【不良债权（股权）核销法律审核】 审核江苏石油分公司等5家单位8笔不良债权，共计3 341万元。

（王凌云）

公 司 事 务

【法律研究与规章制度审查】 2014年，在深入研究并征求相关业务部门及企业意见的基础上，先后对22项法律、法规、规范性文件等提出立法建议50余条，参加专题会议2次，分别向全国人大法工委、国务院法制办、国家能源局、国务院国资委做了函复。研究并反馈意见的重要立法主要有能源资源法律类4项、环境安全类5项、财税法律类5项、公共法律类8项。共对109项公司规章制度进行合法性审查。跟踪研究热点法律问题，针对环境保护法、公司注册资本制度改革等进行研究，共编发81期《石化法制简报》。在全系统开展依法合规执法检查，制定检查清单并下发通知，在企业全面自查的基础上，对10家企业进行了重点检查和督察，完成了《依法合规执法检查总结报告》。

（王世声）

【工商事务与授权管理】 修订并下发《中国石化工商事务管理办法》，新增年度报告、信用信息公示、法律综合管理系统工商模块等管理内容。修订并下发《中国石化授权委托管理办法》，新增法律综合管理系统授权模块、办理授权书、文件归档等管理内容。

2014年2月，因石化集团公司、石化股份公司总部及下属在京企业的工商登记管理从国家工商行政管理总局移交至北京市工商行政管理局，组织部分企业赴北京市工商行政管理局汇报、对接工作。根据国家工商行政管理总局的统一安排，领取石化集团公司和石化股份公司新版营业执照。积极与工商部门做好沟通，克服办理许可证的政府部门政策变化的新情况，及时完成石化股份公司经营范围的变更。石化集团公司因财政部政策性拨款、石化股份公司因可转债转股以及分红使注册资本发生变化，及时办理了注册资本变更登记。

全年共办理工商事务 214 件，其中证照使用 159 件；共办理诉讼类、商标类、股权类、合同类、工商及综合类授权 133 份。

（詹　湲）

【商标管理】 修订《商标管理办法》，调整总部商标管理相关机构职能，增加企业自有商标管理、商标转让程序、商标价值评估、商标信息化管理等内容。

2014 年完成中国石化 5 个商标标识在 5 个国家的商标注册或通过初步审定 13 件。完成销售板块重组的商标转让协议的拟定、审定等工作。完成石油工程板块重组上市的商标许可协议的审定等工作。对润滑油公司的注资方案所涉长城商标提出意见。参与品牌架构梳理，收集全系统企业名称、管理架构、商标及视觉识别等品牌信息。

对“中沂石化”“桂中石化”商标侵权行为，向国家商标局提出商标异议。积极配合中国石化各分(子)公司，各地工商局、质监局、法院、公安局查处仿冒假冒加油站、假冒产品等侵犯商标权案件。

（詹　湲）

【资本运作项目】 积极参与石化集团公司油品销售板块重组、石油工程板块重组、石油机械公司重组等重大改革项目，通过相关方案的法律论证、法律文件的起草和审核等方式，在国资监管、上市公司监管(大陆及香港)、公司治理、外商投资、企业改制、OFAC、房地产规范以及内部决策等方面提供法律支持。

2014 年共参与各类项目合计 66 项，其中资本运作项目 51 项(内部专业化重组类项目 17 项，对外合资合作类项目 27 项，对外投资类公司日常股权管理类项目 7 项)、资产处置类项目 15 项。

（王文君）

【专项事务】 确定 2014 年法律专家组名单，并组织开展课题研究。对 2013 年度专家组成果进行汇总，编辑出版《石化法治文丛二》。组织编写《中国石化法制建设 30 年》。

（詹　湲）

普法培训

【“六五”中期工作得到肯定】 2014 年初，司法部、全国普法办对“六五”普法中期涌现的先进集体、先进个人进行了表彰。石化集团公司、中原油田分公司、石化报社、上海石油分公司、齐鲁石化、胜利油田河口采油厂、河南石油勘探局、江汉石油管理局 8 家单位获全国“六五”普法中期先进单位称号。总部法律部张吉星、广州分公司陈启鸿 2 人获全国“六五”普法中期先进工作者称号；江苏油田分公司张忠银、江苏泰州石油分公司帅文娟、齐鲁石化马剑锋、胜利油田米伟 4 人获全国“六五”普法中期先进个人称号。另外，中国石化获“2013 年全国百家网站暨‘中国普法’官方微博法律知识竞赛活动”组织奖。

（杨心刚）

【开展“法制宣传教育十面红旗”选树活动】 为贯彻落实全国普法办“法律进企业”要求，石化集团公司普法办提出了法律到机关、法律到一线、法律到社区、法律到乡村“法律四到”活动，并结合系统内各单位“六五”普法中期督导和日常工作情况，开展“法制宣传教育十面红旗”授牌活动，从全系统 120 余家单位中选出 10 家作为“法制宣传教育十面红旗”示范单位。3 家法律到机关示范单位为江苏石油分公司、石油化工科学研究院和国际石油勘探开发公司，3 家法律到一线示范单位为江苏石油勘探局、第四建设公司和石化报社，2 家法律到社区示范单位为中原石油勘探局和洛阳分公司，2 家法律到乡村示范单位为河南石油勘探局和销售华南分公司。

（杨心刚）

【国家宪法日宣传活动】 为迎接首个国家宪法日，增强中国石化各级领导干部及广大员工的法治观念，进一步弘扬宪法精神，建设“法治石化”“平安石化”，营造学法、尊法、守法、用法的浓厚法治氛围，石化集团公司转发中央宣传部、司法部、全国普法办公室联合下发的《关于开展国家宪法日暨全国法制宣传日系列宣传活动的通知》，统一部署了首个国家宪法日暨全国法制宣传日期间的宣传活动。12 月 4 日，在总部办公楼一层大厅举办以“弘扬宪法精神，建设法治石化”为主题的国家宪法日签名活动。傅成玉等 7 名党组成员出席了此次签名活动，王基铭、王作然、曹耀峰等老领导以及公司助理、总师、副总师等也在签名板上签名。总部机关各部门、各专业公司共计 1 212 人参加了此次签名活动。

（杨心刚）

国家宪法日暨法制宣传日签名宣传活动

【举办大型普法讲座】 为深入贯彻落实党的十八届四中全会关于依法治国的精神，全面推进依法治企、依法决策，努力打造“法治石化”“平安石化”，面向全系统举办大型普法视频讲座，特邀中央党校法学教授、博士生导师卓泽渊做题为《全面推进依法治国的重大问题——党的十八届四中全会的法理解读》的专题报告。

2014 年 4 月 25 日，举办《公司法》和《消费者权益保护法》视频讲座，中国人民大学法学院博士生导师刘俊海教授为广大干部职工学习新修订的两部法律进行专题辅导。总部机关部门、相关单位在主会场参加了讲座，各直属单位法律部门及相关工作人员通过视频会议系统收看了讲座。共有 70 家企业上报了收看讲座情况，达 4 301 人。6 月 18 日，法律部主任张吉星以《强化法治思维，依法治企是建设一流能源化工公司的必由之路》为主题，为化工销售公司举办法律风险防范讲座。

组织世界“六·五”环境日主题活动，联合举办全系统普法视频讲座，特邀环境保护部法规司别涛副司长对新修订的《环境保护法》进行全面解读。

（杨心刚）

【加强法制工作的宣传报道】 继续发挥《中国石化报》在普法宣传工作中的载体作用，2014 年共刊登稿件 78 篇。在全系统开展“推进依法治企，建设平安石化”主题征文活动。及时更新和维护中国石化法制宣传教育网，2014 年登载 27 家企业法制宣传教育类新闻和新闻类文章 102 篇、简报类文章 55 篇。

（杨心刚）

【持续打造中国石化法治文化】 编辑出版《力量——中国石化法治文化建设实践与理论探索》《经典——中国石化法制宣传教育经验选编》《心声——中国石化总法律顾问述职报告选编》系列丛书和《普法讲坛——2013 年优秀讲稿集》《边学边练——依法合规意识教育》。面向全系统广泛征集法治文化歌曲，中原油田、江苏油田、齐鲁石化、浙江石油等 9 家单位报送了 11 首歌曲，从中选出《依法随行》《我们是光荣的法律工作者》《大爱无疆》《中国石化法治文化之歌》《法律之花满油田》5 首原创曲目，制作中国石化法治文化歌曲宣传页；中国石化法律徽章成为 2014 年中国石化纠纷技能比武决赛模拟法庭的进出入标志和参赛凭证，通过新形式、新手段营造良好的法治氛围，奠定坚实的法治基础。

（杨心刚）

【“321”人才培养工程基本完成】 截至 2014 年底，已培养选拔专家型法律人才 319 人、涉外法律人才 210 人，专职法律人员从业资格持证率达到 83%，基本实现“十二五”初期提出的奋斗目标。

（杨心刚）

【分层次对全系统法律人员开展培训】 2014 年，法律人员培训工作着眼于推进“321”法律人才建设工程实际需求，按照年度培训计划，组织举办了专职总法律顾问及副总法律顾问培训班、销售板块法律机构负责人培训班、第 5 期法律骨干人员培训班、企业法律顾问知识培训班、普法讲师培训班、第 4 期法律人员国际化知识培训班 6 个类别的培训班，培训 437 人次，圆满完成了年初确定的培训任务。

（杨心刚）

法律资源

【外聘法律中介机构管理】 建设和完善全系统法律中介机构资源库，借助法律综合管理系统，用信息化手段进一步规范法律中介机构的选聘和管理。2014 年，在中介机构选聘过程中，通过比选和竞价，降低费用 1 400 多万元人民币。

（范　辉）

【加强同行及中介机构交流】 应邀参加国务院国资委、司法部、商务部、央企的活动并授课或发言；与中外运长航、南车等央企和机构，史密夫、奥睿、盛智、德惠、世达、Clyde、金杜等国内外知名律师事务所交流法律管理的工作经验。

（王　栋）

审计与监察

◇ 内部审计

综述

管理和效益审计

经济责任审计

内控审计评价

工程投资审计

财务收支审计

涉外审计

审计基础管理

其他工作

◇ 纪检监察

综述

落实党风廉政建设责任制

党风建设

领导人员廉洁从业

效能监察和业务公开

执纪办案

基础工作

内部审计

综　　述

2014年，审计部门在党组的正确领导下，认真贯彻落实石化集团公司工作会议精神，紧紧围绕石化集团公司中心工作开展审计监督，强化问责，严格管理，全年共开展各类审计项目1 537项，审计工程预结算、招投标等5 731项，提出并被采纳审计意见和建议3 596条，促进增收节支13.76亿元。审计工作为保障和促进公司重大决策部署落实、依法合规经营、加强风险防控、提质增效发挥了重要作用。

（李青山）

管理和效益审计

【概述】 2014年，审计部门共开展各类管理效益审计432项，促进增收节支0.26亿元，有效促进了公司进一步规范经营、提升管理、提高效益。

（李青山）

【总部组织实施的管理和效益审计】 总部集中开展了企业油罐安全管理情况、企业自采物资管理情况、油田企业油气勘探支出核算与管理情况、企业8项费用支出管理情况、企业信息化投入及管理情况、企业商业保险管理情况的专项审计或审计调查等管理和效益专项审计，揭示和反映了油田、炼化、销售、工程施工及科研等企业相关业务管理中存在的体制性障碍、制度性缺陷和管理漏洞，及时向党组提交了专项审计报告和专项审计调查报告，并提出了切实可行的建设性意见和建议。

抓住审计中发现的一些具有普遍性、倾向性、规律性问题或企业经营管理的一些好经验、好做法，通过深入开展审计调研和分析，积极以主题审计报告方式向公司高管层反映，当好公司领导的“眼睛”“耳朵”和参谋助手。2014年，审计部门向公司领导呈报各类主题、专项、综合审计报告26件，均引起公司领导的高度重视。

（李青山）

【企业组织实施的管理和效益审计】 企业审计部门积极调整工作重心，结合实际不断加大管理审计力度，并取得明显成效。审计监督工作重心向生产经营一线和重要业务领域倾斜的力度持续加大。一年来，审计部门针对原油及物资采购、自销产品销售、油品数质量管理等关键领域和环节，组织开展了一批有深度、有效果并得到企业领导充分肯定的审计或审计调查项目，为企业提质增效、严细管理发挥了重要的促进作用。中原油田对自行采购物资管理情况进行专项审计，揭示了个别单位在采购方式、采购计划执行、合同管理等方面存在的问题，并提出针对性整改建议，为油田进一步加强自采物资的严细管理、降本增效、防范管理漏洞和风险提供了可靠的决策依据。浙江石油分公司对3家下属分公司开展了油品数质量管理专项审计，揭示了企业在油品数质量管理方面存在的问题，制定或修订制度3项，督促企业加强油品数质量管理，防范质量风险。山东石油分公司深入开展在建工程及往来挂账项目专项审计，揭示了项目建设程序、招投标管理、工程款支付、项目成本核算等方面的问题，并针对性提出整改意见，促进了企业投资决策的科学性和有效性，深入了解和掌握了在建工程管理及挂账情况。

（李青山）

经济责任审计

【概述】 2014年，审计部门认真执行企业领导人员经济责任审计制度，不仅把领导干部履行经济责任作为审计重点，而且关注影响和制约企业管理发展的重大问题，主动引入主题审计，提升了审计目标和层次。全年开展经济责任审计220项，查出一些违规违纪问题，促进增收节支1.32亿元。

（李青山）

【总部组织实施的经济责任审计】 总部通过对企业原主要负责人的离任审计和企业现任主要领导的任中审计，进一步加强了对企业领导人员特别是“一把手”履行经济责任和权力运行情况的监督，揭示了企业在依法、诚信经营和规范、有效管理方面存在的问题，针对性提出规范整改的审计意见和建议，有力地促进了企业经营者依法规范经营、有效履行经济责任，为客观评价企业领导人员经济责任履行情况和经营业绩提供了依据。同时，切实改进和深化经济责任审计工作，积极实行主题审计和开放透明审计，进一步扩大了审计成果，有效发挥了审计的监督与服务作用，审计在促进公司提升经营管理水平方面发挥了重要作用。

（李青山）

【企业组织实施的经济责任审计】 为了强化对领导干部的审计监督，促进企业依法诚信经营、规范有效管理和科学健康发展，为组织部门考核使用干部提供参考依据，胜利油田等审计部门接受组织人事部门的委托，对下属单位领导人员进行了任期经济责任审计。江苏油田紧紧围绕履行安全环保责任、“三重一大”民主决策程序、投资建设程序、守法诚信经营，以及企业发展质量和效果等 8 项内容，对下属单位原负责人开展了离任审计。

（李青山）

内控审计评价

【概述】 2014 年，审计部门以促进公司控制力、企业执行力的提高为目标，对照《内部控制手册》和相关监督办法，开展内控独立审计评价 92 项，提出审计意见和建议并被采纳 345 条。

（李青山）

【总部组织实施的内部控制审计评价】 总部重点对青岛炼化、扬子石化等 20 家企业开展了内部控制独立审计评价工作，重点对资本支出管理、固定资产修理和工程招标管理等 12 个业务流程进行了审计测试和检查，揭示了部分企业内控执行不到位以及会计信息存在质量风险等问题，剖析了问题产生的原因，提出了改进和完善公司内部控制工作的意见和建议。企业的风险管理控制意识和能力进一步提高，内部控制的“免疫系统”功能较好地发挥了作用。

（李青山）

【企业组织实施的内部控制审计评价】 2014 年，企业组织开展内部控制审计评价 70 项，重点对应收款项管理、合同管理、HSE 管理等业务流程进行了审计测试和检查，并提出了相应的审计建议。

（李青山）

工程投资审计

【概述】 2014 年，审计部门以促进企业不断规范投资行为、提高投资效益为目标，全年开展固定资产投资项目审计 489 项，审计工程预结算、招投标 5 731项，除了查出违反工程投资管理的问题外，还促进增收节支 11.79 亿元。

（李青山）

【总部组织实施的工程投资审计】 积极组织实施了“碧水蓝天”专项行动计划执行情况跟踪审计，揭示了一些项目在进度和治理效果等方面的问题，并及时督促企业采取有效措施予以纠正。

（李青山）

【企业组织实施的工程投资审计】 企业审计部门前移审计关口，加强过程监督，在完成总部授权审计任务的同时，积极开展工程结算审计，全年共审计预结算书等 7.19 万份，促进增收节支 10.82 亿元。江汉油田紧紧围绕项目工期、招投标、成本归集、合同管理、工程签证变更审批等内容开展工程结算造价审计，积极服务于油田所属单位工程建设。高桥石化以强化建设项目工程结算审计，减少企业损失、促进工程管理水平的提高为宗旨，组织开展项目工程结算和竣工决算审计工作。

（李青山）

财务收支审计

【概述】 2014 年，审计部门以维护企业合法权益和促进企业严格财务管理、提高会计信息质量为目标，改进审计方法，深化财务收支审计工作，全年开展财务收支审计 66 项，促进增收节支 0.27 亿元。

（李青山）

【总部组织实施的财务收支审计】 总部坚持各项审计监督工作都要从内控审计入手并以财务收支审计为基础，将传统的财务收支审计与管理效益审计、经济责任审计等相结合，进一步增强了服务全局、促进审计增值的意识和能力。同时，针对公司财务管理和会计核算方面存在的薄弱环节和风险问题，进一步深化对税收计缴、费用开支等成本核算与管理以及重大资金、资产处置的审计。

（李青山）

【企业组织实施的财务收支审计】 为核实下属单位财务收支的真实性、合法性及合规性，严肃财经纪律，加强内部管理，企业审计部门不断加强财务收支审计。胜利油田将年度承包经营审计作为财务收支审计的主要抓手，成立了领导小组和办公室，组成 7 个审计组，对与油田签订内部经营目标责任书的 55 个二级单位进行了审计，并根据审计结果，严考核硬兑现，直接扣减二级单位党政一把手及相关人员部分兑现奖，大大强化了各单位的依法依规、诚信经营意识。中原油田对所属56个单位进行了经营绩效审计，为油田考核单位提供了可靠依据。

（李青山）

涉外审计

【概述】 2014年，为落实国务院国资委加强境外资产监管的要求，审计部门切实加大对海外投资业务和资产的审计力度，全年开展涉外审计16项，在查处有关问题的同时对好的管理经验进行总结。

（李青山）

【总部组织实施的涉外审计】 2014年，总部对润滑油新加坡项目开展了竣工决算审计，揭示了项目建设程序、设计标准执行不到位、竣工财务决算资料编制不够规范和不够准确等问题，认真分析原因，并提出针对性整改建议。同时，对中沙石化、福建联合石化公司开展股东方联合审计，揭示了企业面临的各种风险和问题，维护了股东方权益。根据人事部门的委托和全面风险管理提升的要求，对国际石油勘探开发公司阿根廷项目、安哥拉项目、伊朗雅达油田开发项目原主要负责人开展了离任经济责任审计。

（李青山）

审计基础管理

【概述】 2014年，根据党组深入开展“从严管理年”活动的安排和要求，审计部门把落实依法依规审计和严细审计管理作为提升审计质量、打造“国际一流”审计的重要举措，大力推进审计管理创新升级。

（李青山）

【着力夯实审计管理基础】 2014年，总部进一步建立健全了审计管理制度，创新制（修）订了《油气田产能建设项目审计业务规范指引》《中国石化经济责任审计管理办法》等7项制度规范；结合部门职责及制度梳理，明确规范并设置了审计业务岗位及工作流程，初步形成了岗位职责、业务流程、管理制度“三位一体”的审计管理制度体系；按照《内部审计分类监督管理办法》规定，着手建立企业分类监督管理档案，同时进一步建立健全被审单位基本信息管理档案、审计项目规范管理档案、审计员工基本信息管理档案等。企业审计部门普遍加大对总部制度规定的细化工作，进一步优化审计部门的机构设置，并在编制审计业务模板、推进审计工作规范化等方面取得了长足进步。

（李青山）

【切实严格审计质量管理】 2014年，总部制定下发了《关于进一步加强依法依规和科学审计的通知》，要求各级审计部门开展审计监督工作，必须以问题和风险为导向，科学编制审计实施方案，全面记录和反映审计工作情况，对审计查出问题的定性和处理要严格依据事实与法规制度规定做出。同时通过广泛宣贯、加强培训和现场指导、严格“三级”审理与考核、实行审计报告签字背书制度等措施，强化了审计监督责任的落实，促进了审计工作质量的提高。一些企业审计部门针对自身实际，创新建立了审计项目立项滚动跟踪体系、竞标主审项目运作机制、工程结算审计分级送审与分段审计管理办法等，均取得较好的实践效果。

（李青山）

【进一步落实审计工作“双重管理”责任】 2014年，总部在加强审计工作计划管理、基本理顺新设企业审计管理关系的基础上，制定下发了《关于加强和改进企业审计工作的指导意见》，从完善企业审计管理体制、落实审计工作“双重管理”责任、加大审计转型发展力度、着力提升审计监督效果、夯实审计管理基础5个方面针对性提出了17项具体措施。同时通过实施领导人员“带一跟一联系二”深入企业一线加强调研指导、审计分局实施审计项目要深度关注企业审计工作开展及作用发挥情况，以及建立企业审计工作“双负责”“双报告”机制等，有力促进了企业审计工作的协调发展。年内，总部首次组织12家企业的审计部门主要负责人开展了述职述廉工作。

（李青山）

【稳步推进审计信息化建设】 2014年，总部组织完成了AIS、审计抽样模型功能提升后的推广工作，以及审计智能预警系统在80户企业的上线运行；成功举办了全系统审计信息化应用竞赛，并持续加强了日常审计技术指导和远程支持。同时完成了审计署重点科研课题《信息化环境下内部审计模式和方法——嵌入式非现场审计研究》，获得评审专家的好评，并已向全国审计系统发布。企业审计部门还结合自身实际开发建设了审计办公管理系统、工程审计管理信息系统等，审计信息化应用在提效率、保质量等方面取得了新进展。

（李青山）

【全方位加强审计队伍建设】 2014年，通过深入开展党的群众路线教育实践活动和"从严管理年"活动，审计队伍服务大局服务基层、求真务实、艰苦奋斗的作风进一步巩固；通过加强党建思想政治工作，发挥基层党组织的战斗堡垒作用，审计队伍始终守纪律、讲规矩、廉洁从业，与党组保持高度一致；通过大力宣贯公司企业文化和审计文化，引导广大审计人员树立正确的价值观、业绩观，进一步弘扬"强素质、善监督、讲奉献、创一流"的审计精神；通过加强针对性培训、以审代培和审计人员岗位交流以及审计理论研讨等，审计队伍的业务素质和能力有了明显提高。全年，总部举办各类培训班7期，共培训审计人员800余人(次)，有7篇论文在全国内部审计理论研讨活动中获奖。

(李青山)

其他工作

【协调配合国家审计署和国务院监事会的审计检查工作】 2014年，各级审计部门以维护公司形象为己任，共协调配合国务院监事会赴41家企业开展现场检查或调研，配合审计署对4家企业实施延伸审计。

(李青山)

纪检监察

综　　述

2014年，石化集团公司各级党组织深入贯彻落实党的十八大和十八届三中、四中全会，十八届中央纪委三次、四次全会精神，坚持党要管党、从严治党，强化党委的主体责任和纪委的监督责任，党风建设和反腐倡廉工作取得了明显成效。

(杨军山)

落实党风廉政建设责任制

【概述】 2014年，石化集团公司各级党委认真落实党风廉政建设主体责任，做党风廉政建设的领导者、执行者、推动者；各级纪检监察机构聚焦中心任务，发挥职能作用，突出抓好查办案件、专项检查和责任追究，将监督责任牢牢扛在肩上，使党风建设和反腐倡廉工作得到有力推进，不断深化。

(杨军山)

【"两个责任"实施办法】 石化集团公司认真学习贯彻党中央对落实党风廉政建设责任制的要求，在中央企业率先出台《关于党委落实党风廉政建设主体责任的实施办法(试行)》《关于纪委落实党风廉政建设监督责任的实施办法(试行)》。其中，主体责任实施办法从加强对党风廉政建设的领导，选好用好干部，健全完善作风建设长效机制，加强党风廉政教育，加强反腐倡廉制度体系建设，加强对纪委工作的领导和抓班子、带队伍，管好自己、做好表率7个方面，对党委的主体责任做出了规定。监督责任实施办法从10个方面对纪委落实党风廉政建设监督责任的主要内容、检查、考核及责任追究进行了明确。两个制度的出台，为进一步落实好"两个责任"提供了制度依据，是构建落实党风廉政建设责任制的长效机制的重要举措。

(杨军山)

【惩防体系建设】 制定下发石化集团公司《贯彻落实〈建立健全惩治和预防腐败体系2013—2017年工作规划〉实施办法》及任务分工方案，将惩防体系建设65项具体任务分解到14个牵头部门(单位)和15个协办部门(单位)。各直属单位根据石化集团公司惩防体系建设实施办法和任务分工方案，结合本单位实际情况，制定了本单位的实施办法，并对任务进行了分工落实，促进了党风廉政建设责任的落实。

(杨军山)

【履职监督】 2014年，各级党委书记、纪委书记约谈下属单位负责人2 312人次，实行党风廉政建设责任追究226人；各级纪检监察机构主要负责人述职述廉654人次，促进了党风廉政建设责任制的落实。

(杨军山)

党风建设

【概述】 2014年，总部机关和各单位进一步从严从紧落实中央"八项规定"精神和党组实施细则，抓住重要时间节点连续发禁令、打招呼，一步一步将作风建设引向深入。通过严抓严管，有力地遏制了不良风气，进一步树立了新风正气，赢得了员工群众的欢迎。

(杨军山)

【纪律建设】 进一步严明纪律，要求领导人员对出差、休假、因私出国(境)、婚姻、亲属从业等事项，必须请示报告。强化对深化改革、转型发展、从严管理情况的监督检查，加强对安全、环保、质量、维稳、“小金库”治理等领域发生问题的责任追究，确保党组的决策部署落实到位。党组纪检组、监察局会同有关部门对8起安全环保事故开展调查，严肃责任追究，18名党组管理的领导人员受到党纪政纪处分。

（杨军山）

【专项治理和检查】 组织开展公款为企业负责人办理各种消费卡和奢侈浪费购买图书问题专项治理，126个直属单位和26个机关部门领导人员进行零报告；制定工作方案，组织各单位对落实中央“八项规定”精神情况统一立项开展效能监察，重点对落实“八项规定”精神过程中领导人员带头发挥作用、班子履行职责、制度建设、违规问题查处等方面情况进行监督检查，进一步推动中央“八项规定”精神和党组实施细则落实到位。

（杨军山）

【查处违反“八项规定”精神问题】 各级纪检监察机构对违反中央“八项规定”精神问题动真碰硬，铁面执纪，共查处问题18起，处理27人，13人受到党纪政纪处分；对8起典型问题分别在中央纪委监察部网站、石化集团公司系统点名道姓通报曝光，形成了震慑，警示教育了党员干部。

2014年，石化集团公司会议费、业务招待费、差旅费、办公费支出分别比上年下降了39%、36.9%、11.11%和22.26%（未经审计）。10月31日，中央纪委调研组来中国石化就落实中央“八项规定”精神和纠正“四风”工作情况进行调研，对中国石化认真落实中央“八项规定”精神的做法及成效给予充分肯定。

（杨军山）

领导人员廉洁从业

【廉洁谈话】 按照石化集团公司《党组管理的领导人员廉洁谈话实施办法》要求，受党组书记、董事长傅成玉委托，党组成员、纪检组组长徐槟与新任职的63名党组管理的领导人员进行集体廉洁谈话，要求新任职领导人员认真学习贯彻习近平总书记关于从严治党、从严管干部的重要讲话精神和中央纪委在党风廉政建设上的重要部署，从严律己，规范用权，不辜负党组织和干部职工的信任。各单位对领导人员开展提醒谈话5 452人次、诫勉谈话440人次，组织党员干部32.5万人次参加各类警示、案例教育，增强了廉洁从业意识。

（杨军山）

【廉洁从业监督】 组织1 035名党组管理的领导人员登记上报配偶、子女及其配偶以及其他特定关系人投资入股、经商办企业情况，为严格管理、加强监督打下了基础。组织1 058名党组管理的领导人员报告个人有关事项，其中34名领导人员的报告事项按规定被抽查核实。各级领导人员实行廉洁承诺5.24万人次、述职述廉1.8万人次；794人次主动上缴礼品礼金、有价证券、支付凭证等共折合人民币432.6万元，以实际行动做到自警自律、抵制腐蚀诱惑。

（杨军山）

【党组巡视工作】 开展新一轮巡视工作，各巡视组按照新部署、新要求很快进入角色，围绕“四个着力”，派出4个巡视组，完成了对江苏油田、勘探分公司、扬子石化、吉林石油、茂名石化、巴陵石化、塔河炼化、新疆石油8家直属单位领导班子及53名班子成员的巡视，发现了一批问题和线索。按照党组要求，纪检监察机构对巡视组移交的问题线索认真组织调查，严肃处理相关人员，巡视监督的震慑作用初步显现。修订和制定《党组巡视工作办法》《党组巡视成果运用办法》等8项制度，对巡视报告起草、意见反馈、事项移交、整改督办等工作进行了明确要求，巡视工作的标准化、规范化、科学化水平进一步提升。

认真配合中央巡视组开展专项巡视工作，规范高效地协调谈话、提供资料、保障服务，保证了专项巡视工作的顺利开展，得到了中央巡视组的充分肯定。

（杨军山）

效能监察和业务公开

【概述】 2014年，总部和各直属单位效能监察共立项590项，通过效能监察，提出建议4 628条，完善制度1 865项，避免和挽回经济损失、节约资金、增加经济效益7.4亿元；深化业务公开工作，实施廉洁风险防控，进一步铲除滋生腐败的土壤和条件。

（杨军山）

【统一立项效能监察】 在全系统组织对企业安全隐患治理和“碧水蓝天”环保专项治理、物资自采和招投标、成品油数质量管理、落实中央“八项规定”精神4项工作统一立项开展效能监察。组成3个检查组，对燕山分公司、江汉油田等12家单位进行了重点检查；组成2个检查组，对石油工程胜利公司、石油工程中原公司、华北分公司等6家单位油田非安装设备采购专项效能监察项目开展检查；组成1个检查组，对广东石油、湖南石油、重庆石油3家油品销售企业的油品数质量管理进行专项检查，督促企业认真整改存在的问题，促进了管理规范化水平的提高。

（杨军山）

【重点项目督察】 对扬子石化炼油改造及三轮乙烯等3个项目开展派驻督察。其中，扬子石化炼油改造及三轮乙烯项目督察组共查出11类115项问题，并督促整改，该项目于2014年10月完结；鄂尔多斯中天合创煤化工项目督察组共查出6类65个问题，提出15项工作建议。对山东LNG、元坝气田地面工程及净化厂建设等4个项目开展重点督察；对九江石化油品质量升级等4个项目开展巡视督察，努力确保重点项目建设安全、高效、廉洁实施。

（杨军山）

【业务公开】 指导各单位按照规定做好重点业务网上公开工作；认真开展业务公开网上巡视，对疑似问题下发函询，要求企业认真调查核实，每月形成报告上报党组领导，对确实存在的问题督促企业进行整改，对发现的重点问题进行深入调查处理。2014年，业务公开信息系统共公开条目443.4万条，涉及1.6万亿元人民币、1 219亿美元。认真开展网上巡视，函询疑似问题635个，查实117个，对相关责任人给予党纪政纪处分3人、组织处理5人、经济处罚171人，发挥了业务公开工作的警示、纠错、威慑作用。

（杨军山）

【廉洁风险防控】 重点对风险预警措施进行探索研究，督促企业利用信息化手段，强化对风险岗位梳理结果的运用，提高廉洁风险防控工作的科学化、规范化水平。

（杨军山）

执纪办案

【概述】 2014年，各级纪检监察机构共接受信访举报1 981件，其中党组纪检组、监察局接受1 105件。进一步加强对各类违规违纪行为的纪律审查，全系统立案104件，其中大案要案57件；各类案件共涉及181人，108人受到党纪政纪处分，86人被司法机关采取强制措施或受到刑事处理。

（杨军山）

【执纪办案基础工作】 加强信访举报受理工作，加大信访举报件直查、交办要结果及结果审核力度。按照国务院国资委纪委的部署，开展查办腐败案件体制机制改革试点工作，认真落实试点工作的各项要求和规范，对各单位纪委线索处置向上一级纪委报告的范围、内容、程序等进行了明确。坚持依纪依法、安全文明办案。进一步做好案件审理工作，取得了良好的政治、法纪和社会效果。

（杨军山）

【办案治本作用】 结合“8·27”“3·21”案件查处情况，责成5家发案单位进行反思整改，通过深入分析发案原因，查找体制、机制、管理等方面存在的问题16个，制定整改措施23项41条，查找企业管理制度上的漏洞和干部管理上的不足，分析提出针对性强的整改建议并督促整改，充分发挥了查办案件的治本作用。

（杨军山）

【执纪制度建设】 颁布实施《职工违纪违规行为处分规定》，填补了国务院《企业职工奖惩条例》废止后，中国石化在政纪处分制度上的空白；组织百万员工学习贯彻执行职工处分规定，2.6万人参加辅导讲座，91.49万人参加知识竞赛；组织微短片大赛，共征集168部微短片，形象地揭示了不可为而为的代价，做到全员全覆盖，为从严治企、从严管理和加强监督执纪营造了良好氛围。

（杨军山）

基础工作

【纪检监察调研】 按照中央纪委监察部、中国监察学会和国务院国资委纪委的要求和部署，下发2014年调研工作要点，部署各单位以监察学会石化分会为平台，围绕15项课题，重点对如何落实党风廉政建设中党委的主体责任和纪委的监督责任，纪检监察机构如何转职能、转方式、转作风，聚焦党风建设和反腐倡廉工作等课题进行研究探讨。在中原油田组织召开“严明党的组织纪律，增强党性原则”党风廉政理论研讨会，组织11家单位围绕加强组织纪律建设、强化党性原则进行了深入研讨。汇编2013年度石化集团公司纪检监察系统撰写的部分优秀论文和经验材料，下发《纪检监察优秀调研成果选编（十五）》和《纪检监察经验材料汇编（十五）》。

（杨军山）

【体制机制改革】 按照党组关于深化纪检监察工作体制机制改革的有关要求，研究制定石化集团公司实行区域纪检分组、监察分局管理模式的改革实施方案，在北京、南京、武汉、广州、成都共设立5个分组(局)，配备了领导班子。分组(局)突出查办案件、专项检查职责，除此之外，不承担其他日常纪检监察工作，以进一步整合纪检监察资源，增强整体合力，加大惩治力度。

按照中央纪委“转职能、转方式、转作风”要求，对石化集团公司议事协调机构进行清理，从清理前的37个(类)减少到10个(类)；各单位纪检监察机构参与的议事协调机构共减少了1 405个，进一步突出重点、聚焦主业，得到中央纪委组织部调研组的高度评价。

（杨军山）

【干部队伍建设】 对直属单位纪检监察机构设置和纪委书记、副书记等人员配备、业务分工情况进行调查统计，开展直属单位纪委书记配备调整工作。加强培训，举办了纪检监察处(科)长岗位资格(第32、33期)、案件审理、效能监察等培训班，共培训9 243人次，进一步提高了纪检监察干部队伍素质。加强纪检监察监督网建设，共调整聘任25名兼职纪检监察专员和160名兼职纪检监察员，召开监督网工作会议，安排部署和对接重点工作任务，发挥兼职专员(员)的骨干作用，促进了石化集团公司反腐倡廉各项工作的开展。

（杨军山）

矿区(社区)建设

◇ 综述

◇ 保障性业务

◇ 经营性业务

◇ 公益性业务

◇ 民生工程建设

◇ 文明和谐示范小区创建

综　述

2014年，矿区(社区)系统深入贯彻落实石化集团公司工作会议精神，深化改革调整，强化从严管理，实施惠民工程，推进创建工作，全面完成年度生产经营和服务保障任务。全年实现收入299.6亿元，超预算13亿元，增幅4.52%；效益指标比预算减亏7.4亿元，剔除资产处置一次性收益后，比预算减亏1.9亿元，减幅12.29%。完成固定资产投资37.4亿元。供水2.2亿立方米，发电62.4亿千瓦·时，供电89.8亿千瓦·时。社区服务满意率达到90%以上。

体制调整进一步到位。完成绿化和房产管理职责、机构、人员的划转。适应油公司体制建设，提出油田存续企业机关机构设置意见，统一机构数量、类别、名称，并对9家油田存续企业机关机构调整方案进行批复。资产公司所属企业、科研单位、炼化工程企业落实管理主体责任，社区业务实现归口管理。同时，根据石化集团公司深化改革的总体部署，开展油田存续和资产公司社区业务的综合调研，提出完善总部层面矿区(社区)管理体制机制的建议。

资源优化初见成效。针对矿区(社区)业务分散、规模较小、效益不高等问题，充分发挥资源整合效应和协同效应，提出推进经营类业务分类改革、非经营类业务社会化市场化方案。中原油田整合机关、总部基地及部分外围单位车辆及人员，成立机关车辆管理中心，实行市场化用车模式，减少运行车辆769台，当年节约费用近5 000万元。河南油田积极实施水电气暖及物业服务综合收费改革试点，在推进社区服务市场化方面进行了有益探索。江汉油田强化资金集中管理，实现矿区板块无付息债务，全年减少财务费用2 600万元。江苏油田出台《业务外包管理办法》，实施绿化、门卫等服务项目业务外包，提升了管理效益。

社区服务社会化持续推进。各企业立足实际，充分利用社会资源，持续推进“四供一业”及市政公益业务社会化。截至年底，已有19家企业9.2万户的供水业务，14家企业8万户的供电业务，6家企业2.5万户、184万平方米的供热业务，完成业务社会化和部分资产移交；24家企业12.5万户、1 038万平方米的物业服务实现社会化管理；部分市政道路、垃圾处理、通勤公交等业务移交地方，推进了更高层次的专业化发展。天津石化、金陵石化、南京化工公司积极争取将小区改造纳入地方整治规划，得到当地政府的资金支持。按照国务院国资委分离移交“四供一业”试点工作部署，对全系统驻23省48家企业进行摸底调查，启动驻河南、湖南、重庆三地11家企业的分离移交试点工作，部分具备条件的社区业务被纳入国务院国资委2015年分离移交督导、考核范围。

生产保障能力进一步增强。围绕油田生产建设，配套提升保供可靠性。供电系统改造110千伏输电线路3条65千米，实施胜利滩海地区产能建设供电系统配套工程、河南下二门油田35千伏输电线路改造等项目，确保油气生产供电平稳。胜利发电厂在机组“安稳长满优”运行的同时，加快实施三期扩建工程，全国第1台600兆瓦级热电联产机组锅炉、汽轮机、发电机三大主机安装顺利。供水系统通过改造管网、治漏堵失，生产保障可靠率持续上升。通信、运输业务紧跟油气主业发展步伐，打造特色专长，延伸服务链条，提供了安全优质服务。积极做好油气勘探开发和石油工程的主要工种、继续教育等专业培训，为油气生产提供人才支撑。

安全管理基础进一步夯实。深入开展从严管理大讨论和安全发展理念教育，牢固树立红线意识，健全责任体系，完善工作网络。建立安全生产危险源、关键基础设施等基本信息台账，完善现场处置应急预案，安全风险防范与应急管理水平明显提升。规范承包商管理，细化承包商安全管理制度，严格审核承包商施工资质，安全监管逐步规范。在石化集团公司的统一部署下，先后组织安全生产综合检查和专项检查3次，发现安全隐患问题227项，已完成治理183项，整改到位率81%。全年安排隐患治理项目130项、资金4.3亿元，完成及正在施工91项。积极参加国家安监总局组织的安全社区创建活动，江汉油田、洛阳石化被命名为全国安全社区。

节能环保工作进一步强化。按照石化集团公司总体部署，开展温室气体盘查工作，油田存续企业首份碳盘查报告率先完成。积极落实“碧水蓝天”和“能效倍增”计划，12个节能环保项目顺利完工，控制和减少了社区主要污染源排放量。强化节能措施，优化供暖能源结构，淘汰高能耗设备，推进合同能源管理，全面完成年度节能指标。其中，油田存续企业工业总能耗比石化集团公司考核指标降低11万吨标煤、万元产值综合能耗降低0.11吨标煤。

经营管理水平进一步提升。在预算管理上，坚持按月滚动预算，发现问题及时纠偏，充分发挥预算管控作用；在全员成本目标管理上，抓住重点业务和关键项目挖掘潜力，管理费用、财务费用、销售费用、人工成本4项费用指标比预算节支1亿元；在信息化建设上，完成物业服务、收费管理、呼叫中心等系统设计，基础数据统计系统已上线试运行。根据矿区(社区)业务特点，重新划分业务类别，实施业务分类管理，明确管理要求及考核方式，为提升资产运行效益奠定了基础。社区业务全年实现收入134.6亿元，超预算3.3亿元，收支基本平衡。油田存续企业经营业务全年增效1.2亿元，超额完成预算指标，比上年减亏3.2亿元。西南石油局努力增收节支，在消化石油工程业务划转费用的基础上，实现盈利1.5亿元，超预算64%。

(范　勇)

保障性业务

【概述】 石化集团公司矿区(社区)保障性业务主要包括物业服务和民用水电气暖供应。截至2014年底，保障性业务从业人员4.84万人，其中正式职工2.16万人。矿区(社区)直接从事物业服务和管理业务的直属企业共43家，基层物业服务机构317个，服务居民212万人，服务居民小区802个，服务住宅物业面积6 060万平方米。胜利、中原、河南、江汉、江苏等油田企业，社区物业管理以内部专业化管理为主；西南、西北、华东、华北等油田企业，社区物业管理以外包为主；炼化企业的社区物业管理，除燕山、巴陵等少数企业实行内部管理外，多数由改制企业承担。截至年底，有社区供水职能的直属企业30家，总供水量1.5亿吨；有供电职能的企业33家，总供电量17.6亿千瓦·时；有瓶装液化气供气供应职能的企业19家、有管道气供应职能的企业10家；有职工自住房管理职能的企业50家，管理职工住房2.54万栋、76万套。

(韩文彪)

经营性业务

【概述】 石化集团公司矿区(社区)经营业务主要包括供(产)水、供电、发电、通信、仓储物流、产品生产、商品贸易、宾馆酒店、住房建设、工程服务、租赁、劳务输出等16类业务。截至2014年底，用工2.57万人，其中正式职工1.73万人；资产总额196.07亿元。2014年，石化集团公司矿区(社区)经营业务实现收入209.99亿元，支出210.93亿元，收支差额0.95亿元(不含炼化企业、炼化工程、科研机构等单位社区的经营业务)。

(杨思湘)

【矿区经营性业务】 在优化经济技术指标的基础上，调查摸底、逐项梳理经营业务，厘清了各业务的管理体制、运营规模、经营效益。按照专业化、市场化的方向，对各项业务进行经营分析和市场评价，挖掘提质增效的潜力。根据“自主经营、自负盈亏”原则，将经营业务划为支持发展、社会化运作、关停退出3类，提出各类、各项经营业务的发展思路、措施和建议。考察国内水务、酒店等行业的知名企业，共同研究探讨合作发展问题。组织开展中国石化江苏地区二氧化碳资源综合利用规划调研，掌握了该地区炼厂二氧化碳排放和综合利用情况，为矿产品业务实现绿色低碳可持续发展打下基础。结合中国石化沿海布局和规划，组织研究西南石油局钦州国星油气码头处置方案，提出了思路和建议。

(杨思湘)

【油田水电业务】 截至2014年底，石化集团公司矿区(社区)系统油气田企业水、电供应系统用工1.03万人，其中供水系统0.21万人，发(供)电系统0.82万人；资产总额89.45亿元。全年供水1.64亿吨，发电61亿千瓦·时，供电84.51亿千瓦·时，保证了矿区职工群众生活需要和驻区企业生产需要。年内，选择供水业务开展专题分析，深入剖析亏损及损耗的根源，提出扭亏增盈、节能增效的措施。各单位围绕油田生产建设，配套提升保供能力。

(杨思湘)

公益性业务

【概述】 石化集团公司矿区(社区)公益性业务主要包括市政、文化体育、宣传培训、医疗卫生、托幼、社区社保和其他社会公益性服务业务。截至2014年底，公益性业务从业人员2.98万人，其中正式职工2.06万人。矿区(社区)服务系统管理的公园共75个，面积592.22万平方米；广场65个，面积123.31万平方米；市政道路462.08千米，面积868.83万平方米；非工业污水处理站42个；共设有市政监察队14个、居委会376个。矿区(社区)系统管理的文体设施场所共661个，面积130.58万平方米；职工公寓建筑面积80.69万平方米，床位数4万个；职工食堂餐位数4.91万个；直接承办和管理的幼儿园163个，在园幼儿数3.4万人；管理和服务的非在职群体54.46万人；管理离退休活动场所917个、318.82万平方米。直属企业共有医疗卫生服务机构186个，其中医院48所。

（韩文彪）

民生工程建设

【老旧小区综合治理效果明显】 以完善配套设施、整治提升环境、建立长效机制为重点，积极开展老旧小区改造。截至2014年底，累计完成改造投入20.3亿元，综合治理老旧小区180个，完成85个，改造小区道路70万平方米，整治场地和绿化90万平方米，外墙出新130万平方米，新增停车位2.5万个，惠及17万户居民。治理后的小区旧貌换新颜，楼体粉饰整洁，绿化面积扩大，道路宽敞平坦，社区安全、停车场、文体活动等配套设施得以完善，不仅改善了民生，优化了人居环境，提高了生活品质，而且实现了员工房产不同程度的增值。

（吴克兵）

【棚户区改造稳步推进】 按照国务院国资委关于2017年国有企业率先完成棚户区改造的要求，制定2014—2017年棚户区改造实施方案。经地方政府确认，7家企业31个项目的34 157户被纳入所在省市的棚户区改造项目库。2014年开工改造4 024套，累计完成棚户区改造项目14个，竣工安置房17 838套、170万平方米。

（吴克兵）

【边远小区回迁起步良好】 按照“先急后缓、先易后难”的原则，优化社区布局，7家企业41个边远小区的2.8万户被纳入回迁范围。积极协调建设配套资金和住房回购资金，统一规划，综合开发，积极推进，2014年完成7个小区整体回迁、12个小区部分回迁，安置住户3 846户。

（吴克兵）

【员工自住房建设规范有序】 立足企业不同群体的住房需求，加强与地方政府的沟通协调，用好当地优惠政策，建设员工自住房。油田企业充分利用自有土地建设集资房、限价商品房等保障性住房；炼化企业利用企地战略合作协议，按照市场化运作方式开发定向商品住房。全年开工建设限价商品房、定向商品房、经济适用房1.2万套。

（吴克兵）

文明和谐示范小区创建

【概述】 对2013—2014年度创建工作进行评审验收，有59个4A级和11个5A级小区跨入文明和谐示范小区行列。

（韩文彪）

【形成创建工作常态化机制】 各单位成立了由党政主要领导或分管领导挂帅的创建工作领导小组，建立了创建工作体系。油田企业继续完善制度，从严管理，提升了社区规范化管理、精细化服务水平。炼化企业、炼化工程和科研单位学习油田创建经验，结合实际定方案、抓落实，奋起直追，迎头赶上。通过一手抓老旧小区综合治理，一手抓文明和谐示范小区创建，硬件、软件同步提升。燕山石化、金陵石化、长岭炼化、荆门石化以社会化为导向，统筹协调驻区单位、改制企业和社区居民积极参与，形成了创建工作的合力。

（韩文彪）

【提升社区服务标准化水平】 宣贯落实物业和水电暖等7项服务标准，严格监督与考核，保证了物业服务及时到位，社区生活水质、燃气压力、供热温度达标，供电安全平稳。整合社区服务项目，进一步扩大一站式综合服务、一卡通缴费服务、一号通热线服务的范围，服务流程更加顺畅，服务方式更加便捷。胜利油田建立健全物业服务标准体系，推进成本费用和服务质量制度化管控，进一步巩固创建成果。西北石油局实施“三标”“7S”管理，进一步规范现场管理，服务质量得到切实保障。华北石油局在郑州基地引进社会化物业公司，推行专业化物业服务标准，改善了社区服务质量。

（韩文彪）

【营造整洁平安的人居环境】 以实现“全方位管理、无缝隙覆盖”为目标，规范垃圾收集，清理卫生死角，大力整治脏乱差，环卫管理水平进一步提高。治理水电气暖私接乱搭，规范和拆除违章建筑，小区公共秩序井然。坚持人防、物防、技防相结合，实行小区封闭管理，大部分小区实现“零发案”。洛阳石化把景区管理理念引入社区，形成独具特色的社区文化。茂名石化、九江石化和管道储运公司下大气力，彻底拔掉沉积小区多年的私搭乱建“硬钉子”，社区环境焕然一新。

（韩文彪）

【促进社区和谐稳定】 贴近居民日常生活需求，开展亲情化、个性化的便民利民服务，与特困家庭、空巢老人结成帮扶对子，加强困难帮扶和就业指导服务。社区文化、广场文化、科普教育等活动丰富多彩，家庭和美、邻里和睦、小区和谐的氛围更加浓厚。中原油田优秀志愿者代表宋丽萍获第 4 届全国道德模范提名奖，受到习近平总书记的亲切接见。第十建设公司整合社区资源，探索社区养老服务，为外闯市场员工解除了后顾之忧。全年，总部接待社区来访量比上年下降 36%，基本实现党组提出的“矛盾不上交、群众不上行”的目标，发挥了社区维稳第一道防线的作用。

（韩文彪）

企业党建与企业文化

◇ 综述

◇ 基层党建工作

◇ 思想教育工作

◇ 新闻宣传工作

◇ 品牌建设及企业文化建设

◇ 群众工作

◇ 社会公益

综　　述

2014 年，石化集团公司以深入学习贯彻党的十八届三中、四中全会精神为主线，围绕中心、服务大局，扎实推进党组织建设，创新做好思想政治工作，以品牌建设统领新闻宣传工作，充分发挥工会、共青团等群众组织的桥梁纽带作用，为建设成为人民满意、世界一流能源化工公司提供坚强的思想和政治保证、文化支撑和精神动力。

（刘纯斌）

基层党建工作

【党的群众路线教育实践活动】　按照中央要求和国务院国资委党委部署，石化集团公司认真抓好教育实践活动的组织协调、督促检查、宣传引导等各项工作，全年编发活动简报 28 期，多次召开督导工作协调会，推动活动按计划、高标准有序运行。组织召开全系统教育实践活动总结大会，总结活动开展情况，同时对党组班子及成员进行测评。特别是从 5 月上旬开始，协调 10 个督导组利用一个半月时间，对总部 26 个机关部门和 123 家直属企业教育实践活动整改工作进行了专项督导；9 月组织 6 个督导组深入 12 家企业进行重点抽查，促进了各单位扎实做好整改落实，整改完成率 93%。石化集团公司教育实践活动得到中央督导组和国务院国资委的充分肯定。

（刘纯斌）

【基层党建】　出版发行《中外合资企业党建工作实践探索》，汇总中国石化部分中外合资企业党建工作的特色做法和成功经验，以期推动境外企业党建工作整体水平的提升。按照加强党建工作系统化管理的统一部署，着眼于为基层党组织提供基础制度支撑，起草制定《基层党支部工作细则》，从党支部的职责、组织建设、班子建设、队伍建设、制度建设等 8 个方面对基层党支部工作进行规范。同时督促各直属单位学习贯彻细则内容，已有 95 家直属单位组织专门的学习培训，基本覆盖到基层支部书记。

（刘纯斌）

【服务基层】　结合深化油公司改革的新形势，研究提出新的管理机制下党群部门设置意见，并就油公司改革后基层组织设置问题进行初步调研。专题研究镇海、黄岛 2 个国家石油贮备库管理公司组织机构设置问题，形成比较清晰的管理机制。牵头协调上海化工区综合党委，就上海赛科公司党委调整组织隶属关系事宜进行协商。协调中天合创公司关于设立公司党委事宜指导和修改中天合创公司党委设置的意见和建议。

（刘纯斌）

【机关作风建设】　认真开展服务型机关创建活动，总部机关各部门报送机关服务企业优秀案例 73 个，推荐服务明星 41 名。检查了解各部门单位节日期间落实中央“八项规定”精神情况，并将有关情况报党组纪检组。认真开展机关借用人员专项治理工作，制定清退方案，召开办公室主任会，及时摸清机关人员底数，跟踪了解进展情况，安排教育实践活动督导组进行专项督导，对落实不力的 6 个部门进行约谈，确保了清理工作顺利进行。坚持维护好机关在线网站和微信的正常运行，《高层声音》《部门动态》《员工风采》和《健康工作》等栏目点击量不断攀升，单条信息的最高点击量突破上万次。利用网站、微信和大楼一层南屏对教育实践活动、“从严管理年”活动、机关健步走活动、无烟日活动等进行宣传，机关在线基本做到日日有更新，微信刊发 244 期、订阅用户超 1.5 万人。

（刘纯斌）

思想教育工作

【学习宣传党的十八届三中、四中全会精神】　先后举办 2 场“学习宣传党的十八届三中全会、十八届四中全会精神”专题讲座，邀请知名教授解读全会精神，石化集团公司主要党组领导、总部机关和在京单位近 700 人聆听了讲座，进一步加深了干部员工对三中、四中全会精神的理解。按照统一培训、提高效率的要求，对专业公司和在京直属单位的 543 名处级干部以专家授课、交流研讨等形式，集中学习党的十八届三中全会和习近平总书记系列讲话精神。

（刘纯斌）

【大型现代豫剧《情暖中原》演出赢得好评】　创新典型宣传方式，将邵均克的故事搬到舞台上，以现代豫剧的形式展现了她感人的事迹。在解放军歌剧院举办 3 场现代豫剧《情暖中原》演出，全总、国务院国资委宣传局、中宣部、中国戏剧家协会、中国残联等外部领导，《光明日报》《中国青年报》等11家媒体记者，2 000多名干部员工观看。国务院国资委宣传局局长卢卫东对该剧给予了高度评价："《情暖中原》这部戏具有很强的时代价值和艺术价值，彰显了大善和道德的力量，与中央倡导的社会主义核心价值观、社会期盼的精神文明道德风尚是合拍的。"

（刘纯斌）

【**加强针对性调研**】 及时调研关于混合所有制改革的职工思想动态，对总部有关部门、社会公众和20家上中下游企业进行调研，收集整理出3个方面的37个问题，形成思想动态调研报告，为党组决策及下一步混合所有制的宣传提供了第一手素材。深入企业调研党建系统化管理，进一步研究党组、企业党委、基层党支部的规范要求，建立统一规范和要求。工会、共青团组织以书面和深入企业相结合的形式开展调研，深入了解企业开展民主管理情况和青年职工的所思所想，主动关注职工心理诉求。

（刘纯斌）

【**员工帮助计划（EAP）**】 召开EAP试点总结交流会，12家试点单位党委领导和其他自行开展EAP工作的单位代表60人参加，8家试点单位、2家非试点单位和燕山石化职防所做交流汇报。EAP开展以来，除石化集团公司选定的12家试点单位之外，还有近30家企业自发开展EAP工作，覆盖人群达20多万人。各单位开通了微信、手机报，建立了员工心理档案，成立了心灵工作站、服务坊，培养心理健康专员和幸福教练，建设了志愿者团队。

（刘纯斌）

新闻宣传工作

【**概述**】 围绕"绿色、民生、责任"主题，中国石化抓住重大新闻点，强化正面宣传、敏感话题引导，全年媒体有关中国石化正面报道114 122篇，正面和中性报道比例达到90.8%，全系统新闻宣传工作实现由点到面的跨越式升级、由被动向主动的可喜转变，有力提升了中国石化社会形象。

（刘纯斌）

【**舆情处置**】 围绕油品销售公司重组改革这一重点事件，先后在启动重组改革、公布重组时间表、出台引资方案，特别是公布引资结果等改革重大时间节点，提前策划、全媒体传播，起到很好的传播效果。境内外媒体报道累计2.67万余篇，微博报道量达到8.32万条，微信发布量6.2万条，其中《人民日报》、央视等权威媒体持续关注报道25条次。特别是9月中旬引资结果公布后，从探讨国企改革释放制度红利等深度报道，有效回应了社会公众对改革是否导致国有资产流失和民营资本有无话语权等质疑。

围绕涪陵页岩气田勘探开发实现战略性突破，进行深层次策划，多批次邀请80多名媒体记者和专家实地采访、集中报道。共有1 000余篇次报道，新闻转载68 800条次，微博发布76 380条次。其中，《人民日报》头版头条以《我首个大型页岩气田提前商业开发》为题进行了报道，央视《新闻联播》《朝闻天下》等播出8条次，财经频道推出2期专题报道，《对话》栏目于8月24日推出"页岩气引发的能源革命"节目专访。

在茂名抵制PX事件发生后，积极做好传播引导工作。继续加大传播力度，以科普为出发点，主动策划报道同时为媒体全面提供相关素材、联络采访等扩大传播。组织PX专题媒体沟通会，邀请外部专家系统解析PX；利用中国化工学会主办的"中国PX发展论坛"，组织30多名跑口媒体记者参加论坛并进行广泛报道，扩大行业专家权威声音。持续相关报道2 000多篇，转载3万余条，特别是央视滚动报道18条次，财经频道推出的《对话：PX科学保卫战》、凤凰卫视《一虎一席谈》等深度引导栏目，影响较大，形成较好的传播声势，为九江PX项目审批公示等营造较好舆论氛围。

负面舆情处置实现从被动应对向主动引导转变。坚持关口前移，应对前置，全年共处置青岛事故调查结果出炉、广州石化再度遭到环保部门罚款、传中石化香港子公司涉贪遭廉署调查、研究生入职一年受贿事件、燃油清洁剂质量问题、半岛电视台采访天津石化上访者、中央巡视组进驻中石化等舆情近190多起，有效维护了中国石化形象。通过官方微博"石化实说"完成页岩气、混合所有制等重点策划内容，共发布微博1 300多条，阅读量超过1亿人次，粉丝300多万，被国务院国资委评为十大"中国企业微博运营最佳案例"之一，成为中国石化对外沟通的重要平台。同时，指导帮助各企业做好本单位官方微博的实名认证，二级单位开通官方微博的已达到105家，1 000家单位开通官方微信，形成了石化集团公司微博、微信新媒体矩阵。

（刘纯斌）

品牌建设及企业文化建设

【企业文化建设纲要宣贯】 2014 年 8 月 8 日正式发布新版企业文化建设纲要，确定了“为美好生活加油”的企业使命，“建设成为人民满意、世界一流能源化工公司”的企业愿景，“人本、责任、诚信、精细、创新、共赢”的核心价值观。通过评论员文章、领导访谈、专家体会等形式，在《中国石化报》、微博、信息门户、机关在线等媒介上刊发；组织专题培训 10 场，累计培训干部员工 2 400 余人、党组管理干部 210 多人；先后组织撰写评论员文章、领导体会等 19 篇，征集故事案例 700 多篇；下发《中国石化 2015 年工作手册》2 万多册，营造出良好宣传氛围。

（刘纯斌）

【品牌建设】 联合国际知名品牌咨询公司，在集团内外部进行深入调研访谈，涉及党组领导 9 人、党组直管干部 79 人、国内外利益相关方 69 人，组织内部座谈会 8 场、消费者座谈会 6 次、社会公众和车主定量问卷 2 400 份，分析了中国石化未来品牌发展机会和品牌定位方向，完成消费者调研报告、品牌机会发现分析报告和品牌视觉审计报告，完成了品牌愿景定位初步方案。对各单位涉及企业名称和产品\服务品牌方面的相关信息进行普查和收集，梳理母子品牌架构关系。制作《中国石化 2014 企业宣传片——责任与梦想篇》和《数说中国石化》FLASH 短片，取得良好的宣传效果。

（刘纯斌）

【社会公益活动宣传】 以中国石化参与健康快车项目 10 周年为切入点，整合媒体资源、明星资源，通过微电影、观看航天飞射等活动，做好健康快车湛江站、泰安站和晋中的策划和传播。采用新媒体、微视频等多种传播方式，以小见大，讲述中国石化公益慈善事业的故事，提高社会责任精品工程的传播质量。2014 年对中国石化光明号健康快车的传播，获得广播电视、平面媒体报道量 90 篇次，网络媒体报道量超过 5 000 篇，微博转发量 30 万余次，覆盖人群过 1 100 多万人。中国石化先后获得最具绿色践行力品牌、中国低碳榜样、关注气候 · 生态文明中国先锋企业等荣誉。

（刘纯斌）

【海外宣传】 根据中国石化全球品牌声誉调研结果和有关意见，拟定了《关于加强和改进海外传播工作的指导意见》。主动加强与国际媒体和海外公众的联系和沟通，邀请 FT 记者走进中国石化总部和胜利油田，拜访彭博社北京分社，接待了美国莱斯大学访问团。主动精心策划联合石化公司签约购买菲利普斯 66 公司 LPG、中国石化业绩发布和涪陵页岩气田提前进入商业化开发的海外传播工作，获得国际媒体广泛报道，路透社、彭博社、道琼斯、《金融时报》《华尔街日报》等国际重要媒体均有客观或正面报道。通过 CCTV 英文频道进一步正面宣传中国石化的混合所有制改革。组织举办 2 次海外宣传座谈会，通报了中国石化全球认知度调研的结果，共同探讨加强海外宣传工作，提高各驻外单位重视海外宣传的意识。

（刘纯斌）

群 众 工 作

【民主管理】 以模拟职代会形式组织召开中国石化加强群众工作推进民主管理座谈会，对企业职代会、公司改革发展稳定的 6 万多个提案或建议梳理成 6 类 31 条，许多建议得到党组采纳。制定下发《关于进一步加强群众工作推进民主管理的指导意见》，巩固了教育实践活动成果，从制度上促进广大干部增强群众观念、增进群众感情，保障职工主人翁地位。对《生产安全事故领导干部处分办法》等 5 个制度在全系统范围履行民主程序。对未建立职代会制度的企业，抓好督促检查，全系统企业职代会建制率提高到 99%。召开总部机关部门分会（工会）主席联席会议，讨论通过《总部机关激励性年金实施方案》。

（刘纯斌）

【第 1 届青年辩论赛】 活动共有 103 家单位近万名选手层层参与，参赛选手绝大多数是基层一线的“80 后”“90 后”。比赛历经胜利赛区、云南赛区、天津赛区、上海赛区 4 个分区赛 800 余场激烈角逐，共有 16 家单位取得决赛资格；又经过 3 轮交锋，最终有 4 支队伍进入总决赛。经过激烈角逐，胜利油田斩获冠军，管道储运公司获得亚军，工程建设公司、齐鲁石化获得季军。活动期间，在《中国青年报》开设“中国石化青年辩论赛”专题网页、“青年辩论派”专栏，全面跟踪报道比赛，展示比赛花絮和思想闪光点，线上线下掀起点赞高潮。同时充分运用中国石化的“青春石化”系列微博、微信平台，相继推出《辩题大家谈》《分赛区广而告之》《辩题背后的企业文化》《舌尖上的企业文化》等，点击阅读量累计达

87.1 万人次，在系统内和社会上受到较大关注和积极反响。

（刘纯斌）

【“最美石化一线青工”活动】 活动历时半年，全系统 65 家单位开展专项寻找活动，选树本单位“最美青工”3 000 余名；360 名候选人通过央视网投票，产生 116 名“最美石化一线青工”；通过评委会投票选出 10 名“最美石化一线青工标兵”，在五四青年工作会议上进行了表彰。活动期间，充分利用网络媒体和新媒体进行宣传，青春石化系列微博“最美青工”微话题评论 90 余万条。转发 370 万次，微信公众平台发布“分享最美之旅”系列微信 30 期，央视网专题访问量达 1.8 亿人次。

（刘纯斌）

【第 2 届“加油中国 · 传承铁人”年度人物选树活动】 该活动开展自 2014 年 6 月至 2015 年一季度，由中国石化承办。中国石化向中国能源化学工会和组委会推荐 15 名人选。充分运用微博、微信等新媒体和主流媒体助力选树活动，提高广大石油石化职工及社会网友的参与度和关注度，先后策划“铁人的最后一班岗”“为心目中的铁人投票”“随手拍召集令”“为中国加油”“星座铁人”等主题微博，得到广泛传播。网络投票数 1 020 万张；官方发布微博 464 条，转发量 72 888 条，微博粉丝 304 627 人；微信订阅号编发图文信息 210 条，粉丝 3 171 人；“身边铁人随手拍”微博大赛共收到作品 2 257 部，为推进“加油中国 · 传承铁人”年度人物选树活动营造了宣传声势，扩大了社会公众对活动的了解，有效传承了“铁人”精神。

（刘纯斌）

【职工素质工程】 组队参加首届全国石油石化系统焊工竞赛获佳绩，有 4 人闯进前 15 名，获晋升技师职业资格，2 支代表队获团体优胜奖。组织开展“我要安全”知识竞赛，140 余家企事业单位和总部机关部门的 73 万名员工参加答题，进一步增强了广大员工安全生产意识。向全国能源化学工会报送 272 项职工创新成果和创新信息，占 47.2%。首次评选表彰 159 个中国石化工人先锋号，并将劳模工作室纳入评选表彰范围。评选表彰中国石化 10 名营销标兵、53 名营销能手、10 名销售标兵、307 名销售能手。全国“最美职工”吴吉林事迹在人民大会堂做专场报告，以党组文件下发《关于向吴吉林同志学习的决定》。全年共获 7 个全国五一劳动奖状、19 个全国五一劳动奖章、13 个全国工人先锋号，胜利油田吴吉林、江苏油田田明当选全国十大“最美职工”。

（刘纯斌）

【文体活动】 首次对文体活动进行改革，经基层海选、逐级选拔，以分片区和总决赛形式，举办中国石化第 3 届职工羽毛球比赛暨“我是第一”羽毛球挑战赛，43 500 多名职工参加 13 072 场选拔和比赛，成为中国石化历史上影响最广泛、职工参与率最高的赛事。积极推广中国石化之歌，倡导职工传唱自己的歌。举办中国石化“百姓健康舞”培训班，推广普及“百姓健康舞”。开展总部机关 8 个单项文体活动，组织职工“三对三”篮球比赛。举办直属机关乒乓球比赛和第 5 届游泳比赛，特别是总部机关健身长走活动得到积极响应，共有 29 个部门的 72 名司局长、1 800 多名员工和家属参加比赛。

（刘纯斌）

社 会 公 益

【志愿者队伍】 中国石化志愿者积极投身于公益事业，热心于弱势群体的救助活动。截至 2014 年底，志愿者服务人数达到40万人次，服务时长达80万小时。

（鉴　编）

【捐资助学】 2014 年，石化集团公司修订了《中国石化助学金发放管理办法》，提高了助学金额。全年，向教育事业捐款 696 万元，其中投入教育扶贫资金 500 万元，包括助学资金 200 万元，共资助学生 939 人。

（鉴　编）

【扶贫助困】 2014 年，石化集团公司在安徽、湖南共投入扶贫资金 7 749 万元，完成扶贫项目 31 个；在甘肃东乡县投入扶贫资金 5 500 万元；援藏援青共投入 3 750 万元，从多个方面提高了当地百姓的生活环境和质量。10 月，石化集团公司出资建设的青海茫崖行委文体活动中心竣工，为当地百姓提供了舒适的室内文体活动场所，受到高度欢迎。为解决布楞沟流域群众的饮水困难，石化集团公司开展帮扶行动，建设输水项目。项目涉及 6 个乡镇、22 个村、23 614 人。截至年底，支线线路已施工完成。

（鉴　编）

【支援灾区】 抗震救灾。2014 年，云南鲁甸和普洱景谷县、四川康定先后发生地震，石化集团公司立即启动救灾预案，地震区的油库、加油站 24 小时运营，并调运矿泉水、大米等生活物资到灾区，满足过往救灾车辆、人员和灾区群众的生活需要；开辟绿色加油通道，优先供应医疗救援、电力、通信、物资运输等部门抗灾用油。

抗击台风。7 月 18 日，超强台风“威马逊”袭击海南，造成当地 18 个市县 216 个乡镇受灾，石化集团公司 174 座站不同程度受损。石化集团公司紧急启动防台、防汛应急预案，抢险应急车冒着巨大的危险，为急需帮助的客户送油上门，保证了海南省通信和信息发布的畅通。

（鉴　编）

【健康快车】 2014 年，中国石化健康快车开进广东、山东和山西。全年捐赠项目 900 万元，治愈贫困白内障患者 3 006 人，其中广东湛江 1 010 人、山东泰安 764 人、山西晋中 1 232 人。在四川广安市人民医院建成 1 所中华健康快车/中国石化白内障治疗中心。截至年底，石化集团公司捐赠健康快车慈善事业整 10 年，累计捐资 1.18 亿元，免费治愈白内障患者 31 512人；捐赠的健康快车已开进新疆、青海、宁夏、西藏等 16 个老少边远地区，共计 29 站次；建造 1 列“中国石化光明号”火车医院、1 所中国石化冠名的新疆显微眼科手术培训中心、10 所健康快车/中国石化白内障治疗中心。中国石化连续 5 年获中华健康快车基金会颁发的“光明功勋特别奖”。

（鉴　编）

【关爱返乡务工人员】 春运期间，在广东省位于春运主干道的 178 个加油站建立“青春情暖驿站”，为所有返乡车主提供“6 + X”免费服务活动，共有超过 5 000 名志愿者参与，累计服务返乡车主数百万人次，服务“返乡摩骑”超 50 万人次。协调中央媒体、网络媒体和新媒体，成功进行集报纸、电视、网络和微博、微信等全媒体同步传播，共吸引国内外 60 余家媒体现场采访，电视、广播、网络、报纸等各类媒体发表和转载 1 000 多篇报道。

（刘纯斌）

新闻与出版

◇ 新闻媒体

◇ 图书出版

新 闻 媒 体

【概述】 2014 年，中国石化紧跟媒体发展趋势和受众阅读习惯的变化，注重推进传统媒体和新兴媒体、企业媒体与总部媒体融合发展，在办好传统桌面互联网新媒体的同时，加快建设移动互联网新媒体，推出了“石化新闻”手机客户端，将英文电子周刊《SINOPEC WEEKLY》改为中国石化新闻网国际频道（英文版），《中国石化报》微信公众号也正式运行。至此，中国石化旗下的新闻媒体囊括了报纸、杂志、电视、网站、电子报、电子杂志、手机报、手机客户端、微博、微信等除广播外几乎所有媒体形态，实现了由网络媒体时代向移动互联时代、由报网互动时代向媒体融合时代的转变。全年，各媒体发行量分别为：《中国石化报》13.2 万份，《中国石化》杂志 2.63 万份，《车友报》周三刊 41.57 万份、周五刊 38.75 万份，《中国石化手机报》1.84 万份。

（庞　炜）

【《中国石化报》】 2014 年，《中国石化报》聚焦石化集团公司“一个中心”“三大主题”，重点做强“深化改革、转型发展、从严管理、提质增效”“第二届‘感动石化’人物评选”“‘碧水蓝天’环保行动”“记者走基层”四大专题报道品牌，在增加要闻信息量、进行组合式报道、加大企业和基层报道力度、改进新闻采写方式、提高报道编排质量、加大评论的写作与刊发力度、增强传统媒体引导力、提升新媒体影响力等方面有了新的进步。涪陵页岩气系列报道、启动混合所有制改革的报道被《人民日报》、中央电视台、新华社等中央媒体采用。《中国石化报》微信公众号于 8 月 9 日正式运行，主要选登石化各媒体精华内容，主打有一定深度的分析、评论类文章，同时自行组织一些对工作、对生活有参考价值的内容资讯，以专业特色、有用有趣、关系传播为追求目标。

（庞　炜）

【《中国石化》杂志】 2014 年，《中国石化》杂志继续探索发挥在专题报道上的优势，坚持把日常工作的报道做新、重大工作的报道做厚、把创新工作的报道做深，“茂名石化全停大修”“普光气田建立新型企地关系”“炼化优化调整产业结构”“石油工程开拓高端市场”“‘碧水蓝天’工程”“物探院发展成就”“企业法制工作新进展”“成品油销售企业家文化建设”等专题报道均取得较好反响，部分文章被多家门户网站、专业网站转载。

（庞　炜）

【《中国石化新闻联播》（电视）】 2014 年，中国石化共制作电视新闻《中国石化新闻联播》240 期，策划播出“深化改革、转型发展、从严管理、提质增效”“铭记‘11·22’事故教训，提升安全管理水平”“涪陵页岩气田发现”“燕山石化扭亏创效系列报道”“销售企业一线行”“加油新丝路，服务大战略”“志在碧水蓝天间”“润滑油客户行”等一系列深度报道，是深度报道制作数量最多的一年，深度报道质量也有较大提升。完成业绩片《责任与担当》的制作播出任务；组织直播制作技术比武决赛、《新媒体、新体验》等系列活动及电视片；为央视《新闻联播》混合所有制改革等节目及主流媒体宣传中国石化提供视频素材；策划第二届“感动石化”人物活动。对中国石化网络电视网站进行整体改版升级，重新设计，对网站视频内容进行分类整合。重新优化调整采编流程，成立编辑通联组、技术制作组、采访播音组、网络电视组、媒资管理组共 5 个采编运行组，提高了采编效率。

（庞　炜）

【中国石化新闻网】 2014 年，中国石化新闻网淘汰删减点击量少的栏目，重点做好精品栏目。加强言论观点的分量，推出《报刊要论》《网民来评》栏目。加强对国内外行业新闻信息的整合加工，从信息发布者向观点发布者转变。努力运用新媒体技术，增加《图解新闻》栏目。强化与网民的互动交流，增加《微信微博推荐》《编读往来》栏目。

8 月 9 日，在《SINOPEC WEEKLY》英文电子周刊基础上创办的中国石化新闻网国际频道（英文版）正式上线运行，推出《新闻（NEWS）》《焦点（FOCUS）》《专题（SPECIAL）》《经营（BUSINESS）》《责任（CSR）》《故事（STORIES）》《视界（GALLERY）》等栏目，在保留原《SINOPEC WEEKLY》内容的基础上，加大对外和涉外报道力度，拓展新闻报道领域，提高新闻发布时效，每天为中国石化海外员工和关心中国石化的国外读者提供更及时、更丰富的新闻信息，努力架设中国石化与海外员工、海外公众沟通的平台。

全年，中国石化新闻网微博（中国石化报社官方微博）粉丝超过 30 万人，日均发布微博 15 条，收到评论 100 条，被转发 1 000 次，处理舆情私信 40 封，日均曝光和阅读量接近 100 万人次。

（庞　炜）

【“石化新闻”客户端】 2014 年 8 月 9 日，整合中国石化全媒体资源精心打造的移动新闻阅读平台——“石化新闻”手机客户端上线运行，采用文、图、音视频方式及时报道新闻、立体呈现新闻，为用户提供全新的新闻阅读体验，石化干部员工通过手机就可随时随地浏览中国石化新闻、收看中国石化电视、了解石油石化行业动态、参与互动为石化发展建言献策。客户端设立《新闻》《资讯》《评论》《图片》《视频》《报刊》《专题》《活动》《调查》《投票》等栏目。运行方式采取石化报社新媒体部、电视部、记者部3个部门共同负责模式，相继开展“庆祝国庆、大美石化”摄影比赛等活动，推出20多个专题，逐渐形成独特的影响力。截至年底，用户数近1万人。

（庞　炜）

【《中国石化新闻界》】 2014年，为适应新媒体发展的需要，《中国石化新闻界》电子杂志于3月5日正式上线。该刊为双月刊，面向石化报社100多个记者站的记者和广大通讯员，为报社采编人员和记者、通讯员提供了一个研究新闻业务、交流新闻经验的平台。栏目设置在继续坚持原有特色的同时，形成新的突破，常规栏目有《要闻》《特稿》《专题研讨》《业务交流》《界内新闻》《佳作欣赏》等。

（庞　炜）

【《中国石化手机报》】 2014年，《中国石化手机报》出刊246期。加强了独立策划，专题制作大幅增加，全年制作“热点关注”专题61期，在石化集团公司工作会议中出特刊5期，专题率27%。继续增强理念引导，办好《高层声音》栏目，全年刊发《高层声音》58期，共76条消息，逾8 000字。更加追求手机报的时效性、准确性、高端性和信息量：石化要闻、行业新闻更快捷，党组重大活动全部当天报道；企业新闻适度增加，全年超900条。强化导读，与报纸、电视、杂志、网站积极互动。8月11日启用新用户数据库，用户增至1.8万余人。

（高　宁）

【《车友报》】 2014年，《车友报》加强言论写作，力求观点立报，重点打造《安贞桥随想》与《易捷随笔》2个栏目，着力配合当期的重点选题，对新闻进行点评，表明报纸观点立场。深入全面报道了油品销售公司2014年一系列重大改革发展举措，包括油品销售公司被确定为增资扩股试点单位、与一系列重要合作伙伴签署合作协议、在非油品业务领域开展诸多探索性创新经营、开展综合服务年活动等，有力地配合了油品销售公司的业务推进。组织“加油新丝路，服务大战略”大型采访活动，走访油品销售企业区外5个分公司，历时22天，行程1.5万千米，集中力量和版面进行专题报道，受到好评。分别在广东、陕西两地组织举办“车友走进中国石化”活动，有力地贯彻执行了中国石化“开门办企业”的理念。

（庞　炜）

【中国石化团购网】 2014年，中国石化团购网进一步发挥服务员工、为员工办实事功能，先后在中原油田、胜利油田、河南油田、江汉油田举办4场大型线下活动，在北京总部、小营办公楼、石化报社、SEG、润滑油公司等地举办多场小型落地活动，进企业、进社区、进家庭得到有效落实，影响力进一步提升。与油品销售公司联合举办业务研讨会，对下一步与油品销售公司及其易捷网合作进行了探讨。年底与阳光保险集团子公司——尚善时代文化投资有限公司签署战略合作协议并联合举行2015年招商会，双方在品牌推广、网络运营、活动策划、业务拓展、媒体经营和员工福利等多方面开展全面深入合作。

（庞　炜）

【中国石化新闻图片网】 2014年，中国石化新闻图片网为石化系统各类期刊、年报、社会责任报告、官方微博、微信、手机客户端等多种媒体提供图片数千张，为石化报社各媒体提供并刊登图片万余张，已经从支持传统媒体的单一图片投稿平台发展为支撑中国石化多媒体运营的综合图片存储库。全年日均来稿100余组图片。截至年底，注册用户达5 335人，图片总量37万余张，其中通过审核的图片约20万张。

（王贵卿）

图书出版

【《融资有道》出版发行】 该书针对中国中小企业面临的融资困难、主要出口市场萎缩以及成本上涨等因素带来的生存问题，主要介绍企业如何通过债权、股权、上市、贸易等多渠道方式进行融资，如何防范融资风险，必须了解融资环境，掌握融资策略，学习融资技巧，规避融资风险。

（经济出版社）

【《市场决定》出版发行】 该书是“中国改革研究报告系列”的2014年版，系统论述了国家治理体系现代化的基本含义和实现路径，尤其是重点论述了以实现“市场在资源配置中起决定作用”为目标的经济体制改革、政府自身改革、新时代背景下的全面开放。该书获全行业优秀畅销书、国家发展奖、海南省社会科学研究一等奖等一系列国家级、行业等奖项。

（经济出版社）

【《手把手教你读财报》出版发行】 该书以 2013 年贵州茅台财报为例，系统讲解了作为一名投资者，该如何阅读财报，包括应该重点阅读的内容、可能存在的财报造假、重点财务指标等，介绍了如何通过财报筛选出好的投资标的。

（经济出版社）

【《新一轮对外开放》出版发行】 该书由樊纲、马蔚华 2 位经济学家主编，以“中国新一轮对外开放：机遇与挑战”为主题，探讨如何建立对全球高端生产要素富有吸引力的体制环境，提高中国整合国际资源的能力；如何通过进一步对外开放促进国内经济体制改革，释放改革红利；如何适应新的国际贸易与投资环境，建立有效的风险防范体系；如何发挥上海自贸区和深圳前海试验区的作用，推动服务业领域的扩大开放。

（经济出版社）

【《新编英汉英英汉英词典》（第三版）出版发行】 该书是专门用于参加全国职称英语考试、可以带进考场的一本工具书，由幺建华主编。是国内首创的三合一的词典，集英汉、英英、汉英于一身。区别于其他词典的最大的特点是有一个独特的不规则动词表，囊括了国内和国外所有的不规则动词。英英部分重点突出同义及近义词的辨别使用。

（经济出版社）

【2015 会计从业资格考试“省考风向标”系列丛书出版发行】 该丛书自成体系，将复习指导、同步强化训练与权威、精准的“历年真题及命题预测试卷”结合，使阶段备考与临考冲刺相得益彰，并已形成一套严谨、完善的知识体系。

（经济出版社）

【《赢在中高层：肯尼迪政府学院的领导执行课》出版发行】 该书力求为读者还原最真实的肯尼迪政府学院领导执行课程，对提高领导者的管理意识、素质和执行能力很有实践指导价值。该书依承肯尼迪政府学院领导课的精髓，着重介绍了针对领导者的战略管理、时间管理、目标管理等，以及金融、谈判、沟通、人才和团队管理方面培训课程，是各企事业单位组织管理层培训的首选教材。

（经济出版社）

【“国学·小学生日课”丛书出版发行】 丛书分低年级（1—2 年级）、中年级（3—4 年级）、高年级（5—6 年级）3 个套系，每个套系由春（3 月 1 日—5 月 31 日）、夏（6 月 1 日—8 月 31 日）、秋（9 月 1 日—11 月 30 日）、冬（12 月 1 日—2 月 28 日）4 个分册组成。每个分册适用于小读者一个季度的阅读和学习，每一天的内容由 3 个板块组成：一日一课、日有所诵、习有所乐。

（经济出版社）

【《新三板掘金 800 问》出版发行】 该书是在国务院出台“新国九条”，提出“加快完善全国中小企业股份转让系统，建立小额、便捷、灵活、多元的投融资机制”背景下适时推出。该书围绕新三板各大主题，用 800 余问，并辅以 40 余案例，全面阐述了新三板的内涵、制度、实践和趋势，详细解读了适当性管理、挂牌流程、股权融资等重点问题，为准备进入新三板的中小企业、券商及相关人员提供了翔实参考。

（经济出版社）

【《地狱归来》出版发行】 该书为中国航油（新加坡）股份有限公司原总裁、2003 年“中航油事件”主角陈九霖（原名“陈久霖”）的半自传性作品。书中再现了他在新加坡机场被捕，继而仓促入狱的过程，回忆了他在狱中度过的 1 035 个日夜，记叙了他“从天堂跌入地狱”的所见所闻、所思所感。

（经济出版社）

【《中国互联网金融发展报告（2015）》出版发行】 该书首先从互联网金融元年切入，对国内外互联网大事件进行鸟瞰式扫描；在深入分析中国传统金融业态弊端的基础上提出了构建中国互联网金融新格局。重点就信息化金融机构、互联网金融门户、众筹、P2P 网贷、第三方支付、大数据金融、互联网金融模式利弊分析以及互联网金融理财产品等诸多方面进行全方位分析与探讨。

（经济出版社）

【《两次全球大危机的比较研究》出版发行】 该书为中央财办“两次全球大危机的比较研究”课题，课题组邀请了人民银行、银监会、社科院、国务院发展研究中心、北京大学、国家开发银行等单位参与研究。参与单位分别从国际政治经济、货币政策、金融监管、微观机制等角度展开研究，完成了专题研究报告。中央财办进行了综合研究，完成了总报告。

（经济出版社）

【《催化重整工艺与工程(第二版)》出版发行】 该书系统总结了国内外催化重整工艺技术的发展、科研成果、设计经验和工业实践。内容包括：催化重整过程的原料和产品、原料预处理、催化重整化学、催化重整反应动力学模型及其应用、催化重整工艺过程和操作参数、催化重整催化剂和催化剂的失活与再生以及催化剂烧炭动力学模型、连续重整催化剂循环系统、反应系统的环境控制、主要设备和过程控制、芳烃抽提与抽提精馏、催化重整工艺中的分析技术、催化重整技术经济分析、开(停)工及事故处理和安全健康及环境保护等，对催化重整工艺未来的发展也进行了阐述。该书具有科学性、系统性、新颖性、理论性和实用性，突出理论与实践相结合、工艺与工程相结合、技术与经济相结合、国内与国外相结合的特点。读者对象为石油和石油化工广大科技工作者，包括科研、设计、生产、管理和基本建设等方面的专业人员，也适用于大专院校的师生。

(石化出版社)

【《润滑油基础油生产装置技术手册》出版发行】 该书为《炼油装置技术手册丛书》的一分册，主要介绍了润滑油基础油生产所涉及装置的工艺原理、原料与产品性质、工艺过程及单元操作、主要设备与操作、正常操作与异常操作、装置开停工、仪表与自动控制、典型事故案例分析，以及腐蚀与防护、安全环保与节能、工艺与设备计算、技术标定与案例等内容。该书按照基础油生产过程，共分11章，内容广泛，论述翔实，所涉及知识有助于从事润滑油生产管理及操作人员详细了解基础油每个生产过程，同时亦可供科研院所、学校等相关人员参阅。

(石化出版社)

【《芳烃技术》出版发行】 该书全面系统地阐述了芳烃技术的最新成果和发展趋势，重点总结了21世纪以来中国芳烃生成、芳烃间转化、芳烃分离、芳烃组合工艺、节能技术、乙苯和异丙苯、非石油基芳烃和芳烃衍生物等各个领域技术开发、工程设计、生产实践的经验。该书由长期从事芳烃技术研究、开发、设计及生产的专家撰写，具有系统性、理论性、新颖性和实用性。可供石化行业从事科研、设计、建设、生产和技术管理的科技工作者及高等院校相关专业的师生阅读与参考。

(石化出版社)

【《有机颜料化学及工艺学(第三版)》出版发行】 该书的基础篇对有机颜料相关中间体的合成、颜料分子结构类型与应用特性之间的关系做了详尽的介绍；重点论述了有机颜料物理化学特性、分子结构与热稳定性、剂型与表面改性处理、晶型及其转变、粒子与分散体稳定性、颜料制备物或预分散技术、衍生物及其应用、颜料相关助剂与添加剂、颜色的测量及仪器分析的应用、有机颜料应用性能评定等。制备篇是按色谱、C. I. 通用名排序，介绍了各种色谱重要颜料品种的合成与改性方法。该书可供从事有机颜料生产及涂料、油墨、塑料工业等技术人员参阅，也可作为高等院校精细化工专业师生的参考书。

(石化出版社)

【《液化天然气工艺与工程》出版发行】 该书由石化出版社策划出版，编写中注重理论与实践的结合，在吸收世界LNG工业前沿技术的同时，总结中国各地已经投产和正在建设的LNG工程的有用经验。重点阐述天然气预处理及液化工艺、天然气液化工厂和液化天然气接收站工程，同时还介绍了天然气性质、LNG冷能利用及安全技术等方面的相关内容。为了完整叙述LNG产业链，该书在LNG接收站工程后，还简要介绍了天然气管道输送的有关内容。

(石化出版社)

【《油页岩干馏炼油工艺》出版发行】 该书由业内权威专家钱家麟、李术元主编，是一部油页岩干馏的专著，接续了作者《油页岩——石油的补充能源》《Oil Shale——Petroleum Alternative》两书的著作思路，深入专注地阐述了油页岩干馏炼油工艺，特别是对世界上典型干馏炉型的深入比较和发展的评述，也阐述了多种地下原位干馏的工艺，并对世界上各种炉型进行了评论。该书为国家973计划“油页岩高效油气炼制与过程节能科学基础”资助项目。

(石化出版社)

【《石化装置风险检验指南》出版发行】 该书由中国特种设备检测研究院有关专家编写，旨在对石化装置实施基于风险的检验提供一些技术指导和帮助，共涉及12套重点石化装置。主要介绍了装置的基本原理、工艺流程、装置内关键设备的选材、工艺参数及工艺作用，装置内主要损伤机理的分布及每种损伤机理的损伤形态和控制措施，装置内关键设备的主要损伤机理和部位，装置内设备和管道推荐的风险检验方法和检验周期等内容。

(石化出版社)

【《石油化工装置工艺管道安装设计手册(第五版)》《石油化工管道安装设计便查手册(第四版)》出版发行】　该书由石化出版社组织洛阳工程公司、工程建设公司、上海工程公司等单位石油化工管道安装设计方面的资深专家编写。《石油化工装置工艺管道安装设计手册(第五版)》内容权威、资料丰富、图文并茂，共有设计与计算、管道器材、阀门、相关标准、设计施工图册 5 篇内容，不仅可作为设计人员的工具书，同时又是培训初学设计人员的教材。《石油化工管道安装设计便查手册(第四版)》以实用和方便查阅为特色，根据最新的国家、行业以及国际标准编著、修订而成，为管道工程师在管道设计、管道器材和施工工程提供常用数据、图表、公式以及有关石化工程建设的国家和行业标准、规范，并给出 ASME、API、BS、JIS 等国外标准以供参考。主要内容为装置(单元)布置、管道设计要点、管道器材及其选择、管道支吊架计算和选型、管道应力分析、管道抗震、管道和设备保温、保冷、伴热、疏水、管道施工以及管道绘制图等。

(石化出版社)

【《油库设计实用手册(第二版)》出版发行】　该书由业内权威专家马秀让主编，在 2009 年出版的第一版基础上进行了修订，从油库设计者实际工作需要出发，收集、归纳、整理了国内外大量的数据、资料，吸收了国内外油库建设的新设备、新材料、新技术、新工艺、新标准、新规范，总结了国内油库设计的新经验、新方法。全书按照油库工程单项设计分章，将单项工程设计应遵循的规范标准，应具备的设计资料、数据，应选用的设备材料集中编写，便于设计时集中思考、集中查阅。

(石化出版社)

【《化工过程安全管理实施指南》出版发行】　该书以国务院颁布的《化工企业工艺安全管理实施导则》为主框架，结合中国化工企业过程安全管理的生产实践，对实施导则中的 12 个管理要素逐一展开论述，从而帮助企业认识过程安全管理要素的内涵，理解实施过程安全管理要素的基本要求，为化工企业实施过程安全管理提供重要参考与技术支持。可为化工企业设计过程安全管理体系、纠正现有体系中的缺陷以及如何与现有生产管理体系相结合并逐步改进过程安全管理体系提供参考。该书由国家安全监管总局监管三司、国家安全监管总局国际交流中心、国家安全监管总局化学品登记中心、美国 Celanese 公司、中国可持续发展工商理事会、中国石油大学(华东)、中国石化齐鲁分公司、中国石化青岛安全工程研究院等单位专家编写而成。

(石化出版社)

【《2013 版 ASME 锅炉及压力容器规范》出版发行】　该书由石化出版社组织行业知名专家翻译和出版，内容涉及石油化工行业主要设备，共 16 卷册。

(石化出版社)

【标准出版工作】　2014 年石化出版社继续做好石化标准的出版和发行工作，包括国家能源局发布的石油产品行业标准、工信部发布的石化产品行业标准和工程建设行业标准、石化集团公司发布的石化企业标准。全年出版标准 169 项，其中石油产品行业标准 14 项、化工产品行业标准 28 项、工程建设行业标准 42 项、石油化工企业标准 85 项。

(石化出版社)

【《投资贸易法律指南》丛书第 4 批和《依法随行》丛书出版发行】　《投资贸易法律指南》丛书作为涉外及外派人员的培训用书，具有较强的实用性和针对性，为中国石化“走出去”企业的法律风险防控提供切实的帮助和指引。丛书第 4 批共 9 册，包括土耳其、尼日尔、阿曼、西班牙、肯尼亚、马来西亚、泰国、也门和澳门 9 个国家和地区，内容涉及国家(地区)概况、法律环境概述、油气投资领域相关法律规定、石化工程领域相关法律规定、贸易领域相关法律规定、其他相关领域法律规定及认识和建议。《依法随行》丛书出版 2 册，分别是《依法随行——中国石化领导干部法律指南》《依法随行——中国石化油品销售企业员工法律指南》。丛书采用问答的方式，针对领导干部和员工日常工作中遇到的及密切相关的涉法问题，依据现行有效的法律法规并辅以简明案例进行分析和解答，语言简洁平实、浅显易懂。

(石化出版社)

【《深水钻井关键技术与装备》出版发行】　该书系统介绍了深水钻井的关键技术与装备。其内容包括：深水钻井技术难题及作业流程，深水钻井装备，隔水管设计与可靠性评价，井身结构设计，双梯度钻井技术，钻井液与水泥浆技术，井控技术，以及钻井作业风险评价与安全控制。该书立足于国内外深水钻井的技术现状，注重理论与实践相结合，兼顾系统性和实用性，便于广大读者理解和应用书中的技术内容。适合从事石油工程、探矿工程及相关专业的科研人员和技术人员阅读，也可作为高等院校相关专业师生的参考书。

（石化出版社）

【《高含硫气田职工培训教材》出版发行】 该系列教材包含《高含硫气田采气工》《高含硫气田输气工》《高含硫气田化验工》《高含硫气田注水泵工》《高含硫气田污水处理工》《高含硫气田仪表维修工》《高含硫气田综合计量工》《高含硫气田井控技术》《高含硫气田硫化氢防护》《高含硫气田环境监测》《高含硫气田 HSE 管理》《高含硫气田医疗救护》《高含硫气田抢险器材操作与应用》《高含硫气田救援设备使用维护与保养》《天然气净化装置安全监控》《天然气净化装置分析化验》《天然气净化装置工艺装置》《天然气净化装置硫黄储运》18 个分册。系统介绍了普光气田开发生产过程涉及的各工种的专业基础知识及现场操作规范等，是普光气田开发、建设、攻关、探索、实践的总结，具有很强的实用性、先进性和规范性。该教材的出版，填补了国内高含硫气田职工培训教材的空白，对提高职工理论素养、知识水平和业务能力，进而保障、指导高含硫气田安全高效开发具有重要意义。该套教材适合从事高含硫气田开发的员工培训使用，也可作为相关院校相关专业师生的参考书。

（石化出版社）

【《天然气地面工程设计（上、下卷）》出版发行】 该书是中国石化第一部全面介绍天然气地面工程的专业书籍，汇集了天然气地面工程各个领域多年来积累的理论和技术，反映了天然气地面工程各个领域的水平和素质，入选中国石化“十二五”重点科技图书出版规划。该书分上、下 2 卷共 8 个篇章，系统介绍了天然气的基础知识、集输、净化、加工及产品利用、长输管道、液化、设备和公共设施等内容；结合中原油田开发实际案例，详细总结了天然气从井口集输到最终用户完整的工程技术。可供从事天然气研究开发、设计的专业人员和操作工程技术人员以及石油石化类高等院校师生参考使用。

（石化出版社）

【《普光高含硫气田高效开发技术与实践》出版发行】 普光气田是中国第一个成功开发的特大型高含硫气田。该书系统总结了高含硫气田高效开发的实践和技术成果，包括储层沉积微相研究、气水系统研究、分类储层定量预测技术、含气性定量预测技术、优化布井技术、开发技术政策优化和开发指标优化技术。通过这些技术创新与实践，保证了普光气田安全高效开发，取得了很好的效果和效益。可作为高等院校相关专业教学参考书，也可供从事天然气开发工作的科研、生产及管理人员阅读参考。

（石化出版社）

【《中国石化油气开采技术论坛论文集（2014）》出版发行】 该书是中国石化油气开采技术论坛第 9 次会议的优秀论文集。该书从理论和实践出发，旨在加强低渗致密油气藏一体化开发技术交流，提高低渗致密油气藏一体化开发水平，归纳总结中国石化在致密油气田开发方面的技术研究与应用。介绍了国内外致密油气开发的新理论和新成果，展望了该领域未来的发展趋势，对进一步实现油气田的稳产高产具有十分重要的意义。

（石化出版社）

【《促进企业成功的需求评估［美］》出版发行】 该书是现代绩效管理之父罗杰·考夫曼的关于企业需求评估分析体系和提高绩效的管理学经典图书。书中详细讲解了作者在过去几十年中对企业绩效研究的成果，以组织要素模型和需求评估系统为基础构架，从社会、企业、个人、产品各个层次进行了系统的分析，并提出了问题解决的几大模型和绩效仪表盘这一实用工具。该书对企业的改革、调整、考核等各个方面都能起到指导性作用。

（石化出版社）

【《国际石油工程项目 HSE 工作指南（英文版）》出版发行】 该书汇总了国际石油项目 HSE 管理的工作要求，主要内容包括 HSE 综述、健康篇、安全篇、环境篇、案例分析等，全面系统地介绍了国际石油工程各个作业环节中 HSE 管理的基本准则。该教材采用规范的国际石油工程项目管理语言编写，既能学习 HSE 管理知识，又能锻炼英语工作水平，实用性和可操作性比较强。

（石化出版社）

【《非均相催化剂设计》出版发行】 该书由美国俄亥俄州立大学化学工程系资深教授乌米特·奥兹坎（Umit S. Ozkan）编著，催化剂公司组织翻译。该书基于国外非均相催化剂合成、表征和模型化方面的最新研究进展，并结合典型实例，详细阐述了对非均相催化剂结构与功能之间关系的最新理解，以及在分子水平上实现对催化剂表面控制的新方法，涵盖了从仿生方法到理论辅助设计等多个非均相催化剂设计的前沿领域，对于国内非均相催化剂的相关研究与开发具有重要的参考价值。

（石化出版社）

【《固体催化剂合成》出版发行】 该书由荷兰乌得勒支大学无机化学和催化系资深教授克莱恩·德容（Krijn P. de Jong）编著，催化剂公司组织翻译。该书采用基础原理和实例研究的编排方式，系统介绍了固体催化剂合成中所涉及的界面化学、静电吸附、浸渍和干燥、沉积－沉淀、溶胶－凝胶化学、共沉淀等基础理论以及时空分辨光谱和高通量试验研究方法，最后以实例催化材料与催化剂的合成研究，系统介绍了有关材料和催化剂不同工艺路线制备的方法，对于国内固体催化剂设计和生产具有重要的参考价值。

（石化出版社）

【《石化工业进展概论》出版发行】 该书以全球炼油和石化工业市场分析及工艺技术为主线，对国内外炼油及石化行业的产能、产量、消费需求以及技术进展等进行了较为详细的介绍，系统全面地阐述了近年来世界及中国炼油、石化工业的发展现状及未来趋势，资料翔实，内容丰富，信息量大。可为炼油和石化行业以及相关领域从事规划、生产、科研和贸易工作的技术人员提供参考。

（石化出版社）

【《费－托法炼油技术》出版发行】 该书由加拿大阿尔伯塔大学化工和材料工程学院教授阿诺德·德克勒克（Arno de Klerk）编著，燕山石化原总工程师华炜翻译。该书共28章，全面、系统介绍了费－托合成和费－托炼油工业的全部环节，内容涵盖了制取合成原油的低温费－托合成（LTFT）和高温费－托合成（HTFT）的工艺原理、技术路线和工业装置设计，以及合成原油炼制技术、合成运输燃料（车用汽油、柴油、喷气燃料）、催化剂、工业化费－托炼油厂设计和国外重要的工业化费－托装置，对于国内从事费－托合成和费－托炼油的科研开发和工程技术人员具有重要的参考价值。

（石化出版社）

石化出版社 2014 年重点图书目录

序号	书名	著译者
1	采输气仪表工	王雨生　主编
2	采油作业现场安全与技能仿真培训教程	河南油田人力资源开发中心组织编录
3	沉积盆地构造热演化史研究及应用：以塔里木盆地东北缘孔雀河地区为例	肖　晖
4	沉积岩微观特征实用图集	陶艳忠
5	东胜公司采油工艺技术进展	温平安
6	鄂尔多斯盆地致密油气开发工程工艺技术	李克智　罗　懿　编著
7	涪陵页岩气田试验井组开发实践与认识	王志刚
8	复杂断块油藏断裂控藏作用及特色勘探技术	朱　平　毛凤鸣　李亚辉　陈丽琼
9	高含硫气田 HSE 管理	陈惟国
10	高含硫气田环境监测	何建锋　张国辉
11	高含硫气田救援设备使用维护与保养	杨永钦　王保江
12	高含硫气田抢险器材操作与应用	王庆银　宋革生
13	高含硫气田医疗救护	陆林瑞　李西灵
14	孤岛油田采油工程技术	肖建洪　付继彤　王代流　主编
15	古地貌低渗透油藏的形成机制与富集规律——以陕北 W 地区延长组长 1 油层组为例	张凤奇　武富礼
16	海上油（气）田开发工程水文气象和场地勘察通用技术规程	《海上油（气）田开发工程水文气象和场地勘察通用技术规程》编委会　编

续表

序号	书名	著译者
17	海洋石油工程技术论文·第6集	中国石油学会是有工程专业委员会海洋工程工作部
18	含杂质二氧化碳管道输送[美]	(美)莫西特普尔等
19	井控设备技术问答	王增年　毛建华　主编
20	裂缝型致密砂岩储层天然气开发实践	江健等
21	煤层气开发技术知识与操作	蓝富华　张亚莉　主编
22	气田降压生产技术与实践：评介崖城13－1气田改造	柯吕雄
23	全国钻井液完井液技术交流研讨会论文集.2014年	石　林　罗平亚
24	深水钻井关键技术与装备	路保平　等编著
25	胜利油田技能人才国家专利集萃	杨新忠
26	石油工程技术新进展	路保平
27	石油工程新技术青年论坛论文集	曾义金
28	石油天然气储量评估技术 Oil and Gas Reserve Guideline	(美)扎克　戴少武　郭齐军
29	石油钻井工	张桂林　王吉坡　路秀广　主编
30	酸性气体注入和二氧化碳封存技术[美]	(美)卡罗尔　编著；张　煜　等译
31	酸性气田水务工程技术与运行	王和琴　陈惟国
32	碳酸盐岩储存特征及成藏机制——以靖边气田为例	徐　波
33	碳酸盐岩缝洞型油藏开发理论与方法	李　阳
34	特车泵工	胡泽辉
35	天然气地面工程设计(上卷)	宋世昌　李　光　杜丽民
36	天然气地面工程设计(下卷)	宋世昌　李　光　杜丽民
37	天然气净化装置安全监控	兰宦勤
38	天然气净化装置分析化验	曹英斌
39	天然气净化装置工艺技术	焦玉清
40	天然气净化装置硫黄储运	马崇彦
41	压力管道等承压设备安全技术研究进展精选集	中国腐蚀防护学会承压设备专业委员会　中国特种设备检测研究院
42	岩浆岩、变质岩微观特征实用图集	邓明雅等
43	液化天然气(LNG)工艺与工程	郭揆常　编著
44	油气工程技术问答	沈　浩　编

续表

序号	书名	著译者
45	油气集输作业现场安全与技能仿真培训教程	河南油田人力资源开发中心　组织编录
46	油气开采工程	潘　一
47	油田企业安全处(科)长岗位培训教材	张　煜　主编
48	有杆泵采油系统应用发展	宋开利
49	中国石化油气开采技术论坛论文集(2014)	中国石化油气开采技术论坛秘书处
50	钻井工程现场实用技术	魏风勇　主编
51	安全技术与管理(第二版)	杨　旸　王绍民　吕亮功
52	催化裂化装置技术改造及优化案例	中国石化集团高级技师燕山培训基地组织编写
53	催化重整工艺与工程(第二版)	徐承恩
54	第八届(2014)北京国际炼油技术进展交流会论文集	第八届(2014)北京国际炼油技术进展交流会组委会　编
55	芳烃技术	戴厚良
56	非均相催化剂设计[美]	中国石化催化剂有限公司　译
57	工业催化剂的研制与开发(第2版)	闵恩泽　著
58	固体催化剂合成[荷]	(荷)德容　编；中国石化催化剂有限公司　译
59	机动车发动机冷却液	万书晓
60	加氢裂化装置技术问答(第二版)	孙建怀
61	境外炼化工程项目质量管理	中国石化员工培训教材编审指导委员会
62	炼油厂设计与工程	刘家明　主编
63	炼油工艺与设备	宋天民　宋尔明　编著
64	炼油化工设备腐蚀与防护案例(第二版)	胡安定　主编
65	炼油技术经济指标解释	李　鹏　主编
66	炼油与石化工业技术进展(2014)	洪定一
67	普光高含硫气田高效开发技术与实践	石兴春　曾大乾　张数球
68	汽油吸附脱硫(S－zorb)装置技术问答	陈尧焕
69	润滑油基础油生产装置技术手册	侯晓明
70	西峰油田特低渗透油藏特征与稳产技术	高永利
71	油页岩干馏炼油工艺	钱家麟　李术元　主编
72	重质油裂解制轻烯烃	汪燮卿　舒兴田
73	表面活性剂基础及应用	刘　红
74	化工生产及安全概论	张满效　杜韦辰　主编
75	化学工艺研究方法概论	魏同成　编著

续表

序号	书名	著译者
76	聚乙烯催化剂及聚合技术	金茂筑　编著
77	热塑性弹性体及其应用	廖双泉　赵艳芳　廖小雪　主编
78	生物化工生产运行与操控	田连生
79	石油工业用添加剂生产与应用技术	宋小平　韩长日　主编
80	食品理化检验技术	夏云生　包德才
81	现代分子光谱技术及应用	魏福祥
82	消费者化学(新版)	高锦章　高　原　刘惠涛
83	有机颜料化学及工艺学(第三版)	周春隆　穆振义
84	有机颜料化学及工艺学(第三版)	周春隆　穆振义
85	当代石油和石化工业技术普及读本——地热	刘金侠　袁　清　编著
86	工程传热学基础	战洪仁　张先珍　李雅侠　王立鹏
87	生物柴油产业发展概论	孙　纯　刘金迪　孙　骏　编著
88	生物燃料	崔心存
89	油库设计实用手册	马秀让
90	油气管道运行论文集	中国石油管道公司
91	ASME 锅炉及压力容器规范·第 9 卷，焊接、钎接和粘接评定	ASME 锅炉及压力容器委员会焊接分委员会　编著；中石协 ASME 规范产品专业委员会(CACI)译
92	地下管道腐蚀与漏损控制	袁厚明
93	管壳式换热器流体诱发振动	聂清德　谭　蔚　编著
94	过程设备制造	李志安　金志浩　金　丹
95	机械密封技术及应用(第二版)	郝木明
96	炼化电气设计实用指南	赵桂初　主编
97	炼化静设备基础知识与技术问答	王百森　钱广华
98	流体力学与流体机械	王迎慧　李小川
99	螺旋钢管制造工	黄继伟
100	钎焊技术	许芙蓉　张胜男
101	设备腐蚀与防护技术问答	刘小辉
102	深度域地震成像新技术理论与实践	方伍宝
103	石化装置风险检验指南	贾国栋　王　辉
104	石油化工安装钳工	赵晓峰
105	石油化工厂设备检修手册换热器(第二版)	徐　钢　麦郁穗　钱颂文
106	石油化工管道安装设计便查手册	王怀义　张德姜　主编

续表

序号	书名	著译者
107	石油化工过程装备使用维护与检修技术指南(第一册)	中国特种设备检测研究院　编著
108	石油化工设备维护检修技术(2013～2014 版)	本书编委会　编
109	石油化工装置工艺管道安装设计手册·第一篇设计与计算(第五版)	张德姜　王怀义　丘　平　主编
110	石油化工装置工艺管道安装设计手册·第 2 篇，管道器材(第 5 版)	张德姜　王怀义　丘　平
111	石油化工装置工艺管道安装设计手册·第 3 篇，阀门	张德姜　王怀义　丘　平　主编
112	石油化工装置工艺管道安装设计手册·第 5 篇，设计施工图册(第 2 版)	张德姜　王怀义　丘　平　主编
113	现代仪器分析技术及应用(第 2 版)	赵晓峰
114	中国油气计量技术论坛论文集·2014	中国计量协会石油计量分会
115	腐蚀和腐蚀控制原理(第二版)	林玉珍　杨德钧
116	画说安全——石化行业承包商外来施工人员安全培训读本	石惟理　等
117	井控安全警示录(内部发行)	中国石油化工集团公司安全监管局
118	境外炼化工程项目 HSSE 管理	王子宗　主编
119	石化行业危险化学品安全培训读本(第二版)	石惟理　主编
120	石化企业事故案例分析	侯晓明　主编
121	石化设备与建(构)筑物隔震技术开发和应用	徐至钧　主编
122	石油化工厂施工作业安全风险分析与控制	朱以刚　编著
123	危险化学品从业单位安全生产标准化规范性文件汇编	曲福年　主编
124	油气爆炸与控制·第一卷	杜　杨　著
125	作业安全分析(JSA)指南	王秀军
126	工业水处理技术·第 15 册	李本高　王建军　傅晓萍
127	含油污水处理与设备	郑远扬　编著
128	环境保护与污水处理	王凯全
129	农药残留分析技术	顾佳丽　赵　刚
130	污水处理工艺与应用	蒋克彬　主编
131	自然环境灾害及其防御	刘晓艳　钱光人
132	汉英石油化工词典	张　键　主编

续表

序号	书名	著译者
133	采油测试仪表工	吴惠玲
134	测井资料采集与评价技术	侯庆功
135	成品油管道输油工	王卫东　主编
136	高含硫气田硫化氢防护	熊良淦
137	高含硫气田仪表维修工	王贵波　编著
138	国际石油工程项目 HSE 工作指南：英文	周　文
139	基本有机原料生产技术	徐跃华　杨为民　主编
140	继电保护技术与应用	吕英等
141	企业信息化管理实践	李德芳　主编
142	气相色谱操作与实践	于文军　主编
143	数控车床工	李建基
144	无损探伤工	吴　松
145	油田企业设备管理	谢永金
146	中国石化标准化工作手册	付　伟　主编
147	ANSYS FLUENT 技术基础与工程应用	陈家庆
148	CorelDRAW 在地图与规划制图中的应用教程	王尚义等
149	VB 通信编程技术	曾丽丽等编
150	X 光电子能谱及其应用	左志军　主编
151	安全管理学	邵　辉　主编
152	城市公共安全：理论方法及应用	刘　茂　张青松　编著
153	程序设计初步入门教程(C 语言)	高东日　张英宣　主编
154	大学化学	李新年　主编
155	大学物理实验(第二版)	张奕林　王　怡　金恩姬　郭立群　高德文　编
156	电磁场理论习题解答与可视化	唐　炼　赵　昆
157	电子设计与工艺实训	钱培怡　任　斌　编著
158	发酵工程简明教程	燕平梅
159	分析化学实训基础知识	张嘉杨　鲁群岷
160	高等代数内容、方法及典型问题	张盛祝
161	工程流体力学实验指导	杨　斌　李　鲤　主编
162	航空工程材料与失效分析	原梅妮　主编
163	化工工艺学	傅承碧　沈国良　主编
164	环境管理	刘　宏　肖思思　编著

续表

序号	书名	著译者
165	集散控制系统及工业控制网络	刘　美
166	计算机基础习题与实验指导	张英宣　魏海平　主编
167	建筑给水排水工程习题集	张凤娥　杜尔登　魏　永
168	人机环境安全工程原理	王保国　等编著
169	设备安全工程	吕保和　主编
170	石油化工过程系统概论：双语教材	马廷霞
171	石油化工仪表及自动化(第二版)	郑明方　杨长春
172	石油化学工程基础	史德清
173	石油加工工艺学(第二版)	王海彦　陈文艺　主编
174	特种加工技术	杨　晶　邢国芬　李婷婷　主编
175	涂料生产与涂装技术	崔金海
176	油库技术与管理	汪　楠　刘德俊
177	油气储运工程实训	吴全才
178	油气储运工程实验	李小艳
179	ASME B16.5—2013 管法兰和法兰管件 NPS1/2 至 NPS24 公制/英制标准	中石协 ASME 规范产品专业委员会(CACI)
180	ASME 锅炉及压力容器规范：2013 版 · 12 卷，运输罐建造和延续使用规则	中石协 ASME 规范产品专业委员会(CACI)
181	ASME 锅炉及压力容器规范：2013 版 · 第 1 卷，动力锅炉建造规则	中石协 ASME 规范产品专业委员会
182	ASME 锅炉及压力容器规范：2013 版 · 第 2 卷，材料 · A 篇，铁基材料	中石协 ASME 规范产品专业委员会(CACI)
183	ASME 锅炉及压力容器规范：2013 版 · 第 2 卷，材料 · C 篇，焊条、焊丝及填充金属	中石协 ASME 规范产品专业委员会(CACI)
184	ASME 锅炉及压力容器规范：2013 版 · 第 2 卷，材料 · D 篇. 性能(公制)	中石协 ASME 规范产品专业委员会(CACI)
185	ASME 锅炉及压力容器规范：2013 版 · 第 4 卷，采暖锅炉建造规则	中石协 ASME 规范产品专业委员会(CACI)
186	ASME 锅炉及压力容器规范：2013 版 · 第 8 卷，第 2 册，压力容器建造另一规则	美国 ASME 锅炉及压力容器压力容器委员会
187	ASME 锅炉及压力容器规范：2013 版 · 第 8 卷. 第 1 册：压力容器建造规则	中石协 ASME 规范产品专业委员会
188	ASME 锅炉及压力容器规范：2013 版 · 第 8 卷. 第 3 册，高压容器建造规则	中石协 ASME 规范产品专业委员会

续表

序号	书名	著译者
189	ASME 锅炉及压力容器规范：2013 版·第 2 卷，材料·B 篇，非铁基材料	ASME 锅炉及压力容器材料委员会编著
190	安庆石化志	《安庆石化志》编纂委员会　编
191	广州石化年鉴·2013	《广州石化年鉴》编纂委员会　编
192	河南油田年鉴·2013	河南石油勘探局年鉴编纂委员会　编
193	江苏油田年鉴·2013	《江苏油田年鉴》编辑部　编
194	茂名石化年鉴·2013	《茂名石化年鉴》编纂委员会　编
195	南化年鉴·2013	《南化年鉴》编纂委员会　编
196	齐鲁石化年鉴·2013	齐鲁石化史志编纂委员会　编
197	上海石化年鉴·2014	《上海石化年鉴》编纂委员会　编
198	胜利油田年鉴·2013	胜利石油管理局政策研究室　编纂
199	胜利油田年鉴·2014	胜利石油管理局政策研究室　编纂
200	西南石油年鉴·2013	《西南石油年鉴》编纂委员会　编
201	中国生活用纸年鉴·2014～2015	中国造纸协会生活用纸专业委员会　编
202	中国石油化工集团公司年鉴·2014	《中国石油化工集团公司年鉴》编委会
203	中国塑料工业年鉴·2013	中国塑料加工工业协会　主编
204	中国塑料工业年鉴·2014	中国塑料加工工业协会
205	中原油田年鉴·2013	中原油田史志编纂委员会　编
206	渤海油田工程建设简史	崔　航　等著
207	化工过程安全管理实施指南	刘　强
208	2014 年度灭火与应急救援技术学术研讨会论文集	中国消防协会救援技术专业委员会，灭火救援技术公安部重点实验室
209	2014 消防科技与工程学术会议论文集（上、下）	中国消防协会学术工作委员会，中国人民武装警察部队学院消防工程系
210	ASME 锅炉及压力容器规范：2013 版·第 5 卷，无损检测	ASME 锅炉及压力容器委员会无损检测委员会编著；中石协 ASME 规范产品专业委员会　翻译
211	Photoshop CS6 案例教程	邹宏伟
212	第七届渤海湾油气田勘探开发技术论文集	袁光宇　夏庆龙
213	动力煤与动力配煤	姜　英
214	煤矿区煤层气利用技术	吴立新　赵路正
215	汽车节油 150 问（第二版）	熊　云　郭小川　刘　晓
216	热电联产锅炉机组设备及经济运行	王和平　程绍兵　编著
217	石油化工工程质量监督案例（第二册）	张克华　主编

企事业单位

◇ 油田企业

◇ 炼化企业

◇ 油品销售企业

◇ 科研单位

◇ 专业公司及其他单位

胜利油田

【概况】 胜利油田是中国石化集团胜利石油管理局（简称胜利石油管理局）、中国石油化工股份有限公司胜利油田分公司（简称胜利油田分公司）的统称，主要以油气生产为主，涵盖油气勘探开发、石油炼制、发供电、供水、供热以及矿区服务等业务。工作区域分为东西2个部分：东部主要分布在山东省东营、滨州、德州等8个市的28个县、区境内，主体部分位于东营市黄河尾闾西侧，包括渤海湾盆地的济阳、昌潍等5个坳陷；西部主要分布在新疆、内蒙古、青海、甘肃、宁夏5个省、自治区，涉及准噶尔、吐哈等11个盆地。胜利油田本部位于东营市济南路125号。

胜利油田是在20世纪50年代华北地区地质普查和石油勘探的基础上发现并发展起来的。1961年4月，位于东营构造上的华8井首获工业油流，标志着胜利油田的发现。1964年1月，中共中央批准组织华北石油勘探会战。1964年6月，石油工业部华北石油勘探会战总指挥部成立，简称“九二三厂”，又称胜利油田。1989年8月，更名为胜利石油管理局。1998年6月，国家进行石油石化大重组，胜利石油管理局由中国石油天然气总公司划转给石化集团公司管理，更名为中国石化集团胜利石油管理局。2000年5月，根据中国石化重组上市的整体部署，胜利油田油气主业部分重组改制为中国石化胜利油田有限公司，2006年1月变更为胜利油田分公司。2013年1月4日，胜利石油工程有限公司挂牌成立，隶属于中石化石油工程技术服务有限公司。

截至2014年底，胜利油田有二级单位58个、三级单位680个、四级单位2 274个。其中，胜利石油管理局有二级单位29个、三级单位309个、四级单位648个；胜利油田分公司有二级单位29个、三级单位371个、四级单位1 626个。用工总量142 789人，其中直接用工106 501人。拥有高级技术职称（含正高级）12 564人、中级技术职称16 979人。

胜利油田有探矿权区块43个，面积16.98万平方千米；有采矿权区块71个，面积6 501.82平方千米。石油资源量142亿吨，天然气资源量2.15万亿立方米。发现油气田81个，累计探明石油地质储量54.08亿吨；投入开发油气田74个，累计生产原油11.01亿吨，累计生产天然气563.35亿立方米。

胜利油田主要技术经济指标和主要生产建设指标见表1和表2。

（兰　峰）

【资源勘探突出高效优质】 2014年，胜利油田按照“精细勘探东部稳定基础，创新突破西部加快发展”的勘探总体目标，突出油气发现和商业发现，优化勘探部署，强化经济评价，在东部、西部探区均取得重要进展。

东部探区新增控制储量5 243.56万吨，预测储量5 425.84万吨，在埕南断裂带、垦东东部、埕岛东部3个地区取得油气新发现。①埕南断裂带，钻探义50井，沙二段试油日产油16吨，为扩大义50井勘探效果，部署实施义斜501、义501－1和埕斜922井，新增预测石油地质储量2 255.48万吨。②垦东东部斜坡带新近系和古近系，钻探垦东91井和垦东910井，见到良好油气显示，其中垦东91井试油日产油3.79立方米，开辟该区新近系岩性油藏勘探新局面，2014年新增预测石油地质储量1 007.36万吨。③埕岛东坡，钻探埕北81井，在东营组和沙河街组均见到良好油气显示，东营组试油日产油21.56立方米，拓展了埕岛东坡东营组的勘探空间和勘探类型。在三合村洼陷、垦东北地区、博兴南坡、孤北长堤地区、青城北坡、东营北带6个地区取得商业发现。

西部探区新增控制石油地质储量3 219.88万吨，预测石油地质储量1 124.18万吨，取得4个油气新发现、2个商业发现勘探成果。①低勘探程度的敦煌盆地，重点评价烃源岩发育情况，优选五墩凹陷部署西参1井，首次钻遇中下侏罗系较厚的优质烃源岩及多套油层，打开了敦煌盆地等中小型沉积盆地勘探新局面。②哈山东地区钻探的哈浅216井，油气显示良好，测井解释油层4层7.8米，有望成为哈山地区下一个增储阵地。③车排子西翼钻探的苏101井，古近系试油获日3.15立方米工业油流，预示车排子南缘古近系地层岩性圈闭具备油气规模成藏条件，成为准西地区重要潜力层系。④准东石钱滩凹陷钻探的钱1井，证明石钱滩凹陷存在优质烃源岩，并已经运聚成藏。在春风油田石炭系和沙湾组取得2个商业发现，储量规模进一步扩大。

（方旭庆　付大勇）

【三合村油田成为胜利油田发现的第81个油田】 2014年，胜利油田在东部探区发现第81个油田——三合村油田，实现连续6年每年发现一个新油田。

该油田位于山东省东营市利津县境内，构造上位于济阳坳陷孤岛凸起西南部倾没端，勘探面积近 150 平方千米，主要产油层段为馆下段和沙三段，油层类型为稠油油藏，控制含油面积 15.9 平方千米、控制石油地质储量 3 192.2 万吨。

（兰　峰）

【油气开发运行平稳高效】 2014 年，胜利油田油气开发以提升质量效益为中心，优化结构调整，原油产量持续增长。全年生产原油 2 787.14 万吨，同比增加 10.89 万吨。其中，西部持续上产，年产油 87 万吨，增加 20.5 万吨；新增经济可采储量 2 244 万吨，储量替代率 82.5%。老区围绕精细开发、效益开发，水驱油藏强化一体化治理，提高注水“三率”，推行作业联产联责、优质优价、长寿井培养等新机制，老油田稳产基础和开发水平得到提升，水驱油藏井层注采对应率 77.3%，同比提高 1.1 个百分点，注水层段合格率 79.2%，提高 2 个百分点，稀油自然递减率 10.5%，连续 7 年呈下降态势。应用稠油油藏集成配套开发技术，提高油汽比和注汽干度，全年稠油产量 527 万吨，增加 8 万吨，吞吐油汽比 0.59。三次采油驱加强项目运行管理和注入个性化调整，年增油 155 万吨，超年计划 5 万吨。产能建设应对安全环保严要求、投资管理新机制、存量增量考核新变化，建立“四配套、四评估”产能建设方案编制、论证和实施的“五层次、三步骤”一体化管理工作体系，实现方案审查常态化。持续优化新区与老区、海上与陆上、整体与零散产能结构，加强开发钻井监督管理，产能建设达标率 93.2%，当年投产新井 1 854 口，年产油 166.89 万吨。青东 5 海油陆采平台整体建成投产。

（青　强）

【青东 5 区块高效开发】 青东 5 区块产能建设项目是中国石化的重点项目，位于桥东油田，地处莱州湾西部极浅海海域，平均水深 3.6 米。采用海油陆采方式进行开发，由一条 8.48 千米的进海路和 1.35 万平方米的人工岛平台组成。青东 5 区块所属油藏小、散、薄，单层厚度仅有 3 米，通过“井工厂”模式建设，采取丛式井组作业方式，2014 年 44 口油井全部投产，动用含油面积 3.6 平方千米、储量 1 066 万吨，日产油 540 吨，新建产能 19.00 万吨，已成为中国石化海油陆采样板工程和油田新的效益增长点。

（姬　光）

青东 5 区块人工岛　（卢志国　摄）

【QHSE 工作扎实开展】 2014 年，胜利油田狠抓 QHSE 管理，推进监督检查常态化，实施全员 HSE 水平考试制度，建立违章行为曝光台，开展“六打六治”打非治违专项行动，加大涉海管线等隐患排查整治力度，启动智能化管线建设，管道占压及一批重大隐患得到有效治理，油气田及输油气管道安全保护工作受到部际联席会表彰。严格落实“三同时、四评价”，制定“能效倍增”实施方案，推进“碧水蓝天”工程，电厂烟气脱硫脱硝工程建成投产，黄标车淘汰治理有序实施。胜利油田分公司万元产值综合能耗 0.34 吨标煤，胜利石油管理局万元产值综合能耗 3.91 吨标煤。外排污水达标率 100%，采油污水回注率 100%，危险废物妥善处置率 100%。

（兰　峰）

【强化油气管道隐患治理】 2014 年，胜利油田成立胜利油田管道和罐区隐患排查整治攻坚战领导小组，加强对隐患治理的领导、指导、督察。按照“一点一案一措施”原则，强力推进油气管道隐患治理，全年治理隐患 2 059 处，超计划完成 497 处。加强外部协作，与东营、滨州、淄博、德州、济南 5 个地市和济军综合训练基地联合成立油气管道安全综合整治会战指挥部，建立领导重视、政府督导、油地联动、强力配合、措施到位的油地管道隐患联合整治机制，开展油区和管道保护“百日攻坚”“宣传月”“打非治违”等专项行动，联合组织隐患排查 3 次，督导检查 4 次，共同落实隐患现场 70 余次。

（李元松）

【积极推进地热污水余热资源开发利用】 2014 年胜利油田坚持绿色发展、清洁生产，通过油田投资、

BOO、BOT、合同能源管理等多种运作方式，建设完成河口采油厂地源热泵冷热联供、海洋采油厂地热资源利用、景苑西区污水余热供暖、临盘宏祥小区地热供暖等8个地热余热项目，形成了浅层地热、中深层地热和污水余热3种开发利用类型。实现新增和替代地热及污水余热供暖面积67.82万平方米，年节约标煤1.41万吨，减排二氧化碳3.56万吨、二氧化硫218吨、氮氧化物77吨。

（兰　峰）

【推进油公司体制机制建设】 2014年，胜利油田油公司体制机制建设进入实施阶段，制定了油公司模式框架方案、指导意见和标准等，选取不同类型的10家开发单位进行试点，分新区采油厂、现有油公司、传统采油厂3个层次推进，并稳步推进专业化整合。以"四化"建设为依托，加快推动标准化、现代化流程建设，史127、桩23等5个示范区和孤岛孤一区、孤东七区中等4个管理区"四化"改造相继建成投产，实现了方案设计、地面建设、物资采购、生产管控和生产组织模式五大变革。

（兰　峰）

史127"四化"示范区　（孔明磊　摄）

【科技创新成效明显】 2014年，胜利油田组织实施各类项目318项，其中国家项目14项、中国石化项目94项、油田项目210项。重大项目有：国家重大专项6项、国家"973"课题2项、国家"863"项目2项、国家科技支撑项目课题3项、中欧合作项目1项、中国石化"十条龙"项目2项。获得省部级奖励34项，其中一等奖7项、二等奖11项、三等奖16项。申请国家专利743件，其中发明专利331件、实用新型专利412件；获得专利授权428件，其中发明专利29件。液压膨胀式旋转尾管悬挂器、同心式一体化测调注水工艺及装置获得中国专利奖优秀奖。胜利油田与中国石化勘探开发研究院联合组建的页岩油研发中心，成为中国石化上游第1个能源研发中心。断陷盆地油气成藏规律研究创新团队获得2014年中国石化优秀创新团队称号。

（邹　斌）

【企业管理从严规范有序】 2014年，胜利油田资源优化调整有序展开，在采油厂与油公司资源共享、社区与主营单位协调管理以及石油工程、区域后勤保障等11个方面取得实质进展。严格用工管控，创新劳动组织形式，建立以岗位为基础的用工管理体系，实施区域业务承揽、业务外包，扎实开展油田机关"三定"工作。突出价值管理和保值增值，落实注重回报的投资管理机制，做实全口径预算、全成本考核，加强资金集中管控，预算符合率和经营运行效率不断提高。严控用电、作业等重点费用，压减高成本措施，推进原油产销一体化、标准化采购、天然气挖潜，调整机关公务用车管理运行机制，各类用车费用同比下降24%，油田10项管理费用同比下降22.3%。产能建设等10项业务流程实现信息化，完善合同管理、物资采购等标准规范，审计、监察、内控和法律审核等工作进一步强化。突出质量效益指标和安全环保等约束性指标，实行分专业、差异化考核，加大季度考核兑现。落实石化集团公司安全、环保、质量、稳定、小金库5项问责和职工违纪违规行为处分规定，38名干部受到党纪政纪处分，对严重违反劳动纪律的87人依法依规解除、终止劳动合同。

（张　磊）

【企业管理创新成果】 2014年，胜利油田申报管理创新成果367项，评出局级优秀创新成果179项，其中一等奖32项、二等奖60项、三等奖87项。共有14项成果被评为石化集团公司管理现代化创新成果，其中一等奖6项、二等奖5项、三等奖3项。胜利油田59个二级单位职工提报建议27 294项，立项17 171项，实施10 603项，创造效益近2亿元。

（袁　杰）

【和谐稳定局面不断巩固】 2014年，胜利油田持续推进"十百千"工程，与改制企业签订科技成果转让合同13项，帮扶247个基层站队，整体维修改造老旧小区19个、公租房494套，走访慰问和实施困难帮扶救助8.8万人次。拓展EAP服务范围，推进便民志愿服务常态化。开展"打黑除恶"、打击"两抢一盗”、防范电信诈骗等安民行动，维护员工群众人身财产安全。争取政策，落实省市级基本公共卫生服务补助金。油地合作务实推进，支持参与东营市创建全国文明城市工作，旧城区改造、水源地综合开发等项目进展顺利，市政设施移交迈出实质性步伐，油地军警、公安、综治、稽查区域联动联防联治实现常态化。

（兰　峰）

【强化队伍素质提高】 2014 年，胜利油田创新培训理念和管理模式，抓好高、精、尖及高技能人才系统培训，共举办培训项目 1 027 期，6.76 万人次参加。探索实施学分制培训管理，编制 46 个工种培训模块标准，技能操作人员覆盖率达到 96%。推行混合式培训模式，利用中国石化远程培训系统增加培训学习内容，自主开发 4 个大类、15 项、290 余个远程培训课件，整理 70 余个工种高级技师培训授课课件，通过油田网络信息平台共享。创新评价鉴定组织形式，加强评价过程督导控制，完成 174 个工种 1.6 万余人职业技能等级评价鉴定，合格 1.05 万人，其中新产生技师 754 人、高级技师 387 人。举办油田第 18 届职业技能竞赛，共设 35 个工种（组别），49 家二级单位的 1 258 名选手参加竞赛，17 家单位分获采油工、作业工、集输工等 7 个工种团体奖，264 名选手分别获得各工种金、银、铜奖。加强高技能人才队伍建设，有石化集团公司技能大师 3 人，油田首席技能大师 3 人、技能大师 21 人、首席技师 61 人、主任技师 285 人、责任技师 1 687 人。1 人获全国技术能手称号，1 人获全国技能人才培育突出贡献奖，1 人获全国“讲理想、比贡献”创新活动标兵称号，2 人获国务院政府特殊津贴，24 人获石化集团公司技术能手称号。

（于书勇）

【创新宣传思想文化】 2014 年，胜利油田推进政治优势转化，抓好观念引导和形势任务教育，围绕走油公司之路、严控用工总量、安全环保等内容，编发 17 个观念引导材料，举办宣讲视频会、报告会、培训班 40 多场。推动宣讲进培训课堂、进二级中心组、进基层岗位，逐级传递新形势、新任务、新观念。首次组织企业社会责任报告发布和企业开放日活动。围绕“质量效益是中心”“市场化方向是出路”等导向，开设《转变观念大家谈》《今日评说》等专栏，刊发相关评论、报道 1 万余篇（条）。推出胜利发电厂“经营电厂”、东辛采油厂“责任岗号”等典型案例 100 余个，营造舆论氛围。为基层减负，基层基础资料、检查考核、评比表彰同比减少 75%、43% 和 59%。弘扬主流价值、倡导共建共享，宣贯石化集团公司企业文化建设新纲要，倡导“想胜利油田好，为胜利油田好”主流价值，举办践行主流价值巡回报告等活动，听众 2.4 万余人次。参评石化集团公司文明建设标兵、“山东好人”，开展“感动胜利”人物（事件）评选，推出吴吉林、王金铎、薛梅、刘艳玲等典型。加强精神文明建设，2014 年胜利油田继续保持全国文明单位称号。

（孙光明　谢　俊）

表 1　　**胜利油田主要经济技术指标**[①]　　亿元

指标名称＼年份	2014	2013	2012	2011	2010	2009
工业总产值	1 223.81	1 261.68	1 588.92	1 512.42	1 200.68	962.87
工业增加值	991.55	1 040.44	1 177.47	1 252.17	921.80	650.55
资产总计	1 795.40	1 784.91	1 950.19	1 841.54	1 553.95	1 334.08
流动资产	95.09	169.68	384.04	315.90	236.82	42.63
固定资产原值	3 464.62	3 214.96	3 104.86	2 841.54	2 601.56	2 383.46
固定资产净值	1 566.41	1 513.77	1 461.59	1 320.46	1 214.90	1 032.43
销售收入	1 195.85	1 401.56	1 821.80	1 268.65	1 279.00	1 236.99
实现利税	604.52	684.32	942.81	960.14	579.99	418.50

续表

指标名称＼年份	2014	2013	2012	2011	2010	2009
税金(费)	431.30	464.57	563.48	548.40	372.42	226.95
综合能耗/吨标煤·万元$^{-1}$						
胜利石油管理局	3.91	3.97	0.92	0.99	1.07	1.06
胜利油田分公司	0.34	0.32	0.30	0.29	0.35	0.36

①2013年起，因统计口径变化重新调整(扣除石油工程部分)

表2　　胜利油田主要生产建设指标[①]

指标名称＼年份	2014	2013	2012	2011	2010	2009
原油产量/万吨	2 787.14	2 776.24	2 755.00	2 734.00	2 734.00	2 783.50
天然气产量/亿立方米	5.00	5.00	5.00	5.00	5.08	7.00
新增原油生产能力/万吨	253.20	298.30	313.10	301.20	316.50	304.00
新增天然气生产能力/亿立方米	0.52	0.95	1.32	0.26	—	—
新增探明石油地质储量/万吨	2 012.24	3 091.41	13 232.50	14 950.50	11 223.00	10 484.00
新增探明天然气地质储量/亿立方米	—	12.53	89.68	—	—	—
二维地震/千米	650.19	1 273.00	7 635.00	9 745.00	9 559.00	6 389.00
三维地震/平方千米	1 142.00	1 348.00	7 516.00	7 001.00	9 147.00	3 728.00
石油钻井/口	2 268	2 602	2 362	2 108	1 863	1 774
钻井进尺/万米	500.33	590	557.36	490.26	440.18	391.38
勘探投资/亿元	36.12	45.75	50.73	46.27	35.62	32.27
开发投资/亿元	194.45	240.57	216.28	179.10	136.95	205.70

①2013年起，新增探明石油地质储量数据因统计口径变化重新调整；二维地震数据、三维地震数据、石油钻井数据、钻井进尺数据因统计口径变化重新调整，胜利油田分公司投资口径

中原油田

【概况】 中原油田为中国石化集团中原石油勘探局(简称中原石油勘探局)和中国石油化工股份有限公司中原油田分公司(简称中原油田分公司)的统称，主要从事油气勘探开发、炼油与天然气深加工等业务，主要开发区域包括东濮凹陷、普光气田、内蒙探区。

1975年9月7日，濮参1井喷出工业油气流，发现中原油田；1998年，由中国石油天然气总公司划归石化集团公司管理；2000年1月，中原石油勘探局和中原油田分公司分设分立；2012年9月—2013年9月，完成中石化中原油田石油工程专业化重组。

截至2014年底，中原油田在国内拥有油气资源探矿权、采矿权55个，总面积7.51万平方千米。其中，探矿权36个、面积7.37万平方千米；采矿权19个，面积0.41万平方千米。中原油田设置机关职能部门32个(合署办公9个)、机关直属单位14个、直属单位44个。中原油田用工总量55 273人，其中正式职工37 890人、劳务工13 417人、非全日制用

工3 966人。用工总量净减少3 847人，减幅6.5%。全油田有专业技术人员5 506人，包括教授级职称17人、高级职称725人、中级职称2 938人、初级职称1 487人。中原油田总资产523.61亿元，固定资产原值380.62亿元，固定资产净值228.09亿元。

2014年，中原油田新增探明石油地质储量251万吨、天然气地质储量0.31亿立方米；生产原油231万吨、天然气83.05亿立方米。实现收入471.78亿元，实现利润93.02亿元，上缴税费59.31亿元。

中原油田主要技术经济指标和主要生产建设指标见表1和表2。

（吴宝英）

【油气勘探取得良好进展】 2014年，中原油田在勘探工作中，调整工作思路，强化地质研究，优化项目运行，取得3个新突破：东濮西南洼方2井获高产工业油气流，发现老区增储的新领域；查干凹陷发现苏红图组油藏，落实控制石油地质储量1 259万吨、预测石油地质储量1 122万吨，为中央构造带油气规模开发奠定基础；白音查干达60断块落实预测石油地质储量691万吨，打开了扎木次洼的勘探局面。同时，东濮陡坡带隐蔽油气藏、普光深层海相、银额盆地新登记区块和中康合作区块，都取得了新的地质认识。

（黄　琥）

【老区稳产基础得到加强】 2014年，中原油田强化老区滚动勘探和油藏评价，落实商业开发储量338万吨。优化原油产能建设，新建和恢复产能9.4万吨。加强相控油藏描述和剩余油研究，深化注水、产液、措施结构调整，扩大污泥调剖调驱，完善配套气驱开发技术，70%的油藏稳中见好，自然递减率控制在15.3%之内。深化天然气挖潜和储气库管理，老区天然气超产3 000万立方米，文96储气库实现平稳运行，文23储气库建设按计划推进。加强内蒙古稀油油藏精细挖潜和稠油效益开发矿场试验，难采储量开发技术研究得到深化。

（黄　琥）

【普光气田开发安全高效】 2014年，中原油田强化国家科技重大专项"高含硫气田安全高效开发技术"研究，深化开发规律认识，实现高标准要求、高质量管理、高水平运营。加强未动用储量评价和储量动用状况分析，科学编制开发调整方案，将稳产期延长至2020年。深入探索边底水推进规律，合理控制生产压差，优化气井生产状态。普光103－1井堵水试验效果良好，日降水量300立方米，日产气量保持稳定；研制储层改造转向酸体系，初步形成高含硫气井井筒解堵、二次酸压提高产能技术。严格腐蚀、泄漏监测和智能清管，统筹净化联合装置检修，保持集输净化系统安全平稳运行。

（黄　琥）

2014年2月19日，工作人员在文96储气库检查设备运行情况　（白国强　摄）

【节能环保工作成效良好】 2014年，中原油田整体节能环保形势持续稳定。油田所属各单位都建立起节能环保的管理体系和管理制度，并把节能环保工作纳入到油田整体考核中，油气生产系统主要能耗设备和能耗系统计量器具配备率100%，石油工程作业现场能耗计量逐步深化和精细，社会化服务系统单位能耗不断下降。全国重点用能单位能耗在线监测系统，顺利建成并投运，可通过互联网将46个二级单位的能耗数据汇总后，准确、实时上传至国家节能中心能耗在线监测系统，保障实时监测能耗情况。广泛应用节能技术，实施能效倍增项目87项，节能1.78万吨标准煤；注水结构、产业结构优化调整，机采、集输、注水、电力系统效率有不同程度的提高，单位油气综合能耗下降3.2%。整个污染物的排放得到有效控制，化学需氧量、氨氮、二氧化硫和氮氧化物减排量完成石化集团公司下达的指标。

（李　丽）

【复杂油气储层裂缝识别与评价技术取得新成果】 2014年，由中原油田联合中国石油大学等单位共同完成的科技项目"复杂油气储层裂缝定量识别与评价关键技术及工业化应用"获国家科技进步二等奖。该成果通过地质、测井和地震等多学科持续11年的联合攻关，研究成果在国内23个油田及海外市场推广应用，指导部署147口井位，勘探成功率提高29%。

获国家授权发明专利22件、实用新型专利2件、软件著作权12件；出版专著2部，被SCI收录论文86篇，EI收录论文155篇。该成果先后获北京市科学技术一等奖1项、中国石油和化学工业联合会科技进步一等奖2项，并入选2011年“中国石油十大科技进展”项目。

（黄 琥）

【中国首例泵送桥塞—定方位射孔联作技术成功实施】 2014年9月8日，中原油田地球物理测井公司在煤层气水平井LG01－H井施工中，采用泵送桥塞—定方位射孔联作技术，完成射孔7段，其中第1段采用连续油管输送定方位射孔，第2—6段采用泵送桥塞—定方位射孔联作技术，射孔一次成功率、射孔准确率、射孔发射率均达100%，标志着国内首例泵送桥塞—射孔联作技术应用取得成功。LG01－H井部署在安徽省宿州市东南淮北芦岭地区，斜深1 485.96米，垂深734.87米，水平段长585.96米。

（黄 琥）

【抗硫高压分离器研制成功】 2014年4月22号，由中原油田自主研发的抗硫高压分离器在四川省普光气田通过中国石化鉴定。项目针对高酸性气田的开发需要，设计装置压力22兆帕，抗腐蚀能力、安全性能达到标准要求，成本较进口产品降低31.7%。该成果是国家科技重大专项“高含硫气藏安全高效开发技术”的专题之一。

（黄 琥）

【焊接新工艺降低施工成本60%以上】 2014年11月17日，中原油田创新成果——铝镁合金垂直管交流TIG焊接工艺研究成功。铝镁合金垂直管交流TIG焊接是全国性技术难题，焊缝产生气孔一直无法避免，焊接合格率仅为30%。油田培训中心以此开展立项攻关，通过反复实验，成功破解难题，焊缝一级无缺陷率高达98%以上，降低施工成本60%以上。

（黄 琥）

【构建全面风险管控4个体系】 2014年，中原油田深入开展“从严管理年”活动，积极构建全面风险管控4个体系。①构建生产运行过程风险管控体系。开展HSE管理评估和“六打六治”专项行动，完成重大隐患治理748处，清理占压隐患1 042处，治理长停井、废弃井917口。加大关键装备、要害部位和施工作业现场安全管理力度，做到风险识别、防范措施、防护设施、劳动保护4个到位。严格执行井控和防硫化氢措施，健全防恐体系，开展应急演练，提升应急处置能力。加强企地协作，打击土炼油、窃电窃油窃气等非法行为，油区涉油刑事案件同比下降4个百分点。加强职业防护，全年无职业病病例发生。推进清洁生产，采油污水、注水残渣、钻井作业废液实现零排放。深化绿色矿山建设，普光气田被列为第4批国家级试点单位。②构建经营风险管控体系。健全纪检监察、审计、法律、内控、财务稽核“五位一体”联动机制，规范经营行为。实行油气主营与非主营业务分开预算，推进全口径成本管理，发现成本、开发成本和油气生产成本控制在计划之内。加强资金筹划与监管，节约财务费用2亿元，审计核减外包工程费用463万元。完善物资集中采购，资金节约率5.17%。③构建“三基”工作从严管理体系。规范规章制度，推进文本管理，完善信息共享系统。重新梳理业务流程，共优化296项，机关审批精简45%。整合检查评比活动，基础资料台账减少40%。④构建领导班子和领导干部行为风险防控体系。坚持理论武装、素质培养、实践锻炼3个结合，从严教育干部；坚持按照习近平总书记提出的5好标准，从严选用干部；坚持严明党的政治、组织、财经、工作、生活5项纪律，加大责任追究力度。

（李 丽）

【全面完成采油六厂油公司体制机制建设】 2014年，中原油田在采油六厂开展油公司体制机制建设试点，建立采油厂为采油管理区提供技术支撑的区域服务中心架构，以提高质量和效益为中心，以采、注、输业务一体化为主线，赋予采油管理区自主经营、自主决策权利，凸显采油管理区油藏经营主体地位，切实提高油藏经营管理能力和开发生产运营效率，采油管理区实现自负盈亏。

（李 丽）

【完成车辆体制机制调整工作】 2014年，中原油田按照统一管理、区域服务、限额使用、严格管控、积极稳妥原则，综合考虑井场和驻外机构的生产性质、地理位置等因素，分类制定车辆管理政策，对车辆管理体制机制进行调整，涉及单位30家、车辆3 901台、人员4 103人，清退外租车辆178台。12家本部区域及附近生产辅助、社区单位，车辆划归机关车辆管理中心统一管理，与机关车辆管理中心建立甲乙方关系，涉及人员自愿选择去留；14家油气生产、驻外单位，在各单位内部实行专业化、集中化统一管理，涉及人员随车调整；4家离本部基地较远且以采油厂为依托的社区，车辆划归临近采油厂统一管理，与采油厂建立甲乙方关系，涉及人员自愿选择去留。

（李　丽）

【专项风险评估助推重要领域从严管理】 2014 年，中原油田在采油三厂、天然气处理厂、物资供应处、第八社区管理中心等单位的生产经营重要领域开展了专项风险评估。各单位按照油田《关于在重要风险领域开展专项风险评估的通知》要求，采用问卷调查法或集体讨论形式，查找识别并评价确定了重要风险，提出应对方案。其中，安全环保、油气管线泄漏和长停井隐患受到高度重视，9 家单位开展了相关领域的风险再评估。截至年底，油田有 33 家单位编制并报送了专项风险评估报告，有效评估重要风险领域 86 个，提报重要风险 150 项，其中 80 项得到更高重视，占比 53%；提出应对措施 362 项，被采纳 205 项，占比 57%。

（李　丽）

【信息化促进油田持续发展】 2014 年，中原油田推进信息化建设与勘探开发、经营管理、综合办公等业务的深度融合，推进油田可持续发展。建成数据资源中心，包括勘探、开发、采油工程、钻井工程等油田数据资源，覆盖三大基地的 12 类专业，实现源头数据一次采集及一体化审核、存储、服务功能，平均日增数据 2.2 万条。推进勘探开发信息整合，搭建起企业级的地震解释、勘探开发研究平台，建立统一数据格式和研究成果集中备份共享的系统体系，平台建有勘探解释运行环境 48 个，注册研究用户 96 人，单独加载区块地震工区 16 个，常用解释研究工区 34 个。推广应用生产调度运行系统，建立起基层站队、采油区、采油厂及分公司 4 个层级的生产管理一体化信息系统。开展普光智能气田试点建设，制定智能气田建设实施方案。开展数字化采油管理区信息平台建设，完成马厂、桥口 2 个采油管理区的数字化平台建设，实现井场视频监测和生产实时监控。结合油田自身业务需求，对 ERP 系统功能进行深度开发，延伸 ERP 应用链条。自主开发普光分公司、普光合资公司和内蒙探区勘探开发指挥部的 ERP 系统，实现 ERP 在中原、普光、内蒙的应用全覆盖。构建公文管理系统，实现中国石化总部与油田及二级单位间的信息互通互联，做到无纸化办公。建成油田统一集中管控的共享服务中心，通过服务器虚拟化技术应用和统一购置、分配、运维，油田服务器平均利用率由 15% 升至 80%，综合运行成本降低 50%。年内，中原油田入选国家工业和信息化部两化融合管理体系贯标试点企业。

（李　丽）

【业务竞赛总成绩位列中国石化第 1 名】 2014 年，中原油田组队参加石化集团公司采油（气）、法律纠纷处理、信息化技术安全和审计 4 个专业的业务技术比武，及井下作业工、环境监测工、冷作钣金工 3 个工种的职业技能竞赛。共有 45 名选手参赛，获奖牌 22 枚，其中团体项目获第 1 名、第 2 名和第 3 名各 1 个；个人项目获金牌 7 枚、银牌 9 枚、铜牌 6 枚，奖牌总数和金牌总数均位列石化集团公司第 1 名，中原油田获业务竞赛优秀组织奖。

（李　丽）

【反腐倡廉取得新进展】 2014 年，中原油田制定党委主体责任和纪委监督责任实施细则，举办领导干部专题党课，着力推动“两个责任”落到实处。制定惩防体系建设工作规划实施细则和任务分工方案，落实反腐倡廉工作联席会议制度，凝聚齐抓共管的整体合力。深入宣传贯彻石化集团公司职工违纪违规行为处分规定，举办廉洁教育大讲堂、新任职领导干部及其配偶集体廉政谈话会，组织参观河南省内黄监狱和濮阳市廉政教育基地，强化党员干部的廉洁从业意识。推进廉洁风险防控管理，建立预警信息平台，加强日常监督和预警处置，提高源头预防腐败的能力。认真落实转职能、转方式、转作风的要求，强化纪委的监督执纪问责职能。坚持从严执纪，查办案件 21 件，处理违纪人员 28 人，督促案发单位完善规章制度 34 项。

（黄　琥）

【惠民工程稳步推进】 2014 年，中原油田加大惠民工程实施力度。加快棚户区改造，邀请职工代表现场监督工程质量。编制 36 个老旧小区集中改造方案，完成首批 7 个小区的改造任务。深化文明和谐示范小区创建，全年新增石化集团公司文明和谐示范小区 8 个，37 个居民小区实现零发案，油田继续保持全国绿化先进单位称号。推行“一门式”服务，建成便民服务厅 33 个，实现进一个门、办多件事。坚持居民生活无小事，严格水质监测，制定保电预案，开展供暖用户回访，强化幼教安全管理和医疗保健服务，及时处理有关问题。加强就业服务指导，帮助实现就业 1 503 人次。实施员工帮助计划，建成集心理访谈室、心理测评室和大讲堂为一体的员工心理疏导服务中心。实施困难帮扶，累计发放各类救助金、慰问金、实物3 137万元。加强离退休服务管理，95%的离退休管理站达到石化集团公司“五好”标准。开展文化走基层、德润讲堂、广场文化等系列活动，丰富职工群众的业余文化生活。

（黄 琥）

【获全国助残先进集体称号】 2014年5月16日，中原油田在全国自强模范暨助残先进表彰大会上获全国助残先进集体称号，并在北京人民大会堂接受表彰。中原油田是获此称号的唯一央企单位。

（黄 琥）

【宋丽萍入选全国首批10位优秀党员志愿者】 2014年5月30日，中国志愿服务联合会通过北京微博微信发布厅公布首批10位优秀党员志愿者信息，中原油田员工宋丽萍名列首位。宋丽萍是油田滨河社区居民管理站的一名女工，她参加工作27年来，立足岗位、勤勉敬业，扶危济困、乐于助人，先后获全国百名优秀志愿者、中国社区服务奉献之星、河南省学雷锋十大标兵、中国石化精神文明建设十大标兵等称号。2013年9月，她获得第四届全国道德模范提名奖，受到中共中央总书记、国家主席习近平的亲切接见。

（黄 琥）

【豫剧《情暖中原》在北京公演】 2014年4月28—30日，以党的十八大代表、全国劳动模范、首届“感动石化”人物邵均克为原型创作的大型现代抒情豫剧《情暖中原》在北京解放军歌剧院公演。该剧由河南省濮阳市豫剧团和中原油田歌舞团联合演出，展现了油田职工邵均克倾注真情、爱残助残的高尚情怀。

（黄 琥）

2014年4月29日，石化集团公司董事长傅成玉在观看《情暖中原》演出后，与邵均克交谈 （仝 江 摄）

【一案例入选全国群众路线工作法100例】 2014年12月10日，学习贯彻习近平总书记系列讲话精神暨党的群众路线工作法100例颁奖座谈会在北京召开。中原油田申报的“‘交友连心’架起干群关系连心桥”入选全国群众路线工作法100例，是中国石化唯一入选案例。

（黄 琥）

【首个污水余热资源开发民用项目投运】 2014年11月7日，中原油田首个污水余热、地热资源开发民用项目——濮三联合站污水余热、地热供暖改造项目正式投运。该项目采用污水余热、地热及热泵调峰方式，替代原3台燃气锅炉，向社区住宅及办公用房进行冬季供热，每年可减少天然气消耗400万立方米，节约标准煤3 000吨，减少碳排放3 340吨。

（黄 琥）

表1 **中原油田主要技术经济指标** 亿元

指标名称 \ 年份	2014	2013[②]	2012	2011	2010	2009
工业总产值	292.58	303.13	440.61	396.29	312.42	218.94
工业增加值	137.82	173.03	373.58	203.34	134.55	94.63
资产总计	523.61	543.28	674.15	686.77	681.24	593.87
流动资产	70.87	73.17	132.87	145.61	117.87	64.86

续表

指标名称 \ 年份	2014	2013[②]	2012	2011	2010	2009
固定资产原值	380.62	368.40	1044.33	980.26	942.00	380.68
固定资产净值	228.09	228.09	487.91	435.92	499.55	162.51
销售收入	305.52	323.78	490.79	438.91	363.00	277.61
实现利税	93.02	89.62	109.62	95.62	46.95	2.28
税　金	59.31	57.95	82.35	71.43	49.69	34.38
工业产值综合能耗[①]/吨标煤·万元$^{-1}$						
中原石油勘探局	6.00	6.00	0.57	0.57	0.62	0.65
中原油田分公司	0.52	0.53	0.48	0.53	0.75	0.59

①2010 年以前执行的是 2005 年不变价

②2013 年数据统计口径发生变化

表 2　　中原油田主要生产建设指标

指标名称 \ 年份	2014	2013[①]	2012	2011	2010	2009
原油产量/万吨	231.00	243.00	252.01	262.38	272.51	288.94
天然气产量/亿立方米	83.05	85.42	80.12	64.97	47.09	9.26
新增原油生产能力/万吨	14.80	13.05	19.50	20.20	23.73	25.30
新增天然气生产能力/亿立方米	2.54	0.23	23.37	0.51	76.00	0.81
新增探明石油地质储量/万吨	251.00	285.00	981.45	1 148.20	988.72	930.65
新增探明天然气地质储量/亿立方米	0.31	2.58	21.70	13.35	35.20	11.80
二维地震/千米	325.00	600.00	203.00	866.00	1 194.00	4 878.00
三维地震/平方千米	192.00	123.00	201.00	249.00	210.00	1 594.00
探井/口	23	40	38	55	50	123
开发井/口	30	82	161	181	207	698
勘探投资/亿元	5.29	6.11	8.13	9.08	8.25	7.98
开发投资/亿元	10.10	16.04	24.36	24.97	27.22	25.23

①2013 年生产建设指标主要是以中原油田分公司新口径统计

河南油田

【概况】 河南油田为中国石化集团河南石油勘探局(简称河南石油勘探局)和中国石油化工股份有限公司河南油田分公司(简称河南油田分公司)的统称。其前身组建于 1972 年 5 月 1 日。1998 年，河南油田由中国石油天然气总公司划归石化集团公司。2000 年 1 月，河南石油勘探局和河南油田分公司分设分立。2012 年 9 月—2013 年 9 月，河南油田钻井公司、物探公司、油建公司等 7 个二级单位完成石油工程专业化重组，划归中石化石油工程技术服务有限公司管理。

河南油田是以油气生产为主，集油气勘探、开发、炼油化工、施工作业、辅助生产和社会服务于一体的国有大型Ⅰ类企业，产区地跨河南省南阳、驻马店、平顶山、洛阳、周口、漯河、许昌，湖北省襄阳、枣阳和新疆巴音郭楞蒙古族自治州、奎屯市、伊犁地区12个市(州、区)。河南油田本部设在河南省南阳市宛城区油田五一村，其所属塔里木河南勘探公司位于新疆维吾尔自治区焉耆县县城西。截至2014年底，河南油田拥有探矿权区块9个、面积2.29万平方千米，采矿权区块7个、面积2 047.04平方千米。油气资源总量达28.02亿吨，已发现16个不同类型的油气田，累计探明石油地质储量3.57亿吨、探明天然气地质储量129.30亿立方米，已投入开发15个油气田，累计生产原油8 041.98万吨、天然气21.36亿立方米。

河南油田实行勘探局、分公司—二级厂(处)—矿(大队)—基层队(站)四级管理体制。截至2014年底，河南油田机关设25个职能处室。分公司下属11个二级单位，勘探局下属9个二级单位。共有88个矿(大队)、325个基层队(车间)、1 679个班组。全油田有直属党委34个，其中油田企业党委20个、工程公司党委8个、改制企业党委5个、移交单位党委1个。基层党总支105个，党支部962个，党员2.08万人。有职工1.40万人(分公司0.97万人)，其中拥有教授级职称的74人、高级职称的1 800人、中级职称的2 515人、初级职称的2 137人。享受政府特殊津贴6人，石化集团公司突出贡献专家8人，闵恩泽青年科技人才奖13人，学术、技术带头人16人，河南省优秀专家2人。

河南油田主要技术经济指标和主要生产建设指标见表1和表2。

(韩　伟　郭运平)

【油气生产实现新增长】 2014年，河南油田新建、新增原油生产能力26.75万吨，其中新区新建原油生产能力15.44万吨、老区新增原油生产能力11.31万吨。新建天然气溶解气生产能力2 691万立方米，核销天然气生产能力1 965万立方米。全年生产原油241万吨，同比增加5万吨。其中，新井产量15.17万吨，措施增产18.52万吨，老井自然产量207.30万吨。西部新疆春光油田产量83.52万吨，增长19.31%。生产天然气5 090万立方米，其中溶解气4 596万立方米、气层气494万立方米。新增可采储量328.41万吨，实现年度储采平衡。

(韩　伟)

2014年4月30日，河南油田在泌阳凹陷云1HF井进行大型分层压裂施工　(方文华　摄)

【油气勘探保持规模增储】 2014年，河南油田新增控制储量1 231.56万吨，完成年计划的102.63%。在春光油田春17井区新增含油面积10.66平方千米，技术可采储量369.47万吨。新增预测储量1 327.70万吨，完成年计划的132.77%。在春光油田沙湾组春45、春67、春27－4、春27－5、春128E、春53井区，新增含油面积11.22平方千米，石油预测地质储量762.82万吨，技术可采储量281.49万吨；在张店油田马店区块12个井区，新增含油面积5.58平方千米，预测石油地质储量564.88万吨，预测石油技术可采储量39.54万吨。西部春光探区勘探形成6 000万吨增储规模，获石化股份公司2014年度准噶尔西远精细勘探油气发现一等奖。

(韩　伟)

【精蜡化工持续推进】 2014年，河南油田精蜡化工加工原料油54.07万吨，实现工业总产值(2010年不变价)24.83亿元，实现营业收入31.22亿元。主要经济技术指标稳步提升，炼油综合商品率、高附加值产品收率分别比指标提高0.75%和2.40%。生产特种蜡6.79万吨、超计划3.28%。销售特种蜡6.84万吨、超计划4.11%，蜡产品价格在石化系统内排名第一。开发特种蜡新产品4个：JLC－1211型橡胶防护蜡、LY－02型橡胶防护蜡、JLTB－90(Ⅰ)号蜡、JLTB－90(Ⅱ)号蜡，特种蜡产品达33个品种94个牌号。

(郭运平)

【科技创新成果】 2014年，河南油田开展科技进步项目112项，其中石化集团公司科研项目26项，完成科技项目62项。获省部级科技进步奖8项，其中二等奖 3 项、三等奖 5 项。“春光探区增储领域研究及目标评价”获石化集团公司 2013 年度科技进步二等奖；“河南油田二元复合驱提高采收率技术及应用”“高凝稀油老油田单井集输简化升级技术研究与应用”2 个项目获河南省 2014 年度科技进步三等奖；“安哥拉 Kwanza Onshore 油田区块评价研究”“致密砂岩油气储量特征及开发技术调研”2 个项目分别获河南省科学技术厅 2014 年度科技情报成果一等奖、二等奖。申请专利 74 件，获授权专利 47 件。

（韩　伟）

【安全环保形势平稳】 2014 年，河南油田认真贯彻落实石化集团公司安全环保工作部署，全面深化 HSE 管理，实现了从业人员（含承包商）死亡事故、火灾爆炸事故、井喷失控事故、公共安全事故、环境污染事故“五个为零”的工作目标。石化集团公司考核的各项 HSE 指标均在控制范围之内，保持了 HSE 形势的持续稳定。开展“碧水蓝天”环保专项活动，推进清洁生产、绿色低碳发展，各项环保考核指标均达到要求。排查整改管道安全隐患 1 102 项，治理油气管道占压 30 条。河南油田被评为石化集团公司 2014 年度安全生产、环境保护、职业健康先进单位。

（韩　伟）

河南油田第二采油厂 GJ5708 井场　（单朝玉　摄）

【节能工程】 2014 年，河南油田围绕管理节能、结构节能、技术节能、重点节能工程、循环经济和合同能源管理六大板块，实施“稠油联合站原油预脱水工艺应用”“五一社区耐酸露点腐蚀的锅炉烟气热回收利用技术”“集中配电技术在下二门油田的推广应用”等节能技术措施项目 62 项，节能 7 306吨标准煤。累计完成“十二五”万家企业节能目标的 112%。

（韩　伟）

【降本增效专项竞赛】 2014 年，河南油田开展降本增效专项竞赛，进行增收节支、增产创效、挖潜增效活动。安排实施局级降本增效项目 59 个，累计实现降本增效 1.01 亿元，其中分公司完成 41 个项目、降本增效 7 980 万元，勘探局完成 18 个项目、降本增效 2 160 万元。

（郭运平）

【水电供应】 2014 年，河南油田采取暗漏调查、推广节水技术、管线改造等多项措施，完成产水量 1 207万吨，同比减少 1.16%，连续 8 年实现产水量负增长采取智能配电网技术、无功增容技术、防雷技术改造等多项措施，完成供电量 7.24 亿千瓦·时，下降 9.61%。电网供电可靠率 99.95%，电网功率因数 0.95。

（郭运平）

【新兴能源技术开发】 2014 年，河南油田通过地热资源开发及综合利用技术研究，完成了地热井的钻井成井技术、高效换热技术及热泵技术的应用研究。实施了魏探 1 井和魏灌 1 井 2 口地热井的钻探，初步建立了浅层砂岩地热开发配套技术，优化了水电小区 4.50 万平方米新建住宅采暖工艺方案。开展下二门采油污水余热利用技术研究，完成了掺水换热器改进和加热工艺优化改造，年替代天然气 380 万立方米。开展生物质能源复合利用技术研究，完成了先导试验方案优化设计，应用生物质成型燃料在 4 吨/时低压燃煤锅炉试验获得成功，为河南油田燃料结构调整及替代提供了技术支持。

（郭运平）

【限流分采技术研发及应用】 2014 年，河南油田针对常规分采井检泵周期相对较短，不适应出砂严重、下泵较深的问题，研发了限流分采技术。该技术具有可任意组合开采层、任意调配流量、实现深抽、检泵周期长的优点。配套研发的限流配产器，在地面实验不同孔径、不同压差下的实际流量后和计算流量进行对比，理论计算与实验数据误差在 9% 左右，达到设计要求。截至年底，在双新 4101 井、双 K455 井应用并获得成功 。双新 4101 井措施前常规分采，日产液 64 吨，日产油 1.50 吨，含水 97.60%，限流分采后日产液 80.60 吨，日产油 2.30 吨，含水 97.10%。

（韩　伟）

【带压作业技术应用】 2014 年，河南油田开展带压作业投堵技术和配套注采管柱工艺研究，形成带压投堵技术工艺管柱和配套工具系列，实现自喷转抽、压裂酸化、分层注水、射孔等原井管柱、油水井完井管柱等多种管柱类型的带压封堵，满足开发生产需要。注水井带压作业分注配套工具经过试压和耐压差试验，可耐压差 30 兆帕，耐温 120℃，均达到设计指标。截至年底，带压作业推广应用 19 口井 25 井次。其中，油井 5 口 7 井次，恢复产量 13.80 吨/日，水井 14 口 18 井次，恢复注水 726 米^3/日，创效 90 万元。

（韩　伟）

【高温聚驱注聚实验】 2014 年，河南油田双河油田Ⅶ1－3 层系Ⅲ类高温聚合物驱重大先导试验开始注聚。该项目是中国开展的首个 90℃以上高温油藏聚合物驱试验。Ⅶ1－3 层系油藏温度 93.70℃，试验区含油面积 1.90 平方千米，地质储量 220 万吨，采出程度 43.20%，剩余地质储量 125 万吨。注入井设计注入段塞量 0.60PV，年注入速度 0.11PV，计划 2018 年全部注入完成。

（韩　伟）

【从严管理扎实推进】 2014 年，河南油田以抓基层、打基础、练内功为抓手，强化从严管理活动与“三基”工作紧密结合，分 4 个阶段全面推进；抓实问题，督察整改，着力推动制度生根、责任落实。常态化推进比学赶帮超工作，基层管理水平不断巩固提升，第一采油厂、第二采油厂分获石化股份公司先锋采油厂和优胜采油厂称号，30 个队站被评为金、银牌队。配套完善法律、内控、审计、质量制度体系，依法依规治企，严把关键环节，获全国法制宣传教育先进单位称号。

（郭运平）

【基本薪酬调整】 2014 年，河南油田按照《河南油田完善薪酬分配制度实施方案》，对 2012 年、2013 年连续年度考核合格人员晋升 1 档基本薪酬；对 2014 年基本薪酬标准仍低于本岗位技术职务或技能等级对应区间下限标准、2013 年考核合格人员，按规定晋升 1 档基本薪酬；对 1 013 名 2013 年新晋升职称及取得中级职称满 5 年以上专业技术人员，244 名取得技师、高级技师及高一等级职业资格的技能操作人员，基本薪酬进行调整和补发，人均月增资 192 元。

（郭运平）

【困难群体帮扶救助】 2014 年，河南油田提高特困家庭的困难救助标准，向 136 户特困家庭发放生活补贴 52.31 万元，为 704 名职工家属发放大病救助 402.25 万元，为 22 户困难家庭实施 13.30 万元灾难救助，为各类退休职工群体累计发放生活资助金 5 681.81 万元，为油田特困（困难）家庭、非在职劳动模范、离岗劳动家属及离退休老同志发放慰问金 935.42 万元，为 205 名特困（困难）家庭子女发放助学金 26.53 万元，为 62 户伤病残特殊困难户调整了住房；继续实施“一助一”扶贫帮困工程。全年油田困难帮扶中心共支出帮扶资金 7 111.62万元。

（韩　伟）

【业务技术比赛获奖】 2014 年，河南油田首次承办石化集团公司井下作业工业务竞赛，来自胜利油田、中原油田、江苏油田等 9 个单位的 55 名选手参加了竞赛。河南油田井下作业工代表队获得团体总分第 1 名及个人 2 枚金牌、2 枚银牌、1 枚铜牌的历史最好成绩，河南油田获优秀组织单位称号。参加石化集团公司业务技术比赛，河南油田采油（气）专业获得团体第 2 名和个人 2 枚金牌、1 枚银牌、1 枚铜牌的好成绩，法律纠纷处理专业获得个人 1 枚金牌。

（郭运平）

【职业技能培训】 2014 年，河南油田组织各类专业操作人员技能培训 59 个班、1 945 人次，完成年计划的 112%；组织各类特殊作业人员（安全）培训 4 120人次，完成年计划的 103%。特殊作业人员培训持证上岗率达到 100%，HSE 持证率达到 100%；承办石化集团公司优秀班组长培训、采油工高级技师培训、境外公共安全培训等 5 个高技能人才培训项目 15 个班、703 人次。

（郭运平）

【棚户区改造工程】 2014 年，河南油田完成棚户区改造一期住宅工程唐河基地小区、水电小区、测井小区建设工程规划许可证和施工许可证的办理，在 3 个小区建成 23 栋、1 254 套安置住房，并于年底一次竣工验收合格。

（郭运平）

河南油田水电小区棚户区改造(一期)工程安置住房(局部)外景 (沙艳梅 摄)

【转变作风成效显著】 2014 年，河南油田积极推进工作作风转变，制定并严格执行检查考核、领导信箱、工作调研、首办负责制等 13 项制度，形成作风建设常态机制，取得明显效果。同比会议费下降 43%，招待费下降 34%，办公费下降 26%，出国(境)人员经费下降 77%，车辆使用费下降 31%，发文数和文印费分别减少 20% 和 30%，检查项目和评先项目分别压缩了 65% 和 63%。

(郭运平)

表 1 **河南油田主要技术经济指标** 亿元

年份 / 指标名称	2014		2013		2012		2011		2010		2009	
	勘探局	分公司	勘探局	分公司	勘探局	分公司	勘探局	分公司	勘探局	分公司	勘探局	分公司
工业总产值①	2.32	129.39	12.25	136.12	29.39	139.45	47.67	139.41	42.51	108.84	39.02	69.48
工业增加值	1.20	80.86	7.32	86.87	10.93	85.33	17.60	88.95	16.61	63.60	13.85	32.98
资产总计	21.84	162.39	21.19	157.04	61.00	147.00	52.53	124.00	47.18	116.10	41.79	100.19
流动资产	2.44	25.22	2.96	29.64	21.18	35.60	36.85	23.50	11.41	21.41	10.81	7.29
固定资产原值	23.15	299.47	21.28	276.72	19.00	241.58	42.86	223.30	37.60	202.40	31.08	185.56
固定资产净值	14.23	116.98	14.85	241.58	34.00	93.00	29.10	89.65	28.77	83.68	24.21	84.09
销售收入	16.64	111.87	16.47	119.53	61.85	127.55	54.39	127.86	44.39	99.56	41.60	68.58
实现税费②	1.36	37.56	1.17	—	5.22	44.41	4.07	47.11	3.59	30.35	0.38	9.95
综合能耗/吨标煤·万元$^{-1}$	0.31	0.56	0.30	0.52	0.49	0.53	0.16	0.60	0.59	0.72	0.61	0.83

①2013 年数据不包含工程板块拆分重组单位

②2010 年起实现利税项变为实现税费

表 2 **河南油田主要生产建设指标**

年份 / 指标名称	2014	2013	2012	2011	2010	2009
原油产量/万吨	241.00	235.00	226.00	225.00	227.04	187.51
天然气产量/亿立方米	0.51	0.57	0.58	0.64	0.59	0.57
新增原油生产能力/万吨	26.75	27.76	27.60	23.00	17.50	20.20
新增天然气生产能力/亿立方米	0.29	0.02	0.03	—	—	—
新增探明石油地质储量/万吨	544.66	101.53	1 557.00	2 028.35	1 056.83	1 049.38
新增探明天然气地质储量/亿立方米	—	—	129.30	—	—	—
二维地震/千米	200.00	400.00	2 614.00	120.00	600.00	1 317.00
三维地震/平方千米	200.00	220.00	300.00	487.00	400.00	243.27
石油钻井/口	302	323	316	280	241	251

续表

年 份 指标名称	2014	2013	2012	2011	2010	2009
探 井	43	59	88	57	63	61
开发井	259	264	228	223	178	190
钻井进尺/万米	33.22	49.25	49.78	43.79	39.37	29.31
勘探投资①/亿元	5.13	6.16	11.10	7.80	6.19	6.05
开发投资/亿元	21.30	26.26	18.17	14.72	13.73	13.32

①勘探投资含滚动勘探投资部分

江汉油田

【概况】 江汉油田为中国石化集团江汉石油管理局(简称江汉石油管理局)和中国石油化工股份有限公司江汉油田分公司(简称江汉油田分公司)的统称，是以油气勘探开发为主、盐卤化工配套发展的国有大型企业。江汉油田前身组建于1972年5月，1998年划归石化集团公司。生产建设单位主要分布在湖北潜江、武汉、荆州、重庆涪陵和万州、山东寿光、陕西安塞等地。截至2014年底，下属二级单位26个，主要基层单位有采油队40个、采气队2个、输油(气)队6个、化工车间26个。共有职工18 092人。资产总额266.67亿元，固定资产原值396.81亿元、净值209.91亿元，流动资产12.66亿元

2014年，江汉油田全力抓好涪陵国家级页岩气示范区建设、油气增储稳产、特色资源发展等重点工作，油田呈现可持续协调发展的良好势头。

江汉油田主要经济指标和主要生产建设指标见表1和表2。

(罗秋林)

【总收入创历史新高】 2014年，江汉油田积极应对油价大幅下跌、页岩气市场影响，化工市场持续低迷等不利因素，着力增产增收、创收创效、降本减费，生产经营持续向好，整体实现收入309.08亿元，创历史最好水平。江汉油田分公司油气当量达到288万吨，实现收入120.87亿元，盈利3.51亿元，扭亏为盈，首次进入石化集团公司A级企业行列，在油田系统年度绩效考核得分名列第一；江汉油田管理局实现收入18.16亿元。合计上缴税费37.81亿元。

(罗秋林)

【涪陵页岩气田建设高效推进】 2014年，江汉油田全面完成涪陵20亿立方米页岩气新建产能，产气10.81亿立方米，销售10.38亿立方米，占全国页岩气产量的83%，使中国成为除美国、加拿大之外首个实现页岩气商业性开发的国家，为石化集团公司获第5届世界页岩油气峰会授予的页岩油气国际先锋奖做出了贡献。完成试气的75口井平均单井日产能力、可采储量好于方案预期。地面集输能力达到50亿米^3/年、脱水处理能力达到45亿米^3/年。页岩气工程技术初步形成了一套适用的国产化优快钻井技术体系，油基泥浆钻井、大功率牵引器生产测井、复合材料桥塞、多级射孔与桥塞联作、微地震监测等技术现场应用取得较好效果，填补了多项国内空白。压裂试气配套技术系列逐步成型，创造了页岩气井水平段最长、施工段数最多、液量最大、加砂量最多、完成时效最高、钻塞数量最多的6项国内施工纪录。边测试、边生产的环保节能型进站试气测试技术已经形成并申报国家专利。“井工厂”钻井、交叉压裂试验取得突破，提速提效明显，平均单井完井、试气周期分别减少24天和6天。SHE管理水平明显提升，环境保护白皮书和全国首套页岩气勘探开发井控实施细则发布，气田生产建设实现零事故、零污染。《人民日报》头版头条报道《我国首个大型页岩气田提前商业开发》，央视财经频道《对话》栏目专题展播《页岩气引发的能源革命》。

(罗秋林)

【油气实现增储稳产】 2014年，江汉油田新增控制石油地质储量628万吨、预测储量758万吨，分别为年计划的104.6%和108.2%。生产原油164.53万吨，其中江汉采油厂70万吨、清河采油厂67万吨、坪北经理部18.5万吨、荆州采油厂9万吨、涪陵300吨；外销常规天然气1.16亿立方米，推价增收1 820万元。

(罗秋林)

【勘探取得新进展】 江陵凹陷南斜坡实现砂岩储层、工业油流双突破，上缴预测储量758万吨，新的千万吨级增储阵地基本形成；潜江凹陷蚌湖洼陷周缘落实5个层系的岩性圈闭资源量1 100万吨；老区复杂断块油藏勘探发现陵97、沙41等含油新区块。中扬子海相天然气勘探新发现和落实生物礁滩岩性叠合圈闭54个、资源量4 195.23亿立方米，初步落盐下组合构造圈闭7个、面积687.8平方千米，部署钻探盐制1井。

（罗秋林）

【开发取得新成效】 滚动勘探和油藏评价落实商业开发储量474万吨，发现严713等优质岩性油藏，滩Ⅱ、面120—斜6等区块得到有效动用。产能建设取得较好效果。优化方案，坚持有效益才干，调减开发投资2.7亿元，新增经济可采储量142万吨，原油开发成本22.89美元/桶，新井产量同比增加1.16万吨。老区精细开发水平进一步提升，综合含水保持稳定，自然递减率比上年下降0.21个百分点，自然产量增加0.98万吨。新沟泥质白云岩产能评价和注水试验进展顺利，盐间泥质白云岩评价井王云斜17、王云平9井投产初期获高产。

（罗秋林）

【盐化工生产经营保持盈利】 2014年，盐化工总厂积极应对化工市场持续低迷，产品价格低位徘徊，以及美国对中国产漂粉精“双反”调查、征收高额关税的不利局面，紧密产销衔接，积极扩销拓市，生产经营在逆境中保持平稳。全年实现收入7.85亿元，盈利102万元，完成出口交货值0.62亿元，同比增长15.02%。氯碱价格始终在中部区域保持最高价位，装置开工率高于同行平均水平20%。全年销售漂粉精5.89万吨，完成年计划的117.8%，其中俄罗斯市场销量近万吨，并开通了武汉直达俄罗斯的铁路运输新通道；出口泰国1.73万吨，占该国总进口量的90%以上。氯化异氰尿酸装置安全平稳投产，单月产量首次突破500吨。黄场储气库建腔先导试验进展顺利，累计造腔35.2万立方米。

（罗秋林）

【“从严管理年”活动扎实有效】 2014年，江汉油田突出问题导向，强化底线思维，加强“三基”工作，严格责任追究，狠抓隐患排查治理，“从严管理年”活动取得较好效果。强化HSE体系建设，成立油田HSE协调委员会，出台协调管理规定，区域性安全环保工作体制进一步健全完善，应急能力和工作执行力不断提升。管理局、分公司深入开展“安全环保最不放心的五件事”排查整改，各类风险得到有效管控；建立安全环保巡视制度，恢复岗位责任制大检查，抓好油气管网隐患排查、废弃井和“碧水蓝天”“六打六治”专项治理，从严治理，从严责任追究，实现安全生产、清洁生产、绿色低碳发展。油田整体实现安全环保无上报事故。立足生产经营、投资需求、财务预算“三大计划”的预算管控体系初步建立，投资决策更加优化；实现全口径全面预算管理和全员成本目标管理，强化月度执行和系统问题清单分析，突出异常管理，促进了效益目标实现；资源、圈闭、储量、产量责权利对等的资源管理体系逐步完善；调整绩效导向的指标体系，各单位逐步向生产经营型转变；修订完善招投标制度、内控管理体系，规范市场准入，构建市场化运营长效机制，有力促进了企业合规经营。江汉油田群众性质量管理小组活动成效显著，获全国优秀质量管理小组1个、全国优秀质量信得过班组1个。加大ERP管控力度，生产和管理信息化水平进一步提升。

（罗秋林）

【深化改革取得新进展】 2014年，江汉油田稳步推进油公司建设，编制完成建设方案。涪陵页岩气公司按照油公司模式构建精干高效的两级管理架构，建立了市场化动作、项目化管理、社会化服务的管理模式；江汉采油厂、清河采油厂等5个采油管理区试点运行，生产经营、安全环保、队伍管理保持稳定；科研单位机构、人员调整全面展开；与油公司体制相配套的人力资源、投资决策、经营管理、考核激励和生产运行机制初步建立。

（罗秋林）

【科技创新取得新成果】 2014年，江汉油田组织实施国家级科技项目7项、省部级项目31项，取得省部级以上成果8项；新增专利申请145件，获专利授权132件。国家重大专项涪陵页岩气勘探开发示范工程通过国家能源局论证；国家重大专项子课题中扬子地区海相层系油气成藏条件与勘探评价项目进展顺利，发现和落实了一批有利区带；中国石化“十条龙”项目涪陵区块页岩油气勘探开发关键技术，以及国家“863”课题致密气藏压裂改造技术研究等项目攻关取得新成果。国家“863”项目深井卤水资源勘探与评价攻关取得新成效，初步建立了一套深井卤水测井识别、定量解释、地质预测、综合评价技术系列。

（罗秋林）

【人才队伍建设不断加强】 2014年，江汉油田大力拓展人才成长通道，持续开展创新工作室和技师工作室创建工作，加强技术人才队伍梯队建设。健全完善开发方案技术首席负责制，科学决策水平得到提升，报批方案符合率达91.4%。强化科技团队建设，江汉油田分公司建立300余人的油田开发方案编审人员数据库，2人被聘为石化集团公司高级专家。加强专业技术人才队伍建设，5人分别获中国石化突出贡献专家称号、闵恩泽青年科技人才奖，1人获评湖北省突出贡献中青年专家。抓好技能人才培训和队伍建设，张义铁获全国技术能手称号，6人获石化集团公司技术能手称号。

（罗秋林）

【油田总体保持和谐稳定】 2014年，江汉油田加强多部门联合接访，推进信访代理工作，信访维稳协调机制不断完善。探索民情恳谈会，推动网络平台建设，沟通渠道不断拓宽。全年受理群众来信来访2 247批(件)3 343次，办结2 359批(件)、办结率95.2%。首访办责任得到进一步落实，厂处和基层办理初信初访事项1 603件、占油田信访总量的71.3%。注重源头预防、加强排查研判，共收集各类涉稳信息2 533条、负面舆情信息103条，办理涉稳案件47起，排查矛盾纠纷425件，化解373件。强化帮扶求助工作，向困难群体、残疾人和非在职群体发放慰问金、助学金、大病求助款等共计2 506.6万元。离退休人员基本养老金按时调增到位，提供就业岗位1 061个，成功再就业475人。协调地方政府落实教师待遇，规范支持改制企业和移交单位，促进健康稳定发展。坚持开展平安油田建设，完善治安防控体系，开展道路交通、油区治安、校园安保等专项整治工作，获全国安全社区称号。

（罗秋林）

表1 江汉油田主要经济指标 亿元

指标名称 \ 年份	2014	2013	2012	2011	2010	2009
工业总产值	99.14	84.62	201.77	182.77	148.76	131.45
工业增加值	72.44	53.82	98.43	87.34	67.21	35.47
资产总计	266.67	208.85	291.34	279.98	243.44	210.89
流动资产	12.66	24.38	87.94	95.07	73.72	56.66
固定资产原值	396.81	313.25	344.65	307.82	277.65	249.87
固定资产净值	209.91	156.20	177.43	163.35	152.62	130.43
销售收入	138.38	125.85	253.09	247.60	200.53	178.93
实现利税	-3.38	8.41	26.72	30.44	17.53	-0.78
税　金	14.92	20.28	31.67	31.46	19.82	11.87

表2 江汉油田主要生产建设指标

指标名称 \ 年份	2014	2013	2012	2011	2010	2009
原油产量/万吨	164.53	164.92	163.40	163.00	163.00	162.80
天然气产量/亿立方米	1.23	3.14	1.70	1.60	1.60	1.60
新增原油生产能力/万吨	17.60	16.07	20.06	21.47	21.34	22.17
新增天然气生产能力/亿立方米	20.20		0.20	0.20	0.19	0.24
新增探明石油地质储量/万吨	69.11	305.99	1 116.23	829.06	853.66	854.00
新增探明天然气地质储量/亿立方米	0	0	63.88	0	—	36.18

续表

指标名称 \ 年份	2014	2013	2012	2011	2010	2009
二维地震/千米	636.83	2 059.50	1 999.03	1 266.70	472.00	344.67
三维地震平方千米	303.60	1 220.27	825.25	1 088.57	606.39	493.41
石油钻井/口	368	436	320	317	316	295
探　井	32	44	54	51	43	35
开发井	336	392	266	266	273	260
注水井	18	60	45	45	26	19
钻井进尺/万米	109.65	86.53	63.29	66.94	64.43	61.39
勘探投资/亿元	11.60	14.63	13.14	14.08	8.47	6.94
开发投资/亿元	99.36	41.34	24.14	18.60	17.63	16.60

江苏油田

【概况】 江苏油田是中国石化集团江苏石油勘探局（简称江苏石油勘探局）和中国石油化工股份有限公司江苏油田分公司（简称江苏油田分公司）的统称，是以油气勘探开发为主，石油炼制和盐卤盐硝开发生产综合发展的国有大Ⅰ型企业。江苏油田前身组建于1975年4月23日，1998年5月划归石化集团公司。1998年11月，安徽油田并入江苏油田。2001年1月，设为江苏石油勘探局、江苏油田分公司。主力油区主要分布在江苏、安徽、广东3个省的7个地市15个县（市、区）68个乡镇内。油田机关及主要科研单位设在扬州市经济开发区。2013年，江苏石油勘探局的钻井处、安徽勘探开发公司、地质测井处人员及所从事业务划入中石化石油工程公司江苏公司管理。同时，局、分公司所属的地调处、油建处、勘察设计研究院、工程监理部分别划归中石化石油工程公司各专业公司管理。

江苏油田实行勘探局（分公司）、二级厂（处）、基层队（站）三级管理体制。截至2014年底，共有二级厂（处）22个，主要专业队伍71支；在岗正式职工10 783人，长期合同工和直接使用非全日制用工1 564人。干部总数4 012人，其中具有高级技术职称的1 288人（含教授级专业技术职称52人）、中级职称的1 636人。

截至2014年底，江苏油田总资产168.12亿元，其中固定资产净值138.49亿元。江苏油田分公司有油气勘查开采项目区块36个，总面积5.51万平方千米。其中，探矿权项目区块16个，面积5.39万平方千米；采矿权项目区块20个，面积0.12万平方千米。共探明油气田36个，面积248.79平方千米，累计探明天然气地质储量92.93亿立方米、石油地质储量2.82亿吨，累计生产原油4 144.82万吨。

2014年，江苏油田新增探明可动用储量247.02万吨、控制储量830.38万吨、预测储量2 188.20万吨，均超额完成年度任务。全年生产原油171万吨、天然气5 238万立方米，原油产量连续21年保持稳定增长。全油田实现收入104.24亿元、利税总额33.26亿元。其中，分公司实现收入87.62亿元、利润7.21亿元，勘探局实现收入16.62亿元、利润0.04亿元。

江苏油田主要技术经济指标和主要生产建设指标见表1和表2。

（黄俊良）

【油气勘探成效显著】 2014年，江苏油田隐蔽油气藏勘探取得成果：黄X161井试获高产油流，肖X14井发现大套含油层系，隐蔽油气藏成为储量贡献的主力，新增控制储量276万吨、预测储量1 293万吨。高邮内斜坡勘探取得突破：花X33井在阜一段首次获得工业油流。金湖凹陷滚动勘探取得新进展：石X14井解释各类油层11层37米，盛3井钻遇阜二段火山岩含油储集层8层68.1米，打破了金湖东部地区勘探徘徊不前的局面。外围新区评价勘探积极推进：迈陈凹陷高精度三维地震攻关取得成效，火成岩区资料品质明显改善；福建举岚盆地地震采集项目完成；江西弋阳盆地600千米二维地震采集项目顺利开工。

（黄俊良）

【油田开发高效运行】 2014年，江苏油田老区稳产基础不断巩固：强化以注水为中心的综合调整，加大多向注水、改向注水、细分注水力度，全年投转注水井88口；老井自然递减率、综合递减率分别为14.27%和7.16%，综合含水80.53%。产能建设项目高效推进：真联、公道、乔田项目完成，新建产能17.6万吨；徐闻探区评建工作进展顺利，徐闻6－2井在涠二段捕获新的含油层系，徐闻新区累计产油3 390吨。工艺技术应用效果显著：侧钻井应用实现跨越式发展，投产侧钻井39口，增油1.08万吨，以常规井40%的投入实现了相同的产量目标；压裂技术实现突破性发展，实施分层压裂63口井126层，单层压裂费用降低50%；移动注水规模应用向纵深推进，13个零散区块实施注水井18口，新增注水储量110万吨。优化挖潜提高开发效益：面对开发投资紧张的形势，坚持部署、方案、设计、措施全方位优化，在进尺减少3.2万米、投资减少1.46亿元的情况下，仍完成产量任务。

（黄俊良）

【产业结构持续优化】 2014年，江苏油田炼油化工业务实现利润5 630万元，吨油利润继续保持总部炼油板块第一业绩。非烃类开发难中求进，生产合格卤水491.7万立方米，实现销售收入1.17亿元；生产元明粉25.4万吨，实现销售收入9 028万元；精制卤水项目正式投产。矿业开发系统实现劳务收入5.92亿元，创历史最好水平。天然气运销、成品油运输和管道配送稳步发展，外部市场业务占比超过50%。

（黄俊良）

2014年6月27日，江苏油田试条二厂采油九队首次采用的智能机采系统上线运行，实现了机条系统设备外观标准化、设备维护自动化和管理工作智能化（王继东 摄）

【管控水平不断提高】 2014年，江苏油田制定出台安全、环保、质量、“小金库”治理等问责办法和工程建设禁令、员工违纪违规行为处分实施细则。突出项目优选排队和效益决策，推进高成本区块治理和作业项目化管理专项活动，加强全口径预算管理和全员成本目标管理。开展对外创收和废旧物资处置2个专项检查，加大财务、招投标、经济合同管理、库存管理等制度的执行和检查力度。充分发挥内控、ERP、审计、法律事务、效能监察监管功能，提高了经济效益，有效防范经营风险。积极稳妥推进油公司体制机制建设，成立组织机构，精心编制方案，科研队伍建设基本到位，油公司建设全面启动。

（黄俊良）

【安全环保总体稳定】 2014年，江苏油田深入推进HSE体系建设，修订完善事故责任追究、安全帮扶管理、安全专项资金管理等制度，加强各级应急预案编制、培训和演练工作。注重采取不发通知、不打招呼、不听汇报、不陪同接待，直奔基层、直插现场方式开展安全检查，推进油气管道和罐区隐患整治，强化直接作业环节监管，全年排查各类隐患2 640个，落实隐患治理资金8 407万元、安全技措经费2 007万元。切实加强职业健康工作，检测职业危害岗位434个。着力推进“碧水蓝天”专项行动和“能效倍增”计划，环境风险防控动态管理有效实施，能源管理体系建设通过江苏省验收。2014年，油田再次获得石化集团公司安全生产先进单位称号，连续10年被评为环境保护先进单位。

（黄俊良）

【科技攻关成效显著】 江苏油田真武油田改善水驱提高采收率研究成效显著，3年增加可采储量45万吨，提高采收率2.2%。深度调剖技术在12个断块成功应用，累计增油3.5万多吨。油水过渡带提高采收率技术在47口井实施挖潜，恢复动用储量210万吨。徐闻重大专项分层压裂和举升工艺技术在现场成功应用，新增预测储量1 071万吨。国家级北斗卫星示范应用项目已完成80%软件开发工作量。基于勘探开发一体化业务协同平台（EDI-BC）应用广泛开展，GIS系统应用研究项目完成验收，生产视频监控及油井生产自动化数据集成建设初见成效，油气开采综合分析与设计软件上线运行。2014年，江苏油田获得国家科技进步二等奖1项，申请国家专利100件，获得授权74件，创历史最好水平。

（黄俊良）

【人才队伍建设切实加强】 2014年，江苏油田制定出台后备干部选拔、油田专家管理、博士后留用等管理细则，推荐选聘石化集团公司高级专家2人、油田首席技师1人、主任技师4人，培养高级技师8人、技师56人，280人晋升高一级职称。举办处级干部培训班和油田专家培训班，组织专业技术培训4 700多人次、技能人才培训1.5万多人次。开展经常性岗位练兵和技能比武活动，举办第13届职业技能竞赛、首届专业技术比武和油藏动态分析大赛，在石化集团公司业务竞赛中取得2金，2银，2铜好成绩。充分激发各类人才的创造活力，油田有2人被评为中国石化突出贡献专家，4人获得闵恩泽青年人才奖，高技能人才工作室实现技术革新40项，有4件国家发明、9件国家实用新型专利被受理。

（黄俊良）

【党建思想政治工作扎实有效】 2014年，江苏油田启动成立40周年系列活动，通过忆传统、增干劲、续辉煌，进一步激发广大干部员工爱祖国、爱石化、爱油田的热情和干劲。扎实开展群众路线教育实践活动"回头看"工作，认真抓好问题整改落实，12个专项整改任务全部完成。积极贯彻新版石化集团公司企业文化建设纲要，提升完善油田"112"文化工程，广泛开展健康向上的各类文体活动。努力为员工群众办实事解难事，基本养老金调整工作平稳实施，企业年金按时足额发放，特殊困难群体帮扶工作有效落实，离退休职工健康疗养和体检稳步推进，扬州生产科研中心投入使用，矿区设施建设和综合治理有序展开。2014年，江苏油田继续保持全国思想政治工作优秀企业称号，并首次入选第4届全国文明单位行列。

（黄俊良）

【田明获全国"最美职工"称号】 4月23日，中共中央宣传部、中华全国总工会在中国网络电视台发布10位"最美职工"先进事迹，来自江苏油田井下作业处试油测试大队的田明获奖。田明是高级技师、油田首席技师、中国石化技能大师，先后完成革新成果92项，在国家核心期刊独立发表论文28篇，获奖44项。其研制的压力计过载保护器，2009年获石化集团公司技能创新成果一等奖；"试油测试工艺配套工具"被评为2010年江苏省职工十大创新成果、第4届全国职工优秀技术创新成果一等奖，并被推荐参加国家科技进步奖评选。田明曾先后获油田双文明劳动模范、石化集团公司技术能手、全国技术能手、全国五一劳动奖章等荣誉。5月5日，油田党委发出号召，要求油田各级党组织开展向田明学习活动。6月27日，油田举行田明先进事迹报告会。9月12日，省总工会决定在全省2 000多万职工中开展向全国"最美职工"田明学习活动。

（黄俊良）

2014年6月27日，全国"最美职工"田明事迹报告会在江苏油田举行　（潘月斌　摄）

表1　　江苏油田主要技术经济指标　　亿元

指标名称 \ 年份	2014	2013	2012	2011	2010	2009
工业总产值	72.03	78.66	104.17	105.11	82.69	64.25
江苏石油勘探局		2.73	23.41	23.41	21.44	19.68
江苏油田分公司	72.03	75.93	80.76	81.70	61.25	44.57
工业增加值	53.53	69.17	79.00	77.94	59.61	40.11

续表

年份 指标名称	2014	2013	2012	2011	2010	2009
江苏石油勘探局		6.87	10.28	7.96	7.87	6.81
江苏油田分公司	53.53	62.30	68.72	69.98	51.24	33.30
企业总产值①	16.62					
江苏石油勘探局	16.62					
企业增加值①	8.52					
江苏石油勘探局	8.52					
资产总计	168.12	166.74	183.80	183.10	162.97	130.15
江苏石油勘探局	27.65	23.87	57.02	52.61	47.46	44.05
江苏油田分公司	140.47	142.87	126.78	130.49	115.51	86.10
流动资产	15.04	21.69	32.82	45.02	39.30	19.37
江苏石油勘探局	8.58	5.32	19.59	17.92	16.35	15.96
江苏油田分公司	6.46	16.37	13.23	27.10	22.95	3.41
固定资产原值	286.96	263.20	265.48	243.84	218.49	193.26
江苏石油勘探局	25.24	20.90	50.07	45.31	41.08	35.66
江苏油田分公司	261.72	242.30	215.41	193.03	177.41	157.60
固定资产净值	138.49	131.96	137.03	124.99	115.84	103.63
江苏石油勘探局	15.85	13.54	30.65	28.78	26.89	23.42
江苏油田分公司	122.64	118.42	106.38	96.21	88.95	80.21
销售收入	104.24	109.04	149.18	148.60	140.97	114.32
江苏油田勘探局	16.62	16.38	55.32	49.36	50.68	50.55
江苏油田分公司	87.62	92.66	93.86	99.24	90.29	63.77
实现利税	33.26	40.66	46.41	51.58	35.77	22.02
江苏石油勘探局	1.57	1.04	2.50	2.32	1.84	2.07
江苏油田分公司	31.69	39.62	43.91	49.26	33.93	19.95
税　金	26.16	28.35	30.05	30.34	20.19	12.37
江苏石油勘探局	1.69	1.56	5.05	3.29	2.37	2.00
江苏油田分公司	24.47	26.79	25.00	27.05	17.82	10.37
综合能耗/吨标煤·万元$^{-1}$						
江苏石油勘探局	0.49	0.48	0.40	0.42	0.46	0.46
江苏油田分公司	0.36	0.35	0.29	0.30	0.36	0.35

①自2014年起，企业总产值和企业增加值为江苏石油勘探局统计项目

表 2　　江苏油田主要生产建设指标

指标名称＼年份	2014	2013	2012	2011	2010	2009
原油产量/万吨	171.00	171.20	171.02	171.02	171.01	171.01
天然气产量/亿立方米	0.52	0.51	0.57	0.54	0.56	0.57
新增原油生产能力/万吨	23.00	24.54	25.00	24.56	24.57	26.30
新增探明石油地质储量/万吨①	247.02	228.00	1 079.00	1 059.00	1 063.00	1 067.00
新增动用石油地质储量/万吨	209.64	515.00				
二维地震/千米	1 279.72	843.44	5 059.01	4 084.66	3 211.79	3 247.97
三维地震/平方千米	1 011.19	242.66	888.30	776.79	816.58	562.21
完井/口	363	389	375	406	380	323
探　井	73	79	93	85	93	77
开发井	290	310	282	321	287	246
钻井进尺/万米	94.09	101.56	96.38	97.42	93.37	81.59

①新增探明石油地质储量自 2013 年起按中国石化新的储量管理办法和储量计算细则，为经济可动用储量

上海海洋石油

【概况】 中国石化集团上海海洋石油局(简称上海海洋石油局)、中国石油化工股份有限公司上海海洋油气分公司(简称上海海洋油气分公司)、中石化海洋石油工程有限公司(简称海洋石油工程公司)统称上海海洋石油，位于上海，是石化集团公司下属主要从事海洋油气勘探开发及工程服务的上游油田企业。上海海洋石油局主要承担油田企业基地、码头、房产的经营管理以及公共服务职能，是矿区业务的利润中心和管理中心；上海海洋油气分公司主要在东海、南海、黄海等海域开展自营勘探，并承担中国石化部分海外海域油气资源勘探开发项目的评价研究，同时代表中国石化参与管理东海平湖油气田、西湖油气田的开发生产；海洋石油工程公司提供海洋钻井、海洋物探、船舶拖带、井筒服务、岸基服务等海洋石油工程服务。

上海海洋石油的前身为地质矿产部上海海洋地质调查局，组建于 1973 年 4 月。1997 年 1 月整体归入中国新星石油公司，2000 年 3 月随中国新星石油公司整体并入石化集团公司，2002 年 7 月，分别直属石化集团公司和石化股份公司管理。2009 年，按照石化集团公司要求，上海海洋石油局、上海海洋油气分公司实行一体化管理。2014 年，根据石化集团公司关于石油工程专业化整合重组等文件精神，上海海洋石油局有关海洋石油工程业务整合成立中石化海洋石油工程有限公司，随石油工程公司上市。上海海洋石油局直属石化集团公司管理。上海海洋油气分公司仍直属石化股份公司管理，负责上游勘探开发业务。上海海洋石油局、上海海洋油气分公司、海洋石油工程公司实行一体化集中管理、专业化集约发展模式。

截至 2014 年底，上海海洋石油下设 18 个机关职能处室、7 个二级单位、5 个直属单位、3 个其他机构；拥有从业人员 1 876 人，在岗合同制员工中经营管理人员 522 人，专业技术人员 555 人，具有高级专业技术职称 209 人。上海海洋油气分公司拥有勘查区块 29 个，所属探区主要分布在东海、南海、南黄海等海域，自营和联合矿权区块面积 10.29 万平方千米；自营探区拥有石油总资源量 6.91 亿吨、天然气总资源量 5.03 万亿立方米。合作探区拥有石油天然气三级地质储量 7 260 亿立方米气当量，其中探明储量 2 648 亿立方米气当量。

2014 年，上海海洋油气分公司生产份额原油 5.21 万吨、份额天然气 3.26 亿立方米；实现销售收

入8.01亿元、投资收益0.49亿元，利润总额亏损4.28亿元。上海海洋石油局实现营业收入0.84亿元，实现利润总额0.01亿元。上海海洋石油主要技术经济指标见表1。

2014年，上海海洋油气分公司西湖凹陷玉泉构造带天然气勘探重要发现获石化股份公司颁发的勘探发现一等奖 。

（林雪梅）

【领导班子调整】 2014年9月18日，上海海洋石油局、上海海洋油气分公司召开干部大会，宣布石化集团公司对上海海洋石油局领导班子调整事项：邢景宝任上海海洋石油局局长、上海海洋油气分公司总经理、中共上海海洋石油局委员会副书记（兼）；左文岐不再担任上海海洋石油局局长、上海海洋油气分公司总经理、中共上海海洋石油局委员会副书记、委员职务。

（林雪梅）

【合作探区深层勘探取得重大突破】 2014年，东海西湖合作探区全年钻探10口井，均获油气发现，新增天然气三级地质储量约4 000亿立方米。玉泉构造带再获重大油气发现，其中花港气田成为东海第2个千亿立方米大型气田；玉泉构造首获高产工业油气流，提交天然气控制和预测储量约1 500亿立方米，显示东海西湖凹陷深层勘探巨大潜力。

（林雪梅）

【探明储量创历史新高】 2014年，上海海洋油气分公司向国土资源部提交天然气三级地质储量1 574.08亿立方米，其中天然气探明地质储量1 020.09亿立方米；向石化股份公司提交天然气控制和预测地质储量2 412.22亿立方米。2014年提交储量超越历年提交储量的总和。

（林雪梅）

【海洋工程设计能力获提升】 2014年，上海海洋油气分公司牵头与中石化石油工程设计有限公司组成联合项目组，首次承担孔雀亭B平台上部组块详细设计项目，标志着上海海洋油气分公司在海洋工程设计领域迈出了实质性一步。该项目成功应用频谱疲劳分析技术优化东海导管架设计，获得甲方好评。

（林雪梅）

【科技研究收获新成果】 2014年，由上海海洋石油局承担的石化集团公司项目“海洋二维地震深层（中生界）勘探采集技术”获石油工程公司科技进步三等奖，该项技术在东海南部二维采集中得到成功运用，并达到国际先进水平。上海海洋油气分公司参与承担的“863”计划课题“重、磁、地震联合反演技术”项目在北京通过专家委员会的验收，并受到高度评价；该项目历时7年，由同济大学、上海海洋油气分公司、国家海洋局3家单位联合完成；课题研制开发了软件“重、磁、地震联合反演与数据处理系统”，其中5个软件获中国国家版权局计算机软件著作权登记，申请的发明专利“一种海洋重力调查提取重力异常的方法”成功应用于石化股份公司重大勘探导向项目。

（林雪梅）

【一体化管理方案组织实施】 2014年，上海海洋石油局、上海海洋油气分公司经专业化重组和矿区（社区）管理体制调整和油公司体制机制建设，已分为3个部分。为推进上海海洋石油局、上海海洋油气分公司和海洋石油工程公司一体化管理建设，编制了《上海海洋石油一体化管理体制机制方案》，明确了一体化管理的方向和目标，同步开展了机构调整、职能界定及机关一体化管理“三定”工作，形成了上海海洋石油局、上海海洋油气分公司、海洋石油工程公司企业层面“三位一体”的管理架构。

（林雪梅）

【履行社会责任】 2014年2月，上海海洋石油局与上海崇明县三星镇纯阳村签订了新一轮帮扶协议，拟定帮扶资金不少于60万元，分批兑现。纯阳村位于崇明岛西北部，是典型的粮食生产单一经济体，村级财力薄弱，帮扶资金主要用于农田沟渠改造、修建以及乡村道路拓宽，同时在结对期间，上海海洋石油局帮助纯阳村青年劳动力就业、农产品销售、加强人员往来和组织共建交流等。12月，上海海洋石油局与上海交通大学医学院附属仁济医院签订了捐赠资助协议，一次性捐赠30万元，作为该院慈善基金，主要用于资助前往该院就诊的贫困患者。

（林雪梅）

表 1　　上海海洋石油主要技术经济指标　　亿元

指标名称＼年份	2014	2013	2012	2011	2010	2009
企业增加值	12.59	12.47	2.33	6.63	3.67	4.13
上海海洋石油局	0.56	10.00	8.44	6.81	7.18	5.93
上海海洋油气分公司	2.11	2.47	-6.11	-0.18	-3.51	-1.80
资产总计	160.37	121.04	96.85	91.35	85.16	68.18
上海海洋石油局	1.65	43.31	38.19	34.66	29.91	21.19
上海海洋油气分公司	112.56	77.73	58.66	56.69	55.25	46.99
流动资产	18.42	20.29	15.28	9.97	11.63	8.52
上海海洋石油局	0.29	5.64	4.29	3.90	3.41	7.09
上海海洋油气分公司	9.47	14.45	10.99	6.07	8.22	1.43
固定资产原值	57.93	52.82	37.51	37.04	33.27	16.59
上海海洋石油局	2.61	52.40	37.15	36.69	32.97	16.31
上海海洋油气分公司	0.50	0.42	0.36	0.35	0.30	0.28
固定资产净值	37.01	35.96	22.77	24.17	21.54	5.74
上海海洋石油局	1.34	35.82	22.68	24.07	21.47	5.66
上海海洋油气分公司	0.20	0.14	0.09	0.10	0.07	0.08
销售收入	26.33	22.91	19.92	14.94	10.02	11.37
上海海洋石油局	0.84	16.01	13.82	10.63	8.59	9.91
上海海洋油气分公司	8.01	6.90	6.10	4.31	1.43	1.46
实现利税	1.00	-0.31	-8.18	-1.74	-2.69	0.73
上海海洋石油局	0.13	3.93	2.84	2.44	2.13	3.85
上海海洋油气分公司	-3.83	-4.24	-11.02	-4.18	-4.82	-3.12
税　金	1.94	0.92	0.82	0.71	0.72	0.36
上海海洋石油局	0.12	0.53	0.48	0.47	0.63	0.29
上海海洋油气分公司	0.45	0.39	0.34	0.24	0.09	0.07
综合能耗/吨标煤·万元$^{-1}$	0.36	0.37	0.37	0.38	0	0.26
上海海洋石油局	—	0.37	0.37	0.38	0	0.26

西北石油局暨西北油田分公司

【概况】 中国石化集团西北石油局(简称西北石油局)和中国石油化工股份有限公司西北油田分公司(简称西北油田分公司)位于新疆维吾尔自治区，是石化集团公司上游油田企业之一，主要从事油气田勘探开发与油气销售业务。本部机关设在新疆维吾尔自治区首府乌鲁木齐，在巴音郭楞蒙古自治州轮台县建立了前线生产指挥基地。主力油田——塔河油田位于塔里木盆地北部沙雅隆起阿克库勒凸起南部，地处库车县和轮台县境内。

西北石油局、西北油田分公司的前身是组建于1955年的华北地质局二二六队，1997年1月整体归入中国新星石油公司，2000年3月随中国新星石油公司整体并入石化集团公司，并于2003年6月整体划归石化集团公司、石化股份公司直属。2008年5月，西北油田分公司与勘探西北分公司整合重组，组合成新的西北油田分公司。

截至2014年底，西北石油局和西北油田分公司建有1个党委、2套行政领导班子(共10人)，下设21个机关职能处室、16个二级单位、6个直属单位；拥有职工4 253人，其中经营管理人员2 187人、专业技术人员1 380人，具有高级(含教授级)专业技术职称694人。

截至2014年底，西北油田分公司负责勘查、开采的区块合计35个，区块登记面积13.09万平方千米。其中，勘查区块29个、面积12.62万平方千米，分布于塔中、塔北、巴楚及塔西南山前，构造带大多位于古隆起的围斜、倾没端及山前复杂构造带；开采区块6个、面积0.47万平方千米，主要分布在塔河与天山南地区，位于新疆维吾尔自治区库车、轮台、沙雅和尉犁县境内。区块石油地质资源量达56.12亿吨，天然气地质资源量达24 954.54亿立方米。区块已完成二维地震93 208.72千米、三维地震25 013.60平方千米，探井535口、进尺312.74万米；钻获工业油气流井279口，其中工业油流井221口、工业气流井58口。累计发现油气田10个。获三级保有地质储量18.62亿吨油当量(含溶解气与凝析油)，其中探明石油地质储量13.57亿吨、天然气地质储量1 674.43亿立方米。控制石油地质储量1.19亿吨、天然气地质储量283.12亿立方米。预测石油地质储量1.20亿吨、天然气地质储量701.09亿立方米。石油探明率23%，天然气探明率6%，天然气探明率较低。累计生产原油7 975.49万吨(不含凝析油)、天然气172.56亿立方米。

西北石油局和西北油田分公司主要经济指标和主要生产建设指标见表1和表2。

(陈兰凤　王爱敏)

【领导班子调整】 2014年1月13日，石化集团公司党组和石化股份公司对西北石油局、西北油田分公司领导班子做出调整：鉴于年龄原因，解聘窦之林、秦强运西北油田分公司副总经理职务，任调研员。5月13日，石化股份公司决定胡文革、张平任西北油田分公司副总经理。9月19日，石化集团公司党组和石化股份公司决定陈明政任西北石油局局长、局党委副书记(兼)，西北油田分公司总经理，不再担任西北石油局党委书记；刘宝增任西北石油局党委书记、副局长(兼)，西北油田分公司副总经理(兼)，解聘其西北油田分公司总会计师职务；胡广杰任西北石油局常务副局长、西北油田分公司常务副总经理；刘中云不再担任西北石油局局长、局党委副书记，西北油田分公司总经理，调出另有任用；艾合麦提·艾萨任西北油田分公司副总经理，挂职时间2年。

(王爱敏　陈兰凤)

【油气勘探取得“2111”成果】 2014年，西北油田分公司累计提交三级石油地质储量9 439.69万吨(含凝析油65.21万吨)，提交新增三级天然气地质储量248.82亿立方米(含溶解气12.67亿立方米)。其中，探明石油地质储量原油+凝析油1 184.77万吨、溶解气+天然气31.45亿立方米，控制石油地质储量原油+凝析油4 011.58万吨、天然气+溶解气183.10亿立方米，预测石油地质储量4 243.34万吨、溶解气34.27亿立方米。油气勘探工作取得“2111”成果。

2个重大发现：①塔深3井在鹰山组上段内幕缝洞体常规掺稀测试获工业油气流，折算日产原油70吨(不含水)，开拓了塔河油田奥陶系下统碳酸盐内幕增储上产新层系。同时在塔河地区鹰山组、蓬莱坝组和寒武系落实圈闭29个，资源量石油1.51亿吨、天然气310亿立方米。坚定了“塔河之下找塔河”的信心。②顺南7井在一间房组—鹰山组上段测试获工业气流，多口探评井在该层系见良好油气显示，进一步展现了顺南地区纵向上多层系天然气富集成藏的有利条件。

1个新发现：于奇西1井在超重质油藏北部发现轻/中质油藏，拓展了塔河油田西北部奥陶系油藏新类型，有望建成新的轻/中质油增储上产阵地。

1个商业发现：托甫46井、于奇8井分别在阿克库勒凸起西南部和东北部试获工业油气流，提交石油控制储量4 011万吨、天然气控制储量129亿立方米，塔河油田油气勘探成果进一步扩大。

1个好苗头：顺北1井钻探证实奥陶系发育缝洞型储集体，存在油气运移聚集成藏过程，表明顺北地区仍具有良好的勘探前景。

(陈兰凤　王爱敏)

【油气开发取得4项主要业绩】 2014年，西北油田分公司油气开发工作以质量和效益为中心，以提升“三率”水平为目标，大打塔河稳产攻坚仗，油气产量实现双超，油田开发工作取得4项主要业绩。

油藏评价和产能建设成效显著。创新完善岩溶系统和缝洞体精细刻画技术，加快塔河未动用储量评价，推进塔河中深层、顺北地区和于奇地区勘探开发一体化进程，落实商业开发储量2 000万吨。强化油藏研究，细化方案编制，落实方案首席制，实施“四位一体”论证优化，新井建产率同比提高1个百分点，单井日产油能力同比提高2.6吨。在少投产60口新井的情况下，完成83.6万吨产建任务。

老区精细开发取得新进步。强化老区综合治理和专项治理，继续扩大注水注气规模，精细油藏措施挖潜，自然递减率首次控制在17%以内。

提高采收率技术取得新进展。稳步扩大单井注气规模，积极开展井组注气现场试验，注气三采取得规模产量，展示了注气提高采收率的巨大潜力。大胆探索底水砂岩油藏氮气泡沫驱和稠油注二氧化碳、注蒸汽技术，取得阶段性成果。

油藏管理效益凸显。推进存量、增量管理体系建设，强化方案执行过程跟踪与经济评价，有效提高了方案部署质量，吨油措施费用同比下降194元。

（陈兰凤　王爱敏）

【科技研究成果丰硕】 2014年，西北油田分公司科技工作围绕“实现二次跨越发展，实现建设千万吨级大油气田”发展目标，针对勘探、开发、工程、生产经营中的技术瓶颈，积极推进科技攻关和成果转化，强化科研项目管理，取得一批重要科技成果。新立中国石化科研项目6项，西北油田分公司科研项目34项。承担国家项目(课题)6项，其中国家科技重大专项示范工程1项及课题2项，“973”课题2项，“863”课题1项)；中国石化科研项目13项、先导项目15项；西北油田分公司科研项目66项。国家“973”课题通过阶段检查，6项中国石化科研项目通过总部验收。申请国家专利67件，获授权54件，其中发明专利9件、实用新型专利45件。“超深井超稠油高效化学降黏技术研发与工业应用”项目获国家科技进步一等奖，获自治区科技进步三等奖2项，获石化集团公司科技进步一等奖1项、二等奖2项、三等奖2项。

（陈兰凤　王爱敏）

【于奇西1井获高产工业油气流】 西北油田分公司于奇西1井构造位置为沙雅隆起阿克库勒凸起西北斜坡带，北邻轮台断裂。前期勘探成果证实该区为大规模联片的超重质油藏，以早期成藏为主，后期破坏调整。前期由于对该区储层发育和油气富集规律等方面认识不足，勘探未能取得重要进展。2014年，西北油田分公司强化基础研究，通过对该区断裂重新解释和区带精细评价，在于奇三维工区，针对奥陶系中下统鹰山组串珠状异常体部署于奇西1井。该井5月26日开钻，7月28日完钻；8月19日对中下奥陶统5 773.52—5 850米井段酸压测试，初期5毫米油嘴试油，油压13.8兆帕，日产液106吨，日产油44.5吨、产气1.05万—1.51万立方米。于奇西1井奥陶系获高产中质油，打破该区超重质油藏格局，改善了塔河油田西北部奥陶系油品结构。

（陈兰凤　王爱敏）

【AT22井太阳能集输加热系统投入试运行】 2014年4月12日，西北油田分公司AT22井太阳能集输加热系统投入试运行。太阳能集输加热系统是利用太阳光能加热导热油，通过高温导热油与原油换热，将集输原油温度控制在生产需要水平。在塔里木盆地太阳辐照条件下，集输加热系统热功率峰值可达200千瓦，系统采用新型原油加热器，传热效率比常规换热器提高20%以上。该系统投用后，每年可节约天然气7.5万立方米，碳排放量为零，节约标煤100吨，实现经济效益77.5万元。

（陈兰凤　王爱敏）

【掺稀混配优化调整工程成功投产】 塔河油田南侧的托甫台区块超千吨中质原油使用汽车倒运，倒运费用高昂，并且原油挥发损耗大；油区原油和掺稀油倒运，管理点多、面广，管理工作量大、难度大。对此，西北油田分公司决定对塔河油田地面集输掺稀系统进行整体优化。工程建设耗时132天，完成弯头焊接267个、阀门安装147套、带压开孔施工23处、一级动火29处。2014年4月30日，塔河油田托甫台区原油顺利切改进塔河油田三号联合站生产，标志着掺稀混配优化调整工程投产开始。5月5日，塔河油田二号联合站第一罐掺稀油混配合格实现外输，掺稀混配优化调整工程一次性投产成功。该工程日减少原油及掺稀油倒运约2 500吨，折算年降低倒运超过90万吨，年降低三倒费用近2 000万元；折算年降低损耗1.8万吨，挽回经济损失超8 000万元，节约综合能耗2.3万吨标准煤；减少装卸车站场2座，优化用工8名。

（陈兰凤　王爱敏）

【节能降耗成效显著】 2014年，西北油田分公司以绿色低碳发展战略为指导，以节约是最大资源为理念，以节能增效为目标，实施管理节能、结构节能、科技节能、工程节能、循环经济、合同能源管理6项措施开展节能工作。组织新技术研究，为油田降本增效提供技术储备，其中油田太阳能加热原油项目实现2小时原油出口温度50℃，达到预期加热效果；S3分布式电源综合控制三联供技术研究，日利用放空气4 000立方米。强化装置稳定经济运行管理，对天然气压缩机组等重点装置运行工况跟踪监测，确保装置高效稳定运行。与中国石化能源环保部对接，完善“能效倍增”计划。组织实施AT40井和AT40－1井太阳能发电、AT9井和AT1井集中供电“能效倍增”项目，开展索拉发电机组余热再利用等6个“能效倍增”项目前期工作。组织开展托甫生活基地发电—供热—太阳能—苦咸水淡化合同能源管理项目。结合油田实际提前编制《西北油田分公司“十三五”低碳发展规划》。全年累计耗能75.26万吨标煤(含天然气和原油损耗)。单位油气综合能耗86.97千克标煤/吨，比年度指标下降2.97%；万元产值综合能耗330千克标煤，比年度指标下降2.65%。能源实物量消耗：电力18 087万千瓦·时(外购电量)，原油28.17万吨，天然气23 935万立方米，汽油1 491吨，柴油2 119吨，热力4 355吨(标煤)，新鲜水238.61万立方米，单位油气生产用新鲜水每吨0.19立方米。西北油田分公司被评为石化集团公司2014年度节能工作和环境保护工作先进单位。

(陈兰凤　王爱敏)

【油公司改革顺利推进】 2014年，西北油田分公司持续推进油公司体制机制建设，组建了油气开发管理部，完成了部分单位、部门的职能调整，综合决策效率和质量进一步提高。积极探索投资管理新模式，落实谁投资谁负责的管理职责，质量效益进一步提升。大胆创新市场管理新方式，在规范招投标程序和做好承包商管理的基础上，建立责权利对等的项目一体化总包模式，实现了重点探井质量安全和成本费用的有效控制。不断完善绩效考核体系，强化落实指标责任分解，建立健全考核评价机制，优化完善对标共享服务平台，切实增强绩效考核的导向作用。加大用工方式改革调整力度，实施“五个优化”举措，全口径优化用工538人。

(陈兰凤　王爱敏)

【党建思想政治工作再上新台阶】 2014年，西北石油局和西北油田分公司牢固树立作风建设永远在路上的理念，从严落实中央“八项规定”和群众路线教育实践活动后续整改工作，完成整改任务25项，“四风”问题没有出现，教育实践活动成果有效巩固。全面开展“十面红旗党支部”创建和基层标杆队、示范班组评比，积极推进党员责任区、党员先锋岗、党员突击队活动。创新思想文化宣传新方式，宣贯石化集团公司企业文化建设纲要。形成了干部从基层出、人才往基层去的格局。年度晋升、提拔干部21名，基层干部占比2/3；补充完善采油气工程、石油地质、测井工程等领域专家库8个，新选聘西北油田分公司专家10名，新增高层次人才7名。

(陈兰凤　王爱敏)

【西北油田发现30周年系列活动】 2014年，以西北油田发现30周年为契机，西北石油局、西北油田分公司精心拍摄了《圆梦塔河》纪录片，策划并刊发了《西北油田·印象》画册和《西北油田·科技》《西北油田·劳模》《西北油田·新闻》3本文集，在发现井沙参二井原址建设了由一碑、一雕、一墙、一井4个部分组成的沙参二井企业文化教育基地。9月22日，邀请曾经在西北油田工作过的老领导、老职工以及员工代表参观西北油田发现30周年文献展，召开座谈会，组织观看文艺晚会。

(陈兰凤　王爱敏)

沙参二井纪念碑揭幕仪式

【西北油田首个全国劳模创新工作室获命名】 西北油田毛谦明劳模创新工作室前身为三毛工作站，创建于2011年5月。以中国石化技能大师、西北油田首席技师毛谦明为带头人并命名，由16名采油、电气焊、电工、油气集输等工种的高级技师、技师、高级工组成。该工作室集学习研究、实验攻关、成果展示、资料汇集于一体。拥有50平方米的交流培训室和400平方米的创新操基地，并配备办公用品、实践器材。毛谦明劳模创新工作室自成立以来，共取得科技创新成果26项，其中西北油田级成果6项，获国家专利6件，累计创效达5 000余万元，在油田一线技改革新、生产难题攻关中发挥了重要作用。2014年11月26日，在中华全国总工会全国劳模创新工作室创建工作推进会上，毛谦明劳模创新工作室被命名为首批全国示范性劳模创新工作室。

表 1　　西北石油局和西北油田分公司主要经济指标　　亿元

指标名称＼年份	2014	2013	2012	2011	2010	2009
企业增加值	246.93	264.43	265.77	276.56	197.13	116.32
西北石油局	1.04	0.91	0.93	1.91	0.35	0.25
西北油田分公司	245.89	263.52	264.84	274.65	196.78	116.07
资产总计	451.02	444.26	393.24	367.15	309.66	253.60
西北石油局	12.33	12.66	12.16	11.55	11.83	12.10
西北油田分公司	438.69	431.60	381.08	355.59	297.83	241.40
流动资产	17.94	18.49	19.32	46.26	35.11	16.45
西北石油局	1.87	1.77	1.97	2.10	2.28	2.88
西北油田分公司	16.07	16.72	17.35	44.17	32.83	13.57
固定资产原值	845.20	741.13	615.09	537.59	423.29	361.23
西北石油局	10.73	10.50	10.78	10.46	7.31	6.94
西北油田分公司	834.47	730.63	604.31	527.14	415.98	354.29
固定资产净值	376.71	344.10	281.38	264.23	202.72	183.85
西北石油局	7.80	8.22	9.35	9.47	6.62	6.66
西北油田分公司	368.91	335.88	272.03	254.76	196.10	177.19
总收入	265.45	281.94	291.96	288.01	212.09	140.28
西北石油局	3.06	3.23	2.54	1.41	0.34	0.10
西北油田分公司	262.39	278.71	289.42	286.61	211.75	140.18
实现利税	165.02	189.66	197.03	210.49	144.73	74.52
西北石油局	0.39	0.24	0.17	0.19	0.11	0.07
西北油田分公司	164.63	189.42	196.86	210.30	144.62	74.45
税　金	67.65	71.24	73.76	89.42	64.91	17.20
西北石油局	0.39	0.24	0.20	0.25	0.09	0.07
西北油田分公司	67.26	71.00	73.56	89.17	64.82	17.13

表 2　　西北石油局和西北油田分公司主要生产建设指标

指标名称＼年份	2014	2013	2012	2011	2010	2009
原油产量/万吨	735.50	737.00	735.00	725.00	700.02	660.01
天然气产量/亿立方米	16.30	16.40	16.45	15.94	15.80	13.45
新增原油生产能力/万吨	83.61	105.00	159.60	159.70	176.48	166.21

续表

年份 指标名称	2014	2013	2012	2011	2010	2009
新增天然气生产能力/亿立方米	2.53	1.85	2.17	2.02	1.03	1.94
新增探明石油地质储量/万吨	1 184.77	2 838.24	9 594.94	9 639.53	9 655.80	12 483.03
新增探明天然气地质储量/亿立方米	31.45	44.03	24.43	62.42	40.02	5.25
二维地震/千米		2 159.00	3 146.00	4 834.00	5 243.00	4 892.00
三维地震/平方千米	1 983.00	1 009.00	2 519.00	2 750.00	1 858.00	1 302.00
石油钻井/口	256	318	310	266	193	191
探井（含侧钻）	22	30	39	50	36	47
开发井	234	288	271	216	157	144
钻井进尺/万米	97.00	156.21	165.82	157.53	114.49	107.92
勘探投资/亿元	24.49	22.96	35.04	35.45	26.62	25.96
开发投资/亿元	63.54	99.20	92.45	77.62	62.27	57.55
综合能耗/吨标煤·万元$^{-1}$	0.33	0.34	0.34	0.34	0.39	0.41

西南油气田

【概况】 西南油气田是中国石化集团西南石油局(简称西南石油局)和中国石油化工股份有限公司西南油气分公司(简称西南油气分公司)的统称，是石化集团公司油气生产企业之一。西南石油局负责西南油气田矿区(社区)管理与服务，西南油气分公司负责西南地区油气勘探开发业务。队伍主要分布在四川、重庆、贵州、云南、广西、湖南等地。机关设在四川省成都市高新区吉泰路688号中国石化西南科研办公基地。

西南油气田的前身是组建于1976年的国家地质总局四川石油普查勘探指挥部，1983年3月更名为地质矿产部西南石油地质局，1997年1月更名为中国新星石油公司西南石油局，2000年3月随中国新星石油公司整体并入石化集团公司，并于2003年5月调整为中国石化集团西南石油局和中国石油化工股份有限公司西南分公司。2007年3月，西南石油局和西南分公司与中南石油局、中南分公司、滇黔桂石油勘探局、南方勘探开发分公司整合重组，组成新的西南石油局、西南油气分公司、石油工程西南公司。2009年12月，石油工程西南公司划归西南石油局。2012年12月，西南石油局石油工程单位分别划入中石化西南石油工程有限公司和地球物理勘探有限公司。

截至2014年底，西南油气田机关职能部门26个、机关附属单位6个，二级单位和派出机构及控股(参股)公司35个，拥有正式职工5 529人，其中教授级高级职称45人，高级技术职称714人。

截至2014年底，西南油气分公司拥有勘探区块19个，勘探面积2.14万平方千米，开采区块22个，开采面积3 198.22平方千米。川东北开发准备区块4个，面积1.9万平方千米。有綦江、綦江南2个页岩气开发操作区块，面积1.15万平方千米。累计提交天然气探明地质储量5 637.73亿立方米、原油探明地质储量1 560.53万吨。拥有气田22个，共有气井1 898口，开井1 595口，累计生产天然气429.84亿立方米；共有油井141口，开井120口，年产原油2.28万吨，累计生产原油167.59万吨。

西南油气田主要技术经济指标和主要生产建设指标见表1和表2。

（付承生）

【生产经营任务全面完成】 2014年，西南油气田新增天然气三级储量2 062亿立方米，完成年计划的137%；生产天然气33.79亿立方米、原油2.28万吨，分别完成年计划的100.87%和114.28%；新建

（增）天然气产能 23.39 亿立方米，完成年计划的 104.47%；新增经济可采储量 47.21 亿立方米，完成计划的 104.91%；储量替代率 139.31%。销售天然气 32.11 亿立方米，完成年计划的 100.9%。西南石油局实现营业收入 27.95 亿元，完成年预算计划的 103.52%；实现利润 678 万元，比预算减亏 5 281 万元。西南油气分公司实现营业收入 49.88 亿元，完成石化股份公司下达预算计划的 102.70%；还原勘探费用等因素影响后，亏损 6.38 亿元，比年度目标减亏 4.11 亿元；油气单位完全成本 1 633.05 元/吨，比年度预算降低 121.41 元/吨。西南石油局完成投资 0.52 亿元，西南油气分公司完成投资 85.43 亿元，均控制在计划之内。

（付承生）

【油气勘探成果丰硕】 2014 年，西南油气田完成二维地震勘探 341.61 千米，三维地震勘探 646.76 平方千米，实施探井 24 口、完钻 19 口，完成测试 25 口，获工业气井 14 口，取得 2 个重大发现、2 个新发现、2 个商业发现、2 个好苗头的丰硕成果，超额完成年度储量任务。

2 个重大发现：①彭州 1 井在雷口坡组四段获得测试产量 121 万米^3/日、无阻流量 331 万米^3/日的高产工业气流，实现了龙门山前构造带海相勘探的重大发现，获石化股份公司油气发现一等奖。②金页 1 井在震旦系灯影组测试获得 4.74 万米^3/日的工业产能，实现了中国石化在四川盆地海相下组合常规油气勘探的重大发现，获石化股份公司油气发现二等奖。

2 个新发现：①星 1 井测试获产 4.64 万米^3/日，取得了阆中地区须三段油气勘探的新发现。②新盛 1 井测试获产 4.95 万米^3/日，取得了新盛构造须家河组油气勘探的新发现。

2 个商业发现：①中江—高庙地区新增天然气控制储量 650 亿立方米，获石化集团公司科技进步一等奖和石化股份公司油气商业发现一等奖。②崇州地区蓬莱镇组评价勘探获商业发现，落实圈闭资源量 1 624 亿立方米。

2 个好苗头：①都深 1 井钻遇良好显示，成都凹陷雷口坡组油气勘探发现好苗头，评估圈闭资源量 4 230亿立方米。②云南思茅地区发现永安大型构造，评估圈闭资源量 1 340 亿立方米。

（付承生）

【油气开发成效显著】 2014 年，西南油气田统筹抓好油气生产、滚动勘探、气藏评价、产能建设等工作，实施钻井 93 口，投产新井 109 口，取得 2 个历史新高、5 个显著成效、2 个积极推进的突出成果。

2 个历史新高：①天然气产量创历史新高，年产天然气同比增产 1.93 亿立方米。②天然气产能创历史新高，新建（增）天然气产能同比增加 14.73 亿立方米。

5 个显著成效：①元坝气田天然气产能建设取得显著成效，已形成 30 亿立方米混合气产能，为 2015 年全面建成投产打下坚实基础。②中江—高庙沙溪庙组气藏滚动勘探和气藏评价取得显著成效，落实天然气可开发储量 100 亿立方米。③川西中浅层产能建设取得显著成效，新建（增）天然气产能 5.39 亿立方米，特别是中江—高庙沙溪庙组气藏产能规模不断扩大，已具备年产天然气 6 亿立方米的能力，建成了川西第二大气田。④川西中浅层稳产取得显著成效，连续 10 年稳产天然气在 20 亿立方米以上，综合递减率控制在 11% 以内。⑤地面工程建设取得显著成效，中国第三大型、中国石化“十二五”期间重点项目（高含硫天然气净化厂）元坝净化厂四列联合装置顺利中交，第一、二列联合装置试车投产一次成功；川西地面工程建设有序推进，有力保障新井投产，切实提高了外输能力。

2 个积极推进：①彭州 1 井试采准备工作积极推进，彭州 1－1H 井完成钻前施工。②丁山地区页岩气试采及开发前期研究积极推进，为展开评价奠定了基础。

（付承生）

元坝（高含硫天然气）净化厂

【工程技术保障有力】 2014 年，西南油气田共计开钻 108 口井，完井 112 口井，完成进尺 33.77 万米，创造 41 项工程施工新纪录。川西中浅层全面推广二开制井身结构，实现 15 天完钻一口蓬莱镇水平井、30 天完钻一口上沙水平井。川西须二深井成功推行三开制井身结构，钻井周期较四开制井缩短 24.3%。元坝进一步完善钻井提速技术，元坝 102－1H 井取得 10 个月完成一口超深水平井的历史性突破。金页

1HF侧钻水平井成功开展涡轮定向，较设计钻井周期缩短43.68%。初步形成国产油基钻井液体系。重晶石塞封井获得成功。川西须五非常规压裂液实现国产化，性能达到进口水平，价格实现大幅下降。引进泵送桥塞分段压裂技术，并在多口井成功应用。在川西全面推广精细分段压裂和脉冲柱塞式加砂压裂技术，平均单井产量提高20%以上。多级暂堵酸化工艺在元坝海相水平井成功应用，增产效果显著。完成测试158口井，储层改造196井次，获测试产量1 232万米^3/日。措施增产天然气1.03亿立方米，增产原油540吨。

（付承生）

川西油气会战获重大突破的新深1井施工现场

【产销运行成绩突出】 2014年，西南油气田生产运行管理体系进一步健全完善，通过系统落实"八抓八重"，生产衔接更加紧密，运行效率进一步提高。钻前施工节奏加快，钻井提速再获突破，川西中浅层测试周期缩短19.6%、投产周期缩短21.2%、建产周期缩短5.9%。油地协调成效显著，新井用地手续协调办理平均周期同比缩短9.6%。油气销售创新理念，坚持主动出击、积极拓展和维护销售市场，与中国石油成功实施市场置换，有效解决了川西市场需求不足的问题。通过运销一体化，把市场不景气、管网不完善等因素带来的不利影响降到最低限度。进一步优化销售结构，及时顶格执行天然气调价政策，增加销售收入约1.4亿元，油气款回收率100%。完成天然气终端销量6.62亿立方米(其中华星公司5.58亿立方米)，销售液化气16.45万吨，取得较好的终端销售效益。

（付承生）

【科技创新持续发展】 2014年，西南油气田进一步创新完善叠覆型致密砂岩气区成藏地质理论、致密砂岩气藏提高采收率关键技术体系、元坝超深高含硫气田安全环保高效开发技术体系，形成川西中浅层凹陷和斜坡带致密砂岩气藏高效评价建产关键技术，探索建立了川南海相页岩气综合评价技术体系，压裂液、钻井液重复利用及地层水处理等技术进一步创新发展。6项科研成果通过中国石化和四川省鉴定，5项获得"国际先进"以上评价。获省部级科技进步奖7项。申请专利41件，新增国家授权专利26件。

（付承生）

【安全环保势态平稳】 2014年，西南油气田全面实现"两零七杜绝"工作目标，未发生任何上报事故。狠抓安全环保工作，排查管网隐患1 117个，完成整改1 035个。重复利用泥浆5.42万立方米、压返液3.99万立方米，实现了环保增效。川西高氯废水处理二期工程建成投用，处理能力提高到1 060米^3/日。地层水配制压裂液、钻井液先导试验获得成功。西南油气分公司工业万元产值综合能耗0.57吨标煤、吨油气综合能耗77.22千克标煤，西南石油局万元产值综合能耗0.03吨标煤，全面完成石化集团公司下达的考核指标。加强劳动保护，抓好职业卫生工作，切实维护员工健康。

（付承生）

【从严管理不断强化】 2014年，西南油气田扎实开展"从严管理年"活动，深入宣贯安全、环保、质量、稳定、"小金库"5个问责办法和职工违规违纪行为处分规定，每周开展从严管理交流讲评，认真清理工作中存在的不足，共排查整改管理问题463个，修订、新建管理制度100余个。狠抓"十大优化"，实现降本增效6.6亿元，川西中浅层10亿立方米产能建设投资从2012年的40亿元降到2014年的36亿元以内，西南石油局、西南油气分公司6项重点费用同比下降45%和23%。深入推进信息化管理，初步构建了"数字化、网络化、智能化、可视化"管理模式，通过现代信息技术大幅提高管理运行效率。

（付承生）

【企业改革深入推进】 2014年，西南油气田深入推进企业改革，精心编制油公司体制、机制建设实施方案，顺利完成工程监督、环境监测、应急救援、档案管理等专业化整合重组，进一步精简组织机构，优化队伍结构。狠抓资源优化配置，积极推行中心站管理模式，从云南、贵州、广西采油气厂调配159人到川西、川东北承揽开采业务，较好盘活了存量资源。大力推进业务外包和服务外包，有效减少直接用工。市场化运行深入推进，招投标力度进一步加大，实现油公司与工程公司互利双赢。配合石油工程重组上市，及时完成土地房产划转和相关业务处理。

（付承生）

【和谐建设扎实有效】 2014 年，西南油气田狠抓企业内部和谐，大力实施惠民工程，扎实做好综治信访稳定工作，有效维护队伍的和谐稳定。职工住房建设稳步推进，在建职工住房 3 046 套；投入资金约 4 000 万元，实施小区维修改造项目 44 个、隐患治理项目 4 个；帮扶特困、困难职工 2 032 人次，发放帮扶救助资金 385.8 万元（其中“金秋助学”411 人 109 万元）；帮扶协解人员 7 714 人，发放生活资助经费 3 771 万元；以非全日制用工形式帮助协解人员再就业 5 062 人，发放再就业费用 7 200 万元；矿区管理服务水平持续提升，离退休人员“两项待遇”全面落实。扎实抓好油地和谐，深化企地合作，推进共建共赢，进一步密切油地关系，改善了发展环境。

（付承生）

【党建工作亮点纷呈】 2014 年，西南油气田深入开展“为民务实清廉，一转双创双促”主题活动，实现了党建工作与生产经营中心工作有机结合、相互促进。贯彻中央“八项规定”精神和石化集团公司党组实施细则，狠抓“四风”问题整改落实，开展“庸、懒、散、浮、拖”专项整治，进一步巩固扩大党的群众路线教育实践活动成果。细化落实“两个责任”，创新完善纪检监察体制机制，形成严抓党风廉政建设的新常态。狠抓领导班子和干部人才队伍建设，进一步增强领导班子的整体功能，促进优秀人才脱颖而出。制定实施《党委工作细则》《党支部工作细则》等一系列制度，持续提升党建工作系统化管理水平。宣传思想工作、“心气文化”建设、典型选树宣传、工会共青团等工作扎实开展。党建思想文化工作促进了生产经营目标任务的全面完成，同时涌现出一批先进集体和个人受到各级表彰奖励，1 人获全国五一劳动奖章，1 个基层单位获全国工人先锋号称号，1 个基层单位获全国“安康杯”竞赛优胜单位称号，2 个基层单位获中国石化工人先锋号称号，另有 3 人、3 个集体受到四川省表彰。

（付承生）

表 1　　西南油气田主要技术经济指标　　亿元

指标名称 \ 年份	2014	2013	2012	2011	2010	2009
工业总产值						
西南石油局	—	—	—	54.22	40.33	—
西南油气分公司	49.78	45.42	39.81	35.71	31.75	27.49
工业增加值						
西南石油局	—	—	—	16.31	13.78	—
西南油气分公司	17.78	10.24	5.29	20.27	18.02	15.60
资产总计						
西南石油局	28.38	30.05	61.77	106.44	92.69	27.41
西南油气分公司	389.31	340.92	271.85	220.53	199.24	148.12
流动资产						
西南石油局	9.23	8.03	37.29	48.66	40.52	7.08
西南油气分公司	6.54	17.02	3.20	6.35	31.32	10.33
固定资产原值						
西南石油局	20.18	21.78	17.96	65.00	64.01	22.28
西南油气分公司	304.71	271.20	222.28	196.51	165.53	137.18

续表

年份 指标名称	2014	2013	2012	2011	2010	2009
固定资产净值						
西南石油局	13.76	16.31	17.22	40.66	41.59	15.26
西南油气分公司	113.85	109.75	85.29	91.46	81.16	65.89
销售收入						
西南石油局	27.95	28.67	35.47	100.50	74.55	23.87
西南油气分公司	49.88	45.40	39.82	35.83	31.78	27.62
实现利税						
西南石油局	2.78	2.31	1.03	10.15	3.17	1.00
西南油气分公司	-18.06	-27.96	-18.07	-12.33	-14.43	-6.68
税　金						
西南石油局	1.58	1.37	1.41	9.59	5.07	1.77
西南油气分公司	2.65	2.65	2.32	3.04	1.41	1.32
综合能耗/吨标煤·万元$^{-1}$						
西南石油局	0.03	0.03	—	0.41	0.48	0.05
西南油气分公司	0.57	0.57	0.57	0.57	0.93	0.80

表2　　西南油气分公司主要生产建设指标

年份 指标名称	2014	2013	2012	2011	2010	2009
原油产量/万吨	2.28	2.23	2.20	2.07	2.50	2.68
天然气产量/亿立方米	33.79	32.25	29.61	28.01	27.16	29.02
新增原油生产能力/万吨	0.22	0.32	0.30	0.05	1.90	—
新增天然气生产能力/亿立方米	22.50	7.41	6.50	3.36	2.56	4.74
新增原油地质储量/万吨	—	—	—	—	170.70	221.32
新增天然气地质储量/亿立方米	2 062.42	4 430.57	2 060.16	2 076.41	1 839.04	1 580.45
完成二维地震采集量/千米	341.61	—	4 840.00	8 440.00	4 512.00	5 805.00
完成三维地震采集量/平方千米	646.76	799.48	2 538.00	2 456.00	2 060.00	2 271.00
完成钻井数/口	112	183	384	371	335	—
完成进尺数/万米	33.77	49.54	120.33	112.00	95.23	—
勘探开发投资额/亿元	78.98	78.92	83.03	62.82	39.51	35.56

东北石油局暨东北油气分公司

【概况】 中国石化集团东北石油局(简称东北石油局)和中国石油化工股份有限公司东北油气分公司(简称东北油气分公司)是中国石化在东北地区唯一一支从事石油天然气勘探开发和销售的专业化油公司。本部机关位于吉林省长春市西安大路4936号。

东北石油局和东北油气分公司前身成立于1977年，2000年并入中国石化，2008年1月9日，中国石化将原东北分公司、东北石油局、勘探北方分公司、华东分公司吉林项目部腰英台油田重组为新的东北石油局暨东北油气分公司，按大Ⅰ型企业管理，实行“一套班子、两块牌子”的管理体制。

截至2014年底，东北石油局和东北油气分公司下设12个综合管理处室、4个专业管理部门、5个具有管理职能的专业化服务公司、3个专业化单位、2个科研单位和4个采油气厂；共有正式职工1 160人，其中拥有高级技术职称的211人(含教授级专业技术职称17人)、中级技术职称的310人。东北油气分公司辖有油气勘查与采矿区块34个，总面积约10.54万平方千米，分布在黑龙江省、吉林省、辽宁省和内蒙古自治区。其中，油气勘查区块26个，勘查面积约10.47万平方千米，采矿区块8个，开采面积约649.96平方千米。油气总资源量28.07亿吨油当量。已获得累计石油探明储量1.08亿吨，累计天然气探明储量766.08亿立方米。

东北石油局和东北油气分公司主要技术经济指标和主要生产建设指标见表1和表2。

(吴 瑶)

【领导干部调整】 2014年9月12日，石化集团公司党组对东北石油局、东北油气分公司领导干部做出调整决定：免去邢景宝东北石油局局长职务，解聘其东北油气分公司总经理职务，调出另有任用；东北石油局党委书记、东北油气分公司副总经理元涛主持全面工作。

(吴 瑶)

【全面完成油气生产经营任务】 2014年，东北油气分公司完成原油商品量18.79万吨，是年计划的100%；完成天然气商品量6.06亿立方米，超额销售4 100万立方米；实现油气收入20.05亿元，比预算增加1.1亿元，亏损6.27亿元。产建井成功率100%，产能符合率达到112%，储量替代率超额完成；新增控制石油储量724万吨，新增控制天然气储量165亿立方米。

(吴 瑶)

【勘探取得丰硕成果】 2014年，东北油气分公司北201井试获高产油气流，长岭凹陷龙凤山构造勘探获重大突破。北201井营城组压后日产气6万立方米、产油35立方米，压力稳定，全年累计产气363万立方米、产油1 966立方米。营城组控制含气面积39.36平方千米，控制天然气储量165亿立方米，凝析油364万吨。沙河子组勘探也取得了新发现，北203井解释最厚单层气层56.8米。龙凤山勘探突破，为增储上产和扭亏为盈提供了现实的资源保障。伏龙泉油气勘探取得新进展。胜利501井获工业气流，登娄库组压后日产气3.6万立方米，以日产1万立方米定产试采4个月，油套压稳定在11兆帕，全年累计生产天然气111万立方米。伏龙泉断陷勘探前景良好。

(吴 瑶)

重点探井北201完成压裂施工

【老区天然气挖潜见成效】 2014年，东北油气分公司积极开展老气田气井潜力摸排，全面梳理气井生产状态，建立和完善549口气井基础资料台账，实施补孔、压裂、酸化、增压外输等气井挖潜措施33井次，日增产35万立方米。其中，松南气田火山岩致密层实施评价措施，日增产6万立方米，针对高渗产层实施酸化解堵，日增产20万立方米，实现了存量资产的增效。

(吴 瑶)

【安全环保管控有力】 2014年，东北石油局、东北油气分公司以“从严管理年”活动为契机，以安全标准化工作为抓手，以基层HSE建设为重点，以HSE宣教活动为载体，按照全覆盖、零容忍、严执法、重实效的要求，严格管控安全环保风险，落实主体责任，严肃问责追究。以长输管线为重点，开展大排查、大整治，将排查出的隐患全部进行整改。大力开展安全环保标准化建设，4个二级单位在吉林省油田企业中率先通过评审，全部取得安全标准化二级认证。安全环保各项控制指标均在石化集团公司下达的范围内，整体形势趋好。

（吴 瑶）

【油公司改革稳步推进】 2014年，根据石化集团公司党组提出的严把入口、盘活存量、调整用工模式、控制用工总量的要求，东北石油局、东北油气分公司全面完成采油气、油气集输、后勤等业务外包工作，用工总量减少974人，减幅45%；年减少人工成本4 383万元。根据石化股份公司出台的油公司体制机制建设指导意见，东北油气分公司将机构调整成为由9个综合管理处室、4个专业管理部门、5个兼有管理职能的专业化服务单位、3个专业化单位、2个科研单位和4个采油气厂组成的油公司体制格局。制定完善以突出效益为核心的绩效考核指标体系，初步形成流程、职责、制度三位一体的管理体系。

（吴 瑶）

【“从严管理年”活动开展有力】 2014年，东北石油局、东北油气分公司以深刻吸取“11·22”事故教训为切入点，全面开展“从严管理年”活动。领导班子成员带队，深入16个管理部门和15个下属单位开展调研，召开专题民主生活会，诊断、梳理、分析制约企业发展的突出问题和根源，研究制定整改措施和方案，共梳理出重大关键问题121个，全部完成整改。通过从严管理，修订了绩效考核办法；进一步梳理完善了HSE管理制度；健全了业务外包监督考核细则；制定了采油、采气等岗位手册。非生产性支出得到有效控制，差旅费、招待费、办公费、会议费4项费用同比综合下降32.77%。

（吴 瑶）

【积极履行社会责任】 2014年，长春市天然气需求同比增长20%。入冬后天然气供应告急，吉林省市领导多次与东北油气分公司协商天然气保供办法。按照“压非保民”的要求，9月开始部署应对冬春两季可能出现的气荒，压减工业用户的天然气用量，缓解了长春市民用气紧张的局面，得到省市政府部门的赞誉和50万元的奖励。

（吴 瑶）

【党建思想政治工作再上新台阶】 2014年，东北石油局、东北油气分公司坚持把教育实践活动整改落实与从严管理、深化改革、落实党风廉政建设“两个责任”紧密结合，按照整改任务清单，认真研究措施，逐一部署落实，积极构建长效机制，活动成效显著。优化干部配置，推进岗位交流，提拔使用年轻干部，共提拔2名1979年、7名1980年后出生的年轻干部，形成了新老交替的梯次，干部队伍结构更加合理。加大干部培训力度，聘请各方面专家，开展干部轮训，成效显现。认真落实党风廉政建设党委主体责任和纪委监督责任，加强党性、党风、党纪教育，开展新任处级干部“四个一”任前廉洁教育，认真组织宣贯中国石化职工违纪违规行为处分规定，党员领导干部遵纪守法意识进一步增强。

（吴 瑶）

表1 东北石油局和东北油气分公司主要技术经济指标 亿元

指标名称 \ 年份	2014	2013	2012	2011	2010	2009
工业增加值	7.05	10.70	5.46	4.35	2.45	0.95
东北油气分公司	6.91	8.63	5.20	4.02	2.45	0.95
东北石油局	0.14	2.07	0.26	0.33	—	0.14
资产总计	66.73	72.71	63.85	50.34	52.12	46.84
东北油气分公司	64.48	70.73	61.22	48.32	50.45	45.17
东北石油局	2.25	1.98	2.63	2.02	1.67	1.67
流动资产	2.53	2.93	3.22	2.25	7.10	3.08

续表

指标名称 \ 年份	2014	2013	2012	2011	2010	2009
东北油气分公司	1.31	1.90	1.59	1.41	6.73	2.19
东北石油局	1.22	1.03	1.63	0.84	0.37	0.89
固定资产原值	112.10	100.56	77.47	67.96	61.43	57.28
东北油气分公司	110.92	99.52	76.43	66.92	60.52	56.38
东北石油局	1.18	1.04	1.04	1.04	0.91	0.90
固定资产净值	49.08	46.77	29.20	25.64	23.96	25.16
东北油气分公司	48.56	46.35	28.74	25.11	23.43	24.60
东北石油局	0.52	0.42	0.46	0.53	0.53	0.56
销售收入	20.77	22.03	22.11	17.41	12.53	8.70
东北油气分公司	20.17	19.96	19.65	16.25	12.27	8.67
东北石油局	0.60	2.07	2.46	1.16	0.26	0.03
实现利税	-3.21	-0.35	-1.93	-2.72	-3.68	-15.81
东北油气分公司	-3.22	-0.59	-1.95	-2.83	-3.72	-15.84
东北石油局	0.007	0.24	0.02	0.11	0.04	0.03
税　金	2.37	2.75	1.06	0.24	0.24	0.19
东北油气分公司	2.28	2.52	0.85	0.17	0.24	0.19
东北石油局	0.09	0.23	0.21	0.07	0.004	0.003
综合能耗/吨标煤·万元$^{-1}$	0.69	0.69	0.65	0.61	0.62	0.65

表2　　东北油气分公司主要生产建设指标

指标名称 \ 年份	2014	2013	2012	2011	2010	2009
原油产量/万吨	19.31	21.69	22.00	21.01	22.51	24.12
天然气产量/亿立方米	6.62	6.00	5.10	3.81	3.95	2.22
新增原油生产能力/万吨	1.26	4.32	5.33	2.50	3.50	2.50
新增天然气生产能力/亿立方米	—	1.47	1.51	2.35	0.53	2.81
新增探明石油地质储量/万吨	60.36	261.17	1 022.66	1 013.73	634.55	788.30
新增探明天然气地质储量/亿立方米	—	7.89	—	26.79	42.99	126.85
二维地震/千米	1 025.95	914.44	2 555.06	3 908.00	1 719.00	2 111.00
三维地震/平方千米	204.00	660.34	295.41	602.00	213.00	490.00

续表

年份 指标名称	2014	2013	2012	2011	2010	2009
油气钻井/口	43	151	132	70	74	103
探　井	21	43	52	27	30	30
开发井	22	108	80	43	44	73
钻井进尺/万米	10.46	33.98	33.92	16.16	17.37	22.27
勘探投资/亿元	4.34	8.57	10.26	9.50	6.27	8.37
开发投资/亿元	3.92	11.24	12.20	4.40	5.05	8.79

华北石油局暨华北分公司

【概况】 中国石化集团华北石油局(简称华北石油局)和中国石油化工股份有限公司华北分公司(简称华北分公司)位于河南省郑州市，是石化集团公司上游油田企业之一。其前身为组建于1975年5月的地质矿产部第二石油普查勘探指挥部，1997年1月并入中国新星石油公司，2000年3月随中国新星石油公司整体并入石化集团公司。2002年5月，根据石化集团公司重组改制总体部署，华北石油局组建了中国石化新星公司华北石油局和中国石油化工股份有限公司新星华北分公司，2003年7月分别划归石化集团公司、石化股份公司直接管理。2013年1月，按照石化集团公司关于石油工程专业化重组和矿区(社区)管理体制调整的总体部署，对石油工程和社区板块进行了分离，成立华北石油工程有限公司，实现了油公司、工程公司和社区业务“三分开”。

华北石油局主要负责社区管理，拥有郑州、新乡、咸阳、榆次、须水5个社区管理服务中心。华北分公司主要从事油气勘探开发、生产和销售业务，油气生产基地位于陕西省榆林市、延安市、咸阳市、内蒙古鄂尔多斯市、宁夏盐池县和甘肃省庆阳市、平凉市。

截至2014年底，华北石油局、华北分公司建有一套党政领导班子(成员共7人)，下设31个职能(处室)部门、17个二级单位。拥有正式职工1 922人、劳务工2 702人，拥有教授级高级职称20人、高级技术职称491人。

截至2014年底，华北分公司拥有油气勘探开发区块18个，总面积4.10万平方千米。其中，鄂尔多斯盆地12个，合计面积2.49万平方千米；汾渭盆地1个，面积2 930.23平方千米；沁水盆地1个，面积5 413.49平方千米；南华北盆地1个，面积7 055平方千米；二连盆地2个，面积541.31平方千米；巴丹吉林盆地1个，面积102.10平方千米。累计拥有石油探明储量2.13亿吨、控制储量3.60亿吨、预测储量3.87亿吨；累计拥有天然气探明储量5 258.15亿立方米、控制储量5 335.89亿立方米、预测储量5 417.59亿立方米。

2014年，华北石油局、华北分公司被石化集团公司评为安全生产先进单位、节能工作先进单位、土地管理先进单位。

华北石油局和华北分公司主要技术经济指标和主要生产建设指标见表1和表2。

(张新悦)

【油气高效勘探取得新突破】 2014年，华北分公司新增天然气控制储量973亿立方米、预测储量1 303亿立方米，新增石油控制储量7 625万吨、预测储量5 011万吨，全面超额完成油气储量目标任务。4项成果分获石化股份公司2014年度规模储量商业发现一、二等奖和勘探油气发现一等奖。预探井预探新圈闭主要成果可归纳为2项重大发现、3项新发现：

2项重大发现：①杭锦旗十里加汗区带向东扩大了盒1气藏含气范围，发现了苏布尔嘎圈闭盒3段气藏，多层叠合大型岩性圈闭特征进一步明确；②镇泾区块东南部长9油藏含油范围不断扩大，落实预测储量5 011.86万吨。

3项新发现：①杭锦旗什股壕区带盒2气藏范围持续北扩，落实圈闭资源量300亿立方米，扩大了储量接替与产能建设有利区范围；获2014年度石化股份公司勘探油气发现一等奖；②富县探区道镇圈闭长8、长6油气成果持续扩大，预计长8_1段可提交预测储量 3 328 万吨；③彬长探区东南部储量区外围石油勘探获得新发现，底庙长 8_1 岩性圈闭首获油流井。

（林彦兵　张新悦）

【天然气开发保持持续上产】 2014 年，华北分公司大牛地气田水平井砂岩钻遇率超过 90%，单井配产达到方案设计要求，连续 3 年完成 10 亿立方米水平井产能建设任务，气田保有产能达到 44.6 亿立方米。大牛地气田上古气藏滚动评价效果良好，奥陶系风化壳水平井加砂酸压获得产能突破，东胜气田锦 66 井区试气无阻流量创新高，10 亿立方米产能建设阵地已经明朗。杭锦旗十里加汗气藏含气范围进一步扩大，定北 LP6T 井试气稳定产量达到 3.5 万米^3/日。大牛地气田、东胜气田三维地震储层综合预测符合率超过 75%，柳杨堡气田盒 1 波谷振幅时间厚度属性、AVO 预测吻合率达到 82%。

（林彦兵　张新悦）

【石油开发取得重要进展】 2014 年，华北分公司总结形成"断块型""裂缝型"两类甜点模式，明确了"断层夹持区弹性开发、断层一侧先弹后补"等开发部署优化思路和配套工程工艺技术政策。长 8 裂缝型油藏通过不稳定注水和堵水调剖，长 9 油藏分阶段控制注水强度，各试验井组产量递减明显趋缓，平注平采试验井组见效单元比例高达 83.3%。红河 156 井组注 CO_2 补充能量效果明显，油井产液产油小幅上扬，含水率明显下降，渭北长 3 油藏注 CO_2 非混相驱试验见到初步成效。泾河油田应用套管完井、多簇压裂技术大幅提高了单井产量，弹性开发自然递减率小于 20%，百万吨产能建设实现 60 亿元的投资控制目标。红河 92 井区、泾河 17 井区多口井连续实现产能突破，分别评价出可动用储量 672 万吨和 210 万吨。全年完成低效井治理 93 井次，措施增油 1.47 万吨。

（林彦兵　张新悦）

【科技支撑作用有效发挥】 2014 年，华北分公司承担 10 项省部级及以上科研项目，开展 42 项局级攻关研究，科技创新驱动作用较好发挥。强化知识产权管理，年度完成 20 件专利申请，17 件获得授权（含发明专利 7 件）。加强质量管理，印发实施《标准化管理办法》，完成 4 项石化集团公司级企业标准发布、复审。

（林彦兵　张新悦）

【安全环保保持平稳】 2014 年，华北分公司委托开展 36 项项目评价，19 项取得政府批复。建立四级检查监督体系，开展"啄木鸟"动态隐患排查，完成东杭管线裸露、煤矿压覆等 67 项安全隐患治理。修订安全环保突发事件应急预案，设立 24 小时总值班室，三级联动快速响应机制已经形成。全年组织各类应急演练 66 次，大牛地气田增压站"8·19"高危未遂事件得到及时有效处置。华北石油局和华北分公司连续第 4 年获石化集团公司安全生产先进单位称号。

（林彦兵　张新悦）

【从严管理绩效明显提升】 2014 年，华北石油局和华北分公司落实投资管控主体责任，明确优化控制目标，原油百万吨产能建设投资下降 9.5%。深入开展区块投入产出分析，全面推进系统优化增效工程，油气单位完全成本下降 7.1%，实现降本减费增效 1 300 万元。强化市场准入管理和承包商业绩评价，加大招投标力度，钻采工程价格降幅达 10% 以上，节约勘探开发投资 3.14 亿元。加大地籍管理和节地、退耕协调工作力度，年度完成取证及土地批复 378 宗、2 205 亩（147 万平方米），退耕用地 2 865 亩（191 万平方米），节约各类资金 5 534 万元。贯彻落实石化集团公司招标管理"六统一"规定，加强标准化采购和供应商管理，自采物资采购资金节约率达 5.1%，节约采购成本 3 316 万元。修订考核指标，加强季度考核奖惩，完善专项激励机制，全员绩效考核导向作用较好发挥。严格"三定"管理，加强人力资源调配，采气业务实现增产不增人的工作目标。制定《勘探开发建设项目转资管理办法》，深化内控、审计、效能监察等成果运用，企业经营管理更加规范。加强资金筹划，规范需求提报，优化拨付程序，全年节约财务费用 2 160 万元。严格执行中央"八项规定"，大力压缩非生产性开支，业务招待费、会议费较年度预算指标分别下降 44.7% 和 64.9%。

（林彦兵　张新悦）

【油公司体制机制建设稳步推进】 2014 年，华北石油局和华北分公司认真学习领会《集团公司油公司体制机制建设指导意见》，按照设置"油公司—采油（气）厂—采油（气）管理区"3 级管理体制框架，统一规范机构部门名称、职责、数量等要求，结合企业生产经营实际，编制完成局、分公司体制机制实施方案，并通过总部批复。成立体制建设领导小组和办公室，以有利于生产、有利于发展、有利于稳定为原则，制定计划表，广泛征求意见，加强上下沟通，完成机关部门机构规范设置、4个管理部组建和实验中心撤并整合等工作，明确了指挥部、采油气厂、科研生产、专业化管理服务等板块的职能定位和业务分工，油公司体制建设已基本推进到位。

（林彦兵　张新悦）

【党建思想政治工作务实有效】 2014年，华北石油局和华北分公司认真组织推进党的群众路线教育实践活动“两方案、一计划”整改工作，固化深化活动成果，领导班子“四风”问题整改职工满意度达到100%。以学习宣贯石化集团公司党建工作“两个规则”为契机，坚持“五同步”工作思路，制定修订党委会议、领导干部调查研究和党员领导干部直接联系群众等7项制度，创新完善“四规两创一考核”工作机制，加强基层党建经验交流和典型选树，党建工作标准化制度化建设水平明显提升。以注重实绩、注重实干为导向，坚持民主公开、立体考察评价干部，加大处、科两级干部调整交流和竞争性选拔任用力度，领导班子和干部队伍结构进一步优化。持续深化人才成长通道建设，完善人才培养发现、考核评价和激励机制，完成27名主任(副主任)师、120名主管选聘和21个工种、1 209人的技能鉴定工作，构建形成300人的复合型人才库，三支人才队伍建设成效显著。不断丰富华北石油文化核心理念和精神内涵，建成企业发展陈列室，开办《高层声音》《从严管理在行动》系列专栏，构建微博矩阵，加强突发事件新闻处置应急演练和舆情防控，思想文化保障作用较好发挥。

（林彦兵　张新悦）

表1　　华北石油局和华北分公司主要技术经济指标　　亿元

指标名称 \ 年份	2014	2013	2012	2011	2010	2009
工业总产值	77.48	69.53	91.84	66.82	52.11	41.31
华北石油局	1.37	1.51	44.98	32.54	22.81	18.86
华北分公司	76.11	68.02	46.86	34.28	29.30	22.45
工业增加值	56.27	24.22	41.99	33.11	28.98	24.24
华北石油局	0.97	1.18	12.80	10.76	8.32	7.22
华北分公司	55.30	23.14	29.19	22.35	20.66	17.02
资产总计	317.91	309.60	276.36	158.56	125.19	110.46
华北石油局	7.32	6.45	42.65	36.45	28.82	27.41
华北分公司	310.59	303.15	233.71	122.11	96.37	83.05
流动资产	15.60	16.75	39.74	18.59	15.62	12.41
华北石油局	3.92	3.83	17.83	12.95	7.55	9.35
华北分公司	11.68	12.92	21.91	5.64	8.07	3.06
固定资产原值	406.96	356.50	274.13	184.38	152.89	130.59
华北石油局	6.15	5.13	32.26	29.82	27.50	24.07
华北分公司	400.81	351.37	241.87	154.56	125.39	106.52
固定资产净值	225.98	220.15	179.92	108.63	92.92	84.81
华北石油局	3.03	2.28	19.68	18.61	16.96	15.84
华北分公司	222.95	217.87	160.24	90.02	75.96	68.97

续表

指标名称 \ 年份	2014	2013	2012	2011	2010	2009
销售收入	76.96	90.01	131.84	84.72	63.50	52.06
华北石油局	1.32	4.73	60.39	40.70	28.44	24.07
华北分公司	75.64	85.28	71.45	44.02	35.06	27.99
实现利税	0.26	-18.93	9.35	14.31	9.04	4.49
华北石油局	0.39	0.87	4.94	4.18	2.30	2.12
华北分公司	-0.13	-19.80	4.41	10.13	6.74	2.37
税　金	6.62	7.55	8.72	7.90	4.26	2.86
华北石油局	0.69	0.82	4.74	3.67	1.65	1.85
华北分公司	5.93	6.73	3.98	4.23	2.61	1.01
综合能耗/吨标煤·万元$^{-1}$	0.36	0.29	0.38	0.37	0.49	0.48
华北石油局	0.31	0.20	0.43	0.43	0.47	0.48
华北分公司	0.41	0.38	0.39	0.32	0.50	0.48

表 2　　华北分公司主要生产建设指标

指标名称 \ 年份	2014	2013	2012	2011	2010	2009
油气产量/万吨	453.50	396.81	302.49	248.65	236.14	203.80
新增油气生产能力/万吨	105.49	46.86	147.46	46.84	43.60	125.00
新增油气探明地质储量/万吨	—	1 668.69	21 839.00	7 304.00	3 887.00	2 784.83
三维地震/平方千米	1 763.00	3 493.00	1 554.00	1 558.00	102.99	240.00
二维地震/剖面千米	503.00	—	1 394.00	2 127.00	2 325.30	560.30
油气钻井/口	291	751	758	399	245	223
探　井	74	149	314	161	75	72
开发井	217	602	444	238	170	151
钻井进尺/万米	85.98	191.73	223.36	76.50	68.39	17.82
勘探投资/亿元	16.31	29.29	23.41	11.41	7.02	6.25
开发投资/亿元	44.20	106.44	99.74	33.93	16.36	11.04

华东石油局暨华东分公司

【概况】 中国石化集团华东石油局（简称华东石油局）和中国石油化工股份有限公司华东分公司（简称华东分公司）是中国石化常规与非常规油气勘探开发的专业队伍。本部位于南京市建邺区江东中路 315 号中泰国际广场 6 号楼。华东石油局前身是江苏省石油勘探指挥所，成立于 1970 年 5 月 6 日。1997 年 1 月归入中国新星石油公司。2000 年 4 月随新星石油公司整体并入石化集团公司。2003年5月，华东石油局和华东分公司分别调整为石化集团公司和石化股份公司直接管理。2012年11月8日，华东石油局专业工程公司划出，成立中石化华东石油工程有限公司。

截至2014年底，华东石油局和华东分公司共设有职能部门和党群工作部门27个(华东石油局8个，华东分公司19个)，下属生产科研单位10个(华东石油局5个，华东分公司5个)，用工总量3 725人，其中在职职工1 865人(华东石油局424人，其他用工6人，不在岗2人；华东分公司1 433人)；劳务工1 868人(华东石油局288人，华东分公司1 580人)，具有各类高级专业职称的有322人，中级专业职称的有524人。累计2人享受政府特殊津贴。

截至2014年底，华东分公司在苏北老区、下扬子新区和南华北盆地合肥南区块拥有油气勘探区块16个，总探矿权面积2.60万平方千米，其中苏北油气勘查面积1 336.27平方千米，下扬子中古生界油气勘查面积2.42万平方千米，南华北合肥盆地482.04平方千米。石油矿产开发权区块6个，面积约354.97平方千米；在山西、陕西、河南、安徽、宁夏、内蒙古、贵州等地拥有非常规勘探区块8个，其中煤层气勘探区块5个，总面积3 261.54平方千米，含煤面积2 748.16平方千米，煤层气资源量3 147.93亿立方米。页岩气勘探区块3个，区块面积1.57万平方米，预测页岩气地质资源量1.59万亿立方米。

华东石油局和华东分公司主要技术经济指标和主要生产建设指标见表1和表2。

(廖志英)

【延川南5亿立方米煤层气田基本建成】 2014年，华东分公司延川南煤层气5亿立方米产能建设按照快节奏、短流程、高质量、低成本的要求，探索煤层气连续、稳定、缓慢 的排采开发规律，形成“五段三压法”排采制度；创建轨道钻井“井工厂”模式，缩短钻井周期30.6%；构建“整体压裂、同步放喷”工艺体系，压裂成功率96%；严格成本管控，单井投资比计划降低2.4%。年内完钻464口井，累计808口井；进尺59.96万米，累计108.16万米；压裂531口井，累计773口井；投产566口井，累计767口井；修建平台70个，累计144个平台；总集气能力14万米^3/日。截至2014年底，产建区排采井890口，产气井261口，千立方米井49口，2014年产建区累计产气量3 111.36万立方米，其中1#集气站提前具备外输条件。

(廖志英)

延川南煤层气产能建设钻井施工现场职工正在上提钻杆 (沈志军 摄)

【苏北原油产量创历史最高水平】 2014年，华东分公司一方面狠抓新区产能转化，强化生产运行管理，保障新区优质储量高效建产，在广山区块、顾庄区块和帅垛区块，广1-10井、顾1井、帅5-10井等8口新井相继投产，日增原油产量61吨。另一方面加强落实老油田增产稳产措施，对张家垛、金南的部分井实施二氧化碳驱油作业，在曲塘区块优选部分潜力井实施压裂改造，确保老区产量稳得住。全年，华东分公司生产原油35万吨，创历史最高水平。

(廖志英)

【发现和提交一批储量与圈闭】 2014年，华东分公司提交常规油气探明储量317万吨，同比增长31%；控制储量847.18万吨，完成计划的169%；预测储量1 208.12万吨，完成计划的201%。非常规油气勘探在延川南区块河西部分提交煤层气控制储量165.50亿立方米，新增含气面积184平方千米，技术可采储量82.75亿立方米，经济可采储量71.27亿立方米。在苏北、下扬子探区发现三级圈闭8个、四级圈闭26个，新发现圈闭叠加面积590.39平方千米，地质资源量2.68亿吨，可采资源量1.42亿吨，其中Ⅰ类圈闭面积93.39平方千米，地质资源量3 371.41万吨，可采资源量677.24万吨；Ⅱ类圈闭面积497平方千米，地质资源量2 338.6亿立方米，可采资源量1 356.3万立方米。

(廖志英)

【探明川东南地区志留系页岩气勘探有利区域】 2014年，华东分公司加强上扬子川东南区块构造特征分析，以五峰—龙马溪组页岩为目标层系，以齐岳山—华蓥山断裂作用为关键，深化构造演化与保存条件的关系研究，明确提出“川东南地区具有东西分带、南北分段特征；页岩气富集具明显分区性”的基本观点，以及保存条件是页岩气富集主探因素的认识。在此基础上提出彭水区块桑柘坪向斜为页岩气产能建设的目标区块、南川区块为页岩气商业发现的现实区块、彭水武隆向斜和道真向斜为勘探突破的现实区域。

（廖志英）

【海安凹陷发现规模储量】 2014 年，华东分公司在海安曲塘凹陷以阜三段构造岩性油藏勘探成果为基础，以断裂发育带寻找构造岩性复合型油气富集为目标，利用构造精细解释、层序地层学理论储层有利相带预测、油气运聚分析技术通过落实沉积相空间展布规律储层分布特征，在凹陷东实施针对阜三段的向阳 1 井和泰州组的胡集 1 井。向阳 1 井钻遇 2 层累计厚度 4.9 米油层、2 层累计厚度 2.8 米油差层。在阜三段下砂组试获日产油流 5.76 吨，首次实现该工区阜三段下砂组的突破；并且在上砂组压裂后也获日产量 8.96 吨。胡集 1 井作为预探井在戴南组、阜宁组、泰州组获得丰富油气显示，其中阜三段解释 1 层厚度 2.8 米油层，常规试油日产量 7.28 吨。预计向阳—胡集区带岩性圈闭面积 30 平方千米，资源量1 600万吨，已提交预测储量 872 万吨。该发现获石化集团公司勘探新发现二等奖。

（廖志英）

【溱潼凹陷岩性勘探获得优质商业储量】 2014 年，华东分公司针对溱潼凹陷西斜坡戴南组、阜三段地层岩性圈闭特性，创新评价思路，精细预测西斜坡戴南组一段 1—4 号砂层组的岩性尖灭带、阜三段 1—4 号砂组三角洲前缘砂体的展布特征，落实一批埋深小于 2 500 米的岩性—构造复合圈闭，先后部署陈 2 井、南华 1 井、曹 101 井、帅 7 井、帅 8 井、陈 4 井、陈 5 井、帅北 1 井等探井。其中，陈 2 井于戴南组（1 880 米—1 894.20 米）发现油层 1 层，层厚 13.10 米，试获日产 61.40 吨工业油流，实现戴南组超覆尖灭带类型的油藏突破，落实优质商业储量 121 万吨，建产 1.68 万吨；除陈 5 井未试获工业油流，其余 6 口钻井相继试获最低 5.49 吨、最高 10.03 吨的商业油流。共落实油藏面积 26.04 平方千米，发现优质商业储量 1 414 万吨，截至 2014 年底已动用 1 079 万吨，新建产能 5.32 万吨。该项目分获石化集团公司勘探新发现二等奖、油气商业发现三等奖。

（廖志英）

【深凹带油气勘探发现整装油藏】 2014 年，华东分公司在溱潼深凹鲁家沟构造带和金湖深凹北港构造带分别部署赵 1 井和北港 1 井。鲁家沟赵 1 井在阜三段提示丰富的油气显示，解释油层 14 层，累计层厚 32.10 米，压裂后试获日产原油 3.50 吨，成为深凹带首口井深超 3 300 米的工业油流井。鲁家沟构造—岩性圈闭面积 9.80 平方千米，落实预测储量 750 万吨，是评价建产的潜力区。北港 1 井在阜二段、三段见丰富油气显示，共解释差油层 7 层，累计 17.20 米，泥灰岩、介壳灰岩裂缝含油层 4 层，累计 64.50 米。对阜二段 3 661.30—3 750.70米压裂测试，日产原油 5 吨。北港地区阜二段、三段圈闭面积 19.57 平方千米，圈闭资源量 2 000 万吨。深凹带赵 1 井和北港 1 井的试油成功使之成为超千万吨级整装油藏，被纳入华东分公司油气储量序列。

（廖志英）

【川东南寒武系发现油气勘探有利目标】 2014 年，华东分公司依据中国南方寒武系 24 口页岩气井钻探情况，以及黄平、黔西、凯里等区块的二维地震资料再分析材料，从沉积相、构造特征、页岩厚度、TOC（总有机碳）、Ro（镜质体反射率）、埋深等方面，综合分析、评价南方寒武系页岩气富集高产的影响因素，揭示雪峰推覆带前缘黄平—凯里为寒武系页岩气勘探的有利区。通过地震地质综合评价，优选出黄平新庄、凯里推覆体下盘为页岩气勘探的有利目标，黔西向斜北西翼为较有利目标。通过川东南—黔中隆起周缘石龙洞组和灯影组常规油气勘探潜力评价，表明川东南地区寒武系龙王庙组具有颗粒滩发育背景，具备储层发育的条件，该区长生 1 井钻探揭示牛蹄塘组暗色泥岩发育，具有优越的烃源岩条件，但二维地震剖面解释认为长生背斜构造复杂，且长生 1 井中上寒武系膏岩不发育，保存条件不利，由此认识到寒武系常规油气评价重点在油气保存条件的评价。

（廖志英）

【下扬子下古生界发现油气有利圈闭】 2014 年，华东分公司针对下扬子地区衰减幅度大、信噪比低、无法反应真实地质构造与地层展布的地质特点，选择常州—宣城地区开展综合研究和地震攻关试验，在志留系、奥陶系及寒武系等获得具有一定连续性下古生界反射波组。同时，以大量野外资料与钻井资料为核心开展基础研究，初步明确早古生代一台两盆的构造格局，认识到下扬子尽管构造期次多、幅度强，但中部发育有稳定的台地区，结合现今构造格局，明确常州—宣城地区为下古油气勘探有利区，初步落实锡北和柳亭有利圈闭面积497平方千米，圈闭资源量2 338.30亿立方米。

（廖志英）

【成功实施南页1HF井钻井和超高压大型压裂施工】 华东分公司南页1HF井位于重庆市南川铁村，是在南页1井(导眼井)取得良好页岩气发现的基础上，为进一步探索盆内南川断鼻页岩气深层稳定型勘探潜力实施的探井，2013年12月23日开钻，2014年2月12日完钻，井深5 820米，水平段长度1 103米，水平位移1 484米。3月22日—4月8日，南页1HF实施压裂施工，共有12台2500型、6台3000型压裂车及60台(套)相关设备投入运行，施工层垂直最深4 627米，最高压力116.50兆帕，最高温度150℃，采用分段压裂工艺，水平段分15段压裂，第1段采用连续油管射孔后压裂，第2—14段采用电缆射孔与桥塞压裂联作技术，逐层进行封堵、射孔、压裂作业。单段最大加砂72.90立方米，最少用液2 452立方米，总液量4.65万立方米，总砂量756.10立方米。产气呈段塞流，在1 000米^3—6.80万米^3/日间波动。该井成功实施使深层页岩气开发工艺在配套技术取得重大突破，初步形成深层、高压、高温页岩气水平井多级分段压裂工艺配套技术系列。

（廖志英）

【金南油田二氧化碳吞吐增油效果明显】 金南油田Ⅰ区块为复杂断块小油田，产量下降快，稳产难度大。2014年5月4—19日，华东分公司进一步优化二氧化碳注入参数，选择金南油田Ⅰ区块低产低效油井金2－2HF井开展二氧化碳吞吐增油技术试验，累计注入二氧化碳870吨，焖井15天，6月4日开井放喷，10日转机抽，截至6月30日，平均日产油3.59吨，相对于吞吐前平均日增油1.85吨，增油效果明显。金2－2HF井注气8天后，位于高部位、油层相距300米的金2－1HF采油井二氧化碳气量大增，表明低部位井所注入二氧化碳已在高部位井见效。焖井21天后，金2－1HF井于6月9日放喷并转抽，至6月30日平均日增油7.97吨，相对于吞吐前平均日增油1.56吨，增油效果显著。

（廖志英）

【节能减排综合能耗下降】 2014年，华东分公司实施“能效倍增”措施，在金南和帅垛油田调整能源结构，金南工区淘汰燃煤锅炉，采用太阳能空气源复合加热系统，全年减少原煤消耗400吨；帅垛油田通过套管换热器传导常压锅炉烧产生的热量提升进站产液温度，全年减少原煤消耗1 220吨。结合提高机采系统效率，通过低压线路技术改造，在草32井和草4井分别进行智能无功补偿技术和变压器集中补偿技术应用试验，获成功后推广应用，年节电45万千瓦·时。全年共开展节能项目5个，节能总量1 357吨标煤，华东石油局工业万元产值综合能耗较年度指标下降4.51%，华东分公司单位油气综合能耗下降9.97%。

（廖志英）

【HSE实现“5杜绝”年度目标】 2014年，华东分公司HSE新增程序文件76个，记录文件213个，新识别安全风险267个。通过内审和第三方审核发现和整改问题333个，已经整改332个。实施16项许可作业票证制度，“从严管理年”活动中梳理问题51项，全年开展安全专项和综合检查7次，查出各种问题或隐患926个，整改率100%。HSE观察8 567人次，发现和整改问题8 556项，推荐安全作法2 298项。全年对承包商下发隐患整改通知书103份，查出问题隐患755条，整改755条，整改率100%；72名承包商负责人通过安全培训取得合格证。更新确定424个职业危害因素监测点，组织2 600名涉及职业危害的员工进行职业安全检查。处理生产废液5.19万立方米，无害化治理泥浆1.53万立方米。组织各种安全培训19期，培训960人次。2014年，华东石油局、华东分公司HSE实现“5杜绝”目标，获石化集团公司安全生产先进单位称号，安全生产连续3年保持安全平稳。

（廖志英）

采油厂职工在进行井控、硫化氢防护应急演练 （张 民 摄）

【开展党风廉政警示教育】 2014年10月16日，华东石油局、华东分公司领导及机关与驻宁单位处级干部共58人前往南京监狱参观，开展党风廉政警示教育。参观监管设施和江苏省纪委主办的反腐倡廉警示教育展览，听取南京监狱基本情况介绍和2名职务犯罪服刑人员现身说法。

（廖志英）

【开展敬老月活动】 2014年9月26日—10月26日，华东石油局开展敬老月活动。慰问离退休老领导、老职工，请他们对企业的改革发展建言献策；组织安排健康知识讲座、青年志愿者服务、老年门球比赛、象棋扑克比赛、情况通报等13项活动，让广大离退休职工共享企业发展成果。

（廖志英）

表1　华东石油局和华东分公司主要技术经济指标

指标名称＼年份	2014	2013	2012①	2011①	2010	2009
工业总产值	15.20	13.90	25.57	23.26	16.88	13.71
华东石油局	0.90	0.86	14.75	14.81	11.63	10.45
华东分公司	14.30	13.04	10.82	8.45	5.25	3.26
企业增加值	7.72	4.90	2.50	3.52	-1.45	5.23
华东石油局	1.73	1.59	10.36	10.53	6.83	6.31
华东分公司	5.99	3.31	-7.86	-7.01	-8.28	-1.08
资产总计	93.06	71.38	66.66	57.89	50.90	34.84
华东石油局	14.09	11.13	27.52	26.41	22.45	19.54
华东分公司	78.97	60.25	39.14	31.48	28.45	15.30
流动资产	7.93	8.69	12.63	18.91	18.23	8.55
华东石油局	6.14	5.12	10.62	12.52	8.79	7.63
华东分公司	1.79	3.57	2.01	6.39	9.44	0.92
固定资产原值	72.61	61.63	64.67	55.10	48.20	40.69
华东石油局	6.68	6.17	20.77	17.25	16.05	13.52
华东分公司	65.93	55.46	43.90	37.85	32.15	27.17
固定资产净值	35.38	30.65	32.86	27.64	24.25	19.19
华东石油局	4.13	4.07	14.18	11.79	11.79	9.58
华东分公司	31.25	26.58	18.68	15.85	12.46	9.61
销售收入	18.79	22.43	45.19	41.13	34.62	21.38
华东石油局	4.49	5.18	28.98	28.21	24.35	18.12
华东分公司	14.30	17.25	16.21	12.92	10.27	8.16
实现利税	-1.04	-2.19	-1.65	-2.26	-4.91	-2.18
华东石油局	-0.26	0.55	2.06	3.40	1.90	1.89
华东分公司	-0.78	-2.74	-3.71	-5.66	-6.81	-4.07
税　金	3.13	2.34	4.85	4.53	1.77	1.81
华东石油局	0.08	0.95	1.65	3.04	1.44	1.24
华东分公司	3.05	1.39	3.20	1.49	0.33	0.57
综合能耗②/吨标煤·万元$^{-1}$	0.55	0.55	0.80	0.85	0.78	1.12
华东石油局	0.22	0.19	0.43	0.43	0.47	0.48
华东分公司	0.33	0.36	0.37	0.42	0.31	0.64

①华东石油局2012年数据与2011年同口径，为12月月报数，非年终财务决算数

②计算2007—2010年综合能耗时采用的2005年不变价，计算2011年综合能耗时采用的2010年不变价

表2 华东石油局和华东分公司主要生产建设指标

指标名称＼年份	2014	2013	2012	2011	2010	2009
原油产量/万吨	35.01	30.26	23.51	18.01	15.01	13.02
新增原油生产能力/万吨	10.08	8.31	6.77	5.05	6.03	4.06
新增探明石油地质储量/万吨	317.85	242.25	1 021.49	609.86	454.93	333.00
新增探明天然气地质储量/亿立方米	165.50	102.39	—	—	—	—
二维地震/千米	480.00	1 632.00	2 768.00	3 565.95	2 235.70	210.00
三维地震/平方千米	101.00	216.00	359.00	283.30	205.50	219.00
石油钻井/口	647	439	188	145	114	74
探　井	37	32	44	100	57	38
开发井	610	407	144	45	57	36
钻井进尺/万米	103.24	82.69	38.44	29.78	23.39	16.27
勘探投资/亿元	6.97	7.08	11.32	10.95	8.01	3.91
开发投资/亿元	22.00	20.45	11.02	4.50	4.83	3.17

勘探分公司

【概况】 中国石油化工股份有限公司勘探分公司(简称勘探分公司)是中国石化唯一专业化勘探企业，业务归口石化股份公司油田勘探开发事业部管理，肩负着中国石化“打造上游长板、建设世界一流”的资源战略重任。勘探分公司位于成都市高新区吉泰路688号中国石化西南科研办公基地。

勘探分公司前身是南方海相油气勘探项目经理部，成立于1999年5月。2012年4月，中国石化整合南方海相油气勘探项目经理部和滇黔桂油田分公司，成立南方勘探开发分公司。2007年3月，原南方勘探开发分公司和原中南分公司勘探研究、勘探管理及部分相关业务人员整合重组成立勘探南方分公司，同年8月迁址成都。2014年7月，更名为中国石油化工股份有限公司勘探分公司。

截至2014年底，勘探分公司共设有12个职能部门，1个附属机构，9个二级单位。有正式职工451人，在岗职工447人，经营管理和专业技术人员440人，具有中级及以上专业技术职务任职资格的员工共计328人，在岗员工平均年龄41.5岁。

截至2014年底，归属勘探分公司管理的油气探矿权37个项目，总面积15.5万平方千米，其中11个项目增列页岩气矿种，页岩气矿权总面积3.89万平方千米。东北探区的11个项目、总面积5.38万平方千米为油田勘探开发事业部委托勘探分公司组织实施勘探。

2014年，勘探分公司以商业发现为中心、发现大中型油气田为目标，按照战略展开、战略突破、战略准备3个层次，大力推进高效勘探，取得了丁山地区页岩气勘探和青藏伦坡拉盆地勘探2个新发现，取得了涪陵海相页岩气勘探和川东北中浅层勘探2个商业发现，发现了焦石坝南部页岩气甩开勘探、米仓山山前带礁滩相勘探、川西南页岩气勘探和大南盘江北缘评价勘探4个好苗头。其中，丁山地区页岩气勘探取得新发现，获中国石化勘探发现三等奖；涪陵海相页岩气勘探和元坝中浅层勘探取得商业发现，分别获中国石化规模储量商业发现特等奖和商业发现二等奖。2014年，勘探分公司超额完成全年储量任务。新增天然气探明储量1 176.4亿立方米、控制储量1 202.65亿立方米、预测储量888.33亿立方米，其中控制储量为年度计划的240.5%。全年13井19层试获工业油气流，新发现16个大中型圈闭。

2014年，勘探分公司科技创新取得重大成果。元坝超深层生物礁大气田高效勘探及关键技术获国家科技进步一等奖，超深层钻井技术研究及工业化应用获中国石油化学工业联合会科技进步特等奖，南方海相页岩气富集机理、关键技术与涪陵气田的发现获中国石化科技进步特等奖，页岩气水平井钻完井与分段压裂关键技术及工业化应用和中国海相碳酸盐岩层系油气富集规律与分布预测均获中国石化科技进步一等奖。

2014 年，勘探分公司安全环保持续平稳，连续9年被评为中国石化安全生产先进单位。企业管理取得新进步，“从严管理年”活动扎实开展，“优化页岩气勘探管理运行体系”获得中国石化管理现代化创新成果一等奖。党建及思想政治工作保驾护航作用进一步发挥，党的群众路线教育实践活动整改措施全面落实。

勘探分公司主要经济指标和主要生产建设指标见表 1 和表 2。

（侯玉梅）

【新领导班子】2014 年 9 月 15 日，石化股份公司聘任勘探分公司领导班子：郭旭升为总经理，沈才明为总会计师，郭彤楼为副总经理，李真祥为总工程师，胡东风为总地质师。同时，石化集团公司党组批准成立中共勘探分公司委员会，委员会由麻建明、郭旭升、沈才明、郭彤楼、李真祥、胡东风 6 人组成，麻建明任党委书记。相应成立纪律检查委员会和工会委员会，麻建明兼任纪委书记，为工会主席人选。

（侯玉梅）

【探明国内第 1 个大型页岩气田】 2014 年，勘探分公司在涪陵焦页 1HF 井突破后甩开部署的焦页 2HF 井、3HF 井、4HF 井试获高产页岩气流，控制含气面积 286 平方千米。7 月 8 日—10 日，国土资源部油气储量评审办公室组织专家组，对焦石坝区块焦页 1 井—焦页 3 井区五峰组—龙马溪组一段的探明储量进行评审，认定：涪陵页岩气田是典型的优质海相页岩气，新增页岩气探明地质储量 1 067.5 亿立方米、控制储量 548.68 亿立方米、预测储量 888.33 亿立方米，三级储量合计 2 504.5 亿立方米。焦石坝区块页岩气探明储量通过国土资源部评审，标志着中国首个大型页岩气田正式诞生，使中国成为除美国之外第 1 个实现页岩气商业性开发的国家。中国石化因此获世界页岩油气峰会授予的页岩油气国际先锋奖，成为全球第 4 家获此殊荣的公司。

（侯玉梅）

国土资源部召开焦石坝区块新增页岩气探明储量报告评审会

【川东北中浅层勘探取得商业发现】 2014 年，勘探分公司川东北中浅层共有 10 井 17 层试获工业气流，提交天然气控制储量 653.97 亿立方米。3 月 21 日，元坝地区元陆 28 井须四段试获日产 102.36 万立方米高产工业气流；9 月 21 日，元陆 18 井须三段试获日产 41.4 万立方米高产工业气流。同时，巴中地区元陆 171 井等 3 口井须四段试获工业气流，元陆 171 井千佛崖组新层系试获日产气 1.31 万立方米、油 2.17 立方米。

（侯玉梅）

【元坝气田新增探明储量】 2014 年 12 月 23 日—26 日，国土资源部油气储量评审办公室召开储量评审会议。勘探分公司申报的元坝气田元坝 28 井、元坝 10 井区长二段气藏新增天然气探明储量通过专家组审查。元坝气田新增天然气探明储量 108.90 亿立方米。至此，元坝气田累计获得天然气探明储量 2 303.47 亿立方米，其中长兴组礁滩相天然气探明储量 1 943.10 亿立方米，飞仙关组天然气探明储量 252.72 亿立方米，雷口坡组天然气探明储量 107.65 亿立方米。

（侯玉梅）

【丁山地区页岩气勘探取得新发现】 2014 年，勘探分公司丁页 2HF 井、丁页 1HF 井先后试获日产 10.5 万立方米、3.4 万立方米页岩气流，继焦石坝之后实现了页岩气勘探又一重大发现，同时标志着深层页岩气勘探及配套工程技术取得突破。评价丁山地区中北部为页岩气勘探有利区，面积 201.1 平方千米，资源量 1 156.3 亿立方米。

（侯玉梅）

【科技创新四大理论研究和技术成果】 2014 年，勘探分公司共承担国家专项课(专)题 10 项、石化股份公司项目 12 项、自设项目 46 项，科技创新取得重大成果。①建立了海相页岩气勘探评价理论体系及技术系列。页岩气层段厚度预测相对误差小于8%，页岩气层(TOC>1%)预测精度相对误差小于2%，提高了压裂品质的预测精度。②根据川东北陆相储层薄且致密、非均质性强，高产富集主控因素不清的情况，着重从地质理论和地球物理方法技术上进行深入研究，形成了特色陆相地质理论和评价方法技术。③完善南方碳酸盐岩勘探技术体系。加强川东南地区长兴组礁滩发育地质背景分析，厘清了泰来、永兴和义和地区高能浅滩与台洼边缘相带关系，落实了有利勘探目标。初步形成了茅口组岩溶缝洞、台洼边缘礁滩储层目标描述2项关键技术。④工程技术取得新发展。复杂地区地震资料采集、处理、解释技术攻关取得新进展。页岩气水平井钻完井、压裂改造技术进一步完善，丁页2HF井施工创造国内外深层页岩气10项新纪录。致密砂岩储层压裂技术取得新突破，国内首口深井超高压分段压裂水平井——元陆H-1井施工成功，获得日产10.8万立方米工业气流，施工泵压127兆帕，创国内新纪录。

(侯玉梅)

【从严管理取得成效】 2014年，勘探分公司扎实有效开展"从严管理年"活动，高质量完成3个阶段工作，诊断发现3个层次6类18个重大关键问题，已全面完成整改，修订完善管理制度26项。大力开展精细研究、科学部署、优化设计，预探井成功率80%，评价井成功率100%，综合钻探成功率85.71%，继续保持较高水平。强化投资计划和财务预算管理，全年投资全面受控，发现成本低于总部下达计划，降本减费成效明显，业务费、会议费同比下降25.11%和25.53%。强化勘探物资供应保障，进一步优化库存结构，库存规模比年初下降1 884万元，降幅27.11%。加强监督选拔、选派，重点井实行双监督制，勘探项目监督到位率100%，保障了勘探生产运行。管理信息化工作取得新进展，以管理和业务需求为导向，开发建设综合办公平台已正式上线试运行。

(侯玉梅)

【国内首块页岩气三维地震资料处理完成】 2014年4月18日，焦石坝地区页岩气三维地震勘探采集项目处理工作通过验收，该项目是全国首块页岩气三维地震勘探采集项目，由中国石化物探技术研究院承担，勘探分公司运用该项目成果，支撑了页岩气井焦页2井、3井、4井的随钻跟踪及水平井轨迹设计；进行了页岩气井位焦页5井、9井的井位论证，完成了页岩气三级储量的提交和下组合焦石1井井位部署。

(侯玉梅)

【首次开展东北新区二维地震资料采集】 2014年2月26日和3月4日，勘探分公司首次在东北新区部署的二维地震资料攻关采集工作完成，该项目分2个标段实施，即2014年松北地区宾县、东兴、绥化-铁力断陷二维地震攻关资料采集项目和2014年三江盆地浓江凹陷、敦化盆地二维地震攻关资料采集项目。中国石化石油工程地球物理有限公司胜利分公司和中南分公司承担施工任务，共完成331.53千米，2.78万炮。

(侯玉梅)

【西藏探区钻探旺1井】 2014年7月28日，由勘探分公司与国土资源部中国地质调查局油气资源调查中心合作部署的西藏伦坡拉盆地重点探井旺1井正式开钻，这是中国石化时隔15年后在西藏高原部署的首口探井。该井位于海拔4 700米的西藏那曲地区伦坡拉盆地，由中原钻井三公司承钻，设计井深2 506米，设计目的层牛堡组，设计完钻时间42天。旺1井钻遇良好油气显示，测井解释油层11.9米、差油层11米；牛堡组发育扇三角洲砂砾岩和湖相白云岩两套储层，牛堡组三段首次钻遇192米厚层深灰色页岩，生油条件好，表明伦坡拉盆地具有良好的成藏条件。

(侯玉梅)

西藏伦坡拉盆地重点探井旺1井正式开钻

【焦页1HF井被命名为功勋井】 2014年4月9日，重庆市政府命名涪陵页岩气田中国石化焦页1HF井为页岩气功勋井，以表彰中国石化焦页1HF井为页岩气大规模开发利用所做出的突出贡献。焦页1HF井具有产量高、质量好、气场稳定、开采技术高等特点，是国内第1口实现规模化、商业化开发的页岩气井，是中国页岩气勘探开发、装备技术在引进消化吸收基础上再创新、实现自主知识产权的重大突破。

（侯玉梅）

【郭旭升获 2 项国家级荣誉】 2014 年 1 月，勘探分公司总经理部郭旭升获第 13 次李四光地质科学奖野外地质工作者奖。10 月 16 日晚，首届中国杰出工程师颁奖典礼在中央电视台 1 号演播大厅举行。郭旭升获得首届中国杰出工程师称号，并参加颁奖典礼。

（侯玉梅）

【组织涪陵页岩气田勘探发现宣传】 2014 年 3 月 24 日，中国石化对外发布涪陵页岩气勘探开发取得重大突破的消息。随后，勘探分公司积极开展对外宣传，先后组织国内外主流媒体记者、中国石化社会监督员、大学生记者涪陵页岩气田采访和调研。中央电视台《新闻联播》《新闻直播间》《面对面》等栏目播发了涪陵页岩气田勘探发现的消息和专题报道。《人民日报》《光明日报》《经济日报》新华网等国内主流媒体和国内外重要经济媒体对涪陵页岩气田的勘探发现进行了报道。5 月 18 日，《人民日报》头版头条位置刊登题为《我首个大型页岩气田提前商业开发》的文章，并在二版头条配发通讯《抽出"棉被"里的新能源》，全面报道涪陵页岩气田勘探开发工作。《科技日报》科技网、国务院国资委网站、中国新闻网、商务部网站、新浪网、搜狐网、网易网、凤凰网、腾讯网、《重庆日报》等 100 多家国内媒体，以及《华尔街日报》等多家国外媒体也转载涪陵页岩气田勘探发现的消息。

（侯玉梅）

表 1 勘探分公司主要经济指标[①] 亿元

指标名称＼年份	2014	2013	2012	2011	2010	2009
资产总计	46.80	39.83	39.04	42.15	35.73	35.12
流动资产	45.61	38.72	37.96	41.06	34.84	34.21
固定资产原值	2.95	2.76	2.52	2.30	2.20	2.10
固定资产净值	0.98	0.94	0.86	0.76	0.71	0.78
销售收入	24.31	26.15	25.92	32.03	28.00	24.12
实现利税	0.41	0.80	0.94	0.88	0.73	0.50

①经济指标不含开发

表 2 勘探分公司主要生产建设指标[①]

指标名称＼年份	2014	2013	2012	2011	2010	2009
新增天然气探明地质储量/亿立方米	1 176.40	—	602.04	1 757.90	405.10	537.76
新增天然气控制地质储量/亿立方米	1 202.65	962.24	1 042.68	1 371.82	1 472.67	907.62
新增天然气预测地质储量/亿立方米	888.33	1 308.14	1 169.31	1 336.73	1 737.58	1 235.39
二维地震/千米	1 344.05	2 670.63	2 156.61	2 239.02	1 599.04	2 654.56
三维地震/平方千米	367.76	1 005.55	607.29	560.00	803.66	1 839.46
新开钻井/口	13	16	22	14	21	9
完井/口	8	31	10	27	11	16
钻井进尺/万米	5.40	8.23	8.68	9.69	11.60	6.05
勘探投资/亿元	24.21	25.62	25.83	31.69	27.82	22.94

①生产指标含前瞻、风险、非常规勘探

燕山石化

【概况】 燕山石化位于北京市房山区，是石化集团公司旗下特大型石油化工联合企业，其前身为1970年成立的北京石油化工总厂，曾更名为燕山石油化学总公司、中国石油化工总公司北京燕山石油化工公司、北京燕山石油化工集团有限公司。2014年，燕山石化包括中国石油化工股份公司北京燕山分公司(简称燕山分公司)和中国石化集团北京燕山石油化工有限公司(简称燕化有限公司)。北京东方石油化工有限公司(简称东方石化公司)为燕化有限公司全资子公司，保定石油化工厂(简称保定石化厂)由燕化有限公司作为二级单位管理。

截至2014年底，燕山石化共有在岗职工17 573人(含东方石化公司、保定石化厂)。公司本部拥有63套主要生产装置、68套辅助生产装置，原油加工能力超过1 350万吨/年，可生产94个品种431个牌号的石油化工产品，是国内第1家生产欧V标准清洁油品的千万吨级炼油基地；乙烯设计生产能力为71万吨/年，聚乙烯生产能力56万吨/年，聚丙烯生产能力40万吨/年，合成橡胶生产能力24万吨/年，苯酚丙酮生产能力24万吨/年，是中国最大的合成橡胶、合成树脂、苯酚丙酮和高品质成品油生产基地之一。东方石化公司可生产醋酸乙烯、丙烯酸及脂、丁辛醇等5个系列37个品种145个牌号产品。保定石化厂可年产20万吨道路沥青。

截至2014年底，燕山石化累计加工原油3.02亿吨，生产乙烯1 828万吨，实现销售收入10 488亿元，利税1 215亿元。

燕山石化主要技术经济指标和主要产品产量见表1和表2。

(吴明晓)

【领导班子调整】 2014年10月8日，燕山石化召开干部大会，宣布石化集团公司对领导班子调整决定：聘任焦阳为燕化有限公司董事会董事、燕山分公司副总经理，任中共北京燕山石油化工有限公司委员会常委；聘任丛煜为燕山分公司副总经理，任中共北京燕山石油化工有限公司委员会委员；由于年龄原因，华炜不再担任燕化有限公司董事会董事，燕山分公司副总经理、总工程师职务，免去其中共北京燕山石油化工有限公司委员会常委、委员职务，任调研员。

(吴明晓)

【积极承揽中天合创业务】 根据石化集团公司党组决定，燕山石化整体承揽国内最大煤化工项目——中天合创煤化工业务工作。2014年2月11日成立领导小组，统筹领导业务承揽工作；3月10日成立联合工作组，具体开展各项业务；8月12日首批承揽团队84人进驻中天合创甲醇部，开展集中培训；9月3日正式接收中天合创398名新职工进行岗位培训；9月24日完成承揽团队高级管理层组建工作，11月14日完成承揽团队中级管理层招聘工作，高、中级管理层干部相继于12月2日、12月16日进驻现场开展项目建设和生产准备工作。正在进行专业技术人员及技能操作人员招聘，各项工作进展有序。

(吴明晓)

【平稳开展绩效优化工作】 2014年，燕山石化平稳开展绩效优化工作，对全公司范围内业务流程和岗位设置进行梳理，分步开展全员岗位竞聘。1月，对部分机关领导干部和二级单位领导班子成员进行交流、调整；2月，完成机关业务流程梳理，重新设定岗位责任，开展机关部室科长岗位竞聘；3月，面向全体职工开展机关部室业务人员岗位竞聘；12月，完成主要生产厂业务流程梳理，开展管理人员和专业技术人员岗位竞聘。

(吴明晓)

【完成挥发性有机物泄漏检测与修复】 2014年，燕山石化分2轮完成挥发性有机物泄漏检测与修复(LDAR检测与修复)工作。3月31日，完成第1轮LDAR检测与修复工作，共检测设备管线与组件密封点543 364个，发现泄漏点2 951个，泄漏率0.54%；修复泄漏点2 398个，修复率81.26%。10月28日，完成第2轮LDAR检测与修复工作，共检测51套生产装置、4套公用工程辅助装置，以及所有泵、管线、储罐、呼吸阀等设备，发现泄漏点3 965个，泄漏率0.56%；修复泄漏点2 798个，修复率70.57%。通过检测与修复，大大减少装置的无组织排放，为进一步降低生产成本、提高装置安全运行水平奠定基础。

(吴明晓)

检测人员利用新仪器对炼油一厂四蒸馏装置区进行 LDAR 泄漏检测

【大力推进“碧水蓝天”项目】 2014 年，燕山石化启动第 2 轮“碧水蓝天”项目，在厂区异味治理、水体风险防范、燃煤锅炉烟气治理等方面进行专项治理，共计建设完成 34 个环保项目。全年 VOC 减排 8 183 吨，氮氧化物减排 3 000 吨以上，为全面完成北京市环保局“十二五”主要污染物减排总量要求和《2013—2017 年清洁行动计划》中主要污染物治理减排目标打下坚实基础。

（吴明晓）

【50 万吨/年 RLG 装置改建成功】 2014 年 4 月 18 日，燕山石化由原 100 万吨/年柴油加氢精致装置改建而成的 50 万吨/年 RLG 装置产出合格汽油，汽油收率 40%，标志装置改建成功。该项目是中国石化“十条龙”攻关项目，用以试验“LCO 加氢裂化生产高辛烷值汽油或芳烃”技术(RLG 技术)的可行性。工业试验初步结果表明，采用 RLG 技术可以生产超低硫高辛烷值汽油调和组分，对于提高炼油系统高附加值产品收率、增加经济效益具有重要意义。

（吴明晓）

【1 000 万吨/年炼油系统改造工程通过竣工验收】 燕山石化 1 000 万吨/年炼油系统改造工程项目是石化集团公司重点工程建设项目，于 2005 年 6 月开工建设，2007 年 6 月一次开车成功并稳定运行 7 年，2014 年 8 月 11 日通过竣工验收委员会验收。该项目的建成投产和稳定运行，符合北京市清洁油品质量升级的总体需求，对调整燕山石化产品结构、增强中国石化在华北地区的整体竞争力具有重要意义。

（吴明晓）

【9 万吨/年丁基橡胶装置开车成功】 2014 年 9 月 22 日，燕山石化 9 万吨/年丁基橡胶装置开车成功，产出合格产品。该装置建成投产后，燕山石化丁基橡胶生产能力提高至 13.5 万吨/年，对于优化橡胶产品结构、稳固顶级橡胶领域竞争力具有重要意义。

（吴明晓）

【完成东区动力锅炉改造一期工程】 2014 年 10 月 9 日，燕山石化东区锅炉改造一期工程 410 吨/时 CFB 锅炉投产并汽，11 月 21 日发电机组并网发电，标志着一期工程顺利完成。该系统采用先进燃煤技术，投产后用以代替东区部分燃煤锅炉，可有效降低热电成本，提高经济效益，满足环保要求，增强用汽、用电安全性。

（吴明晓）

【完成碳八抽提苯乙烯装置改造】 2014 年 10 月 13 日，燕山石化碳八抽提苯乙烯装置完成改造并实现一次开车成功。该项目是燕山石化芳烃资源整合重点项目之一，利用制苯装置的碳八、碳九馏分和氢气为原料生产高纯度苯乙烯单体，同时副产 5.4 万吨/年碳八抽余油和 11.8 万吨/年碳九馏分，对于培育企业效益增长点、延伸加工产业链、带动下游石化产品深加工具有重要意义。

（吴明晓）

【稀土顺丁橡胶项目顺利“出龙”】 燕山石化稀土顺丁橡胶项目是中国石化“十条龙”科技攻关项目，装置于 2012 年 10 月建成投产。经过 2 年多的调整优化，解决稳定生产和产品质量两大难题，催化剂配置成功率由 70% 提升至 100%，产品合格率达到 98% 以上。2014 年 12 月 10 日，项目通过石化集团公司“十条龙”科技攻关领导小组审批，标志着中国石化开发出具有自主知识产权的稀土顺丁橡胶生产技术，对下一步扩大工业生产、替代进口产品具有积极意义。

（吴明晓）

【“多功能电机检修车”获授权国家专利】 2014 年，由燕山石化运行保障中心电气六部职工自主研发设计的“多功能电机检修车”顺利通过国家知识产权局审定，获授权国家实用新型发明专利。此项发明成功解决大容量电机拆卸困难的问题，实现自动拆卸，可有效减轻电机检修人员劳动强度，提高检修效率。

（吴明晓）

使用多功能检修车拆卸电机转子

【积极拓展营销渠道】 2014 年，燕山石化积极拓展原油来料加工营销渠道，先后打通航煤以出顶进、石蜡出口、汽油出口等来料加工与销售流程，不但节约大量原油采购款，而且能直接体现出口产品价格优势，最大程度地增创效益。全年原油来料加工共计进厂原油 73.55 万吨，出口航煤 18.99 万吨、汽油 6 511 吨、石蜡 1.59 万吨，整体创效 1.13 亿元。

（吴明晓）

【加强企地联合应急演练】 2014 年，燕山石化深刻吸取“11·22”事故教训，密切联系政府组织开展应急演练，先后与北京市政府、房山区政府组织举办危险化学品长输管线安全事故综合演练、“平安使命——2014”反恐防暴综合实兵演练、“京盾——2014”人民防空袭演练等企地联合演练项目，有效地提升企地之间的应急联动，增强应对和防范突发事件的应急救援能力。

（吴明晓）

【持续开展“公众开放日”活动】 2014 年，燕山石化持续开展“公众开放日”，活动，从 3 月 28 日起，将每周五定为“公众开放日”，先后邀请和接待北京市各大高校及中小学师生、新闻媒体及广播电台听众、公司老一辈建设者等，以及网上自主报名的参观者到公司实地参观，宣传燕山石化的发展历史和中国石化在科技创新、绿色环保、清洁生产等领域取得的突出成绩。全年共计开展活动 25 期，接待来访宾客 1 300 余人。

（吴明晓）

【丰富一线职工倒班生活】 2014 年，燕山石化继续丰富职工倒班生活，减轻一线职工工作压力。制定并推出“我们的频道”专题电视栏目，利用白班、夜班休息时间在中控室屏幕播放，帮助倒班职工及时了解上级决策、经营动态、安全技能等实用信息。组织开展首届职工趣味运动会和第 43 届职工冬季长跑比赛，注重参赛的广泛性、趣味性和协作性，进一步丰富一线职工业余生活。

（吴明晓）

【开展“一转双创三提高”主题实践活动】 2014 年，燕山石化深化石化集团公司“一转双创”主题活动，开展“一转双创三提高”主题实践活动，将落脚点放在提高领导干部引领力、员工队伍战斗力和企业凝聚力上，以主题活动统领党群、人力、行政后勤、离退休等各项工作，推进党建系统化管理。注重加强顶层设计，进一步突出结果导向，将调研出的十大问题作为党建工作重点，制定 40 项提升措施，坚持重点突破、亮点先行，不断推进“一部一亮点”“一厂一亮点”，促进主题实践活动与生产经营等中心工作深度融合。

（武　艳）

【党建工作】 2014 年，燕山石化结合贯彻石化集团公司直属单位党委工作规则、基层党支部工作细则、企业文化建设实施纲要等文件要求，重点从制度、机制入手，突出“两个工作规则”“两个议事规则”、党风廉政建设“两个责任”的落实，制定修订 47 项党建制度，升级党建网，修订党建考核办法，初步建立一套完备规范、运行有效的党建工作体系。做实传统活动载体，规范“党员责任区”，落实“党员包机制”，把党员责任区打造成榜样示范区。出台《燕山石化处置不合格党员办法》，推进党员精兵工程，探索党员量化考核，开展“党员亮身份、公开践承诺”活动，不断强化党员意识，发挥党员先锋模范作用。

（武　艳）

【队伍建设】 加强思想建设，突出中心组学习实效，梳理完善领导干部 1 + X 文件，制定《领导干部日常管理考核办法》，与所有厂处级干部签订《年度绩效和个人提升计划承诺书》，按照绩效承诺完成情况进行考核排队。加大干部培训力度，年初以提高责任心和执行力为重点，分 4 期对全体处级干部进行集中脱产轮训；下半年结合公司战略目标和领导干部思想中存在的薄弱环节，以提升能力素质为重点，分时段进行第 2 轮干部整训。注重典型精神的挖掘，总结提炼出燕山石化劳模精神的 4 条核心内涵，明确党委、党支部、党员 3 个层面的先进标准。开展“劳模事迹报告会”“最美一线青工巡讲”，做好各单位、各层面身边榜样、星级员工的选树。

（武　艳）

表 1　　燕山石化主要技术经济指标　　亿元

指标名称＼年份	2014	2013	2012	2011	2010	2009
原油加工量/万吨	1 033.31	870.03	1 060.37	1 084.88	1 099.53	1 079.06
工业总产值	726.90	654.98	816.23	859.34	763.16	588.18
燕山分公司	677.57	602.10	743.39	762.41	682.02	545.59
燕化有限公司	49.33	52.88	72.84	96.93	81.13	42.59
工业增加值	133.81	86.00	126.00	144.23	188.34	153.64
燕山分公司	124.93	80.91	115.45	122.28	169.85	145.52
燕化有限公司	8.88	5.09	10.55	21.95	18.49	8.12
资产总计	297.69	320.59	323.72	296.61	290.70	298.08
燕山分公司	187.61	213.04	219.28	192.14	194.15	200.84
燕化有限公司	110.08	107.55	104.44	104.47	96.55	97.24
营业收入	779.70	709.89	861.75	891.58	803.84	612.11
燕山分公司	715.11	643.52	773.57	781.56	708.55	555.35
燕化有限公司	64.59	66.37	88.18	110.02	95.29	56.76
实现利税	100.95	43.44	81.92	113.59	172.37	140.59
燕山分公司	106.05	53.25	89.39	96.42	168.89	151.51
燕化有限公司	-5.10	-9.81	-7.47	17.17	3.48	-10.92
实现利润	0.47	-31.41	-10.79	3.47	46.62	30.01
燕山分公司	6.93	-20.59	-1.48	-9.24	46.07	42.50
燕化有限公司	-6.46	-10.82	-9.31	12.71	0.55	-12.49

表 2　　燕山石化主要产品产量　　万吨

产品名称＼年份	2014	2013	2012	2011	2010	2009
燕山分公司						
汽　油	218.84	223.87	255.22	245.34	247.69	242.12
航　煤	152.31	99.38	132.92	126.35	116.10	111.61
柴　油	218.84	194.70	274.45	309.29	314.54	314.79
润滑油基础油	16.74	18.59	24.57	26.59	26.52	15.67
商品燃料油	4.69	16.94	18.44	21.28	33.60	27.52

续表

产品名称 \ 年份	2014	2013	2012	2011	2010	2009
裂解料	235.28	200.52	212.37	214.39	234.40	233.59
商品液化气	16.98	12.96	12.88	12.99	11.98	9.82
石　蜡	10.64	6.51	9.60	9.29	9.16	6.33
纯　苯	0.90	0	2.06	2.25	2.31	1.82
乙　烯	77.63	72.30	75.06	75.31	84.16	84.13
丙　烯	37.34	35.00	37.28	35.71	39.41	39.85
丁二烯	11.64	10.99	11.65	10.56	12.37	12.79
间二甲苯	5.18	4.95	4.91	5.59	3.79	3.43
苯乙烯	3.74	3.10	0.05	6.40	7.93	8.55
乙二醇	5.97	3.71	5.91	4.68	6.34	6.37
苯　酚	18.91	17.66	20.45	19.36	20.29	18.69
丙　酮	11.51	10.79	12.58	11.93	12.58	11.71
低密度聚乙烯	28.19	31.94	29.56	29.44	39.51	43.43
高密度聚乙烯	17.32	15.55	18.03	18.13	20.73	19.25
聚苯乙烯	0	0	0	4.32	5.17	5.58
顺丁橡胶	13.22	13.35	14.46	13.30	14.70	14.36
SBS	1.50	2.43	2.06	4.87	9.22	9.09
丁基橡胶	2.17	2.98	2.93	3.65	3.56	4.03
间苯二甲酸	4.70	4.61	4.50	3.99	2.05	2.50
1－已烯	2.00	2.25	1.51	1.84	2.02	1.12
塑料制品	97.41	89.97	93.75	97.61	110.70	113.95
燕化有限公司						
发电量/万千瓦·时	43 637.00	38 219.00	50 987.00	49 574.00	54 467.00	52 923.00
乙　烯	0	0	8.95	14.32	13.03	0
低压聚乙烯	0	0	1.71	2.46	2.51	2.22
EVA	4.37	4.22	4.20	3.97	4.40	0

齐鲁石化

【概况】 中国石油化工股份有限公司齐鲁分公司(简称齐鲁分公司)和中国石化集团资产经营管理有限公司齐鲁石化分公司(简称齐鲁石化分公司)统称齐鲁石化，是石化集团公司直属的拥有石油化工、盐化工、煤化工、天然气化工等加工工艺最为齐全的炼化企业，位于山东省淄博市临淄区南部。其前身胜利炼油厂始建于1966年4月，1983年7月划归中国石油化工总公司。

截至2014年底，齐鲁石化拥有大型石油化工生产装置112套，炼油综合加工能力1 050万吨/年，乙烯产能80万吨/年，化工产品年生产能力为合成树脂110万吨、烧碱45万吨、橡胶40万吨、苯类产品45万吨、醇类产品43.5万吨、腈纶6.5万吨、尿素48万吨，其中丁辛醇、丁苯橡胶、聚氯乙烯（乙烯法）产能位居国内前列，热电装机容量50万千瓦。主要生产汽油、航煤、柴油、沥青、聚乙烯、聚丙烯、聚氯乙烯、合成橡胶、合成纤维、丁辛醇、烧碱、苯类等120余种石油化工产品，其中烧碱、聚氯乙烯产品被评为中国名牌。齐鲁石化设有直属单位24个，机关部门18个，直属机构8个，部门挂靠机构5个，驻外机构3个。用工总量24 372人，其中正式员工23 633人，劳务用工739人。共有专业技术人员5 860人，其中具有高级职称的1 523人、中级职称的2 468人。

齐鲁石化主要技术经济指标和主要产品产量见表1和表2。

（王方栋　曹钰梅）

【获全国安全生产月活动先进单位称号】 2014年，齐鲁石化吸取青岛"11·22"事故教训，加大隐患治理力度，完成轻质油罐、污油罐专项治理，并就油气管道占压等隐患向地方政府和中国石化报备。全面开展剧毒危化品清查，强化全生命周期管理。组织对生活饮用水进行普查和问题整改，确保职工家属饮用水安全。齐鲁石化获全国安全生产月活动先进单位、中国石化安全生产先进单位和石油化学行业责任关怀最佳实践单位称号。

（曹钰梅）

【优化挖潜成效显著】 2014年，齐鲁石化持续滚动推进242个优化项目，全年累计增效11.16亿元。炼油方面，大力增产高附加值油品，开发生产出高闪点航煤、98#国Ⅳ汽油和国Ⅳ车用柴油新牌号油品，同比增产高标号汽油4万吨、航煤19万吨；柴汽比降至2.08，同比降低0.28。化工方面，加大乙烯原料结构调整力度，降低乙烯原料成本，轻烃投入比例16.03%，同比提高2.26个百分点；及时测算产品边际贡献，灵活调整乙烯下游装置生产负荷，增产效益较好的产品，对没有边际贡献的产品阶段性减产或停产，增效2.32亿元；氯碱8套装置实行"停5开3"，实现产品边际贡献由负转正；加大新产品开发和市场推广，生产新产品16.85万吨。调结构提质量，对氯碱厂20万吨/年隔膜碱等3套装置实施报废，关停烯烃厂苯酐装置和腈纶厂小空分装置，消除效益亏损点。

（曹钰梅）

【资源优化增效】 2014年，齐鲁石化提高资源使用效率，深度开展氢气优化，在停用一制氢装置的基础上，最大限度发挥煤气化装置制氢潜力，全年增产氢气1.31万吨，增效3 000万元。加大燃料优化力度，优化使用瓦斯、天然气和乙烯焦油等低价燃料，同比减少高价液化气使用量1.2万吨。搞好蒸汽优化平衡，按照产汽成本及时优化调整各动力站负荷，最大量使用热电厂低成本蒸汽和电，同比多供蒸汽36万吨，多发电2.87亿千瓦·时，全年实现网购电为零。

（曹钰梅）

【丙烯腈项目实现一次开车成功】 山东科鲁尔化学有限公司13万吨/年合资丙烯腈项目于2014年10月10日建成中交，11月30日产出合格产品，实现一次开车成功。该项目刷新国内同类装置4项纪录：建设速度最快、投产与中交间隔时间最短、投资最省、设备国产化率最高，走出一条国有企业与民营企业合资合作发展混合所有制企业的新路。

（曹钰梅）

【热电厂燃煤锅炉脱硫升级及脱硝改造完成】 齐鲁石化热电厂燃煤锅炉脱硫升级及脱硝技术改造项目于2013年8月20日批复可行性研究报告，2014年12月10日批复基础设计，总投资5.66亿元。主要改造内容为热电厂5#—8#锅炉烟气脱硫装置改造、1#—8#锅炉烟气脱硝装置改造及配套公用工程改造。其中脱硝装置于2013年12月20日开工，2014年6月30日，1#—4#炉脱硝改造完成；9月12日，7#、8#炉脱硝改造完成；12月13日，5#、6#炉脱硝改造完成。至此，8台锅炉脱硝装置改造全部完成。

（曹钰梅）

【蜡油加氢和航煤加氢装置建成中交】 齐鲁分公司加工高硫高酸原油适应性改造260万吨/年蜡油加氢、60万吨/年航煤加氢联合装置是中国石化重点工程，主要包括主管廊机泵区、炉反区、原料油及贫胺液泵区、循环氢脱硫及放空罐区、塔及分馏构架区、压缩机区、地下管网区、航煤精制区、现场机柜室、高低压配电间、PSA区等，总投资8.11亿元。2011年11月13日获可研批复，2013年8月21日土建动工，2014 年 11 月 28 日项目实现中交。

（曹钰梅）

260 万吨/年蜡油加氢装置实现中交 （韩建华 摄）

【催化裂化装置烟气治理项目建成投产】 齐鲁石化炼油厂催化裂化装置烟气治理项目是国家环保部考核中国石化“碧水蓝天”重点减排项目，主要由余热锅炉改造、脱硫系统、脱硝系统、废水处理系统（PTU）及配套改造 5 个部分组成，总投资 1.5 亿元。2013 年 11 月 11 日，石化集团公司批复可研报告；2014 年 5 月 20 日开工建设，9 月 11 日批复基础设计，12 月 10 日工程实现中交。12 月 26 日，项目投料试车一次成功，实现烟气达标排放。该项目从土建开工到中交 160 天，创国内同类装置建设工期最短纪录。

（曹钰梅）

催化裂化装置丙烯塔吊装封顶 （王 杰 摄）

【推进“碧水蓝天”工程】 2014 年，齐鲁石化大力推进“碧水蓝天”工程，热电 13 台燃煤锅炉脱硝改造全部建成投用，热电 1#—4# 锅炉脱硫改造、炼油第二催化裂化装置脱硫脱硝改造完成，乙烯污水回用项目投产，排放达到环保新标准。加强环保设施运行管理，外排污水、锅炉烟气实现达标排放，乙烯污水处理场连续达标运行 1 500 天；推行“减排天天算”，COD、氨氮、二氧化硫和氮氧化物全面完成总量减排指标，减排幅度名列中国石化第四。深化工厂异味排查治理，全年治理异味问题 210 项，进一步改善生产和生活环境。

（曹钰梅）

【走出齐鲁承揽业务】 2014 年，齐鲁石化员工走出去开展业务承揽，承揽并完成中国石化香港海南油库运行维护任务；1 月 7 日，齐鲁石化与石家庄炼化签订《重油加氢装置业务承揽（代运行）协议》。石家庄炼化重油加氢装置是中国石化在系统内开展业务承揽的第 1 套炼化主要生产装置，至年底，石家庄炼化重油加氢装置实现一次开车成功，打响齐鲁石化品牌；先后承揽中国石化青岛 LNG 轻烃分离项目、中天合创煤气化和硫黄回收项目、东营财务共享中心业务，436 名优秀员工实现“走出去”。与新疆能化签订业务承揽框架协议，为更大规模走出去奠定基础。

（曹钰梅）

揽海南油库工作人员返回齐鲁石化 （李建强 摄）

【从严管理增效益】 2014 年，齐鲁石化狠抓生产装置运行管理，深化创“完好装置”和“完好变电所”活动，提高装置长周期运行水平，煤气化装置连续运行 538 天，高密度聚乙烯装置连续运行超过 400 天，创历史纪录。开展丁辛醇、橡胶、塑料和乙烯等装置对标分析，27 项技术经济指标创出历史最好水平，增效 9 314 万元。全面推行“双联机制”，通过“采用联合”，把握好原辅料和化工“三剂”采、用、存节奏，实现煤炭降本 1.9 亿元，化工“三剂”降本 3 596 万元；开展产销联动，把握产、销、存节奏，聚氯乙烯产品实现自销，自销产品稳价推价增效 4 019 万元；缩小集中销售产品买断和市场价差，增效 1.05 亿元。

（曹钰梅）

【推进专业化重组和机构精简】 2014 年，齐鲁石化实施并完成化验分析、档案情报、治安保卫、职工培训、机电仪、财务、信息网络和文体设施 8 个专业化重组，涉及 5 500 人，形成大热电、大水务、大储运、大化验、大维保、大信息的管理格局；财务由两级管理、两级核算变为一级管理、一级核算，完成专业化、扁平化和走出去立体式改革。专业化重组优势逐步显现，全年热电优化增效 1 亿元，水务统一水处理剂、节能增效 5 155 万元；储运盘活自备槽车 100 台，节约租赁费 620 万元；开通湖田站每年节约运费 670 多万元，环卫绿化压减费用 293 万元，化验分析内部优化 98 人。推进机关机构优化调整，首批将 13 个处级机构(单位)优化调整为 5 个，精简率 61.5%；内设科室减少 36 个，精简率 45%，组织机构更加精简、高效。

(曹钰梅)

【精打细算压减费用】 2014 年，齐鲁石化加大外委转自干力度，全年节省费用 2 249 万元；推行“零基预算”，细化费用分析和审批，全年减少修理费支出 1.2 亿元；报刊杂志订阅费用同比降低 23.28%，办公用品实行统一管理和采购，费用同比降低 22.6%。对 128 台通勤车辆实施“黄改绿”，节约更新费用 6 350 万元。落实中央“八项规定”，节约业务招待费、车辆使用费和出国人员经费等 6 项重点可控费用 912 万元，同比降低 21.8%。拓宽融资渠道，统筹优化资金使用，降低财务费用 7 413 万元；全年清收历史欠款 2 298 万元。加强外供能源管理，减少周边村居无偿供能费用 332 万元。

(曹钰梅)

【老旧社区改造 3 项目完成】 齐鲁石化老旧社区综合治理改造项目总投资 3.4 亿元，石化集团公司于 2014 年 3 月 11 日批复象山、虎山、蜂山、汞山、雪宫、遄台、石槐社区综合治理项目可行性研究报告，主要对社区排水管线、供暖管线、变配电设施、道路和停车位、外墙和楼梯间、挡土墙及围墙等进行改造。5 月项目获基础设计批复；7 月 10 日，老旧社区综合治理项目开始施工。截至年底，首批蜂山(汞山)、虎山、象山 3 个社区改造完成，职工居住环境进一步改善。

(曹钰梅)

【移交企业办社会职能】 2014 年，齐鲁石化稳步推进企业办社会职能退出、移交工作。5 月 5 日，齐鲁石化将运营多年的 3 条公交线路营运权整体移交山东省淄博市公交公司，标志着由企业经营的公共交通正式退出历史舞台；部分社区道路签订移交协议。在提高服务水平的同时，每年减少成本费用 500 万元。山东化工职业学院学历教育移交达成初步意向，为进一步精干主业奠定坚实基础。

(曹钰梅)

表 1　　齐鲁石化主要技术经济指标　　亿元

指标名称 \ 年份	2014	2013	2012	2011	2010	2009
原油加工量/万吨	1 034.29	1 011.93	1 027.64	1 072.36	1 049.05	1 006.14
工业总产值	693.55	688.06	768.42	814.65	660.35	494.00
工业增加值	123.08	128.66	127.15	151.17	158.01	137.13
资产总计	219.43	219.31	213.54	208.47	231.29	222.60
流动资产	50.76	71.86	65.07	51.89	66.45	40.54
固定资产原值	391.29	399.89	394.52	397.72	401.22	384.83
固定资产净值	142.59	140.85	142.15	156.91	151.45	162.11
销售收入	698.44	709.72	780.62	828.25	684.35	518.40
实现利税	67.88	74.07	72.40	103.57	99.55	97.62
税　金	86.78	86.93	87.74	95.56	94.80	87.27

表2　　**齐鲁石化主要产品产量**　　万吨

产品名称＼年份	2014	2013	2012	2011	2010	2009
汽　油	162.15	151.08	149.95	145.41	132.23	129.89
柴　油	337.40	356.68	378.34	410.47	394.14	386.69
煤　油	72.59	53.78	48.10	41.95	35.99	31.45
液化气	24.56	22.87	23.54	23.58	34.00	34.87
沥　青	67.79	66.57	62.41	61.85	41.35	36.59
合成橡胶	36.77	36.01	40.59	40.36	34.63	24.89
烧　碱	16.75	23.90	45.42	45.93	48.76	41.49
乙　烯	80.07	72.30	80.07	85.17	85.57	76.01
聚乙烯	62.44	47.27	42.34	46.79	47.79	43.32
聚氯乙烯	22.41	30.83	57.78	58.93	59.63	51.37
苯乙烯	20.33	19.85	20.02	21.52	21.00	19.64
丙烯腈	10.99	10.65	10.27	6.35	4.43	4.26
腈纶纤维	3.65	5.51	5.97	5.92	6.52	6.53
丁　醇	5.21	5.14	6.26	5.74	5.79	5.42
辛　醇	26.64	23.09	27.29	26.33	25.92	22.50
纯　苯	20.10	19.58	22.08	24.17	24.41	18.61
对二甲苯	8.24	8.33	9.71	9.16	3.90	4.72
邻二甲苯	4.05	4.19	4.49	3.70	5.30	3.70
苯　酐	1.79	2.27	3.61	3.00	3.43	3.33
甲基叔丁基醚	6.13	4.66	5.11	5.06	5.36	5.02
1－丁烯	2.18	1.88	1.86	1.70	1.76	1.83
发电/亿千瓦·时	37.48	37.22	45.40	45.99	44.97	39.38

茂名石化

【概况】 中国石化集团茂名石油化工公司、中国石化集团资产经营管理有限公司茂名石化分公司（简称茂名石化分公司）、中国石油化工股份有限公司茂名分公司（简称茂名分公司）统称茂名石化，位于广东省茂名市，东毗阳江，西临湛江，北连云浮和广西壮族自治区，南临南海，东北距广州362千米，西南距湛江121千米。茂名石化占地面积1 617万平方米，创建于1955年5月，是国有特大型综合石化企业，1983年整体进入中国石油化工总公司。

茂名石化拥有70多套主要炼油、化工生产装置，1座动力厂，还有港口码头、铁路运输以及完善的管道、原油和成品油储存、海上原油接卸等储运设施。原油一次加工能力2 350万吨/年，乙烯生产能力100万吨/年。主要生产汽油、煤油、柴油、润滑油、溶剂油、石脑油、沥青、乙烯、甲苯、聚丙烯、乙二醇、苯乙烯、丁苯橡胶、SBS 等 30 多类石油化工产品。

截至 2014 年底，茂名石化共设 33 个中层机构单位，其中机关部室 17 个、直属基层 16 个；另有合资合作单位 7 个。职工总数 9 657 人，其中正高级职称 22 人、副高级职称 524 人、中级职称 1 389 人。固定资产原值 423 亿元。

茂名石化主要技术经济指标和主要产品产量见表 1 和表 2。

（韩泉梅）

【效益居石化集团公司同规模炼化企业第一】 2014 年，茂名石化以安全环保隐患全面治理、全面深化改革、管理全面提升为主题，深入开展"从严管理年""争做最负责任员工"等活动，全面深化安全环保隐患治理，全年避免重大事故 7 起，实现重大事故"三个为零"；积极推进内部改革，整合热电板块，成立热电分部，主要生产车间全面实行"四班两倒"；深入挖潜增效、降本减费，全面提升企业管理水平和竞争力。全年加工原油 1 930.01 万吨，生产乙烯 114.12 万吨，实现销售收入 1 269 亿元，上缴税金 277 亿元，利润 16.30 亿元，效益居石化集团公司炼化一体化企业第二、同规模企业第一。

（韩泉梅）

【乙烯产量创历史新高】 2014 年，茂名石化以做大乙烯产量为突破口，通过充分利用 2# 裂解乙烷炉的富余能力进行丙烷共裂、科学优化炉子检修安排和炉子原料投料类别，全年生产乙烯 114.12 万吨，平均日产达到 3 126 吨，同比上年增加 42 吨，乙烯产量创历史最好水平。

（韩泉梅）

【新产品开发】 2014 年，茂名石化实施"差异化"战略，全年分别生产合成树脂新产品 15.29 万吨、专用料 71.66 万吨，分别完成总部年度计划的 124.31% 和 119.63%，新产品及专用料共增效 5 408 万元。全年共开发生产 10 个新产品，其中"十条龙"攻关项目高透明抗冲聚丙烯 PPB－M25－S、PPB－MT08－S 产品研发已通过总部认证；线性聚乙烯新开发的改性高熔指色母料 DFDA－7150/8250 产品价格比通用料高 500 元/吨以上；高密度汽车油箱料 HXB4505M 首次进入跨国企业（德国考泰斯）供应链。2 月 28 日，茂名石化全密度装置成功生产高开口线性聚乙烯薄膜专用料 7042k，该产品在保持薄膜原透明度的基础上，具有易开口等特点，广泛应用于各种食品、医药、电子产品的包装薄膜等领域。3 月 14 日，茂名石化 2# 聚丙烯装置成功生产低温蒸煮膜聚丙烯专用料 PPR－F06－S。该产品属于蒸煮型聚丙烯流延膜，能承受 120℃和 15 兆帕压力的蒸煮杀菌，可保持内部食品的形状、风味不变，且薄膜不会开裂、剥离或黏结，并具有优良的尺寸稳定性，常与尼龙薄膜或聚酯薄膜复合，多用于包装含汤汁类食品以及肉丸、饺子等食品或食前加工冷冻食品。

（韩泉梅）

【汽煤柴产量创历史新高】 2014 年，茂名石化通过强化炼油生产全过程严格管理，优化生产方案，落实优化措施，汽煤柴产量提升到一个新台阶，汽煤柴产量全年完成 1 140.43 万吨，比上年多产 186.11 万吨，创历史新高。

（韩泉梅）

国内单套能力最大的煤制氢装置建成投产（关　平　摄）

【煤制氢装置建成投产】 2014 年 1 月 23 日，茂名石化 20 万米^3（标准）/时煤制氢装置投产成功，至此，茂名石化油品质量升级改造工程全面建成投用。该装置是茂名石化油品质量升级改造工程的重要配套项目，主要包括水煤浆气化装置、合成气净化装置以及配套设施，以煤、炼厂副产的高硫石油焦和纯氧为主要原料，每小时可生产 20 万标准立方米、纯度为 97.5% 以上、4.8 兆帕的工业氢气。装置投用后，可满足茂名石化汽柴油质量从国Ⅳ升级至国Ⅴ的用氢需求及缓解炼油扩能后氢气资源不足的压力。该装置设备材料国产化率达 99%，高 98 米的吸收塔是国内同类装置最大的设备，低温甲醇洗吸收塔塔体材料首次实现国产化。

（韩泉梅）

20万吨/年聚丙烯装置建成投产 （张 琼 摄）

【20万吨/年聚丙烯装置建成投产】 2014年8月28日，茂名石化20万吨/年3#聚丙烯装置建成投产。该项目基础设计批复投资8.66亿元，装置建成投产后，茂名石化聚丙烯装置总设计产能提高到67万吨/年，优化产能可达80万吨/年，跃居华南地区之首。

（韩泉梅）

【10万吨/年MTBE装置建成投产】 2014年10月1日，茂名石化化工10万吨/年MTBE装置建成投产。该装置是茂名石化调优装置结构重点项目，总投资8 131万元，采用中国石化自主开发的筒式外循环加催化精馏技术，由MTBE生产、碳四脱烃2个单元组成。产品MTBE可用于调和国Ⅳ高标号汽油；产品醚后碳四可为异壬醇装置提供原料。

（韩泉梅）

【300万吨/年柴油加氢装置建成中交】 2014年9月30日，茂名石化300万吨/年柴油加氢装置建成中交。该装置总投资6.49亿元，于2013年9月10日开工建设，是茂名石化柴油质量升级改造最主要的二次加工装置，建成投产后，茂名石化柴油产品达到国Ⅳ标准。

（韩泉梅）

【2#催化烟气脱硫脱硝装置成功投用】 2014年12月30日，茂名石化炼油2#催化裂化烟气脱硫脱硝装置开车成功，这是茂名石化第2套投入使用的催化烟气脱硫脱硝装置。装置总投资1.2亿元，投产后每年减排二氧化硫910吨、氮氧化物350吨、烟尘150吨，有效地改善区域生态环境。

（韩泉梅）

【油品质量升级工程获优质工程奖】 茂名石化油品质量升级改造工程投资概算44亿元，于2011年1月19日开工建设，2012年10月30日建成中交，2012年11月—2013年2月先后打通全流程，实现安全、环保、经济一次开车成功，并实现满负荷运行。2014年，该工程获2013年度中国石化优质工程奖。

（韩泉梅）

【首次加工10种新原油】 2014年，茂名石化首次加工包括奥瑞特含硫中间基重质原油、越南鲁比原油低硫中间—石蜡基中质原油、俄罗斯埃斯坡低硫低酸中间基中质原油、玻利维亚低硫凝析油等10种新原油，加工原油品种达到50个国家共144种。

（韩泉梅）

【国内首套异壬醇装置开工建设】 2014年1月24日，国内首套异壬醇生产装置在茂名高新技术产业开发区开工建设。该装置隶属于中国石化与德国巴斯夫双方以50∶50比例建立的合资企业——茂名石化巴斯夫有限公司，是国内首次引进巴斯夫异壬醇专利技术建设的装置。

（韩泉梅）

【国内首台国产丁二烯螺杆压缩机通过总部验收】 2014年5月27日，茂名石化与中国船舶重工集团公司第七一一研究所共同科研开发的“茂名石化2#丁二烯装置丁二烯螺杆压缩机国产化研究项目”通过总部验收，该项目填补了国内同类装置压缩机国产化的空白，结束了丁二烯螺杆压缩机组一直依靠进口的历史。该压缩机正式投用后，每年可多生产丁二烯产品3.2万吨，年增效3 120万元；机组的关键备件为国内制造，价格为进口备件的40%，可大幅减少备件采购资金，经济效益显著。

（韩泉梅）

【100万吨/年乙烯改扩建工程通过总部竣工验收】 该工程于2004年12月15日开工建设，2006年9月16日投料生产，工程建成投产后，茂名石化乙烯生产能力从原来的36万吨/年增加到100万吨/年，成为国内首座百万吨乙烯生产基地。该项目建设创造了国内大乙烯建设史上建设工期最短、国产化率最

高、投资成本最低等一系列新纪录，其重要设备大量使用国产设备，国产化率达到 87.8%，其心脏设备裂解气压缩机是国产化规模最大的乙烯压缩机组。2014 年 11 月 5 日，茂名石化 100 万吨/年乙烯改扩建工程通过总部竣工验收。

（韩泉梅）

【全密度装置再次刷新国内同类装置运行周期最好水平】 截至 2014 年 12 月 31 日，茂名石化全密度装置连续运行 482 天，再次刷新装置自身创造的 460 天的国内同类装置运行周期最好水平。

（韩泉梅）

【生产主体装置全部实现“四班两倒”】 2014 年 11 月 1 日，茂名石化炼油分部、化工分部、动力厂和水务运行部 4 个单位的生产主体装置全部实现由“五班三倒”向“四班两倒”的转变，共涵盖 26 个车间 78 套装置，参与员工 2 680 人，正副班长人数比原来减少 14.1%。

（韩泉梅）

【首次发布社会责任报告】 2014 年 7 月 25 日，茂名石化在公司官方网站、官方微博、官方微信，以及金羊网、名升网、《茂名日报》等正式发布《茂名石化 2013 年社会责任报告》。这是公司首次对外发布社会责任报告。

（韩泉梅）

【全面开展“争做最负责任员工”活动】 2014 年，茂名石化全面开展“争做最负责任员工”活动，引导员工牢固树立“履责光荣，失职可耻”“责任至上”“责任心有多强，舞台就有多大”等理念，立足岗位，忠实履责。各单位深入开展“争做最负责任员工”理念宣贯，评选表彰“最负责任员工”，召开“最负责任员工”故事会，形成人人尽职尽责，不断提升管理水平，把从严管理、精细管理落实到具体工作中的新局面。

（韩泉梅）

【获中华慈善突出贡献奖】 2014 年 9 月，中华慈善总会颁发第 2 届中国慈善突出贡献奖，表彰对中国慈善事业做出突出贡献的先进典型。茂名石化获中华慈善突出贡献奖，是中国石化系统唯一获奖的单位。

（韩泉梅）

表 1　　茂名石化主要技术经济指标　　亿元

指标名称 \ 年份	2014	2013	2012	2011	2010	2009
原料油加工量/万吨						
茂名分公司	1 930.01	1 630.14	1 436.60	1 450.00	1 386.03	1 298.04
工业总产值						
茂名分公司	1 072.99	980.38	929.46	952.88	772.89	620.18
茂名石化分公司	13.46	13.23	13.29	13.76	11.83	10.92
工业增加值						
茂名分公司	210.91	195.41	154.51	181.87	194.07	188.44
茂名石化分公司	5.33	5.33	5.48	4.98	2.53	4.00
资产总计						
茂名分公司	267.38	298.63	247.29	220.64	200.87	197.27
茂名石化分公司	46.55	44.33	45.99	48.42	53.70	55.10
流动资产						
茂名分公司	91.03	127.89	95.10	103.48	79.58	65.86
茂名石化分公司	13.69	14.01	14.68	15.07	14.21	14.65

续表

年份 指标名称	2014	2013	2012	2011	2010	2009
固定资产原值						
茂名分公司	353.34	316.41	274.02	277.40	276.90	275.87
茂名石化分公司	69.28	67.33	67.13	67.31	68.43	68.98
固定资产净值						
茂名分公司	142.17	119.92	87.69	98.88	108.96	120.70
茂名石化分公司	29.06	28.60	29.38	25.76	34.43	30.79
销售收入						
茂名分公司①	1 052.19	974.44	917.97	936.48	757.36	623.39
茂名石化分公司	27.36	28.87	27.37	27.24	24.98	23.74
实现利税						
茂名分公司②	292.01	274.59	242.36	246.76	238.58	236.97
茂名石化分公司	4.96	4.74	3.66	3.36	3.20	2.37
税　金						
茂名分公司②	277.51	259.75	239.07	229.16	193.94	176.23
茂名石化分公司	2.84	2.91	2.28	2.26	1.79	1.77
万元产值综合能耗/吨标煤						
茂名分公司	0.58	0.60	0.61	0.62	0.60	
茂名石化分公司	1.40	1.42	1.45	1.49	1.57	

①茂名分公司销售收入不含炼化互供

②茂名分公司实现利税和税金的数据为当年税金实际缴纳数，含进口原油增值税

表2　茂名石化主要产品产量 　万吨

年份 产品名称	2014	2013	2012	2011	2010	2009
乙　烯	114.12	112.55	110.14	108.52	98.14	106.06
丙　烯	64.44	62.02	53.18	52.22	48.13	53.75
混合芳烃	45.47	45.65	54.81	49.66	50.68	56.35
三苯(化工)	38.02	38.26	39.60	39.95	40.61	43.06
三苯(炼油)	3.83	3.23	3.45	3.50	3.60	1.00
聚丙烯	59.53	55.37	52.90	56.06	49.50	55.64
线性聚乙烯	20.56	20.30	16.25	16.59	18.59	21.46
高密度聚乙烯	36.42	37.16	38.48	34.42	28.24	36.03
高压聚乙烯	40.59	39.14	38.07	41.45	37.48	38.85
丁二烯	14.12	14.16	14.75	14.28	12.78	14.72

续表

产品名称＼年份	2014	2013	2012	2011	2010	2009
甲基叔丁基醚(MTBE)	9.82	8.39	9.04	6.86	6.55	6.93
1-丁烯	1.65	1.85	1.60	1.79	1.56	2.00
乙二醇	3.17	4.56	6.80	7.62	6.61	3.66
环氧乙烷	10.68	11.00	9.64	8.15	8.12	5.64
苯乙烯	12.30	11.34	12.22	12.08	8.82	11.22
SBS橡胶	7.76	8.36	8.28	8.49	8.44	10.28
顺丁橡胶	6.72	4.69	—	—	—	—
液化气	118.69	87.93	76.85	82.10	68.81	61.72
石脑油	212.61	180.17	173.04	168.13	157.18	160.34
汽　油	394.51	300.60	231.19	221.02	210.52	209.82
高标号汽油	164.32	288.63	224.90	219.49	205.98	206.07
煤　油	217.32	161.91	142.11	129.00	124.07	127.89
柴　油	528.61	491.82	445.80	450.96	396.35	401.86
基础油	24.02	22.91	26.97	29.53	29.07	25.39
石　蜡	6.82	6.96	8.73	8.49	10.72	9.83
商品重油	22.39	21.33	0	0	1.06	10.61
沥　青	101.23	102.40	75.10	71.10	88.70	64.94
石油焦	77.02	58.22	62.32	75.66	60.04	60.39
硫　黄	20.80	18.72	14.97	15.12	11.35	10.62

镇海炼化

【概况】 中国石油化工股份有限公司镇海炼化分公司(简称镇海炼化)是国内最大的炼化一体化企业，位于浙江省宁波市，其前身为始建于1975年的浙江炼油厂。

截至2014年底，镇海炼化拥有2 300万吨/年原油加工能力、100万吨/年乙烯生产能力、4 500万吨/年深水海运码头吞吐能力，以及超过350万立方米的罐储能力，构成了大炼油、大乙烯、大码头、大仓储的产业格局。主要生产各种规格的汽油、柴油、3#喷气燃料、液化气、道路沥青、乙烯、苯类、丁二烯、环氧乙烷、乙二醇、环氧丙烷、苯乙烯、聚丙烯树脂、聚乙烯树脂等50多种优质石油化工产品。镇海炼化实行公司—运行部扁平化管理，按照“三分机构”的定位设立15个管理处室(含党群部门)、9个业务中心(含消防支队)、12个生产运行(专业)部，另有中国石化委托管理的杭州石化有限责任公司(简称杭州石化)等6家公司。有在岗职工5 818人(不包括杭州石化)，其中具有高级职称的336人、中级职称的824人。镇海炼化是中国首批8家国家环境友好企业之一，并获中国节能减排功勋企业、低碳经济发展突出贡献企业、全国模范劳动关系和谐企业等多项国家级荣誉称号。

2014年，面对复杂的经济形势和艰巨的检修改造任务，镇海炼化按照年初制定的“打好安全环保、大修改造、创效增效‘三大战役’，强化‘创新、发展’两个基点，深化和谐家园建设”工作思路和目标，齐心协力，稳扎稳打，各项工作都取得了较好成绩。全年实现营业收入1 205.05亿元，实现利润33.96亿元。获第4届全国文明单位及2014年度中国石油和化工·企业公民楷模榜十佳企业称号；被评为浙江省思想政治工作优秀单位。

镇海炼化主要技术经济指标及主要产品产量见表1和表2。

（张演斌）

【生产经营再创佳绩】 2014年，镇海炼化加工原油2 094.57万吨，生产乙烯97.06万吨，实现营业收入1 205.05亿元，实现税金及附加152.12亿元，利润33.96亿元，其中炼油12.68亿元、化工21.28亿元。产品结构持续优化，主要高附加值产品产量均创历史新高，全年产销国Ⅴ95#、国Ⅳ97#等高标号汽油161万吨，车用柴油475万吨，航煤223万吨，沥青128万吨，聚烯烃新产品及专用料41.6万吨。成本费用、能耗等技术经济指标保持领先，全年实现吨油完全费用101.29元、吨化工品完全费用927.35元、炼油综合能耗46.05千克标油/吨、乙烯综合能耗542.46千克标油/吨、乙烯高附收率61.17%。

（张演斌）

【完成史上最大规模大修改造】 2014年是镇海炼化历史上规模最大的大修改造年。大修改造分3批进行，共涉及炼油、乙烯、芳烃3个专业40套装置、5 560项检修任务、72项改造任务，总投资达17亿元。检修高峰期参与人数达1.7万人。镇海炼化提前组织策划，周密做好准备，强化组织管理，凝聚多方合力，抓好过程控制，圆满实现“停得下、修得好、开得起、稳得住、长周期、出效益”的目标，取得炼油、乙烯、芳烃3批大修改造的全面胜利。

（张演斌）

【获菲迪克工程项目优秀奖】 2014年10月，在巴西里约热内卢举行的国际咨询工程师联合会（FIDIC，菲迪克）2014年会上，镇海炼化100万吨/年乙烯工程获得年度“菲迪克工程项目奖”优秀奖，这是中国石化首次获得这一奖项 。

（张演斌）

【获首张生物航煤生产许可证】 2014年2月12日，中国民用航空局正式向中国石化颁发1#生物航煤技术标准规定项目批准书（CTSOA）。这是中国第1张生物航煤生产许可证，标志着中国生物航煤正式迈入产业化和商业化阶段。中国石化成为中国唯一同时具备生物航煤技术研发、批量生产能力和商业化能力的企业，镇海炼化也成为国内首家获得生物航煤生产许可的企业。

（张演斌）

镇海炼化获颁中国首张生物航煤生产许可证

【甬绍金衢成品油管道成功实现柴汽油混输】 2014年2月21日，起自镇海炼化算山码头的中国石化甬绍金衢成品油管道首次成功实现柴油、汽油混输。全年累计输送量达222万吨。

（张演斌）

【首创恒温在线清焦技术】 2014年5月21日，镇海炼化恒温在线清焦技术经过多次优化和试验后在Ⅱ套焦化装置1#加热炉炉管清焦作业中首次成功应用，在国内尚属首例。该技术具有显著的经济效益和环保效益。

（张演斌）

【CFB锅炉脱硫脱硝项目投运】 2014年6月30日，镇海炼化“碧水蓝天”工程——CFB（循环流化床）锅炉脱硫脱硝项目投运，CFB锅炉排放达到国家新标准。

（张演斌）

【正式启动炼油老区结构调整项目】 2014年7月17日，镇海炼化召开炼油老区结构调整项目启动会。炼油老区结构调整项目主要是针对重油加工路线相对单一的现状，结合公司实际和未来发展定位，打造有特色的沸腾床渣油加氢+焦化的重油加工路线。项目总投资约35亿元，预计2017年底建成中交，对镇海炼化提质升级具有里程碑意义。

（张演斌）

【中国石化首个环保公益广告首发式在镇海炼化举行】 2014年8月4日，中国石化与中央电视台联手打造的首个环保公益广告“为了碧水蓝天，我们一起行动”首发式在镇海炼化举行。该公益广告片以白鹭在镇海炼化安家为背景，通过1名普通石化员工的视角，诠释用心就能与环境和谐的环保理念。广告于8月4日起在中央电视台一套、二套、三套、四套及新闻频道黄金时段、次黄金时段循环播放 3 个月。

（张演斌）

中国石化、中央电视台环保公益广告首发式

【实现油品质量升级】 2014 年 8 月 1 日，镇海炼化成功实现国Ⅴ汽油和国Ⅳ柴油出厂质量双升级的目标，助推浙江省成为继北上广和南京之后，率先实施油品质量升级的地区。

（张演斌）

【Ⅲ焦化装置建成投产】 2014 年 10 月 10 日，镇海炼化新建Ⅲ焦化装置开工投产一次成功。该装置是中国石化首套引进美国柏克德公司技术的延迟焦化装置，其远程自动除焦系统等先进工艺与设备系国内首次使用。

（张演斌）

【乙烯装置再次进入世界第一群组】 2014 年 11 月，所罗门公司发布 2013 年度全球烯烃装置绩效评价结果，认定镇海炼化乙烯裂解装置的重置资产投资回报率、现金操作费用、高附净能耗 3 项关键指标进入第一群组，净现金收益、维修效率指数 2 项关键指标进入第 2 群组。镇海炼化乙烯裂解装置继 2011 年之后再次成为中国石化唯一一家达到“世界领先”标准的装置。

（张演斌）

表 1　　镇海炼化主要技术经济指标　　亿元

指标名称 \ 年份	2014	2013	2012	2011	2010	2009
原油加工量/万吨	2 094.57	2 214.94	2 076.00	2 261.14	2 159.80	1 976.16
工业总产值	1 137.04	1 269.02	1 291.74	1 350.91	1 031.35	736.65
工业增加值	212.85	250.51	218.53	264.68	243.56	213.32
资产总计	350.87	385.40	404.02	443.73	389.29	388.14
流动资产	121.74	158.95	165.03	187.94	119.25	79.77
固定资产原值	382.99	367.25	363.53	360.05	353.86	190.69
固定资产净值	181.67	185.93	200.40	215.86	230.56	81.61
销售收入	1 202.18	1 358.72	1 355.04	1 457.57	1 061.12	742.52
实现利税	184.09	227.72	183.76	236.80	214.34	193.59
税　金	152.25	158.96	156.99	183.99	160.70	136.37
综合能耗/吨标煤 · 万元$^{-1}$	0.53	0.53	0.54	0.53	0.63	0.47

表2 **镇海炼化主要产品产量** 万吨

产品名称＼年份	2014	2013	2012	2011	2010	2009
汽　油	308.46	285.10	284.24	314.95	304.86	320.82
航空煤油	218.77	208.97	156.23	162.89	154.56	146.08
柴　油	625.41	692.26	703.09	763.22	763.00	754.67
石脑油	288.75	310.00	288.58	275.85	232.06	118.84
燃料油	38.81	32.79	34.74	48.97	37.80	35.09
液化气	97.22	107.57	101.03	114.71	114.54	110.43
白色油	2.70	4.28	6.51	5.33	41.76	32.32
溶剂油	1.64	2.18	2.58	3.18	3.18	5.83
沥　青	126.40	136.25	101.33	128.03	117.80	85.63
丙　烯	77.27	88.03	88.07	90.93	62.49	34.74
聚丙烯	49.41	56.64	55.18	56.40	37.42	24.36
苯	34.43	39.70	37.80	40.95	28.93	16.60
甲　苯	1.53	13.01	16.97	17.18	12.92	8.82
混合二甲苯	4.12	5.94	7.56	17.51	6.28	6.83
邻二甲苯	15.16	16.51	13.60	15.65	16.03	15.87
对二甲苯	54.64	65.11	47.74	43.69	49.27	51.85
硫　黄	22.29	21.99	21.09	21.71	17.92	17.49
石油焦	109.99	117.35	108.25	130.12	120.65	117.91
尿　素	—	—	—	—	10.47	32.20
乙　烯	97.06	111.08	110.27	110.84	52.59	—
丁二烯	14.15	16.08	15.52	16.32	7.91	—
聚乙烯	41.57	48.80	47.99	47.36	19.81	—
环氧乙烷	12.37	10.66	11.88	11.18	4.53	—
乙二醇	45.06	52.45	54.57	56.85	30.01	—

天津石化

【概况】 中国石油化工股份有限公司天津分公司（简称天津分公司）和中国石化集团资产经营管理有限公司天津石化分公司（简称天津石化分公司）统称天津石化，位于天津市滨海新区（大港），占地面积14平方千米，与天津市区和塘沽新港有铁路、公路相通，与天津港南疆石化码头有输油管线相连。其前身为中国石化天津石油化工公司（由天津市石油化学工业公司和天津市石油化纤总厂组成），成立于1983年12月28日，2000年分设为中国石化集团公司天津石油化工公司和中国石油化工股份有限公司天津分公司；2005年，两个公司进行一体化重组整合，实现机构的统一管理；2007 年 5 月 22 日，注册成立天津石化分公司，10 月正式注销中国石化集团天津石油化工公司；2010 年 6 月，两个公司实行一体化管理。

天津石化拥有炼油、化工、化纤生产装置 53 套，原油综合配套加工能力 1 250 万吨/年，乙烯生产能力 120 万吨/年(含中沙石化)，化工产品年生产能力为对二甲苯 38 万吨、PTA34 万吨、聚酯 20 万吨、聚醚 10 万吨，热电装机容量 40 万千瓦，日供水能力 10 万吨，原油储存能力 27 万立方米。主要生产汽油、煤油、柴油、液化气、燃料油、苯类、乙烯、丙烯、环氧乙烷、乙二醇、聚乙烯树脂、聚丙烯树脂等石油化工产品，其中涤纶短纤维、3#喷气燃料为国优产品；"天仙"牌涤纶短纤维，"津港"牌轻柴油、车用汽油、3#喷气燃料，"大港"牌工业用纯苯被评为天津市名牌产品。

截至 2014 年底，天津石化共设 18 个机关部室，6 个生产作业部，10 个直属专业服务单位，另有 2 家合资公司；正式职工总数为 8 492 人，共有专业技术人员 1 452 人，其中具有高级职称的 208 人、中级职称的 516 人。资产总额 246. 8 亿元。

天津石化主要技术经济指标和主要产品产量见表 1 和表 2。

（罗　威　刘　喆）

【实施机构改革和干部调整】　2014 年，天津石化完成组织人事系统、工程板块的整合优化，重组成立了社区中心，社保中心纳入离退中心管理，公司机关部室及挂靠中心减少了 2 个。公司机关部室内设机构及二级单位科级机构由 274 个减至 199 个，压减 27. 4%。制定实施科级干部管理、选聘、退出等系列制度，科级人员数量由 1 003 人精减到 720 人，减少了 28. 2%。

（罗　威　刘　喆）

【开展安全生产"六大战役"】　2014 年，天津石化围绕安全责任落实、隐患排查治理、直接作业环节管理、储运及门禁管理、非计划停工管理、应急管理 6 个方面，强化从严管理，狠抓责任落实，全力打好安全生产保卫战，保持了重大事故为零，连续 14 年被评为全国"安康杯"竞赛优胜企业。

（罗　威　刘　喆）

【生产经营取得新增长】　2014 年，天津石化完成原油加工量 1 208. 26 万吨，生产成品油 610. 86 万吨、乙烯 128. 73 万吨(含中沙石化 107. 4 万吨)、对二甲苯 33. 88 万吨；主要技术经济指标全面提升，轻质油收率、高价值产品收率、综合商品率、加工损失率、原油储运损耗率、原油加工综合能耗保持石化集团公司先进水平。3#常减压、航煤加氢等 5 套装置在石化集团公司同类装置竞赛中排名前列。

（罗　威　刘　喆）

【完成柴油、汽油质量升级】　2014 年 8 月 16 日，天津石化首批国Ⅳ车用柴油列车出厂。10 月 2 日、10 日，国Ⅴ汽油、柴油相继出厂，顺利管输至天津石油大港油库，保障了天津市年底完成国Ⅴ油品质量升级置换工作。

（罗　威　刘　喆）

【首次实现航煤"以出顶进"供应首都机场】　2014 年 7 月 25 日，天津石化成功打通航煤"以出顶进"流程，首批次 1. 4 万吨航煤经天津国际石油储运有限公司油库转输首都机场。

（罗　威　刘　喆）

【首次实现纯苯出口】　2014 年 11 月 17 日，天津石化成功打通来料加工纯苯出口流程，3 000 吨来料加工纯苯出口，为下一步苯类产品海上出口畅通了渠道。

（罗　威　刘　喆）

【催化柴油加氢装置改造完成并开车成功】　2014 年 10 月 27 日，天津石化国Ⅴ汽油升级重点项目——40 万吨/年催化柴油加氢装置改造完成并一次开车成功。该项目重点提升了装置加氢脱硫能力，同时优化了产品结构。投产后可最大限度增产国Ⅴ汽油。

（罗　威　刘　喆）

【油加氢装置建成投产】　2014 年 8 月 30 日，天津石化 200 万吨/年柴油加氢装置建成中交，10 月开车并产出合格产品。该装置是天津石化柴油产品质量升级项目，投产后可年产国Ⅴ车用柴油 120 万吨。

（罗　威　刘　喆）

【石脑油储罐投用】　2014 年 11 月 25 日，天津石化 20 万立方米石脑油储罐项目中交，11 月底具备进油条件。项目投用后，天津石化具备了稳定的化工原料来源，以及利用市场变化调节原料储备的库存增效能力，而且有利于石化集团公司华北地区石脑油资源的平衡调配。

（罗　威　刘　喆）

【聚醚装置建成投产】 2014年12月23日，天津石化在大港厂区新建3万吨/年聚醚装置中交，29日正式投产，天津石化聚醚部整体搬迁方案第二阶段基本完成。装置投产后，天津石化聚醚总产能达到14万吨/年。

（罗 威 刘 喆）

【锅炉烟气脱硫脱硝和催化烟气脱硫除尘改造全部完成】 2014年12月，天津石化热电部3台循环流化床(CFB)锅炉、4台煤粉炉脱硫脱硝改造和炼油部催化烟气脱硫除尘改造全部完成。锅炉烟气脱硫脱硝改造后，每年减排二氧化硫1.41万吨、氮氧化物7 882吨。催化烟气脱硫除尘项目投用后，每年减排二氧化硫1 400吨、烟尘470吨。项目均达国家环保部限期治理规定要求。

（罗 威 刘 喆）

催化烟气脱硫除尘项目投用(黄士斌 摄)

【中国首个百万吨乙烯压缩机国产项目通过成果鉴定】 2014年10月，天津石化百万吨级乙烯裂解气压缩机组和大型四列迷宫压缩机研制2个项目顺利通过石化集团公司成果鉴定。上述项目是国家特大型乙烯关键设备国产化攻关项目，项目投用后，机组运行状况良好，各项指标完全满足工艺要求。

（罗 威 刘 喆）

【科研创新取得成果】 2014年，石化集团公司"十条龙"攻关项目"气液法流化床聚乙烯工艺成套技术开发"取得阶段性成果，"工业污水超深度处理技术""低成本柴油加氢催化剂长周期生产国Ⅴ柴油技术"项目顺利"入龙"，具有中国石化自主知识产权的碳五石油树脂加氢中试装置开车成功，芳烃吸附结晶中试装置通过石化集团公司技术鉴定。获石化集团公司科技进步奖3项，申请专利27件、获授权专利9件。

（罗 威 刘 喆）

【聚烯烃新产品开发和专用料生产成效显著】 2014年，天津石化加快功能性聚烯烃新产品市场培育步伐，全年开发生产新品12个，累计生产新产品及专用料12.72万吨，聚烯烃新产品与专用料比例67.7%，创历史新高。其中，超低密度聚乙烯DFDA－2704、DFDA－2304为国内首次生产，聚乙烯包装膜专用料TJVL－1210成功进入可口可乐等跨国饮料企业供应链，耐熔垂高透明聚丙烯热成型专用料T5015通过FDA(食品安全)认证，成功进入多家知名食品企业。

（罗 威 刘 喆）

【完成首次碳排放权配额履约】 2014年7月，天津石化提前完成2013年碳排放权配额履约工作。天津石化2013年碳排放总量761万吨二氧化碳当量(CO_2e)，对比天津市年配额量，实现61万吨CO_2e配额结余。

（罗 威 刘 喆）

【成为天津市首家泄漏检测与修复(LDAR)技术普查试点企业】 2014年，天津石化作为天津市LDAR技术普查首家试点单位，与市环科院、市环评中心及中国石化安全工程研究院等单位合作，完成7套装置LDAR检测工作。全年共建立VOC_S范围内密封点档案129 670点，检测泄漏率0.9%，修复率79%，为天津市制定检测结果后评估办法提供了依据。

（罗 威 刘 喆）

【中央媒体采访团走进天津石化】 2014年，天津石化在大气污染治理方面取得的成效得到了天津市的认可。10月20日，中宣部组织中央媒体采访团抵达天津开展"京津冀大气污染防治"主题采访活动。10月21日，人民日报、新华社等15家媒体18名记者走进天津石化，就企业在减少挥发性有机物排放方面泄漏检测和修复的具体措施专题进行采访报道。

（罗 威 刘 喆）

【"四个环境"建设成效明显】 2014年，天津石化持续改善职工群众的工作、生活、学习、文化环境。完成了社区环境综合整治、PTA废水池异味治理、水务部培训室改造、离退休职工活动场所条件改善等 13 件惠民生实事。特别是社区综合整治工作，不仅得到社区群众的充分认可，也受到石化集团公司党组领导的高度评价，其中六合里小区通过总部 AAAA 级文明和谐示范小区验收。

（罗　威　刘　喆）

【教育实践活动整改落实扎实推进】 2014 年，天津石化认真抓好“两方案、一计划”的整改落实，69 个整改项目中，除 2 个需持续推进(体制机制改革和安全环保治理)，其他均已完成，并建立完善相关制度 20 项。石化集团公司督导组给予了充分肯定，党员群众代表对公司班子及成员认可已整改和正在整改的措施均为 100%，班子整改措施好评率为 98.75%，班子成员整改措施好评率平均为 98.59%。

（罗　威　刘　喆）

小区旧貌换新颜　（黄士斌　摄）

表 1　　天津石化主要技术经济指标[①]　　亿元

指标名称＼年份	2014	2013	2012	2011	2010	2009
原油加工量/万吨	1 208.26	1 294.09	1 085.39	1 300.97	1 149.48	428.26
工业总产值	710.59	835.56	728.27	834.80	582.03	182.53
工业增加值	76.40	110.83	54.84	113.81	86.35	11.63
资产总计	235.31	286.62	299.89	319.02	318.73	343.57
流动资产	84.06	143.98	148.97	160.79	153.70	62.25
固定资产原值	289.86	277.48	268.84	267.34	263.61	263.52
固定资产净值	107.72	108.85	108.86	111.12	118.49	126.46
销售收入	734.61	856.69	748.90	862.79	632.79	193.06
实现利税	53.81	84.06	29.90	87.66	71.77	-7.40
税　金	69.35	83.09	52.41	84.20	63.42	15.18

①均为天津分公司数据，不含存续部分数据

表 2　　天津石化主要产品产量　　万吨

产品名称＼年份	2014	2013	2012	2011	2010	2009
汽　油	106.20	93.49	75.26	87.51	70.49	42.21
煤　油	134.14	130.76	94.50	114.95	81.22	32.74
柴　油	370.52	417.07	368.67	419.27	383.88	156.57
化工轻油[①]	347.69	372.78	328.20	401.50	385.93	113.81

续表

产品名称＼年份	2014	2013	2012	2011	2010	2009
商品液化气	47.86	49.20	41.53	51.27	42.98	10.17
石油苯	41.19	44.00	37.85	43.02	35.67	10.70
对二甲苯	33.88	43.54	35.49	42.74	37.30	29.02
精对苯二甲酸	21.79	31.23	27.60	32.76	32.83	24.76
聚　酯	16.38	29.10	26.00	29.83	28.55	22.48
聚酯切片	5.34	17.58	15.60	17.70	16.17	12.73
涤纶短丝②	10.88	11.53	10.31	12.12	12.41	9.73
聚醚多元醇	8.35	8.02	8.21	8.21	7.60	7.51
丙　烯	16.60	18.18	13.94	16.68	16.72	12.86
乙　烯	21.33	22.21	18.82	23.05	23.76	18.91
聚乙烯	11.70	13.01	11.75	14.24	14.49	11.46
聚丙烯	7.08	7.29	6.54	7.27	7.43	5.48
乙二醇	3.47	3.96	3.73	4.19	3.88	3.30
环氧乙烷	5.26	4.67	4.08	4.48	4.74	3.46

①化工轻油数据中含尾油产量

②短丝产量中含新品短丝产量

中沙石化

【概况】 中沙(天津)石化有限公司(简称中沙石化)是石化股份公司和沙特基础工业投资公司以50:50的股比共同出资设立的大型石油化工企业，成立于2009年10月20日，坐落于天津市滨海新区，资产总额217.68亿元人民币，占地面积1.72平方千米，2010年5月正式投入商业运营。

中沙石化一期项目即天津百万吨乙烯项目，总投资183.8亿元人民币，包括100万吨/年乙烯装置、65万吨/年裂解汽油加氢装置、30万吨/年高密度聚乙烯装置、30万吨/年线性低密度聚乙烯装置、4/36万吨/年环氧乙烷/乙二醇装置、45万吨/年聚丙烯装置、35万吨/年苯酚丙酮装置、20/12万吨/年丁二烯抽提和MTBE联合装置8套主生产装置，以及配套公用工程及辅助设施，生产包括化学品21种、功能性化学品5种、聚合物产品3类25个牌号的产品。项目于2010年1月建成投产并实现一次开车成功。中沙石化二期项目即26万吨/年聚碳酸酯项目，总投资110.27亿元人民币，已经国家发改委正式批复。

截至2014年12月31日，中沙石化共有员工1 352名。2014年生产主要化工产品445.97万吨，实现销售收入258.92亿元人民币。

中沙石化主要经济指标及主要产品产量见表1和表2。

（黄　璐）

【利润大幅提升】 2014年，中沙石化深入开展“比学赶帮超”、增效攻关等活动，不断提高生产运行水平，成效显著。董事会考核的5项指标中，全年息税前利润(EBIT)、事故率、培训计划完成率3项指标均完成挑战值；全年累计完成主产品产量445.97万吨，其中乙烯107.71万吨；实现税前利润6.13亿元、同比增加235%，实现竞争性利润11.26亿元、增长56%，EBIT 12.34亿元、增长47%。

（王　晶）

【安全业绩创历史最好水平】 2014年，中沙石化深入持续推行SHEMS体系，HSE业绩全面提升。全年事故率仅为 0.09，创推行 SHEMS 体系 3 年以来最好水平；应急管理水平进一步提升，在主要生产装置开展 HAZOP 研究，共识别出各类风险 314 项，实现风险的有效监控，实现乙烯装置全年无非计划停车；全年各装置整体在线率达 99.87%，设备各项关键绩效指标均达到历史最好；外排污水 COD、二氧化硫和氮氧化物排放量明显低于国家和天津市排放标准，全面实现年初确定的各项 HSE 目标。

（王　晶）

【技术经济指标不断提升】 2014 年，中沙石化共完成 15 项增效攻关项目，各装置能耗、物耗持续降低，ET、LLDPE、HDPE、PP、PH/AC、BD/MTBE 装置物耗和 ET、HDPE、PP、EO/EG、PH/AC、MTBE 装置能耗均创历史最好水平；ET、LLDPE、PP、PH/AC、BD/MTBE 等装置物耗、能耗稳步于国内同行业前 3 名，其中乙烯装置能耗排名同行业第一。

（王　晶）

【机会检修顺利完成】 2014 年 5 月 7—16 日，中沙石化对 ET(含 DPG)、BD/MTBE、PH/AC、LLDPE、PP、HDPE 等 7 套装置进行机会检修，包括检修项目 677 项，投资 1 779 万元。通过检修重点解决装置运行隐患，并实现零记录伤害、零火灾、零环境违规的 HSE 目标。

（王　晶　黄　璐）

【聚碳酸酯项目迁址投资协议签署】 2014 年 8 月 4 日，中沙石化与天津开发区(南港工业区)签署聚碳酸酯项目迁址南港工业区投资协议。协议的签署标志着聚碳酸酯项目正式落户南港工业区，项目准备工作将全面开展。

（王　晶　黄　璐）

【通过安全生产标准化一级企业现场评审】 2014 年，中沙石化开展安全生产标准化一级企业评审。10 月 27 日，接受为期 5 天的现场评审，主要内容包括法律法规识别、安全生产投入、风险评价管理与控制、隐患排查与治理、重大危险源档案、变更管理、培训教育管理、安全设施达标情况、安全警示标志、作业环节管理、承包商管理、应急响应及事故管理 12 项要素。经过专家组评审，10 月 31 日，中沙石化被推荐为国家安全生产标准化一级企业，同时也是天津市危险化学品行业首家通过现场评审的企业。

（黄　璐）

【积极承担社会责任】 2014 年 4 月，中沙石化向天津市滨海新区慈善协会捐款 35 万元，专用于急难援助项目。积极响应滨海新区“慈善一日捐”活动，捐助善款 8 万元，扶助弱势群体，推动滨海新区慈善事业。截至 2014 年底，中沙石化向社会各界捐助善款累计达 265 万元。

（黄　璐）

表 1　　中沙石化主要经济指标　　亿元

指标名称 \ 年份	2014	2013	2012	2011	2010
工业总产值	257.24	265.34	236.06	294.93	192.03
工业增加值	24.44	14.25	12.68	33.77	14.70
销售收入	258.92	267.03	237.56	296.27	186.88
税前利润	6.13	1.83	-3.38	19.72	6.55

表 2　　中沙石化主要产品产量　　万吨

产品名称 \ 年份	2014	2013	2012	2011	2010
乙　烯	107.71	108.64	94.34	111.21	85.49
丙　烯	56.60	55.03	48.26	56.42	43.27

续表

产品名称 \ 年份	2014	2013	2012	2011	2010
线性低密度聚乙烯	31.25	34.49	28.30	35.15	24.28
高密度聚乙烯	27.87	27.22	24.69	28.14	25.29
聚丙烯	49.55	46.28	41.65	47.03	31.72
环氧乙烷	7.94	7.15	5.52	6.42	3.20
乙二醇	37.67	40.55	32.76	39.00	34.64
丁二烯	20.27	20.26	17.61	21.33	16.97
1－丁烯	5.86	5.08	4.39	5.21	3.92
MTBE	15.79	15.05	13.16	15.11	11.09
苯　酚	23.99	22.84	18.33	21.91	13.37
丙　酮	14.89	14.22	11.44	13.68	8.32

上海石化

【概况】 中国石化上海石油化工股份有限公司(简称上海石化)位于上海市金山区，占地面积9.4平方千米，是集炼油、化工、塑料、化纤生产经营于一体，高度综合的现代化石油化工企业之一，也是中国第1家股票在上海、香港、纽约三地同时上市的股份制有限公司。上海石化前身为创建于1972年的上海石油化工总厂，1993年6月改制为上海石油化工股份有限公司，2000年10月更名为现名。

上海石化下设炼油部、烯烃部、芳烃部、化工部、腈纶部、涤纶部、塑料部、热电部、物资供应部、销售部、储运部、环保水务部、公用事业部和精细化工部以及质量管理中心、统计中心、保卫部、总务部、培训中心、新闻中心、员工交流安置中心等单位，并由上海石化资本运营部管理对外投资企业。截至2014年底，上海石化总资产311.46亿元，在职员工总数13 313人，具有1 600万吨/年原油综合加工能力和乙烯70万吨/年、有机化工原料428万吨/年、塑料树脂100万吨/年、合纤原料109万吨/年、合纤聚合物59万吨/年、合成纤维28万吨/年的生产能力。主要生产石油制品、中间化工原料、合成树脂及塑料制品、合纤原料及合成纤维4类产品。2014年，上海石化纤维级聚酯切片等4个产品获全国用户满意产品称号；工业用乙烯等6个产品获上海名牌辉煌之星称号；上海石化获全国用户满意企业称号。

上海石化主要技术经济指标及主要产品产量见表1和表2。

（陆建梅）

【实施股票期权激励计划】 2014年，上海石化制定A股股票期权激励计划，激励对象为公司董事、高级管理人员以及对公司整体业绩和持续发展有直接影响或者做出突出贡献的业务骨干。首期期权授予人数为214人，占上海石化2013年在册员工总数的1.53%。12月23日，上海石化股东大会审议通过A股股票期权激励计划(草案)等5项议案。根据计划，拟授予的股票期权对应标的股票不超过公司股本总额的10%且不超过公司A股股本总额的10%；股票期权激励计划有效期10年，有效期内每期授予方案间隔期不少于2年。股票期权激励计划有助于高管及业务骨干以股东的身份参与企业决策、承担风险、分享收益，对于改善公司治理结构、降低管理成本、提升管理效率起到积极作用。

（陆建梅）

【王治卿获中国最佳人才管理奖】 2014年12月16日，“2014中国最佳商业领袖奖”颁奖典礼在上海国际会议中心举行，上海石化董事长、总经理王治卿获年度中国最佳人才管理奖。这是上海石化首次获该类评选活动奖项。

（陆建梅）

【成立上海金贸国际贸易有限公司】 2014 年 8 月 18 日，由上海石化、化工销售公司、上海海外公司 3 家公司合资的中国金山联合贸易有限责任公司成立全资子公司上海金贸国际贸易有限公司，这是中国石化系统进驻上海自贸区的首家经营单位。上海金贸国际贸易有限公司主要经营石油制品（不含成品油）、化工原料及产品（除危险化学品、监控化学品、烟花爆竹、民用爆炸物品、易制毒化学品）、机械设备（除特种设备）、货物及进出口业务、国际贸易、转口贸易、区内企业间的贸易及贸易代理等业务。年内实现经营量 29.66 万吨，其中转口贸易 18.36 万吨，主要包括丙烯、乙烯、混二甲苯等产品；国内贸易（含进口）11.30 万吨；主要包括乙烯、丙烯、液氨、对二甲苯、乙二醇、二氯乙烷等产品。

（陆建梅）

【实施封闭区域内禁烟管理】 2014 年 10 月 1 日起，上海石化实施封闭区域内禁烟管理。按照《中国石化生产厂区封闭化管理规定》《安全生产禁令》要求，上海石化结合实际制定《上海石化封闭区域内禁烟管理规定（试行）》，于 8 月 27 日在上海石化六届职代会第十次联席会议审议通过，主要包括基本要求，管理职责，管理内容与方法，监督、检查与考核 4 个章节 19 项内容；明确严禁在生产装置区域内 15 个封闭式固定吸烟点外任何地方吸烟，违者严厉处罚。

（陆建梅）

【完成首笔碳排放交易协议转让】 2014 年，上海石化开展碳排放盘查和碳交易，6 月 25 日完成首笔碳排放交易协议转让，向华能国际电力股份有限公司出售 12 万吨 2013 年度碳配额，交易金额 480 万元，并预留 30 万吨 2013 年结余碳配额。碳排放交易工作进入常态化。

（陆建梅）

【定制 VOC 减排方案】 2014 年，上海石化与上海市环境科学研究院就 VOC 总量测算项目签约，利用研究院专业技术力量，对上海石化 2011—2013 年减排绩效综合评价，并预估减排潜力。这是上海化工企业首次与专业环保研究机构合作，在 VOC 减排方面量身定制解决方案。方案在实现有序减排、改善员工工作环境及与周边关系方面发挥积极作用，同时对形成上海市石化行业 VOC 排放标准体系、制定减排工作指导性意见、示范引导其他企业有重要意义。

（陆建梅）

【大气自动监测站数据直传政府环保部门】 2014 年，作为上海市“8 + 2”工业园区空气自动监测网络建设的组成部分，上海石化大气自动监测站通过上海市环境监测中心验收。监测站连入互联网，监测数据直传政府环保部门。上海石化先后投资 1 500 余万元建设“四站一车”监测设施，其中 3 座固定站位于厂区边界，1 座固定站位于厂区内部，1 辆监测车用于机动调配。“四站一车”共有 52 台设备，仪器配置和参数齐全，能监测 80 多项特征因子，基本涵盖上海石化生产运行过程中可能产生的特征污染物。

（陆建梅）

【醋酸乙烯产品首次出口欧洲】 2014 年，上海石化向欧洲和东南亚出口醋酸乙烯产品 1.2 万吨，这是该产品首次进入欧洲市场。上海石化进行工艺优化调整，采用乙烯法生产醋酸乙烯产品，并在催化剂的使用和醋酸乙烯的储存方式上进行改进，较采用乙炔法生产醋酸乙烯产品，具有产品杂质少的优势，使醋酸乙烯达到欧洲市场对产品质量要求。

（陆建梅）

【2 项精细化工产品行标通过国标审查】 2014 年，上海石化制定的《工业用异戊二烯》《工业用异戊烯》以及相关配套分析方法等行业标准文本和编制说明，通过全国化学标准化技术委员会石油化学分会审查。异戊二烯、异戊烯行业标准的制定，确立了上海石化在碳五领域中的引领地位，并可有力推动碳五行业技术进步。

（陆建梅）

【缓冲用发泡聚丙烯专用料 E680E 和 E720B 成功试生产】 2014 年 8 月 20 日和 9 月 29 日，上海石化 1#聚丙烯生产装置成功试生产缓冲用发泡聚丙烯专用料 E680E 和 E720B，产量分别是 99 吨和 103 吨，产品质量实现开发设计要求。缓冲用发泡聚丙烯专用料具有高耐热性、高冲击能量吸收能力、良好回弹性和热成型性及可回收再生等特性，可广泛应用于汽车制造行业的头枕、仪表板、门衬、方向盘、轮胎罩等部件生产制造，具有广阔市场需求空间。

（陆建梅）

【采用氢调法成功生产 GM1600EH 医用聚丙烯专用料】 2014 年 11 月 4 日，上海石化 2#聚丙烯装置采用氢调法试生产 GM1600EH 医用聚丙烯专用料 225.5 吨，产品质量合格。GM1600EH 医用聚丙烯专用料较原采用过氧化物法生产的 GM1600E 医用聚丙烯专用料，产品色泽更佳、性能更优、无异味，更受用户欢迎。

（陆建梅）

【阻燃聚酯切片通过认定】 2014 年 1 月 8 日，上海石化阻燃聚酯切片通过上海市高新技术成果转化项目认定。该产品拥有 15 件授权专利，被评为 A 级项目。该产品解决了常规阻燃切片固相增黏中容易降解、增黏黏度达不到涤纶工业长丝要求的难题，可纺制工业长丝，填补国内工业丝用阻燃聚酯空白。全年，该产品产量达 2 169 吨。

（陆建梅）

【“G 树脂”获国家重点新产品证书】 2014 年 3 月，上海石化开发的“G 树脂”获 2013 年度国家重点新产品证书。“G 树脂”是丙烯/1 - 丁烯无规共聚系列产品，为上海石化、北京化工研究院、化工销售公司产销研合作承担的中国石化“十条龙”重点科技攻关项目，是中国石化具有创新性和市场应用引领性产品。

（陆建梅）

【6 个产品获评上海名牌辉煌之星】 2014 年是上海名牌推荐工作实施 20 周年，上海市名牌推荐工作委员会办公室开展“上海名牌辉煌之星”评选活动，进一步加大上海市名牌战略推进力度，真正形成一批拥有自主知识产权和具有较强国际竞争力的优势企业。10 月 24 日，《解放日报》刊登公告，上海石化聚乙烯醇、涤纶工业长丝、3#喷气燃料、工业用乙烯、工业用乙二醇和纤维聚酯切片 6 个产品被上海市名牌推荐委员会评为上海名牌辉煌之星。

（陆健梅）

【动态流程模拟仿真培训系统建设项目通过验收】 作为上海市高技能人才培养基地建设重点项目之一，2013 年 8 月，上海石化启动实施动态流程模拟仿真培训系统建设项目，开发 3#柴油加氢、丁二烯抽提装置、石脑油预加氢等 8 套装置的动态流程模拟仿真培训系统，升级 2#歧化等 4 套装置的动态流程模拟仿真培训系统。2013 年 12 月—2014 年 3 月，系统陆续投入试运行，实现“集中管理、分散培训”功能。系统采用自主开发的 Gpres 过程动态仿真平台，具有在线开发和调试功能。截至 2014 年底，仿真系统用户有 1 360 余名。2014 年 11 月，项目通过上海市验收。

（陆建梅）

【2#重整与 2#抽提装置 APC 项目建成投用】 2013 年 12 月，上海石化 2#重整与 2#抽提装置 APC 系统开工，2014 年 11 月开始连续投用。系统投用后，装置运行平稳性提高，重整生成油收率和芳烃回收率提高。经初步测算，该项目每年直接经济效益约 280 万元。

（陆健梅）

【入选国家工信部两化融合管理体系贯标管理试点企业】 继 2013 年被评为国家级两化深度融合示范企业后，2014 年 5 月 4 日，上海石化入选 2014 年两化融合管理体系贯标工作方案和贯标试点企业名单。上海石化开展现状调研和差距分析，制定贯标实施方案，通过走出去和请进来相结合方式，组织面向公司领导层、管理干部层和业务主管等多层面的贯标培训，按计划开展贯标实施工作。在公司现有一体化管理体系基础上完善两化融合管理体系，明确打造新型信息化能力的两化融合目标。

（陆建梅）

表 1　　上海石化主要技术经济指标　　亿元

指标名称＼年份	2014	2013	2012	2011	2010	2009
原油加工量/万吨	1 417.02	1 566.78	1 119.35	1 086.67	1 052.07	875.78
工业总产值	877.16	1 057.79	818.95	858.73	698.01	437.19
工业增加值	154.39	201.39	87.70	140.89	155.11	107.77
资产总计	311.46	369.16	368.06	311.10	291.58	304.58

续表

指标名称 \ 年份	2014	2013	2012	2011	2010	2009
流动资产	95. 10	144. 86	128. 91	96. 66	85. 32	90. 61
固定资产原值	464. 55	461. 64	454. 39	390. 78	389. 00	388. 09
固定资产净值	156. 12	167. 69	176. 22	126. 59	138. 02	152. 06
销售收入	1 021. 26	1 155. 40	930. 72	956. 01	775. 91	517. 23
利润总额	-9. 14	23. 93	-20. 33	12. 92	34. 54	21. 36
所得税	-2. 14	3. 79	-5. 08	3. 17	7. 25	5. 10

表 2　　上海石化主要产品产量　　万吨

产品名称 \ 年份	2014	2013	2012	2011	2010	2009
汽　油	287. 05	287. 15	102. 03	96. 85	93. 24	80. 60
航空煤油	148. 85	126. 99	83. 06	79. 73	76. 57	67. 90
柴　油	406. 53	493. 12	402. 79	397. 98	367. 59	280. 26
乙　烯	80. 44	95. 33	91. 47	91. 01	97. 29	92. 77
丙　烯	51. 02	61. 18	50. 44	48. 17	52. 32	48. 76
纯　苯	34. 75	42. 46	39. 39	40. 68	43. 78	28. 25
对二甲苯	68. 06	93. 92	86. 62	92. 31	84. 06	34. 58
乙二醇	24. 80	39. 05	46. 89	42. 31	41. 23	39. 40
聚乙烯	39. 80	44. 40	44. 77	43. 77	45. 30	43. 96
聚丙烯	45. 09	47. 11	44. 56	46. 61	48. 24	46. 62
PTA	31. 27	35. 81	40. 35	39. 14	39. 15	38. 09
丙烯腈	14. 52	12. 84	14. 32	13. 17	14. 64	12. 78
合纤聚合物	41. 70	52. 35	63. 61	66. 42	64. 32	59. 97
聚乙烯醇	1. 58	3. 26	4. 20	4. 34	4. 01	4. 36
聚　酯	40. 12	49. 09	59. 41	62. 08	60. 31	55. 61
合成纤维	23. 24	25. 28	25. 16	25. 01	25. 36	24. 13
涤　纶	7. 74	8. 64	8. 59	8. 92	8. 72	8. 06
腈　纶	15. 49	16. 63	16. 57	16. 09	16. 64	16. 07

上海赛科公司

【概况】 上海赛科石油化工有限责任公司(简称上海赛科公司)成立于2001年10月29日，位于上海化学工业区内，占地约204公顷(204万平方米)，是由石化股份公司、上海石化和英国石油公司(BP)华东投资有限公司分别按30%、20%、50%的比例出资组建的大型石油化工中外合资企业。

截至2014年底，上海赛科公司拥有生产能力为109万吨/年乙烯、61.5万吨/年芳烃抽提、10.5万吨/年丁二烯抽提、9万吨/年丁二烯抽提—2、67.5万吨/年苯乙烯、30万吨/年聚苯乙烯、60万吨/年聚乙烯、25万吨/年聚丙烯、26万吨/年丙烯腈、28万吨/年硫酸回收、3.5万吨/年苯乙烯抽提和5.5万米^3(标准)/时变压吸附氢提纯等装置，以及配套的动力中心、罐区、空压站、循环水场、污水处理站、变电站、地面火炬、聚合物仓库和行政管理区等公用工程辅助设施。设有生产部、商务部、财务部、人力资源部、HSSE&Q(健康/安全/保安/环境和质量)部及其他职能部门等，员工人数1 189人。

2014年，上海赛科公司消防中队被上海市消防局评为2014年上海市多种形式消防队伍执勤岗位练兵先进单位；苯乙烯/聚苯乙烯制造经理明健被石化集团公司授予中国石化劳动模范称号；上海赛科公司安保质量部实验室团队被中国石化授予工人先锋号称号。年内，乙烯产量累计达1 000万吨。全年现场整体装置总利用率为78.0%，其中乙烯装置利用率为79.2%。

上海赛科公司主要技术经济指标及主要产品产量见表1和表2。

(周　光)

【新建9万吨/年丁二烯抽提装置投产】 该项目于2013年3月27日打桩开工；2014年5月15日实现项目中交，8月6日引入裂解碳四，8月9日一次开车成功，产出合格丁二烯产品。至年底，累计生产2.9万吨丁二烯。

(陈西尧)

【新建220千伏变电站建成】 该项目于2013年6月18日打桩。2014年3月20日，完成安装、调试；6月，变电站扩建项目(站内部分)通过国家电网上海客户服务中心的竣工验收；9月11日，变电站扩建项目的新建3#主变电站如期受电，标志着新建220千伏变电站项目基本建成；9月23日、29日，2#主变压器、1#主变压器正常投入运行。新建变电站承担全厂装置的供电，为供电稳定提供保障。

(周　光)

【新增乙烯装置增压机投用】 该项目于2013年3月25日正式打桩开工；2014年4月完成钢结构安装，6月18日中间交接，7月7日开车投料成功。新增增压机投入运行能够有效地降低乙烯装置裂解炉烃分压，提高高附加值产品收率，延长裂解炉运行周期。通过控制工艺参数，正式投入商业化运行，实现国内首次在乙烯装置中串联使用2台裂解气压缩机的先例。

(周　光)

【完成全厂大检修】 2014年3月10日—4月23日，上海赛科公司进行了为期42天的全厂装置大检修。大检修完成14套装置以及公用工程共计3 467个项目的检修和技术改造，完成集散控制系统(DCS)的首次升级及其他系统的全面升级，完成三期工程乙烯优化项目的设备安装、调试及生产准备和其他项目的开口和衔接。通过全员全过程的安全管理，精心计划开停车生产方案，并整体协调合理调整，检修实现零排放、零噪声扰民的环保目标，保证了开车一次成功。

(谢小琴)

【锅炉系统节能改造】 该项目通过在锅炉排烟尾部烟道安装烟气—除氧水换热器，降低锅炉的排烟温度。项目于2014年3月18日开始改造，3月31日完成安装，4月2日3#锅炉点火运行后投入使用。投运后，节约低压蒸汽约3吨/时，锅炉的排烟温度较改造前下降20℃左右，提高了锅炉热效率。

(陶林余)

【获得1件苯乙烯新型专利授权】 2014年8月，上海赛科生产部苯乙烯工厂自主研发的“一种减少粗苯乙烯分离塔塔釜结垢的粗苯乙烯分离装置”获得国家实用新型专利授权。该技术的应用有效解决了长期困扰装置的难题，使生产装置能够长周期、安全、稳定地运行。

(黄　晨)

【第2次追加注册资本】 2014年，上海赛科公司3家股东方再次追加注册资本，其中中国石化出资283万美元(折合人民币1 731万元)，占实收资本总额的30%；上海石化出资188万美元(折合人民币1 154

万元），占实收资本总额的20%；英国石油公司(BP)华东投资有限公司出资471万美元(折合人民币2 885万元)，占实收资本总额的50%。3月17日完成营业执照工商登记变更，上海赛科公司的总投资额增加至31.54亿美元，注册资本增加至10.51亿美元。3月实收注册资本9.60亿美元。

（方莉萍）

【组建共青团第一届委员会】 2014年5月4日下午，共青团上海赛科公司和一次代表大会在漕泾行政楼多功能厅召开，23名团员代表150名团员参加会议。会议审议通过共青团上海赛科公司第一次代表大会工作报告，选举产生共青团上海赛科公司第一届委员会。

（周　光）

【实验室信息管理系统升级】 2014年4月10日，上海赛科公司实验室信息管理系统(LIMS)升级后成功上线运行。升级后的LIMS系统采用后台自动运行数据采集，无需人工干预，提高了员工工作效率；报表部分实现超内控指标红绿灯颜色区别显示，方便装置用户的数据查询；项目引入统计过程控制工具软件，为产品质量的管控提供有力的支持。同时，新系统实现原MyLims和StarLims2套系统的功能合并，降低了运维成本，解决了原系统无法远程访问及与IE8的版本兼容性问题。

（宋正宁）

表1　　上海赛科公司主要技术经济指标　　亿元

指标名称 \ 年份	2014	2013	2012	2011	2010	2009
工业总产值	257.80	289.45	271.02	268.01	291.77	164.20
工业增加值	12.96	19.04	12.62	14.40	47.08	20.30
销售收入	259.78	293.70	269.90	275.14	291.56	164.22
利润总额	-4.44	2.30	-4.49	0.31	28.24	7.02
综合能耗/吨标煤·万元$^{-1}$	2.20	2.08	1.99	2.04	2.25	2.68

表2　　上海赛科公司主要产品产量　　万吨

产品名称 \ 年份	2014	2013	2012	2011	2010	2009
乙　烯	108.09	116.67	104.09	106.52	129.43	87.53
丙　烯	63.17	66.86	61.67	61.07	74.07	54.22
丙烯腈	25.72	28.76	28.98	25.40	29.32	24.02
苯乙烯	63.99	73.23	71.06	53.90	65.80	50.06
聚苯乙烯	27.47	30.54	30.48	25.78	27.84	21.73
聚乙烯	66.89	72.86	61.74	66.00	76.64	59.43
聚丙烯	25.90	27.43	24.37	25.39	29.70	23.83

高桥石化

【概况】 中国石油化工股份有限公司上海高桥分公司(简称高桥分公司)和中国石化集团资产经营管理有限公司上海高桥分公司(简称高桥资产分公司)统称高桥石化，地处浦东新区，西临黄浦江，北近吴淞口，占地4.2平方千米。高桥石化的前身上海高桥石油化工公司创立于1981年11月，是中国第1个跨部门、跨行业的特大型石油化工联合企业，

1983年7月划归中国石油化工总公司。2000年1月，按照石化集团公司重组改制的统一部署，上海高桥石油化工公司下属炼油厂、化工厂、供销公司的主业部分分离，成立高桥分公司。2003年10月，高桥石化根据扁平化改革的要求，撤销下属单位的工厂建制，实行事业部制管理模式。2007年4月，按照石化集团公司改革部署，上海高桥石油化工公司实施体制转换，工商注册成立高桥资产分公司。2010年8月，高桥石化改事业部制管理模式为作业部制管理模式。

截至2014年底，高桥石化拥有年原油加工能力1 250万吨，年化工产品生产能力100万吨，自备电厂具有装机容量19.5万千瓦；共有76套生产装置，可生产汽油、航空煤油、柴油、润滑油基础油、石蜡、合成橡胶、有机化工原料、合成塑料以及过氧化物等200余种产品。高桥石化机关设26个处室，下辖15个生产作业部(业务中心)及8个职能中心；职工总数5 172人，其中专业技术及管理人员1 868人。

高桥石化主要技术经济指标和主要产品产量见表1和表2。

(陈建浩)

【7.5万吨/年三元乙丙橡胶装置投产】 2014年11月26日，由石化股份公司与日本三井化学株式会社按50∶50股比合资成立的上海中石化三井弹性体有限公司7.5万吨/年三元乙丙橡胶装置打通全部流程，实现开车一次成功。该项目投资概算20亿元人民币，由高桥石化代表中国石化履行中方出资人管理责任。

(陈建浩)

【经营优化取得成效】 2014年，高桥石化开展经营优化工作，建立每周优化例会制度，及时分析、研判市场变化，研究、决策经营管理重要事项，部署、安排优化调整具体措施；同时，建立优化例会决定事项跟踪及考核机制，做到工作有布置、有落实、有分析、有考核。企业经营优化尤其是原料、产品结构优化取得明显成果。全年，采购原油硫含量为1.39%，同比提高0.2个百分点，API度为31.72，同比下降0.82；高价值汽油、航空煤油产品生产比例分别达到22.65%和12.19%，高于年度计划。

(陈建浩)

【完成最大规模炼油装置检修改造】 高桥石化2014年炼油装置检修改造覆盖43套生产装置，涉及2 817个检修项目和110个改造项目，是企业有史以来规模最大、区域最广、任务最重、时间最紧的检修改造工程。此次检修自9月1日启动，11月16日完成。为了确保检修安全、环保、优质、高效、文明、正点，高桥石化成立检修改造总指挥部、7个分指挥部和14个专业组，构建分层分级责任体系；制定92项标准规范、259项施工技术方案，规范安全环保、停工开工、质量控制、文明施工以及专业化管理、标准化检修等各项工作程序、业务流程；构建专业组、分指挥部、施工单位“三结合”的网格化监管体系，并同步制定承包商、分指挥部、总指挥部专业组日常检查考核标准，建立由420多项过程控制指标组成的评价考核体系；围绕安全环保、质量进度、费用控制、文明施工等内容开展竞赛，先后评出检修明星970名、优秀施工团队37个。

(陈建浩)

【建设企业安全文化】 2014年，高桥石化编制安全文化建设实施方案，起步建设具有企业特色的安全文化。①落实领导干部责任。举行安全生产“新起步”仪式，明确各单位、各部门年度QHSE目标和任务；督促各级干部严格执行“两特”带班、节假日值班等制度，并纳入干部绩效考核。②加大安全环保专项奖励力度。拨出近2 000万元，用于安全环保承包奖励；开展“安全卫士”评选、“低头捡黄金”活动、“安全环保1 000班组”星级竞赛等工作，累计产生168名安全生产先进典型。③加大隐患治理力度。完成30项隐患治理项目，实施2项环保部重点减排项目和11项“碧水蓝天”专项治理工程，推进111项清洁生产项目。

(陈建浩)

【液压自紧螺母技术填补国内空白】 高桥石化科研项目“高温法兰用液压自紧螺栓的研制”于2012年3月启动，主要研究液压自紧螺母的材料、结构设计、制造工艺，法兰紧固件密封结构在高温下的应力分布、蠕变松弛规律，液压自紧螺母在法兰中的紧固方案等。2013年11月，项目顺利结题，成功开发出高温法兰用的不同系列液压自紧螺母，填补了国内空白。2014年1月，项目通过鉴定。

(陈建浩)

【采用微生物技术污泥减量30%】 2014年，高桥石化采用投加微生物制剂的清洁生产技术处理化工废水获得成功，实现污泥减量，污泥减量率大于30%，COD、氨氮、总磷等指标得到明显改善，完全符合排放要求。

(陈建浩)

【成功研发丰田测试特种汽油】 2014 年 1 月，丰田汽车公司要求将测试用特种汽油升级到七型。高桥石化立即制定试验计划，进行多次调和和数据比对，按要求研制出七型测试用特种汽油。3 月，经上海市检测中心测试，指标完全合格。

（陈建浩）

【科协成立】 为推进企业科技进步和技术创新，服务广大科技人员，2014 年 4 月 10 日，高桥石化召开科学技术协会成立大会暨第一次代表大会，正式成立高桥石化科协。同时，举办了以"院士专家高桥行"学术报告会、高桥石化科技成果图片展巡展、高桥石化科技进步工作表彰会为主要内容的首届科技节活动。

（陈建浩）

【志愿服务总队成立】 2014 年 7 月，高桥石化志愿服务总队正式成立，成为上海市首家企业直属总队。高桥石化志愿服务总队章程以"服务企业，奉献社会"为宗旨，以"我志愿、我快乐"为口号。成立志愿服务总队的目的是践行企业核心价值观，树立企业形象，推动企业发展，培养企业志愿者积极向上的道德品格，奉行"奉献、友爱、互助、进步"的精神。总队下设 1 个总队办公室、5 支分队，其中 5 支分队分别是学雷锋志愿者服务分队、平安志愿者服务分队、爱心志愿者服务分队、阳光志愿者服务分队和飞豹志愿者服务分队。

（陈建浩）

【青工轮训工作】 为了加强对青年职工"忠诚企业、敬业爱岗、奉献社会"的核心价值观教育，高桥石化于 2013 年 11 月起开展青工轮训工作。轮训分为 1 周的集中培训和 3 个月的后期"保温升温"阶段，每期培训 100 人。2014 年 3 月 18 日，首期青工轮训班学员正式结业。截至 2014 年底，共开办 7 期青工轮训班。

（陈建浩）

【机关干部下基层跟班劳动】 2014 年 7 月 15 日 - 8 月 25 日，高桥石化首次实行领导班子率机关管理干部下基层跟班劳动。跟班劳动为 1 个班组 2 个倒班轮次，依次循环覆盖到 4 个班组。主要工作是宣传形势任务、倾听职工呼声、参与岗位巡检及相关劳动、掌握思想动态、了解基层在工作中的困难和问题，做到情况到一线掌握、问题到一线解决、形象到一线树立。

（陈建浩）

表 1　　高桥石化主要技术经济指标　　亿元

指标名称 \ 年份	2014	2013	2012	2011	2010	2009
原油加工量/万吨	822.35	1 042.39	1 088.33	1 044.33	1 067.00	1 049.43
工业总产值	512.21	662.55	745.21	718.00	600.37	457.19
炼　油	434.20	581.90	646.09	594.71	486.05	386.51
化　工	79.46	83.18	99.24	121.66	111.76	66.03
工业增加值	—	—	—	—	—	116.09
资产总计	181.69	189.54	199.73	203.77	185.04	179.20
流动资产	70.29	76.12	82.74	88.58	68.63	67.20
固定资产原值	194.35	192.26	186.52	187.31	173.04	172.33
固定资产净值	73.64	75.29	76.01	82.87	76.22	80.25
销售收入	510.54	661.89	746.35	716.38	602.23	461.70
实现利税	55.62	85.58	95.85	76.48	116.85	107.90
税　金	73.96	93.24	104.07	93.24	85.29	84.29

表2　　高桥石化主要产品产量　　万吨

产品名称 \ 年份	2014	2013	2012	2011	2010	2009
汽　油	184.54	212.09	203.01	177.52	166.43	179.43
煤　油	95.76	95.70	81.92	70.38	72.73	81.81
柴　油	278.59	366.13	419.36	400.87	406.02	402.37
石油芳烃	6.24	7.39	6.53	2.25	1.76	1.86
润滑油基础油	15.59	30.56	34.25	35.07	37.67	38.71
商品燃料油	20.61	18.80	13.35	20.36	12.52	8.38
石　蜡	6.08	14.32	14.11	11.52	11.64	11.72
石油焦	55.40	64.92	61.90	56.00	66.55	68.75
合成橡胶	15.19	16.37	15.73	17.02	16.90	16.59
顺丁橡胶	8.82	9.93	9.84	11.09	11.53	10.49
丁苯橡胶	6.37	6.44	5.89	5.93	5.37	5.95
丁苯乳胶	0	0	0	0	0	0.15
丙　烯	5.21	7.21	8.65	11.56	11.76	12.18
丁二烯	0	0	0	0	0	0.88
苯　酚	20.06	19.22	20.88	21.87	21.28	13.52
丙　酮	12.57	12.07	13.01	13.63	13.20	8.39
ABS	10.75	12.09	14.23	13.58	16.62	14.24
发电量/亿千瓦·时	9.10	9.04	10.03	9.53	10.16	9.44
供热量/万吉焦	1 035.00	1 110.00	1 079.00	1 120.00	1 142.00	1 083.00
环氧丙烷	0	0	0	0	5.30	8.40
聚　醚	14.68	13.67	13.98	15.07	17.71	15.58
D.C.P	2.03	2.23	2.23	2.30	2.17	1.91

金陵石化

【概况】 中国石油化工股份有限公司金陵分公司(简称金陵分公司)和中国石化集团金陵石油化工有限责任公司(简称金陵石化有限公司)统称金陵石化，位于南京市东北郊，占地面积778.93万平方米。金陵石化前身是1982年1月成立的金陵石化公司，1983年7月划归中国石油化工总公司，1998年7月整体并入石化集团公司。

金陵石化主要从事石油炼制及石化产品的加工生产和销售，拥有炼油、芳烃、热电、烷基苯等大型生产装置70余套，原油加工能力1 800万吨/年，每年可向市场供应国Ⅴ汽油320万吨、国Ⅳ汽油80万吨、国Ⅳ车用柴油240万吨、国Ⅴ车用柴油60万吨、航空煤油220万吨、烷基苯18万吨，是中国石化第三大原油加工基地、全国最大的清洁汽油和航煤生产企业，也是亚洲最大的洗涤剂原料生产基地。

金陵石化生产石油产品 30 余种，是华东及沿江地区汽油、航空煤油、柴油、溶剂油、液态烃、石油苯、烷基苯等产品的主要供应商之一，是南京及周边地区乙烯、聚丙烯、合成纤维生产的重要原料基地。2014 年，金陵石化供应江苏市场的国Ⅴ汽油和国Ⅴ车用柴油分别为中国石化在该地区市场投放总量的 70.82% 和 70.94%，生产的烷基苯占国内洗涤剂原料市场的 58.78%。产品除供应华东市场外，还远销全国各地，并出口至美国、加拿大以及欧洲、东南亚、非洲等 30 多个国家和地区。

截至 2014 年底，金陵石化下设 18 个职能处室、2 个工厂、8 个专业化管理中心、9 个生产运行部、1 个辅助生产运行单位；在职职工总数 7 481 人，共有专业技术人员 1 484 人，其中具有高级职称的 361 人、中级职称的 1 041 人。资产总额 220.08 亿元。

金陵石化主要技术经济指标及主要产品产量见表 1 和表 2。

（许鹏伟）

【生产经营平稳有序】 2014 年，金陵石化紧紧围绕提高发展质量和效益，全面实施“日效益”管理模式，最大限度地挖掘优化潜力，保持生产经营平稳有序。全年累计加工原油 1 697.13 万吨，生产汽、煤、柴油合计 1 037.59 万吨，汽油、航煤、烷基苯、轻蜡、沥青 5 种产品产量创历史纪录。整体实现销售收入 979.81 亿元，上缴税金 237.14 亿元，实现利润 4.68 亿元。

（许鹏伟）

【国际市场开拓取得突破】 2014 年，金陵石化大力实施“走出去”战略，积极开拓国际市场。成功开通供武汉机场保税油业务，供应保税航煤的机场达到 6 个（南京、成都、重庆、郑州、浦东、武汉）。全年销售保税航煤 64.95 万吨，居中国石化 11 家出口企业之首；累计出口航煤 100.6 万吨，同比增加 30.6 万吨。打通柴油至清江码头出口流程，出口柴油 32.79 万吨，增长 56.14%。积极推进沥青产品出口，实现沥青产品首次进入印度尼西亚市场。加强烷基苯国际市场开拓，出口烷基苯 2.46 万吨，实现烷基苯产品自主出口，为推进国际化战略做出了积极探索。

（许鹏伟）

【技术开发取得成效】 2014 年，金陵石化着力加强科研攻关，高芳烃含量催化柴油加氢转化技术开发与工业应用、汽油在线管道调和成套技术开发及工业应用通过石化集团公司技术鉴定。其中，催化柴油加氢转化技术可将劣质催化柴油部分转化为硫含量小于 10 微克/克、辛烷值（RON）达到 91—94 的清洁汽油调和组分，经济效益十分显著。全年共完成专利申报 7 件，获授权国家专利 4 件。炼厂尾气综合治理技术开发项目获中国石化科技进步一等奖；炼油全流程优化技术开发及应用获中国石化科技进步二等奖。

（许鹏伟）

【“日效益”管理平台全面运行】 2014 年，金陵石化全力狠抓生产优化，创新性地实施每套装置生产实物量和创造价值的货币化管理模式，自主开发“日效益”管理系统，动态展示各装置效益指标和完成情况，并以利润的形式量化。新系统的开发应用，可实现全厂所有装置日效益排名、装置历史效益跟踪及计算全厂日效益等功能。“日效益”管理系统于 10 月 1 日起正式运行。

（许鹏伟）

【环境综合整治全面开展】 2014 年，金陵石化以改善厂容厂貌、打造美丽金陵、树立良好形象为目标，以解决历史欠账、环境脏乱差及违建等突出问题为突破口，全面开展区域环境综合整治。共清除卫生死角垃圾 4.7 万立方米，拆违拆破 15 处，整修道路 12 条，新增绿地 5.65 万平方米，补种乔灌木 2.5 万株；完成改造出新项目 26 项，社区出新 21.29 万平方米；出新炼油区域管线 22.3 万米，清除废旧管线 1 200 吨，整治管廊地坪 1.78 万平方米，区域环境显著改善。

（许鹏伟）

【“开门办工厂”活动有效开展】 2014 年，金陵石化持续开展“开门办工厂”活动，主动邀请社会公众和舆论媒体进厂参观，全方位展示企业在安全环保、节能减排、科技创新等方面取得的成果，自觉接受社会公众检查监督。全年累计接待地方政府、主流媒体及人大代表、政协委员、群众代表等 80 批 3 000 人次。

（许鹏伟）

【“碧水蓝天”项目加快实施】 2014 年，金陵石化严格落实石化集团公司部署，全力推进“碧水蓝天”项目实施。24 个“碧水蓝天”项目全部完成可研上报，热电 CFB 锅炉脱硫改造、污水深度处理回用、高温蜡油罐区排放废气治理、原油中转站含油污水密闭输送等9个项目建成投用，环境风险防控能力明显提升。

（许鹏伟）

油污水深度处理回用装置建成投用 （徐 捷 摄）

【国Ⅴ标准车用柴油供应南京市场】 2014年2月25日，金陵石化正式向南京市场供应国Ⅴ标准车用柴油，标志着南京车用柴油由国Ⅲ直接升级为国Ⅴ，成为继北京、上海之后的第3个提前使用第5阶段车用柴油的区域，也是全国第1个推广国Ⅴ柴油的省会城市、全国第1个柴油直接从国Ⅲ升到国Ⅴ的地区。全年，金陵石化共生产国Ⅴ柴油21.43万吨，较好完成南京市柴油质量升级和保供任务。

（许鹏伟）

国Ⅴ标准车用柴油供应南京市场 （傅绍同 摄）

【沸腾床工业示范性试验装置建成中交】 2014年2月28日，金陵石化5万吨/年沸腾床渣油加氢(STRONG)工业示范性试验装置建成中交。该装置及系统配套工程是中国石化首套自主研发项目，也是2010年度“十条龙”科技攻关项目，项目的顺利中交标志着中国石化沸腾床渣油加氢工业应用进入关键的试验性阶段，对中国石化渣油加氢技术迈向世界领先水平具有重要意义。

（许鹏伟）

【金陵亨斯迈新材料有限责任公司环氧丙烷项目开工建设】 2014年6月6日，由石化股份公司和亨斯迈化工贸易(上海)有限公司合资组建的南京金陵亨斯迈新材料有限责任公司环氧丙烷项目举行桩基施工开工仪式，标志着该项目正式进入现场施工阶段。

（许鹏伟）

金陵亨斯迈环氧丙烷项目桩基开工仪式 （徐 捷 摄）

【催化汽油吸附脱硫项目建成投产】 该项目于2013年11月22日开工建设；2014年8月11日，装置提前中交，创造国内同类装置建设周期最短纪录。装置投产后，金陵石化国Ⅴ汽油加工能力提升至300万吨/年。

（许鹏伟）

【国Ⅳ标准车用柴油供应江苏市场】 2014年8月14日，金陵石化按照中央及地方政府具体部署，正式向江苏市场供应国Ⅳ标准的柴油，全年累计生产国Ⅳ柴油46.4万吨，圆满完成江苏省柴油质量升级任务。

（许鹏伟）

【金陵石化获海关AA类管理资质】 2014年9月22日，金陵分公司正式获得经海关总署批准的“适用AA类管理决定书”，成为中国石化系统内分公司体制企业中首家取得AA管理类别资质的单位。AA类管理类别资质是海关企业分类管理的最高资质。

（许鹏伟）

【柴油加氢项目建成中交】 2014年12月31日，金陵石化第2轮油品质量升级重点项目——300万吨/

年柴油加氢项目实现中交。项目采用固定床柴油加氢工艺，选用抚顺石油化工研究院研制的高性能馏分油加氢精制催化剂 FHUDS－6。项目投产后，金陵石化柴油生产全面达到国Ⅴ标准。

（许鹏伟）

【员工队伍建设稳步推进】 2014 年，金陵石化紧紧围绕从严管理，全面推进改革创新和人力资源开发。开展专业骨干人才岗位交流锻炼和“双导师”帮带工作试点，完成 6 个专业新一轮岗位资格认证，完成 140 多人参加的专业技术职务任职资格评审，完成职业技能鉴定 700 多人。举办公司级培训项目 71 个，13 470 人次接受培训；选送 450 人次参加石化集团公司培训项目。推荐享受国务院特殊津贴 2 人，新增江苏省首席技师 1 人，设立南京市级技能大师工作室 1 个，员工队伍素质稳步提升。

（许鹏伟）

【深入开展“从严管理年”活动】 2014 年，金陵石化严格贯彻落实石化集团公司部署，全面开展“从严管理年”活动。以加强领导班子和干部队伍建设、强化“三基”工作、落实岗位责任、梳理整改问题为重点，制定专项工作方案 34 个，梳理各类问题 351 项，完成问题整改 212 项，余下问题均明确整改任务、目标要求、责任人和完成时间，有力提升了企业管理水平。

（许鹏伟）

表 1　　金陵石化主要技术经济指标　　亿元

指标名称＼年份	2014	2013	2012	2011	2010	2009
原油加工量/万吨	1 697.13	1 713.25	1 370.86	1 315.16	1 347.60	1 237.00
工业总产值①	972.83	1 073.04	904.89	810.69	686.39	520.57
炼　油	858.40	920.34	712.39	671.17	607.29	437.88
化　工	111.02	150.39	190.23	136.21	76.64	78.10
其　他	3.41	2.31	2.27	3.31	2.46	1.71
工业增加值	167.56	191.97	121.50	103.56	150.30	128.87
资产总计	220.08	276.16	251.68	215.88	207.22	189.86
流动资产	68.88	121.97	100.68	87.18	91.49	76.31
固定资产原值	240.20	233.02	195.37	189.39	190.49	188.32
固定资产净值	115.79	116.15	87.06	89.16	97.83	103.15
销售收入	979.81	1082.54	908.75	824.41	717.62	528.65
实现利税	231.24	267.33	180.19	165.23	185.10	161.14
税　金	226.56	239.63	175.64	165.19	172.36	143.31
综合能耗②/吨标煤·万元$^{-1}$	0.29	0.30	0.32	0.35	0.51	0.55

①工业总产值数据按 2010 年不变价计算

②2009—2010 年综合能耗数据按 2005 年不变价计算

表 2　　金陵石化主要产品产量　　万吨

产品名称＼年份	2014	2013	2012	2011	2010	2009
汽　油	384.24	346.32	197.51	177.16	215.21	188.76
煤　油	218.61	199.97	196.53	164.34	140.22	125.28
柴　油	434.74	455.97	351.65	362.19	438.35	429.36

续表

产品名称＼年份	2014	2013	2012	2011	2010	2009
溶剂油	1.14	1.25	1.78	1.84	3.50	5.11
石脑油	151.60	168.55	179.17	197.78	148.69	252.09
商品燃料油	3.59	8.92	8.30	0.29	1.13	1.97
商品液化气	89.52	94.39	57.87	46.95	45.99	39.43
石油焦	108.29	100.25	97.46	113.84	113.75	103.45
沥　青	104.32	86.86	77.30	41.38	80.97	61.67
苯类合计	76.58	104.51	103.87	95.91	79.19	67.12
烷基苯	18.81	15.85	16.17	12.25	11.88	12.55
轻　蜡	27.24	24.97	26.61	18.92	15.28	13.11

扬子石化

【概况】 中国石化扬子石油化工有限公司(简称扬子石化有限公司)和中国石化集团资产经营管理有限公司扬子石化分公司(简称扬子资产分公司)统称扬子石化，占地面积12.43平方千米，位于江苏省南京市北郊，南临长江，北接京沪铁路，与国家级的南京化学工业园融为一体。其前身是成立于1983年9月的扬子石油化工公司。1998年，扬子石油化工公司实施资产重组，创立了以从事石油炼制及乙烯、芳烃等烃类及衍生物生产加工为主的扬子石油化工股份有限公司和以公用工程为主业的扬子石油化工有限责任公司。2006年，成立扬子石化有限公司。2007年，扬子石化有限公司吸收合并扬子石油化工股份有限公司，扬子石油化工有限责任公司转制为扬子资产分公司。2008年，扬子石化有限公司收购淮安清江石油化工有限责任公司(简称清江石化)和泰州石油化工有限责任公司(简称泰州石化)。

截至2014年底，扬子石化职工总数为9 841人，其中在岗经营管理和专业技术人员2 954人，具有高级及以上职称的598人、中级职称的1 385人；下设26个机关部(处)室、14个分支机构；运营3个全资子公司、5个合资公司；总资产354.98亿元。扬子石化有限公司南京本部拥有1 250万吨/年炼油、70万吨/年乙烯、162万吨/年芳烃等58套大型石油化工装置，可生产合成树脂、合成纤维原料、基本有机化工原料、成品油、合成橡胶等5类50多种产品，是国内主要的纯苯、对二甲苯、邻二甲苯、精对苯二甲酸(PTA)、乙二醇、丁二烯和环氧乙烷生产商；扬子资产分公司拥有与石油化工生产相配套的36万千瓦发电能力、66万吨/日供水及2 800米^3/时二级污水生化处理能力；清江石化拥有180万吨/年炼油、62万吨/年催化裂化等12套石油化工装置；泰州石化拥有60万吨/年常减压、14万吨/年酮苯等10套石油化工装置；控股合资公司扬金橡胶拥有10万吨/年丁苯橡胶和10万吨/年顺丁橡胶生产能力。

扬子石化主要技术经济指标和主要产品产量见表1和表2。

(徐　杰　朱军涛)

【提出“三步走”中长期发展规划】 2014年，扬子石化谋长远与抓当前结合，初步完成2020发展规划、炼油和精细化工“十三五”规划编制，提升炼化一体化优势、扩大“五位一体”协同效应的发展思路已经明确，按照“三步走”的思路，统筹谋划2015年和“十三五”工作。即第1步，以从严管理、强本固基为立足点，以安全环保和效益为核心，强化责任落实，深化全流程优化，坚持制度、职责、流程、考核“四位一体”的改进，2015年坚决扭转亏损局面，效益排名要有大幅提升；第2步，以改革创新为动力，持续提高资源效率、资产效率、组织效率和劳动生产率，2016年重回中国石化炼化板块第一方阵前列；第3步，以转型发展为目标，全力提升核心竞争能力，2020年成为中国石化一流能源化工公司。

(徐　杰　朱军涛)

【生产经营计划指标完成】 2014 年，扬子石化(含子公司)加工原油 949.70 万吨，向市场投放高品质石化产品 992.28 万吨，实现营业收入 640.50 亿元，利税 33.88 亿元。其中，扬子石化有限公司本部加工原油 818.89 万吨，产出商品 854.27 万吨，其中，“三烯”(乙烯、丙烯和丁二烯)122.89 万吨，“三苯”(苯、对二甲苯和邻二甲苯)140.45 万吨，合成树脂 85.24 万吨，合成纤维原料 86.47 万吨，成品油 365.91 万吨，实现营业收入 535.25 亿元，利税 17.05 亿元，预算体系还原后，完成效益目标。扬子资产分公司发电 21.77 亿千瓦·时，供汽 639 万吨，供水 8 532 万吨，处理污水 2 246 万吨；实现营业收入 26.56 亿元，利税 5.17 亿元，利润 3.60 亿元，效益排名资产公司第一。

(徐　杰　朱军涛)

【炼油产品结构调整成效明显】 2014 年，扬子石化有限公司生产成品油 365.91 万吨，同比提高 14.49%。其中，生产汽油 126.68 万吨，首次突破百万吨，同比提高 112.37%，95#以上汽油牌号比例排名中国石化第一；生产航煤 71.05 万吨，提高 58.35%，首次实现“以出顶进”，拓展国际市场；生产柴油 168.17 万吨，下降 21.81%，国Ⅳ标准以上牌号柴油比例达到 34.76%，获得南京国Ⅴ标准柴油一半市场份额；柴汽比由 3.61 下降到 1.33。

(徐　杰　朱军涛)

【化工运行平稳应对市场有效】 2014 年，扬子石化有限公司滚动开展测算，密切产销研衔接，及时调整原料结构和产品结构，深入推进节能降耗，乙烯高附收率、PTA 能耗等 11 项化工主要技术经济指标创历史最好水平。将富乙烯气、1#重整干气做乙烯原料，完成裂解炉原料适应性改造，乙烯原料实现优质化、轻质化，全年石脑油比例同比下降 9.10%，当量乙烯收率上升 1.26%，吨乙烯原料成本降低 181 元，比考核指标低 81 元，降低成本 1.20 亿元；按效益滚动排序，增销乙烯、丙烯单体 11 万吨，环氧乙烷最高日产量突破 800 吨，全年环氧乙烷产量同比提高 21.26%，塑料新产品和专用料比例上升 5.50%；签订 PTA 市场化运作三方协议，运行成本较低的 PTA 三线保持高负荷运行，对没有边际效益的 PTA 二线实行停产，减少亏损 0.75 亿元。

(徐　杰　朱军涛)

【清江石化经营业绩大幅提升】 2014 年，面对市场需求不足、原油价格下半年出现“断崖式”下跌的严峻挑战，清江石化坚持以市场为导向、效益为中心、优化为抓手、HSE 为重点，层层落实以销定产、效益优先的生产经营原则，精心调整产品结构，狠抓现场安全生产，不断强化内部管理，各项工作取得了长足进步。全年未发生上报安全、环保事故；累计加工原油及原料油 91.60 万吨，生产产品 81.56 万吨，实现销售收入 55.79 亿元，实现利润 4 138 万元，同比增加 3 473 万元、提升 6.22 倍。利润排名炼油企业第八，吨油利润排名第五。

(徐　杰　朱军涛)

【泰州石化催化装置平稳关停】 2014 年 11 月 6 日，泰州石化运行 18 年的 22 万吨/年催化装置实现永久关停。该装置规模小、能耗高，缺少烟气脱硫脱硝除尘等设施，安全环保风险大，且改造投资回报率低，属于典型的落后产能。扬子石化组织泰州石化开展多轮评估论证，主动做“减法”，推进结构调整，研究制定了该装置关停的资源优化、人员安置、队伍稳定和未来发展的工作方案，蜡油渣油资源的优化配置，人员分流安置及生产组织平稳有序，实现了生产稳定、队伍稳定，达到了平稳关停的目标，为泰州石化加快转型发展创造了良好条件。

(徐　杰　朱军涛)

【油品质量升级及原油劣质化改造项目全面建成投产】 2014 年，扬子石化集全公司之力，加强统筹协调，严把安全、质量控制关，加快推进项目建设，克服部分装置无开车经验可循、新老装置两条线作战人员紧张等困难，经过 33 个月的持续艰苦奋战，于 12 月 2 日实现最后一套主体生产装置——800 万吨/年常减压装置投料开车成功。这标志着扬子石化油品质量升级及原油劣质化改造项目全面建成投产，扬子石化正式跨入千万吨级炼油企业行列，满足了油品质量升级、向社会提供高品质清洁能源的需求。

(徐　杰　朱军涛)

【煤气化示范装置建成投产】 2014 年 1 月 28 日，中国石化“十条龙”项目——扬子石化 50 万吨/年煤气化示范装置一次开车成功，产出高纯度氢气。该项目采用中国石化具有自主知识产权的单喷嘴冷壁式粉煤加压气化技术，经干煤粉加压气化加激冷流程制合成气(氢气)，由中国石化、华东理工大学和宁波工程公司共同开发，其核心设备为单喷嘴水冷壁气化炉。该项目总投资为 12.71 亿元，于 2012 年 6 月 21 日开工建设。该示范装置运行周期达到 153 天，创同类装置运行纪录，技术水平达到国内领先、世界一流，为中国石化煤化工业务发展提供了强力支撑、储备了人才，也为扬子石化以煤为原料工艺路线的发展开辟了新天地。12 月 4 日，该装置采用的单喷嘴冷壁式粉煤加压气化技术通过石化集团公司鉴定，顺利“出龙”。

（徐　杰　朱军涛）

新建 800 万吨/年常减压联合装置　（顾景阳　摄）

【国内首家实现合成气制乙醇酸甲酯/乙醇酸工业化生产】 2014 年 5 月 14 日，扬子石化 1 000 吨/年合成气制乙醇酸试验装置首次产出合格乙醇酸甲酯/乙醇酸产品，标志着扬子石化成为国内合成气制乙醇酸技术领先企业，为扬子石化发展精细化工业务奠定了坚实基础。扬子石化利用现有合成气制乙二醇试验装置，与上海石化研究院合作，采用该试验装置开发的专有合成气制乙醇酸甲酯及乙醇酸技术，生产乙醇酸甲酯/乙醇酸产品。该产品广泛用于化工、医药、农药、饲料、燃料和香料等领域。

（徐　杰　朱军涛）

【成功开发 C 型氯化聚乙烯专用树脂 YEC－5706】 2014 年 3 月 19 日，扬子石化首次实现 C 型氯化聚乙烯专用树脂 YEC－5706 工业化生产，成为国内首家成功开发的 C 型氯化聚乙烯专用树脂企业。自此，扬子石化形成了 A 型（塑改型）、B 型（橡胶型）、C 型（ABS 改性型）氯化聚乙烯专用树脂生产的系列化。C 型氯化聚乙烯专用树脂 YEC－5706 主要用于阻燃 ABS 改性，具有增加 ABS 韧性、增强阻燃效果的特点。该产品直接以粉料形式投放市场，省去了造粒成本，经济效益显著。

（徐　杰　朱军涛）

【“碧水蓝天”行动首个项目建成中交】 2014 年，扬子石化组织实施投资 13 亿元的“碧水蓝天”行动计划工程，包括污水深度处理、污水回用、废气、废渣等在内的“三废”专项环境治理项目 12 个。12 月 30 日，“碧水蓝天”计划工程首个项目——污水回用项目建成中交。该项目投资 5.35 亿元，包括新增污水二级生化处理能力 1 100 吨/时，污水深度处理能力 1 400 吨/时，污水回用能力 850 吨/时，雨水回用能力 500 吨/时等子项。项目建成投用后，一年可生产回用水 700 万吨，污水回用量将达到用水总量 50% 以上。

（徐　杰　朱军涛）

【全流程优化增效显著】 2014 年，扬子石化将全流程优化引向纵深，从更加系统的角度，用更加精细的分析测算，使原料、产品和加工过程的所有生产要素配置最优化，从而达到整体效益最大化。扬子石化开展“将全流程优化进行到底”主题教育活动，树立“整体价值链、综合效益最大化、主动改善一切”的理念，倡导“人人都可以优化，处处都可以优化”，以全流程优化推动公司从“以化为主”向“油化并举”转变、从局部优化向区域优化转变、从生产型向生产经营型转变，公司、厂、车间相继成立 46 个优化团队，建设 36 个优化模型，实施优化措施 40 项，全年增效 3.67 亿元。

（徐　杰　朱军涛）

【2 期麦肯锡运营提升项目成效明显】 2014 年 4 月 14 日和 10 月 27 日，扬子石化先后启动为期 20 周和 16 周的 2 期麦肯锡运营提升项目，引入先进的管理理念，推广应用一批行之有效的管理工具和方法，识别约 7.40 亿元的年化效益改善潜力，确立 340 多项关键改进举措，完成 61 套装置 KPI（关键绩效指标）向 KAI（关键行动指标）转化，落实优化项目 19

项，全年实现落袋效益1 580万元。

（徐　杰　朱军涛）

【从严管理扎实推进】 2014年，扬子石化全面开展“从严管理年”活动，持续推进制度、职责、流程、考核“四位一体”的改进，梳理公司、厂两个层面问题757个，完成整改701个，从严管理的基础逐步夯实。健全基层管理制度体系建设，基层管理逐步规范，全年修订制度或管理规定36个；改进绩效考核体系，KPI指标由184项精简到130项，奖励改善经营管理建议1 319个，对煤制气新装置开车、原油途耗控制等23个事项重奖180万元，对“3·13”和“6·9”两起事故处罚639.4万元，24名责任人被从严问责，其中2人被撤职，突出效益、及时兑现、重奖重罚的从严管理导向更加鲜明。

（徐　杰　朱军涛）

【“公众开放日”活动实现常态化】 2014年5月28日，扬子石化举行第1期“公众开放日”暨第5次“政府、企业、居民三方环保圆桌对话”活动，来自社会各界的50位公众代表走进扬子石化，深入沟通交流，增进理解互信，达成环保共识。自此，每月1期的“公众开放日”活动实现常态化。全年，扬子石化共举办了6期“公众开放日”活动，累计接待社会公众1 570人次，对外树立了“开门办企业”的良好企业形象。

（徐　杰　朱军涛）

扬子石化公众开放日——对话南京新闻台106.9频率热心听众 （李树鹏　摄）

【中央电视台报道扬子石化PX（对二甲苯）装置】 2014年4月15日，中央电视台一套《晚间新闻》栏目播出了题为“记者实地探访我国最早的PX项目”的新闻节目。记者通过实地调查和采访，报道了于1989年开车的扬子石化PX装置运行25年来，做到了生产过程安全环保，做到了与周边居民、环境的和谐相处。

（徐　杰　朱军涛）

【党建与群众工作取得新成绩】 2014年，扬子石化持续对群众路线教育实践活动整改工作开展“回头看”，加强对党中央“八项规定”、石化集团公司党组实施细则及扬子石化实施办法的监督检查，6项非生产性费用下降14.37%，其中会议费、招待费下降20%以上；认真落实石化集团公司党组“两个规则”要求，把党建责任纳入各级班子成员工作分工，督促各级党组织书记履行抓好党建的主体责任，加大专项检查力度，党建品牌在坚持中持续深化；深入推进党风廉政建设、廉洁风险防控、效能监察、业务公开等工作，“两个责任”有力落实；和谐企业建设进一步深化，“五必谈五必访”、班组团队建设等思想政治工作在基层持续开展，老旧小区改造、石油液化气与天然气两气置换等40余项民生改善措施扎实推进，发放各类帮困救助金2 979万元，捐资助学290多万元。

（徐　杰　朱军涛）

【首获全国工人先锋号称号】 2014年5月，扬子石化炼油厂加氢联合装置工艺丁班被中华全国总工会授予全国工人先锋号称号。扬子石化首获此殊荣。

（徐　杰　朱军涛）

【龚荣华成功捐献造血干细胞】 2014年3月12日，扬子石化烯烃厂乙烯车间38岁女工龚荣华在南京中大医院接受造血干细胞采集手术，为在北京抢救的一位12岁男孩捐献造血干细胞，成为全国第4 029例、南京市第31例、六合区首例成功捐献造血干细胞的志愿者。

（徐　杰　朱军涛）

【举行中国石化第三届职工羽毛球比赛分区赛】 2014年8月21—23日，石化集团公司第三届职工羽毛球比赛暨“我是第一”职工羽毛球挑战赛（扬子石化赛区）在扬子石化多功能活动中心举行，来自石化集团公司21个单位的152名选手参加比赛。安庆石化选手获男、女单打2项冠军，胜利油田、齐鲁石化和扬子石化选手分获男、女双打和混合双打的单项冠军。

（徐　杰　朱军涛）

表 1 **扬子石化主要技术经济指标**[③] 亿元

指标名称 \ 年份	2014	2013	2012	2011	2010	2009
原油加工量[①]/万吨	949.70	884.04	1 022.58	1 001.84	876.80	934.02
工业总产值	715.98	707.37	599.02	683.28	507.03	446.84
扬子石化有限公司	693.55	685.19	576.03	658.83	486.67	426.47
扬子资产分公司	22.43	22.18	22.99	24.45	20.36	20.37
工业增加值	49.32	55.19	64.19	105.48	88.84	106.94
扬子石化有限公司	41.75	48.24	57.79	100.87	85.96	101.06
扬子资产分公司	7.57	6.95	6.40	4.61	2.88	5.88
资产总计	354.98	374.42	308.40	284.90	286.40	310.11
扬子石化有限公司	292.43	312.73	247.65	223.85	225.32	242.65
扬子资产分公司	62.55	61.69	60.75	61.05	61.08	67.46
流动资产	94.67	130.10	107.05	117.67	117.09	141.10
扬子石化有限公司	79.92	114.75	91.38	103.24	101.90	121.29
扬子资产分公司	14.75	15.35	15.67	14.43	15.19	19.81
固定资产原值	445.12	366.09	344.55	336.48	330.09	315.30
扬子石化有限公司	396.07	318.40	297.70	290.46	285.66	271.74
扬子资产分公司	49.05	47.69	46.85	46.02	44.43	43.56
固定资产净值	183.08	111.18	99.97	100.80	106.37	103.80
扬子石化有限公司	162.52	91.21	80.03	80.42	86.18	83.37
扬子资产分公司	20.56	19.97	19.94	20.38	20.19	20.43
营业收入	640.50	649.11	679.73	787.12	586.43	517.68
扬子石化有限公司	613.94	623.89	653.67	759.55	562.77	494.57
扬子资产分公司	26.56	25.22	26.06	27.57	23.66	23.11
利　税	33.88	40.82	53.87	108.07	92.15	110.20
扬子石化有限公司	28.71	36.58	49.70	103.74	88.86	104.26
扬子资产分公司	5.17	4.24	4.17	4.33	3.29	5.94
税　金	60.55	47.76	67.89	77.45	65.11	67.53
扬子石化有限公司	59.00	46.16	66.45	76.32	64.05	65.92
扬子资产分公司	1.55	1.60	1.44	1.13	1.06	1.61

续表

指标名称＼年份	2014	2013	2012	2011	2010	2009
综合能耗[②]/吨标煤·万元$^{-1}$						
扬子石化有限公司	1.08	1.13	1.12	1.13	1.37	1.38
扬子资产分公司	2.59	2.77	3.10	3.17	4.34	4.40

①原油加工量统计包含清江石化和泰州石化

②2011 年开始，综合能耗数据按 2010 年不变价计算，其他按 2005 年不变价计算

③本表财务数据为合并报表数据

表 2　　扬子石化主要产品产量[①]　　万吨

产品名称＼年份	2014	2013	2012	2011	2010	2009
乙　烯	75.66	70.55	64.95	81.81	67.85	79.60
丙　烯	46.91	41.80	39.47	47.93	39.62	47.21
丁二烯	10.53	10.45	12.57	18.66	16.76	19.24
聚乙烯	45.19	46.03	44.81	57.84	49.09	56.06
聚丙烯	42.82	43.77	40.21	49.33	41.60	48.63
精对苯二甲酸	69.74	92.21	109.53	141.49	130.08	132.48
乙二醇	16.73	18.44	11.64	13.31	15.66	16.00
纯　苯	38.35	36.95	33.01	37.73	33.93	37.83
对二甲苯	88.17	85.52	93.78	96.30	83.58	87.03
邻二甲苯	13.93	19.72	23.67	24.22	18.22	20.75
环氧乙烷	21.36	17.62	9.74	12.57	9.90	11.76
柴　油	182.29	224.32	251.06	303.53	277.77	271.70
汽　油	155.18	84.94	98.15	94.47	53.91	94.81
丁苯橡胶	9.75	9.85	9.15	11.27	9.23	9.14
顺丁橡胶[②]	0.20	1.10	—	—	—	—

①产品产量包含清江石化和泰州石化

②2013 年 9 月开始，顺丁橡胶产品投放市场

扬 巴 公 司

【概况】 扬子石化—巴斯夫有限责任公司（简称扬巴公司）成立于 2000 年 12 月，由中国石化和德国巴斯夫公司以 50∶50 的股比共同投资设立，累计总投资 52 亿美元，占地 220 公顷（220 万平方米）。扬巴公司拥有以 74 万吨/年乙烯装置为核心的基础化学联合装置、33/30 万吨/年环氧乙烷/乙二醇装置、40 万吨/年低密度聚乙烯装置、30.4 万吨/年羟基醇 - 碳 4 装置、16 万吨/年丙烯酸和 21.5 万吨/年丙烯酸酯装置、3 万吨/年丙酸装置、5 万吨/年甲酸装置、3.6

万吨/年甲胺装置、4万吨/年二甲基甲酰胺装置、6万吨/年非离子表面活性剂装置、13万吨/年丁二烯抽提装置和8万吨/年2－丙基庚醇装置等。主要产品有低密度聚乙烯、乙二醇、丁醇、辛醇、丙烯酸、丙烯酸甲酯及丁酯、甲酸、丙酸、甲胺、二甲基甲酰胺、苯、甲苯、混合二甲苯、聚苯乙烯、丁二烯、非离子表面活性剂、2－丙基庚醇。所有装置均采用巴斯夫独有的“联合体”概念，以最高效、环保的方式生产、利用产品、副产品和能源，支持公司可持续发展的目标。扬巴公司还拥有1个自备电厂和3个对外开放码头，保证能源供应和物流运输，其中自备电厂是南京地区唯一一家以天然气做燃料的电厂，更有益于南京地区的“蓝天计划”。

截至2014年底，扬巴公司共有员工1 959名。2014年销售268万吨化学品和聚合物，实现销售收入222亿元人民币。

（李时艳）

【被评为南京市唯一一家绿色环保信用企业】 根据江苏省环保厅发布的《江苏省企业环保信用评价及信用管理暂行办法》，用绿色、蓝色、黄色、红色、黑色评定企业环保行为从高到低的等级。2014年9月，江苏省环保厅公布2013年度南京市77家国控重点企业环境行为评价结果，扬巴公司继2013年之后第2次荣登绿榜，成为南京市唯一一家绿色环保信用企业。

（李时艳）

【丙烯酸类装置投产】 2014年4月26日，扬巴公司新建的年产16万吨精丙烯酸装置开车，并于4月28产出首批合格产品。7月14日，新建的世界级丙烯酸丁酯装置开车，并于次日生产出首批合格产品，比原计划提前4个月。新装置与已有的丙烯生产整合，确保了供应的高度稳定性、能源效率以及成本效率，同时最大限度地降低了能源使用和对环境的影响。新装置进一步强化了碳三价值链，满足日益增长的下游需求。

（李时艳）

【举办安全周活动】 2014年3月10－14日，扬巴公司举办了以“安全——我的日常习惯”为主题的安全周活动，公司员工和承包商代表参加了此次活动。活动旨在将安全行为和规则植入每个在扬巴公司工作的人的心中，让安全成为日常的习惯，从而营造一个安全的工作环境。

（李时艳）

福建炼化

【概况】 福建炼油化工有限公司（简称福建炼化）是由石化股份公司和福建省石油化学工业公司各出资50%合资建设的具有独立法人单位资格的大型炼油化工企业，位于福建省泉州市泉港区，紧靠全国四大良港之一的湄洲湾。其前身福建炼油厂始建于1989年1月。福建炼化下设8个机关处室，有2家全资子公司、5家合资公司。本部职工总数235人，其中本科及以上学历的164人。

福建联合石油化工有限公司（简称福建联合石化公司）是由福建炼化、埃克森美孚中国石油化工公司、沙特阿美中国有限公司按50%：25%：25%比例合资建设的大型石油化工企业，总投资319.85亿元，总占地面积478.7万平方米，于2007年6月成立，2009年8月投入商业运行，2013年底完成脱瓶颈改造，拥有1 400万吨/年炼油、99万吨/年乙烯裂解、90万吨/年聚乙烯、55万吨/年聚丙烯、77万吨/年芳烃、部分氧化/汽电联产装置（IGCC）等30套主要炼油及化工联合装置，主要加工沙特原油，生产车用无铅汽油、轻柴油、聚乙烯、聚丙烯、对二甲苯、工业用纯苯、丁二烯等47个牌号的石化产品。

福建炼化林德气体有限责任公司（简称福林气体公司）由福建炼化与林德气体（香港）公司按50%：50%的比例合资建设，于2008年8月正式成立，2010年底正式投入商业运行，主要为福建炼油乙烯项目提供专业气体产品。

福建省福橡化工有限责任公司（简称福橡化工公司）由福建炼化与福建省石油化学工业公司按49%：51%的比例合资建设，于2011年5月27日正式成立，主要生产顺丁橡胶和丁苯橡胶产品。

中国石化化工销售福建有限公司（简称化销福建公司）由福建炼化与化工销售公司按10%：90%的比例合资建设，于2012年4月19日正式挂牌成立。

海峡石化产品交易中心有限公司（简称海峡石化公司）由福建炼化与晋江市、福建省超盛化工工贸有限公司、化工销售公司、福建省石油化学工业有限公司按20%：26%：24%：20%：10%的比例合资建设，于2013年6月29日完成工商注册，2014年11月28日电商板块正式上线开市。

福建炼化主要技术经济指标和主要产品产量见表1和表2。

（李　晟）

【领导班子调整】 2014年10月30日，福建炼化召开干部大会，宣布领导班子调整决定：经石化集团公司党组、中共福建省委共同研究决定，陆东调往炼化工程公司任职，免去其福建炼化、福建联合石化公司所任职务；顾越峰任福建炼化董事长、党委委员及福建联合石化公司董事长、总裁、党委委员；刘向东任福建炼化正局级副总经理。同时，石化股份公司决定成立古雷炼化一体化项目管理部(简称古雷项目部)，刘向东任古雷项目部总经理，杨洪斌、陈飞山任古雷项目部副总经理。

（李　晟）

【乙烯装置年产量突破百万吨】 2014年，福建联合石化公司乙烯装置总体实现稳定运行，产能和技术指标达到要求。截至年底，该装置年产量突破百万吨，达到102.11万吨，规模效应和龙头效应得到充分发挥，边际贡献持续提升。

（李　晟）

【"从严管理年"活动取得实效】 2014年，福建炼化、福建联合石化公司深入开展"从严管理年"活动，实施33项毛利提升项目，共计实现毛利提升7.82亿元。其中，芳烃装置节能改造项目实施后，装置综合能耗同比降低18%，实现毛利提升约2.30亿元；通过实施优化原料结构等3项原料优化措施，实现效益约6 400万元；通过实施催化汽油吸附脱硫装置操作条件优化等22项工艺优化措施，实现效益约4.38亿元。

（李　晟）

【福林气体公司第3套空分装置试车成功】 该装置位于泉州市泉港石化园区南山片区，主要包括1套3.3万米^3(标准)/时的空分装置和配套设施。装置于2013年9月22日开始桩基工程施工；2014年12月15日实现一次试车成功，产出合格液氧产品。该装置主要向福建联合石化公司环氧乙烷/乙二醇(EO/EG)装置以及南山片区石化园内相关企业提供工业气体，并向周边地区企业提供液体产品和与气体相关的解决方案。

（李　晟）

【古雷炼化一体化项目一期项目进展顺利】 2014年，福建炼化、古雷项目部全面推进项目可研报告、支撑性文件编制以及合资谈判等前期工作。10月16日，福建省政府、石化股份公司、台湾石化企业联合体举行座谈会，同意按整体规划、分步实施的方案，先行启动建设该项目一期项目，主要包括百万吨级乙烯(180万吨/年MTO、80万吨/年蒸汽裂解乙烯)和下游深加工装置。12月16日，在台北举行的海峡两岸企业家峰会上，《陆台合资福建漳州古雷炼化一体化项目合作商务原则框架协议》顺利签署，明确了该项目的合资范围、合资股比、合资公司管理框架及原料供应、产品销售等关键内容。

（李　晟）

【深入开展"六打六治"打非治违专项行动】 2014年，按照国务院安全生产委员会和石化集团公司安全监管局有关文件精神，福建炼化针对危险化学品、油气管道、工程施工和交通运输4个方面深入开展"六打六治"打非治违专项行动。油气输送管道隐患整治暨厂际管道和罐区隐患排查攻坚战全面启动，查出的隐患均按"五落实"要求进行了整改，部分违章占压、周边乱建问题及时与地方政府沟通了解决方案。危险化学品运输管理进一步强化，未发现无证经营、充装、运输，非法改装、认证，违法挂靠、外包，违规装载等问题。积极开展现场应急预案演练活动，强化工程施工现场"三同时"管理，工程施工和交通运输安全管理有效加强。及时开展生活后勤系统安全检查，并迅速完成整改落实。

（李　晟）

【和谐福炼建设取得新成果】 2014年，福建炼化持续抓好道德教育、技能教育、素养教育，选取丰富的活动载体，每月开展道德讲堂、志愿者服务、经典诵读等活动，干部员工队伍综合素质不断提高，并通过上级复查，继续保留全国文明单位称号。坚持以人为本，邀请专业机构在充分调研的基础上制定员工帮助计划(EAP)试点工作方案，并抓好落实。定期通过公众微信平台、邮箱做好知识普及，创建咨询室和24小时咨询热线，抓好员工积极心理建设；开展志愿者取证培训，强化服务效果，扩宽受众面，有效帮助员工和家属舒缓了心理压力。认真履行社会责任，选派2名干部分别参加援疆和对口扶贫工作，捐资40万元用于挂钩扶贫点道路拓宽改造工程，巩固了良好的企业公民形象。

（李　晟）

【获评省先进基层党组织】 福建联合石化公司深入开展"党员示范岗""党员责任区"等党建主题活动，充分发挥党员在企业生产经营、和谐稳定等各项工作中的先锋模范作用，彰显党员的先进性。以文化融合为根本，促进企业和谐发展，逐步塑造和形成了具有自身特色的管理模式。2014年7月1日，福建联合石化公司党委被评为福建省先进基层党组织。

（李　晟）

表1 **福建炼化主要技术经济指标①** 亿元

指标名称 \ 年份	2014	2013	2012	2011	2010	2009
原油加工量/万吨	1 130.60	944.90	1 102.72	959.46	1 138.72	704.28
工业总产值	—	—	—	—	—	275.70
资产总计	44.86	48.77	52.41	55.86	58.30	51.89
流动资产	4.36	2.81	10.69	6.48	7.92	7.80
固定资产原值	3.58	3.55	3.43	2.65	2.24	2.56
固定资产净值	2.30	2.37	2.35	1.38	1.41	1.34
销售收入	771.78	621.31	751.90	647.80	640.52	206.81
实现利税	-7.08	-6.82	-9.71	-2.37	6.40	2.07
税　金	0.26	0.25	0.23	0.23	0.26	0.09
炼油综合能耗/千克标油·吨$^{-1}$	53.07	58.94	53.52	57.22	74.59	90.15

①资产总计、实现利税、税金为福建炼化本部数据，其余指标包含福建联合石化公司；分置运营后，福建炼化本部没有工业产品生产，无工业总产值，企业集团工业总产值未做统计

表2 **福建炼化主要产品产量** 万吨

产品名称 \ 年份	2014	2013	2012	2011	2010	2009
汽　油	183.82	149.45	161.22	133.51	150.29	122.38
柴　油	363.00	275.39	321.54	245.77	388.52	258.83
航空煤油	75.94	79.34	102.35	98.52	96.45	32.35
石脑油	309.52	259.54	299.40	276.23	265.78	12.56
液化气	18.37	20.38	25.76	20.99	25.74	30.83
燃料油	3.23	8.53	24.70	2.19	0.98	11.42
溶剂油	—	—	—	—	—	0.51
石油焦	14.76	12.84	14.65	13.71	14.23	13.05
硫　黄	20.13	17.46	19.45	17.12	18.05	7.12
液　氨	0.08	—	—	—	—	0.05
丙　烯	66.21	47.98	59.56	58.47	57.33	24.41
聚丙烯	60.69	42.63	52.88	50.66	47.48	18.90
乙　烯	102.11	71.41	85.15	85.23	84.36	7.17
聚乙烯	97.95	75.24	90.17	88.66	87.29	20.07
对二甲苯	77.35	55.66	69.38	67.93	65.92	23.86
苯	44.10	27.59	32.76	31.62	33.11	10.10
丁二烯	15.56	10.66	12.93	13.59	13.10	3.17

武汉石化

【概况】 中国石油化工股份有限公司武汉分公司(简称武汉分公司)和中国石化集团资产经营管理有限公司武汉分公司(简称武汉资产分公司)统称武汉石化，是石化集团公司直属大型工业企业和中部地区最大的炼油化工一体化企业。其前身始建于 1971 年，投产于 1977 年，1983 年隶属于中国石油化工总公司。武汉石化炼油部分位于湖北省武汉市青山区，占地 239 公顷(239 万平方米)，北濒长江水道，水路交通便利。炼油综合配套能力达到 800 万吨/年，共有 23 套主要生产装置，可生产汽油、柴油、航煤、石脑油、聚丙烯、“三苯”、液化气、硫黄、石油焦等产品。武汉 80 万吨/年乙烯工程位于武汉市化工区，占地 294.8 公顷(294.8 万平方米)，与炼油厂直线距离 9.8 千米，包括 11 套主体装置及系统配套工程。2014 年 1 月，石化股份公司与韩国 SKGC 公司合资成立的中韩(武汉)石油化工有限公司(简称中韩石化)开始独立商业运营，武汉分公司受石化股份公司委托行使股东权利。

武汉石化实行两级扁平化管理，共设 18 个职能部门、5 个业务中心、14 个车间。截至 2014 年底，共有在岗职工 2 156 人，具有高级职称的 98 人、中级职称的 352 人。

武汉石化主要技术经济指标和主要产品产量见表 1 和表 2。

(任丽娜)

【领导班子调整】 2014 年 1 月 13 日，石化股份公司发文：因年龄原因，解聘邹余敏武汉分公司副总经理职务。11 月 26 日，石化集团公司宣布对武汉石化主要领导进行调整的决定：李成峰任武汉石油化工厂厂长兼党委副书记、武汉分公司总经理；崔光磊调炼油事业部任职，不再担任武汉石油化工厂厂长、党委副书记，武汉分公司总经理。12 月 4 日，石化集团公司党组发文：马祥不再担任武汉石油化工厂委员会副书记、委员、纪律检查委员会书记和武汉石油化工厂工会主席职务，调出另有任用。

(任丽娜)

【原料油加工量首次突破 800 万吨】 2014 年是武汉石化“双八”工程投产后首个炼油化工一体运行年，全年加工原料油 816 万吨，同比增长 25.3%，首次突破 800 万吨，创历史最好水平；乙烯原料加工量 287.7 万吨，乙烯产量 83.1 万吨，实现投产次年即产能达标。

(任丽娜)

【4 项炼油专业达标指标创历史最好水平】 2014 年，武汉石化持续深入开展炼油专业达标攻关活动，全面完成石化股份公司下达的考核指标。其中，综合商品率 95.24%，比考核指标高 0.79 个百分点；轻质油收率 80.49%，比考核指标高 0.69 个百分点；综合能耗 64.27 千克标油/吨，比考核指标低 2.23 千克标油/吨；原油储运损失率 0.1%，比考核指标低 0.05 个百分点；加工损失率 0.54%，与考核指标持平。综合商品率、轻质油收率、综合能耗、原油储运损失率 4 项指标均创历史最好水平。

(任丽娜)

【实现连续安全生产 1 298 天】 2014 年，武汉石化全面开展“从严管理年”活动，积极推进长输管线隐患排查、罐区安全、防硫化氢中毒、工程项目安全、消气防安全、职业卫生及社区安全等 11 项专项检查。制作“曝光台”视频专题 11 期，开展 HSE 观察 12 667 项，安全培训 6 143 人次。完成岗位作业过程安全风险评价，全面落实隐患治理，启动炼厂至码头输油管廊隐患整改项目。加强重大危险源分级监控、消气防、反恐等应急综合演练，开展 2 次综合应急救援演练。加大环保投入，开稳开好环保设施，全面实现达标排放。全年未发生上报石化集团公司安全环保事故，实现连续安全生产 1 298 天。连续 2 年获评石化集团公司安全生产先进单位，湖北省、武汉市安全生产先进单位。首次获评石化集团公司环保先进企业。

(任丽娜)

【完成湖北省首笔碳排放交易】 2014 年，石化集团公司驻鄂 4 家企业被纳入碳排放配额管理。4 月 2 日，湖北省启动碳排放交易，武汉石化购买 5 万吨碳排放配额，成为全场交易第 1 单。

(任丽娜)

【成功生产国Ⅳ柴油】 2014 年，武汉石化通过对炼油装置及设施进行改造，成功生产国Ⅳ柴油，并具备生产国Ⅴ柴油条件。4 月 6 日，首次试生产国Ⅳ柴油获得成功，经过产品采样分析，化验数据达到国家规定指标；8 月 15 日，首批 4 000 吨国Ⅳ柴油按时出厂。全年共生产国Ⅳ柴油38.33万吨，顺利实现油品质量升级。

（任丽娜）

【降本增效取得新成效】 2014年，武汉石化大力调整产品结构，最大限度增产汽油、航煤、车用柴油等高附加值产品，全年增效2.32亿元。加强全员成本目标管理，炼油和乙烯财务费用分别比预算节约1.13亿元和1.31亿元。配合石化集团公司完成炼油改造二期项目竣工决算审计，比批复概算节约投资1 583万元。全年节约采购资金1 255万元。

（任丽娜）

【大力推进一体化优化工作】 2014年，武汉石化成立炼化一体化优化领导小组，初步形成"日优化、周检查、月分析"优化工作机制，滚动调整优化工作计划。坚持做好乙烯原料保供、互供优化、原料结构优化和装置生产优化，使双烯收率、高附加值产品收率明显上升，吨乙烯原料成本持续降低。

（任丽娜）

【启动2016年大检修准备工作】 2014年6月，武汉石化成立2016年装置停工检修改造工作协调小组，提前2年启动2016年大检修准备工作。协调小组负责全厂停工检修改造前期准备阶段各项工作的统筹协调，包括修理与技措项目收编、项目总体施工策划、长周期订货、炼油与乙烯装置停开工及检修时间统筹等。

（任丽娜）

【全面开展制度"三化"建设】 2014年，武汉石化全面开展制度"三化"（管理制度化、制度流程化、流程信息化）建设，炼油修订制度325项，中韩石化新增和修订制度212项；业务职责划分逐步推进；完成业务流程图544个，编制制度标准化检查表287项。

（任丽娜）

【全面推进岗位胜任能力评价工作】 2014年，武汉石化在全员大培训的基础上，稳步推进岗位胜任能力评价工作。全年共完成4个车间438名技能操作人员岗位胜任能力评价工作，合格率为89.96%；完成6个车间524名操作人员应知应会模块的评价考试；完成54名专业技术人员通用知识和专业水平2个模块的评价考试。举办各类培训班112期，累计培训4 660人次。岗位练兵网上参与率96.6%，合格率95.4%。选派383人次参加各类外出培训。

（任丽娜）

【机构改革取得新成果】 2014年，武汉石化加大机构改革力度，推进处室机构整合工作。按照"精简机构、整合职责、提高效率"的思路，将炼油25个职能部门整合为18个，精减机构7个，中层领导干部定编职数减少10%；将乙烯动力分部电气运行部分整体划归至机电仪中心管理，根据工作需要成立了工程管理分部；根据内控管理需要，进一步理顺管理关系，对相关人员和业务职能归属进行调整。

（任丽娜）

【成为全国工业化与信息化融合试点企业】 2014年，武汉石化持续提升信息化工作，信息门户成功改版，启动制度流程化（BPM）项目建设，炼油31项业务实现上线管理，提升了管理效率，被湖北省列为工业化与信息化融合典型示范企业，被工信部推荐为信息化和工业化融合管理体系贯标试点企业。

（任丽娜）

【持续推进公租房、"双竞双限"房配租配售】 2014年，石化集团公司驻武汉相关单位"双竞双限"房配售工作全面启动。"双竞双限"房共有3 129套，武汉石化牵头，面向石化集团公司驻武汉相关单位，全年完成8个批次3 083套的配售，基本达到企业稳定、员工受益的工作目标。武汉石化公共租赁房共924套，截至2014年底共完成3轮配租330套。

（任丽娜）

表1　武汉石化主要技术经济指标①　　亿元

指标名称 \ 年份	2014	2013	2012	2011	2010	2009
原油加工量/万吨	788.28	641.48	432.71	503.38	498.23	451.08

续表

指标名称 \ 年份	2014	2013	2012	2011	2010	2009
工业总产值						
武汉分公司	450.72	375.18	261.88	293.71	246.35	181.19
武汉资产分公司	2.52	2.35	1.91	2.61	2.59	2.94
武汉乙烯		55.28	—	—	—	—
工业增加值						
武汉分公司	62.73	57.63	29.58	38.93	58.47	56.11
武汉资产分公司	0.99	0.88	0.43	0.97	0.96	0.78
资产总计						
武汉分公司	268.34	275.31	231.41	162.50	79.05	53.26
武汉资产分公司	6.30	5.10	5.26	5.69	5.48	5.83
流动资产						
武汉分公司	170.96	48.08	40.23	71.77	17.96	13.05
武汉资产分公司	2.94	1.82	2.10	2.52	2.47	2.80
固定资产原值						
武汉分公司	88.02	239.97	55.27	54.12	53.18	48.79
武汉资产分公司	7.70	7.61	7.70	7.40	7.26	6.97
固定资产净值						
武汉分公司	49.31	203.20	23.94	25.07	26.68	24.74
武汉资产分公司	2.93	3.06	3.15	2.99	2.96	2.85
销售收入						
武汉分公司	451.44	379.71	261.64	294.79	247.08	183.51
武汉资产分公司	6.00	5.19	3.67	4.53	4.47	4.59
实现利税						
武汉分公司	60.60	45.72	20.42	30.83	54.55	53.65
武汉资产分公司	-0.31	-0.52	-0.74	-0.13	-0.10	0.24
税　金						
武汉分公司	49.62	47.00	36.46	46.74	52.02	45.62
武汉资产分公司	0.23	0.21	0.15	0.19	0.20	0.25
综合能耗/吨标煤·万元$^{-1}$						
武汉分公司	0.23	0.25	0.26	0.26	0.35	0.40
武汉资产分公司	1.01	1.98	2.76	1.99	2.33	4.30
武汉乙烯		2.40	—	—	—	—

① 武汉分公司2013年资产总计、销售收入、实现利税、税金为炼油、乙烯合并数据；2014年中韩石化独立商业运营，武汉乙烯数据不再并入武汉石化

表2　　武汉石化主要产品产量　　万吨

产品名称＼年份	2014	2013	2012	2011	2010	2009
汽　油	128.94	129.70	109.13	126.20	124.51	113.94
柴　油	267.09	256.48	172.86	203.83	194.79	183.34
航　煤	57.74	38.22	22.00	24.49	20.52	8.51
化工轻油	192.92	84.79	18.57	21.24	16.49	12.31
燃料油	1.59	3.44	8.51	13.44	12.70	11.46
溶剂油	0.06	0.20	2.22	2.85	3.25	1.23
液化气	28.05	24.89	22.21	24.86	24.88	25.80
聚丙烯	11.21	10.47	9.96	11.43	11.21	11.48
硫　黄	5.18	3.58	2.15	2.41	2.26	2.17
环烷酸	—	—	0.03	0.10	0.10	0.10
苯　类	3.04	4.02	2.48	2.48	5.02	2.52
焦　炭	61.67	49.23	34.09	41.56	40.80	38.56
MTBE	4.82	4.93	4.39	4.69	4.78	4.78
丙　烷	1.23	1.65	1.44	1.06	1.33	0.96

中韩石化

【概况】 中韩(武汉)石油化工有限公司(简称中韩石化)由中国石化和韩国爱思开综合化学株式会社以65∶35的股比合资设立，于2013年10月28日工商注册，2014年1月1日正式独立运营，投资总额186.30亿元，注册资本62.70亿元。中韩石化位于武汉化工区，占地291.01公顷(291.01万平方米)，拥有80万吨/年乙烯、55万吨/年裂解汽油加氢、15万吨/年碳五分离、13万吨/年丁二烯抽提、35万吨/年芳烃抽提、8/3万吨/年MTBE/1－丁烯、30万吨/年高密度聚乙烯、30万吨/年线性低密度聚乙烯、15/28万吨/年EO/EG、20万吨/年JPP聚丙烯、20万吨/年ST聚丙烯11套生产装置，及相应配套的循环水、变电站、热电联产、化学水处理、空压、空分等公用工程，其中空分装置由武汉石化与武钢氧气公司合资设立。中韩石化共设有计划生产部、安全环保部、设备管理部、技术管理部、物资流通部、财务管理部、综合管理部、党群工作部8个职能部门，员工总人数为1 033人。

2014年，中韩石化加工乙烯原料267.30万吨，生产乙烯83.09万吨，完成年计划的104%，实现当年投产次年达标的目标；全年产品总产量238.03万吨，完成年计划的105%，其中树脂产品99.08万吨、合纤原料23.33万吨、主要有机产品115.62万吨；累计销售产品239.38万吨，实现销售收入183.65亿元，盈利1.83亿元；全员劳动生产率、乙烯装置损失率、高附产品收率等指标处于总部先进水平。

中韩石化主要技术经济指标和主要产品产量见表1和表2。

(张玉婷)

【新产品开发成果丰硕】 2014年，中韩石化成功开发聚丙烯透明专用料M080N/M150N、家电专用料

K7227H、流延膜料 FCP80 等新产品，得到客户的高度认可，创效近 2 000 万。同时，通过改进聚乙烯小中空料 HD5502W 及高强度膜料 J47－15、PE100 管材料配方和工艺条件，解决产品发黄、刚性不够的问题，使产品品质得到大幅提高。

（别朝晖）

【顺利通过安全设施竣工验收并取得安全生产许可证】 2014 年 9 月，湖北省安全生产监督管理局组织召开武汉 80 万吨/年乙烯工程项目安全设施竣工验收会。经过专家组查勘现场、审查相关资料、充分讨论，乙烯项目顺利通过安全设施竣工验收。12 月 16 日，湖北省安全生产监督管理局在充分审核和复查后，向中韩石化颁发安全生产许可证。

（崔　丽）

【回收利用乙烯装置富余燃料气】 2014 年 3 月，中韩石化针对乙烯装置投用 2 台轻烃炉后自产燃料气大量富余而被迫放火炬的情况，研究制定 CFB 锅炉伴烧燃料气方案，实施富余燃料气的回收利用。全年累计回收燃料气 5 967 吨，减少外购天然气 288 万立方米、煤 8 349 吨，同时实现节能减排目标。

（梁晓青）

【首次实现 8 台裂解炉同时运行】 2014 年 12 月 8 日，中韩石化乙烯装置投用第 8 台裂解炉，首次实现 8 台裂解炉同时运行。截至年底，8 台裂解炉及其后系统运行正常，最高进料负荷达 352 吨/时，乙烯最高日产量达 2 523 吨，为设计产量的 105%。

（梁晓青）

【关键设备部件国产化】 2014 年，中韩石化组织设备技术力量，相继完成聚烯烃挤压造粒机切刀、PK－301 气阀、K－301 气阀、JPP 反应器轴承润滑脂、HDPE 装置 PDS 阀门、氢气小流量阀等项目的国产化攻关，共计节省配件、备件采购费用 300 多万元。

（程熠诗）

【乙烯装置实现当年投产次年达标目标】 2014 年 12 月 17 日，中韩石化乙烯产量达 80 万吨，提前 14 天实现产能达标，标志着拥有自主知识产权的国内首套大型乙烯装置投产次年实现产能达标。全年生产乙烯 83.09 万吨，乙烯收率 31.09%，双烯收率 47.30%，高附加值产品收率 60.81%，高附加值产品能耗 283.70 千克标油/吨，乙烯装置损失率 0.20%。

（梁晓青）

庆祝乙烯装置达产　（张　燕　段瑞科　摄）

【脱硫脱硝改造项目进入实施阶段】 中韩石化脱硫脱硝改造项目于 2014 年 6 月 23 日获总部可研批复，11 月 3 日获总部基础设计批复，项目总投资 2.11 亿元。9 月 28 日开始桩基施工，11 月开始土建施工，截至年底，项目实施总进度为 28%，设计进度达到 29%，长周期设备基本完成订货，采购进度为 32%。

（张玉婷）

【举办“公众开放日”活动】 2014 年 6 月 26 日，中韩石化举办首次“公众开放日”活动，邀请附近村落的大学生村官、村民代表及媒体记者一行约 40 人，走进企业、感受企业、认知企业。通过听讲解、现场实地参观的模式，代表们亲身感受到中韩石化在清洁环保生产、绿色发展等方面所取得的工作成效，活动取得良好的社会反响和较高的社会评价。

（崔　丽）

【党建和群团组织建设工作】 为加强合资公司党建与群团工作，中韩石化党委围绕企业的中心工作，遵循合资合同和章程，积极推进党建和群团组织建设工作。2013 年 11 月，成立中韩石化党委；2014 年 1 月，成立中韩石化团委，10 月选举产生第一届党委委员及工会委员会。同时，为加强沟通、促进团结、凝聚人心，中韩石化党委和群团组织，积极开展参观中山舰进行爱国主义教育、福利院探望孤寡老人、“三八”妇女节活动、趣味运动会、篮球比赛、青年职工联谊、百姓健康舞、一分钟跳绳比赛、微电影大赛等一系列丰富多彩的团队活动。

（张　燕　段瑞科）

表1 中韩石化主要技术经济指标 亿元

年份 指标名称	2014
工业总产值	182.70
资产总计	187.13
销售收入	183.65
利　润	1.83
综合能耗/吨标煤·万元$^{-1}$	1.71

表2 中韩石化主要产品产量 万吨

年份 产品名称	2014
环氧乙烷	13.79
乙　烯	83.09
丙　烯	43.33
1-丁烯	3.09
丁二烯	11.33
异戊二烯	1.17
间戊二烯	2.10
双环戊二烯	1.04
苯	17.56
甲　苯	8.38
二甲苯	6.26
甲基叔丁基醚	7.31
高密度聚乙烯	26.59
线性低密度聚乙烯	31.21
聚丙烯	41.08
乙二醇	23.33

巴陵石化

【概况】 中国石油化工股份有限公司巴陵分公司（简称巴陵分公司）和中国石化集团资产经营管理有限公司巴陵石化分公司（简称巴陵资产分公司）统称巴陵石化，位于湖南省岳阳市云溪区和岳阳楼区，紧邻京广铁路、京广高铁、107国道、京珠高速和随岳高速，西靠洞庭，北倚长江，厂区总面积9.45平方千米，是大型石油化工、煤化工联合企业和国内最大的锂系聚合物、己内酰胺、商品环己酮、环氧树脂生产企业。

截至2014年底，巴陵石化主要生产装置包括年加工量200万吨炼油，年产28万吨锂系聚合物（包括SBS、SEBS、SIS）、50万吨己内酰胺、12万吨苯乙烯、6万吨MTBE、10万吨环己酮、6万吨顺丁橡胶、3万吨溶聚丁苯橡胶、7万吨聚丙烯、7.2万吨烧碱、2.8万吨环氧氯丙烷、5.2万吨氯丙烯、12万吨环氧树脂、30万吨合成氨、25万吨双氧水，日耗煤2 000吨煤气化装置等40多套；主要产品有汽柴油、MTBE、稀释剂、环己酮、SBS、SIS、SEBS、聚丙烯、顺丁橡胶、环氧树脂、氯丙烯、环氧氯丙烷、己内酰胺、双氧水等50多种180多个牌号，产品远销20多个国家和地区；固定资产原值165亿元；下属17个直属单位，在岗职工10 624人。

截至2014年底，巴陵石化累计获得国家、省部级科技奖123项，其中获国家科技进步一等奖1项、国家技术发明一等奖1项、国家科技进步二等奖3项；拥有授权专利277件；SEBS成套技术开发等项目被列入“863”计划，一批新特产品填补国内空白，SIS、SEBS被评为国家重点新产品。公司己内酰胺核心技术处于国际领先水平，锂系聚合物综合技术进入世界先进水平，特种环氧树脂、化工型炼油、煤化工生产技术居国内前列。

2014年，巴陵石化生产炼化产品436万吨，实现营业收入208亿元，上缴各项税费26亿元。

巴陵石化主要技术经济指标和主要产品产量见表1和表2。

（黄　洋）

【安全环保基础进一步夯实】 2014年，巴陵石化扎实推进从严管理，完善HSE制度体系，深入反违章、查隐患，加强直接作业环节、承包商监管，开展专项整治，严格责任追究，实现连续30个月无上报事故，事业部级、车间级事故同比分别减少50%和69%，被评为湖南省安全生产工作先进单位。通过加快“碧水蓝天”专项行动，投用系列环保项目，强化源头减排，污染物外排总量下降22.5%，固废有效处置率100%。6月27日，巴陵石化与岳阳市应急办联合开展煤气化装置合成气泄漏事故应急救援演练，岳阳市岳阳楼区政府相关部门和巴陵石化消防队等参加。

（王龙涛）

【技术经济指标明显提升】 2014年，在总部考核巴陵石化的26项能耗、物耗指标中，除4项因未开车不可比外，其余22项优于考核值，其中15项创历史最优；巴陵石化内部考核的111项能耗、物耗指标中，73项创历史最优，累计节能降耗降本2.27亿元。

（贺致富）

【持续改进工作取得好效果】 2014年，巴陵石化建立持续改进管理体系，累计实施指标改进、管理改进等303个速赢项目，实现落袋效益2.48亿元。

（贺致富）

【内部改革实现突破】 2014年，巴陵石化完成处级干部和公司机关"全体起立、全员竞聘"改革，公司处级干部减少26人、压减16%；机关部室由18个减少至15个、压减17%，科级机构由143个减少至112个、压减22%，科级干部减少39人、压减22%；平稳实施水务、信息化、计量、消气防、财务5项专业化重组，涉及职工1 100多人。科学定岗定编定员，显现富余人员，分流安置富余人员393人，业务用工总量同比减少623人。

（黄　洋）

【科研工作取得进步】 2014年，巴陵石化获国家科技进步二等奖1项，5个项目获省部级科技进步奖，7个重点科研项目稳步推进，开发新产品、新牌号14个，获得授权专利25件。

（王龙涛）

【装置结构调整有效推进】 2014年，巴陵石化切实转变观念，更加注重结构调整，关停部分缺乏竞争力的装置，推动企业转型发展。根据石化集团公司全面退出尿素业务相关要求，关停60万吨/年尿素装置；按照国家、石化集团公司产业结构调整要求，关停技术落后、消耗高、效益差的3万吨/年隔膜烧碱装置；苯乙烯、氢气管线等项目顺利投用后，根据氢气平衡，按照效益最优原则，关停干气制氢装置。

（贺致富）

【"碧水蓝天"计划稳步实施】 2014年，巴陵石化累计投资5.4亿元，实施7个"碧水蓝天"项目，其中污水提标改造、炼油催化裂化装置脱硫治理、动力锅炉脱硫除尘改造等5个由国家环保部督办的环保红线项目建成投用，己内酰胺废液焚烧装置环保治理、动力锅炉烟气脱硝治理2个项目按进度推进。3月26日，巴陵石化开工建设中国石化首个固体废弃物填埋场。该项目总投资4 035万元，固废处理能力为1.7万吨/年。

（王龙涛）

【党的建设不断加强】 2014年，巴陵石化深入贯彻落实中国石化《直属单位党委工作规则》和《党支部工作细则》，完善党委会等议事规则，按照"一岗双责"要求进一步明确领导班子分工；整合调整原组织部、宣传部、工会、团委相关职能，组建政治工作部、群众工作部；对8个直属党委进行调整，设立计量等专业化重组业务的党组织机构；选树24个示范党支部、党员示范岗，举办"坚守信仰·出彩人生"优秀党员事迹报告会，创新党建工作信息化手段，加大对合资企业、改制企业党建工作的指导力度，提升党建工作实效。

（黄　洋）

【作风建设持续强化】 2014年，巴陵石化深入落实中央"八项规定"精神和党组实施细则，持续巩固和深化教育实践活动成果，全面完成37项领导班子"四风"问题整改措施、17项专项整治任务和19项制度建设计划，定期开展整改落实"回头看"，以制度形式固化密切联系群众、"无会日"等做法，促进作风建设长效机制的形成。

（贺致富）

【获多项荣誉】 2014年，巴陵石化被评为2012—2014年度湖南省思想政治工作先进单位；被评为湖南省社会管理综合治理先进单位；合成橡胶事业部李望明被授予全国五一劳动奖章；炼油事业部炼油化工改造项目部获评湖南省工人先锋号，一联合车间被评为中国石化工人先锋号，一联合车间主控室被评为中国石化青年文明号20周年示范集体；"建设运营转型文化，深入推进挖潜增效"获中国石化优秀思想政治工作研究成果一等奖；巴陵石化被评为石化集团公司政务信息工作先进单位；合成橡胶事业部SBS车间201工段和热电事业部电气车间被评为全国模范职工小家。

（贺致富）

【国内最长氢气输送管线正式投用】 巴陵石化—长岭炼化氢气输送管线总长42.2千米，总投资1.96亿元，于2011年9月开工建设，2013年12月中交。2014年4月20日，管线实现安全投用。

（王龙涛）

【3万吨/年高性能溶聚丁苯橡胶装置一次开车成功】 2014年6月，SSBR装置中交；7月25日，装置一次开车成功，产出合格产品。

（黄 洋）

【煤气化装置运行周期创纪录】 2014年10月17日，巴陵石化煤气化装置停车检修。至此，该装置实现高负荷连续运行225天，创运行周期最长纪录。

（贺致富）

【炼油常压蒸馏装置隐患治理项目一次开车成功】 2014年9月30日，项目中交；11月10日，项目正式投用，实现一次开车成功。

（王龙涛）

【民生工程持续推进】 2014年，巴陵石化推进老旧小区改造及社区隐患治理，2个小区成功创建中国石化文明和谐示范小区；巴陵石化汪家岭小区综合治理、胜利沟及金盆小区综合治理、七里山小区综合治理、鹰山及青坡小区综合治理4个可行性研究报告获得中国石化总部批复，批复总投资1.09亿元，总费用3 833万元，合计总投入1.48亿元。完善补充医疗保险制度，落实城镇独生子女父母奖励政策，办好职工食堂，发放帮扶救助金320万元，提升了职工群众的归属感。4月1日，巴陵石化职工基本医疗保险正式与岳阳市医保并轨，移交地方管理。

（贺致富 黄 洋）

表1 巴陵石化主要技术经济指标[①] 亿元

指标名称 \ 年份	2014	2013	2012	2011	2010	2009
原油加工量/万吨						
巴陵分公司	159.72	180.60	184.96	155.62	183.21	165.86
工业总产值						
巴陵分公司	46.47	54.17	50.80	58.02	43.19	22.09
巴陵资产分公司	152.41	173.46	190.50	170.32	165.05	121.68
炼　油						
巴陵资产分公司	82.75	86.41	107.00	87.14	87.87	67.20
化　工						
巴陵分公司	39.37	45.03	39.40	51.09	37.00	19.21
巴陵资产分公司	69.65	87.05	83.40	73.37	68.66	54.48
化　肥						
巴陵分公司	7.11	9.14	11.40	6.53	5.87	2.88
其　他						
巴陵资产分公司			9.81	8.50	0	8.40
工业增加值						
巴陵分公司	-1.61	-2.71	2.25	14.10	4.77	0
巴陵资产分公司	35.42	41.81	33.68	34.03	45.88	39.91
资产总计						
巴陵分公司	44.27	43.35	39.20	33.45	23.40	23.51

续表

指标名称＼年份	2014	2013	2012	2011	2010	2009
巴陵资产分公司	65.14	72.94	73.85	68.08	61.57	53.47
流动资产						
巴陵分公司	4.84	5.14	4.77	6.00	4.11	3.53
巴陵资产分公司	14.97	23.38	24.10	21.55	22.48	19.31
固定资产原值						
巴陵分公司	69.15	64.79	61.64	55.49	61.31	57.68
巴陵资产分公司	95.41	95.04	91.95	72.91	68.20	67.32
固定资产净值						
巴陵分公司	21.03	17.89	15.60	24.18	27.42	25.10
巴陵资产分公司	48.22	49.82	50.43	35.06	34.75	36.61
销售收入						
巴陵分公司	47.76	49.98	52.00	59.81	44.36	22.76
巴陵资产分公司	160.17	183.24	194.65	175.54	173.16	124.41
实现利税						
巴陵分公司	-7.56	-6.91	-2.14	6.82	-23.43	-15.05
巴陵资产分公司	19.13	26.05	22.09	21.85	35.55	29.57
税金						
巴陵分公司	0.17	0.16	2.50	2.84	0.66	0.92
巴陵资产分公司	25.90	30.68	30.76	28.71	30.43	25.57

①数据不含混合所有制企业

表 2　　巴陵石化主要产品产量　　万吨

产品名称＼年份	2014	2013	2012	2011	2010	2009
巴陵资产分公司						
93#汽油	0	21.78	26.42	24.57	24.71	22.41
97#汽油	0	16.05	26.72	24.16	27.12	24.44
0#柴油	0	8.08	41.61	36.43	46.36	39.57
石脑油	24.99	25.34	12.95	8.48	9.25	6.06
液化气	16.70	19.31	20.56	18.49	20.47	18.55

续表

产品名称＼年份	2014	2013	2012	2011	2010	2009
干　气	2.90	3.02	2.31	3.61	4.47	4.22
丙　烯	7.97	9.24	9.68	9.18	10.21	9.82
油　浆	0	3.53	3.76	3.69	1.48	4.83
溶剂油	3.27	3.63	4.90	6.14	5.08	7.14
合成橡胶	24.81	26.95	22.59	19.26	23.14	20.95
顺丁橡胶	0	3.35	3.46	3.13	4.10	3.77
SBS 热塑弹性体	18.10	17.90	14.08	12.53	15.38	14.21
环氧树脂	5.85	6.00	4.74	4.11	4.04	4.11
环己酮	11.29	9.21	10.39	11.41	9.94	9.00
烧　碱	7.22	9.53	10.16	10.05	10.36	9.31
盐　酸	3.85	3.70	2.52	4.20	3.78	3.36
液　氯	11.47	7.61	0.39	7.99	8.40	7.61
聚丙烯	5.39	5.85	6.24	5.57	6.49	6.32
氯丙烯	3.47	4.58	0.28	4.89	5.18	4.60
环氧氯丙烷	1.22	2.33	1.48	2.17	2.13	2.15
巴陵分公司						
合成氨	35.78	47.86	8.26	32.49	25.94	18.55
尿　素	0	24.34	28.00	18.28	25.65	19.17
己内酰胺	27.09	22.34	15.40	20.03	19.29	13.81
尼龙 6 切片	4.69	4.83	5.23	3.82	3.71	3.17
硫酸铵	38.04	17.60	29.33	28.03	27.64	19.79
环己酮	8.23	8.55	0	8.27	9.36	7.15
双氧水	23.53	19.26	0	11.10	11.28	7.81

长岭炼化

【概况】 中国石油化工股份有限公司长岭分公司(简称长岭分公司)和中国石化集团资产经营管理有限公司长岭分公司(简称长岭资产分公司)统称长岭炼化，坐落在湖南岳阳风景秀丽的洞庭湖畔，北临长江，南靠京广铁路，与武广高速铁路、107 国道、京珠高速公路相邻，水陆交通便利。长岭炼化前身为长岭炼油厂，始建于 1965 年，1971 年 5 月建成投产。2000 年 4 月，按照石化集团公司整体重组改制的要求，炼油主业部分重组改制为长岭分公司，存续部分改制为中国石化集团长岭炼油化工有限责任公司(简称长岭炼化公司)。2007 年 5 月，按照体制转换的要求，长岭炼化公司改制为长岭资产分公司。

截至 2014 年底，长岭炼化有正式员工 3 664 人，其中长岭分公司有正式员工 2 217 人，长岭资产分公司有正式员工 1 447 人。拥有炼油化工生产装置 33

套，原油加工能力800万吨/年，拥有13万吨/年聚丙烯、20万吨/年改性沥青、10万吨/年乳化沥青、10万吨/年环氧丙烷生产能力，是中南地区重要的石油化工产业基地。主要生产汽油、柴油、航煤、石脑油、液化石油气、“三苯”、沥青、环氧丙烷、乙酸酯等60余种产品，有17种产品获省部级以上优质产品称号，其中出口轻柴油和6#抽提溶剂油获国家金质奖，石油甲苯、二甲苯和120#溶剂油等产品获国家银质奖。生产的“东海牌”改性沥青铺上了奥运会国家体育场鸟巢的主跑道；高铁专用乳化沥青成功应用于武广高铁建设，实现了高铁专用乳化沥青的国产化，打破了日本、德国的垄断。

2014年，长岭炼化进行全厂性停工大检修，建成投产10万吨/年双氧水法制环氧丙烷装置，1#催化烟气脱硫脱硝项目中交投产，10个“碧水蓝天”环保项目达到进度计划要求，焦化、渣油加氢装置完善改造等48个重点项目建成投用，完成了一批新技术研究，内部改革迈出新的步伐。全年，长岭分公司加工原油639.36万吨，实现销售收入393.47亿元，账面利润亏损11.84亿元，上缴税收66.01亿元；长岭资产分公司亏损0.99亿元，完成总部下达的限亏任务。

长岭分公司主要技术经济指标和主要产品产量见表1和表2。

（王毅平　李　星）

【新建800万吨/年炼油生产线首次停工大检修】 2014年3月18日，长岭炼化新建800万吨/年炼油生产线首次停工大检修。检修改造项目总投资达7.2亿元，覆盖15套炼油、化工装置及储运、热电、水务3个公用工程系统，实施技改技措项目61项。5月15日，各检修装置陆续正常开工，为提高装置长周期运行能力打下基础。

（王毅平　李　星）

【国内首套双氧水法制环氧丙烷装置开工投产一次成功】 2014年7月25日，长岭炼化双氧水制环氧丙烷装置实现中交，12月6日开车投料一次成功，标志着国内首套双氧水法制环氧丙烷装置正式进入工业化生产阶段。该项目是国家重点科技攻关项目之一，采用中国石化自主开发的双氧水法制环氧丙烷新工艺，共申请30余件国内外发明专利，拥有完全自主知识产权，被列入国家973计划和中国石化2012年度“十条龙”科技攻关项目。该项目的研发投产，不仅填补了国内空白，打破了国外技术垄断，也为国内环氧丙烷产业链的工业发展提供了强有力的技术支撑。

（王毅平　李　星）

【千万吨级大型炼油装置智能控制系统通过验收】 2014年5月21日，中国石化重大装备国产化项目“千万吨级大型炼油装置智能控制系统”在长岭炼化通过验收并示范推广，结束中国千万吨炼油工程完全依赖国外控制系统的历史。该系统被列入国家智能制造装备发展专项项目，由浙大中控与长岭炼化共同负责实施。

（王毅平　李　星）

【海峡两岸媒体记者走进长岭炼化】 2014年7月30日，来自中央人民广播电台、中央电视台（国际频道）、海峡之声广播电台等海峡两岸23家媒体的34名记者来到长岭炼化进行采访。该活动是第11届海峡两岸媒体来湘联合采访活动的内容之一，采访团分别来到装置观礼平台、中心控制室了解长岭炼化整体运营情况。长岭炼化陪同人员向两岸媒体介绍了海峡两岸企业交流、区域环境和生态保护、油品质量升级以及中国石化的“碧水蓝天”项目等情况。

（王毅平　李　星）

【中国石油学会全国科普活动日启动仪式在长岭炼化举行】 2014年9月19日，以“创新发展，全民行动”为主题的中国石油学会全国科普活动日启动仪式在长岭炼化举行。活动日安排了一系列创新交流和产学研对接活动，并将长岭炼化确定为中国石油学会科普基地。

（王毅平　李　星）

【获得荣誉】 2014年12月15日，在第6届中国科协会员日暨表彰大会上，长岭炼化科协获2013—2014年度全国“讲理想、比贡献”活动创新团体称号。12月，长岭炼化被评为2013—2014年度湖南省思想政治工作先进单位。

（王毅平　李　星）

【从严治党取得新成效】2014年，长岭炼化在党建工作创新机制上做文章，在发挥优势上下功夫，利用自有资源实施培训，全面启动领导干部量化考核，对公司党委直管的154名领导人员进行综合考评，科学化、制度化、规范化、体系化的“16853”体系初步形成，从严治党取得新成效。

（王毅平　李　星）

表1 **长岭分公司主要技术经济指标**[①] 亿元

指标名称 \ 年份	2014	2013	2012	2011	2010	2009
原油加工量/万吨	639.36	769.16	734.58	601.59	405.75	404.25
工业总产值	392.81	483.92	451.42	349.87	199.26	167.37
炼　油	382.82	470.42	438.51	337.92	190.43	158.67
化　工	9.99	13.50	12.91	11.95	8.83	8.69
工业增加值	69.20	93.43	71.56	40.20	32.63	43.47
资产总计	90.16	88.26	87.89	79.65	67.89	31.27
流动资金	18.52	23.38	23.90	16.82	18.45	7.32
固定资产原值	110.83	101.11	96.83	84.56	45.90	44.57
固定资产净值	61.35	56.11	55.63	46.99	9.83	7.97
销售收入	393.47	479.67	449.42	353.00	194.77	166.68
实现利税	54.16	80.66	63.99	34.19	27.53	39.36
税　金	66.01	77.64	73.41	57.00	32.15	35.87

①部分数据有调整

表2 **长岭分公司主要产品产量**[①] 万吨

产品名称 \ 年份	2014	2013	2012	2011	2010	2009
汽　油	199.02	203.49	201.70	136.80	69.57	84.20
柴　油	243.25	314.33	312.80	252.88	171.32	165.45
航　煤	38.98	35.22	34.89	12.63	4.76	3.84
重　油	1.85	6.05	7.53	17.80	9.15	11.85
石油焦	29.68	33.41	34.34	37.82	33.91	30.01
三　苯	14.31	25.57	19.67	16.50	13.99	9.93
溶剂油	2.28	7.05	7.81	5.43	5.28	4.71
聚丙烯	10.93	14.73	14.25	11.86	9.59	11.21

①部分数据有调整

仪化公司

【概况】 中国石化仪征化纤股份有限公司(简称仪化股份公司)和中国石化集团资产经营管理有限公司仪征分公司(简称仪征资产分公司)统称仪化公司，位于江苏省仪征市，占地10平方千米。其前身为仪征化纤工业联合公司，于1978年筹建，1981年设立，1993年进行股份制改组，分为上市和非上市部分。1997年整体加入中国东联石化集团公司，1998年随中国东联石化集团公司整体加入石化集团公司。2000年，上市部分更名为仪化股份公司，成为石化股份公司的控股子公司。2006 年 11 月，非上市部分进行体制转换，更名为仪征资产分公司。2010 年底，2 个公司实行一体化管理。2013 年，仪化股份公司完成股权分置改革。2014 年，仪化股份公司进行重大资产重组，设立中石化仪征化纤有限责任公司，成为石化股份公司的全资子公司。

仪化股份公司下设 13 个二级单位、2 个直属机构、16 个机关职能部门，主要生产聚酯和涤纶纤维，并配套生产聚酯主要原料精对苯二甲酸(PTA)。截至 2014 年底，拥有 PTA 生产装置 2 套，产能 100 万吨/年；有 16 条聚酯生产线，聚酯聚合产能 218 万吨/年；5 条瓶级切片生产线，产能 45.5 万吨/年；34 条涤纶短纤维生产线，产能 79.3 万吨/年；2 套超高分子量聚乙烯纤维干法纺丝装置，产能 1 300 吨/年；1 套对位芳纶试验装置，产能 100 吨/年；1 套 1，4－丁二醇(BDO)装置，产能 10 万吨/年。

仪征资产分公司下属 3 个生产单位和社区管理中心。PBT 生产中心主要生产工程塑料(PBT)，2 套装置产能共计 9.1 万吨/年。仪化东丽聚酯薄膜有限公司(简称仪化东丽公司)为仪征资产分公司和日本东丽株式会社以 50∶50 股权合资设立，主要生产聚酯薄膜，产能 4.41 万吨/年。仪化博纳织物有限公司是仪征资产分公司与英国博纳国际控股有限公司以 40∶60 股权设立，可生产聚丙烯织物 7 300 万米^2/年。

截至 2014 年底，仪化公司有在岗正式职工 7 677 人，其中管理技术人员 1 536 人、技能操作人员 6 141 人。

仪化公司主要技术经济指标和主要产品产量见表 1 和表 2。

（于　岚）

【领导班子调整】 2014 年 3 月 28 日，仪化公司召开干部大会，宣布石化集团公司党组对仪化公司领导班子调整事项：鉴于年龄原因，肖维箴不再担任仪化股份公司董事会副董事长、董事、总经理职务，办理退休手续；卢立勇为仪化股份公司总经理、党委副书记，沈希军为仪化股份公司副董事长、党委书记，李建平为仪化股份公司董事、党委常委。12 月 4 日，石化集团公司党组发文决定：曹勇任石化集团公司党组纪检组驻南京纪检分组组长；免去其仪化股份公司党委副书记、常委、委员、纪委书记、工会主席职务。

（于　岚）

【完成重大资产重组】 2014 年 5 月 28 日，仪化股份公司发布《重大事项停牌公告》，6 月 12 日发布《重大资产重组停牌公告》。9 月 12 日，七届董事会第十七次会议审议通过有关重大资产重组的议案；9 月 15 日，仪征化纤 A 股、H 股复牌。11 月 7 日，石化股份公司发文决定：仪化股份公司以全部资产和负债出资设立中石化仪征化纤有限责任公司。11 月 11 日，召开 2014 年第一次临时股东大会、2014 年第一次 A 股类别股东大会和 2014 年第一次 H 股类别股东大会，审议通过重大资产重组议案。10 月 17 日、12 月 18 日，分别收到国务院国资委和中国证监会的批复。12 月 23 日，发布《关于重大资产重组的相关资产交割完成的公告》，标志着此次重大资产重组完成。

（于　岚）

【安全水平实现新提升】 2014 年，仪化公司强化全员安全意识，推进企业安全文化建设。完成总体应急预案和 13 个专项应急预案的修订，认真开展“六打六治”、打非治违、管线、罐区、危化品等专项排查和月度主题隐患排查，推进“双盲”演练，深化 HSE 管理信息系统应用，促进问题闭环管理。投入 5 200 多万元实施隐患治理项目 41 个。持续开展质量目标化改进，推进标准化巡检、标准化维保和标准化检修。通过协作攻关，打破国外技术垄断，开展卷曲机、纺丝增压泵、打包机多单位联合攻关，运行周期不断延长。全年，仪化公司无上报中国石化安全环保、质量事故和中国石化级非计划停工，与上年相比，公司级非计划停车下降 75%、生产波动下降 63%、临时检修下降 12%、设备故障次数下降 55%。通过省安全生产标准化二级企业审核，被评为中国石化安全生产和环保先进单位。

（于　岚）

【节能减排取得新成效】 2014 年，仪化公司细化管理措施，制定危废减量考核指标，开展治污成本核算。以物料落地综合整治为突破口，每周通报各单位污染物排放控制情况，跟踪监控，从严考核。着力实施“碧水蓝天”环保专项治理，完成锅炉脱硝除尘改造、青山污泥堆场规范化整治、污水异味处理二期治理和青山灰场、危废库改造等项目，环境风险管控能力得到进一步增强。通过能源管理体系认证，试行合同能源管理，“能效倍增”计划稳步推进。实施精制浆料预热、聚酯酯化余热利用、循环水系统优化运行、淘汰高耗能电机设备及压空替代等项目，能耗进一步降低。完成污水处理工艺技术改造，总磷去除率大幅提高。优化污水调配，中水水质和用量不断提高。全年，排废量下降13.61%，节水196万吨，超额完成计划指标。万元产值综合能耗同比下降8.7%，提前完成“十二五”节能目标，获国家首批“中国能效之星”五星级单位称号和中国石化节能先进单位称号。

（于 岚）

【科技创新获新成果】 2014年，仪化公司不断完善创新环境，优化产品结构，创新成效逐步显现。推进开放式创新，加强与院校、行业协会的技术合作，充实科技力量，打造创新团队，提高内部协作集成攻关能力，推进创新难题攻关。加大科研投入，建设合成纤维加工应用中心（FTC）及江苏省高性能纤维重点试验室，创新硬件设施进一步完善。加强科技创新激励，制定研究人员课题津贴，评选63个科技进步奖共计奖励120多万元，激发了科技人员创新创效的积极性和主动性。开展系统性专利申请保护，全年申请专利26件。加大产品结构调优，从单纯追求差别化率向追求高附加值产品的效益贡献转变，新产品开发项目进展顺利。全年，成功开发环保型聚酯切片、酷白缝纫线、怡珍绒等20个新产品，销量达到0.7万吨；加大膜级母粒、细旦高纤等14个具有效益潜力产品的推广力度，销量达到6.8万吨。全年差别化产品累计增效4.3亿元，其中高附加值产品增效2.76亿元。

（于 岚）

【市场经营取得新业绩】 2014年，仪化公司提出“大市场、大营销、大科研、大协作”工作理念，不断完善营销机制，优化产销衔接，把握采购节奏，实现降本保供。全年实现产销率100.14%。各层级人员共走访客户596家次，完成年度计划的198%。进一步充实营销力量，实施以业绩为导向的销售激励政策。积极应对聚酯市场变化，利用PIMS系统优化排产。全年限产效益比较差的切片、瓶片12万吨，多产效益较好的短纤、中空5.6万吨。积极应对原料市场全年价格单边下行的态势，主原料量价关系实现负相关。创新采购模式，引进进口EG、PX原料融资商，降低采购成本500多万元。规范招标采购和框架协议采购，增加框架协议采购品种。组织清理3年以上库存物资和账外物资，辅料和备件库存规模下降35%。加大废旧物资收集处置力度，实现处置收益1 500多万元。加强煤炭运损率和质量源头控制，降低组采价格，节约采购成本970万元。

（于 岚）

【挖潜增效体现新成果】 2014年，仪化公司持续推进“比学赶帮超”，深入开展全员成本目标管理和挖潜增效工作，加强班组成本核算，从严预算管理，加大成本费用控制，中国石化严控费用同比下降35.44%，吨产品加工费用较中国石化下达指标降低82元。加强现场精细管理，完善计量关口表计，产品正偏差率由0.6‰降至0.3‰，PX和EG损耗仅为0.9‰和1.2‰（国家标准2.2‰），煤炭损耗率实现由负变正，计量管理成效显著，累计创效1 600多万元。积极拓展融资渠道，加大推广电子商业汇票业务和承兑背书力度，节约资金费用3 000万元。全年实施12项重点降本增效措施，合计完成增效1.5亿元。

（于 岚）

【深化改革提升新活力】 2014年7月，仪化公司成立全面深化改革领导小组，加强企业对未来发展的思考，明确企业发展方向和改革思路。持续推进产业结构调整和资产结构调整，完成劣势业务关停和资产重组工作，包括全面退出长丝业务、关闭清算海南盛之业高新技术有限公司。对标先进企业，持续促进劳动生产率提升。扎实推进内部专业化重组、体制优化和“三定”改革，通过调整劳动组织、撤并优化岗位、实行系统化（区域化）操作、提高装置信息化自动化水平等措施，精简机构、减少用工。全年在岗用工总量同比减少503人，有310名正式职工顶替部分外包承揽工。完善“产销研用”协调机制，在全公司范围内招聘15名营销人才，充实了营销力量，建立客户需求快速反应机制。

（于 岚）

【从严管理步入常态化】 2014年，仪化公司突出问题导向，依据“全员、全过程、全天候和全方位”的管理原则，全面加强从严管理。制定落实“三基”工作中长期规划，强化“五大纪律”执行，推进“5S”管理，落实岗位责任制。坚持从细节入手、从顽症抓起，以严格劳动纪律为突破口，通过视频揭短、综合岗检等常态化工作，突出整治“低老坏”，现场面貌得到有效改变。制定落实限时办结制、首问负责制，推行专业管理量化分析，加强督察督办，实现闭环管理，机关作风得到有效转变。以检查制度执行情况、参加岗位交接班、关注职工思想动态为重点，推行干部承包装置，实现管理重心下移。坚持以点带面，整体推进，开展标杆生产线（班组）创建活动，促进“比学赶帮超”工作的常态化。加强对单位（部门）领导班子的管理，严格中层管理人员的问责考核，全年参加绩效考核的107名中层管理人员中，有10人被评为A档、5人被评为C档。

（于　岚）

【特种纤维实现新发展】 2014年，仪化公司高纤产品成功开发细旦、高强、有色等系列近50个品种，全年销量达1 261吨，成为国内最大高纤产品供应商，并首次实现盈利超百万元。百吨级对位芳纶装置经过持续科研攻关、技术优化、装置改造和市场开拓，攻克一系列技术难题，明确工艺主流程、重点参数，验证关键设备，产品质量逐步提升，具备千吨级工业化装置建设的条件。

（于　岚）

【超仿棉实现工业化生产】 2014年6月，仪化公司超仿棉纤维(中文名仪纶)6万吨/年生产装置改造项目一次投产成功，并顺利通过国家鉴定。全年，仪纶产品销售227吨，在针织、机织、革基布等多个领域成功试用，实现在工装领域的批量应用，制成的警用服装和中国石化系统内夏季工作服获得广泛认可。

（于　岚）

【聚酯专用料项目获优质工程奖】 该项目是仪化公司“十二五”向高技术方向转型发展、做强聚酯主业、实现存量调优的重要项目，分为年产20万吨全消光和工业丝专用料切片、年产20万吨膜级切片2个子项目，分别于2012年10月、2013年5月投产。2014年2月27日，该项目被评为中国石化2013年度优质工程奖。

（于　岚）

【短纤和聚酯实验室挂牌国家认可实验室】 2014年4月25日，仪化公司短纤和聚酯实验室通过中国合格评定国家认可委员会的认证，成为挂牌的国家认可实验室。国家认可实验室的创建，不仅促进仪化公司整体产品检测质量的提升，而且其检测结果可以得到60多个国家和地区的互认，有助于提升仪化品牌形象。

（于　岚）

【母粒型膜级聚酯切片通过中国石化验收】 2014年4月，由仪化公司承担的母粒型膜级聚酯切片FG611产品开发项目通过中国石化的鉴定验收，专家组认为该项成果整体技术达到国际先进水平。项目形成具有自主知识产权的成套工艺技术，已申请国家发明专利4件，并获得授权专利1件。产品质量获得用户认可，已出口至日本。同时，仪化公司研发生产出更新一代的FG612膜用聚酯切片，可基本满足薄膜用户开发5微米以下薄型产品的原料需求。

（于　岚）

【能源管理体系通过英标管理体系认证】 2014年8月14日，仪化公司能源管理体系通过英标管理体系认证有限公司注册认证，对进一步提高仪化公司能源利用效率、减少能源消耗、降低能源成本、减少温室气体排放及其他相关环境影响起到促进和保障作用。

（于　岚）

【纤维级聚酯切片标准样品通过国家评审】 2014年9月，由仪化公司承担的国家标准委员会纤维级聚酯切片标准样品复制项目通过国家标准样品技术委员会专家评审。

（于　岚）

【自主开发国内最薄聚酯薄膜产品】 2014年11月，仪化东丽公司在成功自主研发生产2.4微米、1.9微米薄膜的基础上，又开发出1.7微米的薄膜产品，填补了国内该项生产技术的空白。

（于　岚）

【完成锅炉脱硝除尘改造】 该项目属于中国石化“蓝天碧水”计划，总投资1.8亿元，于2013年6月开始动工。2014年9月26日，项目通过168小时考核，标志着锅炉脱硝除尘改造全部完成，每年减少烟尘排放4 212吨、减排二氧化硫9 072吨。

（于　岚）

【电子商务成交首笔订单】 2014年7月24日，仪化公司聚酯产品BG80在上海化工品交易市场成交首笔订单，成交量44吨，标志着仪化公司利用电子商务创新营销模式进入正式运作阶段。

（于　岚）

【开通官方微博微信】 2014年6月30日下午，随着“仪化‘超纺棉’问世啦”这条图文并茂的信息作为仪化公司官方微博的首条内容正式发布，标志着中国石化仪征化纤官方微博、微信正式开通。通过微博、微信新型媒体，及时发布仪化公司改革发展成就，传播企业社会责任，讲述企业和员工典型故事，传播企业文化。

（于　岚）

【开展“公众开放日”活动】 2014年5月15日、7月15日，仪化公司分别举办主题为“绿色低碳发展，共创美好生活”的老职工开放日、大学生开放日专场活动。共有35位离退休老干部、老职工和43名暑期返乡大学生观看仪化公司发展宣传片，参观部分装置。

（于　岚）

【群众路线教育实践活动成果不断巩固拓展】 2014年，仪化公司完成群众路线教育实践活动问题整改和建章立制工作，新建和修订完善制度11项，一些职工反映的突出问题得到有效解决，改进作风的长效机制初步形成。突出各级干部“五大纪律”的执行和机关作风建设，制定《仪化公司首问负责制管理细则》，整治机关干部12种“庸懒散”行为，提高了服务意识和工作效率。坚持问题导向，围绕从严管理，梳理查找亟待解决的问题267项，挂牌督办，全程督察，逐一整改，实现闭环管理。严格执行“八项规定”，组织开展效能监察和专项检查，八项费用同比下降12.51%。

（于　岚）

【党建系统化管理形成新合力】 2014年，仪化公司认真贯彻落实石化集团公司党组的各项部署，围绕深化改革、“双转”等重点工作，加强政策研究和思想政治工作，坚持民主集中制，抓观念转变、抓行为引导、抓决策监督，保证改革的顺利推进。聚焦生产经营，以“从严管理年”、主题教育和党建目标考核等活动为抓手，强化党建工作系统化管理和顶层设计，落实“一岗双责”，创新基层党建，促进党建工作与中心工作的深度融合。加强领导班子和人才队伍建设，深化“四风”整治，巩固拓展群众路线教育实践活动成果，形成谋生存、抓发展的整体合力。同时，加大形势任务教育，突出行业发展趋势、新产品开发动态、竞争对手变革等的宣传。强化正反典型宣传，在放大先进典型示范效应的同时，注重抓反面典型，推进问题的整改。

（于　岚）

【党风廉政建设实现新突破】 2014年，仪化公司严格落实党风廉政建设责任，制定党委和纪委“两个责任”实施细则，细化明确具体责任，两级纪委聚焦中心任务加大监督检查力度，先后发现问题40个，问责26人次。深入开展反腐倡廉教育，党政主要领导带头讲廉政党课，廉政谈话、廉政提醒等制度得到有效落实。开展案件剖析和警示教育，加强企检合作，共同预防职务犯罪，提升廉政教育效果。加强惩防体系建设，制定和完善《惩治和预防腐败体系2013—2017年工作规划实施细则》等17项制度，落实风险防控重点领域和内容，进一步强化制度约束。强化重点领域关键业务监督，先后开展“碧水蓝天”等效能监察项目27个，进行招标比价等日常监督64次，提出监督建议60条，终止招标5次，业务公开网上巡视查实问题9个，促进从严管理。拓宽信访渠道，加强信访调查，严肃查办信访案件，发现问题11个，对8名有违纪苗头和轻微违纪的党员干部进行提醒和诫勉谈话，对2起受贿案件进行查处，2人被开除党籍，保持了惩治腐败的高压态势。

（于　岚）

【和谐企业建设取得新成效】 2014年，仪化公司高度重视民主管理，认真落实两级职代会制度，集中民智，变职代会提案回复由“纸对纸”为“面对面”，有效调动职工积极性。深入开展劳动竞赛、劳模（技师）工作室、合理化建议等群众性经济技术创新活动和青年文明号、青年突击队等“青”字号活动，群团组织的桥梁纽带和生力军作用得到有效发挥。严格落实领导信访接待日、信访代理、网上信访等制度，畅通与职工直通渠道。全年，公司领导接待来访14次，化解信访积案1起，信访量同比下降43%。充分发挥各类文体协会作用，积极推进“第三点”建设，广泛开展摄影、书法、迎春长跑、球类比赛、倒班职工运动会等系列文体活动，起到凝聚职工、陶冶情操的作用。9月，组队参加江苏省第18届运动会职工部的田径、排舞和游泳比赛，获职工部行业（大企业）团体总分第一的历史最好成绩。全年，共组织522名职工疗休养和13 457人次职工体检，发放清凉用品11 432份、检修慰问金和慰问品7万余元，帮扶救助困难职工1 649人次292万元。实施生活区部分小区地下管网、道路拓宽、安全隐患治理等改造项目，改善了职工居住环境。

（于　岚）

表1　　仪化公司主要技术经济指标　　亿元

指标名称＼年份	2014	2013	2012	2011	2010	2009
工业总产值						
仪化股份公司	114.49	176.86	166.78	201.00	162.23	131.50
仪征资产分公司	5.98	18.79	27.40	28.78	22.81	6.10
工业增加值						
仪化股份公司	6.05	5.67	11.24	28.70	34.55	21.82
仪征资产分公司	-0.21	0.59	0.49	4.29	1.54	1.54
资产总计						
仪化股份公司	80.94	104.71	108.89	113.82	104.68	89.03
仪征资产分公司	14.37	16.76	16.92	16.89	15.54	11.34
流动资产						
仪化股份公司	33.03	41.62	43.3	64.58	60.14	38.05
仪征资产分公司	2.67	5.23	5.05	4.79	3.78	2.65
固定资产原值						
仪化股份公司	150.25	140.45	133.82	133.07	131.72	128.95
仪征资产分公司	11.03	15.61	14.06	13.97	13.86	15.23
固定资产净值						
仪化股份公司	37.23	39.64	34.95	33.67	34.13	36.96
仪征资产分公司	7.30	9.54	8.56	9.05	9.78	10.24
销售收入						
仪化股份公司	154.87	176.77	169.88	201.80	163.48	132.25
仪征资产分公司	6.23	18.94	27.44	28.80	23.47	5.87
实现利税						
仪化股份公司	-20.31	-11.78	-3.18	14.37	19.96	7.18
仪征资产分公司	-1.92	-1.62	-0.96	3.04	0.36	0.42
税　金						
仪化股份公司	1.93	0.38	0.43	5.98	7.69	3.36
仪征资产分公司	0.24	0.17	0.03	0.47	0.35	0.38
综合能耗/吨标煤·万元$^{-1}$						
仪化股份公司	0.97	1.03	1.11	1.10	0.52	0.52
仪征资产分公司	0.12	0.12	0.12	0.12	0.13	0.18

表2　**仪化公司主要产品产量**①　万吨

年份 产品名称	2014	2013	2012	2011	2010	2009
涤　纶	232.14	254.00	241.75	240.98	236.36	224.05
聚酯切片	116.66	118.43	108.10	107.26	104.64	108.69
瓶级切片	37.98	54.87	61.75	57.99	54.42	41.17
涤纶短纤维	75.09	70.73	58.29	57.05	55.39	51.16
中空纤维	7.34	7.12	5.70	4.48	5.55	5.27
涤纶长丝	1.39	6.59	10.03	14.62	15.26	16.32
加弹丝	1.02	3.38	3.58	4.07	6.65	6.71
PTA	101.51	105.82	104.42	104.20	104.12	102.33
PBT 树脂	5.69	5.94	5.45	2.49	2.40	2.32
四氢呋喃	0.52	0.56	0.37	0.12	0.11	0.12
聚酯薄膜	—	—	—	—	—	2.39

①从2010年1月起，仪化东丽公司数据不再计入；2010—2013年海南盛之业高新技术有限公司数据计入

南京化工公司

【概况】 中国石化集团南京化学工业有限公司(简称南京化工公司)位于南京市六合区，占地面积893.70万平方米。南京化工公司的前身创建于1934年；1998年7月，随中国东联石化集团公司整体进入石化集团公司；2005年5月23日，原南京化工公司与南京化工厂改革重组，成立新的南京化工公司。南京化工公司是生产经营化肥、无机和有机化工原料、精细化工、化工机械、化学纤维6个大类200多个产品，并从事化工工程的科研、制造、施工和安装的特大型化工企业，也是国内化肥、精细化工、纯碱和化工机械制造的基地之一。

截至2014年底，南京化工公司下辖13个运行部、2个分公司、1个子公司、1个集体所有制托管单位，有1家参股合资公司。有全民正式职工10 515人，其中各类专业技术人员2 218人，专业技术人员中具有高级职称的382人(其中正高6人)、中级职称的1 025人。主要产品年生产能力：合成氨26.5万吨，氢气9万吨，硫酸75万吨，浓硝酸22万吨，硝酸铵20万吨，纯碱120万吨，苯胺25万吨，硝基苯35万吨，环已酮16万吨，氯苯12万吨，硝基氯苯15万吨，烧碱10万吨，RT培司2万吨，橡胶助剂6万吨，硫基复合肥40万吨，化工机械3万吨。

南京化工公司主要技术经济指标和主要产品产量见表1和表2。

(陈继宁)

【领导班子调整】 3月28日，石化集团公司调整南京化工公司领导班子，王宏任董事、总经理、党委副书记，周文飞任党委书记、副总经理，朱有志任副总经理。9月19日，杨正刚任副总经理。

(陈继宁)

【生产经营目标完成】 2014年，南京化工公司实现产值86亿元，同比减亏1亿元，完成中国石化下达的限亏目标，全年12个产品产量实现增长。油田化学品部成功生产出专供中原油田的表面活性剂新产品，达到百日劳动竞赛提升目标。橡胶化学品部TMQ产品全年产量破3万吨，创下历史最

好水平。连云港碱厂顺利通过能源管理类体系认证审核，并连续3年获得纯碱行业能效领跑者标杆企业称号。

（陈继宁）

【9万吨/年制氢项目投产】 2014年4月8日，南京化工公司9万吨/年制氢项目打通全流程，全年生产氢气4.63万吨。6月20日，通过南化—扬子氢气管网，成功对外供氢，共向南京地区管网供氢1.49万吨。

（陈继宁）

【环保工作取得进展】 2014年，中国石化十条龙攻关项目“南化公司水污染治理技术研究与开发”通过鉴定并顺利出龙。锅炉脱硫和脱硝及综合污水处理项目全部完成，硝酸尾气治理项目、硫基肥尾气治理项目和连云港碱厂锅炉脱硫项目建成投运。外排工业废水达标率、有控制废气外排达标率、危险废物妥善处置率均达到石化集团公司下达的指标，全年污水排放量、COD量、氨氮排放量、氮氧化物排放量比上年同期减少。青奥会、公祭日期间实施限产和环保管控，受到了南京市环保部门的表扬。开展2次对外开放日活动，加强与社会的沟通。

（陈继宁）

【优化人力资源】 2014年，南京化工公司确定人力资源控制目标，制定富余人员分流安置方案和《关于明确职工退出岗位有关待遇的通知》《关于人员对外输出中有关待遇的确定办法》。推行竞争上岗和人员合理分流，集中强化培训，提升职工素质，171名2010年以来引进的高校毕业生进入基层一线开始倒班，首次实现向民企输出员工。与此同时，推行“4+1”运行模式，集中强化培训、提升职工素质。

（陈继宁）

【管理诊断显现初步成效】 2014年，南京化工公司为了更好地提升管理水平，使各项管理精细化，邀请中国石化化工事业部、企改部帮助查找管理问题。共提出41项需要整改的问题，年内已整改完成20个大项、86个子项。与此同时，南京化工公司结合“从严管理年”活动，梳理出415个问题，截至12月底，完成整改397项，完成率95.67%。运用麦肯锡先进管理理念和方法，提升运营转型绩效，成功实施了21个速赢项目，产生了明显的经济效益。

（陈继宁）

【科技进步成效显著】 2014年，南京化工公司化机厂参与的极端条件下重要压力容器的设计、制造与维修项目获得国家科技进步一等奖。全年，南京化工公司共申请专利130件，获得专利授权36件。通过中国石化项目鉴定的科研成果12项，中国石化项目评议5项。6个科研成果投用于生产装置，降本增效2 215万元。为福建联合石化制造的2台环氧乙烷反应器为国内最大。

（陈继宁）

【推进机构改革】 2014年下半年，南京化工公司研究院、公司机关相继实施了机构改革，进一步明确职责划分、理顺业务流程。公司机关内设机构由原78个减少为60个，调整、交流60名公司管干部，实施了全员竞聘上岗。

（陈继宁）

【推行领导干部问责制】 2014年，南京化工公司全面梳理岗位责任制，颁布《领导干部督查问责办法》，先后对19名处级干部、26名科级干部进行问责。各级干部工作作风有明显转变。

（陈继宁）

【优化产品运行】 2014年，南京化工公司推进环己酮一体化管理，着力率先打造一流装置。实施硫基复合肥装置对外承包经营，引进市场化运作模式。对各产品进行优化分析，针对性地抓装置稳定运行、调整产品结构、强化计划准确率、加强关键设备管理，非计划性停车同比下降，强化市场分析和效益调度，建立产供销优化协调机制，努力做到效益最大化。

（陈继宁）

【稳妥实施集资建房分售工作】 2014年7月，南京化工公司启动原建设公司高层、原五小区块共1124套集资建房的分售工作，9月30日，工会组织召开第七届职工、工会会员代表大会第七次会议，审议通过《南化公司职工江北集资房分配、出售实施方案》。职工活动中心于11月建成并正式对广大职工开放，为职工开展文体活动提供了场所。

（陈继宁）

表1 南京化工公司主要技术经济指标 亿元

指标名称＼年份	2014	2013	2012	2011	2010	2009
工业总产值	87.42	84.78	91.24	93.15	76.42	56.72
工业增加值	12.26	13.27	14.77	17.09	17.13	12.18
资产总计	97.57	99.62	90.36	87.87	88.36	87.84
流动资产	18.75	21.29	22.78	20.75	22.13	18.92
固定资产原值	125.03	101.71	97.24	95.77	104.19	96.84
固定资产净值	68.98	51.93	53.11	57.47	65.24	61.96
销售收入	87.44	83.94	91.20	94.68	82.84	65.60
实现利税	-6.34	-8.73	-6.13	1.23	0.22	-6.12
税金	2.64	1.47	2.53	2.92	3.17	3.09
综合能耗/吨标煤·万元$^{-1}$	2.12	2.094	1.991	2.12①	2.29①	2.33

①按2010年不变价计算

表2 南京化工公司主要产品产量 万吨

产品名称＼年份	2014	2013	2012	2011	2010	2009
硫酸	410.80	37.12	47.76	53.74	58.77	46.38
浓硝酸	19.12	21.34	20.41	17.76	20.56	15.60
稀硝酸	72.87	89.19	87.93	83.67	86.67	67.64
盐酸	16.29	17.68	21.98	20.67	21.95	19.18
磷酸	关停	关停	3.72	4.05	4.95	4.22
烧碱	9.39	8.48	9.92	8.93	8.77	7.89
纯碱	112.69	98.92	102.73	113.69	106.10	102.30
氢气	5.85	2.92	2.86	3.00	3.00	2.47
合成氨	19.29	22.73	25.34	22.5	18.72	21.69
硝酸铵	8.75	13.07	13.02	13.6	14.64	12.78
NPK复合肥	8.67	17.71	21.75	22.08	27.31	23.52
氯化苯	11.69	10.63	12.67	11.48	10.89	10.22

续表

年份 产品名称	2014	2013	2012	2011	2010	2009
环己酮	11.36	5.33	6.47	6.48	6.47	4.94
苯　胺	22.24	25.33	25.04	23.95	20.97	16.16
环己胺	0.53	0.42	0.46	0.78	0.83	0.58
硝基苯	32.30	37.04	35.70	33.98	27.71	22.87
对硝基氯化苯	8.68	7.75	9.35	9.05	9.39	8.77
邻硝基氯化苯	4.72	4.19	5.08	4.94	5.11	4.71
RT培司	0.87	0.58	—	0.79	1.36	1.08
橡胶促进剂总量	关停	关停	—	—	0.12	—
防老剂RD	3.02	2.98	2.96	2.92	2.93	2.13
防老剂4020	1.07	0.85	1.17	1.42	1.44	1.16
防老剂4010NA	0.15	0.16	0.31	0.34	0.37	0.30
化工设备制造	1.52	1.82	1.96	1.59	1.38	1.68

广州石化

【概况】 中国石油化工股份有限公司广州分公司(简称广州分公司)和中国石化集团资产经营管理有限公司广州分公司(简称广州资产分公司)统称广州石化，位于广东省广州市黄埔区石化路，占地面积445万平方米，其前身为始建于1973年6月18日的广州石油化工总厂，1983年11月划归中国石油化工总公司。

广州石化拥有炼油、化工生产主要装置70多套，29.9万千瓦装机容量的自备热电站以及惠州大亚湾15万吨级和30万吨级深水泊位原油码头各1个，80万立方米首站原油罐区及完善的长输管道。原油综合加工能力1 320万吨/年，乙烯生产能力22万吨/年。可生产石油化工产品60多种，主要出厂产品46种，其中石油产品有汽油、柴油、航空煤油、石脑油、重油、溶剂油、液化气、道路沥青、石油焦、硫黄、聚乙烯、聚丙烯、聚苯乙烯等27种，固体塑料产品有聚乙烯、聚丙烯、聚苯乙烯3个大类19种共180多个牌号。

截至2014年底，广州石化设有16个职能部室、6个专业中心、9个作业部及4家全资或控股子公司，代管华德石化公司。共有在册职工5 236人，其中正高级职称13人、副高级职称306人、中级职称785人，专业技术人员689人，技能操作人员3 359人。

广州资产分公司主要经济指标见表1，广州分公司主要技术经济指标和主要产品产量见表2和表3。

（王新忠　邓志伸）

【生产经营情况】 2014年，广州分公司加工原油1 261.19万吨，同比增加7.64%；生产汽煤柴三大类成品油836万吨，增长11.02%；生产乙烯22.21万吨，减少1.29%。实现工业总产值653亿元，减少0.54%；实现营业收入651亿元、利税183.96亿元(含进口原油海关增值税)，减少3.81亿元；税金及附加总额186.66亿元，减少6.18亿元；赢利-2.47亿元(其中炼油板块赢利-4.36亿元，化工板块赢利1.89亿元)，减利9.76亿元。广州资产分公司实现营业收入6.15亿元，上缴利税1 088万元，亏损2 498万元，减亏413万元，比总部限亏指标减亏1 102万元。

（王新忠　邓志伸）

【超额完成年度生产任务】 2014年，广州石化加强市场形势分析，以效益最大化为原则，通过优化原油采购、乙烯原料、装置运行、产品结构、系统操作、资金管理等一系列举措，实施优化方案171个，创效5.01亿元。同时，狠抓装置安全平稳运行，积极畅通销路、降低库存、降本压费，最大限度降低外部市场对企业生产经营的影响，超额完成年度生产任务。全年安全生产总体保持平稳，未发生上报石化集团公司事故。

（王新忠 邓志伸）

【“碧水蓝天”项目进展顺利】 2014年，广州石化“碧水蓝天”项目继续向前推进。2台CFB锅炉脱硫脱硝除尘项目于6月投用，3#、4#煤粉炉烟气脱硫脱硝除尘改造项目分别于8月和12月投用；200万吨/年蜡油催化裂化装置再生烟气污染物治理项目于12月投用；泄漏检测与维修（LDAR）项目首期2套示范装置于6月12日获省环保厅验收，首次在国内成功搭建并运行系统全面、可视化的LDAR系统管理平台，为广东省乃至全国建立LDAR工作流程和运行管理模式推广具有重要意义；炼油区污水污污分治工程高浓度流程全部完成，低浓度流程于12月5日中交；3#污油罐区罐顶气废气治理项目于2月28日主体装置中交，罐顶氮封改造于12月31日完成；炼油区清污分流改造项目可研获得批复，新建硫黄回收和污水汽提项目可研已上报并获得总部批复同意开展前期工作。

（王新忠 邓志伸）

4年3月25日，广州石化LDAR项目人员在现场工作（钟勇浜 摄）

【优化产品结构】 2014年，广州石化以市场为导向，压减柴油产量，努力增产航煤、汽油等高附加值产品，全年生产航煤167.57万吨、汽油240.50万吨，同比增长30.35%和12.62%。根据油价下跌，沥青价位稳定的市场情况，增产A级道路沥青。化工专业年产新产品4.86万吨、专用料13.61万吨，分别为年度计划的105.7%和113.4%。优化产品出厂，加强产销衔接，确保了生产后路畅通。坚持竞价销售模式，自销产品实现当期效益最大化。

（王新忠 邓志伸）

【降本压费取得新成果】 2014年，广州石化致力降本压费，实现炼油吨完全费用184.87元、化工吨产品费用1 345元，较年度目标降低2.13元和321.43元。引入中国石油低价天然气，节约成本3 555万元。全年节约财务费用1.2亿元，压减美元贸易融资规模减少原油汇兑损失0.3亿元；实现税收优惠486.88万元；采购资金18.91亿元，节约采购资金率4.24%。从源头控制新增库存积压物资，全年改代利库224.87万元。

（王新忠 邓志伸）

【“从严管理年”活动见成效】 2014年，广州石化开展“从严管理年”活动，在职工中广泛开展形势任务教育和从严管理大讨论，增强了从严管理是石化行业底线的认识，增强了紧迫感和责任感。同时，深入查找和剖析内部管理存在的问题309项，全部落实责任单位、责任人、对策措施及完成期限等，对公司层面10项重大关键问题由公司分管领导督办。全年完成问题整改276项，整改完成率89.3%。以强化领导干部绩效考核，强化连带责任考核，严格劳动纪律、工艺纪律、操作纪律等为切入口，努力提升队伍的执行力。全年，广州石化事故、事件、生产波动考核较上年减少58项，在总部2014年“比学赶帮超”劳动竞赛中，获得60面红旗、67颗红星。

（王新忠 邓志伸）

【安全生产保持平稳】 2014年，广州石化深刻汲取青岛“11·22”重大安全事故教训，与地方政府联手开展厂内外各类管网、装置、作业现场的隐患排查治理工作，排查厂外油气管道隐患问题169处，已完成整改164项，确保了管线安全。同时，严格事故事件管理，深入开展“低头捡黄金”查隐患活动，重奖发现重大隐患人员，严惩违反“十大禁令”人员。建立三级网格化监管体系，修订承包商管理制度。狠抓设备隐患排查和攻关治理，较好地处理了裂解气压缩机间歇振动、轻催烟机结垢等设备运行难题，消除了轻催外取热器管束内漏等重大隐患，减少10套（次）装置停工，安全管理水平得到有效提升。全年，主要设备完好率达99.5%，安全生产总体保持平稳，事故、事件同比下降20%。

（王新忠 邓志伸）

【实现“超洁净排放”】 2014 年，广州石化投资 1.6 亿元对锅炉进行脱硫脱硝改造。6 月 30 日，2 台 CFB 锅炉完成改造，装置运行稳定，主要控制参数氮氧化物、二氧化硫、烟尘等符合国家最新的《火电厂大气污染物排放标准》特别排放限值的要求。随后，3#、4#煤粉炉也分别完成改造并投用，烟气排放达到“超洁净排放”标准。至此，广州石化热电站锅炉（2 台 CFB 锅炉和 2 台煤粉炉）全部改造完成，广州石化成为中国石化系统内首家实现“超洁净排放”的企业。

（王新忠　邓志伸）

【装置运行水平得到提升】 2014 年，广州石化通过深入开展 TnPM 全员维护，加强设备专业管理、现场工艺技术管理、生产操作标准化管理、工艺纪律和操作纪律，加大对非计划停工管理考核力度，夯实生产运行管理基础，减少了非计划停工次数，装置运行水平得到提升。其中，炼油Ⅰ系列及化工区长周期运行水平在总部“四年一修”试点单位中领先，加氢裂化、焦化二、焦化三、柴油加氢改质等装置在石化集团公司同类装置竞赛中名列前茅。

（王新忠　邓志伸）

【原油接卸创纪录】 2014 年，广州石化原油码头创造 3 项历史纪录：共接卸原油 1 267.88 万吨，同比增加 8.05%；累计接卸保税油 82.68 万吨；码头油轮干舱率达 96.5%。

（王新忠　邓志伸）

【首次实施合同能源管理项目】 2014 年 11 月初，广州石化分别与 3 家节能服务公司签订合同能源管理项目合同，这是广州石化首次实施合同能源管理项目。实施合同能源管理，不仅为广州石化拓宽节能资金融资渠道，也降低了节能项目实施的技术风险。

（王新忠　邓志伸）

【产品升级和科技进步取得新成果】 2014 年，广州石化实现成品油质量升级，成功生产国Ⅴ汽油、国Ⅳ柴油，自主开发了利用自产资源生产国Ⅴ标准 98# 汽油方案。开发了聚苯乙烯 HG388 等新产品牌号，对聚丙烯 CJ500AH、PPR4220 质量进行升级与改善，满足了市场需求。完成年度技术开发任务，其中“高能效加氢成套技术开发及工业应用”获得石化集团公司科技进步一等奖；申报国家专利 11 件，获得授权 5 件。

（王新忠　邓志伸）

【获多项荣誉】 在中国石化 2014 年信息技术安全竞赛中，广州石化获得团体金牌 1 枚、个人金牌 1 枚、个人铜牌 2 枚，创一类专业技术竞赛历史最好成绩。在总部仪表自动化竞赛中，广州石化获个人铜牌 1 枚。全年，广州石化先后被授予 2011—2012 年度全国“讲理想、比贡献”活动先进集体、中国企业文化建设优秀单位、广东省大型骨干企业、广东省最佳诚信企业、石化集团公司节能先进单位、广州市 2014 年度工商经济运行监测先进单位、广州市工业生产者价格采集企业称号。在广东省制造业协会、广东省社会科学院企业研究所联合发布的 2014 广东制造业 500 强企业名单中，广州石化列第 10 位。

（王新忠　邓志伸）

【成立老年大学、老年活动中心】 2014 年，为加强离退休人员“两个阵地”建设，实现新时期下的文化养老，广州石化将原升平阁、73 栋首层进行升级改造，将延年堂、山顶公园合并，成立广州石化老年大学、老年活动中心，于 2 月 14 日正式投入使用。年内开设 10 门专业课 11 个班次。在老年大学开设报刊室、老年活动中心棋牌室、乒乓球室、台球室等，满足了离退休职工多种文体活动的需求，也为老年文体协会下设 16 支文体队伍、480 名退休文体骨干提供了活动场地。同时在老年大学设立 2 间支部活动室，解决了 23 个支部 700 多名党员的组织生活场地紧缺问题，进一步巩固了老同志思想文化阵地和党建工作，丰富了离退休职工精神文化生活。年内，获石化集团公司“五好”老年活动中心及“五好”老年大学称号。

（王新忠　邓志伸）

2014 年 2 月 14 日，广州石化老年大学、老年活动中心启动仪式在老年活动中心举行　（余峻才　摄）

表1 **广州资产分公司主要经济指标** 亿元

指标名称 \ 年份	2014	2013	2012	2011	2010	2009
工业/企业总产值①	6.10	0	2.45	1.53	1.46	1.34
工业/企业增加值①	1.00	0	0.31	0.16	0.17	0.35
资产总计	5.70	5.64	5.91	5.91	6.56	6.96
流动资产	0.70	0.60	0.77	0.73	1.47	1.86
固定资产原值	6.40	6.51	6.45	5.76	6.21	6.01
固定资产净值	4.60	4.70	4.77	4.14	4.57	4.57
主营业务收入	6.00	4.91	5.77	2.62	2.21	2.06
实现利税	0.10	0.06	0.10	0.15	0.16	…
税　金	0.40	0.35	0.35	0.33	0.33	0.41

①从2013年1月起，广州资产分公司名下的唯一装置采取租赁形式给广州分公司管理和使用，广州资产分公司只购入该装置的产品，因此无工业总产值及工业增加值。2014年起，统计为企业总产值和企业增加值

表2 **广州分公司主要技术技术经济指标** 亿元

指标名称 \ 年份	2014	2013	2012	2011	2010	2009
原油加工量/万吨	1 261.19	1 171.63	1 242.76	1 201.00	1 176.72	1 120.78
工业总产值	653.00	656.52	703.37	649.21	535.43	413.94
工业增加值	121.00	122.94	102.61	95.97	133.00	112.59
资产总计	143.00	194.44	169.80	209.68	163.27	163.16
流动资产	55.00	102.46	78.49	116.49	67.71	69.98
固定资产原值	207.00	204.50	196.73	191.58	185.28	177.19
固定资产净值	74.00	77.18	77.95	81.30	81.68	81.78
主营业务收入	649.00	652.51	686.80	645.06	524.41	404.31
实现利税	96.00	98.60	183.50	166.21	107.72	90.76
税　金	99.00	91.31	192.56	183.74	165.56	75.57
综合能耗/吨标煤·万元$^{-1}$	0.42	0.46	0.43	0.43	0.74	0.80

表 3　　广州分公司主要产品产量　　万吨

产品名称＼年份	2014	2013	2012	2011	2010	2009
汽　油	240.50	213.55	225.24	201.11	217.43	192.96
煤　油	167.57	128.55	128.68	118.32	114.86	94.21
柴　油	427.88	411.15	442.12	429.29	436.99	440.80
燃料油	-0.22①	8.58	16.62	18.93	15.64	35.83
液化气	51.51	51.03	54.62	48.29	42.27	44.47
沥　青	47.55	52.73	50.43	39.89	47.86	30.17
石油焦	97.90	87.23	89.43	92.38	72.27	66.44
乙　烯	22.21	22.50	22.40	20.40	22.46	22.50
聚乙烯	21.58	22.21	21.22	19.33	21.50	21.82
聚丙烯	21.56	22.19	21.16	18.66	21.03	19.67
聚苯乙烯	6.91	6.35	5.83	5.56	6.20	6.12

①2014 年燃料油退库比交库多

洛阳石化

【概况】 中国石油化工股份有限公司洛阳分公司（简称洛阳分公司）和中国石化集团资产经营管理有限公司洛阳分公司（简称洛阳资产分公司）统称洛阳石化，位于洛阳市东北郊、黄河北岸的吉利区境内，是中国石化直属的特大型油、化、纤一体化石油化工企业。洛阳石化是国家第五个“五年计划”期间批准建设的 500 万吨/年燃料型炼油企业，于 1977 年底开工建设，1984 年部分建成投产，1993 年全面建成并通过国家竣工验收。2000 年化纤工程建成投产，形成油化纤一体化发展格局，从单纯燃料型企业发展成为集炼油、化工、化纤于一体的综合型炼化企业。2010 年随着油品质量升级改造项目完工，洛阳石化跨入千万吨级炼厂行列。

截至 2014 年底，洛阳分公司合同制员工 3 822 人，其中原正式工 3 736 人（包括合资公司原正式工 145 人），长期病伤假 23 人，离岗调研 63 人；原其他长期合同工 45 人，合资公司合同制员工 24 人，派遣制员工 1 409 人。洛阳资产分公司合同制员工 258 人，其中在岗职工 214 人，内部退养职工 44 人；合资公司合同制员工 14 人。在岗职工中具有高级及以上职称的 261 人，具有中级职称的 548 人，首席专家 1 人，专家 4 人。

2014 年，洛阳分公司生产系统主要有炼油、化工 2 个板块。其中，炼油板块拥有 800 万吨/年常减压蒸馏、140 万吨/年重油催化裂化（2 套）、220 万吨/年蜡油加氢、140 万吨/年延迟焦化、80 万吨/年溶剂脱沥青、260 万吨/年柴油加氢、100 万吨/年催化柴油加氢、80 万吨/年航煤加氢、65 万吨/年气体分馏、150 万吨/年催化汽油吸附脱硫等生产装置及配套公用工程和环保设施；化工板块主要有 70 万吨/年连续催化重整、26 万吨/年芳烃抽提、24.5 万吨/年对二甲苯、32.5 万吨/年精对苯二甲酸、20 万吨/年聚酯、10 万吨/年短纤维等装置和 20 万吨/年聚丙烯生产能力。主要产品有汽油、柴油、航空煤油、化工轻油、分子筛料、溶剂油、液化气、道路沥青、工业硫黄、石油焦、聚丙烯、双向拉伸薄膜、对二甲苯、精对苯二甲酸、聚酯熔体和切片、涤纶短纤维等。洛阳分公司下设 21 个职能部门、11 个直属车间、15 个直属机构和 3 个多种经营单位。

2014 年，洛阳分公司加工原料油 707 万吨，实现营业收入 477.61 亿元（上市部分 391.75 亿元，非上市部分 85.86 亿元），上缴税金 60 亿元。洛阳分公司实现利润 -19.78 亿元（炼油板块亏损 15.55 亿元，化工板块亏损 4.14 亿元，吉润公司亏损 932 万元），洛阳资产分公司实现利润 -1 871 万元，按预算还原后均完成总部下达的考核指标。

洛阳石化主要技术经济指标见表1、洛阳分公司主要产品产量见表2。

（于　玲）

【1 800万吨/年炼油扩能改造工程前期工作全面完成】 2014年5月25日，国家环保部受理洛阳石化1 800万吨/年炼油扩能改造项目环评报告。6月、9月、10月，国家环保部委托国家环境工程评估中心先后3次对环评报告进行技术评估。12月10日，项目环评报告获得国家环保部批复。12月23日，项目获得河南省发改委核准。至此，1 800万吨/年炼油扩能改造工程进入中国石化内部审批程序。鲁豫原油管道、原油商业储备库等配套项目进展顺利。

（于　玲）

【一催化烟气脱硫脱硝项目建成中交】 2014年12月25日，洛阳石化一催化烟气脱硫脱硝项目建成实现中交。该项目主要包括余热锅炉系统更换、增上脱硫脱硝系统、废水处理系统、公用工程及辅助设施等内容。

（于　玲）

12月25日，一催化烟气脱硫脱硝项目建成中交

【提前完成国Ⅳ柴油质量升级】 2014年，洛阳石化100万吨/年催柴加氢装置增上循环氢脱硫系统进行国Ⅳ柴油质量升级改造。8月28日，T3103循环氢脱硫塔安装完成，标志着国Ⅳ柴油质量升级改造主体设备基本安装到位。9月1日，洛阳石化正式运行循环氢脱硫系统转入国Ⅳ柴油的生产，比国家要求控制点提前3个月。

（于　玲）

8月28日，T3103循环氢脱硫塔吊装

【"碧水蓝天"项目推进有力】 2014年，洛阳分公司炼油污水场提标改造工程建成投用，外排污水化学需氧量（COD）含量由80—100毫克/升下降至60毫克/升以下。7月底，动力生产管理部3台锅炉烟气脱硫脱硝除尘项目按时建成投用，满足国家热电厂外排烟气最新排放标准。作为石化集团公司与国家环保部签订的"十二五"减排责任书项目——两套催化烟气脱硫脱硝装置分别于11月、12月按期建成，投用后外排烟气中的二氧化硫、氮氧化物、粉尘含量大幅降低，有效改善厂区和周边环境质量。

（于　玲）

【产品结构进一步改善】 2014年，洛阳分公司生产的高标号汽油比例同比提高11个百分点；柴汽比1.11，降低0.13个单位；航煤对原油收率11.32%，增加0.43个百分点；丙烯对原油收率2.03%，增加0.13个百分点；生产抗车辙母粒1.55万吨，增长30%。成功开发出高熔融指数纤维料聚丙烯PPH-Y35，生产合成树脂新产品及专用料7.16万吨，合成纤维差别化率42.33%，超额完成年度目标。

（于　玲）

【降本减费成效初显】 2014年，洛阳分公司制定降本减费工作长远安排，开展完善费用指标体系、明确管理运行责任等工作。按预算口径还原后，炼油吨油完全费用209.78元，比总部考核指标低7.52元；化工合并口径吨产品完全费用1 440.64元，比总部考核指标低129.36元；财务费用与预算相比减少4 523万元；货车使用费节约3 009万元；积压物资由年初的1 532万元降至156万元；通过争取、利用地方优惠政策增收1 450万元；"八项费用"同比降低24.63%。

（于　玲）

【清洁生产能力稳步提升】 2014 年，洛阳分公司抓好环保设施稳定运行，建立环保指标对标体系，严格执行内部排污计费制度，COD 排放量同比减少 20.4 吨，外排污水达标率、环保设施同步运行率、环境监测计划执行率均为 100%。完成碳资产盘查工作。在三隆公司成立检测中心，首次开展泄漏检测与修复(LDAR)工作，每年可减少挥发性有机化合物(VOCs)排放量 196 吨。组织 3 次企业开放日活动。

(于　玲)

【全员素质持续提升】 2014 年，洛阳分公司利用远程培训系统、生产装置在线考试系统等开展全员培训，累计培训 5 691 人次。组织开展第 2 轮专家、副主任师、主任技师选聘，23 名高层次人才获聘。加快推进青年成长步伐，选聘产生 54 名大学生副班长、2 名见习工程师和 46 名党组织负责人助手。继续开展公司级业务技能竞赛和车间级职业技能竞赛。536 人通过“精一能二”素质达标认证。在石化集团公司业务竞赛中，取得法律纠纷诉讼专业团体金牌、信息安全管理专业团体银牌、自动化仪表专业个人铜牌的好成绩。

(于　玲)

【党建工作新要求得到有效落实】 2014 年，洛阳石化按照石化集团公司“两个议事规则”要求，进一步规范领导班子会、党委常委会。制定《洛阳石化党员领导干部履行“一岗双责”管理规定》，“抓生产经营从思想政治工作入手、抓党建工作从生产经营出发”的要求初步实现。修订完善《洛阳石化“三重一大”决策事项》。制定《关于落实党风廉政建设党委主体责任和纪委监督责任的实施意见(试行)》等制度。巩固党的群众路线教育实践活动成果，持续抓好“四风”问题整改。严格落实“八项规定”要求，会议数量同比减少 33%。固化领导干部联系基层制度，60 名机关副处级以上领导人员下基层蹲点调研，帮助基层解决问题 235 个。重视民主管理，召开了 2 次职工代表恳谈会，固化职工代表参加月度经济活动分析会机制。扎实开展调研工作，全年形成调研成果 52 个。开展领导干部廉洁从业培训，组织 105 场、4 152 人次参加的廉洁从业警示教育，增强干部职工廉洁从业意识。

(于　玲)

【开工投产 30 周年】 2014 年 10 月 29 日是洛阳石化开工投产 30 周年纪念日。30 年里，洛阳石化经历全面建成 500 万吨/的炼油工程，发展化工、建成化纤工程，并通过综合节能改造等重大技术项目改造等工程，从最初的原油综合加工能力 100 万吨/年提高到 800 万吨/年。累计加工原料油 7 500 多万吨，累计实现销售收入近 2 000 亿元，累计实现利税近 200 亿元。

(于　玲)

【援建苇山村水泥公路开通】 2014 年，石化集团公司出资 97.11 万元，由洛阳分公司具体实施，援建洛宁县小界乡苇山村主干道路。该工程按照山岭重丘区四级公路标准设计，荷载标准为二级公路，设计行车速度 20 千米/时。铺筑道路 3 350 米，路基宽 5 米，行车道宽 3.5 米。路面结构为 0.18 米厚混凝土。工程于 3 月 10 日开工，5 月 10 日竣工。

(于　玲)

表 1　洛阳石化主要技术经济指标　亿元

指标名称＼年份	2014	2013	2012	2011	2010	2009
原料油加工量/万吨	707.00	784.13	804.50	657.00	757.00	709.00
工业总产值	390.13	459.20	485.41	384.08	378.31	292.70
炼　油	353.79	408.73	436.97	335.46	331.65	256.89
化　工	36.34	50.47	48.44	48.62	46.66	35.82
工业增加值	53.31	72.58	62.35	29.18	69.99	62.60
资产总计	86.76	103.46	104.06	97.79	94.53	91.75
流动资产	33.56	50.28	49.80	43.73	43.51	32.78

续表

指标名称＼年份	2014	2013	2012	2011	2010	2009
固定资产原值	160.94	158.23	150.37	148.32	143.34	137.22
固定资产净值	48.37	50.11	46.52	47.00	44.65	54.39
销售收入①	477.61	549.85	573.20	468.00	447.00	337.00
实现利税	38.81	58.45	51.70	25.28	45.07	54.74
税　金	60.00	68.24	64.10	51.68	66.40	51.79
综合能耗②/吨煤·万元$^{-1}$	0.51	0.47	0.44	0.48	0.62	0.61

①包括多经改制单位

②从2011年起，按2010年不变价格(2009—2010年按2005年不变价格计算)

表2　洛阳分公司主要产品产量　万吨

产品名称＼年份	2014	2013	2012	2011	2010	2009
90#汽油	—	—	—	1.68	22.18	38.65
93#汽油	95.21	123.53	134.45	112.07	105.76	85.49
97#汽油	64.35	50.72	40.89	24.53	23.86	18.14
98#汽油	12.88	12.02	8.13	0.99	—	—
3#喷气燃料	72.63	78.28	72.11	47.70	56.93	41.66
分子筛料	1.59	4.38	5.59	5.50	8.07	8.23
0#柴油	182.62	219.52	229.81	199.25	228.38	230.13
-10#柴油	8.66	10.23	17.96	13.45	16.53	10.07
-20#柴油	-0.06	1.45	1.91	2.14	1.96	—
-35#柴油	—	—	—	1.14	—	—
4#燃料油	—	—	0.79	—	—	—
化工石脑油	15.43	17.63	28.34	27.81	32.24	26.76
溶剂油	-0.04	—	—	0.64	2.50	3.67
工业白油	2.74	—	—	—	—	—
工业已烷	10.62	11.07	9.47	4.83	1.27	—
商品重油	0.75	0.69	1.30	3.61	4.04	0.58
沥　青	29.93	39.54	37.81	24.61	30.24	27.94
液化气	42.04	43.22	43.89	33.84	42.01	38.81
丙　烯	13.03	13.66	15.08	13.71	13.97	14.45

续表

产品名称＼年份	2014	2013	2012	2011	2010	2009
丙　烷	—	—	0.02	0.03	0.03	0.03
硫　黄	4.41	5.03	4.39	3.06	3.22	2.49
液　氨	0.33	0.37	0.31	0.26	0.12	0.10
聚丙烯	13.39	13.85	7.55	7.35	9.14	8.26
双向拉伸薄膜	—	0.62	1.00	1.65	1.59	1.58
纯　苯	8.96	10.46	10.33	8.58	10.59	9.86
对二甲苯	16.48	22.32	23.44	19.85	22.70	23.69
邻二甲苯	0.98	3.42	2.72	2.08	3.35	2.93
精对苯二甲酸	23.31	29.62	30.63	30.11	32.10	31.24
聚　酯	10.33	12.91	19.72	18.45	19.90	18.30
涤纶长丝	—	1.81	6.78	6.41	5.92	5.91
涤纶短纤维	10.19	9.99	10.34	9.26	9.98	7.92

安庆石化

【概况】 中国石油化工股份有限公司安庆分公司(简称安庆分公司)和中国石化集团资产经营管理有限公司安庆分公司(简称安庆资产分公司)统称安庆石化，始建于1974年7月，是安徽省最大的中央直属生产企业和石化产品生产基地。截至2014年底，安庆石化拥有年综合加工能力800万吨的炼油装置、日处理煤2 000吨的壳牌粉煤气化装置，以及年产33万吨合成氨、21万吨丙烯腈、7万吨腈纶、10万吨乙苯—苯乙烯等主要生产装置70余套；同时拥有20万千瓦发电机组、吞吐能力760万吨/年的油品码头、50万吨/年的化肥装船码头、20万吨/年的液态烃码头、80万吨/年的卸煤码头和日产24万吨的供水系统，以及全长13千米的厂内铁路专用线。

截至2014年底，安庆石化在岗职工总数5 345人，固定资产原值195.29亿元、净值114.80亿元，累计上缴国家和地方税金超过405亿元，为振兴石化产业和推动地方经济建设做出积极贡献。

安庆石化主要技术经济指标和主要产品产量见表1和表2。

(卢　利)

【竞争实力大幅增强】 全力释放炼化一体化项目的增值创效能力，炼油新、老区实现较高负荷优化运行；煤气化装置再次创造A类连续运行264天世界纪录，全年有效运行创323天的历史最好水平；丙烯腈、苯乙烯装置满负荷生产，腈纶以市场为导向优化运行；热电有序推进脱硫脱硝改造，实现稳定供汽发电。全年累计加工原油748万吨，成品油、苯乙烯、丙烯腈产量、供电量均创历史新高。实现营业收入485.1亿元，上缴税费85.61亿元，炼油板块利润在石化集团公司规模以上企业排名进入前十、居沿江企业第一；化工板块同比减亏6 538万元；资产板块剔除投资收益，增加盈利3 664万元。深化“比学赶帮超”工作，全年挖潜增效超过5亿元，轻油收率、柴汽比、石油焦对原油收率、丙烯腈综合能耗、苯乙烯综合能耗、腈纶三单总耗、合成氨耗煤、进厂燃煤热值等指标创历史最好水平。严格现场管理，全部设备完好率99.74%，关键机组特护率达100%，产品质量合格率保持100%。

(卢　利)

【从严管理不断深入】 严格按照总部从严管理的相关要求，强“三基”、严“五纪”，反“三违”、纠“四风”。狠抓直接作业环节与承包商管理，危化品码头及长输管线迁建前期工作策划启动。严格“三同时”管理，炼化一体化项目通过整体安全、职业卫生验收，丙烯腈扩建部分完成竣工环保验收。严格清洁生产，COD、二氧化硫、氨氮、氮氧化物排放量全面下降，累计回用中水60万吨，呈现增产减污的良好局面，安庆石化获石化集团公司清洁生产企业、安徽省环保优秀企业称号。

（卢　利）

【转型发展稳步推进】 全年完成投资7.24亿元，抓好炼化一体化项目完善补齐。全力以赴推进合资合作，丁辛醇项目通过中国石化重大投资项目再评估，液化气深加工项目总体设计方案得到完善。推进技术进步，4件发明专利申报被受理，1项科技成果获石化集团公司科技进步三等奖。成功纳入国家两化融合管理体系贯标试点企业，智能工厂建设启动。通过企地共同努力，安庆石化被列入国家石化产业发展总体布局，以安庆石化为核心的千亿产业集群正在加速形成。

（卢　利）

【“碧水蓝天”项目按期投用】 稳步推进“碧水蓝天”项目建设，2014年8月1日，3#、6#锅炉烟气脱硫项目完成168小时性能考核；8月5日，6#锅炉烟气脱硝项目完成168小时性能考核；10月25日，3#锅炉烟气脱硝项目完成168小时性能考核，均正式投入运行。2014年底，140万吨/年催化裂化烟气脱硫脱硝、70万吨/年催化裂解烟气治理项目建成，并在装置检修后同步顺利开工，200万吨/年催化烟气治理项目可研、安评、环评、职业卫生评价已获批复。

（卢　利）

运行中的140万吨/年催化裂化装置烟气脱硫脱硝单元

【新一轮省部战略合作协议顺利签订】 2014年3月12日，安徽省人民政府和中国石化在北京举行省部战略合作协议签字仪式。根据协议，安徽省和中国石化一致同意加快推进安庆石化炼化一体化配套曙光煤制氢、丁辛醇、中安华谊液化气深加工项目进度；开展800万吨/年到1 000万吨/年炼油配套完善项目前期工作，尽快启动建设；做好安庆石化油气化管廊带的迁移改造。中国石化支持安庆化工新材料产业集中区建设。

（卢　利）

【酸性可染性腈纶纤维开发项目通过专家评议】 2014年1月3日，由安庆石化和东华大学共同承担的“酸性可染性腈纶纤维开发”项目通过石化股份公司组织的专家评议。该项目结合腈纶装置的特点，研究影响聚合物转化率和分子量的关键工艺参数，摸清酸性可染腈纶聚合的基本工艺条件，确定第3单体种类及聚合反应最佳工艺；对酸性可染腈纶进行纺丝及染色试验，产品可纺性、染色性较好，纤维力学性能及上染率均可满足用户要求。酸性可染腈纶聚合体各项指标均达要求，产品性能指标与进口产品相当，技术具有创新性，为工业化放大试验提供技术支持。

（卢　利）

【万吨级柴油车尾气处理液技术开发及工业试验项目通过专家鉴定】 2014年1月8日，安庆石化参与承担的“万吨级柴油车尾气处理液技术开发及工业试验”项目通过石化股份公司组织的专家鉴定。该项目开发生产适用于柴油车SCR系统的尿素生产工艺，并在工业侧线装置上进行试验和生产验证，通过对原料配比、加料方式等研究确定柴油车尾气处理液的合理配方和调和工艺，开发的柴油车尾气处理液产品质量指标全部达标，生产过程无特殊环保要求。

（卢　利）

【举办管线泄露应急预案演练】 2014年2月28日，安徽省消防总队与安庆石化、安庆市海事局和安庆市消防支队在安庆石化港贮部原油码头，联合举办2#码头栈桥L3#原油管线泄漏火灾跑油事故港口演练活动，进一步落实地方与企业安全生产责任制，强化多部门协作协调能力，提升重特大突发事件的应对处置能力。此次事故预案演练活动集中了交警、消防部队、海事部门、企业安全和保卫人员400余人，出动消防车22台、消防拖轮2艘、海事监督船3艘，在安庆区域尚属首次。

（卢　利）

【壳牌粉煤气化装置长周期运行取得突破】 2014 年 3 月 6 日，安庆石化化肥煤气化装置实现安全顺利停车，该轮长周期 A 类连续运行达 264 天，取得世界领先的最好连运纪录。同时，煤气化装置因长周期运行表现突出，技经指标取得显著优化，被授予壳牌最佳运行奖，这是安庆石化连续 3 年获得此项荣誉。

（卢　利）

【提前实现车用柴油国Ⅳ质量升级】 2014 年 7 月 20 日，安庆石化液相柴油加氢装置产出国Ⅳ车用柴油，柴油产品硫含量为 26.3×10^{-6}，标志着安徽省车用柴油正式开始实施国Ⅳ标准。

（卢　利）

【首次实现含油污水回用】 2014 年 6 月 26 日，安庆石化新区污水处理场出水 COD 指标低于总部循环水污水回用水质控制指标，标志着安庆石化含油污水成功实现回用，结束了没有污水回用的历史，实现环保工作新突破。

（卢　利）

【连续 6 年获全国“安康杯”安全竞赛优胜单位称号】 2014 年 8 月 7 日，安徽省总工会向安庆石化颁发全国“安康杯”竞赛优胜单位荣誉证书，这是安庆石化连续第 6 次获此殊荣。

（卢　利）

【中央多家主流媒体集中来访】 2014 年 9 月 20—21 日，中新社、人民网、中央人民广播电台、《经济日报》、《工人日报》等中央媒体驻皖单位及《安徽日报》、《新安晚报》等安徽省主流媒体一行 14 名记者到安庆石化，就安庆石化炼化一体化项目投产一年后产业转型、提质增效、实施绿色低碳战略、努力推动企业长远发展等进行集中采访，对安庆石化新区投产一年来所取得的成绩以及为社会所做的贡献给予高度评价。9 月 23 日，人民网刊发“除污染打造‘碧水蓝天’安庆石化转型升级迎丰收”，大篇幅报道安庆石化环保方面所取得的成绩。

（卢　利）

【党建工作持续加强】 安庆石化深入学习贯彻党的十八届三中、四中全会和习近平总书记系列重要讲话精神，贯彻落实中国石化《直属单位党委工作规则》《基层党支部工作细则》，持续深化党建工作质量管理体系运行，对 16 个直属党组织、100 多个在岗党支部进行全覆盖审核。认真落实石化集团公司建立健全惩治和预防腐败体系 2013—2017 年工作规划实施办法，扎实推进反腐倡廉工作。圆满完成职代会、工代会的换届选举，开展“比学赶帮超，建功创一流”等劳动竞赛，企业党组织的思想、政治和组织保障作用不断增强。

（卢　利）

【召开中国共产党安庆石油化工总厂第六次党代会】 经石化集团公司党组、中共安徽省委批准，2014 年 10 月 28—29 日，安庆石化召开第六次党代会，听取和审查中共安庆石化总厂第五届委员会报告和纪律检查委员会工作报告，选举产生第六届委员会和纪律检查委员会。会议全程严格贯彻中央“八项规定”精神和石化集团公司党组要求，总结安庆石化第五次党代会以来的工作，分析企业面临的形势，明确今后一个时期的工作指导思想和目标、任务，为推进安庆石化第三次创业新跨越提供坚强的思想、政治和组织保证。

（卢　利）

【队伍素质明显提升】 以“三严三实”为统领，着力加强干部队伍作风和能力建设。建立群众路线教育实践活动长效机制，完成 13 类、19 项“四风”问题的整改。严格干部队伍管理，贯彻中国石化职工违纪违规行为处分规定，颁布实施细则，队伍的责任担当意识进一步增强。畅通三支人才队伍通道建设，遴选高层级专业技术和技能操作人员，创建劳模创新工作室，累计完成 446 期各类岗位培训，2.5 万余人次参加培训。

（卢　利）

【企业保持和谐稳定】 认真办好惠及广大员工的好事实事，员工收入与公司绩效实现同步增长，完成各类职工体检 4 268 人次、疗休养 1 002 人次。退休关爱工作进一步落实，门禁系统、老旧小区综合治理项目启动，职工浴室和文体活动场馆得到修缮，帮助各类困难人员 1 039 人次。积极防范法律风险，深入调研指导改制企业健康发展。推进“平安石化”建设，发挥“总经理信箱”“员工心声”的沟通桥梁作用。积极践行新版中国石化企业文化建设纲要，围绕“新起点，新跨越，新境界”主题活动，组织开展安庆石化厂庆 40 周年“八个一”系列活动，《安庆石化志》出版发行，电子厂史教育展厅建成开放，安庆石化微信、微博、对外门户网站投入运行，“开门办企业、开放办企业”传递安庆石化的好声音和正能量。

（卢　利）

表1　　安庆石化主要技术经济指标　　亿元

年份 指标名称	2014	2013	2012	2011	2010	2009
原油加工量/万吨	748.00	550.78	420.43	482.52	476.62	452.55
工业总产值①	473.94	358.51	277.27	311.32	262.95	208.39
炼　油	417.21	303.42	239.38	268.21	226.11	179.23
化　工	43.05	39.83	24.63	31.02	26.48	18.77
其　他	13.68	15.26	13.26	12.09	10.36	10.39
工业增加值	58.25	58.67	30.93	37.91	60.60	61.68
资产总计	144.68	151.04	124.78	84.65	62.44	65.35
流动资产	33.14	37.13	23.27	24.42	14.26	18.47
固定资产原值	195.29	189.61	119.70	116.04	118.23	117.24
固定资产净值	114.80	116.88	51.58	53.55	34.76	57.02
营业收入	485.10	365.39	287.64	318.84	275.28	214.82
实现利税①	82.75	45.61	21.21	26.65	53.32	51.36
税　金	85.61	52.78	34.63	44.73	49.95	47.00

① 2009年、2010年数据剔除化肥资产减值因素

表2　　安庆石化主要产品产量　　万吨

年份 产品名称	2014	2013	2012	2011	2010	2009
汽　油	230.85	126.88	83.05	96.32	96.97	97.49
柴　油	302.43	224.15	180.01	208.22	195.94	184.55
燃料油	4.27	4.41	6.02	7.89	12.32	16.57
原料油	10.90	40.53	38.41	42.85	40.98	30.02
液化气	60.81	43.83	31.54	34.88	34.05	33.26
石油焦	34.21	38.65	34.18	42.41	43.44	39.30
合成氨	25.50	25.86	21.43	18.12	15.82	20.34
丙烯腈	22.45	18.07	7.74	8.67	8.64	8.57
腈　纶	6.58	7.13	6.38	7.88	7.87	7.87
苯乙烯	9.50	8.69	6.22	7.22	6.67	1.72

海南炼化

【概况】 中国石化海南炼油化工有限公司(简称海南炼化)位于海南省西北部洋浦半岛的洋浦经济开发区，毗邻北部湾，位于新加坡—香港—上海—大阪国际海运主航线上，拥有天然的深水良港和避风港，地理和海运条件优越，同时享受保税港区、经济特

区和开发区的全部优惠政策。海南炼化一期占地 2.5 平方千米，投资 116 亿元，成立于 2003 年 10 月 31 日，原名海南实华炼油化工有限公司。2004 年 4 月 26 日，海南炼油项目奠基开工。2006 年 2 月 28 日，公司名称注册变更为现名。2008 年 7 月 1 日，海南炼化通过总部组织的项目竣工验收，正式投入商业运营。

截至 2014 年底，海南炼化拥有原油综合加工能力 1 000 万吨/年，有 1 000 万吨/年常减压蒸馏、310 万吨/年催化原料预处理、280 万吨/年重油催化裂化和脱硫脱硫醇、60 万吨/年气体分馏、10 万吨/年甲基叔丁基醚、120 万吨/年连续重整、20 万吨/年异构化、120 万吨/年加氢裂化、6 万米^3（标准）/时制氢、248 万吨/年柴油加氢精制、20 万吨/年汽油选择性加氢、8 万吨/年硫黄回收和溶剂再生、180 吨/时酸性水汽提、20 万吨/年聚丙烯、30 万吨/年及 70 万吨/年航煤加氢、120 万吨/年汽油选择性加氢脱硫、1 万米^3/时氢气回收、60 万吨/年对二甲苯和 8 万吨/年苯乙烯等 21 套炼油化工生产装置及相应的油品储运设施、公用工程系统，主要加工中东和非洲的进口原油，生产和销售各种规格的汽油、柴油、煤油、石脑油、苯、液化气、燃料油、聚丙烯、对二甲苯、邻二甲苯、苯乙烯等石油化工产品。海南炼化采用全加氢型加工流程工艺，汽、柴油产品全部达到欧Ⅳ标准，部分达到欧Ⅴ标准，产品主要销往海南、华南及西南等地区，部分汽油、柴油、航空煤油、车用液化气出口到港澳地区，自备的深水码头位于洋浦神头港区，共拥有包括 30 万吨级原油泊位、10 万吨级成品油泊位在内的泊位 8 座，年吞吐能力 3 030 万吨。海南炼化还拥有总罐容 110 万立方米的原油和超过 100 万立方米成品、半成品储存能力及相应的输转设施。

截至 2014 年底，海南炼化共设部门 17 个、生产单元 10 个、质量检验中心 1 个、港作中心 1 个、合资公司 1 个，代管海南商储公司；有正式员工 774 人。

2014 年，海南炼化加工原料油 999.28 万吨，其中原油 903.25 万吨，生产各类产品 920.8 万吨，实现营业收入 440.87 亿元，工业总产值（现价）575.93 亿元，利税 46.59 亿元，完成投资 3.9 亿元。

海南炼化主要技术经济指标及主要产品产量见表 1 和表 2。

（胡　岗）

【领导班子调整】 2014 年 6 月 13 日，石化集团公司对海南炼化领导班子进行调整：杨文、赵聚德任副总经理、党委委员；韩剑敏不再担任副总经理、党委委员职务，改任调研员。11 月 26 日，石化集团公司对海南炼化主要领导班子成员进行调整：蔡智任海南炼化董事、董事会召集人、党委委员，建议为副总经理人选，主持行政工作；王玉冰不再担任海南炼化董事长、董事、总经理、党委委员职务。

（胡　岗　郑宣懿）

【芳烃装置投产首年实现平稳满负荷运行】 2014 年，海南炼化 60 万吨/年对二甲苯装置转入商业试运行第 1 年即实现平稳满负荷达标运行，全年生产对二甲苯 75.68 万吨、邻二甲苯 10.50 万吨、苯 17.20 万吨；综合能耗 282.33 千克标油/吨对二甲苯，比设计值低 33.67 个单位，保持行业领先地位。

（胡　岗　郑宣懿）

【航煤产量创历史最好水平】 2014 年，海南炼化深拔常一线多产直馏航煤组分，确保航煤加氢、加氢裂化等装置高负荷运行，最大限度地多产航煤。全年航煤产量达 138.64 万吨，创历史最好水平。

（胡　岗　郑宣懿）

【安全生产实现“六连冠”】 2014 年，海南炼化认真学习贯彻新《安全生产法》和《环境保护法》，树立“一切事故都可以避免”理念，严格落实安全责任，完善 HSE 管理体系，强化新进厂人员和承包商的安全技能培训，实行现场直接作业环节“双监护”，加大现场监督检查和处罚力度。加强隐患排查治理，完善公司级突发事件应急预案，建立企地应急联动机制，妥善应对超强台风“威马逊”“海鸥”带来的巨大冲击，成功处置“9·24”全厂大停电事故，保证装置安稳运行，连续第 6 年获评石化集团公司安全生产先进单位。

（胡　岗　郑宣懿）

【成为海南省第 1 批循环经济示范试点单位】 2014 年 2 月，海南省组织对全省有关单位提交的循环经济示范试点实施方案进行综合评审，海南炼化等 11 家企业和洋浦经济开发区等 4 个园区获评第 1 批循环经济示范试点单位。

（胡　岗　郑宣懿）

【成为华南地区膜料生产基地】 2014 年，海南炼化按照石化集团公司统一部署，加大聚丙烯装置专用料生产，主动协调化工销售公司加强区域市场研究和月度排产计划，全年聚丙烯专用料比例达 81.9%，同比增加70%，成为华南地区膜料生产基地。

（胡　岗　郑宣懿）

【举行突发事件应急演练】 2014年4月25日，海南炼化在原油罐区举行突发事件应急预案演练。事故模拟原油罐区T-35203底部排凝阀内法兰泄漏，造成罐区附近形成敞开式燃烧，有1名检维修人员烧伤的险情。海南炼化快速启动应急预案，进行现场救护并启动现场消防设施。消防中队官兵立即赶赴现场进行救援灭火，相关联动单位按照预案迅速投入消防演习。演练检验了海南炼化总体应急处置能力、联合作战能力，以及事故应急预案的可操作性及消防队专业消防装备和消防器材的运行状况及可靠性，达到预期效果。

（胡　岗　郑宣懿）

【举办新《安全生产法》知识竞赛】 2014年12月4日，为吸取“11·22”事故教训，更好地贯彻落实新《安全生产法》，海南炼化举办新《安全生产法》知识竞赛。共有6支代表队参加竞赛，130人观看比赛，营造了全员学安全、重视安全的氛围，掀起“人人讲安全、事事保安全”的高潮。

（胡　岗　郑宣懿）

新《安全生产法》知识竞赛现场　（贾永存　摄）

【组织开展全员HSE培训】 2014年11月5—13日，为提高员工安全意识，加强员工危害识别和风险分析能力，进一步提升HSE管理水平，海南炼化组织开展以“危害识别和风险控制”“OSHA统计和HSE绩效考核”为主题的全员安全培训，共813名员工参加培训。

（胡　岗　郑宣懿）

【HSE管理信息通过总部验收测试】 2014年11月14日，石化集团公司HSE管理信息系统验收测试专家组第2组成员在审阅项目文档资料、对海南炼化HSE管理信息系统进行集中测试后，一致同意海南炼化HSE管理信息系统项目通过验收测试。

（胡　岗　郑宣懿）

【催化裂化装置烟气污染物治理项目一次开车成功】 2014年12月27日，作为石化集团公司“碧水蓝天”项目之一，海南炼化重油催化裂化烟气污染物治理项目一次开车成功。经检测，综合塔排出的烟气控制指标全部合格，其中二氧化硫排放浓度180毫克/米^3（标准）、粉尘排放浓度45毫克/米^3（标准）、氮氧化物排放浓度95毫克/米^3（标准），均达到设计指标并优于国家标准，有效降低烟气二氧化硫、氮化物、粉尘排放。

（胡　岗　郑宣懿）

【成功利用低温余热发电】 2014年，海南炼化将芳烃联合装置所产的200吨/时低温热水用来发电，解决低温热水利用困难的问题，首次实现有机朗肯热水发电技术（ORC）在石油化工领域的成功应用，起到示范作用。项目自2014年5月底投入运行，共发电371万千瓦·时，创效226万元。

（胡　岗　郑宣懿）

【海南原油商业储备基地投入试运行】 该工程于2013年1月开工建设，2014年9月建成中交。11月21日，首批10万吨埃斯坡原油进入海南原油商业储备基地原油罐，原油商业储备基地正式投入试运行。海南原油商业储备基地由海南炼化代管代建，工程总概算约23.3亿元，包括25座10万立方米、1座5万立方米储罐。

（胡　岗　郑宣懿）

海南原油商业储备基地全景　（金　鑫　摄）

【改扩建工程奠基】 2014年5月8日，海南炼化100万吨/年乙烯及炼油改扩建工程项目推进领导小组召开第5次会议，听取项目进展、政策争取、基础设施建设和居民搬迁等方面的情况汇报，商定项目下一步推进计划和措施，要求进一步优化方案，坚定不移推进海南炼化改扩建项目建设。参加会议的海南省与石化集团公司领导共同为海南炼化改扩建工程奠基。

（胡　岗　郑宣懿）

【第2套60万吨/年对二甲苯项目顺利通过基础设计审查】 2014年8月20—21日，石化集团公司组织召开海南炼化第2套60万吨/年对二甲苯项目基础设计审查会。经过专家组讨论，基础设计顺利通过审查。

（胡　岗　郑宣懿）

【新建3个泊位通过交工验收】 2014年7月17日，海南炼化组织召开新建6#、7#、8#3泊位交工验收会。验收专家在查看项目工程实体、审阅交工资料、听取情况汇报后，一致认为新建5 000吨级化工(6#)、7#、8#泊位具备交工验收条件，同意通过交工验收。

（胡　岗　郑宣懿）

【公用管廊(二期)建成中交】 2014年12月，海南炼化公用管廊(二期)工程建成中交。该工程包括海南炼化成品油码头段175米、中石化(香港)洋浦成品油保税库—海南国投孚宝罐区管廊，全长2 725米，概算投资8 100万元，占地34.3亩(2.29万平方米)，投影宽度9米。

（胡　岗　郑宣懿）

【举办“世界环境日”开门办厂展示活动】 2014年6月5日，海南炼化开展“百姓进企业”开门办厂展示活动，洋浦周边社区35名居民代表现场参观并了解企业环境保护情况。居民代表先后参观芳烃装置展示区、污水处理场及公司展厅，体验海南炼化绿草如茵、无异味、无油污、无烟尘的生产装置区，了解海南炼化在节能减排、绿色低碳方面取得的成果。通过近2个小时的参观交流，居民们对石化企业有了全新的认识，打消了心中的疑虑，交口称赞海南炼化环保工作做得好，愿做共同为打造洋浦美好家园的友好邻居。

（胡　岗　郑宣懿）

【芳烃部被授予全国创新团队称号】 2014年12月15日，第6届中国科协会员日暨表彰大会在人民大会堂举行。会议表彰全国优秀科技工作者、“讲理想、比贡献”活动先进集体、创新团队、创新标兵和优秀组织者。海南炼化芳烃部被授予创新团队称号，芳烃部牛俊峰获评创新标兵。

（胡　岗　郑宣懿）

【完善组织机构】 2014年，为进一步适应炼油、化工等板块运行的机制机构，海南炼化对部分机构设置进行调整优化，成立指挥与应急响应中心，增设总值班部、总调度部、公共服务部、招投标及工程结算审核中心，实现公司生产经营统一调度、应急响应统一指挥，强化招投标统一归口管理和投资成本费用的管控，满足业务发展需要。

（胡　岗　郑宣懿）

【召开“8·27”廉政警示日教育大会】 2014年8月27日，海南炼化组织召开“8·27”廉政警示日教育大会。全体与会人员观看《放纵》警示教育片，海南炼化与海南省人民检察院二分院签署《检企协作预防职务犯罪实施方案》。

（胡　岗　郑宣懿）

【启动劳模创新工作室创建活动】 2014年12月4日，海南炼化举行首批3个劳模创新工作室和1个高技能人才创新工作室揭牌仪式，标志着海南炼化开展创建劳模(高技能人才)创新工作室的活动正式启动。

（胡　岗　郑宣懿）

表1　　海南炼化主要技术经济指标　　亿元

指标名称＼年份	2014	2013	2012	2011	2010	2009
原油加工量/万吨	903.25	730.90	920.97	905.89	847.49	822.11
工业总产值	575.93	466.89	601.53	574.80	462.56	371.25
炼　油	570.58	449.84	580.17	550.77	443.63	354.28

续表

年份 指标名称	2014	2013	2012	2011	2010	2009
化　工	112.45	17.05	21.36	24.04	18.93	16.97
工业增加值	63.42	25.35	32.76	31.95	57.52	51.13
资产总计	155.95	164.93	139.83	118.73	130.92	109.91
流动资产	54.56	64.05	67.08	51.38	57.04	27.75
固定资产原值	144.76	140.45	97.98	97.69	94.36	94.27
固定资产净值	87.98	93.25	57.43	63.78	67.02	73.53
销售收入	440.87	369.23	539.77	540.83	413.30	326.59
实现利税	46.59	72.92	105.23	107.59	113.55	111.41
税　金	57.62	64.91	94.21	99.56	85.13	71.37

表2　　海南炼化主要产品产量　　万吨

年份 产品名称	2014	2013	2012	2011	2010	2009
92#汽油	125.68	—	—	—	—	—
93#汽油①	77.70	222.90	267.52	256.77	223.07	208.47
97#汽油①	15.68	19.75	35.23	38.48	40.16	55.83
0#柴油	267.62	229.70	294.02	319.20	345.98	341.38
轻质船燃	—	5.31	5.10	—	—	—
发泡剂	7.79	1.37	1.80	—	—	—
石脑油	26.50	12.37	25.13	14.09	18.75	14.00
煤　油	138.64	90.57	78.03	68.06	41.13	35.43
苯	17.20	4.41	6.34	6.19	5.26	4.98
对二甲苯	75.68	—	—	—	—	—
邻二甲苯	10.50	—	—	—	—	—
航煤组分油	—	—	16.01	9.44	3.45	—
燃料油	20.64	20.50	24.89	32.57	22.65	17.74
硫　黄	6.59	4.81	6.13	6.45	6.25	6.32
液化气	62.31	41.07	58.73	59.98	54.89	48.59
车用液化气	—	—	—	—	—	3.60
其他白油原料	14.53	14.27	22.17	21.77	14.00	7.68
聚丙烯	21.84	17.70	23.85	23.85	22.81	22.81

①93#汽油包括92#、95#（2013年以前），97#汽油包括98#

青岛炼化

【概况】 中国石化青岛炼油化工有限责任公司(简称青岛炼化)系石化股份公司、山东省国际信托有限公司、青岛国信实业有限公司按 85:10:5 的投资比例出资设立的特大型石油化工企业，于 2004 年 10 月 18 日注册成立。公司位于青岛经济技术开发区重化工园区，毗邻青岛港，位置优越，配套完备，交通便捷。青岛炼化是中国石化系统内单套装置规模最大、体制机制最新、用工定员最少的炼化企业之一，公司 1 000 万吨/年大炼油项目是中国政府批准建设的第 1 个单系列千万吨级炼油项目，总投资 125 亿元，总占地 220 公顷(220 万平方米)，于 2008 年 6 月正式投产。青岛炼化具有组织结构扁平、主业精干、人员精简的显著特点，截至 2014 年底，共设 10 个机关职能部门和 9 个生产单元，在册正式职工 673 人。

青岛炼化工艺路线采用“焦化 + CFB 锅炉 + 催化”方案，主要加工进口高硫原油，截至 2014 年底，拥有 1 000 万吨/年常减压、250 万吨/年延迟焦化、290 万吨/年催化裂化、150 万吨/年连续重整、200 万吨/年加氢裂化等 21 套生产装置和相应的公用工程及辅助设施，每年可加工进口原油 1 200 万吨，生产汽、煤、柴成品油 800 多万吨，生产聚丙烯、苯乙烯、混苯、硫黄等各类石化产品 200 多万吨。

2014 年，青岛炼化加工原油 1 127.01 万吨，实现销售收入 548.73 亿元，实现利税 87.61 亿元。

青岛炼化主要经济技术指标和主要产品产量见表 1 和表 2。

(刘仕成　朱立华)

【领导班子调整】 2014 年 1 月 13 日，石化集团公司党组发文，鉴于年龄原因，决定免去李玉卿的中共中国石化青岛炼油化工有限责任公司委员会书记、委员、纪律检查委员会书记职务，不再担任青岛炼化工会主席职务；石化股份公司发文，决定李玉卿不再担任青岛炼化监事会主席、监事职务。5 月 13 日，石化集团公司党组发文，决定雷平任中共中国石化青岛炼油化工有限责任公司委员会副书记兼纪律检查委员会书记，为青岛炼化工会主席人选；石化股份公司发文，决定雷平任青岛炼化监事会主席。11 月 26 日，石化集团公司党组发文，决定赵培录任中共中国石化青岛炼化委员会书记；石化股份公司发文，建议赵培录为青岛炼化副总经理人选(兼)，戴锭为青岛炼化工有限责任公司副总经理人选(保留原级别)。

(刘仕成　朱立华)

【150 万吨/年催化汽油吸附脱硫项目(S - Zorb)建成中交】 2014 年 6 月 6 日，青岛炼化 150 万吨/年催化汽油吸附脱硫(S - Zorb)项目建成中交。该项目是按照中国石化汽油质量升级统一部署的新建项目，也是青岛炼化进一步推进企业持续有效发展的重要举措。项目设计规模为 150 万吨/年，基础设计批复总投资 2.66 亿元。项目投产后，可生产精制汽油 148.80 万吨/年，全厂汽油质量可达到国Ⅴ标准，将进一步提升青岛炼化成品油质量等级，满足未来汽油质量升级的要求。

(刘仕成　朱立华)

中交后的催化汽油吸附脱硫项目(洪继文　摄)

【10 万吨/年硫黄回收项目开工建设】 2014 年 10 月 28 日，青岛炼化 10 万吨/年硫黄回收项目开工建设。该项目基础设计批复总投资 1.90 亿元，包括硫黄回收、尾气处理、溶剂再生 3 个部分，计划 2015 年 11 月底建成中交。装置投产后，可生产固体硫黄和液体硫黄约 11 万吨/年。

(刘仕成　朱立华)

【290 万吨/年催化裂化烟气脱硫脱硝项目建成投用】 2014 年 12 月 1 日，青岛炼化 290 万吨/年催化裂化烟气脱硫脱硝项目建成投用。该项目总投资 1.34 亿元，设计处理烟气 35 万米^3/时，主要包括烟气洗涤吸收系统、烟气脱硝系统和脱硫废水处理系统 3 个部分，分别采用美国杜邦贝尔格公司的 EDV 湿法洗涤烟气脱硫、臭氧氧化脱硝及中国石化自有的先进技术。项目投用后，青岛炼化二氧化硫、氮氧化物、烟尘排放量进一步降低，对区域大气环境的改善具有非常积极的影响。

(刘仕成　朱立华)

投用后的催化裂化烟气脱硫脱硝项目(何继强　摄)

【能源管理体系获得外部认证证书】 2014年12月26日，青岛炼化能源管理体系获得北京三星九千认证中心签发的认证证书；同时，质量、安全、环境管理体系获得了再认证证书，测量管理体系通过了中启计量体系认证中心石化(北京)分中心的监督审核，标志着青岛炼化管理体系建设取得了阶段性成果。

(刘仕成　朱立华)

【安全环保管理基础持续巩固】 2014年，青岛炼化全面开展“从严管理年”活动，把强化安全环保管理作为重中之重，在深刻吸取各类典型事故教训的同时，把集中开展全员全方位隐患排查与风险评估作为有效控制安全风险的主要抓手之一。严格落实隐患排查责任制，重点对关键装置、设备、油气管带和油罐区等进行系统隐患排查，对识别出的隐患风险严格落实闭环管理。强化现场直接作业环节管理，严格落实作业票三方确认交底的规定，做实了风险评估、风险管控和变更管理。强化污染物排放总量管理，完善污水分级管控，增加再生水循环利用，污染物的排放量和浓度进一步减少，“三废”排放始终保持稳定达标。以“厂区无异味”为目标，持续开展微泄漏检测并重点强化源头治理，厂区环境质量始终保持较高水平。大力推进“碧水蓝天”项目实施，催化烟气脱硫脱硝项目按期建成投用，硫黄尾气达标、环境监测设施完善等项目稳步推进。公司获评石化集团公司2014年度安全生产先进单位、环境保护先进单位。

(刘仕成　朱立华)

【生产经营优化措施扎实】 2014年，青岛炼化以效益最大化原则做好计划动态优化，紧盯市场变化开展效益对比测算，全年召开各类生产经营优化会、分析会67次，开展74个典型案例、493个优化方案测算，生产经营策略更加贴近市场节奏。优化高负荷下重质原油掺炼方案，为生产增效做出较大贡献。科学调整中间原料分配和装置加工负荷，深入优化工艺操作，全年汽油和航煤产量均超额完成奋斗指标。创新性地实施了重整装置二甲苯塔侧线抽出改造项目，在增产汽油、消除催化汽油脱硫装置运行瓶颈等方面效果显著。跟踪油品质量升级进展，提前完成国Ⅳ车用柴油质量升级任务。与系统内企业合作开发的“新一代稀乙烯制乙苯成套技术的开发及工业应用”项目获得石化集团公司科技进步一等奖。

(刘仕成　朱立华)

【降本增效工作成效显著】 2014年，青岛炼化密切跟踪国际市场高低硫、轻重质原油价差变化，通过抓机会油种、优化船期和库存运作等措施，全年原油采购回归价在石化集团公司名列第三，居千万吨级企业第一。扎实开展全员成本目标管理，用好生产成本动态分析，开展非正常工况成本管控，全年吨油完全费用比总部考核指标低11.55元，吨油现金操作费位居石化集团公司第2位。全年重点实施7类43项双增双节、降本增效措施，实现降本增效4.30亿元。公司获评石化集团公司2014年度炼油经济效益优胜单位、财务管理先进单位。

(刘仕成　朱立华)

【工艺设备专业管理继续保持较好水平】 2014年，青岛炼化强化工艺制度执行，全力抓好装置运行管理，保障了单系列条件下的长周期优化运行。用好调度监控平台实时优化，生产平衡效率和精细化管理水平进一步提升。加强原油计量管理，全年原油途耗0.08%，原油储耗0.01%，均处于炼油企业优秀群组。深入开展装置腐蚀现状分析，组织编制装置防腐蚀手册，防腐蚀工作进一步科学、规范。以制度化支撑、专业 + 区域化管理、标准化作业、信息化提升为特征的设备管理模式不断完善，“四年一修”试点工作进展顺利。全年主要设备完好率 100%，静密封点泄漏率 0.14‰，加热炉热效率 91.40%，仪表“五率”和电气设备运行平稳率始终保持较高水平。持续抓好节能管理，能量密度指数(62.57)继续保持石化集团公司领先水平，获评石化集团公司 2014 年度节能工作先进单位。公司在中国石油和化学工业联合会组织的评比中蝉联“能效领跑者标杆企业”(炼油第 1 名)并获评“企业公民楷模榜 · 节能减排奖”。

（刘仕成　朱立华）

【信息化管理水平持续提升】 2014 年，青岛炼化不断提升信息系统应用水平，ERP、MES、APC、LIMS、EM 系统应用继续在石化集团公司专业评比中名列前茅，9 套 APC 应用项目通过总部验收并获得较高评价，业务流程 e 化及其功能优化取得新进步。“经营综合分析”“投资管理”“问题管理”等信息系统成为规范管理、提高工效的得力工具，全员参与的管理信息化模式逐步形成。10 月 17 日，公司参加中国石化 2014 年信息技术安全竞赛获得团体银牌，职工刘晓文获得信息安全管理专业个人银牌。

（刘仕成　朱立华）

【“三支队伍”建设稳步推进】 2014 年，青岛炼化进一步加强干部队伍建设，组织开展了学习贯彻习近平总书记系列重要讲话精神和党的十八届三中全会精神干部轮训，完成了中基层领导干部换届工作。持续强化全员培训，全年累计举办各类培训活动 120 多场次，自编培训教材超过 500 篇，同时将导师带徒进一步延伸，促进了年轻员工快速成长。优化岗位人员配置，增加了各单元技术员、副班长岗位编制，基层管理力量进一步充实。

（刘仕成　朱立华）

【党建引领作用进一步增强】 2014 年，青岛炼化以“两个细则”为指导，加强各级党组织建设，党建工作规范化、系统化、科学化水平进一步提升。跟踪抓促教育实践活动后续整改落实，按照石化集团公司党组要求开展“回头看”，活动成果得到有效巩固。从严落实“两个责任”，抓实廉洁风险防控，保障了企业健康发展。创新党群工作形式，将政工例会与职工思想政治工作座谈会有机融合，及时了解职工群众思想动态，认真研究解决职工群众关心的实际问题。坚持党建带工建、带团建，充分发挥群众组织联系广大员工的桥梁纽带作用。组织开展纪念公司成立 10 周年系列文体活动，持续弘扬“团结、务实、精细、创新、高效”的企业精神，将“为美好生活加油”等价值理念真正融入到企业文化建设的具体实践中。

（刘仕成　朱立华）

表 1　　青岛炼化主要技术经济指标　　亿元

指标名称 \ 年份	2014	2013	2012	2011	2010	2009
原油加工量/万吨	1 127.01	1 145.01	1 059.71	914.46	1 010.46	947.41
工业总产值	546.90	577.82	612.56	504.66	453.65	346.47
工业增加值	100.71	95.05	98.07	82.01	114.18	109.10
资产总计	142.56	160.72	165.59	150.19	141.49	137.53
流动资产	37.56	49.78	43.11	30.96	28.52	21.61
固定资产原值	145.73	142.39	140.49	120.77	115.10	108.33
固定资产净值	89.51	96.16	104.09	93.16	95.97	96.97
销售收入	548.73	571.13	615.62	509.38	453.65	347.21
实现利税	87.61	101.67	89.10	71.17	102.75	99.70
税　金	89.90	94.50	94.79	80.47	85.75	83.09
综合能耗/千克标油 · 吨$^{-1}$	57.20	57.14	56.72	57.06	59.14	64.90

表2 青岛炼化主要产品产量 万吨

产品名称＼年份	2014	2013	2012	2011	2010	2009
汽　油	338.71	299.99	288.13	224.24	250.56	239.67
柴　油	313.41	354.16	353.95	331.59	372.22	370.24
煤　油	126.94	109.65	66.77	50.27	50.70	36.58
液化气	89.24	84.61	80.46	69.58	75.75	72.08
石脑油	13.74	24.44	11.58	13.86	17.86	11.99
重芳烃	—	—	—	—	—	5.32
粗三甲苯	—	—	12.70	9.26	8.01	—
5#白油油料	—	3.48	1.54	0	0	0.80
商品石油焦	69.35	69.88	55.09	54.72	56.75	56.79
丙　烷	—	0	0	0	2.33	3.56
发泡剂	5.89	11.45	6.73	10.28	16.44	9.07
纯　苯	—	—	0.26	2.04	5.25	3.79
混合二甲苯	29.32	33.62	32.03	23.75	26.40	24.06
MTBE	—	—	0.26	0.31	-1.00	0.36
硫　黄	20.84	21.77	18.41	16.52	16.73	16.00
聚丙烯	19.88	21.44	23.82	19.07	21.19	18.61

石家庄炼化

【概况】 中国石油化工股份有限公司石家庄炼化分公司(简称石家庄炼化分公司)和中国石化集团资产经营管理有限公司石家庄分公司(简称石家庄资产分公司)统称石家庄炼化，位于河北省石家庄市东。其前身为石家庄炼油厂，始建于1978年，1983年建成投产，同年7月1日划归中国石油化工总公司。1997年采用局部改制方式募集发起设立石家庄炼油化工股份有限公司，上市筹集资金投入到当年河北省人民政府与中国石油化工总公司合资设立的石家庄化纤有限责任公司(简称石家庄化纤公司)，共同建设石家庄5万吨/年己内酰胺工程。石家庄化纤公司股权几经变更，2009年3月转换成为石化股份公司的分公司。根据石化集团公司改革重组的统一部署，2006年注销石家庄炼油厂，注册成立石家庄资产分公司，2007年注册成立石家庄炼化分公司。2009年5月，根据“一企一制”的整体要求，石家庄化纤公司整体、石家庄资产分公司部分资产和人员被整合并入石家庄炼化分公司。

截至2014年底，石家庄炼化共设生产调度部、计划部、安环部、机械动力部等职能部门16个，总务部、物资供应中心、营销中心等直属机构8个，炼油作业一部、化工作业部等二级单位6个；共有职工2 822名，其中具有高级职称的211人、中级职称的394人。

石家庄炼化分公司炼油部分主要包括常减压、催化裂化、蜡油加氢、渣油加氢、连续重整和柴油加氢等26套生产装置；化工部分经过己内酰胺“5改6.5”扩能改造、“6.5改16”和己内酰胺完善升级项目，己内酰胺生产规模达到20万吨/年，聚合装置达到2.5万吨/年。主要产品有汽油、柴油、航空煤油、聚丙烯、液化气、己内酰胺、聚酰胺切片等30多个品种、牌号。

石家庄炼化分公司主要技术经济指标和主要产品产量见表1和表2。

（马立亚）

【800万吨项目建成并顺利实现投料试车一次成功】 2014年4月15日，石家庄炼化800万吨油品质量升级项目6套主装置（500万吨/年常减压装置、120万吨/年重整装置、150万吨/年S-Zorb装置、20万吨/年聚丙烯装置、30万吨/年气分装置、脱硫脱硫醇装置）及新老区24套配套及辅助单元实现中交；6月5日，220万吨/年催化裂化、150万吨/年渣油加氢、180万吨/年蜡油加氢装置中交；7月29日，环保、消防配套设施（污水处理场，老区新鲜水加压、消防泵站改造，老区配套环保完善工程，老区污水提升泵站改造工程）中交。项目全年完成投资10.36亿元，累计完成投资70.06亿元，完成总投资的87.47%。8月16日，新建常减压装置引入原油，800万吨项目投料试车暨新老区联动试车正式启动；9月4日，150万吨/年渣油加氢装置正式引入渣油，顺利打通全流程，14套主装置及配套系统全部投入运行，项目实现投料试车一次成功。

（马立亚）

【己内酰胺质量升级项目建成中交】 2014年7月1日，石家庄炼化己内酰胺质量升级项目建成中交，全年完成投资6 500万元，累计完成投资2.55亿元，完成总投资的90.27%。9月30日，完成系统水联运，为下一步投料试车创造了条件。

（马立亚）

【产品结构进一步优化】 2014年，石家庄炼化努力增产高附加值产品，降低柴汽比，全年高附加值产品收率达到88.57%，同比增长2.61个百分点；高标号汽油收率达到23.28%，增加3.38个百分点；柴汽比由上年同期的2.12降低到1.59。

（马立亚）

【扎实推进环保治理工作】 加大环境监测力度，完善在线监控平台，炼油厂区外排污水在线监控系统数据于2014年11月26日与总部监控平台联网，与环保部门联网的废气在线监测数据实时发布。积极开展清洁生产审核，2014年7月14日通过了地方环保部门组织的清洁生产专家验收。按期完成1#催化、煤炉烟气脱硫脱硝除尘改造、工业VOC治理等9项“碧水蓝天”环保治理项目，全面完成年度污染物总量控制指标；顺利完成污水处理与排水系统的改造，实现生产装置雨污分流，结束了30多年来含油污水地下输送的历史。

（马立亚）

【炼油化工装置完成大检修】 为实现800万建设项目与原有装置的全面对接，炼油部分于4月15日—6月30日进行装置停工检修，化工部分根据市场情况于4月1日开始进行停工检修。完成检修技改总投资4.54亿元，其中技措3.26亿元、常规检修0.94亿元、设备更新0.34亿元，主要进行了焦化装置优化改造、老区装置DCS控制系统集中控制改造、老区低温热流程优化、催化裂化装置改造、1套常减压装置更换电脱盐罐、储运瓦斯装置气柜更新、化工氧化装置T103更新等项目。

（马立亚）

【科技进步取得新成果】 “十条龙”攻关项目“第三代环管聚丙烯技术”完成工业试验研究和装置标定，顺利实现“出龙”目标。群众性技术创新创效活动成效明显，全年共收集各种建议2 495项、立项1 815项，已实施完成524项，年创造经济效益7 936万元。深入开展QC小组活动，共完成QC课题85项，获国家级成果3项、河北省级成果4项，其中电仪作业部质量流量计QC小组的“降低轨道衡复尺率”课题获全国优秀奖。

（马立亚）

【深入开展“从严管理年”活动】 以“为了每一名劳动者的生命安全、家庭幸福，从严管理从我做起”为活动主题，采取“边发动边整改，边讨论边整改，边查摆边整改，边整改边总结，边总结边完善制度”的工作模式，分宣传发动、问题梳理、整改完善3个阶段，公司和作业部2个层次，认真开展“从严管理年”活动。全年共梳理重大关键问题16项、一般类问题125项，通过逐项落实责任部门、分级落实整改责任、详细制定整改方案、有序推进问题整改等一系列措施，各类问题的整改已基本完成。针对总部下发的《职工违纪违规行为处分规定》，结合工作实际，制定具体实施细则，并以此为依据，补充修订劳动纪律、治安保卫、安全生产等相关管理制度。完善中层领导干部综合考核评价办法，出台黄牌警示制度，全年共发布黄牌警示案例7项。

（马立亚）

【党建与生产经营融合逐步增强】 石家庄炼化注重突出党建工作与生产经营一体两面中的“一体”，

树立“大党建”概念，国企政治优势得到进一步加强。围绕中心工作、结合阶段特点，全面推进生产经营与党建工作的深度融合。特别是在800万吨项目建设、投产时期，充分发挥党组织战斗堡垒作用，创新推进“党员责任区”工作，集中开展了“消除身边低老坏”、争创“三无安全示范区”和争当“安全卫士”活动，引导广大党员立足本职、为群众树立标杆。充分调动广大职工的工作积极性，开展了“六比六赛”等劳动竞赛、技术大比武活动，引导广大干部职工全身心投入中心工作。以服务生产为主题，开展了“我心中的800万”“决战800万，圆梦做贡献”征文，以及“我的装置我的家”演讲比赛，不断丰富职工文化生活。组织开展班组“全家福”“寻找最美一线员工”“工地之星”“献礼国庆、跨越圆梦”职工书法美术摄影展等活动，集中展示了一线职工的风采。

（马立亚）

表1 石家庄炼化分公司主要技术经济指标 亿元

指标名称 \ 年份	2014	2013	2012	2011	2010	2009
原油加工量/万吨	292.20	291.40	417.69	412.18	420.09	355.46
工业总产值	154.86	191.83	272.87	266.25	229.57	188.24①
工业增加值	13.94	25.18	30.80	37.32	50.11	33.59
资产总计	154.93	126.52	107.21	86.77	70.78	60.69
流动资产	47.52	34.35	49.54	43.01	28.85	22.92
固定资产原值	149.74	84.45	84.52	85.58	83.71	81.98
固定资产净值	86.04	23.56	25.78	24.83	23.94	24.58
销售收入	152.01	194.49	275.09	267.86	231.48	158.31
实现利税	3.03	16.69	23.09	30.87	46.85	24.90
税　金	23.03	24.82	36.63	40.96	42.19	29.07
综合能耗②/吨标煤·万元$^{-1}$	0.45	0.43	0.38	0.38	0.52	0.50

①包括石家庄化纤公司数据

②2011年后为2010年不变价，2009—2010年为2005年不变价

表2 石家庄炼化分公司主要产品产量 万吨

产品名称 \ 年份	2014	2013	2012	2011	2010	2009
汽　油	68.05	58.02	89.99	87.04	88.64	78.75
煤　油	13.50	13.72	0.32	—	4.31	7.05
柴　油	108.87	123.10	196.21	186.43	187.09	159.77
燃料油	3.56	2.33	5.81	6.15	6.87	3.31
液化气	17.68	16.64	21.85	22.11	20.95	19.63
硫　黄	2.31	1.82	2.21	2.25	1.87	1.43
精丙烯	7.22	7.09	9.46	9.63	9.69	8.47
聚丙烯	2.86	3.41	4.95	4.95	4.74	4.23

续表

产品名称 \ 年份	2014	2013	2012	2011	2010	2009
石油焦	13.57	18.02	21.75	25.71	26.50	23.48
己内酰胺	2.89	11.24	9.84	10.86	10.50	4.82
硫　铵	7.50	27.91	25.29	27.83	27.40	18.23
苯甲醛	0.15	0.58	0.53	0.59	0.57	0.33
切　片	0.67	2.20	1.96	2.23	2.14	1.47

荆门石化

【概况】 中国石油化工股份有限公司荆门分公司(简称荆门分公司)和中国石化集团资产经营管理有限公司荆门分公司(简称荆门资产分公司)统称荆门石化，位于湖北省荆门市掇刀区。荆门石化前身始建于1970年，1983年划归中国石油化工总公司，1998年11月更名为中国石化集团荆门石油化工总厂(简称荆门石化总厂)，2000年3月，企业重组改制成立荆门分公司，2007年10月，荆门石化总厂注销，设立荆门资产分公司。企业占地面积838万平方米，辖区总人口3万多人。

截至2014年底，荆门石化下设23个直属单位、19个机关处室；职工总数为4 873人，其中各类专业技术人员823人，技术人员中具有高级职称的73人、中级职称的605人。

截至2014年底，荆门石化原油加工综合配套能力为550万吨/年，主要加工河南油田和江汉油田管输进厂的原油，通过沿江管线和洪荆管线管输进厂的鲁宁原油、进口原油、海洋原油；有生产装置41套，其中燃料油装置23套、润滑油装置12套、环保装置4套、化工装置2套，以及油品储运、水、电、汽、风等配套公用工程和能力为1 000吨/时的污水处理设施等；可生产燃料油、润滑油基础油、溶剂油、化工原料、石蜡、沥青、石油焦、液化气、聚丙烯9个大类100多个牌号的石油化工产品，是石化集团公司系统内加工手段比较齐全、生产灵活性较大的炼油化工企业之一。

荆门石化主要技术经济指标及主要产品产量见表1和表2。

(万益全)

【职工集资建房二期工程开工建设】 2014年3月，荆门石化石化家苑二期工程正式开工建设，包括740套住宅及相关配套工程，共8.7万平方米。

(万益全)

【200万吨/年渣油加氢装置正式开工建设】 2014年3月，荆门石化200万吨/年渣油加氢装置及系统配套改造项目基础设计获得总部批复并开工建设。项目批复投资14亿元，建成后可消除焦化装置存在的安全隐患，进一步提高产品质量和附加值，同时实现安全、清洁、环保生产。

(万益全)

【白油系列产品产销两旺】 2014年，荆门石化白油系列产品产销量创历史新高，3#、7#、10#、15#工业白油产销两旺。同时，化妆品级高品质5#工业白油新品正式实现差异化销售。

(万益全)

【发布2013年度环境质量公报】 2014年6月5日，荆门石化发布2013年度环境质量状况公报。公报共分污染物排放情况、环境质量状况、环保工作回顾、2014年环保工作目标及主要工作4个部分。

(万益全)

【顺利完成生产装置大修改造】 2014年是荆门石化装置检修改造年，先后完成1#蒸馏、1#催化、2#催化、焦化、180万吨/年柴油加氢、70万吨/年汽油加氢装置升级至90万吨/年、连续重整、苯抽提、临氢脱色、2#聚丙烯10套装置及配套系统的检修改造任务。

(万益全)

【集中培训】 2014年7月，荆门石化举办3期领导干部培训班，分8个专题，集中学习习近平总书记系列讲话精神和十八届三中全会精神。公司处级领导干部近200人参加培训学习。

（万益全）

【CFB炉新增喷钙脱硫工艺减排明显】 荆门石化CFB炉采用干法炉内喷钙工艺，该工艺使CFB锅炉排放的烟气中二氧化硫排放浓度由原来的850毫克/米^3（标准）下降至200毫克/米^3（标准）以内，减排效果明显。

（万益全）

【油品质量升级】 2014年7月，荆门石化首批3 500吨国Ⅳ标准车用柴油全部指标分析合格，提前实现国Ⅳ车用柴油质量升级。8月29日，《中国石油化工股份有限公司荆门分公司油品质量升级及适应性改造工程环境影响报告书》同时在省、市政府网站和环保网站公示，广泛征求社会各界意见。

（万益全）

【聘任企业级专家】 2014年，荆门石化遴选聘任企业级首席专家1名、专家5名，涵盖工艺、设备、安全环保、电气技术和信息技术5个炼化企业主要专门技术领域。同时出台《首席专家、专家遴选管理办法》，对遴选任职、作用发挥、业绩考核等进行详细规定。每年设立攻关课题，充分发挥首席专家、专家在各自领域的技术引领作用，解决企业在优化生产、项目研究、工程建设中的技术疑难问题。

（万益全）

【质量管理实验室获国家认可】 2014年，荆门石化质量管理实验室成功获得中国合格评定国家认可委员会（CNAS）颁发的实验室认可证书。实验室出具的检测报告可得到国际社会的普遍认可。

（万益全）

【举办油品质量升级工程公众开放日活动】 2014年9月18日，来自荆门市直39家单位的团体代表和荆门石化周边居民代表共计70余人，受邀参加荆门石化举办的油品质量升级工程公众开放日活动。通过现场参观、观看宣传片、座谈交流，代表们进一步了解油品质量升级项目，均明确表示支持项目建设。

（万益全）

【DCS网络安全隔离项目通过验收】 2014年11月25日，荆门石化DCS控制系统网络安全隔离项目通过验收。该项目是荆门石化2013年安全隐患治理项目，消除了DCS控制系统的信息安全隐患，提高了系统的安全防护能力。该项目共完成2#蒸馏、制氢、焦化等13套装置DCS控制系统的安全隔离系统实施，采用多芬诺（Tofino）工业网络防火墙、CMP中央管理平台安全管理平台方案和OPC工业协议通信网络安全深度检查等关键技术，实现数采网络与工业控制系统网络之间通信可控、区域隔离、实时报警等功能，在数采网络与工业控制网络之间建立有效隔离。

（万益全）

【重油催化烟气脱硫脱硝项目顺利投产】 2014年12月28日，荆门石化“碧水蓝天”重点设施——120万吨/年催化装置烟气脱硫脱硝项目开工一次成功，并且实现与地方环保部门污染源监控网的实时数据联网监测。该项目采用苛性碱湿法脱硫技术，由余热锅炉系统、脱硝系统、脱硫除尘系统、废水处理系统和公用工程配套5个单元组成，设计烟气处理规模20万米^3/时，脱硫废水处理规模15吨/时。项目投用后，重油催化装置烟气的二氧化硫、氮氧化物和粉尘排放分别低于100毫克/米^3、150毫克/米^{3}和50毫克/升。其中，二氧化硫年排放量下降93%、粉尘年排放量下降86%。

（万益全）

【连续8年获评石化集团公司安全生产先进单位】 2014年，荆门石化层层落实岗位责任制，持续开展“五反五抓”工作，加强直接作业环节管理，加大隐患排查治理力度，强化安全教育和素质提升，安全生产形势总体保持稳定，连续8年获评石化集团公司安全生产先进单位，连续4年获湖北省安全生产红旗单位称号。

（万益全）

表1 荆门石化主要技术经济指标 亿元

指标名称＼年份	2014	2013	2012	2011	2010	2009
原油加工量/万吨	472.36	510.72	478.80	502.60	505.97	480.01
工业总产值	271.33	305.17	290.89	292.59	250.00	196.25

续表

指标名称 \ 年份	2014	2013	2012	2011	2010	2009
工业增加值	50.90	59.25	46.03	36.75	57.35	56.20
资产总计	55.66	58.31	55.03	49.23	43.72	41.03
流动资产	15.75	17.73	17.40	15.01	19.03	13.06
固定资产原值	76.15	75.12	72.80	62.20	60.17	58.12
固定资产净值	30.40	31.72	31.60	23.84	22.72	22.70
销售收入	298.62	331.94	314.75	317.22	262.69	207.15
实现利税	43.70	50.67	39.50	29.33	52.67	51.15
税　金	47.49	52.87	46.81	44.73	50.76	42.64

表 2　　荆门石化主要产品产量　　万吨

产品名称 \ 年份	2014	2013	2012	2011	2010	2009
汽　油	131.07	134.40	119.66	105.41	105.29	97.93
柴　油	153.58	177.09	163.53	174.40	179.91	173.83
煤　油	27.10	25.56	28.89	26.71	25.70	23.49
石　蜡	9.78	8.48	9.65	13.08	9.84	10.45
沥　青	6.01	5.15	6.23	12.94	17.10	15.55
石油焦	31.06	34.25	34.66	37.27	36.51	35.15
聚丙烯	10.31	12.94	12.92	13.57	13.30	13.39

四川维尼纶厂

【概况】 中国石化集团四川维尼纶厂(简称四川维尼纶厂)位于重庆市长寿区境内的长寿经济技术开发区，占地 5 050 亩(3.37 平方千米)。其前身于 1973 年由国家计委下达项目计划，1974 年破土动工，1979 年投料试生产，1983 年经国家竣工验收投产，同年整体进入中国石化。主要生产装置分别从英、法、德、日等国引进。

四川维尼纶厂是国内最大的以天然气为主要原料，生产精细化工、特色化工及化纤产品的大型联合企业，是石化集团公司唯一的天然气化工企业。具有年加工天然气 15.5 亿立方米，年产乙炔 16.75 万吨、甲醇 90 万吨、醋酸乙烯(VAM)50 万吨、聚乙烯醇(PVA)16 万吨、醋酸乙烯—乙烯共聚(VAE)乳液 6 万吨、液氨 20 万吨、维纶 3.5 万吨能力，其中醋酸乙烯产能位居中国大陆第 1 位、世界第 2 位。截至 2014 年底，四川维尼纶厂下设 19 个部门、9 个车间，拥有扬子乙酰化工有限公司、新疆维美化工有限公司、重庆川维林德气体有限责任公司 3 家合资企业；企业资产总值 90.24 亿元，资产负债率 66.03%；在岗职工 3 396 人。

四川维尼纶厂主要技术经济指标和主要产品产量见表 1 和表 2。

（罗雪飞）

【连续8年获评石化集团公司安全先进单位】 2014年，四川维尼纶厂对查出的489项安全生产问题或隐患进行整改。开展"碧水蓝天"环保专项治理行动，启动"能效倍增"计划，全面完成锅炉烟气脱硝治理，对污水处理场进行提标升级改造，提升环保排放标准，实现达标排放。开展创建国家安全标准化一级企业，完成国家和石化集团公司下达的各项HSE指标任务，连续8年获评石化集团公司安全先进单位，首次获评石化集团公司职业卫生先进单位。

（罗雪飞）

【成为中国石化首个页岩气用户】 2014年4月11日涪陵页岩气经过四川维尼纶厂末站进入脱硫装置，经取样分析甲烷含量达到工艺用气标准，新老区乙炔装置正式引入页岩气，顺利打通全流程，生产运行安全平稳，产品质量稳定，标志着四川维尼纶厂引用页岩气取得成功，成为石化集团公司首个页岩气用户。全年，四川维尼纶厂共加工天然气11.80亿立方米(含合资企业)，同比增加22.79%，新老区装置平均负荷达到90.77%。

（罗雪飞）

【推进"碧水蓝天"环保专项治理】 2014年6月，实施完成锅炉烟气脱硝治理项目，综合脱硝效率80%以上，满足国家氮氧化物排放浓度最新排放标准，完成重庆市和石化集团公司下达的"十二五"废气总量减排目标任务；实施污水处理升级改造项目，6月完成第二污水处理厂提标改造项目和污水处理装置达标排放废水回用项目的实施。12月完成水解酸化和PVA废水预处理设施等，满足重庆市2015年1月1日开始执行的最新废水排放标准；实施环境安全综合治理项目，完成废水专管输送子项，实现装置污水分质收集输送和分级控制。

（罗雪飞）

【成立计量管理科】 2014年2月，四川维尼纶厂在生产技术处设立计量管理科，加强企业计量基础管理，第一阶段工作完善了计量管理体制机制，开展计量标准建设，16套计量标准顺利通过复审，取得强检压力表法定专项检定资质；规范和加强现场计量管理，完成计量基础资料搜集工作；规范进出厂原料、产品的计量管理；规范计量外包业务服务，实施与计量业务相关改制单位的管理与监控，加强检查计量制度执行落实情况。

（罗雪飞）

【完成碳排放核算】 2014年，四川维尼纶厂完成重庆市发改委指定的第三方单位2013年度碳排放量现场核查工作，企业节约碳排放指标约7.22万吨二氧化碳当量；完成企业碳排放登记簿账户和交易账户开户。

（罗雪飞）

【500吨/年高阻隔树脂乙烯—乙烯醇(EVOH)项目中试装置建设准备】 四川维尼纶厂为国内拥有该专利技术的首家企业，2014年针对EVOH申请7件专利。1月完成中试装置建设项目工艺包编制、技术审查；8月22日，石化集团公司批复项目建设可研报告；9月10日成立项目部，9月底完成基础设计；10月签订主要设备的技术附件；11月14日完成基础设计及审查，11月启动项目的详细审查及现场管道和电缆的搬迁、平场施工。

（罗雪飞）

【建成国内首套维纶长丝中试装置】 2014年11月底，四川维尼纶厂维纶加工应用中试装置建成，包括1套50吨/年维纶长丝中试装置及造纸应用、纺纱应用、混凝土/砂浆应用3个应用试验室，主要研制产品束纤度在2 000分特以内、纤维根数在1 000以内、单纤线密度在5分特以内的产业用功能性水溶纤维长丝和强力长丝。其中，长丝装置投料试车打通全流程，产品指标达到国际先进水平。

（罗雪飞）

【精醋酸甲酯产能达到5万吨/年】 2014年4月8日，四川维尼纶厂3万吨/年精醋酸甲酯装置改造后经过连续72小时稳定运行，日产量为161—167吨，产能突破5万吨/年。

（罗雪飞）

【获得荣誉】 2014年10月10日，在中国质量协会举行的第14届全国追求卓越大会上，四川维尼纶厂获全国质量奖鼓励奖，是唯一一家获奖的化工企业。12月，中华全国总工会正式行文，命名四川维尼纶厂"米钰林劳模创新工作室"为全国示范性劳模创新工作室。

（罗雪飞）

表1　　四川维尼纶厂主要技术经济指标[①]　　亿元

指标名称＼年份	2014	2013	2012	2011	2010	2009
天然气加工量/亿立方米	9.92	7.86	9.90	7.49	5.23	3.28
工业总产值[②]	49.49	39.31	48.72	38.70	24.91	15.68
工业增加值	5.91	3.49	6.71	2.90	6.14	5.21
资产总计	90.24	88.49	89.23	85.41	71.61	44.62
流动资产	8.58	7.42	8.45	6.60	60.08	44.96
固定资产原值	101.47	96.48	91.22	45.29	43.65	39.82
固定资产净值	61.14	61.14	60.63	18.68	19.04	16.47
营业收入	53.70	43.43	53.74	43.57	28.93	19.01
实现利税[③]	-5.10	-8.75	-3.97	4.62	1.20	1.23
税金及附加	1.72	0.75	0.32	0.28	0.69	1.12
综合能耗/吨标煤·万元$^{-1}$	3.21	3.34	3.42	4.34	4.45	4.86

①数据不含合资企业

②工业总产值数据以现价计算

③2011年实现利税为总部考核还原数据

表2　　四川维尼纶厂主要产品产量　　万吨

产品名称＼年份	2014	2013	2012	2011	2010	2009
甲　醇	68.43	53.22	64.90	41.46	32.97	18.84
醋酸乙烯	43.80	34.44	42.12	30.15	20.11	14.39
聚乙烯醇	12.79	13.36	14.32	9.94	6.15	5.33
醋酸甲酯	13.52	13.54	11.24	1.35	0.30	0.12
醋酸乙烯—乙烯共聚乳液	5.45	5.76	5.29	5.52	5.19	4.90
维纶纤维	1.62	1.79	1.42	1.55	1.29	1.25
液　氨	0.38	1.48	14.28	15.73	11.31	1.31

九江石化

【概况】 中国石油化工股份有限公司九江分公司(简称九江分公司)和中国石化集团资产经营管理有限公司九江分公司(简称九江资产分公司)统称九江石化，地处江西省九江市东郊，占地面积4.08平方千米。其前身九江炼油厂于1977年6月正式开工建设，1980年10月建成投产，1991年10月更名为中国石化九江石油化工总厂，1998年10月更名为中国石化集团九江石油化工总厂。2000年，根据石化集团公司重组改制统一部署，原九江石油化工总厂主业部分划入石化集团公司上市部分，组建了九江分公司。2006年，非上市部分成立了九江资产分公司。

九江分公司主营业务有炼油、化工生产经营，具有500万吨/年原油综合加工能力和10万吨/年聚丙烯生产能力。截至2014年底，拥有固定资产原值76.90亿元，在岗职工总数2 408人，主要生产装置有常减压、催化裂化、焦化、催化重整、连续重整、加氢精制、气体分馏、溶剂脱沥青、甲基叔丁基醚(MTBE)、芳烃抽提、苯抽提、硫黄、聚丙烯装置等；主要产品有汽油、煤油、柴油、燃料油、沥青、液化气、精丙烯、苯类、溶剂油、硫黄、焦炭、聚丙烯等42个品种60多个牌号。

九江资产分公司主要业务有供水、排水、石化社区服务(包括离退休管理、居委会)、教育培训、压力容器检测，主要生产能力：4 000吨/时的供水系统、1 000吨/时污水处理装置等。截至2014年底，拥有固定资产原值8.24亿元，在岗职工总数342人，涉及的生产、技术、安全环保、武装保卫等委托九江分公司管理。

九江分公司主要技术经济指标和主要产品产量见表1和表2。

(陈文森)

【领导班子调整】 2014年3月14日，九江石化召开干部大会，宣布石化集团公司关于九江石化领导班子成员调整的决定：聘任罗重春为九江分公司副总经理；解聘高金初的九江分公司副总经理职务，调出另有任用。12月12日，石化集团公司党组调整九江石化领导班子：王洪亮任九江石油化工总厂党委书记、副厂长，九江分公司副总经理；徐盛龙不再担任九江石油化工总厂党委书记、纪委书记、副厂长，九江分公司副总经理。

(陈文森)

【组织机构重组新立】 2014年1月17日，九江分公司根据800万吨/年油品质量升级改造工程建设需要，设立炼油新区运行一部和炼油新区运行二部。其中，炼油新区运行一部下辖新建的500万吨/年常减压蒸馏装置、硫黄回收联合装置(含130吨/时酸性水汽提、100吨/时及170吨/时溶剂再生、2套7万吨/年硫黄回收)；炼油新区运行二部下辖新建的240万吨/年加氢裂化装置、170万吨/年渣油加氢装置、4万米^3(标准)/时PSA氢气提纯装置。5月20日，九江分公司对部分单位组织机构进行调整，常减压车间和二联合车间(部分)整合组建炼油运行一部；连续重整车间和二联合车间(部分)整合组建炼油运行二部；撤销催化车间，更名成立炼油运行三部；焦化车间和溶脱联合车间整合组建炼油运行四部。9月26日，九江石化与亚洲最大气体公司盈德气体香港公司在江西省九江市浔阳区按股比65：35注册成立九江石化首个中外合资经营企业——九江石化盈德气体有限公司(简称盈德公司)揭牌成立。

(陈文森)

【安全绿色高效完成装置检修改造任务】 2014年，九江石化进行建厂以来涉及面最广的一次停工检修改造。其中，检修项目1 802项，需同步在大检修期间实施的技改技措项目(含安全环保隐患治理项目)36项，涉及油品质量升级改造工程相关甩头、新火炬设施、苯抽提改造、生产管控中心、新污水处理场等公用工程及系统配套项目10项。检修改造前，九江分公司组织编制《检修改造管理手册》《重点项目日作业计划》《停工检修及改造开停工及施工总体网络》《检修改造HSE管理手册》等10本管理手册；各生产单位制定绿色检修方案，严抓“六落实”，严格按网络计划推进，按照绿色检修标准施工，利用检修改造信息平台提升管理效率，强化全过程监管。检修改造从11月1日开始停工至12月11日产出合格产品，历时41天，比计划提前1天完成检修改造任务(含375项甩头任务)。其间未发生一起安全事故、未发生乱排乱放现象、未造成大气污染、未发生一起扰民事件，实现安全、绿色、优质、高效、文明检修的目标。

(陈文森)

【有效日均原油加工负荷创历史新高】 年初科学编制全年生产运行管理手册，统筹安排月度原油加工计划；根据市场行情，及时调整产品结构，不断提升加工吨原油边际效益，赢得总部支持，确保装置满负荷运行。利用信息化平台，强化工艺纪律管理；加大巡检频次，强化现场管理；跟踪分析数据，加大设备防腐监控力度，克服装置运行周期后期坚守难度大、现场设备隐患多、安全运行压力大等困难，全年实现加工原油471.26万吨，超计划21.26万吨，日均达1.45万吨，创历史新高。

(陈文森)

【连续第5年获评石化集团公司安全生产先进单位】 深刻吸取“11·22”青岛东黄输油管道泄漏爆炸事故教训，严格落实从严管理要求。制修订《生产安全事故(环境事件)领导干部处分细则》等HSE管理制度10项，完善HSE工作标准438条。强化装置运行周期后期坚守，开展“四不两直”安全检查，加强高风险作业管理。落实承包商安全管理人员“取双证”；实行重点作业“双监护”；推行标准化作业。建立督察网络，强化承包商自身 HSE 体系有效运行。多角度全方位全覆盖实施安全监管，实现平安检修目标。积极推进厂际管网等隐患治理。继续严格执行施工作业备案制度；推进 HSE 管理系统深化应用。强化消气防管理，充实现场监护、救援力量。深化“卓越执行、责任在我”安全文化建设。全年实现“三大事故”为零，未发生车间级及以上事故，继续保持安全生产连续平稳态势，九江石化连续第 5 年获评石化集团公司安全生产先进单位。

（陈文森）

【发布《九江石化环境保护白皮书》】　为向政府和公众传递九江石化追求绿色低碳清洁发展的声音，宣示环境保护的理念、方针、战略和行动，接受社会各界的监督，制定《九江石化环境保护白皮书》，内容包括前言、绿色发展愿景、绿色发展实践、履行社会责任建设一流企业 4 个部分，于 3 月 4 日在九江市人民政府网站正式发布，向社会公众庄严做出成为长江之滨、鄱湖岸边、庐山脚下绿色工厂的承诺。

（陈文森）

【清洁生产工作通过江西省审核验收】　2014 年 9 月 11 日，九江石化清洁生产审核工作经过江西省清洁生产审核验收专家组现场查看验收后获得通过。通过实施清洁生产方案和技术更新，降低了原料消耗，节约了能源，废水、废气等污染物产排量得到降低，减少了环境污染，员工环保意识进一步增强。

（陈文森）

【生产管控中心建成投用】　生产管控中心是九江分公司 800 万吨/年油品质量升级改造工程的系统配套工程，占地 3 160 平方米、建筑面积 5 270 平方米。2014 年 7 月 15 日，生产管控中心建成中交，成为 800 万吨/年油品质量升级改造工程第 1 个建成中交的单元。生产管控中心集生产运行、调度指挥、全流程优化、HSE 管理、环保监测、DCS 控制、视频监控等多个信息系统于一体，实时汇集传递生产、安全、环保、工艺、质量等信息，是九江分公司建设智能工厂的“神经中枢”项目。经过检修改造期间对现有装置 DCS 系统的迁入，于检修改造结束后与生产装置同步投入使用。

（陈文森）

【智能工厂框架初步形成】　九江石化于 2012 年 2 月被列入中国石化 4 家试点建设智能工厂的炼化企业之一。2014 年，九江石化按照填平补齐、完善提升、智能应用“三步走”路线图，启动了总体设计及集中集成、基于角色可配置工作平台、全流程优化、三维数字化装置、操作管理、HSE、应急指挥、工程项目管理、协同业务流程、先进控制、党建政工、IT 基础设施(一)等 26 个子系统建设工作，其中 21 个系统实现上线(试)运行，以 IT 基础设施平台、集中集成平台、应急指挥平台、基于工程设计的三维数字化平台为核心的智能工厂框架基本成型。

（陈文森）

【芳烃项目环境影响评价报告书完成全本公示】　九江石化 60 万吨/年芳烃项目环境影响评价报告书在经过 2012 年 10 月、11 月和 2013 年 5 月 3 次简本公示后，于 2014 年 11 月 26 日—12 月 9 日(10 个工作日)在九江市浔阳区人民政府网站进行全本公示，并平稳顺利完成。

（陈文森）

【特色管理模式得到完善】　以落实从严管理要求为主线，以固化、完善制度标准为内容，以推进深层次管理问题的解决和薄弱环节整改为重点，完善九江石化特色管理模式工作取得实效。全年从严查找管理各环节问题 157 项，出台实施了倒班员工激励、规范夜班休整、公共场所禁烟与全员劝导戒烟等制度，完成 152 项部门工作标准、286 项领导干部岗位工作标准和部分关键人员岗位工作标准，全面梳理一体化管理体系 47 个程序文件，劳动纪律管理等 10 个方面薄弱环节得到改进和提升。

（陈文森）

【800 万吨/年油品质量升级改造工程建设稳步推进】
按照“打造标杆，争创国优”目标，九江石化 800 万吨/年油品质量升级改造工程积极有序推进。2014 年 8 月 14 日，新建污水处理场预处理单元实现开车一次成功；11 月 6 日，新建火炬中交；11 月 7 日，220 千伏开关站总体及线路竣工验收。截至年底，工程总体进度完成 81%，安全、质量、进度、投资、合同全面受控。

（陈文森）

【25 万吨/年苯抽提装置一次开车成功】　25 万吨/年苯抽提改造项目是九江分公司 800 万吨/年油品质量升级改造工程项目之一，可为未来芳烃项目提供原料。该项目于 2013 年 9 月 9 日开桩动工，2014 年 9 月 30 日装置实现机械中交，12 月 26 日实现装置开车一次成功，顺利产出合格的混合二甲苯产品。该

项目的建成投产对优化九江分公司汽油池中芳烃含量，实现芳烃资源效益最大化起到重要作用。

（陈文森）

【全员培训工作再上台阶】 九江石化以领导干部及高职位人员培训、“周末大讲堂”暨专业技术人员培训、班组长及骨干培训为重点，不断推动全员学习、全员培训上台阶。全年共举办各类培训班326期，员工参与岗位培训和继续教育共22 578人次，其中经营管理人员1 582人次、专业技术人员4 740人次、技能操作人员14 899人次、劳务派遣工1 357人次、集体送外培训600余人次、个人送外培训305人次，参加培训人次比上年增加10.4%。同时，大力推进远程培训与自主学习，远程培训系统注册率达到91%，累计学习总时长在总部排名较上年前进35位。

（陈文森）

【持续推进企业文化建设】 全面学习宣传贯彻《中国石油化工集团公司企业文化建设纲要（2014年修订版）》精神，及时修订九江石化《企业文化建设管理程序》，完善九江石化核心价值理念体系。持续推进卓越文化建设，围绕“强科室长、强管理、强业务、强服务”和“强班长、强管理、强技能、强素养”，大力开展卓越文化强科室、强班组活动；继续编撰出版卓越文化《态度》《感悟》《故事》系列丛书，丰富企业精神财富；成功举办九江石化人卓越风采报告会、卓越文化建设成果展示赛等系列活动，提高卓越文化的生命力和影响力。

（陈文森）

【造福员工促和谐】 九江石化高标准完成社区北区、丁区综合治理改造，获评石化集团公司4A级文明和谐示范小区；完成社区居民服务大厅建设和老年大学、南区幼儿园、职工食堂等的改造；协调促成市政府改造滨江东路石化段以及重载车绕行，解决安全隐患和严重扰民问题；通过江西省安全社区评审验收。坚持开展领导结对帮扶、三祝贺六必访、金秋助学等活动，全年帮扶慰问困难职工群众1 276人次，发放困难补助金124.89万元。引入竞争机制，改进供餐方式，持续提升工作餐服务水平。公共场所禁烟和全员劝导戒烟活动成效明显。稳定工作确保特殊敏感时期的“四不发生”。稳步有序推进“水岸莲华”商品房团购，预售签约工作基本完成。

（陈文森）

表1 九江分公司主要技术经济指标 亿元

指标名称＼年份	2014	2013	2012	2011	2010	2009
原油加工量/万吨	471.26	519.18	507.64	437.12	473.19	453.54
工业总产值	295.18	321.53	311.18	249.56	233.08	183.60
炼　油	281.65	304.64	301.88	237.72	217.07	170.66
化　工	13.53	16.99	9.30	11.84	11.79	8.99
化　肥	—	—	—	0	4.21	7.74
工业增加值	56.50	63.76	46.47	28.92	43.90	50.31
资产总计	105.75	68.67	61.92	53.75	38.68	39.09
流动资产	25.43	20.79	18.53	16.97	12.15	11.12
固定资产原值	76.90	80.48	83.98	68.16	67.21	67.29
固定资产净值	32.21	34.87	31.09	17.23	18.44	22.90
销售收入	299.06	327.85	319.48	254.07	234.37	182.95
实现利税	48.80	56.53	40.59	23.92	38.50	45.93
税　金	45.08	56.35	51.34	42.27	46.89	46.61
综合能耗/吨标煤·万元$^{-1}$	0.31	0.31	0.28	0.29	0.60	0.77

表2　　九江分公司主要产品产量　　万吨

产品名称＼年份	2014	2013	2012	2011	2010	2009
97#汽油	58.07	48.28	21.70	8.53	6.35	3.62
93#汽油	103.95	111.05	108.90	92.28	92.58	83.44
90#汽油	—	—	—	—	9.14	9.50
柴　油	179.61	204.73	229.00	193.88	190.85	187.47
煤　油	24.35	21.93	3.24	—	—	—
3#航煤	24.35	21.93	3.24	—	—	—
燃料油	1.40	5.38	4.29	7.77	20.89	22.07
溶剂油	—	—	0.18	0.94	1.80	1.47
烷基苯料	—	—	—	—	—	0.18
液化气	26.51	31.45	26.18	21.27	24.27	22.75
沥　青	12.10	14.28	18.44	14.74	28.65	21.64
聚丙烯	9.23	11.16	9.80	8.51	9.69	10.32
苯　类	5.96	7.99	4.03	3.46	3.97	4.51
硫　黄	2.67	2.67	2.21	1.71	1.84	1.99
尿　素	—	—	—	—	24.05	46.68
石油焦	31.60	31.43	33.21	32.22	31.17	30.78

湖 北 化 肥

【概况】 中国石油化工股份有限公司湖北化肥分公司（简称湖北化肥分公司）暨中国石化集团资产经营管理有限公司宜昌分公司（简称宜昌资产分公司）统称湖北化肥，位于湖北省枝江市，占地面积160万平方米，前身为湖北省化肥厂，1983年7月1日整体并入中国石油化工总公司。其合成氨、尿素生产装置是国家20世纪70年代引进的13套大型化肥装置之一，于1974年10月开工建设，1980年1月投产。截至2014年底，湖北化肥拥有20万吨/年合成气制乙二醇、30万吨/年合成氨、52万吨/年尿素的生产能力，以及23千米专用铁路（与焦柳线接轨）和工业编组站、3台总蒸发量为700吨/时高压燃煤锅炉、总装机容量5万千瓦（2×2.5万千瓦）发电机组、1套煤气化装置等；下设18个部门和15个直属单位，共有在岗职工1 363人，其中各类专业技术人员246人，具有高级职称的45人。

湖北化肥主要技术经济指标和主要产品产量见表1和表2。

（刘　焱）

【20万吨/年合成气制乙二醇工业示范装置一次开车成功】 2014年3月9日，湖北化肥年产20万吨合成气制乙二醇工业示范装置实现一次开车成功，生产出优质乙二醇产品，标志着中国石化自主开发的合成气制乙二醇技术工业化应用取得成功。

（刘　焱）

【实现产业转型退出化肥业务】 2014年4月，湖北化肥停运、封存尿素装置，全面退出尿素生产和经营业务，实现由化肥向化工的产业转型，提前1年落实石化集团公司关于湖北化肥退出化肥业务的部署。

（刘　焱）

【完成一批科研开发项目】 2014年，湖北化肥完成一批科研开发项目，其中“大型偶联反应器开发”项目运行达到预期效果，“高温高压过滤器碳化硅多孔陶瓷滤芯研制”等项目通过总部验收，“5 000 吨/年草酸二甲酯结片”项目于年内完成，丰富了产品结构。

（刘　焱）

【创建企业化工产品销售旗舰店】 2014 年 11 月，湖北化肥面对企业转型后新产品、新客户、新市场局面，在采购批发平台阿里巴巴上创建企业化工产品销售旗舰店，利用网络信息平台的优势来实现产品信息的发布和客户信息的建立，更好地完善销售渠道，开拓市场。

（刘　焱）

【完成应急指挥中心的建设】 2014 年 12 月，湖北化肥完成应急指挥中心建设。通过整合现有 119 资源，利用通信、网络、数据库、事故模拟、实时监控等技术和手段，满足消防快速接处警的需要，满足突发事件的消防应急救援、协调指挥和消防应急管理的需要。

（刘　焱）

【环保检测在线查询系统上线运行】 2014 年 7 月 30 日，湖北化肥利用已有的实时数据库平台，模拟现场地理分布，以不同颜色标识环保监控点状态，开发出环境在线监测及统计系统，适时监控污染排放情况。11 月，完成环境在线监测及统计系统开发，实现所有统计、报表、图形展示功能及与原有实时应用系统的集成。

（刘　焱）

表 1　　**湖北化肥主要技术经济指标**　　亿元

指标名称＼年份	2014	2013	2012	2011	2010	2009
工业总产值						
湖北化肥分公司	6.58	9.04	10.56	8.36	6.09	5.59
宜昌资产分公司	2.98	3.20	3.21	3.18	1.57	3.59
工业增加值						
湖北化肥分公司	-1.91	-0.85	-1.01	-1.11	-1.54	-2.90
宜昌资产分公司	0.24	0.29	0.65	0.20	-0.09	0.98
资产总计						
湖北化肥分公司	25.67	25.42	9.24	6.68	6.59	9.56
宜昌资产分公司	5.97	5.43	5.44	5.52	5.92	6.15
流动资产						
湖北化肥分公司	1.78	3.29	2.49	1.35	1.36	1.11
宜昌资产分公司	0.21	0.44	0.55	0.29	0.46	0.33
固定资产原值						
湖北化肥分公司	50.54	31.64	31.31	30.81	30.30	30.15
宜昌资产分公司	8.90	8.65	8.21	8.05	7.80	7.87
固定资产净值						
湖北化肥分公司	20.14	2.00	1.87	1.42	0.92	4.34
宜昌资产分公司	4.55	4.72	4.74	5.02	5.30	5.70

续表

指标名称＼年份	2014	2013	2012	2011	2010	2009
销售收入						
湖北化肥分公司	8.82	10.40	10.47	8.07	7.50	7.14
宜昌资产分公司	4.15	3.70	3.39	3.72	1.82	4.01
实现利税						
湖北化肥分公司	-4.61	-2.66	-2.53	-2.84	-7.20	-11.48
宜昌资产分公司	-0.55	-0.65	-0.39	-0.64	-0.83	0.07
税　金						
湖北化肥分公司	0.05	0.06	0.05			
宜昌资产分公司	0.06	0.06	0.07	0.06	0.11	0.13
综合能耗/吨标煤·万元$^{-1}$						
湖北化肥分公司	6.61	7.00	6.83	7.41	7.86	9.04
宜昌资产分公司	1.88	1.94	1.99	2.01	3.18	3.06

表2　湖北化肥主要产品产量　万吨

产品名称＼年份	2014	2013	2012	2011	2010	2009
湖北化肥分公司						
乙二醇	3.47					
合成氨	14.55	28.44	28.68	22.28	21.74	18.58
尿　素	9.27	41.67	44.26	32.63	30.64	31.74
宜昌资产分公司						
蒸　汽	255.10	238.97	211.22	236.9	134.98	242.99
电/亿千瓦·时	0.62	1.31	1.27	1.58	1.09	1.16

济南炼化

【概况】 中国石油化工股份有限公司济南分公司(简称济南分公司)和中国石化集团资产经营管理有限公司济南分公司(简称济南资产分公司)统称济南炼化，其前身始建于1971年，1975年投产，1983年划归中国石油化工总公司，1998年留转至石化集团公司，2000年根据重组改制方案，企业进行主辅分离，主业即进入石化股份公司，成为济南分公司；辅业部分于2006年11月经过体制转换，成为济南资产分公司。

济南炼化位于山东省济南市历下区，占地面积2.4平方千米，距市中心11千米，地处胜利、中原两大油田之间，自备铁路与胶济线相连，厂区南北有济王路、309国道和济青高速公路，距济南遥墙国际机场15千米，地理位置优越，交通运输四通八达。

截至2014年底，济南炼化固定资产原值72.63亿元，具备700万吨/年原油一次加工能力，拥有常减压、催化裂化、柴油加氢、蜡油加氢、润滑油加氢、S-Zorb、逆流连续重整、润滑油系列、聚丙烯等30余套主要生产装置，可生产汽油、煤油、柴油、液化气、石油焦、聚丙烯、硫黄、润滑油基础油等50余种产品，产品出厂合格率始终保持100%。济南分公司职工人数为1 932人，其中各类专业技术人员525人（高级职称197人，中级职称274人）；济南资产分公司职工人数为119人，其中各类专业技术人员37人（高级职称7人，中级职称19人）。

济南分公司主要技术经济指标和主要产品产量见表1和表2。

（邓顺平）

【80万吨/年催化裂化装置烟气脱硫项目建成开工】 该项目基础设计于2014年2月17日获得批复，12月10日建成中交，12月24日一次开车成功。项目采用宁波工程公司与抚顺石油化工研究院联合开发的SCR技术，脱硫单元采用美国杜邦BELCO公司湿法洗涤专利技术，包括烟气脱硝系统、烟气洗涤吸收系统和脱硫脱硝废水处理系统3个部分。处理烟气量为13.33万米^3（标准）/时，废水处理量为12米^3/时。

（邓顺平）

【140万吨/年催化裂化装置烟气脱硫项目建成开工】 2014年3月1日，济南炼化140万吨/年催化裂化装置烟气脱硫项目一次开车成功，标志着由洛阳工程公司和济南炼化共同开发设计的新技术首次实现工业应用。该项目是中国石化科技攻关“十条龙”项目之一，采用可再生湿法烟气脱硫（RASOC）技术，实现催化烟气二氧化碳有效回收，同时减少含盐废水和粉尘排放，大幅提升环保指标。项目投用后，装置烟气中二氧化硫浓度大幅降低，远低于山东省标准，粉尘浓度也明显下降。项目采用可再生湿法连续运行2个月后，因吸收塔内部贴板及再生单元腐蚀问题停工消缺，8月15日按碱法运行模式重新开工运行。

（邓顺平）

【石化行业首套关键指标移动监控系统成功应用】 2014年2月，石化行业首套关键指标移动监控系统在济南炼化投入使用。该系统由济南炼化自行设计开发，采用信息化、集成化手段，对炼油装置及公用系统的工艺、安全、环保、质量关键指标和设定参数进行采集分析，通过手机短信平台，每天3次发送相关管理人员，并实时监测参数变化，一旦波动较大或超出报警界限，立即发出超限报警，实现对生产操作、系统运行的提前预警和远程移动监控，让管理和技术人员可于生产区域、工作时间之外借助系统传送的指标参数，随时了解掌握运行状态和工艺、环保、质量情况，及时与在岗人员联系，进行调节和处置，以最快速度解决问题，消除隐患，保证生产的安全稳定运行。

（邓顺平）

【一体化管理体系再次通过外部审核认证】 2014年11月10—14日，北京三星九千认证中心对济南炼化一体化管理体系开展外部审核，对质量、环境、职业健康安全和能源管理体系持续的符合性和运行的有效性进行评价。审核组认为，济南炼化的一体化管理体系体系运行持续有效，体系管理工作卓有成效，其中文件化管理脉络分明、条理清晰；能源体系实施效果良好；厂区、装置现场整洁、无异味；设备管理工作扎实。审核组同意推荐济南炼化质量管理体系、环境、职业健康安全管理体系注册认证资格，推荐能源管理体系保持认证资格，审核认证工作顺利通过。

（邓顺平）

【产品质量升级迈出新步伐】 2014年9月6日，济南炼化采用先进的超低硫柴油生产技术（RTS）对160万吨/年汽柴油加氢装置进行技术改造；10月9日，装置一次开车成功，产品柴油硫含量小于50×10^{-6}，并可满足小于10×10^{-6}超低硫含量要求，标志着济南炼化当期柴油质量升级目标顺利完成，全厂柴油质量满足国Ⅳ柴油标准，并具备国Ⅴ柴油生产能力。

（邓顺平）

【产品结构调整见成效】 2014年，济南炼化充分发挥装置结构优势，深入挖掘连续重整装置潜力，加大优化软件的使用推广，努力增产汽油等高值产品。同时，狠抓设备故障和检维修质量管理，有效杜绝装置非计划停工。全年汽油收率31.26%、同比提高4.75个百分点；柴汽比1.25、降低0.25个百分点，折合增产汽油23.97万吨，增效2.2亿元，其中97$^{\#}$汽油收率7.94%、提高2.8个百分点。车用柴油收率10.75%，提高6.88个百分点，较普通柴油增效3 000万元。首次生产销售重交沥青7.8万吨，增效780万元。润滑油高档产品比例95.72%，高于指标15.72个百分点；加大润滑油副产品拓市促销，相比标杆产品增效4 400万元。

（邓顺平）

【“两创两改”社区建设扎实推进】 2014年，济南炼化在社区全面开展“两创两改”工作，主要包括创建中国石化4A级文明和谐示范小区和全国安全社区、石化集团公司组织的老旧社区改造、地方政府组织的社区节能改造等项目。全面推动社区面貌改善，强化服务管理，拓展服务项目，切实提升服务质量，不断提高居民满意度，为企业生产经营和改革发展营造了更加和谐稳定的良好环境。截至年底，中国石化4A级文明和谐示范小区顺利通过验收，社区节能改造全面完成，全国安全社区创建、老旧社区改造有序推进，社区管理进一步规范，服务功能更加完善。

（邓顺平）

表1　济南分公司主要技术经济指标　亿元

指标名称＼年份	2014	2013	2012	2011	2010	2009
原油加工量/万吨	500.69	414.56	450.15	454.61	407.35	393.70
工业总产值	293.69	246.08	273.11	268.62	205.04	165.98
工业增加值	67.16	50.82	49.27	43.81	53.45	57.36
资产总计	49.93	48.49	46.91	38.38	34.98	29.88
流动资产	13.34	13.04	14.51	10.84	13.48	9.75
固定资产原值	68.59	66.48	59.51	49.61	47.18	46.57
固定资产净值	32.46	33.10	28.36	20.62	18.40	19.49
销售收入	292.77	243.95	272.04	268.11	208.66	167.34
实现利税	60.64	43.76	42.91	37.49	48.88	54.61
税　金	57.68	43.60	46.88	46.93	44.66	43.31

表2　济南分公司主要产品产量　万吨

产品名称＼年份	2014	2013	2012	2011	2010	2009
汽　油	157.60	110.58	122.67	121.75	104.19	106.56
柴　油	197.03	166.57	187.62	186.14	167.37	155.20
沥青料	10.63	8.07	10.62	10.47	15.18	19.27
液化石油气	29.15	23.19	24.57	24.82	21.71	21.14
润滑油基础油	6.08	6.61	0.80	9.28	8.35	7.25
聚丙烯	11.63	9.40	11.14	10.70	9.10	9.68
化工轻油	8.63	19.80	21.79	19.38	16.98	4.48

中原石化

【概况】 中国石化中原石油化工有限责任公司(简称中原石化)是石化股份公司控股的企业，位于河南省濮阳市，占地2 599亩(173万平方米)。1987年国家批准立项建设，1996年建成投产，1998年4月划归石化集团公司，2005年1月进入石化股份公司。截至2014年底，中原石化拥有新、老2套生产系统，其中老系统为石油化工生产路线，先后进行2次技术改造，有8套化工生产装置，包括18万吨/年乙烯装置(实际产能超过21万吨/年)、26万吨/年聚乙烯装置、6万吨/年聚丙烯装置，另有汽油加氢、苯抽提、制氢、1-丁烯、催化裂解制丙烯(OCC)5套副产品深加工装置；新系统为煤化工生产路线，包括1套60万吨/年甲醇制烯烃(MTO)装置和配套的1套10万吨/年聚丙烯装置。中原石化主要有聚乙烯、聚丙烯、苯、MTBE等产品。中原石化实行公司—车间两级管理模式，设12个机关部室、11个车间和3个基层单位，用工总量1 584人。

中原石化主要经济指标和主要产品产量见表1和表2。

(李继增)

【领导班子调整】 2014年3月13日，中原石化召开中层干部大会，宣布石化集团公司党组关于中原石化干部任免的决定：张西国任董事长、党委书记，李德武任副董事长、总经理、党委副书记；原董事长、党委书记周文飞另有任用。11月4日，中原石化再次召开中层干部大会，宣布集团公司党组关于中石化干部任免的决定：李德武任董事长、党委书记，王家纯任副董事长、总经理、党委副书记，张怀玺为党委委员；原董事长、党委书记张西国另有任用。

(李继增)

【打赢扭亏为盈攻坚战】 2014年，中原石化认真贯彻落实石化集团公司各项工作部署，以保安全、保效益为重点，优化运行、高效经营、从严管理，全年未发生上报事故。在完成MTO装置大修的情况下，全年生产乙烯23.58万吨，实现工业产值45.14亿元，吨产品完全加工费比总部下达的考核指标低90元，实现盈利824万元，与总部下达的考核指标相比增效3.08亿元，实现扭亏为盈目标。

(李继增)

【MTO示范装置效益显著】 2014年，中原石化充分发挥MTO示范装置优势，加强生产过程控制，努力提升各项指标。在4月、5月顺利完成MTO装置35天大修改造的情况下，全年MTO装置加工甲醇66万吨，生产乙烯11.26万吨、丙烯10.68万吨，“双烯”收率为33.3%，同比提高0.16%；装置能耗375千克标油/吨，降低13千克标油/吨；单位甲醇边际贡献为905元/吨，MTO装置实现毛利4.81亿元。

(李继增)

【MTO示范项目通过竣工验收】 2014年1月10日，中国石化首套甲醇制烯烃工业化示范项目——中原石化60万吨/年MTO示范项目竣工验收会议在中原石化举行。经过竣工验收委员会的充分讨论和认真审议，认为该项目总体布局和设计合理，工艺技术先进，工程建设质量、投资、进度、HSE等方面得到有效控制，项目按期建成并顺利投产，设备运行良好；各装置经性能考核，各项技术经济指标均优于设计要求，工程项目建成投产后取得了良好的经济效益和社会效益。竣工验收委员会同意该项目通过竣工验收。

(李继增)

【圆满完成HSE工作目标】 2014年，中原石化认真贯彻落实石化集团公司及濮阳市安全环保工作要求，牢固树立“发展不能以牺牲人的生命为代价”的理念，扎实开展HSE教育培训，严格落实安全生产责任制，强化危险化学品控制，认真开展隐患治理和风险评价，抓好“六打六治”工作，推进“碧水蓝天”项目及环保隐患项目，大力推行清洁生产，抓好职业卫生工作，创造连续13年无上报事故纪录，实现环境污染事故为零、外排废水达标率为100%的目标，被评为河南省企业环境信用5A级企业、濮阳市环境信用评价“红榜”企业，获石化集团公司职业卫生先进单位称号。

(李继增)

【首套MTO高浓度污水高效厌氧反应器开发成功】 2014年4月，具有中国石化完全自主知识产权的全国首套MTO高浓度污水高效厌氧反应器在中原石化开发成功，有效实现高浓度污染物的生物降解，具有显著的节能与减排效果，对环境保护起到积极推动作用，为中国石化煤化工发展提供重要技术支撑。

(李继增)

【国内首套聚乙烯深冷装置尾气再利用取得成功】 2014年5月，国内首套聚乙烯深冷装置的尾气再利用在中原石化取得成功，每年可节约氮气 304 万标准立方米，相当于以往装置消耗氮气总量的 30%，可创效 142 万元，降低能耗 1.10 千克标油/吨。

（李继增）

【新产品填补国内空白】 2014 年 10 月 25 日，中原石化试生产高端聚丙烯电工膜料新产品，该产品的成功开发填补了国内空白，打破国外垄断，应用前景广阔，经济效益可观。

（李继增）

【OCC 与 MTO2 项技术实现原料到产品完全耦合】 2013 年 10 月 31 日，中原石化实现 OCC 和 MTO 装置的原料耦合，使 2 套装置的原料可相互循环利用。2014 年 4 月 24 日，中原石化将 OCC 装置生产的粗丙烯输送到 MTO 装置，实现 OCC 与 MTO2 项技术从原料到产品的完全耦合。该项技术有助于发挥 2 套装置的互补优势，创造更大效益。

（李继增）

【聚乙烯装置能耗再获排名第一】 2014 年，中原石化聚乙烯装置能耗指标连续第 2 年获石化集团公司同类装置第 1 名；同时该装置物耗指标获得石化集团公司第 2 名，再创历史最好运行水平。

（李继增）

【获评 2014 年河南省信用建设示范单位】 2014 年 9 月 26 日，河南省信用建设促进会在《河南日报》进行公示：经河南省发改委、工商局、国税局、地税局、质监局、住房城乡建设厅、人力资源社会保障厅、环保厅、安监局等部门严格审核，报经省企业信用评审委员会评审会议评审通过，中原石化被评为 2014 年河南省信用建设示范单位。

（李继增）

表 1　中原石化主要经济指标　亿元

指标名称＼年份	2014	2013	2012	2011	2010	2009
工业总产值	45.19	48.30	41.06	36.30	36.68	30.20
工业增加值	5.15	2.60	-0.64	-4.23	2.99	8.53
资产总计	21.63	23.88	25.52	26.40	18.96	18.37
流动资产	3.26	4.39	4.90	4.70	5.95	9.43
固定资产原值	69.69	69.08	69.48	68.88	54.24	53.93
固定资产净值	28.15	29.06	30.63	20.77	18.52	18.95
销售收入	44.87	48.43	40.60	36.36	36.55	30.02
实现利税	1.40	-0.66	-3.46	-5.40	1.22	5.31
税　金	1.32	0.30	0.44	0.55	1.19	1.19

表 2　中原石化主要产品量　万吨

产品名称＼年份	2014	2013	2012	2011	2010	2009
聚乙烯	24.49	26.08	21.78	19.08	22.38	21.71
聚丙烯	16.51	17.08	13.27	8.14	8.52	7.97
乙　烯	23.58	24.86	20.89	18.26	21.20	20.58
丙　烯	16.39	17.10	13.42	8.51	8.71	8.15
1#苯	6.42	6.43	6.89	9.34	11.84	11.39
商品量	0.04	0	0.06	0.06	0.02	0

续表

年份 产品名称	2014	2013	2012	2011	2010	2009
2#苯	4.68	5.96	5.17	6.64	8.10	8.23
商品量	0	0	0	0.05	0.23	0.31
碳　四	2.84	2.80	3.00	3.83	4.52	4.50
商品量	0.02	0.08	3.00	3.83	0.90	0.45
碳　五	1.51	1.61	1.57	1.56	1.91	1.84
碳　六	0.95	1.07	1.01	1.05	1.26	1.17
碳　九	0.60	0.49	0.41	0.98	1.56	1.17
裂解焦油	0.74	1.24	1.30	1.73	2.18	2.20
1－丁烯	1.17	1.35	0.44	0.48	1.44	1.63
2－丁烯	3.65	0.87	0.61	0.76	1.39	1.43
MTBE	0.97	0.99	1.26	1.55	1.41	1.49
纯　苯	2.13	2.58	2.35	3.11	3.73	4.09
3#苯	1.59	2.25	1.78	2.37	2.79	2.62

沧州炼化

【概况】 中国石油化工股份有限公司沧州分公司（简称沧州分公司）暨中国石化集团资产经营管理有限公司沧州分公司（简称沧州资产分公司）统称沧州炼化，位于河北省沧州市，占地3 062亩（204.13万平方米），地处胜利、中原、大港、华北四大油田之间，紧依京杭大运河、朔黄铁路、京沪铁路和京沪高速公路，地理位置优越，交通便利。沧州炼化始建于1971年，1975年10月建成投产，建厂初期生产规模50万吨/年。1984年1月1日，沧州炼化正式划归中国石油化工总公司。2000年1月，按照石化集团公司统一部署，企业资产重组为上市部分沧州分公司和存续部分中国石化集团沧州炼油厂（简称称沧州炼油厂）。2007年8月，沧州炼油厂体制转换为沧州资产分公司。2009年7月，沧州炼化与日本东丽精细化工株式会社合资组建沧州东丽精细化工有限公司（简称TFCC）。

截至2014年底，沧州炼化有正式职工1 619人、劳务工353人、离退休职工735人；有职能处室21个、党群部门7个、基层单位11个，党总支1个、党支部38个；有党员944名，其中正式工党员541人、劳务工党员146人、离退休党员257人。

截至2014年底，沧州炼化资产总额43.77亿元，原油一次加工能力350万吨/年。主体装置有350万吨/年常减压蒸馏、120万吨/年重油催化裂化、120万吨/年延迟焦化、160万吨/年和80万吨/年2套汽柴油加氢精制、90万吨/年催化汽油吸附脱硫、15万吨/年催化重整、8万吨/年苯抽提、2万米^3（标准）/时焦化干气制氢、30万吨/年气体分馏、5万吨/年MTBE、6万吨/年小本体聚丙烯、2万吨/年硫黄回收，以及配套的蒸汽锅炉、发电机组、新水供应、污水处理、油品储运等设施。TFcc主要生产装置是1万吨/年二甲基亚砜装置。

沧州炼化主要产品有汽油、柴油、液化石油气、聚丙烯、石油焦、硫黄、铝箔油料等。TFCC主要产品是电子级和医药级二甲基亚砜。

沧州炼化主要技术经济指标和主要产品产量见表1和表2。

（喻志浩）

【生产任务全面完成】 2014年，沧州炼化经营发展经受了极其严峻的考验。黄岛“11·22”事故发生后，沧州炼化停止加工胜利原油，以加工胜利原油设计的装置不能充分发挥效能，生产经营优化难度加大，一季度亏损严重；下半年国际原油价格呈现“断崖式”下跌，国内成品油价格大幅下降，市场需求持续低迷，进一步加剧亏损。面对前所未有的困难和挑战，沧州炼化牢牢把握“抓实安全环保、提升创效能力”的主题，按照既定的工作目标，落实优化增效措施，实现安全平稳生产和企业和谐稳定。全年加工原(料)油 300.75 万吨，实现主营业务收入 176.57 亿元，上缴税费 31.01 亿元，实现账面利润 -7.71 亿元，生产经营任务完成。

（喻志浩）

【连续 11 年实现安全生产】 2014 年，沧州炼化进一步强化安全生产管理，严格落实安全生产责任制，进一步加大直接作业环节监管力度，扎实开展隐患排查和治理，未发生上报事故，连续 11 年实现安全生产，连续 9 年被石化集团公司评为安全生产先进单位，再次被河北省评为安全生产先进单位。

（喻志浩）

【环保工作全面提升】 2014 年，沧州炼化更加重视环保工作，全年外排废水达标率 100%，危险废物妥善处置率 100%，COD、氨氮、二氧化硫、氮氧化物排放总量全面完成减排指标。积极推进“碧水蓝天”环保专项治理，催化烟气脱硫项目按时建成投用，实现稳定达标排放；成品油火车出厂油气回收项目实施后，每年可回收油气 350 多吨，环保效果显著，经济效益可观。

（喻志浩）

【全方位高标准的现场管理模式初步形成】 2014 年，沧州炼化明确全方位现场管理的理念，扩大现场管理内涵，由原来一个部门主要管理变为多个部门齐抓共管，多角度对现场管理进行检查整改，现场管理责任更加明确，问题处理更加高效。按照高标准的要求，制定检查考核细则，细化管理标准，结合设备创完好及现场先进红旗评比活动，全方位高标准的管理模式扎实推进，现场管理水平进一步提高。

（喻志浩）

【催化烟机实现长周期高效运行】 2014 年，沧州炼化催化烟机同步运行率达到 100%，全年发电 144.7 万千瓦·时，同比节电 465.97 万千瓦·时，振动值基本稳定在 40 微米以下，各项指标创历史最好水平，实现长周期高效运行。

（喻志浩）

【油品质量升级改造项目取得新进展】 2014 年，面对发展环境和形势的变化，沧州炼化调整发展思路，优先实施油品质量升级改造(即 60 万吨/年催化重整异地改造)项目。开展社会稳定性评价、节能评估、项目备案、环境评价、安全评价、效益测算、市场评估等工作。项目环评报告得到河北省环保厅批复，项目可研报告上报石化股份公司。

（喻志浩）

【技改技措项目积极推进】 2014 年，沧州炼化完成投资 2.09 亿元。催化烟气脱硫装置、成品油火车出厂油气回收顺利投用。实施中原柴油卸车、硫黄 PSA 富氧工艺改造、北区低温热利用、油品二车间汽车密闭装车鹤管改造、脱丙烷塔进料增上加热器等 19 项技改技措项目，节能增效效果显著。外排污水增设事故水池项目可行性研究报告得到批复，基础设计完成。原油转输管线扩径改造项目可研报告上报总部，进入审批程序。

（喻志浩）

【扎实开展“从严管理年”活动】 按照石化集团公司党组关于全面开展“从严管理年”活动的要求，沧州炼化确定“从严管理年”活动 100 项主要工作，开展全员大讨论，深刻剖析存在的突出问题，梳理重大关键问题 7 项、企业层面问题 77 项、机关层面问题 49 项、生产作业层面问题 106 项。年内绝大部分问题已经完成整改，并建立长效机制，推动精细管理进一步提升。

（喻志浩）

【队伍建设取得新进步】 2014 年，沧州炼化坚持抓职工队伍建设，扎实开展业务培训，推进专家上讲台，开展职业技能竞赛活动，深化人才成长通道建设，努力提高职工的综合素质，队伍建设取得新进步。

（喻志浩）

【作风建设成果进一步巩固】 2014 年，沧州炼化从严落实中央“八项规定”精神和党组实施细则，进一步精简会议活动，规范公务接待和公务用车，严格控制费用支出，6 项总部重点监控费用同比下降 229 万元。巩固和扩大教育实践活动成果，273 项意见建议全部整改完毕，制定、修订相关管理制度 18 项，固化活动成果。针对群众反映强烈的干部婚丧嫁娶铺张问题，制定专项制度，有效地遏制铺张浪费现象蔓延。

（喻志浩）

【企业实现总体稳定】 2014年，沧州炼化紧紧围绕建设“环保沧炼、美丽沧炼、幸福沧炼”，为职工办好事办实事，职工群众幸福指数进一步提高。实施老旧社区改造，天然气进家庭，单身公寓装修，幼儿园隐患整修，社区增上监控，建设垃圾中转站，更新职工班车、送餐车等一系列惠民工程。扩大救助金来源，及时对离退休职工、协解职工、困难职工进行帮扶救助和爱心捐助。帮助社区就业困难人员再就业，支持下岗失业人员创业，实现无“零就业家庭”的目标。扎实开展信访维稳，未发生进京上访和集体上访事件，保持良好的稳定局面。

（喻志浩）

【积极履行企业社会责任】 2014年，沧州炼化投入扶贫资金60万元，帮助3个贫困村进行基础设施建设，企业讲政治、负责任形象进一步提升。

（喻志浩）

【加大品牌建设力度】 2014年，沧州炼化不断加强对外宣传，在外部媒体发表新闻稿件403篇；开办官方微博、微信，营造良好的社会环境和舆论氛围。首次成功举办“开门办企业”活动，邀请各界代表走进企业、了解企业，赢得群众对公司生产经营及发展建设的理解和支持。

（喻志浩）

【党建工作持续加强】 2014年，沧州炼化认真学习贯彻十八大、十八届三中四中全会精神，坚持把贯彻落实党建工作“两个文件”作为工作重点，深化党建系统化管理，完善党建工作机制，提高新形势下党建工作科学化、制度化、规范化水平。突出抓好思想建设和政治建设，深入学习习近平总书记系列重要讲话精神，着力推动党风、企风进一步好转。从严领导班子和干部队伍管理，严明党的纪律，严肃党内政治生活，加强对领导干部行使权力进行制约和监督的制度建设，落实“三重一大”集体决策制度。认真落实党风廉政建设“两个责任”，细化明确党委、纪委责任分工，健全完善廉洁风险防控体系，加强党风廉政教育。党委政治核心作用得到充分发挥，党建工作与生产经营深度融合得到有效推动，党建工作管理水平不断提高。

（喻志浩）

表1 沧州炼化主要技术经济指标 亿元

指标名称＼年份	2014	2013	2012	2011	2010	2009
原油加工量/万吨	300.75	291.49	333.86	333.53	223.33	293.88
工业总产值	176.34	171.07	204.74	193.91	115.60	122.98
沧州资产分公司	4.45	3.51	3.85	3.96	2.60	2.98
沧州分公司	171.89	167.56	200.89	189.95	113.00	120.00
工业增加值	27.83	25.18	45.05	20.44	16.52	18.45
沧州资产分公司	0.72	-0.28	0.85	0.61	0.37	0.45
沧州分公司	27.11	25.46	44.20	19.83	16.15	18.00
资产总计	43.77	45.31	37.16	33.63	33.47	26.91
沧州资产分公司	3.61	3.27	3.30	3.33	3.43	3.60
沧州分公司	40.16	42.05	33.86	30.30	30.04	23.31
流动资产	23.76	25.33	17.89	14.46	15.71	10.49
沧州资产分公司	0.70	0.47	0.49	0.48	0.40	0.42
沧州分公司	23.06	24.85	17.40	13.98	15.31	10.07
固定资产原值	41.75	40.39	39.21	37.67	32.56	26.95
沧州资产分公司	5.48	5.49	5.25	5.05	4.95	4.78

续表

指标名称 \ 年份	2014	2013	2012	2011	2010	2009
沧州分公司	36.27	34.91	33.96	32.62	27.61	22.17
固定资产净值	16.49	19.57	19.82	16.97	12.28	11.29
沧州资产分公司	2.26	2.42	2.41	2.42	2.51	2.53
沧州分公司	14.23	17.14	17.41	14.55	9.77	8.76
销售收入	177.69	172.53	204.75	197.06	113.87	125.88
沧州资产分公司	4.72	3.86	4.24	4.44	2.96	5.12
沧州分公司	172.97	168.66	200.51	192.62	110.91	120.76
实现利税	23.14	21.78	25.38	18.13	14.22	32.36
沧州资产分公司	-0.11	-0.27	0.01	-0.19	-0.30	-0.09
沧州分公司	23.25	22.04	25.37	18.32	14.52	32.45
税　金	31.01	28.53	32.97	31.24	22.42	28.30
沧州资产分公司	0.33	0.21	0.21	0.21	0.15	0.16
沧州分公司	30.68	28.32	32.76	31.03	22.27	28.14

表 2　　沧州炼化主要产品产量　　万吨

产品名称 \ 年份	2014	2013	2012	2011	2010	2009
沧州资产分公司						
聚丙烯	3.39	2.69	3.05	3.09	2.19	3.06
硫　醚	—	—	—	—	—	0.14
氮　气	2.13	1.96	2.19	1.93	1.45	1.02
净化风/万立方米	4 700.00	4 287.00	4 577.00	4 181.35	3 241.71	3 051.98
非净化风/万立方米	6 050.00	4 943.00	5 186.00	5 208.32	4 753.44	5 976.56
沧州分公司						
汽　油	71.29	61.97	70.07	70.45	48.31	65.34
柴　油	127.80	125.44	151.57	146.12	98.23	132.24
石脑油	26.24	26.21	28.51	26.88	14.94	12.22
溶剂油	—	—	—	—	0.75	1.99
液化气	16.98	13.60	13.60	15.42	10.00	13.60
铝箔油料	3.23	8.09	11.14	11.41	6.42	7.32
石油焦	20.52	22.65	25.42	27.46	14.95	17.37
硫　黄	1.16	1.33	1.28	1.51	0.73	0.90

润滑油公司

【概况】 中国石化润滑油有限公司(简称润滑油公司)是石化股份公司下属全资子公司，前身是石化股份公司润滑油分公司，是集研发、生产、销售和服务为一体的专业化润滑油公司。2002年5月，石化股份公司按照统一计划安排、统一资源配置、统一市场开拓、统一品牌形象、统一产品开发的原则，对润滑油业务专业化重组，成立润滑油分公司。2014年3月4日，在润滑油分公司基础上改制成立润滑油公司，总部位于北京市海淀区安宁庄西路6号。

2014年，润滑油公司调合能力165万吨/年，包装油脂生产能力146万吨/年，生产和销售包括内燃机油、工业油、船用油、金属加工液、润滑脂和合成润滑油脂等21类、2 000多个品种的“长城”润滑油脂产品。

截至2014年底，润滑油公司下设12个管理部门，5家区域销售中心(技术服务中心)、12家分公司、5家省级销售分公司、3家中外合资公司和1家海外(新加坡)子公司、4家研发机构。拥有在岗正式职工4 030人，专业技术人员1 588人，其中博士学历18人，硕士281人，本科1 216人，高级专业技术资格人员261人。

2014年，润滑油公司获全国五一劳动奖状。

润滑油公司主要技术经济指标见表1。

(姚建国)

【实现利润创历史新高】 2014年，润滑油公司以效益为中心，面向终端用户抓市场开发，不断落实运营优化措施，经营效益再创新高。虽然全年经营总量受宏观经济增速放缓的影响，有所降低，但实现利润7.4亿元，同比增长30%，突破历史最高水平，并获得中国石化炼化企业2014年效益优胜单位称号。

(姚建国)

【润滑油公司正式运营】 2014年3月4日，中国石化润滑油有限公司注册成立，注册资本10亿元人民币，注册地址北京市海淀区安宁庄西路6号。原润滑油分公司资产注入润滑油公司，总资产81.62亿元。6月底，完成下属分公司和34家分支机构的工商登记变更，完成ERP系统的重新调整并上线，完成由分公司转为子公司的生产经营衔接工作。7月1日，举行揭牌仪式，中国石化润滑油有限公司正式运营。

(姚建国)

中国石化润滑油有限公司揭牌仪式 (王京城 摄)

【实施面向客户的市场开发策略】 2014年，润滑油公司确立面向客户的市场开发策略，利用销售组织遍布全国、点多面广的特点，加大与战略客户和行业规模客户的面对面交流。全年组织73次与大客户的高层互访，在需求下滑情况下，保持了大客户供货份额和价格的基本稳定。通过组织技术推介会和点对点技术交流会，推进规模客户开发取得初步成效，全年新开发规模客户703家，新增销量1.5万吨，实现工业油销量23.7万吨，CH－4以上级别柴油机油及燃气机油产品销量同比增长30%。11月，增设陕西省销售代表处及新疆维吾尔自治区销售代表处，增强了西北市场客户开发力量。

(姚建国)

【推行顾客导向全面质量管理】 2014年，润滑油公司开展质量管理创新，突破实物质量范畴，推行顾客导向的全面质量管理。运用大数据分析和识别客户的共性需求，提出运营质量、实物质量和服务质量等方面优化措施107项，完成改进102项，尚余5项持续改进。全年产品出厂100%分析合格，内外部抽检100%合格，未发生质量事故。11月25日，中国石油和化学工业联合会授予润滑油公司质量标杆称号，同年被评为中国石化质量管理先进单位。

(姚建国)

【打造技术营销模式】 2014年，润滑油公司采取措施推进技术支持与商务营销在客户开发过程中的紧密结合，努力打造技术营销模式。技术人员绩效考核与所负责相应产品的销量挂钩，让技术人员主动为市场一线提供支持。加强区域技术支持中心力量，每个区域支持中心配备10名有技术背景的支持人员。组织石化、水泥等行业示范推广会，完成为有色金属、家用电器、电梯、高速铁路等行业开发的产品和技术储备。全年共召开 135 场技术推介会和 334 次重点客户一对一技术交流，有效推动区域细分市场的开发。

（姚建国）

【设立研究院】 2014 年 12 月，润滑油公司将北京研发中心变更为中国石化润滑油有限公司北京研究院；将上海研发中心变更为中国石化润滑油有限公司上海研究院。

（姚建国）

【汽车养护品业务快速增长】 2014 年，润滑油公司通过开发多种渠道，推进了长城汽车养护品业务规模快速增长。与中国石化 30 个省石油分公司合作销售长城汽车养护品，产品进入 1.6 万家易捷便利店；同时进入北京华联、欧尚、世纪联华、永辉、卜蜂莲花等大型超市；与武汉神龙、江淮汽车、厦门金龙、长安铃木、奇瑞汽车和中联重科等汽车生产商建立合作。全年实现销量 1.14 万吨，同比增长 63%。12 月，成立专门的汽车养护用品部，以促进养护品业务专业化发展。

（姚建国）

【创新汽车养护"O2O"服务模式】 2014 年，润滑油公司整合旗下电子商务和连锁养护业务资源，推出汽车养护"O2O"（online to offline）服务模式。广大车主在长城润滑油天猫旗舰店购买汽车养护套餐并支付后即可预约至长城润滑油旗下或签约合作的连锁养护店进行养护。截至年底，长城润滑油已在北京开设 16 家汽车连锁养护店，并在武汉、青岛、徐州、吉林和秦皇岛等 10 个城市拥有签约合作的汽车养护店。"O2O"服务模式带动了电子商务的发展，全年长城润滑油电子商务销售总额达到 2 650 万元，同比增长 48%，累计客户 20 万人。其中，11 月 11 日当天实现销售额 830 万元，在润滑油电商领域位居第一。

（姚建国）

【与意大利公司合作推广高端赛车用油】 2014 年 11 月 1 日，润滑油公司与意大利 PAKELO 公司在上海召开新闻发布会，宣布合作推广高端赛车润滑油。意大利 PAKELO 公司专门生产和销售高档赛车润滑油，是法拉利 AF Course 车队的润滑油赞助商。润滑油公司通过在国内代理 PAKELO 高级赛车润滑油，积累高端市场推广经验，带动提升长城润滑油品牌的高科技形象。同时，双方还将在国际市场开展高端润滑油推广合作。

（姚建国）

【持续落实精简优化措施】 2014 年，润滑油公司通过落实一系列优化措施，进一步提升企业运营效率。产品精简及产地优化，精简与合并年销量 50 吨以下产品 4 149 个，优化调整 1 515 个产品产地。统一规范主要包装容器规格，清理 128 个年销量小于 50 吨的 OEM 专用包装。优化仓储布局，减容或裁撤利用率不高的中转库，共减少 6 360 平方米，节约仓储费用约 132 万元。通过合理规划和布局中心库和中转库，缩短供货流程，直发比例从 19% 提高到 52%，节省物流成本 100 多万元。保持低库存运行，月均总库存较上年降低 2 万吨，有效降低了经营风险，确保了效益增长。

（姚建国）

【召开党建创新工作交流会】 2014 年 8 月 21 日，润滑油公司组织召开"党建共建　共创双赢"党建工作创新经验交流会，近 40 家各行业知名企业的党组织代表应邀出席。宝山钢铁集团、太原钢铁集团、神华集团、长安汽车集团和中国重汽集团等 5 家单位围绕其党建创新成果进行了展示与交流，20 家单位提交书面交流材料。与会各方围绕在新形势下党组织如何发挥政治优势，以生产经营为核心更好地开展工作，推动国有企业间共赢发展展开了研讨。国务院国资委党建局、全国党建研究会以及石化集团公司思想政治部参会并给予肯定。

（姚建国）

"党建共建　共创双赢"党建工作创新经验交流会（王京城　摄）

【强化风气建设】 2014年，润滑油公司强化落实风气建设措施，进一步树立高效务实的良好风气。开展落实中央“八项规定”的专项监察，重点对机关人员下基层、公务用车、勤俭节约、廉洁自律等方面进行监督检查。持续加强销售人员风气建设，委托第三方对销售人员风气情况进行全面调查和评价，按季度出具评价报告，发出监察意见书11份，各下属单位有针对性制定整改措施52条。严厉查处利用职务之便，向客户索要费用、利用公司资源和平台谋取私利等3起违纪违规事件。

（姚建国）

【举办第一届青年辩论赛】 8月，润滑油公司组织举办第一届青年辩论赛。历时半个月的比赛中，来自各分赛区的8支代表队32名青年员工就企业发展、互联网思维等辩题展开激烈辩论。8月29日，举行辩论赛总决赛，华北销售中心代表队获得冠军，茂名、武汉分公司代表队分获亚军、季军。辩论赛展现了青年员工的活力与风采，激发青年努力学习和创新，在企业发展中体现个人价值。

（姚建国）

第一届青年辩论赛总决赛现场 （王京城 摄）

【开展长城润滑油客户行采访报道活动】 2014年7月18日，启动长城润滑油客户行采访报道活动。此次专题采访活动以中国石化报为主体，联动6家行业媒体，组成联合采访组，深入长城润滑油行业大客户，进行跨区域、跨行业、跨媒体采访宣传，总结中国石化特别是长城润滑油与国家重点支持经济支持产业共同合作、发展的成果、经验和案例，推进企业与企业之间、行业与行业之间，跨产业链的合作、发展与共赢。全年先后采访宝山钢铁、长安集团和徐工集团等16家行业标志性企业，发布专题报道16篇，制作电视专题10篇。

（姚建国）

表1 **润滑油公司主要技术经济指标** 亿元

指标名称 \ 年份	2014	2013	2012	2011	2010	2009
工业总产值	152.54	159.11	149.77	171.73	154.40	129.15
工业增加值	25.21	23.25	15.08	14.67	15.14	21.40
资产总计	83.21	74.57	77.67	65.07	55.44	48.60
流动资产	50.36	45.55	52.89	43.42	36.11	31.39
固定资产原值	38.83	34.90	30.63	28.93	25.95	21.52
固定资产净值	21.80	16.17	15.12	14.80	12.88	12.99
销售收入	199.59	207.29	175.73	194.20	153.03	122.51
实现利税	13.00	13.01	6.89	4.88	7.24	14.11
税　金	5.56	7.38	4.62	4.03	3.84	5.29
综合能耗/吨标煤·万元$^{-1}$	0.02	0.02	0.02	0.02	0.03	0.03

青岛石化

【概况】 中国石化青岛石油化工有限责任公司（简称青岛石化）位于青岛市李沧区，占地0.94平方千米，厂区临近黄岛油港，与黄岛油港、青岛港码头分别有输油管线相连，自备铁路专用线与胶济铁路相连，厂外公路与济青、青银高速公路相接。青岛石化前身为创建于 1962 年的青岛市手工业管理局炼油厂，1966 年 4 月改名为青岛石油化工厂，2000 年 12 月整体划转石化集团公司，企业名称先后为中国石化集团青岛石油化工厂、中国石化集团青岛石油化工有限责任公司。2010 年 3 月，青岛石化成为石化股份公司所属全资子公司，并更名为现名。

截至 2014 年底，青岛石化下设 12 个机关部室及 6 个管理中心、6 个生产车间。资产总额为 51.58 亿元，在册职工总数为 1 214 人，其中在岗职工 1 129 人。原油加工能力为 500 万吨/年。生产装置主要包括 500 万吨/年常减压蒸馏、160 万吨/年延迟焦化、140 万吨/年重油催化裂化、100 万吨/年汽柴油加氢精制、60 万吨/年柴油加氢精制、60 万吨/年催化汽油选择性加氢脱硫、25 万吨/年催化重整、20 万吨/年及 15 万吨/年气体分馏、7 万吨/年聚丙烯等 16 套。产品主要有：汽油、柴油、石脑油、石油焦、船用燃料油、石油液化气、车用液化气、丙烷、丙烯、聚丙烯、工业硫黄、纯苯、MTBE 等近 20 个品种。

青岛石化主要技术经济指标和主要产品产量见表 1 和表 2。

（周立川）

【生产经营保持平稳运行】 2014 年，青岛石化充分发挥炼油装置的加工能力，精心组织生产经营工作，保持了生产经营平稳运行。为降低原油采购风险，努力达到均衡挂靠油种和计价数量的目标，坚持每月测算优选原油及掺炼方案，持续优化原油采购，积极争取达混原油配置，降低原油采购成本。根据市场变化及时调整生产经营策略，合理调整原油加工量和装置负荷，全年产品结构得到有效改善。通过积极努力，克服市场需求疲软、总部配置计划不足、柴油加氢能力不足、美元汇兑收益降低等不利因素，完成了全年各项工作任务。

（周立川）

【安全环保管理再创佳绩】 2014 年，青岛石化层层落实 HSE 安全生产责任制，深入开展“落实责任，强化细节”安全主题年活动，不断强化全员安全责任意识，严格按照全覆盖、零容忍、重实效的要求，结合生产实际情况和季节特点，组织各类 HSE 检查，积极开展隐患排查治理，消除各类隐患，不断加强生产和施工现场的安全管理，加大工作力度，安全工作落实到人。积极推进安全管理信息系统应用，实现作业票证签发定人员、定单位、定地点、定时间的管理，成为中国石化炼化板块第 1 家正式开展中国石化 HSE 管理信息系统作业票证电子签发业务的企业。年内，青岛石化未发生安全生产上报事故，连续 5 年被石化集团公司评为 HSE 工作先进单位，连续 8 年获得山东省安全生产先进企业称号。

（周立川）

【开展管网隐患排查和管道泄漏应急综合演练】 2014 年，青岛石化在开展管网隐患排查和安全距离调查的基础上，对原油、成品油管线进行设备和安全运行现状评估、环境影响评估，对管线穿（跨）越环境敏感区域的部位重点进行安全、环保风险详细评估。针对管线占压和安全距离不足等情况如实上报当地政府和总部，并会同地方政府及时消除管道安全环保隐患。同时，注重加强突发事件应急能力建设。在“安全生产月”期间举办应急演练周活动，并与青岛市经信委、环保局、安监局、应急办等部门组织管道泄漏应急综合演练。

（周立川）

【节能减排取得实效】 2014 年，青岛石化深入开展环境风险排查，落实风险防控责任，逐步形成环境隐患排查、认定、治理及监管长效机制。加强源头控制，严格分级管理，确保“三废”综合利用装置及污染治理装置长周期稳定运行，积极完成污染物总量减排任务，外排工业废水达标率 100%，有控制废气达标率 79%，危险废物妥善处置率 100%。持续开展“携手节能低碳、共建碧水蓝天”主题教育活动。结合企业生产经营状况及各岗位实际情况，倡导“绿色低碳生产、保护碧海蓝天”行动，提高全员节能、环保认知水平及环保意识，坚持清洁生产、绿色发展。

（周立川）

【科研开发和应用取得新成果】 2014 年，青岛石化围绕科技攻关、质量升级、环境保护、节能减排、挖潜增效等工作，加大科技研发的投入力度，提升企业核心竞争力。承担的中国石化“十条龙”攻关项目——RSDS - Ⅲ技术在青岛石化的工业应用实验完成工业实验，经第三次标定，达到了预期目标，装置稳定运转生产出国Ⅳ汽油，并通过中国石化项目验收；催化重整装置在线优化控制系统开发项目已进入生产运行阶段；含酸原油焦化原料组成与生焦倾向的研究已完成对青岛石化多种油样四组分分析和含氧化合物类型分布测定，年内已结题；电脱盐污水除油项目已进入工业侧线试验阶段。1#、2#热水站优化运行项目完成后，每小时节约蒸汽约 2 吨，节能成效明显。

（周立川）

【完成网络中心机房搬迁升级改造】 青岛石化信息网络中心机房已使用20余年，硬件与软件框架结构及网络资产严重老化且不符合安全要求。2014年，根据中国石化的标准要求进行搬迁升级改造，器件调试安装服务器110余台、网络及安全设备60余台，实现了MES系统、LIMS系统、实时数据库系统等重要信息系统的平稳过渡和性能提升，消除了安全隐患，使青岛石化信息化基础设施实现了标准化、规范化、专业化。实现HSE信息系统、MSOA信息系统建设与上线运行，完成ERP、MES、LIMS系统的深化应用与完善，提高了各项管理的信息化应用水平。

（周立川）

【烟气脱硫脱硝项目顺利投产】 2014年5月，青岛石化140万吨/年催化裂化烟气脱硫脱硝项目成立项目部，5月13日开始土建基础打桩施工，12月3日装置按计划顺利中交，12月13日余热锅炉引瓦斯开始烘煮炉，12月19日引少量烟气进余热锅炉，12月30日经检测排放烟气符合国家环保部和山东省工业污染物排放标准，实现开车一次成功。该项目是中国石化"碧水蓝天"环保专项治理的重点工程项目，是石化集团公司和国家环境保护部签订的2014年必须建成投用的32套催化烟气脱硫脱硝装置之一，项目投资1.55亿元。

（周立川）

【技改项目实施取得新的进展】 2014年12月31日青岛石化实施的污水处理场恶臭气体治理项目完成中交。酸性水罐和氨水罐恶臭气体治理项目采用抚顺石油化工研究院开发的低温柴油吸收—吸收脱硫成套技术，消除厂区周边异味，8月18日完成中交，并按规程组织了运行调试工作。还分别实施投用了焦炭塔大吹汽系统水代汽节能改造，汽、柴油抗静电剂及柴油降凝剂加注设施，常压、催化分馏塔顶增加缓蚀剂加注设施，乙醇胺系统增设胺液净化设施改造，成品油管道流量计改造，原油、成品油管道阴极保护远程控制系统完善等项目，实现了安全生产、节能降耗的效果。

（周立川）

【深入开展"从严管理年"活动】 2014年，青岛石化深入开展"从严管理年"活动完善一体化管理体系建设，将能源管理体系的要求融合到一体化管理体系中，建立了包括1个管理手册、59个程序文件、305项制度、146个技术文件和4 000余个记录的一体化管理体系，并顺利通过审核，取得能源管理体系认证资格。组织开展"从严管理出成绩，夯实基础图发展"全员大讨论活动，公司领导下基层参与大讨论，各部门汇总问题137项，其中主要问题44项，制定措施92项，有6项重大问题被列为公司级问题；明确具体负责的公司领导、责任部门、相关部门及责任人，落实了整改措施和时间节点。每月召开"从严管理年"例会，通报各项问题整改情况，公司领导点评并提出下一阶段工作思路及要求。年内，44项主要问题已完成整改37项，正在整改的有7项。

（周立川）

【积极推行全员绩效考核、岗位责任制检查工作】 青岛石化围绕生产经营管理工作，深化完善绩效考核的方式方法，大力开展对标体系比标、对标、超标竞赛活动。引入三级考核理念，将公司利润、安全、质量、稳定等公司级目标纳入每名职工的量化得分中，让公司的发展与每名职工挂钩。制定《青岛石化绩效考核评价标准》，实行基础管理工作与效益分配挂钩的全员量化考核，按岗定酬，并将效益工资倾向一线生产人员、关键技术岗位和专业技术人员。通过岗检的方式，不断发现体系存在的问题，并落实整改，提升整体管理水平。

（周立川）

【人才队伍建设取得新成效】 2014年，青岛石化进一步加强经营管理、专业技术、技能操作三支人才队伍建设。克服工学矛盾，组织开展了"周末大讲堂"中层干部学习活动，邀请石化管理干部学院专家来企业为领导干部授课，取得了很好的效果。充分利用中国石化远程培训系统，每月为中层干部系统地选学课程6课时左右，督促中层干部利用空余时间学习。建立中层干部轮岗、交流机制，为青年人才培养搭建良好的平台。建立企业首席技师、高级技师、技师聘任制度，组织论文答辩和评审。引入竞争性选拔机制，有针对性地选拔和培养年轻干部重新启动技能操作序列首批拔尖技能人才选聘，经过部门推荐、论文撰写、专业答辩、专业评审组推荐等环节，从33名候选人中最终选聘出首批首席技师1名、主任技师4名、副主任技师8名，职位涵盖主要生产和辅助专业工种。继续开展技能大赛、职工技术培训、技术比武，为员工学习培训创造条件，搭建平台，营造氛围。

（周立川）

【企业保持和谐稳定局面】 2014年，青岛石化认真落实中国石化总部各项维护稳定工作政策，积极主动寻求地方政府的理解和支持，做好不稳定人员的安抚工作，全年无公司内群体性上访事件，无因上访问题在社会上造成不良影响情况。坚持从帮扶救助、医疗互助保障、补充医疗保险、员工补助和“送温暖”5个方面入手，不断完善职工保障体系，维护职工队伍的稳定。积极争取中国石化总部拨付专项救助资金，为持续做好帮扶救助工作提供了有力的保障。逐步将在职员工及其供养的直系亲属、劳务派遣员工的大病救助纳入保障体系，全年共办理帮扶救助60人次，发放救助金33.94万元。以青岛市总工会实施职工医疗互助保障计划为契机，积极支持公司工会，采取企业、员工个人共同负担的方式，为1 428名职工办理医疗互助保障手续，投入资金8.57万元，有33名因病住院的职工获得医疗互助赔付。做好“送温暖”工作，春节期间走访慰问425人次，支出金额38万元。落实《员工补助管理规定》要求，全年办理员工补助655人次，发放金额42万元。督导《补充医疗保险实施办法》的落实，优化申报流程，与职工医疗互助保障工作有机衔接，方便职工。全年办理员工补充医疗保险1 612人次、金额172万元。

（周立川）

表1　　青岛石化主要技术经济指标　　亿元

指标名称＼年份	2014	2013	2012	2011	2010	2009
原油加工量/万吨	308.56	329.94	309.74	362.88	352.05	136.30
工业总产值	172.25	187.71	175.75	203.37	172.67	53.39
工业增加值	33.61	39.46	17.84	30.77	43.90	15.11
资产总计	51.58	64.81	63.80	65.12	54.48	68.17
流动资产	25.48	37.76	34.89	35.63	19.35	27.29
固定资产原值	44.33	42.36	41.24	39.34	38.96	36.63
固定资产净值	22.12	22.82	24.32	24.96	26.24	26.20
销售收入	171.07	188.89	177.63	203.07	173.33	52.58
实现利税	28.95	33.18	19.11	28.35	40.84	10.35
税　金	34.97	35.43	29.41	34.87	36.64	11.98
综合能耗/吨标煤·万元$^{-1}$	0.28	0.30	0.27	0.26	0.33	0.37

表2　　青岛石化主要产品产量　　万吨

产品名称＼年份	2014	2013	2012	2011	2010	2009
93#汽油	66.71	62.10	59.55	71.67	75.78	36.21
90#汽油	—	—	—	—	0.37	1.41
97#汽油	17.99	17.42	7.14	3.92	2.28	0.01
0#柴油	114.98	131.99	125.67	151.88	140.10	44.08
-10#柴油	9.30	12.40	16.30	14.13	13.55	6.44
-20#柴油	—	—	—	—	0.03	1.00
石脑油	4.57	4.42	5.42	7.06	5.81	3.91

续表

产品名称 \ 年份	2014	2013	2012	2011	2010	2009
溶剂油	1.49	0.76	-0.06	—	—	2.08
苯	1.08	1.09	0.58	0.72	0.93	—
混合苯	—	—	—	0.14	0.20	—
燃料油	8.02	12.00	15.37	16.62	21.61	14.26
石油焦	34.99	35.48	36.82	43.20	34.81	—
硫　黄	1.47	1.79	1.53	1.48	1.09	0.32
液化气	16.19	28.43	24.39	34.46	18.67	7.89
车用液化气	4.72	4.63	2.22	1.52	3.63	1.50
丙　烯	2.32	2.32	1.51	2.44	1.44	0.64
聚丙烯	5.62	5.67	4.54	5.73	6.62	3.58

湛江东兴公司

【概况】 中国石化湛江东兴石油化工有限公司(简称湛江东兴公司)位于广东省湛江市，地处广东省西南部、雷州半岛北部，是中国石化三大驻粤炼化企业之一，主营业务为石油提炼加工和石化产品销售。其前身为私营炼油企业，2002年3月经国务院和原国家计委批准同意，被石化集团公司收购。2007年11月22日，石化集团公司将其拥有的湛江东兴公司75%的合同权益转让给石化股份公司。2008年，湛江东兴公司经国务院国资委同意实施了权益变更，完成了工商变更登记。湛江东兴公司中外合作双方变更为石化股份公司和中国石化盛骏国际投资有限公司(简称盛骏公司)，合作权益比例变更为75%和25%，同时公司名称由湛江东兴石油企业有限公司变更为现名。

截至2014年12月31日，湛江东兴公司原油一次加工能力为500万吨/年，拥有500万吨/年常减压蒸馏、150万吨/年重油催化裂化、50万吨/年连续重整、200万吨/年柴油加氢、14万吨/年聚丙烯、6万吨/年乙苯—苯乙烯等20余套生产装置，主要生产汽油、柴油、聚丙烯、石脑油、液化气、苯、二甲苯、硫黄等9类50多种产品，资产总计72.99亿元，下设10个机关处室和12个基层车间，在职员工总数为756人。

2014年，湛江东兴公司累计加工原油457.67万吨，实现现价工业总产值290.60亿元，实现销售收入290.23亿元。

湛江东兴公司主要技术经济指标及主要产品产量见表1和表2。

(徐启胜)

【生产经营持续优化】 2014年，受国际原油价格大幅震荡、国内炼油产能过剩等因素影响，湛江东兴公司累计加工原油457.67万吨，实现销售收入290.23亿元。可比综合商品率93.21%，轻油收率80.35%，高价值产品收率88.95%，原油加工损失率0.47%，原油储运损失率0.15%，吨油取水0.42吨，吨油排水0.09吨，炼油综合能耗64.23千克标油/吨，全年现金操作费用122.20元/吨，吨油完全加工费用244.91元。在石化股份公司“比学赶帮超”活动评比中，累计获得红旗36面、红星8颗，在炼油综合达标竞赛中排名中型企业第三。

(徐启胜)

【企业注资顺利完成】 2014年7月，国家发展和改革委员会批复同意石化集团公司向盛骏公司增资10.75亿元，并由石化股份公司和盛骏公司按持股比例向湛江东兴公司增资43亿元。8月，国家商务部批复石化集团公司《关于修订湛江东兴公司合资合同和章程调增注册资本的请示》，同意将湛江东兴公司投资总额由 5 000 万美元调增至 105 亿元人民币，注册资本由 1 700 万美元调增至约 43.97 亿元人民币。12 月 30 日，注资工作顺利完成。

（徐启胜）

【安稳局面进一步巩固】 2014 年，湛江东兴公司连续 13 年杜绝公司级及以上安全环保事故，连续第 7 年获石化集团公司安全生产先进单位称号，并再次获得广东省环保信用绿牌。全年共开出特级动火作业票 175 张、一级动火作业票 301 张、破土作业票 26 张、进入受限空间作业票 108 张、射线作业票 34 张、高处作业票 89 张，处罚各种施工作业违章 36 起，未发生一起现场“三违”事故。全年上报石化集团公司安全隐患治理项目 15 项，并对厂外管廊 17 条厂际危化品管道、地下液化气管道等进行全面检查整改，同时完成液相柴油加氢、乙苯—苯乙烯和 MTBE 3 套装置的 HAZOP 分析和全厂安全生产标准化三级认证。

（徐启胜）

【环保专项治理顺利推进】 2014 年，湛江东兴公司将环保问题纳入专项治理范畴，酸性水罐尾气治理、“三泥”分类收集处理等 18 个“碧水蓝天”项目全面启动，历史遗留的项目建设环保“三同时”旧账清理基本完成。其中，污水处理场增设生化排泥池、南柳河过河管架增加收油设施等项目于年内实施完成；总投资 2.12 亿元的“十二五”总量减排项目——2 套催化裂化装置烟气脱硫脱硝项目，分别于 5 月 27 日和 6 月 10 日提前建成投用，各项指标达到设计要求；200 万吨/年液相柴油加氢项目于 12 月 3 日完成环保验收监测，蒸汽发电、新建事故应急池、2 套催化烟气脱硫脱硝、8 万吨/年 MTBE、6 万吨/年乙苯—苯乙烯 6 个项目完成环保验收。

（徐启胜）

【节能减排工作再上台阶】 2014 年，湛江东兴公司全面从严加强节能减排管理，炼油综合能耗降至 64.23 千克标油/吨，废气以及外排污水 COD、氨氮、石油类等指标合格率达到 100%。同时，初步建成全厂环境监测监控平台，动力锅炉以及 $1^{\#}/2^{\#}$ 催化装置烟气在线监测仪实现与湛江市和石化集团公司环保部门联网，48 台水质在线监测仪器完成安装，泄漏检测与修复（LDAR）工作已经启动，装置基础泄漏点普查、绘图及台账建立工作已经完成，全厂具备废水、废气排放实时动态监控条件。

（徐启胜）

【企业文化建设扎实开展】 2014 年，湛江东兴公司以石化集团公司新版企业文化建设纲要为蓝本，结合公司实际完成《湛江东兴公司企业文化纲要》修订，并通过开展安全活动、质量月活动、廉政教育活动、岗位大检查活动等形式加强专项文化建设，促进企业文化核心理念落地。全年通过公司门户发布各类动态信息 50 余篇、图片新闻 27 篇，在《中国石化报》《中国石化手机报》、中国石化新闻网、湛江新闻网、碧海银沙网等外部媒体发表稿件 39 篇。

（徐启胜）

【扶贫双到工作获得好评】 从 2013 年初开始，湛江东兴公司负责定点帮扶雷州市黄桐村，同时与湛江市委组织部联合帮扶徐闻县那练村。期间，向石化集团公司申请扶贫资金 50 万元，并通过省市扶贫专项补助、行业扶贫补助、群众自筹等途径累计筹集帮扶资金 411.53 万元，在黄桐村完成溪桥建设、硬底化道路建设、修缮学校及村委办公楼、完善连片种植基地、疏通农田排灌渠、发放化肥、购买低保等 16 个主要脱贫项目。2014 年 3 月 5 日，湛江东兴公司顺利通过广东省扶贫工作核查。

（徐启胜）

【从严管理取得初步成效】 2014 年，湛江东兴公司抓住“从严管理年”活动契机，全面强化作风建设和专业管理，干部的作风、意识和企业的管理水平稳步提升。活动期间，累计组织专题讨论 22 场次，征集心得体会近 300 篇、征文 71 篇，22 人参加了演讲比赛，先后组织贯彻领导干部座谈会精神、党风廉政建设、职工违纪违规行为处分规定等 7 个不同专题、不同层面的宣贯及学习研讨。分步完善各专业的责任追究制度，对安全、环保、质量、稳定、“小金库”、反腐倡廉六大领域实行零容忍，梳理出各类问题 189 个，完成整改 119 项，较好地解决管理要求偏松、偏软、偏宽等问题。

（徐启胜）

【基层党建管理更加规范】 2014 年，湛江东兴公司认真落实石化集团公司党建工作两个“细则”和党风廉政建设“两个责任”的要求，进一步强化内控管理，持之以恒落实中央“八项规定”精神，强化对公务接待以及领导人员利用婚丧喜庆、乔迁履新等名义收受礼金等行为的监督，严防违纪违规现象的发生，全年业务招待、会议、车辆使用和差旅等费用同比下降 50.39%、45.74%、18.86% 和 13.49%。基层党支部开展的“把难题变为课题”“党员先锋机组”“创新党课制度，建立党员教育练兵平台”等专项特色活动，在湛江市直工委等上级党组织的检查中受到好评。

（徐启胜）

【民主管理进一步深化】 2014年1月24日，湛江东兴公司召开第一届职工代表大会二次会议。会议选举产生工会经费审查委员会，组建提案工作委员会、安全生产监督委员会、评议干部委员会和生活福利委员会4个专门工作委员会，并完成女工委员会换届。同时，公司工会根据职工代表的建议，进一步完善《湛江东兴公司职工代表大会实施细则》《湛江东兴公司职工代表提案工作实施细则》，使职代会运作更加规范。

（徐启胜）

【精神文明建设成果丰硕】 2014年，湛江东兴公司举办了第15届“东兴杯”男子篮球赛和第5届“东兴杯”羽毛球赛，并组织公司羽毛球队参加石化集团公司以及湛江市各类羽毛球赛，获得1个团体亚军、1个团体第6名、2个单项第5名的好成绩。同时，湛江东兴公司先后获广东省五一劳动奖状、湛江市AA级劳动关系和谐企业等荣誉，聚丙烯车间被评为中国石化工人先锋号，加氢车间被评为石化集团公司青年文明号示范单位，苯乙烯车间被评为湛江市青年文明号。

（徐启胜）

表1 **湛江东兴公司主要技术经济指标** 亿元

指标名称 \ 年份	2014	2013	2012	2011	2010	2009
原油加工量/万吨	457.67	474.38	360.94	500.38	485.39	331.91
工业总产值①	290.60	306.53	233.08	312.17	246.78	145.10
工业增加值	60.41	56.91	34.68	41.52	59.14	40.35
资产总计	72.99	78.97	67.91	76.89	67.65	63.09
流动资产	36.36	41.23	31.39	40.95	31.90	24.96
固定资产原值	62.69	60.05	53.52	51.61	51.40	47.40
固定资产净值	28.95	29.99	26.75	27.90	30.76	29.75
销售收入②	290.23	305.73	233.53	312.59	245.82	138.93
实现利税	53.30	54.41	28.51	33.85	54.93	36.63
税　金	57.13	55.00	38.57	50.61	49.46	28.36
综合能耗/千克标油·吨$^{-1}$	64.22	63.10	66.40	61.87	66.06	54.94

①工业总产值按现价计算

②销售收入均不含海外销售部分

表2 **湛江东兴公司主要产品产量** 万吨

产品名称 \ 年份	2014	2013	2012	2011	2010	2009
汽　油	158.37	139.92	98.08	121.41	117.43	85.76
柴　油	195.63	217.83	161.08	253.21	245.35	173.93
化工轻油	12.06	10.58	14.77	13.87	9.61	3.73
芳　烃	3.67	12.40	8.91	19.34	14.54	8.68
聚丙烯	13.09	12.21	9.85	12.40	11.26	3.08
液化石油气	28.06	26.48	18.13	25.38	32.44	15.32
燃料油	13.73	26.12	28.17	21.67	21.19	17.49

北海炼化

【概况】 中国石化北海炼化有限责任公司(简称北海炼化)地处广西北海市铁山港区临海工业区，距北海市区约40千米，南邻铁山港码头。北海炼化前身始建于1989年，原名北海石油化工厂，原油加工能力为60万吨/年，1998年5月划归石化集团公司。2002年7月，北海石油化工厂被划入石化股份公司，成立中国石油化工股份有限公司北海分公司(简称北海分公司)。2009年7月，中国石化组建北海炼油异地改造项目筹备组，实施北海炼油异地改造石油化工(20万吨/年聚丙烯)项目，2011年12月31日，北海炼油异地改造项目筹备组与北海分公司进行整合，与北海市人民政府共同出资组建中国石化北海炼化有限责任公司。2012年1月1日改造项目全面投产。

截至2014年底，北海炼化有正式职工694人，其中硕士及以上学历8人，本科学历225人，专科(高职)学历213人，中专及以下学历248人；设有8个职能部门、7个运行部(基层单位)和5个附属单位。主要有原料预处理、催化裂化、延迟焦化、硫黄回收、聚丙烯等13套生产装置和污水处理、余热回收等44套辅助系统。项目配套建设320万立方米原油商业储备基地、北海—南宁成品油管道以及湛江—北海原油管道。主要产品有成品油、石油焦、硫黄、聚丙烯、苯、液化石油气、石脑油、沥青等。

北海炼化主要技术经济指标及主要产品产量见表1和表2。

(覃辉平)

【低温热利用项目投运】 2014年1月29日，北海炼化重要节能项目——MTBE与柴油加氢装置低温热利用项目投运成功。项目投用后，每年可节约蒸汽6万多吨，有效地推进节能减排工作，经济效益可观。

(覃辉平)

【50万吨/年航煤加氢装置投产成功】 2014年4月22日北海炼化50万吨/年航煤加氢装置顺利开工，25日产出首批质量合格的航煤产品。装置采用具有中国石化自主知识产权的管式液相加氢技术，为中国石化西南地区第1套航煤生产装置。

(覃辉平)

【石油焦出口创单月出口量新高】 2014年1—4月，北海炼化共出口石油焦8.06万吨，其中，4月出口石油焦3万吨，创单月出口量新高，成为中国石化石油焦出口基地，优化了华南资源流向，为稳定华南市场提供有力支撑。

(覃辉平)

【从严节能降耗管理成效明显】 2014年1—5月，北海炼化完成万元产值综合能耗指标0.21吨标准煤，同比降低5.15%，节能量折算1.33万吨标准煤，节能降耗工作取得较好成绩。

(覃辉平)

【应急预案演练】 2014年，为贯彻落实石化集团公司《关于深刻吸取“11·22”事故教训全面开展“从严管理年”活动的决定》精神，针对北海地区正处雷电、暴雨、台风等强对流天气多发季节的现况，北海炼化积极组织开展公司级全厂停电应急预案演练。通过演练，进一步增强操作人员实战经验，提升员工在生产突发事件时的应急处置能力。全年成功应对超强台风“威马逊”“海鸥”袭击。

(覃辉平)

【聚丙烯超高速纺料试产取得新突破】 2014年9月3日，北海炼化聚丙烯装置成功试产出超高熔体流动速率纤维级聚丙烯专用树脂与纺丝专用料Y45S，熔体流动速率高达58.88克/10分钟。

(覃辉平)

【顺利通过一体化管理体系认证审核】 2014年8月19日，北海炼化收到中国合格评定国家认可委员会(CNAS)、美国国家认可委员会(ANAB)签发的“质量/环境/职业健康安全”3个体系的认证证书，表明公司一体化管理体系符合质量、环境、职业健康安全3个国际标准及相关要求，正式通过一体化管理体系权威认证。

(覃辉平)

【节能技改项目获节能技术改造财政奖励资金】 2014年9月，广西壮族自治区工信委、财政厅联合下文，北海炼化“MTBE装置与柴油加氢装置余热回收利用节能技术改造”项目获得91.7万元的节能技术改造财政奖励资金，推动企业节能降耗工作持续良性滚动发展。

(覃辉平)

【循环水(I)系统整体优化合同能源管理项目开工】 2014年11月14日，北海炼化与西安格睿能源动力科技有限公司正式签订循环水(I)系统整体优化合同能源管理项目合同，标志着北海炼化循环水(Ⅰ)系统整体优化项目进入实施阶段。该项目是采用合同能源管理方式与西安格睿能源动力科技有限公司合作，所有资金、技术全部由西安格睿能源动力科技有限公司提供。项目分为2个阶段进行，即从2014年11月15日开始为期半年的施工期和为期5年的项目合作效益分享期。5年合作期满之后，所有的设备在保证完好的情况下，全部投入的资产所有权无偿移交给北海炼化。

（覃辉平）

【强化科学理性采购成效显著】 2014年，北海炼化坚持性能价格比最优、物资全生命周期总成本最低的科学采购理念，强化采购价格管理，严把价格审核关，大力推进招标采购，实现经济效益最大化。全年采购物资2.56亿元，采购资金节约率5.43%，节约采购资金1 160.41万元。

（覃辉平）

【生产经营管理再上台阶】 2014年，北海炼化以“从严管理年”活动为抓手，持续深化一体化管理体系建设，克服原油价格持续下滑、外部经济形势低迷等不利因素的影响，精心抓好生产经营建设发展等各项工作，较好完成全年工作任务，生产经营管理再上新台阶。全年无上报公司及以上级安全环保事故、职业病伤害事件，环保达标排放合格率100%。紧紧围绕提高发展质量和效益的中心，强化生产经营工作，针对成品油市场需求结构变化及时调整产品结构，优化生产装置运行，合理安排装置负荷；紧盯原油市场变化，优化资源配置，降低原油采购成本；强化产销协调，适时增产汽油、沥青等适销对路和高附加值产品；积极推进成品油质量升级，7月生产出符合国Ⅳ标准的车用柴油。以“节约每一分钱”为理念，积极开展优化工作，大力挖潜增效、降本减费，努力实现全年效益最大化。全年实现营业收入302.51亿元，上缴税金56.10亿元(不含原油进口环节增值税)、同比增加5.93亿元。各项技术经济指标和赢利能力在同规模企业中继续保持领先水平。

（覃辉平）

【获全国五一劳动奖状】 2014年4月28日，在人民大会堂举行的庆祝“五一”国际劳动节暨全国五一劳动奖状奖章表彰大会上，北海炼化获全国五一劳动奖状。

（覃辉平）

【大力加强思想政治工作促生产保稳定】 2014年，北海炼化坚持以人为本理念，按照“抓工作从思想入手，抓思想从工作出发”思路，加强思想政治工作的前瞻性、及时性、针对性和有效性。围绕生产经营中心工作和“从严管理年”，通过组织理论学习、举办各种培训班、开展从严管理等主题征文比赛、演讲比赛和大讨论活动等形式，加强员工对党的十八大和十八届三中、四中全会精神学习和企业形势任务教育，扎实抓好员工的思想教育工作。注重运用典型引路和领导垂范，拉进企业与员工情感，充分发挥企业文化的软管理功能，加大对模范人物和先进事迹的宣传力度，为员工学习和效仿树立鲜明、生动的榜样。通过领导信箱、信访信箱和领导干部下基层走访等方式，每周了解员工思想动态，扎实做好员工建房、年度绩效考核和一体化管理体系建设等热点、难点问题的释惑解疑工作，及时发现和疏导员工思想上存在的问题，有效解决职工群众最关心、最直接、最现实的问题。建立健全职工企业医疗补充保险、职工互助会、工会综合保障计划、职工人身意外伤害保险4道帮扶保障线，为694名职工办理参保和续保手续，为6名职工发放互助金5.98万元，为8名协解人员子弟发放金秋助学金1.35万元；探访慰问困难职工、离退休人员、住院职工、协解人员等23人，发放慰问金、慰问品共5.4万元。

（覃辉平）

表1　北海炼化主要技术经济指标[①]　亿元

指标名称＼年份	2014	2013	2012	2011	2010	2009
原油加工量/万吨	521.20	508.29	464.07	8.58	12.37	53.21
工业总产值	303.86	304.89	281.52	0.76	6.09	21.90
工业增加值	105.20	102.43	78.38	4.50	1.44	6.97
资产总计	82.09	72.28	81.24	85.83	34.53	5.78
流动资产	37.33	26.79	32.46	38.06	8.56	1.47
固定资产原值	47.44	46.49	48.93	43.31	2.80	3.00

续表

年份 指标名称	2014	2013	2012	2011	2010	2009
固定资产账面价值	38.08	40.09	42.89	40.20	0.13	0.68
销售收入	302.50	305.10	280.73	0.66	6.62	21.76
实现利税	56.12	51.82	34.36	5.93	1.54	6.61
税　金	56.09	50.17	40.08	0.05	2.62	7.80
综合能耗/吨标煤·万元$^{-1}$	0.21	0.22	0.24	8.86	0.57	0.42

①2009—2010 年为原北海分公司数据，2011 年为北海炼化项目建设、开工投产期间数据

表2　北海炼化主要产品产量①　万吨

年份 产品名称	2014	2013	2012	2011	2010	2009
汽　油	153.30	141.07	96.78			
98#车用汽油(Ⅳ)	4.15	3.30	0.19			
97#汽油(Ⅲ)		10.67	4.08			
97#汽油(Ⅳ)	15.06	3.93				
93#汽油(Ⅲ)		64.80	55.82			
93#汽油(Ⅳ)	96.52	23.04				
93#乙醇汽油组分油(Ⅲ)		29.08	36.69		2.99	11.46
93#乙醇汽油组分油(Ⅳ)	37.57	6.25				
90#汽油					—	—
0#车用柴油	101.25	131.92	201.47			
0#普通柴油	134.51	102.84		0.77	4.16	19.73
化工轻油	8.43	8.94	19.94		1.65	2.67
4#轻燃料油					0.93	2.58
船用燃料油	0.89	4.11	11.63			
溶剂油					—	3.41
液化石油汽	28.32	28.41	25.67		1.28	4.96
商品干气	0.67	14.49	13.85	—	—	0.56
混合芳烃			16.12	0.25		
重油(7#燃料油)					0.37	1.94
混合碳五			9.99			
甲基叔丁基醚			3.79			
聚丙烯	11.50	10.40	9.27			
石油苯	2.53	2.31	2.20			
石油焦	49.58	44.11	37.42			
工业硫黄	5.81	5.60	4.44			
沥　青	4.38	0	0			

① 2009—2010 年为原北海分公司数据，2011 年为北海炼化项目建设、开工投产期间数据

西安石化

【概况】 中国石油化工股份有限公司西安石化分公司(简称西安石化)位于西安市未央区建章路北段，主要从事石油炼制和道路沥青生产，是中国石化五大沥青生产基地之一，居全国十大沥青厂家之列。其前身始建于1967年，原名西安石油化工厂，1998年12月8日并入中国新星石油公司，2000年3月1日随中国新星石油公司进入石化集团公司，2004年1月1日进入石化股份公司。

截至2014年底，西安石化下设管理处室11个，直属单位8个，生产车间11个，附属单位5个；中基层管理干部95名。有正式职工1 098人，具有中专以上学历589人，具有中级以上专业技术任职资格120人。拥有常减压(2套)、催化裂化、气体分馏、MTBE、汽油加氢、柴油加氢、催化重整、苯抽提、A级沥青调和(2套)等11套主要生产装置。主要产品有AH－70、AH－90、70A、90A、110A、SBR改性、温拌等沥青系列产品及汽油、柴油、液化石油气、丙烯等。

西安石化主要技术经济指标和主要产品产量见表1和表2。

(李小永)

【领导班子调整】 2014年11月7日，石化集团公司调整西安石化领导班子：张忠和任总经理；解聘李少平总经理职务，调出另有任用；曹西平任纪委书记；免去李少平党委副书记、委员职务；免去张忠和纪委书记职务，仍任党委书记。

(彭小平)

【92[#]国V汽油供应陕西市场】 2014年9月13日，西安石化首张92[#]国V汽油合格证开出，标志着西安石化具备生产国V汽油能力。9月22日，首罐2 526吨92[#]国V汽油供应陕西市场，提前1周达到陕西省国V车用油品质量升级目标。

(李小永)

【2个"碧水蓝天"重点项目如期投用】 2014年12月16日，西安市环境监测站对西安石化动力站脱硝改造项目竣工现场进行烟气污染物环保监测验收，氮氧化物减排量300吨/年。12月29日，国家环保部责任书红线项目—催化烟气脱硫除尘项目投用，二氧化硫减排量462吨/年，烟尘减排量386.4吨/年。

(彭小平)

【开展"从严管理年"活动】 2014年4月12日，西安石化下发全面开展"从严管理年"活动实施方案，4月24日召开推进会。通过不断完善安全监督管理体系、加快隐患排查治理、解决安全环保方面突出问题，安全环保管理水平稳步提升，责任意识增强，提升岗位达标率，提高发展的质量效益，把生存发展主动权掌握在每位职工手中。西安石化获石化集团公司2014年度安全生产先进单位称号，保持连续10年未发生上报石化集团公司事故的安全业绩。

(彭小平)

【推进HSE等专项文化建设】 2014年5月9日，西安石化制定企业文化建设责任制，扎实推进HSE、法治制度、质量、和谐、廉洁文化建设。7月21日编发《安全文化手册》，增强职工队伍践行安全理念、提升安全素质的主动性，提升安全生产管理绩效，促进企业安全发展。

(彭小平)

【应急指挥系统投用】 2014年11月，西安石化应急指挥系统建成投用，该系统由大屏幕、3G无线视频监控、门禁、突发事件应急指挥系统组成，进一步提升了生产安全监控、应急指挥、综合治理等工作的信息化水平。

(王 强)

西安石化应急指挥中心 (王 强 摄)

【开展转型发展前期工作】 2014年11月19日，西安石化成立转型发展领导小组，总经理、党委书记张忠和担任组长，下设煤制天然气项目前期工作办公室，抽调专人负责转型发展准备工作。12月16—18日，转型发展领导小组赴新疆能化，探讨了开展项目工作的思路经验，就项目前期手续办理、煤炭输送、技术路线和厂址选择等问题深入交流。12月23日，煤制气办公室到扬子石化、金陵石化考察煤气化装置运行情况，比对调研

SE－东方炉气化技术和水煤浆加压气化技术。邀请南京敦先化工公司进行技术交流，邀请西北化工研究院专家举办“化工发展方向及煤制天然气技术”普及讲座。

（李小永）

【获陕西省劳动关系和谐企业等称号】 2014年12月29日，西安石化被陕西省人力资源和社会保障厅、陕西省总工会等单位授予陕西省劳动关系和谐企业称号。12月30日，西安石化被陕西省国税局、地税局联合评为A级纳税人。

（李小永）

【党建考核创新促生产经营提升】 2014年，西安石化党建考核围绕中心，突出服务生产经营导向，增设HSE等专业内容，权重占40%，发生事故一票否绝；对党支部工作量化考核评价、动态优化，月度考核有奖惩，全年考核与年度评先和干部绩效评价挂钩；车间和机关分类排名，每月通报考核结果，对好的做法和存在的问题进行点评，定期交流经验；深入基层，约谈帮促，注重实效。12月10日，石化集团公司对西安石化进行党建考核，对西安石化经过长期坚持和完善，形成促进党建与生产经营深度融合的比学赶帮超考核评价机制进行了充分肯定。

（贾亚莉）

表1　　西安石化主要技术经济指标　　亿元

指标名称＼年份	2014	2013	2012	2011	2010	2009
原油加工量/万吨	148.05	213.11	217.24	153.17	174.17	168.89
工业总产值	77.48	116.38	118.41	79.70	76.79	60.85
工业增加值	9.53	16.75	9.44	3.27	11.82	14.25
资产总计	23.35	24.36	24.61	19.82	19.60	15.89
流动资产	9.19	10.32	11.15	7.87	9.51	6.33
固定资产原值	20.78	19.46	18.93	12.73	12.66	12.13
固定资产净值	11.28	10.80	11.26	5.69	7.48	7.72
销售收入	77.47	117.82	114.34	81.06	76.33	60.72
实现利税	7.16	15.44	8.13	1.47	10.19	12.21
税　金	11.89	18.63	14.61	10.53	11.54	11.31
综合能耗/千克标油·吨$^{-1}$	71.34	60.97	53.70	54.08	50.26	50.06

表2　　西安石化主要产品产量　　万吨

产品名称＼年份	2014	2013	2012	2011	2010	2009
沥　青	46.33	72.28	72.89	49.22	62.61	52.59
汽　油	35.41	49.02	34.44	19.89	20.31	22.50
柴　油	40.43	62.79	62.41	41.94	45.61	44.96
液化气	7.34	9.07	7.01	4.51	4.82	4.63
丙　烯	2.73	3.36	2.84	2.03	2.17	2.58

不是所有的润滑油都能上太空

0 多年来，伴随中国人探索太空的脚步
城润滑油为中国航天提供了全程润滑保障
一次护航，只为探索更远
索更远，只为离你更近
长城润滑油眼里，润滑每一台机器设备与护航神舟飞船同样重要
们以尖端科技，实现你简单梦想
每一台机器设备都不再为摩擦而烦恼时
就是航天润滑科技的价值
城润滑油，航天级润滑保护，在您身边

SINOPEC
长城润滑油

官方微博　官方微信

国石化润滑油有限公司　地址：北京市海淀区安宁庄西路6号　服务热线：400-810-9886　800-810-9886　网址：sinolube.sinopec.com

中国石化
SINOPEC
中国石化集团新星石油有限责任公司
SINOPEC STAR PETROLEUM CO., LTD.
TO PROVIDE CLEAN ENERGY
FOR BETTER LIVING
为美好生活加油
为绿色家园减碳

中国石化集团新星石油有限责任公司（简称新星公司）是中国石化的新能源专业公司，2009年获评“中国节能减排领军企业”。国家地热能源开发利用研究及应用技术推广中心设在新星公司。

2015年4月27日，王玉普董事长（时任中国工程院党组副书记、副院长）考察雄县地热项目

新星公司以地热、太阳能、生物质能等清洁能源投资、开发、利用为主营业务，同时从事海外工程技术服务，致力于“为美好生活加油，为绿色家园减碳”。目前，新能源业务已辐射至北京、陕西、河北、山东、山西、河南、辽宁、黑龙江、吉林、四川、安徽、江苏、湖北、广东、西藏、青海等省份；海外工程业务分布在埃及、尼日利亚、哈萨克斯坦、埃塞俄比亚、乍得、吉布提、新西兰等国家。

新星公司将充分借助中国石化上中下游一体化优势，以地热能品牌建设为导向，以海外工程服务为支撑，创新体制机制，加快转型发展，大力推进太阳能、生物质能等新能源集成建设，力争到2020年，在实现规模经济效益跨越式发展的同时，取得良好的社会生态效益，努力打造国际知名的中石化绿色能源公司。

地热供暖示范基地——河北雄县“无烟城”

SINOPEC MAOMING COMPANY

茂名石化

- 一项决策造就一个产业，
- 一个项目催生一座城市，这在新中国不是奇闻，茂名就是如此。
- 由于茂名石化的诞生，茂名成为了有名的工矿城市，
- 因为茂名石化的发展壮大，茂名成为了全国重要的石油化工产业基地。

茂名石化1000万吨/年常减压蒸馏装置

国内单套能力较大的煤制氢装置

茂名石化，始建于1955年5月，位于粤西美丽的海滨城市——茂名。这座城市因茂名石化而生、而长、而兴，被誉为“南方油城”。茂名石化，中国“一五”期间156个重点建设项目之一，也是广东省“一五”期间唯一的国家重点建设项目，它的建设结束了华南地区没有石油工业的历史，是国内较早原油加工能力达到千万吨级、乙烯生产能力达到百万吨级和第三家年原油加工能力超过2000万吨的石油化工企业。

时至今日，茂名石化已经走过了60年的风雨，历经艰难曲折，创造了无比辉煌。并始终坚持“企业要发展，环境要改善”的原则，建立完善环保管理体系，严格执行环保“三同时”制度，做好污染防治工作，推进清洁生产以及开展造林绿化工作，不仅在生产建设上实现了质的飞跃，而且在环境保护上取得了巨大成就，做到了增产不增污，实现了工业污染源稳定达标排放，走上了可持续发展的良性循环的道路，成为广东环境保护先进单位和全国造林绿化先进单位，被广东省指定为“工业观光旅游景点”。2004—2014年间，公司连续十年杜绝了重大环境事件；2010—2013年，公司连续被中国石化评为环境保护先进单位，2010—2014年，公司加大环保投入，5年内投入20.45亿元建成12万吨/年硫黄回收、化工和炼油CFB锅炉烟气脱硫脱硝等“碧水蓝天”工程和环保治理项目。2014年，公司污水处理能力达到3790吨/时，硫黄回收能力达到34万吨/年，污水回用能力达到1690吨/时，恶臭治理能力达到6.7万米^3（标准）/时，在原油加工能力从2010年的1350万吨/年提高到2014年的2000万吨/年的情况下，分别提高了8.6%、54.5%、17.4%和235%，实现了增产减污的目标，为保护环境做出了突出贡献。2014年，公司首次实现所有生产单位在广东省重点污染源环境保护信用评级中挂绿牌。

茂名石化作为中国石化炼化企业排头兵，“十一五”经济效益位居中国石化炼化企业之首，“十二五”期间，技术经济指标、经济效益保持同规模炼化企业前列，年盈利额在中国石化炼油、化工板块利润总额中所占比例逐年提升。

打造中国石化炼化企业排头兵

把茂名石化建设成为世界一流大型炼化一体化企业和石油化工产业基地

中国石化集团茂名石油化工公司
中国石油化工股份有限公司茂名分公司

通信地址：广东省茂名市双山四路9号大院 邮编：525000
电话：0668—2243941 传真：0668—2269317 网址：www.mpcc.com.cn

6号炼油联合装置

中国石化上海石油化工股份有限公司

SINOPEC SHANGHAI PETROCHEMICAL COMPANY LIMITED

中国石化上海石油化工股份有限公司（简称上海石化）位于上海市金山区，占地面积9.40平方千米，是中国大型的炼油化工一体化综合性石油化工企业，是中国重要的成品油、中间石化产品、合成树脂和合成纤维的生产企业。

上海石化前身是创建于1972年的上海石油化工总厂。1993年作为中国第一批股份制改制试点企业之一，改制为上海石油化工股份有限公司，是中国较早股票在上海、香港和纽约三地同时上市的股份制企业。2000年10月，更名为现名。

截至2014年底，上海石化具有1600万吨/年综合加工原油能力和乙烯70万吨/年、塑料树脂100万吨/年、合纤原料109万吨/年、合纤聚合物59万吨/年、合成纤维28万吨/年的生产能力，并拥有独立的公用工程、环境保护系统，及海运、内河航运、铁路及公路运输配套设施。

2014年，上海石化聚乙烯醇、涤纶工业长丝、3号喷气燃料、工业用乙烯、工业用乙二醇和纤维聚酯切片等六个产品被上海市名牌推荐委员会评为“上海名牌辉煌之星”。在上海2014年工业税收排名前100位企业名单中列第3位；在《财富》杂志“2014年中国500强排行榜”排名中列第39位，位次上升9位；获得“上海企业文化创新十佳品牌”“2013年度中国上市公司社会责任建设100强”等荣誉称号。

金山区人大代表参加上海石化“公众开放日”活动

化工部装置夜景

国内领先 世界一流

拥有独立的公用工程

环境保护系统

海运、内河航运

铁路及公路运输配套设施

腈纶新产品生产线

中国石化集团国际石油勘探开发有限公司

SINOPEC INTERNATIONAL PETROLEUM EXPLORATION AND PRODUCTION CORPORATION

中国石化集团国际石油勘探开发有限公司（英文简称SIPC）是中国石化集团公司（SINOPEC）专门负责海外油气投资与经营作业一体化的全资子公司。2001年成立以来，SIPC始终秉持“责任、尚德、共赢、进取”的核心价值观，加强与资源国和投资伙伴友好合作，发挥中国石化上中下游一体化优势，实现了共赢目标。目前海外油气业务遍布全球27个国家，共有50多个油气勘探开发合作项目，国际化经营管理和跨文化融合取得丰硕成果。

SIPC将继续坚持灵活多样、互利共赢的合作方式和能源资源品种多样化原则，积极扩大和加强与世界各能源国、石油界、金融界同行的紧密合作，为实现“打造一流油公司，追求卓越创和谐”的愿景目标而努力奋斗，为中国石化集团“建设世界一流能源化工公司”创造更大的价值！

Sinopec International Petroleum Exploration and Production Corporation (SIPC) is a wholly-owned subsidiary of Sinopec Group, specializing in overseas oil and gas exploration and production investment and operation. Since its inception in 2001, SIPC, committed to its core values of “Responsibility, Integrity, Shared Values, and Enterprising”, has formed good relationship with host countries and partners, and created win-win for all stakeholders on the back of Sinopec’s advantages as an integrated oil company. It has built a presence in 27 countries, participating in more than 50 exploration or production projects. Remarkable achievements were achieved on the front of international operation, management, and cross-cultural integration.

Looking to the future, SIPC will continue to work more closely and flexibly with the industry, the government, and the finance community to create benefits for all and diversify the company’s energy and resource portfolio. The vision of SIPC is to build a world-leading oil company featuring excellence and harmony, and achieving that vision will contribute greatly to the Sinopec’s goal of building itself into a world leading energy and chemical corporation.

中国・北京市・朝阳区惠新东街甲6号
Building One A6 Huixin Dong Street,Chaoyang District Beijing 100029, China
电话（Tel）：+86-10-69165136　传真（Fax）：+86-10-69165140
Email：sipcinfo22.sipc@sinopec.com

SIPC

中国石油化工股份有限公司金陵分公司
中国石化集团金陵石油化工有限责任公司

金陵石化组建于1982年，现有原油综合加工能力1800万吨/年，是中国石化第三大原油加工基地和全国较大的清洁汽油、航煤生产企业，亚洲较大的洗涤剂原料生产基地，也是华东地区重要的原油中转枢纽、成品油和化工原料供应基地。2014年，加工原油1697万吨，实现销售收入979亿元，上缴税金237亿元。

金陵石化致力于奉献清洁能源并以中间化工产品带动下游产业发展，是华东及沿江地区汽油、航空煤油、柴油、溶剂油、液态烃、石油苯、烷基苯等产品的主要供应商之一。产品除供应华东市场外，还远销全国各地，并出口至美国、加拿大以及欧洲、东南亚、非洲等30多个国家和地区。

金陵石化积极履行国有企业的政治责任、经济责任和社会责任，先后被授予中国石化、江苏省和南京市先进集体、文明单位、扶贫先进单位等称号，为石化产业和地方经济社会发展做出了积极贡献。

电话：025-58989114 传真：028-85592004
地址：南京市栖霞区甘家巷街388号 邮编：210033
邮箱：jlbm.jlsh@sinopec.com

金 陵 石 化
JINLING PETROCHEMICAL

扬子石化

中国石化扬子石油化工有限公司
中国石化集团资产经营管理有限公司扬子石化分公司
电话：025-57782200 传真：025-57784389
地址：江苏省南京化学工业园区新华路777号 邮编：210048
网址：www.ypc.com.cn

成为中国石化一流的能源化工公司

扬子石化成立于1983年9月，主要从事石油炼制和烯烃、芳烃等烃类及其衍生物的生产与加工，提供热电、供水和污水处理等公用工程服务，现具备1250万吨/年综合加工原油能力、70万吨/年乙烯和162万吨/年芳烃生产能力，拥有大型石油化工装置58套，一直是中国石化（SINOPEC）旗下重要的炼化一体化的石化基地，是国内主要的对二甲苯、邻二甲苯、纯苯、乙二醇、精对苯二甲酸（PTA）、丁二烯、环氧乙烷、聚乙烯和聚丙烯供应商。

扬子石化位于江苏省南京市北郊，紧临长江北岸，占地面积12.43平方千米，现有职工9800余人，下设23个机关部（处）室、16个分支机构，运营3个全资子公司、5个合资公司，总资产355亿元。2014年，加工原油950万吨，实现销售收入641亿元，利税34亿元。投产以来，扬子石化累计加工原油1.51亿吨，实现销售收入7995亿元，利税876亿元。

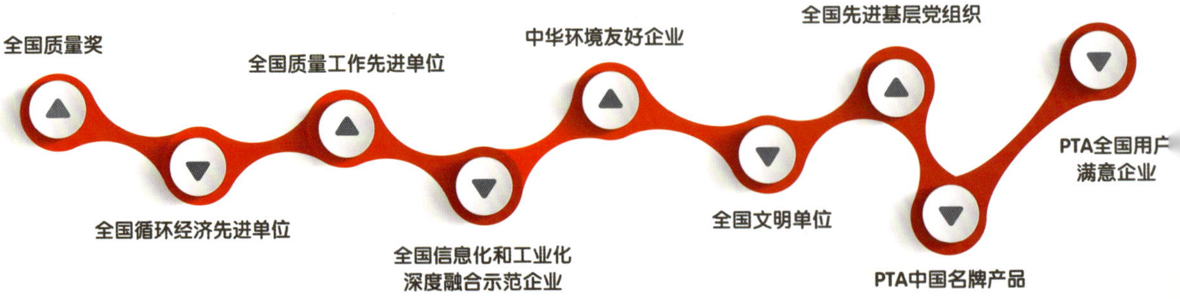

发展绿色化工 创造美好未来

作为中国石化和德国巴斯夫合资的大型石化企业，我们深知在环境保护和社会发展方面所应承担的责任。通过采用先进工艺和清洁原料，我们持续改善环保措施，努力降低化工生产对环境的影响。作为一名企业公民，我们积极承担社会责任，诚实守信，造福社会。在取得持续的经济效益的同时，我们提倡责任关怀，坚持自然、社会和企业和谐的可持续发展。

扬子石化－巴斯夫有限责任公司
BASF-YPC Company Limited

欲了解更多公司信息，请访问公司网站：www.basf-ypc.com.cn

中国石油化工股份有限公司武汉分公司
暨中韩（武汉）石油化工有限公司

中国石油化工股份有限公司武汉分公司始建于1971年，投产于1977年，是中国石化集团公司直属大型工业企业，位于湖北省武汉市青山区，占地239公顷，北濒长江水道，水路交通便利，炼油综合配套能力800万吨/年，共有28套主要生产装置，主要产品有汽油、柴油、航煤、石脑油、聚丙烯、“三苯”、石油液化气、硫黄、石油焦等。

中韩（武汉）石油化工有限公司位于武汉市化学工业区，占地294.8公顷，与炼油厂直线距离9.8千米，乙烯规模80万吨/年能力，包括11套主体装置，主要产品有高密度聚乙烯、线性低密度聚乙烯、聚丙烯、环氧乙烷/乙二醇、丁二烯等。

2014年1月，中国石化股份公司与韩国SKGC公司合资（股比为65:35）成立的中韩（武汉）石油化工有限公司开始商业运营。中国石化股份公司武汉分公司受中国石化股份公司委托行使股东权利。

责　任　炼　就　品　质

电话：027-86595156
传真：207-86595188

中国石化山东石油分公司
SINOPEC SHANDONG OIL COMPANY

山东石油分公司成立于1953年，1992年被山东省政府批准为国有大型一类企业，1998年6月划转中国石化集团公司。现有员工近2万人，企业固定资产原值78亿元。下辖17个市公司，133个县公司（市片区），加油站2600余座、加气站69座，油库28座（库容量110万立方米）、加气母站3座。

山东石油分公司主营石油、天然气销售，作为成品油流通的主渠道，承担着山东省成品油供应保障任务，是省内较大的成品油销售企业。经过多年的发展，业已形成了布局合理、功能完备、流向通畅、保障有力的成品油营销网络。

2014年，山东石油分公司销售成品油1252万吨，实现销售收入906亿元。

中国石化上海石油化工研究院

SINOPEC SHANGHAI RESEARCH INSTITUTE OF PETROCHEMICAL TECHNOLOGY

自主创新 追求卓越

2015年1月29日，中国科技大学国家同步辐射实验室和高分子系教授李良彬教授做学术报告

中国石化上海石油化工研究院创建于1960年，在浦东新区和上海市化学工业区分设2个基地，设立5个分院；设有基本有机原料催化剂国家工程研究中心、博士后工作站、全国标准化委员会石油化学分技术委员会、中国石化有机原料科技情报中心站、中国石化有机原料标准化中心、上海市石油化工产品质量监督检验站等依托机构。

上海石油化工研究院以推进中国石油化工技术进步、服务企业为己任，自主创新，追求卓越，成功开发了一系列先进技术。主要涉及基本有机原料催化剂和工艺技术、煤化工、油田化学品、合成材料、精细化工等技术领域，开展前瞻性探索研究、应用性基础研究、催化剂研究开发及配套工艺技术、工程化放大研究。已形成了甲苯歧化、乙苯脱氢、丙烯腈、精对苯二甲酸、异丙苯、裂解汽油加氢、醋酸乙烯及煤化工领域MTO、OCC、合成气制乙二醇等一系列具有中国石化自主知识产权的成套技术或催化剂，成功应用于国内外大中型石化装置，保持了国际先进水平。

截至2014年底，累计获得国家级奖励44项，其中国家科技进步一等奖1项，国家技术发明二等奖5项；获得省部级奖励276项，其中中国石化科技进步特等奖2项，科技进步和技术发明一等奖32项。

欢迎广大新老客户到上海石油化工研究院进行技术交流，我们将竭诚为您提供所需要的技术及相关的技术服务。

湖北化肥合成气制乙二醇装置

碳纤维模式装置

碳纤维原丝

地址：上海市浦东北路1658号　邮编：201208

电话：+86 (21) 68462197、68462737　传真：+86 (21) 68462283、68466900

Email：yuanban.sshy@sinopec.com　网址：http://www.sript.com.cn

中石化第五建设有限公司
SINOPEC FIFTH CONSTRUCTION CO., LTD.

中石化炼化工程（集团）股份有限公司第五建设有限公司（下称五建公司），成立于1953年，具有化工石油工程施工总承包壹级资质，是中国较早从事石油化工建设的大型企业之一。能独立承担炼油、化工、化肥、化纤、橡胶、塑料、电厂、冶金、军工等大中型装置及配套工程的全部施工任务，每年可完成施工产值50亿元以上，为我国石油化工事业发展做出了巨大贡献，并率先走向“海外”，为中石化炼化工程海外业务发展立下丰碑。

五建公司作为中国石油化工建设的主力施工企业，坚持走“市场国际化、管理现代化、经营集约化”发展之路，坚持“追求卓越，奉献精品，诚信服务，顾客满意”质量方针，以诚信的理念和雄厚的实力，与社会各界朋友真诚合作，为顾客奉献最好的产品，为构建和谐社会做出积极的贡献，把五建公司建设成为世界一流工程建设企业。

建设世界一流工程建设企业

五建公司为主体承建的沙特千万吨炼油项目获国家优质工程银质奖

PCITC
石化盈科

石化盈科是中国领先的管理咨询、信息技术及外包服务商。凭借中国石化和电讯盈科两大母公司的资源，丰富的行业经验，国际化与本土化的广泛能力，已经构建起完整的IT服务价值链，服务涉及咨询规划、信息工程监理、IT基础设施系统集成、解决方案设计与实施、应用软件开发设计和IT系统运维外包等领域，为客户提供全面整合的信息技术服务。

石化盈科成立于2002年，总部设在北京，上海、广州、深圳、西安、沈阳、武汉、香港等地设有分支机构，拥有一支约1600人的员工队伍。拥有软件企业和软件产品的“双软”认证、计算机信息系统集成一级资质、建筑智能化工程设计与施工一级资质、信息系统工程监理甲级资质并通过多项ISO国际质量体系认证。在工业和信息化部2014年公布的“中国软件业务收入百强企业”中名列第50名。

石化盈科信息技术有限责任公司（总部）
Petro-CyberWorks Information Technology Co.,Ltd.
地址：北京市东城区东四十条甲22号南新仓商务大厦12层
电话：（010）84191188　　传真：（010）64096330
网址：www.pcitc.com

石化盈科
PCITC

上海石化物资交易中心有限公司

SHANGHAI PETROCHEMICAL GOODS & MATERIALS TRADE CENTRE

上海石化物资交易中心有限公司（以下简称“交易中心”）由中国石化销售有限公司、上海市工商行政管理服务中心共同投资，其前身为成立于1992年10月的上海石化物资交易中心，是以石化产品为主的、全国石化系统较早的开放型、服务型的生产资料交易市场。

交易中心地处中国（上海）自由贸易试验区的中国石化大厦内，交易面积达1400多平方米，交通便利，软、硬设施完善，可为会员单位提供良好的交易环境和优质的日常服务。交易中心现有会员单位160余家，拥有雄厚的实力。会员单位可办理独立法人执照，并可享受浦东新区税收优惠政策。

20多年来，交易中心坚持以规范管理为抓手，以优质服务为追求，走出了一条开拓进取、稳步发展的道路，市场交易快速增长，会员单位不断增加，社会影响逐年扩大，已发展成为一个社会尊重、会员信赖、股东满意、员工自豪的石化产品要素市场。

2014年，交易中心以“弘扬美德、启迪心灵”主题活动为抓手，凝聚力量、共克时艰、创新驱动，锐意进取，会员单位的销售额累计达611亿元，销售量累计达898万吨，积极推动企业经营取得新进展和企业管理实现新提高、员工队伍建设展现出新的精神面貌。交易中心再次获得了上海市“守合同、重信用”单位和“上海市合同信用3A企业”荣誉称号，为中国石化的改革与发展做出了积极的贡献。

精诚所至，金石为开。上海石化物资交易中心有限公司愿与各方朋友共同携手，经略市场向纵深，谋求发展促和谐，为推进我国社会主义市场经济的健康和谐发展做出新的贡献！

★ ★ ★ 三星级市场

地址：上海浦东大道1525号中国石化大厦西5楼　邮编：200135

电话：021-58219127（总机）　传真：021-58219127

中国石化出版社
HTTP://WWW.SINOPEC-PRESS.COM

部分志鉴

塔河炼化

【概况】 中国石化塔河炼化有限责任公司(简称塔河炼化)地处昔日的"龟兹"古国、如今的新疆库车县，是中国石化在新疆唯一的炼化企业。其前身是筹建于1993年的地方股份制企业——新疆塔里木油气化工有限公司，1998年11月被西北石油局全资收购，2003年12月整体划转石化股份公司，2004年4月30日设立中国石油化工股份有限公司塔河分公司(简称塔河分公司)。2012年6月25日，石化股份公司决定对塔河分公司进行改制，与新疆阿克苏地区共同出资组建塔河炼化。

截至2014年底，塔河炼化拥有炼油生产装置17套，原油加工能力500万吨/年，焦化处理能力340万吨/年，汽、柴油混合加氢精制能力240万吨/年，催化重整能力75万吨/年，A级沥青生产能力40万吨/年，汽油异构化能力37万吨/年，航煤生产能力30万吨/年，硫黄生产能力8万吨/年。塔河炼化以加工塔河油田重质原油为主，可生产汽油、柴油、3#喷气燃料、化工轻油、沥青、石油液化气、石油焦、硫黄、工业纯苯等10余种产品，产品通过企业铁路专用线销往全国各地。

截至2014年底，塔河炼化有领导班子成员6人，总经理助理、副总工程师、副总经济师、副总会计师各1人；下设10个机关处室、5个中心(直属单位)、6个车间。共有在册职工942人，其中教授级高级工程师1人，具有高级职称的14人、中级职称的64人、初级职称的213人；高级技师2人，技师22人，高级工308人，中级工341人，初级工54人。

塔河炼化主要技术经济指标和主要产品产量见表1和表2。

(刘希军)

【生产经营取得新进步】 2014年，塔河炼化加工原油425.69万吨，同比增加15.63万吨。销售产品410万吨，增加13.67万吨；其中，汽油销量28.01万吨、增长63.51%，柴油销量219.20万吨、增长9.00%。实现销售收入187.15亿元，利润9 867万元，应缴税费33.55亿元。吨油完全费用224.63元，吨油取水0.36吨，综合能耗54.49千克标油，分别低于年度指标7.07元、0.02吨和0.01千克标油。产品出厂合格率100%。在石化集团公司32家炼油企业专业技术竞赛中，首次进入前13名，位列中型炼厂第5名，取得历史最好成绩。

(刘希军)

【强化维稳工作】 面对新疆特殊的反恐维稳形势，塔河炼化落实5项措施，坚决遏制恐怖袭击、个人极端事件、火患、爆炸等重大安全事故和突发事件的发生，确保安全生产形势持续稳定。强化门禁管理，对进出生产、生活区的人员和车辆严格登记、检查，坚决不给不法分子留有可乘之机。充分发挥技防设施的功效，治安监控室24小时专人值守，全方位监控，随时掌控内外治安情况。强化重点、要害部位的巡逻防控，防止重大突发事件和袭击破坏活动的发生。强化应急处突准备，切实增强应急处突的力量保障、通信保障、装备保障，确保一旦发生重大突发事件能够快速反应、高效处置。强化企地联防协防工作，保持与地方公安部门的密切联系，及时通报情况信息；与地方公安部门通力协作，加大周边区域巡逻频次，提高见警率，增强威慑力。

(刘希军)

【挖潜增效明显】 2014年，塔河炼化围绕提高效益组织生产经营，从生产流程优化、产品结构调整、油品销售创效等15个方面测算优化方案，确立41项"双增双节"项目，持续滚动推进，取得明显成效。优化PIMS模型排产方案，提高轻质油收率0.61个百分点，增效4 064万元；紧贴市场及时调整沥青与焦化生产方案，增效1 616万元；调整2套加氢装置，增产柴油10万吨，增收3 000万元；在汽油销售低迷期，推迟1#异构化装置开工，免亏1 080万元；积极开拓销售新渠道，打通重整生成油销路，外卖乌鲁木齐石化、兰州石化化工轻油3.49万吨，增效6 980万元；面向市场供应高标号汽油和航煤产品，增效609万元；回炼焦化蜡油2.2万吨，收益440万元；降低石油焦出厂扣水损耗，增效1 387万元；规范危险废物处置，节约外委费用136万元。争取优惠政策，减免税费600多万元。

(刘希军)

【500万吨/年重油改质配套完善项目一次开车成功】 该项目于2012年7月16日正式开工建设，概算总投资约20亿元，建设内容包括新建60万吨/年连续重整、30万吨/年异构化、30万吨/年航煤加氢、4万吨/年硫黄回收装置，350万吨/年常减压—焦化装置新增一炉两塔，以及系统配套等。2014年7月20日，项目一次开车成功，顺利产出合格产品。项目的成功投产，解决了塔河炼化石脑油销路问题，结束了南疆地区不能生产高标号汽油和航空煤油的历史，对进一步优化产品结构、提高市场竞争力、开

拓疆内外市场具有十分深远的意义。

（刘希军）

【产品质量升级取得新进步】 2014 年，塔河炼化开发并稳定生产出 90A 高等级沥青，成功应用于西藏边防公路建设。全年生产 90A 高等级沥青 5.82 万吨。成功调和出 97# 车用汽油、产出 3# 喷气燃料，全年生产 97# 车用汽油 1.67 万吨、3# 喷气燃料 1.82 万吨。按照石化集团公司柴油质量升级部署，完成国Ⅳ车用柴油质量升级试验，年底已具备生产国Ⅳ车用柴油的能力。

（刘希军）

3# 喷气燃料(航煤)首供南疆市场 （朱军丽 摄）

【污染防治取得新业绩】 2014 年，塔河炼化强化污水分级控制管理，外排废水达标率、有控气体达标率、固废处置合格率均达到 100%。COD 排放量 58.28 吨，同比下降 18.60%；氨氮排放量 2.30 吨，下降 73.90%；工业废水排放量 85.63 万吨，与上年持平。提高焦化"三泥"回炼量，全年回炼"三泥" 4 796 吨。推行"碧水蓝天"环保专项行动，确立的污水处理场恶臭治理、汽车装车油气回收、低氮燃烧器改造、设立监测井等 9 个项目于年底前全部投用。2014 年，塔河炼化获新疆阿克苏地区危险废物规范化管理先进企业称号。

（刘希军）

【开创 UOP 异构化装置开车周期最短纪录】 30 万吨/年异构化装置是塔河炼化 2014 年投产的 500 万吨/年重油改质配套完善项目新建装置之一，也是中国石化首套引进美国 UOP 公司 Penex 工艺的临氢异构化装置。该装置于 2014 年 6 月 20 日正式开工，7 月 20 日产出合格产品，历时 30 天，实现装置一次开车成功，开创 UOP 临氢异构化装置开车周期最短纪录。

（刘希军）

【获 2 件国家实用新型专利】 2014 年 4 月，塔河炼化"一种生产道路沥青原料的设备""一种延迟焦化装置"被国家知识产权局授权，获国家实用新型专利。

（刘希军）

【开展"从严管理年"活动】 2014 年，按照石化集团公司党组的统一部署，塔河炼化成立组织机构、明确职责分工、制定实施方案，广泛开展"从严管理年"活动。通过全员、全过程、全方位开展深刻吸取"11 · 22"事故教训和从严管理大讨论、安全绿色低碳发展理念大教育、岗位履职和应急能力大培训等系列活动，全面诊断、查找和整改安全环保上认识不到位、措施不到位，部分领导干部能力不足、素质不高和作风不实，员工队伍责任心和执行力不强，基层组织涣散、基础管理薄弱等问题。全年查找整改问题 95 项，建立健全制度 82 个，营造"事事从严、时时从严"的从严管理氛围。

（刘希军）

【人才队伍建设持续推进】 2014 年，塔河炼化严格落实党委中心组学习制度，全年累计集中学习 15 次、60 学时，进一步增强班子成员把握大局、科学决策、服务发展的能力。加强干部队伍建设，健全干部工作制度，规范干部选任程序，完成领导干部任期考核和调整，考核 95 人、考察 109 人，提拔干部 42 人、岗位交流 19 人。聘请中国石化系统内 4 家企业的 14 名干部，于 2014 年 11 月正式报到开展为期 2 年的挂职工作，缓解塔河炼化扩能改造后管理和技术人才欠缺的局面。组织参加石化集团公司重点人才、关键岗位人才和岗位适应性类培训 161 人次；开展公司级培训办班 79 次，培训 3 634 人次；基层单位开展专业培训办班 217 次，培训 7 647 人次，职工教育培训计划完成率达 99%。完成 15 个工种、163 名职工的技能鉴定，分别有 39 名、48 名、16 名职工取得高、中、初级职业资格；首次实现技师职业资格的自主考评，4 名职工取得技师职业资格，进一步改善技能操作队伍素质结构。开展"导师制"培养工作，建立导师库名单，为开展师徒结对活动奠定基础。与南京工业大学合作，举办化学工程领域工程硕士函授班，25 名专业技术骨干参加学习。

（刘希军）

【举行打击恐怖势力企地联防演练】 2014 年 7 月 4 日，塔河炼化联合地方公安、武警和特警举行打击恐怖势力企地联防演练，取得良好的效果，进一步增强企地联合应对和防范暴力恐怖袭击事件的应急处置能力。

（刘希军）

【坚持开门办企业】 2014年，塔河炼化先后开办公众开放日活动4次，邀请公司周边100多名维吾尔族村民代表、31名劳动模范和新闻媒体工作者、地区环保负责人等，走进生产装置区，身临其境感受“绿色石化”，接受媒体和群众的监督，展示中国石化负责任的央企形象。

（刘希军）

邀请驻地维吾尔族村民代表走进生产装置区感受“绿色石化”（朱军丽 摄）

【举办10周年系列纪念活动】 2014年是塔河炼化直属石化股份公司10周年。通过举办先进人物事迹报告会、召开新老职工座谈会、创办书画和摄影艺术展、举行“我与塔化共成长”演讲比赛、出版《南疆明珠》宣传画册等系列活动，全面回顾公司的发展历程和取得的丰硕成就，展现员工“奉献边疆，争创一流”的精神风貌，增强全体职工的自豪感和归宿感，凝聚推动公司健康快速发展的正能量，提振干部职工继承光荣传统、把握发展机遇、开创美好未来的士气。

（刘希军）

【获得多项荣誉】 2014年，塔河炼化获石化集团公司2014年度综合生产统计报表先进单位称号；获石化股份公司2013年度炼油经济效益优胜单位和2013年度炼油比学赶帮超优胜单位称号。在全国“安康杯”竞赛评比中，塔河炼化被评为安全文化宣传工作先进集体。化验室被石化集团公司授予工人先锋号称号；治安消防中心连续第3年获新疆维吾尔自治区2013年度专职消防队伍建设先进集体称号；动力车间获新疆阿克苏地区工人先锋号称号。加制氢车间张占彪被评为最美石化一线青工，被授予石化集团公司青年岗位能手称号。

（刘希军）

【建立党建质量管理体系】 2014年3月4日，塔河炼化召开党建质量管理体系建设启动会，全力推进党建体系建设，并于4月完成管理手册和程序文件的编写、审核、定稿等工作。共编制和修订程序文件17个，从党组织参与重大问题决策、制度建设、组织建设、干部队伍建设、党风廉政建设、思想政治工作、精神文明建设、企业文化建设、群团组织工作与创新等方面进行管理和控制，实现党建工作的科学化、标准化、程序化、规范化管理。5月12日，党建质量管理体系正式发布进入试运行阶段；7月21日开展了首次内审检查。

（刘希军）

【作风建设持续深入】 2014年，塔河炼化巩固教育实践活动成果，坚持教育实践活动收尾不收场、思想不放松，持续深入开展后续整改工作。征集的97条群众意见已整改87条，54项领导班子整改措施已落实48项，未完成的项目向职工做了说明。修订完善塔河炼化职责划分手册和干部考核管理制度，不断改进工作作风，有效避免推诿扯皮现象。持之以恒从严落实“八项规定”、实施细则等系列改进作风制度规定，提倡开短会、讲短话，提高会议实效；全年办公费、车辆使用费、业务招待费、会议费分别下降12%、17%、36%和72%。

（刘希军）

【廉政建设扎实有效】 2014年，塔河炼化加强党委对党风廉政工作的领导，明确党政主要领导干部和其他班子成员在廉洁自律方面的“一岗双责”，形成“一把手负总责、分管领导各负其责、班子成员齐抓共管、纪检部门组织协调”的领导体制和工作机制。开展廉洁自律教育，组织182人次观看《严守党的纪律》《管好“身边人”》等警示片。推进廉洁风险防控，开展效能监察，提出监察建议8条，建章立制7项，节约资金1 708万元。围绕重点领域、关键环节开展排查，确定风险点并制定防范措施725条，绘制风险防控图40份，新建和修订制度147项。

（刘希军）

【和谐企业建设】 2014年，塔河炼化统一维修职工倒班公寓楼并开通互联网，进一步改善公寓居住环境。在生活区扩建5块休闲娱乐场地，增设休闲座椅、烧烤炉等休闲设施，为职工休闲娱乐创造良好的条件。积极开展扶贫济困、访贫问苦、结对帮扶的“送温暖”活动，做到一般困难职工随时帮扶、生活特殊困难职工重点帮扶、家庭发生重大变故职工及时帮扶，让大家感受到大家庭的温暖。全年慰问劳动模范、困难职工、穆斯林职工、退休职工600多人次，支出慰问金56万元；帮扶救助6人次，支出救助金2.9万元。篮球、羽毛球、钓鱼、摄影、太极拳等协会活动规范开展，全年参与人数达1 000多人次，丰富了职工的精神文化生活，增强了企业的凝聚力。

（刘希军）

【履行社会责任】 2014年，塔河炼化积极开展扶贫、助学、拥军活动，为库车县二中、实验中学捐资助学，为库车县乌尊镇贫困大学生捐赠学费，全年捐赠助学金19万元；为驻地部队、库车县武装部捐赠14.4万元；为新疆自治区指定的重点扶贫县捐赠40万元；为驻地公益事业捐赠37万元，促进企地关系和谐发展。塔河炼化按照新疆自治区党委开展“访民情、惠民生、聚民心”活动的统一安排和部署，组建第1批“访惠聚”工作组，进住库车县乌尊镇色根苏盖特二村开展工作。全年先后投入近160万元，用于完善基础设施、采购农机具、钻打灌溉机井、扶贫助学救助等民生工程，赢得村民的高度认可。塔河炼化工作组获新疆维吾尔自治区“访惠聚”优秀工作组称号。

（刘希军）

“金秋助学”情暖民族学生 （朱军丽　摄）

表1　　塔河炼化主要技术经济指标　　亿元

指标名称＼年份	2014	2013	2012	2011	2010	2009
原油加工量/万吨	425.69	410.06	410.39	418.37	251.13	205.82
工业总产值	188.08	187.88	191.88	190.01	99.26	64.71
工业增加值	39.74	36.54	34.90	26.15	23.20	22.23
资产总计	57.96	55.68	47.22	45.40	45.34	30.67
流动资产	9.27	12.71	9.92	9.64	8.67	4.17
固定资产原值	59.81	47.18	43.86	43.58	40.52	18.34
固定资产净值	40.28	31.05	30.29	32.86	32.72	12.14
销售收入	187.15	187.46	193.36	192.60	97.25	65.29
实现利税	34.54	32.94	30.12	22.29	20.01	21.11
税　金	33.55	29.92	30.70	28.93	16.39	16.29
综合能耗/千克标油·吨$^{-1}$	54.49	50.88	49.78	50.34	47.99	50.77

表 2　　塔河炼化主要产品产量　　万吨

产品名称＼年份	2014	2013	2012	2011	2010	2009
汽　油	31.00	17.15	16.03	15.39	13.90	13.13
3#喷气燃料	1.82	—	—	—	—	—
柴　油	219.45	202.40	198.50	201.60	108.62	91.86
溶剂油	—	—	—	—	—	0.73
石脑油	20.20	34.74	34.73	37.86	16.78	8.27
沥　青	17.31	31.15	30.17	34.60	36.74	36.30
重交沥青	2.78	15.08	14.28	19.56	18.51	19.34
石油焦	102.52	94.46	92.15	91.21	49.54	39.70
商品液化气	14.12	12.95	12.97	11.92	6.98	5.37
石油苯	0.15	0.18	0.20	0.20	0.20	0.09

炼油销售公司

【概况】 中国石化炼油销售有限公司(简称炼油销售公司)是中国石化下属专业化全资子公司，于2012年6月28日挂牌成立，前身是2004年9月成立的中国石化上海沥青销售分公司。注册地在上海市长宁区，本部设有14个职能部门，在全国设有3个区域性子公司，27个代表处，拥有职工373人。主要负责中国石化系统内液化气、沥青、石油焦、硫黄、石蜡等石油炼制产品的统一销售，集产品研发、运输、采购、销售、服务为一体。产品销售业务范围覆盖全国32个省、自治区、直辖市，年销售量超3 000万吨、营业收入近1 000亿元，其中液化气、石油焦、沥青的市场占有率均为国内第一。

炼油销售公司拥有一支素质过硬、技术精湛的营销和科研团队，为企业和客户提供完整的产品开发、生产、应用、售后等整套营销解决方案；拥有国家级实验室和产品研发中心，产品多次获国家和地区科技进步奖；集成先进的信息资源，凭借优势物流网络，为企业和客户提供铁路、公路、船运等全方位运输和仓储支持；与中国铝业、中国交通集团等世界500强公司建立了战略合作关系，并积极参与国际市场的竞争与合作，先后与多个国家和地区开展技术合作与交流，产品远销海内外。是中国石化销售企业中率先通过并实施ISO 9001质量管理体系认证的企业之一。

2014年，炼油销售公司产品销售总量3 154.69万吨，营业收入809.97亿元，完成利税1.35亿元。

炼油销售公司主要经营指标见表1。

(杜益军)

【生产经营】 2014年，炼油销售公司积极开展产品资源的进口、外采、置换、代理、回购等自营业务，全年自营量达96万吨。沥青来料复出口19万吨，同比提高21%；石油焦出口71万吨，全年高硫焦出口签约量49万吨，占总量的69%，比上年高出24个百分点。铁路沥青自备罐车持续稳定运营，全年发运量达到87万吨，沥青罐车平均周转率1.3次/月·车；完成沥青船运超过150航次，总量超过40万吨。

(杜益军)

【2项科研成果通过鉴定】 2014年1月14日，由炼油销售公司参与并承担的“重交沥青生产技术的研究与工业应用”和“硬质沥青技术开发和工程应用研究”2项科研项目完成了工业生产及工程试用工作，并顺利通过中国石化组织的技术鉴定。

(杜益军)

【京台高速冷再生乳化沥青生产成功】 2014年2月，京台(北京——台北)高速冷再生乳化沥青新产品首次生产获成功，这不仅检验了冷再生乳化沥青的科研成果，也为应用于京台高速冷再生乳化沥青奠定基础，该项目是行业内首个大规模旧料利用高速公路工程项目。

（杜益军）

【产品统销规模扩大】 2014 年，炼油销售公司加大统销产品规模和力度。4 月 1 日，实现对荆门石化硫黄产品统一销售；5 月 31 日，实现对巴陵石化液化气产品统一销售全流程贯通；12 月 20 日，元坝净化厂硫黄产品纳入炼油销售公司统一销售范围。

（杜益军）

【与沙特沥青集团签署合作协议】 2014 年 3 月 7 日，炼油销售公司与沙特沥青集团在上海签署合作协议，为沙特沥青集团的聚合物改性沥青（PMB）及其他沥青产品生产提供最新技术和支持。根据协议，双方成立合作项目——改性沥青产品 Sanad 工厂有限公司。

（杜益军）

【被评为最佳行业价值链供应商】 2014 年 12 月 7 日，经中国建筑防水协会、中国建筑材料科学苏州研究院等单位提名推荐，炼油销售公司被评为最佳行业价值链供应商。这是第 1 个下游应用行业对中国石化炼油销售公司颁发的奖项。最佳行业价值链供应商是对建筑防水行业领域相关材料、生产设备、施工器具开发和保障供应单位的褒奖，同获殊荣的还有陶氏化学、巴斯夫、拜耳材料、塞拉尼斯等 8 家国内外著名企业。

（杜益军）

表 1 炼油销售公司主要经营指标 万吨

指标名称 \ 年份	2014	2013	2012	2011	2010
经营总量	3 154.69	3 270.81	2 154.73	1 953.93	1 543.36
沥　青	655.59	714.97	588.85	529.88	590.17
石油焦	1 155.62	1 210.76	1 115.71	1 136.93	953.19
硫　黄	463.11	500.27	418.58	261.66	
石　蜡	27.11	28.73	31.59	25.46	
液化气	853.26	816.08			
营业收入/亿元	809.97	874.40	421.43	405.56	334.88

北京石油分公司

【概况】 中国石化销售有限公司北京石油分公司（简称北京石油分公司）主营汽油、柴油、煤油、天然气、润滑油、燃料油和非油品业务，是首都成品油市场供应主渠道。

北京石油分公司的前身是北京石油集团有限公司，成立于 1950 年 4 月。1998 年 9 月，成建制划转石化集团公司。2000 年 2 月，成立中国石油化工股份有限公司北京石油分公司。2006 年 12 月，非上市部分成立中国石化集团资产经营管理有限公司北京石油分公司，2009 年 7 月实行上市与非上市一体化管理。2014 年 12 月，名称变更为中国石化销售有限公司北京石油分公司。

截至 2014 年底，北京石油分公司设有 17 个综合管理部门、5 个专业中心和 2 个专业机构；员工总数 6 580 人；拥有在营油库 9 座，总库容 39 万立方米；加油站 566 座，橇装站 118 座，加气站 37 座；汽柴油管线 158 千米，航煤管线 98 千米；资产总额逾 129.6 亿元。

2014 年，北京石油分公司经营总量达 660.5 万吨，市场占有率 68.3%，汽柴油终端销售比重 93.5%。天然气经营量 4.54 万吨，非油品营业额 8.04 亿元（含润滑油），航煤经营量 111.9 万吨，润滑油经营量 3.2 万吨，燃料油经营量 69.8 万吨。

北京石油分公司主要经营指标见表 1。

（钟春翔　毛　琳）

【市场主导能力增强】 2014 年，北京石油分公司加强市场预判能力，前移销售进度，拿回当期量效；采销联动、以销定采、先销后采，高销低采，提高资源创效能力，全年创效达4.3亿元。坚持低库存运作，全年平均所有权库存同比下降3万吨，年末汽柴油所有权库存8.6万吨，较年初降低了5.1万吨，年末库存油品价格已降至当期销货价格，消化库存潜亏1.4亿元。

（钟春翔　毛　琳）

【多种渠道实现零售量效齐增】 2014年，北京石油分公司深入推进“两微工程”，建立长效机制，完成“两微工程”913项，实现日均增量192吨。全力做好高标号油品销售，高标号汽油网点覆盖率达84%，销量同比增长15.3%，12月日均销量超过2 000吨。优化营销组合，取消自助降价优惠，推出差异化抽奖活动，自助成本下降2 800万元，降幅72%；借力开展会员营销，与金郊旅业、搜狐汽车等合作开展会员交叉营销活动，利用合作伙伴资源为会员提供超值服务9项，节约营销成本1 518万元。

（钟春翔　毛　琳）

【加油站服务水平进一步提高】 2014年，北京石油分公司通过提升全员、全渠道、全过程、全方位的服务质量，以真心赢得客户放心、以耐心换得客户省心、以热心取得客户舒心、以细心博得客户开心，努力实现客户、员工、企业三满意。推行站长“5+1”工作模板。将站长工作细化到天，统筹到年，夯实加油站基础管理。施行“5+1”模板以来，加油站基础管理问题同比减少61.6%。油品销售公司组织的年度客户满意度调查评比、神秘客户调查评比均名列第一。

（钟春翔　毛　琳）

【非油实现稳定增长】 2014年，北京石油分公司非油品业务实现利润3 349万元，同比增长36.4%。便利店营业额年度计划完成率、便利店营业额同比增幅、单店日均营业额、超50万元门店数量占比、加油客户进店消费率和平均库存周转天数6项指标均在油品销售企业名列前茅。继续开展陈列营销，收入达328万元；丰富品牌月营销活动形式，拉动销售额大幅提升；召开品鉴会5次，带动团销增长354万元；着力做好重点商品营销，海龙、卓玛泉系列商品销售额均大幅增长。

（钟春翔　毛　琳）

【直批量效逆势增长】 2014年，北京石油分公司开展百人百日百站攻坚竞赛，大力开发社会加油站市场；开展重点建设项目调研走访、终端开发日等专项营销，累计走访终端客户3 300余户，新增终端客户426户。开展跨界经营，经营范围拓展至包装油、车用尿素、非油品、燃料油以及其他化工产品。全年直销批发实现利润3 831万元。

（钟春翔　毛　琳）

【加油(气)站网络建设取得新进展】 2014年，北京石油分公司发展加油站12座，其中续租8座，租转购2座，扩股2座。建成9座加气站，其中LNG站5座(4座已投营)，L-CNG站2座，CNG站2座；在建LNG站12座。5宗竞得土地加油站建设，建成1座，2座已经进场施工；拆迁站燕山路加油站还建；6座长停站恢复营业。

（钟春翔　毛　琳）

【改善经营管理】 2014年，北京石油分公司扎实开展“从严管理年”和改善经营管理建议活动，发现56个问题，受理326项改善经营管理建议，实施40余项；完善加油站委托管理，委托站用工由汇力达派遣转为员工直接与委托方签订劳动合同，制定了委托站管理费考核管理办法，管理费与销量和管理评级挂钩，进一步规范了委托站管理。

（钟春翔　毛　琳）

【加强财务管理】 2014年，北京石油分公司持续加强全员成本目标管理，严格控制费用支出，全年可变费用同比下降19.5%。严格落实“八项规定”，公务性费用支出下降23%，其中业务招待费下降27%。加强应收账款管理，减少资金占压，开展自有资金委贷，多渠道提高创效能力，实现资金创效3亿元，税收筹划增效5 108万元。开展资金稽核190期，有效规避资金风险。积极配合油品销售公司完成混合所有制改革相关工作。

（钟春翔　毛　琳）

【夯实安全管理】 2014年，北京石油分公司深入开展安全文化建设，“我要安全”成为全体员工的自觉追求。加强领导干部HSE定点联系，共25 44人次深入定点联系单位，发现问题937个，已整改871个，整改率达93%。对所有油库、加油站、长输管道及京房旧管线进行安全评估、隐患排查及问题整改，共发现安全问题、设备隐患412项，已整改376项，整改率91%。隐患治理和“碧水蓝天”项目116项全部完成。加强防恐工作，为加油站配备车辆缓冲装置445套、红外入侵报警装置323套、加油机一键急停装置 96 套，配备警用胶棍 1 152 个、钢叉 486 个。16 座加油站因防恐工作成绩突出受到政府部门表彰奖励。

（钟春翔　毛　琳）

【创新质量管理】　2014 年，北京石油分公司在油品销售系统内首家进行质量管理体系认证工作，于 12 月 25 日通过第三方机构的 ISO 9000 质量管理标准审核认证。石化股份公司总裁李春光批示："北京石油的服务质量管理体系，对销售企业包括化销、炼销、天然气、润滑油公司等均有借鉴和指导意见，也是'打造一流'的重要抓手。期能在全系统推开"。与此同时，北京石油分公司注重提升技术手段，落实数质量管理责任，全年政府行政执法检测油品均 100% 合格。全环节油品损耗同比减少 1 240 吨。

（钟春翔　毛　琳）

【提高信息化水平】　2014 年，北京石油分公司积极开发手机 APP、微信及网站服务平台，为创新营销管理手段提供技术支撑。推进加油站、营业部等营业网点普通发票项目，实现联动开票和全业务环节发票的统一规范管理。在加油站安装 450 台自助圈存机，推进加油卡在线业务。完成 520 余座加油站高清视频改造，实现加油站出入口高清视频监控和车辆号牌抓拍，为安全经营提供支持。

（钟春翔　毛　琳）

【强化法律的保障作用】　2014 年，北京石油分公司持续加强合同管理，共签订合同 2 154 份，合同签订率、送审率、审查率和上线率均为 100%。审结经济案件 17 起，获得胜诉权益 1 875 万元。出具法律风险提示函 14 期。查处整改社会加油站侵权 1 例、网站 1 家。

（钟春翔　毛　琳）

【强化审计监督作用】　2014 年，北京石油分公司开展"八项费用"支出管理情况、业务宣传费使用及管理情况等 7 项专项审计，完成 2012—2013 年 35 个工程项目的竣工决算审计工作。全年审计查出问题 60 个，总结经验成效 14 条，提出并被采纳审计意见和建议 61 条，促进企业增收节支 1 451 万元。

（钟春翔　毛　琳）

【推进人力资源管理】　2014 年，北京石油分公司调整交流中层领导干部 26 人次，助理级干部 25 人次；19 人取得高级职称，21 人取得中级职称；14 人通过高级技师鉴定，63 人通过技师鉴定，237 人通过高级工鉴定，高技能人才占技能操作人员比例由 2013 年的 13% 提升到 18.5%。将薪酬增量向一线倾斜，通过加大联量计酬比例、提高增量奖励标准等措施加强对基层的激励考核，一线员工收入和满意度明显提高。推进非全日制用工，引导和鼓励加油站尝试新的用工补充形式；通过优化加油站排班、店内外人员整合、加油低峰调休、站与站之间员工调配等方式，努力提高一线员工劳动效率和收入水平。

（钟春翔　毛　琳）

表 1　　北京石油分公司主要经营指标

指标名称＼年份	2014	2013	2012	2011	2010	2009	2008
成品油销售总量/万吨	582.90	550.10	572.75	563.00	530.10	472.80	378.10
零售量	309.60	303.70	284.76	281.00	269.40	242.30	271.40
销售收入/亿元	466.00	458.00	476.00	462.00	376.20	281.80	246.40
利润/亿元	4.20	10.50	10.10	9.74	7.20	7.50	6.50
吨油费用/元	277.00	265.00	276.00	195.00	195.00	219.00	204.00
资产总额/亿元	129.60	123.35	118.00	116.00	101.30	65.60	59.60
加油站总数/座	566	580	583	584	579	577	573
在营油库数量/座	9	10	10	10	11	11	11

天津石油分公司

【概况】 中国石化销售有限公司天津石油分公司(简称天津石油分公司)是中国石油化工股份有限公司所属销售企业，主要经营成品油、润滑油、燃料油的零售、直销、批发业务及其他非油品业务，是天津地区最大的成品油经营企业。其前身为天津石油集团有限公司，始建于1950年10月，1998年6月上划石化集团公司，2000年4月改制为石化股份公司天津石油分公司，2014年5月调整改制为石化销售公司天津石油分公司。截至2014年底，天津石油分公司设13个职能处室、6个专业中心；在岗员工5 231人；拥有加油站558座、油库5座，资产总额66.24亿元。

2014年，天津石油分公司开展“学先进、抓整改、见成效”活动，强化年度20项重点工作落实，在市场多变的情况下，经受住了考验。实现经营总量354.7万吨。轻油销售331.2万吨，完成年度计划的96.0%，同比减少2.3%。其中，零售210万吨，完成年度计划的95.4%，减少2.2%；直销批发121.2万吨，完成年度计划的97.0%，减少2.5%；燃料油23.84万吨。天然气销售2 310.7万立方米，增加132%。非油品实现总销售额3.3亿元。全年实现销售收入254.7亿元。

天津石油分公司主要经营指标见表1。

(安　宁)

【主要领导调整】 2014年12月5日，石化集团公司党组对天津石油分公司领导班子做出调整：薛良达不再担任天津石油分公司党委书记、纪委书记、副总经理职务，交流到销售华北任党委书记、副总经理；于忠国不再担任天津石油分公司董事长、总经理、党委副书记，改任天津石油分公司党委书记、副总经理；王文联任天津石油分公司董事长、总经理、党委副书记。

(安　宁)

【开展加油站综合服务提升年活动】 2014年，天津石油分公司加强加油站检查督导，持续强化加油站服务，提升企业窗口服务水平。全年新增售卡网点8座，总数达到396座，网络覆盖率86.08%。通过开展高速公路贴心卡营销、“蓝天工程”加油卡充值、网上充值、油非互动、省国道专项营销等方式，有效吸引客户，加油卡销售46.06万张，增幅16.9%；持卡消费比例达到40.66%，增幅5.83%。

(安　宁)

【非油品业务实现提质增效】 2014年，天津石油分公司非油品业务综合毛利率达到11.68%，增长2.30个百分点。其中，燃油宝、汽车尾气处理液、卓玛水、枸杞等20种以上重点创效商品全年营业额为1 140.53万元，较上年增长95.05万元，涨幅为9.1%。库存占用减少943万元，降低19%，超额完成全年库存减少800万元的目标。

(安　宁)

【加油站网络发展质量提升】 2014年，天津石油分公司充分发挥企地联营的平台作用，积极向地方争取政策支持，压低投资发展的成本，全年新增开业加油站7座。通过协调天津市高速公司，初步达成高速加油站、服务区减租意向。

(安　宁)

【精细化管理成效明显】 2014年，天津石油分公司通过深挖潜力，筹措效益来源，全年实现挖潜增效1.35亿元。其中，通过及时上收租金、落实处置收入、投资收益，实现资产挖潜增效5 475万元；清理应付款项，实现资金挖潜增效725万元；争取运费补贴，调控费用进度，实现费用挖潜1 698万元；强化管理，组织低凝点柴油升级，实现商品挖潜增效4 596万元。

(安　宁)

【财务基础管理进一步增强】 2014年，天津石油分公司出台了13项财务基础管理制度，规范审批入账程序和手续，规范会计基础工作；严格信用管理，定期评估动态调整，审批信用客户25家，取消了3家客户的信用资质。加强了资金资产监控，有效降低了企业运营成本和投资风险。

(安　宁)

【完成小站模式改革】 2014年，天津石油分公司对原有年销量1 500吨以下的120座委托管理加油站，按照新的委托管理模式进行调整、优化和转换，减少用工564人，节约人工成本2 385万元；同时对年销量3 000吨以下的259座加油站进行逐站分析，因地制宜、一站一策，创造条件扩大委托管理范围，提高企业发展质量和创效水平。

(安　宁)

【实现直销配送属地管理】 2014年，天津石油分公司推进燃油配送改革，进一步理顺了直销配送体系，将45座公交撬装站分别纳入所在地的片区管理团队统一管理，强化了对公交撬装站的管理，进一步优化了与公交公司的工作衔接，激发了区县片区管理团队积极性。

（安　宁）

【实施员工车辆补贴】 2014 年，天津石油分公司进一步巩固公务车辆改革成果，按照中国石化相关规定要求对处级干部公务用车补贴标准进行调整，全年减少车辆补贴费用 167.61 万元，降幅 55.7%。公务用车由 140 辆减少至 74 辆，降幅 47.1%，全年直接减少各项费用 300 万元。将原来的油本管理改为加油卡模式管理，使隐性费用显像化，自用油费用下降 50%，节约费用 400 万元，推动完成了二期车改工作。

（安　宁）

【群众路线教育实践活动取得阶段性成效】 2014 年，天津石油分公司积极查摆在“四风”方面存在的 18 类 61 个问题，制定《天津石油分公司党的群众路线教育实践活动整改方案》，下发《关于进一步精简会议活动的通知》《天津石油分公司机关业务招待费和差旅费管理办法》等多个管理规定，严格会议审批、减少会议数量、控制会议规格、简化会议程序，年度工作会议由原来的 2 天减少至半天，由原来的租赁会议场地改为内部召开，不设桌饭宴请、不发放纪念品、文具等；严格控制公务性支出，全年公务性支出减少 630 万元，比预算低 305 万元。

（安　宁）

【加强人力资源管理】 2014 年，天津石油分公司制定实施《规范中层岗位人员退出现职的实施办法》《各类人员岗位晋升和业绩晋升考核实施办法》《人才通道建设实施方案》《规范拓宽员工岗位和薪酬晋升通道实施意见》，拓宽了员工晋升渠道。全年有 19 名中层干部先后退出现职岗位。根据企业经营管理需要，对 14 名中层正职进行了岗位调整，确定 18 名中层副职进入正职代理岗位并持续试岗考核，同时，在系统内开展公开选聘，16 名经营管理经验丰富、群众认可度高的骨干通过竞聘上岗，进入中层岗位。采取自办与送培相结合的方式，累计培训学员 3 100 余人次；基层员工 1 100 余人通过技能培训考核，进一步提升一线岗位员工技能水平和人员整体素质。

（安　宁）

表 1　　天津石油分公司主要经营指标

指标名称 \ 年份	2014	2013	2012	2011	2010	2009
成品油销售总量/万吨	334.10	338.97	335.09	331.85	300.10	270.41
零售量	210.20	214.63	213.02	212.55	185.21	168.32
销售收入/亿元	254.70	275.00	289.49	274.99	249.55	189.17
利润/亿元	0.86	3.00	4.35	4.36	3.99	4.40
吨油费用/元	329.00	293.00	260.00	269.00	193.00	179.00
加油站总数/座	557	553	553	539	533	493
自营加油站数	490	488	485	479	478	493

河北石油分公司

【概况】 中国石化销售有限公司河北石油分公司（简称河北石油分公司）本部位于河北省石家庄市，其前身成立于 1949 年，1998 年 6 月 27 日正式划归石化集团公司管理。2000 年 5 月 23 日，按照石化集团公司企业重组改制精神，其主营业务重组成立河北石油分公司，其存续部分称中国石化集团河北石油有限责任公司。后者于 2006 年更名为中国石化集团资产经营管理有限公司河北石油分公司。2014 年按照中国石化混合所有制改革部署，变更为中国石化销售有限公司河北石油分公司。

河北石油分公司在全省 11 个省辖市设有分公

司，拥有强大的资源保障体系和完善的经营网络体系。主要经营汽、煤、柴、润四大类成品油，销售区域覆盖河北省全境。截至 2014 年底，河北石油分公司拥有资产总额 98.6 亿元，16 座油库遍布于全省各主要交通枢纽和城镇，总容量达 69.14 万立方米；建有 15 条铁路专用线共 1.78 万米；拥有加油站点 1 825 个，销售网络覆盖全省城乡各地，2014 年完成成品油销售 650.9 万吨，其中零售 529.3 万吨。

河北石油分公司主要经营指标见表 1。

（吴树彬）

【主要领导调整】 2014 年 10 月 13 日，河北石油分公司召开干部大会，石化集团公司党组成员、副总经理张海潮出席，会上宣布对河北石油分公司主要领导进行调整：田凤林任河北石油分公司总经理，杨槐青不再任河北石油分公司总经理。

（吴树彬）

【较好完成全年目标任务】 2014 年，河北石油分公司面对成品油资源供大于求、市场需求低迷、价格“十一连跌”等严峻形势，统筹抓好稳增长、创效益、保安全、促和谐等各项工作，较好地完成了各项目标任务。全年成品油销售 650.9 万吨，完成计划的 99.2%，同比下降 0.5%。其中，零售 529.3 万吨，下降 3.2%；直批 121.6 万吨，增长 13.6%。销售天然气 147.6 万立方米，增长 231%。非油品营业额 8.3 亿元，增幅 22%；报表利润 2.3 亿元，完成年度预算目标的 30%；报表吨油费用 358.4 元，较预算节支 23.6 元。

（吴树彬）

【营销优势有效巩固】 2014 年，河北石油分公司加强资源组织，把握进货节奏，保障了资源的合理供应，外采实现价差 7.4 亿元。以加油卡为核心，创新营销方式，综合运用加油卡积分优惠、油非互促、点对点竞争、油中感谢等组合营销，深入推进与电信、金融、保险、大型商超等行业的联合营销，全年巩固发展卡积分客户 1 436 个，锁定系统外客户 2 万个，新增加油卡 77 万张。通过全方位的营销和叠加聚力，减少了价格连续下跌的冲击，并保持了汽油零售 6% 的增幅。积极转变营销观念，及时调整考核奖励办法，深入开展片区对标评价，持续开展全员营销竞赛，加大超量奖励力度，调动了各级扩销增量的积极性。

（吴树彬）

【直销批发规模扩大】 2014 年，河北石油分公司坚持“四盯四清”，加大直销批发市场开拓，认真落实四级客户经理责任制，对不同级别的客户实施差别化营销，不断完善客户购油积分制，全年直批规模增幅 13.6%，直批客户同比增加 2 416 个。充分发挥片区团队力量，大力开展小额配送，全年完成小额配送 28 万吨，同比增加 18 万吨。

（吴树彬）

【非油业务快速发展】 2014 年，河北石油分公司坚持抓重点、求突破，着力扩大非油品营业规模，提升易捷品牌影响力。围绕烟草、润滑油等主力商品，燃油宝、卓玛泉、尾气处理液等自主品牌商品，以及唐山板栗，黑龙江、云南、福建等地方特色商品，加强营销策划，积极组织开展“油非互促”和商品促销活动，各类重点商品销售同比增幅 110%，得到石化集团公司党组领导和油品销售公司肯定。优化商品结构，加大统采力度，下调消费敏感的销售价格，提高了商品竞争力。深入开展片区对标，持续推进商品美化陈列竞赛，促进了便利店销售。积极开展汽服、快餐、广告等新业务，收入进一步扩大。

（吴树彬）

【客户满意度提升】 2014 年，河北石油分公司坚持以客户为中心，全面开展“加油站综合服务提升年”活动，完善为民服务长效机制建设，提高了加油站整体服务水平。积极推广银行 POS 机、网上充值和自助圈存业务，方便了客户消费。继续为客户创造更多增值利益，全年通过联合营销让客户从第三方得到价值 700 万元的实惠。结合“两微”改造，优化服务环境，增加服务功能，客户投诉较同期下降 42%。客户持卡消费比例达到 42%，较上年提高 4 个百分点。在油品销售公司开展的客户满意度调查中，河北石油分公司综合排名第五。

（吴树彬）

【从严管理全面推进】 2014 年，河北石油分公司以“从严管理年大讨论”和“从严管理全面诊断活动”为载体，将"从严管理年"与"安全隐患整改年""加油站综合服务提升年"、全面风险管理、教育实践活动整改紧密融合、协同推进。各专业线条、各岗位对照岗位职责，通过自查、互查，共诊断出管理问题286项，及时制定整改措施，明确整改时间节点，已解决整改259项。

（吴树彬）

【安全管理不断加强】 2014年，河北石油分公司持续完善责任体系建设，逐级签订QHSE责任状和承诺书，开展"两特"领导带班和要害部位承包，全面落实HSE责任。深入开展"隐患整改年"活动，梳理、核实各类隐患330项，加强隐患治理，按时完成了全年224项隐患治理任务。积极开展防恐、防盗抢等应急预案演练，提高了员工实战能力。

（吴树彬）

【数质量管理持续优化】 2014年，河北石油分公司坚持强基础、抓过程、重效果，持续推进ISO 9000质量管理体系和质检室信息管理系统建设，继续开展质检室管理提升年活动，促进了标准化管理水平。坚持全指标检验和全过程追溯，严把出入库两个关口，强化进销存过程监督和风险防控，为所有加油站配备了汽油快速检验设备。加大质量监督抽查力度，全年因质量问题共处理问题油17批次1.2万吨。在国家和石化集团公司开展的质量监督抽检中，河北石油分公司质量合格率达到100%。

（吴树彬）

【挖潜增效逐步深化】 2014年，河北石油分公司调整优化一二次物流，一次资源到位率提高0.5个百分点，降低了物流成本，库站运费同比减少2 330万元。加强财务预算管理，完善考核细则，变费用总额考核为吨油费用和吨油变动费用考核，调动各公司扩销、增效、降本的积极性。优化资金结构，降低财务费用支出。深入推进全员成本目标管理，认真落实中央"八项规定"精神，大力压缩公务开支。日常操作费用节支1 744万元，公务费用节支385万元，财务费用节支2 346万元。全年吨油报表费用较预算节支23.6元，在油品销售公司"比学赶帮超"活动中，获得吨油费用年度进步红旗。开展定岗、定编、定员试点工作，严控用工总量，劳动效率进一步提高。

（吴树彬）

【加油站网络功能进一步完善】 2014年，河北石油分公司以高速公路市场开拓为重点，主动作为，克服了租期届满、对手强势介入等困难，成功保全了28座高速站的续租经营，新开发、新投营高速站各16座，巩固了高速市场网络优势。加大与省政府协调力度，突破地方政策壁垒，建成、储备加气站8座。统筹安排油气回收、"两微"工程、自助加油、便利店改造工作，完成36座加油站提量改造、779座加油站及9座油库油气回收改造和224项隐患治理项目。

（吴树彬）

【启动加油站(油库)运营能力评价体系建设工作】 2014年11月，河北石油分公司全面启动加油站(油库)运营能力评价体系建设工作，从资产能力、风险管理、队伍建设3个方面对加油站、油库进行摸底调研，重点解决资产闲置、底数不清、网络利用率低等问题，确保现有资产发挥最大效能。

（吴树彬）

【党建工作取得新成效】 2014年，河北石油分公司持续深化党建系统化管理，巩固教育实践活动成果，推进党建工作同中心工作深度融合，为企业改革发展稳定提供了强有力的支撑和保障，在石化集团公司2014年度党建工作考核中位列油品销售企业第1名，进入直属企业前10名。

（吴树彬）

【领导班子和队伍建设加强】 2014年，河北石油分公司深入学习贯彻习近平总书记系列重要讲话精神和党的十八届三中全会精神，各级领导班子成员理论水平进一步提高。落实党要管党、从严治党要求，推进了依法决策、科学决策和民主决策。扎实推进党的群众路线教育实践活动整改工作，整改任务基本完成。持续开展"四好"班子创建活动，加强领导干部选拔任用工作，完善领导干部考核评价和管理监督机制，加强后备干部队伍建设，各级班子的整体功能进一步增强。

（吴树彬）

【"家文化"建设有效开展】 2014年，河北石油分公司积极开展"家文化"建设，全面启动"落实家文化、开心在基层"主题实践活动，涵盖基层库站和机关员工参与组织实施的"我爱我家""健康一刻钟""开心农场"等20项主题活动，基层工作和生活条件得到有效改善，基本实现了食有所炊、医有所药、阅有其报、浴有其室、娱有其所的目标。通过内刊内网、新媒体等平台大力传播，崇尚尊重、崇尚欣赏、崇尚荣誉的文化内涵得到广泛认同，促进了和谐企业建设。

（吴树彬）

【4个加油站获文明服务示范窗口称号】 2014年4月14日，石化集团公司召开宣传思想工作会，河北石油分公司石家庄桥东片区元南加油站、邢台城供片区第一加油站、唐山路北片区海华加油站和沧州黄骅片区第四加油站被评为石化集团公司文明服务示范窗口。

（吴树彬）

石化集团公司董事长傅成玉为元南加油站站长刘丽霞颁奖 （程 阳 摄）

表1 河北石油分公司主要经营指标

指标名称 \ 年份	2014	2013	2012	2011	2010	2009
成品油销售总量/万吨	650.90	654.00	634.42	623.70	585.70	560.54
零售量	529.30	547.00	534.30	510.10	426.32	389.52
销售收入/亿元	494.11	510.80	506.65	480.00	384.70	311.68
利润/亿元	2.30	6.50	10.07	7.10	5.80	5.10
成品油吨油费用/元	358.40	373.00	338.00	322.00	289.00	309.00
加油站总数/座	1 825	1 825	2 034	2 034	2 012	2 101

山西石油分公司

【概况】 中国石化销售有限公司山西石油分公司(简称山西石油分公司)本部位于山西省太原市万柏林区大王路8号，前身为成立于1951年的中国石油公司太原支公司，1991年改为山西省石油总公司，1998年整体划归石化集团公司，2000年10月重组改制为中国石油化工股份有限公司山西石油分公司，2014年按照中国石化混合所有制改革部署，成为中国石化销售有限公司山西石油分公司。山西石油分公司是中国石化在山西唯一的、也是全省最大的成品油销售企业，承担着成品油资源配置、供应的主要任务，主营汽油、柴油、煤油、润滑油、燃料油及非油品业务。下辖11个市分公司、140个县(区)公司，实行人、财、物统一管理。截至2014年底，共有职工9 306人，其中在职正式职工3 342人。共有在用油库14座，在营加油站1 369座，非油品便利店844座，资产总额76.7亿元。

2014年，山西石油分公司共销售成品油485.81万吨，同比增幅0.6%，完成总部年计划的99.6%。实现非油品销售额5.88亿元，增幅27.01%，完成总部年计划的103.16%。报表费用总额17.32亿元，减少1.51亿元，减幅8%；吨油费用356元，较目标节约14元。报表利润632万元，剔除资产报损及消化降价库存减值等因素，实现利润4.23亿元。新发展加油、加气站 16 座，取得 7 对高速路服务区、停车区，共 14 座加油站的经营权。全省系统油库、加油(气)站安全经营无事故。

山西石油分公司主要经营指标见表 1。

（刘丽婷）

【主要领导调整】 2014 年 12 月 9 日，石化集团公司在山西石油分公司召开干部大会，宣布对山西石油分公司领导班子进行调整：徐建春保留山西石油分公司总经理职务，不再任山西石油分公司党委书记；山西石油分公司党委书记由陈亚军接任。

（刘丽婷）

【直面困境拓市上量】 2014 年，山西石油分公司面对多重不利因素造成的经营困境，全力以赴拓市上量。零售方面：灵活组织营销，加强与银行、保险等单位的强强联合，积极开展“油非互促”“点对点”竞争、积分有礼、充值优惠等系列营销活动，抓好高标号汽油销售和小额配送，有效遏制了零售销量大幅下滑；年内，实现零售 333.46 万吨，同比减幅 7.3%，完成了年计划的 97.54%。直分销方面：积极践行以客户为中心的服务理念，以县域市场为重点，深入开展市场调研，实行一地一策、一户一策的个性化服务和差异化营销，通过情感沟通等手段，培养忠诚客户，深挖市场空间和销售增长点；年内，实现直分销 152.35 万吨，其中直销 106.99 万吨，同比增幅 2.1%，完成了年计划的 98.03%；批发 45.36 万吨，增幅 151.9%，完成了年计划的 123.3%。

（刘丽婷）

【多措并举发展非油业务】 2014 年，山西石油分公司紧抓商品采购、营销组织及门店运营重点环节，突出专业化、规范化目标导向，对标先进，整改提升，多措并举推动非油品业务快速发展。全面落实供应商评价淘汰制及油品销售公司、省公司、地市公司三级采购制，有效丰富商品种类，持续优化商品结构，易捷品牌吸引力不断提高。继续突出重点商品和地方名优特绿商品销售，大力推广开口营销、特色营销和全员营销，积极引导顾客进店消费，推动易捷商品走进社区，走进油品大客户，店内销售与店外团购齐头并进，易捷品牌影响力持续扩大。围绕便利店进销存调，加强员工业务培训，规范员工业务操作，有效堵塞管理漏洞，防控经营风险，规范化管理水平进一步提升。此外，积极拓展新业务，加快推进汽服项目和广告业务开展，选取试点探索燃油宝委托销售，取得了显著成效。年内，实现非油品销售额 5.88 亿元，完成年计划的 103.16%，同比增幅 27.01%。

（刘丽婷）

【从严管理服务经营】 2014 年，山西石油分公司以全面提升管理水平和竞争能力为目标，积极推行从严管理，全力防范经营风险，扎实推进管理创效。紧抓安全管理，深刻吸取“11·22”特别重大事故教训，全面落实安全生产责任制，强化安全检查和隐患治理，加强应急预案演练和安全文化建设，标本兼治，确保安全经营。紧盯油品进销存各环节，强化库存盘点和质量抽检，组织开展地罐交接试点工作，加强铅封管理和智能化监控，规范开展损耗核销，防治结合，强化数质量管理。积极落实低库存运作和多销多采资源策略，优化资源结构，扩大自采比例，强化物流管理，降低物流成本，挖掘密度价值，开展密度营销，多措并举推进源头创效。通过合理统筹费用资源，严格控制费用支出，积极盘活闲置资产，有效落实税费减免，管理创效水平得到进一步提升，可持续发展得到进一步保障。

（刘丽婷）

【持续抓好干部员工队伍建设】 2014 年，山西石油分公司通过积极组织中层干部竞聘选拔、基层员工竞聘上岗和应届毕业生招聘引进，进一步优化了中层干部的年龄、知识结构，畅通了人才的选拔、成长通道，公平、公开、公正的用人导向得到进一步落实，干部员工立足岗位、争先创优的积极性得到进一步激发。年内，共调整中层干部 34 人次，选拔市分公司优秀员工 6 名，引入应届毕业优秀大学生 18 名。同时，继续紧抓员工培训和职业技能鉴定，以比武竞赛作为以赛促学、培养人才的重要方式，通过精心组织初赛、复赛，层层选拔技术骨干和业务精英，狠抓培训、苦练技能，取得了销售企业团体第 3 名的优异成绩，其中 2 人获石化集团公司技术能手、1 人获销售企业技术能手称号。

（刘丽婷）

【打造山西石油特色企业文化】 2014 年，山西石油分公司以石化集团公司新版企业文化建设纲要为指引，结合自身实际，积极创建学习服务创新高效省公司机关，以点带面，打造特色企业文化。积极推出打造学习型机关系列讲座，全面开展向先进兄弟公司学习活动，加强远程教育培训系统运用，在系统内部营造好学乐学，以学促干的积极氛围。巩固落实党的群众路线教育实践活动成果，深入开展“四个一”主题实践活动，加强基层走访调研、定点帮扶，上下一心服务经营发展。严格落实“八项规定”，大力倡导勤俭节约，主动转会风、改文风，加快工作节奏，提高办事效率，加大违规违纪行为处罚力度，形成人人知法懂法、人人遵法守法的廉洁从业氛围。深入开展“家文化”建设，积极为员工解难题、办实事，为员工工作生活提供温馨舒适的条件环境，同时，组织职工运动会、大客户联谊赛，开展摄影、书法、歌咏比赛等内容丰富的文化活动，调动了广大干部员工立足本职、干事创业的积极性。2014 年，被山西省精神文明建设指导委员会授予山西省文明单位称号。

（刘丽婷）

【加快提升加油站经营管理水平】 2014 年，山西石油分公司认真贯彻落实总部“综合服务提升年”活动要求，以深入推进加快提升加油站经营管理水平工作为抓手，持续促进加油站基础管理水平和综合服务水平稳步提升，结合油气回收改造、隐患治理及“家文化”建设，在 2013 年投入资金 9 000 万元、对 867 座加油站进行改造的基础上，筹集资金 8 000 万元，对加油站安全设备、服务设施、外观形象及员工工作生活环境进行了改造，改造面覆盖 771 座加油站、4 272 个项目，有效解决了加油站形象老旧、基础薄弱、管理滞后的突出问题，改善了硬件环境，彰显了企业品牌，充分调动了干部员工的积极性和创造性，增强了企业的凝聚力和向心力。

（刘丽婷）

【推动国Ⅳ车用柴油置换升级】 2014 年，山西石油分公司积极响应国务院、山西省人民政府大气污染防治行动计划，在总部的统一部署下，扎实推动全省系统国Ⅳ车用柴油置换升级。成立油品质量升级推进领导组，按照油品升级时间和任务要求，明确阶段工作目标，落实相关部门责任，制定具体工作措施，从货源组织、仓储物流、质量监测、销售安排及宣传引导等方面，精心部署、统筹推进，加强与当地商务部门的沟通联络，主动汇报采取措施和置换进度，争取优质优价政策支持，确保了国Ⅳ车用柴油置换升级的顺利进行，10 月 1 日，提前完成了省会太原的升级工作。

（刘丽婷）

【全面开展向广东公司学习活动】 2014 年，山西石油分公司为加快推进改革体制、完善机制、创新管理，进一步提高经营质量和创效水平，做出了向广东石油分公司学习的决定。5 月 18 日，组织省市公司相关人员共 12 人赴广东石油分公司开展了为期 6 周的系统学习，通过听取汇报、跟班学习、基层调研、总结梳理等多种形式，对广东石油分公司先进的经营理念、管理思路和经验做法进行了全面的了解掌握。通过学习，系统干部员工更加清醒地认识到，差距不仅体现在经营规模、发展水平上，更体现在思想观念和发展理念上。在多次动员、研究和论证的基础上，10 月 31 日，制定出台《全面推进经营管理改革总体方案》，决定从经营、管理、党建等方面，对体制机制进行全方位的改革，得到了上级领导和有关部门的充分肯定，引起了行业媒体的热切关注。12 月 26 日，《中国石油石化》杂志以《山西石油借南风》为题进行了报道。

（刘丽婷）

表 1　　山西石油分公司主要经营指标

指标名称＼年份	2014	2013	2012	2011	2010	2009
成品油销售总量/万吨	485.81	482.67	496.11	495.82	414.50	381.42
零售量	333.46	359.85	380.99	359.29	297.70	261.00
销售收入/亿元	359.24	374.00	399.37	400.33	290.00	228.00
利润/亿元	0.06	5.10	8.64	6.00	4.35	4.70
吨油费用/元	356.00	388.00	341.00	313.00	308.00	290.00
在营加油站总数/座	1 369	1 347	1 426	1 483	1 502	1 400

上海石油分公司

【概况】 中国石化销售有限公司上海石油分公司(简称上海石油分公司)是中国石化所属在沪成品油销售企业,主营汽油、柴油、润滑油、煤油、液化气和非油品业务,是上海市成品油市场供应主渠道。

上海石油分公司前身为中国石油公司上海分公司,始建于1953年10月。1998年9月,划转至石化集团公司。2000年2月,主营业务组成中国石油化工股份有限公司上海石油分公司。2014年5月,中国石油化工股份有限公司上海石油分公司正式变更为中国石化销售有限公司上海石油分公司。

截至2014年底,上海石油分公司共设有14个综合管理部门、5个专业中心和2个下属公司。拥有员工6 490人,正式工1 677人,其他用工4 813人。拥有在营油库5座,总库容64.62万立方米;在营加油站571座,按资产性质分:全资382座、控股80座、参股62座、租赁47座,按土地性质分:自有用地382座、租赁用地189座。

2014年,上海石油分公司完成经营总量459.04万吨,同比增长2.2%;销售成品油458.48万吨,增长2.3%;其中零售361.39万吨,增长2.7%;直销82.59万吨,减少4.2%;便利店实现营业额5.69亿元,增长25%;报表利润7亿元,减少4.1%。

上海石油分公司主要经营指标见表1。

(范　宁)

【零售经营工作量效兼顾】 2014年,上海石油分公司多措并举,全面推广"一站一策"工作,确定"两微"改造项目410项,"两微"改造站销量同比增长11.2%,全年单站平均销量6 204吨,上升2.7%。优化加油站营业时间,通过节假日临时停业、缩短营业时间等方式,有效降低了运营费用,提高了运营效率。及时调整让价策略,日均零售量3 479吨,增幅40.3%。5座新建站按时投入运营,实现销量1.29万吨。积极开展油非、油卡互动营销活动,运用积分优惠、交叉营销、发行公务车改专用加油卡等,全年销售加油卡139.76万张,充值金额282.31亿元,沉淀资金52亿元,持卡消费比重49.81%,网上营业厅充值金额11.45亿元。积极开展"加油站综合服务提升年"活动,员工规范服务意识有了较大提升。大力开展小额配送业务,累计完成小额配送销量28.04万吨,增幅32.1%。

(范　宁)

【直销工作得到加强】 2014年,上海石油分公司推行分级分类管理,加大客户的走访与维护力度,开展差异化营销,定期进行走访,确保老客户不丢、开发新客户307家、找回流失客户42家。提升服务质量,促进了与公交和上港集团的深化合作,年内公交集团和上港集团枪注加油总量12.8万吨,通过精细管理创效2 601万元。

(范　宁)

【非油业务进一步发展】 2014年,上海石油分公司非油业务销售额5.6亿元。共中,商品销售额3.2亿元,同比增长20.1%,占总销售额的57.6%;服务类销售额2.4亿元,增长30.5%,占总销售额的42.4%。商品销售额中门店商品零售1.8亿元,增长13.5%;团购6 240万元,增长58.6%;润滑油7 825.1万元,增长13.4%。重点品类燃油宝销售额1 449万元,下降15.4%;烟草(含团购)销售额1.05亿元,增长33.7%;饮料销售额4 447.2万元,上升3.7%。采取3种方式与上海喜士多便利连锁有限公司开展试点合作,打造特色精品门店,试点门店营业额均有不同程度的增长,年内合作门店开业38座。积极尝试拓展不同领域的业务合作,与太平保险、复星药业、"一号店"等合作有序展开。

(范　宁)

【物流保障能力加强】 2014年,上海石油分公司完善管理体制,提升管道管理水平。通过管道专项排查进一步完善资料,并将清理金闵管道2处占压上报列入石化集团公司级隐患治理项目。始终保持低库存运行,与各方配合,成功克服了因炼油厂停产检修,入库资源数量、品种不均衡,油库库存明显低于合理库存下限等困难,保证了市场供应。全年完成出库量489万吨,成品油配送总量341万吨,对外有偿服务创收2 313.05万元。

(范　宁)

【加油(气)站网络发展得到优化】 2014年,上海石油分公司累计完成固定资产投资1.59亿元,计划完成率99.75%。其中,加油站投资项目1.10亿元,零星购置完成239.55万元,信息及其他完成4 633.21万元。上海石油分公司坚持"效益优先"原则,做深做细新建加油站效益测算和分析,结合周边配套及发展预期,对已签订的加油站意向合作项目进行梳理,确定了23宗优先发展地块;加强与市、区相关部门沟通协调,积极策划适时启动相关项目；着力控制加油站建设成本，对2010年以来的新建加油站投资情况进行"回头看"，借鉴先进单位经验，全环节优化建设过程，合理压缩工期，严控建设标准，单站建设成本平均减少100万元左右。启动LNG加气站建设，2014年上海市选定11座在营加油站增加加气功能，上海石油分公司取得9座，其中1座已开业运营。

（范 宁）

【企业安全平稳运行】 2014年，上海石油分公司深刻汲取"11·22"事故教训，明确目标、落实责任，领导带头、全员参与。在亚信峰会等重大节日和特殊时期，全面落实安保管控措施，确保运行安全。全面开展"安全隐患整改年"活动，完成安全隐患整改152项、整改率100%，"碧水蓝天"整改164项、整改率100%，石化集团公司安全大检查查出的41个隐患问题，已整改38项，剩余3项均已落实了防范措施。加强直接作业环节的安全监管，落实石化集团公司"持双证"的管理要求；努力宣贯新《安全生产法》《环境保护法》，切实履行"四个让位于"，进一步强化HSE管理。通过努力，获得石化集团公司2014年度安全生产先进单位和上海市2014年安全生产工作优胜单位称号。

（范 宁）

【数质量工作稳步推进】 2014年，上海石油分公司全年上报数质量等级事故为零；在国家、石化集团公司、市质监局和工商局组织的油品质量抽检中，抽查油样81个，合格率达到100%。一次运输损耗全年1 909万元，完成小于3 800万元的考核目标。成功处置"3·31"车用柴油质量事件，得到上级的肯定。完成自采油入库化验84批次，共计43.1万吨，其中车用汽油为39批次、共21.4万吨，柴油为45批次、共20.4万吨。质检站通过复评审，再次获得国家实验室认可证书。

（范 宁）

【改革工作有序推进】 2014年，上海石油分公司根据销售企业改革重组的要求，如期完成了审计评估、证照变更、资产梳理等基础工作。5月14日起，中国石油化工股份有限公司上海石油分公司正式变更为中国石化销售有限公司上海石油分公司。结合名称变更事项，顺利完成新老印章的更替。制定和实施《关于全面深化改革的工作方案》，推进了加油站委托管理试点和内部挖潜、优化整合、精简用工工作，通过严把入口、畅通出口、调整营业时间、优化岗位设置等方式实现减员506人，用工总量得到控制；按照销售企业《岗位类别划分和用工配置规范》规定，编制深化用工改革方案，对现有业务及岗位进行梳理，明确了岗位类别及用工配置，并进一步规范了实施外包工作中的用工管理和劳务派遣工作；积极推进加油站委托管理试点。

（范 宁）

【降本减费进一步加强】 2014年，上海石油分公司深化全员成本目标管理。精心编制年度预算，强化全面预算管理和资金集中管理，扩大支票直通车网点，实行银行回单并单，银行上门收款工作得到优化。强化银企合作，降低财务费用，财务费用较预算减少5 264万元。规范信用管理，严控信用额度，应收账款管理进一步完善。加强股权投资管理，累计收回投资收益9 262万元。加强税收筹划，争取优惠政策，减少税费支出1 419万元。加强资产管理，完善物资集中统一采购，加快低效、无效资产的处置和闲置资产的盘活，罗泾油库土地及配套码头55%产权，以3.21亿元评估价格挂牌，并完成公开转让，节约了每年的土地租金和日常管理费用。充分发挥油库、码头的仓储和中转优势，积极拓展对外有偿服务，实现创收2 313万元。实现闲置房地产租赁收入613万元。

（范 宁）

【信息化水平稳步提升】 2014年，上海石油分公司累计完成主数据维护工作834条，解决系统应用问题23个；完成系统用户权限核对，实现系统用户数量精减2.6%，保障了系统的正常运行。完成加油卡系统升级4次、加油卡查询系统升级10次，解决了卡管系统安全接入认证、过期不记名卡在异地延长有效期等问题，并提升与优化了支票勾对、优惠返利等功能。完成600台自助圈存机的购置、安装和调试，解决了网上营业厅客户充值后开票和圈存的问题。完成加油站光纤网络升级改造480座，进一步提升了站级信息网络的可靠性和可用性。完成50座加油站的信息系统虚拟化，实现整合优化油站信息设备同时提升信息终端系统可靠性、降低信息终端设备运营成本，为实现智能油站做好信息技术支撑。

（范 宁）

【风险防控能力得到加强】 2014年，上海石油分公司开展加油卡和资金发票专项普查，建立加油卡充值业务监管机制，有效堵塞管理漏洞。加强和改进制度建设，完善建章立制预审程序，严把制度审核关，制定、修订各类规章制度49项。进一步规范了权证、股权和合同管理，积极应对法律纠纷，大力开展普法教育，全员法律意识得到提升，被评为全国“六五”普法中期先进单位。充分发挥审计监督作用，对414项工程项目进行审计，平均审减率15.15%；各类审计项目共节支1 327.59万元，发现审计问题金额8.05亿元。

（范　宁）

【队伍建设持续加强】 2014年，上海石油分公司组织中心组学习25次，举办2期中层干部培训班，选送各级干部参加相关培训102人次，组织96名干部参加干部在线学习。加强员工队伍建设，累计培训员工1.08万人次，实施技能鉴定1 403余人次，抓好技能比武工作，共82人参加了5个项目的竞赛。

（范　宁）

【党建思想政治工作扎实有效】 2014年，上海石油分公司认真落实教育实践活动整改工作，86项专项问题全部完成整改。积极推动基层党组织标准化建设，基层党建工作得到了加强和改进。深入贯彻中央“八项规定”精神，严格遵守石化集团公司党组实施细则，业务招待费比上年下降26%。通过组织主题学习、开展系列活动、举办专题讲座等宣贯石化集团公司企业文化建设纲要，引导员工树立正确的价值观，践行正面的文化理念，为推进企业改革发展凝聚了力量。开展基层“家文化”建设，制定“家文化”建设实施细则，积极推动加油站、油库等建成“温馨之家、平安之家、奋进之家、和谐之家”。加大正面报道力度，强化舆情监控，处置舆情16起，开通官方微信、微博等新媒体平台，组织、策划正面的网上评论，营造了良好舆论氛围。加强党风廉政建设，落实“两个责任”，强化廉洁风险防控，深化业务公开，发挥效能监察作用，制定并下发了5项领导干部违纪违规处分的实施细则，对4名违纪党员进行了党纪处分、2起党员干部违规行为进行了通报，起到了较强的警示作用，增强了领导干部的自律意识和责任意识，促进了企业健康发展。做好信访稳定工作，及时掌握和化解不稳定因素，为企业改革发展营造了良好环境。

（范　宁）

表1　　上海石油分公司主要经营指标

指标名称＼年份	2014	2013	2012	2011	2010	2009
成品油销售总量/万吨	458.48	448.18	451.02	450.42	439.08	416.99
零售量	361.39	351.92	349.13	334.05	323.41	323.17
销售收入/亿元	359.64	364.18	374.01	367.74	330.26	276.95
利润/亿元	7.00	7.30	10.24	10.60	10.00	9.04
吨油费用/元	286.00	307.00	270.00	254.00	229.00	186.00
资产总额/亿元	113.34	103.78	98.06	99.52	88.80	48.20
加油站总数/座	583	611	605	613	609	591
在营油库数量/座	5	5	5	5	5	5

江苏石油分公司

【概况】 中国石化销售有限公司江苏石油分公司（简称江苏石油分公司），位于江苏省南京市中山北路395号，主营油品销售。1953年其前身中国石油公司江苏分公司成立，1997年加入中国东联集团有限公司，1998年整体划转石化集团公司。

江苏石油分公司下设南京、无锡、徐州、常州、苏州、南通、连云港、淮安、宿迁、盐城、扬州、泰州、镇江、江阴14个区域分公司。2004年，在江苏苏州与壳牌合资组建了中国第1家经国务院批准的从事成品油零售业务的中外合资公司——中石化壳牌(江苏)石油销售有限公司。

截至2014年底，江苏石油分公司拥有总资产196.8亿元，在营加油站达2 209座，在营油库24座，成品油管线1 100千米；累计各类用工总数22 143人，其中在岗正式工2 925人。

江苏石油分公司主要经营指标见表1。

(及　非)

【较好完成全年目标任务】 2014年，江苏石油分公司全年实现成品油经营量1 317.1万吨，同比增长2.4%，其中零售1 109.6万吨、增长2%，直分销207.5万吨、增长4.4%。非油品销售收入13.7亿元，增长21.5%。天然气销售1.1亿立方米，增长63.6%。实现销售收入1 014亿元，利润19.2亿元。吨油费用265元，较预算节约13元。HSE和数质量管理无重大责任事故，企业总体和谐稳定。

(及　非)

【成品油业务稳健发展】 2014年，江苏石油分公司贴近市场，优化采销节奏，积极组织外采。全年外采成品油143.1万吨，同比降本7.7亿元。加强经营组织和差异化指导，强化物流衔接，做好“青奥会”等重点时期资源保障，市场供应总体稳定。推进自助业务，新增自助站123座，累计达610座。优化销售结构，高标号汽油12月比重达29.2%，同比提高3.6个百分点。

(及　非)

【加油卡业务开展情况良好】 2014年，江苏石油分公司完善智能化服务，增加电子地图、预约开票、转账充值等网上服务功能。拓展易充值业务，分类开展加油卡专项定制营销，全年平均持卡消费比重51.8%，同比提高3.9个百分点。

(及　非)

【强化直分销经营】 2014年，江苏石油分公司拓展直分销经营，试点网上销售，推广配送服务，全年直销量193.7万吨，同比增长15.3%，配送比重34.6%。

(及　非)

【非油品业务运营水平提升】 2014年，江苏石油分公司提升门店运营水平，503家门店实施专业化运营。百万元门店达331座。推广易捷卡，试点快餐、汽服项目。全年燃油宝销售6 115万元，同比增长12.4%。推广易捷水和上古泉韵水，实现销售额1 127万元。强化库存和配送管理，推行智能订货，商品类库存周转天数69天，同比下降29天。

(及　非)

非油品业务运营水平提升

【天然气业务继续快速发展】 2014年，江苏石油分公司全年CNG销售5 788.5万立方米，同比增长30.1%；LNG销售5 374万立方米，增长124.2%。全年新增开业加气站29座，达到开业条件5座，竣工14座，累计加气站保有量突破100座。强化市场开拓，加大宣传力度，灵活开展差异化营销，天然气月销量突破1 000万立方米。强化业务管理，规范操作流程，组建运维队伍，完善故障维修机制。加强损溢管理，天然气综合损耗率同比下降0.5个百分点。

(及　非)

【加油站网络质量不断提升】 2014年，江苏石油分公司新增开业加油站46座，75%位于城区等重点区域。储备土地14宗，均实现定向挂牌，单站节约投资近1 000万元。完成30宗土地、23座加油站续租。完成116座“两微”改造、46座形象改造，新形象站累计达1 303座。实施加油站隐患改造422项，油库隐患治理69项。累计完成1 704座加油站和9座油库油气回收改造。完成长山油库2#码头改造，以及谏壁、周宅子、钟楼油库扩建。

(及　非)

【苏北成品油管道和油库基本建成】 2014年，江苏石油分公司建设管道566千米，新建南京玉带、泰州溱湖、淮安齐湖、徐州新安4座油库，改扩建3座油库。苏北管道2014年11月22日顺利中交，12月12日完成水联运，2015年1月7日东线成功投油，北线具备投油条件。攻克一系列建设难关，有效化解多种复杂矛盾。严格把关控制，完成438处施工变更优化，节约工程投资近亿元。夯实质量基础，单位工程合格率100%，管线焊接一次合格率99.98%，线路剥离试验合格率100%。

（及　非）

苏北成品油管道和油库基本建成

【企业总体保持安全平稳运行】 2014年，江苏石油分公司HSE工作总体平稳，未发生上报石化集团公司等级责任事故。梳理两级10项重大风险，建立在营库站隐患数据库，对全系统20条HSE重复性问题进行重点整治。建立各级治安防恐体系，全面修订完善突发事件应急预案。

（及　非）

【数质量管理进一步强化】 2014年，江苏石油分公司抓好油气回收运行管理，全年油气回收2 632吨，年末回收率达0.68‰，较年初提升2.3个万分点。强化数质量管理，油品综合损耗率0.44‰，同比下降4.2个万分点，油品质量监督抽检合格率100%。

（及　非）

【精细化管理持续推进】 2014年，江苏石油分公司强化全员成本目标管理。深化全口径成本结构调整优化，延伸业务单元分析。优化资金收支环节，全年财务费用同比下降7 936万元。积极实施营改增，全年节约各项税费4 133万元。严控公务性支出，同比下降909万元。实施大宗物资和服务集中采购，较预算节约1 700万元。强化资产管理，推进无效低效资产清理和土地权证规范化，完成140宗土地和213处房产规范。实现资产租赁收入4 378万元。

（及　非）

【扎实开展"从严管理年"活动】 2014年，江苏石油分公司组织管理诊断、评价和整改，试点推进岗检管理。业务流程优化有序开展，深化试运行，融合管理架构，提升系统功能，形成岗位、职责、流程、制度(内控)一体的综合管理系统。推进流程的信息系统固化应用。规范合同管理，强化法律风险提示。组织经营管理建议工作。强化审计监督，严格工程审计，推进招标控制价审核，降低投资成本。完成ERP大集中，开发推广资金监管系统，试点加油卡异常管理系统，有效防范经营风险。

（及　非）

【扎实开展党的群众路线教育实践活动】 2014年，江苏石油分公司深入学习党的十八届三中、四中全会及习近平总书记系列重要讲话精神，突出党建系统化管理，落实直属单位党委工作规则、议事规则等系列文件要求，深化"1136"党建工作体系建设。扎实开展教育实践活动，基层意见整改率99.2%，完成领导班子29项专项整改及19项制度建设。强化服务意识，出台服务承诺，精简会议和文件，厉行节约。会议费、业务招待费均有较大幅度下降。

（及　非）

【强化队伍建设】 2014年，江苏石油分公司优化选配干部，积极营造风清气正的选人用人环境和干事创业的氛围。建立机关干部下基层锻炼机制。持续优化库站营业时间、对部分岗位申报特殊工时制。贯彻职工违规违纪处分规定，强化员工职业道德教育。抓好廉政建设，修订完善党风廉政建设责任制，明确两级班子检查考核、责任追究等内容，开展以"反四风"为主题的教育活动。

（及　非）

【深化"家文化"建设】 2014年，江苏石油分公司深化基层"家文化"建设，丰富温馨建家、平安保家、奋进兴家、和谐立家、客户赞家内涵，推进金牌示范站创建，建立为民服务创先争优长效机制。

（及　非）

表1 江苏石油分公司主要经营指标

指标名称 \ 年份	2014	2013	2012	2011	2010	2009
成品油销售总量/万吨	1 317.10	1 286.10	1 196.70	1 053.10	1 085.00	1 057.60
零售量	1 109.60	1 087.40	1 022.70	960.00	817.00	729.00
销售收入/亿元	1 014.00	1 019.13	958.89	898.36	742.41	579.41
利润/亿元	19.20	20.00	25.60	22.06	19.20	17.47
吨油费用/元	265.00	272.00	247.00	234.00	208.00	214.00
加油站总数/座	2 209	2 223	2 192	2 136	2 091	2 040

浙江石油分公司

【概况】 中国石化销售有限公司浙江石油分公司(简称浙江石油分公司)前身为中国石油公司杭州支公司，始建于1950年。1985年成立中国石油化工销售公司浙江省石油公司。1990年更名为浙江省石油总公司。1998年8月成建制划转石化集团公司。2000年4月更名为中国石油化工股份有限公司浙江石油分公司。2014年5月划归中国石化销售有限公司并更名。

浙江石油分公司主要经营成品油、天然气及其他化工产品，开展加油站便利店非油品、洗车和餐饮等配套服务，是浙江省内最大的成品油销售企业。本部位于浙江省杭州市。截至2014年底，内设15个职能处室和3个专业中心，下辖11家分公司和2家合资公司，从业人员21 875人。浙江石油分公司储运设施完善，有定位油库28座，储油罐容量154.92万立方米；铁路专用线11条，油库码头20座，各类加油站等终端零售网点2 071座，在营率98%，其中加气站64座，在营53座。已建成运营宁波镇海至杭州成品油输送管道201千米、上海金山经浙江嘉兴至湖州成品油输送管道177千米和宁波经绍兴、金华至衢州成品油输送管道376千米，合计管道长度754千米。资产总额204亿元。2014年总营业收入1 114亿元，报表利润27.5亿元，继续居油品销售系统第1位。

浙江石油分公司主要经营指标见表1。

(陈章寿)

【销售业绩创新高】 2014年，浙江石油分公司在成品油市场需求疲软、供大于求、竞争加剧、安全压力突出的形势下，逆市扩销创效，强化从严管理，全面完成各项目标任务，在油品销售系统中继续保持相对领先地位。全年销售成品油1 483万吨，同比增长4.8％。从销售结构看，其中零售1 164万吨，增长4.9％；直销238.5万吨，增长4.9%。从销售品种看，其中汽油661万吨，增长6.7%；柴油762.4万吨，增长3.4%。

(陈章寿)

【开展“油非互促”营销】 2014年，浙江石油分公司面对成品油资源供大于求、油价“十一连跌”、零售市场竞争白热化的经营现状，零售管理和非油品经营密切配合，互相协作，共同研究营销方案和激励措施，做到理念一致，营销同步。全年共开展“油非互促”等营销活动103档，使加油站基本上保持零售价到位，并带动非油品销售额2.1亿元。全年实现非油品销售额15.97亿元，同比增长34.4%，毛利率15.6%。燃油宝、柴油车尾气处理液、易捷·卓玛泉等产品的销售规模及增幅均居油品销售系统前列。1 835家在营便利店单店日均销售额达2 333元。

(陈章寿)

【推行自助加油】 2014年，浙江石油分公司调整自助加油优惠模式，巩固柴油零售。全年新增自助、半自助加油站401座。年末自助加油站总数达到1 103座。

(陈章寿)

【天然气经营快速发展】 2014年，浙江石油分公司推动天然气经营规模快速发展，建立信息共享平台，对供应商分别进行摸底和备案，实行天然气业务统一结算。全年销售天然气 1 亿立方米，同比增长 41.2%。

（陈章寿）

【降本增效成绩显著】 2014 年，浙江石油分公司按照“从严管理年”活动的要求，加大内部审计、内控审查、合同管理和效能监察等工作力度，加强全员成本目标管理，降本增效 4.9 亿多元，其中物流优化降费 4 050 万元，税费筹划减免退 6 680 万元，降低油品损耗增效 1 200 万元，减少公务性支出 750 万元。积极协调大区公司、炼厂、铁路、水路运力等各方关系，充分挖掘储运设施潜力，优化库存运作，提高管输比例，减少一次进货损耗，提高一次到货率，优化二次配送运距。吨油运费同比下降 1.38 元，物流环节全年降本增效 3 350 万元。通过与银行积极沟通，刷卡费率下降，为油品销售系统中的最低水平，相比系统内平均水平年节约手续费 2 000 余万元；降低上门收款费用，相比系统内平均水平节约支出 4 200 万元；积极争取税费减免，全年减免退 6 329 万元，同比增长 7%。

（陈章寿）

【环保质量工作受到上级表彰】 2014 年，浙江石油分公司精细工作，全面保障油品质量升级，确保全年未发生一例重大环保、数质量责任事故，获石化集团公司环境保护先进单位称号和中国石油和化工行业质量标杆称号。

（陈章寿）

【实施油品质量升级】 2014 年，浙江石油分公司认真总结先行升级兄弟公司的经验教训，分析利弊，确定了分阶段、分片区、全封闭油品质量升级思路，与浙江省商务厅、浙江省环保厅等相关单位协调，主导推动浙江省人民政府油品质量升级实施方案。11 月 1 日，杭州、嘉兴和湖州 3 个地区率先实现国Ⅴ标准汽油和国Ⅳ标准车用柴油升级。

（陈章寿）

【油气场站及管网建设】 2014 年，浙江石油分公司全年共完成固定资产投资 8.9 亿元、管道项目投资 3.96 亿元。建设加油（气）站 64 座，完成网点改造 400 余项。顺利投产绍兴东湖油库 20 万立方米，投产宁波、绍兴、金华和衢州成品油管道。宁波、台州、温州成品油管道贯通 262 千米，浙赣连接线中浙江境内龙游至常山 110 千米管道全线贯通。

（陈章寿）

【强化管理工作】 2014 年，浙江石油分公司不断强化“质量和效益”理念，严把投资决策关，充分借助企、地合作优势，千方百计控制发展成本，优化投资结构，把每一笔投资都用在了“刀口”上，ROCE 等指标在油品销售系统中持续领先。同时，坚持守土有责的经营理念，全力以赴维护网络完整，采取多种手段有效盘活存量资产，构筑了一张数量、质量都具有明显优势的成品油终端销售网络。

（陈章寿）

【连续 17 年获安全管理先进单位称号】 2014 年，浙江石油分公司深入开展“安全隐患整改年”活动，以“零容忍”的态度，狠抓隐患治理、操作纪律和各项规章制度的落实，加强“安全文化”建设，完善应急处置机制，实现安全生产平稳运行，连续 17 年被评为石化集团公司安全生产先进单位。

（陈章寿）

【加强职工队伍培训】 2014 年，浙江石油分公司对经营管理人员，重点抓好处级、科级经营管理人员的培训；对专业技术人员，依托各专业线的优势，结合技术比武，开展以适应新制度、新知识、新技术为目的的岗位适应性培训。全年累计组织各类培训班 1 694 期，培训 39 392 人次。在中国石化远程培训系统中培训的总课时数达 46 万学时，参与人数 6 600 余人，人均学时 20.4 小时。

（陈章寿）

【人均劳效提高约 13%】 2014 年，浙江石油分公司持续推进优化用工、规范用工，在消化用工缺口的同时，全年减少用工 1 047 人。零售环节人均劳效提高约 13%。

（陈章寿）

【加强反腐倡廉建设】 2014 年，浙江石油分公司制定了《党风廉政建设责任追究办法》，对可能发生的违规违纪行为亮明纪律红线，结合廉洁风险防控，突出责任意识。对 110 名处级以上干部严格执行述职述学述廉报告、领导干部个人重大事项报告制度及礼金礼品申报登记制度。对照石化集团公司廉洁风险防控指导意见和工作指南的要求，坚持“一岗双责”和“谁主管，谁负责”的原则，把廉洁风险防控工作与业务工作结合起来。全年共召开党委会 8 次，涉及“三重一大”决策53项，均按决策程序进行。

（陈章寿）

【从严管理合规经营】 2014年，浙江石油分公司通过专题调研、专项稽核、内控、自查自纠等手段，在资金、商品、税务、资产等方面从严管理，全程跟踪问题整改。同时，根据经营发展适时修订制度，完善操作流程，提高风险控制能力。全年未发生一起重大的资金、商品事故，获石化股份公司年度财务管理先进单位和财务决算报告先进单位称号。

（陈章寿）

表1 浙江石油分公司主要经营指标

指标名称＼年份	2014	2013	2012	2011	2010	2009
成品油销售总量/万吨	1 483.00	1 415.00	1 321.30	1 273.60	1 214.00	1 082.70
零售量	1 164.00	1 109.00	1 019.60	937.70	842.60	763.50
报表利润/亿元	27.50	29.30	33.86	27.88	21.00	20.80
吨油费用/元	244.00	252.00	249.00	224.00	187.00	173.00
加油站总数/座	2 071	2 062	2 039	2 004	1 963	1 911

安徽石油分公司

【概况】 中国石化销售有限公司安徽石油分公司（简称安徽石油分公司）前身是中国石油公司安徽支公司，成立于1952年，1998年6月成建制划转石化集团公司，2000年改制重组为安徽石油分公司，2009年升格为大Ⅰ型（正局级）企业，2014年重组为中国石化销售有限公司安徽石油分公司，本部位于安徽省合肥市。主营汽油、柴油、天然气和非油品业务，兼营油库及加油站的设计，以及润滑油、汽车清洗服务等多种业务，是安徽省内最大的成品油销售企业。

截至2014年底，安徽石油分公司下设13个管理部门、4个专业中心，下辖16个市级分公司；用工总量9 507人，其中正式职工2 977人；总资产90.24亿元，资产负债率39.8%；在营油库18座，库容总量54.71万立方米；铁路专用线12条，总长1.43万米；接卸油码头5座；成品油管线172千米，在营加油站1 375座。

2014年，安徽石油分公司经营总量564.27万吨，其中成品油经营量560.03万吨、天然气5 040万立方米。成品油零售量446.33万吨，直销批发量113.70万吨。销售收入422亿元，吨油费用297元，报表利润9.66亿元。连续第6年被石化集团公司评为安全生产先进单位，连续第3年获得石化集团公司A类企业称号，连续第5年获油品销售公司标杆企业称号，利润完成率考核居销售系统第5名。

安徽石油分公司主要经营指标见表1。

（邢大金）

【成品油销售创历史新高】 2014年，安徽石油分公司面对国际油价一路走低、国内油价经历“十一连跌”的不利经营形势，紧盯市场变化，统筹把握资源优化、价格优化和结构优化，强化经营的跟踪和督导，加大量、效考核力度，充分调动各层面扩量增效工作的积极性，成品油销售量创历史新高。全年销售成品油560.03万吨，同比增长4.7%。从结构看，零售446.3万吨、增长8.4%，直销批发113.7万吨、减少7.5%。分品种看，销售汽油220.82万吨、增长9.5%，柴油339.19万吨、增长1.8%。

（邢大金）

【零售量保持高速稳定增长】 2014年，安徽石油分公司将经营重心和赢利点放在零售经营上，深入推进零售专业化管理，提高联量计酬比例，实行零售人员定编动态管理，激发了零售增量活力，同时开展IC卡“四进”营销、“交叉营销”“油非互促”等活动，落实“综合服务提升年”活动要求，加强神秘顾客暗查和日常工作督察，通过做实营销和服务促进零售增量，零售保持了高速稳定增长。全年零售量同比增幅8.4%，高于销售企业区内公司平均增幅

5.9 个百分点，居销售系统第 1 位。

（邢大金）

【非油品营业额突破 6 亿元】 2014 年，安徽石油分公司根据不同季节顾客消费特点和市场需求，先后开展易捷贺新春、夏日送清凉、约惠七夕、月圆中秋等主题营销活动，精心组织润滑油、燃油宝、卓玛泉、尾气处理液等销售竞赛活动，激发员工销售热情，扩大了门店销售，同时还积极推进汽服、广告、保险等新业务，完成汽服店改造 12 座、运营 8 座，开发 101 座加油站广告项目，试点推行太平保险业务站点 31 座，拓展了非油销售的空间。全年完成非油品营业额 6.63 亿元，同比增长 37%。

（邢大金）

【天然气月均销量超过 400 万立方米】 2014 年，安徽石油分公司通过周通报、月考核、年兑现的方式，制定加气站建设和投营工期时间表，加快加气站建设投营，尽快使加气站产生效益。同时积极应对市场变化，依靠质量品牌、管理服务等优势，开展即充即返等营销活动，开发客运、公交、物流园等大客户，切实增加了销量。制定加气站业务进销存管理、CNG 加气站损溢管理、加气站岗位操作流程及职责等规章制度，建立加气站加气机、安全阀、压力表等校验台账，强化加气站管理。天然气经营量 5 040 万立方米，同比增长 32.7%，月均加气量超过 400 万立方米。

（邢大金）

【加油(气)站持续优化提升】 2014 年，安徽石油分公司进一步转变投资理念，强化投资管理，年初调整考核方向，将工作重心调整到重点位置土地落实、加气站发展及已完工项目投营上，全年新增储备用地 29 宗，新发展加油站 24 座、加气站 7 座，新增投营加油站 53 座、加气站 12 座。同时，加强加油(气)站现有网络的优化提升工作，加大小站改革步伐，实施"两微"改造和提量改造，落实大站培育，推进自助加油，积极完成油气回收改造任务，全年新培育万吨站 13 座，5 000—1 万吨站 16 座，夫妻(家庭)承包改革站达到 128 座，自助加油站达到 293 座，累计完成加油站油气回收改造 500 座、油库油气回收改造 9 座。

（邢大金）

【成品油管道建设有序推进】 2014 年，安徽石油分公司继续推进安庆—合肥成品油管线二期工程建设，完成管道回填 501.31 千米，安庆首站油库综合楼、配电房结构封顶，合肥油库扩建改造 6 月中交，阜阳油库扩建改造进入土建、自控及安装扫尾阶段，淮南油库迁建完成 12 座油罐基础施工，蚌埠油库迁建项目的 12 座油罐全部完成，综合楼封顶，发油台安装完成。

（邢大金）

改扩建后的阜阳油库

【稳步实施国 IV 车用柴油升级】 2014 年，安徽石油分公司积极响应安徽省政府推进车用柴油升级的号召，按照《安徽省车用柴油升级实施方案》的有关时间节点要求，遵循市县城区—高速公路—国省道—农村的原则，稳步推进车用柴油升级置换，9 月开始在合肥等地区销售国 IV 标准车用柴油，完成了国 IV 车用柴油升级的各项工作。

（邢大金）

【开展"从严管理"年活动】 2014 年，安徽石油分公司深入贯彻石化集团公司全面开展"从严管理"年活动的决定，制定活动实施方案，加强组织领导，强化问题诊断，狠抓问题整改，着力解决影响企业发展的突出问题，活动取得了阶段性成效。重点抓好安全环保管理，落实油品销售公司"隐患整改年"活动要求，加强安全隐患排查治理，强化隐患整改落实，推进实施"碧水蓝天"项目，加快油气回收改造，加强水体污染监管，并严格承包商管理，开展安全防恐演练，宣贯落实新《安全生产法》，安全环保形势良好，连续 6 年被石化集团公司评为安全生产先进单位。

（邢大金）

【100% 完成隐患治理项目】 2014 年，安徽石油分公司成立安全隐患整改年工作领导小组，制定隐患整改年活动方案，逐级签订隐患整改责任书，明确各部门隐患整改职责，推进安全隐患整改落实，并强化隐患

治理项目的管理，跟进控制项目进度，加强施工安全管理，确保项目按时、保质完成。全年完成油品销售公司下达的392项隐患治理项目，完成率达100%。

（邢大金）

【内部管控水平不断提高】 2014年，安徽石油分公司加强油品储运全过程监控，开展数质量专项检查和计量督查，推进零售损耗管理再提升，全年分环节商品损耗同比有所下降，在国家、地方和总部组织的各级油品质量抽检中100%合格。健全风险防控体系，落实“三重一大”制度，加强审计监督和效能监察，深化内部控制，扎实做好合同签订、招投标、资金资产等管理，开展品牌维护和打假维权工作，增强了企业抵御风险的能力。推进全员成本目标管理，深化预算管理，严控管理性支出，巩固税务筹划落实，公务性支出同比下降16%，降低税费支出9 100万元，

（邢大金）

【连续5年获标杆企业称号】 2014年，安徽石油分公司紧紧围绕提升发展质量和效益这个中心任务，以“比学赶帮超”工作为抓手，层层分解任务，将考核压力传递到每一个单位、每一个部门、每一座油库和加油站、每一个班组，营造见红旗就扛、有第一就争的浓厚氛围，激发了全员争超热情，在销售企业“比学赶帮超”考评中获得月度、季度红旗15面，年度红旗7面，并连续第5年获得油品销售公司标杆企业称号。

（邢大金）

【员工队伍持续优化】 2014年，安徽石油分公司先后考察了4个市公司班子，调整了2个市公司班子，完成了省公司机关一般管理岗位人员第6次双选工作，从市公司选拔调入15名一般管理人员，公开招聘了10名大学毕业生，干部队伍更加优化。强化教育培训工作，自办培训1 825期、42 634人次，远程培训累计学习时间151万小时、人均学习时间202小时，有效提升了队伍素质。

（邢大金）

【党建维稳持续加强】 2014年，安徽石油分公司巩固群众路线教育实践活动成果，狠抓整改落实，严格落实“八项规定”，狠刹“四风”，增进了干群联系。深入推进“家文化”建设，帮助员工解决工作和生活中遇到的难题，真正让“家文化”建设受员工欢迎、接基层地气、暖员工心窝，提升了企业凝聚力。加强信访稳定工作，积极化解矛盾，落实帮扶政策，省公司全年接访13批次、17人次，同比分别下降79%和66%。加大舆情监控，切实做到早发现、快处置，全年未发生较大的负面舆情事件。

（邢大金）

表1 安徽石油分公司主要经营指标

指标名称＼年份	2014	2013	2012	2011	2010	2009
成品油销售总量/万吨	564.27	534.73	500.64	466.98	454.00	431.56
零售量	446.33	411.89	369.55	335.60	303.00	279.93
销售收入/亿元	422.00	414.00	392.00	360.00	302.00	244.12
利润/亿元	9.66	8.91	12.02	9.84	6.75	7.57
吨油费用/元	297.00	314.00	293.00	270.00	320.00	280.00
加油站总数/座	1 511	1 796	1 760	1 683	1 633	1 561

福建石油分公司

【概况】 中国石化销售有限公司福建石油分公司（简称福建石油分公司）的前身为福建省石油总公司，成立于1952年10月13日。1998年7月成建制划归石化集团公司。2000年3月，重组为石化股份公司福建石油分公司。2007年7月24日，成品油业务划入

由中国石化和埃克森美孚、沙特阿美合资成立的中石化森美(福建)石油有限公司(简称中石化森美公司)。2014 年 6 月，中国石化销售业务重组，石化股份公司福建石油分公司更名为中国石化销售有限公司福建石油分公司。

截至 2014 年底，福建石油分公司设 9 个职能处室、2 个专业中心和 2 个项目部，下辖 9 个地市分公司及厦门市鹭甬石油化工有限公司；中石化森美公司设 12 个职能处室、4 个专业中心及所属市级管理部。福建石油分公司和中石化森美公司(统称福建石油)用工总数 12 223 人，拥有在营加油站 1 038 座、油库 16 座、库容 69.3 万立方米、成品油管道 326 千米，资产总额 100.7 亿元。

福建石油分公司主要经营指标见表 1。

（黄兆军）

【生产经营稳步开展】 2014 年，福建石油分公司强化市场引导，灵活把握经营策略，努力稳价保价，积极开展油非互促，大力推进自助加油和小额配送，多措并举提高持卡比例，搭建平台试水互联营销，优化仓储设施和服务，实现经营量和效益的新突破。经营总量 643 万吨，同比增长 6.1%。其中：成品油 599.67 万吨，增长 2.5%；其他石化产品 44 万吨，增长 105.5%。非油品业务营业额 5.43 亿元，增长 27.6%。实现利润 16.4 亿元，增长 3.5%。

（黄兆军）

【非油业务较快发展】 2014 年，福建石油创新管理，拓展非油业务，在营便利店 669 座，开店率 64.5%。集中资源打造生鲜、蔬菜和熟食示范店，拓展便利店结算渠道，开展第三方支付。推进统采分销，加大燃油宝宣传、推广力度，创建微信平台账号，定期推送商品信息和营销活动。加快汽车服务广告市场培育，打造新的盈利点，建成在营洗车场 60 座，引进 5 家大中型的汽服专业公司合作经营，实现营业额 1 850 万元，租金收入 210 万元。

（黄兆军）

【加油(气)站网络建设持续推进】 2014 年，福建石油优化投资结构，建立项目比选制度，严格投资回报论证，提高网点发展质量；抓紧办理新建项目手续，保障加油站建设进度；持续推进闲置土地置换工作，降低网络发展成本；完善项目管理，严控投资规模，强化现场管理，严把工程质量关；加强重点区域网点发展，与高速公路签订补充协议，妥善解决 102 座高速加油站未来 10 年经营权问题，网络工作取得新成效，全年新投营加油(气)站 42 座。

（黄兆军）

【连续 13 年获石化集团公司安全生产先进单位称号】 2014 年，福建石油进一步完善 HSE 责任制，严格考核制度，强化绩效评比；深入开展安全隐患整改年工作，抓好“碧水蓝天”油气回收项目和环保遗留问题整治；修订应急预案，加强预案演练；强化企业安全文化建设，推行“24 小时安全”理念，促进未遂事件管理和 OSHA 统计落地，形成全方位文化氛围，以‘四面八维’为架构推进安全文化建设等 3 项成果分获石化集团公司第 23 届管理现代化创新成果一、二、三等奖；夯实环保管理基础，推进职业卫生基础建设；开展油地付系统流量计在线检定工作，加强油品指标检测分析，提高数质量管理水平，实现了安全稳定发展的良好局面。福建石油分公司连续第 13 年被石化集团公司评为安全生产先进单位和 2014 年度福建省政府安全生产先进单位，中石化森美公司被国家安监总局授予全国安全文化建设示范企业称号，获得 2014 年度福建省政府安全生产先进称号。

（黄兆军）

开展联合应急救援演练

【财务管理不断加强】 2014 年，福建石油分公司强化资金管理，确保重点项目资金需求，增加利息收入 935 万元；成本控制得到增强，争取税收优惠政策，减免土地使用税 451 万元；积极推动“营改增”后税款返还工作，返还各类税款 1 537 万元。资产结构不断优化，开展清理和处置低效无效资产工作，核销 923 项、原值 3 224万元固定资产；核销 221 万元 3 年以上的不良债权，完成清欠任务的 158%。积极探索与市场相适应的资产盘活策略，开展市场调查，提高租金收入，实现资产对外出租收入 2 692 万元，同比增长 12.5%。资金资产管理获得“比学赶帮超”年度红旗。

（黄兆军）

【联营管理不断规范】 2014年，福建石油分公司完善股权管理系统，加强联营企业运营分析评价和监督检查，促进联营企业规范管理，提高企业赢利能力，防范股权投资风险，促进国有资产保值增值。联营企业全年销售成品油及液化气51.06万吨，其中成品油48.35万吨、液化气2.71万吨。实现净利润1.12亿元，同比增长34.15%。实现投资收益6 236万元，投资收益率9.59 %。

（黄兆军）

【从严管理活动积极推进】 2014年，福建石油全面开展"从严管理年"活动。制定活动方案和实施细则，查找薄弱环节，梳理问题610个。针对查找出来的突出问题，制定符合自身实际、管用有效的整改方案，梳理问题均整改到位。继续推进制度标准化建设，层层梳理已有规章制度，全年共新建、修订制度50项，固化活动成果，建立长效机制。管理基础不断夯实，中石化森美公司获得国家级服务业标准化试点授牌，负责起草的《加油站加油服务规范》由福建省质监局发布实施，成为国内第1个对加油环节的服务进行规范的地方标准。

（黄兆军）

【党建工作深入推进】 2014年，福建石油分公司党委以贯彻落实深化改革、转型发展、从严管理为主线，促进党建与生产经营工作深度融合加强领导班子和干部队伍建设。制定《中层干部管理规定》等制度，组织开展中层后备干部选拔工作，产生正处级后备干部33名，副处级后备干部60名；建立领导干部基层联系点制度，全年领导班子成员走访县片区56个，库站249座，召开座谈会51场，撰写调研报告14篇；积极推进人才队伍建设，开展公文写作比赛、从严管理演讲比赛等活动。完善基层组织建设，实现80%以上的加油站站站有党员，认真抓好"三会一课"制度落实，举办专题培训班，编发党建工作基础知识口袋书，提升支部书记工作水平；制定《党委工作考核办法》，建立"2+1"党委工作考核机制，加强对下属党委工作的检查考核，强化考核结果运用，该做法得到了石化集团公司党建考核组和福建省直机关工委的好评。加强反腐倡廉建设。定期学习、组织观看警示片，强化廉政教育；制定党委主体责任、纪委监督责任及责任追究等实施细则，明确责任，促进"两个责任"落到实处；修订完善监督制度，健全"三重一大"决策机制，认真落实党风廉政建设责任制，推进惩防体系建设。

（黄兆军）

【"家文化"建设】 积极开展"家文化"建设，践行企业文化建设实施纲要，建立宣传工作考核制度，加大宣传舆论工作力度；制定《比学赶帮超工作实施方案》，评选表彰各类先进集体和个人，大力推进比学赶帮超工作，积极营造创先争优氛围；持续开展"青年驿站"活动和"优质服务月"活动，积极开展各类文体活动和青年志愿服务活动，争创文明窗口，12座加油站获得石化销售公司文明窗口称号，91个集体获得各个级别青年文明号；进一步健全完善工会组织建设、健全职代会制度，维护职工权益，促进企业和谐稳定。积极支持社会公益事业与扶贫开发，向地方捐赠扶贫资金、"三下乡"专项资金共140万元，向挂钩帮扶村选派支部第一书记1名，切实履行社会责任。

（黄兆军）

表1 福建石油分公司主要经营指标①

指标名称＼年份	2014	2013	2012	2011	2010	2009
成品油销售总量/万吨	599.67	585.21	577.87	567.10	515.60	425.00
零售量	463.43	455.95	438.00	427.90	359.60	303.00
销售收入/亿元	480.61	465.95	449.68	429.73	349.29	255.08
利润/亿元	16.40	15.85	15.57	23.22	14.87	12.99
费用总额/亿元	18.36	16.31	14.54	14.80	13.30	11.52
吨油费用/元	285.00	269.00	252.00	261.00	245.00	249.00
加油站总数/座	1 038	1 002	958	910	856	810

①合并后的数据去除中石化森美公司和福建石油分公司重复计算部分

江西石油分公司

【概况】 中国石化销售有限公司江西石油分公司(简称江西石油分公司)前身为江西省石油总公司，成立于1950年10月，是江西省专营成品油的国有大型企业，1998年10月成建制划转石化集团公司。2014年5月，按照中国石化油品销售系统改革重组安排，石化股份公司江西石油分公司更名为中国石化销售有限公司江西石油分公司。

江西石油分公司主营成品油销售、储运及便利店等非油品业务，是江西省成品油供应主渠道。

截至2014年底，江西石油分公司下辖12个市级公司、99个县(区)分公司，加油(气)站保有量1 401座，在营油库14座，总库容量53万立方米。总资产88.52亿元。员工人数9 277人。

江西石油分公司主要生产经营指标见表1。

(刘　阳)

【连续4年被石化集团公司党组确定为A级领导班子】 2014年，江西石油分公司紧紧围绕年初制定的深化改革、巩固成果、提高质量的工作思路，将做大经营总量、提高发展质量和效益作为首要任务，各项指标均超过中国石化下达的目标任务，继2011年、2012年、2013年后，领导班子在年度考核中再次被石化集团公司党组确定为A级领导班子。江西石油分公司连续2年获油品销售企业“比学赶帮超”工作优秀组织奖，并获第4届全国文明单位称号。

(刘　阳)

【经营总量实现一年两跨越】 2014年，江西石油分公司成品油经营总量同比增幅7.3%，是销售企业年均增幅的2.1倍，在区内销售企业年度排名中名列榜首，经营规模继2011—2013年连进3位后，2014年更是再进2位，实现了“一年两跨越”，其中零售规模进入全国前十。成品油经营总量占当地GDP的比值、高速服务区在营加油站占有率、成品油市场占有率等指标均为销售企业第一，网点市场占有率、零售人均劳效和零售比重位居全国前列。

(刘　阳)

【全年销量增幅位列区内销售企业第一】 2014年，江西石油分公司扎实开展“加油站综合服务提升年”活动，通过油非互促、卡非互动营销，深化与通信、金融等领域的第三方合作，全面推广加油卡网上营业厅和手机终端。全年实现零售487.5万吨，同比增长4.8%，排名区内销售企业第三。零售比重超过83%，高出区内销售企业平均水平6个百分点，排名第三。开展直分销百日竞赛活动，新增销量近万吨。加快推广以站代库模式，实现销量1.1万吨。加快营业室投营，初步形成“一纵一横”的网点布局。全年直分销98.9万吨，增长21.1%，排名第二。推进门店专业化工作，加快推进广告、汽服等业务。严控集采成本，提升创效空间。单店日均营业额1 458.6元，增幅30.1%。毛利率13.8%，排名第九。全年非油品销售6.26亿元，增长30.1%。拓展天然气市场，全年销售1 000万立方米。

(刘　阳)

【投资质量和效益显著提升】 2014年，江西石油分公司密切企地关系，全年投资10.3亿元，发展加油(气)站16座，自建站比例达100%。盘活土地21宗，置换6宗加油站用地。新增自助站50座，自助站比例达22.6%。加快推进管道二期工程，700千米线路全线完工，配套库建设进展顺利。强化企企关系，与赣粤高速公司达成战略合作协议，与省财投公司洽谈组建合资公司事宜向省政府申报。积极主导竞合关系，形成以我为主、互利共赢的格局。成功取得14宗加油站用地，土地总额1.5亿元，单宗土地投资金额降幅达到64%。此外，通过加强预算管理，审减资金1.21亿元。清理历史遗留项目159个。

(刘　阳)

【改革重组进度完成率排名销售企业第一】 2014年，江西石油分公司坚持时间最短、税收最省、效率最高、机制最活原则，精心组织，全力推进，高效完成审计评估基础工作和实物资产清查、证照公章变更、档案电子化以及合同、合资法律关系梳理等工作，为油品销售公司增资扩股夯实基础。统筹谋划、上下联动，加快土地和房产权证规范化工作，最大限度争取到评估豁免、税收优惠、简化程序等政策支持，节约资金1.2亿元，累计规范土地278宗、房产1 177项，完成进度列销售企业第一。

(刘　阳)

【获利润年度进步红旗】 2014年，江西石油分公司坚持低库存运行和精细化管理相结合，平衡资源组织，规避跌价风险。积极应对九江石化检修，有序、高效地实现垫库目标，确保高库优效运行。加强与地方协调，提前拿下优质优价政策，稳妥推进了国Ⅳ车柴升级。充分利用中国石化多销多采政策，在扩大销售规模的同时，努力做大自采。全年自采资源56.2万吨，创效约2亿元。通过努力，在九江石化检修期间库存跌价损失高达3亿多元的不利情况下，仍实现利润6.88亿元，超额完成了任务。

（刘　阳）

【连续9年获石化集团公司安全生产先进单位称号】 2014年，江西石油分公司坚持“三保、两防、一禁”的思路，坚持狠抓责任落实，推动“从严管理年”“抓三百、保平安”“安全隐患整改年”“11·22事故周年安全生产警示日”等活动深入开展。结合企业实际，提出安全管理现代化的概念。变事后总结型事故管理为现代的预防分析型管理，探索企业从传统的经验管理到现代化安全管理转变。制定《江西石油安全环保专家诊评制度》，在全省组建首批10人的专家队伍，共诊断问题1 203个。在全省系统开展向基层排查隐患典型杨建荣学习活动，反对“差不多先生”，提升员工HSE意识及排查隐患的能力。实施隐患治理项目896项，整改完成率达100%。连续第9年获得石化集团公司安全生产先进单位称号。

（刘　阳）

【人力资源管理富有成效】 2014年，江西石油分公司加强干部队伍建设，建立71人的后备干部队伍。完成全省第2轮加油站站长岗位竞聘工作，建立192人的后备站长队伍。规范用工行为，推动窗口用工管理办法、师带徒指导意见和清理不规范用工行为等3个制度落地。严控用工总量，在增站48座（相当于内部挖潜用工384人）的基础上，用工总量比上年末净减309人，零售人均劳效始终处于油品销售系统领先水平。基层一线员工收入平均增长9%。顺利完成九昌樟管道及金鸡坡油库划转。

（刘　阳）

【挖潜增效提高综合管理水平】 2014年，江西石油分公司强化“经营一元钱，节约一分钱”的成本管理理念，加强费用预算管理控制和执行情况考核。严格落实中共中央“八项规定”和石化集团公司党组实施细则，公务性支出下降11%。加强税收筹划、完善控费手段、加强协调，减免各种税费性支出1 110万元。持续推进ISO 9000质量管理体系、计量标准体系建设，油品销售质量合格率达100%，进、销、存各环节同比减少损耗1 200余吨。获石化集团公司节能降耗先进单位称号。发挥审计职能，促进增收节支960万元。

（刘　阳）

【党建助力促进政治优势转化】 2014年，江西石油分公司不断巩固群众路线教育实践活动成果，持续抓好整改措施落实。多措并举狠抓基层党支部目标考核、党员上党课、为党员过政治生日等工作落实，促进了基层党组织和党员常态化发挥作用。印发《六法四有情景运用手册》，在站长等基层管理者培训班中开展嵌入式培训，引导基层班组将思想工作融入日常经营管理。组织积极向上的群众性文体活动，获中国石化职工文艺工作先进集体、中国石化朝阳文学艺术奖等荣誉。发动员工和青年持续开展“我为易捷来助力”“助力易捷好点子”等活动。稳步启动基层“家文化”建设。扎实推进了EAP试点工作，在石化集团公司召开的EAP试点现场总结交流会上做了经验介绍。以开展“最好的员工、最美的风景”新闻图片竞赛为载体，强化正面宣传，加强网络和新媒体应用，再获石化集团公司新闻宣传先进单位称号。加强纪检监察，落实“两个责任”，营造风清气正的企业廉洁氛围。关心爱护离退休老同志，发挥关工委作用，获石化集团公司离退休工作先进单位和全国五好基层关工委先进集体称号。按照“真困难、真帮助”原则，开展帮扶救助工作。帮扶救助227人次，累计救助金额75.9万元。注重“四个结合”，认真抓好稳定工作。党建思想政治工作在石化集团公司党组首次全覆盖检查考核中，列油品销售系统前列。

（刘　阳）

表1　江西石油分公司主要生产经营指标

指标名称＼年份	2014	2013	2012	2011	2010	2009
成品油销售总量/万吨	586.50	546.60	500.50	452.00	408.60	375.90
零售量	487.50	465.00	421.00	379.00	307.20	288.50
销售收入/亿元	445.00	428.00	400.00	350.00	279.00	216.00

续表

年份 指标名称	2014	2013	2012	2011	2010	2009
报表利润/亿元	6.88	7.02	9.10	7.90	5.80	7.00
吨油费用/元	340.00	356.00	326.00	316.00	328.00	287.00
加油站总数/座	1 401	1 429	1 390	1 364	1 145	1 120
自营加油站	1 401	1 429	1 390	1 364	1 142	1 116
特许经营加油站	0	0	0	0	3	4

山东石油分公司

【概况】 中国石化销售有限公司山东石油分公司(简称山东石油分公司)始建于1953年，位于山东省济南市。经营范围：汽油、柴油、煤油、天然气销售，润滑油、燃料油、沥青、石油添加剂、化肥等销售及仓储，非油品业务等。承担着山东省成品油供应保障任务，是省内最大的成品油销售企业。经过多年的发展，已形成了布局合理、功能完备、流向通畅、保障有力的成品油营销网络。

截至2014年底，下属17个市公司，133个县公司(市片区)，用工总量近2万人。有加油站2 578座；油库28座，库容量110万立方米。企业固定资产原值77.6亿元。

2014年，山东石油分公司紧紧围绕石化集团公司“一个中心”和“三大主题”的总体部署，着力做好扩销增效、从严管理、深化改革、优化投资、安全稳定等工作。全年，销售成品油1 252.05万吨，实现销售收入905.69亿元，山东省内成品油市场占有率约为63%。

山东石油分公司主要经营指标见表1。

(宋　鹏)

【强化资源统筹】 2014年，山东石油分公司密切关注国际油价走势及宏观政策走向，深入研判国内外经济动态和成品油供需变化，强化资源统筹能力。坚持低库存运作，所有权库存始终控制在30万吨左右。加强与油品销售公司沟通，统筹配置内部资源与外采资源的关系，降低库存潜亏。以进货价加运费最低为原则组织外采，继续做大地炼就厂业务，地炼就厂完成231.3万吨，多创效益1 250万元。合理安排运力，统筹调运资源，各既定流向合计调运成品油36.1万吨，降费2 077万元。组织3.7万吨地炼资源直接进站销售，节省运费240万元。大力推进周村上载代输业务，节省运费330万元。有序推进油品升级，协调山东省物价局出台了优质优价政策，安排市区、高速公路、国省道路站和销量较大的中心站为首批置换站，确保资源充足，加快了置换进度。

(宋　鹏)

【成品油(气)销售创水平】 2014年，山东石油分公司以零售和油库销售为重点，精心组织经营，充分利用激励机制，鼓励市公司做大有效销售，实现量效兼顾。在零售工作中，扎实开展“加油站综合服务提升年”活动，利用加油卡平台，全方位、多层面开发客户，全省月充值10万元以上的客户达4 357名，组织开展“油非互动”“卡非互动”等营销活动，拉动充值额50.98亿元。大力推广网上营业厅，累计注册客户5.23万名，交易额38.37亿元。充分发挥直分销优势。以“五大目标市场”为依托，采取“低进低出、顺价销售”等营销策略，实现了效益最大化。抓住“营改增”机遇，加强交通运输业客户的开发维护，交通运输业客户成交2 265家。搭建微信平台，实现大客户扁平化管理，稳定了客户资源。稳步推进组合营销，全年实现营销额2.01亿元，同比增长168%。根据市场变化及时调整经营和考核政策，扩大了天然气经营规模。完成3座加气母站的交接，开展LNG市场调研，做好LNG加气站建设与投营等工作，为董家口LNG项目疏通资源后路。

(宋　鹏)

【非油品经营实现保增长目标】 2014年，山东石油分公司在非油品经营中，完善业务流程，做好考核引导，积极组织展销会等营销活动，在引导做大经营规模的同时提高赢利能力。加快商品周转，优化库存结构，加大商品统采力度，提高采购质量，确保了商品供应。积极开发渠道增值服务，开展了7个汽服站点建设，选取了210个站点开展保险业务。

（宋　鹏）

【强化基础管理】 2014年，山东石油分公司深入开展“从严管理年”“隐患治理年”“平安工地创建”等活动，完成石化集团公司批复的隐患整改项目211项，夯实了本质安全基础。狠抓安全风险防控，强化现场安全监管，重视环境保护和职业健康工作。全年安全生产形势总体平稳，未发生安全事故和环保事件，被石化集团公司授予安全生产先进单位称号。严格“强化预算管理，狠抓目标落实”的要求，做好财务指标分解落实，提升预算控制力和执行力。坚持控费增效，完善了全员成本目标管理长效机制。依托集中清账平台，加强资金监控，确保了安全高效运行。争取财税政策，协调降低税务成本，实现降费增效4 450万元。做好新增自有用地和存量土地管理，抓好闲置土地盘活和不规范用地整改，全年共盘活闲置土地27宗、不规范用地确权40宗。推进闲置资产出租，共批复出租项目65项，租金收入675万元。做好无效资产处置，报废处置资产净值4 194万元，优化了资产结构。加强控制力和执行力审计，严格经营管理合规性、真实性审计。全年下达审计决定书38份，促进增收节支4 686万元。强化源头介入，开展效能监察，避免经济损失1 686万元。推动业务公开及网上巡视工作，业务公开信息97万条，公示金额逾2 208亿元。重点开展了非油品业务、加油站零售、数质量管理、加油站财务管理等方面的稽查，共稽查加油站485座次，组织“神秘顾客”加油站暗访6 937座次，规范了经营管理行为。

（宋　鹏）

【人力资源管理精细规范】 2014年，山东石油分公司深入开展内部挖潜、优化整合、精简用工工作。以“精简管理人员，充实基层一线”为重点，优化人才队伍配备，加强对市公司机构设置及干部、管理人员职数的管控，在市公司组织开展了全员竞争上岗。积极探索非全日制用工业务外包的可行性，安排市公司试点。按照《劳务派遣暂行规定》规范劳动用工，减少了用工总量，规避了法律风险。全系统共精简用工460人。

（宋　鹏）

【数质量管理取得成效】 2014年，山东石油分公司立足服务经营，通过加强制度、队伍、设施3个建设，把好质量和计量2个关口，强化监督考核、搭建平台、科技创新3项举措，从严从细抓实了数质量管理。共抽查加油站80座次、盘点油品库存338罐次，全年未发生等级数质量事故及媒体曝光事件。

（宋　鹏）

【信息技术加快发展应用】 2014年，山东石油分公司持续推进ERP深化应用，做好加油卡功能提升和数据分析，开展经营管理平台推广应用。推进终端虚拟化项目，研发加油站、油库管理平台，提升基层工作效率。强化基础设施和安全保障，完成2 400多座加油站、133个县公司（片区）和26座油库的网络提升。继续开展视频监控设备联网，共接入终端1 700余个。被国家工业和信息化部评为全国信息化和工业化融合管理体系贯标试点企业。

（宋　鹏）

【优化加油（气）站建设投资结构】 2014年，山东石油分公司坚持效益优先，注重内涵式发展，加快由追求数量规模向质量效益转变。严格控制投资规模，提高了资产利润率。规范投资程序，发展新建加油站。加大考核力度，提高投资项目可行性分析质量，严格现场考察，加强投资项目后评估。全年新增加油站38座。强力推进加气站建设，大力发展CNG加气业务，全年新增加气站20座，累计建成94座、投营71座。抓住LNG市场起步时的发展机遇，选择有利位置新建LNG加气站，拟定了“十三五”期间布点38座LNG加气站的发展目标，并已完成10座站的布点。抓好加油站提量改造，将年加油量3 000吨以上、改造后提量30%以上的网点作为改造重点，优选改造项目，全年批复提量改造站43座，可研增量7万吨。积极推进其他改造项目：有序抓好烟台八角港油库及德州油库改扩建项目，完成12座油库油气回收项目的勘察、设计；分批实施加油站油气回收改造，共批复改造加油站2 098座，已完成1 659座；加快清理未投营项目，清理完成率达93.6%，清理效果显著。在加油站改造中，着力维护品牌形象，从力争不拆、原址重建、力争缓拆、先建后拆、调查取证5步入手，合法维权，全年共拆除加油站18座，已落实“补一拆一”政策16座，并取得经济补偿6 035万元。构建侵权认定数学模型，开展调查取证，加快清理取缔，全年共发现侵权加油站33座，已全部清理，并通过法律诉讼获得120万元赔偿，有效维护了企业权益。

（宋　鹏）

【完成改制重组】 按照石化集团公司混合所有制改革油品销售业务重组部署，2014年5月，原中国石油化工股份有限公司山东石油分公司更名为中国石化销售有限公司山东石油分公司。认真做好法律尽职调查，推进分支机构工商变更和股东变更登记工作，确保了91个营业执照、2 418个分支机构的工商变更、24家合资公司的股权变更如期完成。

（宋　鹏）

【强化企业管理】 2014年，山东石油分公司探索财务管理创新模式。实施收入核算及清账流程再造，压扁管理层级，砍掉中间核算及流转环节，实现一站式核算与管理。取消县公司(片区)收入资金清账核算职责，减少ERP核算用户130个。销售资金实现了由人工监控向系统自动实时监控的转变，规避了资金管理风险。调整考核办法，优化完善激励机制，明确内部分配，加强监督管理。调整市公司基本薪酬，加大人工费投放，保障一线员工收入水平。简化工作流程，便于一线员工理解掌握奖励政策，直接兑现到站到人。开展省、市、县公司管理体制和运行机制优化完善工作，甄选出县公司运行机制、低效站改革、非油品经营优化等19项改革任务，逐一分解到责任部门整改落实，建立周例会和月度考核通报制度，加大整改力度，19项改革任务基本落实到位。通过开展“回头看”，推进制度标准化、流程化实施落地工作，落实制度建设闭环管理。在内控权限下，精简业务流程，优化业务综合处理系统中的审核审批流程。新增流程25个，修订精简90个。加强与合资公司股东的沟通交流，理顺管理体制，推进合资公司经营管理步入正轨。扎实开展调研，摸清现状，按照“一企一策”的原则，加大合资公司的清理整顿力度。

（宋　鹏）

【发挥党建优势】 2014年，山东石油分公司以强化系统化管理为抓手，以开展“家文化”建设为载体，有效推进了政治优势向核心竞争力的转化。持续抓好教育实践活动的整改落实，巩固了活动成果。发挥党委政治核心作用，增强了党政班子的领导力。深化落实“五个到位”的思路，健全群众诉求表达渠道，完善就地化解矛盾纠纷机制，较好控制了到省进京访，信访稳定成效显著，实现了重要时期的“四个不发生”。反腐倡廉持续深入。坚持标本兼治、综合治理、惩防并举、注重预防的方针，在“执好纪、问好责、把好关”上抓落实、求实效。学习贯彻职工违纪违规行为处分规定，营造了遵章守纪的良好氛围。坚持内外结合，注重做好内宣工作，加大外宣力度，在《人民网》《大众日报》《齐鲁晚报》等媒体发稿870多篇。加强新媒体推广运用，开通了山东石油微博、微信公众平台。

（宋　鹏）

【构建和谐企业】 2014年，山东石油分公司深化员工关爱工作，按照“一站一策”的原则，推进“五小”工程建设，提升了基层员工的工作生活环境。深化帮扶救助，建立困难员工档案1 648份，走访1 826人次、救助2 849人次。通过多种形式，丰富离退休人员生活。扎实推进“比学赶帮超”工作，获得销售企业2014年度“比学赶帮超”工作优秀组织奖。持续开展竞赛比武活动，在石化集团公司决赛中获信息技术团体一等奖。紧密配合经营，开展“大干四季度、青年当先锋”及加油站体验日活动，动员青年员工提升服务，扩销增量。宣传贯彻企业文化建设纲要，丰富企业文化内涵，以“坚持高标准，努力干实事，开创新业绩”为工作要求，以“人人关心企业，企业关心人人”为人本理念，以“我为您的事业加油，您给我的生活添彩”为服务理念的企业文化体系日臻完善。

（宋　鹏）

表1 山东石油分公司主要经营指标

指标名称 \ 年份	2014	2013	2012	2011	2010	2009
成品油销售总量/万吨	1 252.05	1 179.90	1 120.60	1 074.50	1 035.00	986.00
零售量	867.90	846.20	800.40	750.00	702.80	664.00
销售收入/亿元	905.69	900.59	880.47	835.57	707.99	585.93
利润/亿元	10.61	10.91	17.31	14.65	11.02	8.66
吨油费用/元	266.00	270.00	275.00	257.00	212.00	187.00
加油站总数/座	2 578	2 624	2 684	2 548	2 637	2 591
自营加油站数	2 459	2 505	2 553	2 427	2 505	2 460

河南石油分公司

【概况】 中国石化销售有限公司河南石油分公司(简称河南石油分公司)位于河南省郑州市，是中国石化在河南省的唯一成品油销售分支机构。前身为1950年7月成立的中国石油贸易分公司郑州分公司，1998年划归石化集团公司，2000年5月31日，中国石油化工股份有限公司河南石油分公司在河南省工商行政管理局注册成立。2014年10月28日公司名称变更为中国石化销售有限公司河南石油分公司。

河南石油分公司经营管理范围为汽油、煤油、柴油的批发、零售；燃气经营；零售预包装食品；卷烟、雪茄烟的零售；国内版图书报刊、电子出版物、音像制品的零售。润滑油、燃料油、沥青的销售；石油化工品的销售、日用百货便利店经营，纺织、服装、日用品、五金、家用电器及电子产品、充值卡的零售，彩票代理销售、委托代理收取水电费、票务代理服务，广告服务；汽车清洗服务，技术及信息的研究、开发、应用。

截至2014年底，河南石油分公司共设15个综合管理部门和5个专业中心(部门)，下辖19个市分公司和108个县分公司及58个市级片区，共有正式员工4 617人；拥有在营加油站(点)2 928座，加气站36座，“易捷”便利店1 365座，在用油库23座、库容95.7万立方米；铁路专用线22条；资产总额131.7亿元。

河南石油分公司主要经营指标见表1。

(陈慧萍)

【领导班子调整】 2014年9月12日，焦德才任河南石油分公司总经理，原总经理田中山调任销售华南分公司总经理。5月13日，免去于海平河南石油分公司副总经理职务，调任宁夏石油分公司总经理；王敏任河南石油分公司副总经理。11月26日，免去副总经理陈亚军河南石油分公司副总经理职务，调任山西石油分公司党委书记。

(陈慧萍)

【经营整体保持稳定】 2014年，河南石油分公司全年实现成品油经营量772.7万吨，同比增长0.7%。其中，零售616.3万吨，下降2.5%；直分销153.4万吨，增长17.1%。非油品营业额9.2亿元，增长24.2%。天然气经营量3 501万立方米，增长81%。实现销售收入575.19亿元，考核利润6.22亿元。吨油费用370.58元。HSE和数质量管理无重大责任事故，获河南省安全生产示范单位、石化集团公司职业健康先进单位称号。

(陈慧萍)

【加油(气)站网络布局持续优化】 2014年，河南石油分公司树立大投资理念，专项改造综合完工率68.3%、在建率21.2%。加大加油站续建和土地储备力度。以中心城区和城市新区为重点，新建竣工加油站12座，租赁高速服务区加油站6座，完成对2座高效租赁加油站的收购。信阳分公司以协议价新增土地储备2宗。加快已建成加油(气)站投营。新投营加油站17座，加气站10座，其中当年建成并投营加油站7座。优化存量网络。退租长期关闭和亏损租赁加油站39座、租赁土地27宗，每年减少租赁费用 700 余万元。

（陈慧萍）

【化解企业包袱】 2014 年，河南石油分公司化解企业包袱，消化库存跌价损失 4.5 亿元，成品油库存从年中的 46.3 万吨高点，降至年底 24 万吨，累计降库超过 20 万吨；其中轻质燃料油于 7 月、12 月末 2 次集中处理库存，消化存量 1.5 万吨，最大限度规避经营风险。资产处置 1.9 亿元，使用总部隐患治理及提量改造等专项费用 1.25 亿元，减轻了企业负担。

（陈慧萍）

【落实从严管理】 2014 年，河南石油分公司完善大零售管理体制，探索建立以标准化、专业化、智能化为主要特征的连锁管理模式；建立大督察管理机制，修订加油站督察管理办法和督察管理流程，明确省、市、县、站督察重点，深刻剖析基层单位的焦点及共性问题，从源头上和整体上落实整改措施；持续推进加油站、便利店、营业室、油库标准化管理，制定了客户服务、站务管理、安全设备、数质量 4 类 16 项操作流程、82 个子流程、257 条操作标准；以加油站(店)、油库为中心，以业务流程范围为半径，以站、库、店、客户、员工等为管理对象，开展流程梳理及制度清理完善工作，编制经营业务流程框架图和 9 类经营业务内容及 317 个一级业务流程目录，并编写岗位责任说明书。

（陈慧萍）

【加油卡业务开展良好】 2014 年，河南石油分公司持续开展加油卡营销，积极推广网上营业厅，全省累计发卡 115.4 万张，同比增幅 3.7%；充值额 251 亿元，增幅 14.9%；加油卡沉淀资金 39.2 亿元，增幅 22.8%；网上营业厅交易额 25.51 亿元，加油卡大客户数量稳定在 8 万个以上。以加油卡客户专享区建设为抓手，积极探索零售经营业态调整，完成郑州、许昌 2 个单位 31 座加油站的试点推进。通过硬件和软件的配套调整，完善增值服务，试点加油站实现油非一体，推进从传统油品供应商向综合服务商的转型升级。

（裴　沛）

【油品损耗管理取得明显进步】 2014 年，河南石油分公司狠抓油品计量管理，降耗增效效果显著，同比降耗 5 086 吨，其中零售损耗率由上年同期的 1.23‰降至 0.61‰，实现降耗 4 040 吨。

（杨邦举）

【推进职业健康工作】 2014 年，河南石油分公司为一线员工配备防静电服装 7.4 万套、单鞋 2 万双，经抽检均合格。完成 1 847 座加油(气)站和 23 座油库的职业病危害因素检测，出具报告 1 870 份，检测率 100%，合格率 100%。开展一线员工职业健康检查 1.52 万人次，无 1 例新增职业病。第 3 次被石化集团公司评为职业健康先进单位。

（张艳丽）

【非油品业务运营水平提升明显】 2014 年，河南石油分公司提升“易捷”门店运营水平，推进品类规划、智能订货、标准化陈列、专业盘点等重点工作，486 座大店专业化盘点全覆盖，百万元门店达 257 座。开展春节“抄底价”、夏季“整箱水”、中秋“送团圆”和重点商品营销，新推出的易捷卓玛泉和尾气处理液等重点商品销售良好，全年非油品营业额 9.32 亿元。同比增长 24.2%。强化商品库存和配送管理，全年酒类库存下降 1 309 万元，库存周转天数由同期的 110 天下降至 104 天。

（张雅儒）

【盘点实物资产提升资产效能】 2014 年，为配合油品销售公司改制，河南石油完善并制定了《河南石油分公司租赁、联营加油站实物资产处置补充规定》《河南石油分公司土地盘活处置指导意见》以及实物资产管理考核细则。核准固定资产 10.75 万项，各类土地 2 922 宗，规范 810 处房产，核减关联交易土地租金 1 264 万元。处置报废资产 1 744 项，盘活闲置固定资产 74 项，闲置土地 26 宗，实现闲置资产盘活及资产处置收益计 7 545 万元。

（高秋霞）

【扎实开展“从严管理年”活动】 2014 年，河南石油分公司加强四级循环检查，持续开展市、县、站三级穿透式检查，全年督导 543 座加油站(便利店)、21 座油库、81 辆承运油罐车。强化组织管理诊断、评价和整改。业务流程优化有序开展，深化试运行，融合管理架构，提升系统功能，形成岗位、职责、流程、制度(内控)一体的综合管理系统。推进流程的信息系统固化应用。规范合同管理，强化法律风险提示。

（陈慧萍）

【信息化建设步伐加快】 2014 年，河南石油分公司顺利完成 ERP 大集中。开发推广资金监管系统，试点加油卡异常管理系统，有效防范经营风险。完成 552 座加油站视频监控系统建设，实现加油站光纤网络接入和加油卡全覆盖。

（陈慧萍）

【全面开展“家文化”建设】 2014年，河南石油分公司围绕“四个结合”全面开展基层库站“家文化”建设，与加油站油气回收等五大改造相结合，统筹开展加油站五小建设，建设温馨之家；与从严管理相结合，树立“我尽职、我安全”的安全文化理念，建设平安之家；与用人、用工和薪酬等三项制度改革相结合，推动加油站员工五项技能培训与考核，完善员工成长通道建设，建设奋进之家；与核心价值观教育相结合，严格加油站站长选拔和管理，深化站务公开等加油站民主管理，建设和谐之家。

（李永恒）

【深入开展“青”字号工程创建活动】 2014年，河南石油分公司中原公司第一片区团支部在打造创新型组织、培养知识型员工方面成绩显著，被团中央授予全国五四红旗团支部，成为中国石化系统2014年唯一获此荣誉的团组织。深入持久开展青年文明号常见活动，郑州桐柏加油站和中原21#加油站被评为河南省示范青年文明号先进集体。开封第11加油站等共7座站被授予河南省青年文明号。组织开展保供三夏青年志愿服务活动，5 000多名青年志愿者参加了千余支志愿者服务小分队，许昌、南阳公司青年突击队被团省委授予河南省功勋青年突击队荣誉称号。

（李永恒）

表1 河南石油分公司主要经营指标

指标名称＼年份	2014	2013	2012	2011	2010	2009
成品油销售总量/万吨	769.70	763.30	730.46	695.76	680.20	676.01
零售量	616.30	632.30	604.45	563.26	497.45	471.34
销售收入/亿元	575.19	590.69	575.25	535.78	454.01	386.54
利润/亿元	6.22	7.70	10.80	7.71	7.01	8.04
吨油费用/元	370.58	371.00	366.00	350.00	307.00	280.00
在营加油站（点）总数/座	2 928	3 186	3 691	3 769	4 025	3 962
在营加气站数/座	36					

湖北石油分公司

【概况】 中国石化销售有限公司湖北石油分公司（简称湖北石油分公司）位于湖北省武汉市，前身是成立于1953年的湖北省石油总公司。1998年7月整体划归石化集团公司管理，2000年4月按照中国石化整体重组上市要求，改制为石化股份公司湖北石油分公司。2014年6月，中国石化销售业务重组，更为现名。

湖北石油分公司是湖北省成品油销售的主渠道企业，主要经营成品油和天然气的销售、储运及便利店等非油品业务，经营服务网络覆盖湖北省所有地区，下辖武汉、宜昌、荆州等16家市州分公司，承担着湖北省成品油资源配置和市场供应的主渠道责任。截至2014年底，资产总额107.1亿元，资产负债率45.7%。用工总量1.39万人，其中正式职工3 050人。在营油库23座，在营加油站1 881座（其中加气站50座），在营便利店1 711座。2014年成品油经营量666.8万吨，非油收入9.31亿元，实现报表利润7.15亿元。

湖北石油分公司主要经营指标见表1。

（张方涛）

【经营工作取得好成绩】 2014年，湖北石油分公司紧紧围绕客户、市场和效益三大中心，精心统筹，精细运作，销售成品油666.8万吨，同比增长3.7%，在“比学赶帮超”活动中获得6面月度红旗。在资源运作上，深入分析，超前预判，主动运作，实现资源创效约4亿元。在物流组织上，坚决贯彻低库存运行战略，克服油库条件有限、供应结构矛盾、油品升级换代、铁路运输紧张等困难，精心平衡资源，确保了市场供应平稳，成品油运杂费 48.66 元/吨，较中国石化考核指标节省近千万元。在销售组织上，把握好竞合关系和量效关系，运用好网厅、微信等网络工具，突出整体营销、交叉营销、站长管理、加油卡拓展，大力开展小额配送，实现零售 564.6 万吨，增长 4.6%。以市场占有、兼顾效益为核心，贴近市场完善直分销价格策略，突出加大客户走访力度，实现直分销 102.3 万吨。积极协调物价部门，争取天然气价格政策支持，从总体上提高了天然气销售价差水平。在经营基础工作上，理顺经营体制，在市州公司统一设置了经营管理部，重新梳理燃料油业务流程；加强市场监测和日常经营监控分析，强化日常库存监管，累计检查油库 414 次，抽盘油罐 931 次，查阅凭证 2 200 余本，现场查出问题 174 项，及时督促整改，保管损耗率控制在目标范围以内。加强承运商管理，开展“六打六治”打非治违专项活动，大力打击偷盗油品行为，累计对 17 名偷盗油品的司机予以除名处理，对 39 台违规车辆实行停运整改或经济处罚。

（张方涛）

【非油业务快速发展】 2014 年，湖北石油分公司抓住混合所有制改革给非油发展带来的新机遇，重新确立非油发展的新定位、新目标、新思路，改进工作方式，非油工作效率和经营质量取得明显提升。大力开展精品店建设，改进和提升便利店的软硬件水平，营造营销氛围，提高店销比例，控制烟酒库存。在高速公路服务区改造提升，汽服、餐饮、保险、广告等新兴业务，环保产品生产基地等方面均实现突破。全年实现非油销售额 9.31 亿元，同比增长 39%。在总量保持增长的同时，经营质量和结构也逐步改善，50 万元以上门店营业额占到了便利店营业额的 48%，重点商品营业额排名销售企业第 4 位，累计投营汽服、餐饮、保险等新项目 224 个，重点商品销售和汽服、广告、餐饮等新项目销售占比分别提高到 8% 和 4.8%，烟、酒库存分别较 2014 年初下降 19.5% 和 21.8%，与华北公司合作建立柴油车尾气处理液华中生产基地项目签约，二里湖服务区综合经营提升试点成效初显。

（张方涛）

【实现国Ⅳ车柴升级置换】 2014 年，按照中国石化提前实施国Ⅳ车柴质量升级的整体部署，湖北石油分公司克服双品种运行、供应不稳定、政策不明朗、价格差异大等困难和资源流向及储运设施等条件的制约，提前启动各项升级置换工作。4 月成立国Ⅳ车柴质量升级领导小组，向湖北省政府专文请示国Ⅳ车柴提前升级，7 月 30 日得到省政府的批复，同意 9 月 1 日起提前推广国Ⅳ车用柴油，并获得优质优价政策。为满足市场对车柴、普柴的不同需求，确立尽可能实现油库双品种运行或区域双品种运行的基本原则。根据资源流向和储运条件，从 8 月起由武汉、黄石、宜昌、荆门、襄阳、十堰逐步推进各地区的车柴置换。认真分析各油库罐容结构，研究国Ⅳ车柴流向布局，密切关注炼厂生产情况，妥善安排车柴、普柴调运，在保障柴油供应的同时，减少反复置换和油品降级，尽力避免效益损失。

（张方涛）

【库站网络进一步优化】 2014 年，湖北石油分公司加快物流仓储和营销网络布局优化，着眼资源调运存储需求和管道建设规划，重新对全省 23 座在营油库做了调研和论证，形成保留 15 座油库的优化调整和改造方案，年内已经有 3 座油库启动了扩容改造。启动并加快了横店非油品中央仓的建设。采取加快重点位置加油（气）站投营、填补空白点、稳住租赁站、改造潜力站、关停低效站等措施，保持了零售终端网络的持续稳定发展势头，营销网络进一步优化。全年累计发展加油站 34 座、加气站 4 座，新增投营加油站 42 座、加气站 6 座，完成提量改造加油站 37 座、油气回收改造加油站 105 座，反复综合比选关停小站 92 座，全省系统单站销量同比增长了 4.1%。提升网络信息化应用水平，完成 ERP 大集合试点，在销售企业 5 家试点企业中率先切换成功，完成 1 817 座加油站的普票系统试点工作，完成省、地两级单位网络改造和升级，ERP 系统应用成功贯标，按进度完成加油卡系统、海信系统升级工作。

（张方涛）

【加油卡网上营业厅上线】 2014 年 1 月 6 日，湖北石油加油卡网上营业厅开始试运行，2 月 15 日正式对外全面推广。为确保上线工作达到预期效果，湖北石油分公司将网厅员工培训、考核激励、现场推介、客服话销及大客户开发等环节作为工作重心，安排专人负责日常监控、跟踪、考核和指导，推动市州公司积极开展网厅宣传推广。4 月起，开展“网上充充充，马上送送送”活动，通过网上营业厅充值和预分配达到规定条件的客户可享受一定优惠，全省统一制作了宣传海报、折页、加油卡套及静电贴，并通过广播、现场推介、短信等扩大活动影响。经过持续 3 个月的宣传营销，形成了一批稳定的网上充值客户群体，4 月以来网上充值额占全省充值额的比例超过 30%，7 月 18 日湖北网厅营业额突破 30 亿元，网充日均营业额稳定在 2 000 万元以上。

（张方涛）

【体制创新提升效率】 2014 年，湖北石油分公司全面完成混合所有制改革尽职调查、审计评估、证照变更、股权调整等各项基础工作。借助 ERP 大集中，将润滑油、燃料油中心和非油、水上、商客进行重组，理顺天然气业务运行管理流程，调整规范省公司机关部门设置、名称和职责，建立了标准化的省级销售企业内部机构。根据行政区划和管理需求制定标准，重新梳理设置 74 个县市公司和 25 个零售片区，统一规范市州公司内部机构名称和数量，省市公司上下衔接更加畅通，进一步提升了管理效率。对全省用工情况进行深度清理，立足科学用工，开展一线员工劳动量测评，为优化油气站定编、排班以及薪酬分配提供了依据。按照控总量、提劳效、增收入原则，广泛开展定岗、定员和定编工作，分市州逐一完成了对接。作为销售企业 2 家试点单位之一，在宜昌、荆门公司开始了加油站委托经营模式试点，通过加油站经营权委托释放员工自主创业、创效积极性，提升加油站管理水平和经营创效能力。积极推广加油站自助加油和油库“大班制”，不断优化用工结构和总量。通过“三定”对接、关闭低效站、自助加油、优化排班等措施，在增站前提下累计比上年净减少用工 164 人。

（张方涛）

【落实从严管理要求】 2014 年，湖北石油分公司深入开展“从严管理年”活动。组织对 23 座在营油库和 597 座销量 2 000 吨以下的加油站逐一进行调研，重点是库站的设备设施，污水处理及油气回收装置，加气站的专业设备及备品仓库，小站的站房、场坪和形象，库站施工现场的监管等内容，对发现的问题逐条实施防范整改。进一步清理外采油供应商，要求油源要向上三级可追溯，强化质量化验，坚决不让未达标油品进库。加强非油品的食品质量把控，加大盘点力度和临期商品处置力度，每年组织全省的商品数质量专项交叉检查。明确要求全省所有营业室的收款员一定要是财务人员，严格落实函证，严禁客户经理使用自己的银行卡在营业室刷卡，严禁替客户保管提油卡。组织商客营业室内控检查和流程测试，针对发现的问题逐项整改。狠抓加油卡制度执行，严厉查处加油卡套现，加强异常卡监控；落实全省客户分层级维护走访；对 IC 卡优惠进行统一规范，由省公司统一依托后台数据划分优惠级别；对员工进行职业道德教育、廉洁风险教育，认真宣贯员工违纪处理办法。规范加油站银行上门收款流程，优化站点分布。对全省营业款自存的加油站进行全面风险排查，试点加油站智能清账管理，探索在加油站设置银行存取款一体机，采取一切措施提高持卡消费比重，减少加油站资金管理风险。

（张方涛）

【连续 10 年被评为安全生产红旗单位】 2014 年，湖北石油分公司以 HSE 及数质量责任落实为重点，结合“从严管理年”“安全隐患整改年”及“罐区安全审计”等专项活动部署，深入开展隐患排查治理，强化作业现场安全管理和重点薄弱环节监管，持续提升应急能力建设，大力构建“为生命安全和家庭幸福而工作”的企业安全文化，广泛开展形式多样的安全数质量教育培训，HSE 及数质量工作总体平稳，全年未发生上报石化集团公司等级 HSE 及数质量事故。第 10 次获得湖北省人民政府安全生产红旗单位称号，第 6 次获得石化集团公司安全生产先进单位称号，并获得全国职业病防治知识竞赛优胜单位奖。下属荆门石油分公司被国家安监总局命名为全国安全文化建设示范企业，成为中国石化系统首家获此荣誉的单位。

（张方涛）

【抓党建增强企业凝聚力】 2014 年，湖北石油分公司切实抓好党的群众路线教育实践活动整改落实，落实“八项规定”，促进了工作作风转变，全年公务性支出总体下降 16.8%。认真宣贯石化集团公司员工守则和职工违纪违规行为处分规定，反腐倡廉工作得到进一步加强。强化基层党组织建设，大力选树身边的典型事迹。有效发挥工会、群团纽带作用，组织开展职工运动会，增强企业凝聚力和向心力。深入开展以温馨、平安、奋进、和谐为内涵的“家文化”建设，通过硬件提升、环境改造和服务改进，竭力打造员工之家和客户之家，切实加强窗口建设，提高了员工和客户的满意度。推进实施基本医疗保险改革，机关老年活动室被石化集团公司授予“五好”老年活动室荣誉称号，离退休队伍整体保持和谐稳定。坚持事要解决、敢于担当，一些棘手的历史遗留逐步得到依法依规、合理妥善地解决。

（张方涛）

表 1　　湖北石油分公司主要经营指标

指标名称＼年份	2014	2013	2012	2011	2010	2009	2008
成品油销售总量/万吨	666. 80	637. 72	600. 08	565. 97	513. 08	474. 49	468. 00
零售量	564. 58	539. 50	514. 31	482. 78	391. 88	357. 50	369. 00
利润/亿元	7. 15	6. 93	7. 21	5. 71	5. 40	5. 20	6. 36
销售收入/亿元	531. 41	513. 78	481. 11	448. 66	355. 44	285. 51	301. 03
吨油费用/元	326. 00	317. 00	313. 00	294. 00	288. 00	284. 00	245. 00
加油站总数/座	2 176	2 205	2 166	2 146	2 055	1 925	1 853

湖南石油分公司

【概况】　中国石化销售有限公司湖南石油分公司（简称湖南石油分公司）位于湖南省长沙市湘春路 113 号。其前身为成立于 1950 年 7 月的中国石油公司长沙分公司，1998 年 7 月整体划归石化集团公司，2000 年 2 月随石化集团公司重组改制和主辅分离，分设为石化股份公司湖南石油分公司（上市公司）和石化集团公司湖南石油总公司（存续公司）。后者于 2007 年改组转制为中国石化集团资产经营管理有限公司湖南石油分公司（简称湖南石油资产分公司），2009 年 7 月，湖南石油资产分公司交由湖南石油分公司托管。2014 年 5 月 14 日，更名为中国石化销售有限公司湖南石油分公司。

截至 2014 年底，湖南石油分公司下设 15 个地市级分公司、89 个县级公司，省公司机关设立 20 个处室（中心）、1 个阶段性机构（湖南成品油管道项目部）。用工总量 12 274 人，资产总额 150 亿元，在营加油站 1 564 座，在营油库 21 座，在营易捷便利店 1 300 座。拥有湖南省最为完善的成品油销售网络，是湖南省成品油经营主渠道企业。主要从事汽油、柴油、燃料油的销售，石油制品、润滑油、化工产品销售、储存，车用燃气经营，以及非油品（烟酒、饮料、百货、食品、汽车用品、润滑油、其他服务）销售业务。

湖南石油分公司主要经营指标见表 1。

（全青丰）

【领导班子调整】　2014 年 12 月 31 日，石化集团公司党组对湖南石油分公司领导班子进行调整：潘桂妹任湖南石油分公司总经理、党委副书记，张毓勤任湖南石油分公司党委书记、副总经理；曹小攀任湖南石油分公司副总经理，吴世胜任湖南石油分公司党委副书记、纪委书记。调整后湖南石油分公司领导班子由潘桂妹、张毓勤、李向荣、陈智勇、黎晓、黄河、曹小攀、吴世胜组成。

（全青丰）

【销售总量再创历史新高】　2014 年，湖南石油分公司坚持主导市场，精心组织营销，用情维系客户，用心开拓市场，销售总量等指标创历史新高。共销售各类油品 688. 50 万吨，其中成品油经营量 687. 4 万吨，同比增长 5. 3%，其中零售 566 万吨，增长 2. 4%；直批 121. 4 万吨，增长 21. 6%。天然气销售 262. 00 万立方米。非油品营业额 8. 4 亿元，增长 46. 7%。实现报表利润 7. 35 亿元。

（全青丰）

【开展质量效益年活动】　2014 年，湖南石油分公司开展“质量效益年”活动。努力优化物流运行增效，吨油运费还原后低于总部考核标准 8. 1 元，节费5 575 万元。坚持量价兼顾，优化经营结构，提高外采效益，优化经营增效；开展 EVA 专题研究，强化分析引领支撑；持续推进全员成本目标管理，制定下发 5 类 30 个量化分析评价指标，分解细化落实 24 项挖潜增效措施，实现挖潜增效 1. 27 亿元；加强存量资产管理，积极盘活闲置土地和房产，实现对外租赁收入 1 317 万元，盘活闲置土地 61 宗。

（全青丰）

【非油品业务实现快速发展】　2014 年，湖南石油分公司加大非油品业务发展力度，大力推进专业化运营和规范化管理，继续打造精品店、标准店，门店销售能力进一步提升。规范采购流程，扩大统采规模，提高中央仓配送能力，发展基础进一步夯实。强化营销组织，推进节庆营销，主题营销常态化、多样化、专业化，带动营业额增长超1.1亿元。清理整顿不规范汽服项目110个，招投标选择了6家专业化、实力强的合作单位，开建16个汽服项目。加大专项考核奖励，开展全员销售竞赛，广大一线员工主动“提篮销售”、积极送货上门，促进了营业额快速增长。

（全青丰）

【车用天然气业务实现突破】 2014年，湖南石油分公司建立车用天然气资源采购比价竞争机制，努力落实资源和运输保障，加快已建成加气站投营，自有自营加气站累计投营6座，全年销售天然气262万立方米，同比增长273%。同时，积极推进与湖南省政府指定的天然气统一投资经营平台湘投集团的合资合作，7月，合资合作设立的湖南省燃气有限公司正式挂牌运营。

（全青丰）

【终端销售网络进一步优化】 2014年，湖南石油分公司严格排队优选发展项目，全年新发展竣工加油（气）站13座、在建8座，累计投产33座；取得4对高速公路服务区经营权，续签京港澳高速昭山服务区经营合同，并统筹提质改造、隐患治理、油气回收、自助加油、汽服建设等，推行库站综合治理。完成134座库站油气回收治理，新增全自助站44座、半自助站60座。

（全青丰）

【湖南成品油管道二期竣工投运】 2014年6月16日，湖南成品油输油管道二期工程竣工投油。湖南成品油管道及配套油库工程二期项目是石化集团公司和湖南省的重点建设工程项目，包括长沙—郴州和湘潭—娄底2条管道，沿线经过长沙、湘潭、衡阳、郴州、娄底5个市的13个县（市、区），线路全长482千米，设计输送能力520万吨/年，与已投产的长岭—株洲成品油管道并网运行，可覆盖湖南经济发展最活跃的“3+5”城市群。

（全青丰）

【开展“从严管理年”活动】 2014年，湖南石油分公司扎实开展“从严管理年”活动，进一步细化完善部门和岗位职责，梳理健全规章制度，积极宣贯“五个问责”办法和职工违纪违规行为处分规定，坚持不懈加强HSE和油品数质量管理。认真开展“安全隐患整改年”活动，投入2.2亿元，完成了1 100项安全隐患和“碧水蓝天”环保隐患整改。强化依法治企，加强全面风险防控。大力开展“加油站综合服务提升年”活动，推广加油站可视定置化管理，促进了企业管理制度化、规范化、标准化。被湖南省人民政府评为安全生产先进单位。

（全青丰）

【改革重组工作走在销售板块前列】 2014年，石化集团公司启动对油品销售板块实施改革重组，湖南石油分公司坚决执行统一部署，快速行动、加班加点做好资产清查、资产审计评估、长投股东变更、法律尽职调查，以及证照变更、土地和房产权证规范等工作，规范土地187宗、房产996项、股权4项，并且节省办证成本5 064万元，改革重组各项工作完成进度处于油品销售企业前列。

（全青丰）

【加强员工队伍建设】 2014年，湖南石油分公司对员工队伍现状进行全面梳理，在此基础上，制定了《加强人才队伍建设指导意见》等13个制度办法。同时，坚持抓好“四好班子”创建，调整优化了17家单位（部门）领导班子，扎实推进优秀年轻干部“上挂”和“下派”工作。积极推进考核分配、用人用工等机制改革，实施竞争性选拔，对省公司机关财务、安全数质量部门中层以下管理岗位，面向全省系统公开竞聘，86人报名参与竞聘28个岗位。认真组织开展教育培训，全年举办培训班235期，培训员工15 331人次，抓好职业技能鉴定，500人获得资格证书，队伍素质进一步提升。竞赛比武成绩优异，获石化集团公司纪检监察、信息、审计竞赛比武团体奖，个人分获金、银、铜牌11块。

（全青丰）

【党建思想政治工作】 2014年，湖南石油分公司抓实群众路线教育实践活动整改，省市两级公司整改到位率达99.2%。组织“三严三实”大讨论，开展“强作风、严管理、提效率”机关建设活动，认真落实基层联系点制度，干部员工队伍作风进一步转变。加强基层党组织标准化建设，选树宣传“我身边的典型”。大力宣贯石化集团公司企业文化建设纲要，积极推进“家文化”建设，切实加强“用心用情责任”特色企业文化教育，建立关爱员工长效机制，实施全员健身计划，队伍凝聚力、向心力进一步增强。严格执行中央“八项规定”和石化集团公司党组 23 条实施细则，持之以恒反“四风”，促进了风清气正；落实维稳责任，规范信访程序，推动问题解决，维护大局稳定。

（全青丰）

表 1　　湖南石油分公司主要经营指标

指标名称＼年份	2014	2013	2012	2011	2010	2009
成品油销售总量/万吨	687.40	653.00	608.00	573.00	524.52	472.20
零售量	566.00	553.00	516.00	471.80	374.41	350.00
销售收入/亿元	525.00	513.00	484.20	451.00	369.32	281.00
报表利润/亿元	7.35	7.20	9.30	5.89	6.36	8.02
吨油费用/元	348.00	342.00	335.00	327.00	287.00	296.00
加油站总数/座	1 564	1 545	1 530	1 514	1 508	1 460

广东石油分公司

【概况】 中国石化销售有限公司广东石油分公司（简称广东石油分公司）前身是成立于 1950 年 6 月的中国石油贸易公司广州分公司，1961 年 11 月更名为广东省石油公司，1992 年 8 月改组为广东省石油企业集团公司，1998 年 7 月，广东省石油企业集团公司及其属下的 116 家市、县公司整体划归石化集团公司。2000 年 3 月，重组为石化股份公司广东石油分公司和石化集团公司广东省石油企业集团公司。2014 年 5 月，更名为中国石化销售有限公司广东石油分公司。

广东石油分公司下设 16 个综合管理部门、2 个专业中心、21 家地市级分公司和 1 个直属单位。截至 2014 年底，用工总量 21 436 人，加油站保有量 2 589 座，在营油库 31 座，资产总额 257.7 亿元。

2014 年，广东石油分公司实现成品油经营总量 1 546.52 万吨，同比增长 3.0%。其中，零售 1 195.37万吨，增长 4.0%；直销 256.41 万吨，批发 94.74 万吨；燃气经营量 33.23 万吨；非油品便利店营业额 17.81 亿元，同比增长 34.1%。实现报表利润 27.26 亿元。

广东石油分公司主要经营指标见表 1。

（陶思学）

【领导班子调整】 2014 年 1 月 18 日，石化集团公司党组成员、石化股份公司高级副总裁章建华，石化股份公司副总裁兼油品销售事业部主任张海潮等到广东石油分公司宣布主要领导调整的有关决定，夏世祥任广东石油分公司总经理、党委副书记。9 月，受石化集团公司人事部委托，夏世祥总经理宣布濮志梁任广东石油分公司正局级调研员，董光明、张文胜任广东石油分公司副总经理。

（陶思学）

【主要经营指标再创新高】 2014 年，广东石油分公司紧紧围绕深化改革、转型发展、从严管理工作主线，转变经营理念，主要经营指标实现新提升。全年实现成品油经营总量 1 546.52 万吨；成品油零售 1 195.37 万吨，直销 256.41 万吨，批发 94.74 万吨；非油品便利店营业额 17.81 亿元；实现销售收入 1 225.76 亿元；报表利润 27.26 亿元。

（陶思学）

【加油卡自助充值及预分配交易排名第一】 2014 年，广东石油分公司 IC 卡持卡消费比例达到 50.7%，同比提高 3 个百分点，沉淀资金增长 11%；加油卡网银自助充值 32 亿元，自助预分配交易额 74 亿元，排名中国石化油品销售系统首位。

（陶思学）

【推进油品升级】 2014 年，广东石油分公司积极协调省政府国Ⅴ油品升级，妥善解决中国石化与广东省政府之间国Ⅴ与粤Ⅴ的争议分歧，明确油品升级时间表。7月1日起，广州、深圳、珠海、佛山、惠州、东莞、中山、江门、肇庆、阳江、湛江、茂名、清远、云浮14市全部销售国Ⅴ车用汽油；10月1日起，汕头、韶关、河源、梅州、汕尾、潮州、揭阳7市全部销售国Ⅴ车用汽油。

（陶思学）

【非油品业务实现战略发展】 2014年，广东石油分公司加强非油品业务基础建设，推进专业化运营。进行跨界合作试点，与利亚零售合作开展便利店一体化营运，探索与喜市多、7－11等便利店合作，与顺丰合作推出嘿客店中店。加快推进重点业务，建设汽服网点31座，与太平保险公司合作实现销售884万元，引入违章代办业务实现销售788万元。全年非油品便利店营业额17.81亿元，同比增34.1%；毛利额2.54亿元，增16.2%。

（陶思学）

【燃气经营实现快速增长】 2014年，广东石油分公司拓宽资源采购渠道，理顺新海合资公司运作，全年完成燃气经营总量33.23万吨，同比增长2.5倍；实现毛利0.96亿元，增长18%。

（陶思学）

【加油（气）站网络创效能力提升】 2014年，广东石油分公司加强与政府和行业主管部门的战略合作，努力实现低成本发展。抓住部分城区扩容提质的发展机遇，以闲置油库、低效网点置换优质网点，推进闲置资产盘活。做好40座临期加油站的续租工作，保持网络完整性。2014年新建投营加油站28座、加气站8座，全年综合考虑263座安全隐患治理、891座“双微”改造、174座油气回收、35座汽服、29座形象改造等改造需求，避免短期内二次停业改造。

（陶思学）

【建立管理创效工作机制】 2014年，广东石油分公司积极探索管理创效，走内涵发展之路，初步建立管理创效指标体系及量化清单。通过低库存运作节约库存资金占用、强化资金收支管理、加大IC卡营销力度增加资金沉淀等措施，财务费用同比降低0.99亿元；充分利用政策，加大与政府部门沟通，争取堤围费等税费减免，堤围费下降0.3亿元；合理控制油品密度，降低油品损耗，油品保管损耗降低0.18亿元。全年费用总额下降1.44亿元，吨油费用343.47元，对比总部下达指标节省24元。

（陶思学）

【严格落实安全责任制】 2014年，广东石油分公司狠抓隐患治理，强化责任落实，夯实安全环保管理工作基础。完善安全管理方式方法，推进安全督察体系建设，发挥视频监控系统的监管作用，对全省系统加油（气）站、油库以及非经营场所开展全面安全隐患排查，严格落实安全责任制、整改销项制，整改问题27 735个。

（陶思学）

【智能建设不断完善】 2014年，广东石油分公司围绕科学管理、客户服务，搭建信息服务平台，为企业经营管理提供信息化支撑。优化电子商务功能，实现网上充值、在线咨询、在线购油。完善管理报表系统，集成费用报销系统。建设非油品辅助系统，完善加油卡监管功能，推广客户关系管理系统，提高了工作效率与管理水平，不断完善广东石油智能建设。

（陶思学）

【劳效水平大幅提升】 2014年，广东石油分公司通过开展两级机关职能优化、试点实施委托管理模式、持续推行小站目标责任制等方式，用工效率得到进一步提升，全省用工总量控制在2.2万人以内，人均成品油总量由637吨提高到718吨，增幅13%，人均零售量由604吨提高到662吨，增幅10%。队伍素质得到提高，队伍结构得到优化。推进省、市两级机关改革，配置专职直分销和零售客户经理445人。稳步推进加油站委托管理，9家第1批试点市公司实施委托站223座，平稳转移用工465人。

（陶思学）

【队伍建设持续加强】 2014年，广东石油分公司加强二级单位领导班子建设，注重年青后备干部提拔。处级中层干部平均年龄由47.2岁下降到46.4岁；70后、80后比例由26%提升到31%，本科及以上学历比例由72%提升到79%。进一步拓宽人才通道，组织开展省公司专家选聘，充分发挥各单位主任师、副主任师及高级技师、技师等高层级专业技术及技能人才作用。新招聘油气储运、基建工程、法律等紧缺专业应届毕业生24人，完善人才队伍储备。

（陶思学）

【关心关爱员工】 2014年，广东石油分公司加强工会共青团与企业经营管理的深度融合，落实关心关爱措施。全面推进“家文化”建设工作，全省建设中心饭堂334座，辐射1 100座油站、9 784名员工。568座加油站(库)开展小种养工作，年产值约280万元，全部用于丰富员工伙食，提高员工福利。落实困难员工帮扶工作，共支出困难救助金107万元，救助员工268人，做到真困难、真帮助。

（陶思学）

【树立良好企业形象】 2014年，广东石油分公司高度重视扶贫“双到”工作，投入300多万元帮扶对口扶贫村脱贫致富，被广东省扶贫开发办公室授予广东扶贫济困红棉杯铜杯，取得良好的社会效应。组织开展“青春驿站、满爱回家”“爱心加油站”等志愿者活动，深入开展青年文明号创建活动，有10家单位被评为广东省青年文明号。正式开通企业官方微博，微博影响力居全石化系统第一。率先创办官方微信，整合电子商务、油站导航、智能客服、客户互动、营销宣传和企业形象宣传等功能为一体，搭建车主服务掌上综合平台，适应新媒体浪潮，服务经营树立良好企业形象。

（陶思学）

表1　　广东石油分公司主要经营指标

指标名称＼年份	2014	2013	2012	2011	2010	2009
成品油销售总量/万吨	1 546.52	1 501.51	1 426.93	1 461.70	1 495.60	1 345.30
零售量	1 195.37	1 149.67	1 094.84	1 110.30	1 043.40	934.30
销售收入/亿元	1 225.76	1 209.99	1 168.47	1 180.62	1 048.00	857.00
报表利润/亿元	27.26	29.29	32.08	25.40	20.60	20.78
报表吨油费用/元	343.47	377.15	380.00	354.00	255.00	247.00
在营加油站总数/座	2 233	2 255	2 255	2 240	2 232	2 164
自营加油站数	2 169	2 174	2 176	2 159	2 148	2 077
联营加油站数	64	81	79	81	84	87

广西石油分公司

【概况】 中国石化销售有限公司广西石油分公司(简称广西石油分公司)位于广西壮族自治区首府南宁市，前身是成立于1952年的广西壮族自治区石油总公司，1998年划归石化集团公司，1999年按照石化集团公司重组改制、主辅分离的原则，组建广西石油分公司。2009年，广西石油分公司整合上市、非上市部门职能，推进了一体化管理改革。2014年6月，根据石化集团公司油品销售业务重组工作部署，变更为中国石化销售有限公司广西石油分公司。

截至2014年底，广西石油分公司设14个职能处室和3个专业中心，下辖13个地级分公司和105个片区，主要经营汽油、柴油、润滑油和燃料油的批发零售以及加油站便利店非油品业务等，控股管理广西辉煌石化公司、钦州鹰岭铁路公司，非控股联营广西高速石化公司、广西北投沿海石化公司。共有在岗员工9 271人，拥有在营加油站1 172座，在用轻油油库13座。资产总额90.74亿元。全年完成固定资产投资7.33亿元，已占用资本投资回报率(ROCE)20.67%。

2014年，广西石油分公司销售成品油585.74万吨，其中零售量482.76万吨、直销量87.21万吨。完成非油品销售额6.05亿元。全年实现销售收入442.80亿元，报表利润11.82亿元。

广西石油分公司主要经营指标见表1。

（刘国林）

【成品油经营规模稳定增长、结构持续优化】 2014年，广西石油分公司通过增站、改造、促销、激励、发展新客户等增量措施，有效应对了经济下滑、油价下跌、需求下降、竞争激烈等困难，实现增量13.47万吨，确保了成品油经营规模的稳定增长。全年销售成品油585.74万吨，同比增长2.29%。通过增加销售站点、完善配套设施、提升服务质量、加强专项激励等措施，加大汽油特别是高标号汽油的销售力度，全年实现汽油销售201.55万吨，增长

5.38%，其中高标号汽油 37.68 万吨，增长 29.74%。促进了企业经营结构持续优化，2014 年企业柴汽比 1.88 ∶ 1，下降 0.096；高标号比重 18.69%，提高 3.51 个百分点。

（刘国林）

【利润连续 4 年突破 10 亿元】 2014 年，广西石油分公司聚焦“一个中心、三大主题”，优化经营、从严管理、深化改革，努力提高发展质量和效益。超前运作外采，提升外采质量，全年购进低于调拨价资源 52.37 万吨，创效 3.21 亿元，同比增加 9 200 万元。加大汽油尤其是高标号汽油销售力度，全年实现汽油毛利 13.93 亿元，增长 5.32%，其中高标号汽油毛利 2.85 亿元，增长 21.8%。加强企业精细化管理，重点查找整改影响创效的问题，全年实现零售吨油毛利 691 元，增加 25 元；便利店人均毛利 1.13 万元，增加 903 元。企业全年实现报表利润 11.82 亿元。自 2011 年以来，企业报表利润连续 4 年超过 10 亿元，连续 4 年实现用排名销售企业中游的销售规模创造出排名上游的利润水平。

（刘国林）

【加油卡销售实现三增长】 2014 年，广西石油分公司通过推广自助加油、开展交叉营销、细化积分优惠、推广网厅业务等措施，加强加油 IC 卡的宣传、营销及推广工作，实现了发卡量、沉淀资金、持卡消费三增长。全年发卡 185 万张，同比增长 2.51%；沉淀资金 22.73 亿元，增长 12.11%；持卡消费比例创历史新高，达到 60.30%，提高 12%。全年实现自助销量 387.70 万吨，占零售总销量的 80.31%，增长 1.73%。

（刘国林）

【国 IV 车柴成功封闭运行】 2014 年，广西石油分公司实现国 IV 车柴成功封闭运行。主要领导积极协调发改、商务、物价、工商、质监等职能部门，率先获得国Ⅳ车柴优质优价及封闭推广政策。精心策划宣传方案，区地两级主流媒体统一宣传、统一发声，营造了良好的舆论氛围。多渠道落实资源，很好地应对了资源组织、物流调运等困难。加强与中国石油合作，有序推进资源调入、清罐换标等工作，分两批完成站点置换工作。逐站加强监督，通过专题布置会、联合检查执法等措施，推进全区社会站点 100% 按时完成置换，并且实现平稳运行，得到自治区领导的肯定。

（刘国林）

广西石油分公司成功推进国 IV 车柴封闭运行

【非油品量效实现 4 个突破】 2014 年，广西石油分公司创新非油品经营方式，细化经营管理，促进量效规模大幅增长。通过开展商品梳理、堆岛营销、组合促销、打造高速公路样板店、提量小改造等措施扩大门店销售，全年完成便利店零售 4.49 亿元，同比增长 22%。通过品鉴会、团购会、油非互动等方式积极做大团购，全年完成团购销售 1.56 亿元，增长 40%。通过主要领导亲自抓、专项营销、油非互动、加大激励等措施大力扩销重点商品，完成重点商品销售额 6 150 万元，其中销售卓玛泉 443 万元、尾气处理液 297 万元，排名省市第 5 名和第 3 名。通过在 343 座门店推行堆岛陈列位竞价出租，加强跟广告公司的合作，拓宽创收渠道，增加收入 128 万元。2014 年，非油量效实现 4 个突破：11 月单月销售额首次突破 6 000 万元；全年销售额突破 6 亿元；非油利润突破 2 000 万元，达到 2 010 万元，增长 2.2 倍；便利店利润突破 1 000 万元，达到 1 208 万元，增长 11.8 倍。

（刘国林）

【油气站投资结构不断优化】 2014 年，广西石油分公司转变投资理念，以回报论投资，突出发展重点，全年取得重点位置土地 11 块；新发展加油站 16 座，新增投营加油站 25 座；新发展加气站 7 座，新增投营加气站 10 座；新发展、新投营站全部在重点位置。

（刘国林）

【全面深化精细管理】 2014 年，广西石油分公司认真组织落实“从严管理年”活动，实施安全年目标、月计划管理，开展“隐患整改年”活动，重点加强施工安全管理及隐患治理，全年投入资金 1.15 亿元，治理隐患 869 项，是隐患整改力度最大、投入最多的一年，确保了全年安全总体平稳。深入推进一本账管理，加油站吨油水电费在2013年大幅降低的前提下，同比继续下降0.30元。自主研发、完善提升直分销、充值返利等7个信息系统，规范了管理流程，加强了风险防控。加强管理创新成果研究，基于海信辅助系统的非油品精细管理等5个课题获得石化集团公司管理创新成果奖，是获奖最多的一年。

（刘国林）

【降本减费取得实效】 2014年，广西石油分公司深化资金挖潜，推进降本减费工作取得良好成效。加强资金占用预算管理，把资金管控责任细化落实到各板块，优化资金存贷结构，实现利息净收入2 886万元，同比增加2 615万元。加大在建工程资金占用清理力度，完成项目转资186个，减少资金占用9.15亿元。抓好税收筹划、招投标、物采、审计及效能监察等工作，全年挖潜降费1.42亿元。通过上述措施，全年财务费用同比减少1 566万元，减幅31.73%。

（刘国林）

【体制改革不断完善】 2014年，广西石油分公司大力推进用工优化。以自助推广为突破口，通过优化排班、科技减负、岗位整合、重新核编、富余分流等综合措施，在全区在营站持续增长的情况下，用工总量减少422人，人均劳效从2013年第5名提高到第3名。同时推进岗位精简整合，区公司机关部门岗位数量从139个精简到81个。完善薪酬分配制度改革。开展了加油站薪酬结构调整工作，细分为基薪、基本绩效、增量奖金，加油站按销售规模定基薪、定绩效，增量奖金跟每月任务完成挂钩，阶梯激励，多超多得，充分调动了基层工作积极性，加油站人均收入实现增长11%。积极推进混合所有制改革配套工作，工商证照和长投股权变更工作得到石化集团公司肯定并推广经验。

（刘国林）

【为30多万名返乡农民工提供服务】 2014年，广西石油分公司全面履行国有大型企业的社会责任。春节期间，组织开展了“情暖驿站满爱回家”活动，组织为30多万名返乡农民工提供优质服务，央视、新华网等中央媒体和广西电视台、《广西日报》《南国早报》等地方主流媒体先后宣传报道，受到地方政府的高度赞扬。

（刘国林）

广西石油分公司开展“情暖驿站满爱回家”活动

【党建工作不断加强】 2014年，广西石油分公司深入贯彻落实教育实践活动，强化“四风”整改，领导班子及整改方案的整改完成率分别为95.20%和96.81%，评测员工群众满意率98.3%，石化集团公司第四督导组给予充分肯定。严格落实中央“八项规定”精神，全年业务招待费同比减少212万元、降幅28.5%，会议费减少120万元、降幅43.52%，车辆费减少106万元、降幅15.80%。调整优化地市领导班子结构，组织培训班2 214个，培训6.65万人次，“三支队伍”建设取得进步。全年发表宣传报道3 520篇，增长52.13%，提升手机报质量，启用微博、微信，宣传工作成效良好。推动重点信访问题疏导化解，抓好真困难、真帮助，发放困难补助4 870人次、补助金529.25万元，促进企业和谐稳定。

（刘国林）

表1 广西石油分公司主要经营指标

年份 指标名称	2014	2013	2012	2011	2010	2009
成品油经营量/万吨	585.74	572.64	533.41	491.04	460.63	422.47
零售量	482.76	463.77	432.44	395.00	361.11	333.28

续表

年份 指标名称	2014	2013	2012	2011	2010	2009
销售收入/亿元	442.80	445.71	423.00	378.13	306.08	241.05
利润/亿元	11.82	11.09	13.37	10.01	6.68	6.69
吨油费用/元	330.83	315.41	315.39	322.41	304.39	276.77
加油站总数/座	1 172	1 166	1 132	1 090	1 053	1 041

海南石油分公司

【概况】 中国石化销售有限公司海南石油分公司(简称海南石油分公司)位于海口市滨海大道163号。其前身中国石油公司广东省海南公司创建于1953年，1998年9月划转石化集团公司。2000年实行主、辅分离，主业成立中国石油化工股份有限公司海南石油分公司，辅业为中国石化集团海南石油总公司。2006年，海南石油总公司整体转制为中国石化集团资产经营管理有限公司海南石油分公司(简称海南石油资产分公司)。2009年9月，海南石油资产分公司委托 中国石油化工股份有限公司海南石油分公司管理。2014年6月，中国石化油品销售业务重组，中国石油化工股份有限公司海南石油分公司更为现名。海南石油分公司主营石油、天然气、石油化工、化纤及其他化工产品的销售，日用百货便利店经营，汽车清洗服务，并经营食品、乳制品及卷烟、雪茄烟的零售，是海南省最大的成品油批发零售企业，负责海南全省的成品油供应，销售网络覆盖海南省陆、海两域。

截至2014年底，海南石油分公司资产总额28.74亿元，拥有油库4座，在营加油站(含液化气站)291座；用工总量2 495人，其中在岗正式职工495人，经营管理人员410人，拥有中、高级技术职称的90人；共设有13个职能处室、6个专业中心、18个市县公司，下辖海南经济开发有限公司。

海南石油分公司主要经营指标见表1。

(李春贻)

【经营业绩再上新台阶】 2014年，海南石油分公司成品油经营量138.73万吨，完成年度计划的100.53%，同比增长6.01%。其中，零售量114.55万吨，增长4.78%；直销量22.59万吨，增长12.14%；液化气16.11万吨，增长15.69%。在油品销售公司重点对比的23项指标中，剔除个别指标没有排名外，海南石油分公司有16项进入前5名，其中汽柴油综合价格到位、汽柴油总量增幅位居第一，枪出零售量增幅位居第二，利润预算完成率、吨油成品油利润、净资产收益率排名第三。

(李春贻)

【提前完成全年利润目标】 2014年，海南石油分公司营业收入120.90亿元，同比增加6.87亿元，增幅6.02%。全年实现报表利润3.45亿元，增长12.24%，提前4个月完成全年利润目标。

(李春贻)

【非油品业务营销多样化】 2014年，海南石油分公司非油品业务开展了各种主题营销和常态促销活动。组织重点及特色商品销售，召开茅台系列酒专场品鉴订货会，开展机关管理人员“当好一天推销员”销售活动，推进餐饮、汽服、广告合作前期工作，为下一步经营打下基础。同时加强与供应商返利谈判，降低采购成本。非油品全年销售收入1.88亿元，同比增长26.95%。

(李春贻)

【油气站建设取得新成效】 2014年，海南石油分公司注重投资结构调整，着力提升发展质量。通过项目比选、全环节测算等有效措施，积极向要效益、重回报转变。以现站改造、自建方式重点发展加气站，全年发展加气站8座。在城市重点位置完善加油站点布局，全年新建加油站3座，加速转化投营13座，自建站比例达到100%。加大自助推广力度，全年完成28座加油站的自助改造，使公司自助加油站增加到了81座，占在营站的28.22%。积极推进加油卡网络建设，全年新增发卡网点18个，累计已达205个，占在营站的66.99%。获得销售企业“比学赶帮超”汽车加气发展先进奖和发展质量奖。

(李春贻)

【坚持从严从细管理】 2014 年，海南石油分公司扎实开展“从严管理年”“安全隐患整改年”“加油站综合服务提升年”等主题活动。突出问题导向，从严从细管理，强化督察催办，严格考核兑现。继续推进制度标准化、规范化建设，研究制定安全环保、数质量等责任追究制度，着力构建更严格的制度体系。有序推进安全环保隐患治理和“碧水蓝天”环保专项工作，完成石化集团公司级 211 项隐患治理、油气回收改造 252 座站。加强油品监督检查，确保油品质量和油耗控制，全年自查及总部、政府抽查结果显示油品质量 100% 合格；全年一次物流运输损耗率 0.13%，同比下降 0.01 个百分点，已连续 3 年下降。狠抓成本费用管控，全年吨油费用 342 元，比预算减少 8 元；公务性支出同比减少 73 万元，减幅 8%。继续深化企业税收筹划工作，消防安全用地减免税款 278 万元。严格用工总量控制，年末减少用工 373 人。加强非上市管控，提高资产出租效益和处置收益，实现非上市盈利 379 万元。

（李春贻）

【机关和基层管理人员双向挂职】 2014 年，海南石油分公司实施双向挂职。管理人员通过基层到机关和机关到基层挂职锻炼的方式，加强沟通，磨练意志，提高管理能力和履职能力。基层挂职锻炼分为 3 个批次，每批次时间为 1 年，2017 年完成此项工作。2014 年 8 月，第 1 批机关管理人员下基层挂职。此次挂职锻炼的人员，年龄未超过 45 岁，且未有连续 1 年基层工作经历，他们当中有部门中层副职、处长（经理）助理、主管和主办以及办事员。

（李春贻）

【稳妥推进小站委托管理改革】 2014 年 4 月，海南石油分公司实施小站委托管理改革，将单站销量小、市场区域控制力好的加油站（简称小站）纳入委托管理范围。改变管理模式，在托管站所有权、经营权和相关资质不变的前提下，划小责任主体，将改制企业统一委托管理模式调整为单站委托管理模式。通过内部自愿报名程序，拟定委托管理 131 座小站，涉及人数 656 人。年内已完成 122 座小站委托管理，为下一步推动用工方式转变奠定了良好基础。

（李春贻）

【抗击超强台风“威马逊”】 2014 年 7 月 18 日，海南遭遇自 1973 年以来最强台风袭击，台风“威马逊”中心风力达 17 级。海南石油分公司在台风来临前紧急启动防台、防汛应急预案，储备足量油品资源和抗灾物资，各加油（气）站、油库采取各项措施抵御台风。公司领导靠前指挥，全体干部职工在暴风骤雨中坚守岗位，全力保护设备财产安全，确保油品及时供应。全省近 300 座加油站中，虽有 163 座站受损，部分加油站罐区、加油区严重被水浸泡，加油、加气站的铺助设施损失严重，但是由于防御措施到位，加油机等主要营业设备无一受损，保证了全省各重点行业的油品供应，更没有发生一起油品质量等投诉事件。

（李春贻）

公司总经理徐天民在台风登陆时到加油站检查工作

【推进党建和队伍建设】 2014 年，海南石油分公司开展学习贯彻党的十八大精神和习近平总书记系列重要讲话精神，引领中层干部把中央精神、总部要求和公司工作部署自觉转化为实际行动，推动各项工作有序开展。坚持领导干部带头，抓好群众路线教育实践活动问题整改，推动干部作风转变，整改措施完成率为 98.2%，员工群众满意率为 98.61%。持续加强党建工作系统化管理，推动党建工作与经营工作深度融合，逐步走上制度化、规范化轨道。落实党风廉政建设“两个责任”，认真贯彻新任干部廉政谈话制度，组织开展廉洁自律承诺活动，规范处理群众来信来访及案件查办，加强监督检查“八项规定”精神落实情况，强化警示教育作用。持续做好企业维稳和舆情引控，对内对外加强正面宣传，为公司经营发展营造了良好环境。充分发挥工团组织桥梁纽带作用，创建各级文体活动场所，持续开展群众性文体活动，落实困难帮扶救助政策，以实际行动强化员工对精神文化的认同感。每月开展明星员工评选活动，挖掘各层次优秀员工，树立先进典型，激发员工爱岗敬业热情，营造积极向上的工作氛围。

（李春贻）

表1 海南石油分公司主要经营指标

指标名称＼年份	2014	2013	2012	2011	2010	2009
成品油经营总量/万吨	138.73	130.86	120.58	113.05	111.09	97.92
零售量	114.55	109.32	100.68	96.67	82.52	73.40
销售收入/亿元	120.89	113.93	105.97	98.60	87.45	60.59
利润/亿元	3.45	3.07	3.74	2.28	1.81	1.65
吨油费用/元	342.00	325.00	341.00	333.00	230.00	282.00
加油站总数/座	291	303	300	296	289	284

贵州石油分公司

【概况】 中国石化销售有限公司贵州石油分公司(简称贵州石油分公司)位于贵州省贵阳市解放路21号，是贵州省最大的一家成品油经营企业。主要经营汽油、柴油、润滑油及非油品。

截至2014年底，贵州石油分公司共设14个职能部门和4个专业中心，下属9个市(州)分公司。拥有大、中型油库10座(包括西南成品油输油管道下载油库5座)，总库容36万立方米，非油品物流配送中央仓1座。在营加油站827座，资产总额77.2亿元。共有员工6 834人，其中经营管理和专业技术人员1 195人，具有专业技术资格人数770人(仅统计在岗人员)。其中，正高级1人，副高级33人，中级185人，初级551人。

贵州石油分公司主要经营指标见表1。

(涂雯婧)

【积极推进混合所有制改革】 2014年，贵州石油分公司根据总部重组改制要求，积极推进混合所有制改革。4月28日，中国石油化工股份有限公司贵州石油分公司更名为中国石化销售有限公司贵州石油分公司。按照重组审计基准日和交割日填报审计、评估各项报表，收集海量资料和原始证据，调整账务涉及资产9 150万元，变更营业执照、税务登记证、开户许可证等各项执照859项；克服历史遗留问题，梳理长期股权投资项目6项，并完成股权变更。同时制定专项奖惩考评办法，逐宗对接全省不规范土地、房产，完成72宗土地和122项房产证照的规范工作。

(涂雯婧)

【经营效益再创新高】 2014年，贵州石油分公司在成品油市场需求不旺、竞争加剧的严峻形势下，严格按照石化集团公司、油品销售公司的整体部署，从严管理、精准研判市场，超前滚动平衡进销。实时跟踪国际、国内、省内成品油资源、价格及市场动态，克服管输与铁路调运的困难，精心运作库存，保障了资源供应。同时多渠道采集比对信息，灵活制定经营策略，实现了经营逆势而上，效益再创新高，各项工作稳步推进。全年销售油料458.9万吨，完成下达计划的106.7%。其中，成品油零售量358.5万吨，完成下达计划的102.4%；成品油直销量85.6万吨，完成下达计划的118.9%；非油品营业额5.07亿元，完成下达计划的103.2%。实现报表利润13.31亿元，完成下达计划的175%，同比增长48.7%。商品流通费用总额13.74亿元，成品油吨油费用299元，比下达计划节约13元。应收账款184.09万元，比年初减少2.92万元。连续8年未发生新增应收账款。

(涂雯婧)

【油品经营水平明显提升】 2014年，贵州石油分公司在油品零售工作中围绕网络、人才、市场、控制、文化五大战略重点，以“比学赶帮超”“推标杆建家园”为抓手，从严管理、深化改革，各项工作稳步推进。经营理念从以管理为中心向以客户为中心转变，开展综合服务提升年和“双创一树”活动，狠抓硬件改造、现场管理和员工服务，标杆站零售量同比增长11.7%。同时紧盯每日加油站销售数据，动态分析问题，及时传递压力，保障经营任务的顺利完成。全年有61座站销量破万吨，比上年同期增加了11座。通过多种形式营销策略、宣传和走访客户等方式，全面推广加油卡网上营业厅业务，加大大客户的维系力度，提升了加油卡发行质量和客户忠诚度。按照半自助过渡、精选全自助、确保销量不丢的原则，优化选择加油站，一站一策，提升自助站的运营质量。在直分销方面，延续客户需求在心中活动，逐月开展经营、工程项目等7个类别的拉网式调查摸底和专项营销。全年共走访各类客户1 975家，新增直销量13.2万吨。同时注重用户信息获取。年初筛选全省1 038个重点用油项目，列出项目地址、投资额度、开工时点等信息，落实责任人和措施，追踪开拓市场，量化考核，做到人到岗、岗到责、责到人。注重服务质量提升。从省公司领导开始，带队对重点大客户进行一对一的沟通维护，实行"一户一策一价"的销售策略；编制客户用油服务指南，为客户量身打造供油方案，直分销业务取得新突破。

（涂雯婧）

【非油品业务快速发展】 2014年，贵州石油分公司推广便利店专业化运营。围绕门店、商品和进销存3个方面，细化订货、陈列、盘点等业务流程，梳理不同区域站点的商品配置，专业化运营初现成效。重点商品专项营销提量明显。全年非油品销售额同比增长26.7%，其中燃油宝销售1 421万元，同比增长27%。大力拓展汽服、餐饮等新业务，126座加油站开设汽服、餐饮业务。同时优化物流配送，制定中央仓业务操作手册，明确分工职责，理顺配送流程，年底中央仓月统配量提升至1 195万元，较年初增长139%。另外还强化了供应商的管理工作，对供应商的准入条件和服务质量提出硬性标准，到货率从年初的75%提升到88%。7月，举办了以"最美贵州共携手，易捷西南同淘宝"为主题的特色商品展销会共有109家供应商参展，展出商品种类有1 000多种，是贵州石油分公司继门店销售、品鉴会、推介会之后，对新营销方式的有益尝试。

（涂雯婧）

【加强安全管理和质量监督】 2014年，贵州石油分公司多重防护，标本兼治，保障了企业平稳运行。始终坚守安全底线，认真开展"从严管理年"活动，以安全生产责任制、安全大讨论等方式强化全员安全意识。突出安全隐患的排查与治理，对查出的12类2 393项隐患建立动态台账，分批分期进行治理。同时定期抽查库、站、楼施工现场，查出问题立行立改。突出应急救援体系能力建设，完善应急预案和应急物资储备，加强应急演练。积极参与7月16日发生的中航油山体滑坡航煤泄漏重大事故的应急抢险工作，得到了省委省政府的肯定。全年共消除333个安全隐患项目。始终筑牢品质优势，安全数质量工作以ISO 9000质量管理体系运行为主线，按季度对所属加油站、油库进行全覆盖内审，并提交内审报告，实现体系全员、全过程、全覆盖的要求，加大了对库站现场作业的督察和指导，对体系运行中发现的问题进行修正和改进，共查出问题222个，开具不符合项报告46份，对检查出的问题和检查中发现的好的做法进行总结。以质优量足，客户满意为目标，强化验收、接卸、储存、运输、销售全过程监督与控制，先后接受了2次石化集团公司级和数次贵州省地市级油品质量监督抽查，确保三级质量抽检100%合格，做到全年销售油品质量100%合格、数量100%准确目标，维护了中国石化的品牌信誉。

（涂雯婧）

【节能环保工程有效推进】 2014年，贵州石油分公司成立了环保管理组织机构，编制了各级环境污染应急预案，配备了相关应急物资并定期加强演练。组织各级人员进行《环境保护法》等培训学习。有效推进"碧水蓝天"工程，加大油库污水处理和加油站油水分离池的治理，截至2014年10月，已有5座油库污水处理装置运行正常，综合污水处理能力达到30米^3/时，785座在营加油站完成油水分离池改造治理。工程建设项目严格按照环保管理制度认真履行。

（涂雯婧）

【从严管控促进企业发展】 2014年，贵州石油分公司建立了一套包括全年目标任务、短板弱项、具体措施在内的全员目标责任体系，逐层分解年度目标，将工作措施体系化、表格化、常态化，最终落实到每个岗位、每位员工。运用绩效考核杠杆，对领导班子、职能部门、县公司、库站等按月度、季度检查和考核通报。量化专项分析，以"两力"指标为核心，对综合指标和辅助指标进行排名，暴露短板，列表对标，分析进退的原因，促进在互比互学氛围中创先争优。在经营风险防范方面，严格执行内控季度穿行测试和年度检查，优化数据统计方法，统一发布数据信息，防范经营风险。组织经营管理人员学习新的经济信息分析方法，配合专项检查，提升对各种经营风险、资金风险、税务风险、数据风险的识别能力和应对能力。同时从严从紧管控公务性开支，全年公务性开支同比下降20.7%。狠抓财务降费，全面使用增值税专用发票，节约税费1 000万元。2014年，贵州石油分公司连续第5

年被评为油品销售系统标杆企业，连续第5年获得石化集团公司安全生产先进单位称号，连续第5年获得石化股份公司年度财务管理先进单位称号，并被国家工商总局评为2012—2013年度守合同重信用企业。

（涂雯婧）

【加油(气)站网络质量全面提升】 2014年，贵州石油分公司超前谋划，统筹改造，全面提升了加油(气)站网络质量。2014年获批新建加油(气)站89座，全年建成62座，其中中心城区12座、高速公路38座，投产31座，为保证市场供应打下了坚实的基础。通过统筹改造工程，提升了加油站网络的整体性能。将加油站隐患治理、“两微”改造、“小改大”、新形象改造、自助站改造、视频监控和液位仪安装、加油机更换、提量改造等项目统一规范为提量增效工作，统筹管理，逐站分析，强力推进改造进度，杜绝了不安全行为。全年共改造242座加油站645个项目，竣工验收贵阳油库8万立方米、董公寺油库1.6万立方米、安顺油库4.2万立方米扩容改造工程，完成贵阳油库、董公寺油库油气回收改造工程。启动贵阳油库、安顺油库、凯里油库铁路扩能改造工程。非油品中央仓按进度建设，钢结构厂房主体已完成。

（涂雯婧）

【人力资源工作持续加强】 2014年，贵州石油分公司以“以人为本”为管理理念，精简优化，增强了队伍的能力与活力。继续开展加油站5项技能培训考核，全年共15 383人次参加考试，有97.5%的加油站站长达到5项技能要求，92.8%的班长达到3项技能要求，66.9%的营业员达到2项技能要求；同时启动了油库5项技能培训考核工作。继续发挥自助加油模式对精简用工的积极作用，减少用工385人。清理管理层和加油站不规范用工，特别是长期借用基层人员挤占基层人员编制的行为得到了有效的控制。大力推进三支人才队伍建设。加大经营管理人才交流培养力度，全系统交流管理人员19人；通过高级职称评审5人、中级职称评审2人、初级职称评审13人；396人获得职业资格证书，其中高级技师1人、技师5人。2人获得2013—2014年度技术能手称号。同时推进站长竞聘制和班长直选制，通过竞聘、直选增强了员工的归属感，进一步发挥了积极性和创造力。加强基层培训标杆站建设力度，改建5个培训中心，培训中心集学习、食堂、宿舍、阅览室、活动室等为一体，功能更趋完善。

（涂雯婧）

【加强党建和廉政建设】 2014年，贵州石油分公司扎实开展党的群众路线教育实践活动，以“围着基层转、带着基层干、解决基层盼”为宗旨执行活动方案。落实整改措施11项、专项整治措施8项，修订完善制度规范7项。从基层一线收集到的167项意见建议，全部挂领导、挂部门、挂责任、挂时间进度整改完毕。认真贯彻落实中央“八项规定”精神和石化集团公司实施细则，制定修订7个制度，细化完善工作要求，为规范领导干部和管理人员的行为界定了安全线。各级党委高度重视党风廉政建设和反腐倡廉工作，切实履行党风廉政建设“两个责任”，组织签订党风廉政建设责任书250份、廉洁承诺书2 236份，1 924名管理人员做出了廉洁从业承诺和申报。制定并下发贯彻落实石化集团公司2013—2017年惩治和预防腐败体系工作规划实施细则和工作任务分工方案。大力宣传反腐倡廉，在内网上开设专栏，组织各分公司进行专项宣传，全年有1.3万人次接受廉洁教育和警示教育。

（涂雯婧）

表1　　贵州石油分公司主要经营指标

指标名称＼年份	2014	2013	2012	2011	2010
成品油销量总量/万吨	458.90	437.55	373.72	326.64	268.18
零售量	358.50	343.10	296.00	251.78	208.78
销售收入/亿元	350.28	345.18	299.20	254.97	183.98
吨油费用/元	298.00	287.00	299.00	287.00	277.00
在营加油站总数/座	827	806	773	770	761
自营加油站数	827	806	773	770	753

云南石油分公司

【概况】 中国石化销售有限公司云南石油分公司(简称云南石油分公司)本部位于云南省昆明市拓东路45号。前身云南省石油总公司建立于1952年7月，1998年6月整体划转石化集团公司，2000年2月按照主辅分离、改制上市的要求，主营业务部分组成中国石油化工股份有限公司云南石油分公司，2014年5月更名为中国石化销售有限公司云南石油分公司，是中国石化设在云南的直属销售企业，主营汽油、柴油和非油品的零售、直销配送、批发和仓储业务，是云南省内最具实力的成品油主渠道销售企业。下辖16个州市分公司、4个专业中心。截至2014年底，共有员工8 595人，总资产达123亿元，在营油库11座，总库容45.28万立方米，在营加油站1 112座。

(何　斌)

【经营量效创历史最好水平】 2014年，云南石油分公司积极应对新常态下的市场变化，及时调整经营策略，加大效益导向绩效考核力度，以差价收入为核心，量价互动，量效兼顾，努力扩销创效，经营量效创历史最好水平。全年成品油销售同比增长2.7%，其中零售增长3.9%，直分销增长5%；销售收入增长2.8%；销售收入排名云南省百强企业第7位。

(何　斌)

【非油品业务实现突破】 2014年，云南石油分公司在抓好便利店经营、云南特色商品销售、高速公路服务区经营管理的同时，大力推进非油合作经营、委托经营新模式以及汽服、保险、广告等新业务。加大高速公路服务区项目开发，全年高速公路服务区营业额占非油品总营业额的34%；4个高速公路服务区非油营业额超过千万元，分别是云南驿服务区2 994.5万元，余家海服务区2 721.4万元，读书铺服务区1 239.3万元，呈贡服务区1 058.7万元。加强与太平保险的合作，实现保险代理人员进驻站点19座，完成销售额近200万元。加快推进汽服项目，在全省各州市同步推进洗车样板店，汽服站点完工6座、运营4座、在建17座。统筹开发广告项目，实现广告收入47.23万元。拍卖加油站优质地堆收入451万元。探索与云南之佳便利店合作，合作经营便利店9个，并将药品引入便利店。与第三方开展合作，提升了全员燃油宝专业化营销水平，全年燃油宝营业额2 767万元，同比增长34.4%。全年非油品营业额增长26.4%。

(何　斌)

【加油(气)站网点发展质量和效益持续提升】 2014年，云南石油分公司调整网建发展思路，停止委托建设，严格投资程序，严把项目立项关、启动关，重点推动储备项目中的优质网点，统筹各种改造项目，督导已竣工站点投营。全面清理储备项目，按照效益优先原则，积极与云南省公路投资有限公司合作，稳定高速公路营销网络，清理推动昆明、文山、保山、普洱等地打包合作项目进展。落实责任、严格奖惩，强力抓好油库建设，西南管线南线配套油库建设有序推进，广南、蒙自油库新建工程和振戎油库改扩建工程陆续进场施工；玉溪油库二期新增库容建成满足投用条件；松林油库一期改扩建项目主体工程完成。全年新发展加油站22座、加气站2座，新投产加油站21座。

(何　斌)

【内部管理进一步加强】 2014年，云南石油分公司以安全管理提升、加油站综合服务提升、县区公司建设管理提升、经营管理风险管控提升4个专项活动为抓手，确保做实“从严管理年”活动。贯彻落实新安全生产法和安全生产责任制，以作业环节和施工现场管理为重点，大力开展“安全隐患整改年”专项活动。严把油品数质量关，认真贯彻落实质优量足、客户满意的质量目标，全年抽检合格率均为100%。做实加油站委托管理，新增委托管理加油站229座。稳妥推进物流线条一体化管理，强化精简用工管理，用工总量超额完成总部下达控制指标。深化以ERP为核心的系统应用，搭建易捷卡和非油充值卡平台，积极探索两化融合和商业模式创新。加大审计、纪检监察、法律监督力度，较好应对各种法律诉讼，严肃查处各种违规、违纪问题，加大问责力度。落实降本控费挖潜增效措施，2014年外采同比增效3 997万元、物流优化降费2 687万元。严格执行中央“八项规定”精神，6项定额公务性支出同比下降713万元。全年云南石油总体运行平稳，没有发生上报等级事故、重大数质量事故和严重损害企业形象的负面事件，连续2年被评为石化集团公司安全生产先进单位。

(何　斌)

【党建工作、队伍建设扎实有效】 2014年，云南石油分公司切实加强省地两级班子和两级机关、县区公司管理团队建设，持续开展州市公司、县区公司综合竞争力评价、“比学赶帮超”“四好”创建等活动，加强三支人才队伍建设。与云南大学合作开展中层干部、管理骨干 MBA 课程培训，组织一线员工开展“五项技能”培训，全年举办各类培训班 159 期，培训 6 616 人次，二级单位开展站(库)内培训 29 433 人次。积极巩固党的群众路线教育实践活动成果，对 19 项整改内容、3 项专项整治和 18 项制度建设计划的具体工作任务、责任进行落实和分工。认真贯彻落实石化集团公司党组两个文件，组织实施《云南石油党建工作考核细则》，推进党支部工作规范化，丰富党员责任区活动形式，开展“两优一先”评选表彰工作，制定实施内外和谐“双十”措施，大力推进“家文化”建设。加强党风廉政建设，认真落实党委主体责任和纪委监督责任，严格执行中央“八项规定”，反对“四风”问题，干部作风持续转变。做好昭通鲁甸、普洱景谷地震救灾和油品保供工作，落实相关政策，开通运行网上信访平台，排查矛盾纠纷 51 项，处理历史遗留疑难积案 5 件。加大帮贫助困力度，帮扶困难职工 843 人次，帮扶资金 81.5 万元。积极应对生物柴油诉讼相关舆情，主动开展舆论引导，未发生影响公司形象的舆情事件。

(何　斌)

燃料油销售公司

【概况】 中国石化燃料油销售有限公司(简称燃料油销售公司)是石化集团公司于 2010 年 5 月 27 日注册成立的燃料油经营专业化公司，是石化股份公司的全资子公司，负责燃料油的集中销售。主要经营范围为燃料油批发零售、仓储、加工调合，成品油批发零售、仓储，其他石油制品经营等。根据石化集团公司关于石化股份公司油品销售业务重组的总体部署，2014 年 4 月 1 日成为中国石化销售有限公司的全资子公司。

燃料油销售公司本部位于北京，截至 2014 年底设 7 个管理部门，下辖辽宁、天津、山东、江苏、上海、浙江、福建、广东 8 个分公司和浙江舟山、新加坡 2 个全资子公司。2014 年用工总量 901 人，其中正式职工 652 人；在营油库 43 座，库容总量 148 万立方米；燃料油经营网络覆盖国内 40 多个重点港口；总资产 101 亿元；2014 年经营总量 2 032 万吨，同比增长 0.2%；销售收入 856 亿元，考核利润 1.65 亿元。

(李登兴)

【保税业务一体化改革实施】 2014 年，燃料油销售公司按照事业部运营模式，对保税业务进行一体化改革，明确保税业务量利考核主体责任和两级职责划分，加强经营统筹。国内高价区港口经营比重有效提高，优质终端客户销量明显增加，远洋渔业 MGO 资源销量增长 30%。开通了锦州、丹东等港口业务，东北港口业务实现全覆盖，天津、辽宁、舟山、长江沿线港口市场占有率大幅提升。实现经营 RMK500 和 Slurry 品种的突破以及岙山保税油调和获政策许可。加强物流优化，扩大资源跨区转关直供范围，清退部分租赁库容，压缩港口杂费，天津南疆油库全面投入使用，正式投产首年吞吐量超过 100 万吨，全年保税业务总体费用同比下降 12%。进一步规范保税船供油作业流程，配送超过 5 000 航次，服务质量稳步提高。全年完成保税经营量 322 万吨，市场占有率 33%，提高 4 个百分点。

(李登兴)

【内贸业务转型发展】 2014 年，燃料油销售公司加强市场研判，及时调整经营策略，努力将市场风险降到最低。积极向终端零售转型，全年新投用 9 座水上加油站，在营网点总数达到 48 座，积极推进“一站一策”，推进内贸船加油代供连锁经营，努力扩大水上销量，月度零售规模突破 2 万吨，4 座零售网点达到万吨站水平。加强资源统筹，推进内贸经营从资源驱动向需求驱动转变，发布实施《船用轻质燃料油》企业标准，争取石化资源效益最大化。调和技术研发、组分采购取得突破，建立东北调和基地，努力满足市场需求。全年内贸经营总量 501 万吨，其中水上销量 155 万吨。

(李登兴)

【国际化经营优势充分发挥】 2014 年，燃料油销售公司将地炼业务纳入国际化经营板块，集中优势资源，充分挖掘国际化经营潜力。努力拓宽地炼原料资源渠道，积极为地炼企业提供综合服务，全年地炼原料经营量 614 万吨。新加坡公司充分发挥海外平台优势，做好资源采购，通过长期合同锁量、一次物流优化等方式降低海外采购成本和仓储费用。充分利用岸罐设施，加强客户公关，通过长约采购、现货销售的方式扩大本地船供油经营，实现销量 220 万吨，创年销量新高。全年海外经营量 635 万吨，经营质量稳步提高，海外船供油业务和国际贸易实现盈利。

(李登兴)

【自有储运设施条件改善】 2014 年，燃料油销售公司充分利用系统内仓储资源，积极发展自有油库，完成宁波白峰油库和台州外沙油库的划转。江苏滨江油库二期及码头升级改造工程统筹有序，储罐主体工程提前完工。福建琯头油库工艺改造进展顺利，发油效率大幅提高，增加了 MGO 经营品种。广东西基油库保税库改造按期完成并投入使用，进一步提升了自有油库功能。加快推进配送船队建设，抓住航运市场不景气，船舶购置成本较低的机遇，新增朝阳 901、朝阳 902、朝阳 503 共 3 艘配送船舶，自有运力达到 3 万吨。

（李登兴）

【信息化建设与应用得到提升】 2014 年，燃料油销售公司加强信息基础建设，完善物流系统业务流程，规范业务运作、强化实物管理，物流系统完成中国石化验收。客户关系管理系统上线运行，实现客户资料、销售过程、销售团队的全环节管理。积极推进 ERP 应用达标工作，开展 ERP 操作人员资格培训和认证。持续开展系统应用监控考核工作，实施规范操作专项整治，进一步提升了 ERP 应用水平。BW、协同工作平台、物流等系统的深化应用为加强日常经营管理和风险管控发挥了重要作用，公司 2014 年获石化股份公司 ERP 应用登高示范企业称号。

（李登兴）

【推进对外合资合作】 2014 年，燃料油销售公司按照打造世界一流的长远发展目标，加强与 BP 新加坡公司的全球战略合作，积极推进全球船供油业务合资经营，就合资公司运营模式、组建方案等进行多轮磋商，完成双方内部审批、股东协议的签订。继续推进与南京油运的合作，实华南京油运船务有限公司平稳运行、有序发展，业务规模稳步增长，经营管理经验不断提高。进一步扩大了与管道储运公司、中水集团等业务合作深度。

（李登兴）

【开展“从严管理年”活动】 2014 年，燃料油销售公司确定了“培养四个意识、建立三个机制、实现两个发展、打造一流企业”的总体思路。组织开展全员大讨论活动，全面诊断、梳理和分析存在问题，两级公司查找各类风险和问题 269 个，分别落实了整改责任。在全公司范围内开展岗位责任制大检查，通过听、看、查、考等形式，促进完善业务流程，落实岗位责任，管理标准化、规范化程度进一步提高。

（李登兴）

【强化安全环保管理】 2014 年，燃料油销售公司深化 QHSE 管理体系运行，开展“安全文化提升年”专项活动，提升全员安全环保意识，建立未遂事件长效管理机制。加强“四不两直”HSE 稽查，发布安全事故和环境事件领导干部处分细则，进一步严肃问责制度。完善各级应急预案并组织演练，规范船舶准入与检查，加强承包商、承运商 HSE 监管。完成威远、普储、琯头等油库“碧水蓝天”环保专项治理，定期开展环境监测和涉水环境安全隐患排查，全年没有发生安全环保等级事故，获得中国石化 2014 年度安全生产先进单位称号。

（李登兴）

【强化数质量基础管理】 2014 年，燃料油销售公司严格执行月度实物盘点制度，强化进销存全环节数质量管理，制定各环节损溢考核标准，完善油品交接操作规程，加强对现场超耗问题的调查处理，油品损耗率逐年降低。严格落实出入库检验制度，安装 30 余台全程滴定取样器，进一步规范油样管理，对油库和加油网点全部配备闪点测定仪，对船用燃料油闪点指标 100% 检测。加大对油库公用管线油品监控力度，强化日常质量抽检，累计抽检油库 93 座次、样品 136 个，合格率 100% 。

（李登兴）

【党群工作成效显著】 2014 年，燃料油销售公司组织中层干部参加贯彻党的十八届三中全会精神和习近平总书记系列重要讲话精神轮训，组织开展理想信念教育，进一步提高了各级干部的理论水平和党性修养。落实教育实践活动员工意见的整改工作，贯彻落实中央“八项规定”精神，坚决反对“四风”，出台接待费、车辆费等管理细则，公务性支出继续大幅降低。加强党建基础工作，完成党总支、党支部换届选举，落实直属单位党委工作规则和基层党支部工作细则。初步完善工会基层组织建设，在各级单位推选 111 名职工代表，完成职代会换届选举工作。进一步加强共青团工作，组织青年骨干赴油田企业开展传统教育和拓展培训，开展“寻找最美一线青工”等活动，五里牌油库获得石化集团公司青年文明号 20 周年示范单位称号。党建工作得到石化集团公司考核组充分肯定。

（李登兴）

【队伍建设得到加强】 2014 年，燃料油销售公司有 2 人被提拔进入领导班子，考核调整部分分公司领导班子和本部部门负责人，加强干部的异地交流，充实两级公司中层管理人员，进一步提升了管理力量。组织保税营销人员系统内竞聘和水上加油站负责人竞聘工作，招聘了一批营销、储运、法律等专业的应届毕业生，进一步优化了队伍结构。完善绩效考核指标体系，形成业务板块联量联利的考核评价机制，突出利润导向和当期利润贡献，考核进一步向经营效益好、经营质量高的单位倾斜，充分传递了压力，调动了队伍积极性。

（李登兴）

【企业文化建设不断深化】 2014 年，燃料油销售公司开展石化集团公司新版企业文化手册宣贯工作，结合新版企业文化核心理念，启动燃料油销售公司“世界一流”对标树标工作，开展企业愿景、企业文化理念征集活动。推进基层单位“家文化”建设，努力为员工改善工作与生活条件。加强信息宣传工作，搭建微博、微信等新媒体平台，积极为发展营造良好的内外部环境。组织员工健步走、每月读一本纸质书、沙漠绿化志愿者、第 2 届青年英语风采大赛等主题活动，进一步丰富员工文化生活，营造和谐奋进的企业文化氛围。

（李登兴）

辽宁石油分公司

【概况】 中国石化销售有限公司辽宁石油分公司（简称辽宁石油分公司）成立于 2009 年 12 月 18 日，其前身为成立于 2002 年的中国石化销售有限公司东北分公司，位于辽宁省沈阳市，下辖沈阳、大连、丹东、铁岭等 9 家地市分公司和 2 家控股子公司，主要负责辽宁地区成品油零售、直销、批发以及车用天然气、润滑油、燃料油、非油品销售等业务。

截至 2014 年底，辽宁石油分公司共有员工 3 376 人，总资产达 54.11 亿元，在营油库 6 座，总库容 14.88 万吨；非油品实体店 231 座，其中与国际知名品牌快餐店合作站达 3 座；加油（气）站总数达 365 座，在营站达 333 座，其中高速站达 64 座，占全省高速站的 51%，管理通车里程超过 2 000 千米，是辽宁省内高速加油站名副其实的领跑者。

辽宁石油分公司主要经营指标见表 1。

（任 飞）

【领导班子调整】 2014 年 6 月 17 日，辽宁石油分公司召开干部任免宣布会，宣布周琼任辽宁石油分公司总会计师、党委委员，成英杰不再担任辽宁石油分公司总会计师、党委委员职务，调出另有任用。

（任 飞）

【油气经营总量创新高】 2014 年，辽宁石油分公司在经济下行压力和多元化市场竞争的复杂情况下，紧紧围绕“一个中心”和“三大主题”做大经营总量，不断提高新兴业务创造价值的能力，持续提升区外影响力和竞争力。全年经营总量完成 174.6 万吨，其中成品油完成 173.42 万吨，同比增长 3.5%，零售完成 126.71 万吨；批发完成 11.97 万吨，直销完成 34.74 万吨；车用燃气完成 1 431 万立方米，增长 41%；报表利润额 8 357 万元，完成年度计划的 104.5%，吨油费用 419 元。

（任 飞）

【积极开拓非油市场】 2014 年，辽宁石油分公司以向综合服务商转变为目标，打造多业态的商业服务新模式。全年新增洗车业务加油站 4 座，沈阳友好街加油站开展半自动洗车业务后，汽油日均销量增加 6 吨；沈阳分公司 15 座加油站安装地锁，油品、非油品销量均得到提升，在锁定优质客户的同时，也为下一步充电桩的安装打好了提前量；沈阳分公司“微店”试营业以来，日营业额已经超过了 3 000 元；尝试与属地知名企业合作生鲜食品业务，与辽宁省邮政公司合作开展代收代缴公共事业费业务。全年单站日营业额 1 430 元，同比增加 114 元，实现非油品销售额 1.21 亿元，增幅 42%。

（任 飞）

【投资突出质量效益】 2014 年，辽宁石油分公司投资结构进一步由追求数量规模向质量效益转变，重点做好隐患整改、天然气项目、非油品等增值性投入和油气回收、节能减排等环保投入。通过对 276 座加油站投入 1 086 万元进行微改造、微维护，日均增加销量约 200 吨，相当于仅用千余万元，又增加了 5 座万吨站。沈阳观泉路和丹东花园路加油站分别投入 84.83 万元和 11.57 万元，日均增量都超过 3 吨。

（任 飞）

【抓“一岗双责”完善岗位标准】 2014 年，辽宁石油分公司全年对涉及 169 个岗位的 471 条岗位标准进行了完善，特别是新增了总经理、党委书记、纪委书记、分管领导等两级领导班子涉及的 26 个岗位，并对中层 25 个岗位进行了修订，将思想政治信访维稳、党风廉政、安全环保、数质量重大事故纳入领导干部的岗位职责，印制了《辽宁石油中层以上领导干部岗位标准》手册，将“一岗双责”贯穿领导干部岗位操作流程，进一步细化了职责、理清了边界、优化了流程，全面完善了有岗必有责、上岗必担责、用制度管人、用流程管事的管理体系。

（任　飞）

【A 级质检室投营】 2014 年，辽宁石油分公司 A 级质检中心投入使用，这是中国石化在东北地区的第 1 座符合 A 级化验标准的综合检验中心。该质检中心位于沈阳林盛油库，设有独立的大辛烷值机室、燃烧室、天平室、综合实验室等大小 10 余间实验室，可进行几十种油品化验指标测试。

（任　飞）

【狠抓内控审计确保投资实效】 2014 年，辽宁石油分公司根据企业实际，前后历时 5 个月，编写完成 36 本《辽宁石油分公司内控检查操作手册》，把内控延伸到企业管理的每个角落；推进中层领导干部的离任审计常态化，扎实开展“小金库”自查自纠和专项治理工作；对辽宁石油自重组成立以来的各项工作进行全面内审自查，认真组织对加油站、油库等工程项目审计，全年完成工程项目结算审计 116 项，累计送审额 1.16 亿元，审定额 1.01 亿元，平均审减率 13.25%，有效保证了企业投资成本真实有效。

（任　飞）

【企业文化建设】 2014 年，辽宁石油分公司以“我靠企业成长，企业靠我发展”为核心理念，以“温馨、平安、奋进、和谐”为主要内涵，启动“家文化”建设；在雷锋加油站启动“爱心加油站”学雷锋青年志愿服务活动，所属分公司相继开展“爱心驿站”关爱环卫工人、“石化爱心卡”空巢老人、义务献血、义务劳动等形式多样的公益活动；7 月，辽宁石油分公司指派专人进乡下点帮扶，成为辽宁省首家派驻扶贫专员驻村的中（直）企业，已连续 3 年获评辽宁省年度定点扶贫先进单位。

（任　飞）

表 1　辽宁石油分公司主要经营指标

指标名称＼年份	2014	2013	2012	2011	2010
经营总量/万吨	174.60	168.36	169.45	155.60	92.70
零售量	126.71	126.59	122.68	102.60	60.50
直销总量	34.74	27.65	28.70	32.90	17.30
吨油费用/元	418.00	404.00	452.00	331.00	361.00
报表利润/万元	8 357.00	8 019.00	-7 742.00	9 074.00	3 476.00
加油（气）站总数/座	365	364	318	342	230

四川石油分公司

【概况】 中国石化销售有限公司四川石油分公司（简称四川石油分公司）成立于 2010 年 1 月，是在原中国石化销售川渝分公司（成立于 2002 年 10 月）基础上重组而成的国有大Ⅰ型企业。2014 年 6 月，根据石化集团公司油品销售业务重组相关政策，由中国石油化工股份有限公司四川石油分公司重组为中国石化销售有限公司四川石油分公司。本部设在四川省成都市。

四川石油分公司全权负责石化集团公司在四川省境内的成品油、车用天然气、润滑油、非油品（便利店、汽服、服务区）销售等经营业务，以及仓储和销售网点建设工作。公司集成品油、车用天然气、非油品 3 项业务的仓储、物流、销售、服务为一体，实行集中决策、分级管理、专业化经营的事业部管理体制。截至 2014 年底，公司机关有 15 个处室，在四川省 19 个地市（州）设立了分公司，有在营加油气站 429 座，便利店 399 座，自有、合资油库 13 座，员工近 5 000 人，年销售收入超过 164 亿元。

2014 年，四川石油分公司坚持转方式、调结构、促改革的总体思路，突出效益这个核心，把握增量创利、控费保效、安全稳定 3 项重点，抓好目标任务保障、发展方式转变、精细管理提升、干部作风改进、基层员工满意5项工作，实现了经营总量稳中有升，消化了价格连跌库存损失7 100万元后，经济效益明显进步的较好成绩。全年经营总量226.53万吨，其中成品油销售216.38万吨，天然气销售1.24亿立方米；实现利润总额1.21亿元，比上年增长20%。

四川石油分公司主要经营指标见表1。

（王永春）

【四川地区成品油保障能力持续提升】 2014年，四川石油分公司与延长四川销售公司达成集采协议，暂定每月向其采购资源3万吨，于成都龙泉油库提油执行；龙泉油库为四川石油分公司配备4万立方米专罐储存油品。此举对四川石油分公司提升仓储及资源保障能力、优化二次物流路径、降低运费具有重要作用。8月29日，泸州油库投入试运行，该油库一期建设库容3万立方米，建有1 000吨级（兼顾3 000吨级）码头1座，可有效辐射川南宜宾、自贡、内江等重镇及渝、滇、黔市场，将有效降低川南物流成本，为增强资源保障提供有力支撑。年内长江上游航道第一加油站——泸州榕山港加油船正式投营，标志着四川石油分公司初步实现长江航道船用油品保障能力。

（王永春）

油船靠泊

【用新媒体及信息技术拓展营销手段】 2014年，四川石油分公司创新营销手段，自行研发IC卡消费充值抽奖系统，简化传统“油非互促”操作流程，实现了营销活动信息化管理，降低了加油站财务风险，规避了传统营销活动手续繁琐、难以管理的弊端。系统上线后，累计吸引331 501名客户参与抽奖，抽奖2 273 813次。7月上线“中国石化四川石油车友会”微信公众号，通过线上活动、资讯推送、微社区建设等方式，不断丰富中国石化加油卡客户体验及黏度，超过1.5万名加油卡客户关注并参与了公众号活动。

（王永春）

【优化企业运行管理架构】 2014年，四川石油分公司按照提升企业发展质量和效益的总体思路，对地市公司管理体制进行调整完善，充分整合各地市公司管理资源，规划形成区域市场经营、管理、发展新优势，不断增强地市公司的区域市场竞争力和工作活力。经调整，四川石油分公司拥有成都、绵阳、乐山、泸州、巴中、遂宁、攀枝花、西昌公司8家直管地市公司，另外成立德阳、达州、宜宾、资阳、眉山、雅安、内江、自贡、广元、南充、广安11家直管片区。

（王永春）

【降本增效成效显著】 2014年，四川石油分公司通过启用邮储分账户、减少上门收款费率、分级清收账款、使用应收票据支付工程款等措施，财务费用同比降低近3 000万元；通过优化资源分布、运输线路和结算流程，销货运杂费同比减少近500万元；通过设计方案优化，简阳油库边坡场平工程节省投资约1 700万元；完成95个项目的工程造价结算审计，累计审减金额1 924万元、审减率17.47%。持续开展群众路线教育实践活动，制定了23条班子整改措施、22条专项整治措施、26项制度建设计划，公务性费用支出得到根本性控制，同比下降415万元、降幅19%。

（王永春）

【风险防控体系不断完善】 2014年，四川石油分公司建立起省市两级零售专职督察队伍。对直分销各岗位和环节进行了全面自查和整改，已售未提客户定期函证，增强了业务风险防控能力。以财务日常稽核为着力点，健全专业化管理和稽核体系，强化了风险过程控制。通过严格合同审查，强化履约监控，完善预警机制，加大纠纷处置，最大程度控制了企业法律风险，全年妥善处理7起重大非诉纠纷，挽回损失7 000余万元。持续开展常规审计和专项审计，全年累计实施审计项目15个，提出审计意见和建议131条。

（王永春）

【持续加强干部队伍建设】 2014年，四川石油分公司调整中层管理人员 45 人，其中提拔 8 人、平级交流 28 人、退出现职 9 人，实现了党政干部交叉任职及干部轮岗交流。全年举办中层管理人员轮训班 2 期，开展了十八届三中全会精神、合规守法、职业道德等主题远程培训，组织 48 名重点岗位人员到金堂监狱参观，建立中层及以上领导人员廉政档案 72 份。

（王永春）

【实施职工关爱工程】 2014 年，四川石油分公司以省级培训中心为样板，推行基层员工培训系统建设，全年组织省级重点人才培训 14 期、关键岗位培训 41 期、基层库站轮训 14 534 人次，远程培训人均学时 38 小时，职业技能鉴定参考率 93.44%。全面执行年休假制度，调整营业时间并优化排班，推行加油站管控取数，完善上门收款工作，落实恶意逃单员工免赔措施，员工负担逐步降低。提高了基层员工取暖费、生活费补贴标准，人均收入同比增幅 7.3%。帮助困难员工 134 人，发放帮扶基金 19.62 万元。组织健步走、运动会、唱红歌等形式多样的文体活动 60 余次，参与员工 3 000 余人次。

（王永春）

【为鲁甸地震同胞筹集善款】 2014 年 8 月，四川石油分公司发扬"一方有难八方支援"的精神，干部员工主动伸出援手，向中国石化云南地震灾区员工捐献善款 15 余万元，支援受灾群众重建家园。

（王永春）

【举办公众开放日活动】 2014 年 11 月 10 日，四川石油分公司举办为美好生活加油公众开放日活动，邀请 10 多名加油卡车友会会员、媒体记者，来到雅西高速荥经服务区和天回油库，近距离感受油品运输、接卸、储存、检验全过程品质管理，普及油品知识，了解燃油宝功能及正确使用方法。

（王永春）

各界社会人士听取储油罐安全环保管理措施情况介绍

表 1　　四川石油分公司主要经营指标

指标名称 \ 年份	2014	2013	2012	2011	2010
成品油销量/万吨	216.38	215.88	215.33	181.49	163.18
零售量	136.00	135.38	134.70	108.91	82.73
销售收入/亿元	164.23	165.50	166.06	136.81	104.91
利润/亿元	1.21	1.01	2.13	2.60	1.34
吨油费用/元	404.00	376.26	342.43	290.60	225.97
加油站总数/座	429	395	355	288	228

重庆石油分公司

【概况】 中国石化销售有限公司重庆石油分公司（简称重庆石油分公司）组建于 2009 年 12 月，本部位于重庆市渝中区。

重庆石油分公司实行管理层次扁平、业务专业垂直、岗位权责清晰、市场反应灵敏的经营管理体制和运行机制，集仓储、物流、销售、服务于一体，主要负责重庆地区成品油批发、零售、直销以及车用天然气、非油品销售等业务。截至 2014 年底，公司下设 13 个部门，辖江南、三峡、涪陵、黔江、江津、永川、合川7个分公司和惠通公司、渝辉公司、中南公司、和光公司、城盛公司、欣地公司、通汇公司7个合资公司。共有员工3 211人，资产总额70亿元，在营加油(气)站276座，在营油库6座，油气网络基本覆盖重庆市38个行政区县。

2014年，重庆石油分公司经营总量192.82万吨，其中销售成品油179.38万吨，销售天然气1.62亿立方米。非油品营业额1.47亿元。全年实现销售收入134.36亿元，利润2亿元。

重庆石油分公司主要经营指标见表1。

(刘　磊)

【经营能力进一步提升】 2014年，重庆石油分公司经营总量192.82万吨，零售比重达到70%。纯枪加量103.44万吨，增幅达11%。柴汽比降为2.07∶1。天然气经营量1.62亿立方米，保持全系统第一。非油品营业额1.47亿元，同比增加27%。吨油差价462元，同比提高16%。实现利润2亿元，增长18%。吨油利润104元，提高17%。

(刘　磊)

【盘活存量资产创效2 000万元】 2014年，重庆石油分公司认真抓好重点地区加油站形象改造、低效站提量改造或转型，充分发挥资产效益。全面推进土地房产规范工作，盘活现有歇业、停业库站，充分挖掘闲置资产效用，妥善处理六井坝油库、万全加油站土地，直接创效近2 000万元。

(刘　磊)

【拆分IC卡系统】 2014年，重庆石油分公司与四川石油分公司进行了IC卡系统拆分，173个转卡网点完成近2万客户、8万张卡片转卡，转卡金额达1.2亿元。

(刘　磊)

【视频监控中心投入运行】 2014年1月17日，重庆石油分公司视频监控中心正式投入运行，可远程调看189座加油(气)站、3座油库共2 172路视频的实时图像和历史录像，大大提高了对库站现场的监控能力。

(刘　磊)

【完善体制机制】 2014年，重庆石油分公司健全责任体系，查找并整改各类问题324项。修订、完善各类规章制度120个，细化岗位责任和风险控制，强化内控检查，促进执行落地。优化了天然气、非油品、商客以及物流等部门职能。

(刘　磊)

【召开第二届职工代表大会】 2014年5月20日，重庆石油分公司召开第二届职工代表大会。会议总结回顾了第一届工会成立5年来的工作，选举产生了新一届重庆石油工会委员会领导班子。张电辉当选新一届工会主席。

(刘　磊)

【组建重庆中石化通汇能源有限公司】 2014年3月31日，重庆石油分公司与重庆交通运输控股(集团)公司、重庆燃气集团股份公司三方出资组建的重庆中石化通汇能源有限公司(简称通汇公司)挂牌成立。通汇公司计划投资15亿元在涪陵白涛化工园区建设LNG工厂。该项目是国内第1座利用页岩气作为原料的大型液化气工厂，占地280亩(18.66万平方米)，产能设计300万米^3/日，年产液化天然气约68万吨，分3期建设，建成后年产值50亿元。

(刘　磊)

【获石化集团公司安全生产先进单位称号】 2014年，重庆石油分公司严格落实“从严管理年”“隐患整改年”等工作要求及具体措施，安全数质量工作形势基本平稳，未发生任何HSE数质量事故事件，被石化集团公司授予安全生产先进单位称号。

(刘　磊)

【“比学赶帮超”工作获标杆企业称号】 2014年，重庆石油分公司在销售企业“比学赶帮超”工作中获得利润、非油、发展质量、天然气、人均劳效、数质量管理6面年度先进红旗，被油品销售公司授予标杆企业称号。

(刘　磊)

表1　重庆石油分公司主要经营指标

年份 / 指标名称	2014	2013	2012	2011	2010	2009
成品油销售总量/万吨	179.38	178.84	171.00	160.00	108.05	56.33

续表

年　份 指标名称	2014	2013	2012	2011	2010	2009
零售量	119.99	119.82	112.00	99.66	51.63	36.95
销售收入/亿元	134.36	137.62	131.38	119.86	67.87	30.45
报表利润/亿元	2.00	1.70	2.41	3.01	0.45	0.24
报表吨油费用/元	354.00	321.00	320.00	238.00	247.00	248.36
在营加油(气)站总数/座	276	276	260	253	185	93
油库总数/座	6	6	6	6	6	5

陕西石油分公司

【概况】 中国石化销售有限公司陕西石油分公司(简称陕西石油分公司)本部位于陕西省西安市，是2009年底以原销售西北分公司机关和原西北陕西分公司重组而成，2010年1月15日正式揭牌成立。2012年10月，管理规格调整为大Ⅰ型。2014年按照中国石化混合所有制改革部署，由中国石油化工股份有限公司陕西石油分公司变更为中国石化销售有限公司陕西石油分公司。

陕西石油分公司集仓储、物流、销售、服务为一体，负责中国石化在陕西省境内的成品油、车用天然气、润滑油、非油品销售等经营业务和销售网络建设工作。截至2014年底，员工总数从成立之初的1 028人增加到3 899人；机关本部设有12个职能部门，下辖10个地市公司、5个控（参）股公司及36个县区公司；在营加油(气)站总数从成立之初的77座增长到415座，非油品便利店由21座增长到402座，年非油品销售额由430万元增长到1.5亿元；自有油库由1座增长到4座，总库容达到15.6万立方米。2014年实现经营总量217.2万吨，其中成品油零售量150.2万吨。

陕西石油分公司主要经营指标见表1。

（马保迁）

【主要领导调整】 2014年11月29日，陕西石油分公司召开干部大会，宣布对陕西石油分公司主要领导进行调整：谭莫羡任陕西石油分公司总经理，焦德才不再任陕西石油分公司总经理。

（马保迁）

【较好完成各项目标任务】 2014年，陕西石油分公司坚持以市场为导向，围绕提高发展质量和效益中心，统筹抓好稳增长、创效益、保安全、促和谐等各项工作，较好地完成了各项目标任务。全年成品油销售208.08万吨，同比增长3.8%。其中，零售150.2万吨，增长3.3%；直批58.5万吨，增长5%。销售天然气1.3亿立方米，增长396%。非油品营业额1.48亿元，增长22%；报表利润0.40亿元，完成年度计划的50.2%，下降60%。

（马保迁）

【实现资源平衡和资源创效】 2014年，陕西石油分公司建立资源日平衡保障机制，提升市场信息的收集、分析、研判能力，将短期变化与中长期走势相结合，坚持低库存运作，有效应对库存潜亏风险。调整配置计划9.8万吨，争取各类补贴6 478万元；协调中国石化西北办事处、延长集团争取梯度定价优惠政策，降低采购成本3 995万元；外采资源28万吨，实现差价收入4 706万元。建立物流日调度优化机制，根据资源价差、运杂费、仓储费综合算账，较预算指标节约代储费422万元，节约运费102万元。

（马保迁）

【大零售体制机制持续深化】 2014年，陕西石油分公司落实站长竞聘上岗机制，完成19座年销量1 000吨以下站的委托管理。统一工作流程和标准，采取“四不两直”、远程监控等方式强化督察问责，累计督察810站次。完善价格快速反应机制，构建与主要合作伙伴的价格协同机制，大幅提升零售机出价格到位率。建立大客户开发维护机制，灵活价格管理，新开发累计消费超过1 000万元的机构客户13家。开展“综合服务提升年”活动，打造示范样板站，充分发挥省、市、县(区)三级服务示范队作用，评定五星级站4座、四星级站10座、三星级站33座。组织零售线条技能比武，开展“五项技能”培训考核，建立零售岗位技能考核评价机制。开展零管系统应用、加油卡运营管理、加气站管理等专业培训10期。

（马保迁）

2014年10月18日，近百名车友参加“国Ⅴ到三秦，石化服务您——陕西车友走进中国石化”活动 （马保迁 摄）

【直分销经营直面终端市场】 2014年，陕西石油分公司强化客户开发与维系，省、市两级走访重点客户447户，召开客户座谈会9批次，累计参与客户270人次，为客户解决问题35个，500吨以上的重点客户稳定率100%。拓宽销售思路，启动客户经理销售非油品、加油IC卡、加油充值卡工作，西安分公司客户经理累计销售非油品21万元、办卡145张、IC卡及充值卡额度69万元，站长、机关员工等兼职客户经理实现全员营销4.62万吨。

（马保迁）

【非油品经营活力逐步显现】 2014年，陕西石油分公司进一步完善激励机制，发挥薪酬分配的导向作用，调动员工非油品销售的积极性。以常态化的营销活动提升门店销售额，以品鉴会、特色商品展销会等方式加强重点商品销售，全年酒类降库270万元。做好商品管理，发挥统谈统采优势，降低水类商品采购价格并取得促销政策支持；加强供应商管理，把好供应商进口关，保证商品质量，降低商品损溢率。

（马保迁）

【加快销售网络建设】 2014年，陕西石油分公司推进项目投营进度，逐站制定推进措施，落实责任人和投营时限，投营加油站结转和新增项目25座，投营加气站结转和新增项目5座。推进气站项目和油站增加加气功能项目进度，在营加气站数量达到11座，在营加气站日销量近10万立方米。推进油库项目建设，开展榆林油库铁路专用线项目的工程施工并取得安全、环保等相关证照批复，完成汉中油库收购改造工程决算、油库转资、证照变更等工作。

（马保迁）

陕西石油分公司渭南渭清路加气站 （冉旭琳 摄）

【从严落实安全数质量责任】 2014年，陕西石油分公司强化责任制落实，实施安全“一票否决”“零容忍”，层层签订HSE目标责任书，落实安全管理主体责任。开展全省库、站安全环保隐患排查，221项隐患治理、“碧水蓝天”项目全部安全平稳完成。建立常态化“四不两直”检查机制，着力消除现场管理疏漏，共查出问题403条，现场开具罚单1.6万元。开展油库标准化达标验收，强化对油库清罐等敏感业务的现场监管，累计清罐16个，损耗远低于总部定耗标准。严格执行超耗赔付制度，汽油损耗同比降幅14%，柴油损耗同比降幅36%。强化国Ⅴ油品升级置换的检测与监控，确保了置换工作顺利进行。

（马保迁）

【激发人力资源活力】 2014年，陕西石油分公司强化三支人才队伍建设，完成年度中层领导干部考核，推荐、评审和认定专业技术职称人员55人，职业技能鉴定人员1 203人，引进各类人才19人。强化绩效考核，完善“两级四层”的绩效考核体系及薪酬兑现办法，形成结果反馈及时、考核兑现到位、意见建议通报直接的闭环考核方式。强化人工成本管理，按月分析人工费使用情况，建立典型岗位收入分析机制，完善了薪酬分配方案。强化教育培训，制定4项培训管理制度，组织开发6门微视频课程，在10家地市公司建立了加油设备培训实操教室。持续推进竞赛比武活动，148 人参加法律纠纷处理、信息安全、审计信息、纪检监察 4 个专业比武，获石化集团公司信息安全决赛铜牌 1 枚。

（马保迁）

【加强财务审计工作】 2014 年，陕西石油分公司围绕重组改制转资 12.4 亿元，处置核销资产 598 项，顺利完成审计资产评估；严控公务性支出，突出质量、效益、价值分析；围绕基础管理，开展会计基础工作达标检查并提出整改建议 100 余条，建立加油站大额开票登记簿，落实资金 4 级监控责任，月均检查经营网点 143 站次。全年审结项目 58 个，实现节支 415 万元，每支付 1 元审计费节省投资 45 元；完成"碧水蓝天"、业务宣传费等 5 个专项审计项目，提出审计建议 68 条；对 4 家地市公司负责人开展任中审计，提出审计建议 120 余条；对延安分公司开展风险管理审计，促进风险管理体系建设。

（马保迁）

【推进企管信息工作】 2014 年，陕西石油分公司开展"从严管理年"活动，有效提升内控执行和风险管控水平；建立总法律顾问制度，完善法律尽职调查和重大合同监管机制，重点做好合同的事前、事中控制。IC 卡站点的卡机联动覆盖率达到 97.5%，充值卡、电商网站、自助圈存等辅助系统试点及推广工作完成；加油站通讯网络提升、高清视频监控整改以及领导驾驶舱开发工作稳步推进，电子提单、移动办公平台(资料库)及无纸化会议系统正式上线；完善信息安全管理体系，漏洞扫描、日志审计、数据备份、加油站电脑硬盘还原系统项目实施完毕。

（马保迁）

【强化党建工作】 2014 年，陕西石油分公司顺利进行了新老班子调整；坚持党委中心组学习，持续开设文化大讲堂，举办读书交流会；贯彻落实民主集中制，完善领导班子集体议事和定期谈心制度，进一步增强班子团结；巩固教育实践活动成果，开展基层调研走访，解决基层单位问题60 余项。新发展预备党员 46 名，转正党员 31 名；完善党建工作方案、考核细则及配套措施，创建"示范党支部"8 个。制定惩治和预防腐败体系工作规划和"两个责任"实施细则，开展党纪政纪、廉洁从业教育活动76 期，畅通内外部信访举报渠道；参与工程项目、物资采购招投标监管 29 项，开展现场效能监察 6 项，提出监察建议 104 条。

（马保迁）

【强化和谐企业建设】 2014 年，陕西石油分公司深入推进"家文化"建设，建立困难员工帮扶救助长效机制，持续开展金秋助学、夏送清凉、冬送温暖等活动，不断改进员工工作环境和生活条件；举办五四演讲比赛、健步走、三人制篮球赛等文体活动；将舆情监测关口前移，建立新闻宣传处置预案，全年未发生等级负面舆情事件。

（马保迁）

附表 1　　陕西石油分公司主要经营指标

指标名称 \ 年份	2014	2013	2012	2011	2010	2009
成品油销售总量/万吨	208.08	200.46	189.34	168.00	127.23	67.97
零售量	150.20	145.36	132.37	102.00	40.33	29.96
销售收入/亿元	149.98	147.78	144.00	122.89	79.12	35.22
利润/亿元	0.40	1.00	0.73	0.60	0.13	-0.02
成品油吨油费用/元	394.00	368.00	357.00	346.00	224.00	145.00
加油站总数/座	438	433	397	354	199	114

内蒙古石油分公司

【概况】 中国石化销售有限公司内蒙古石油分公司(简称内蒙古石油分公司)本部位于内蒙古自治区呼和浩特市成吉思汗大街 26 号。前身是中国石化销售有限公司西北内蒙古分公司。2009 年 12 月，根据石化股份公司《关于印发〈区外油品销售企业管理体制调整方案〉的通知》，调整为石化股份公司直属企业，更名为中国石油化工股份有限公司内蒙古石油分公司。2014年4月根据石化股份公司《关于中国石油化工股份有限公司31家省级石油分公司名称变更的通知》，变更为中国石化销售有限公司内蒙古石油分公司。主要在内蒙古地区从事成品油零售、直销和批发以及润滑油、燃料油及非油品的销售等业务。

截至2014年底，内蒙古石油分公司本部设14个职能处室，下设12个盟市分公司，拥有在营油库10座、加油站372座，资产总额41.8亿元，职工总数3 085人，其中正式工224人、劳务工2 861人。控股石化集团公司内蒙古石油销售有限责任公司(简称内蒙古有限公司)，内蒙古有限公司本部设综合、财务、业务3个部门，下设有限赤峰分公司、参股包头有限公司，拥有在营油库1座、在营加油站7座，在册员工106人，资产总额0.58亿元。

内蒙古石油分公司主要经营指标见表1。

(刘海燕)

【优化资源组织调运】 2014年，内蒙古石油分公司抓住上半年自采价差大的有利时机，加大柴油自采，一手资源占比38%，柴油吨油价差保持800元以上，辐射中西部主要市场，争取更多效益。下半年自采价格高于调拨价时，及时调整外采策略，确保外采有效资源，加强配置资源兑现。大力压缩库存应对油价连跌，月均库存同比降低3.7万吨，最低时降至3.8万吨。加强山西、宁夏及甘肃跨区提油，利用中国石油涨库自采串换资源1.7万吨，利用炼厂淡季，采取不间断先借后还策略，深度优化二次物流，全年共节约二次运费470万元。

(刘海燕)

【加强零售经营管理】 2014年，内蒙古石油分公司提高零售工作考核权重，将零售销量任务完成率与中层干部绩效挂钩。根据市场形势变化随时召开零售专题会议，全年累计召开13次较大规模零售专题会议。灵活定价，实现一站一策，改变被动跟进的不利竞争局面，充分发挥价格灵活优势，及时论证调整促销策略。继续扩大小站站长责任制实施范围，充分总结小站站长责任制试点经验，激发小站活力，实现了减人增量、安全运营。灵活调整加油卡政策，锁定客户群体，扩大柴油优惠，增强大客户优惠力度，单位持卡客户实行充值即返优惠，加强睡眠卡和异常卡管理。

(刘海燕)

【加强小额配送】 2014年，内蒙古石油分公司灵活确定库发小额配送价格，划小单位核定任务纳入片区经理和站长绩效考核，提高吨油奖励。全年小罐车配送量达到1.8万吨，同比增幅3%，单车年配送616吨。呼兴公司全年小额配送量占零售量的21%。

(刘海燕)

【天然气销售】 2014年，内蒙古石油分公司加强加气业务营销和宣传，努力拓宽气源供应渠道，全年CNG销售1 279万立方米，LNG销售3 673.6吨，天然气年度任务完成率达102%。

(刘海燕)

【做大直分销】 2014年，内蒙古石油分公司改革直分销定价机制，调动盟市公司积极性，下放直分销定价权，不定期下发当期成本价及最低限价。每日核实到货价格，加强各批次进货成本监测，建立了最低限价和成本价通报机制。及时调整经营策略，上半年贴近市场稳定直批规模，全力扩销上量，下半年油价连续下行，激励做大有效直分销量，开展价格到位率考核。对客户实施分级管理，加强重点客户分析，落实维系责任人，加大一线走访客户力度，确保老客户销量不下滑，开发维护中小客户。

(刘海燕)

【非油品业务经营规模实现新突破】 2014年，内蒙古石油分公司加强门店销售，强化基础品类团购业务，门店销售额、团购及内销额分别同比增幅8.2%、24.4%，设立重点商品专项奖励，积极开展团购、联销，超额完成总部追加营业额任务指标，完成率达111%，利润指标完成率达102%。提高库存管理水平，加大盘点检查力度，大力消化不动销库存商品，库存周转天数下降到130天，减少55天。积极探索新业务领域，在巴彦淖尔建成试营业1座高标准洗车汽服店，与航美传媒公司合作，在17座加油站开展LED媒体广告业务。

(刘海燕)

【基础设施管理工作精细化】 2014年，内蒙古石油分公司发展加油加气站12座，完成临河乙醇油库改造，推进LNG工厂和集宁、包头油库前期工作。大力清理遗留项目，销项56座、继续清理35座、暂缓实施32座，处理超概算24座。全年完成油气回收改造油库5座、加油站160座，加油站提量改造9座，油库“碧水蓝天”项目5个。大力完善土地、房产证照，已完成土地证12宗，房产证35宗。对全部41家施工、设计、监理承包商的相关资质进行严格审核把关，确保资质合格。

（刘海燕）

【推进安全隐患治理工作】 2014年，内蒙古石油分公司制定“从严管理年”活动实施方案，认真诊断、梳理突出的问题，跟踪落实改进措施。大力开展“安全隐患整改年”活动，排查安全隐患794项，完成63项隐患整改项目，一批重大隐患得到了根治。开展HSE大检查2次、专项检查4次，覆盖油库47座次、加油站88座次，检查施工现场26个，查出各类消防及安全问题1 484个，督促整改1 416个，整改率95%。

（刘海燕）

【控制油品损耗】 2014年，内蒙古石油分公司与盟市分公司签订损耗控制目标责任状，零售损耗占班子考核权重的10%，按月考核兑现奖罚。全年零售损耗同期下降0.07个百分点，增效1 000多万元。加强外采油源监控，形成了A级+B级+内控指标3道入库关口检验，累计检验3 800批次，退货异常油品479吨，确保油品质量。强化承运商管理考核，配送车辆全部安装电子铅封，全年一次物流运输损耗降到0.1%。在西部三盟市封闭上市乙醇汽油，年底前完成国Ⅳ车柴置换上市。

（刘海燕）

【逐步夯实财务管理基础】 2014年，内蒙古石油分公司按照物流流向实现物流不同、成本不同，加强对标分析，完善全成本核算。加强费用管理，采取联量联库联站、定额和据实列支方式确定预算核定标准，有效节约了吨油费用。完成6座油库、289座站点转资、拆分，涉及资产1.97万项，约14.4亿元，结转在建工程约14.5亿元。强化资金月预算、日计划，做到无月度预算不安排资金，全年对外背书转让承兑汇票1.67亿元，贷款规模同比减幅达27%，财务费用较预算节约1 969万元。

（刘海燕）

【推进信息化建设】 2014年，内蒙古石油分公司推进加油卡系统建设，新增卡机联动站41座，卡机联动站覆盖率达96.7%，2项指标均排在区外公司前列。提升ERP应用水平，数据准确率和及时率大幅提升，完成区公司骨干网络升级，新建加油站网络专线17条。全年各信息系统运行平稳，无信息安全事故发生。

（刘海燕）

【监察审计工作】 2014年，内蒙古石油分公司抓准8项重点业务，加强审计监督检查。精心组织，对“碧水蓝天”项目、油罐安全管理、8项费用、非油业务等8个方面进行了专项审计检查，共查出问题86项，提出整改建议20条。强化党风廉政建设，发挥监察监督作用。加强廉洁从业教育，狠刹“四风”，落实党委主体责任、纪委监督责任40项。开展非油品等6个专项效能监察，“碧水蓝天”项目跟踪等8项专项审计。还进一步规范了职工违规违纪处理工作。

（刘海燕）

【加强党政工团建设】 2014年，内蒙古石油分公司党政领导班子深入学习和贯彻党的十八届三中、四中全会精神，全年中心组学习36次，参学率100%。深入推进党的群众路线教育实践活动，“三公”经费在连续2年大幅下降的基础上，同比下降294万元。制定落实干部联系群众制度和对口联系点制度，全年两级班子下基层调研40余次，召开座谈会60余次，为基层解决问题100多个。开展大干90天劳动竞赛，每月评比颁发优胜加油站流动红旗，助力零售增量。团委动员400余名青年开展“公益学雷锋，爱心加油站”活动，助力“综合服务提升年”活动。工会精选15名一线员工参加自治区“中国梦，劳动美”职业技能比赛，夺得1银、1铜的好成绩。

（刘海燕）

【深入开展“家文化”建设】 2014年，内蒙古石油分公司制定实施“家文化”建设方案，大力推动盟市公司积极参与，包头、赤峰等公司取得了明显效果。注重人文关怀，为加油员配备安全保暖工作服1.2万余套，自筹资金100万元为库站配备小家电，建设了156个库站小菜园。建立健全困难群体帮扶救助机制，发放爱心基金6万余元帮扶救助13名困难职工。

（刘海燕）

表 1 **内蒙古石油分公司主要经营指标**①

指标名称 \ 年份	2014	2013	2012	2011	2010	2009
成品油销售总量/万吨	179.11	165.21	186.79	165.11	100.42	42.59
零售量	106.15	125.07	132.30	112.64	61.19	31.30
销售收入/亿元	125.09	122.17	141.08	121.69	62.89	23.66
利润/万元	-1 147.83	12 021.12	10 006.42	8 052.69	3 046.01	2 969.02
吨油费用/元	345.07	344.82	303.20	250.78	236.95	315.03
加油站总数/座	372	367	339	275	174	82
油库数量/座	10	10	8	8	5	4
铁路专用线数/条	10	10	7	7	5	4

①以上指标均不含参股公司

新疆石油分公司

【概况】 中国石化销售有限公司新疆石油分公司(简称新疆石油分公司)是中国石化在新疆的唯一成品油销售企业，本部位于新疆乌鲁木齐市长春南路466号，其前身是中国石化销售有限公司西北新疆分公司。新疆石油分公司主要负责中国石化在新疆地区的成品油销售与营销网络建设，主营汽油、柴油、润滑油、非油品和其他石化产品的零售、直销配送、批发、仓储业务。2010年1月，石化集团公司为加快在新疆地区的发展，与中国石化在疆的油田、炼厂发展相配套，确保在新疆开采的石油资源就地加工、就地销售，支持与服务于新疆的经济建设和社会发展，组建新疆石油分公司，隶属中国石化销售有限公司直接领导，2012年10月升格为正局级单位。新疆石油分公司设有10个职能处室、3个专业中心，下辖9个地市分公司、1个全资子公司、1个参股公司、3个控股公司。

截至2014年底，新疆石油分公司拥有员工总数为2 784人，资产总额39.37亿元，在营油库12座，加油(气)站数量为395座(其中加油站359座、加气站36座)，撬装站120座，油库库容突破21.72万立方米。

2014年，新疆石油分公司完成经营总量208.9万吨，其中成品油经营总量为203.56万吨(零售120.59万吨，直分销82.97万吨)，同比下降5.10万吨，降幅2%，天然气销量4 835万立方米，增长17%；非油品营业额(含润滑油)1.15亿元，增幅15%；销售收入141.15亿元，利税0.74亿元，报表利润亏损1.37亿元，减少2.48亿元。

新疆石油分公司主要经营指标见表1。

(李 飞)

【主要领导调整】 2014年5月19日，新疆石油分公司召开干部大会，石化集团公司党组成员、石化股份公司高级副总裁章建华出席会议并宣布领导班子调整决定：邱发森担任中共中国石化新疆石油分公司委员会书记兼新疆石油分公司副总经理职务。12月17日，新疆石油分公司召开干部大会，石化集团公司党组成员、纪检组组长徐槟出席会议并宣布领导班子调整决定：免去马安生新疆石油分公司总经理、中共中国石化股份有限公司新疆石油分公司委员会委员及中石化新疆反恐领导小组成员职务。由邱发森主持新疆石油分公司党政全面工作。

(李 飞)

【成品油市场份额稳定增长】 2014年，新疆石油分公司不断优化一次物流，及时调整经营思路，以量为主，扩量增效，开展油非互动、积分抽奖、阶段性促销、双休日汽油优惠、“三个五”比较优势等一系列有中国石化特色的、长效性的营销举措。成品油销售量市场份额保持稳定增长，纯销量、枪售量保持增长。

(李 飞)

【非油业务实现较快增长】 2014年，由于地区安保要求不断提高，新疆石油分公司针对乘客不便进站消费等问题，通过推广“提篮小卖”等做法，开展非油品的站外销售、上门配送；通过与知名厂家开展疆内总代理商合作，扩大统采范围，提高盈利空间；通过与长城润滑油公司成功签署战略合作协议，油非互惠、交叉营销；努力做大新疆特色商品的团购与外销。站内损失，站外补足，全年非油品营业额（含润滑油）1.15 亿元，同比增幅 15%，实现毛利 1 802 万元。

（李　飞）

【加油（气）站网络建设不断优化】 2014 年，新疆石油分公司按照清理、整顿、完善、提升的网络建设指导方针，重点对 2010—2013 年加油站发展项目进行清理，其中项目决算审计完成 70 个，完成 6 座提量改造站、8 座油气回收改造站；积极上报网络发展项目，上报 24 座加油（气）站项目；2014 年新增投营加油站 9 座、加气站 10 座，联合能源油库、鄯善油库与和田油库均已投营，伊宁油库、和田油库完成中交。

（李　飞）

【连续 5 年获区安全生产目标管理先进单位】 2014 年，新疆石油分公司以“从严管理年”活动为抓手，全面夯实管理基础；深入开展“安全隐患整改年”活动，落实岗位责任，突出解决在安全环保上认识不到位、措施不到位、基础管理薄弱等问题，切实提升执行力；落实全员 HSE 责任制，开展各项安全检查工作，确保设备运行本质安全；面对新疆地区暴恐事件频发，坚持不懈做好安全保卫工作，实现企业安全平稳运行。2014 年，新疆石油分公司被自治区人民政府评为安全生产目标管理先进单位，连续 5 年获此奖励。

（李　飞）

【基础管理水平不断提高】 2014 年，新疆石油分公司进一步加强财务管理，盘活低效资产 764 万元，全年节税约 150 万元；加强法律合同管理，全年共审核合同 2 032 份，标的额达 20.15 亿元；做好打假维权工作，维护企业权益，共打击社会侵权加油站 4 座；强化审计监督。全年完成各类审计 184 项，工程结算审减近 5 926 万元，审减率达 18.3%；加强用工与培训管理。通过开展“每周一讲”活动，全年组织 22 位中层干部走上讲台；加强远程教育培训，全年共有 1 671 人注册使用远程培训系统，近 7 万人次参加学习；积极推动三支人才队伍建设，培养了 8 名技师后备人才，有 199 人通过技能鉴定。

（李　飞）

【和谐企业文化建设】 2014 年，新疆石油分公司继续加大内外宣、信访、文档和舆情监控工作，坚持对内主动引导、对外积极宣传，全年共编发《新疆石油销售信息》51 期，《新疆石油风采》34 期，《每日要情》230 期，为引导舆论、凝聚力量和企业文化创建发挥了重要作用；上报总部信息 163 期，政务信息得分在区外公司排名第一；通过强化舆情监控队伍，加强与地方宣传、网管部门沟通协调，做好日常信息收集，全年未发生负面舆情事件，外宣工作在区外企业中排名第一；积极发现并推荐新疆石油分公司的典型人物，塔河桥加油站穆合塔尔·萨伍提入选第二届“感动石化人物”。

（李　飞）

【信息化建设快速推进】 2014 年，新疆石油分公司充分发挥信息化的支撑与引领作用，在提高管理效能的同时降低了管理成本。稳步推进加油站监控系统建设，提升信息安全防护水平，完成视频监控联网系统的开发、9 个地级监控中心部署及 176 座加油站视频监控系统建设。继续推进加油卡消费网点建设，加油卡上线率达到 98%，部署自助圈存点 237 个。成立省市两级数据质量监控领导小组，强化数据监控，提升 ERP 应用质量。积极开展虚拟化应用、移动应用技术推广和 OA 升级，提高设备运行效能和信息化办公效率。

（李　飞）

【履行央企社会责任】 2014 年，新疆石油分公司积极履行央企责任。参与地方“访民情、惠民生、聚民心”驻点建设，成立由 6 人组成的活动工作组，赴和田地区洛浦县欧吐拉昆孜亚村完成 1 年的驻村帮扶，并对该村实施援助扶贫项目 100 万元。加强企地合作，与塔城地区行署、乌苏华泰公司分别签订战略合作框架协议，助推当地经济发展。开展“碧水蓝天”环保隐患专项治理活动，做好污染治理工作，完成 23 座库站的燃煤锅炉改电采暖项目，完成乌鲁木齐分公司 9 座加油站的油气回收改造，累计共有 41 座完成了油气回收改造。

（李　飞）

【党建及企业文化工作持续加强】 2014 年，新疆石油分公司党委开展了基层党支部建设半年自评和年度党建工作考核，首次接受石化集团公司党组开展的党建工作考核。落实教育实践活动整改措施，狠抓整改方案落实。认真开展领导干部基层联系点工作，开展员工工作满意度、生活满意度和企业归属感问卷调查，落实中央“八项规定”精神，着力加强作风建设，开展了“四风”专项整治。加强领导班子和干部队伍建设，完善“三重一大”集体决策实施细则，明晰集体决策程序和相关责任，重大事项班子集体决策率100%。积极推进基层“家”文化建设和福利体系建设，对站库“小菜园”进行补贴，丰富了一线员工的“菜篮子”，增加了员工文化、教育、医疗等福利投入，增强员工归属感。积极组织参与石化集团公司青工辩论赛，获得三等奖。积极开展“青年文明号”推选活动，为青年员工立标杆、树榜样。

（李　飞）

表1　新疆石油分公司主要经营指标

指标名称 \ 年份	2014	2013	2012	2011	2010	2009①
成品油销售总量/万吨	203.56	208.76	186.97	164.00	119.26	84.82
零售量	120.59	118.99	100.74	76.60	33.60	20.28
销售收入/亿元	141.15	149.69	138.25	117.92	71.34	43.70
利润/亿元	-1.37③	1.11	0.60	0.25	-2.46②	0.41
吨油费用/元	309.00	242.37	243.00	217.00	188.00	125.00
在营加油(气)站总数/座	395	368	343	226	136	107

① 2009年为体制调整前数据，其中利润是在中国石化总部让利调拨价200元/吨基础上完成的

② 2010年利润-2.46亿元，主要原因系处理体制调整前不良资产1.99亿元所致

③ 2014年利润-1.37亿元，主要原因系新疆地区反恐形势影响销售量、吨油毛利都较往年大幅减少，而同时费用增加所致

吉林石油分公司

【概况】 中国石化销售有限公司吉林石油分公司(简称吉林石油分公司)是中国石化在吉林省设立的全资子公司，是吉林省主要成品油供应商之一，主营汽油、柴油、天然气的批发和零售，同时开展加油站便利店经营等业务。

吉林石油分公司的前身是中国石化销售有限公司东北吉林省分公司。2009年11月，根据中国石化总部调整区外油品销售企业管理体制的决策，重组成立了中国石油化工股份有限公司吉林石油分公司，下辖吉林市、白城、天然气3个区域分公司。2010年，又成立了松原、四平、延边、通化4个分公司，2014年长春分公司成立。2014年5月按中国石化油品销售板块业务重组要求，更名为中国石化销售有限公司吉林石油分公司，共设8个分公司，拥有自有油库2座、天然气CNG母站2座。经营范围覆盖吉林省内7个地市，初步形成成品油与天然气并举、供销一体化的经营格局。

2014年，吉林石油分公司下设8个处室，有正式工141人、劳务工1 460人；管理人员中，有高级职称5人、中级职称29人；技能操作人员中，高级技师1人、技师6人、高级工62人、中级工242人。

2014年，吉林石油分公司油气总量完成62.16万吨，同比增幅8%。其中，成品油经营总量完成54.25万吨、增幅10%，零售39.58万吨、增幅15%。天然气销售总量9 038万立方米；销售非油品3 812万元，增幅56%；发行IC卡2.5万张，新增IC卡用户5 619个，IC卡沉淀资金9 871万元，增幅27%。市场占有率由11%上升到13%。在折旧费增加5 564万元的情况下，利润总额仍增加2 555万元，实现报表利润407万元。安全、数质量等级事故为零。在营加油站148座。

吉林石油分公司主要经营指标见表1。

（黄　赫）

【提高经营创效水平】 2014年，吉林石油分公司转变营销思路，由停批、控直、保零转变为保重点客户、保零售，批直零全方位营销，由等客上门转变为服务营销多措并举，由配置为主转变为以外采为主。寻找新的自采资源，开拓了与大庆中蓝石化的

业务合作，签订年度需求框架协议；将大连海油燃供公司纳入采购供应商，实现了燃料油销售的突破。外采供应商由原来的7家增加到9家。坚持"三不采原则"，积极与外采供货商进行谈判，全年外采34.6万吨，占总资源量的65%，同比增加19.8万吨，外采占比名列12家区外公司第1名；外采差价区外公司排名靠前，同比降低成本1.31亿元，吨油降低成本380元。坚持低库存经营，减少了财务费用，降低了经营风险。2014年成品油平均库存1.6万吨，减少1.82万吨，节省财务费用617万元。紧盯天然气市场变化，通过实行点对点营销、采取灵活定价、加强技术手段、加大天然气增量奖励力度等多项措施，实现天然气增效。

（黄　赫）

【增强油气零售竞争力】 2014年，吉林石油分公司实施"万吨站打造计划"，万吨站由上年的3座增加到11座，累计实现销售14.32万吨，占在营站数量的7%，贡献了近36%的零售销量，单站日均零售量达到7.5吨，保持了较好的单站经营质量。组织开展"卡非互动"、扩大发卡、改善服务、优惠吸引等多种措施，不断拓展零售规模。全年发卡2.5万张，其中"卡非互动"活动期间，累计实现IC卡充值2.3亿元。

（黄　赫）

【非油品业务快速增长】 2014年，吉林石油分公司非油品业务按照门店零售为主、团购为辅的经营思路，通过利用新媒体网络平台建设非油品秒杀部落、打造消费者生活驿站、积极落实非油品门店服务多项化等措施提高非油品营业额，初步与邮政、彩票中心等相关单位达成了水电费代缴、充值、刮刮奖的合作。按照油非互动、卡非互动，全面优化、全面提升的思路，非油品业务实现快速发展。全年实现非油销售收入3 812万元，同比增幅56%。同时做好大米、长白山特色商品系统内销售工作。通过与易捷公司的积极沟通，与吉林森工集团经过多次谈判，已经达成贴牌生产"易捷泉阳泉"长白山天然矿泉水协议(OEM模式)，并在全国易捷便利店销售。

（黄　赫）

【注重销售网络发展质量】 2014年，吉林石油分公司对加油(气)站实施"六位一体"改造，科学统筹安排提质改造、两微改造、形象改造、油气回收、便利店改造等项目，优化流程，缩短改造的工期，要求改造过的加油(气)站，3年之内不得停业改造，尽量减小对零售销量的影响。全年共完成隐患治理项目36个、提质改造项目5个、油气回收项目31个。注重内涵发展，提高投资回报，退租无效益租赁到期6座加油站，终止2座加油站收购协议。狠抓加油站投营，新投营加油(气)站7座，重新投营加油(气)站9座。同时，积极协调长春市和绿园区安监局，做好隐患整改，长春市正阳街加油站投营。做好新增加油站加油卡系统上线和油库营业厅改造工作，全年完成36座加油站系统上线，其中27座加油(气)站实现卡机联动，并对全省40座城区加油站发卡网点安装自助圈存机，实现客户网上自助充值，提升了中国石化在吉林地区的品牌形象。

（黄　赫）

【优化企业体制机制】 2014年，吉林石油分公司优化自身体制机制，充分激发企业活力。在发展、经营上主攻长春、吉林、松原、四平四地市场，并着重发展车用天然气业务；对比较偏远的延边、通化地区通过和其他经营单位合作，就地采购成品油资源供应加油站；对运距较远、市场容量小、经营费用高的白城地区实施暂时的战略放弃。成立长春分公司，强化地市分公司二级管理权限和责任，打破过去都是一管到底的一级管理模式。压扁管理层，撤销市级片区管理层级，由市分公司零管部直接管理市区加油站，在加油站相对较多且离市区较远的几个邻近县选定一个中心县成立县经营部，统管周边几个县的加油站，强化县级加油站的管理，提高了管理效率和执行力。制定"领导班子绩效考核和薪酬兑现实施细则"和"地市分公司绩效考核及薪酬兑现办法"，对加油站"联量计酬"考核办法进行修订，使收入与销量紧密挂钩，每月基本薪酬加联量计酬兑现收入，加油站员工收入普遍提高300元以上，员工流失率大幅下降，有效地调动了一线员工创效、增量的积极性。制定"机关部门绩效考核办法"，实施月考核、季兑现，让机关处室的工作质量、工作效率与机关人员的分配收入挂钩。深化干部人事制度改革，强化对干部履职情况考核。6月把人事管理职能从综合处分离，单独设置人力资源处，完善干部人事及劳动用工管理的制度，对机关定岗定编，引入竞争上岗机制，实行中层干部年度述职考评，对年度考评得分后3名的中层干部进行诫勉谈话。2014年调整处级干部3人，地市公司班子调整2人，交流回区内干部2人。通过省委组织部与地方政府实行干部交流挂职，各选派了2名中层干部双向交流。

（黄　赫）

【提升企业管控水平】 2014 年，吉林石油分公司以“从严管理年”为契机，强化基础管理，不断提升管理水平。狠抓 QHSE 管理，签订《HSE 责任书》183 份、《HSE 承诺书》1 410 份，梳理突出问题 77 项已全部完成整改；开展全系统应急预案演练 1 400 余次；开展“安全生产月活动”，强化红线意识，促进安全发展，落实《新安全法》培训，培训管理人员达到150 人次；加强施工现场监督检查，落实各项规章制度，有效防范施工安全事故发生，全年共检查出问题135 项，下发整改通知书 9 份；开展节前、夜间、专项检查，消除了安全隐患，杜绝等级事故的发生，保障了全系统的安全运营。加强数质量管理，修订完善数质量管理制度，对加油站和油库进行多频次、多方位的安全检查和问题整改，严格执行“专车专用、汽柴分运”制度，加强油品出入库检验数质量管理部门查处 5 批次，共 1 925 吨质量不合格油品，并全部退货，确保销售油品质量 100% 合格。全面推进全员成本目标和费用创效工作，全年公务性支出同比下降 15.04%，其中业务招待费下降 34.05%、差旅费下降 28%、会议费下降了 30%；财务费用下降 1 379 万元，降低 28.30%；结合“ERP 登高计划达标年”活动，有效解决了跨部门 ERP 应用中存在的问题，促进了 ERP 应用效果提升。全年累计处理加油卡、便利店及公司管理系统故障 1 200 多起。全面强化合同管理工作，提升法律人员从业素质。在石化集团公司法律纠纷处理技术比武活动中，摘得区外销售企业唯一一枚奖牌。全年实现合同上线率、审核率、签订率均实现 100%。以混合所有制改革重组为契机，开展资产评估、清产核资，解决了多年来“家底不清”的问题，积极推进省市分公司企业工商名称变更工作，全面完成了吉林石油分公司和加油(气)站的相关证照的变更。

（黄　赫）

【加强党建思想政治工作】 2014 年，吉林石油分公司健全基层组织，设立长春分公司党工团组织，撤销白城党支部，对松原、四平、延边、机关党总支进行改选，做到党组织与经营机构同步设置。严格履行党员发展程序，有计划地做好党员发展工作，共发展新党员 10 名。结合企业经营管理实际，开展多种形式的反腐倡廉教育工作，与各分公司签订 2014 年度《党风廉政责任书》，46 名中层以上干部签订《廉洁自律承诺书》。做好“金秋助学活动”，对家庭困难的 3 名职工子女上学给予帮助。组织职工开展“双日捐”活动，共筹集爱心资金 5.62 万元，用于省内特殊困难特殊群体的救助工作。各级工会和共青团组织积极组织开展百姓健康舞、厨艺大赛、棋牌比赛、摄影比赛、拔河比赛和长跑比赛、五四篮球比赛、青年辩论赛、读书征文活动等各类文体活动14 项，累计513 名职工直接参与。全面开展“家文化”建设，通过重点建设“温馨之家、平安之家、奋进之家、和谐之家”，着力在物质上营造实体家园，在制度上营造秩序家园，在精神上营造情感家园，形成“我爱企业、企业爱我”“家和万事兴”的良好局面。以“一网一刊双微”为抓手，推进宣传工作不断深入。《吉林石油》杂志从创刊已发行 12 期，架起了员工宣传园地。吉林石油党建网、官方微博、微信正式运行，一网一刊、微博、微信的线上线下有效宣传整合，凝聚起了企业发展的正能量。

（黄　赫）

表 1　　吉林石油分公司主要经营指标

指标名称 \ 年份	2014	2013	2012	2011	2010
成品油销售总量/万吨	54.25	49.32	55.85	49.35	35.66
零售量	39.58	34.35	37.00	31.00	20.25
销售收入/亿元	42.05	39.85	44.87	38.75	23.24
利润/万元	407.00	-2 148.00	2 003.00	1 845.00	-1 452.00
吨油费用/元	535.00	492.00	422.00	386.00	379.00
加油站座数/座	148	147	140	114	63

黑龙江石油分公司

【概况】 中国石化销售有限公司黑龙江石油分公司（简称黑龙江石油分公司）位于黑龙江省哈尔滨市道里区群力第五大道 1589 号。前身是中国石化销售有限公司东北黑龙江分公司，2010 年 1 月 1 日，调整为石化股份公司直属企业，更名为中国石油化工股份有限公司黑龙江石油分公司。2014 年 5 月，更名为中国石化销售有限公司黑龙江石油分公司；是国家大型二级企业，是中国石化在黑龙江省的唯一企业，主要从事汽油、柴油、煤油、润滑油等成品油批发、零售以及非油品业务。

黑龙江石油分公司本部设 7 个部门，即综合处、经营管理处、零售中心、人力资源处、发展基建处、安全数质量处、财务资产处；下设哈尔滨、齐齐哈尔、牡丹江、佳木斯、大庆和绥化 6 个地市公司，2 个控股子公司，1 个参股公司。有员工近 1 754 人。拥有加油站 163 座、易捷便利店 125 座、油库 5 座，资产总额 18.94 亿元。

黑龙江石油分公司主要经营指标见表 1。

（赵美玲）

【经营运作量效兼顾】 2014 年，黑龙江石油分公司优化资源结构及物流配送，统筹价格、密度等要素，提升经营效益。抓住资源龙头，实现源头创效，动态调整资源结构，配置资源比例同比降低 32.5%，集采、外采比例增加 18.3%。优化经营统筹，扩大经营规模，调动客户经理走访的积极性，全年新增客户 181 户，实现增量 4.24 万吨，共有 238 户社会加油站客户开单，月均销量 5 500 吨。坚持低库存运作，防范跌价风险，逐月对实物所有权进、销、存进行滚动平衡，全年月均库存保持在 2.9 万吨低限水平，有效地减少了跌价损失。持续开展运距核查，优化二次物流；对在营的 134 座加油站、21 个直分销配送大客户进行了全面核查，共计核查运距通道 262 条，总里程 4.48 万千米，运距减少 588 千米，节省运杂费 17.85 万元。全力保障气源供应，做好新兴业务。

（赵美玲）

【零售经营措施得力】 2014 年，黑龙江石油分公司加油卡营销创新高，全年加油卡锁定客户销量 11.32 万吨；持卡比例 24.06%，同比提高 5.45%。油非互动营销成效好，在 59 座加油站开展柴油油非互动营销活动，较促销前日均增量 62.7 吨。合同营销锁定客户质量高，新增零售客户 4 306 个，消费 3.96 万吨。新开业站市场培育好，14 座加油站开展了开业促销活动，环比改造前日均增幅超过 30%。点对点营销效益高，全年同比增量超过 2 000 吨。高标号汽油增幅大，持续开展大吉普车俱乐部会员送礼营销活动，高标号汽油同比增量 7 902 吨，增幅 25%。

（赵美玲）

【非油品经营特色突出】 2014 年，黑龙江石油分公司开展了推特色、降库存、增项目等工作，实现了量效齐升。大力推广黑龙江特色商品，重点将大米推向全国易捷便利店。打造特色店 8 座、样板店 4 座，销量和形象大幅提升。开辟服务新业务，增加销售额 600 万元。优化便利店 7 座，优化商品 270 种，库存周转由年初的 127 天降为年底的 110 天。建立商品选购进货新机制，落实谁选货、谁负责的原则，商品进货由下而上提需求，销售量得到提高。

（赵美玲）

【安全数质量平稳运行】 2014 年，黑龙江石油分公司全面落实“从严管理年”活动，从宣传动员、问题查找、整改跟踪和总结评价 4 个阶段开展，排查和解决了问题 290 项，提高了全员对从严管理活动的认识；制作了易学易懂的安全口袋书。通过图文并茂的方式，使小手册发挥了大作用，促进了员工的行为养成。隐患治理全省覆盖，开展隐患治理 78 项，提高了硬件设施的安全系数。强化施工作业重点督导，对清罐、动火、用电、高处作业等直接作业环节进行了重点培训和现场督导，确保了施工项目安全交工。损耗控制效果明显，把损耗管理落实到库站，分解到月度，全年损耗率达到控制指标。环保工作扎实推进，组织开展环保专项调查和碳盘查工作，加大了油气回收、燃煤锅炉治理改造力度，为新《环保法》的贯彻实施开槽铺路。优化劳保用品配备，为员工增配了护膝、大衣外皮，增发了棉马甲、脖套、棉帽和防雾霾口罩等劳保用品，为员工的身心冷暖和职业健康提供了保障。

（赵美玲）

【加油（气）站网络发展挖潜增量】 2014 年，黑龙江石油分公司落实石化集团公司党组提高发展质量、提升投资效益的要求，本着短期盘活、长期优化、总量控制、过程跟踪的原则，坚持效益优先、注重内涵发展。新增投营绥化龙达加气站、明水城南加油加气站、齐齐哈尔红兴隆加油站、哈尔滨双和加油站；新建讷河加油站、大庆高新区加油加气站；

完成14座改造站的建设工作；实施小微改造70座加油站，取得了较好的效果，日均环比改造前增量77.7吨；完成碧水蓝天、安全隐患等专项治理，其中油库10项、加油站69项、油气回收改造27座站。克服了施工项目点多、面广、距离远等困难，确保了工程的安全、质量和进度。

（赵美玲）

【队伍素质显著提高】 2014年，黑龙江石油分公司开展人人上讲台、月月有讲座、季季有竞赛，年度有考评的全员培训。省市公司共开展培训152期，培训完成率100%，200余人次登上讲台，处室选送课件46件，培养锻炼了师资队伍，提高了员工的业务素质和能力。继续通过技能鉴定和专业技术职称评审，促进员工业务技能的提高。完成初、中级工技能鉴定782人次，高级工85人次，20人次参加专业技术职称评审，在国家级期刊发表论文8篇。继续打造“三大长、八大员”骨干队伍，通过市公司月考、省公司季考，共有316名员工通过考试取得了相应的资质证书，累计达标1 539人次。平稳推进“集体争标杆、岗位树标兵、全员对标创一流”活动，评选出省级标杆加油站10座、标杆油库1座、标兵68人。激发了全员争旗、扛旗、保旗的竞赛兴趣，涌现出了一批标杆集体和标兵个人，形成了人人争先、赶超一流的浓厚氛围。

（赵美玲）

【“家文化”建设做法得到总部认可】 2014年6月6日，石化集团公司董事长傅成玉到黑龙江石油分公司调研后，在给油品销售公司党委书记孙久勤的信中写到：“我最近到黑龙江看了加油站，被他们非常有特色的‘家文化’所感动。中石化应该成为百万员工的家，百万员工也应视中石化为家，希望‘家文化’在销售企业全面开花！”6月25日，孙久勤到黑龙江石油分公司调研，充分肯定了“家文化”建设工作和取得的成绩。8月16日，在油品销售公司在徐州举办的“家文化”建设现场会上，黑龙江石油分公司拍摄反映“家文化”建设的专题片《牵手文化 共建明天》，作为会议第一项内容进行了播放并进行了经验交流。《中国石化报》连续3天在头版对黑龙江石油分公司“家文化”建设进行了系列报道。全年共打造“家文化”建设示范站点9个。

（赵美玲）

表1　黑龙江石油分公司主要经营指标

指标名称 \ 年份	2014	2013	2012	2011	2010	2009
成品油销售总量/万吨	96.34	88.67	77.50	56.92	53.81	31.07
零售量	59.45	84.08	57.00	42.98	31.25	17.94
销售收入/亿元	67.08	65.05	60.00	43.00	35.00	18.00
利润/万元	900.00	3 228.00	2 770.00	2 760.00	1 357.00	495.00
吨油费用/元	356.00	352.00	350.00	369.00	313.00	237.00
加油站总数/座	163	162	161	151	115	47
油库数量/座	5	5	4	4	3	2

青海石油分公司

【概况】 中国石化销售有限公司青海石油分公司（简称青海石油分公司）成立于2003年3月，是中国石化直属销售企业，主要承担中国石化在青海省境内成品油的销售、管理和调运任务，经营范围涉及汽油、柴油、润滑油及非油品销售等业务，是中国石化在青海地区唯一成品油销售企业。

青海石油分公司本部位于西宁市，下设10个管理部门，下辖4个市级分公司；用工总量为1 286人；自有油库3座，自有加油站149座。

青海石油分公司主要经营指标见表1。

（赵　云）

【经营总量实现新突破】 2014年，青海石油分公司围绕一切为了经营、一切服务经营、一切服从经营、一切确保经营的工作目标，采取紧盯市场、决策经营，确保资源、支撑经营，紧贴市场、灵活经营，差异营销、促进经营的经营方针，在全年经营环境不利的条件下，资源策略依市调整，强化配置统筹，提升外采创效，强势面对市场竞争，全年经营总量逆市增长。汽油销售比重达到13%，同比增加2.8个百分点；柴汽比从上年的8.8：1下降到6.7：1。自采资源比例达到48%，增加67个百分点；直分销客户新增127家(有效客户95家)，实现增量4.4万吨。在油品销售公司“比学赶帮超”活动中获得进步红旗17面，取得区外公司第一、全销售系统第五的好成绩。在油品销售公司年度工作会上，青海石油分公司分别获得“比学赶帮超”优秀组织奖、直分销先进奖和非油品先进奖的表彰。

（赵　云）

【快速拓展终端市场】 2014年，青海石油分公司零售总量实现新突破。通过“比学赶帮超”和“加油站综合服务提升年”活动，以扩大宣传营造市场、丰富手段吸引市场、客户开发抢夺市场、优质服务赢得市场为手段，全年零售总量首次突破50万吨，同比增长9个百分点；零售大客户达到2 286家，增加1 088家；加油卡累计发卡20.8万张，沉淀资金增幅162%；全年万吨站达到13座，“低销站”脱帽14座，市场控制力进一步增强。此外，通过以易捷卓玛泉等自有品牌和特色商品为重点，调整考核权重，大力开展特色营销、开口营销，优化“油非互促、卡非互促”活动，非油品同比增幅32%，实现了非油品营业额的较快增长。

（赵　云）

【安全管理得到加强】 2014年，青海石油分公司深刻吸取“11·22”事故教训，以安全隐患整改年为契机，深化制度落地、责任生根的工作理念，通过层层落实安全生产责任制，强化落实“七想七不干”要求，落实《青海石油重大突发事项报告和应急处理制度》，深化逢会必讲、逢试必考、逢人必问、逢走必查的意识，开展“我身边的安全隐患”与“安全美”活动，本质安全得到进一步提升。在强化QHSE管理工作中，全年领导班子共下基层调研38次，帮助基层解决问题102项；开展QHSE专项检查17次，开展油库28次、加油站130座次、施工工地26次的安全隐患排查工作，共查出各类问题1 364条，落实整改1 309条，整改率达到96%；全年完成隐患治理项目69项，完成率84%；进行职业卫生体检762人，体检率85%；开展各项演练预案620余次，培训各级HSE管理人员465人次；全年QHSE管理进一步得到提高。

（赵　云）

【数质量总体受控】 2014年，青海石油分公司通过推进“双加满”、地罐标定、加大考核、承运方赔付、对地市公司领导班子和相关责任人进行严厉处罚等措施，有效遏制了油品损耗高的状况。全年，共检查运输车辆403车次，现场监督接卸油品40次，处理加油站接卸损耗争议59次，承运方罐车赔付数量144吨，赔付金额129万元。全年运输损耗率为0.08‰，下降3%；零售损耗率为1.8‰，下降19%。此外，进一步完善出入库业务流程，严格油品检验指标，全年共完成入库检验3 206次、出库检验1 036次，各类抽检、送检1 419次，配置、自采资源合格率达到100%，未发生上报数质量事故及媒体曝光事件。

（赵　云）

【加油(气)站网络发展质量不断提高】 2014年，青海石油分公司坚持走质量效益型发展道路，加快由数量规模向质量效益的转变。通过落实全环节效益测算，完善投资管理流程，优化投资结构，加快隐患整改、提量改造和油气回收改造工作，全年实现新增加油(气)站17座，积极推进“碧水蓝天”工作，完成了36座加油站的油气回收改造和3座加油站的提量改造工作，实现加气站“零”突破。

（赵　云）

【队伍素质得到提升】 2014年，青海石油分公司进一步优化用工管理和绩效考核评价体系，加强三支人才队伍建设，落实专业技术职称评定工作，稳妥推进小站委托管理，结合销售板块重组上市，探索用工制度改革的措施，强化了劳动用工和绩效考核管理。各地市分公司以竞聘上岗和绩效考核为抓手，以“比学赶帮超”、完善激励机制、“四好”创建为着力点，优化机关、片区、加油站、油库各级人员配备，提升运行效率，队伍素质明显得到提高。在全员培训工作中，青海石油分公司进一步突出了培训的针对性和时效性，全年实现自培56期，培训员工1 400人次；外培23期，培训员工45人次，完成技能鉴定242人次，为员工成长提供了新的平台。

（赵　云）

【党建工作扎实推进】 2014年，青海石油分公司进一步增强党委政治核心作用和两级党组织合力，把党建工作与经营发展工作深度融合，实现“一体两面、共同聚焦”，将政治优势转化为企业发展核心竞争力。深化党风廉政建设，充分发挥“两个责任”作用，贯彻落实职工违纪违规处分规定，签订廉洁从业承诺书129份，签订中层干部廉洁家庭承诺书33份，发布137条禁令，发布纪检手机教育信息240条和教育导读40余篇。同时深化教育实践活动，在巩固教育实践活动成果的基础上，开展了教育实践活动整改落实情况“回头看”工作，确保了整改方案不折不扣落到实处，整改承诺每一条都得到兑现。此外，通过“家文化”创建，实施先期培育示范站、延伸推广其他站、创建特色偏远站的“三步走”措施，营造了“企业是我家，发展靠大家”的工作氛围，员工归属感和忠诚度进一步增强。

（赵 云）

表1 青海石油分公司主要经营指标

指标名称＼年份	2014	2013	2012	2011	2010	2009
成品油销售总量/万吨	79.89	68.94	65.00	52.19	35.49	16.23
零售量	50.09	45.78	42.09	32.54	17.34	8.80
销售收入/亿元	54.71	50.12	47.36	37.37	21.75	8.61
利润/亿元	-0.55	0.21	0.02	0.20	0.03	-0.23
吨油费用/元	366.00	365.00	343.02	362.89	284.30	228.34
加油站座数/座	149	138	119	92	62	38

青海石油分公司主要经营指标见表1。

（孙晶涛）

甘肃石油分公司

【概况】 中国石化销售有限公司甘肃石油分公司（简称甘肃石油分公司）前身中国石化销售西北甘肃分公司成立于2010年1月，主要承担着中国石化在甘肃境内成品油市场的销售、管理和调运任务以及甘肃可利用资源的开发协调工作，经营范围涉及汽油、柴油、润滑油、车用天然气、燃料油以及非油品销售等业务。

截至2014年底，甘肃石油分公司设10个职能处室，下辖酒泉、张掖、武威、白银、定西、天水、平凉、庆阳8家地市分公司及1家合资公司。拥有在营加油站98座，在营加气站5座，小额配送车23辆，自有油库1座，在建油库2座，资产总额22.47亿元。有员工1 044人，大专以上文化程度558人、占员工总数53.45%；党员169人、占员工总数16.2%。

2014年，甘肃石油分公司面对严峻复杂的市场形势和持续加大的下行压力，紧紧围绕年初工作会确定的“6223810”年度目标任务，精心组织、真抓实干，全力增量增效，深化企业改革，从严企业管理，转变工作作风，提升服务水平，各项工作取得了长足进步，较好地完成了各项目标任务，为转型发展迈出了坚实的一步。

【经营规模创历史新高】 2014年，甘肃石油分公司累计实现经营总量58万吨，超额完成油品销售公司下达任务指标，与上年同期相比增加4.5万吨，增幅8%。其中，成品油销量56.6万吨，超额完成任务指标，增幅7%；天然气销量1 641万立方米（折算成品油1.4万吨），增幅237%。成品油销量中，实现零售量38.2万吨，增长18%；实现直销量13.5万吨，降幅12%；实现批发4.9万吨，降幅6%。非油品销售额2 419万元，完成任务指标的101%，增幅33%。全年实现营业收入40.27亿元，增加1.74亿元，增幅5%；累计实现毛利2.43亿元，减少1 129.84万元，降幅4%；累计亏损1 774.3万元。

（孙晶涛）

【零售终端竞争力不断增强】 2014年，甘肃石油分公司开展打造“样板站”工作，甄选兰州地区5座加油站，定期组织员工驻站培训，提升服务理念，强化服务技巧，有效提高加油站现场服务水平，全年交流培训11批次，共计培训60余人。以“综合服务提升年”为抓手，开展形式多样的竞赛活动，突出零售、突出高标号汽油、突出纯枪量，加大天然气增量奖励力度。大力推广“易捷卡”和“充值卡”，不断拓展零售规模。全年发卡2.75万张，增幅58%，卡销比34%，IC卡沉淀资金达到3 674万元，增幅43%。创新客户维护机制，加大汽油增量，开辟专站、开发私家车用户、联手大客户多管齐下，全年汽油销量9.35万吨，增幅21%，创造毛利6 425万元，其中高标号汽油销量9 900吨、增幅50%。非油产品业务扩大统采比例，完善品类管理，做大做强门店零售，全年实现非油销售收入2 419万元，增幅33%，百万元及以上便利店达到5座。

（孙晶涛）

【加油(气)站网络发展不断优化】 2014年，甘肃石油分公司突出重点，优化改造，提升网络发展质量，通过开展加油站改造，改善经营环境，增加服务功能，科学统筹安排提量改造、两微改造、形象改造、油气回收、便利店改造等项目，将加油(气)站各项改造一并到位，优化流程，缩短改造工期。共完成隐患治理项目27个，油气回收项目34个。通过梳理在建、预备项目，明确发展目标，将有限的投资放在择优项目上，暂缓已取得规划的边远及城乡加油站建设。明确经营的重点在零售，狠抓加油站投营，加快建设进度。全年投营加油(气)站15座，12月下旬临合高速路加油站投产运营成为甘肃石油分公司首对高速公路服务区加油站。全力推进武威、兰州油库项目建设。截至年底，武威油库已完成基础设施建设和工艺安装，兰州油库完成土建、油罐底板和顶板焊接。

（孙晶涛）

【企业管控水平逐步提升】 2014年，甘肃石油分公司狠抓HSE管理。强化责任制落实，以“从严管理年”“安全隐患整改年”为契机，通过层层签订HSE目标责任书，强化《新安全生产法》《环境保护法》的学习，营造安全环保数质量管理氛围，深化全员岗位危害识别，进行全系统应急预案演练，加强设备管理，规范承包商、承运商管理，加大隐患治理力度，全年投入2 773万元，整改隐患项目27个。强化数质量管理，开展油库、加油站标准化达标验收，加强油品损耗管理及考核，全年零售损耗率由上年度3.68‰降低为2.96‰，一次物流运输损耗由1.40‰降低为1.35‰；销售油品100%合格。全面推进全员成本目标和费用创效工作。按照石化集团公司“经营一元钱，节约一分钱”要求，强化费用预算的刚性和权威性，大力压缩公务性开支。以混合所有制改革重组为契机，开展资产评估、清产核资，对资产进行彻底的清查，及时整改清查中出现的问题，做到账账相符，账实相符。

（孙晶涛）

【党建工作水平进一步加强】 2014年，甘肃石油分公司继续坚持“围绕经营抓党建，抓好党建促发展”指导思想，积极落实“八项规定”，强化“五个作用”，促进“六个转化”，推进党建工作与经营工作融合发展。健全基层党组织建设，注重党员发展质量，完善党建工作方案及配套措施。酒泉公司党支部升格为党委，新发展党员18名，转正党员16名。结合企业经营管理实际，开展形式多样的反腐倡廉教育工作，增强党员、干部、关键岗位人员的拒腐防变能力和廉洁从业意识。认真贯彻民主集中制，严格执行“三重一大”集体决策制度，深入基层调研，狠抓队伍稳定，把问题解决在一线，重点解决了民生类、工作类问题78项。创建学习型企业，坚持党委中心组学习制度，继续开展职业技能鉴定和职称评审，全面推进竞赛比武活动。先后组织开展“学专业、懂专业”知识竞赛、布楞沟村捐献爱心校服、参观八路军驻兰办事处纪念馆、帮扶东乡篮球友谊赛等系列活动，丰富了员工文化生活，增强了企业凝聚力和向心力。试点开展以“我靠企业成长、企业靠我发展”为核心理念的“家文化”建设，践行石化集团公司企业文化建设纲要。加大新闻宣传工作力度，以“一报双微”为抓手，充分展示了员工精神风貌，宣传了先进典型，增强了企业凝聚力。《甘肃石油》报纸从创刊已发行36期。

（孙晶涛）

表1　　甘肃石油分公司主要经营指标

指标名称 \ 年份	2014	2013	2012	2011	2010	2009
成品油销售总量/万吨	58.10	53.56	34.33	24.17	16.15	5.95
零售量	39.68	32.97	24.21	14.54	7.10	2.52

续表

指标名称＼年份	2014	2013	2012	2011	2010	2009
销售收入/亿元	40.27	38.52	25.34	17.40	9.90	3.22
利润/万元	-1 774.30	2 038.44	-5 968.39	253.90	-4 133.10	-309.70
吨油费用/元	446.17	429.78	497.00	456.82	508.00	278.57
加油站总数/座	96	86	51	26	25	14

宁夏石油分公司

【概况】 中国石化销售有限公司宁夏石油分公司(简称宁夏石油分公司)位于宁夏回族自治区银川市金凤区，其前身为中国石化销售有限公司西北宁夏分公司。2009年12月，按照石化集团公司关于区外销售企业体制调整安排，宁夏石油分公司正式成立，直接隶属石化集团公司党组管理。主营汽油、柴油、润滑油和其他石化产品的零售、直销配送、批发和仓储业务以及加油站便利店非油品业务。

截至2014年底，宁夏石油分公司本部设11个职能处室；下设银川、石嘴山、吴忠、固原、中卫5个分公司；控股中石化宁夏易捷石化有限公司(简称宁夏易捷公司)、中石化石嘴山市常道石化有限公司2家合资公司。在营加油加气站125座，在营油库2座(分别为自建石嘴山惠农油库、租赁宁夏兰星石油集团兰星油库)，资产总额19.55亿元。用工总量1 177人，其中正式职工92人。

2014年，宁夏石油分公司实现销售收入38.32亿元，同比减少17%。成品油经营总量46.97万吨，减少14%，完成年度目标的73%。其中，零售量30.48万吨，减少6.24%；直销量15.41万吨，减少41%；天然气1.08万吨，增幅33%。实现终端销量41.52万吨，终端比例90%，其中零售比重66%。累计发行加油卡15.52万张，沉淀资金5 261.06万元，持卡消费比例55%。非油品销售额1.21亿元，其中便利店销售额4 969.36万元，增长27%，完成年度目标的93%；宁夏易捷公司销售额7 196.20万元，减少22%。宁夏石油分公司费用总额2.66亿元，吨油费用567.31元。新增站点5个。

宁夏石油分公司主要经营指标见表1。

(张继强)

【领导班子调整】 2014年5月，宁夏石油分公司班子成员调整，于海平任总经理，兼任党委副书记。张世强任党委书记，兼任副总经理。冯宇飞任副总经理，党委委员。

(张继强)

【加强油气销售】 2014年，宁夏石油分公司深化库存运作助推经营质量提升，所有权库存由最高时的3.47万吨下降至年底的1.15万吨，下半年油价“十一连降”减少库存损失2 908.36万元。努力扩销促进成品油销量，全年完成零售纯枪量26.40万吨，增幅0.15%；汽油纯枪4.20万吨，增幅11.70%，直分销新增客户90个，增幅275%。

(张继强)

【保持非油品经营领先地位】 2014年，宁夏石油分公司保持非油品领先地位。非油品营业额同比增长27%，实现毛利680.4万元，毛利率14%，完成中国石化年度任务的102%。力推转型改革实现宁夏易捷公司创效益。按照“止血、控险、创效”的工作思路，采取有效措施，使宁夏易捷公司提前走上转型发展之路，4季度共完成订单生产3 297.2万元，任务完成率达120.7%。

(张继强)

【加强企业管理】 2014年，宁夏石油分公司转观念减包袱加快发展质量和效益提升。进一步理清发展思路，狠抓遗留问题解决，为优化发展结构奠定基础。狠抓精细管理发挥管理创效积极作用。以深入开展“从严管理年”和“隐患治理年”活动为抓手，狠抓精细化管理，大力推进降本压费，累计降费3 283.6万元。强化队伍建设夯实经营发展人才基础。通过狠抓作风建设，深入实施“大走访、大调研、大培训、大讲堂”工程等措施，队伍整体素质得到有效提升。

(张继强)

表1 宁夏石油分公司主要经营指标

年份 指标名称	2014	2013	2012	2011	2010	2009①
成品油销售总量/万吨	46.97	53.63	59.07	52.49	41.82	14.02
零售量	30.48	32.51	34.01	28.68	14.91	7.65
销售收入/亿元	38.82	39.45	44.10	38.46	25.61	7.36
利润/万元	-13 997.02	-8 683.00	-2 388.23	1 680.00	-666.67	1 221.67
吨油费用/元	567.31	469	353.41	291.56	225.99	198.29
加油站总数/座	125	120	115	79	48	25

①2009 年为中国石化销售有限公司西北宁夏分公司数据

销售华北分公司

【概况】 中国石化销售有限公司华北分公司(简称销售华北分公司)是中国石化油品销售事业部的派出机构，是销售大区公司之一，为国有大Ⅰ型企业，本部设在天津市。销售华北分公司前身始建于 1950 年 3 月，隶属于商业部。1985 年 1 月，成建制划归中国石化总公司。主要负责华北地区六省市(北京、天津、河北、河南、山西、山东)、东北地区三省(黑龙江、吉林、辽宁)成品油资源组织和调运，并对华北区内重要储运设施实行统一管理。主要担负资源组织、物流优化、储运管理、统一结算、市场监管职能。设有职能处室 12 个，专业中心 2 个，基层单位 11 个，在华北区内炼厂设立 12 个办事处。截至 2014 年底，销售华北分公司管理资产近 120 亿元，拥有大区储备库 4 座，总库容 88 万立方米；管理的华北成品油管网全长 3 189 千米。2014 年，成品油经营总量 4 189 万吨，销售收入 2 888 亿元。

销售华北分公司主要经营指标见表 1。

(刘玉妹)

【强化 HSE 管理】 2014 年，销售华北分公司通过签订隐患整改责任状、加大监管和考核力度、强化闭环管理和跟踪督查、开展全员安全大讨论等措施，推动“安全隐患整改年”活动扎实开展，对确认的 100 件隐患项目进行整改，进一步夯实安全基础。加强施工安全管理及承包商管理，加强直接作业环节监管和施工安全方案审批，审核一级用火 55 项，实现了施工过程安全无事故。全面开展应急预案修订工作，构建起“全面覆盖，可行管用”的科学应急预案体系，结合重大风险源组织开展各级各类应急预案演练564 次，有效磨合了企地应急联动机制，提升了应急处置能力。

(刘玉妹)

【加强资源统筹调度】 2014 年，销售华北分公司完善对标机制，加强横向比学，找差距、定措施，全年铁路罐车平均装载率 94.4%，达到总部考核优秀指标；外部应收账款平均回款天数同比下降 1.17 天。通过加强配置计划协调力度、优化资源调节方式、完善应急预案、强化库存预警监控等措施，充分发挥大区储备库调节作用，缓解供需矛盾，保障了炼厂后路畅通和省市资源稳定供应，完成了各项资源运行任务，获得销售系统成品油资源年度先进红旗。全力做好负号油置换，并按时完成国Ⅳ车用柴油置换升级和天津国Ⅴ油品置换升级工作。强化低库存运作，年末库存同比降低 10%，达到历史最好水平。深挖资源运作的空间与广度、加大铁路跨局直发力度、开辟跨省提油新通道、开展水联运，实现资源兑现和物流降费双赢，全年降费 1.11 亿元。

(刘玉妹)

【优化管网运维】 2014 年，销售华北分公司通过集采资源进管道、增加多品种多品号油品输送、技术挖潜等措施提高管道输量，全年输送成品油 1 380.04 万吨，同比增加 72.39 万吨。通过减少输油站机泵启停、优化配泵方案、控制运行流速、尝试加剂运行等措施，全年华北管网综合输油能耗 149.45(千瓦·时)/(万吨·千米)，同比下降 2.49%，创历史新低，节约电费100万元。不断改进清管工艺，制定磁力除锈装置使用规范，稳步推进“成品油管道清管污油处理工艺技术”课题，并完成总部成品油管道内检测项目现场试验任务，不断提高管网维护水平。加大压力异常排查考核奖罚力度，平均排查时间不超过24小时，排查质量和效率大幅提升。

（刘玉妹）

站场工作人员进行通球清管检测作业

【加强外管道保护】 2014年，销售华北分公司通过加大量化考核力度、实行管道保护约谈机制、强化GPS巡线动态管理和有效监管等措施，外管道管理水平不断提升，全年发现盗油阀12个，同比下降54%。推广“三位一体”管道联防模式，将重点管段摄像监控纳入公安110“天网”监控平台，积极开展百日会战活动，加强企地警三方协同联合稽查和司法追踪力度，全年破获打孔盗油案件7起，抓获犯罪嫌疑人10人。强化技能培训和岗位练兵，管道管理人员专业技术水平不断提高，在油品销售系统输油工职业技能竞赛决赛中获得1枚银牌。

（刘玉妹）

【强化计量质量管理】 2014年，销售华北分公司遵循“量化、对标”的原则，完善计量管理制度体系和考核体系，将管网管输、油库入库管输和水路运输的输差管理作为切入点，推进计量管理精细化，各项损耗指标呈逐年下降趋势，管网输差率同比下降0.04%，管输入库输差率同比下降0.04%，水运损耗率同比下降0.03%。积极开展质量流量计比对工作，实现注入“罐表比对”工作常态化，利用大流量车载体积管装置对重点站场、重点流量计进行在线检定，计量管理水平进一步提升。同时，加强油品质量源头控制，充分发挥大区环节作用，做好与系统内炼厂的质量交接，做好外采油品和串换油品质量监督检查工作；结合销售系统实际问题加大科技研发投入，5项新课题在总部正式立项；完善公司ISO 9000质量体系管理工作，顺利通过油品销售公司监督评审，并对系统内10家企业开展ISO 9000质量体系监督审核，不断强化销售系统质量管理。

（刘玉妹）

【规范工程投资建设】 2014年，销售华北分公司完善线上招投标申请流程和手续，实现招标事项申请率和审批率100%，加强过程监控，确保招投标工作公正规范。以投资回报测算为重点，强化投资分析和预测，科学安排投资计划，落实联动考核，全程介入限上项目，监控限下项目，提高投资效益，全年各类投资项目48项，完成投资2.27亿元。建立建设项目档案目标责任制，推动项目档案资料收集，顺利通过南疆二号库改建工程档案验收，实现鲁皖一期成品油管道建设工程项目档案移交和集中管理。按期完成石家庄炼化800万扩容配套改造工程，确保了石家庄炼化扩容后的后路畅通；驻马店—信阳管道水联运一次成功，实现成品油华北管网和华中管网的全面贯通。

（刘玉妹）

【强化企业基础管理】 2014年，销售华北分公司开展“从严管理年”活动，以全员成本目标管理、比学赶帮超、总部考核指标为落实重点，查找不足、推进整改、提高管理水平。强化绩效考核，建立专业线条考核联动机制，实现专业管理一竿子插到底；强化费用专业管理，精简流程、规范使用；强化细节管理，通过加强停车场管理、规范会议管理、启用门禁安保系统等措施进一步规范机关工作秩序；强化风险防范，组织开展各类审计135项，提出意见建议60余条；强化专业培训，全年组织开展培训74期、3 000余人次，并首次开展中层领导人员模块化选学管理培训；实行车辆集中管理、精简公务用车、明确生产用车配置标准，提高车辆使用效率；积极推进经营管理、生产运行和信息基础设施3个平台的完善优化，为业务生产活动的稳定、高效运行提供技术支撑。

（刘玉妹）

【非上市企业拓展市场】 2014年，悦泰公司细分经营品类，积极应对市场变化，实现利润8 889万元。通过加大营销、售后和打假力度，全年销售燃油宝2 500余万瓶；加速推进柴油车尾气处理液的市场拓展和产品供应工作，实现向31个省市供货，成为徐工集团和奔驰集团的唯一指定供应商品牌，按市场特点对柴油车尾气处理液生产布局进行统一规划，嘉兴生产基地投产，湖北生产基地签约，市场主导地位逐步确立。金皇公司对内强化管理，对外树立大管理、大销售、大物业的经营思路，不断优化企业运行，顺利通过国家星评复核验收。

（刘玉妹）

【建设和谐企业】 2014年，销售华北分公司积极落实教育实践活动责任细化措施，固化教育成果，推动工作作风转变。完成21个直属基层党组织改选换届，推进竞聘上岗工作开展，强化惩防体系建设，打造廉洁高效的干部员工队伍。通过编发《华北石油》、开通官方微博微信、开展媒体开放日、进行燃油宝行车试验集中宣传、建立华北区突发事件新闻应急处置联动机制和“片区应急联络卡”，提高企业知名度和舆情防控处置能力。加强石化集团公司新版企业文化建设纲要的学习宣贯，推进输油场站、油库“家文化”建设，健全公司帮扶救助机制，建立公司评优机制，积极开展员工“三送”活动和困难职工送温暖活动，营造团结和谐的企业氛围。

（刘玉妹）

表1　　销售华北分公司主要经营指标

指标名称＼年份	2014	2013	2012	2011	2010	2009
成品油销售总量/万吨	4 189.00	4 172.04	4 485.00	4 208.00	3 934.00	3 428.31
销售收入/亿元	2 888.00	2 958.38	3 252.00	2 931.00	2 342.58	1 736.50
利润/亿元	30.00	27.86	39.71	58.30	33.89	31.97

销售华东分公司

【概况】 中国石化销售有限公司华东分公司(简称销售华东分公司)，系国有大Ⅰ型企业。办公地址为上海市长宁区愚园路819号，内部资本金7.28亿元。其前身是始建于1949年8月的中国石油运销公司。1950年10月改称中国石油公司华东区公司。1953年4月改组为中国石油公司上海批发站，为商业部直属企业。1985年1月划归中国石油化工总公司。1988年2月更名为中国石化销售公司华东公司。2002年10月更名为中国石化销售有限公司华东分公司。销售华东分公司资源管理辖区为江苏、浙江、福建和上海，主要履行对华东区成品油资源实施资源组织、物流优化、储运管理、统一结算和市场监管等职能。

截至2014年底，销售华东分公司本部机关设9个职能处室和1个成品油调控中心、1个抢维修中心。下设陈山油库、嘉兴输油处、南京输油处、扬州输油处4个二级单位。在华东区7家炼化企业设有办事处。有职工521人，其中正式工306人、劳务工215人，有高级职称的28人、中级职称的86人。在营油库3座：陈山油库位于浙江乍浦，主要承担华东区成品油储备和上岸油品的收储以及浙苏成品油管线首站等职能，总库容43.5万立方米；栖霞油库位于江苏南京，主要承担苏南地区成品油储备和苏南管线首站等职能，首站库库容10万立方米；玉带油库为苏北管道配套油库，库容16万立方米。华东区在营长输管线共7条，全长1 700千米，其中在建长输管线4条，全长1 280千米。在营直管成品油管道3条，为浙苏管线、苏南管线和苏北管线，总长1 220千米。

销售华东分公司主要经营指标见表1。

（王文东）

【各项生产经营指标完成良好】 2014年，销售华东分公司共完成石化炼厂资源收购3 670.57万吨，完成率100%；省市供应计划2 970.52万吨，完成2 971.34万吨，完成率100.03%，实现了配置计划完成2个100%的工作目标。全年供省市管输完成1 887.16万吨，同比提高110.76万吨。其中，6条长输管线输送量1 504.09万吨，与年度奋斗目标计划1 475万吨相比，超出29.09万吨。全年物流实际完成2 985.23万吨，物流完成运费16.53亿元；吨油费用为55.39元，较考核指标57.41元减少2.02元。

（王文东）

【安全环保管理取得佳绩】 2014年，销售华东分公司全面推行“从严管理年”活动，严抓安全管理，按照“一岗双责，党政同责”的原则，修订完善了11个部门、98个岗位的HSE职责和岗位说明书；修订完善140项作业指导书，全年未发生任何安全生产、环保及数质量责任事故，外管道管理继续保持打孔盗油为零、第三方破坏为零、违章占压为零的纪录。在职业卫生管理上，做到了职业健康体检率达100%；作业场所危害因素检测率100%，监测合格率100%；职业危害合同告知率100%。

（王文东）

【开展数质量专项活动】 2014年，销售华东分公司通过开展“质量日”活动、油库自动化计量培训、管输油品质量协调会等活动，优化和提升了数质量管理水平。全年油品质量运行平稳，未发生数质量事件，各项损耗管理较好，其中成品油入库损耗为0.3‰、保管盈余0.5‰、管输盈余0.2‰，水路运输损耗2.0‰，全口径盈余3 941吨，与省市下载罐表差0.65‰，各项损耗指标列销售企业前列。

（王文东）

【苏北管道正式投用】 2014年12月31日，销售华东分公司组织苏北成品油管道首站开始投油，标志着苏北管道进入正式运营阶段。该项目是“十二五”期间江苏省和中国石化的重点工程，由中国石化投资20多亿元，历经2年多时间建成，全长498千米，年设计总输量545万吨；配套新建和改扩建油库5座，总库容约43万立方米。苏北成品油管道成功投用，形成了北接鲁宁管线、南接苏南管线，又可将金陵石化、扬子石化、上海石化及镇海炼化4个炼厂成品油资源连接起来的大格局。全面实现了江苏省成品油物流运输的从车拉船运向安全、节能、环保、低碳的管道运输转型，优化和提升了中国石化在江苏的物流网络和竞争实力。

（王文东）

【陈山油库码头隐患治理和加固维修工程完成】 2014年8月，销售华东分公司陈山油库码头加固维修工程正式开工。此项目属于石化集团公司重点隐患整治项目，经过近4个月的施工，完成6 600米汽柴油回流管线增加、4 500米消防管线整改移位、大量工艺管道及管架的修复与防腐、水下1 184块牺牲阳极金属块安装、水面265根钢桩的“海洋护甲”近5 000平方米安装、45个混凝土墩台近1.2万平方米的防腐、11座钢结构桥梁更换、近230吨钢结构修复焊接以及近260吨引桥钢面板更换等工作。项目的竣工消除了码头钢引桥、桩基及工艺管道与消防管道的腐蚀、工艺管道伸缩管断裂油品外漏等隐患，整个工程实现了安全、质量、进度的施工要求。

（王文东）

维修后的8号码头及人行桥

【夯实设备运行管理】 2014年，销售华东分公司强化设备“四定”管理。提高巡检的质量，设备完好率保持在98%以上，确保了设备的正常运行。通过推进设备预防性检修，在常规设备检验的基础上，对设备自控系统开展了系统性联锁校验和电气预防性试验，进一步提升了设备预防性检修能力。通过优化设备维修管理管控手段，实现了修理费项目在预算管理、合同管理以及进度管理等方面的有效控制。全年共发生修理费项目1 982.45万元，其中1 863.24万元转为安全生产费，修理费指标完成率100%。

（王文东）

【做好油品质量升级工作】 2014年，销售华东分公司有效发挥大区公司区域资源统筹协调职能，积极衔接产销双方，提前做好升级置换方案，统筹资源运行，在上海、江苏、浙江等地区陆续推行油品质量升级，顺利保障了油品置换的完成和市场供应。

（王文东）

【打通2条油品配送通道】 2014年，销售华东分公司继续优化资源流向和配置路径。结合市场经营需要和资源流向，打通了2条配送资源新通道。打通了上海石油站到安徽地区跨省配送98#国Ⅴ汽油通道，扩大高标号汽油辐射范围；打通了油品配送从镇海到四川的铁路通道，保障了川渝地区的市场供应，通过新的配送通道，较水路加铁路的多次运输节省了运费支出每吨约 30 元。

（王文东）

【推行水路配送铅封验仓工作】 2014 年，销售华东分公司正式全面推行成品油水路配送铅封验舱工作。通过编制推广方案，开展人员培训、取证，规范统一现场作业表单等工作，保障了铅封验舱工作的顺利实施，进一步提升了华东地区成品油水路运输管理水平。

（王文东）

【数字化管道系统和水路智能调度系统通过鉴定】 2014 年，销售华东分公司数字化管道系统和水路智能调度系统通过中国石化科技项目的鉴定。该项目通过深化数字管道系统和阴保远传系统应用，将巡线考核、台账统一和体现完整性管理的内容不断整合、融入系统，进一步搭建了外管线管理的科技平台。同时进一步提升水路配送智能调度系统。

（王文东）

【加强人力资源管理】 2014 年，销售华东分公司强化干部队伍建设。通过竞聘、组织考察提拔中层管理人员 6 人，选聘处长助理 3 人，提拔基层管理人员 5 人；引进中层管理人员 1 人，进一步充实了干部管理队伍。同时初步建立干部挂职与交流机制，制定了《干部挂职交流管理办法》，推动年轻干部在挂职交流中成长。全年在机关及基层间共交流挂职 6 人。结合实际需求做好专业人才引进工作，从石化系统内部上中游板块引进专业及管理人才 14 人。同时加强了专业技术职务资格评审工作。向油品销售公司高级评审委员会推荐高级专业技术职务任职资格 2 人，认定 13 人中级任职资格、14 人初级任职资格。出台《2014 年技能鉴定指导意见》，开展输油工、管道保护工技能鉴定工作，2 人取得高级工技能等级，39 人取得初、中级工技能等级，1 人获得储运工技师技能等级。开展各种类型的培训工作，全年举办 38 个内部培训班，培训人员 991 人次；外送培训 122 人次；远程培训累计学习次数达 8 253 次，人均学习时长 49. 3 小时。

（王文东）

【加强物流费用管控】 2014 年，销售华东分公司做好生产结构与省市库存的统筹优化，加大长输管线下载库二次移库的数量，强化月度生产计划预判机制，开展了多周期、多类型的资源串换工作。统筹应用实物超欠、油库库容等措施，避免水路对流运输，全年华东区总体物流吨油费用 57. 41 元，较总部考核指标降低 2. 02 元，节省物流费用达 6 030 万元。抓好资金回笼，控制应收账款。通过努力，全年外部应收账款 BW 比例为 89. 22%，比考核指标降低近 21 个百分点。

（王文东）

【开展改善经营管理建议活动】 2014 年，销售华东分公司继续扩大改善经营管理建议活动成效，加强改善经营管理建议推广，积极组织建议的推广实施。全年共受理改善经营管理建议 232 条，上报油品销售公司优秀建议 1 条。并从油品销售公司要求推广的建议中，梳理出 9 项建议在销售华东分公司推广，并跟踪实施情况。

（王文东）

【深入开展教育实践活动】 2014 年，销售华东分公司认真抓好教育实践活动整改方案的落实。对现行有关制度进行执行评估，并完成领导班子议事规则、领导干部谈心谈话制度、首问责任制管理细则以及项目招标、物资采购等 16 项制度的修订、完善，强化了制度约束力。严格执行石化集团公司责任追究制度，特别是对安全、环保、质量、稳定、“小金库”、反腐倡廉等领域，实行零容忍、一票否决，切实维护制度的严肃性和权威性。在坚持深入基层、精简会议活动、精简文件简报、改进宣传报道以及严格廉洁自律等方面，严格执行中共中央“八项规定”。进一步强化监督检查，建立健全长效机制，修订完善了车辆管理办法、会议管理办法等相关制度。对存在的问题坚持立行立改，做到整改工作的定期跟踪，督促责任部门认真落实整改措施，并召开阶段性的整改专题会，检查督导整改落实情况。全年整改工作落实率达 95%。未发生一起违反规定的事件，业务招待费使用共计 128. 01 万元，下降 26. 67%；会议费 116. 36 万元，下降 38. 56%，其他费用也较上年有所下降。

（王文东）

【启动“家文化”建设工作】 2014 年，销售华东分公司按照总部要求，认真贯彻落实销售企业“家文化”建设精神，积极启动“家文化”建设。通过向兄弟单位取经，深入基层调研，制定了“家文化”建设实施方案，搭建起“温馨建家、平安保家、奋进兴家、和谐立家”的总框架。切实做好送温暖工作。开展困难职工家庭走访活动，组织帮困慰问，同时组织开展迎春游艺会、三八妇女节活动、羽毛球比赛、篮球比赛以及第9套广播操比赛等活动12次，丰富了员工业余文化生活。

（王文东）

表1　　销售华东分公司主要经营指标

指标名称＼年份	2014	2013	2012	2011	2010	2009
成品油资源收购/万吨	3 670.57	3 857.88	3 448.39	3 500.49	3 400.29	3 252.00
省市供应	2 971.34	3 134.34	2 705.11	2 829.21	2 737.40	2 566.32
管输量/万吨(全口径)	1 887.16	1 776.40	1 488.43	1 398.73	1 139.54	928.00
销售收入/亿元	2 583.55	2 756.51	2 560.57	2 506.76	2 034.18	1 628.02
利润/亿元	45.62	41.96	46.05	60.17	12.90	25.47
油库/座	3	2	2	1	1	1
管道/条	3	2	2	2	2	1

销售华中分公司

【概况】 中国石化销售有限公司华中分公司(简称销售华中分公司)成立于1949年，当时名称为华中石油公司，坐落于湖北省武汉市。1985年1月1日，划归中国石油化工总公司，改名为中国石化销售公司中南公司；1998年，改名为中国石化销售中南公司；1999年4月，与湖北省石油公司实行资产重组；2006年10月，进行区域调整，更名中国石化销售有限公司华中分公司。

销售华中分公司是石化集团公司的派出机构和区域物流中心，主要担负产销衔接、资源平衡、运输协调、物流优化、沟通协调的职能，同时负责辖区内荆门、武汉、巴陵、安庆、九江和长岭分公司的成品油的收购，负责湖北、湖南、安徽、江西、四川、重庆的成品油供应，负责对华中、华东、华南、华北等地区的成品油跨区调拨，担负对部队、铁路、民航、交通、渔业等专项用户的成品油供应工作。

截至2014年底，销售华中分公司有5条成品油管道，有4座油库。公司机关设10个处室，下设1个区域调控中心、1个区域抢维修中心、4个输油管理处、1个管道项目部、5个驻厂办事处。共有员工945人，其中正式工452人、劳务用工493人。共有4个基层党总支，26个基层党支部，共有党员326名。

2014年，销售华中分公司成功划转江西、安徽管道2条，组建江西、安徽输油处和抢维修中心二级单位3个，组织管道投油4次，建设管道175.47千米，对照“11223”的发展蓝图，实现储备能力68.3万立方米、中高级人才234名、营业收入1 519亿元、成品油收购总量2 147万吨、在营管线1 429千米的目标，区域物流中心已具雏形。

销售华中分公司主要经营指标见表1。

（龚慧敏）

【严抓安全管理】 2014年，销售华中分公司全年无上报等级HSE事故，外管道无打孔盗油及新增占压，年内隐患治理项目全部完工，全年安全数质量无上报等级事故，经营风险得到有效防控，企业总体保持稳定。被湖北省授予十大杰出领军企业称号。HSE管理全年共培训400人次，查处各类安全隐患1 381个，评选各类HSE红旗56面，“安全卫士”57人次，奖励9万余元；成立专班集中修订416项公司级、输油管理处级应急预案及基层单位现场处置方案，并在上半年与长沙市政府成功举行了危险化学品管道泄漏事故应急救援综合演练。隐患整改完成责任目标。纳入输油管理处安全生产责任状考核的76项隐患治理项目全部完成；14个年内项目全部完成施工，2个跨年项目中，1个提前至2014年年底完成，1个已经进场施工。

（龚慧敏）

【外管道管理成效显著】 2014 年，销售华中分公司将巡线工工资按巡护率比例进行发放，连续 3 个月巡线不达标的一律辞退。全年扣发巡线工工资 204 人次，淘汰巡线工 86 人。全力做好占压清理和第三方施工管控。全年共清理占压 17 处，有效制止第三方违章施工 70 余起，其中湖南、湖北输油管理处分别成功整治了 S201 汨杨公路 13 处穿跨越、荆州城区柳垸二路闹市区等多个重大隐患，未出现一处新增占压，未发生一起第三方施工破坏事件。加强管道联防体系建设，先后与湖北、湖南 12 个地区、38 个区县的公安部门签订会议纪要 30 个，成立警务站 26 个，企地警"三位一体"联防体系基本建立。在江西、安徽二期管道推行标准化建设。区域抢维中心排除各类设备故障问题 142 项，完成了长沙站提压增量改油品造及油品销售公司输油工职业技能竞赛工艺流程制作等重要任务。

（龚慧敏）

【生产经营平稳】 2014 年，销售华中分公司提升统筹资源、产销联动能力，主动应对长岭炼化、九江石化为期 4 个月的停工检修，全年资源市场供应平稳，生产企业和省市经营量均有较大幅度增长。全年资源出厂总量达 2 147 万吨，同比增加 64 万吨，其中长输管道注入完成 982 万吨，增加 105 万吨。97#汽油完成 195 万吨，增加 13.8 万吨；车柴完成 185.5 万吨，增加 46.5 万吨；航煤收购量完成 148.7 万吨，增加 28.2 万吨，各项指标均实现历史新高。油费 88.74 元/吨，较指标节约 3.1 元/吨；铁路槽车平均装载率达 94.3%，辖区内 5 家生产企业全部达到总部规定的优秀标准。

（龚慧敏）

【优化工艺规范管输作业】 降低管输能耗，执行大庄站—信阳站直输作业，武汉站给油泵能耗降幅达 12% 以上。规范混油回掺操作。混油回掺量的确定方式由油库判断改为调控中心统一下达，混油回掺流量由理论计算值的 50%—60% 提高到了 80%—90%。

（龚慧敏）

【严把数质量管理关】 全年水路损耗率汽柴油均低于油品销售公司考核指标，减少 0.02‰；其中保管损溢与上年相比盈余量增加 1 916 吨；在油品质量监控环节，未发生任何甲方责任导致的油品质量事故、事件。

（龚慧敏）

【稳步推进项目建设】 2014 年，销售华中分公司投资项目 30 个，完成投资金额 8.66 亿元，共投用和划转管线 828.5 千米，其中武信管道广水 - 156 支线 7.5 千米、湖南二期 424 千米、江西一期 225 千米，安合一期 172 千米。做好项目统筹，先后获得合肥—六安和阜阳—亳州管道与在建管道同沟段提前施工、抢维修中心购置设备机具等 7 项批文。荆门首站油库建设方案、十堰地区供应方案、九江炼厂扩能改造后出厂方案以及江西二期管道供应方案均被上级采纳。完成了九昌樟管线、金鸡坡油库和安合管道的整体划转工作。截至年底，管理的管线已覆盖鄂、湘、赣、皖四省，基本奠定销售华中分公司成品油管网格局。有序推进在建项目。自建项目建设中武广管道创优质工程获奖，长岭首站工程通过创优质工程审查。武汉储备库油气回收项目获得了武汉市政府奖励，荆门—襄阳成品油管道完成安全、环保等 6 项前期专项评价；代建项目完成湖南、江西、安徽二期管道焊接 99.28 千米、下沟回填 175.47 千米，64 处定向钻回拖和 11 个站场开工建设的目标。

（龚慧敏）

【体制机制日趋完善】 2014 年，销售华中分公司完善调整和新设部分机构，成立华中区域抢维修中心、江西输油管理处和安徽输油管理处，基本完成华中区域物流中心的机构搭建。先后在武汉、大庄、长岭油库推行大部制，武汉油库全年吞吐量 402 万吨、同比增加 135 万吨，大庄油库吞吐量 419 万吨、增加 119 万吨，长岭油库吞吐量 730 万吨、增加 66 万吨，生产指标再创历史新高。完成 82 项制度的审核与发文。

（龚慧敏）

【队伍建设取得成效】 2014 年共引进优秀专业人才 70 名，其中面向系统内上中游企业公开招聘引进优秀专业人才 55 名、招聘优秀毕业生 15 名；举办各类培训班 49 期、培训 1 017 人次，参加各类外部培训 74 期；培训 142 人次；选任各级干部 33 人次，聘专业技术职务 39 人、技师 6 人、高级技师 2 人。截至 2014 年底，共有经营管理序列人员 232 名，专业技术序列人员 50 名，技能操作序列人员 542 名，人才队伍建设取得成效。

（龚慧敏）

【财务管理保障有力】 初步搭建了以风险管理制度、部门风险清单、岗位风险清单、风险库、风险案例 5 个部分为核心内容的全面风险管理体系；通过深入推动成本管理，全员成本指标达标率 100%，实现管理降费近2.2亿元。全年工程结算审计项目70个、送审金额3.02亿元，审减额1 833万元，审减率6.08%。按照总部的统一立项，完成了油罐安全管理、“碧水蓝天”专项行动、企业自采物资管理、“八项规定”执行情况、商业保险5个专项审计。

（龚慧敏）

【扎实开展党群工作】 2014年，销售华中分公司结合教育实践活动的建议整改，全年完成了45条意见建议的整改落实，对34条意见建议进行了解释答复，完善和制定了74项制度，取得了阶段性成果。形成了以“同心”为基础的家文化体系。精神文明建设取得成效，连续4届被湖北省委、省人民政府授予最佳文明单位称号。开展“万名干部进万村惠万家”活动，积极开展调查研究，热心参与社会救助和献爱心活动，与红安高桥镇4个村组共同商定建设项目，捐献资金21万元；继续开展城乡共建，结对帮扶活动，赴保康县店垭镇3个结对村检查验收帮扶项目，并捐献资金36万元。

（龚慧敏）

表1　　销售华中分公司主要经营指标　　亿元

指标名称＼年份	2014	2013	2012	2011	2010	2009
资产总额	91.23	80.54	78.21	41.82	34.40	27.56
成品油销售量/万吨	2 147.00	2 083.60	1 843.04	1 741.17	1 587.89	1 540.70
销售收入	1 519.00	1 490.00	1 502.00	1 232.64	993.00	813.00
利　润	19.00	21.00	30.00	32.11	56.05	43.30
税　金	10.17	11.67	15.92	19.44	25.90	21.42
吨油费用/元	88.74	89.99	78.90	80.96	81.32	71.30

销售华南分公司

【概况】 中国石化销售有限公司华南分公司（简称销售华南分公司）位于广东省广州市天河区体育西路191号中石化大厦，其前身是成立于2000年6月18日的中国石化销售有限公司西南分公司。2006年11月24日，经石化集团公司党组批准，在广州注册成立销售华南分公司，从2007年1月1日起正式运作，系国有大Ⅰ型企业。

销售华南分公司是油品销售公司下属的4个大区公司之一，是中国石化在华南地区跨省际、城际间的成品油区域物流中心，主要负责华南区域中国石化广州分公司、茂名分公司、湛江东兴公司、海南炼化和北海炼化5家炼化生产企业的资源收购，以及广东、广西、贵州、云南、海南5个省区成品油的资源配置、区间调拨、协调运输和统一结算等业务；统一负责华南成品油管网（已建成运行的管道全长3 842千米）的运营管理和规划建设。

销售华南分公司实行机关—输油管理处—输油站三级管理模式在机关设9个职能处室和3个直属中心，在管道沿线设7个输油管理处和45个输油站。另根据管道建设需要，设若干个工程项目部；在5家炼化生产企业设5个驻厂办事处，负责与炼厂的业务衔接。截至2014年底，拥有员工1 371人，其中正式职工678人，劳务派遣工693人。

销售华南分公司主要经营指标见表1。

（邓远龙）

【领导班子调整】 2014年9月16日，销售华南分公司召开中层干部大会，石化集团公司党组成员、副总经理张海潮宣布了石化集团公司党组关于销售华南分公司领导班子调整的决定：田中山任销售华南分公司总经理、党委副书记；解聘濮志梁销售华南分公司总经理职务，调出另有安排。

（邓远龙）

【各项生产经营指标完成良好】 2014年，销售华南分公司完成管输量1 676万吨，同比增长3.1%，超总部下达奋斗目标101万吨，在销售大区公司中排名第一。完成炼厂资源收购2 862万吨、省市供应2 631万吨，油品配置计划完成率达到100%。全年吨油运杂费49.5元，比总部下达指标节约5.5元，在销售大区公司中排名第一。铁路罐车装载率达到

94.2%，超过总部下达的优秀指标水平。

（邓远龙）

【连续4年被评为安全生产先进单位】 2014年，销售华南分公司确立领导重视到位、事权明晰到位、考核奖惩到位、隐患整改到位、应急处置到位、运行监管到位的安全管理理念，大力弘扬自找差距、自主完善、自我超越精神，修订(制定)下发HSE责任制、HSE事故事件管理办法等规章制度，在深圳、南宁输油管理处试点增设安全环保科，在深圳管理处所辖管道(在营管道)和贵渝管道(在建管道)上试点推行管道完整性管理，扎实推进隐患治理，持续强化“四不两直”检查等一系列扎实有效的措施，确保了安全生产形势总体平稳，全年未发生上报石化集团公司等级事故，连续4年被石化集团公司评为安全生产先进单位。

（邓远龙）

【组织召开长输管道巡护线工作座谈会】 为进一步吸取“11·22”事故教训，总结推广先进经验，强化长输管道巡护管理，2014年10月22—23日，由销售华南分公司承办的石化集团公司长输管道巡护线工作座谈会在广州召开，总部机关有关部门负责人、11家长输管道所属企业负责人参加了会议，石化集团公司党组成员、石化股份公司高级副总裁章建华到会并做了重要讲话。

（邓远龙）

【清管作业取得历史性突破】 2014年，销售华南分公司精心组织、科学实施清管作业，华南管网清管作业实现了历史性突破：全年完成19段累计2 969千米的清管作业，清管量超过前4年总和，实现了华南管网全线清管。

（邓远龙）

【应用“小神探”智能巡检系统】 2014年，销售华南分公司为进一步强化输油站设备巡检管理，引进“小神探”智能巡线系统，并在26个输油泵站推广使用。“小神探 ”智能巡检系统的应用，有效克服了员工巡检不到位、走过场等不规范现象的发生，大幅提高了巡检质量，为站场设备的安全平稳运行提供了有力保障。

（邓远龙）

【完成北盘江跨江段管道封堵改线工程】 北盘江跨江段管道封堵改线工程的两处改线封堵点分列在北盘江两岸，处于U型线路的最低点，海拔高差分别为902米和948米，运行压力分别为8.11兆帕和8.7兆帕，停输后静压分别为7.82兆帕和8.1兆帕，是国内难度最大、风险最高的成品油管道封堵作业之一。为确保封堵一次性顺利完成，销售华南分公司多次组织召开专家论证会，3次优化施工作业方案，最终采取4个作业点、6道封堵的方案进行施工作业。销售华南分公司主要领导和主管领导提前到现场组织、指挥，经过91个小时的连续奋战，终于在2014年12月16日凌晨完成了封堵改线并恢复输油生产。

（邓远龙）

北盘江跨江段管道封堵改线工程施工作业点之一

【做好云南抗震救灾和强台风“海鸥”袭击期间的油品保供任务】 2014年8月3日，云南昭通市鲁甸县发生6.5级地震。销售华南分公司迅速行动，第一时间启动抗震救灾应急预案，紧急与云南石油分公司对接用油需求，对昭通油库进行分品号的库存平衡，克服运输困难，加大调运力度，有力确保了云南成品油市场供应平稳。9月，强台风“海鸥”先后在海南、广东、广西沿海连续登陆，给华南地区的油品调运造成严重影响。销售华南分公司迅速启动应急预案，全力以赴做好炼厂出厂组织和市场保供工作，有力保障了华南省市成品油供应平稳。

（邓远龙）

【开展“从严管理”年活动】 2014年，销售华南分公司根据石化集团公司的统一部署，结合自身实际，组织开展了一系列实实在在的工作，确保了“从严管理年”活动落地生根。开展全员徒步巡线活动，销售华南分公司、输油管理处两级机关334名管理人员参与，累计巡查管道4 211千米，查改问题768项；开展“我的岗位我负责，我的岗位无隐患”大讨论及征文活动，收集大讨论意见355条、活动心得197篇；开展自我诊断活动，通过上级点、同级帮、下级提等多种方式，经过两轮大排查，诊断整改管理短板79项。

（邓远龙）

【输油工职业技能竞赛获好成绩】 在中国石化油品销售系统2014年输油工职业技能竞赛决赛中，销售华南分公司14名参赛选手团结一致，奋勇拼搏，夺得了1金、2银、2铜和团体第1名的佳绩，树立了良好的企业形象。

（邓远龙）

【开发创建电子信息化廉洁风险防控管理系统】 2014年，销售华南分公司为贯彻落实石化集团公司党组《关于开展廉洁防控工作的指导意见》精神，突破传统做法，率先引进"风险地图"理念，借助信息化技术，开发创建了电子信息化廉洁风险防控管理系统，得到了石化集团公司的充分肯定。该系统不仅大大增强了廉洁风险教育和宣传效果，而且有力促进了风险管理和业务管理的紧密结合，有效推进了廉洁风险防控工作向更深层次发展。

（邓远龙）

【开展会前一分钟廉洁警示微教育活动】 2014年，销售华南分公司开展了会前一分钟廉洁警示微教育活动。该活动以各类会议为平台，以全国检察机关反腐倡廉公益短片大赛获奖作品为素材，按照"一片一分钟，一主题一警示"的要求，选择党员干部喜闻乐见、内涵深刻的廉政微电影、廉政公益广告等视频短片，在会议召开前一分钟播出全年播放微型电教片150部，有力确保了宣教工作与经营管理工作有机融合，摆脱了以往开大会说长篇教育的旧模式，增强了反腐倡廉教育的新颖性、有效性。

（邓远龙）

【队伍建设继续加强】 2014年，销售华南分公司进一步加强干部队伍建设，完成中层干部3年任期考核和年度考核，提拔中层干部5名，充实基层领导57名。加大人才引进力度，引进大学毕业生和石化系统内安全环保技术人才49人。抓好专业技术职务资格评审，新增中高级专业技术职务资格19人。抓实教育培训和技能鉴定，组织公司级培训班33期、技能鉴定和验证8期，培训1 646人次，鉴定和验证406人次，新增高级工以上技能资格人员147人。

（邓远龙）

【党群工作促进企业软实力提升】 2014年，销售华南分公司认真抓好党的群众路线教育实践活动整改落实，整改措施保质保量如期完成。开展纪念建党93周年系列活动，向扶贫点的北坑小学捐款84 092.5元，认捐桌椅210套、黑板7块。坚持党建带工建带团建，举办第2届职工消防运动会，启动"感动华南好青工"推选工作，团委获2013—2014年度广东省五四红旗团委称号，调控中心获石化集团公司青年文明号20周年示范集体称号，茂名站获石化集团公司工人先锋号称号。

（邓远龙）

表1 销售华南分公司主要经营指标

指标名称＼年份	2014	2013	2012	2011	2010	2009
成品油销售总量/万吨	2 997.00	2 968.00	2 832.00	2 599.00	2 439.00	2 373.00
管输量/万吨	1 676.00	1 626.00	1 594.00	1 364.00	1 374.00	1 349.00
销售收入/亿元	2 103.00	2 113.00	2 074.00	1 837.00	1 474.00	1 209.00
实现利税/亿元	44.90	45.60	39.70	55.00	41.08	30.98
利　润	37.90	35.60	32.85	45.80	30.66	29.03

石油勘探开发研究院

【概况】 中国石油化工股份有限公司石油勘探开发研究院(简称石油勘探开发研究院)是中国石化直属上游综合研究机构，承担国家石油勘探开发甲级工程咨询工作。石油勘探开发研究院本部设在北京，京外设有西北分院(乌鲁木齐)、无锡石油地质研究所、合肥培训测试中心。石油地质实验测试中心和油气化探实验测试中心取得国家级计量认证。

石油勘探开发研究院是中国石化油气勘探开发技术支撑服务部、上游发展战略及油气勘探开发参谋部、油气勘探开发技术研发和集成部、上游地质资料信息中心。主要任务是国内外油气地质基础研究、海外新项目评价、海外重点项目的技术支持、海外油气发展战略研究及规划编制、国内上游战略规划与决策参谋服务、“三北一川”(西北、东北、华北、四川)地区油气增储上产技术支撑；承担国家及中国石化重大项目的科技攻关及牵头组织工作、石化股份公司油气勘探开发基础理论及应用技术研究、资源评价研究、规划部署研究；参与重大油气勘探开发科研项目和重大生产经营项目的设计审查、技术经济论证等工作。

截至2014年底，石油勘探开发研究院共有职工1 121人，其中院士2人、国家“千人计划”科学家3人，石化国家“973”首席科学家3人；石化集团公司首席专家1人、高级专家11人，院首席专家4人、专家34人。科研人员840人，占74.3%；教授和高级职称人员646人，占58%；博士、硕士学历人员727人，占64.4%。拥有系统内较大的博士后科研工作站，有在站博士后44人，累计出站博士后167人。累计获得省部级以上科技进步奖140余项，其中国家科技进步特等奖1项、一等奖1项，申请专利400余件，在核心期刊发表论文1 400多篇。主办《石油与天然气地质》《石油实验地质》2份国家核心期刊。是中国石化地质资料中心挂靠单位，馆藏各种载体的资料档案49.86万件。

2014年，石油勘探开发研究院共承担各类科研生产任务433项，重大科研项目完成率和优良率达100%。申报中国石化科技成果鉴定17项，6项国际领先。获得中国石化、北京市等省部级科技奖项16项，其中一等奖4项。申请国家专利131件，获得授权29件，其中发明专利21件；认定专有技术15件；登记软件著作权34件。

石油勘探开发研究院2014年主要科研成果获奖情况及2009—2014年专利申请与授权情况见表1和表2。

（范　玮）

【中国海相页岩气富集规律与选区评价获石化集团公司前瞻性基础性研究科学奖一等奖】 (参见第119页)

【中国海相碳酸盐岩层系油气富集规律与分布预测获石化集团公司科技进步一等奖】 (参见第121页)

【中西部致密碎屑岩储层评价与预测技术获石化集团公司科技进步二等奖】 该项目成果主要有：①中西部四大盆地碎屑岩储层的沉积特征研究。系统分析了沉积条件对碎屑岩储层发育条件的控制作用，建立沉积微相控制储层的地质模型。②中西部碎屑岩储层致密化研究。研究导致储层致密化的破坏性成岩作用和形成储层“甜点”的建设性成岩作用，分析不同类型储层“甜点”的形成机理，明确了中西部碎屑岩储层的致密化过程及其主要控制因素。③中西部碎屑岩储层综合评价与分布预测技术。在储层地质—测井评价的基础上，针对孔隙型、裂缝型储层“甜点”，运用沉积—成岩相、储层测井参数、地质—地球物理综合等方法，预测了储层“甜点”的分布。支撑上述研究任务，开展大量实物工作。

（王　强）

【加蓬薄油环油藏开发关键技术研究获石化集团公司科技进步二等奖】 该项目主要针对加蓬Obangue薄油环油藏开发关键技术。开展地层角度不整合倾斜地层薄油环油藏表征和地质建模方法研究。开展地层角度不整合倾斜地层大气顶、薄油环及强底水油藏的复杂静态模型网格转化研究，研发出可供数模研究的动态模型。采用水平井多段井模拟技术，对水平井开展三维空间轨迹优化，确定延缓气窜和水锥发生时间，提高单井累积产油的关键参数。制定合理的薄油环油藏开发技术政策，通过经济评价模型优选开发调整方案并跟踪实施。

（王　强）

【超深层缓坡型礁滩相气藏精细刻画技术及应用获石化集团公司科技进步二等奖】 该项目集成了自2007年以来围绕元坝长兴组礁滩相气藏产能建设任务承担的1个科技部攻关项目及2个油田部前期评价与方案优化项目、7个生产应用项目。主要成果如下：①建立了地质—测井—地震联合的缓坡型台缘生物礁滩沉积相精细描述技术，总结了长兴组沉积微相时空变化规律。②建立了礁滩相储层发育模式，指导建立了一套针对超深层缓坡型礁滩相储层的预测方法，储层预测精度一直在90%。③建立了一套相控多地震属性三维可视化的生物礁、滩相储层内幕精细雕刻技术，总结了多储层空间组合模式，对所有礁滩进行了刻画。④建立了测井、地震礁滩相储层含气性预测技术，预测精度超90%，落实目标17个及可动用储量1 413亿立方米。⑤提出了2个新的短时不稳定试井产能评价方法，提出了基于储层组合特征和最优化理论的井型井距确定技术，提出了礁滩相含水气藏开发对策。⑥分别编制完成元坝试采区、滚动区开发方案，合计净化气产能34亿米^3/年。

（王　强）

【稠油热采热敏封窜堵水技术研发与应用获石化集团公司科技进步二等奖】 该项目针对稠油热采封窜堵水的关键难题——耐温300℃和封堵选择性开展攻关，首次提出依靠注入蒸汽水热化学效应实现堵剂地下固结的创新思路，揭示多元金属氧化物/矿物体系热敏固结机理，研制出由纳米硅材料组成的热敏相转化剂，发明了稠油热采热敏相转化凝胶堵剂体系，建立稠油热采井蒸汽/地层水窜流通道协同封堵工艺技术。该技术在胜利油田现场应用取得显著增产效果，其中2口长停井堵水后正常生产。该技术拓展了耐高温化学堵剂的研发思路，建立的热敏相转化凝胶封窜堵水技术推广后将有效提高稠油资源动用程度。

（王　强）

【开展第4届竞聘上岗工作】 2014年4月，石油勘探开发研究院结合人才队伍现状，按照调研—分析决策—再调研—再分析决策的思路，科学制定了竞聘方案。共1 587人次参加了竞聘，通过竞聘，高级别科研队伍更加充实，基础—前瞻研究队伍切实落地，管理队伍成长通道有效畅通，年龄结构和专业比例进一步优化。

（范　玮）

【发布PetroV 2.0软件】 2014年12月9日，石油勘探开发研究院在石化股份公司2014年度油气勘探总结会上正式发布了PetroV 2.0软件。相比1.0版本，PetroV 2.0最主要的优势体现在以下4个方面：①PetroV2.0版本在“圈闭优选”子系统的基础上，新开发了“地震部署项目优选”和“勘探评价项目优选”2个子系统，为勘探部署决策一体化奠定了较好的软件平台基础。②首次建设形成了网络版本，可支持全系统范围内在线评价数据的更新，实现了一种全新的勘探部署工作的模式。③在软件平台特色技术方面，引进开发了自主空间数据库技术，通过以不同数据版本来管理大数据量的系列地质认识成果，使得最新地质认识能够及时反映到勘探部署决策之中。④进一步完善了区带、圈闭定量评价数学模型，新增了不确定性经济评价、投资组合、系列钻后分析等关键评价方法的功能模块，为高效勘探决策部署提供了有力的技术支持。

（范　玮）

表1　石油勘探开发研究院2014年主要科研成果获奖情况

序号	项目名称	奖项名称	获奖等级
1	中国海相页岩气富集规律与选区评价	石化集团公司前瞻性基础性研究科学奖	一等奖
2	中国海相碳酸盐岩层系油气富集规律与分布预测	石化集团公司科技进步奖	一等奖
3	中西部致密碎屑岩储层评价与预测技术	石化集团公司科技进步奖	二等奖
4	加蓬薄油环油藏开发关键技术研究	石化集团公司科技进步奖	二等奖
5	超深层缓坡型礁滩相气藏精细刻画技术及应用	石化集团公司科技进步奖	二等奖
6	稠油热采热敏封窜堵水技术研发与应用	石化集团公司科技进步奖	二等奖
7	中国海相深层多元生烃与成藏示踪体系	石化集团公司前瞻性基础性研究科学奖	三等奖
8	中国石化勘探开发数据模型系列标准编制与推	石化集团公司科技进步奖	三等奖
9	长岭断陷天然气成藏主控因素及区带优选	石化集团公司科技进步奖	三等奖
10	塔河及邻区中新生界隐蔽圈闭成藏条件及预测	石化集团公司科技进步奖	三等奖

序号	项目名称	奖项名称	获奖等级
11	低渗透油藏 CO_2 非完全混相驱基础理论	石化集团公司前瞻性基础性研究科学奖	三等奖
12	火山岩储层测井解释与评价技术	石化集团公司科技进步奖	三等奖

表2　石油勘探开发研究院2009—2014年专利申请与授权情况　件

年 份	国内专利		国外专利	
	申请数	授权数	申请数	授权数
2014	131	29	0	0
2013	65	20	1	1
2012	41	14	1	1
2011	26	11	0	0
2010	21	11	0	0
2009	31	13	0	0

石油工程技术研究院

【概况】 中国石化石油工程技术研究院(简称石油工程技术研究院)成立于2009年6月，是石化集团公司直属研究院。业务范围以井筒技术为主，从事石油钻井、完井、测井、录井、测试、储层改造及海洋石油工程等专业的发展规划研究、科研攻关、产品研发和推广应用。

截至2014年底，石油工程技术研究院拥有国家级突出贡献专家2人，享受政府特殊津贴专家6人，“百千万人才工程”国家级人选2人，石化集团公司高级专家7人，国家智库研究员1人，省部级突出贡献专家5人，石化集团公司学术技术带头人9人，聘外籍专家3人。在站博士后14人、硕士研究生9人。建有钻井模拟、钻井液、储层保护、固井完井、测录井、储层改造、岩石力学等7个配套齐全的实验室；拥有岩石力学三轴应力仪、储层损害模拟实验装置、高温高压流变仪、静胶凝强度分析仪、钻井模拟实验台架等具有国际先进水平的实验仪器装备；拥有钻井、固井、完井、测录井等先进软件数十套。在山东德州、新疆轮台、四川阆中建有试验基地，配备有专业化的移动式实验室；通过了ISO 9001、ISO 14001、OHSAS 18001、SY/T 6276管理体系认证；创办有中文核心期刊《石油钻探技术》；是全国石油钻采设备和工具标准化技术委员会钻修井井下工具标准化工作部挂靠单位。

2014年，石油工程技术研究院围绕勘探开发和世界一流研究院建设需要，承担科研项目168项。获省部级以上科技进步奖18项。其中，与勘探分公司共同完成的元坝超深层生物礁大气田高效勘探及关键技术获国家科技进步一等奖，页岩气水平井钻完井与分段压裂关键技术及工业化应用获中国石化科技进步一等奖。申请专利195件，登记软件著作权6件，认定专有技术12件。制修订国家、行业、石化集团公司标准15项，发布院级标准36项、技术规程3项。

石油工程技术研究院2014年主要科研成果获奖情况及2009—2014年专利申请与授权情况见表1和表2。

（陈利源）

【元坝超深层生物礁大气田高效勘探及关键技术获国家科技进步一等奖】 2014年，石油工程技术研究院作为第二承担单位的元坝超深层生物礁大气田高效勘探及关键技术获国家科技进步一等奖。该项目攻克了超深层是否发育优质储层的难题，发现了元坝大型生物礁带，创新形成了超深层优质储层发育机理新认识；攻克了超深层能否形成大气田的难题，提出了超深层油气成藏富集机理新认识；攻克了复杂山地超深层地震信号弱、信噪比与分辨率低、目标识别难度大的难题，创新形成了复杂山地超深层地震勘探技术系列；攻克了超深复杂井钻探工程事故多、周期长、成本高、效率低的难题，创新形成复杂超深井完井和测试技术。

（陈利源）

【页岩气水平井钻完井与分段压裂关键技术及工业化应用获石化集团公司科技进步一等奖】 （参见第121页）

【超深井钻井技术研究及工业化应用获中国石油和化学工业联合会科技进步特等奖】 该项目形成多信息综合反演钻井地质环境因素精细描述技术、基于钻井工程风险评价的井身结构优化设计方法、大尺寸井眼气体钻井及流体安全转换技术、高效破岩工具及配套技术、基于常规导向的超深水平井井眼轨迹控制技术、超高温及超高密度钻井液技术、高酸性气田胶乳防气窜水泥浆固井技术等7项创新成果，实现了工业化应用，使中国超深井钻井技术跨入世界先进行列。

（陈利源）

【页岩气工程技术链日趋完整】 2014年，石油工程技术研究院围绕页岩气勘探开发需求，进一步完善泡沫定向、长水平段一趟钻钻井、低油水比油基钻井液、弹韧性水泥浆和分段压裂等技术，攻克了随钻地层评价与地质导向、井工厂优快钻完井、页岩水基钻井液、页岩气产液剖面测试和压裂液返排利用等关键技术难题，研制了第二代滑溜水压裂液和固井滑套，进一步完善3 500米以浅页岩气工程技术链。初步形成3 500米以深页岩气工程技术链，南页1HF井实现深层技术突破，创出多项纪录。工程配套技术为实现页岩气勘探突破和商业开发做出了重要贡献。

（陈利源）

【复杂结构井钻完井技术取得突破】 2014年，石油工程技术研究院复杂结构井钻完井技术攻克了小尺寸膨胀波纹管技术难题，149毫米膨胀波纹管在PG22井成功封隔了109米易垮塌井段，最大井斜73.7度。水平井自适应分段调流控水工具为塔河油田控水完井提供了新的技术手段。元坝12－1H井创出了元坝地区超深水平井五开斜导眼钻井周期最短纪录。

（陈利源）

【中国石化固井与完井重点实验室成立】 2014年2月25日，中国石化以石油工程技术研究院为依托单位，成立中国石化固井与完井重点实验室。

（陈利源）

【伊朗项目部成立】 2014年5月26日，石油工程技术研究院伊朗项目部成立。该项目部的成立，进一步提升了石油工程技术研究院伊朗雅达地区项目管理和技术支持能力，为拓展伊朗雅达地区市场，加强伊朗雅达地区相关各方沟通、协调和联系打下基础。

（陈利源）

【“从严管理年”活动取得实效】 2014年，石油工程技术研究院以“从严管理年”活动为总抓手，坚持一切工作向质量效益聚焦，着力突出问题导向，以点带面，通过开展“五严五化”举措，充分发挥从严管理保安全、从严管理促优化、从严管理出效益的最大效能，确保质量、安全环保工作平稳运行，实现了上报石化集团公司事故为零、重大安全事故为零、重大交通有责事故为零、环境污染事故为零、职业病危害事故为零的HSE目标。

（陈利源）

表1　石油工程技术研究院2014年度主要科研成果

序号	项目名称	奖项名称	获奖等级
1	元坝超深层生物礁大气田高效勘探及关键技术	国家科技进步奖	一等奖
2	页岩气水平井钻完井与分段压裂关键技术及工业化应用	石化集团公司科技进步奖	一等奖
3	沙特B区块高温高压气井井筒技术应用研究	石化集团公司科技进步奖	二等奖
4	元坝地区优质快速钻井关键技术研究	石化集团公司科技进步奖	二等奖
5	适应复杂工况双级注水泥器的研制与产业化	石化集团公司科技进步奖	二等奖
6	页岩气水平井固井技术研究与应用	石化集团公司科技进步奖	三等奖
7	超高密度钻井液技术研究与应用	石化集团公司科技进步奖	三等奖

续表

序号	项目名称	奖项名称	获奖等级
8	中东中亚富油气区大型项目勘探开发关键技术	石化集团公司科技进步奖	三等奖
9	油气井复杂地层井壁稳定控制技术研究与应用	国家能源局科技进步奖	三等奖
10	复杂结构水平井水力喷射分段压裂技术研究与应用	北京市科技进步奖	三等奖
11	超深井钻井技术研究及工业化应用	石化联合会科技进步奖	特等奖

表 2　　石油工程技术研究院 2009—2014 年专利申请与授权情况　　件

年 份	国内专利		国外专利	
	申请数	授权数	申请数	授权数
2014	213	106	1	0
2013	136	52	1	0
2012	84	18	2	0
2011	45	8	1	0
2010	25	0	0	0
2009	10	0	0	0

石油物探技术研究院

【概况】 中国石油化工股份有限公司石油物探技术研究院(简称石油物探技术研究院)是中国石化石油物探高新技术和核心技术研发中心、物探专业软件研发及推广中心和重大物探工程技术支持中心，是中国石化专业从事油气地球物理技术研发的直属研究机构。石油物探技术研究院下设物探战略规划研究所、地震采集技术研究所、地震成像技术研究所、油藏地球物理研究所、地球物理软件研究所、地球物理实验中心、地震处理解释中心、地球物理信息中心等 8 个科研业务部门，本部设在南京。

石油物探技术研究院前身是 1977 年创建成立的国家地质总局石油物探研究大队，1983 年更名为地质矿产部石油物探研究所，1997 年建制更名为中国新星石油公司石油物探研究所，2000 年建制更名为中国石化石油勘探开发研究院南京石油物探研究所，2009 年 11 月 28 日组建成立石化股份公司石油物探技术研究院。

截至 2014 年底，石油物探技术研究院主持承担和完成了多项国家重点科技攻关项目，国家“863”“973”课题，国家重大科技专项，取得了大量实用科研成果。为塔河、川东北、鄂尔多斯、东海、江苏、松辽等一大批油气田的勘探发现和增储上产做出了积极贡献。有 405 名科研技术人员，其中有 18 位教授级高级工程师，11 位享受国家政府特殊津贴的突出贡献专家，以及 40 名博士和 138 名硕士科技人才。主办出版国内第 1 份勘探地球物理专业科技学术期刊《石油物探》和国内第 1 份 SCI 检索的地球物理与工程专业英文科技期刊《Journal of Geophysics and Engineering》(JGE)。总资产 7.82 亿元，其中固定资产原值 6.35 亿元，净值 3.23 亿元。

2014 年，石油物探技术研究院承担各类科研项目 156 项，重大科研项目完成率和优良率达 100%；获省部级以上科技进步奖 4 项，申报中国石化科技成果鉴定 4.5 项；申报国家专利 120 件，其中发明专利 119 件，获得授权 15 项 28 件技术；申报专有技术认定 8 项 14 件技术，获得软件著作权 12 项。

石油物探技术研究院 2014 年主要科研成果获奖情况及 2010 - 2014 年专利申请与授权情况见表 1 和表 2。

(李振华)

【领导班子调整】 2014 年 11 月 4 日，石油物探技术研究院召开了干部会议，宣布李浩任石油物探技术研究院党委书记、副院长，管路平不再担任石油物探技术研究院党委书记、副院长职务。

(李振华)

【形成四大配套物探技术】 2014 年，石油物探技术研究院围绕做大服务目标，面向市场需求，发挥采集处理解释、科研软件生产两个一体化的优势，形成了碳酸盐岩缝洞型储集体成像与识别、碎屑岩高分辨率处理与砂体预测、黄土塬资料处理与致密油藏描述和致密天然气储层含气性预测4个配套特色技术系列，并建立了相应的生产应用流程，有效解决了中国石化重点区块的物探技术难题。全年共完成三维叠前时间偏移与RTM处理7 000平方千米，二维处理3 000千米，三维地震解释1.2万平方千米，二维地震资料解释5 000千米，提交建议井位124口。

（李振华）

【加大方法研究与软件产品研发】 2014年，石油物探技术研究院以市场需求为导向，围绕做新技术、做实软件目标，完善基础研究环境，强化基础前瞻性研究，突出实用特色技术研发，注重一体化软件研发体系建设，方法研究与软件开发取得了新进展。3个软件产品开展生产性推广应用，在5家单位推广应用iSeisMountain软件；完成67套SPStool软件新版本升级；完成胜利油田、中原油田等11家单位NEWS软件更新升级，并为3家高校安装了开发版。RTM软件开展远程应用服务，为中原油田、河南油田等提供逆时偏移处理服务。

（李振华）

【处理成像新技术和模块进一步完善】 2014年，石油物探技术研究院开发基于矢量面元的弱信号恢复、OVT域数据规则化及频谱延拓等新技术，形成直接用于生产的特色模块。集成3DVSP处理系统特色功能模块。完成单程波动方程和TTI高斯束叠前深度偏移等算法，形成实用化应用模块，达到行业领先水平；研发VTI各向异性参数提取、VTI速度建模等技术，实现了同类商业软件的功能，并建立适用生产的建模流程，拉长了速度建模技术短板。

（李振华）

【地震反演和储层表征技术进一步实用化】 2014年，石油物探技术研究院完善贝叶斯、AVO三参数粒子群反演、黏弹性介质AVA/AVF反演等方法，实现基于NEWS平台的模块集成，贯通了NEWS从叠前数据到储层物性参数的岩性反演流程。开发基于Fatti近似的叠前弹性参数反演方法，提高了弱反射缝洞储层识别能力。这些实用新技术有效提高了缝洞储层与流体预测精度。

（李振华）

【非常规地球物理技术取得创新成果】 2014年，石油物探技术研究院建立动态计算吸附气含量新模型，揭示吸附煤岩速度变化规律通过岩芯测试，建立了页岩脆性、TOC、矿物组分岩石物理模板和各向异性模型，得到可直接指导甜点预测参数量板。初步形成页岩气甜点预测方法，在焦石坝页岩气储层脆性、TOC和地层压力预测应用中取得了创新成果。新增微地震软件空间三分量处理、实时处理和自动质控模块，优化处理流程，提高了处理效率和定位精度，实现了井中资料处理的实时化，为优化压裂施工提供了快速准确的依据。

（李振华）

【基于光纤光栅传感的超声地震物理模拟技术通过鉴定】 2014年4月18日，石油物探技术研究院“基于光纤光栅传感的超声地震物理模拟技术”项目通过中国石化鉴定委员会技术成果鉴定，获得“整体研究达到国际领先水平”评价。

（李振华）

【地球探测与信息技术国家级实践教育工程中心揭牌】 2014年9月12日，经教育部批准，石油物探技术研究院与成都理工大学地球探测与信息技术国家级工程实践教育中心在石油物探技术研究院揭牌。

（李振华）

表1　石油物探技术研究院2014年主要科研成果获奖情况

序号	项目名称	奖项名称	获奖等级
1	缝洞型油藏表征及开发关键技术	石化集团公司科技进步奖	一等奖
2	复杂地表静校正技术研发及应用	石化集团公司科技进步奖	二等奖
3	碎屑岩储层精细预测关键技术研究及应用	石化集团公司科技进步奖	三等奖

表 2　　石油物探技术研究院 2010—2014 专利申请与授权情况　　件

年 份	国内专利		国外专利	
	申请数	授权数	申请数	授权数
2014	120	15	0	1
2013	91	8	3	0
2012	65	6	5	3
2011	36	4	3	2
2010	15	2	0	1

石油化工科学研究院

【概况】 中国石油化工股份有限公司石油化工科学研究院（简称石油化工科学研究院）创建于 1956 年 7 月，是中国石化直属综合性科学技术研究开发机构，学科完整、技术优势突出，研发领域涵盖炼油工业技术全流程，并有重点地向石油化工和新能源领域延伸。

石油化工科学研究院下设 18 个研究室、14 个职能部门，职工总数为 1 231 人，各类技术人员 1 093 人。其中，中国科学院、中国工程院院士 6 人；教授级高级工程师 123 人，高级技术人员 508 人；博士 268 人，硕士 281 人。

石油化工科学研究院是全国石油产品标准化归口单位，挂靠国家石油产品质量监督检验中心、全国石油产品和润滑剂标准化技术委员会秘书处和中国石油学会石油炼制分会。拥有炼油工艺与催化剂国家工程研究中心、石油化工催化材料与反应工程国家重点实验室、国家能源石油炼制技术研发中心、石油产品质量控制和技术评价实验室等国家级研发机构中心 4 个，拥有中国石化重点实验室（中心）6 个，编辑出版《石油学报（石油加工）》《石油炼制与化工》和《China Petroleum Processing and Petrochemical Technology》3 个科技期刊。下设研究生部和博士后流动站，拥有化学工艺、应用化学专业博士学位，化学工艺、应用化学、工业催化和化学工程专业硕士学位的授予权。

截至 2014 年底，石油化工科学研究院共获得部级以上奖励的科技成果 900 项，国家级奖励 129 项。其中，国家最高科学技术奖 1 项，国家发明一等奖 2 项，国家科技进步特等奖 1 项，国家科技进步一等奖 9 项。累计申请国内专利 5 636 件，获准授权 3 085件；申请国外专利 926 件，获准授权 538 件；6 件专利获得中国国家知识产权局和世界知识产权组织联合颁发的中国专利金奖。多年来发明专利申请授权数量在全国科研院所中一直名列前茅。

石油化工科学研究院 2014 年度主要科研成果获奖情况及 2010—2014 年专利申请与授权情况见表 1 和表 2。

（贾广华）

【超深井超稠油高效化学降黏技术研发与工业应用获国家科技进步一等奖】 石油化工科学研究院与西北油田分公司合作开展超深井超稠油高效化学降黏技术攻关，自主研发出高效油溶性降黏剂技术和抗盐型水溶性降黏剂技术，达到国际领先水平。该技术在塔河油田超稠油区块推广应用，开创了化学工程技术在超深井超稠油开发领域成功应用的先例，获 2014 年国家科技进步一等奖。

（贾广华）

【芳烃关键技术开发及应用获石化集团公司科技进步特等奖】 （参见第 120 页）

【某军用油国产化研究获解放军科技进步一等奖】 石油化工科学研究院根据某军用设备的特殊使用情况，采用分子设计方法合成新材料，开发出具有自主知识产权的专用润滑油脂系列产品，主要性能指标达到或优于国外同类产品，整体跨入国际先进水平行列。该系列产品的研制成功，摆脱了这种军用设备长期以来对国外润滑油品的依赖，获 2014 年中国人民解放军科学技术进步一等奖。

（贾广华）

【自主研发生物航煤获得国内首张生产许可证】 2014 年 2 月 12 日，中国民用航空局向中国石化颁发生物航煤技术标准规定项目批准书（CTSOA）。依靠石油化工科学研究院自主生物航煤技术生产的中国石化1号生物航煤正式获得适航批准，标志着中国首例生物航煤产品正式迈入产业化和商业化阶段，意味着中国石化成为国内首家完全掌握生物航煤成套技术的公司，具备了批量生产这种绿色低碳航空燃料的能力。石油化工科学研究院实现了中国生物航煤技术从无到有的跨越式突破。

（贾广华）

【与燕山石化签署战略合作协议】 2014年11月17日，石油化工科学研究院与燕山石化签署协议，建立石油炼制与化工领域的技术研究、产品开发战略合作关系。双方将在石油炼制与化工新技术、高附加值产品研究、副产品综合利用、水处理、分析测试、原油及油品调和技术以及加工流程优化等领域加强合作，形成产、学、研、用一体化优势，促进技术创新，加快新技术和创新成果的工业转化，推动行业技术进步。

（贾广华）

【FCC催化剂中标台湾大林炼油厂】 2014年9月12日，石油化工科学研究院研发的CABC－206催化剂中标台湾中油股份有限公司所属大林炼油厂催化裂化装置，催化剂用量1.1万吨。CABC－206催化剂是石油化工科学研究院根据台湾中油需求为其量身定制的一种高性能重油裂化催化剂，具有焦炭选择性好、重油裂化能力强、汽柴油和丙烯收率高的特点。

（贾广华）

【RHT加氢催化剂在台湾创造最长运转周期纪录】 RHT系列催化剂是石油化工科学研究院自主研发的高性能渣油加氢催化剂，具有优异的脱金属活性和容纳金属的能力。台湾中油公司大林炼油厂RDS装置处理能力150万吨/年，加工性质较差的原料。在使用中国石化RHT系列催化剂之前，该装置已经运转了18个周期，每个周期一般为10个月。第19周期采用中国石化RHT系列渣油加氢催化剂，从2012年10月开始正常运转，到2014年9月30日，共运行了702天，不仅超过了合同要求的480天保证值，而且创造了该装置建成以来的最长运转周期纪录。该催化剂的良好表现，不仅为该厂创造了巨大的经济效益，而且在台湾市场树立了中国石化催化剂产品的品牌。

（贾广华）

【FCAS催化剂出口美国加州Ferndale Refinery炼厂】 S－Zorb脱硫技术是中国油品质量升级的骨干技术，中国石化2007年从美国康菲公司引进，但并不掌握配套使用的催化剂技术。石油化工科学研究院立足自主创新，研发出具有自主知识产权的FCAS－09催化剂，整体性能超过国外工业剂的水平。2014年7月出口到美国Phillips 66公司在加州的Ferndale Refinery炼厂，进入全球油品质量要求最严苛的加州市场。

（贾广华）

【深入挖掘新技术与经济增长点】 2014年，石油化工科学研究院开展“深入挖掘新的技术与经济增长点”年度主题活动。通过半年的专题调研，梳理出72项未来技术，提出实现目标的具体措施、路线图和时间表，明确了近、中、远期的工作目标，增强了科研工作的方向感和目标感，激发了一线科研创新团队的工作热情，取得了很好的效果。

（贾广华）

【通过质量管理体系认证】 2014年12月30日，石油化工科学研究院通过第三方认证审核，取得质量管理体系认证证书。自2013年6月启动认证工作以来，石油化工科学研究院发布了质量管理手册、流程文件，修订规章制度、部门责任制、岗位说明书等一系列文件，进行多次质量体系内审和管理评审。通过质量体系建设，改进了工作流程、规范了员工的工作行为，帮助员工养成良好的工作习惯，提高了科研管理的效率和结果，提升了科研开发和技术推广服务的水平和质量。

（贾广华）

表1　　石油化工科学研究院2014年度主要科研成果获奖情况

序号	项目名称	奖项名称	获奖等级
1	超深井超稠油高效化学降黏技术研发与工业应用(第二完成单位)	国家科技进步奖	一等奖
2	芳烃关键技术开发及应用项目	石化集团公司科技进步奖	特等奖
3	气相超稳分子筛连续化工艺及其催化剂的开发	石化集团公司科技进步奖	一等奖
4	大幅提高胜利难动用稠油采收率化学强化开采组合新技术开发与应用	石化集团公司科技进步奖	一等奖
5	轻质石油馏分中烃族组成及苯含量的测定 ASTM 标准的制定	石化集团公司科技进步奖	二等奖
6	高效 FCC 再生烟气硫转移剂的开发与应用	石化集团公司科技进步奖	三等奖
7	多产丙烯和异丁烯的催化裂化助剂开发及应用	石化集团公司科技进步奖	三等奖
8	塔河重质稠油硫化氢脱除剂的工业化试验	石化集团公司科技进步奖	三等奖
9	石油化工"十三五"科技规划研究(第三完成单位)	石化集团公司科技进步奖	三等奖
10	催化重整装置技术分析及远程诊断系统开发及工业应用	石化集团公司科技进步奖	三等奖
11	单晶多空心钛硅分子筛催化剂 HTS-3 研制	石化集团公司技术发明奖	一等奖
12	重油催化裂解生成丙烯的分子反应化学	石化集团公司前瞻性基础性研究科学奖	一等奖
13	近/超临界甲醇中油脂转化成生物柴油的反应化学与工程和产品开发	石化集团公司前瞻性基础性研究科学奖	三等奖
14	某军用油国产化研究	解放军科技进步奖	一等奖

表2　　石油化工科学研究院2010—2014年专利申请与授权情况　　件

年份	国内专利		国外专利	
	申请数	授权数	申请数	授权数
2014	638	445	102	80
2013	616	318	88	58
2012	608	242	32	31
2011	549	190	67	30
2010	410	160	62	35

北京化工研究院

【概况】 中国石油化工股份有限公司北京化工研究院(简称北京化工研究院)成立于1958年6月，是中国最早从事石油化工综合性研究的科研机构。曾先后隶属化学工业部、燃料化学工业部及石油化学工业部。1998年9月转制进入石化集团公司。北京化工研究院本部位于北京市北三环内，占地面积9.7万平方米，建筑面积6.8万平方米。燕山分院位于房山区向阳街道凤凰亭路15号，占地面积近30万平方米，建筑面积6万平方米。科学试验基地设在北京市通州区台湖镇，占地面积17万平方米，建筑面积3.8万平方米。

北京化工研究院具有工业催化、有机合成、高分子聚合、塑料加工、合成橡胶、化工环保、化学工程、分析表征和科技信息等研究实力，形成了乙烯技术、合成树脂、合成橡胶、有机与精细化工、化工环保等专业优势，设立了聚烯烃国家工程研究中心、橡塑新型材料合成国家工程研究中心、国家石化有机原料合成树脂质量监督检验中心、国家基本有机原料质量监督检验中心、国家化学建材测试中心和国家高分子材料与制品质量监督检验中心等全国性技术中心，创办了《石油化工》《化工环保》和《石油化工快报》等学术期刊和行业性杂志，其中《石油化工》被中国学术期刊评价委员会评为"RCCSE 中国权威学术期刊"。

北京化工研究院本部设有 13 个主要的研究室(所)和 1 个配套部门，拥有从事研究开发工作所需的配套设备和现代化分析测试仪器，建有石油烃类裂解、烯烃净化催化剂、有机合成催化剂、聚烯烃催化剂、环管聚丙烯中试、气相聚乙烯中试、改性塑料等几十套中试、模试装置及烯烃聚合评价装置。燕山分院设有 8 个专业研究室，拥有小试、模试和中试装置 80 余套、大型仪器 70 余台(套)，建立了恒温恒湿力学性能测试实验室、水处理药剂评定实验室、离子交换树脂评定实验室等。

北京化工研究院自 1964 年开始招收研究生，是国务院批准的首批硕士学位授予单位之一，有材料科学与工程和化学工程与技术 2 个一级学科硕士学位授权点，设有博士后科研工作站，具有独立招收博士后研究人员资格。

截至 2014 年底，北京化工研究院员工总数为 1 133人，其中专业技术人员占 82.5%，享受政府特殊津贴 10 人，博士 236 人，硕士 290 人，本科毕业生 318 人。

2014 年，北京化工研究院承担的多项科研项目获石化集团公司奖，其中获石化集团公司前瞻性基础性研究科学二等奖 1 项，获石化集团公司技术发明一等奖、二等奖和三等奖各 1 项，获石化集团公司科技进步二等奖 3 项、三等奖 6 项。申请国际专利 98 件、中国专利 601 件，有 72 件国外专利和 370 件中国专利获得授权。

北京化工研究院 2014 年度主要科研成果获奖情况和 2009—2014 年专利申请与授权情况见表 1 和表 2。

（苗莲香　马兰兰）

【具有全新组成和结构的球形载体材料及在聚烯烃催化剂中的应用获石化集团公司前瞻性基础性研究科学二等奖】 （参见第 119 页）

【具有超高活性的高性能聚丙烯 HA 催化剂的开发获石化集团公司技术发明一等奖】 （参见第 119 页）

【直接聚合法高熔体强度聚丙烯技术开发及应用获石化集团公司技术发明二等奖】 （参见第 120 页）

【双向拉伸聚乳酸膜的研究及制备获石化集团公司技术发明三等奖】 该项目由北京化工研究院开发制备出表观和力学性能俱佳的薄膜，提出一套制备 BOPLA 膜的完备技术。生产的薄膜与国外同类产品相比具有强度高、雾度低、表面光泽度好、均匀度好的特点。产品在包装领域进行了应用试验，综合性能达到国际同类产品水平，质量获得用户认可。

（白奕青）

【高抗冲型均聚聚丙烯系列产品制备技术开发获石化集团公司科技进步二等奖】 该项目由北京化工研究院与茂名石化、洛阳石化联合开发。利用非对称外给电子体对分子结构控制技术，开发了高韧高结晶聚丙烯的制备技术，实现高刚高韧注塑用均聚聚丙烯和高韧易加工均聚管材专用树脂产品的工业化生产。开发的超细粉末橡胶辅助分散 β 晶成核剂，使得其抗冲击性能提高一倍以上。产品损坏率低、寿命长，可替代钢管减少"三废"的排放。工业化产品已在部分管材企业应用。

（宋文波）

【气相聚丙烯连续预聚合技术出口美国】 2014 年 7 月，北京化工研究院与台塑美国公司签署气相聚丙烯连续预聚合技术技术许可合同，成为中国石化首项出口美国的聚丙烯工艺技术。该技术是北京化工研究院自主研发的高效、绿色、低成本聚丙烯工艺技术，适用于 BASF 公司的 Novolen 气相聚丙烯工艺、Ineos 公司的 Innovene PP 气相聚丙烯工艺、日本 JPP 公司的 Horizone 气相聚丙烯工艺，可有效提高催化剂活性，大幅减少己烷用量，延长装置运行周期，同时可降低聚丙烯产品中挥发分(VOC)含量。

（于鲁强）

【聚丙烯 ND 催化剂首次在美国工业应用成功】 2014 年 3 月，由北京化工研究院自主研发的聚丙烯 ND 催化剂在美国成功工业试用，为中国聚烯烃催化剂进入欧美市场奠定了基础。ND 催化剂具有活性高、运行平稳、不易结块的优点，使装置负荷提高 20% 以上。美方评价：这次试用是一个新的里程碑。

（高明智）

【武汉 80 万吨/年乙烯成套技术项目通过鉴定】 2014 年 9 月 29 日，由北京化工研究院与工程建设公司、武汉石化以及南京天华化学工程有限公司共同承担的中国石化“十条龙”攻关项目“武汉 80 万吨/年乙烯成套技术开发”通过中国石化组织的鉴定。该技术生产工艺流程设计合理、模拟数据与实际运行结果吻合，工程技术可靠、投资省，装置能耗低、操作平稳，环境友好、符合国家环保要求，各项指标达到同类装置国际先进水平，标志着中国石化乙烯成套技术开发迈上了一个新台阶。该项目由北京化工研究院提供裂解炉、碳二加氢、碳三加氢及甲烷化等全部化学单位的技术支持，分离回收装置在设计和投产过程中首次完全采用北京化工研究院开发的碳二加氢、碳三加氢和高空速低温甲烷化等催化剂。

（李　蔚）

【南京化工公司水污染治理技术研究与开发项目通过鉴定】 2014 年 11 月，由北京化工研究院与南京化工公司、南京工程公司共同承担的“十条龙”攻关项目“南化公司水污染治理技术研究与开发”项目通过中国石化鉴定，标志着中国石化在难降解有机废水治理技术取得重大突破。该项目首次开发了硝基氯苯废水强化氧化治理技术、高浓度的硝基苯废水水相聚合制水煤浆添加剂技术，开发了硫磷废水减排、高氨氮废水综合利用等源头治理技术、有针对性的生化综合污水处理技术。2014 年，南京化工公司的外排污水各项指标均优于国家和江苏省排放标准，整体技术达到国际先进水平。

（侯秀华　赵　鹏）

【聚丙烯等抗菌树脂生产及应用开发项目通过鉴定】 2014 年 11 月 25 日，由北京化工研究院牵头，齐鲁石化、扬子石化、化工销售公司联合攻关的中国石化“十条龙”项目“聚丙烯等抗菌树脂生产及应用开发”通过中国石化鉴定。该项目在国际上首次开发出抗菌聚丙烯树脂，抗菌聚丙烯树脂生产中采用的抗菌剂应用北京化工研究院首创的纳米粉末橡胶技术发明，具有抗菌率低、抗菌持久等优点。抗菌制品抗菌率大于 99%，远远超出国家标准。该项目开发的抗菌产品已在海尔、美的、科勒等家电、卫浴、日用品、纺织品、包装、电子电器等企业进行了推广应用，应用效果良好。

（李　杰）

【高流动汽车保险杠专用料的开发项目通过鉴定】 2014 年 7 月，由北京化工研究院和扬子石化共同承担的中国石化科技攻关项目“高流动汽车保险杠专用料的开发”通过中国石化鉴定。该项目开发的专用料具有流动性好、橡胶含量高的特点，综合力学性能优异，加工性能和刚韧平衡性好，可供汽车厂家直接使用或作为高档次的改性基础树脂使用。该专用料已实现工业化生产开发，各项性能达到国际同类产品的先进水平。

（白奕青）

【丙烯/1 – 丁烯无规共聚双向拉伸薄膜用树脂产品的开发项目通过鉴定】 2014 年 4 月 2 日，由北京化工研究院承担的“丙烯/1 – 丁烯无规共聚双向拉伸薄膜用树脂产品的开发”项目通过中国石化鉴定，与会专家建议加快该产品的推广和应用。该项目选用国产化催化剂体系，成功开发了用于双向拉伸薄膜的丙丁无规共聚树脂产品技术，产品成膜性能、薄膜光学性能更佳，已实现工业化，已成功用于制备双面热封镀铝基膜等特种 BOPP 薄膜制品，具有良好的应用价值和市场前景。

（李　娟）

【NOVOLEN 气相聚丙烯工艺催化剂的国产化项目通过鉴定】 2014 年 6 月，由北京化工研究院和催化剂公司承担的“NOVOLEN 气相聚丙烯工艺催化剂的国产化”项目通过中国石化鉴定。该项目成功开发了适合 NOVOLEN 气相聚丙烯工艺的高性能催化剂 BCND – II – 03，催化剂聚合活性比进口催化剂高 30% 以上，不易结块，实现了生产装置的长周期稳定运行，产品力学性能优良已在国内外多套 NOVOLEN 气相聚丙烯工艺装置上进行了应用。

（刘海涛）

【BY – 5 裂解汽油二段加氢催化剂的工业开发和应用项目通过鉴定】 2014 年 5 月 9 日，北京化工研究院“BY – 5 裂解汽油二段加氢催化剂的工业开发和应用”项目通过中国石化鉴定。该项目开发的 BY – 5 催化剂与国内外同类催化剂相比，具有反应器入口温度低、空速高，稳定性好、原料适应性强等优点，综合性能属国际先进水平。已成功实现工业应用。

（杜周柴　忠　义）

【聚乙烯催化剂 BCL – 100 在 INNOVENES 工艺上实现长周期运转】 2014 年 5 月，北京化工研究院自主研发的专门针对 INNOVENE S 工艺的高性能乙烯淤浆聚合催化剂 BCL – 100，在中沙石化生产双峰管材产品的工业化试验成功，首次实现了国产催化剂在

INNOVENES 工艺上的成功应用，填补了国内空白。该催化剂较进口催化剂活性高出 80% 以上，系统低聚物生成量减少约 25%。至 2014 年 11 月，实现长周期运转。生产的树脂产品的性能得到提升，弹性模量、简支梁缺口冲击强度和热稳定性等均优于进口催化剂制备的聚合物。

（朱孝恒 苟清强 郭子芳）

【三次采油耐温聚合物先导试验在河南油田投入运行】 2014 年 3 月 28 日，北京化工研究院耐温聚合物先导试验在河南油田双河油田Ⅷ上 1－3 层系正式投入运行。该试验是国内开展的温度最高的聚合物驱试验，其实施将对聚合物驱技术发展产生重要导向效应。该耐温聚合物由北京化工研究院与河南油田联合攻关，产品已实现工业化生产，产品各项指标均达到预期指标。

（伊 卓）

【聚烯烃国家工程中心位列中国化学工业领域第一】 2014 年 3 月，国家发改委公布 2014 年国家工程研究中心评比结果，北京化工研究院聚烯烃国家工程研究中心综合评分 86.4，在 91 家参评中心中位列第六，在化学工业领域位列第一。该中心在催化剂研发、烯烃聚合工艺技术开发以及合成树脂新产品开发方面取得了重大突破，成功开发了具有国际先进水平的聚乙烯 BCE 系列催化剂、聚丙烯 ND 催化剂、聚丙烯 DQC 系列催化剂、丙烯 BCZ 催化剂、茂金属聚乙烯催化剂大规模出口海外；具有世界领先水平的第三代聚丙烯环管聚合工艺技术已成功实施；具有国际先进水平的高熔体强度聚丙烯、G 树脂、抗菌树脂等高性能产品已推向市场。

（张韬毅）

【通过 HSE 管理体系认证】 2014 年 6 月 25 日，北京化工研究院 HSE 体系正式运行；9 月 28—30 日、11 月 3—6 日，中化阳光管理体系认证中心对北京化工研究院院进行 HSE 管理体系第一、第二阶段外部审核。12 月 2 日，北京化工研究院取得了职业健康安全管理体系认证证书、环境管理体系认证证书和安全、环境与健康管理体系（HSE）评审证书，通过 HSE 管理体系认证。

（刘 鑫）

【乔金樑获聘石化集团公司首席专家】 2014 年 9 月，北京化工研究院乔金樑获石化集团公司高分子化学首席专家聘任。乔金樑是北京化工研究院副院长，从事高分子材料研发工作 30 多年，在聚烯烃新材料和辐射改性高分子材料领域取得了优异成绩：开创了纳米尺度超细橡胶颗粒材料制备和应用的全新技术领域，提升了中国聚烯烃材料的技术水平。

（刘 武）

【戴伟获中国石化科技创新功勋奖】 2014 年 3 月 20 日，中国石化 2014 年科技进步会议上，北京化工研究院戴伟获中国石化科技创新功勋奖。戴伟在乙烯装置加氢催化剂领域探索近 30 年，采用多种国际首创技术，主持开发出国内各乙烯装置各种工艺所需的所有加氢催化剂，市场占有率达到 70% 以上，同时多次出口国外，创造了显著的经济效益和社会效益，推动了乙烯技术国产化。

（梁晓云）

【膜技术组获青年文明号 20 周年示范集体称号】 2014 年 5 月 4 日，在中国石化 2014 年青年工作会议上，北京化工研究院环境保护研究所膜技术组获青年文明号 20 周年示范集体称号。该项目组于 2009 年成立，致力于膜技术应用与高性能膜产品开发。共承担中国石化项目 7 项、中国石化竞争试点项目 1 项，并参与国家重大水专项、中国石化“十条龙”科研攻关项目的研究，开发的新型多功能膜工艺用于石化废水的处理回用技术于 2012 年获中国石化科技进步三等奖；2013 年获中国石化青年文明号称号。

（王玉杰 邓 珺）

表 1　北京化工研究院 2014 年度主要科研成果获奖情况

序号	项目名称	奖项名称	获奖等级
1	具有全新组成和结构的球形载体材料及在聚烯烃催化剂中的应用	石化集团公司前瞻基础性研究奖	二等奖
2	具有超高活性的高性能聚丙烯 HA 催化剂的开发	石化集团公司技术发明奖	一等奖

续表

序号	项目名称	奖项名称	获奖等级
3	直接聚合法高熔体强度聚丙烯技术开发及应用	石化集团公司技术发明奖	二等奖
4	双向拉伸聚乳酸膜的研究及制备	石化集团公司技术发明奖	三等奖
5	高抗冲型均聚聚丙烯系列产品制备技术开发	石化集团公司科技进步奖	二等奖
6	河南油田陆相页岩油滑溜水降阻剂研制与应用	石化集团公司科技进步奖	二等奖
7	大型乙烯裂解炉节能降耗技术创新及产业化示范工程	石化集团公司科技进步奖	二等奖
8	新型聚丙烯 ND 催化剂技术开发及其在气相聚丙烯工艺的工业应用	石化集团公司科技进步奖	三等奖
9	BY－5 型裂解汽油二段加氢催化剂的工业开发和应用	石化集团公司科技进步奖	三等奖
10	聚丙烯 NDQ 催化剂的开发及应用	石化集团公司科技进步奖	三等奖
11	石油化工“十三五”科技规划研究	石化集团公司科技进步奖	三等奖
12	加油站用聚乙烯复合管道系统关键技术开发	石化集团公司科技进步奖	三等奖
13	无磷缓蚀阻垢剂的研制及工业应用	石化集团公司科技进步奖	三等奖

表 2　北京化工研究院 2009—2014 年专利申请与授权情况　件

年 份	国内专利		国外专利	
	申请数	授权数	申请数	授权数
2014	601	370	98	72
2013	590	242	102	18
2012	572	127	118	49
2011	500	68	58	21
2010	455	56	46	24
2009	217	41	19	12

抚顺石油化工研究院

【概况】 中国石油化工股份有限公司抚顺石油化工研究院(简称抚顺石油化工研究院)位于辽宁省抚顺市望花区，前身是 1953 年 4 月创立的燃料工业部东北石油管理局抚顺研究所，是新中国最早建立的石油研究机构，1956 年成为石油部直属科研单位，1983 年 7 月划归新组建的中国石油化工总公司。

经过 60 余年的发展，抚顺石油化工研究院已形成清洁炼油、新兴能源资源和炼化公用技术 3 个创新研发平台，下设 12 个研究部门以及评价中心。设有国家石油产品检验实验室、国家石蜡质量监督检验中心以及博士后工作站和硕士研究生工作站，是国家石油蜡类产品标准化归口单位，以及中国石化生物燃料及生物化工重点实验室、辽宁省精细石油化工重点实验室、辽宁省沥青材料工程技术研究中心、辽宁省石油化工环境保护工程研究中心的依托单位。

截至 2014 年底，抚顺石油化工研究院正式职工总数 701 人，具有中级及以上职称的各类专业技术人员 454 人。其中，中国工程院院士 1 人，享受政府特殊津贴13人，百千万人才工程国家级人选1人，教授级高级工程师55人。已取得科技成果300多项，获国家科技进步奖和技术发明奖22项，累计申请中国专利4 343件，申请国外专利179件，获国内外专利授权2 279件。

抚顺石油化工研究院2014年度主要科研成果获奖情况和2009—2014年专利申请与授权情况见表1和表2。

（刘建宇）

【高芳烃含量催化柴油加氢转化技术开发与工业应用获石化集团公司科技进步一等奖】 （参见第122页）

【高效生产低凝清洁石油产品的FDI双重异构加氢组合技术获石化联合会科技进步一等奖】 抚顺石油化工研究院开发的高效生产低凝清洁石油产品的FDI双重异构加氢组合技术，有效地集成了FDC多产低凝石油产品的加氢异构裂化工艺技术和FWSI加氢裂化尾油异构脱蜡—加氢补充精制生产润滑油基础油技术，可以生产出低温流动性能好的3#喷气燃料、清洁柴油和低温性能、黏温性能及光、热安定性能优异的高档润滑油基础油等产品。该项目获2014年度中国石油和化学工业联合会科技进步一等奖。

（刘建宇）

【焦化气加氢生产乙烯裂解料技术工业应用成功】 针对中国低碳烃资源较为丰富，而乙烯裂解原料相对短缺的现状，抚顺石油化工研究院开发了焦化干气加氢制乙烯裂解料技术和焦化液化气和焦化汽油混合加氢制备乙烯裂料技术2项技术，2014年分别在3套工业装置应用，均取得了成功，且在炼化一体化的企业中具有较好的通用性和可复制性。使用这些技术，既合理地利用了低碳烃资源，又可缓解乙烯装置原料短缺的问题，为企业合理利用资源、提高经济效益提供了一条有效的途径。

（刘建宇）

【加氢催化剂密相装填技术工业应用成效显著】 抚顺石油化工研究院以离散元软件为工具，对加氢催化剂密相装填过程进行模拟研究，确定布料盘结构、转速以及催化剂外观形态等因素是影响密相装填质量的关键因素，明确其构效关系，研制出具有对数螺线布料槽的锥形布料盘及加氢催化剂密相装填器。以该装填器为核心的密相装填技术具有装填均匀、密度大、效率高、体积小、使用方便等特点，可明显提高催化剂的装填质量和效率。截至2014年底，已有15套加氢装置使用该技术装填催化剂，装填各类加氢催化剂3 000余吨。

（刘建宇）

【20万吨/年丙烷脱氢制丙烯成套技术工艺包通过审查】 2014年11月25日，由抚顺石油化工研究院和洛阳工程公司合作编制的20万吨/年丙烷脱氢制丙烯成套技术工艺包通过了中国石化科技部组织的审查。该工艺包采用移动床工艺路线、丙烯产品低温深冷分离、催化剂再生气体干冷循环及催化剂无阀输送，形成了有自己特色的移动床丙烷脱氢技术。该技术的开发，填补了国内空白，整体达到了国际同类技术水平。

（刘建宇）

【开发出系列费托合成油高效加工利用技术】 抚顺石油化工研究院通过对费托合成油分析表征，以及对加氢、优质特种油品生产等技术系统研究，开发出多种流程的费托合成油高效优化加工利用技术方案，包括高附加值特种油品生产技术、超高黏度指数基础油生产技术、生产马达燃料技术等。其中，费托合成油加氢转化生产马达燃料已成为国内主要费托合成专利商的配套技术，并获工业化验证。

（刘建宇）

【开展“从严管理年”活动】 2014年，抚顺石油化工研究院以全面提升Q/HSE体系为切入点、以梳理整改问题为重点，开展了“从严管理年”活动。通过完善管理制度、梳理岗位流程、提高职工的责任意识、提升执行力，做到责任到位、考核有据、管理有效，全面提升管理水平和竞争力。质量管理体系通过北京三星九千认证中心的监督审核，HSE管理体系通过中化阳光认证中心的再认证审核。

（刘建宇）

【启用项目管理系统】 2014年，抚顺石油化工研究院建设并启用了项目管理系统，将合同项目、工单项目、技术协议、服务企业相关资料、问题与解决方案、技术知识纳入该系统，实现项目的登记、跟踪、管理、保存的电子流，可及时跟踪项目进展，提供分享经验、学习交流的平台。该系统的启用使技术服务更加标准化、规范化，大幅度地提高了技术服务的效率和质量。

（刘建宇）

【工业废水零排放、海水淡化及综合利用联合实验室成立】 2014 年 10 月 22 日，抚顺石油化工研究院与中工国际沃特尔“工业废水零排放、海水淡化及综合利用联合实验室”在北京举行揭牌仪式。作为国内第一个正渗透技术工业废水零排放和海水淡化实验室，联合实验室配备了世界一流的专家团队及国际最先进的实验仪器设备，能够实现工业废水零排放以及海水淡化与综合利用全流程的模拟实验研究及各个环节的独立实验。该实验室的成立，可有效促进正渗透技术在石化行业和煤化工园区的污水治理方面发挥重要作用。

（刘建宇）

【公用技术研究】 抚顺石油化工研究院于 2011 年开始进行公用技术研究平台的建设。在原有环保所和工程技术部的基础上，又先后组建了节能技术部、储运技术部和电力技术部，配备了比较齐全的中、小型试验装置以及多种过程模拟和计算软件，基本完成公用技术研究平台的建设。2014 年，公用技术研究平台所承担的科研课题占全院课题总数的 34%，所承担的课题中有 3 项被列为中国石化“十条龙”攻关项目。

（刘建宇）

【开展电力技术研究】 2014 年，抚顺石油化工研究院为不断提升中国石化电力系统技术水平，适应石化企业 大型化、集约化、信息化发展的需求，组建了电力技术部。已建成电力系统仿真实验室，正在建设电网动模和绝缘实验室。其主要研发方向是以石化企业电力系统为研究对象，开展电力系统仿真、分布式能源、智能配电网等应用研究。经过近一年的运行，已取得部分成果，呈现出良好的发展态势。

（刘建宇）

表 1　　抚顺石油化工研究院 2014 年度主要科研成果获奖情况

序号	项目名称	奖项名称	获奖等级
1	催化裂化烟气除尘脱硫脱硝成套技术	石化集团公司科技进步奖	一等奖
2	高芳烃含量催化柴油加氢转化技术开发与工业应用	石化集团公司科技进步奖	一等奖
3	催化剂生产氮氧化物尾气治理技术开发及工业应用	石化集团公司科技进步奖	二等奖
4	FBN 系列鸟巢型加氢保护剂创制及工业应用	石化集团公司科技进步奖	三等奖
5	石油化工“十三五”科技规划研究	石化集团公司科技进步奖	三等奖
6	中国石化环保总量核算管理系统开发	石化集团公司科技进步奖	三等奖
7	生产过程环境友好的低成本加氢裂化催化剂创制	石化集团公司技术发明奖	二等奖
8	满足欧 V 排放标准清洁汽油生产技术开发	石化集团公司技术发明奖	三等奖
9	加氢催化剂金属与载体相互作用表征体系集成及应用	石化集团公司前瞻性基础性研究科学奖	三等奖
10	高效生产低凝清洁石油产品的 FDI 双重异构加氢组合技术	中国石油和化学工业联合会科技进步奖	一等奖
11	DNW－Ⅱ型耐温树脂催化剂研究及工业应用	辽宁省科技进步奖	二等奖
12	加氢催化剂的制备方法	中国专利奖	优秀奖

表2 抚顺石油化工研究院2009—2014年专利申请与授权情况 件

年份	国内专利		国外专利	
	申请数	授权数	申请数	授权数
2014	572	440	22	14
2013	569	307	25	3
2012	561	230	18	2
2011	500	141	21	3
2010	400	117	1	2
2009	305	97	7	2

上海石油化工研究院

【概况】 中国石油化工股份有限公司上海石油化工研究院(简称上海石油化工研究院)位于上海市浦东新区，是中国石化直属的科研开发机构。其前身为创建于1960年6月的上海市石油化学研究所，1984年划归为中国石油化工总公司，2004年12月，上海石化科技开发公司并入；2010年4月，南京化工公司研究院、天津石化研究院、四川维尼纶厂研究院、仪征化纤研究院、巴陵石化研究院成为上海石油化工研究院分院。上海石油化工研究院长期从事石油化工科技开发，涉及基本有机原料催化剂和工艺技术、煤化工、油田化学品、合成材料、精细化工等领域。

截至2014年底，上海石油化工研究院下设19个研究部(室)，是基本有机原料国家工程研究中心、全国石油化学标准化委员会的依托单位，设有博士后工作站、石化股份公司有机原料情报中心站、上海市石油化工产品质量监督检验站、上海市催化剂行业测试中心等技术支持机构；与联合化学反应工程研究所联办《化学反应工程与工艺》，还有内刊《石油化工快报(有机原料)》(半月刊)。职工总数688人，各类专业技术人员占85%；其中中国工程院院士1人，高级职称以上人员256人，博士147人、硕士165人；国家级有突出贡献专家3人，享受政府特殊津贴31人，石化集团公司高级专家9人；国家级百千万人才工程入选3人，引入“千人计划”人才1人。

截至2014年底，上海石油化工研究院累计获得国家级奖励44项，其中国家科技进步一等奖1项，国家技术发明二等奖5项；获得省部级奖励276项，其中石化集团公司科技进步特等奖2项、科技进步和技术发明一等奖32项。累计申请中国专利4 079件，获授权中国专利1 895件；在20多个国家和地区申请专利349件，获授权专利132件，其中2014年度申请中国专利578件，获授权中国专利336件；涉外申请专利7项37件，获授权专利20件。

上海石油化工研究院2014年度主要科研成果获奖情况和2009—2014年专利申请与授权情况见表1和表2。

(潘 波)

【C_4烯烃催化裂解生产丙烯的方法专利获中国专利金奖】 2014年11月26日，上海石油化工研究院“C_4烯烃催化裂解生产丙烯的方法”(专利号ZL200510028787.3)获国家知识产权局和世界知识产权组织举办的第16届中国专利金奖。该专利首次提出全结晶复合孔催化材料概念，发明了一种全结晶复合材料并开发了无外加稀释剂的自循环生产工艺，率先在国内实现工业化应用，为C_4/C_5资源的价值提升和丙烯的生产开创了一条新技术路线。

(潘 波)

【甲苯甲醇甲基化制二甲苯技术开发及20万吨/年工业试验获石化集团公司科技进步一等奖】 (参见第122页)

【有机硅杂化层状分子筛新催化材料及节能异丙苯成套技术获国家技术发明二等奖】 上海化工研究院以开发节能型异丙苯生产技术为目标，首创有机硅杂化层状分子筛催化材料能效优化的组合反应工艺和节能分离工艺集成的成套技术。通过有机硅烷基链优化和微晶二维生长分步导向晶化的有机硅杂化层状分子筛合成技术，提高了分子筛结晶度和层结构稳定性；以消除副反应酸中心的定向金属离子交换、孔道络合改性修饰等高效酸中心调控技术以及热处理气氛调控和程序热分解技术，有效抑制了酸中心损失，实现了酸量的控制；制造了高选择性烷基化催化剂和高活性烷基转移催化剂，再生周期大于4年，烷基化反应苯烯比降至2.0，烷基转移反应苯/多异丙苯比降至1.0；发明了高选择性烷基化—高活性烷基转移反应组合工艺，能耗降低22%；开发高效节能三塔分离技术，缩短流程，能耗降低8%。该项目应用于中沙石化30万吨/年异丙苯装置，综合能耗降低30%。该项目已获授权中国专利30件、国外专利5件。

（潘　波）

【新一代节能型苯乙烯成套技术开发及工业应用获石化集团公司科技进步二等奖】 该项目在传统苯乙烯成套技术基础上开发了顺序分离恒沸热回收节能精馏工艺、低水比催化剂、薄床层脱氢反应器、低压降混合器、恒沸热回收换热器等关键设备技术，成为新一代节能型苯乙烯成套技术，首次工业应用在巴陵石化12万吨/年苯乙烯装置实现，标定结果表明：产品苯乙烯纯度99.98%，乙苯单耗1.058吨/吨苯乙烯，实现了低压蒸汽耗量下降24%、循环水耗量下降21%、聚合损失(焦油量)下降20%、装置节能23%的技术效果。该技术陆续应用于湛江东兴公司、九江石化、荆门石化、中国海油宁波大榭等苯乙烯装置。已申请18件中国专利，已获授权专利12件，形成了催化剂和工艺、关键设备的自主知识产权体系，并降低苯乙烯生产成本，打破了国外公司的技术垄断。

（潘　波）

【耐温抗盐聚醚羧酸盐磺酸盐表面活性剂研制及在中原油田的工业应用获石化集团公司科技进步二等奖】 该项目针对中原油田高温高盐的油藏条件，利用分子模拟技术，专门设计了阴非离子表面活性剂，完成了合成和室内评价。该表面活性剂具有良好的抗温耐盐性，在30万毫克/升矿化度、钙镁4 000毫克/升、温度110℃条件下，可达到超低界面张力；开展了空气泡沫表面活性剂井组试验，建立了表面活性剂在采出液中的分析检测方法，并首次规模化采用空气泡沫表面活性剂多段塞交替注入技术。该项目已申请中国专利27件，获授权专利8件；对国内外高温高盐油藏开发具有指导作用。

（潘　波）

【生物基乙烯项目通过国家发改委验收】 1万吨/年生物基乙烯高技术产业化示范工程项目由上海石油化工研究院、四川维尼纶厂和南京工业大学共同承担。针对生物基资源的开发利用和大型化乙醇脱水制乙烯的技术需求，采用具有自主知识产权的催化脱水技术、催化剂再生技术等，在催化剂性能、绝热床反应器、精制分离、能量综合利用等关键技术取得突破，在3 000吨/年乙醇脱水制乙烯装置上成功完成了工业试验，乙醇单程转化率99%，乙烯选择性99%，精馏后乙烯质量达到聚合级。以此为基础编制了1万吨/年乙醇脱水制乙烯成套技术工艺包。4月29日，国家发展与改革委员组织专家验收，认为各项性能优于合同指标要求，开发的技术先进，装备运行稳定可靠，达到了示范工程的目标，为生物基乙烯产业化提供了可靠的技术支撑。

（潘　波）

【20万吨/年合成气制乙二醇工业示范装置开车成功】 2014年3月9日，由上海石油化工研究院、工程建设公司、上海工程公司联合开发的湖北化肥20万吨/年合成气制乙二醇工业示范装置首次工业试验产出合格乙二醇产品，乙二醇产品质量达到国标优级品标准，应用于下游聚酯生产，实现了工业装置的安全、连续、稳定运行，一次开车成功，装置负荷达到90%。

（潘　波）

【世界最大规模甲苯歧化装置工艺技术许可签约】 2014年9月，上海石油化工研究院与恒力石化(大连)有限公司签订了2套330万吨/年甲苯歧化与烷基转移装置项目的技术许可合同。该装置计划在2017年建成。面对国外大公司的竞标，上海石油化工研究院以具有自主知识产权的中国石化甲苯歧化技术成功拿下订单，成为其2 000万吨/年炼化一体招标项目中唯一的国产化技术。

（潘　波）

【高性能碳纤维原丝制备重复达到T800】 由上海化工研究院开发的中国石化“十条龙”攻关项目之一的碳纤维项目在完成上海漕泾基地吨级模试装置建设、T300级碳纤维研制的基础上，完成装置优化改造，在油剂上油率控制、原液均质化技术、完善纤维的聚集态结构、二元组分低纤度原丝预氧化炭化工艺等关键技术问题上取得突破，制备的3K、6K原丝样品经氧化碳化评价，纤维力学性能可稳定、重复达到T800水平。

（潘　波）

碳纤维生产装置　（肖宏斌　摄）

【3 种高附加值精细化学品技术取得突破】 上海石油化工研究院经过多年研发，3 种高附加值精细化学品技术具备了中试或工业生产的条件。以合成气为原料经草酸酯合成乙醇酸甲酯和乙醇酸的工艺技术于 2014 年 5 月在扬子石化千吨级装置上成功开车，获得合格的乙醇酸甲酯和乙醇酸产品；以催化氨化环氧乙烷和液氨制乙醇胺生成技术于 11 月在茂名实华万吨级装置工业试验成功，首次实现工业化；碳酸乙烯酯合成千吨级中试开车成功，环氧乙烷转化率接近 100%，碳酸乙烯酯选择性高。

（潘　波）

【二乙烯基苯催化剂首次进入美国市场】 2014 年 7 月，由上海石油化工研究院研制的 GS－DE 二乙苯脱氢制二乙烯基苯催化剂出口美国 DOW 化学公司，首次进入美国市场。8 月，在 DOW 化学公司的工业装置成功应用，性能优于原先使用的同类产品。

（潘　波）

【实验室信息管理系统项目通过验收】 上海石油化工研究院采用中国石化统一配置的 Sample Manager 和 Oracle 数据库，在梳理化验分析业务流程、规范科研、生产、服务业务类型的基础上，实现了 101 台分析仪器数据自动采集和 12 类大型仪器数据采集、谱图采集并传递，建成实验室信息管理系统（LIMS），具有分析流程管理、仪器连接、统计报表、WEB 查询和辅助管理等功能。实现从任务下达、接收、分发、分析、审核、发布的全周期管理，能够满足对产品质量、产品分析、科研管理的要求。该项目于 10 月 30 日通过中国石化信息化管理的专家验收。

（潘　波）

【引进首位“千人计划”专家】 2014 年 7 月，国家“千人计划”人才王洪学博士入职上海石油化工研究院，负责高分子改性材料和可持续环保型高分子材料领域的技术研发。王洪学 1991 年于美国凯斯西储大学博士毕业，从事多年高分子领域研究。

（潘　波）

表 1　**上海石油化工研究院 2014 年度主要科研成果获奖情况**

序号	项目名称	奖项名称	获奖等级
1	C_4 烯烃催化裂解生产丙烯的方法（专利号 ZL200510028787.3）	中国专利奖	金奖
2	有机硅杂化层状分子筛新催化材料及节能异丙苯成套技术	国家技术发明奖	二等奖
3	芳烃成套国产化技术工业应用	石化集团公司　科技进步奖	特等奖
4	甲苯甲醇甲基化制二甲苯技术开发及 20 万吨/年工业试验	石化集团公司科技进步奖	一等奖
5	沸石分子筛的多级复合孔道构建及其催化基础	石化集团公司前瞻性基础性研究科学奖	二等奖
6	新一代节能型苯乙烯成套技术开发及工业应用	石化集团公司科技进步奖	二等奖
7	耐温抗盐聚醚羧酸盐磺酸盐表面活性剂研制及在中原油田的工业应用	石化集团公司科技进步奖	二等奖
8	中国石化新型煤化工产业发展战略研究	石化集团公司科技进步奖	二等奖
9	石油化工十三五科技规划研究	石化集团公司科技进步奖	三等奖

表 2　**上海石油化工研究院 2009—2014 年专利申请与授权情况**　件

年　份	国内专利		国外专利	
	申请数	授权数	申请数	授权数
2014	578	336	37	20
2013	558	314	45	9

续表

年份	国内专利		国外专利	
	申请数	授权数	申请数	授权数
2012	440	164	6	23
2011	548	159	11	4
2010	490	133	0	8
2009	217	91	28	6

安全工程研究院

【概况】 中国石油化工股份有限公司青岛安全工程研究院(简称安全工程研究院)位于山东省青岛市，是中国石化直属的安全、环保和职业健康科研机构。安全工程研究院成立于1979年，1999年7月整体进入石化集团公司。2004年4月，国家安全生产监督管理总局依托安全工程研究院成立国家安全生产监督管理总局化学品登记中心，为中国危险化学品安全监管提供综合性技术支持。2007年7月，国家科技部依托安全工程研究院设立化学品安全控制国家重点实验室，是首批企业国家重点实验室之一，2011年1月18日通过国家科技部验收。

安全工程研究院主要从事石油化工领域HSE科技研发、技术服务与专项培训工作。其中，科技研发包括危险化学品与危险化工工艺安全技术、化学品危险性分析测试、设备腐蚀防护技术、过程控制与安全仪表评估技术、雷电安全防护技术、静电安全控制技术、石化过程及工程风险评估技术、事故技术调查与事故模拟分析、应急救援、油气回收及销售企业技术支撑等；技术服务包括建设项目安全与职业病危害评价、在役装置(设施、设备)安全状况评估、作业环境监测检验、安全设施与安全仪表检测检验、HSE管理与信息化、HSE管理体系技术咨询与审核认证、工程项目及检维修HSE监理、应急救援技术咨询指导、安全标准化、HSE隐患治理及相关产品推广等。

截至2014年底，安全工程研究院下设8个职能管理部门、14个研究室(中心)。职工总数377人，其中特聘院士2人、教授级高级工程师18人、高级工程师87人、引进海外博士后2人、博士31人、硕士140人，享受政府特殊津贴3人、石化集团公司突出贡献专家3人、中国石化优秀学术技术带头人9人、各类国家级HSE领域专家40余人、中国石化闵恩泽青年科技人才奖10人，具有注册安全工程师、安全评价师、职业危害评价师、环境影响评价师、注册计量师等执业资格的人员260余人。

安全工程研究院2014年度主要科研成果获奖情况及2009—2014年专利申请与授权情况见表1和表2。

(尚艳红　王新军)

【领导班子调整】 2014年7月8日，安全工程研究院召开干部大会，石化集团公司人事部宣布：孙万付任安全工程研究院院长，兼任安全工程研究院党委副书记。安全工程研究院新一届领导班子由孙万付、李凯花、牟善军、曹永友和白永忠组成。

(尚艳红　王新军)

【科技创新取得历史性突破】 2014年，安全工程研究院承担各类科研任务180余项；申报获批国家科技支撑计划课题3项、国家自然科学基金项目1项、新入“十条龙”项目1项；获得省部级二等以上科技奖励6项，其中一等奖2项；全年申请专利首次突破100件，授权专利同比增长144%。

(尚艳红　王新军)

【华山研发基地建成投用】 2014年，安全工程研究院华山研发基地建成投用，新院区主体工程顺利完工并获得山东省优质结构杯奖。海阳试验场全面开工建设，为安全工程研究院长远发展奠定了坚实基础。

(尚艳红　王新军)

【化工过程安全技术研发与应用】 2014年，安全工程研究院安全运行指导学科与石化盈科公司达成长期战略合作意向，打造石化装置智能化运行技术支撑平台。工艺安全学科紧紧围绕中国石化新工艺、新技术研发，提供核心的本质安全化技术配套，在“十条龙”项目——20万吨/年合成气制乙二醇等成套技术中得到应用；在长岭分公司10万吨/年双氧水法制环氧丙烷装置开车和宁夏能化项目安全投料开车与运行工作中，安全工程研究院有效发挥现场安全指导作用。

（尚艳红　王新军）

【设备安全技术研发与应用】 2014年，安全工程研究院围绕企业本质安全运行和装置特点，积极推进设备完整性体系架构研究工作，建立了设备完整性体系实施方案；在武汉石化、青岛炼化开展试点，准确发现并有效解决了企业设备管理中存在的问题；形成适用于中国石化的设备可靠性与维护策略优化技术。成功开发保温层下腐蚀检查新技术。加入国际标准《二氧化碳捕集、运输与地质封存》技术委员会工作组，参与国际标准的编制和审查工作。成功举办“2014石油化工腐蚀与安全学术交流会暨中国腐蚀与防护学会石油化工腐蚀与安全专业委员会成立大会”，学科影响力进一步扩大。

（尚艳红　王新军）

【储运安全技术研发与应用】 2014年，安全工程研究院坚持推进油气回收系列技术研发与提升工作，深入开展膜法油气回收等多项技术研发工作并取得重要进展，实现了技术的多样化，全年签订油气回收装置推广合同41份，合同额同比增长226%，为石化集团公司“碧水蓝天”工程做出了积极贡献。加油站二次油气回收产品开发及产品升级研发取得重要进展，全年推广加油枪、胶管4 000余套。

（尚艳红　王新军）

【电气安全技术研发与应用】 2014年，安全工程研究院研发的大型储罐雷电安全保障技术在黄岛油库等单位实现工业化应用，并获得第7届中国国际安全生产及职业健康展览会技术创新奖。自主研发的无线蜂窝雷电预警系统成功在企业试点应用，并逐步实现区域组网，在搭建石化区域雷电预警网络方面迈出了坚实的一步。防爆电机在线监测系统实现了小型电机故障识别的新突破，在济南分公司推广应用38套，整体技术达到国内领先水平。功能安全不断拓宽业务领域，取得TüV－FSE培训资质，具备了全厂级SIL评估能力。

（尚艳红　王新军）

【风险评估技术研发与推广】 2014年，安全工程研究院全面推进风险评估技术、标准与机构管理平台建设，发布实施系列技术标准和管理规定，成立中国石化HAZOP机构管理中心，启动中国石化HAZOP机构和主席准入审查、培训和管理工作。编制发布中国石化LNG接收站安全技术管理规定，大型LNG接收站系统化安全评估专有技术通过总部认定，自主设计的国内首座LNG燃爆实验平台建设工作稳步推进。火炬与燃烧安全学科形成从理论研究、仿真模拟、现场实验到产品开发的良好循环，新型火炬燃烧监测离子探针和控制系统在齐鲁石化实现工业化推广应用。安全评价专业化系统化建设持续深入，全年开展风险评估技术服务项目90余项，业绩始终保持高位稳定增长。

（尚艳红　王新军）

【检测检验技术研发与应用推广】 2014年，安全工程研究院泄漏检测与维修（LDAR）技术得到全面提升，顺利完成中国石化泄漏管理平台数据库开发、测试工作，实现了对大量密封点信息和检测数据的管理，以及设备管阀件VOCs无组织排放量的计算。开发的疏水硅胶—活性炭联用油气回收新工艺，为油气回收项目提高市场占有率提供了保障。气体报警器计量检定工作得到国家质检总局专家组的高度认可和评价，计量授权资质成功续展。

（尚艳红　王新军）

【获中国石化2014年环保先进单位称号】 2014年，安全工程研究院深入开展环保政策法规研究工作，完成《中国石化挥发性有机物排放特征及控制对策分析》等专题报告，为环保战略规划、环保决策及“碧水蓝天”专项行动发挥了重要的支撑作用。中国石化环境管理信息系统完成总体设计，进入系统开发阶段，环境在线监测工作完成了国家环保部2014年对中国石化的考核红线要求，实现了47家企业、175个污染物外排口的在线实时监控。积极推进中国石化环境风险防控体系建设工作，开发了海上溢油监测、回收和风险评估等技术。全年未发生任何安全、质量上报事故，被评为中国石化2014年环保先进单位。

（尚艳红　王新军）

【职业健康管理技术研发与应用】 2014年，安全工程研究院顺利通过职业卫生甲级资质续展，成功获得建设项目放射防护评价（乙级）资质，为职业健康学科的持续发展奠定了基础。“全厂级职业危害风险辨识与控制技术研究”成果水平达到国内领先。针对中国石化炼化企业苯作业岗位职业危害严重现状进行的“苯防护滤毒盒（罐）筛选与更换周期的研究”，解决了卫生工程技术达不到防护效果时的个体防护用品使用问题，对职业病危害严重岗位的防护发挥了重要的技术指导作用。

（尚艳红　王新军）

【工程项目 HSE 管理咨询业务不断拓展】 2014 年，安全工程研究院 HSE 监理的业务领域从石油化工延伸到煤化工领域，服务地域从国内扩展到海外，服务内容从建设项目拓宽到装置检修和开车阶段，5 个煤化工项目、国勘伊朗等 6 个工程建设项目顺利运行，包括镇海炼化大检修在内的 8 个检修项目顺利完成，并取得零事故的优异业绩，得到企业高度评价。

（尚艳红　王新军）

【获得中国石化优秀创新团队称号】 2014 年 2 月 28 日，安全工程研究院雷静电危害防控技术团队获得中国石化优秀创新团队称号。该团队先后承担国家及省部级以上课题 20 余项，开展了大型储油罐防雷、聚烯烃料仓防静电燃爆以及液体石油产品储运防静电燃爆等方面的应用基础研究和安全防控应用技术研发，多次获得国家安全生产监督管理总局安全科技成果奖和石化集团公司科技进步奖。研发的料仓防静电治理技术先后在齐鲁石化、广州石化、扬子石化等 13 家企业 100 多座料仓的静电燃爆隐患整改中应用，大大降低了料仓静电燃爆事故的发生；大型储罐成套防雷技术是国内外最早提出防止大型浮顶储罐雷击火灾事故的系统解决对策，技术成果在黄岛油库、镇海国储库等企业应用，效果显著。2012—2014 年已申请 31 件中国专利，获授权 10 件。

（尚艳红　王新军）

表 1　安全工程研究院 2014 年度主要科研成果获奖情况

序号	项目名称	奖项名称	获奖等级
1	基于多信息融合的石化装置异常工况监测预警关键技术	国家安监总局科技成果奖	一等奖
2	己内酰胺工艺安全技术研究与工业应用	中国职业安全健康协会科学技术奖	一等奖
3	大型浮顶储罐雷电安全保障技术研究	石化集团公司科技进步奖	二等奖
4	石化企业安全监管及其移动应用系统的研发与推广应用	中国石油和化工自动化行业协会科学技术奖	二等奖
5	普光气田集输管道凝结液腐蚀与控制技术研究	中国石油和化工自动化行业协会科学技术奖	二等奖
6	中国石化 HSE 管理信息系统研发与推广应用	国家安监总局科技成果奖	二等奖
7	炼油、化工危险工艺分级安全管理措施研究	国家安监总局科技成果奖	三等奖
8	炼油装置保护层分析技术研究与应用	国家安监总局科技成果奖	三等奖
9	炼油火炬工艺安全研究	国家安监总局科技成果奖	三等奖
10	高含硫天然气处理厂安全防护技术研究与应用	国家安监总局科技成果奖	三等奖
11	化学品物理危险性鉴定与分类研究	国家安监总局科技成果奖	三等奖
12	危险化学品从业单位安全生产标准化评审标准及应用	国家安监总局科技成果奖	三等奖
13	石化装置安全控制系统可靠性技术研究与应用	石化集团公司科技进步奖	三等奖
14	海上溢油应急处置技术研究及应用	石化集团公司科技进步奖	三等奖
15	埋地双层油罐研发与应用	中国石油和化学工业联合会科学进步奖	三等奖
16	LNG/CNG 加气(母)站安全评估与防护技术研究与应用	中国职业安全健康协会科学技术奖	三等奖
17	加油站埋地油罐泄漏快速检测技术研究与应用	中国石油和化工自动化行业协会科学技术奖	三等奖

表2　　安全工程研究院2009—2014年专利申请与授权情况　　件

年份	国内专利		国外专利	
	申请数	授权数	申请数	授权数
2014	102	63	0	0
2013	79	50	0	0
2012	79	19	0	0
2011	51	9	0	0
2010	31	11	0	0
2009	15	4	0	0

催化剂公司

【概况】 中国石化催化剂有限公司(简称催化剂公司)于2013年5月28日揭牌成立。其前身是2004年12月29日在北京成立的石化股份公司催化剂分公司。

催化剂公司是国内最大的炼油化工催化剂生产商、供应商、服务商，产品涵盖炼油、化工和基本有机原料3个催化剂领域，年生产能力合计15.3万吨。经营范围包括：石油炼制、石油化工以及煤化工催化剂、吸附剂、黏合剂、助剂、溶剂、分子筛和添加剂的销售；溶剂油、化工产品的销售；石油化工原料(不含危险化学品)的批发、零售；技术开发、技术咨询、技术服务、技术转让；货物进出口、技术进出口、代理进出口；销售、租赁贵金属及下属分(子)公司其他经营内容。产品在满足国内市场需求的同时，还远销欧洲、美洲、亚洲等国际市场。

催化剂公司本部位于北京市朝阳区惠新东街甲6号，机关设置11个部门，生产基地主要分布在北京、上海、湖南、山东、辽宁和江苏等6个省市，拥有11家分(子)公司。截至2014年底，催化剂公司用工总量5 229人，拥有各类经营管理及专业技术人员1 472人，其中教授级高级工程师23人，高级职称人员313人，博士17人，硕士181人，并建有博士后工作站。

2014年，催化剂公司围绕“提高发展质量和效益”这个中心，把握深化改革、转型发展、从严管理三大主题，严格按照“一个转变，三个提升，打造六个一流”的工作方针，凝心聚力、攻坚克难、积极进取，统筹推进各项工作，取得了良好的业绩。

催化剂公司生产经营指标见表1。

(马玉婷)

【改革调整稳定实施】 2014年，催化剂公司召开一届三次董事会和一届二次监事会，设立了3个董事会专门委员会并建立完善相关议事规则。全面启动深化改革工作，“1+4”改革方案逐步推进。其中，机关“三定”改革全面展开，优化了职责和部门，突出了工程研究和市场营销职能；科技创新体制改革进入实施阶段，工程研究中心的管理机制、职能分工和人员调整全部就位；营销体制改革方案经过上下反复对接，不断优化调整完善。完成了燕山分公司资产纳入北京有限公司的工商变更、资产整合和人员劳动关系变更等相关工作。获得由北京市科学技术委员会、北京市财政局、北京市国家税务局、北京市地方税务局等部门为催化剂公司颁发的“高新技术企业”证书以及中关村科技园区管理委员会颁发的“中关村高新技术企业”证书。

(马玉婷)

【市场开拓取得进展】 2014年，催化剂公司国内系统外市场占有率进一步提高，其中催化裂化催化剂在中国石油市场占有率再创新高。聚烯烃催化剂成功进入煤化工领域，形成批量销售。基本有机原料催化剂成功获得中国海油、大连恒力等系统外大订单。建立了催化裂化催化剂技术服务数据平台，提升了技术服务水平。境外市场在稳定供应瓦莱罗、埃克森美孚、壳牌、拉比格、东燃等国际知名大公司的同时，聚乙烯催化剂首次进入美国市场，S-Zorb、苯乙烯、银催化剂等不断取得新突破。抓住机遇开拓潜在市场，与俄罗斯客户进行了技术交流和产品推荐。同时，成功举办中国石化催化技术国际交流会，展现了中国石化在催化技术方面最新的研究进展。

(马玉婷)

【从严管理不断深化】 2014年，催化剂公司开展从严管理全员大讨论，严抓问题整改，共查摆问题 380 项，整改完成 367 项。严格落实“1 + 6”从严管理制度体系，完善各类制度264 项。开展隐患排查治理和“四不两直”专业检查，组织设备工艺联合检查，举办装置建标对标活动。健全完善工程项目管理程序，项目招标率不断提高。着重强化危险化学品的验收、入场、装卸、贮存管理，践行“责任生根”的基本要求。催化裂化、加氢催化剂平均单位生产成本分别实现下降目标。落实资源优化项目实施，资金管控见成效，物资采购全面达标。严格执行“八项规定”要求，节约 6 项非生产性费用；机关会议减少 20%，会议费下降 53%，发文减少 19%。严控用工增量，新建装置补员 277 人均内部调剂完成。

（马玉婷）

【发展创新加速推进】 2014 年，催化剂公司重点项目有序实施，立得搬迁已进入设备安装阶段；云溪基地 200 吨/年 HTS 分子筛建设主体装置完成中交；南京 3 000 吨/年 SMTO 催化剂建设已奠基开工，桩基工程完成 80%；大连加氢催化剂 Ⅰ 期已开工建设；长岭微球催化剂装置尾气达标治理已投入运行；云溪基地 Ⅰ 期、齐鲁 5 万吨/年催化裂化催化剂 Ⅱ 期和污水处理场完成决算审计，总部已批准进行竣工验收。调整北京、上海地区公司发展定位，重新评估上海新基地征地问题和燕山 6 000 $米^3$/年脱硝催化剂建设项目，优化了银催化剂扩能项目方案。科技创新持续进步，牵头开展总部科技开发项目 15 项，配合四大研究院共同开展总部项目 43 项；完成催化裂解催化剂 Epylene – 1（YC）– S、柴油加氢催化剂 RS – 2200、聚丙烯催化剂 DQS 等 20 个新产品的工业放大和试生产；申请专利 31 件，获授权专利 22 件；完成 1 项国家标准和 53 项二级企标的制定、修改和发布；获得 2013—2014 年度全国“讲理想、比贡献”活动创新团队称号。

（马玉婷）

【党建和队伍建设全面加强】 2014 年，催化剂公司以深入学习习近平总书记系列重要讲话和党的十八届三中、四中全会精神为主线，开展多种形式学习，加强理论武装。以推进党的群众路线教育实践活动整改落实为抓手，加强作风建设，采取“四不两直”的方式和以“两为两促”为目的的调研和现场办公，召开不同层面员工座谈会，收集意见和建议 455 项，并形成“折子工程”逐一督办落实。加大人才培养力度，1 人被评为石化集团公司高级专家，8 人参加总部国际化经营人才培训，举办催化剂制造工技师取证培训班，技师、高级技师取证比例占技能操作人员的 13%。加大干部考核和交流力度，对齐鲁、抚顺、建长及机关部分中层干部进行了调整。举办 10 周年纪念活动暨第 6 届活力文化节系列活动，编撰 10 周年纪念画册，启动 EAP 员工帮扶计划，队伍凝聚力、战斗力进一步增强。

（马玉婷）

【歧化催化剂中标中国海油】 2014 年 1 月，催化剂公司甲苯歧化催化剂在中国海油惠州炼化分公司招标过程中，通过优良的性价比和优质的服务，在与 Exxon Mobil 公司的竞争中，成功获得 96 吨 HAT – 099 订单。此次中标，为该系列催化剂拓宽使用范围迈出了坚实一步。

（马玉婷）

【二甲苯异构化催化剂应用成功】 2014 年，催化剂公司 RIC – 200 二甲苯异构化催化剂在海南炼化 60 万吨/年聚酯原料项目二甲苯单元投料开车一次成功，该催化剂在生产装置进入正常运行状态。该催化剂在装填过程中经干燥脱水、补充氢还原等阶段，以粉尘少、重量准确无误、脱水含量少，活性、选择性优良，开工步骤简化，得到了用户和专家的充分肯定。该催化剂的成功使用，为中国石化拥有完全自主知识产权的全套芳烃技术做出了积极贡献。

（马玉婷）

【新一代钛硅分子筛催化剂通过鉴定】 2014 年 1 月 26 日，由催化剂公司与石油化工科学研究院共同承担的氨肟化专用钛硅分子筛生产技术优化科研开发项目，顺利通过石化集团公司科技部鉴定。与会专家一致认为该项目开发的单晶多空心钛硅分子筛催化剂 HTS – 3，具有自主知识产权，为高效、清洁的环已酮氨肟化技术提供了技术和知识产权支撑，达到国际领先水平。该催化剂在巴陵分公司、石家庄炼化分公司和浙江巴陵恒逸己内酰胺公司氨肟化装置使用，结果表明经济和社会效益显著，并且催化剂反应性能较上一代产品大幅度提高，寿命由 80 小时左右提高到 125 小时，解决了氨肟化装置“堵膜”问题，先后申请国内外专利 22 件，获授权 14 件，并申报多项中国石化专有技术。

（马玉婷）

【BCND 催化剂在台塑美国公司成功试用】 2014 年 2 月 10 日，催化剂公司 BCND 催化剂在台塑美国公司 45 万吨/年 Novolen 工艺装置首次试用。此次工业试验共计 15 天，使用 240 千克 BCND 催化剂，分别安排了聚丙烯注塑、扁丝和BOPP3个牌号产品的生产。试验过程中，装置运行稳定，切换平稳；相对于原催化剂，BCND催化剂表现出活性高、氢调敏感、产品分子量分布宽的特点，获得了台塑美国公司的高度评价。此次试验成功将对欧美市场的开拓起到积极作用。

（马玉婷）

【FCC催化剂中标雪佛龙夏威夷炼厂】 2014年，催化剂公司在海外供应商、大客户逐渐重视国产剂、不断挤压中国石化市场的形势下，以优良的产品性能、合适的价格获得客户的认同，与美国雪佛龙夏威夷炼厂签订FCC催化剂3年供货合同。

（马玉婷）

【降低催化剂原材料采购成本】 2014年，催化剂公司为贯彻落实总部加氢催化剂3年降低成本20%和大力推进开门采购的总体要求，与6家供应商进行涉及14种研究单位技术指定独家采购、用量较大的氧化铝、分子筛及载体的采购联合谈判。经过谈判，大部分品种在原有价格基础上有所下降。按年度用量计算，可直接降低采购成本160余万元。通过联合谈判，打破了过去由于独家采购造成的由供应商主导价格的局面，增强了采购话语权。

（马玉婷）

【甲苯歧化工艺包及催化剂中标恒力石化】 2014年，催化剂公司在与Exxon Mobil、UOP、SK、LUMAS等国际公司的竞标中，成功赢得恒力石化（大连）有限公司2 000万吨炼油、450万吨PX项目甲苯歧化工艺包及催化剂合同。此次HLD系列甲苯歧化工艺包及催化剂竞标成功，开拓了民企与国企专利商、国外专利商相互合作的途径。

（马玉婷）

【国产催化剂首次在INNOVENES工艺上应用】 2014年5月1—4日，催化剂公司BCE－L100催化剂在中沙石化INNOVENES装置进行工业试验，生产产品牌号为PN049－030－122LS双峰管材料。整个试验装置生产稳定、控制过程正常、中控产品质量各项指标均合格。BCE－L100催化剂活性高于进口MT－2110、MT－4510催化剂70%以上，同时具有聚合物细粉少、粒度分布集中、反应器温度波动小等优点。

（马玉婷）

【首次获得美国S－Zorb吸附剂订单】 2014年6月，催化剂公司经过为期1个月的谈判，获得美国Phillips 66公司S－Zorb吸附剂订单，该批吸附剂将应用于Phillips 66公司下的Ferndale炼厂。这是国产S－Zorb吸附剂首次进入美国市场，对提升国产吸附剂国际品牌知名度具有重要意义。

（马玉婷）

【气相聚丙烯连续预聚合技术首次出口美国】 2014年7月21日，科技开发公司正式完成与台塑美国公司Point Comfort工厂PP－2聚丙烯装置连续预聚合技术许可项目的商务合同签署。具有中国石化自主知识产权的气相聚丙烯连续预聚合技术相较一些工艺所用的间歇预聚合技术来说，不但可以取代所用的大量溶剂（通常为己烷），降低装置的能耗、物耗，且能消除由于溶剂预聚引入产品中的VOC，具有独特的优势。

（马玉婷）

【与大榭/舟山石化签订战略合作协议】 2014年9月25日，催化剂公司和中国海油宁波大榭/舟山石化签署了战略合作协议，标志着催化剂公司与大榭/舟山石化公司在信息、技术、商务等多方面的合作进入新的阶段。年内大榭/舟山石化已使用催化剂公司加氢和重整催化剂。

（马玉婷）

催化剂公司与中国海油宁波大榭/舟山石化签署战略合作协议

【BCS－02催化剂在世界最大Unipol聚乙烯装置上应用成功】 2014年，催化剂公司BCS－02催化剂在镇海炼化45万吨/年的Unipol聚乙烯装置的工业应用生产7042/7050牌号取得成功，标志着国产催化剂首次在世界最大的Unipol聚乙烯装置上应用成功，为BCS－02催化剂在同类装置的推广打下了坚实基础。

（马玉婷）

【聚乙烯 Hostalen 工艺装置首次实现催化剂的国产化】 2014 年，催化剂公司 BCE－H100 催化剂在中国石油四川石化 30 万吨/年 Hostalen 工艺聚乙烯装置进行了工业试用，生产双峰膜料牌号。试用期间装置运行稳定，产品质量合格，装置运行情况明显好于其自配催化剂。本次试验标志着中国引进的聚乙烯 Hostalen 工艺装置首次成功实现催化剂的国产化。

（马玉婷）

表 1 催化剂公司生产经营指标 亿元

指标名称＼年份	2014	2013	2012	2011	2010	2009
生产各类催化剂/万吨	17.80	14.28	15.24	14.55	12.42	10.84
销售各类催化剂/万吨	17.72	17.26	16.29	14.38	11.61	10.66
销售收入	59.12	67.45	66.36	52.19	39.57	37.20
利　润	5.53	5.82	6.01	4.21	4.00	3.06
计提支付技术使用费	4.13	4.38	3.34	2.95	2.74	2.62
发生费用总额①	11.97	12.52	10.77	10.37	8.90	8.21
资产总额	75.43	72.45	63.52	59.35	49.39	36.14
经济增加值(EVA)	3.04	3.00	3.02	1.69	1.07	1.78

①费用总额 = 管理费 + 销售费

百川公司(机关服务中心、机关服务局)

【概况】 中石化百川经济贸易公司(中国石油化工集团公司机关服务中心、中国石油化工集团公司机关服务局)简称百川公司(机关服务中心、机关服务局)主要负责为中国石化总部机关及专业公司提供后勤服务保障，是石化集团公司直属专业公司、全资子公司，由原石化总公司机关事务部发展演变而来，企业性质为全民所有制。百川公司(机关服务中心、机关服务局)实行“一套机构，三块牌子”的管理机制。

百川公司成立于 1993 年 2 月，注册资金 3 000 万元人民币，注册地址为北京市朝阳区朝阳门北大街 22 号，经营范围为：住宿、餐饮、物业管理、办公用品、洗衣等服务。机关服务中心于 1995 年 2 月经原石化总公司正式批准成立，2002 年 11 月经石化集团公司人事部、中央机构编制委员会办公室和国家事业单位登记管理局批准，成为事业单位法人。机关服务局于 2008 年 9 月经石化集团公司批准成立，是石化集团公司机关行政部门。

百川公司下设 17 个处室和实华饭店、国际旅行社、会议中心及和园景逸大酒店 4 个经营单位。所属业务分为三大板块：服务工作、职能管理、经营工作。在承担为中国石化总部机关及专业公司提供餐饮、会议、安保、公务用车、医疗、设备维护维修等各项服务保障的同时，还承担着 10 余项事务管理职能，主要包括：负责总部机关办公、住宅和员工公寓的房产管理，基本建设管理等工作，履行总部机关住房制度改革领导小组办公室、绿化委员会办公室，总部机关消防安全委员会办公室、交通安全委员会办公室、医疗保险办公室、爱国卫生委员会办公室、人口与计划生育办公室、义务献血办公室等职能。

截至 2014 年底，百川公司固定资产净额 10.08 亿元，机关服务中心固定资产净额 0.81 亿元。百川公司共有正式职工 278 人。

（赵亚斌）

【服务保障创出新水平】 2014 年，百川公司把各项工作融入石化集团公司发展大局之中，坚持以“一个加强，两个提升”、从严管理、精细化管理、降本减费为主线，以服务对象满意为目标；突出服务宗旨，围绕总部机关需求，全面做好服务保障工作。2014 年共完成餐饮服务 152 万人次、会议服务 2.6 万次、会议音视频服务近 6 000 次；安保前台接待、停车管理、门禁卡等服务共 25 万人次，设备设施及自管楼维修服务4.2万次，安全行车123万千米，完成内部诊疗服务近1万人次，提供绿色通道就医服务1 300人次，提供票务服务8.1万张，制送水服务3.1万桶，美发服务1.2万人次。受到了机关员工的普遍好评，总体服务测评满意率达到99%。

（赵亚斌）

【职能管理取得新进展】 2014年百川公司全面履行职能管理责任，想方设法提高管理和服务水平。积极开展“三委”工作调研，主动加强与地方的沟通联系；继续通过流动车管所等形式服务员工；精细做好员工医保报销，周密组织员工健康体检。获得了北京市交通安全先进单位、中央国家机关爱国卫生目标管理考核优秀单位等各类荣誉6项。2号办公楼装修改造工程完成，具备搬迁入驻条件；大郊亭职工住宅楼中的14栋开工并有多栋结构封顶；沙河项目科研部分开始施工，人才公寓部分由公租房性质变为职工住宅工作取得新突破；朝阳门办公区楼内地铁通道建设完成，为员工上下班提供了方便。百川公司负责项目管理的协和医院门急诊和住院楼项目获中国建设工程鲁班奖，并由此获得石化集团公司总经理奖。

（赵亚斌）

【经营业绩实现新提升】 2014年，百川公司以市场为导向，以利润为核心，进一步下放经营单位管理权，充分发挥经营单位各自优势，千方百计提升经营业绩。会议中心注重扩大与旅行社、会议公司、网站等中介机构的合作，拓展销售渠道，大力开发培训、休假、婚宴市场；和园酒店提出“颠覆创新、二次创业、跨界合作、服务制胜”经营理念，着力提升家庭散客比重，推出“一价全包”、亲子系列活动、节日主题度假等产品，加强商务市场、展会市场、会员市场的客户开发力度；实华饭店发挥地理位置和中等价位酒店优势，以质优价宜的餐饮菜品吸引客人，积极开拓家宴市场；旅行社以服务为核心，在巩固现有的会议服务市场的同时，深挖总部及在京单位内部职工个人旅游潜力，取得了较好成绩。百川公司全年实现经营收入1.82亿元，完成石化集团公司下达的各项经营指标。

（赵亚斌）

【改革取得新突破】 2014年，百川公司积极实施劳动用工改革。在与2家公司合资成立北京百川恒升物业管理有限公司基础上，积极转变用工方式，将劳务派遣用工模式转为业务外包。1 409名劳务派遣员工全部完成合同转签。扎实推进劳动组织优化。实施处室工资总额控制、人工成本分级管理，优化劳动组织和人员配置。通过业务整合、流程整合、岗位整合、用工优化等系列配套措施，在保证服务质量的前提下，各处室依据各岗位工作量合理定员，减少了加班，加大了奖惩力度，在员工中树立了干和不干不一样、干多干少不一样、干好干坏不一样的工作理念，发挥了考核和薪酬的激励作用，提高了劳动效率，减少了用工总量，提高了员工收入，调动了员工积极性。经核算，2014年减少用工46人，节约用工费用近200万元。

（赵亚斌）

【党建及队伍建设持续强化】 2014年，百川公司按照“宜专则专、专兼结合”的原则，实行处室党政领导交叉任职，有效强化了党建思想政治工作。认真做好发展党员和入党积极分子培养，发展党员9人，预备党员按期转正7人。加强宣传工作，充实力量，全年编印《机关服务报》18期，在《中国石化报》、石化电视新闻等媒体发稿10余篇。坚持狠抓党风廉政建设，实行“一岗双责”。组织处级以上干部及关键敏感岗位工作人员分别签订《廉洁自律承诺书》和《党风廉政建设责任书》。积极开展廉洁风险防控工作，梳理调整廉洁风险防控点，努力从优化组织机构、完善规章制度等方面做好权力运行监督，全力防控廉洁风险。认真贯彻落实中央“八项规定”，全年业务招待费同比降低87.4%、会议费降低81.7%、办公费降低43.4%、差旅费降低23.3%。坚持“选拔一名干部就是树立一面旗帜”的理念，通过公开报名、资格审查、民主测评、理论考试、面试答辩、组织考察、任前公示和任前谈话的程序选拔任用干部，2014年共组织12批次5个层级的岗位竞聘，共有64人竞聘到高一层级的管理岗位。对2名处级、23名科级管理人员进行了岗位调整和岗位交流，选聘专家1名、主任师1名、主管师2名，各类人才的作用得到进一步发挥。

（赵亚斌）

国际事业公司

【概况】 中国石化国际事业有限公司（简称国际事业公司）成立于1984年6月，2000年5月成为石化股份公司的全资子公司，注册地点北京。国际事业公司主要承担除原油、成品油、化工原料以外的进口物资采购业务和设备、材料、炼化产品的出口业务。2014年底，国际事业公司共有在岗员工494人，其中本科及以上学历占88.5%。

截至2014年底，国际事业公司在境内拥有中石化南光(上海)实业有限公司1个参股公司，在北京、上海(2家)、天津、重庆、广东、南京、武汉、宁波等地设有9家子公司，设有北京招标中心、南京招标中心、华南招标中心3家分公司。在美国、日本、德国、俄罗斯、阿联酋等国家设有5家境外二级子公司，在委内瑞拉、新加坡、澳大利亚、尼日利亚、哈萨克斯坦、沙特、巴西、伊朗等国家设有7家境外三级子公司、1家办事处。为加大市场开拓力度，进一步加强境外营销网络建设，2014年成立了中石化国际事业(巴西)有限公司1家境外三级子公司。

2014年，国际事业公司实现经营规模457亿元，比上年同期减少9.3%。国际贸易规模29.6亿美元，减少5.2%。

国际事业公司主要经营指标见表1。

(李　飞)

【运行机制建设】 2014年，国际事业公司全面深入推进运行机制建设。在专业化采购方面，大力搜寻国际知名、实力雄厚的优秀供应商，建立资源基地，研究制定年度采购策略，提高资源获取能力和市场议价能力。在区域化服务方面，与区域保供企业建立日常沟通机制，努力提高区域保供效率、质量和企业满意度；围绕专业化品种和核心品种，做好区域市场开拓工作，促进区域化公司和专业化公司有序竞争、共同发展。在一体化运行方面，境内外公司围绕合同谈判、信息反馈、过程控制等一体化重点工作，强化沟通、协作，努力提高运行效率。

(李　飞)

【业务结构调整】 2014年，国际事业公司全面梳理化工产品及原(燃)料、核心业务、黄金客户经营比例和进口保供业务中集团化采购品种占比情况，优化业务布局。调整业务重心。优先发展化工产品及原(燃)料，其次是材料和通用设备，非标设备原则上不做；优先开拓进口物资国内市场，其次是国际市场；优先与石化集团公司内部企业合作，其次是与中国石化有良好业务往来的战略供应商和主力供应商合作。巩固已有核心品种市场份额，研究确定新核心品种及其培育方案，落实产品经理制，制定核心品种营销策略，进一步提升核心品种经营比重。8个已有核心品种和4个拟培育核心品种经营规模达到145.4亿元，占境内外公司总经营规模的59%。落实客户经理制，努力提高客户服务水平，完善“黄金客户管理办法”，维护好现有黄金客户，制定新发展黄金客户的培育计划和培育方案，不断提高黄金客户销售比例。7家已有黄金客户和6家拟培育黄金客户销售规模达到50.7亿元，占境内外公司总经营规模的20.6%。

(李　飞)

【国际贸易】 2014年，国际事业公司充分发挥各境内外公司的市场主体作用，进一步提高物资进口保供能力和产品出口保畅能力。但受国内外整体经营环境不佳以及石化集团公司固定资产投资减少等影响，全年实现石化产品、设备材料等国际贸易额29.6亿美元，同比减少了5.2%。大力推进合金钢管、阀门、油气田装备等物资专业化经营，在全球范围内搜寻优质资源，推进框架协议采购，加强与国际知名生产厂商的合作，提升资源获取能力，稳定进口物资供应渠道。充分发挥专业化采购优势，全年实现设备材料国际贸易7.2亿美元。全力开拓石化产品出口市场，大力推进长约销售，在已有的Shell、ExxonMobil、Sinoway等7个黄金客户基础上，新发展了Masterank、Kinross等黄金客户，稳定了出口资源和渠道。石化集团公司企业间不断深化合作，共同制定经营策略，保障了中国石化产品顺畅出口，全年进出口石化产品20.3亿美元，增长16.7%。深入开展煤炭消耗规律研究，抓资源、拓市场，与全球知名煤炭供应商稳定合作关系，但受国内煤炭整体需求萎缩影响，全年实现煤炭进口2.1亿美元，减少了25%。

(李　飞)

【资源优化】 2014年，国际事业公司开展经营管理资源优化工作，组织多个调研组赴一线单位进行调研，形成管理制度类、运行机制类、业务模式类、财务类、信息系统类、招标类共6类27个方面51个问题的优化项目清单，制定优化措施和具体责任人，通过定期对接进行督办，确保按进度完成优化工作，推进措施落实到位。经优化、调整，进一步优化整合了内部资源，理顺了内部体制机制。

(李　飞)

【流程再造】 2014年国际事业公司针对上年流程再造运行以来存在的突出问题，制定了《关于规范流程再造工作的指导意见》，进一步规范流程再造工作。在岗位调整、修订岗位职责和岗位说明书、实施合同经理制、规范工作交接、岗位核心功能发挥等5个方面开展工作，初步形成分段责任机制、工作协同机制、纠错纠偏机制、相互监督机制、信息共享机制的业务运行机制。

(李　飞)

【业务改造】 2014 年，国际事业公司深入推进业务改造工作。以专业化采购品种为重点，强化消耗规律研究，整合需求和资源，全面推进框架协议采购。境内外公司总体框架协议采购率达到 47.5%，比上年提高 34.5%，其中专业化品种框架协议率达到 63.0%，提高 39.5%。以核心品种和黄金客户为重点，全面梳理销售业务，推进长约销售。境内外公司经营业务总体长约销售率达到 66.4%，提高 45.4%，其中核心品种长约销售率达到 78.3%，黄金客户长约销售率达到 85.5%，分别提高 38.6% 和 47.3%。

（李 飞）

【风险防控】 2014 年，国际事业公司重点推行全面风险识别工作，制定并下发了《关于建立部(公司)风险识别运行机制的通知》，规范风险识别的内容和机制，将风险识别纳入日常例行工作，并定期发布风险识别提示信息。组织编制国别行为指南，组织境外公司完成了 11 个所在国在宗教、税务、劳动关系、工商管理、环境保护、生活习俗等方面的行为指南的编制工作，强化非业务风险的管控。

（李 飞）

表 1 国际事业公司主要经营指标

指标名称＼年份	2014	2013	2012	2011	2010	2009
经营规模/亿元	456.60	503.60	497.30	437.90	320.20	263.20
国际贸易规模/亿美元	29.60	31.30	27.30	24.30	16.00	11.30
进 口	19.70	21.00	18.60	13.50	8.90	7.50
出 口	8.80	8.60	7.70	9.40	6.80	3.80
第三国	0.40	1.40	1.60	1.70	1.10	—

国际石油勘探开发公司

【概况】 中国石化集团国际石油勘探开发有限公司（简称国际石油勘探开发公司，英文缩写 SIPC）成立于 2001 年 1 月，本部设在北京，是石化集团公司的全资子公司，代表石化集团公司统一行使上游对外投资合作并对海外项目实行统一经营管理，是石化集团公司从事上游海外投资经营的唯一专业化公司。

国际石油勘探开发公司设董事会和监事会，实行董事会领导下的总经理负责制；实行两级管理模式，本部为投资和生产经营决策中心，国家公司（或项目机构）为执行中心；设有 19 个职能管理部门和 27 个海外机构。截至 2014 年底，国际石油勘探开发公司在 27 个国家执行 51 个勘探开发项目；中外员工总数达到了 5 010 人，其中中方员工 1 101 人、外籍员工 3 909 人，员工国际比例达到 78%。

2014 年，国际石油勘探开发公司权益油气产量超 4 000 万吨。

（袁可心）

【油气勘探成效显著】 2014 年，国际石油勘探开发公司通过科学部署和认真实施，取得较好勘探成效，超额完成储量勘探任务，探井、评价井成功率分别为 53.6% 和 74.5%。哈萨克斯坦 F 区块和巴西 RSB 项目 BM－S－9 区块宣布商业发现。巴西、安第斯、埃及等新区新发现多个重要含油构造，为下步勘探部署和油气生产接替奠定了资源基础。巴西、安哥拉、哈萨克斯坦、Addax、安第斯、UDM 和阿根廷等项目一批勘探井钻获商业油流，新增一批优质可采储量。美国、加拿大项目多口探井钻获商业油气流，深化了非常规油气成藏条件认识。

（袁可心）

【油气产量稳步提升】 2014 年，国际石油勘探开发公司加快海外油气储量变产量步伐，在实施项目生产超计划运行。狠抓方案优化，全年优化方案 8 个、批准方案 6 个，动用 OOIP 超 5 000 万吨，增加合同期可采储量近 2 000 万吨。有力推进产能建设，实现投产新井 1 800 口，新建权益产能超 700 万吨，新井当年权益产油超 400 万吨。聚焦重点工程建设，雅达 5 万桶提前达产，巴西产能规模突破 100 万吨，哈萨克斯坦 S 区块地面中心站投入使用，加蓬 Akondo、尼日利亚边际油田实现主体机械完工，安哥拉 1506 西北区顺利投产。强化实施运行，突出抓重点项目、设备大修，切实把运行计划落到了实处，稳步推进上产，10 个项目超产运行。

（袁可心）

【强化新技术应用】 2014 年，国际石油勘探开发公司突出过程管理和节点控制，强化新技术集成应用，借助技术支撑单位科技力量，有效破解各项技术难题。哈萨克斯坦盐岩圈闭有效盐窗识别、安第斯低幅度圈闭评价、安哥拉深海构造岩性圈闭含油气性地震评价等技术日臻完善，在勘探中取得较好成果。阿根廷钻完井油层保护和优化完井增效技术，雅达碳酸岩油藏沥青沉淀防治和安全高效钻井技术，安第斯和 NGEC 的薄层水平井高效开发技术，圣湖、FIOC 稠油注蒸汽吞吐热采技术，Daylight 和 CHK 多级分段压裂技术，以及 UDM 老井侧钻挖潜技术在开发生产中发挥了关键作用。

（袁可心）

【新项目开发注重质效】 2014 年，国际石油勘探开发公司新项目开发积极转变观念，以投资回报为主线，更加注重质量和效益。聚焦重点战略领域，共筛选评价项目信息 197 个，交割安哥拉 31 区块 10% 权益和加拿大 PNW LNG 10% 权益项目，签约哈萨克斯坦 CIR 50% 权益项目。收购的 PNW 项目为国内的 LNG 接收终端提供了可靠的供货保障，符合中国石化 LNG 产供销一体化战略。

（袁可心）

【资产运作有序实施】 2014 年，国际石油勘探开发公司开展资产运作重点项目筛选，完成 APLNG、PB 和 RSB 项目注入上市的可行性论证。成功实现阿根廷 LV、安第斯 17、苏丹 3D 和巴西 RSB 项目 ABL 等区块延期。扎尔则主合同 2 号补充协议获得批准、Addax 加蓬 Obanque 油田争议解决，大幅增加权益可采储量及项目价值。有序实施缅甸 D 区块、加蓬 LT2000、Addax 公司加蓬 K 和 E 区块、哥伦比亚 NGE 部分勘探面积、安哥拉 1806 区块等退出，减少了投资压力，降低了投资风险。

（袁可心）

【加强财务资金管理】 2014 年，国际石油勘探开发公司积极应对油价突跌，经营收入大幅减少带来的巨大挑战，及时分析油价降低对效益的影响。通过优化税务体系和加强过程监控，有效实现销售增效。通过强化前瞻性和精细化管理，提前归还国家开发银行高息贷款，节约财务费用 2 361 万美元。及时协调账面余额，有效盘活存量资金。强化资金预算和现金管理，月度资金预算符合率超过 90%。单位操作成本上涨势头得到有效控制。

（袁可心）

【国际化管理水平提升】 2014 年，国际石油勘探开发公司完成国际化经营共建共管中心科研项目的开题及合同签署，利用研究中心技术力量，组织开展领先和典型油公司中长期管理战略和经营策略、海外上游业务竞争力对比研究，并启动国际化经营管理分析评价体系平台建设项目。组织编制并下发《内控权限指引》及《海外机构内部控制管理指南》，持续提升内控管理水平。强化差异化管理理念，建设差异化管理体系。7 项管理成果获石化集团公司管理现代化创新成果奖。

（袁可心）

【企业文化建设形式创新】 2014 年，国际石油勘探开发公司加强对“八项规定”细则的落实和监督，降本减费成效显著。“责任、尚德共赢、进取”企业核心价值观逐步植入人心。开通“国勘在线”微博、微信平台，配合《国勘报》《SIPC Glimpse》等载体，积极传播企业文化信息。积极履行社会责任，创造和谐运行环境。发挥共青团作用，举办“小行动成就大梦想”主题辩论赛等活动。全面开展海外项目福利待遇专项调查，保障公司福利待遇合规合法、公平公正。通过办理京外调干、绿色就医和海外员工之家等关爱员工，努力办实事、办好事，营造互敬互爱的“家文化”。

（袁可心）

【深化改革】 2014 年，国际石油勘探开发公司为了应对严峻的内外部形势，积极转变观念、主动求变，全面启动改革步伐。专门成立全面深化改革领导小组和工作组，确定改革总体要求和工作重点，制定改革总体目标和框架方案，并取得阶段性成果。以市场化、国际化、差异化为原则，针对加强非作业者项目管理，推进干部、用工、薪酬制度改革，完善技术支持体系和专家制度建设等 10 多个专题，积极推进国际化体制机制改革，有力增加发展活力。

（袁可心）

【人才队伍建设持续推进】 2014 年，国际石油勘探开发公司全面梳理岗位设置，对部分拟退出项目或工作量减少项目的人员进行调整，梳理出 122 人的外派中方员工优化方案，实现人员科学配置。推动后备干部职业发展规划，夯实人才成长通道建设。继续举办项目经理能力提升培训班和领军人才培训班，组织 13 名优秀外籍员工参加石化集团公司培训，选派 6 名青年赴加拿大员工实岗锻炼。积极引进高素质国际化人才，加大外籍高管人员的使用力度，不断提升海外机构管理层的班子配备力度和本部员工国际化程度。组织完成职称评审工作，3 人获得教授级职称，35 人获得高级职称；1 人获政府特殊津贴，3 人被聘为石化集团公司高级专家。

（袁可心）

石油工程公司

【概况】 中石化石油工程技术服务有限公司（简称石油工程公司）是石化集团公司的控股子公司，本部位于北京市朝阳区北辰西路 8 号北辰世纪中心 A 座 7 层。

2012 年 6 月 28 日，石化集团公司实施石油工程专业化整合重组，将胜利油田、中原油田、江汉油田、江苏油田、华北石油局、西南石油局、华东石油局等 8 家油田企业的石油工程业务整体剥离，与石化集团公司石油工程管理部（不含矿区业务管理职能和人员）及国际石油工程公司、上海海洋石油局整合，成立石油工程公司。同年 12 月 28 日正式挂牌成立。2014 年，石油工程公司资产、业务在上海、香港两地上市。

石油工程公司设钻井事业部、测录井事业部、井下特种作业事业部 3 个专业事业部，国际石油工程公司、海洋石油工程公司、地球物理公司及石油工程建设公司 4 家专业公司，胜利、中原、江汉、河南、江苏、西南、华北、华东 8 家地区公司，拥有 3 个研究院、5 个设计公司和 42 个专业技术研究所。

石油工程公司所属企业大都有着超过 50 年的经营业绩，建立了完善的作业技术规范、质量保证体系、健康安全环境（HSE）和职业安全健康（OSH）管理体系。先后在中国 76 个盆地、560 多个勘探区块内开展了油气工程作业，在大批油气田的发现中发挥了重要的作用，积累了丰富的经验和强大的项目执行能力。

截至 2014 年底，石油工程公司用工总量 12.55 万人，其中正式职工 8.38 万人（在岗正式职工 8.28 万人），劳务派遣工 3.80 万人，其他用工 0.37 万人。在岗正式职工平均年龄 42.4 岁，具有大学本科及以上学历 2.55 万人，经营管理、专业技术、技能操作人员分别为 2.45 万人、1.66 万人、4.17 万人，具有高级及以上技术职称 0.86 万人、具有高级工及以上职业资格 3.26 万人。

2014 年，石油工程公司在中东、非洲、美洲、中亚和东南亚等地区的 37 个国家执行项目 470 个，执行项目合同金额 166.00 亿美元。

（贺　莹）

【领导班子调整】 2014 年 7 月 1 日，石化集团公司党组决定免去刘清涛石油工程公司党委委员、副总经理职务；9 月 16 日，王春江任石油工程公司监事会主席、党委副书记、纪委书记，耿宪良担任副总经理（正局级）；12 月 3 日，免去薛万东石油工程公司总经理职务，朱平担任石油工程公司副董事长、总经理、党委副书记。

（贺　莹）

【财务资产】 2014 年，石油工程公司秉承市场是根、服务是魂，效益为本理念，围绕国内外油气勘探生产及相关行业市场需求，大力实施专业化、市场化、特色化、高端化、国际化战略，积极推动从常规到非常规、从国内到国外，从陆地到海上、从单一工程项目施工到综合服务的拓展。全年实现营业收入 868.18 亿元，利润总额 34.96 亿元，净利润 25.67 亿元；收入利润率为 4.03%，净资产收益率为 10.98%。截至 2014 年底，资产总额 913.28 亿元，负债总额 679.46 亿元，所有者权益 233.82 亿元，资产负债率为 74.40%。

（贺　莹）

【服务油田水平效率持续提升】 2014 年，石油工程公司牢固树立合作共赢理念，与勘探开发密切配合，坚持提速提质提效，服务保障水平和生产组织效率持续提升。平均机械钻速提高 0.45 米/时，提高率达 4.33%，平均建井周期缩短 4.5 天；物探资料、井身和固井质量合格率等指标均有新提升。涪陵国家页岩气示范区推行“井工厂”模式和“流水线”作业，平均完井周期稳定在 80 天左右，钻井周期最快不到 40 天，工程造价明显下降。成立西部项目部和 3 个新区项目协调组，贴近一线统筹协调，优化新区资源配置和生产组织，市场秩序有效改善，项目运行效率不断提高。集团内市场占有率从上年的 85.27% 提高到 89.6%，内部市场进一步巩固，为上游板块发展提供了强有力的技术支撑。

（贺　莹）

【外部市场实现突破】 2014 年，石油工程公司主动适应市场变化，积极开拓市场，全年外部市场收入 340.97 亿元，收入占比达到 36.33%。域外市场稳步发展，以华东工程为代表的地热、煤层气等新兴市场不断扩大。海外市场新签合同额 30.7 亿美元、完成合同额 26.8 亿美元，收入占比 20.93%。其中，物探业务新签合同额创历史新高；井筒、海工业务新签合同额 23.5 亿美元，连续 2 年超过 20 亿美元。市场结构不断优化。签约科威特 27 台钻修井项目，钻机总数达到 42 台；续签沙特钻井项目，钻修井机总数达到 51 台，成为沙特阿美和科威特 KOC 最大陆上钻井承包商。年底中东市场的钻机和修井机超过 100 台套，规模效应逐渐体现。厄瓜多尔、哈萨克斯坦全年新签合同额超过1亿美元，市场集中度明显增强。新兴业务有力推进。继墨西哥油田综合服务项目后，新中标厄瓜多尔I-L-Y油田综合服务项目，并签署印度尼西亚卡苏里区块综合技术服务框架协议，为业主提供一揽子技术和管理服务，综合一体化业务模式进一步拓展，发展前景良好。

（贺　莹）

【石油工程公司重组上市】 2014年，石化集团公司实施仪化公司(＊ST仪化600871，仪征化纤1033)与石油工程公司重大资产重组。5月，＊ST仪化发布停牌公告；9月13日，中国石化与＊ST仪化签署“资产出售协议”“股份回购协议”和“发行股份购买资产协议。”石油工程公司为重组上市工作顺利实现，成立了专门工作机构，明确工作内容和进度要求，狠抓重点环节的责任落实，顺利通过国务院国资委、中国证监会、香港联交所、香港证监会的审核批准。12月31日，完成资产交割，将＊ST仪化原有聚酯相关资产、负债、业务、人员全部置出，石油工程公司实现资产、业务在上海、香港两地上市。

（贺　莹）

【多项技术取得突破】 2014年，石油工程公司紧盯勘探开发重点领域和需求，加大科技创新力度，特色优势技术和自有技术取得突破性进展。以开采页岩气、致密油气为代表的非常规工程技术集成创新和规模化应用实现新突破，关键技术实现国产化和集成配套，具有世界领先水平的3000型压裂车组成功实现工业化应用，为石化集团公司页岩气商业化运行提供了有力支撑。长井段水平井钻井、三维大斜度定向钻井、“井工厂”模式和同步压裂施工、油基钻井液、泵送桥塞射孔联作、测录井及综合评价解释等系列配套技术形成规范标准和技术品牌，位居国内同行前列。完善超深井钻井提速配套技术系列，具备了8 000米以上超深井、垂深7 000米超深水平井的钻井设计和现场作业能力，技术水平国内领先。地球物理综合集成技术、控压钻井技术、优快钻井工具、存储式测井工艺、超高压压裂技术、大尺寸超长连续油管施工技术、二氧化碳捕集利用等7项关键技术取得显著进展。

（贺　莹）

【创优创效从严管理】 2014年，石油工程公司扎实开展“从严管理年”活动，着力促进管理提升。充分发挥内部资金池作用，盘活存量资金20多亿元，全年降低资金成本1.08亿元；打破行政壁垒，统筹优化资源配置，建立大型设备调剂、租赁、置换和转让常态化工作模式，组织了4.5亿元专业设备调拨工作，实现了跨区域、跨单位设备调剂使用，有效盘活了资产，增强了装备保障，满足了重点项目需求。其中，地球物理公司在国内实现了主要装备零外租，节约租赁费1.89亿元。用好增量，发挥投资的导向功能，优化投资引导资源配置，助推发展方式转变，全年优化压减常规装备投资11.57亿元，将压减下来的投资投向海外市场、网电钻机改造、海上装备等高效领域，投资效益不断改善。优化运营，通过市场统筹、项目优化组合、装备和人力资源全球一体化运营、加强材料集中采购，提升了整体运营水平。深入挖潜，广泛开展“全力奋战一百天、打赢效益攻坚战”活动，找差距、定措施、挖潜力，确保实现效益目标。以“三基”工作为抓手，扎实开展金银牌基层队创建活动，进一步夯实基础管理工作。加强QHSE体系建设、技能培训、井控演练等工作，开展安全巡视、安全大检查和“四不两直”专项检查，组织开展全员安全大反思、大讨论活动，深刻汲取“4·28”和“10·31”事故教训，强化了全员安全环保意识和素质技能。

（贺　莹）

【党建和思想政治工作得到加强】 2014年，石油工程公司适应新体制机制要求，注重融入中心抓党建，着力加强形势任务教育，形成了全面推进改革创新、促进公司上市发展的共识。着力加强和引导舆论宣传，策划“石油工程一线行”大型采访活动，《人民日报》头版和央视《新闻联播》对页岩气技术装备的重大突破进行了报道，26家知名网站转发。着力夯实基层党组织，及时配备补充井队、车间、项目等基层党组织，有效发挥了党支部的战斗堡垒作用。着力健全党建工作制度，认真落实石化集团公司下发的党委工作规则和基层党支部工作细则，完善党建思想政治和群众工作体系，提高了党建系统化管理水平。着力改进工作作风，扎实开展群众路线教育实践活动“回头看”工作，认真执行中央“八项规定”、党风廉政建设各项制度，廉洁风险防控、效能监察和内部审计工作深入推进。着力拓展工作载体，发挥党政工团的组织优势，开展形式多样的劳动竞赛活动，全面落实维稳工作保障措施，营造了提质增效、创新创造、和谐共进的氛围。

（贺　莹）

国际石油工程公司

【概况】 中国石化集团国际石油工程有限公司(简称国际石油工程公司)由石化集团公司出资于2003年12月成立，注册地北京。2012年，石化集团公司石油工程专业化重组，国际石油工程公司出资人由石化集团公司变更为石油工程公司。主要从事国际石油工程承包和技术服务业务，对石油工程公司国际石油工程承包、技术服务和劳务合作业务实行归口管理和统一协调。

国际石油工程公司下设10个机关职能部门和沙特分公司、美国子公司、尼日利亚子公司、巴西子公司、土耳其子公司、哈萨克斯坦子公司、巴基斯坦分公司等37个分(子)公司。

截至2014年底，国际石油工程公司员工总数为566人，其中中方员工295人，外籍员工271人。在中方员工中，有教授级职称的9人、高级职称的115人、中级职称的68人、其他103人，具有中高级职称的占65%；具有研究生以上学历的118人，其中博士研究生8人，本科学历156人，本科及以上学历的占93%。

国际石油工程公司境外合同额见表1。

（蔡　晶）

【市场开发取得新成效】 2014年，国际石油工程公司井筒业务稳步增长，新签合同额超额完成全年计划任务，连续2年超过20亿美元。科威特市场成功签约科威特国家石油公司27台钻修井机项目，合同额11.5亿美元；中国石化在科威特市场钻修井机设备达到42台，成为科威特国家石油公司陆上最大的钻井工程承包商。沙特市场在2013年签约14亿美元基础上，2014年又签约4.5亿美元，为沙特阿美公司服务的钻修井机达51台。厄瓜多尔、哈萨克斯坦市场全年新签合同额超过1亿美元。物探业务新签合同额首次突破3亿美元，超额完成全年计划任务。油田综合服务项目取得重大进展，签署厄瓜多尔国家石油公司I－L－Y油田综合服务项目。高附加值项目开发取得新突破，签署尼日利亚国家石油开发公司沼泽钻机项目、玻利维亚YPFB公司3台钻机操作项目、沙特阿美公司三维三分量地震资料处理项目、厄瓜多尔和阿尔及利亚国家石油公司地震资料处理解释项目。

（蔡　晶）

【项目运行协调管理成效显著】 2014年，国际石油工程公司充分发挥整体优势，精心组织项目启动和实施。启动沙特阿美公司11部钻修井机项目，3月份单月启动4部钻机，创沙特阿美公司承包商单月启动钻机最多纪录，11部钻机开工日期整体比合同约定提前35天。年内新签约的科威特国家石油公司8台钻机全部提前开钻，累计提前开钻514天，创业主有史以来新启动钻机最快开钻纪录。墨西哥EBANO油田综合服务项目产量稳步上升，日产能力由年初的8 700桶上升到1.44万桶，受原油外输能力限制，日产量维持在1.2万桶左右。沙特S62物探项目全年保持优质高效生产，平均日产2 703炮，最高日产3 628炮，覆盖面积5 400平方千米，年底实现1 300万人工时和1 900万千米安全无事故。加纳天然气管道和处理厂项目累计完成合同额7.6亿美元，气体处理厂和主管线均实现一次投产成功。

（蔡　晶）

【经营效益取得新突破】 2014年，国际石油工程公司认真落实国际化经营战略，持续优化海外资源和市场布局，努力拓展海外市场、强化项目管理，转变发展方式。全年新签合同额30.7亿美元，完成合同额26.8亿美元，境外机构总成本全部控制在年度计划指标以内。全年实现利润总额1.2亿元、净利润9 600万元，全面超额完成年初效益指标和国际石油工程公司主动追加的效益指标。截至年底，共在37个国家执行470个项目，合同总额166亿美元，其中石化集团公司投资项下项目85个，合同额10.6亿美元，占总额的6.4%。

（蔡　晶）

科威特固井作业

【海外公共安全和HSE监管迈上新台阶】 2014年，国际石油工程公司完善境外公共安全和HSE管理体系，落实监管职责和直接管理责任。制定境外公共安全监管、风险评估、突发事件应急和HSE监管等6个管理制度，修订《HSE管理手册》和有关程序文件，完成《地面HSE手册》初审和ISO 9001、ISO 14001、OHSAS 18001体系年审。严格境外公共安全风险评估，强化境外公共安全和HSE培训，严格执行不培训不派出、培训不合格不派出制度。成功组织也门项目人员撤离，积极应对非洲埃博拉和中东呼吸综合征疫情，制定应急预案，强化防范措施，员工无感染病例。

（蔡　晶）

【重组上市工作助推有力】 2014年，国际石油工程公司积极配合外聘中介机构开展尽职调查、上市审计和资产评估，组织12个境外机构出具律师尽职调查函，翻译上市财务咨询顾问函等涉密文件，审核完善《股东通函》海外业务内容，提供相关支持文件。组织办理原油田企业设立的17个境外机构投资主体变更，完成国内报批，签署《股权转让协议》和《委托管理协议》，推进境外变更登记。参与海外敏感国家业务剥离方案研究，起草海外风险控制管理办法，提出内部管理建议方案，完成相关业务产权变更、资产划拨和账务剥离。完成工程建设项目会计核算主体迁移和资产划转，完善内控程序，确保各项业务合规运行。研究提出海外业务管理体制机制调整建议方案。

（蔡　晶）

【持续加强党建工作】 2014年，国际石油工程公司加强基层党组织建设，调整基层党组织，规范党员发展程序，开展党员民主评议工作。强化党风廉政建设。开展公款办理各种消费卡和购买图书问题专项治理，实现零报告。高度重视和谐企业建设，开通微信企业号，搭建与海外员工沟通交流信息平台。启动员工帮助计划，引导员工快乐工作，轻松生活。着力做好员工思想工作，畅通意愿反映渠道，排查矛盾，及时消除不稳定因素，进一步增强员工归属感和凝聚力。

（蔡　晶）

表1　　**国际石油工程公司境外合同额**　　亿美元

指标名称 \ 年份	2014	2013	2012	2011	2010	2009
新签合同额	30.70	46.97	25.90	23.00	16.88	16.52
完成合同额	26.80	29.05	17.70	12.80	14.25	14.86

海洋石油工程公司

【概况】 中石化海洋石油工程有限公司（简称海洋石油工程公司）成立于2014年11月，位于上海市浦东新区，是石化集团公司从事海洋石油工程服务的专业队伍，其业务范围涉及海洋钻井、海洋物探、船舶运输、特殊作业、海洋石油工程技术研究等。

海洋石油工程公司的前身为地质矿产部上海海洋地质调查局，组建于1973年4月，1997年1月整体归入中国新星石油公司，2000年3月随中国新星石油公司整体并入石化集团公司，2002年7月，直属石化集团公司管理。2014年，上海海洋石油局有关海洋石油工程业务整合成立中石化海洋石油工程有限公司，随石油工程公司上市。海洋石油工程公司直属石油工程公司管理。

截至2014年底，海洋石油工程公司下设15个机关综合管理部门、1个专业管理部门 、8个二级单位、4个兼有管理职能的专业化服务单位；拥有从业人员1 443人，在岗合同制员工987人，其中经营管理人员339人 ，专业技术人员450人，具有高级专业技术职称90人。

截至2014年底，海洋石油工程公司大型装备主要有钻井平台3座，其中自升式平台2座、半潜式平台1座，在建自升式平台1座；地震物探船3艘，其中12缆物探船1艘；海洋工程地质调查船2艘；多用途工作船、平台供应船7艘，其中拥有DP2动力定位系统船舶2艘，在建平台供应船2艘。海洋钻井能够在8—200米水深海域，提供直井、定向井、高温高压井以及海底井口回接等服务，最大钻井深度可达9 100米，可实现完全的环保零排放。海洋物探能够在水深大于20米的海域进行大面积二维、三维地震勘探、重磁调查、高分辨率地震调查、管线、井场、海底地貌调查等服务。船舶服务具有中国国际船舶运输经营许可和国际海运辅助业经营资质，拥有一批具有甲类证书的船员队伍和中国石化唯一的具有 DPO 证书(操纵动力定位船舶/平台证书)船员，可提供物资供应、安全守护、溢油回收、海上消防、拖航及起抛锚等服务。特殊作业服务技术系列基本完备，可在海洋钻井平台和生产平台上开展作业。海洋石油工程技术研究是一支以引进国家千人计划人才为领军人物，具有中国石化钻井工程设计乙级资质的专业队伍。

2014 年，海洋石油工程公司实现营业收入 17.48 亿元，利润总额 3.33 亿元。

海洋石油工程公司主要技术经济指标和主要生产建设指标见表 1 和表 2。

(林雪梅)

【领导班子调整】 2014 年 10 月 17 日，石化集团公司人事部印发《关于邢景宝、张旭任职的通知》，邢景宝担任海洋石油工程公司执行董事兼总经理，张旭担任海洋石油工程公司监事。

(林雪梅)

【勘探二号平台创裸眼段最长纪录】 2014 年 8 月，勘探二号平台完成南海海域 WS22 - 9 - 1 井难度最大的二开 12 - 1/4" 井段作业。该井段裸眼段长 2 404 米，创该平台投产 36 年以来同尺寸裸眼段最长纪录。

(林雪梅)

【物探服务创多项纪录】 2014 年，发现 6 号多缆物探船在东海成功实施 10 缆作业，完成日采集三维地震数据 80.25 平方千米，创该船投产以来最高日工作量纪录。发现号物探船克服南极海域高纬度、超低温等恶劣环境的影响，攻克了气枪同步和水鸟信号传输不稳定等技术难题，在南极别林斯高晋海完成了 3 000 千米二维地震采集项目，并创日工作量 243.4 千米的石化集团公司新纪录，成为国际上第 1 艘足迹涉及地球两极的物探船。勘 407 轮地质调查船在水深近 90 米海域完成了 150 米地质钻孔，这是中国在此水深实施的最深海洋地质全取芯钻孔。

(林雪梅)

【勘探 225 轮创造深水起抛锚作业纪录】 2014 年 10 月，勘探 225 轮多用途工作船在南海海域完成南海 9 号平台水深超过 1 000 米深水起抛锚作业，赢得了甲方的高度赞誉。这是海洋石油工程公司首次在深海为平台提供起抛锚大型作业，创造了中国同类型船舶抛锚水深最深、同类作业单个锚抛时间最短等多项纪录，填补了行业空白。

(林雪梅)

【特殊作业技术能力稳步提高】 2014 年，海洋石油工程公司测井服务首次和中海油田服务股份有限公司组成联合体，承担了东海平黄一期 TCP 射孔/校深服务项目。录井服务克服多种困难，创造了 6 支队伍同时作业的历史新纪录。试油服务时隔 20 年重返东海海域作业，得到甲方认可，为业务发展打下良好开端。年内，固井、录井、测井、试油等共完成 73 口井的作业服务。

(林雪梅)

【大型装备建设取得进展】 2014 年 5 月，海洋石油工程公司与福建省马尾造船厂签订了 8 000 马力平台供应船建造合同，该船于 12 月 2 日开工建造。9 月，7 000 马力平台供应船顺利下水，并完成试航，各项指标达到预期。该船是石化集团公司首艘电力推进平台供应船，配备动力定位系统和外消防系统。年内，自升式钻井平台购建项目获石化集团公司批准，并完成招投标工作，进入合同谈判阶段。

(林雪梅)

7 000 马力平台供应船在福建省马尾造船厂顺利下水

【海洋石油工程公司整合成立】 2014 年，根据石化集团公司《石油工程专业化整合重组实施的指导意见》以及《关于上海海洋石油局石油工程专业化重组和矿区(社区)管理体制调整实施方案的批复》等文件精神，上海海洋石油局将海洋石油工程业务、资产、负债划转上海海洋石油勘探开发总公司，该公司改制为一人有限责任公司，改制后更名为中石化海洋石油工程有限公司，出资人由石化集团公司调整为石油工程公司，年内从工商管理部门取得了营业执照和组织机构代码证。下属单位第一海洋地质调查大队、第三海洋地质调查大队先后完成出资人变更工作，船舶分公司、钻井分公司、教育培训中心、研究院分别完成更名工作。配合各中介机构完成了前期调研、尽职调查、资产评估、内控复核等石油工程公司上市准备工作。

（林雪梅）

【发现号物探船救助外国渔民】 2014年5月2日，发现号物探船在东非国家科摩罗莫罗尼海域作业时，发现右前方一艘载着海鱼的小艇由于发动机发生故障，失去动力而无法返港，渔民束手无策。而此时，海面风力已达7级，浪高2米，所处海域水深超过1 300米，小艇在海面上随时有倾覆的可能。发现号立即驶向小艇，并将对方缆绳带在自己船上，同时用高频呼叫护航船MILAN号赶来营救。为防止小艇倾覆，发现号特意将船速降到最低，并调整航向，为其挡住涌浪，确保小艇能够相对平稳。1个小时后，MILAN号抵达事发海域，将小艇拖回港口。

（林雪梅）

表1　海洋石油工程公司主要技术经济指标　亿元

指标名称＼年份	2014
企业增加值	9.92
资产总计	46.16
流动资产	8.66
固定资产原值	54.82
固定资产净值	35.47
销售收入	17.48
实现利税	4.70
税　金	1.37
综合能耗/吨标煤·万元$^{-1}$	0.36

表2　海洋石油工程公司主要生产建设指标

指标名称＼年份	2014
钻井/口	31
钻井进尺/万米	8.72
测井监督/井次	23
录井/口	23
固井/口	19
试油井次/口	8
试油层数/层	9

石油工程建设公司

【概况】 中石化石油工程建设公司（简称石油工程建设公司）机关设在北京，下设8个职能部门和国际工程事业部1个机关附属机构。有16家所属企业，其中5家设计企业、8家施工企业、2家监理企业和1家项目咨询机构。

截至2014年底，石油工程建设公司共有从业人员2.03万人，其中正式职工1.43万人，平均年龄为43岁。设计板块人员2 663人、油建板块人员11 960人、建工板块人员5 357人、监理板块人员148人。共有女性员工5 731人，占员工总数的28.3%。共有享受政府特殊津贴人员1人、石化集团公司突出贡献专家7人、石化集团公司三个层次学术技术带头人26人、闵恩泽青年科技人才奖17人，全国技术能手4人、石化集团公司技术能手49人。

2014年，石油工程建设公司共实现收入205.67亿元、同比减少69.80亿元，完成考核利润3.88亿元（账面利润－4.03亿元）。截至2014年底，资产总额215.05亿元，负债总额216.37亿元，账面资产负债率100.61%，流动比率0.91，速动比率0.56。

石油工程建设公司主要经济指标和工作量完成情况见表1和表2。

（刘　芳）

【增加高端化装备】 2014年，石油工程建设公司重点安排了新粤浙管道施工设备购置、海上施工打桩锤更新项目、常规施工设备更新改造等项目，购置了海上液压打桩锤、600吨轮载式定向穿越机、重型海上静力触探设备、大型带压开孔封堵设备、LNG外罐施工装备、全自动焊机等先进设备，增强了高端化装备实力，为进一步开拓市场保供生产做好准备。

（刘　芳）

【重点项目建设】 2014年，石油工程建设公司提前筹划、合理调配各专业人力资源，强化重点项目运行，全力保障中国石化各油区、各专业公司的保油上产项目，全年完成系统内合同额94.05亿元。元坝气田17亿米^3/年试采地面集输工程等重点项目顺利投产；山东LNG液化天然气线路二标段主干线与泊里分输站外输管线投产运行成功；徐州新安油库工程通过验收；新疆春十区块燃煤高压注气站正点投产；山东LNG管线创造单日101道口全自动焊新纪录；顺利完成河南省重点节能减排项目——中原油田石化总厂催化烟气脱硫脱硝装置施工并实现一次开车成功；新粤浙项目可研顺利通过中咨公司审查；EPC总承包的渤海海域处理液量规模最大的综合平台——埕岛中心三号平台及其配套工程建成并投产，获全国优秀焊接工程奖；承担的青东5区块滩海陆岸工程建成投产，研究应用了透空式进海路配套技术，满足了经济、环保要求；建成交付了胜利作业六号平台，作业水深50米，总重量达5 500吨；完成了埕岛中心二号平台停产改造和SH8独立桩海上拆除，开辟了海上大型生产平台维修改造和废弃平台拆除施工新业务；EPC总承包的平北黄岩3个上部组块建造项目，完成主体建造任务。

（刘 芳）

【市场开拓】 2014年，石油工程建设公司积极开拓国内中国石化以外市场和国际市场。国内外部市场主要涉及中国石油、中国海油、中化、各地煤化气公司、城市燃气公司等单位，以及高速公路、城市管网、房地产民用工程等社会市场；国际市场主要分布在沙特、阿联酋、加纳、尼日利亚、阿尔及利亚、肯尼亚、巴西、玻利维亚、泰国、哈萨克斯坦等5个区域16个国家。全年新签合同额170.52亿元、同比减少22.44%，其中海外20.70亿元。

（刘 芳）

【技术创新】 2014年，石油工程建设公司共开展各级科研项目200余项，其中国家级5项、省部级30余项，均有较大进展。国家科技支撑项目——大规模燃煤电厂烟气二氧化碳捕集纯化、驱油与封存工程示范及评价等，国家科技重大专项课题——集输系统积液、硫沉积与腐蚀控制技术，重大(重点)科技项目有：新粤浙煤制天然气长输管道工程建设关键技术、高含硫酸性气田集输系统维护及关键装备研究、油气田开采废气液环保节能技术等。拥有施工工法115项，其中国家级工法12项、省(部)级工法103项。拥有授权专利333件，2014年新申请专利58件，获得授权专利84件。

（刘 芳）

【获省部级以上表彰奖励】 2014年，石油工程建设公司及各所属单位共获省部级以上表彰奖励60余项。其中，参与的低渗透油藏精细回注水全程水质控制技术项目获石化集团公司技术发明二等奖，海上移动平台插桩计算中黏性土不排水抗剪强度的取值方法等3项技术被评选为全国石油和化工勘察设计行业专有技术；长输管道复杂地段设计施工技术获省级科技进步一等奖。参与建设的大湾区块地面集输工程D401集气站工程、西气东输二线平顶山—泰安支干线管道工程(山东段)获全国优秀焊接工程一等奖；川气东送江苏配套一期工程金武管道工程二标段工程等8项工程获全国优秀焊接工程；元坝气田净化厂外部系统配套工程(大坑河大桥)获中国石化优质工程；京福高速公路徐州绕城西段获中国公路建设行业协会公路交通优质工程；“虾米腰弯头下料切割机的研制”“提高五一路步行空间利用率”获石油工业优秀QC成果一等奖，中原油建公司获2014年度全国优秀施工企业称号，加纳项目部获加纳国家油气工业奖，中原设计援青项目团队获评中国石化优秀设计团队。

（刘 芳）

加纳国有油气工业奖颁奖典礼

【国内首例千米千伏电缆湖底非开挖穿越一次成功】 2014年8月，由石油工程建设公司下属单位江苏油建承建的高集油区1 300米35千伏常规电缆湖底非开挖定向穿越工程，经过12小时的施工，电缆安全到位，回拖一次成功，一举填补了国内千米以上长距离常规电缆穿管施工的技术空白。

（刘 芳）

表1　石油工程建设公司主要经济指标　亿元

指标名称 \ 年份	2014	2013
总资产	215.05	225.26
净资产	-1.32	6.92
固定资产净值	16.98	23.69
营业收入	205.67	236.05
利　润	3.88	0.03

表2　石油工程建设公司工作量完成情况　亿元

指标名称＼年份	2014	2013
新签合同额	170.34	253.40
集团内上市	92.85	73.80
集团内非上市	23.37	18.51
国内集团外	33.40	41.71
国　外	20.72	119.38
完成合同额	203.21	245.42
集团内上市	70.32	68.02
集团内非上市	24.45	24.83
国内集团外	50.23	70.98
国　外	58.21	81.59

石油工程地球物理公司

【概况】　中石化石油工程地球物理有限公司(简称石油工程地球物理公司)由石油物探技术研究院，胜利、中原、河南、江汉、江苏油田及华北、华东、西南石油局等8家非上市油田企业的10家物探公司(大队)，国际石油工程有限公司物探工程部整合重组成立，于2012年12月21日在北京注册，本部位于北京市朝阳区惠新东街甲六号。

石油工程地球物理公司是石油工程公司的全资子公司，是石化集团公司从事物探业务的独立法人和利润中心，是集物探资料采集、处理、解释、技术研发于一体的专业技术服务公司，是为中国石化上游业务提供物探专业一体化服务的技术支撑中心，是参与国内外物探工程技术服务市场竞争的责任主体。

截至2014年底，石油工程地球物理公司下设7个机关处室、2个附属中心、10家分公司。共有队伍64支，其中地震队伍61支、VSP及井间队2支、重磁电1支。国内队伍50支，其中甲级队39支、乙级队11支；国际队伍16支。从业人员9 346人，其中正式职工7 856人，其他用工1 490人。在职员工中，有教授级职称的18人、高级职称的935人、中级职称的1 558人，具有中高级职称的占26.87%。拥有可控震源140台，数字地震仪主机共计76台(套)，接收道数32.67万道，数字地震三分量数字检波器2.55万个，单分量数字检波器1万个，VSP采集设备6套，运载设备2 434台。固定资产原值59.22亿元，净额23.95亿元，新度系数0.41。

石油工程地球物理公司主要生产经营指标见表1。

(李　佩)

【服务勘探开发提质提效】　2014年，石油工程地球物理公司充分发挥技术优势，优化生产组织，创新施工模式，成立70名专家技术组成的支持团队靠前服务生产现场，推进关键技术进步，加强一体化联合攻关，全力支撑增储上产，勘探效率和质量均稳步提升。丁山、沙埝东、刘五舍等多个项目创平均日效新纪录，支撑了重点、热点地区的勘探进展、老区增储发现，促进了新区勘探的认识提高和发现。全年共实施石化集团公司内部二维地震5 599千米、三维地震5 673平方千米；二维日均生产134炮，同比提高6.5%；三维日均生产434炮，提高7.2%；地震资料优良率88.6%，提高4.8%。

(李　佩)

石油工程地球物理公司在巴丹吉林沙漠

【国际市场开发创历史最好水平】　2014年，石油工程地球物理公司推进国际化发展战略的实施，国际市场规模保持快速增长的良好态势。全年完成合同额1.79亿美元；授标合同额6.13亿美元，其中新签合同额3.87亿美元，同比增长39.71%，创下历史新高。阿尔及利亚市场新中标合同额1.71亿美元，施工队伍增加到4支，成为在阿队伍最多的外国物探服务公司；中标厄瓜多尔国家石油公司三维采集处理项目，是公司成立以来首个过亿美元项目；在巴基斯坦获得中国石化首个境外滩浅海采集项目，标志着以陆地采集为主的传统业务结构向海陆一体化发展初见成效；墨西哥采集处理解释一体化项目实施效果突出，业主先后4次发来感谢信。

（李　佩）

【资源优化效益显著】 2014年，石油工程地球物理公司全方位推进资源整合优化，通过项目、装备、人员、资金、投资、采购等要素优化，降本增效，共节约成本5.94亿元。在定北、顺南、杭锦旗和塔河十区西等区块，推行项目优化组合和队伍有效整合，优化地震实施方案，发挥规模生产优势，减少了人员、设备等资源的重复性投入。按照统一采购、统一管理、统一调剂的原则，实施物探装备全球一体化运营，降低了投资和外租费用，国内生产主要装备零外租，设备综合利用率达到91.6%，节约成本0.83亿元。加强人力资源优化共享，推行内部劳务承揽和正式职工替代外部用工，118名机关人员重返一线，1 026名职工替代临时用工，业务外包费用占比同比下降6.65%。通过检波器串、数传电缆、轻型被覆线等材料的集中采购以及爆炸物品、油品的区域直供，降低采购成本0.2亿元。

（李　佩）

【结构调整取得明显进展】 2014年，石油工程地球物理公司加快结构调整，促进转型升级。加大外拓市场力度，推动石化集团内部、国内集团外部、国际市场协调发展，市场结构进一步优化，集团外部市场收入占比提高至27.52%。巩固传统业务，大力发展高端业务和成长业务，延伸服务领域，处理解释、测绘地理信息、地质科学研究等业务快速增长。扎实推进“三定”工作，压扁管理层级，严控用工总量，撤销14个三级单位，二级单位机关科室由126个精简到77个，队伍数量从75支下降到66支，用工总量较年初减少938人，职工劳动生产率由上年度的21.4万提高到22.6万。积极推动石油工程公司上市支持政策落实到位，移交非在职人员和矿区业务，基本实现了办社会业务的整体剥离，核心业务更加突出。

（李　佩）

【高效可控震源技术再获突破】 2014年，石油工程地球物理公司持续加强可控震源高效和高能宽频激发技术攻关，继2013年高效同步滑动扫描技术在哈山地区创下当时国内3项最高纪录后，可控震源高能宽频激发技术在塔里木盆地皮山地区成功应用，成为国内首个特大流动沙漠、超深目的可控震源生产项目。历时64天完成64 241炮，最高日效达到1 378炮，平均日效1 004炮，地震资料品质明显改善，有效频带拓宽10—15赫兹，为可控震源在大沙漠区推广应用奠定了坚实的技术基础，也降低了高风险地区作业的公共安全风险，加快了向绿色、高效物探转型的步伐。

（李　佩）

新疆皮山地区可控震源采集施工现场

【品牌地球物理I技术体系在海外应用】 2014年，石油工程地球物理公司积极推广品牌地球物理I技术在海外应用，精细地震勘探技术（I－Fine）、海洋地球物理勘探技术（I－Offshore）、复杂地区复杂油气藏勘探技术（I－Complex）、油藏地球物理技术（I－Reservior）等技术分别在沙特、巴基斯坦、玻利维亚等国家项目中应用，取得良好效果。获得阿美公司三分量高密度资料处理项目，首次进入中东地区高端处理市场，标志着品牌技术得到国际大公司认可。

（李　佩）

【高精度三维地震采集技术持续发展】 2014年，石油工程地球物理公司在塔河油田10区西开展宽方位高精度开发地震采集试验，采用42线8炮336道观测系统，排列片道数14 112道，横纵比1.0。资料处理结果显示，串珠状反射更加清晰准确，弱小串珠得以呈现，不整合面起伏更加明显，标志着高精度开发地震技术进入新阶段，也为超级大排列在高精度地震采集中推广应用奠定了良好基础。针对迈陈凹陷徐闻地区近地表多期火成岩喷发、表层复杂多变等技术难点，完善发展火成岩三维高精度地震采集技术，大幅提高徐闻工区资料品质及成像精度。

（李　佩）

【从严管理扎实推进】 2014年，石油工程地球物理公司加强制度体系建设，编制下发制度45项，初步形成了清晰规范、链条畅通、合理可行的标准化制度体系架构。加强QHSE体系建设，QHSE规章制度覆盖了生产经营全过程，检查、记录标准，各类标识实现了全公司层面的统一规范；按照“四不两直”要求加大检查力度，创新检查方式，突出抓好爆炸物品、分包商等重点环节管理。强化以项目管理为核心的经营管理体系建设，推广“一头一尾中控制”项目管控模式，加强运营过程管控，项目创效水平有效提升，项目边际贡献率提高 8.83%。强化“三基”管理工作，获石化集团公司“三基”工作先进组织单位称号，2 支队伍被评为金牌标杆队，32 支队伍被评为金银队。

（李　佩）

【推进党群工作】 2014 年，石油工程地球物理公司推进党建思想政治工作与生产经营的深度融合。举办首期中层干部提升企业绩效管理创新能力培训班，开展多维度的专业知识和管理提升培训，38 名中层领导干部参加培训班。紧贴发展形势和任务及员工关心的热点、难点问题，利用内部报纸、网站、编发宣讲材料等多种形式，加强形势任务教育，引导干部员工牢固树立市场意识、质量意识、服务意识、效益意识。加大竞争性干部选拔任用力度，树立正确选人用人导向，开展多层次培训，提升全员能力素质。围绕全年目标任务开展创效竞赛活动和“大干百天”劳动竞赛，发挥党、政、工、团组织优势和动员能力，调动各方面积极性。深化党风廉政教育，围绕重点地震项目开展效能监察，规范分包商管理。开展扶贫帮困、关爱送一线等活动，积极为职工群众办实事、解难题，各类球赛、健步走等小型、多样化的文体活动常年不断线。

（李　佩）

【获得国家测绘甲级资质】 2014 年，石油工程地球物理公司获得国家测绘地理信息局颁发的测绘甲级资质，业务范围涵盖大地测量、工程测量、地籍测绘及地理信息系统等测绘甲级 4 项 25 个子项，拓宽了服务范围。

（李　佩）

【主要获奖情况】 2014 年，石油工程地球物理公司获得多项奖励及荣誉。可控震源高效地震采集与处理关键技术获石化集团公司科技进步二等奖，中国石化地球物理品牌技术集成研究、准西北前缘构造带三维地震勘探技术及实践获石油工程公司科技进步一等奖。5 项管理创新成果获石化集团公司奖励，其中石油物探一体化管理创新策略与实施获石化集团公司管理创新成果一等奖。

（李　佩）

表 1　石油工程地球物理公司主要生产经营指标

指标名称＼年份	2014	2013
国内二维地震/千米	7 607.67	15 009.70
国外二维地震/千米	6 333.56	6 955.45
国内三维地震/平方千米	5 863.32	9 880.16
国外三维地震/平方千米	5 979.73	6 508.65
收入/亿元	47.57	63.80

石油工程机械公司

【概况】 中石化石油工程机械有限公司（简称石油工程机械公司）于 2012 年 12 月在武汉市东湖新技术开发区注册成立，是中国石化唯一的石油工程装备研发、制造、技术服务中心，国内重要的石油装备制造基地。

石油工程机械公司下设 6 个职能管理部门；下辖三机厂、四机厂、钢管厂、机械研究院，控股江钻股份公司、四机赛瓦公司，分布在湖北武汉、荆州、潜江等地。其中，四机厂是国家重大技术装备国产化基地、中国石化固压设备国产化基地、中国石油工业钻采设备制造专业十强企业；江钻股份公司是国家一级企业和国家重点高新技术企业，1998 年在深交所挂牌上市，拥有全球第一的牙轮钻头生产能力，商标被认定为中国驰名商标；钢管厂是中国中南部最大的钢管制造企业，在国内外众多重点管线项目中创造了良好的业绩；四机赛瓦公司于 1992 年与美国赛瓦公司合资组建，已发展成为中国石油行业最成功的合资企业之一；三机厂是中国石化压缩机国产化制造基地；机械研究院是中国石化石油机械装备重点实验室，专门从事前瞻性产品和技术研究。

截至 2014 年底，石油工程机械公司用工总量 8 994 人，资产总额 78.36 亿元，净资产 25.36 亿元。

2014 年，石油工程机械公司实现营业收入 77.48 亿元、利润 2.48 亿元，完成生产经营各项任务。

石油工程机械公司主要经济指标和主要产品指标分别见表 1 和表 2。

（田治明）

【石油装备制造服务】 2014 年，石油工程机械公司充分发挥产品门类较全的优势，积极为勘探开发提供优良的技术装备保障。全年生产牙轮钻头 39 184 只，金刚石钻头 1 392 只；固压设备 510 台(套)，其中 2500 型压裂泵车 35 台；钻修设备 123 台(套)，其中 7 000 米钻机 2 台、750 修井机 13 台；天然气压缩机 38 台；钢管 28 万吨。服务涪陵页岩气示范区建设优质高效。钻头钻具在现场应用中不断改进完善，组合方案趋于成熟，提速提效水平较上年再上台阶，一开井段钻井周期由 5 天以上缩短至 1.5 天，二开定向段、三开水平段机械钻速分别提高 109%、120%。步进式井工厂钻机投入使用，实现钻机整机搬迁，钻机井间移运时间从 5 天缩短至 3 小时。大型压裂装备核心技术水平及整体配套能力进一步提升，在国内最大规模的井工厂同步交叉压裂施工中，四机厂研制的 60 台套设备参与作业，创造了在单平台应用数量最多、总装机功率最大、连续作业时间最长、整体网络控制设备数量最多 4 项新纪录。针对工区工艺和套管特点，研制应用国产化桥塞，产品性能逐步改进。

（田治明）

【市场开拓】 2014 年，石油工程机械公司销售固压设备 29.09 亿元、钢管 14.77 亿元、钻头钻具及井下工具 10.53 亿元、钻修设备 10.09 亿元。获得科威特钻机配套订单，7 000 米快移模块钻机首次进入中东市场；修井机批量进入科威特和沙特市场。全井钻头钻具承包服务在焦石坝、陕北、长庆等地区实施 49 口，与休斯、哈里伯顿等国际知名油服公司同台竞技，取得全井完钻用时领先对手、4 个井段 4 个“一趟钻”等优良业绩。组建涪陵、陕北等区域服务中心，国内设备大修及检测等服务业务收入增长 66.4%。在水处理设备、修井机大配套等领域扩大应用融资销售模式，为探索新的营销手段积累了经验。

（田治明）

【技术创新】 2014 年，石油工程机械公司 3000 型成套压裂装备通过石化集团公司成果鉴定，整体技术达到国际先进水平。其中 3000 型车载装备轻量化、高压管汇产品磁记忆安全检测等方面达到国际同类技术产品领先水平。为国家“981”平台研制成套深水固井设备，通过模拟深水固井工况的工厂联机试验验收，成为国内同类设备中首台取得国际 ABS－CDS 认证的高端产品。成功开发耐油基橡胶材料，全年投放市场 120 套耐油基螺杆钻具，平均使用时间 120 小时，技术指标达到国内先进水平；178 型涡轮钻具进入现场试验，2 次下井累计使用时间 288 小时，技术指标达到设计要求。海洋石油水下井口头系统工程化研制、1 600 千牛油气不压井作业装备国际合作研发、海洋油气压裂作业系统研制等国家级重点科研项目进展顺利。全年新增省部级项目 12 项，获省部级科技奖励 2 项，获专利授权 97 件。

（田治明）

3000 型压裂机组在焦页 42 号平台进行“井工厂”同步交叉压裂施工

【荣誉称号】 江钻股份公司被认定为第 1 批国家级知识产权示范企业。四机厂被湖北省评为 2013 年度安全生产红旗单位。四机厂被中国石油和石油化工设备工业协会评为行业 AAA 级信用企业。钢管厂理化检测中心通过中国合格评定国家认可委员会现场评审，获准使用 CNAS 国家实验室认可标志和 ILAC 国际互认联合标志。四机厂获湖北省第五届长江质量奖提名奖。四机厂获 2014 年 TWI 大奖峰会最高奖年度卓越发展奖。“提高钻铰齿孔工序标准齿孔率”“降低螺旋输砂器装配返工率”分获中国质量协会质量管理小组成果一等奖和三等奖。

（田治明）

表 1　石油工程机械公司主要经济指标　亿元

年份 指标名称	2014	2013
总资产	78.36	85.51
净资产	25.36	24.98
固定资产净值	15.22	16.24
营业收入	77.48	83.82
利　润	2.48	1.50

表 2　　石油工程机械公司主要产品指标

指标名称 ＼ 年份	2014	2013
机械产品吨位/万吨	31.80	34.32
设　备	2.41	1.96
设备配件及工具	1.35	1.30
钢　管	28.04	31.06
机械产品产量		
钻修设备/台(套)	123	97
固压设备/台(套)	510	529
钻头/只	40 577	44 759
天然气压缩机/台(套)	38	27

胜利石油工程公司

【概况】 中石化胜利石油工程有限公司(简称胜利石油工程公司)于 2012 年 12 月 20 日注册登记，2013 年 1 月 4 日挂牌成立，地址位于山东省东营市东营区济南路 125 号。主要业务有钻井、修井、完井、测井、测试、录井、井下作业、资料处理解释、储层改造；井筒工程设计、施工、技术服务；井筒工程技术研究与试验发展；地质勘查技术服务；设备、管具、机械的修理和保养；机械设备的租赁；对外承包上述工程技术服务；与上述业务相关的货物进出口、代理进出口、技术进出口、劳务派遣。

截至 2014 年底，胜利石油工程公司机关设 8 个职能部门，新设外部市场管理办公室和物资供应管理办公室 2 个直属机构，下设 12 个二级单位、105 个三级(科级)单位、542 个四级单位。用工总量 29 675人，其中合同制员工 23 197 人、派遣制员工 5 380人、非全日制用工 1 098 人。中国石化资质施工队伍 600 支，其中钻井队 194 支，测井队 105 支，录井队 194 支，井下作业队 107 支，定向井、固井、管具、钻井液、钻后治理等技术服务队伍 40 支。资产总额 156.05 亿元，固定资产原值 137.84 亿元，净值 74.87 亿元。主要专业设备 3 381 台(套)，综合完好率 98.96%，其中拥有 7 000 米以上钻机 50 台、海上钻井平台 9 座、作业平台 3 座。国内外部市场主要分布在新疆、四川、重庆、江苏、海南、陕西、山西、吉林、河北、内蒙古等 10 多个省市自治区，212 支施工队伍 5 810 名员工。国外市场主要分布在沙特、埃及、墨西哥、土库曼斯坦、印尼、科威特、土耳其、蒙古国等 9 个国家执行石油工程技术服务项目 58 个，施工作业队伍 63 支，其中钻井队 26 支，执行项目管理及施工的中方员工 615 人，雇用外方员工 780 人。首次入选全球最大 250 家国际工程承包商，位列第 207 位。

胜利石油工程公司主要技术经济指标和主要生产建设指标见表 1 和表 2。

（蒋晓波）

【生产保障能力增强】 2014 年，胜利石油工程公司统筹优化生产运行、队伍组织、技术装备等要素，增强服务意识，推进均衡生产。推行单机预算、单机考核，按照质量、效益、安全和甲方评价等要素，对钻井队实行综合排名、优胜劣汰，先后实施了 15 支钻井队、21 支录井队的优化调整，促进队伍优化提升。主动强化，一体化运行方案编制、井位部署、设计审批、钻井运行、油地关系等各环节工作，超前对接，加强监控，最大限度地减少队伍停待。内部井筒工程一体化运行机制更加顺畅，工序衔接更加紧密，服务保障水平和生产组织效率提高。胜利油区内部动用钻井队平均年进尺 4.67 万米，同比增加 4 291.43 米，钻机月速提高 10%，机械钻速提高 2.96%，建井周期缩短 1.9 天。

（岳达明）

【开拓市场实现突破】 2014 年，胜利石油工程公司制定出台了开拓外部市场激励政策，加大市场开发力度，打造形成了新的市场格局。胜利油田内部市场，强化内部市场也是市场、提供增值服务实现双赢理念，服务意识增强。国内外部市场，传统油气勘探开发市场保持稳中有进，页岩气、地热井、煤层气等非常规、非油气新兴市场不断扩大，同时形成了发挥整体优势，合力开发市场的新亮点。在新疆市场，塔里木分公司联合测井、录井、井下作业等单位，与香港盛业公司签订了吐孜 4 井钻井总包合同，合同额 1.19 亿元，并达成“1 + X”合作模式；在焦石坝市场，井下作业与测井公司联合打造压裂泵送一体化团队，形成新的效益增长点。国外市场实现新突破，沙特 9 台钻机按合同要求开钻，创出阿美公司承包商短时间内运作钻机数量最多纪录，又相继中标科威特钻修井项目 9 台钻机，使中东地区钻机数量达到 21 台。孟加拉钻井大包项目签订了 4 口井合同。统筹发挥油田研究资源优势，与云顶油气有限公司签署了印尼 KASURI 区块 25 年综合技术服务合同。厄瓜多尔综合服务项目开始启动，实现了油藏综合服务新突破。全年外部市场实现收入57.52亿元，占总收入的32%。其中，国内外部市场实现收入36.29亿元，同比增加3.57亿元；海外市场新签合同23个、合同额6.07亿美元，实现收入20.78亿元，增加7.19亿元。

（张卫国　赵启升）

与云顶油气有限公司签订印尼KASURI
区块综合技术服务合同

【技术应用成效显著】 2014年，胜利石油工程公司突出统筹发展，加快技术进步，强化成果转化，推进转型发展。组织实施省部级以上科研项目41项，获得省部级科技奖励成果14项，完成专利申请216件，其中发明专利115件、实用新型101件，低渗油气田高效开发钻井技术等国家科技重大专项攻关取得进展，液压膨胀式旋转尾管悬挂器获得中国专利优秀奖。按照内部专业整合、发挥特色技术的总体思路，筹建井筒技术工程中心，建设高新技术发展孵化平台，逐步形成研究中心、技术产品中心和重点实验室有机结合的研发体系。针对油田永553低渗区块开发难度较大的实际，改变传统的运作模式，由钻井院总承包提供多专业IPM服务，为推进区域承包、技术总包积累了经验。强化成熟高端技术转化，重点加大水平井、高效PDC钻头、长水平井射孔与桥塞联作、综合录井仪等新技术、新产品的产业化发展。区域施工、“井工厂”模式得到大规模推广应用，滨37井组建井周期比设计缩短26%。以考核激励引导网电钻机规模化应用，完井379口，同比增加158口，推动绿色低碳发展。集成整合钻井、录井、定向等专业技术优势，形成地质导向综合一体化技术，先后在8个采油厂15口井上提供服务，深层储层钻遇率平均90%以上，同比提高10%。在4口中深井施工中开展了CNG燃气机组替代柴油机组工业化应用试验，与使用柴油机相比，氮氧化物排放降低50%，一氧化碳和炭烟排放降低90%，现场应用获得成功。

（张万军）

【资源优化取得进展】 2014年，胜利石油工程公司明确资源优化重点内容，召开现场推进会，着力打破体制和管理的围墙，推动资源优化共享。加大装备调剂盘活力度，发布闲置资产231项，盘活调剂设备176台套，资产原值3.6亿元、净值1.1亿元。沙特项目改造以及西南分公司改革调整后的闲置设备在全公司范围进行调剂利用，并将2部70D钻机及哈萨克斯坦项目固井水泥车等设备，分别调拨至江汉、华北石油工程公司，实现跨单位、跨区域盘活利用。优化组织结构，积极开展“三定”工作，共精简各级机构42个。对西南分公司进行了改革调整，实行项目部管理模式，机关及直属由16个整合为7个，管理人员由161人压减到60人，钻井队伍由22支压缩到7支，实现平稳过渡和扭亏为盈。优化人力资源，到社区单位业务承揽780人，依法终止业务外包用工900余人。全年净减员2 089人，减员幅度达6.6%。

（蒋晓波）

资源优化推进会现场

【从严管理扎实推进】 2014年，胜利石油工程公司开展“从严管理年”活动。建立并颁布实施QHSE管理体系，按照“四不两直”的要求，加大现场监督检查力度，对74项严重问题进行了曝光，各项QHSE风险受控。坚持“四不放过”原则，分别对48名事故责任人进行了解除劳动合同、留厂察看、撤职等行政问责。开展钻井泥浆不落地、减量化试验40井次，减量率达70%以上。建立综合应急预案和境外公共安全等19项专项预案，组织开展井控、海上联合应急演练，提高安全意识和应急处置技能。严格执行"三同时""四评价"，无设计开钻等未批先建问题得到有效控制。从严强化经营管理，严格重点费用项目管控，深入开展全员成本目标管理，实现挖潜增效4.6亿元，其中差旅费同比下降20%，石化集团公司下达的6项重点管理费下降48%。加强效能监察和内部审计，开展了物资自采、招投标管理、外委运费等15项内审外查，查出涉及会计核算、市场准入、采购管理等14类问题332项，举一反三督促问题整改。从严推行激励考核，建立以效益为导向的考核机制，加大了效益指标的考核权重，重点向创效单位、一线艰苦岗位的人员倾斜，调动员工增收创效的积极性。坚持严考核、硬兑现，对下属单位实行月度绩效考核，按照单位月度效益指标完成情况兑现月度奖金，全年绩效考核兑现人均奖金水平差距最高达4倍。

（蒋晓波）

【党建思想工作成果丰硕】 2014年，胜利石油工程公司党建工作针对严峻的生产经营形势，突出做好观念引导，先后编发形势任务教育报告材料10期，组织观念引导宣讲会12场次。加强员工思想动态调研分析，通过召开座谈会、下发问卷、个别谈心等途径了解员工思想动态，梳理分析存在的倾向性问题，有针对性地开展思想引导工作，并举办了10期海外人员心理调适培训班，维护了队伍稳定。培育过硬领导班子、党员干部队伍，共研究任免处级干部41人，跨单位及岗位交流11人。学习宣贯石化集团公司党建工作"两个规则"，对照盘点不足，持续改进提高。加大作风监督检查力度，对群众举报的公车私用、领导干部违反规定操办婚丧等问题，迅速调查、核实、处理，强化教育警示作用。加强高端人才、高素质人才队伍建设，各层面首席高级专家、高级专家、首席专家、首席技能大师、技能大师达到89人。制定落实两级机关与基层帮扶计划，强化基层队伍建设，涌现出金牌标杆基层队2支、金牌基层队43支、银牌基层队60支及一批优秀基层管理者。

（王道奇）

【新胜利一号钻井平台投产使用】 2014年5月8日，新胜利一号钻井平台下水调试，投入运行。该平台总长78.5米，总宽54米，最大作业水深50米，最大钻井能力7 000米，一次就位最多可钻30口井，是国内第1条采用DCS + ESD系统、压载舱水处理系统和ICCP防腐系统的悬臂梁结构自升式钻井平台。该平台由烟台中集莱福士海洋工程有限公司建造。

（徐建辉）

表1　胜利石油工程公司主要技术经济指标 亿元

指标名称＼年份	2014	2013	2012
工业总产值	175.66	190.65	236.88
工业增加值	84.12	78.74	66.67
资产总计	156.05	155.30	150.53
流动资产	59.03	55.77	65.75
固定资产原值	137.84	133.04	127.87
固定资产净值	74.87	71.54	71.60
销售收入	183.88	199.46	216.28
实现利税	31.58	16.43	26.97
税　金	18.45	17.93	18.13
综合能耗/吨标煤·万元$^{-1}$	0.23	0.23	

表2　胜利石油工程公司主要生产建设指标

指标名称＼年份		2014	2013	2012
钻井	开钻/口	2 091	2 303	2 243
	交井/口	2 083	2 354	2 221
	钻井进尺/万米	480.19	537.00	535.22
测录井	测井/井次	6 783	9 854	7 284
	射孔作业/井次	4 774	4 977	4 680
	录井/口	2 145	2 308	2 133
井下	维护作业(小修)/井次	476	324	853
	措施作业			
	压裂/井次	550	653	783
	大修/井次	220	335	379
	侧钻/口	57	173	51

中原石油工程公司

【概况】 中石化中原石油工程有限公司(简称中原石油工程公司)为石油工程公司的全资子公司，本部位于河南省濮阳市。截至2014年底，下设钻井、测录井、井下作业等16个二级单位，用工总量2.22万人，资产总额142.43亿元，主体装备1 979台(套)。具有钻完井、测井、录井、井下特种作业4个系列、20类、72项特色技术。共有492支石油工程技术服务队伍。其中，国内389支队伍在20个省(市)、自治区施工，形成了以塔里木、克拉玛依、吐哈、西北油田为主体的西北市场，以焦石坝、川西、蜀南为主体的西南市场，以长庆、延长、冀东、华北局为主体的华北市场，以吉林油田、东北分公司为主体的东北市场，以华东局、浙江油田为主体的华东市场；海外103支队伍在14个国家执行合同，形成了年经济规模达18亿元的沙特市场、年经济规模达7亿元的哈萨克斯坦市场、年经济规模达6亿元的科威特市场。

中原石油工程公司已发展成为苏丹最具实力的石油工程综合承包商，是沙特阿美公司陆上钻井第一大战略伙伴、道达尔全球主要钻井承包商、哈里伯顿中东首选合作伙伴，成为斯伦贝谢、贝克休斯等国际大公司的全球主要战略合作伙伴。连续13年入选中国对外承包工程企业50强，位居第31名；连续8年进入ENR全球最大225家国际承包商，位居第116名。

2014年，中原石油工程公司开钻1 080口、交井1 082口、进尺238万米，测井4 528井次、录井163万米、固井2 005井次、作业1 027井次、压裂359井次811层/段。实现收入106.81亿元、同比降低13.5%，利润6.47亿元、增加24.5%。在石化集团公司2014年绩效考核中，中原石油工程公司被评为A级企业。

中原石油工程公司主要技术经济指标和主要生产建设指标分别见表1和表2。

(冯文孝)

【优化调整国内市场】 2014年，中原石油工程公司面对国内市场工作量大幅下滑的严峻现实，全员闯市场、保市场，形成焦石坝、延长集团、新兴页岩气3个增量市场。①依靠配套技术引领页岩气市场。焦石坝钻机从3部增加到18部，开钻同比增加46口，进尺增加18.7万米，收入增加12.5亿元。中标中国石油蜀南8口井的总包项目，承揽昭通国家级示范区9口井工作量。西南页岩气钻机达26部、队伍46支。②依靠特色优势推进技术服务业务。以钻井液和水平井技术为引领，开辟新疆、陕北、西南等市场，完成水平井服务60口、钻井液服务50口、页岩气大包项目6个，收入2.66亿元。参与油气开发，承担莫里青、大安等5个油藏业务项目，生产原油2.11万吨。③依靠优化资源调整传统市场。应用深层水平井高效开发、套管开窗侧钻等技术，在方2井试获高产油气流。调整19部钻机进入西南页岩气市场，12部钻机拓展延长集团市场，3部钻机进入顺南区块。新开拓斯伦贝谢长和、中国海油神木市场，开发中国地质调查局探井、中国石化勘探分公司西藏市场和中国石油韩城煤层气市场，以及国土资源部地质参数井等市场。④依靠综合管控实现提速提效。落实区域提速模板，推广新技术、新工艺，在平均井深增加171米的情况下，平均机械钻速提高0.71米/时，钻机月速提高189米/台。焦石坝机械钻速提高39.1%，西北地区机械钻速提高67.8%。

(冯文孝)

【海外市场逆势上扬】 2014年，中原石油工程公司克服南苏丹、也门市场停工，哈萨克斯坦队伍启动晚、汇率波动等影响，新签合同额8.79亿美元，实现收入34.35亿元、利润4.02亿元。①区域市场规模发展。沙特在新上4部钻机基础上，再度中标5部钻机，续签6部钻机3+1年合同，钻机规模达33部，年产值超过3亿美元。科威特中标9部钻修井机，规模达18部，成为又一个超亿美元市场。哈萨克斯坦合作范围扩大，新签合同额1.5亿美元，钻井、测录井、水平井服务一体化发展，队伍总数30支。苏丹市场向周边辐射，乌干达探井准时开钻，东非国家呈现连片发展势头。②高端业务实现突破。强化与哈里伯顿、贝克休斯等国际大公司战略联盟，沙特大包井合作钻机达17部，占总数的51.5%。拓展阿美公司技术服务市场，通过固井资质第一阶段资审。中标哈萨克斯坦阿克纠宾16口钻井大包、4口水平井项目，承揽缅甸压裂施工项目，水平井和压裂业务首次走向海外。中标蒙德公司井筒大包业务，印尼市场首次实现钻井、测录井、钻井液等一体化发展。③品牌形象显著提升。创出收入、工作量、队伍数、新签合同额、日费收获率5项新高，平均日费率99.7%。沙特4支队伍进入非常优秀行列，在阿美公司北部修井部9个承包商中排名第一；业绩增强品牌效应凸显，续签的6部钻机合同额由1.72亿美元增加到3.28亿美元，价格最低增加25%、最高增加96%。

(冯文孝)

中原石油工程公司在涪陵实施井架和钻台底座安全平移

【承担国家重大专项课题】 2014 年，中原石油工程公司承担国家重大专项专题 8 项、国家科技支撑计划课题 1 项、石化集团公司科技项目 17 项、石油工程公司课题 18 项，申报专利 79 件。完成中国石化油田化学重点实验室、酸化压裂工程中心和西北井控中心的建设规划、专家论证和可研报告编制。深层水平井技术研究持续深化，形成 4 项关键技术。深井超深井高效钻井技术更加成熟，精细控压钻井技术、深部硬地层悬空侧钻技术不断完善。非常规钻完井配套技术效果良好，油基钻井液流变性控制、回收利用、封堵防漏等技术优势明显。井下压裂技术成熟配套，研制出高温超高压泵送桥塞射孔工具，破解了页岩气压裂改造高温高压难题。测井精细评价解释技术取得突破，形成适合内蒙古稠油评价解释新方法，符合率提高 9 个百分点。环保技术不断发展，开展油基钻屑、废液处理工业化试验，联合处理装置技术方案成型。数字化钻井参数仪质量不断升级，远销沙特、科威特、哈萨克斯坦、乌干达等 10 多个国家。

（冯文孝）

【非常规水平井钻完井技术在焦石坝实现突破】 2014 年，中原石油工程公司通过开展非常规油气藏水平井井身结构、井眼轨迹控制技术等研究，配套形成了非常规钻完井综合配套技术，在焦石坝施工完成非常规油气藏水平井 39 口。70735 队完成的焦页 49－2HF 井，完井井深 3 900 米，是焦石坝工区第 1 口套管开窗侧钻水平井，水平段长 1 130 米、最大井斜 106.80°、平均井斜 101°、落差 201 米，创页岩气水平井水平段落差最大及焦石坝页岩气水平井井斜最大纪录。50710 队施工的焦页 54－3HF 井完井井深 4 914 米，定向斜井段长 4 114 米，水平位移 2 927.73 米，二开直径 311.2 毫米大井眼定向段长 2 367 米，创焦石坝页岩气水平井定向斜井段最长、水平位移最大、直径 311.2 毫米大井眼定向段最长纪录。70866 队完成的焦页 56－6HF 井，完井井深 5 370 米，水平段长 2 028 米，创焦石坝页岩气水平井最深纪录。

（张亚莎　魏振华）

【深井超深井施工能力提升】 2014 年，中原石油工程公司针对深部地层钻速低、山前高陡构造易斜地层和塔中非常规油气层水平井钻井难题开展攻关研究，引进冲旋钻井、自激震荡冲旋钻井、旋转导向井眼轨迹精细控制等系列技术，形成玉北、塔中等钻井区块技术规程，实现深部地层优质施工。年内，深井超深井交井 86 口，平均井深 5 708 米，完成井平均机械钻速 6.5 米/时，钻井周期 100.2 天，建井周期 125.2 天。同比交井减少 32 口，平均井深减少 194 米，完成井平均机械钻速提高 2.15 米/时，钻井周期缩短 38.4 天，建井周期缩短 50.6 天。

（张亚莎）

【油基钻井液技术广泛应用】 2014 年，中原石油工程公司加强油基钻井液技术研究及在非常规井、复杂井的应用。通过完善油基钻井液流变性控制、回收利用、封堵等技术，提高老浆的利用率，降低油基钻井液消耗量，有效解决井壁稳定等技术难题，降低了综合钻井成本。油基钻井液在焦石坝应用 46 口井，有效支撑焦石坝页岩气勘探开发。在新疆应用 5 口井，解决了低温条件下高密度油基钻井液的流变性和滤失量控制难题。在黄金坝应用 2 口井，密度最高 2.23 克/厘米^3，漏斗黏度控制在 55－70 秒，在排量 25 升/分钟的情况下泵压保持在 24－26 兆帕，满足了实钻需要。

（魏振华）

【研发推广节能装备新技术】 2014 年，中原石油工程公司新补充钻机网电设备 11 套，网电装置总规模达 56 部，平均单井燃料成本节约 25%—35%。累计使用网电钻机施工 138 口井，完井 112 口井，节约直接能耗费用约 5 000 万元。5 个钻井队在 12 口井上使用天然气机钻井设备 5 套，用气 312.18 万立方米，节约资金 100 多万元。推进大功率天然气机配套钻机先导试验和生产应用工作，促进了天然气机性能的不断提升，进一步完善了现场操作规程，为下步推动钻井清洁生产提供了技术储备。组织国家科技支撑项目“大型机械能量回收与利用关键技术开发与应用”攻关，截至年底，承担的子课题“飞轮储能用于钻机起升系统能量回收与利用方法”的研究项目，已完成技术开发合同签订、设计方案评审和进度对接安排等工作。

（赵　军　刁伟东）

【经营质量不断改善】 2014年，中原石油工程公司通过挖潜增效，经营质量不断提高。完善办公费、会议费等非生产性费用办法，机关压缩管理费2 000万元；严控租赁费、修理费等支出，实现降费1.6亿元。清理未结算项目167个、金额6.5亿元；严格落实资金回收责任，回收率95%。强化组织运行，设备动用率从最低的50%提高到67%。建立重大问题专家会诊制度，事故复杂同比减少28井次，周期损失减少156.7天，生产时效上升2.02个百分点，直接经济损失减少1 645万元。推进区域物资供应管理，中原、西南、新疆区域实施集中采购，价格平均降低6.34%。完成公务用车改革，车辆减少256台，136台社会车辆全部清退；机关用车减少215台，费用同比降低61.8%。充实一线车辆185台，节约购车费4 000万元。

（冯文孝）

【安全管理实现异体监督】 2014年，中原石油工程公司印发《HSE监督管理办法》，同时印发《HSE监督派遣令》《HSE监督任务书》和《HSE监督手册》等异体监督配套制度，进一步明确现场HSE监督和基层单位的责权利，二级单位行政正职签发派遣令，现场HSE监督代表单位进行现场监管。主要生产单位设立QHSE监督站，实行“口井派遣、口井监督”。各单位制定《HSE监督管理实施细则》，细化异体监督内容，明晰HSE监督与基层队之间的责任、权力、义务和奖惩，严格监督考核管理。现场HSE监督有权责令停止施工，并及时报告公司；对重复出现的“低老坏”问题，有权责成基层队现场整改、停工整改。每个井队单列5万元安全生产保证金，HSE监督有权对基层党政负责人进行经济处罚，对拒不执行监督指令的井队平台经理，有权提出解聘建议；对违章指挥、违章操作、违犯劳动纪律人员有权做出经济处罚、行政处理建议，直至停止其工作，并及时报告。异体监督管理办法的实施，促进了员工安全意识的提升，理顺了安全管理的工作程序，监督队伍的整体水平和在安全生产工作中发挥的作用得到提高。

（付明文）

【基层管理提升常态化】 2014年，中原石油工程公司持续开展提升检查，修订完善提升基层管理工作考核细则，构建2个层级17个大项104个小项300余个检查点千分制评价指标体系，推动了管理标准化、规范化、精细化和常态化，从创效指标、QHSE管理、施工现场、井控管理等16个方面，对所属单位、项目部和基层队伍进行全面评价。坚持检查内容、检查标准、组织实施、考核兑现四统一，建立105名HSE、井控、装备等专业人员专家库，规范9个检查考核重点环节。整合季度、半年HSE检查，坚持不发通知、不打招呼、不听汇报、不用陪同接待，直奔基层、直插现场查找问题隐患，现场指导帮扶。年内组织开展提升基层管理月度检查、季度检查、半年检查12次，检查发现并整改问题17 183个，形成QHSE管理处牵头、外部市场管理委员会和海外工程公司配合、机关各部门共同参加的“三位一体、部门联动”检查模式，实现检查全覆盖、隐患零容忍和管理严考核。建立问题数据库，编制检查公报，跟踪督导整改。严格检查考核兑现，年内兑现奖励绩效工资1 727万元，扣减绩效工资776万元，有效调动基层提升管理积极性和主动性。

（孙书丽）

【用工总量净减853人】 2014年，中原石油工程公司加强人力资源建设，优化人力资源配置，强化“三定”管理，有序推进用工制度改革，严格控制用工总量，修订岗位目录，规范调动程序，引导人员正向流动，用工总量净减835人。调整780余人次从停工井队到缺员队伍，替换351名社会派遣工。加大后勤单位向一线队伍调剂力度，年内共有110余人从辅助后勤岗位走向一线，在用工总量下降的同时，钻井、测录井、井下等一线专业队伍用工人数不降反升，有效保障了一线队伍正常生产。

（冯文孝）

【建立全方位责任追究体系】 2014年，中原石油工程公司持续完善上下联动的绩效考核体系，建立全方位全过程的责任追究体系，对完不成经营指标的各级负责人，实行经营业绩问责；对因岗位人员责任心不强，履职不到位，管理程序、操作规程执行不严等造成的井下故障与复杂、呆死坏账、设备事故、经营管理不善等，实行生产经营损失追责。年内追究相关责任人员163人，调整干部19名，解散队伍3支，经济处罚金额53.7万元，员工的责任意识大大增强。

（朱于清　刘世恩）

【扎实开展“班校家”建设】 2014年，中原石油工程公司把“班校家”建设作为党委工作融入生产经营的有力抓手，制定“班校家”建设指导意见和优秀班组创建标准，完善直属单位—基层队—班组三级责任体系，利用多种平台交流展示“班校家”建设经验和多媒体材料，培育选树优秀班组352个。

（李向阳）

【开展全员培训】 2014年，中原石油工程公司利用举办石化集团公司业务竞赛契机，完善钻井专业培训基地。建立健全公司两级兼职教师库，聘任公司级兼职教师60名、直属单位兼职教师500余名，组建一支以专职教师为主、兼职教师为辅的师资力量，组织编写《石油钻井工》等4本培训教材，统一组织举办各类培训项目95个、培训班195期，培训员工6 731人次。举办学习习近平总书记系列讲话精神、从严管理、井冈山精神等培训班，共培训322人次，进一步转变干部作风。举办中层管理人员、项目经理、基层队长、机关党群干部、优秀年轻干部等培训班，共培训462人次，同时，选派37人次处级及以上领导人员参加石油工程公司相关培训班。组织1.2万余名一线员工完成倒班培训26.1万人·天，完成率104%。根据国际项目发展需要，分模块推进国际化经营、安全管理、语言强化、技能提升、人才储备等培训，举办国际化培训班13期，培训涉外骨干872人次；先后3次选拔384人参加国际化后备人才集中培训，为海外选送324名合格人才；加强境外公共安全培训，共举办境外公共安全培训班41期，培训1 465人次。

（肖汉忠　宋营坤）

【刷新石化集团公司石油工程纪录10项】 2014年，中原石油工程公司创石化集团公司石油工程新纪录10项：单只钻头一次入井进尺4 463米最多纪录，7 000米<井深≤7 500米钻井周期72.9天最短纪录，水平井垂深7 218.47米最深纪录，套管内开窗侧钻点深7 100米最深纪录，套管内开窗侧钻井完钻井深7 854.63米最深纪录，直径244.5毫米套管下深6 706.5米最深纪录，水平井队年进尺47 883.17米最高纪录，单井一次压裂压入井液48 078.8立方米最多纪录，压裂施工泵压135.2兆帕最高纪录，射孔井底压力143兆帕最高纪录。

（张亚莎）

【深化“四好”班子创建】 2014年，中原石油工程公司细化完善负责任、有能力、守规矩、正作风、作表率的目标任务和创建措施，强化日常督导检查，建立“四好”领导班子考核评价机制，完善副职班子成员目标协议，组织开展民主评议和考核评价，形成有效激励约束机制。规范领导班子议事规则和班子成员工作分工，开展直属单位“三重一大”决策和干部选拔任用情况专项督查，充分运用干部巡视、离任审计等结果，对半年生产经营任务困难和班子议事规则执行不到位的2个单位进行重点帮扶，进一步规范干部履职行为、发挥班子整体功能。开展深化“四好”领导班子评选工作，集中表彰5个先进单位、14个先进基层单位，加大典型宣传力度，发挥示范带动作用。

（肖汉忠）

【建立企业文化“六个一”工程】 2014年，中原石油工程公司在推进企业文化理念进教育、进制度、进管理的同时，积极创新有形化载体，实施企业文化建设“六个一”工程。制作了1部反映公司品牌形象的宣传片《铁军壮歌》、1部反映年度发展成就的纪实片《启航2014》，编印了1本反映公司实力的画册《大潮之上》、1本反映先进典型的文学作品集《铁军雄风》，创办了1本反映经验动态的专刊《铁军》，创作了1台反映公司风貌的文艺节目。

（张向东）

【建立维稳4项机制】 2014年，中原石油工程公司健全信访稳定目标责任、源头防范、渠道畅通、矛盾化解4项机制，强化矛盾排查、风险评估、疑难信访攻关3个环节，实现由被动接访到主动调解、由事后处理到事前预防、由单独接访到联合施策、由应急处置到源头控制的4个转变，保持了良好的稳定局面，公司信访量同比下降30%，呈现出一人多访、集体信访、缠访闹访、长期积案“四个下降”的良好态势。

（冯文孝）

【荣誉称号】 2014年，中原石油工程公司获石化集团公司节能工作先进单位、碳资产管理工作先进单位、“三基”工作先进组织单位称号。中原石油工程公司海外工程公司、沙特公司分别获得管理提升工作先进集体、先进基层单位称号。70117钻井队和SINOPEC-186队获石化集团公司先进基层单位称号。中原石油工程公司获石化集团公司管理现代化创新成果4项(其中一等奖2项、二等奖2项)，科学技术进步奖二等奖、三等奖各1项；获中国石油协会现代化管理创新成果二等奖1项；获山东省经营管理科学奖成果3项(其中二等奖2项、三等奖1项)。在石化集团公司金银牌基层队评比中，

70117钻井队、酸化压裂五队获得金牌标杆队称号，50623ZY队等37支基层队获金牌队称号，50607ZY队等49支基层队获银牌队称号。在石化集团公司2014年业务竞赛中，中原石油工程公司获优秀组织奖，获得钻井技术比赛团体总分第1名，石油钻井工比赛团体总分第1名，石油钻井工团体项目第1名、第2名，同时，获得钻井技术比赛个人单项2金、2银、2铜，钻井工比赛个人单项2金、2银、2铜。

（魏鹏福　马革防　孙书丽　朱于清　徐向东　杨应胜　朱　慧）

表1　中原石油工程公司主要技术经济指标 亿元

指标名称＼年份	2014	2013
工业总产值	106.81	121.35
工业增加值	60.66	58.14
资产总计	142.39	128.37
流动资产	82.19	71.67
固定资产原值	99.72	94.93
固定资产净值	47.95	47.97
销售收入	106.81	121.18
实现利税	14.94	11.41
税　金	10.81	7.83
综合能耗/吨标煤·万元$^{-1}$	0.408	0.42

（刘自然　李永超　马革防）

表2　中原石油工程公司主要生产建设指标

指标名称＼年份		2014	2013
钻井	开钻/口	813	923
	交井/口	816	953
	钻井进尺/万米	238.60	279.82
	海外大修井/口		
	开　工	267	246
	完　工	266	240
测录井	测开/井次	4 528	4 722
	射孔作业/井次	3 106	2 985
	录井/口	465	419
井下	维护作业（小修）/井次	480	744
	措施作业		
	压裂/井次	359	636
	酸化/井次	84	123
	大修/井次	139	278
	侧钻/口	34	42

（张亚莎）

河南石油工程公司

【概况】 中石化河南石油工程有限公司（简称河南石油工程公司）是由河南油田石油工程板块经专业化整合重组，于2012年12月21日注册成立，是石油工程公司的全资子公司，是集钻完井、测录井、井下特种作业及相关石油工程技术研发和服务的一体化公司。下设6个职能处室，南阳项目部、新疆项目部、鄂尔多斯项目部3个直属项目部，钻井工程公司、井下作业公司、国际公司、测井公司、地质录井公司和技术服务公司6个下属二级单位。办公地位于河南省南阳市宛城区。

河南石油工程公司拥有对外承包工程资质和进出口贸易资质，是国际钻井承包商协会、中国对外承包工程商会的成员，具有国际、国内石油工程技术服务总承包能力。截至2014年底，有施工队伍217支，其中钻井队48支，测井队34支，录井队92支，井下特种作业队31支，固井、定向、钻井液、钻前、管具等技术服务队伍12支。具有石化集团公司甲级队51支、乙级队80支；拥有石化集团公司金牌标杆队1支、金牌队11支、银牌队15支。有生产装备957台（套），其中钻井设备560台（套）、井下作业设备207台（套）、测井专业设备110台（套）、录井设备80台（套），固定资产原值超过22.96亿元。

截至2014年底，河南石油工程公司用工总量为4 520人，其中合同制员工3 380人、派遣制员工1 140人。合同制员工中，经营管理序列852人、专业技术序列1 056人、技能操作序列1 453人，拥有教授级职称 6 人、高级职称 424 人、中级职称 599 人。石化集团公司突出贡献专家 1 人、石化集团公司三个层次学术技术带头人 3 人、闵恩泽青年科级人才 1 人、石化集团公司(省部级)技术能手 10 人。

河南石油工程公司主要技术经济指标和主要生产建设指标见表 1 和表 2。

（程文涛）

【生产经营】 2014 年，河南石油工程公司完成钻井进尺 62.78 万米，井下作业 608 井次、试油 157 层，测井 1 875 万标准米，录井进尺 93.79 万米。实现营业总收入 25.92 亿元，完成石油工程公司下达的 1.45 亿元利润目标，销售费用、财务费用及其他各项资金指标均控制在年度指标之内。实现对外创收 11.32 亿元，特别是国际市场实现份额和创收的双突破，新中标 9 部钻机，共创收 6.41 亿元，同比增加 0.95 亿元，增长 17.4%，再创历史新高。

（程文涛）

【工程指标】 2014 年，河南石油工程公司主要设备利用率 95.56%，同比提高 2.86%。生产时效 93.14%，上升 2.31%；钻机月速度 2 648 米/台，增速 12%；机械钻速 12.34 米/时，增速 6%；井身质量合格率 100%、固井质量合格率 100%，取芯收获率 93.63%；测井资料合格率 100%、测井曲线优良率 90.6%；录井完井资料合格率 100%、完井资料优良率 90.2%；井下作业一次合格率 99.8%。主要技术指标均保持在较高水平，通过提速提效为创收增效提供了条件。

（程文涛）

钻井技术人员正在调节泥浆页面报警器装置

【安全环保和节能减排】 2014 年，河南石油工程公司 HSE 工作整体形势平稳，井喷、工业、交通、环保、质量及公共场所上报事故均为零；实现万元产值综合能耗 0.35 吨标煤、节能量 1 200 吨标煤，各项指标均在总部控制范围之内。被评为石化集团公司安全环保先进单位。

（程文涛）

【勘探开发保障】 2014 年，河南石油工程公司坚持内部生产运行一体化管理，强化工程与油藏、地质的沟通对接，优先配置精良装备、精湛技术和精悍队伍，提速提质提效成果显著，为河南油田完成 241 万吨原油生产任务提供了强力保障和技术支撑。各单位围绕春光油田增储上产会战，细化服务保障措施，加强各个工序衔接和专业协作，全力以赴，保油增产，全年春光油田累计完井 150 口，进尺 21.25 万米，同比增长 14.28%，既有效缓解了经营压力，也为春光上产发挥了主力军作用。

（程文涛）

现场描砂、岩性识别

【市场开拓】 2014 年，河南石油工程公司在国内外部市场，稳定了西北分公司、华北分公司、东北分公司等石化集团公司内市场。在石化集团公司外长庆油田招标中，共有 30 支队伍中标；努力开拓延长天然气市场，逆势取得新进展，新进入 1 支钻井队、2 支测井队、12 支录井队。在海外市场，在沙特阿美公司新上 2 部钻机分别比甲方约定日期提前 50 天、42 天开钻，完钻的首口井创出新启动钻机日费率 99.81% 的业绩纪录，获得甲方高度评价；科威特、沙特新中标 6 部钻机；吉尔吉斯斯坦测录井项目稳步发展，钻井新中标了 2 部钻机总包项目。

（程文涛）

【科技创新创效】 2014 年，河南石油工程公司在经营形势比较严峻的情况下，投入 500 万元，新立公司级科研项目21项，争取石化集团公司和石油工程公司先导项目7项1 490万元。钻井研制的春光保型取芯工具及配套工艺技术取芯收获率达87.88%，同比提高10.69%；测井取得了4件国家实用新型专利，申报3件国家专利；录井研制的水淹层评价技术作为中国石化推广技术在江苏、胜利油田得到应用并获好评。大力推广应用"一趟钻"、PDC钻头、网电钻机、套管开窗侧钻、油水井带压作业、RMT测井、存储式钻具输送测井工艺等一批特色实用技术，工程施工效率、质量与市场效益稳步提升。

（程文涛）

【精细化管理】 2014年，河南石油工程公司细化"从严管理年"活动总体方案和6个专项工作计划，严细认真抓好各项工作，聚焦并查摆梳理各类问题136个，132个问题已完成整改、完成率97.06%，其中13个重大关键问题全部完成整改；突出建章立制，新订和修订27个制度办法，在健全管理机制、完善制度体系方面，及时跟进、配套、完善，有效推动管理全面上水平。严细成本管控，坚持以年度经营目标倒排各项成本预算及责任措施，对各项成本支出实施严格刚性控制，深化降本增效项目化管理，实现降本增效5 603万元，完成年目标额的110%；严控办公费、差旅费、业务招待费等6项重点费用支出，全年6项费用比年初预算节约163万元，比上年实际减少309万元，降幅29%，各项成本费用均控制在年度指标内。严管物资采购，精细抓好境外配套和物资采购保障工作，推行公开招投标管理、创新服务合同方式等措施，共节约采购金额1 828万元。严抓风险防控，强化内控体系运行，筛选建立了33项适用的重大、重要风险库，加强法律审查论证，基本搭建了以内控、审计、法律、稽核、监察等多维风险防控体系，风险管理水平得以提升。

（程文涛）

【党建和人力资源工作】 2014年，河南石油工程公司加强两级班子的思想政治建设和能力建设，提升了各级党员干部的理论素养和党性锻炼；细化落实"三重一大"集体决策制度，增强两级班子和干部队伍的战斗力和执行力；加大公开竞争选任力度，培养选拔处级后备干部55人，调整充实处级干部13人，班子结构持续优化。加强人才队伍建设，组织开展及参加多个层面的业务竞赛和技术比武，实施岗位练兵198次2 961人次、各类培训272场次3 190人次、选拔考试129场次1 317人次，为员工成长成才搭建平台。加强基层党建和思想政治工作，创新开展"我为大家上党课"活动，共组织上党课310场次，培训5 630人次，激励发挥先锋示范作用；强化党风廉政建设工作，推进企业文化建设，切实保障员工利益，营造了和谐稳定的良好发展局面。

（程文涛）

表1 河南石油工程公司主要技术经济指标 亿元

指标名称 \ 年份	2014	2013
工业总产值	25.81	27.65
工业增加值	14.10	11.50
资产总计	27.54	26.67
流动资产	12.74	12.22
固定资产原值	22.96	20.81
固定资产净值	12.44	12.21
营业收入	25.92	27.59
实现税费	3.22	3.01
综合能耗/吨标煤·万元$^{-1}$	0.35	0.36

表2 河南石油工程公司主要生产建设指标

指标名称 \ 年份	2014	2013
钻井/口	380	331
钻井进尺/万米	62.78	59.04
测井、射孔/井次	3 076	3 257
测井标准米/万米	1 875.00	2 205.58
录井/口	466	542
录井进尺/万米	93.79	112.13
作业井次/次数	608	686
试油井次/口	70	139
试油层数/层	157	315

江汉石油工程公司

【概况】 中石化江汉石油工程有限公司(简称江汉石油工程公司)于2013年1月组建运行，注册地湖北潜江市。该公司井筒产业链完整、专业门类齐全，业务涵盖钻完井、测录井、试油(气)、酸化压裂、地层测试、钻修井、地面计量、环保工程、特种运输和国际贸易等领域，已形成石油工程井筒业务系列化、设计施工服务一体化，初步实现了页岩气工程技术的国产化、系列化和应用规模化。

截至 2014 年底，江汉石油工程公司设 6 个职能部门和钻井一公司、钻井二公司、井下测试公司、测录井公司、页岩气开采技术服务公司、运输公司、国际合作公司 7 个二级单位。用工总数 8 985 人。有各类施工队伍 273 支，其中钻井队伍 76 支、测录井队伍 108 支、井下作业队伍 89 支。资产总额 60.14 亿元。主要石油工程专业设备 976 台套，资产原值 31.39 亿元、净值 20.08 亿元，新度系数 0.64。

2014 年，江汉石油工程公司坚持以发展质量和效益为中心，全力保障涪陵国家级页岩气示范区建设、创建示范石油工程，积极稳增长、拓市场、转方式、严管理、保效益，全面完成各项生产经营任务。全年实现营业收入 60.86 亿元，同比增加 3.48 亿元；在承担管理局文教卫社区服务费 2.1 亿元后，实现考核利润 1.5 亿元，增长 114%。实现了收入和利润的双增长、发展质量和效益的双提升，呈现持续发展、有效发展、和谐发展的良好局面。

江汉石油工程公司主要经济指标和主要生产建设指标见表 1 和表 2。

(罗红年)

【涪陵国家级页岩气示范区建设成效显著】 2014 年，江汉石油工程公司精心组织涪陵页岩气石油工程会战，在涪陵国家级页岩气示范区，钻井队伍占 60%、完成工作量 61%，压裂试气队伍占 29%、完成工作量 40%，测井队伍及完成工作量占比均为 100%，录井队伍占 83%、完成工作量 86%，连续油管、泵送桥塞、多级射孔队伍占 31%、完成工作量 31%，产气剖面测试队伍及工作量占比均为 100%，是涪陵工区参战队伍最多、专业最全、施工和技术服务领域最广、技术国产化程度最高的石油工程企业；着力推进示范工程建设，率先推广应用"井工厂"钻井和压裂试气生产模式，实现了流程化管理、标准化施工、规范化操作，大幅缩短了施工周期，明显提高了综合效益；率先实现了油基钻井液、长水平段固井及牵引器固井质量检测、连续油管作业、泵送桥塞多级射孔联作、导向技术、大规模压裂等工艺技术的国产化应用；以零事故、零污染、零排放为目标，针对新工艺、新技术、新装备、新材料大量应用的现状，出台环境保护六大禁令和市场准入特别规定，开展各项隐患的分析、排查、治理，狠抓现场管理标准化，强化承包商 HSE 管理，开展清洁钻井液和油基岩屑规模化处理，实现了安全环保无事故。通过持续提速提质提效，钻完井、压裂试气、测井、泵送桥塞射孔等作业周期同比大幅缩短，各项工程技术指标全面提升，达到甲方设计要求，确保了当年 20 亿立方米产能建设任务的完成。

(罗红年)

在涪陵国家级页岩气示范区建设中实现连续油管国产化应用

【市场开拓取得新进展】 2014 年，江汉石油工程公司坚持以市场为导向，着力巩固中国石化市场，稳定中国石油市场，布局新兴市场，依靠品牌工程、特色技术、优质服务赢得了客户信赖和市场份额。外部市场在投资下降、工作量萎缩的情况下，实现收入 18.6 亿元。钻井队伍进入西北石油局顺南区块，测试、射孔业务跻身中国石油塔里木高端服务市场，压裂服务在长庆油田市场实现了年初目标；积极开展战略合作，中标地方页岩气市场多个项目。坚持以保障中国

玻利维亚总统莫拉莱斯参观江汉石油工程公司承钻项目施工现场

石化“五大会战”和油田增储稳产为己任，服务保障的意识、质量、能力和水平持续提升。全年完成钻井进尺101.5万米，刷新118项钻井纪录。江汉钻井在西北工区百余支队伍中连续2年保持综合排名第一，优质工程和流动红旗数量均创历史最好水平；在华北大牛地工区创机械钻速最快、单日进尺最高纪录。

（罗红年）

【科技水平明显提升】 2014年，江汉石油工程公司大力加强科技管理，整合技术资源，健全科研体系，加快研发队伍建设，积极开展项目合作和技术交流，联合长江大学搭建石油工程基础研究平台，中国首个页岩气开采技术服务公司成立运行，中国石化连续油管技术服务中心、井下测试技术服务中心建设有序推进。全年承担石化集团公司、石油工程公司科研项目31项，获石化集团公司科技创新优秀团队称号。页岩气工程技术国产化、系列化和规模化应用居国内领先水平。关键技术国产化实现由成功到成熟的跨越，打破了国外技术垄断；系列化实现由分散到集成的跨越，形成了涵盖钻井工程、测录井工程、压裂试气工程和环保工程4个专业80多项特色技术，具备从简单工具到复杂工艺、从工程设计到技术服务的整体能力，总体达国际先进、国内领先水平。页岩气开发石油工程关键技术的国产化率达到95%以上，自主化技术达到85%。

（罗红年）

【企业管控能力全面增强】 2014年，江汉石油工程公司全面开展“从严管理年”活动。着力构建标准化、流程化管理体系，新增管理制度58项，严格按照程序和标准管人、管物、管事。建立完善生产运行、经济分析、预算管理等日常工作机制，推进了生产与经营深度融合。运用项目管理方式，强化节能降耗、资金管理、人工成本、修旧利废等费用控制。建立物资供应体系，推行招标采购和代储代销，降低了采购成本和实物存货。将长摊资产、维修工程纳入计划管理，统一调剂使用长摊资产，最大限度节支增效。加大重点工程监管，开展外部项目审计和效能监察，减少了效益流失。加强“三基”工作，37支基层队被评为石化集团公司金银牌队。

（罗红年）

【党建和思想政治工作扎实有效】 2014年，江汉石油工程公司党委适应体制机制变化，创新推进党建和思想政治工作。持续开展形势任务教育，为“推进转型发展、加快建设一流石油工程公司”筑牢思想基础。加强基层党组织建设，党支部战斗堡垒作用和党员先锋模范作用得到充分发挥。严格执行中央“八项规定”，扎实开展“三个一千”活动，群众路线教育实践活动成果不断巩固扩大。加强党风建设和反腐倡廉工作，积极履行主体责任和监督责任，打造阳光廉洁工程。加强人才队伍建设，公开选聘公司高级专家、专家，组建技术专家团队，加快年轻干部培养选拔，加大员工技能培训力度，荣获石化集团公司石油钻井工技能竞赛团体第一、个人2金、1银和优秀组织奖。加强企业文化建设，开展“石油工程一线行”采访等活动，提升了企业形象。

（刘宏浩）

表1　江汉石油工程公司主要经济指标　亿元

指标名称 \ 年份	2014	2013
实收资本	2.50	2.50
资产总额	60.14	48.80
流动资产	31.53	17.97
固定资产净额	25.34	26.27
负债总额	48.60	36.18
营业收入	60.86	57.38
利润总额	1.19	-3.15

表2　江汉石油工程公司主要生产建设指标

指标名称 \ 年份		2014	2013
钻井	开钻井/口	357	486
	完成井/口	339	493
	钻井进尺/万米	99.99	121.00
测录井	测井/井次	1 492	1 710
	录井/口	400	508
井下作业	作业井/口	1 163	1 182
	作业/井次	1 170	1 184
	试油气/口	1 034	1 230
	试油气层数/层	1 686	2 394

江苏石油工程公司

【概况】 中石化江苏石油工程有限公司(简称江苏石油工程公司)组建于2012年12月28日，是石油工程公司注册设立的全资子公司、法人实体和利润中心。有钻井处、安徽分公司和地质测井处3个二级单位，技术装备处、经营管理处等7个机关处室。市场主要分布在国内的江苏、安徽、新疆、海南、内蒙、陕西、广东、浙江、山东等省；国外的泰国、阿尔及利亚、厄瓜多尔、也门、叙利亚、阿根廷、玻利维亚、尼日尔等国家。

截至2014年底，江苏石油工程公司用工总量4 914人，其中正式职工3 356人、劳务工1 524人、非全日制用工34人。拥有各类石油工程队伍140支，其中钻井队53支、测井队31支、录井队45支，以及定向队、固井队、射孔队等队伍11支。共有金牌队12支，银牌队11支。资产总计23.78亿元，资产负债率62.79 %；主要专业设备723台套，原值16.47亿元，净值7.84亿元，新度系数0.48。

2014年，江苏石油工程公司明确加快转型是必由之路、结构调整是当务之急、海外市场是必争之地的发展思路，以市场为导向，以效益为中心，更加注重调整优化，更加注重安全环保，更加注重价值创造，更加注重特色发展，迈出了加快转型发展的坚实步伐。

江苏石油工程公司主要经济指标和主要生产建设指标见表1和表2。

（王　敏）

【外部市场量质并举】 2014年，江苏石油工程公司外部市场不断扩大，外部市场收入占比由2012年的27%提高到2014年的40%。在国内市场，巩固海南、内蒙古、新疆、陕北、华东等市场，新开拓了东北、山东等市场。在海外市场，参与海外投(议)标项目24个，其中中标项目7个，新签合同额1 047.79万美元，累计中标合同额1.41亿美元，海外市场完成合同额8 601.34万美元；海外市场施工队伍33支，钻井队13支，其他队伍20支；新开辟了玻利维亚、阿根廷等市场，扩大了泰国、阿尔及利亚、厄瓜多尔等市场，委内瑞拉、科威特等地的市场开发取得积极进展；海外市场收入占比由2012年的3.9%，增长到2014年19.1%，2014年中标合同额在2013年7 373万美元的基础上翻了近一番；市场布局得到优化，初步由也门、叙利亚等公共安全风险高的市场，转移到泰国、玻利维亚等东南亚和南美市场，泰国、阿尔及利亚、厄瓜多尔三大主力市场初步形成；海外大包项目新签合同总额由2013年的42%提升到2014年的49%，并带动了定向、钻井液、固井等主端业务。

（王　敏　桑雁岷）

【服务油田创新增效】 2014年，江苏石油工程公司牢牢抓住服务油田这个首要任务，努力提高服务质量和服务水平。在服务勘探上，盯住重点探井，把好油气发现关。在服务开发上，围绕油田产能建设，提速创新增效。全年累计开钻井361口，完井363口，进尺94万米，钻机359.41台月，完成井平均井深2 713.24米，各类固井550次。井身质量合格率100%，固井质量合格率98.62%，取芯累计收获率96%。累计完成各类测井1 615井次，其中裸眼测井544井次、套管测井1 071井次，完成测井进尺2 995.7万标准米。录井完成313口，录井进尺95万米。探井解释成功率78.79%，开发井解释符合率87.80%，完井资料累计合格率100%，完井资料累计优质率100%。全年共发现油气显示3 057层共1.46万米。技术指标稳中有升，在复杂井和高难度井增多的情况下，大力开展提速提质提效提素活动，平均机械钻速10.24米/时、同比提高0.63米/时，钻机月速度2 618米/台、提高116米/台，钻井生产时效96.73%、增加1.68个百分点，建井周期35.46天、缩短0.58天，全年共27次刷新该公司施工新纪录。

（王　敏　单天兵）

【安全环保持续加强】 2014年，江苏石油工程公司安全环保形势总体平稳，连续第2年获得石化集团公司环境保护工作先进单位称号。先后制定完善了《QHSE管理手册》等规章制度36项。完成了QHSE体系内审工作，领导带班、值查、岗位交接班等制度有效落实，规范了QHSE管理行为。举办6期共180人次的司钻HSE等培训班，开展“两法、井控”知识竞赛，提升了员工HSE素质；完成1个综合预案和12个专项预案的编制，开展各类应急演练234次，提升了应急处置能力。开展周检、“警示日”、域外井控、境外HSSE和冬防保温等专项检查，查找问题并抓好整改，实现了闭环管理，提升了HSE监管水平。狠抓隐患治理，2年累计投入2 373万元，完成61个隐患治理项目；大力推进“碧水蓝天”工程，真武地区钻井液集中回收处理站项目进展顺利，泥浆不落地技术在黄59-9井和马35-24井试用，做到了作业过程中对废弃物的随钻处理，实现了废弃泥浆和钻屑进行固液分离，固相进行固化处理，液相进入采油污水回注，效果良好。注重职业健康，2013—2014年共投入3 410万元用于劳动保护，组织员工体检8 157人次。

（王　敏　杨　戬）

【加强管理成效显著】 2014年，江苏石油工程公司针对管理中的突出问题，通过建立服务基层联系点、开展管理诊断、自查自纠等工作，纵深推进从严管理，先后发现问题242个，整改完成率达到92%。强化制度建设，先后制定和改造了7类93项制度。资金管理不断强化，优化融资结构，降低资金使用成本，财务费用得到有效控制，付息债务逐年减少，有效缓解了流动资金不足的矛盾。节能降耗成效显著，网电技术应用节能5 430吨标准煤。法律事务工作得到加强，合同管理系统和法律事务综合系统顺利上线，依法追回欠款104万元。在石化集团公司"三基"工作评价中，被授予先进组织单位称号，有2个基层队被授予"三基"工作先进基层单位称号，2名个人被授予"三基"工作先进个人称号；在石化集团公司金银牌队评比中，获得10块金牌、13块银牌，获奖比例在石油工程板块名列前茅。3项成果获得石化集团公司现代化管理成果二等奖。会计信息质量得到肯定，在石化集团公司月度考评中共获17面流动红旗，并先后获得石化集团公司统计工作先进单位、财务会计报表先进单位等称号。

（王　敏　何泽斌）

【资源优化稳妥推进】 2014年，江苏石油工程公司积极稳妥推进改革，深化结构调整，着力资源优化。完成了矿区划转、非在职群体剥离等工作，减轻了负担；钻井处，将厄瓜多尔的钻机转交给安徽分公司。盘活停待装备，先后抢运出也门市场的3台钻机、1台修井机、1台综合录井仪等设备，资产原值超过2亿元，3台钻机均已投入运行。精干机关，加强与油田的资源共享，合理共享外事、党群、宣传等资源，保证了公司的平稳有序运行，既精干了机关，又提高了效率。

（王　敏　赵立新）

【技术进步明显加快】 2014年，江苏石油工程公司技术应用成效显著，旋转导向钻井、深井超深井钻井等技术应用良好，提速提效成效显著。新型钻井液体系在泰国项目成功应用，复合有机盐钻井液新体系的应用效果良好，为泰国项目、海南项目的扩大提供了技术支持。特色技术优势初现，盐井的无溶腔对接、丛式联通井等技术，成为开拓盐井市场的"杀手锏"，在淮安、山东等市场打响了品牌。首次使用高温外套复合射孔、负压射孔、投棒式起爆器等3项技术，在徐闻X8井和徐闻6－2井诱喷成功，取得了较好的增油效果。全年利用油田电网施工41口井，累计替代柴油852吨，利用地方电网施工53口井，累计替代柴油5 990吨，合计替代柴油达6 842吨。2013—2014年，共取得公司级以上优秀科技成果15项，申报国家专利16件，12件获得授权。

（王　敏　陈旭东）

【人才队伍素质提升】 2014年，江苏石油工程公司加强经营管理人员队伍建设，提升管理能力、增强服务意识，组织处(科)级干部参加拓展型、深造型培训916人次，优化调整了二级单位领导班子和公司机关部门负责人，补充完善了后备干部库。加强专业技术人员队伍建设，提升创新能力、增强责任意识，首次通过公开竞聘，选聘了5名专家(二级)；选送了52名业务骨干，到高校进行专业技术和外语强化培训；组织105名青年参加导师制培养，174人晋升更高一级职称；在石化集团公司2014年业务竞赛中，在钻井工程专业斩获1金、1银，取得团体第4名的好成绩。加强技能操作人员队伍建设，提升执行能力、增强质量意识，对331名员工进行应知应会、必知必会培训；严格执行员工持证上岗制度，累计培训员工1.1万人次，33人取得高级技师和技师任职资格；大力开展转岗培训，引导员工向一线流动，一线人员占比由重组时的48%，提高到2014年底的55%。

（王　敏　张　琦）

【加强党建和思想政治工作】 2014年，江苏石油工程公司认真开展党的群众路线教育实践活动，贯彻落实石化集团公司党组直属单位党委工作规则和基层党支部工作细则，努力推进党建思想政治工作与生产经营的深度融合，坚持组织召开党委书记工作例会，充分发挥了党委的政治核心作用。结合实际，建立健全了党委7项制度，党委工作制度化、规范化、科学化建设得到加强。加强廉洁风险防控工作，组织新提拔处、科级干部及重要岗位管理人员6批89人次参加扬州警示教育基地，组织干部员工认真学习职工违纪违规行为处分规定，维护生产经营管理秩序。扎实开展租赁业务清查与专项效能监察，发现问题14个，提出建议25条，清理租赁单位34家，压减非生产性租赁合同涉及费用541万元。全年受理群众信访举报18件次，查结14件，收缴账外资金89.16万元。扎实为民办实事，着力推进海南生产配套项目、安徽汉涧基地改造、地测处生产辅助配套设施改造等，改善了员工生产与生活条件，为19名大病人员发放帮扶救助金27万余元。加强宣传工作，创办了江苏石油工程信息报、信息网等，大力营造良好的舆论氛围。通过微信、思想动态调研、问卷调查、EAP管理等方式，及时了解干部员工思想动态，并切实加强一线员工特别是域外、海外员工的心理疏导和人文关怀。4篇政研论文获得石化集团公司优秀政研成果二、三等奖。涌现出以全国见义勇为英雄司机王健、劳动模范、最美一线员工、最优外籍员工、最佳项目经理等为代表的一批先进典型。

（王　敏　才宝金）

举行全国见义勇为英雄司机王健载誉归来欢迎会

表1　江苏石油工程公司主要经济指标　亿元

指标名称＼年份	2014	2013	2012
营业收入	26.04	26.66	23.21
利润总额	1.58	0.80	-0.31
资产总额	23.74	26.40	23.98
EVA	0.89	0.29	-0.73

表2　江苏石油工程公司主要生产建设指标

指标名称＼年份	2014	2013	2012
钻井进尺/万米	94.09	101.56	96.38
测井/井次	1 615	1 600	1 423
录井/口	343	313	355

西南石油工程公司

【概况】　中石化西南石油工程有限公司（简称西南石油工程公司）是2012年底由西南油气田石油工程板块整合重组而成，是中石化石油工程技术服务有限公司的全资子公司，为油气田勘探开发提供钻井、测井、录井、固井、井下作业、钻前、钻井液、井控、环保治理、热力供暖、特殊地质勘察、油田防腐保温、特种汽车运输、管具加工等专业技术服务。本部在四川省成都市，机关设8个处室和2个附属机构，下属12家单位和1家派出机构。

截至2014年底，西南石油工程公司用工总量9 821人，其中正式职工4 578人，经营管理和专业技术人员3 115人，具有高、中级技术职称1 300人；各类技术与施工队伍269支，其中具有中国石化甲级队资质的108支、乙级队资质的117支，金牌标杆队1支、金牌队20支、银牌队26支；获累计专利数133件；拥有资产总额83.94亿元，其中固定资产净值27.30亿元；拥有2 000—9 000米的钻机80台套、井下作业2500型压裂车等一系列先进装备共计9 467台套，能满足全球范围内陆地各种复杂条件下油气勘探开发需要；致密硬地层钻井提速技术、高压天然气井固井防气窜、欠平衡钻井、超深井轨迹控制、特殊结构井钻井配套、页岩气钻完井、地热井钻完井、分段压裂酸化、聚胺仿油基钻井液等技术均处国内领先水平，形成了具有自身特色的致密砂岩和超深酸性气藏开发的石油工程技术体系。

2014年，西南石油工程公司克服上游投资下降、工作量缩减、市场竞争激烈等困难，积极开展"奋战一百天，全力保目标"竞赛，全年完成钻井进尺101.18万米，连续4年突破100万米大关，为年计划的100.2%，同比减少12.35万米；实现营业收入54.34亿元、报表利润4.55亿元，分别为年计划的92%和100%，税金5.54亿元。

西南石油工程公司主要技术经济指标和主要生产建设指标见表1和表2。

（丁勇兵）

【"双百亿"气田建设实现新跨越】　2014年，西南石油工程公司以建设"双百亿"气田为己任，发挥专业化优势和主力军作用，提供优质、高效的工程技术服务支撑，确保了增储上产会战的纵深推进。切实加强钻前施工、搬迁安、钻井、完井、测试投产等全过程生产管理，实现各工序的无缝衔接，全年在西南分公司市场开钻71口、完井74口，建井周期缩短8.94%。不断强化技术服务对现场施工的指导，严格执行设计和质量标准，精心保护油气目的层，在彭州1井、金页1井、绵阳2井、星1井、新盛1井等多口井测试获工业气流，取得龙门山前带海相、川西南震旦系灯影组等新区新领域勘探的重大突破和新发现。做实做细测试工作，使重点井获增产，累计获得天然气测试产量1 400多万米^3/日。元坝气田试采区产能建设取得突出效果，通过实时调整轨迹提高储层钻遇率及系列增产改造技术攻关研究，6口井投产酸化测试获高产，产能高于预期，为世界最深海相大气田顺利建成投产做出了贡献。西南油气田全年生产天然气34.18亿立方米，新建产能23.39亿米^3/年，天然气产量、产能均创历史新高。

（丁勇兵）

西南石油工程公司施工的金页1HF井创中国石化压裂作业排量最大纪录

【拓展国内市场取得新突破】 2014年，西南石油工程公司始终把市场作为生存发展的根本，西南本土市场份额稳中有升，从年初的54.5%提升至年底的67.7%。全力巩固西北市场，在行业工作量大幅减少的情况下，钻井进尺同比略增，市场份额同比提高7个百分点。努力捍卫临盘市场，除商河区块有胜利工程少量队伍进入外，整体保持平稳，完成钻井进尺45.01万米，为年计划的104.7%。积极拓展新兴市场：中标广西桂中区块德胜1井；河北地热井2 800—3 500米钻井5口，完成进尺1.32万米；开辟国投重庆页岩气钻井市场，首口大包页岩气井城探1井施工顺利。井下作业在保持川西、川东北、新疆、长庆四大区域市场总体稳定的基础上，成功进入雪佛龙中石油罗家寨气田修井作业市场。

（丁勇兵）

【海外市场获得新发展】 2014年，西南石油工程公司海外市场保持强劲的发展势头，新中标厄瓜多尔井筒大包综合服务，科威特2年期钻井项目、5年期钻井项目、修井机项目及缅甸马来西亚石油钻井等项目，全年完成合同额8 218万美元，实现利润973万美元。厄瓜多尔市场实现了向综合服务大包转变：新增1台70D钻机和1支录井队，初步组建了经营和研究团队；原有5台钻机高效运转，日费率为100%；220队创造了获得甲方一次性授予4块业绩奖牌的殊荣。科威特市场进一步发展壮大：原有4支修井队作业效率与搬家效率在科威特国家石油公司(KOC)同类服务队伍中排名第一；新增5台70D钻机和2台750修井机；在时间紧、设备配套和技术质量要求高、第三方验收条件严的情况下，克服重重困难，按时按质地确保了首口井提前68天开钻，创造了从组装、整改、验收到顺利开钻时间最短的科威特市场新纪录，现场装备成套仅用35天、第三方检查整改仅24项。伊朗雅达油田一期钻井液和废弃物处理项目全部完成，并取得多项创新性成果。埃及市场合作保持平稳，持续为中萨公司提供钻井技术服务。缅甸市场进一步拓展：中标缅甸马来西亚石油公司4口井钻井和北方石油公司测录井项目，4口井全部完钻，其安全、质量、进度受到业主方好评；205井队在52家国际承包商中脱颖而出，获得马来西亚国家石油公司缅甸公司2014年度HSE奖。

（丁勇兵）

厄瓜多尔工区湖南钻井分公司RIG220井队通过开钻验收

【生产提速提效取得新成绩】 2014年，西南石油工程公司着力加强钻前施工、搬迁安、钻井、完井、测试投产等全过程生产管理，紧跟勘探开发节奏，以甲方统筹控制节点为依据，优化生产运行，加快生产节奏，切实降低非生产时效，确保到井及时率100%。加强现场作业管理，强化监督与服务，严控井下事故，严格执行《重点工程关键环节作业管理办法》《生产运行管理办法》等制度和操作规程，有效减少了井下事故发生，事故发生情况同比减少 24 起，下降 37%，钻井质量优良率大幅提升，达到 96%，修井、测试、压裂优良率均为 100%。着力抓好复杂事故井的现场处理，针对每口井制定了详细的施工方案，进一步强化专家、技术骨干到现场指导、监控的力度，责任落实到位，人员安排到位，技术措施到位。继续实施分区块、分项目、全过程的系统提速提效活动，共计考核完成井 304 口，达到提速目标 189 口，提速井达标率 62.2%，完成井平均实际建井周期较设计周期缩短明显；钻机月速同比增加 220 米/台，机械钻速同比增加 0.94 米/时，平均建井周期同比缩短 6.62 天，主要生产指标在各地区均名列前茅；新疆工区机械钻速再创新高，达到 10.01 米/时，较上年同期提高 35%；临盘工区钻井周期同比缩短 1.46 天，缩短率 10.7%。

（丁勇兵）

【技术进步取得新成果】 2014 年，西南石油工程公司以解决生产技术难题为突破口，以应用型工程技术的开发与推广为导向，推动科技攻关，储备前沿技术、突破关键技术，实现科技集成和成果转化，形成了井下高端核心技术，为建设一流天然气工程技术服务公司提供了支撑。在发展以致密油气勘探开发为主的特色技术与核心技术方面，试验和推广应用了泵送桥塞 + 分簇射孔 + 分段压裂联作工艺、超深含硫水平井钻完井配套和长水平段复杂地层测井等新工艺技术，取得了 82 项钻井新纪录和 24 项测试新纪录；科研成果获石油工程公司科技进步奖 4 项、技术推广应用奖 2 项，获专利授权 27 件。元坝 102－3H 井完钻井深 7 728 米，钻井周期 282 天，创全国纪录 1 项、中国石化纪录 1 项；金页 1HF 井 15 段桥塞式分段压裂施工，创中国石化压裂作业排量最大新纪录；在新 505HF 井首次采用泵送桥塞分段压裂工艺施工，填补了水平井改造的一项技术空白，为丁山区块的开发和进军国内外非常规领域奠定了基础。四川盆地碎屑岩储层测井综合评价技术 获石油工程公司科技进步二等奖，元坝区块海相储层深度酸压技术推广应用研究、川西致密储层分段压裂改造技术获石油工程公司技术推广应用一等奖。成功研制出全球首台狭缝分光拉曼样机，为地层流体的识别与评价提供了全新手段和技术支持。废弃水基钻井液现场处理成套装置成功调试，压裂返排液无害化处理项目研究取得新进展，掌握了先进的环保处理技术。

（丁勇兵）

【安全环保进一步加强】 2014 年，西南石油工程公司严守发展决不能以牺牲人的生命为代价的“红线”，认真贯彻石化集团公司、石油工程公司 HSE 工作要求，从严落实 HSE 工作措施，实现了 HSE 工作“七杜绝”“八为零”的目标，获评石化集团公司 2014 年度安全生产先进单位和职业健康先进单位。开展钻（修）井队标准化操作示范班实践活动、安全标准化全面达标建设及“六打六治”行动，安全发展基础不断夯实。安全教育培训全面开展，共组织井控培训、HSE 培训、硫化氢培训近 100 期，培训 5 000 余人次。在工程单位系统内首家成立了 HSE 监督站，开展全过程监督检查，全方位跟踪复查整改，有力地推动了生产作业现场 HSE 管理水平的逐步提高。认真落实隐患项目治理计划，分 2 批落实石化集团公司 7 个隐患治理项目，投入整改资金 1 088 万元。始终坚持“大井控”的管理理念，针对不同区域特点，不断细化各环节井控工作措施，进一步严格井控管理，促进井控工作水平和现场处置能力的持续提升，确保了井控安全工作平稳态势。超前防范，从严落实“两特两重”措施及反恐防暴应急预案，生产运行平稳有序。境外公共安全管理进一步加强，在 5 个境外国家均建立了以境外项目部为主导，多方协调配合的公共安全与 HSE 管理一体化运行的境外安全管理体系。防治结合，从严职业卫生管理，员工职业健康状况持续改善。节能减排工作成效明显，全年工业万元产值综合能耗为 0.25 吨标煤，比考核指标低 0.01 吨标煤。

（丁勇兵）

【改革调整取得新成效】 2014 年，西南石油工程公司积极推进资源优化和非主营业务外包工作，重点完成了“三定”工作、非主营业务外包、内部管理机构和管理层次优化、境内队伍优化及境外项目管理机构优化，实施方案获得总部通过。全面落实三级管理模式，进一步压缩各级管理机关人员，实现了扁平化管理。编制完善钻井、录井队伍压减方案和装备处置方案，明确落实了压减 6 支钻井队、16 支录井队和减员目标任务，同时依法依规，做实做细压减队伍的人员安置工作，确保队伍总体稳定。不断完善缅甸项目部、科威特项目部、厄瓜多尔项目部等海外机构的调整、定位及机构设置，为海外项目健康发展提供了组织保障。严格控制用工总量成效明显，根据石油工程公司下达的用工总量控制计划，结合经营目标调整和各单位实际情况，采用多渠道进行队伍规模控制，将属于业务(服务)外包的人员纳入外包范围，全面清理了各单位长期不在岗人员。进一步理清主营核心业务、主营非核心业务与非主营业务的划分，对相同专业整合进行调研。上市准备及配合工作按要求完成。

(丁勇兵)

【内部管理全面加强】 2014年，西南石油工程公司推进从严管理，查找管理短板，狠抓整改落实，重点加强建章立制，机关部门梳理业务管理流程56条，新修订制度130余个。建立了以效益和发展质量为核心的绩效考核体系，严考核，硬兑现，调动了各单位转变发展方式、提升发展质量的主动性。强化投资计划管理，深入开展经济活动分析，推进全员成本目标管理，将生产经营、降本减费压力和责任传递落实到每个层级、每项业务，成本控制取得积极成效。成立市场管理委员会，加强招投标管理和市场准入的管理。深化改善经营管理建议工作深入开展，立项41件，实施后前3个月净效益1 442万元。税务筹划工作获重大成果，取得西部大开发优惠政策，缴纳企业所得税率由25%降至15%，年少缴税费约2 200万元。效能监察积极开展，重点加强对小金库、外租设备、物资采购、业务外包及“碧水蓝天”项目的检查与清理，逐步实现规范操作，严堵效益流失的漏洞。获石化集团公司财务管理工作先进单位、全员成本目标管理先进单位称号，获管理现代化创新成果二等奖1项、三等奖2项；获石油工程公司管理提升工作先进单位、内控先进单位称号，获管理创新成果一等奖1项、二等奖1项、三等奖3项。

(丁勇兵)

【队伍素质再上新台阶】 2014年，西南石油工程公司“三基”建设全面加强，从组织运行、基层建设、基础工作、基本功训练等各个方面进行细化，逐项落实检查，积极开展金银牌基层队和优秀基层队创建活动，持续改进，形成了“夺金牌、创纪录”的长效机制。在石化集团公司2012—2013年度石油工程金银牌队伍评比中，获得金牌标杆队1支、金牌队20支、银牌队26支的好成绩。“四铁”队伍建设积极推进，队伍资质认证及取证工作扎实开展，加强了骨干人员和现场操作人员的培训，现场管理和操作技能水平不断提高。教育培训工作全面加强，全年举办培训班697个，共计培训15 811人次。其中，举办6期海外项目外语培训班，完成取证培训5 151人次。在川东北工区、新疆工区对一线员工进行井控安全培训考试，对考试不合格的人员进行重新取证考试，增强了员工的安全意识，巩固了培训效果。职业技能鉴定及技术能手、岗位练兵活动全面开展，组织鉴定技能操作人员1 500名。在石化集团公司业务、井下作业工1银、1铜的成绩，实现了技能比武奖牌的新突破。成功组织了职工风采大赛和第2届职工文化艺术节，充分展示了西南铁军风采。

(丁勇兵)

【党建工作取得新成绩】 2014年，西南石油工程公司着力加强形势任务教育，广泛组织学习了党的十八届三中、四中全会精神和习近平总书记系列讲话精神，形成了积极推进改革创新、促进转型发展的共识。以巩固党的群众路线教育实践活动为主线，扎实推进“为民务实清廉，一转双创双促”主题活动，把整改方案落实和建章立制与落实年初工作会精神相结合，与解决职工群众反映问题相结合，工作作风得到持续改进。加强党风廉政建设，完善体制机制建设，认真落实了“一岗双责”和党风廉政建设党委主体责任和纪委监督责任，严格执行了中央“八项规定”精神及相关实施细则，防止了“四风”问题反弹。干部队伍建设切实加强，对中层管理人员进行调整和补充，班子的结构得到进一步优化。深入做好稳定工作，开展了员工思想动态调查分析，实施了员工帮助计划(EAP)，切实解决基层和员工的实际困难，确保了队伍总体稳定。

(丁勇兵)

表1　西南石油工程公司主要技术经济指标 亿元

指标名称＼年份	2014	2013
工业总产值	53.77	61.45
工业增加值	21.33	17.87
资产总计	83.94	88.33
流动资产	52.39	54.97
固定资产原值	50.91	51.08
固定资产净值	27.30	28.56
销售收入	54.34	66.24
实现利税	10.09	11.68
税　金	5.54	9.13
综合能耗/吨标煤·万元$^{-1}$	0.25	0.26

表2 西南石油工程公司主要生产建设指标

指标名称	年份	2014	2013
钻井	开钻/口	334	379
	交井/口	264	398
	钻井进尺/万米	101.18	113.53
测录井	测井/井次	1 147	1 373
	射孔作业/井次	719	676
	录井/口	351	445
井下	维护作业(小修)/井次	122	258
	措施作业/井次		
	压　裂	244	353
	酸　化	45	59
	大　修	173	164

华东石油工程公司

【概况】 中石化华东石油工程有限公司(简称华东石油工程公司)是石油工程公司8家地区公司之一，下属钻井、测井、录井、固井、威诺测试等5个专业施工单位、2个派出机构、6个机关管理部门和1个附属机构，主要分布在南京、镇江、扬州3个地区。

华东石油工程公司及其前身是一支成立于1958年的石油勘探开发专业施工队伍，在复杂断块、火山岩、碳酸岩、致密砂岩、泥页岩等常规和非常规油气领域，形成了一系列适应深井、超深井、水平井的钻完井、测井、录井、测试等成熟配套工程工艺，服务市场遍及江苏、西北、东北、南方、华北、重庆等国内10多个省市和俄罗斯、哈萨克斯坦、加蓬等海外多个国家，获得过多项原地矿部、中国石化技术进步和油气资源重大发现奖，曾为发现江苏油田和中国最大的黄桥二氧化碳气田、建设东北松南油气田做出过重要贡献。

截至2014年底，华东石油工程公司共有员工2 598人，各类资产14.25亿元、设备2 151台套，105支石油工程队伍。2014年生产经营总收入14.28亿元，实现利润为8 880万元。

华东石油工程公司主要经营指标见表1。

（李　超　周宥廷）

【提升生产保障能力】 2014年，华东石油工程公司牢固树立内部市场意识，全力保障苏北增储上产，适应华东分公司探井、开发井招投标方式及采油厂投资主体调整，调整钻机队伍，加强苏北项目部技术、管理力量，加大统筹协调苏北工区钻井、测井、录井、固井、搬迁等工程作业衔接力度，保障苏北增储上产，苏北内部市场钻井工作量占有率由46%上升到60%以上。与非常规指挥部密切协同，综合利用社会资源，提升服务保障华东分公司煤层气低成本战略的能力，谋求转型发展。稳步实施了钻井、测井、录井、固井项目总分包，在没有增加人员、装备的情况下，保障了5亿立方米煤层气产建的顺利实施。

（李　超　周宥廷）

【开辟新兴市场】 2014年，华东石油工程公司内引外联，多措并举，寻找战略合作伙伴，依靠自身非常规技术和管理优势，积极进军非常规页岩气、煤层气及地热等新兴市场。先后主动联系神华集团、华能集团、重庆市等8家页岩气公司，以及新星公司、华北分公司等5家兄弟单位，交流特色技术，寻求市场机会，展现服务诚意，建立合作意向。各专业共对外投标11次，先后中标神华、华能集团3口页岩气钻井大包项目，山西、河北地热2个项目，山西煤层气公司郑庄里必区块三、四标段钻井大包，贵煤、华电集团3个标段测井等6个项目。

（李　超　周宥廷）

与石油工程技术研究院签署战略合作协议

【拓展海外市场】 2014年，华东石油工程公司以加蓬工区为基地，通过与斯伦贝谢、四川宏华、北京海隆等国内外公司交流，洽谈国外钻井项目合作事宜，积极主动拓展海外市场。在加蓬签订并组织实施了国际石油勘探开发公司加蓬AKONDO油田钻井、测井、录井、修井项目；加蓬印度石油公司固井、测试项目；加蓬壳牌修井项目及加蓬 STREAMOIL 公司测试项目。全年海外新签合同额 2 635 万美元，实现收入 3 257 万美元，实现毛利润 650 万美元。

（李　超　周宥廷）

【强化质量技术创新创效】 2014 年，华东石油工程公司通过技术创新，精细管理，提升技术指标，提质提效。平均机械钻速 11.25 米/时，同比增加 40.6%；平均效率 2 417.6 米/(台·月)，增加 28.25%；钻井生产时效 98%，保持较高水平。井身质量合格率 100%，取芯收获率 99%。固井质量合格率 100%、优良率 99.07%，测井一次成功率 99%、资料合格率 100%、优良率 97.2%，录井资料合格率 100%、优良率 93.36%；钻井实现全年孔内事故率为零。同时，推广绿色节能技术，降本增效。西部分公司在新疆工区 7 支钻井队全面推广使用燃气动力机和发电机组，直接燃料成本节约率 15%；六普钻井分公司在江苏工区投入使用 7 台网电钻机，每米成本节约 100—180 元。实现降本增效的同时，减少了二氧化碳排放，降低了噪声污染。同时，精心服务新兴市场，打造优质工程，提升业内信誉。页岩气探井保页 2 井获评神华集团页岩气公司优质工程；西页 1 井在地质加深 500 米后仍节约钻井周期顺利完钻，获评华能集团公司优质工程，并被奖励 1 口探井——西页 2 井。

（李　超　周宥廷）

【持续深化企业改革】 2014 年，华东石油工程公司加强企业规范化、标准化管理体制体系建设，构建以业务为中心的制度体系，出台生产、物资、装备、财务、经营、质量、技术、人力资源、安全环保、党群工作等管理制度 27 个，专业化发展制度体系建设趋于完善。通过精简机构，严控用工总量，提高管理工作效率。所属二级单位机关部门数从 42 个减到 33 个、压减 21.4%，机关科级干部职数从 77 个压减到 70 个、压减 9.1%；二级机关人员从 314 人压减到 224 人，压减 28.7%。通过调、转、撤等一系列举措，调加蓬 50459 井队回江苏，调江苏 30551 井队到加蓬修井，调 50516 井队参战神华保页 2 井，将 20521 井队撤出山西煤层气，转投河北地热市场，缓解了 50 钻机、20 钻机阶段停待矛盾，也为 30 车载钻机提供了新发展空间，最大限度地优化现有资源，提升适应市场的竞争能力。

（李　超　周宥廷）

【开展从严管理工作】 2014 年，华东石油工程公司通过严抓 HSE 体系管理，办理安全生产许可证，发布实施 HSE 管理体系文件，完善安全监督三级管理网络、安全生产责任制、安全环保制度及应急管理预案，所属钻井、测井、录井、固井分公司均取得江苏省非煤矿山安全生产标准化二级企业证书。落实领导干部带班值班制度，公司领导下基层督查，各级领导干部带班值班率达 100%。开展“七想七不干”、HSE 观察和安全生产标准化建设等工作，坚持“四不两直”监督检查，强化隐患排查治理，开展安全监督检查，及时整改隐患和问题；高度重视非洲埃博拉疫情和新疆暴恐公共安全突出风险防范。成功救治全国首例输入性非洲锥虫病患者(外派员工)。充分发挥绩效考核政策的激励和导向作用，加大对利润、市场开发成果等指标的考核力度。严格月度分析、季度考核兑现，将效益年度进度与机关部门考核与二级单位考核挂钩。实行定性和定量相结合的评比方法，奖励积极开拓市场、取得实际成果的有功团队和个人；全力推进二级单位单井核算、单井结算、单井考核、单井兑现，拉大基层队、班组、人员间的奖励差距，调动员工的工作积极性，凸显考核作用，强化奖惩机制。严控投资、加快结算，有效控制资金成本。全年完成固定资产投资 2 476 万元、同比下降 57.9%，实现经营性净现金流入 1.79 亿元、增加 0.65 亿元，减少负息债务 1.10 亿元。从投资管控、物资采购、资金占用、用工优化、生产运行、考绩效考核等方面不断完善成本目标管理体系，提高员工降本减费意识，强化节点分析控制，落实挖潜减费措施，全力推进全员成本管理目标，经营状况持续向好。在收入下降 9.60% 的情况下，“六小费”减幅 43.63%，材料成本减幅 23.44%，运输及车辆使用费减幅 26.02%，租赁费用减幅 48.49%，保持利润率稳中有升。

（李　超　周宥廷）

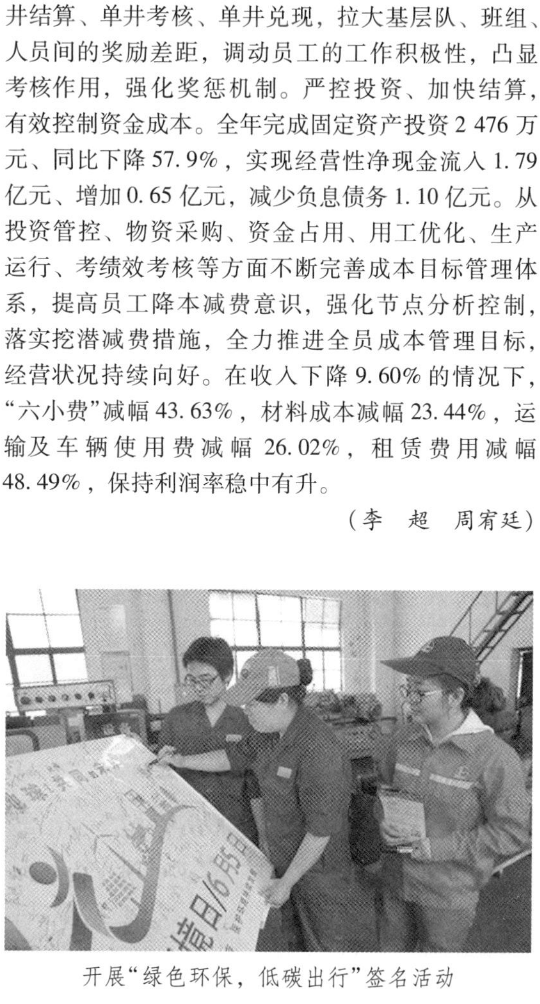

开展“绿色环保，低碳出行”签名活动

【持续加强党群工作】 华东石油工程公司党委按照"四统一"原则，不断强化思想引领，不断强化企业文化建设。通过研讨会、专题会，强化党建顶层设计，探索完善落实新机制，引入例会制度、贯标做法、项目负责制，坚持调查研究到一线、现场办公到一线、重大工程作业指挥到一线、信访矛盾排查到一线、协调企地关系到一线、形势任务教育到一线，加强服务型党组织建设。以领导班子建设为抓手，推进三支人才队伍建设，提高企业核心竞争力。全年完成 14 名处级干部的选拔、交流、调整和提任，调整、补充、完善 3 个二级单位的领导班子，调整了机关 1 个部门的主要负责人。全年完成 32 名处级干部和 200 余名科级干部轮训。公司机关在编制、定员双紧缺的情况下，工作作风进一步改进，工作状态明显提升。修订完善了党政领导议事规则、"三重一大"集体决策事项范围、党风廉政联席会议制度、投标方提供"无行贿记录证明"等规章制度，严格招待费审批权限和审批程序，坚持领导干部述职述廉、个人重大事项报告、函询、廉洁谈话、诫勉谈话等制度，规范领导人员决策行为、工作行为和从业行为，党风廉政建设进一步加强，主体、监督两个责任落地生根。全年会议费、招待费支出持续下降，同比会议费下降 68%、接待费下降 59%、办公费下降 36%。

（李　超　周宥廷）

表 1　华东石油工程公司主要经营指标　亿元

指标名称 \ 年份	2014	2013
营业收入	14.28	15.81
利润总额	0.88	0.26
企业增加值	6.58	5.94
资产总额	15.61	17.09
利税总额	2.30	1.95
海外市场收入	2.22	2.11

华北石油工程公司

【概况】 中石化华北石油工程有限公司（简称华北石油工程公司）原隶属于石化集团公司华北石油局，2012 年，石油工程业务板块从华北石油局整建制划出，组建华北石油工程公司，于 2013 年 2 月 2 日挂牌，隶属于石油工程公司。本部位于河南省郑州市陇海西路 199 号。办公和生活基地分布于河南省郑州市、新乡市及新疆轮台。

截至 2014 年底，华北石油工程公司下设 6 个职能处室、2 个附属机构、5 个派出机构和 5 个二级生产单位。各类人员总数 5 264 人，其中从业人员 5 227 人（正式职工 1 982 人、劳务用工 3 245 人）、非从业人员 37 人（内退 13 人、离退休职工 24 人）。拥有各类施工队伍 289 支，其中钻井队 60 支、固井队 7 支、录井队 100 支、测井队 21 支、压裂队 5 支、试油（气）队 8 支、测试队 1 支、修井队 5 支、钻前队 1 支、特种作业队 1 支、技术服务及辅助作业队 80 支，主要分布在鄂尔多斯、西北、东北、冀东、川东北、延长油矿，以及哈萨克斯坦、沙特阿拉伯等国内外油气工程市场从事油气工程施工业务。有 212 支队伍通过石化集团公司资质认证，其中甲级资质 54 支、乙级资质 83 支、达标资质 38 支、临时资质 15 支、海外资质 22 支。拥有资产总额 46.16 亿元，其中固定资产原值 28.40 亿元，资产负债率 55.89%，设备新度系数 0.54，设备完好率 99.14%，主要设备利用率 92.95%。

华北石油工程公司主要技术经济指标和主要生产建设指标见表 1 和表 2。

（陈　欣　段晓辉）

【全面完成年度生产经营任务】 2014 年，华北石油工程公司在各作业区域投资压减、工作量大幅下滑，上半年队伍停待时间达 48.87% 的严峻形势下，紧紧围绕党组提出的"一个中心、三大主题"开展工作，全面完成年度各项目标任务。全年完成进尺 67.54 万米、收入 35.37 亿元、考核利润 1.73 亿元，分别为上级下达指标的 107.21%、104.03% 和 118.71%。主要赢利能力指标得以提升，净资产收益率 5.15%，较上年增长 2.29 个百分点；总资产报酬率 2.98%，增长 1.15 个百分点；石油工程毛利率 8.36%，增长 1.6 个百分点；收入利润率 3.85%，增长 1.84 个百分点。

（陈　欣）

【施工质量与效率持续提升】 2014 年，华北石油工程公司钻井优良率由上年的 88.71% 提高至 93.81%，固井优良率由 91.50% 提高至 93.96%，压裂优质率由 91.86% 提高至 94.48%，测井优品率由 92.16% 提高至 95.60%，录井优质率由 82.82% 提高至

89.54%。在华北分公司内部市场承包商年度综合业绩排名中，华北石油工程公司钻井队伍包揽了前9名，其他专业队伍综合业绩均名列前茅。鄂北工区平均钻井周期42.73天，较上年度缩短5.85天；鄂南工区平均钻井周期20.54天，缩短11.29天。保持了大牛地21.88天、杭锦旗26.75天、红河13.94天、泾河带导眼井19.67天等一系列水平井钻井周期纪录，以及定北探井27.92天、麻黄山定向井10.96天钻井周期纪录。

（陈　欣）

【市场拓展取得新成果】 2014年，华北石油工程公司成立市场开发委员会，建立市场信息月度、季度报表制度，畅通市场信息共享渠道，充实海外项目部管理力量，加强招投标策略研究，在国内外市场开拓上实现新的突破。①拓展了中联与中海油服的神府、临兴、横山堡市场，实现钻井、固井、压裂、试采、钻前等专业大包。②首次以大包方式进入中国石油辽河油田，开展钻、测、固、录井施工。③成功进军地热、铀矿、页岩气等施工领域。④2014年海外市场收入较上年增长36.18%。哈萨克斯坦项目完成钻井进尺3.08万米，较上年增长94.83%；在哈萨克斯坦萨基斯区块，包揽了所有固井工作量，试油气份额占到80%。沙特水井项目向规模化方向发展，与沙特阿美公司续签“3+2”年合同，并新增2台水井钻机。1台70D钻机中标科威特KOC钻井项目，并签订“4+1”年钻井合同。

（陈　欣）

【油藏服务开局良好】 2014年，华北石油工程公司着力培育具有自身特色的高端技术，努力实现从工程承包，向以工程设计、油藏评价等技术服务为主的综合服务转型。成立了油气藏研发服务中心，承担了新疆国土资源中心实钻过程中的油藏评价、塔中北坡单井岩石学特征与沉积微相研究、辽河油田6个区块井位部署及开发方案编制、中联临汾区块井位部署等项目，达到了积累油气藏研究经验、培养锻炼科研人员队伍的目的，为测录井专业将来转型发展奠定了基础，为实现工程总承包运作机制储备了技术实力。

（陈　欣）

【资质体系不断完善】 2014年，华北石油工程公司把资质作为提升市场竞争力的重要条件，有计划地开展资质体系建设。取得了《中华人民共和国对外承包工程资格证书》，办理了海关自理报检证明和原产地证明的数字证书，开展了出口退税业务，畅通了境外项目物流及资金渠道，为加快国际市场开拓奠定了基础。完成华北油服公司在咸阳的工商登记注册，以及地基基础、化工石油设备管道安装等6项资质的转移，扩大了油田服务能力与业务范围。取得石化集团公司井下作业设计、钻井设计、地质设计乙级资质并开始承揽业务，奠定了发展工程设计服务的基础，促进了综合一体化服务能力的提升。

（陈　欣）

【顺托1井创4项国内新纪录】 顺托1井是石化集团公司为探索塔里木盆地顺托果勒区块储层发育特征及含油气情况，部署在塔中北坡顺托果勒低隆构造上的重点探井，设计井深8 310米。2014年，华北石油工程公司90105HB钻井队在顺托1井施工中，以二开井段4 200米、裸眼段3 600米、套管下入4 198.98米、管串420吨，分别创直径444.5毫米井眼二开井段与裸眼段最长、套管下入最深与最重等4项国内石油钻井新纪录。

（陈　欣）

顺托1井施工现场

【一批新技术成功应用】 2014年，华北石油工程公司掌握了多级分段压裂工具工作原理与现场操作技能；初步形成三维绕障井施工工艺技术；成立多级射孔队，成功应用水平井多级射孔技术。在西北工区率先开展垂直井钻井技术服务；形成了基于元素录井的风化壳识别与预测的新技术和新方法，有效提高塔河油田碳酸盐岩油气藏风化壳识别准确率和预测吻合率。在泾河油田首次完成成像、放射性等测井系列钻输测井施工，作业一次成功率100%，资料优品率达95%。国家“863计划”“雷达成像测井样机研制”课题完成仪器配接试验，获 2 件实用技术专利。

（陈　欣）

【HSE 管理基础进一步夯实】 2014 年，华北石油工程公司被评为石油工程公司安全生产先进单位。建成并推广基层 HSE 管理信息系统，配套出台相应管理及考核办法，利用信息化手段，拉近了管理者与施工现场的距离，初步实现交流信息化、程序简单化、考核公开化、培训可视化、监督实时化、经验共享化。根据国家及地方有关要求，开展安全生产标准化建设，积极推进依法合规生产。高度重视境内外公共安全，成立公共安全管理委员会，制修订有关制度、预案，实行每日“零报告”。在鄂北、新疆环境敏感地区推广泥浆不落地装置，在鄂北工区试点压裂返排液回收处理再利用取得突破性进展。探索推进一线员工帮助计划（EAP），对长期野外工作的员工进行心理疏导及援助；对疑似重大疾病强制检查，职业卫生水平持续提升。

（陈　欣）

华北石油工程公司在沙特的 SP105、SP106 钻井队连续 4 年获安全无事故奖。图为颁奖后合影

【成本管控能力不断增强】 2014 年，华北石油工程公司加强成本管理。单元成本管控体系初步建立，成本管控机制进一步完善。持续改进绩效考核管理办法，实行季度考核兑现，对亏损单位及时调整季度效益奖金兑现比例，绩效考核激励约束作用有效发挥。实现了河南省内增值税统一核算和汇总缴纳，有效降低实际税负；争取到西部大开发企业所得税 15% 的优惠政策。通过引进现代化信息技术、引进并培育战略供应商、与厂家联合攻关、技术创新等手段，实行了在钻井队安装 GPS 油耗监控系统、钻头单井包干、螺杆战略采购、泥浆药品代储代销等一系列降本措施，综合成本有效降低。认真执行“八项规定”，严格审批流程，细化开支标准，非生产性支出较大幅度降低。

（陈　欣）

【资源优化积极推进】 2014 年，华北石油工程公司严控新设机构与新增人员，采取人才共享、余缺相济等模式，优化用工 497 人。按照事先算赢原则严控投资，对沙特水井钻机新购项目、科威特钻井改造项目、哈萨克斯坦修井机项目、测井仪器购置项目进行优化，共计压减投资 3 000 余万元。根据石油工程公司的安排，与胜利石油工程公司之间完成一套不压井装置移交以及 2 套固井设备接收工作，实现了资产的余缺调剂。

（陈　欣）

【完成上市相关配合工作】 2014 年，华北石油工程公司配合中介机构进行了上市前 3 年期财务报告现场审计；完成了上市前资产评估，剥离与生产经营活动无关的非经营性资产、负债与权益；完成离退休等非在职人员及费用划转剥离、定额人工费补差等上市配合工作。

（陈　欣）

【提素工程成效显著】 2014 年，华北石油工程公司构建多层次、多渠道培训体系，实施全员提素工程。在石化集团公司 2014 年石油工程板块业务竞赛中，获石油钻井技术团体三等奖，获钻井技术个人金、银、铜奖各 1 枚，钻井工个人金、铜奖各 1 枚，实现了金牌零的突破。

（陈　欣）

【党建创新促进生产经营】 2014 年，华北石油工程公司党委与所在施工区域油田党委联合开展了基层组织共建、流动党员共管、党风廉政建设共抓、竞赛活动共办、管理经验共享、工艺技术共用。融合式党建活动在鄂北工区，与华北分公司党委通过管理经验共享，实现了对外关系统一协调，重大活动统一部署，党建制度统一标准，重要工作统一安排的管理目标；在西北工区，与西北油田分公司监督中心党委、采油二厂党委通过基层组织共建和竞赛活动共办，拓宽了双方基层党建新思路，促进党建工作与安全生产深度融合，同时改变了双方以往比较单纯的生产技术交流方式，拓宽了沟通渠道，密切了双方合作关系。

（段晓辉）

表1　华北石油工程公司主要技术经济指标 亿元

指标名称＼年份	2014	2013
工业总产值	34.46	45.93
工业增加值	13.40	12.99
资产总计	46.16	45.84
流动资产	29.23	26.91
固定资产原值	28.40	29.39
固定资产净值	15.35	17.14
销售收入	35.37	45.90
实现利税	4.84	4.05
税　金	3.47	3.21
综合能耗/吨标煤·万元$^{-1}$	0.42	0.43

表2　华北石油工程公司主要生产建设指标

指标名称＼年份	2014	2013
钻井/口	185	226
探　井	15	25
开发井	170	201
钻井进尺/万米	67.54	76.29
录井/万米	110.34	132.07
测井/万米	1 616.00	2 475.00
固井/井次	1 203	1 697
压裂/层次	309	346

炼化工程公司

【概况】 按照石化集团公司专业化重组的总体部署，中石化炼化工程(集团)股份有限公司(简称炼化工程公司，英文缩写SEG)于2012年8月28日在北京注册成立，9月3日举行揭牌仪式。2013年5月23日在香港联合交易所挂牌上市，公司在港交所股票简称：中石化炼化工程，股票代码为2386。

作为中国石化炼化工程领域的唯一运营主体，炼化工程公司具备包括工程设计综合甲级资质、全国行业化工石油一级施工总承包等优良、全面的业务资质。具备同时执行20个以上大型EPC总承包项目、年完成设计投资额1 000亿元的生产能力和经营规模，并拥有一批具有自主知识产权的炼油全系列技术和乙烯裂解炉、聚乙烯、聚丙烯、丁二烯等化工成套核心技术，以及较为完善的施工技术和工法体系，可自行设计、建设单系列的千万吨级炼油厂和百万吨乙烯工程，具有领先的市场地位、全面的业务资质和强大的技术及人才实力。

炼化工程公司境内共有9家全资子公司以及1家研发中心，分别为：中国石化工程建设有限公司、中石化洛阳工程有限公司、中石化上海工程有限公司、中石化宁波工程有限公司、中石化南京工程有限公司、中石化第四建设有限公司、中石化第五建设有限公司、中石化第十建设有限公司、中石化重型起重运输工程有限责任公司、SEG工程技术研发中心。

截至2014年底，炼化工程公司共有员工19 219名，其中中国科学院院士1名、中国工程院院士2名、国家级设计大师11名、国家特殊贡献奖获得者2名、享受国务院特殊津贴专家40名、教授级专业技术职务人员234名、高级专业技术职务人员3 506名、中级专业技术职务人员4 926名、技能操作技师和高级技师902名。

（刘红叶）

【领导班子调整】 2014年5月28日，炼化工程公司第一届董事会第十一次会议决议，聘任桑菁华和孙晓波为副总经理。11月13日，炼化工程公司召开干部大会，宣读石化集团公司党组文件，建议：章建华任董事会董事长，陆东任董事会副董事长兼党委书记，肖刚、向文武任副总经理(正局)，戚国胜任副总经理(正局)、党委委员。11月20日，第一届董事会第十三次会议决议，聘任戚国胜为副总经理。因工作调整，樊继贤、吴德荣、王国良、孙丽丽、何建波、田建军和李旭升均不再担任副总经理。

（刘红叶）

【生产经营任务全面完成】 2014年，由于国际原油价格大幅下挫，能源化工行业面临严峻挑战。面对快速变化的不利局面，炼化工程公司积极顺应境内外市场变化和自身发展要求，整合市场开发优势和资源，加大对外宣传与推广力度，强化精细化管理，加大项目过程管控，各项工作保持平稳的发展势头。全年实现营业收入人民币 493.46 亿元，实现利润总额 45.2 亿元。

（刘红叶）

【重点工程项目顺利实施】 2014 年，炼化工程公司参建的石化集团公司重点工程项目均顺利推进，项目质量、安全受控。元坝天然气净化厂、塔河重质原油改质、S－Zorb 项目群、烟气脱硫脱硝项目群、海南芳烃、LNG 项目组（山东、天津、广西）、福建联合石化 EO/EG、中天合创煤炭深加工等石化集团公司重点工程项目均顺利推进。

（刘红叶）

【全面强化安全质量管理】 2014 年，炼北工程公司全面强化安全、质量管理，健全体系、完善制度、落实质量安全责任，全面强化过程管控和培训教育，加大隐患排查和监管力度。实现 2.7 亿安全人工时，境内外安全生产形势总体平稳受控。QHSE 一体化管理体系建设工作全面启动，确定了管理体系建设方案，并初步形成 QHSE 一体化管理体系文件框架。

（刘红叶）

【市场开拓合力逐渐凸显】 2014 年，炼化工程公司调整市场开发工作策略，着力开展市场分析研究，加大品牌推广力度，做好支持与服务。各子公司勇于面对挑战，充分调动资源，积极开拓市场，取得显著成效，全年系统外新签合同额占比达 47.34%，与中国石化系统内基本相当。

（刘红叶）

【国际市场开拓卓有成效】 2014 年，炼化工程公司新签国际业务合同 9 个，合同金额 18.71 亿美元。成功中标合同总额 13.29 亿美元的马来西亚国家石油公司炼油 EPCC 总承包项目，实现了在东南亚地区总承包业务的突破，同时也凸显了中国石化炼化工程业务重组后的一体化竞争优势，在国际市场公开竞标赢得项目，引人瞩目。全年在沙特市场共签署了 6 个项目合同，巩固了在沙特的市场份额，保持了业务的延续性。签署的印度 ESSAR 炼油及石油焦制氢 2 个前期咨询合同，为进入南亚市场创造了条件。

（刘红叶）

【“十条龙”攻关全面完成任务】 2014 年，炼化工程公司全年共承担了 26 项“十条龙”攻关项目，其中逆流重整、乙烯分离、芳烃成套技术、SE 东方炉、第三代聚丙烯、RSDS－III 技术等 10 个完成攻关任务并实现工业转化的项目“出龙”，为技术引领市场提供了新的成果。炼厂能效提升与全厂节能、污水深度处理等 5 个新项目加入了“十条龙”攻关。

（刘红叶）

【重点攻关任务取得阶段成果】 湖北化肥煤制乙二醇工业示范装置已连续运行，第二代气液流化床聚乙烯技术在天津开车成功。元坝天然气净化厂一、二联合装置，长岭炼化国内首套双氧水法制环氧丙烷应用试验装置投料试车一次成功。移动床甲醇制丙烯工艺研究通过了中国石化评审。SE 粉煤气化技术工艺包开发完成。流化床甲醇制汽油中试完成冷模流态化试验，热态中试装置正在建设。3 000 米^3（标准）/时煤制天然气试验装置在陕西投运并标定。

（刘红叶）

【创新成果成效显著】 2014 年，炼化工程公司共获省（部）级以上各类科技成果奖励 46 项。17 项科研成果获得石化集团公司科技进步奖，其中一等奖 5 项，S－MTO 成套技术获得科技进步特等奖。在 2015 年初的国家科学技术奖励大会上，参与研发的 4 项技术获得 2014 年度国家技术发明及技术进步一等奖。重整工艺专家徐又春获得中国石化 2014 年度唯一的科技功勋奖。

（刘红叶）

【专业化重组稳步推进】 2014 年，炼化工程公司不断深化专业化重组改革，重型起重运输公司、机械制造公司、工程技术研发中心、沙特公司的重组改革各项专业化重组工作稳步推进。

（刘红叶）

【企业文化建设进一步加强】 2014 年，炼化工程公司启动了战略梳理和管控体系建设工作，对标国际知名工程公司，对管理现状进行了全面分析和诊断，结合“创建世界一流工程公司”的愿景，形成了“能化为本、创新驱动、全球发展、价值聚焦”的四大战略，在愿景及战略的引领下，将着力培育并不断提升“提供一站式整体解决方案”的核心竞争力。6 月 13 日，正式发布《中石化炼化工程（集团）股份有限公司视觉形象识别系统管理手册》，推进品牌管理体系建设，规范企业品牌形象，将 SEG 打造成具有广泛影响力的国内外知名品牌。

（刘红叶）

工程建设公司

【概况】 中国石化工程建设有限公司(简称工程建设公司，英文缩写 SEI)是炼化工程公司全资子公司，地处北京市朝阳区，是以炼油和化工工程设计为主体，可实施工程建设总承包和工程项目管理的工程公司，其前身创建于 1953 年。SEI 主要从事炼油、化工、煤化工、天然气等能源化工工程项目的咨询、设计、设备材料采购、安评与环评、施工管理、工程总承包、项目管理服务、工程监理、技术服务等工作。

SEI 拥有国家颁发的工程设计综合甲级资格证书、工程监理甲级资格证书、工程造价咨询单位甲级资格证书、工程咨询甲级资格证书、甲级环境影响评价证书、压力容器设计单位批准书、压力管道设计资格批准书、对外经济合作经营资格证书等国家顶级资质，并取得英国劳氏公司签发的质量(ISO 9001)、职业健康安全(OHSAS 18001)和环境管理体系(ISO 14001)认证证书。

截至 2014 年底，SEI 在册员工 1 950 人，其中中国工程院院士 2 人，中国工程设计大师 4 人，教授级高级工程师 85 人，高级工程师、高级经济师等高级职称人员 1 236 人；累计拥有各项专利 520 件，其中有效授权 323 件，专有技术 145 项。

2014 年，SEI 实现营业收入 119.95 亿元，实现利税总额 16.57 亿元，21 套装置(或系统)实现中交，58 套装置(或系统)一次投料试车成功。获国家和省部级奖励 28 项，其中国家科技进步一等奖、二等奖各 1 项，全国优秀工程总承包项目奖 2 项；石化集团公司科技进步奖 15 项、优质工程奖 5 项。在国际权威的《工程新闻记录》(ENR)和《建筑时报》联合推出的“2014 年中国工程设计企业 60 强”排名中，继 2006 年、2007 年之后第 3 次荣列榜首；同时获 2014 年最具效益工程设计企业称号。此外，还获得全国工程建设领域 2014 年低碳环保标杆企业称号。

工程建设公司主要生产经营指标见表 1，2014 年开车及中交项目和项目获奖情况见表 2 和表 3。

（刘　月）

【领导班子调整】 根据石化集团公司人事部关于干部任免决定，副总经理朱斐调任第四建设公司党委书记、副总经理，副总经理戚国胜调任炼化工程公司副总经理(正局级)，王曰杰、李旭升兼任 SEI 副总经理，李浩、王振国任 SEI 副总经理。

（刘　月）

【QHSE 管理水平持续提升】 2014 年 3 月 7 日，SEI 通过英国劳氏质量认证公司的 QHSE 管理体系换证审核；12 月 22—26 日，再次通过监督审核。SEI 质量、环境与职业健康安全管理体系的实施与运作，符合 ISO 9001：2008/ ISO 14001：2004/OHSAS1 8001：2007 标准，所有项目实现了质量事故为零、死亡和重伤事故为零的目标，保持了一流的 QHSE 管理业绩。

（刘　月）

【各项费用大幅下降】 2014 年，SEI 严格执行中央“八项规定”精神、坚决反对“四风”，狠抓整改落实，办公费同比下降 35%，差旅费下降 14%，会议费下降 56%，业务招待费下降 47%，车辆使用费下降 9%，出国经费下降 11%。

（刘　月）

【7 项“十条龙”项目出龙】 2014 年，SEI 共有 7 项“十条龙”攻关项目顺利出龙。其中 3 项是组长单位，分别是：60 万吨/年逆流连续重整成套技术开发与工业应用、武汉 80 万吨/年乙烯成套技术、第三代环管工艺聚丙烯技术开发；4 项是参与单位，分别是：满足欧 V 排放标准的汽油生产技术之一：RSDS－III 技术、柴油超深度加氢脱硫(RTS)技术工业试验、生物质油加氢生产生物航煤技术开发及工业应用、60 万吨/年 PX 生产装置成套技术。

（刘　月）

【湖北化肥乙二醇开车成功】 2014 年 3 月 9 日，SEI 负责的中国石化“十条龙”科技攻关项目——湖北化肥合成气制乙二醇工业示范装置一次开车成功，标志着中国石化拥有了自主知识产权的合成气制乙二醇技术。

（刘　月）

【中化泉州 8 套工艺装置全部开车成功】 2014 年 6 月 23 日，由 SEI 承担总体设计、基础工程设计和工程总承包的中化泉州 1 200 万吨/年炼油项目 8 套工艺装置全部开车成功。该项目是国家“十二五”规划项目，是国家海峡西岸经济区重点项目之一。

（刘　月）

【4 套 S－Zorb 装置开车成功】 2014 年，由 SEI 采用

标准化设计的青岛炼化、金陵石化 2#、石家庄炼化 3 套 150 万吨/年 S－Zorb 装置，镇海炼化 2#90 万吨/年 S－Zorb 装置均实现一次投料开车成功。至此，国内投产的 S－Zorb 装置达 25 套，年加工能力达到 3 210万吨。

（刘 月）

【靖边榆林能源化工综合利用项目开车成功】 2014 年 7 月 31 日，陕西延长石油集团榆林能源化工有限公司靖边榆林能源化工综合利用项目开车成功。SEI 总承包其中的 5 套核心装置：150 万吨/年催化裂解（DCC）制乙烯、30 万吨/年聚丙烯一线、30 万吨/年高密度聚乙烯、30 万吨/年聚丙烯二线、30 万吨/年低密度聚乙烯。

（刘 月）

【石家庄炼化油品质量升级及原油劣质化改造项目开车成功】 2014 年 9 月 4 日，中国石化重点工程项目——石家庄炼化 800 万吨/年油品质量升级及原油劣质化改造项目 14 套主装置及配套系统全部投入运行并产出合格产品。SEI 承担了项目的总体设计、基础设计、详细设计、采购及总体拿总工作，负责 EP 承包了 12 套装置。

（刘 月）

【获菲迪克 2014 年工程项目优秀奖】 2014 年 9 月 28 日—10 月 1 日，在巴西里约热内卢举行的国际咨询工程师联合会（FIDIC，菲迪克）2014 年会上，SEI 承担前期咨询和工程设计任务的镇海炼化 100 万吨/年乙烯工程获得菲迪克 2014 年工程项目优秀奖。

（刘 月）

【孙丽丽获杰出工程师奖】 2014 年 10 月 26 日，SEI 总经理、党委书记孙丽丽在首届杰出工程师奖全国评选活动中，获杰出工程师奖。杰出工程师奖是国内首个面向全国各生产建设领域、以“工程师”命名的企业工程技术人员奖项，是中国科技奖励领域的有益探索和重大突破，由中华国际科学交流基金会设立并承办。

（刘 月）

【获得高新技术企业资格】 2014 年 10 月 30 日，SEI 获得由北京市科委、北京市财政局、北京市国税局、北京市地税局联合授予的高新技术企业资格，有效期 3 年。受益于此，SEI 所得税率将由 25% 降至 15%。同时有利于加快转型发展，进一步推动 SEI 走内涵发展之路。

（刘 月）

【总承包首家 LNG 接收站建成】 2014 年 11 月 26 日，山东 LNG 储罐顺利接卸中国石化首艘进口 LNG 调试气船，LNG 流量达到 1.04 万米^3/时，检验了 SEI 总承包的储罐设计及施工质量达到设计要求，标志着 SEI 在 LNG 新领域取得成功。中国石化首家 LNG 接收站优质高效建成投产，对优化中国能源消费结构，建设绿色低碳环保型社会具有重要意义。

（刘 月）

山东 LNG 项目储罐区及火炬

【元坝天然气净化厂装置开车成功】 2014 年 12 月起，元坝天然气净化厂第二、第一联合装置依次开车投料一次成功。由 SEI 总承包的元坝气田天然气净化工程为石化集团公司“十条龙”攻关项目之一，采用了 SEI、华东理工大学、北京化工研究院的专有和专利技术，形成了中国石化第 1 个具有自主知识产权的成套天然气净化技术。

（刘 月）

元坝气田天然气净化厂联合装置区夜景图

表1 工程建设公司主要生产经营指标 亿元

指标名称 \ 年份	2014	2013	2012	2011	2010	2009
资产总值	83.29	69.16	79.00	158.00	166.82	167.00
建设投资	360.80	381.58	377.43	306.39	365.32	360.85
主营业务收入	119.95	101.17	93.49	83.85	155.20	154.98
利税总额	16.57	19.02	20.51	20.62	19.18	17.02
承接合同数量/项	156	166	154	78	75	145
授权专利数量/件	76	53	71	27	41	11

表2 工程建设公司2014年开车及中交项目

序号	项目名称	开车/中交日期	备注
1	中化泉州1 200万吨/年炼油项目160万吨/年延迟焦化装置	6月23日	
2	中化泉州1 200万吨/年炼油项目14万米^3/时制氢装置	4月9日	
3	中化泉州1 200万吨/年炼油项目10万米^3/时PSA装置	1月18日	中交
4	中化泉州1 200万吨/年炼油项目340万吨/年重油催化裂化装置	4月12日	
5	中化泉州1 200万吨/年炼油项目1 200万吨/年常减压蒸馏装置	4月12日	
6	中化泉州1 200万吨/年炼油项目230万吨/年轻烃回收装置	4月12日	
7	中化泉州1 200万吨/年炼油项目200万吨/年连续重整装置	5月29日	
8	中化泉州1 200万吨/年炼油项目330万吨/年渣油加氢装置	6月18日	
9	四川石化炼油区火炬设施及回收系统	1月	
10	四川石化65万吨/年对二甲苯芳烃联合装置	2月5日	
11	四川石化270万吨/年蜡油加氢裂化装置	2月27日	
12	湖北化肥20万吨/年合成气制乙二醇工业示范装置	3月9日	
13	中国石化南阳精蜡厂3 000吨/年费托合成油加氢提质技术工业应用试验研究	3月11日	
14	福建联合石化乙烯装置脱瓶颈改造项目F10110N裂解炉	3月17日	
15	福建联合石化乙烯装置脱瓶颈改造项目F09109N裂解炉	4月11日	
16	海顺德(漳州)特种油品有限公司45万吨/年环保溶剂油装置及配套系统	4月1日	
17	上海赛科公司9万吨/年丁二烯装置	8月6日	
18	镇海炼化乙烯改造项目乙烯消缺及节能完善装置	7月2日	
19	镇海炼化70万吨/年裂解汽油加氢装置改造项目	7月3日	
20	石家庄炼化800万吨/年油品质量升级项目500万吨/年常减压装置	8月	

续表

序号	项目名称	开车/中交日期	备注
21	石家庄炼化 800 万吨/年油品质量升级项目 120 万吨/年重整装置	8 月	
22	石家庄炼化 800 万吨/年油品质量升级项目 30 万吨/年气分装置	8 月 23 日	
23	石家庄炼化 800 万吨/年油品质量升级项目双脱装置	8 月	
24	石家庄炼化 800 万吨/年油品质量升级项目 150 万吨/年 S – Zorb 装置	8 月 22 日	
25	石家庄炼化 800 万吨/年油品质量升级项目公用工程辅助设施	8 月	
26	石家庄炼化 800 万吨/年油品质量升级项目 180 万吨/年蜡油加氢装置	8 月 20 日	
27	石家庄炼化 800 万吨/年油品质量升级项目 150 万吨/年渣油加氢装置	8 月 28 日	
28	石家庄炼化 800 万吨/年油品质量升级项目 220 万吨/年催化裂化装置	8 月	
29	石家庄炼化 800 万吨/年油品质量升级项目轻烃回收装置	8 月	
30	石家庄炼化 800 万吨/年油品质量升级项目 35 万吨/年芳烃抽提装置	8 月	
31	石家庄炼化 800 万吨/年油品质量升级项目 PSA 单元	8 月	
32	石家庄炼化 800 万吨/年油品质量升级项目 20 万吨/年聚丙烯装置	8 月 20 日	
33	山东 LNG 项目一期工程储罐区(1#—3#)	6 月 26 日	中交
34	陕西延长石油集团榆林能源化工有限公司靖边能源化工综合利用项目 30 万吨/年聚丙烯装置(1 线)	7 月 5 日	
35	陕西延长石油集团榆林能源化工有限公司靖边能源化工综合利用项目 30 万吨/年高密度聚乙烯装置	7 月 9 日	
36	陕西延长石油集团榆林能源化工有限公司靖边能源化工综合利用项目 30 万吨/年聚丙烯装置(2 线)	7 月 15 日	
37	陕西延长石油集团榆林能源化工有限公司靖边能源化工综合利用项目 30 万吨/年线性低密度聚乙烯装置	7 月 15 日	
38	陕西延长石油集团榆林能源化工有限公司靖边能源化工综合利用项目 150 万吨/年催化裂解(DCC)制乙烯装置	7 月 25 日	
39	乌鲁木齐石化公司 150 万吨/年蜡油加氢装置	7 月 21 日	
40	青岛炼化 150 万吨/年 S – Zorb 催化汽油吸附脱硫装置	7 月 14 日	
41	镇海炼化 90 万吨/年 S – Zorb 催化汽油吸附脱硫装置	8 月 2 日	
42	陕西延长延安石油化工厂 2 万米^3/时制氢装置	8 月 7 日	
43	陕西延长延安石油化工厂 240 万吨/年柴油加氢装置	8 月 26 日	
44	金陵石化第二套 150 万吨/年 S – Zorb 催化汽油吸附脱硫装置	9 月 2 日	
45	元坝气田天然气净化厂项目 110 千伏总变电站	6 月 10 日	
46	茂名石化 20 万吨/年聚丙烯装置	8 月 29 日	
47	燕山石化 9 万吨/年丁基橡胶装置及配套	9 月 4 日	
48	天津石化 200 万吨/年柴油加氢装置及配套系统	9 月 28 日	

续表

序号	项目名称	开车/中交日期	备注
49	镇海炼化210万吨/年延迟焦化装置	10月10日	
50	河北海伟30万吨/年聚丙烯装置	10月25日	
51	哈尔滨石化分公司100万吨/年柴油液相加氢装置	11月5日	
52	高桥石化1#蒸馏装置	11月16日	
53	山东烟台万华聚氨酯股份有限公司24万吨/年PO/78万吨/年MTBE装置及配套	11月26日	中交
54	大连西太平洋石油化工有限公司重整—抽提项目	11月28日	中交
55	宁夏宝丰能源集团有限公司焦化废气回收综合利用制烯烃项目30万吨/年聚丙烯装置	11月25日	
56	宁夏宝丰能源集团有限公司焦化废气回收综合利用制烯烃项目30万吨/年LLDPE装置	11月25日	
57	中国石化和日本三井化学合资项目7.5万吨/年三元乙丙橡胶装置及配套	11月26日	
58	元坝气田天然气净化厂项目公用工程(中心化验室、备品备件库、净化水场及消防泵站、循环水场、动力站、水处理站及凝结水站)	8月29日	
59	元坝气田天然气净化厂项目(全厂)	12月15日	
60	德纳(南京)化工有限公司10万吨/年环氧乙烷项目	12月10日	
61	扬子石化三轮改造污水处理及废水回用配套工程	12月30日	

表3 **工程建设公司2014年项目获奖情况**

序号	项目名称	获奖名称	获奖等级
1	一种极端条件下重要压力容器的设计、制造与维护	国家科技进步奖	一等奖
2	高酸重质原油全额高效加工的技术创新及工业应用	国家科技进步奖	二等奖
3	芳烃关键技术开发及应用	石化集团公司科技进步奖	特等奖
4	国产825合金材料高压空冷器成套技术开发	石化集团公司科技进步奖	一等奖
5	大型乙烯裂解炉节能降耗技术创新及产业化示范工程	石化集团公司科技进步奖	二等奖
6	20万吨/年硫黄装置末级硫冷器国产化研制	石化集团公司科技进步奖	二等奖
7	07MnNiMoVDR钢制大型低温乙烯球罐研制	石化集团公司科技进步奖	二等奖
8	特高含硫气田环境保护关键技术及应用	石化集团公司科技进步奖	二等奖
9	大型EO反应器研制	石化集团公司科技进步奖	二等奖
10	中国石化新型煤化工产业发展战略研究	石化集团公司科技进步奖	二等奖
11	百万吨级乙烯冷箱的开发与研制	石化集团公司科技进步奖	三等奖
12	催化剂高效脱气与汽提技术开发技术	石化集团公司科技进步奖	三等奖
13	45万吨/年搅拌式反应器PX氧化制PTA成套技术	石化集团公司科技进步奖	三等奖
14	100兆瓦大型加热炉的研究与开发术开发	石化集团公司科技进步奖	三等奖
15	硫黄成型装备成套技术	石化集团公司科技进步奖	三等奖

续表

序号	项目名称	获奖名称	获奖等级
16	《石油储备库设计规范》GB 50737—2011	石化集团公司科技进步奖	三等奖
17	石油化工工厂信息系统设计规范	石化集团公司科技进步奖	三等奖
18	海南炼化 60 万吨/年对二甲苯项目	石化集团公司优质工程奖	
19	武汉石化 80 万吨/年乙烯工程乙烯装置	石化集团公司优质工程奖	
20	济南炼化 60 万吨/年逆流移动床重整装置改造项目	石化集团公司优质工程奖	
21	石油商业储备有限公司天津原油商业储备基地工程	石化集团公司优质工程奖	
22	安庆石化含硫原油加工适应性改造及油品质量升级工程	石化集团公司优质工程奖	
23	辽阳石化分公司 140 万吨/年连续重整—歧化联合装置及配套系统工程	中国石油工程建设协会优秀工程设计奖	一等奖
24	辽阳石化分公司 140 万吨/年连续重整—歧化联合装置及配套系统工程	中国石油工程建设协会优质工程奖	金奖
25	天津石化 100 万吨/年乙烯及配套项目 45 万吨/年聚丙烯装置	中国勘察设计协会优秀工程总承包奖	银钥匙奖
26	中原石化 60 万吨/年甲醇制烯烃装置	中国勘察设计协会优秀工程总承包奖	铜钥匙奖

洛阳工程公司

【概况】 中石化洛阳工程有限公司(简称洛阳工程公司，英文缩写 LPEC)是炼化工程公司全资子公司，前身是石油工业部抚顺设计院，成立于 1956 年 10 月，2012 年完成公司制改制，与中石化广州工程有限公司实行一体化管理。是国内能源化工领域集技术专利商与工程承包商为一体的高新技术企业，拥有国家颁发的工程设计综合甲级资质证书，是国家首批授权实施工程总承包的全国基本建设管理体制改革试点单位之一，也是国家首批业务涵盖 21 个行业的工程咨询企业之一，已通过 QHSE 管理体系、ISO 10015 培训管理体系认证。

洛阳工程公司本部位于河南省洛阳市。拥有一支专业结构合理、满足业务发展需要的工程设计、技术开发、项目管理和运营管理的人才队伍。截至 2014 年底，在册职工 2 083 人，其中中国科学院院士 1 名，国家设计大师 3 名，石油化工行业设计大师 6 名，享受政府特殊津贴的专家 24 名，教授级专业技术人员 75 名、高级专业技术人员 909 名，各类注册工程师 450 名。

洛阳工程公司具有工程设计和工程研究相结合的结构优势，在科技发展和技术进步方面形成了独有的特色。先后承担并完成渣油加氢处理、低压组合床重整、灵活高效催化裂化、甲醇制低碳烯烃等一批国家和石化集团公司的科技攻关课题。截至 2014 年底，累计获国家级科技进步奖和发明奖 47 项，省部级科技进步奖和技术发明奖286 项；获国家级优秀设计奖 24 项，省部级优秀设计奖 96 项；获国家和省部级优质工程奖 40 项，获全国优秀总承包金、银钥匙奖 9 项，拥有国内外有效授权专利 613 件。

洛阳工程公司内设有国家燃料油质量监督检测中心，中国石化炼油反应工程技术研究重点实验室，设备防腐蚀研究中心以及储运、总图、建筑设计技术中心站等专业技术机构；设有博士后科研工作站和研究生工作站；编辑出版《炼油技术与工程》《石油化工腐蚀与防护》等国家核心期刊和其他专业期刊，在业界具有较大的影响力。2013 年 12 月，洛阳工程公司被认定为国家级企业技术中心。2014 年，再次通过国家高新技术企业认定。

2014年，洛阳工程公司经济效益持续增长，多项指标创历史新高。完成工程设计投资398.8亿元，同比增长5%；完成EPC建设投资120.7亿元，增长50%；实现营业收入110.6亿元，增长31%；实现利润15.4亿元，增长0.2%；实现经济增加值(EVA)14.8亿元，增长5%。

洛阳工程公司主要生产经营指标和2014年中交及投产工程项目见表1和表2。

（李小爽）

【领导班子调整】 2014年10月11日，石化集团公司党组决定：周成平任洛阳工程公司(广州工程有限公司)执行董事兼总经理、党委副书记(兼)；王国良任洛阳工程公司(广州工程有限公司)党委书记、副总经理(兼)，不再担任洛阳工程公司(广州工程有限公司)执行董事、总经理职务。

（李小爽）

【科研开发取得历史性突破】 2014年，洛阳工程公司合作开发的3项科技成果获国家科学技术大奖，科研开发工作取得历史性突破。其中，“甲醇制取低碳烯烃(DMTO)技术”获2014年度国家技术发明一等奖，“极端条件下重要压力容器的设计、制造与维护”获国家科技进步一等奖，“重大化工装置中细颗粒污染物过程减排新技术”获2014年度国家技术发明二等奖。

（李小爽）

【QHSE管理水平持续提升】 2014年，洛阳工程公司继续强化QHSE管理，全面实现QHSE目标，未发生质量、安全、环保上报事故，无职业病例发生，获石化集团公司2014年度安全生产先进单位和质量管理先进单位称号，质量管理持续有效，顺利通过中国船级社认证公司QHSE管理体系复审。

（李小爽）

【国内首套5万/年沸腾床渣油加氢工业示范装置中交】 2014年2月28日，由洛阳工程公司参与开发和设计的国内首套5万吨/年沸腾床渣油加氢工业示范装置在金陵石化实现工程中间交接。该项目是中国石化“十条龙”科技攻关项目之一，由洛阳工程公司与抚顺石油化工研究院等单位联合承担研发攻关，形成了具有中国石化自主知识产权的沸腾床渣油加氢成套技术，具有广阔的推广应用前景。

（李小爽）

【国内首套可再生湿法烟气脱硫装置建成投产】 2014年3月1日，由洛阳工程公司承担的济南炼化140万吨/年重油催化装置烟气脱硫项目一次开车成功，标志着石化集团公司“十条龙”科技攻关项目之一——可再生湿法催化烟气脱硫成套技术开发获得成功，也标志着国内首套可再生湿法烟气脱硫装置顺利建成投产。

（李小爽）

【塔河炼化500万吨/年重油改质配套完善项目一次开车成功】 2014年7月20日，由洛阳工程公司总承包的塔河炼化500万吨/年重油改质配套完善项目一次开车成功。该项目是石化集团公司实施国家推进油品质量升级、推动新疆经济发展的重点建设项目，其投产结束了南疆地区不能生产高标号清洁汽油及航空煤油的历史。

（李小爽）

【移动床甲醇制丙烯催化剂和工艺研究项目通过中国石化技术评议】 2014年10月10日，由洛阳工程公司承担的移动床甲醇制丙烯(MMTP)催化剂和工艺研究项目通过中国石化技术评议。该项目是一种全新的甲醇生产丙烯工艺技术开发项目，由洛阳工程公司、石油化工科学研究院、浙江大学和中石化催化剂湖南建长股份有限公司联合承担完成，已累计申请国家发明专利30件，形成了自主知识产权。

（李小爽）

【世界首套DMTO－II工业示范装置在陕西蒲城建成】 2014年11月20日，由洛阳工程公司承担EPC建设的陕西蒲城70万吨/年煤制烯烃项目DMTO－II装置正式中交。该180万吨/年甲醇进料规模的DMTO－II装置是洛阳工程公司采用自主开发的DMTO－II技术建设的第1个标志性工程，其中交不仅标志着全球首套DMTO－II工业示范装置顺利建成进入投料试车阶段，而且标志着中国具有自主知识产权的甲醇制烯烃技术工业推广应用取得重大阶段性成果。

（李小爽）

【入选2014年ENR“中国承包商80强”】 2014年11月20日，由美国《工程新闻纪录》(ENR)和中国《建筑时报》2家媒体共同主办的“中国承包商80强”排名揭晓，洛阳工程公司进入80强行列，并名列2014年最具效益承包商排名第1位。

（李小爽）

【洛阳分公司 1 800 万吨/年炼油扩能改造工程环评获批复】 2014 年 12 月 10 日，由洛阳工程公司承担的洛阳石化 1 800 万吨/年炼油扩能改造工程环境影响报告书获得国家环保部正式批复，标志着洛阳分公司 1 800 万吨/年炼油扩能改造工程历时三年半的环评工作完成。

（李小爽）

【中国石化首个 LNG 项目正式投产运行】 2014 年 12 月 13 日，由洛阳工程公司拿总并承担主体总承包建设任务的山东液化天然气（LNG）项目接收站工程迎来首船切尔西号商业气，顺利接卸后外输，标志着中国石化首个 LNG 项目正式投产运行。

（李小爽）

【5 个工程项目获奖】 2014 年，石化集团公司 2013 年度优质工程奖评选揭晓，洛阳工程公司承担完成的茂名石化油品质量升级改造工程（工程设计）、九江石化 120 万吨/年连续重整及 25 万吨/年苯抽提联合装置（工程总承包）、金陵石化油品质量升级改造工程加氢—催化联合装置（工程设计）3 个项目受到石化集团公司表彰。2014 年 12 月 5 日，2013—2014 年度国家优质工程奖评选结果揭晓，洛阳工程公司参与建设的中国石油广西石化 1 000 万吨/年炼油工程、中国石化九江分公司 150 万吨/年柴油加氢装置 2 个项目获得国家优质工程奖，受到中国施工企业管理协会表彰。

（李小爽）

表 1　　洛阳工程公司主要生产经营指标　　亿元

指标名称＼年份	2014	2013	2012	2011	2010	2009
资产总值	86.31	79.99	67.10	78.93	71.95	42.25
流动资产	72.58	65.85	52.90	75.55	68.69	39.28
固定资产原值	11.90	11.56	10.76	5.16	4.66	4.36
固定资产净值	8.50	8.84	8.57	2.88	2.78	2.59
建设投资	398.80	380.68	361.86	322.89	262.68	228.25
主营业务收入	110.63	84.17	69.29	65.75	58.41	51.04
实现利税	17.18	19.34	15.08	15.23	11.82	11.15
实现税金	1.83	4.02	4.03	4.18	3.62	3.16
授权专利数量/件	137	96	84	68	36	35

表 2　　洛阳工程公司 2014 年中交及投产工程项目

序号	投产项目	中交、投产日期	备　注
1	大唐国际合成气完全甲烷化项目 3 000 米^3（标准）/日 SNG 侧线试验装置	1 月投产	工程设计
2	中国海油东方石化一期工程 120 万吨/年催化裂解装置	2 月投产	工程设计
3	中国石油四川石化 300 万吨/年渣油加氢脱硫装置、250 万吨/年重油催化裂化装置	2 月投产	工程设计
4	中国石油广西石化 14 万米^3（标准）/时制氢装置	3 月中交 7 月投产	工程总承包
5	济南炼化 140 万吨/年重油催化装置烟气脱硫项目	3 月投产	工程设计
6	中国石油广西石化 400 万吨/年渣油加氢脱硫装置	4 月中交	工程设计

续表

序号	投产项目	中交、投产日期	备　注
7	陕西延长永坪炼油厂140万吨/年柴油加氢装置	4月投产	工程设计
8	巴陵石化催化裂化装置隐患治理项目	5月投产	工程设计
9	中煤榆横60万吨/年DMTO装置	5月中交6月投产	工程总承包
10	陕西延长中煤榆林靖边60万吨/年DMTO联合装置	6月投产	工程总承包
11	塔河炼化500万吨/年重油改质配套完善项目	7月投产	工程总承包
12	山东神达/昊达项目100万吨/年DMTO联合装置	9月中交11月投产	工程总承包
13	中国石油兰州石化120万吨/年柴油加氢装置质量升级改造项目	9月投产	工程设计
14	陕西蒲城70万吨/年煤制烯项目DMTO－II装置	10月中交	工程总承包
15	高桥分公司3#催化裂化装置提高掺渣比改造项目	11月投产	工程设计
16	巴陵石化常减压蒸馏装置隐患治理项目	11月投产	工程设计
17	中国石油长庆石化140万吨/年柴油加氢装置	11月投产	工程设计
18	山东液化天然气(LNG)项目接收站工程	11月投产	工程总承包
19	扬子石化370万吨/年航煤加氢精制改造装置、80万吨/年航煤加氢精制改造装置	11月投产	工程设计
20	扬子石化800万吨/年常减压蒸馏装置(含150万吨/年轻烃回收及脱硫)	12月投产	工程设计
21	中国石油锦西石化汽柴油质量升级项目5 000米^3(标准)/时制氢装置、150万吨/年蜡油加氢裂化装置	12月投产	工程设计
22	中国石油玉门油田炼油厂50万吨/年延迟焦化装置	12月投产	工程设计
23	青海盐湖100万吨/年DMTO装置及配套工程	12月中交	工程总承包

上海工程公司

【概况】 中石化上海工程有限公司(简称上海工程公司，英文缩写SSEC)是炼化工程公司全资子公司，位于上海市浦东新区张杨路769号，注册资本人民币2亿元。

上海工程公司前身是上海医药工业设计院，成立于1953年，是国内最早从事石油化工、医药和化工工程设计的大型综合性设计单位之一。曾先后归属轻工业部、化工部、国家医药管理总局等领导，2000年12月整体划归石化集团公司。2002年，以上海医药工业设计院为核心，联合中石化上海金山工程公司和上海高桥石化设计院进行重组，2003年4月更名为中国石化集团上海工程有限公司。

上海工程公司持有国家住房与城乡建设部颁发的工程设计综合甲级资质证书，可承接化工石化医药、石油天然气、商物粮、轻纺、建筑、冶金、电子通信广电、市政等21个行业的工程设计和工程总承包业务，持有环境评价、工程咨询、工程造价、压力容器、压力管道等多项甲级设计资质和建筑业企业贰级资质证书；2010年起，获得上海市高新技术企业和上海市创新型企业称号；具有ISO 9001质量管理体系认证证书和ISO 14001、OHSAS 18001、HSE管理体系认证证书；2014年，积极推进Q/HSE体系一体化建设，取得英国劳氏公司Q/HSE体系认证证书。有129件专利技术，建立了先进的万兆以太计算机办公网络，主办出版《化工设备与管道》、《化工与医药工程》两种技术刊物。

截至2014年底，上海工程公司有10个专业(部)室，3个辅助部门，15个管理部(室)，5个子公司。在册员工1 145人，85%为从事工程设计和服务的工程技术人员；其中，设计大师 9 人，高、中级职称人员近 781 人，各类执业资格人员 347 人；硕士研究生及以上学历人员 196 人（占总人数 14%），具有教授级专业技术职称 27 人。

2014 年，上海工程公司生产经营保持稳步增长，新签合同额 60.69 亿元，完成合同收费 40 亿元；完成设计合同额 4.08 亿元、工程设计投资额 148.5 亿元、工程总承包合同额 37.26 亿元，完成项目 130 项；实现营业收入 38.58 亿元；利润总额 4.40 亿元，4 项费用 4.71 亿元，挖潜增效 2 097 万元，完成石化集团公司和 SEG 各项考核指标。

2014 年，上海工程公司第 5 次获上海市劳动关系和谐职工满意企业称号，董事长、总经理第 5 次获上海市职工信赖的经营（管理）者称号，第 2 次获全国“安康杯”竞赛优胜单位称号。

上海工程公司主要经营指标和 2014 年完成的主要项目见表 1 和表 2。

（钱水根）

【市场开拓实现新突破】 2014 年上半年，上海工程公司积极开拓市场，新签合同额 60.69 亿元，完成合同收费 40 亿元。在中国石化系统内，中标中安煤化工 35 万吨/年线性低密度聚乙烯装置 EPC 总承包、安庆炼化曙光 25 万吨/年丁辛醇项目 EPC 合同、九江石化乙苯/苯乙烯总承包框架协议、新疆邦友化工和山东炭黑等项目 EPC 投标机会；在系统外，争取到青海大美煤业聚丙烯装置总承包、青海矿业聚丙烯装置基础设计、大连鲲鹏乙苯/苯乙烯工程设计、中国海油苯酚丙酮装置详细设计、延长集团 2PH 项目总承包委托书；另签订医药项目合同额达到 5 533 万元。

（钱水根）

【重大项目有序推进】 2014 年，上海工程公司以服务中国石化主业发展为重点，提升项目管控水平，确保各重大项目有序推进。累计完成设计合同额 4.08 亿元、工程设计投资额 148.5 亿元、工程总承包合同额 37.26 亿元，完成项目 130 项。系统内，湖北化肥 20 万吨/年合成气制乙二醇项目，打通全流程，产出合格产品；湖南长岭 10 万吨/年双氧水法制环氧丙烷装置投料试车一次成功，产出合格产品；茂名分公司新建 20 万吨/年精环氧乙烷装置完成基础设计审查；海南原油商业储备基地工程建成投运；中天合创 35 万吨/年 PP、25 万吨/12 万吨/年 LDPE 分别完成进度 48% 和 35%；中安联合煤化工 35 万吨/年聚乙烯项目开工建设。系统外，中煤榆林聚丙烯、烯烃分离及碳四综合利用项目完成投料开车；青海大美聚丙烯 EPC 项目开工打桩，完成进度 15%；新疆天利 15 万吨/年碳五分离装置投料开车一次成功。海外，沙特 SABIC 公司朱拜尔港口物流项目完工并投入运营，沙特聚酯（PET）项目机械完工，配合业主试车和尾项整改。

（钱水根）

【安全生产保持稳定】 2014 年，上海工程公司围绕强化红线意识、促进安全发展主题，夯实安全管理基础，重点做好 EPC 项目 HSE 管理，创新联合总承包 HSE 管理模式，强化 HSE 教育培训，建设企业安全文化，优化工作环境，企业健康平稳运行。累计安全人工时 1 182.59 万小时，其中现场 917.68 万小时，本部 264.92 小时。

（钱水根）

【科技创新成果转化取得重大进展】 2014 年，上海工程公司牵头组织申报乙烯衍生物生产过程智能制造的工艺软件与知识库研发，获得国家科技支撑，申报 20 多项中国石化科技开发项目获得批准。12 项科技创新成果通过中国石化科技部鉴定、验收和评议，其中大型 MTO 分离节能技术、大型 MTP 成套技术和工艺包、大型醋酸加氢制乙醇工艺包等技术具备工业应用条件。4 项中国石化“十条龙”重点攻关项目：年产 20 万吨合成气制乙二醇成套技术开发在湖北化肥成功实现工业应用，产品质量满足聚酯生产要求，氧化偶联生产负荷达到设计指标；PAN 基碳纤维成套技术开发在上海石化实现稳定生产；10 万吨/年 HPPO 环氧丙烷成套技术在长岭实现工业应用，成功产出合格产品，使上海工程公司成为世界第 3 家掌握该技术的专利商之一；15 万吨/年碳五分离技术获得技术许可，在新疆天利成功开车运行，各项指标达到合同要求。全年新申请专利 50 件，其中发明专利达 80%。截至 2014 年底，已拥有有效专利 129 件，另有 143 件处于审查阶段；获省部级以上奖励 12 项，申报各类奖励 21 项。

（钱水根）

【质量管控和标准化建设取得新进展】 2014 年，上海工程公司进一步强化项目质量管控，推进标准化和三化建设。积极推进 Q/HSE 体系一体化建设，实施英国劳氏的 Q/HSE 体系认证，5 月 29 日，取得劳氏公司 Q/HSE 体系认证证书。组织茂名 20 万吨/年精 EO 基础设计审查，组织扬子乙烯原料适应性改造方案、湖北合成气制乙二醇开车、长岭 HPPO 项目、苯酚丙酮 PT－1005 塔等技术评审。对三井化工苯酚丙酮、中煤榆横、神华榆林、蒙大、海南罐区、长岭 HPPO 等项目进行质量检查；组织高桥石化柴油产品质量升级和武汉石化 EO/EG、聚乙烯装置等项目设计变更统计分析，查找问题，举一反三，修编设计典型问题手册。组织苏州西山药物安全评价新研发中心、武汉乙烯工程项目设计回访。完成《境外炼化工程质量培训教材》编写，交付印刷出版。完成国家标准编制 4 项；石化集团公司标准 7 项，合编 29 项；SEG 标准 18 项，参编 72 项；上海工程公司标准 67 项。

（钱水根）

【中安联合煤化工项目 35 万吨/年聚乙烯装置开工建设】 2014 年 10 月 23 日，由中国石化和皖北煤电集团公司合资建设的中安联合煤业化工有限公司 35 万吨/年线性低密度聚乙烯装置现场开工、桩基打桩，系首期工程第 1 套开工建设的工艺装置。截至年底，完成桩基施工。该装置系首期 170 万吨/年甲醇及转化烯烃项目主要装置之一，投资 9.52 亿元，占地 5.77 万平方米，采用中国石化气相法聚乙烯技术，由上海工程公司 EPC 总承包。

（钱水根）

【青海大美聚丙烯装置开工建设】 2014 年 4 月 9 日，上海工程公司 EPC 总承包青海大美甘河工业园区尾气综合利用制烯烃项目聚丙烯装置 EPC 总承包和长周期设备采购合同签字，按照合同和服务范围，上海工程公司承担界区内装置、公辅设施和系统，界区外中央控制室内与装置有关的电气、仪表、电信等系统的设计、采购、施工总承包和相关技术服务。4 月 14—15 日，EPC 开工；6 月 18 日，开始桩基施工。

（钱水根）

【安庆炼化曙光 25 万吨/年丁辛醇项目桩基开工】 2014 年 12 月 26 日，上海工程公司新承担的 EPC 项目安庆炼化曙光 25 万吨/年丁辛醇合同签字，总投资近 10 亿元人民币，占地 2.72 万平方米，装置采用陶氏化学（DOW）与戴维工艺技术有限公司（Davy）共同开发的 S10 低压羰基合成技术，系世界一流的第三代专利技术。12 月 28 日，桩基开工。

（钱水根）

【《化工与医药工程》启用新刊名】 2014 年 4 月 1 日，上海工程公司《医药工程设计》期刊更名获得国家新闻出版广电总局批复，更名为《化工与医药工程》，并批复同意变更期刊主管单位为中国石油化工集团公司，主办单位为中石化上海工程有限公司；期刊新编国内统一连续出版物号为 CN31－2101/TQ。

（钱水根）

【1 项课题获国资委管理现代化创新成果奖】 2014 年 3 月 21 日，全国企业管理创新大会召开。上海工程公司“发展中国家工程总承包项目的税务筹划管理”获 2013 年度国家管理创新成果二等奖和成果创作人证书。

（钱水根）

【《化工装置工艺设计》出版】 2014 年 3 月、9 月，受全国工程硕士教指委、上海市教委和华东理工大学委托，上海工程公司编写工程硕士实践教学用书《化工装置工艺设计（上下册）》正式发行，全书共 6 章，主要介绍过程工程和化工工艺设计，既是相关领域工程硕士实践教学用书，也是设计工程技术人员参考资料。该书由多名设计师、国家注册设计专家参与编撰，历时一年。

（钱水根）

【2 项医药项目获全国医药设计奖项】 2014 年 6 月 5 日，上海工程公司承担的苏州西山药物安全评价新研发中心、深圳信立泰药业大亚湾制药厂产业化（一期）工程，分别获中国医药工程设计协会 2013 年度全国医药工程设计一、二等奖。

（钱水根）

【获多项石化集团公司表彰】 2014 年 2 月 21 日，石化集团公司表彰 2013 年度重点工程项目建设优秀管理团队，上海工程公司武汉乙烯 30 万吨/年 HDPE 和 15/28 万吨/年 EO/EG 装置设计项目组被评为优秀设计团队，项目经理何兆良被授予优秀设计经理称号。

2 月 25 日，上海工程公司获 2013 年度石化集团公司物资供应“比学赶帮超”红旗单位荣誉。2 月 27 日，与 SEI 联合设计的上海石化炼油改造项目第二联合装置及配套系统，被评为石化集团公司 2013 年度石化优质工程。3 月 25 日，托管的石化集团公司机械技术中心站被评为中国石化工程建设标准定额先进集体，这是该中心站连续第 3 年获此荣誉。4 月 14 日，徐樑获石化集团公司精神文明建设先进个人称号。4 月，柳耀琦入选中国石化寻找“最美石化一线青工”百强。5 月 26 日，获 2013 年度石化集团公司对外直接投资统计报表先进单位称号。5 月 2 日，上海工程公司广州石化 20 万吨/年高性能聚丙烯工程项目组获中国石化工人先锋号称号。

（钱水根）

表 1　　上海工程公司主要生产经营指标

指标名称＼年份	2014	2013	2012	2011	2010	2009
主要业务收入/亿元	38. 58	37. 50	34. 30	30. 50	23. 13	22. 16
完成工程投资额/亿元	148. 50	148. 00	140. 30	129. 99	86. 48	71. 90
完成工程项目/项	130	135	201	197	188	184
授权专利/件	129	89	84	60	30	19

表 2　　上海工程公司 2014 年完成的主要项目

委托单位	项目名称	完成日期	行业
中国神华煤制油化工有限公司包头煤化工分公司	神华包头煤制烯烃项目烯烃分离单元扩能改造方案	1 月	石化
深圳康泰生物制品股份有限公司	深圳康泰生物制品股份有限公司光明疫苗研发生产基地建设项目	1 月	医药
南京生物医药谷建设发展有限公司	南京生物医药谷孵化加速载体项目工程设计	1 月	医药
中煤陕西榆林能源化工有限公司	中煤榆横 360 万吨/年煤制甲醇及其深加工项目(一期一)聚丙烯	1 月	石化
中煤陕西榆林能源化工有限公司	中煤榆横 360 万吨/年煤制甲醇及其深加工项目(一期一)烯烃分离	1 月	石化
上海赛科石油化工有限责任公司	上海赛科原 P－1020 输送稀释油至焦油长输管线改造工程设计	2 月	石化
上海赛科石油化工有限责任公司	上海赛科新建 9 万吨/年丁二烯配套公用工程及储运系统项目设计	2 月	石化
上海赛科石油化工有限责任公司	上海赛科 SMEU 装置增加 D－1005 抽余油至 D－1004 返回线及控制系统	4 月	石化
上海中华药业有限公司	上海中华药业有限公司青浦工业园区项目规划	5 月	医药
上海赛科石油化工有限责任公司	上海赛科公用工程设施完善改造项目工程设计	5 月	石化

续表

委托单位	项目名称	完成日期	行业
中国石化上海石油化工股份有限公司	上海石化储运部三车间 V－501 丁二烯球罐本体接管更换详细设计	5月	石化
SABIC(沙特基础工业公司)	SABIC IBN－RUSHD 42 万吨/年聚酯项目	5月	石化
天津金士力新能源有限公司	天士力药品新型制剂小试、中试基地方案、施工图设计	6月	医药
中海石油炼化有限责任公司（中海油东方石化项目组）	海南精细化工项目二期工程 12 万吨/年乙苯—苯乙烯项目	6月	石化
中国石化扬子石油化工有限公司	扬子石化烯烃厂 1#乙烯装置零排放改造项目核算及工程设计	6月	石化
中国石化上海石油化工股份有限公司	上海石化 3#常减压装置初馏塔塔内件改造详细设计	6月	石化
上海赛科石油化工有限责任公司	上海赛科新增丙烯腈产品发优月流程改造	6月	石化
中国石化上海石油化工股份有限公司	上海石化腈纶部碳纤维装置红外干燥优化（详细设计）	6月	石化
广西金嗓子有限责任公司	广西金嗓子有限责任公司洛维工业园区新厂区总平面规划方案工作	7月	医药
中国石化扬子石油化工有限公司	扬子石化烯烃厂乙烯装置原料适应性改造核算及工程设计	8月	石化
协和发酵麒麟(中国)制药有限公司	协和发酵麒麟(中国)制药有限公司扩建固体制剂栋项目工程设计	8月	医药
黄岛国家石油储备基地有限责任公司	黄岛国家石油储备基地隐患治理工程	8月	石化
中国石化上海石油化工股份有限公司	上海石化塑料部四期空压站综合改造基础设计	8月	石化
青海省矿业股份有限公司	柴达木循环经济试验区青海矿业煤基多联产项目 40 万吨/年聚丙烯装置	9月	石化
中国石化集团石油商业储备有限公司海南分公司	海南原油商业储备基地工程 EPC	9月	石化
中国石化上海石油化工股份有限公司	上海石化 3#常减压减黏系统拆除后流程恢复整改详细设计	9月	石化
中国石油化工股份有限公司茂名分公司	茂名分公司 20 万吨/年环氧乙烷装置基础设计	10月	石化
上海博莱科信谊药业有限责任公司	上海博莱科信谊药业有限责任公司质量分析实验室改造	11月	医药
中国石油化工股份有限公司上海石油分公司	上海石油分公司高桥油库布局规划项目	12月	石化
上海华谊丙烯酸有限公司	华谊丙烯酸污水处理装置废气治理项目	12月	化工

续表

委托单位	项目名称	完成日期	行业
上海赛科石油化工有限责任公司	上海赛科苯乙烯装置多乙苯塔塔顶热量回收利用	12 月	石化
上海赛科石油化工有限责任公司	乙烯装置丙烷裂解扩能——一期丙烷改进	12 月	石化
上海赛科石油化工有限责任公司	赛科有机污水系统应急优化改造	12 月	石化
南京先声东元制药有限公司	南京先声东元制药有限公司浦口厂区建设项目	12 月	医药
上海化学工业区公共管廊有限公司	2014 年公共管廊管道设计技术服务	12 月	石化
中国石油化工股份有限公司长岭分公司	长岭炼化 10 万吨/年双氧水法制环氧丙烷工业应用试验装置—环氧丙烷装置及配套部分	12 月	石化
青岛正大海尔制药有限公司	青岛正大海尔制药有限公司新厂项目总平面规划方案工作	12 月	医药

宁波工程公司

【概况】 中石化宁波工程有限公司(简称宁波工程公司)是炼化工程公司全资子公司，2003 年经石化集团公司批准，由原中国石化集团兰州设计院和中国石化集团第三建设公司重组设立的国有独资公司，注册地为浙江省宁波高新区。

宁波工程公司是以技术为先导，设计为基础，工程总承包和工程项目管理为主体，集科研开发、工程咨询、工程设计、设备制造、装置施工和检维修服务于一体，拥有专利、专有技术，面向国内、国际两个市场提供技术服务和管理服务的全能型工程公司。

宁波工程公司持有工程设计综合甲级资质证书、化工石油工程施工总承包特级资质证书，工程咨询、工程造价咨询、环境影响评价甲级资格证，压力容器设计、制造许可证，压力管道设计、安装许可证，锅炉和起重机械安装、改造、维修许可证，对外承包工程经营资格证书等，并取得 ISO 9001 质量体系认证证书、GB/T 24001—2004 环境管理体系和 GB/T 28001—2011 职业健康安全管理体系认证证书。

截至 2014 年底，宁波工程公司设有 16 个 EPC 项目部(在建)、6 个专业设计室、4 个专业公司、10 个分公司(子公司)、25 个职能管理部门。在册职工 3 000 余人，其中国家级设计大师及行业设计大师 6 人，教授级高级工程师 19 人，高级职称 369 人，中级职称 852 人，各类注册工程师 332 人，其他管理和技术人员 1 000 余人。宁波工程公司拥有 230 多件专利、专有技术，在天然气化工、石油化工、煤化工以及合成气化工等领域的设计处于全国领先地位；在设备制造、管道钢结构工厂化预制、大型储罐和长输管线施工、大型或特大型设备吊装方面构筑了企业特有的核心技术能力和强大的差异化竞争优势，是中国石化集团大型非标设备制造基地。

宁波工程公司主要生产经营指标和 2014 年完成的主要工程项目见表 1 和表 2。

（贺　颖）

【深化改革开局良好】 2014 年，宁波工程公司启动深化改革工作，确定了生产组织一体化、经营体系完善、管理职能优化、设计业务变革、施工业务转型、制造业务扭亏脱困、劳动用工及考核分配等 7 个方面的改革任务，从战略层面谋划了未来几年深化改革的总体目标和路线图。全年，深化改革工作稳妥推进，制造业务扭亏脱困改革成效初显，实现了当年扭亏的目标；积极推进组织机构改造，一体化的生产指挥体系及市场开发体系基本形成；一体化组织架构下关键业务的流程梳理再造、管控模式优化调整、以项目为核心的绩效考核和分配机制等工作按计划推进。

（贺　颖）

【从严管理扎实推进】 2014年，宁波工程公司开展从严管理活动，共诊断出相关问题278项，制定整改措施403条，至年底已落实整改375条。严把分包考核关，全年共清除23家条件不符合的单位；公开透明严抓招标管理，做到分包项目应招尽招。以从严管理、安全检查为抓手，全年开展公司级检查54次，发现并整改隐患729项。以打造精品工程为首要任务，从严落实“首件检查”和质量突出问题治理，全年发现的1 034项质量问题全部得到整改落实。6项重点监控费用均同比下降。信息化平台建设、“三化”工作、内控管理、财务管理、合同管理等工作积极推进并扎实有效，有力提高了管理效率，支撑了经营创效。

（贺　颖）

【宁波海越丙烷脱氢项目开车一次成功】 2014年8月31日，由宁波工程公司承担的宁波海越新材料公司丙烷脱氢EPC项目一次开车成功，该项目是全世界单体规模最大的2套丙烷脱氢装置之一。该项目中12万立方米低温罐是国内最大的烯烃类低温储罐。宁波工程公司完善全包容混凝土外罐施工工艺，独创内罐螺旋式安装程序，及标准实现投用。

（贺　颖）

【上海中石化三井苯酚丙酮项目开车一次成功】 由宁波工程公司承担施工总承包的上海中石化三井化工有限公司40万吨/年苯酚丙酮装置于2011年11月在上海化学工业区正式动工奠基。项目总投资约20亿元人民币，由中国石化和三井化学合资建设，双方股比各为50%。2014年12月12日，装置开车一次成功，是国内单套规模第二大、工艺最先进的苯酚丙酮装置。

（贺　颖）

【多套环保装置投产】 2014年，宁波工程公司完成了中国石化23套催化烟气脱硫脱硝装置、10项35台锅炉烟气脱硫脱硝装置的设计任务，并于2014年底全部建成投产。此类环保装置减少了烟气对大气的污染，达到了新的国家环保标准，对中国石化完成污染物减排责任目标、实现可持续发展、建设创新环保友好型企业具有重要意义。

（贺　颖）

【签署印度爱莎石油焦/煤气化项目可研合同】 2014年9月2日，宁波工程公司与印度爱莎石油公司成功签署石油焦/煤气化项目可研服务合同。爱莎石油公司是印度第二大私营炼厂，项目位于Gujarat邦。9月11日，双方在浙江宁波召开项目开工会，可研项目进入执行阶段。

（贺　颖）

【科技开发业绩突出】 2014年，宁波工程公司承担开发课题共114项；全年获得国家专利授权59件，完成专利申请38件，有效专利达190件。共编制国标和行标46项，其中主编制16项，参编30项。5项工艺技术获省部级以上科技奖。

（贺　颖）

【SE－东方炉项目成功“出龙”】 2014年10月，采用宁波工程公司自主知识产权的单喷嘴冷壁式粉煤加压气化（SE－东方炉）技术、CO耐硫变换技术和酸性气体脱除技术的扬子石化工业化示范（煤制气）装置通过100%负荷性能考核，各项技术指标达到单喷嘴粉煤气化技术的国际领先水平，形成具有中国石化自主知识产权的SE－工方炉及合成气净化制氢成套技术。12月，在中国石化科技工作会议上，2012年度“十条龙”科技攻关项目——SE－东方炉成套技术开发与应用项目成功“出龙”。

（贺　颖）

SE－东方炉工业化示范装置

【取得化工石油工程施工总承包特级资质】 2014年，经国家住房和城乡建设部批准，宁波工程公司取得化工石油工程施工总承包特级资质，成为全国为数不多的同时拥有施工总承包特级资质和工程设计综合甲级资质的单位之一，并且成为中国石化系统内唯一一家同时拥有施工和设计2项最高级别资质的单位。

（贺　颖）

【连续 3 年入围中国吊装十强】 2014 年 11 月 24 日，在第 4 届全球起重机峰会暨中国吊装百强大会上，宁波工程公司再次入围“2014 中国吊装十强企业(国有)”榜，连续 3 年荣膺这一殊荣。承建的上海小洋山 100 兆瓦风电示范工程吊装工程获得中国十大经典吊装工程案例(国有)。

(贺　颖)

【多项工程获奖】 2014 年，宁波工程公司承建的武汉 80 万吨/年乙烯工程热电联产装置、线性低密度聚乙烯装置获中国石化优质工程奖；上海石化热电部 1#、2#炉脱硝除尘改造工程获上海市“申安杯”优质工程奖；镇海炼化重油催化烟气脱硝除尘脱硫项目获浙江省建设工程“钱江杯”优秀设计二等奖；册子岛原油商业储备基地工程储罐主体安装工程获浙江省优秀安装质量奖。

(贺　颖)

【获多项荣誉】 2014 年，宁波工程公司被中华全国总工会授予全国五一劳动奖状，是成立以来首次获此称号。获得全国“安康杯”竞赛优胜单位称号获石化集团公司质量、安全生产、统计、离退休、政务信息工作先进单位等称号。还获得宁波市优秀社会责任企业、百强企业、纳税 50 强等荣誉。

(贺　颖)

表 1　　宁波工程公司主要生产经营指标　　亿元

指标名称 \ 年份	2014	2013	2012	2011	2010	2009
资产总值	59.33	48.07	42.13	45.38	28.30	27.03
设计投资额	152.44	167.32	116.04	107.83	73.11	64.22
主营业务收入	65.48	53.78	36.07	30.33	22.28	32.76
利　税	7.27	5.78	5.59	3.61	2.47	2.08
承接工程数量/项	339	291	319	394	310	274
工程总承包	21	15	15	14	5	12
工程设计	88	35	58	79	41	32
工程咨询	75	58	32	56	49	38
工程建设及制造	155	183	214	231	215	192
授权专利数量/件	59	45	19	27	14	3

表 2　　宁波工程公司 2014 年完成的主要工程项目

序号	项 目 名 称	中交或完工日期
一	EPC 总承包项目	
1	沙特 Petrokemya 供电扩建项目	1 月
2	神华宁煤甲醇制烯烃项目动力站工程	3 月
3	宁波海越新材料公司低温罐丙烷储罐项目	4 月
4	燕山石化动力系统整合改造	7 月
5	中煤榆林 30 万吨/年聚乙烯项目	7 月
6	宁波海越新材料公司丙烷与混合碳四利用项目	9 月
7	中国石化南阳精腊厂锅炉烟气脱硝项目	9 月
8	鄂尔多斯亿鼎煤化工公司合成氨尿素装置项目	10 月
9	高桥石化 2#、3#催化裂化装置烟气脱硫项目	10 月

续表

序号	项目名称	中交或完工日期
10	上海石化热电部1#、2#炉脱硝及除尘改造项目	10月
11	上海赛科公司新建26万吨/年丙烯腈装置	12月
12	福建炼化林德新增空气分离项目	12月
13	中国石化宜昌分公司燃煤锅炉烟气脱硝改造工程项目	12月
14	武汉石化催化裂化装置烟气治理项目	12月
二	设计项目	
1	福建富源石化仓储发展公司码头储运扩建工程库区部分	1月
2	中国海油深圳天然气公司罐区项目	1月
3	福建林德气体公司新增3.3万米^3(标准)/时空气分离项目	5月
4	山东科鲁尔公司13万吨/年丙烯腈项目	7月
5	上海赛科公司新建26万吨/年丙烯腈项目	7月
6	茂名石化18万吨/年异壬醇装置	7月
7	广东大鹏石油天然气公司LNG接收站四号罐工程项目	7月
8	重庆MDI公司一体化项目公用工程热岛中心项目	8月
9	齐鲁石化乙烯装置动力锅炉煤代油技术改造	9月
10	燕山石化保定石油化工厂锅炉节能技改项目	12月
三	施工及制造项目	
1	镇海炼化常III减压项目电脱盐罐	1月
2	上海赛科公司新建26万吨/年丙烯腈装置42台设备	2月
3	上海赛科公司烯烃装置紧急停车机械、管道类抢修服务合同	3月
4	上海赛科公司2014年烯烃装置机械管道类大修合同	4月
5	上海赛科公司2014年OSBL、AN、SAR、EBSM炉子检修合同	4月
6	上海赛科公司新建26万吨/年丙烯装置2台丙烯腈反应器	4月
7	BP珠海PTA三期项目钢结构制作合同	5月
8	镇海炼化2014年乙烯部分装置停工大修、停工消缺、更新、技措合同	7月
9	高桥石化2014年加氢裂化装置停工检修工程施工合同	7月
10	BASF重庆MDI项目钢结构制作	7月
11	镇海炼化乙烯动力中心石油焦输送系统项目安装工程施工合同	8月
12	上海石化3#柴油加氢装置柴油质量升级改造项目安装工程合同	8月
13	上海中石化三井化工有限公司40万吨/年苯酚丙酮装置开车保运合同	8月
14	山东科鲁尔公司丙烯腈项目1台丙烯腈反应器	8月
15	宁波中金石化芳烃项目(一期)大型设备吊装工程	9月
16	中金石化芳烃项目一标段Ⅰ工段重油罐区安装工程补充合同(全厂工艺及热力管网5000安装工程)	9月
17	惠生工程公司江苏斯尔邦石化有限公司丙烯腈装置3台反应气体冷却器、乙腈反应器	9月

续表

序号	项　目　名　称	中交或完工日期
18	镇海炼化2014年歧化装置节能增效改造项目土建安装工程施工合同	10月
19	久泰能源(准格尔)有限公司甲醇深加工项目一体化吊装买卖及相关服务合同——鄂尔多斯	10月
20	海南炼化280万吨/年催化裂化装置烟气脱硝除尘脱硫项目综合塔1台	10月
21	上海石化2014年炼油部1#炼油装置机械设备运保工程合同	12月
22	上海石化2014年炼油部5#炼油及渣油加氢装置动设备运保检维修工程合同	12月
23	上海赛科公司烯烃装置设备检修维护工程合同	12月
24	镇海炼化乙烯装置消缺及节能完善项目安装工程施工合同	12月

南京工程公司

【概况】 中石化南京工程有限公司(简称南京工程公司)位于江苏省南京市江宁区，是炼化工程公司全资子公司，注册资本5.56亿元。

南京工程公司的发展定位是以设计为先导，专利、专有技术、工艺包开发为核心，工程总承包和项目管理、专业施工为主体，面向国内外市场提供技术和管理服务的综合性、一体化的国际工程公司。

截至2014年底，南京工程公司下设23个职能部门、11个专业设计室、16个国内分(子)公司、1个海外分公司。在册职工总数3 274人，其中研发和专业设计、工程技术和项目管理人员2 424人，具有本科及以上学历1 869人，拥有中、高级专业技术职称1 260人。

2014年，南京工程公司实现财务收入48.74亿元，实现利润2.7亿元。

南京工程公司主要生产经营指标见表1。

(吴凤泉)

【安全管理平稳可控】 2014年，南京工程公司按照认真吸取“11·22”事故教训、全面开展“从严管理年”活动的总体部署，结合公司实际，开展“项目经理安全责任制落实年”活动，完善HSE责任体系，分解细化71个主要岗位或部门安全职责，持续推进“大级工负责制”和安全管理互助型班组建设。全年实现安全人工时4 830.75万小时，未发生损失工时及以上事故，被石化集团公司评为安全管理先进单位。

(吴凤泉)

【生产组织高效运行】 2014年，南京工程公司以优化项目管理流程、强化资源协调配置为重点，努力提升组织效率，打好项目平稳执行攻坚战，确保了项目高效有序运行。在建、新开项目226个，其中设计项目121个，总承包项目24个，施工项目81个。完成设计投资额120.84亿元，完成产值50.85亿元。全年未发生上报设计质量事故，工程项目设计合格率为100%，单位工程合格率为100%，焊接一次合格率为98%，工程项目一次投料试车成功率为100%。

(吴凤泉)

【加强采购业务管理】 2014年，南京工程公司强化年度采购策略的编制和执行；持续加强供应商管理，编制完成了第一版供应商名单；促进科学理性采购，完善网上采购、招标采购和标准化采购等。全年物资采购金额共计10.75亿元，其中中国石化物资电子商务网上采购金额3.79亿元，网上采购方式合理率达到100%；全年招标采购123次，网上招标采购率100%。

(吴凤泉)

【中标中安煤化工项目】 2014年，南京工程公司中标中安联合煤化有限责任公司煤制170万吨/年甲醇及转化烯烃项目净化、甲醇合成、硫回收、空分等装置大型EPC项目，合同额21.7亿元，为煤化工专业建设提供了重要发展平台和机遇。

(吴凤泉)

【执行9个沙特阿拉伯项目】 2014年，南京工程公司在沙特东西部先后执行9个项目。延布常减压项目、卡扬NDA项目、沙比克BTX管线、阿美WASIT气体处理项目年内相继实现完工交付；NDA项目脂肪酸装置于8月开车成功，业主称该项目是“沙特卡扬少有的几个能够按合同机械中交的项目”；RTIP管廊项目已处于收尾阶段；沙特矿业公司硫酸项目于3月现场开工，现场进度遥遥领先其他知名工程公司，安全审计连续排名第一；10月中标的沙比克聚甲醛项目于12月顺利开工；12月中标的沙特阿美成品油罐区项目也进入开工准备阶段。

（吴凤泉）

【助力“碧水蓝天”工程】 2014年，南京工程公司共承建江苏、河北、山东、湖北、湖北、广州等地脱硫脱硝EPC项目9个，当年中交开车4个。其中，石化集团公司限期督办的石家庄炼化催化裂化装置烟气脱硫脱硝除尘一体化项目、巴陵石化动力部4#锅炉烟气脱硫脱硝和热电事业部10#锅炉烟气SCR脱硝治理改造项目按期中交并一次开车成功。

（吴凤泉）

【南京化工公司制氢项目开车稳产】 2014年，由南京工程公司EPC总承包的南京化工公司9万吨/年制氢项目开车稳产一步到位，是同类装置中原始开车周期最短、配备人员最少、产品质量迅速达标的典范。该项目是中国石化重点工程、南京化工公司“十二五”规划发展项目之一。

（吴凤泉）

【2套汽油吸附脱硫装置建成中交】 2014年，南京工程公司承建的镇海炼化90万吨/年汽油吸附脱硫装置(S－Zorb)、金陵石化第2套150万吨/年汽油吸附脱硫装置扩能改造项目中交。金陵石化项目工程耗时仅为8个半月，创造了国内同类装置建设周期最短纪录。

（吴凤泉）

【科技创新成果】 南京工程公司承担的中国石化“十条龙”攻关项目“南化公司水污染治理技术研究与开发项目”于2014年11月5日通过石化集团公司鉴定并出龙。石化集团公司立项的“硫化氢湿法制硫酸成套技术开发项目”已于11月28日通过石化集团公司鉴定，被认为具有国际先进水平。12月，自主研发的球罐自动化焊接系统技术顺利通过了国内压力容器行业的权威机构及专家评审，该技术系统化、机械化、自动化水平达到国内领先。全年共获得国家专利授权47件，其中46件为实用新型专利。

（吴凤泉）

【行业标准编写】 2014年，南京工程公司主编的国家标准《硫酸、磷肥生产污水处理设计规范》和行业标准《石油化工汽轮机施工及验收规范》《化工粉体物料堆场及仓库设计规范》正式出版发行。主编的其他4项行业标准基本成稿，《化工企业化学水处理设计计算规定》完成报批稿，《煤化工原(燃)料煤制备系统设计规范》《石油化工腐蚀环境电力设计规范》完成征求意见稿，《石油化工立式圆筒形低温储罐施工质量验收规范》完成初稿。

（吴凤泉）

【“双提高”活动扎实开展】 2014年，南京工程公司扎实开展“从严管理年”各项活动，并结合实际，开展了“提高组织效率、提高经营效益”的“双提高”管理创新活动。通过研讨会、现场调研等形式，落实各项措施，累计编发简报17期。围绕从严管理的5个方面主要内容，共梳理出5类20项重大关键问题并基本整改完成。重点查找了制约组织效率和经营效益提高的突出问题，整理出了7类32项重点工作，选树了12个重点课题，以点带面，推动活动的有效开展。

（吴凤泉）

【服务南京青奥会】 2014年，南京工程公司选送4名志愿者参与南京青年奥林匹克运动会文化教育场馆和交通运行中心志愿活动，由于表现出色，樊世江、陈程先后被授予青奥村村民之星荣誉称号，胡婷婷被授予文教之星荣誉称号。南京青奥会开幕式“筑梦之塔”的吊装方案也是由南京工程公司编制。此外，围绕志愿服务进社区、保护环境低碳生活、关爱贫困农民工子女以及健康环保行等主题，共开展迎青奥志愿服务活动20余项，参与人员突破2 000人次。

（吴凤泉）

【全国吊装大赛冠军】 2014年9月，南京工程公司在江苏徐州举办的“徐工杯”第3届全国吊装技能竞赛上，以理论考试第一、实际操作技能预赛第一和决赛第一的好成绩夺得团体赛冠军。此次比赛有全国25支参赛队125名选手参加竞赛。南京工程公司还获该赛事最佳竞赛组织奖和最佳理论成绩奖。

（吴凤泉）

“徐工杯”第3届全国吊装技能竞赛现场

【多项工程项目获奖】 2014年，南京工程公司承建的九江石化150万吨/年柴油加氢装置获国家优质工程奖，金陵石化油品质量升级改造加氢—催化联合装置、武汉石化油品质量升级改造二期工程、九江石化120万吨/年连续重整及25万吨/年苯抽提联合装置、武汉—广水成品油管道工程4个项目获南京化工公司石化集团公司优秀工程奖，中国石油大庆油田天然气制氢装置可行性研究报告、南京化工公司硫酸装置尾气二氧化硫环保治理项目可行性研究报告、南通醋酸纤维增资扩建(五期)工程3个项目获全国化工行业优秀工程咨询奖及优秀工程设计奖。浙江卫星能源低温储罐安装工程获全国优秀焊接工程奖。

(吴凤泉)

【获得荣誉】 2014年，南京工程公司被评为全国守合同重信用企业、全国"安康杯"竞赛优胜企业，石化集团公司安全生产先进单位、石化集团公司境外公共安全管理先进集体、石化集团公司维护稳定工作先进集体等。连续获得江苏省文明单位、江苏省重合同守信用企业称号，被评为江苏省"六五"普法中期先进单位、南京市城乡建设立功竞赛先进单位等，被南京市政府认定为南京总部企业。1人获全国五一劳动奖章，1人获全国技术能手，多个单位(部门)和个人获评为石化集团公司、江苏省、南京市先进。

(吴凤泉)

表1 南京工程公司主要生产经营指标 亿元

指标名称＼年份	2014	2013	2012	2011	2010	2009
资产总值	44.24	36.78	42.85	44.49	32.16	18.29
建设投资	120.84	104.00	125.00	110.00	101.50	50.88
主营业务收入	48.74	52.43	49.54	39.30	33.20	34.92
利　税	3.35	3.24	2.82	1.17	0.92	0.66
承接工程数量/项	226	212	182	237	255	119
授权专利数量/件	47	11	6	5	4	10

第四建设公司

【概况】 中石化第四建设有限公司(简称第四建设公司)位于天津市滨海新区大港世纪大道180号，是炼化工程公司全资子公司，其前身成立于大庆石油会战时期的1963年1月，1966年迁至湖南长岭，1974年落户天津大港，2012年4月6日改制为公司制企业。

第四建设公司持有化工石油工程施工总承包壹级资质证书、房屋建筑工程施工总承包贰级资质证书、电力工程施工总承包叁级资质证书、市政公用工程施工总承包叁级资质证书、机电设备安装工程专业承包壹级资质证书、管道工程专业承包壹级资质证书、钢结构工程专业承包贰级资质证书、消防设施工程专业承包贰级资质证书、职业健康安全管理体系认证证书、安全管理体系认证证书、质量管理体系认证证书；形成了以传统施工业务为基础、海外业务、高端业务并行发展的三大板块业务结构；市场涉及国内外炼油、化工、化纤、化肥以及煤化工、风电、煤电、光伏、生物环保、海洋工程等各类工程的新建、改建、扩建、检修和其他工业设施建设。

截至2014年底，第四建设公司下设19个职能部处室、设备、管道、检维修、储罐、电气仪表、吊装运输等8个专业公司、1个以PMC业务为主的工程项目管理公司和1个物业管理公司、20余个直属项目部和55个专业公司自揽工程项目，在沙特及文莱等国家参与4项国际工程建设。在册员工3 852人，其中正式员工2 720人，占70.6%；其他长期合同工及劳务工1 132人，占29.4%。有经营管理人员784人，专业技术人员1 444人，经营管理及专业技术人员占57.8%；技能操作人员1 505人，占39.1%；其他不在岗119人，占3.1%。员工中，具有大学本科及以上学历人员921人，占23.9%，高级及以上专业技术资格人员220人。账面资产总额41.22亿元，负债32.09亿元，所有者权益9.13亿元。资产负债率77.85%。拥有设备3 726台，净值1.71亿元；主要施工生产设备1 478台，总功率1.77万千瓦。

2014年，第四建设公司以"管理提升年"为主题，内抓管理强提升，外闯市场树品牌，全面完成年度生产经营任务，各项工作取得了新的进步。总体上实现了"三稳三突破"，安全形势运行平稳，全年累计完成5 240万安全人工时，被评为石化集团公司安全管理先进单位；经营形势平稳上升，市场开发、经营结算和"三化"技术应用取得了新的突破，全年完成产值43.68亿元，实现利润8 020万元。

第四建设公司主要生产经营指标和2014年完成的主要工程项目见表1和表2。

（张文龙）

【市场开发活力增强】 2014年，第四建设公司坚持系统内外市场齐头并进，区域市场、专业化市场优势逐渐显现。基层单位全年承揽合同额24亿元，占总额的37.9%，为历年最好。系统外市场开发能力强劲提升，煤化工项目、炼油化工项目、系统外LNG项目以及江苏斯尔邦等一批地方投资项目成功中标实施，全年承揽系统外合同额44.69亿元，系统外依存度达70.62%，生存空间进一步拓展。重点市场开发效果显著。先后跟踪开发并承揽神华宁煤、中天合创、惠炼二期、远东联石化、常州富德等合同额过亿元的大型特大型项目，总量近30亿元，占全年市场开发总量近50%。

（张文龙）

【差异化发展优势显现】 2014年，第四建设公司持续实施差异化转型发展战略，加大高端业务、优势竞争业务及新业务实施步伐。神华宁煤、青海矿业、中天合创等PMC管理项目，实现从施工过程管理服务向工程前期策划、开试车服务延伸。完成4个海洋模块建造下海，同时也具备了年内同步实施4个万吨级以上海洋平台模块的建造能力。在做好系统内培训支撑保障的同时，对外加大焊工取证、技能鉴定、职业资格继续教育和取证类培训业务开发，全年实现对外培训收入300余万元，为培训业务面向社会做了积极探索。

（张文龙）

【工程建设能力凸显】 2014年，第四建设公司工程建设实现系统内扬子石化炼油改造、石家庄炼化扩能升级、山东LNG、四川元坝天然气净化以及系统外福建中化泉州炼油、陕西蒲城清洁能源等37项工程高标准中交和投运，完成天津石化、高桥石化等4项检修改造任务。境外沙特环保、拉比格苯酚丙酮等海外工程有效履约。神华宁煤、内蒙中天合创、惠炼二期等一批新开大型、特大型项目策划充分、起步高，获相关方一致好评。第四建设公司专业公司组织管理的东营石化、常州富德MTO等工程，转变组织模式，实施扁平化项目管理，初显效果。以天津、山东、粤东、深圳LNG为代表的大型LNG工程建设进展迅速，工程进度、施工质量、成本管控优势明显。

（张文龙）

【安全管控不断强化】 2014年，第四建设公司深刻汲取"11·22"事故教训，总结分析系统内多起分包商安全事故，针对性做好隐患排查治理，全面宣贯新《安全生产法》等法律法规，强化各级领导干部、员工的守法意识、责任意识，实现了安全管理规范化持续提升，安全至上、预防为主，发展不能以牺牲人的生命为代价等安全理念进一步强化。217个一般应急预案、11个专项预案编制完成，并开展应急演练，"四不两直"检查方式全面实施，520次高风险工序专项安全督察等系列举措，提升了本质安全水平，保证了严峻安全生产形势下施工生产的平稳运行。

（张文龙）

【科技创新成效明显】 2014年，第四建设公司实施的大型液化天然气(LNG)接收站工程成套施工技术、3 000立方米低温球罐组焊技术等中国石化科技攻关"十条龙"项目进展顺利。编制完成《模块化建造技术》《三化实用技术应用》等系列培训教程，并全面推广。累计开发16项企业级工法，形成10项科技进步成果，完成21项QC活动成果，获国家级优秀QC成果2项，获计算机软件著作权3项，完成专利申请8件。获省部级优质工程3项，全国优秀焊接工程2

项，1 项工程被评为中国十大经典吊装工程案例。

（张文龙）

【队伍作风不断加强】 2014 年，第四建设公司党政主要领导带队开展调研，听取基层意见，诊断问题；主管领导、业务部门，到一线解难题、办实事，指导生产，推动工作，到改制企业帮助渡难关，各级干部务实作风进一步体现，两级领导班子和中层管理人员素质有效提升。强化党建、思想政治工作和廉政建设，加大先进典型选树力度，宣传改革发展正能量，基层员工胡道德被评为中国石化最美一线青工标兵。深入开展“比学赶帮超”活动，基层建设、各项基础工作进一步加强，基本功训练、员工培训成效明显。坚持服务职工、服务社会，积极改善社区环境和员工食宿条件，加大帮扶力度，走访困难群众家庭，帮扶各类困难群体人员 5 291 人次，支付资金 2 699 万元。各级组织落实责任，化解矛盾，扎实做好来信来访处置。离退休管理、武装保卫、计划生育、爱国卫生及社区物业管理服务等工作扎实开展，保证了整体和谐稳定。

（张文龙）

表 1　第四建设公司主要生产经营指标

指标名称 \ 年份	2014	2013	2012	2011	2010	2009
资产总值/亿元	41.30	36.56	32.44	26.64	22.11	17.95
主营业务收入/亿元	43.78	38.73	36.18	35.43	27.14	28.57
利税/亿元	1.19	1.23	0.92	0.81	0.94	0.89
承接工程数量/项	110	101	76	89	65	60
授权专利数量/件	38	27	19	11	8	5

表 2　第四建设公司 2014 年完成的主要工程项目

序号	项目名称	中交日期
1	中化泉州 1 200 万吨/年常减压蒸馏装置	1 月
2	中化泉州 230 万吨/年轻烃回收装置	1 月
3	新疆希铝二期 40 万吨/年电解铝项目铝厂电气仪表专业安装工程	2 月
4	天津市大神堂风电场完善工程总承包工程	3 月
5	扬子石化炼油改造项目二标段连续重整联合装置	3 月
6	扬子石化炼油改造项目（六标段）渣油加氢处理装置	3 月
7	蒲城清洁能源化工有限责任公司 70 万吨/年煤制烯烃项目工程大型设备吊装	4 月
8	石家庄炼化 180 万吨/年蜡油加氢装置建筑安装工程	4 月
9	石家庄炼化 150 万吨/年催化原料加氢处理装置建筑安装工程	4 月
10	石家庄炼化石脑油加氢原料和重整精制油罐区及泵房、丙烯罐区、轻石脑油罐区等六项公用工程（二标段）	4 月
11	石家庄炼化 150 万吨/年催化汽油吸附脱硫装置	4 月
12	石油化工科学研究院催化裂化裂解反再试验装置、催化裂化提升管反再试验装置、催化裂化老化试验装置三套试验装置改造工程	4 月

续表

序号	项目名称	中交日期
13	中化泉州330万吨/年渣油加氢处理装置	4月
14	海洋石油工程（青岛）惠州25－8组块多专业建造工作	5月
15	塔河分公司重质原油改质配套完善工程第一阶段	5月
16	天然气分公司山东LNG项目接收站16万米^3/台（01、02）储罐安装工程	6月
17	山东昌邑180万吨/年柴油加氢改质联合装置	7月
18	长岭炼化10万吨/年双氧水法制环氧丙烷工业应用试验装置双氧水单元工程	7月
19	海洋石油工程（青岛）秦皇岛项目32－6CEPJ组块多专业建造工作	7月
20	福建炼化乙烯脱瓶颈改造项目配套工程污水处理场改造工程	8月
21	沙特延布出口炼厂620万吨加氢裂化工程	9月
22	青岛海工ICHTHYS项目A2PC/A2PB模块多专业建造	9月
23	大港炼油厂32万吨/年C2回收装置建筑安装工程	9月
24	天然气分公司山东液化天然气（LNG）项目工艺区处理设施等工程（二标段）	9月
25	巴陵石化烯烃事业部常压蒸馏装置隐患治理项目	9月
26	西南油气分公司元坝气田天然气净化厂总承包项目图幅安装工程（A标段）	9月
27	青岛海工渤中28－2S WHPB组块多专业建造	10月
28	催化剂长岭分公司200吨/年HTS分子筛生产装置	10月
29	泸州化工园区原料结构调整项目超限设备卸车转运就位施工工程	11月
30	蒲城清洁能源化工有限责任公司70万吨/年煤制烯烃项目	11月
31	元坝气田净化厂主装置土建、安装工程施工	11月
32	天津石化催化裂化装置烟气脱硫除尘工程	11月
33	广州石化200万吨/年催化裂化装置烟气脱硫脱硝项目	11月
34	巴陵石化105万吨/年催化裂化装置配套烟气脱硫项目	12月
35	天津大港原油商业储备基地13台10万立方米储罐安装及防腐工程	12月

第五建设公司

【概况】 中石化第五建设有限公司（简称第五建设公司）是炼化工程公司全资子公司，成立于1953年，2010年12月18日根据石化集团公司的战略部署，从甘肃省兰州市西固区迁址到广东省广州市荔湾区中山七路81号。2012年4月，根据炼化工程板块实施重组上市要求，更名为中石化第五建设有限公司。

第五建设公司是中国最早从事石油化工建设的大型施工企业，具有化工石油工程施工总承包一级企业资质、国外工程承包资质、对外经济合作经营资格资质和建筑行业（建筑工程）乙级、石油化工医药行业（化工工程、石油及化工产品储运）专业乙级设计资质等。具备50亿元/年以上的施工生产能力。能独立承担炼油、化工、化肥、化纤、橡胶、电力、医药、冶金、军工等大中小型装置及配套工程建设任务。在大型设备吊装、大型传动设备（机组）安装、大型储罐安装、大型DCS自动化集散控制系统安装与调试和特种材料焊接，以及大型锅炉、大型空分、炼油、聚烯烃、甲醇、煤化工等方面，形成独具特色的技术优势。

截至2014年底，第五建设公司有18个机关处室和项目管理公司、物业管理公司、设计院；有53个项目部，其中48个分布在全国各地炼化企业，5个分布在海外；有南京分公司、兰州分公司、湛江分公司3个分公司和安装工程公司、机械电仪工程公司、机械化施工公司、储运工程公司4个专业公司。

截至2014年底，第五建设公司用工总量为2 482人，其中在岗正式职工1 813人，其他长期合同工200人，离岗调研、内退340人，劳务派遣工121人，临时用工8人；取得各类专业技术职称人员1 041人，获得国家一级、二级建造师115人；从事项目经营管理人员中取得国际项目管理师(PMP)资质103人。

第五建设公司主要生产经营指标和2014年完成的主要工程项目见表1和表2。

（程龙根　王瑾瑾）

【管理规格调整为大Ⅰ型企业】 2014年9月12日，石化集团公司批准第五建设公司管理规格调整为大Ⅰ型企业(正局级)。

（程龙根　王瑾瑾）

【企业资质再添新项目】 2014年，第五建设公司取得机电安装工程施工总承包贰级资质、环保工程专业承包三级资质以及国家能源局南方监管局颁发的承装二级、承试二级电力设施许可证。

（程龙根　王瑾瑾）

【国内单产最大煤制氢装置产出合格产品】 2014年1月23日，第五建设公司承建国内单产能最大的煤制氢装置——茂名石化20万米^3(标准)/时煤制氢装置顺利产出合格氢气。该装置采用美国通用电气能源集团的气化工艺，是石化集团公司重点工程项目，装置于2013年10月20日高标准建成中交。

（程龙根　王瑾瑾）

【科技成果显著】 2014年，第五建设公司申报的《离心式压缩机组安装工法中英文动画视频》顺利通过国家版权局审核，取得著作权登记证书。该项目是对大型压缩机组安装过程以三维动画形式进行详细、直观的演示，是第五建设公司多年来大型压缩机安装技术的积累和总结，对现场施工具有指导意义。申报的“用于同时检测容器倾角和液位的电感电容式传感器”“用于同时获得容器倾角和液位的电容式传感器”2件实用新型技术专利，顺利通过国家知识产权局的授权，获实用新型专利证书。

（程龙根　王瑾瑾）

【多项工程获奖】 2014年，第五建设公司承建的川气东送普光天然气净化厂工程和洛阳石化油品质量升级改造工程分别获国家优质工程金质奖和国家优质工程银质奖。承建的茂名石化煤(焦)制氢气项目焊接工程，获2014年度全国优秀焊接工程一等奖；海南炼化60万吨/年对二甲苯项目歧化及烷基转移装置管道安装焊接工程、扬子石化200万吨/年高压加氢裂化装置工程分别获2014年度全国优秀焊接工程奖。

（程龙根　王瑾瑾）

【举办石化集团公司业务竞赛】 2014年10月10—13日，由炼化工程公司主办，第五建设公司承办了石化集团公司2014年业务竞赛炼化工程安全管理专业与冷作钣金工2项业务竞赛。在此次竞赛中，第五建设公司获安全管理专业团体一等奖，2名选手获炼化工程安全管理专业金奖。

（程龙根　王瑾瑾）

【长岭双氧水法制环氧丙烷装置投料试车一次成功】 2014年12月6日，第五建设公司承建的长岭炼化10万吨/年双氧水法制环氧丙烷装置投料试车一次成功。该项目采用中国石化自主研发、拥有完全自主产权的创新技术，被列入2013年度中国石化“十条龙”重大科技攻关计划，装置于2013年6月18日开工建设，2014年7月25日建成中交。

（程龙根　王瑾瑾）

【工程建设项目顺利实施】 2014年，第五建设公司坚持以项目为中心，充分利用季度生产经营例会等形式优化资源配置，强化现场管理，保证了在建项目顺利实施。全年承建国内外127个单位工程项目(装置)，高标准建成石家庄炼化120万吨/年重整抽提、20万吨/聚丙烯装置、上海赛科新建26万吨/年丙烯腈装置、中化泉州1 200万吨/年炼油(加氢精制原料、轻污油罐工程)项目、陕西榆林30万吨/年聚丙烯装置、阿联酋鲁维斯炼油装置等国内外65个单位工程项目。在建的62个单位工程项目达形象控制点目标。

（程龙根　王瑾瑾）

第五建设公司承建的沙特 ABS 装置正在建设中 （王　勇　摄）

【市场开发质数成效显著】 2014 年，第五建设公司坚持区域化、大型化、一体化经营思路，国内国外市场并重，深化区域市场分析，明确重点项目跟踪与参与，加大对华南、华东、华中、西北等炼化一体化和煤化工目标市场以及海外市场跟踪力度，市场开发成效显著。全年共组织国内投标 169 项，中标 55 项，中标额 35.27 亿元。新签合同 468 份，合同额 42.01 亿元。国外新签合同 2 个、合同额 2.25 亿美元。

（程龙根　王瑾瑾）

【人力资源结构不断优化】 2014 年，第五建设公司不断优化人力资源，加强三支人才队伍建设。积极探索用工方式新突破，推进内部人员统筹配置，提高劳动用工效率，规范劳动用工管理。强化各个层次各个专业员工培训，加强季度绩效考核，人才队伍结构逐步优化。全年组织各类培训 92 期、1 698 人次；组织职称外语考试和职称评审 391 人，职位选聘 936 人；引进高校毕业生 30 人，用工总量较上年减少 95 人。

（程龙根　王瑾瑾）

【从严管理能力持续提升】 2014 年，第五建设公司注重管理提升，专门制定从严管理工作方案，大力推广“安全眼”监管平台开发与应用，强化现场 HSE 检查监督考核和现场控制、隐患治理，扩大了安全标准化成果实施，建立了华南、华东、西北、沙特等 9 个片区 HSE 监督站。坚持以样板引路，积极推行工程质量确认制度，注重夯“三基”，抓培训，并针对质量通病，开展“坚持从严管理，全面治理质量通病”专项整治，不断推进科学管理、规范管理、精细管理，有效降低管理成本。全年完成 527 万元的隐患治理项目，开展 2 次安全大检查，对查出的隐患问题全部进行整改。现场拍片检查 22.4 万张，焊接一次合格率 98%，建筑和安装单位工程合格率 100%。第五建设公司承建沙特 SADARA 公司项目累计实现 750 万安全人工时，获得业主嘉奖。“海外工程项目 HSE 标准化发展与应用”和“建造合同业务管理模型的构建与实施”分别获石化集团公司创新成果一等奖和三等奖。

（程龙根　王瑾瑾）

【依法治企能力得到提高】 2014 年，第五建设公司不断加强法律制度建设，持续完善法律风险防控体系，强化合同管理。全年审核管理制度 37 项，审查各类合同 1 448 份、金额 64.6 亿元，起草、出具授权书 69 份，处理法律纠纷案件 16 件，劳动纠纷 5 件，参与项目投标预审、分包商资质、招标文件审查和监督等 1 152 项，启动了沙特芳烃项目的法律索赔研究。依法治企、合规经营能力得到进一步提高。

（程龙根　王瑾瑾）

【转型升级取得新进展】 2014 年，第五建设公司把握创新发展总基调，围绕稳增长、保效益、抓管理这个重要任务，加快转型步伐。在管理高端上不断完善标准化管理体系，推进管理制度化、标准化，HSE 管理标准化、质量“首件样板”化、项目管理程序化等都形成独有特色。宁夏石油、四川元坝天然气净化厂、北京焦化厂污染土修复等 EPC、PC、CM 和环保工程等项目顺利实施。其中，首个 CM 项目——元坝天然气净化厂一期工程项目于 10 月 15 日顺利中交；EPC 项目——宁夏石油的银川油库、贺兰山加气母站和 40 座加油、加气站建设及改造维修项目顺利建成，施工质量优良；北京焦化厂污染土修复项目完成工程量 69%，修复土壤全部达到国家规定指标，整个修复工作得到业主单位、北京市环保局及监理单位的高度评价与认可。

（程龙根　王瑾瑾）

【和谐企业建设稳步推进】 2014 年，第五建设公司积极推进和谐企业建设，认真落实信访稳定工作领导责任制，建立健全治安防控体系，认真落实离退休人员待遇，关心离退休人员生活，加大帮扶力度，加强社区管理，努力改善员工生产生活环境。全年救助各类困难群体 1 737 人次，处理暖气不热、跑冒滴漏等突发故障 2 528 次。

（程龙根　王瑾瑾）

【群众路线教育实践活动整改落实完成】 2014 年，第五建设公司认真抓好群众路线教育实践活动后续工作，对征求的意见建议和 13 项领导班子整改问题、5 项专项整治问题、19 项制度建设，通过制定整改方案、专项整治方案和制度建设计划，全部整改落实完成。

（程龙根　王瑾瑾）

【南京分公司获中央企业先进基层党组织称号】 2014 年，第五建设公司南京分公司被国务院国资委授予中央企业先进基层党组织称号。南京分公司党组织在全体党员中长期坚持开展以安全管理无事故、质量管理无隐患、文明施工无违章、从业清廉无违纪为主要内容的创建党徽闪光精品工程活动，建立党员示范岗、党员突击队和青年突击队，开展劳动竞赛，充分发挥党员的模范带头作用和青年生力军作用，保证了工程建设任务的顺利完成。扬子高压加氢项目部连续 3 个季度获业主组织的劳动竞赛金奖荣誉，扬子高压加氢项目部 2013 年被南京市总工会授予工人先锋号称号。2013 年，南京分公司完成施工产值 8 亿元，已成为第五建设公司区域化发展的排头兵。

（程龙根　王瑾瑾）

表 1　　第五建设公司主要生产经营指标　　亿元

指标名称＼年份	2014	2013	2012	2011	2010	2009
资产总值	32.90	28.56	25.18	18.54	13.97	9.24
主营业务收入	45.22	34.38	31.31	24.50	21.36	20.34
利　税	1.50	1.33	1.19	0.85	0.97	0.60
承接工程数量/项	127	141	132	114	115	74

表 2　　第五建设公司 2014 年完成的主要工程项目

序号	项目名称	竣工时间
1	武汉石化第二航煤罐区改造工程	1 月
2	陕西榆林 30 万吨/年聚丙烯装置工程	1 月
3	湖南成品油管道线路 2 标段项目工程	1 月
4	福建中化泉州 1 200 万吨/年炼油项目产品精制装置、75 万吨/年气体分馏装置工程	2 月
5	福建中化泉州加氢精制原料、轻污油罐区工程	2 月
6	阿联酋拉布扎比鲁维斯炼油项目工程	3 月
7	广州阳华项目国花苑住宅小区	3 月
8	西安油品储运工程	3 月
9	洛阳石化污水处理提标改造工程	3 月
10	广东石油阳江油库扩建工程	4 月
11	石家庄炼化 120 万吨/年重整抽提装置工程	4 月
12	石家庄炼化 20 万吨/聚丙烯装置工程	4 月
13	武汉石化氢气资源优化利用项目（重整部分）	4 月
14	宁夏银川贺兰山加油加气母站工程	4 月
15	四川石油分公司成自泸 6 座服务区——连界停车区（南北）加油站工程	4 月
16	湛江项目东兴 2 套催化裂化装置烟气脱硫脱硝工程	4 月
17	长岭炼化 2014 年大检修项目	5 月

续表

序号	项目名称	竣工时间
18	包头维保项目聚丙烯造粒、掺混风送系统改造工程	5月
19	包头维保项目气化装置除氧器扩能改造工程	5月
20	武汉石化乙烯项目保运项目	5月
21	广州石化热电 CFB 锅炉改造工程脱硫脱硝改造工程	5月
22	镇海炼化工程项目Ⅱ加裂装置完善改造项目土建安装工程	6月
23	镇海炼化工程项目Ⅱ加氢裂化装置低温热利用项目土建安装工程	6月
24	鄂尔多斯热电装置开工锅炉及烟囱基础工程	6月
25	青海西部镁业下游产品项目	6月
26	西安石化电脱盐水改造	6月
27	白银扎布耶锂业有限公司苛化废渣的环保节能资源综合利用项目苛化渣处理厂房及渣库工程施工	6月
28	四川维尼纶厂1#、2#、5#、9#锅炉烟气脱硝工程	6月
29	镇海炼化工程项目柴油质量升级改造项目	6月
30	镇海炼化工程项目炼油五部检修	6月
31	塔河炼化重质原油改质2#延迟焦化装置改造	6月
32	镇海炼化工程项目Ⅳ Ⅴ加氢蒸汽流程优化工程	7月
33	鄂尔多斯化工厂区东侧发展用地围墙工程	7月
34	甘肃银光聚银化工有限公司10万吨优化配套项目冷冻站扩能项目	7月
35	洛阳石化热电站脱硫脱硝改造项目	7月
36	浙江巨化13.8万吨/年己内酰胺项目(二期)己内酰胺、硫铵装置及附属装置安装工程	7月
37	九江石化油品升级污水处理场项目	7月
38	长岭炼化10万吨/年双氧水法制环氧丙烷工业装置	7月
39	茂名石化20万吨/年聚丙烯装置	7月
40	西安石化含盐污水处理改造工程	7月
41	镇海炼化工程项目 IV 加氢新氢机 C2102A 增设无极调速系统项目	8月
42	广东石油曲溪油库扩建工程	9月
43	甘肃银光聚银化工有限公司300单元 K310 改造项目	9月
44	中国石化集团石油商业储备有限公司海南分公司海南原油商业储备基地项目土建、安装施工(标段一)	9月
45	三维煤化14万吨/年甲醇制稳定轻烃项目建筑安装工程	9月
46	茂名石化4万吨/年丁二烯尾气加氢装置	10月
47	扬子石化油品质量升级及原油劣质化改造项目七标段	9月
48	广州石化炼油区变电所消防隐患治理项目	10月
49	九江石化火炬设施工程	11月

续表

序号	项目名称	竣工时间
50	沧州炼化 120 万吨/年催化裂化装置烟气脱硝除尘脱硫项目	11 月
51	镇海炼化天然气进厂减压阀组改造项目	11 月
52	西安石化液化烃装车工程	11 月
53	2014 西安石化大检修第一阶段和第二阶段项目	11 月
54	元坝气田天然气净化厂项目公用工程安装工程(G 标段)	11 月
55	九江石化 2 套催化裂化烟气脱硫工程	12 月
56	四川石油分公司成自泸富顺服务区(南北)工程	11 月
57	四川石油分公司成自泸 6 座服务区——富顺服务区(南北)加油加气站工程	12 月
58	广州石化炼油污水污污分治工程——厂内部分安装工程和厂外部分工程	11 月
59	上海赛科新建 26 万吨/年丙烯腈装置	12 月
60	镇海炼化 IV 重整预加氢新增脱氯设施项目	11 月
61	茂名石化化工 CFB 锅炉增设烟气脱硫脱硝工程	12 月
62	格尔木金属镁一体化项目 DMTO 装置及配套工程	11 月
63	武汉石化 $1^{\#}$110 万吨/年催化裂化烟气脱硫脱硝项目	12 月
64	西安石化零星检修项目	11 月
65	西安石化催化烟气治理项目	12 月

第十建设公司

【概况】 中石化第十建设有限公司(简称第十建设公司)是炼化工程公司全资子公司，前身为化学工业部第二化工建设公司，1970 年 10 月从山西太原迁至山东淄博，成立山东省化学石油建设公司，1983 年并入石化总公司，更名为中国石化第十建设公司，1998 年更名为中国石化集团第十建设公司，2012 年完成公司制改制并变更为现名，2014 年 8 月本部迁址山东青岛。

第十建设公司以承建石油化工、煤化工、精细化工、油气储运、医药、市政、环保、锅炉、电站及送变电等新建、改扩建、检维修等工程，并兼营设备制造、超大型设备吊装与运输、大型吊装机械修理及工程项目代业主管理，拥有化工石油工程施工总承包一级、对外承包工程等多项资质证书。在 15 万立方米储罐组焊、大型乙烯装置和大型设备吊装、大型压缩机组安装调试、大型液压吊车维修、特种钢材焊接、长输管道 SCADA 系统及装置 DCS 和 SIS 系统安装与调试等方面，具有国内领先的技术优势。

截至 2014 年底，第十建设公司下设 15 个机关部室以及安装、仪电、储运、重机、建筑工程、管道结构工程、项目管理等 15 个专业分公司，4 个子公司。注册资金 3.5 亿元，合同制员工 3 601 人，其中经营管理人员 455 人、专业技术人员 1 807 人、技能操作及服务人员 1 339 人。

第十建设公司主要生产经营指标和 2014 年完成的主要工程项目见表 1 和表 2。

(李　群)

【项目管理高效运行】 2014 年，第十建设公司积极实施联合 EPC 总承包模式、施工总承包管理，大型塔器、裂解炉、加热炉、钢结构等专业模块化建设加快推进，在建项目策划审批覆盖率 100%。按计划建成石家庄炼化油品质量升级、福建炼化 EO/EG、中煤榆林 DMTO 等 66 项工程，各在建工程项目运行受控。

(李　群)

【HSE 管理持续深化】 2014 年，第十建设公司全面强化安全监管，实现 6 589 万安全人工时，无重伤、死亡、重大火灾、爆炸、设备事故，无环境污染和职业病伤害，较好地实现了安全生产目标和指标。全面推行 OSHA 统计，全年发生各类可记录事件 9 起，事件起数较上年减少 22 起，百万工时可记录事件率为 0.1366，降低 74%，其中损失工时事件 3 起，百万工时损失工时事故率为 0.0455。2014 年，通过了 HSE 第三方认证，取得了 HSE、EMS 认证证书。

（李 群）

【市场开发取得新成绩】 2014 年，第十建设公司加大国内外市场开发力度，传统市场份额得到巩固并持续增长，新兴市场领域不断拓展。新签国内合同额 74.65 亿元。中国石化系统内，主要中标中天合创煤化工、大连加氢催化剂、巴陵石化和福建炼化己内酰胺、广西 LNG 输气管道等重点工程，承建了长岭炼化烟气脱硫、高桥石化硫黄回收等一批“碧水蓝天”项目。系统外，中标神华煤制油、伊泰新疆煤制油、江苏斯尔邦 MTO 等新型煤化工项目，承揽内蒙古双欣乙二醇、中海油泰州加氢裂化、宁波中金芳烃等大型石油化工工程。大型设备吊装市场取得新突破，承揽合同额 3.77 亿元。监理及 PMC 项目中标 7 项，合同额 4 846 万元。围绕中东、东南亚、俄罗斯及中亚市场开展投标报价，进行市场调研，境外市场开发力度持续加大。

（李 群）

【技术质量管理成效明显】 2014 年，第十建设公司建成66 项单项工程，全部实现高标准中间交工，试车投料一次成功；建筑、安装单位工程质量验收全部合格；焊缝焊接无损检测一次合格率 97.8%；自供原材料、半成品质量出库合格率 100%，质量保证资料齐全、完整；甲供原材料、半成品和成品质量的检查验收使用合格率 100%；质量回访顾客满意 100%，无重大质量、安全事故，实现了质量目标要求。取得专利授权 12 件，“大型储罐利用海水充水试验技术研究与应用”获中国安装协会科学技术进步三等奖，“大型设备吊装溜尾新工艺及装备研发项目”获石化集团公司科技进步二等奖。被中国施工企业管理协会评为科技创新企业。

（李 群）

【工程创优取得良好成绩】 2014 年，第十建设公司承建的独山子国家石油储备基地工程、安徽无为焦炭联产甲醇工程一期 60 万吨/年甲醇项目获国家级优质工程奖；80 万吨/年乙烯装置、30 万吨/年高密度聚乙烯装置、长岭—株洲成品油管道首站扩容工程、催化剂齐鲁分公司 5 万吨/年裂化催化剂联合生产装置二期工程、安庆分公司含硫原油加工适应性改造及油品质量升级工程、茂名分公司 20 万米^3/时煤制氢工程获省部级优质工程奖。负责监理的安庆分公司含硫原油加工适应性改造及油品质量升级工程获省部级优质工程奖。齐鲁石化 30 万吨/年乙烯工程 16 套生产装置及公用配套装置、中国海油海南天然气化工工程、川气东送工程获评改革开放 35 年百项经典暨精品工程。

（李 群）

【分包管理严格规范】 2014 年，第十建设公司集中开展“六打六治”打非治违专项行动，重点整治工程分包，严格分包商资质审查，强化履约管理及考核评价。规范执行“分包工程招标投标管理办法”，加大合同审查与签订情况通报力度，分包招投标与分包合同管理不断完善。持续加强分包工程过程管理，在继续强化公司、分公司、项目部三级分包管理体系的基础之上，把对分包商的各项管理纳入项目统一管理体系，促进了项目安全、质量、进度、成本整体目标的实现。

（李 群）

【流程化管理迈上新台阶】 第十建设公司以健全完善制度执行监督机制、违反制度处罚机制为中心，针对经营活动中涉及的分包工程招投标、合同签订、工程结算、物资采购、设备租赁等重点环节，制、修订制度 166 项。遵循业务全流程链的思路，开展了业务流程的梳理、显性和优化工作，重塑业务流程体系，将管理制度与业务全部流程化，建立优化 296 项单元流程，构建了覆盖各项业务、执行角色具体到岗位、体现严格、规范、精细管理，以及融合内控、风险、制度要求的业务流程体系。

（李 群）

【承建的石家庄炼化油品质量升级项目全面投产】 2014 年 4 月 15 日，第十建设公司承建的石家庄炼化 800 万吨/年油品质量升级项目 500 万吨/年常减压、30 万吨/年气体分离装置、脱硫脱硫醇装置等多套装

第十建设公司承建的石家庄炼化 800 万吨/年油品质量升级项目 （邹庭龙 摄）

置高标准中交；6 月 5 日，220 万吨/年催化裂化装置高标准中交；8 月 19 日，500 万吨/年常减压蒸馏装置投料试车一次成功；8 月 22 日，220 万吨/年催化裂化装置投料试车一次成功；9 月 4 日，150 万吨/年渣油加氢装置顺利打通全流程；9 月 5 日，30 万吨/年气体分馏产出合格产品。第十建设公司承建的这一石化集团公司重点工程建设项目 14 套主装置及配套系统全部实现了投料试车一次成功。

（李　群）

【升级长输管道 GA1 甲级资质】 2014 年 7 月 13 日，第十建设公司通过了压力管道安装许可证换证，顺利升级长输管道 GA1 甲级资质，扩大了压力管道安装的业务范围。

（李　群）

【捐助西藏贫困学生】 2014 年，第十建设公司先后于 5 月、6 月 2 次发起向西藏班戈县贫困生捐资助学的倡议，干部职工踊跃捐助 81 名西藏班戈县贫困学生（孤儿和单亲家庭学生 41 名）每人每年 2 400 元助学金，帮助贫困学生完成九年义务教育。西藏班戈县是国家级贫困县，石化集团公司对口支援单位。

（李　群）

【和谐企业建设】 2014 年 12 月，第十建设公司成立淄博分公司，全力提升社区管理与服务质量，推行一站式服务窗口、一条龙服务热线，天然气进社区工程基本完成，加强社区美化亮化和治安管理，抓好公共设施建设维护，淄博社区面貌与服务质量持续改善。完善信访接访工作机制，坚持周一信访接待日活动，年内未发生进京上访、内部群体上访事件，和谐企业建设取得良好成效。

（李　群）

【党风廉政建设】 2014 年，第十建设公司认真研究落实党委主体责任和纪委监督责任，在 8 个单位设立了纪委书记岗位，在 7 个单位设立了专职纪检监察员。不断完善惩防体系，深化廉洁风险防控工作，全面排查风险点 1 071 个，制定防控措施 370 条。认真落实中央"八项规定"及石化集团公司党组实施细则，对办公车辆使用、公款消费、公务接待等提出 10 条禁令。认真开展案例警示教育活动，与检察院联合开展预防职务犯罪活动。抓好领导干部监督管理，各级领导干部廉洁从业意识进一步增强。

（李　群）

表 1　　第十建设公司主要生产经营指标　　亿元

指标名称 \ 年份	2014	2013	2012	2011	2010	2009
资产总值	46.10	40.10	33.57	25.46	18.99	14.91
主营业务收入	60.59	59.52	56.27	46.31	36.75	35.46
利　税	2.35	1.57	2.15	1.21	1.47	1.43
承建工程数量/项	47	58	55	50	38	23
授权专利数量/件	43	31	23	14	10	—

表 2　　第十建设公司 2014 年完成的主要工程项目

序号	项 目 名 称	竣工日期
1	延长中煤靖边 60 万吨/年 DMTO 联合装置	1 月
2	延长中煤靖边 30 万吨/年 HDPE 装置	1 月
3	延长中煤靖边 30 万吨/年 LLDPE 装置	1 月
4	中煤榆林 60 万吨/年烯烃分离装置	1 月

续表

序号	项 目 名 称	竣工日期
5	中化泉州公用工程	2月
6	广东天然气管网工程	3月
7	福建炼化乙烯 2×15 万吨/年裂解炉	3月
8	黄岛国家石油储备基地地下水封洞库工程	3月
9	中化泉州石化 340 万吨/年催化裂化装置	3月
10	石家庄炼化 800 万吨/年油品质量升级项目 500 万吨/年常减压装置	4月
11	石家庄炼化 800 万吨/年油品质量升级项目 30 万吨/年气分装置	4月
12	石家庄炼化 800 万吨/年油品质量升级项目脱硫脱硫醇装置	4月
13	沙特 PET 工程	5月
14	中煤榆林 DMTO 装置	5月
15	石家庄炼化 800 万吨/年油品质量升级项目 220 万吨/年催化裂化装置	6月
16	山东液化气 03#LNG 储罐及储罐配套工程	6月
17	神华宁煤甲醇制丙烯装置	6月
18	烟台万华气化装置	6月
19	中国海油烟台港石化仓储工程	6月
20	石家庄炼化己内酰胺装置	7月
21	大连逸盛 PTA 项目二期主装置检修	7月
22	石家庄炼化 260 万吨/年柴油加氢改造项目	8月
23	鲁南 100 万吨/年 DMTO 主装置及配套工程	10月
24	大连西太平洋 130 万吨/年重整汽油分离项目	11月
25	茂名石化 140 万吨/年催化裂化装置烟气脱硫脱硝项目	12月
26	岳阳石化 120 万吨/年催化裂化装置烟气脱硫项目	12月 12月
27	青海盐湖 100 万吨/年 DMTO 装置及配套工程	12月
28	安庆石化 70 万吨/年催化裂解装置烟气治理工程	12月
29	浙江嘉兴 180 万吨/年 DMTO 装置	12月
30	福建炼化 EO/EG 装置及配套工程	12月
31	鲁南 10 万吨/年 EVA 装置	12月

长城能源化工公司

【概况】 中国石化长城能源化工有限公司(简称长城能源化工公司)是 2012 年 8 月 27 日注册成立的煤化工专业公司，与中国石化煤化工领导小组办公室合署办公，实行“一套人马、两块牌子”。长城能源化工公司是石化股份公司的全资子公司，业务归口化工事业部管理与指导，是中国石化煤化工业务投资的平台，负责中国石化煤化工业务的投资和经营，组织协调煤化工项目建设，对煤化工企业进行专业化管理。

长城能源化工公司本部位于北京市朝阳区吉市口路9号中国石化2号楼，注册地为北京亦庄经济技术开发区，机关设综合管理部(办公室)、规划计划部、财务资产部、人力资源部(党群工作部)、QHSE及运行管理部、工程维修部、煤炭资源部、煤炭转化部和化工产品部9个部门。截至2014年底，拥有中石化宁夏塑料制品有限公司(简称宁夏塑料)1个全资子公司，控股中国石化新疆能源化工有限公司(简称新疆能化)、中国石化长城能源化工(宁夏)有限公司(简称宁夏能化)和中国石化长城能源化工(贵州)有限公司(简称贵州能化)3个单位；参股中天合创能源有限责任公司(简称中天合创)、中安联合煤化有限责任公司(简称中安联合)和毕节中城能源有限公司3个合资公司。本部机关和各全资及控股公司从业人数2 915人，其中正式职工2 444人。按照中国石化煤化工发展目标，已在新疆、内蒙古、宁夏、安徽和贵州等地规划布局了5个煤化工基地。

2014年，长城能源化工公司以提高发展质量和效益为中心，着力建立健全体制机制，统筹抓好煤化工项目实施，实现了首个项目投产、在建项目工程进度明显加快和拟建项目前期工作扎实推进的积极进展。全年完成投资240.59亿元，实现利润2.69亿元。年末注册资本金188.73亿元，总资产335.36亿元，权益资产343.18亿元，权益负债192.1亿元。

(从怀芳)

【宁夏能化煤电化一体化项目投产】 2014年，长城能源化工公司完成增持宁夏能化项目45%股权的相关工作，实现对该项目95%股权的控股，并及时组建工作组进驻项目现场，开展了为期8个月的指导帮扶，协助宁夏能化完成了股权交割、尾项整改、生产准备及投料试车等工作任务，初步建立起符合中国石化管理体系要求的管理体制和运营机制。2014年9月26日，该项目8套化工装置全部打通生产流程，并产出合格产品，其中2×330兆瓦热电联产机组和50万吨/年甲醇装置已完成性能考核，正式进入商业运营阶段。配套的宋新庄和银星二号煤矿建设稳步推进，进入工程收尾阶段。

(从怀芳)

宁夏能化煤电一体化项目全景

【各项目有序推进】 截至2014年底，长城能源化工公司已开工建设的中天合创鄂尔多斯项目和中安联合淮南项目总体进度分别达到47.03%和11.96%，基础设计和长周期设备采购工作完成，工程形象进度明显加快，生产准备工作全面启动，配套煤矿建设进展顺利。拟建的新疆准东和贵州毕节项目前期工作扎实推进，2个项目的可研已完成编制并组织了多轮优化，同时启动了相关工程建设前期准备工作，其中新疆准东项目乌市基地办公楼建成投用，贵州毕节项目已开展部分场平试验段施工，其配套的肥田煤矿建设按计划推进。

(从怀芳)

中天合创鄂尔多斯项目施工现场

【专业化管理基础进一步夯实】 2014年，长城能源化工公司按照《煤化工专业公司组建总体方案》和石化集团公司党组对公司"等同事业部"职能权限定位的有关要求，与总部相关部门、各煤化工企业就管理权责及界面等进行沟通对接，进一步明确煤化工业务管理体制和运行机制。坚持精简高效的原则，研究拟定了煤化工企业"三定"工作指导意见，指导各控股企业开展"三定"工作，同时继续推进本部机关"三定"工作，调整完善部门职责，开展了以中层干部、煤炭及工程建设等紧缺专业人才为重点的人员配置工作，充实了煤化工板块领导班子队伍。以中天合创鄂尔多斯和中安联合淮南项目为重点，积极开展"三化"工作，制定相关制度，建立工作机制，推进框架协议采购，在标准化设计和模块化建设方面取得阶段性成果。根据总部关于油品销售板块重组工作的有关部署，完成宁夏塑料制品有限公司的接收，理顺了产权关系和管理体制。

(从怀芳)

【体制机制创新完善取得成效】 2014年，长城能源化工公司落实石化集团公司党组对煤化工业务提出的“新业务、新体制、新机制”要求，重点在劳动用工、业务外包、薪酬分配等方面进行探索和创新。充分挖掘利用系统内现有人力资源，采取借聘、调入、公开招聘等方式组建各煤化工项目核心管理团队，截至2014年底，各煤化工项目共引进系统内企业管理和技术人员433人。协调制定了中天合创鄂尔多斯项目业务承揽工作方案，签署了框架协议，将中天合创化工分公司部分装置运行和技术服务业务委托给燕山石化承揽，消化系统内人员869人，为其他煤化工项目的人员配置工作提供了经验。组织召开中安联合项目对口支援工作座谈会，明确了对口支援方案和下一步工作计划。调研煤炭及煤化工行业劳动力市场价位，指导新疆能化建立薪酬分配暂行体系，并协助宁夏能化编制及实施薪酬分配调整方案，督促贵州能化开展薪酬分配方案的编制工作。配合总部开展财务共享服务试点工作，实现了财务共享和费用报销系统的顺利上线。

（从怀芳）

【从严管理不断深入】 2014年，长城能源化工公司认真组织开展“从严管理年”活动，制定相关活动方案，组织开展大讨论、问题诊断、整改落实等各阶段工作，并重点对中天合创和中安联合2个在建项目，以及组织开车的宁夏能化项目进行了安全、质量专项检查及问题整改，提高了从严管理意识和管理水平。加强对各项目的统筹管理和服务支持，认真组织召开煤化工板块月度会议、HSE工作季度会议、“三化”工作季度会议等例会，及时跟踪各项目进展并协调解决存在的问题。加强制度建设，累计制定全员HSE岗位责任制、“三重一大”决策制度实施办法、员工绩效考核办法等基础性制度38项，规范了相关业务管理程序。通过指导和协调中天合创、中安联合项目工程建设招投标工作，优选行业内有较强实力的承包商，有效控制了投资，尤其是从中天合创热电装置和中安联合热电、空分、甲醇及净化装置等4个主要项目的公开招标结果看，总中标价较概算降低11.57亿元，降幅达20.67%。

（从怀芳）

【对外合资合作稳步开展】 2014年，长城能源化工公司以布局项目及获取资源、技术为目标，与河南煤业、云南煤化、陕西煤化、龙煤集团、新蒙能源等国内企业及美国GPE、蒙古国企业等多方多次进行了合资合作机会的研究和商谈。其中，对于拟合作的河南鹤壁项目，组织了厂址比选论证、环境影响评价和市场化模式下的效益测算等工作，就项目的总体安排在系统内形成共识；与云南煤化签署了YM气化技术合作框架协议，并就合资合同和公司章程基本达成一致意见；落实石化集团公司与黑龙江、新疆、甘肃、陕西等省签署的战略合作协议，积极推进鹤岗煤化工和榆林煤制气等拟合作项目前期工作；开展了印尼等海外煤化工项目布局的调研和商谈。

（从怀芳）

【党建工作有效加强】 2014年，长城能源化工公司全面调研并建立健全不同股权类型的合资企业党建工作机制，协调组建各合资公司党委、纪委及工会等组织机构，编写一批党建工作制度，搭建基础制度体系，推动了党建工作的制度化和规范化。严格落实党委主体责任和纪委监督责任，坚持党要管党、从严治党，党风建设和反腐倡廉工作取得较好成效。巩固党的群众路线教育实践活动成果，认真组织专项整改，有效地解决了领导班子和党员领导干部在“四风”方面存在的问题。对中天合创鄂尔多斯项目开展派驻督察，促进了项目重点物资采购、工程建设等关键环节工作合法合规开展。

（从怀芳）

化工销售公司

【概况】 中国石化化工销售有限公司（简称化工销售公司）是石化股份公司的全资子公司，主要负责中国石化所属企业生产的石化产品的资源统筹、市场营销、产品销售、物流、客户服务以及所属企业生产所需相关化工原料的采购和供应工作，年经营化工产品超过5 000万吨，经营产品均取得相关国际国内认证，主要产品有合成树脂、合成橡胶、合成纤维、合成纤维原料、有机化工原料及特殊化学品。

化工销售公司在北京、上海、广州、武汉和南京等地分别设立华北、华东、华南、华中和江苏5家区域分公司，分别负责区域内企业化工产品销售工作；以中石化化工销售（香港）有限公司为海外业务平台。为实现销售前移和服务前移，更好地服务客户，在西安、沈阳、南京、杭州、汕头、泉州、昆明、长沙、成都等地设立了多个经营部及代表处。在台湾、新加坡、越南、中东、北美等国家和地区设立了办事处，有效地服务于国内外市场。

（于治宇）

【挖潜增效】 2014 年，化工销售公司持续推进全员成本目标管理，整体费用水平有效控制，10 项可控期间费用同比减少 15%，其中业务招待费、会议费、办公费、差旅费分别下降 27%、28%、46% 和 10%。着力抓好物流优化，商品流通费用继续得到有效控制，通过物流优化运作节约大量成本费用。自备罐车利用率同比提高 10.8 个百分点。统筹安排优化资金运作，通过询比价减少贴现费用，合理利用境内外贷款利率差降低筹资成本。

（于治宇）

【持续推进物流优化】 2014 年，化工销售公司以优化资源配置、提高运作效率、控制物流成本为主线，建立全员参与、上下协同有效工作机制。依据年初物流资源优化构思，从物流运作整体成本出发，重点协调企业完善原料进厂卸车设施和产品出厂装车设施，继续改进和优化部分产品储存能力，为物流方案优化创造条件。按时完成了总部与板块层级资源优化项目和公司级销售网络优化项目。

（于治宇）

【获得物流与采购联合会科技进步奖】 2014 年 10 月 23 日，在昆明举办的第 7 届现代物流科技创新大会暨 2014 年度中国物流与采购联合会科学技术颁奖大会上，化工销售公司换货业务管理平台项目获 2014 年中国物流与采购联合会科技进步一等奖，化工销售江苏分公司的仓储信息管理系统被评为 2014 中国物流与采购信息化优秀案例奖，化工销售公司公路运输回程车应用项目获 2014 年宝供物流三等奖。

（于治宇）

【乙烯船运量增加】 2014 年，化工销售公司乙烯船全年运量同比增加 65%、航次增加 63%，增强了乙烯资源综合调配能力，以及对亚洲乙烯市场的影响力。

（于治宇）

【党建和人才队伍建设取得新进展】 2014 年，化工销售公司认真贯彻落实中共中央和石化集团公司党组要求，完成党的群众路线教育实践活动。严格执行“八项规定”，坚决反对“四风”，切实严肃纪律、改善作风。根据党建工作考核细则，制定党建、宣传、工会等方面制度 20 项，实现党建工作与绩效考核有效结合。加强干部队伍建设，组织中层岗位竞聘和民主推荐。制定定员标准、中层机构和中层职数管理办法，推进非核心业务外包，优化用工结构。畅通人才通道建设，推进专家职位竞聘、岗位交流和职称评审。加强反腐倡廉建设，学习落实违纪违规行为处分规定，注重教育引导，完善监管体系，加强约束提醒；深化效能监察和业务公开，加强网上巡视和群众监督，设立举报专用电子邮箱和录音电话，营造廉洁氛围，促进廉洁自律。

（于治宇）

联合石化公司

中国国际石油化工联合有限责任公司（简称联合石化公司，英文缩写 UNIPEC）成立于 1993 年，是石化股份公司的全资子公司，是中国最大的国际贸易公司。主营业务包括原油贸易、成品油贸易、LNG 贸易及仓储物流等国际石油贸易业务。设有 13 个职能部室，在国内设有 3 个口岸分公司和 1 个合资公司，在境外设立 6 个分支机构。

截至 2014 年底，联合石化公司积极落实国家能源战略，着力搭建素质卓越、善于合作、具有全球化视野的国际贸易团队，进一步理顺管理体制机制，不断实现跨越式发展，资源保障能力不断提高，市场竞争力不断提升，抵御风险和应对危机能力不断增强。通过内部培养和积极引进，拥有一支从事原油贸易、成品油贸易、LNG 贸易、仓储物流、财务管理、人力资源管理及行政管理等各类人才组成的出色团队。

2014 年，联合石化公司以提高发展质量和效益为中心，紧紧围绕深化改革、转型发展、从严管理三大主题工作，全面提升经营管理水平，认真落实原油买断制工作，创新企业文化，固化群众路线教育实践活动成果，开拓创新、服务企业、协同创效，管理水平与经营利润得到大幅度提升。全年完成原油贸易量 2.86 亿吨，完成成品油贸易量 2 850 万吨，完成贸易额 2 068 亿美元。

（魏　亮）

天然气分公司

【概况】 中国石油化工股份有限公司天然气分公司（简称天然气分公司）成立于 2005 年 6 月 6 日，2009 年 7 月 21 日，石化股份公司设立天然气有限责任公司，与天然气分公司实行“一个机构、两块牌子”。2011 年 3 月 10 日，为进一步落实天然气大发展战略，石化股份公司赋予天然气分公司中国石化天然气经营管理职能，加强对油气田企业销售业务的管理与指导，统筹运销管理，统筹市场发展，促进天然气经营效益最大化。

天然气分公司是石化股份公司负责天然气工程建设、营运和销售的专业化公司，是独立核算的经济实体和利润中心，主要职责为：中国石化天然气长输管道、LNG 接收站、储气库等的建设和运行管理；中国石化天然气市场开发和天然气销售；中国石化天然气业务合资合作，建设和运营省级管网、地市级管网，以及拓展终端销售业务；管理区域性公司和合资公司。

天然气分公司认真贯彻石化集团公司“天然气大发展”战略，按照“资源、管网、市场、效益”相统一的要求，完善山东天然气管网，建设投运川气东送、榆济等骨干输气管道、山东液化天然气（LNG）和中原储气库，开工建设天津、广西液化天然气（LNG）项目和江苏金坛储气库项目；制定天然气发展市场战略和营销策略，建立天然气三级销售网络，市场涉及环渤海、长三角、珠三角等主要经济发达地区。截至 2014 年底，天然气分公司拥有直属单位 8 个、合（独）资公司 20 个、工程项目经理部 10 个，天然气管道 4 546 千米，用工总量 4 535 人，年供气规模 129 亿立方米，市场覆盖范围 20 个省（市）。

2014 年，天然气分公司销售天然气 128.9 亿立方米，同比增长 17.18%。

（杨延平）

【安全运行水平不断提高】 2014 年，天然气分公司认真吸取“11·22”事故教训，强化责任制落实，全力推进隐患治理，优化管网运行，安全生产继续保持良好局面，连续 2 年获评石化集团公司 HSE 先进单位。突出抓好基础管理，继续开展生产设计，积极推进生产设施检维修，不断消除管输瓶颈，提升管道运行控制水平和系统保障能力。合理安排工艺调整，提前编制操作方案，实现 76 次管道动火、13 次受限空间作业、2 次管道清管等重大施工作业期间的安全运行。切实做好环保工作，未发生环境污染、生态破坏事件，外排废水、危险废物妥善处置率 100%。投运天然气数据中心，启动智能化管道建设，推进模拟仿真培训系统的应用，努力提高管道科学管理水平。加强管道巡护、占压治理、自然灾害防治、管道腐蚀控制，实现管道占压零增长的目标。将隐患治理作为年度重点工作，对排查出的 150 项重大隐患实施分级挂牌，整改完成 96 项，占隐患项目总数的 64%。切实抓好应急管理，定期组织应急演练，全年积极应对并合理处置应急事件 27 起，增强了快速反应能力。认真开展“依法合规”建设整改落实工作，对未批先建、久试未验和“三同时”不落实问题进行清理，87 项问题已经整改完成 37 项。集中开展“六打六治”打非治违专项行动，集中整治了工程施工中违法转包、层层分包、无资质超资质施工等问题 23 项。全年实现安全生产、清洁生产。

（杨延平）

【企业管理全面深化】 深入开展“从严管理年”活动，认真反思管理环节存在的问题，制定整改措施，完善管理制度，建立长效机制。组织实施资源优化，对职能部门职责进行梳理，对项目建设进度、投资节奏进行优化调整。修订风险管理办法，完成风险评估报告、四级风险点设定等工作。完善绩效考核办法，为下步全面绩效考核奠定基础。制定“三基”工作实施方案，明确具体工作内容。扎实开展法律事务、星级站队创建、制度标准化改造、改善经营管理建议、管理创新等工作，不断夯实管理基础。修订完善招投标等管理制度，开展“应招未招”等问题治理，规范了建设程序和经营行为。强化投资计划管理，合理掌控投资节奏，不断提高投资利用效率。深化全面预算管理和全员成本目标管理，实施财务共享和费用报销上线，逐步扩大 ERP 业务领域应用，不断完善经济活动分析，严格执行“八项规定”实施细则，重点关注的费用支出同比下降 5.1%。加大科技创新力度，组织开展 20 万立方米 LNG 储罐工程技术开发等科技项目，让科技积极服务主营业务。规范物资采购行为，网上采购率、招标率分别达到 100% 和 95.6%；强化采购过程控制，全年节约采购资金 0.52 亿元，保证了重点项目物资供应。积极开展廉洁风险防控，全面查找岗位廉洁风险点，制定防控措施，填写“两图一表”，初步构建廉洁风险防控体系。深入推行效能监察，确立 17 个效能监察项目，促进重点业务、关键环节的规范运作。实施经济责任、竣工决算等审计项目 24 个，促进增收节支 0.32 亿元，有效发挥内部审计监督职能。

（杨延平）

【队伍建设不断加强】 以适应天然气业务发展战略需要为中心，深化人事制度改革，创新劳动定员管理，扎实抓好人才队伍建设。①加大竞争性选拔干部力度。深入贯彻落实领导人员公开竞聘工作暂行办法和竞争上岗工作暂行办法，组织开展部分处级岗位公开竞聘、公司机关业务岗位及专业技术岗位竞聘上岗工作，公开择优选拔干部 59 人。②完善人才成长通道建设。组织开展专业技术职务任职资格评审和推荐工作，评审通过 265 人。制定印发专业技术职位主任师、副主任师聘任的指导意见，聘任公司专家、主任师、副主任师 32 人，努力打造尊重知识、吸引人才的良好环境。③做好人才引进招聘工作。围绕天津、山东、广西 LNG 及储气库等重点项目的实施，开展主体专业等紧缺岗位人才引进工作，系统内引进 116 人；完成 2014 届大学生招聘，启动 2015 届招聘工作。④深化劳务用工改革，完善中远天然气技术服务有限公司组织管理体系，755 名技能操作人员平稳划转；探索开展业务外包和技术服务，将部分生产单元整体外包给专业单位管理。

（杨延平）

【党建和思想政治工作有序推进】 以进一步贯彻落实党建工作"两个文件"为主线，不断推动党建工作制度化、规范化建设。以"四好"班子为目标，坚持民主集中制原则，认真落实基层联系点制度、"一岗双责"制度等，发挥了班子的整体功能，增强了凝聚力和战斗力。依托劳动竞赛、专项攻关、征集合理化建议、机关服务基层和创建"党员先锋工程"等平台，全力推进"大干四个月、全面完成各项生产经营任务"等主题活动，实现党建思想政治工作与生产经营工作深度融合。深化巩固党的群众路线教育实践活动和"五抓"活动，基础管理、协调能力、工作效率、服务水平、执行力等方面得到显著提升。制定党委(党总支)工作规则和基层党支部工作细则，进一步健全完善党建工作制度体系。下发"两个责任"实施细则，建立落实党委主体责任和纪委监督责任的制度体系。贯彻落实建立健全惩治和预防腐败体系 2013—2017 年工作规划实施细则，对相关任务进行分解，及时督促检查工作进展。认真落实慰问困难员工等制度，将"冬送温暖、夏送清凉、四季送关爱"工作制度化、常态化。组织开展文化娱乐及体育、联谊等活动，丰富员工的业余文化生活。

（杨延平）

新星公司

【概况】 中国石化集团新星石油有限责任公司(简称新星公司)是石化集团公司的全资子公司，本部位于北京市北四环中路 263 号。主营业务包括地热等新能源开发、海外工程服务、矿业开发等，国内业务分布在北京、广东、陕西、山东、辽宁、河北、安徽、河南、四川等省市，国际业务分布埃及、尼日利亚、埃塞俄比亚、安哥拉、喀麦隆、乍得等国家。拥有中国外经贸部授予的进出口贸易、对外经济技术合作和对外承包工程经营资质。

新星公司前身是原地质矿产部石油地质海洋地质局，1996 年 12 月 7 日以原地质矿产部石油地质海洋地质局及其所属石油系统的普查勘探、科研队伍为基础，成立了中国新星石油有限责任公司。2000 年 2 月 29 日，中国新星石油有限责任公司整体并入石化集团公司，更名为中国石化集团新星石油有限责任公司。2001 年 8 月，石化股份公司收购新星公司的优质油气资产，成立石化股份新星油气分公司即上市公司。2003 年 6 月，新星油气分公司注销，原新星油气分公司下属的 6 个地区油气分公司和新星公司下属的 6 个地区局及西安石化总厂全部划归石化股份公司和石化集团公司直接管理。2006 年 12 月，新星公司整体进入中国石化集团资产经营管理公司。2009 年 4 月 1 日，新星公司正式划归石化集团公司上游板块，明确了以海外工程服务、地热资源开发利用、盐卤及二氧化碳等矿产资源开发为主经营的发展格局。

新星公司下设 14 个综合管理处室，设有地热发展部、国际工程部、物资装备部、开罗项目经理部 4 个专项业务部门，设有地热研究院、石化集团公司地热重点实验室 2 个研究机构及国家地热能源开发利用研究及应用技术推广中心；下设广州公司等 4 个全资子公司，盘锦分公司等 7 个分公司，中地海外公司、绿源公司等 6 个控股公司，中萨钻井公司 1 个参股公司；设立离退休管理服务中心、北京基地管理服务中心 2 个中心。

截至 2014 年底，新星公司劳动用工 22 707 人，其中劳动合同制员工 357 人，劳务派遣制员工 145 人，合资公司员工 22 205 人；离退休人员 731 人。

2014 年，新星公司按照石化集团公司"一个中心""三大主题"的总体部署，围绕年度任务目标，提前一年完成"十二五"利润目标，各项工作取得新的进展。实现收入 88.3 亿元，完成指标的 124.4%；实现利润 7.3 亿元，完成奋斗目标的 166.1%。4 项费用及 6 项资金指标基本控制在指标范围内。国有资本保值增值率达 111%。完成投资 4.6 亿元，是下达指标的 100%。新签合同额 21.2 亿美元，完成年度计划的 107.5%；完成合同额 13.8 亿美元，完成年度计划的 127.8%。新增地热供暖能力 1 025 万平方米，累计供暖能力 2 322 万平方米。

新星公司主要经济指标见表 1。

（何国良）

【调整领导班子】 2014 年 9 月 16 日，新星公司召开干部大会，宣布领导班子调整的决定：鉴于年龄原因，袁清不再担任新星公司执行董事、总经理、党委副书记，办理退休；徐向荣主持新星公司全面工作。

（何国良）

【承办国家首届地热能开发利用工作会】 2014 年 2 月 27 日，由新星公司承办的全国地热能开发利用现场交流暨地热能利用工作会议在河北雄县召开。会上，国家发改委副主任、国家能源局局长吴新雄指出：采用清洁能源替代供热燃煤，是当前大气污染防治的一项极其重要的迫切任务。称赞中国石化在雄县利用地热供暖解决了县城 90% 以上的供热需求，为全国解决大气污染治理难题开辟了新途径。来自国家能源局、国土资源部、住房和城乡建设部，北京、天津、河南、河北、山东、陕西、山西等省市发改委以及中国石化等单位代表出席会议。

（何国良）

【承办中国首届地热论坛】 2014 年 11 月 25—26 日，“2014 · 中国地热论坛”在北京举行。论坛以“开发地热、合作创新、引领发展”为主题，由国家地热能中心主办，中国石化承办。国家能源局副局长刘琦表示，中国石化新星公司长期开展中深层地热利用工作，既促进了中国中深层地热利用技术的升级换代，又为中国城镇可再生能源利用树立了典范。来自国内外地热界专家 200 余人参加会议。

（何国良）

中国首届地热论坛

【入选北京市国际科技合作基地】 2014 年 3 月 5 日，北京市科委公布第 3 批北京市国际科技合作基地认定结果，新星公司经认定成为地热资源开发研究北京市国际科技合作基地，标志着新星公司在地热资源开发利用上将在国际技术转移、高层次人才及创新团队引进、国际合作研发以及国际技术培训等方面得到北京市的项目支持。

（何国良）

【与牡丹江市签订地热开发战略合作协议】 2014 年 7 月 12 日，新星公司与黑龙江省牡丹江市在北京签署《地热资源与工业余热开发利用战略合作协议》，协议明确，双方将通过诚信合作，全面推进牡丹江市地热资源与工业余热开发利用。

（何国良）

与牡丹江市签订地热开发战略合作协议

【砂岩回灌取得重大突破】 2014 年 4 月 2 日，新星公司在咸阳地区砂岩地热尾水回灌攻关试验，累计回灌量 19.81 万立方米，自然回灌量基本稳定在 100 米^3/时左右，最大瞬间回灌量可达 148 米^3/时，创造了砂岩尾水自然回灌的新纪录，为渭河盆地地热大规模开发奠定了基础，也为在同类砂岩地区进行地热资源开发利用提供了经验，标志着在中心城市地热科学利用的提质增效升级。

（何国良）

【地热勘探取得新成果】 2014 年，新星公司在冀中坳陷、临清坳陷、太原盆地、关中盆地东部、伊舒地堑部署的 6 口探井取得勘探突破性进展，分别发现了岩溶、砂岩等 2 种不同类型的热储，取得了河北故城奥陶系岩溶热储、河北辛集奥陶系岩溶热储、山东菏泽奥陶系岩溶热储、陕西华县新近系砂砾岩热储、山西太原奥陶系岩溶热储、长春双阳古近系砂岩热储等重大突破，为后续市场拓展和规模化开发创造了资源条件。

（何国良）

【9 项地热重点项目推进】 2014 年，新星公司一批

地热(余热)重点项目顺利推进。河北东光化肥厂工业余热城市集中供暖项目一期80万平方米已正式投用;河南油田下二门污水余热利用项目正式运行,年余热利用量13.7万吉焦,各项运行指标均达到设计要求,效果良好;中原油田濮三联地热、余热复合利用34万平方米供暖项目顺利投用;咸阳中铁二十局医院3万平方米地源热泵供暖制冷项目,通过2季稳定运行,用户满意;徐州利国钢厂15兆瓦废气发电项目顺利开工建设;商河、乐陵地区砂岩经济回灌示范区建设开始启动,初具规模;镇海炼化节能改造合同能源管理项目全面建成投产;河南清丰县冶都·中央公园的地热供暖项目一期全线贯通,顺利投用;新星双良公司地热能+太阳能光伏发电新能源集成示范项目投入运行,实现当年组建公司、当年勘探突破、当年开发利用并实现当年盈利。

(何国良)

【勘探四号完成AWE公司作业项目】 2014年7月19日,勘探四号平台顺利完成对AWE公司的所有钻井作业,驶抵新井位继续为OMV公司提供作业服务。AWE合同累计作业时间为3 945.5小时,技术作业率为97.9%,有效作业率为100%。

(何国良)

【开展"书香新星·好书品读"活动】 在2014年"世界读书日"前,新星公司开展"书香新星·好书品读"活动,每名机关职工都从党群部门领到了一本统一配发的书籍。与以往不同,这次所配发的书籍是大家凭个人兴趣自选、由党群部门审定后统一购置的"个性化"书籍。读书活动在个人潜心品读的同时,通过相互荐读、骨干领读、专家讲读、交流共读、网上阅读等多种方式开展。

(何国良)

表1　新星公司主要经济指标　亿元

指标名称＼年份	2014	2013	2012	2011	2010	2009①
工业总产值	88.27	79.93	72.52	70.16	56.64	50.85
企业增加值	34.29	23.58	19.49	20.35	16.33	12.14
资产总计	121.88	109.25	90.86	82.64	73.08	69.66
流动资产	93.09	82.48	69.59	63.35	54.79	51.77
固定资产原值	47.49	43.23	38.34	34.52	31.50	28.38
固定资产净值	17.62	16.21	13.94	12.74	12.38	11.47
销售收入	88.27	79.93	72.52	70.16	56.64	50.85
实现利税	14.58	11.28	8.51	9.28	8.46	6.67
税　金	7.27	5.26	5.43	7.39	6.64	4.63

①2009年数据不含辽宁分公司

管道储运公司

【概况】 中国石化管道储运有限公司(简称管道储运公司)是中国石油化工股份有限公司全资子公司。其前身创建于1975年2月,时称华东输油管线指挥部,1978年9月更名为华东输油管理局,1998年5月由中国石油划转到中国石化,成立中国石化集团管道储运公司,2000年3月输油主业进入石化股份公司成立管道储运分公司,非上市部分仍称管道储运公司。2014年4月,为强化原油储运专业化管理,建立网运分开的体制机制,中国石化以管道储运分公司为基础,整合上市、非上市业务,成立了中国石化管道储运有限公司。

管道储运公司基地位于江苏省徐州市,下设天津输油处、宁波输油处、黄岛油库等16个输油生产单位,以及管道设计研究院、抢维修中心、检测公司、南京培训中心、矿区管理中心等10个技术服务和后勤保障单位。截至2014年底,管道储运公司管辖着39条输油管线,全长6 595千米,沿线共有99座输油站(库),途经北京、天津、河北、山东、江苏等14个省、自治区和直辖市;参与管理7座原油码头，分别位于曹妃甸、天津、青岛、日照、宁波、舟山；已建成投用的油库总罐容3 626万立方米；担负着胜利、中原等5家油田的原油及部分进口原油的输送任务，为燕山、齐鲁、金陵、扬子等20家炼化企业输转原油，管理资产总额约732.7亿元（含代管存续公司、商储基地、码头公司资产265.5亿元），用工总量9 289人。

管道储运公司主要经济指标和主要生产指标见表1和表2。

（高浩亢）

【利润创历史新高】 2014年，管道储运公司全年累计实现利润20.6亿元，其中上市利润16.6亿元、存续利润4亿元。托管合资码头公司投资收益3.5亿元。与2014年初总部下达给上市部分的效益目标5.5亿元、存续部分效益目标2 800万元相比，均超额完成并创历史新高。

（高浩亢）

【全面完成输油生产计划】 2014年，管道储运公司在中国石化原油加工量整体下降、部分管线降压运行的情况下，全年累计输油1.30亿吨，同比增长0.86%，再创历史新高，连续第5年超亿吨。全面完成总部下达的输油生产计划，保证了炼化企业原油资源的稳定供应。

（高浩亢）

【中国石化管道储运有限公司注册成立】 2014年4月18日，石化股份公司下发通知，决定在石化股份公司管道储运分公司的基础上成立中国石化管道储运有限公司。6月10日，中国石化管道储运有限公司在江苏省徐州市注册成立，注册资本为120亿元。

（高浩亢）

【主要领导调整】 2014年，石化集团公司根据工作需要，经党组研究并征得中共江苏省委员会同意，决定：夏于飞任中国石化管道储运有限公司执行董事，并聘任为管道储运有限公司总经理；邵予工任管道储运有限公司党委书记兼副总经理；免去高河东的管道储运公司总经理职务，调出另有任用。

（高浩亢）

【“三定”工作稳步推进】 2014年，管道储运公司根据石化集团公司要求和原油储运专业化公司的发展定位，深化改革，加快推进组织机构调整。公司机关由31个处室减至17个，机关定员由394人减至248人。按照管道管理地域化、员工管理属地化原则，完成了输油处管理区域功能调整，实施库、站、管道、码头统一管理模式，将输油生产单位由14个调整为16个。通过“三定”工作实施，公司二级组织机构从60个减少到47个，两级机关科级部门净减158个，科级干部定员减少150余人，员工总定员减少近千人。

（高浩亢）

【优化非输油生产单位业务功能】 2014年，管道储运公司增强科研设计实力，稳定原油管道设计、巩固成品油管道设计、发展天然气管道设计、拓展大型原油储罐设计，推进管道设计与科研协调发展。围绕输油主业，优化调整检测业务，推进检测公司、工程公司股权整合，加强与中国特检院的战略合作和检测科技攻关，形成管道检测中心、储罐检测中心、输油设备检测中心、完整性管理中心、阴极保护中心和分析检测中心六大核心业务，全面覆盖了公司所有检测业务。整合内部人力资源，完成特种作业业务重组，在6个输油处组建特种作业队，为管道特种作业公司的运作创造了条件。完善抢维修体系和运行机制，整合现有抢维修资源，根据管网、码头、油库分布，按照覆盖半径350千米左右设立10个抢维修联动区域，实现分工负责、分级响应。强化工程质量监督职能，成立南京、潍坊等7个质量监督分站，建立健全限下项目、修理项目的质量监督体系。以盘活存量资产、提高资产使用效率为目标，开展宾馆、酒店、招待所整合工作，构建了酒店服务板块，实行专业化管理和市场化经营。进一步优化设计院、检测公司、抢维修中心等10个非输油生产单位的业务功能。一年来，管道储运公司非输油单位业务范围发生了重大变化，管理体制机制更加适应专业化发展的需求。

（高浩亢）

【降本减费工作成效显著】 2014年，管道储运公司加强经济活动分析，改变预算管理机制，实行零基预算、按需报批、动态管理，有效降低了各项成本费用。先后成立电价管理、优化运行、计量交接、库存优化等若干工作小组，研究制定降低成本费用的具体举措并取得良好效果。全年成本费用同比降低11亿元，其中输油损耗成本降低3亿元、动力电降低1.4亿元、管道安全防范费降低1.1亿元、蒸汽及燃料成本降低5 831万元、租赁费降低3 120万元、通信及信息系统维护费降低 1 568 万元。认真贯彻落实中央“八项规定”，会议费、业务招待费、办公费等6项费用同比降低 3 312 万元。通过加强电价政策研究，变更用电类型，降低了电费支出，按完整年度测算可节约电费约 2 500 万元/年；江苏、湖北两省大工业用电政策经努力已争取到位，实施后还可节约电费 2 800 万元/年。

（高浩亢）

【积极推进隐患整治工作】 2014 年，管道储运公司全面开展区域全覆盖、专业全覆盖的隐患大排查工作，对管道、油库、码头及相关设备设施实行动态排查治理，所有排查的隐患点均已制定“一点一案”，并迅速转入治理实施阶段。抽调专人成立隐患治理工作组，按照轻重缓急、后建服从先建、谁主管谁负责的原则，分批挂牌督办，加快整治进度。截至年底，共排查各类隐患 4 321 项，已完成整治 1 817 项，整改率 42.05%；其中挂牌督办 101 项，已整改 100 项。

（高浩亢）

【努力提升应急处置能力】 2014 年，管道储运公司加强应急能力建设，完善应急管理体系，制定了《输油生产及工程建设相关事件应急管理办法》（试行），明确了公司各级应急组织机构、工作职责和值班制度，规范应急事件报告程序。全公司共开展演练 5 356次，其中公司级 4 次、处级 333 次、站队级 4 990次、区域联合 29 次。通过多频次、预先不通知的预案演练，员工的应急意识和应急处置能力有了很大提高。

（高浩亢）

【仪征—扬子原油管道建成投产】 仪征—扬子原油管道建设工程由仪征首站—扬子末站原油管道建设工程和仪征首站—金陵石化原油管道出站端约 4.5 千米、直径406 毫米改线工程两部分组成。仪征—扬子石化原油管道工程途经行政区域依次为仪征市、南京市六合区，全线长 35 千米，干线及站场设计压力为 4.0 兆帕，设计输量为 1 500 万吨/年，线路管道规格为直径 711 毫米。工程于 2014 年 10 月 23 日中交，11 月 11 日投产条件确认，12 月 2 日顺利投用。

（高浩亢）

【临濮线安全隐患整治改造工程投入运行】 2014 年 11 月 14 日，临濮线安全隐患整治改造工程中交并投入运行，消除了临濮线输油站场的安全隐患，确保了安全平稳输油。

（高浩亢）

【天津大港原油商业储备基地工程中交验收】 天津大港原油商业储备基地工程设计库容 130 万立方米，于 2013 年 2 月 20 日桩基工程开工，2014 年 12 月 16 日中交验收。天津大港原油商业储备基地的建成投产，较好的区域位置优势和储运系统依托条件，有效地解决了华北地区几家炼化企业的原油供给问题。

（高浩亢）

天津大港原油商业储备基地项目投产现场

【党建工作取得阶段性成效】 2014 年，管道储运公司党委认真学习贯彻习近平总书记系列重要讲话精神，全面落实石化集团公司关于党建工作的重要决策部署，深化和拓展党的群众路线教育实践活动，结合“从严管理年”活动的开展和职代会的召开，广泛征求员工群众意见与建议，并制定切实有效的整改措施。以贯彻石化集团公司党组下发的“两则”精神为重点，进一步加强基层党组织和党员队伍建设。深入探讨从体制机制上解决党建工作与生产经营工作“两张皮”的途径，特别是通过“书记管安全”等体制机制创新，促进了二者之间的深度融合。强化宣传思想工作，有针对性地开展形势任务教育，员工队伍的精神面貌发生较大变化。严格执行中央“八项规定”和石化集团公司相关要求，切实加强党风廉政建设和反腐倡廉工作，从严要求党员干部。强化管道储运公司 40 条禁令和石化集团公司职工违纪违规行为处分规定的贯彻执行，建立奖罚分明的激励约束机制，干部队伍作风有了比较明显的转变。

（高浩亢）

表1 **管道储运公司主要经济指标** 亿元

指标名称＼年份	2014		2013		2012		2011		2010		2009	
	公司	分公司	公司	分公司	公司	分公司	公司	分公司	公司	分公司	公司	分公司
工业总产值	9.85	72.07	10.80	67.38	10.72	72.87	20.35	69.87	16.40	60.07	18.42	49.38
工业增加值	5.30	103.86	4.35	35.08	4.71	31.99	3.91	26.41	3.97	18.78	4.11	21.26
资产总计	20.30	469.48	18.60	599.32	19.09	555.59	21.41	529.19	20.80	437.30	16.68	403.02
流动资产	14.20	252.48	12.34	378.02	11.58	328.51	13.92	282.36	13.05	206.08	8.91	179.64
固定资产原值	12.04	324.60	12.04	332.24	12.97	310.24	12.30	305.67	11.84	272.88	11.39	267.80
固定资产净值	6.08	176.71	5.82	188.82	7.42	197.52	6.50	207.18	7.63	183.27	7.57	186.34
销售收入	10.16	2 523.30	11.21	2 679.30①	11.03	770.35	20.43	81.99	16.59	69.87	18.61	51.61
利润总额	4.03	70.05	0.34	4.68	0.25	2.71	-0.19	5.10	0.36	-0.07	0.48	3.67
税　金	0.75	8.76	0.18	5.35	0.38	3.98	0.73	3.84	0.62	3.73	0.85	2.95

①2013 年，管道储运公司成立原油销售公司，财务报表中销售收入大幅提升

表2 **管道储运公司主要生产指标**

指标名称＼年份	2014	2013	2012	2011	2010	2009
收油量/万吨	5 224.18	5 642.23	5 457.64	5 263.89	5 092.69	5 541.61
输油量/万吨	13 043.27	12 932.15	12 023.00	10 839.00	10 316.63	8 931.24
销油量/万吨	5 418.22	5 573.90	5 401.38	5 197.01	5 071.78	5 631.06
周转量/万吨·千米	6 163 339.00	6 192 504.00	5 767 946.00	5 624 145.00	5 291 303.00	4 867 380.00
原油总耗/万吨	1.77	2.47	2.62	3.35	4.55	2.67
电总耗/万千瓦·时	119 514.43	120 704.35	115 665.28	124 534.53	123 161.71	117 815.62
蒸汽总耗/万吨	18.56	18.08	20.08	19.78	22.37	19.14
天然气总耗/万立方米	1 715.26	1 813.24	2 000.06	2 282.07	1 945.27	2 190.64
综合能耗/千克标煤·(万吨·千米)$^{-1}$	34.64	36.54	39.28	46.69	49.78	56.32

财务公司

【概况】 中国石化财务有限责任公司(简称财务公司)是由原中国石化总公司独家发起，经中国人民银行批准于 1988 年 7 月 8 日成立，以加强资金集中管理和提高资金使用效率为目的，为成员单位提供金融服务的非银行金融机构。财务公司位于北京市朝阳区朝阳门北大街 22 号。注册资本 100 亿元(内含 6 000万美元)，其中石化集团公司出资 51 亿元，占注册资本的 51%；石化股份公司出资 49 亿元，占注册资本的 49%。

财务公司股东会是公司的最高权力机构，实行董事会领导下的总经理负责制，董事长为法定代表人。财务公司有总经理兼党委书记 1 人，副总经理 2 人，党委副书记兼纪委书记、工会主席 1 人。总部

设办公室、人事劳资部、风险控制(法律事务)部、经营管理部、财务会计部、稽核部、资金计划部、国际业务部、信贷部、投资银行部、结算部、信息部、金融研究开发部13个部室;京外设上海、南京、广州、山东、郑州、武汉、成都、新疆、天津9家分公司。截至2014年底,财务公司干部职工共346人,其中总部106人、分公司240人。

财务公司可以经营《企业集团财务公司管理办法》中列举的全部15项业务。此外,财务公司作为国内非银行金融机构结售汇业务首家试点单位,可以面向集团成员单位开展结售汇业务和集中收付汇业务。经书面授权,可以集中为集团成员单位开立、变更、撤销银行分账户。

2014年,财务公司实现营业收入42.16亿元,实现利润34.03亿元,年末资产总额1 240亿元,所有者权益186亿元,资产负债率85%。全年通过提供委托贷款、直接购付汇、优惠贴现与贷款等各项服务,累计为石化集团公司降本增效、节约财务费用贡献超过20亿元。

财务公司资产负债损益情况见表1。

(李　昕)

【资金集中管理安全平稳运行】 2014年,财务公司按照石化集团公司做实事业部、专业化改革发展等工作部署,积极配合板块重组改制,完成相应分账户调整及资金池建立工作,其中为油品销售公司31家下属企业进行结算账户变更603户、分账户变更5 291户,为油品销售混合所有制改革和工程服务板块改革提供了及时有力的支持保障。不断优化完善系统功能性能,强化日常运行监控和异常管理,保障石化集团公司资金集中管理平台安全平稳运行。进一步提升结算服务质量和效率,优化操作流程,连续多年保持了录入零差错、收付零损失的服务质量目标。全年优质高效地完成结算量2 403.20万笔,结算资金规模达到45.30万亿元,分别同比增长12.95%和4.89%。

(李　昕)

【资金管理运作水平提升】 2014年,财务公司积极扩大合作机构范围,拓宽融资渠道,深化合作关系,及时足额融入资金。全年累计从外部市场融入资金1.54万亿元,日均116.35亿元,连续14年成为全国银行间本币市场交易100强单位,保障了融资需求和支付需要。不断丰富融资方式,加大交易所市场债券回购融资力度,全年累计开展债券回购融资业务365笔2 335.20亿元。积极开展外币拆借业务,拓宽外币融资渠道。坚持从市场降本增效,综合比较不同市场融资成本,精打细算,千方百计筹措低成本资金,不断降低经营成本。坚持从政策上降本增效,用足用好人民银行票据再贴现政策,全年向央行办理低成本再贴现23.60亿元。坚持从管理上降本增效,加强与集团财务部、股份财务部及成员企业沟通协调,不断提高资金计划准确率,科学合理调度头寸,尽力降低备付资金,降成本、增效益效果显著。

(李　昕)

【信贷业务进一步发展】 2014年,财务公司进一步加强信贷支持服务,围绕生产经营建设需要,优先保障石化集团公司资金周转,重点支持增效创效项目,持续跟进并适度参与重大项目融资工作,全年累计提供各类信贷支持2 319.75亿元,日均规模393.20亿元。积极挖掘企业票据需求,大力拓展票据业务,全年办理票据贴现106.10亿元,开立财务公司承兑汇票25.13亿元,有效支持帮助企业加快结算和降本减费。配合石化集团公司资金管理需要,便利快捷开展委托贷款业务,全年委托贷款日均规模738.15亿元,同比增幅25.40%,为成员单位节约财务费用约15亿元。进一步健全完善信贷管理制度,加强信贷风险防范,大幅提升信贷客服工作水平。信贷客服系统和征信系统安全平稳运行,数据准确性、完整性和及时性得到大幅提升,全年4个季度报送数据均以100%的准确率排名第一,获得监管部门高度评价。

(李　昕)

【外汇业务水平不断提升】 2014年,财务公司进一步完善汇率定价模式,推广实时询价定价方式,跟踪把握市场有利时机,精心稳健操作,积极主动支持配合成员企业防范汇率风险,促进降低整体汇兑成本。全年累计完成结售汇517.20亿美元,收付汇578.44亿美元,为成员单位直接节约购汇成本超过5亿元。积极克服汇率风险加大和赢利空间压缩等不利因素,综合把握市场时机,精心灵活交易,全年售汇规模大幅增加,在内部售汇无点差情况下,从外部市场争得结售汇中间业务收益1.30亿元。

(李　昕)

【投资和投行业务水平不断提高】 2014年，财务公司加强市场分析、信息收集等金融研究工作，为石化集团公司和财务公司生产经营资金管理决策提供有效智力支持。主动做好债券发行财务顾问服务，2014年2次参与石化股份公司共300亿元债券发行工作。加强资本市场跟踪研判，灵活开展股票滚动交易及趋势性波段交易，有效开展股票定向增发及债券配置业务，全年累计实现证券投资综合收益22.43亿元。积极实施低效基金资产的结构性调整。围绕短期资金头寸管理，有效开拓利用短期理财产品，进一步提高资产收益水平。

（李 昕）

【强化风险防范和内部管理】 2014年，财务公司不断健全风险管理制度，优化拓展信贷/客服业务管理系统功能，完善提升信贷客户评级体系，进一步提高风险管理水平。修订完成2014年版《内部控制管理手册》，定期开展内控执行情况自查。顺利完成法律综合管理系统上线运行，新版标准合同文本广泛应用。健全完善财务管理制度体系，推进财会信息化建设，顺利实现产品赢利分析模块上线运用，连续多年被石化集团公司评为财务管理先进单位。配合银监会现场检查组完成现场检查工作，积极运用检查结果促进提升经营管理水平。做好日常非现场稽核与分析，认真开展7项现场稽核，强化内部稽核监督与服务职能。围绕“内强保障力、外增影响力”目标，认真做好内部综合服务保障，加强外部沟通协调，推动新闻宣传工作取得新进展。

（李 昕）

【加强信息化建设与管理】 2014年，财务公司全力保障石化集团公司资金集中管理信息系统安全平稳高效运行，持续进行系统功能升级，系统的安全性、稳定性和效率都得到进一步提升。完成南京灾备搬迁，顺利开展灾备系统和业务应急演练工作。完成经营决策及报表管理系统正式上线使用，一批应用系统成功上线并平稳运行，基本实现无纸化办公。

（李 昕）

【开展“转型发展当标兵、创建一流立新功”活动】 2014年，财务公司积极开展“转型发展当标兵、创建一流立新功”活动，夯实管理基础。健全严格的管理制度体系，完善安全应急预案，印发《公司制度管理办法》，完成制度库建设应用，基本实现了制度信息化管理。强化员工岗位责任制，加强岗位练兵和应知应会培训，全员进行金融财会知识网上测试，举办业务技能竞赛。持续推进“四学四赶”和“比学赶帮超”工作，广泛开展“创建服务型机关”活动，2014年成员企业和外部服务对象的服务满意度达到99.03%。严格考核约束，完善综合考核与专项考核体系，初步建立责任追究机制，进一步把从严管理要求落实到岗位和个人。3项管理创新成果获石化集团公司第23届管理现代化创新成果奖，1项成果获第21届全国企业管理现代化创新成果二等奖。

（李 昕）

【队伍建设得到加强】 2014年，财务公司深入开展十八届三中、四中全会和习近平总书记系列重要讲话精神学习和集中轮训，不断加强各级领导干部思想作风建设。继续推行基层管理岗位公开竞聘，推进领导班子和干部考评工作创新，进一步发挥考核评价的功能作用。加强劳动用工管理，做好毕业生招聘，严格劳动纪律，规范劳务派遣工作，逐步建立规范完备的劳动用工管理体系。加大教育培训力度，培训方式内容更加丰富。健全全员绩效考核管理，强化考核激励约束，努力争取员工收入合理增长，进一步激发了广大员工积极性和创造性。

（李 昕）

【党建廉政和群众工作】 2014年，财务公司抓好党的群众路线教育实践活动整改落实工作，进一步巩固和拓展活动成效，建立形成长效机制。持续落实中央“八项规定”精神和石化集团公司实施细则，细化完善相关制度规定，加强常态化监督检查。深入学习贯彻石化集团公司党建工作“两个细则”，配合完成石化集团公司党建工作现场考核检查。及时进行基层党支部换届选举，举办专兼职党务人员专题培训班，加大党员教育、管理和服务力度。贯彻落实石化集团公司党风廉政建设“两个责任”办法，强化党风廉政建设责任制，扎实推进业务公开和效能监察工作，进一步发挥纪检监察的监督保障作用。加强党风廉政宣传教育，开展反腐倡廉知识答题活动，筑牢党员干部廉洁从业思想防线。大力弘扬石油石化优良传统作风，广泛开展第二届“传承铁人”人物评选推荐，组织开展丰富多彩文体活动，进一步营造了和谐氛围，增强了广大职工群众的凝聚力和向心力。

（李 昕）

表 1　　财务公司资产负债损益情况　　亿元

指标名称 \ 年份	2014	2013	2012	2011	2010	2009
流动资产	1 089.99	1 044.77	1 059.11	1 184.44	959.68	1 029.04
长期资产	149.92	174.03	185.35	185.94	165.17	140.75
无形、递延资产	0.52	0.87	0.99	1.39	1.26	1.10
资产总计	1 239.90	1 219.67	1 245.44	1 371.77	1 126.11	1 170.90
自营资产总额	647.66	575.02	688.68	757.56	537.39	567.41
流动负债	1 052.90	1 051.10	1 053.00	1 165.17	926.87	928.94
长期负债	1.04	2.73	34.71	64.11	65.27	108.78
所有者权益	185.97	165.84	157.84	142.49	133.98	133.18
实收资本	100.00	100.00	100.00	100.00	80.00	80.00
资本公积	0.19	8.38	14.46	12.86	16.58	27.57
盈余公积	15.83	13.31	11.90	10.53	9.30	8.13
未分配利润	59.68	37.60	25.09	13.30	22.41	11.92
负债及所有者权益	1 239.90	1 219.67	1 245.44	1 371.77	1 126.11	1 170.90
营业收入	42.16	19.51	23.60	20.00	17.90	16.73
营业支出	8.15	1.50	5.34	4.19	2.47	1.27
营业税金及附加	2.43	1.62	1.80	1.25	1.15	1.30
利润总额	34.03	18.05	18.28	15.84	15.48	15.58
净利润	25.22	14.09	13.74	12.27	11.79	12.01

经济技术研究院(咨询公司)

【概况】 中国石油化工集团公司经济技术研究院(简称经济技术研究院)的前身是成立于1971年的燃料化学工业部石油化工设计院，1983年中国石化总公司成立后，更名为中国石化总公司石油化工规划院，1999年12月底，和原石化集团公司信息中心的信息研究部分合并，成立石化集团公司经济技术研究院，与中国石化咨询公司合署办公。

中国石化咨询公司(简称咨询公司)成立于1985年，1994年获国家首批认定甲级工程咨询资格，是中国工程咨询协会的常务理事单位和国际咨询工程师联合会(FIDIC)正式会员，自2004年以来一直是国家发展和改革委员会委托投资咨询评估任务的机构，是国内第1批获得该资格的35家咨询机构之一。

2014年，经济技术研究院以建设世界一流能源与化工智库为目标，调整完善内部机构，构建起通过优化、评估评价、信息数据、节能技术等基础研究，支撑发展、政策、公司管理、营销策略等战略研究的机构框架，核心业务更加突出，部门管理职能进一步强化。完善后的院内部门共计15个，包括发展研究所、政策研究所、公司管理研究所和营销策略研究所，优化咨询中心、评估评价中心、信息数据中心和节能技术服务中心8个业务研究单位，院办公室、党委办公室、综合管理处、人事教育处、财务处、期刊与协会处、后勤服务处7个管理部门。另外，中国石油化工信息学会、中国工程咨询协会石化分会挂靠经济技术研究院，并依托经济技术研究院开展工作。

截至2014年底，经济技术研究院在职职工214人，其中具有专业技术职务任职资格190人，占全院职工总数的89%。拥有博士研究生13人，硕士研究生74人；教授级技术职称13人，高级技术职称92人。

2014年，经济技术研究院(咨询公司)完成国家及石化集团公司战略规划研究、生产经营、投资项目评估与评价、信息服务等各类研究453项，其中专题研究239项，评估评价工作30项，咨询研究38项。

(王　睿)

【战略规划研究】 2014年，经济技术研究院以服务中国石化改革与发展为目标，以解读大势、研判关键问题为重点，积极承担国家发改委、国家能源局、中国工程院等政府部门委托的研究课题，重点开展了“石化强国战略研究”“中国制造2025”“工业行业空间布局与协调发展研究”等课题研究，研究成果将为国家制定能源战略和政策、产业结构调整等提供有力支撑。

石化集团公司战略规划研究更加注重方向性、趋势性和战略性，重点开展了“中国石化制造2025”等前瞻性研究，谋划提出了中国石化未来10年转型发展的路线图。开展石化集团公司“十三五”发展的相关专题研究，深入分析经济、资源、市场、产业、技术、公司对标、政策导向以及国际化经营等宏观环境，为石化集团公司“十三五”转型发展提供基础支持。

(王　睿)

【发展与经营环境研究】 2014年，经济技术研究院以提升产业经济与政策研究的方法性、及时性和针对性为重点，滚动开展国际、国内宏观经济月度分析，为石化集团公司经济活动分析提供基础支持。产业经济研究水平再获提升，可计算一般均衡模型(CGE模型)油气价格调整对经济的影响分析等领域得到充分应用，宏观经济计量分析方法被成功用于成品油消费量与宏观经济的关联性研究。产业损害预警体系的分析功能进一步发挥，完成的“丁二烯及主要合成橡胶产品预警分析”等研究结论得到石化集团公司采纳。开展“中—海自贸区对中国石化产业影响研究”，提出了维护国内石化行业产业安全的政策及措施。

持续开展国际油价预测研究，强化跟踪、提升方法。完成“近期石油石化市场判断及建议”“2014年石油石化产品市场分析及2015年预判”等近期市场研究，为石化集团公司生产经营的实时调整以及年度预算的编制提供依据。“中国石油消费峰值”等前瞻性研究，在国内首次提出了消费峰值概念，将对中国未来炼油能力调整和中长期发展产生重要影响，研究结果已获政府部门及石化集团公司采纳；“汽车工业发展对化工新材料的要求及中国石化应对研究”等研究，突出相关产业发展导向，为石化集团公司化工产品结构调整提供参考。

(王　睿)

【生产经营优化研究】 2014年，经济技术研究院强化石化集团公司层面、板块之间、区域及企业等各层次生产经营优化研究，坚持以市场为导向，重点开展了“供应链优化模型”“炼油和乙烯绩效评价模型”“业务板块对标评价考核体系”“企业竞争力评价指标体系”“原油、成品油物流优化和炼油能力优化研究”等项目，有效支持了相关部门和企业开展板块对标、资源优化、计划排产、结构调整等工作。强化营销策略研究，重点开展了“中国石化成品油市场化应对策略研究”“中国石化化工营销体系研究”“阿里巴巴、华为等‘跨界’公司战略研究”“非油品业务发展系列基础性研究”等工作，初步建立覆盖炼油化工全产业链的营销策略研究体系。

(王　睿)

【评估与后评价研究】 2014年，经济技术研究院(咨询公司)完成“北京燕山分公司氢氟酸烷基化装置适应性改造可行性研究报告评估”等各类投资项目评估23项，不仅优化国内项目投资，还对部分项目提出了重大方案调整、存在较大风险、不建、缓建等评估意见，严把评估关。完成“川气东送净化厂项目后评价”等7个项目的独立后评价研究，以及中国石化5个LNG项目和5个煤化工项目的中期综合评估研究。

(王　睿)

【公司管理研究】 2014年，经济技术研究院持续高效提供国外大公司发展动态的信息支持，积极推进企业管理研究，深入开展对淡马锡、汇金、GE、三星等公司的管理模式研究，为石化集团公司管理变革提供支撑。深度融合对标分析、战略研究和管理研究，国外公司研究更加系统深入，完成“Phillips66独立后的发展趋势研究”，为石化集团公司转型发展提供借鉴。

(王　睿)

【信息研究】 2014年，经济技术研究院突出前瞻性开展相关技术跟踪研究，完成“原油裂解制烯烃技术进展”“3D打印材料发展现状及趋势研究”，为石化集团公司把握技术前瞻提出了有针对性的建议。突出针对性开展重点地区与国家油气产业发展研究，完成“墨西哥能源改革法解读”研究，为石化集团公司把握墨西哥政策调整机遇拓展墨西哥业务提供信息支持；滚动完成的中东海湾地区、里海地区、非洲地区、拉美地区油气资源及投资环境分析研究，内容更加丰富完善，为石化集团公司国际化战略的实施提供信息支持。持续强化信息服务意识，确保重要信息不遗漏和不错报；电子与纸质相结合，图书馆资源不断丰富；各类信息报告、信息资源采集、加工、借阅、档案管理及科技查新等信息基础服务水平持续提升。

（王　睿）

【绿色低碳发展研究】 2014年，经济技术研究院开展12个合同能源管理项目，节能量突破3万吨标煤，在燕山分公司实施的2个节能改造项目，成为石化集团公司首批获得国家财政奖励的合同能源管理项目。推进绿色低碳发展研究，重点开展了“安全可靠、清洁环保型炼油与石化企业构建——范例研究”“炼油和石化行业绿色发展工程科技战略及对策”“生物航煤全生命周期碳排放及技术经济性评价”“SNG配套气化技术选择研究”等基础研究，为石化集团公司绿色低碳发展提供基础支撑。

（王　睿）

【人才队伍建设】 2014年，经济技术研究院建立起重能力、重业绩、动态化、常态化的岗位调整体系；经营管理、专业技术、技能操作3支队伍的岗位结构进一步完善；一批业绩突出的人员通过公开竞聘，分别进入经营管理序列的主管岗位和专业技术序列的项目经理岗位；组织开展学习闵恩泽“爱国、创新、育人”的主题活动，深入学习闵恩泽的创新理念与方法，为落实石化集团公司实施创新驱动战略实现转型发展的部署提供理念支持。

（王　睿）

【党建工作】 2014年，经济技术研究院党委坚持以班子建设为龙头，强化整体功能和集体决策。认真贯彻执行石化集团公司《直属单位党委(常委)会议事规则》和《直属单位领导班子会议事规则》等制度，发挥好党委的政治核心作用和班子的整体功能；进一步完善“三重一大”等决策机制，提高议大事抓大事能力；坚持民主生活会制度，认真查找问题，制定整改措施，完善工作制度。坚持以党总支建设为平台，通过构建经验交流平台、中层干部集中培训、先进党员事迹学习、“党旗飘扬共筑梦想”卡拉OK团体比赛等丰富多样的活动形式，加大创新力度，切实将党建工作的政治优势转化为核心竞争力。通过系统梳理各类制度，修订了《党总支工作细则》，为全面提升党建工作规范化水平奠定基础。

全年共开展26次党委理论学习中心组学习，根据查找出来的“四风”问题和提出的整改方案，制定了切实可行的具体计划，限时整改，落实到位。着力解决党员干部队伍的作风问题，使干部员工的工作作风更加扎实，思路更加开阔，效率进一步提高。按照《中共中央组织部、中央党的群众路线教育实践活动领导小组关于做好处置不合格党员工作的通知》精神要求，组织全体党员进行了对照检查，并对不合格党员进行了处置。循序渐进推进“八项规定”工作落实。进一步改进文风，进一步改进会风，严格执行公务接待相关标准，严格出国(境)管理，严格控制团组规模和人数。开展多种形式的理想信念和宗旨教育、党风党纪和廉洁自律教育，组织党员干部签写《岗位廉洁自律书》。加大查办案件的力度，关注群众的反映，及时发现违规线索和问题，做到有案必查，违纪必纠。继续深化效能监察工作，提高监察质量和水平。

（王　睿）

石化报社

【概况】 中国石化报社(简称石化报社)位于北京东城区安外大街58号院，成立于1988年7月，是石化集团公司直属事业单位，主营业务是新闻报刊的出版与发行。石化报社实行社长负责制。

2014年，石化报社紧跟媒体发展趋势和受众阅读习惯的变化，在办好传统桌面互联网新媒体的同时，加快建设移动互联网新媒体，深化传统媒体和新媒体的融合发展，整合全媒体图、文、音视频内容资源推出了“石化新闻”手机客户端，在《SINOPEC WEEKLY》英文电子周刊基础上创办了中国石化新闻网国际频道(英文版)，中国石化报微信公众号也正式运行。至此，石化报社由最初仅拥有对开四版的一张周报，发展到拥有报纸、杂志、电视、网站、电子报、电子杂志、手机报、手机客户端、微博、微信等除广播外几乎所有媒体形态的综合性现代新闻媒体集群。中国石化的媒体实现了由网络媒体时代向移动互联时代、由报网互动时代向媒体融合时代的跨越。

截至2014年底，石化报社主办的媒体有：《中国石化报》《车友报》《中国石化手机报》《中国石化》杂志、

《中国石化新闻界》、中国石化网络电视、中国石化新闻网、中国石化新闻图片网、中国石化团购网、石化新闻客户端、中国石化新闻网微博（中国石化报社官方微博）、中国石化报微信公众号等。石化报社有正式职工人数117人，其他用工方式人员56人，其中具有本科学历104人，硕士学历45人，具有中级技术职称的有64人，副高级和高级技术职称的有39人。下设13个部门，分别是总编室（通联部）、要闻部、专刊部、周刊部、杂志部、电视部、新媒体部、车友报、记者部、美术部、广告发行部（北京华夏实华文化发展有限公司）、人事财务部、综合办公室（党委办公室、法律事务部）。有驻省记者站27家，驻企业记者站122家，专兼职记者和通讯员5 000多人。

石化报社主要报刊发行数量见表1。

（庞　炜）

【深入开展“走转改”活动】 2014年，石化报社借鉴往年“管道行”“川气东送千里行”“西北大漠行”“会战一线行”等走基层、转作风、改文风活动的成功经验，积极与油田事业部、油品销售事业部、江汉油田、勘探分公司、润滑油分公司、西南油气田等单位合作，相继组织了“涪陵页岩气系列报道”“销售企业一线行”“销售企业家文化系列报道”“元坝油气田开发系列报道”“长城润滑油客户行”“加油新丝路，服务大战略”等一系列“记者走基层”活动。其中，“涪陵页岩气系列报道”全方位展现了涪陵页岩气田勘探开发的历程和经验，是国内外关于涪陵页岩气田开发及建设最权威最系统的报道，此报道在得到系统内肯定的同时，社会媒体也予以高度关注，《人民日报》、中央电视台、新华网等中央主流媒体都给予编辑刊发。

（庞　炜）

2014年4月14日，石化报社摄影记者胡庆明在涪陵页岩气压裂施工现场采访　（汤　军　摄）

【开展央企一流新闻媒体建设年活动】 2014年，石化报社将建设“央企一流新闻媒体”实践与石化集团公司全面开展“从严管理年”活动相结合，深入开展了“从严管理、推进央企一流新闻媒体建设年”活动，通过专家讲座、外出参观学习、部门讨论、导师带徒、知识答题、青年演讲赛等形式，加强对员工的教育培养，开展全员大讨论，形成了加快央企一流新闻媒体建设步伐的共识，完成了《中国石化报社建设“央企一流新闻媒体”发展规划（讨论稿）》的编制，阐述了从2015年至报社成立30周年时的总体发展思路、把握原则、建设目标和10项重点工程。

（庞　炜）

【创办石化新闻客户端等新媒体】 2014年8月9日，石化报社整合全媒体图、文、音视频内容资源精心打造的“石化新闻”手机客户端上线运行，石化干部员工通过手机就可随时随地浏览中国石化新闻、收看中国石化电视、了解石油石化行业动态、参与互动为石化发展建言献策。同时，在《SINOPEC WEEKLY》英文电子周刊基础上创办的中国石化新闻网国际频道（英文版）也与国内外读者见面，每天为中国石化海外员工和关心中国石化的国外读者提供更及时、更丰富的新闻信息。中国石化报微信公众号也同步正式上线，与中国石化新闻网微博（中国石化报社官方微博）一起拓展社交媒体领域。

（庞　炜）

2014年8月9日，在中国石化报社2014年新闻工作会上，石化集团党组成员、纪检组组长徐槟等为石化新闻客户端点击上线　（章　铮　摄）

【加大评论写作与刊发力度】 2013年底，石化报社加大评论的写作与刊发力度，专门成立了评论写作组。一方面，有选择地摘编《人民日报》等主流媒体的评论文章；另一方面，结合中国石化重点工作、重大事件组织评论写作。2014年仅《中国石化报》一版就刊发本报言论76篇，平均每3期1篇，为历史之最。

（庞　炜）

【启动内部评报工作】 2014年4月，石化报社启动内部评报工作。内部评报每月一期，每期安排一个采编部门主评，由编辑自己点评已出版的报纸，共同思考在现有条件下将版面办得更有吸引力和影响力。内部评报增加了交流学习，促进了媒体质量的提升。

（庞　炜）

【加强经营管理】 2014年，石化报社通过整体策划、全员参与、媒体联动，实现了经营管理上台阶。与长城润滑油开展合作，启动了第二届"感动石化"人物评选宣传；组织了"碧水蓝天行动"专题；对《车友报》印刷发行进行了调整；将华夏实华广告中心改制为北京华夏实华文化发展有限公司；按照上级"采编与经营分开"的要求，石化报社依据公开、规范的原则，修订了《媒体经营管理办法（试行）》，进一步规范了媒体经营行为。此外还修订了《因公出差管理办法》《固定资产管理办法》等管理制度。

（庞　炜）

【建立职工代表大会制度】 2014年5月22日，石化报社召开了第一届职工代表大会第一次会议，大会表决通过了《中国石化报社职工代表大会章程》，标志着石化报社职代会制度正式建立，为报社员工更加规范地参与民主管理提供了平台。

（庞　炜）

【获得荣誉】 2014年1月，在中国传媒大会上，《中国石化报》获金长城传媒奖·2013中国十大行业报奖项。3月，石化报社获全国"六五"普法中期先进单位称号；6月，获石化集团公司中国石化法律到一线示范单位称号，成为法制宣传教育十面红旗之一；10月，在中国报业新媒体创新发展大会上，获2013—2014中国报业融合发展创新十强称号，是唯一一家行业媒体；11月，在中国报业融合发展论坛暨2014中国报业技术年会上，石化报社移动办公系统获2013—2014年度中国报业技术产品创新奖。

（庞　炜）

表1　　石化报社主要报刊发行数量①　　万份

指标名称＼年份	2014	2013	2012	2011	2010	2009
《中国石化报》	13.20	13.24	13.21	13.07	13.09	13.00
《中国石化》杂志	2.63	2.57	2.71	2.67	2.20	2.00
《车友报》周三刊	41.57	63.27	72.46	73.45	75.00	75.00
《车友报》周五刊	38.75	19.33	11.23	10.43	—	—
《中国石化手机报》	1.84	1.71	1.62	1.54	1.15	0.80

① 发行量为期均发行量

经济出版社

【概况】 中国经济出版社（简称经济出版社）是中央一级出版社，隶属石化集团公司。1985年1月27日，由原国家经济委员会创办。先后隶属国家计划委员会、国家经济贸易委员会、国务院国有资产监督管理委员会。2013年1月9日，整体划转石化集团公司。社训：继明照于四方。注册资本2 500万元。社址：北京市西城区百万庄北街3号。

经济出版社下设中国经济书店（1987年3月）、中国经济图书进口公司（1988年4月）、中国经济录音录像中心（1988年7月，1997年更名为中经录音录像中心）、中国经济贸易年鉴社（2002年12月）与《国资报告》（2014年9月）杂志社等5家实体机构。

截至2014年底，经济出版社已形成年出版新书1 000种的产品规模，涵盖热点经济、经济管理、财政金融、社科文化和教育教材等业务门类。2014年共出版图书品种871种，出书总码洋1.17亿元，重点图书出版项目8个，年报年鉴及展览3个。经济出版社在中国经管类图书零售综合排名10强、馆配市场15强，入列"2013年中国图书世界影响力出版100强"。

（吴航斌）

【领导班子调整】 2014年1月16日，经济出版社召开会议，宣布石化集团公司党组决定，栾建民任中国经济出版社社长兼党委书记。

（吴航斌）

【业务拓展】 2014年，经济出版社拓展新型业务，优化产业结构。4月14日，获批广告经营许可资质。9月，社属实体《企业技术进步》杂志社更名方案获批，更名为《国资报告》杂志社，并于2014年底推出试刊号。10月9日，获批互联网出版许可资质。

（吴航斌）

【生产销售中心成立】 2014年8月6日，经济出版社精简层级机构，整合邻接业务，将全社印务、发行和营销部门统筹整合，成立生产销售中心统管印务发行营销工作。此举精简了处级职数，压缩了管理层级，降低了协调成本，提高了执行效率。

（吴航斌）

【人力资源管理】 2014年7月15日，经济出版社薪酬套改方案正式实施，此举结束了该社9年以来员工工资无增长的历史。此次薪酬套改方案的顺利实施有利于促进员工积极性，有利于明晰责权利的对应关系，有利于保证公平公正基础上推进机制改革、体制改革。此外，经济出版社注重完善各序列职称的人才培养，突出培养专业化、知识化、年轻化的领军人才，并合理配置岗位，做到人尽其才、才尽其用，并依托专家型人才发挥团队协作效应，从而有效带动了各方面的生产与管理工作。

（吴航斌）

【开发新型营销模式】 2014年，经济出版社适应时代变化，年底完成天猫开店，同时启动了与亚马逊的电子书合作销售，积极开发微信营销等新型推广方式。年内积极筹建广告中心，开发拓展专业培训业务，以此优化出版社业务结构。

（吴航斌）

石化出版社(展览办公室)

【概况】 中国石化出版社有限公司(简称石化出版社)是石化集团公司主管和主办的中央级科技出版社。其前身为经文化部批准于1984年12月成立的烃加工出版社，先后与原中国石化情报所、中国石化信息所、中国石化信息中心合署办公，1992年更名为中国石化出版社，1999年3月与原中国石化信息中心分离单列，成为中国石化直属独立的事业法人。2010年12月根据中央文化体制改革有关要求转制为企业，设立中国石化出版社有限公司。中国石化展览办公室(简称展览办公室)经石化集团公司批准成立，负责中国石化境内外展览业务。石化出版社实行总经理负责制，法人代表王子康。

截至2014年底，石化出版社下设8个处(室)，有在岗正式职工52人，离退休人员17人，聘用人员37人。在岗及聘用人员中，硕士研究生以上学历16人，本科学历55人；取得高级专业技术职称23人，中级专业技术职称22人，有47人取得了编辑和发行职业资格证书。

石化出版社主要出版石油勘探开发、石油炼制、石油化工、安全环保、企业文化与管理等方面的图书，以及相关的行业标准、辞典、手册工具书、石油及石化专业系统教材和职工培训教材的出版及电子、音像制品的出版；负责石化集团公司年鉴、年报的编辑出版工作；负责承办石化集团公司暨石化股份公司在国内外举办的各种展览业务。石化出版社与国际知名的出版机构开展版权贸易和业务合作活动，引进国际石油化工、勘探开发等专业科技书籍的版权并组织翻译出版；坚持以为石油石化工业科技进步服务为宗旨，逐步摸索出一套具有新闻出版行业特色、适合出版社发展、规范而稳健的管理模式。

2014年，由石化出版社出版的《芳烃技术》《催化重整工艺与工程》(第二版)《深水钻井关键技术与装备》《普光高含硫气田高效开发技术与实践》等重点项目出版工作全面完成，启动《先进油藏管理与工程》《中国炼油技术新进展》《石油石化节水减排技术丛书》等一批“十二五”石油石化科技图书编写工作。《储能新材料》补充列入国家“十二五”重点图书出版规划项目，完成了中国石化“十二五”重点科技图书出版项目滚动增补工作。承担了中国石油和化学工业联合会2012—2013年度优秀出版物评审工作，石化出版社共有140种图书获得奖励。

（李德亮）

【石化出版社成立30年】 2014年12月4日，石化出版社迎来成立30周年纪念日。30年来，石化出版社认真贯彻落实中央关于出版工作的方针政策和党组的决策部署，紧紧围绕石化集团公司发展战略和中心任务，坚持正确的出版方向，坚持服务中国石化、服务石油石化工业、服务社会大众，紧紧围绕提高发展质量和效益，始终坚持把社会效益放在首位，努力实现社会效益与经济效益的统一，深化改革，优化结构，加强管理，促进发展，为石油石化工业的科技进步和人员素质提高做出了自己应有的贡献。在石化出版社30周岁生日之际，编写出版了《中国石化出版三十年》，记录30年来的大事，总结30年来的工作。

（刘跃文）

【展览工作】 2014年，展览业务创新展览模式，成果丰硕。开门办展览，加强与总部机关各部门、企业的联系，充分调动机关、企事业参与展览的积极性，拓展展览资源；深入了解他们的诉求，提高每次展览的针对性，以全方位高质量的服务和能力赢得系统内的信任和尊重。2014年完成7项中国石化大型展览项目，完成中国石化大型乙烯生产装置模型设计制作任务。完成中国石化第21届世界石油大会参展工作。展览期间，中国石化展台共接待来自70多个国家620家公司、国际能源机构和媒体的专业观众1万余人次，取得较好的展览宣传效果。

（王金祐）

【第八届国际炼油技术进展交流会召开】 石化出版社于2014年4月23日在北京丽晶酒店举办了第八届国际炼油技术进展交流会（Refining China 2014）。会议的主题是：炼油企业清洁和安全生产。旨在帮助中国炼化企业及时了解国际先进技术、优化生产操作、促进节能降耗、推动清洁和安全生产。会议得到中国石化、中国石油、中国海油有关部门的大力支持，中国石油和化学工业联合会、中国化工学会、中国石油企业协会、中国石化工程建设公司、中国石化洛阳工程公司、中国石油规划设计总院、中海石油炼化有限公司给予支持。会议代表约150人，其中国外公司代表50多人，国内代表100人。

（刘跃文）

【第五届炼油与石化工业技术进展交流会召开】 由石化出版社举办的第五届炼油与石化工业技术进展交流会于2014年10月23—24日在湖南长沙召开。来自国内三大石油公司总部及其所属单位、地方炼油化工企业和技术服务提供商的领导和专家，分别就增强炼油创效能力的技术支撑、基于一体化优势调整乙烯原料、推进乙烯产业链脱困的技术支撑、“碧水蓝天行动”与可持续发展的技术支撑等方面做了18个专题报告。各石化企业、科研机构、工程建设单位、高等院校及技术服务商的有关领导、相关管理和技术人员约160人参加交流与研讨。与会代表就国内外炼油化工企业如何应对当前形势，及时掌握炼油化工工业生产、经营及相关先进技术应用和发展趋势进行了技术交流。会议集中展现了国内外炼油与石化技术成果，为炼油和石油化工企业、科研设计单位、技术服务提供商之间相互交流、相互学习提供了一个良好的平台。

（一编室）

【第五届石油化工设备维护检修技术交流会召开】 为了加强石化企业设备管理工作，提高设备维护检修水平，确保炼油化工装置安全、稳定、长周期运行，为企业获得最大的经济效益，石化出版社主办的“2014（第五届）石油化工设备维护检修技术交流会”于2014年6月12—13日在辽宁大连召开。中国石化、中国石油、中国海油三大石油公司，神华集团有关部门及所属企业，有关维护检修单位，科研设计单位，设备制造企业以及知名高校的170多名代表参加了交流与研讨。共有18位专家做了专题报告，会议探讨了石化企业普遍关心的检维修企业资质认证，检维修专业化管理新模式，装置的长周期运行，设备的标准化、模块化管理，特种设备的检验与管理，多网并汇管道的可靠性与安全性，新技术、新设备在生产中的应用等。会议围绕石化设备维修与管理，突出技术交流，为全国石化行业、煤化工行业的相互学习提供了一个良好的平台。

（二编室）

【市场营销】 2014年，石化出版社针对图书市场竞争激烈、实体书店零售持续下滑的形势，采取灵活多样的方式，加大图书宣传和图书销售渠道推广，促进了全年任务目标的全面完成。努力开拓线上图书销售渠道，加大与线上经销商的合作力度，重点与三大网上书店开展合作，形成网店—作者—出版社三位一体深度合作，充分整合网店、作者、出版社各自优势资源，同步开展图书营销活动，使线上图书销售大幅增长，弥补了实体店零售的下降；加大与各馆配商的合作，根据各馆配商的各自优势，采取相应的营销模式，促进馆配图书销售稳步增长；加强对直接用户的宣传征订，利用微博、微信等互联网技术开展图书宣传，强化用户满意的服务理念，稳定并扩大了直销客户数量。

（常大农）

【加强党建和思想政治工作】 2014年，按照石化集团公司党组统一决策部署，认真学习贯彻习近平总书记重要讲话精神和十八届三中全会精神，组织处以上干部参加石化集团公司处级干部轮训。按照党的群众路线教育实践活动后续工作的部署和要求，把整改落实工作与落实石化集团公司工作会议部署和出版社全年目标任务结合起来、与开展从严管理年活动结合起来，整改措施落实工作取得了积极进展和良好成效。贯彻落实直属单位党委工作规则和基层党支部工作细则，党建工作制度化管理水平进一步提高。加强员工业务技能和从业资格培训工作，调动员工参与培训的积极性，员工业务素质得到提升。组织员工学习中国石化新版企业文化建设纲要，了解中国石化核心价值理念，创造温馨和谐的出版社企业文化。注意发挥工会、共青团等群众组织的作用，深化关爱员工措施，认真落实完善休假制度，积极为员工办实事、解难事，热情关心慰问困难员工，组织开展形式多样的群众性活动，努力营造和谐的工作氛围，增强了员工的归属感、自豪感和队伍的凝聚力。

在稳增长保效益的过程中，员工注重发展质量和效益的观念得以增强，安全意识、环保意识、质量意识切实得到强化；进一步落实完善安全生产规章制度，强化安全主体责任落实，全年没有发生生产安全、交通安全事故；加大员工业务培训力度，继续推进专业技术人才和经营管理人才队伍建设，畅通人才成长通道，激励员工岗位成才，一批专业技术骨干和管理人才脱颖而出；贯彻落实石化集团公司党组加强领导班子建设和干部标准要求，选拔推荐处级中层干部，2014年通过竞聘方式补充了部分处室副处级岗位负责人员，保持出版社中层干部的活力、战斗力；完成了单位专家、业务主管、业务主办岗位的竞聘工作；综合党支部被评为石化集团公司直属党委先进基层党组织，杨晨光被评为石化集团公司直属党委优秀党员；刘跃文被评为石化集团公司优秀法律顾问；黄爱峰被评为石化集团公司直属团委中国石化青年岗位能手，王瑾瑜被评为石化集团公司直属团委优秀团干部，孙立泉被评为石化集团公司直属团委优秀团员；宋春刚被评为石化集团公司直属工会优秀工会干部，李德亮被评为石化集团公司直属工会优秀工会积极分子，任翠霞、索永平、蔡敏被评为石化集团公司直属工会优秀工会会员，黄志华被评为石化集团公司直属工会优秀职工之友，第三工会小组被评为石化集团公司直属工会优秀工会小组；蒋琦、胡晓明被评为石化集团公司直属机关三八红旗手；张小宏、张国栋被评为石化集团公司直属机关五好家庭。

（李德亮）

管理干部学院

【概况】 石油化工管理干部学院（简称管理干部学院）是石化集团公司高层次人才培训基地，集党校、人才培训中心、远程培训中心和信息技术培训中心于一体，2011年被评为国家级专业技术人员继续教育基地。2013年，依托金陵石化公司教育培训中心设立石化集团公司人才培训中心南京分部。

管理干部学院于1985年筹建，1987年正式成立，原校址在海淀区永丰乡，于2004年初迁至朝阳区立水桥北甲1号，占地面积108亩（7.20万平方米），建筑面积5.24万平方米。另在朝阳区安翔北里（健翔桥）设有分校区，建筑面积1.6万平方米。主校区和分校区分别可同时容纳830名和230名学员在校学习。同时，建有千兆校园网、学习资源中心、多媒体数据库等特色信息资源。建有中国石化远程培训系统，具备网络学习、远程培训管理、资源管理共享、考试测评4项主要功能，可满足总部、直属企业、基层单位分层级、分业务线条开展培训的需要，全系统共设置了146个远程培训站，对扩大培训规模、拓展培训方式、提高培训实效、降低培训成本发挥了重要作用。

截至2014年底，管理干部学院设有12个部门，包括教学和科研部门5个，职能与后勤服务部门7个。现有职工170人，其中博士和硕士69人、占41%，专职教师47人、占28%。现有客座教授53人、兼职教师1 000人左右，包括石化集团公司党组领导，两院院士，高层管理人员和技术专家，国内外著名高校、教育培训和科研机构的专家学者，以及政府官员等。另外聘用劳务工186人。

截至2014年底，管理干部学院形成了领导人员模块化选学系列专题培训班、党政正职培训班、CFO培训班、领导人员任职资格培训班、高级管理人才班、党校班、培训者培训班、首席专家班、技术分管领导班、上游领军人才和拔尖人才班、专业技术骨干高研班、国际化英语班、外籍骨干人才班等一批水平高、效果好、有影响的培训项目。

管理干部学院培训情况统计见图 1。

(李宁溦)

【抓好重点人才培训工作】 2014 年，管理干部学院始终坚持“两个服务”的使命，努力发挥培训对石化集团公司人才队伍建设的支撑作用。全年新开培训项目 350 期次、续办 15 期次，共实施培训 365 期次 17 220 标准人次，比上年增加 26 期次 2 773 标准人次，分别增长 10.1% 和 19.2%；其中，自主开发 231 期次 13 401 标准人次。全年共培训党组管理干部1 080标准人次，第一次有 7 名党组领导参加培训。

(李宁溦)

【培训质量和效果有新的提升】 2014 年，管理干部学院围绕石化集团公司深化改革、转型发展、从严管理部署，以增强贯彻落实党组决策的自觉性、加强干部队伍作风能力建设、落实责任、强化管理为培训重点，同时普遍加强对党中央精神、中国特色社会主义理论体系的学习，以及党性党风党纪、社会主义核心价值体系、党史国史等方面教育，举办了 8 期党组领导和党组管理干部学习贯彻习近平总书记系列讲话和十八届三中全会精神轮训班。开办了上市业务班、油品销售板块重组业务培训班、油气勘探决策班等管理培训类特色项目。举办了炼油设备、能源管理与环境保护分管领导班，勘探开发、炼化工艺和炼化设备领域领军专家高级研讨班等专业技术类特色项目。首次开发国际化经营实务英语系列班，首次在迪拜举办第 5 期关键岗位海外员工班，项目团队获中国石化工人先锋号称号。

(李宁溦)

【探索创新培训方式】 2014 年，管理干部学院加大邀请石化集团公司党组领导作为高端培训师的力度，全年共有 11 人次党组领导来院授课或主持研讨。首次邀请董事长傅成玉出席秋季开学典礼并主讲大课，纪检组组长徐槟也多次来院调研或出席开班仪式。2 期专职教师班利用移动学习平台、远程学习平台和微信平台开展培训。广泛采用研讨式教学，专家以上层次的专业技术培训班研讨类课程超过 50%。青年骨干人才提高创新能力研修班推行了 3 个阶段、时长 2 年的学员培训后跟踪评估模式。关键岗位海外员工班实践属地招生、海外授课、属地运作的送培理念。“以客户价值为导向”营销能力培训班首次邀请客户参加了生产、科研、销售组成的全流程培训。

(李宁溦)

傅成玉出席 2014 年秋季开学典礼并主讲大课

【远程培训系统取得新成效】 截至 2014 年底，远程培训系统累计注册登录人数 64.4 万人，共有课件 7 780个，其中远程课件 5 510 个、移动课件 2 270 个。全年系统新增注册登录 20.9 万人，学员登录1 533万人次，总学习时长 2 019.3 万小时，开展优秀课程直播 67 次，组织混合式培训项目 4 508 个。举办了 6 期移动学习培训班，上中下游 6 家移动学习试点单位参与项目近万人。在系统建设项目科技成果鉴定中，评审专家给予了“国内领先水平，总体达到国际先进水平”的高度评价。移动学习经验在相关会议上进行了交流。移动课件开发技术标准与规范达到了国内领先水平，已被国内许多企业和同业机构引用。

(李宁溦)

【培训资源共享优化】 2014 年，管理干部学院重点牵头抓好江苏地区培训资源共享优化试点工作。在本部和南京分部分别成立领导小组和试点工作负责部门，配置专门的人员力量，制定了《共享培训项目计划管理办法》等 5 项共享制度、18 期共享培训项目计划，组织系统内培训机构专家对共享培训项目进行质量评估。推进了区域合作，南京分部与江苏油田、管道储运公司、江苏石油分公司均开展了合作培训。进行试点区域培训能力提升工作，学院领导及相关教师近 55 人次赴试点地区进行业务指导、授课交流，并指导南京分部承办 2 期学习贯彻习近平总书记系列讲话和十八届三中全会精神培训班。以师资库建设为突破口推进区域共享平台建设，完成师资调研与信息录入工作，进入师资库功能开发阶段。

(李宁溦)

【培训科研工作】 2014年，管理干部学院新获批立项石化集团公司级科研项目“中国石化培训质量和效益保证体系”等2项，完成石化集团公司级科研项目“中国石化建设世界一流能源化工公司核心价值理念研究”等3项。新立院级科研项目11项、案例项目13项、教材1部，完成并评审通过院级科研项目15项、案例12项，出版2部教材，发表学术论文61篇。应邀为国家最高人民检察院开展全国范围内的岗位素能标准建设。“青岛石化公司定岗定编定员和绩效考核管理体系”等3个咨询项目稳步推进。协助石化集团公司人事部起草中国石化培训资源优化和共享、培训质量评估等管理制度。

（李宁潋）

【从严管理全方位落实】 2014年，管理干部学院以安全管理为切入点，突出领导班子和干部队伍建设、强化“三基”工作、落实岗位责任、梳理整改问题4个方面工作。活动中，共查找出问题257条，并提出改进思路和措施，着力开展梳理整合制度流程等6项重点整改工作，进行“干事创业先进个人”等4类先进典型的评选，表彰先进部门2个、典型案例10项、先进个人10人。

（李宁潋）

【人才队伍建设】 2014年，管理干部学院修订了“干部管理实施细则”。加快培养以“75后”“80后”为主体的年轻后备和能够胜任国际化培训的教师等青年骨干人才。组织对3个部门副职岗位进行选拔和聘任。举办处级干部培训班、青年骨干管理能力提升班和英语培训班。选派13名教师到海外做访问学者、实践锻炼、授课或交流，10名教师赴企业挂职锻炼或在学院内部交流轮岗，63人次教职工外出参加各类培训。组织4次劳务工素质提升培训和近100人参加的劳务工技术比武。制定深化劳动用工改革实施方案。

（李宁潋）

【基础设施设备条件改善】 2014年，管理干部学院教学条件完善项目逐步推进，完成了可研报告的编制。路灯LED节能改造、综合楼高低区热水控制系统改造、本部7部客梯大修等工程顺利完工，安防监控系统改造接近尾声。更新优化了重点教室音视频设备、电教设备，完成了无线网络建设，全面投入使用校园一卡通系统，新增了综合楼LED宣传屏，引进了移动图书馆、歌德电子书借阅机、微信等新技术新工具。

（李宁潋）

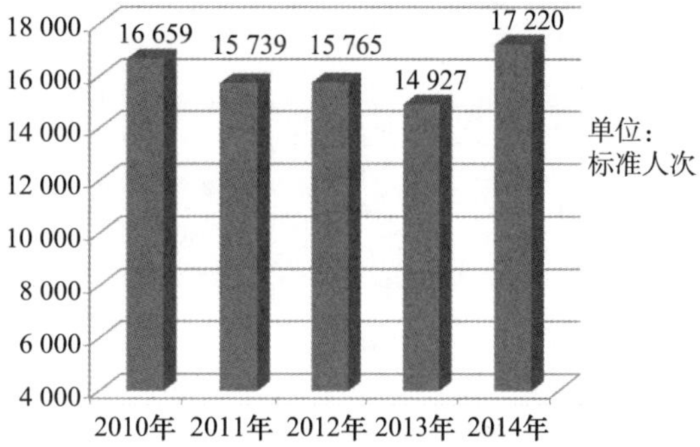

图1 管理干部学院培训情况统计[①]

①统计口径为标准人次，每人培训10天为1个标准人次

人　物

◇ 全国五一劳动奖章获得者

◇ 全国最美青工

◇ 全国优秀共青团员

◇ 全国技术能手

全国五一劳动奖章获得者

【王天正】 男，1957年11月出生，籍贯山东菏泽，汉族，高中学历，中共党员，1980年1月参加工作，高级技师，现任胜利油田分公司胜利采油厂作业大队技术服务队队长。王天正始终坚持立足岗位，不断学习，刻苦攻关，为企业创造了丰硕的经济效益。他先后自学10多门大学专业课程，完成“对美式鼠笼式电缆导轮的改进”等220多项技术革新成果。他坚持“创新从生产中来到生产中去”的原则，围绕减少安全隐患、提高施工效率、降低职工劳动强度、节约生产成本的核心，增强技术创新的针对性和有效性，成果转化率100%，累计创效1亿元，“快速修井系列工艺技术”“油管堵塞器”等技术得到广泛推广应用。2004年，他牵头成立“天正工作室”，实现从个人到集体的飞跃，工作室形成了“套管封堵封串”等四大类具有国内领先水平的工艺技术系列，开发推广了“快速修井”等5项自主品牌技术。王天正于2006年被评为山东省首席技师；2008年被评为中国石化劳动模范、全国技术能手；2010年享受国务院特殊津贴；2011年被评为山东省优秀共产党员。

（谢梓峰）

【吴吉林】 男，1974年2月出生，籍贯山东高唐，汉族，大专学历，中共预备党员，1992年2月参加工作，高级技师，现为胜利油田分公司东辛采油厂采油三矿工人。吴吉林参加工作以来，共创造创新技术成果73项，累计创造经济效益1.9亿多元，为油田发展和超产增效做出了自己的贡献。2007年，吴吉林被确诊患非霍奇金氏淋巴瘤，但他依旧坚持搞创新、搞发明创造。患癌症以后的5年多，他研发出创新成果43项，平均每1.5个月出1项，其中4项获国家发明专利、8项获国家实用新型专利，创造经济效益1.3亿多元。2008年，采油厂成立了以他的名字命名的“吴吉林革新工作室”。2009年，经过前后近1年时间的顽强努力，反复修改图纸、反复加工设备部件，“多功能抽油井增效装置”终于由图纸变成了实物，在多口油井上试用效果良好，年创效达到1 000多万元。吴吉林于2013年获山东省富民兴鲁劳动奖章。

（谢梓峰）

【彭洪军】 男，1957年7月出生，籍贯山东高唐，汉族，大学本科学历，中共党员，1980年9月参加工作，教授级高级经济师，现任胜利石油工程有限公司井下作业公司经理。彭洪军自2002年担任公司主要领导以来，公司经营总值由7.8亿元增长到32.5亿元，各项事业蓬勃发展，职工群众安居乐业，和谐稳定持续巩固。他和班子成员充分发挥队伍、技术和装备优势，在服务保障油田勘探开发的同时，大力实施“走出去”战略，先后开辟国内20多个行业市场和土库曼斯坦、蒙古国等国际市场。成功进入非常规、地热井、页岩气等新兴能源市场，集中优势打造新疆、西北、重庆、土库曼斯坦等国际化高端化规模化市场。他全面梳理和修订完善各项制度，着力加强科技创新、装备配套和人才队伍建设，建立完善考核、分配和激励约束机制，构建形成安全管理、体系运行、现场监督“三位一体”的监管体系，实现公司安全清洁生产。彭洪军于1989年被评为全国能源工业劳动模范；2009年被评为全国企业文化建设优秀工作者、山东省推动自主创新功勋企业家；2011年获国家技术发明奖二等奖；2012年获国家级科技进步奖一等奖。

（谢梓峰）

【孙　健】 男，1962年8月出生，籍贯江苏武进，汉族，硕士研究生学历，中共党员，1983年7月参加工作，教授级高级工程师，现任江汉石油管理局局长、江汉油田分公司总经理。在他担任书记、局长和总经理期间的3年，油田经济总量实现了一年一大步、三年一跨越，油田整体收入由2011年的255.68亿元增长到2013年的303.89亿元。他全力推进涪陵页岩气试采试验和示范区的建设工作，初步建成了10亿立方米规模的页岩气产能，油气当量突破190万吨。他注重构建“管理、合作、协商、服务”运作模式，突出发展质量和效益，坚持把关注民生、改善民生作为维护企业和谐稳定的核心工作来抓，完善信访稳定工作体系，健全维稳联动机制，强化综合治理，油区社区环境保持稳定。孙建于2001年获湖北省有突出贡献青年专家称号；2010年获湖北省五一劳动奖章。

（谢梓峰）

【刘　言】 男，1965年3月出生，籍贯四川南部，汉族，大学本科学历，中共党员，1985年8月参加工作，高级工程师，现任西南油气分公司副总工程师兼元坝开发建设项目部副经理。刘言自1985年大学毕业以来，一直从事油气田开发技术及管理工作，先后参加百色石油会战、赤水官渡气田会战和元坝会战。2011年，他参加元坝会战，面对世界上埋藏最深、地质情况极为复杂的海相酸性气田，将全部身心投入到攻克世界级难题、打造世界一流酸性气田中。他带领技术攻关团队，强化科技创新和技术攻关，积极推广新技术，顺利实现井控储量最大化目标，创造了在"手指"上打井准确中靶、钻头在近8 000米地层深处"蛇行"穿越不同高度礁体的奇迹。尽管老家紧邻元坝工区，亲戚朋友找上门求办事的很多，但他一律回绝，从不利用手中权力为自己和亲友谋取私利。刘言于2012年获全国能源化学系统五一劳动奖章；2013年获中国石化劳动模范称号；2013年获中央企业劳动模范称号。

（谢梓峰）

【刘中云】 男，1963年3月出生，籍贯湖北钟祥，汉族，博士研究生学历，中共党员，1983年8月参加工作，教授级高级工程师，现任西北石油局局长、西北油田分公司总经理。刘中云上任之初提出了"坐稳塔河、突破外围"的油气勘探开发总体思路，确定了"加快千万吨级大油气田建设步伐，全力打造西部资源接替阵地"的长远发展战略，带领西北油田不断完善海相碳酸盐岩勘探开发理论，创新缝洞型油藏二次、三次采油技术。他积极推动西北油田一流油公司模式建设，形成具有中国石化特色、符合西域特点的"专注管理、业务外包"的管理模式，企业各项主要经营指标均名列国内石油石化行业首位，成为石油石化企业发展的典范。他带领广大员工着实弘扬大庆精神和"铁人"精神，传承发展了"敢为人先、创新不止"的塔河精神，提出"激情塔河、幸福西北"的企业宗旨。他始终秉持"融入地方、借势发展、和谐共赢"的理念，不断加大油地共建力度，为新疆经济社会发展做出积极贡献。刘中云于2011年获中国石化环境保护先进管理者称号；2012年获中国石化科技进步一等奖；2012年获新疆维吾尔自治区科技进步二等奖；2012年获中国石化管理现代化创新成果一等奖；2013年获中国石化科技进步一等奖。

（谢梓峰）

【申永恒】 男，1967年4月出生，籍贯山东德州，汉族，高中学历，中共党员，1986年8月参加工作，高级技师，现任齐鲁分公司橡胶厂电气车间班长。申永恒坚守生产一线，勇挑重担，埋头苦干，勇于创新，在安全生产、节能降耗和提升经济效益方面做出突出贡献。他勤于学习，技术精湛，成为橡胶厂机电一体化维修方面的专家和带头人。自2011年以来，他带领班组人员自我加压，完成大小技术改造100余项，解决了制约生产的许多技术难题。他非常重视班组安全生产，坚持安全管理精细化，连续15年实现安全无事故。他崇尚绿色低碳的生产方式，致力于通过发挥自己的技术业务优势，努力实践节能降耗。近2年来，他在3套橡胶生产装置进行节电技术改造16项，实现年节电26 280千瓦·时，多项创新成果在生产中得到推广应用，为企业创造了巨大经济效益。2014年初，以他为领军人创建的"申永恒劳模创新工作室"，为他继续脚踏实地的工作和学习搭建了更好的平台。申永恒于2012年被评为中国石化技术能手。

（谢梓峰）

【杨建国】 男，1968年7月出生，籍贯上海，汉族，大专学历，中共党员，1983年9月参加工作，高级技师，现任上海高桥分公司炼油二部润滑油加氢装置操作师。杨建国于1986年进入高桥石化公司重整车间工作，从最基本的熟悉各类设备、摸清操作流程做起，很快成长为一名合格的班长。1998年，杨建国被派往美国UOP公司接受培训；2003年，他参加当时世界最先进的生产装置，也是中国石化第1套润滑油加氢装置的开工，克服技术难度大、缺乏操作经验等难题，圆满完成了开工任务，填补了国内高档润滑油的空白。他还先后参加了多套先进的炼油新装置的试车开工工作，均出色完成任务。他坚持对技术的研究，利用自身丰富的实践经验，顺利完成各项研究工作，取得巨大的经济效益。他身怀绝技，却从不藏私，积极参加"技师带徒"活动，在工作、业余时间与大家一起交流探讨。其中，他带教的一位班长经过他的悉心带教取得了长足的进步，带领所在班组获得2012年全国"安康杯"竞赛先进班组称号。他被聘为培训中心兼职培训教师，每年为新进厂大学生和中专生上课培训，还负责职工培训教材的编写工作。杨建国于2010年获得上海市五一劳动奖章；2012年被评为上海市经济和信息化工作委员会优秀共产党员；2012年被评为中国石化技术能手。

（谢梓峰）

【梁丽坚】 女，1974年8月出生，籍贯广东高州，汉族，中专学历，中共党员，1995年7月参加工作，高级技师，现为茂名分公司炼油分部联合五车间工人。梁丽坚有着扎实的理论与实践基础，在催化裂化长周期运行、节能降耗、提高产品质量、防止催化剂跑损等专业技术方面有着较深的建树。经过近2年的刻苦学习，成为装置第1个女岗位"活流程"和全能手。她提出的"在线更换油浆泵连通阀"方法，创造了国内石化企业在线处理设备故障的先河，保证了装置长周期运行。多年来，梁丽坚及时发现处理液态烃罐裂纹等数十起大小事故隐患，解决近百项生产技术难题。她围绕装置安全经济运行，积极开展技术攻关。19年来，她提出并实施的节能改造项目，有效降低装置能耗，提高装置效益，累计为企业降本增效8 000多万元，使茂名石化催化装置在中国石化同类装置达标竞赛中名列前茅。梁丽坚于2006年被评为中国石化技术能手；2007年被评为广东省工业工会系统南粤女职工能手；2008年获广东省三八红旗手称号；2008年被评为中国石化劳动模范；2013年当选全国五一巾帼标兵。

（谢梓峰）

【李望明】 男，1965年4月出生，汉族，硕士研究生学历，群众，高级工程师，现任巴陵石化分公司合成橡胶事业部橡塑技术开发中心副主任。李望明20多年扎根科研第一线，坚持不懈奋斗在锂系聚合物开发的工作中，是国家“863”计划项目及石化集团公司“十条龙”重大攻关项目“万吨级茂系氢化SBS成套技术开发”主要完成人之一，为巴陵石化SBS、SIS产品牌号系列化及质量进步、SEBS产品成功工业化进行了大量卓有成效的工作。他组织并参与了SEBS小试技术研究，开发出了具有自主知识产权的SEBS合成技术；参与了SEBS中试技术开发及工业化成套技术开发工作；参与了国内首套且具有完全自主知识产权的万吨级SEBS工业装置的建设；组织并参与了SBS纯胶、充油胶色变问题及SBS凝胶问题研究；组织并参与了10多个SBS新牌号的开发工作，均成功实现工业化生产并取得良好的经济效益。李望明于2001年被评为湖南省技术创新先进个人；2013年被评为中国石化劳动模范；2013年被评为国务院国资委中央企业劳动模范。

（谢梓峰）

【周　刚】 男，1972年11月出生，籍贯江苏兴化，汉族，大专学历，中共党员，1991年12月参加工作，高级技师，现任仪化公司瓶片生产中心装置作业员。周刚多年来立足岗位，勤奋学习，善于思考，勇于创新，练就了过硬的操作技能，成为一名优秀的“工人专家”。他通过刻苦钻研，系统掌握了聚酯和瓶片生产的基本理论知识和现场操作技能，多次在技术比武中获得第1名；主笔编写《瓶片装置工艺操作及故障处理手册》，参与《聚酯增黏工种国家题库》的编写和前期审核工作。2012年，由他执笔，完成了装置10单元中控和现场岗位的作业指导书的修改工作，促进了装置现场管理规范化、制度化、标准化。近2年，他先后提出并参与实施了10多项技改技措方案，为装置稳定运行打下坚实的基础。作为现场组织协调人，他参与新产品的开发，认真实施实验计划，严格落实工艺控制，保证新产品开发顺利进行。作为装置作业员，他每天坚持在现场巡回检查，及时对现场存在的问题和工艺参数进行优化，先后发现并排除反应器液位偏低引起设备震动、10R熔体过滤器压力异常上涨等10多项设备隐患，确保了装置安全生产、质量稳定。周刚于2010年获得中国石化技术能手称号；2012年获得全国能源化学系统五一劳动奖章。

（谢梓峰）

【姚　琴】 女，1974年5月出生，籍贯江苏泰州，汉族，大学本科学历，群众，1998年8月参加工作，高级工程师，现任南京化工公司检维修部主任工程师。姚琴一直从事仪表自动控制技术管理工作，先后参与合成氨装置系统调试开车、资源优化项目仪表技术准备、煤制气系统升级改造，以及9万吨/年制氢等多个公司重点发展项目。2004年，合成氨装置原料路线改造项目正式启动，她认真钻研仪表技术资料，对仪表型号逐一核对，确保所选仪表的适用性和正确性。2007年，南京化工公司资源优化项目装置建设初期，她转战设备安装现场，主要负责与设计方及工程方的联络工作，解决大量问题，为装置按时试开车扫除了障碍。在新VPSA项目的实施过程中，姚琴和她的团队主动早介入，提前“三查四定”，发现问题及时向工程部门反映并督促整改，为VPSA装置氢压机开车工作保驾护航。2013年7月，她组织制氢项目各种仪表的技术协议会议，确保所有数据准确无误，先后完成529台变送器、40台雷达液位计、176台进口压力表、152台国产调节阀、194个孔板、266支温度、166可燃有毒仪表、200台转子流量计等所有仪表的技术确认工作。姚琴于2011年获江苏省劳动模范称号。

（谢梓峰）

【郭振恩】 男，1971年9月出生，籍贯福建平潭，汉族，中专学历，中共党员，1990年8月参加工作，高级技师，现任荆门分公司维修车间钳工班长。郭振恩自参加工作以来，立足岗位，勤奋学习，刻苦钻研技术，勇于实践和创新，在机泵维修钳工的岗位上做出了不平凡的成绩。他积极参加技术攻关活动，先后参加或独立主持实施设备技术攻关项目52项，解决设备疑难问题29项，运用机械密封新技术完成了20多台机泵机械密封改造，有效解决了石油化工装置故障率最高的机械密封泄漏问题。他刻苦钻研，积极解决进口设备技术难题，开创了国内自主成功维修进口大型直流电机的先河。他勤于思考，设计制作了多种专用工具，提高工作效率。他对大型转动设备的安装、检修、调试与维护技术得心应手，承担并完成了荆门石化连续重整、柴油加氢、汽油加氢等多套新建装置的大型设备的安装与调试任务。在实现自身进步的同时，他也努力做好技术上的传、帮、带，培养了一批青年岗位能手、技术能手。2012年12月，以“郭振恩”命名的国家级技能大师工作室在荆门石化揭牌，为企业培训了大量的技术人才。郭振恩于2003年获湖北省五一劳动奖章；2003年获全国技术能手称号；2004年获中央企业技术能手称号；2009年获国务院政府特殊津贴；2010年被评为中国石化青年成长成才典型；2013年获中国石化劳动模范称号。

（谢梓峰）

【覃伟中】 男，1971年7月出生，汉族，硕士研究生学历，中共党员，1996年7月参加工作，高级工程师，现任九江分公司总经理。覃伟中在工作中团结带领干部职工，在卓越理念引领下，按照“三步走路线图”，紧紧围绕提高发展质量和效益，抢抓机遇，乘势而上，使企业各项工作取得新成绩。2013年完成炼油加工量519.18万吨，实现销售收入328亿元，上缴税费57亿元，再创历史新高，一举实现13年来的首次扭亏为盈；努力实现绿色发展，建设环境友好型企业，公司顺利通过江西省清洁生产审核评估，连续4年被石化集团公司评为安全生产先进单位；800万吨/年油品质量升级改造工程总体设计获得石化集团公司批复，进入建设阶段；坚持以人为本，发展造福员工，维护企业稳定，支持工会工作。企业通过打造九江石化特色管理模式，提高企业综合管理水平，正朝着千万吨级一流炼化企业的目标前进。覃伟中于2001年被评为“九五”全国技术改造先进工作者；2001年被授予中国石化十佳青年称号；2001年被授予中国石化青年岗位能手称号；2002年获中国石化杰出青年创新创效奖；2010年、2011年获得江西省优秀厂长（经理）称号；2012年被评为江西省优秀创业企业家；2011年获江西省五一劳动奖章。

（谢梓峰）

【孙培志】 男，1972年9月出生，籍贯河南封丘，汉族，大学本科学历，中共党员，1992年8月参加工作，高级工程师，现任中原石化MTO车间副主任。2004年，孙培志带领车间员工，在6个月内分别完成了PSA、苯抽提、碳四3套装置一系列的生产准备工作，一次开车成功，实现了当年施工、当年投产并创利4 000万元的效益。他带头完成抽提蒸馏塔改造项目，使装置比计划提前13天一次开车成功，为公司多创造了200多万元的经济效益。2009年，国内第1套工业化应用装置碳四催化裂解制丙烯（OCC）投产。作为技术领头人的孙培志带领车间技术人员在实践中摸索、在摸索中完善，装置的操作和设备运行状况不断优化，主产品粗丙烯的平均收率远高于设计值，经济效益显著。2011年，他又组织参加了中国石化自主研发的甲醇制烯烃MTO项目，全程参与了项目的施工建设，并且组织进行了生产准备过程中的一系列工作，装置一次开车成功，标志着中国石化煤化工技术取得重要突破，技术步入产业化。为进一步强化MTO项目示范作用，他不断地摸索、调整、优化运行和精细化管理，各项标定数据均达到或优于设计值。孙培志于2005年获河南省百名技术英杰称号；2006年获河南省五一劳动奖章和中国石化青年岗位能手、国务院国资委中央企业知识性先进职工称号；2011年获得中国石化科技进步一等奖、上海市科学技术奖二等奖；2013年获得中国石化科技进步特等奖。

（谢梓峰）

【郑　莹】 女，1965年4月出生，籍贯河北行唐，汉族，中专学历，中共党员，1981年9月参加工作，中级工，现任天津石油东丽片区机场路加油站站长。郑莹爱岗敬业，视站如家，在她的组织管理下该站的店容店貌、现场服务、销售任务等情况名列片区前茅。她对员工体贴入微，关怀备至，视员工如亲人，始终保持员工生龙活虎、昂扬向上的工作状态。她深知建设一支技术过硬、服务到位的加油员团队是搞好加油站经营管理工作的基础和保证，从培养员工社会责任意识入手，通过开展业余公益活动提高了员工的凝聚力、战斗力、主人翁责任感，整体素质显著增强。她始终把强化服务意识、细化服务环节、打造服务品牌作为增强加油站核心竞争力的重要措施贯穿经营管理全过程，狠抓制度落实，完善措施，强化执行和监督。在以服务促经营的同时，她充分利用本站区位优势和特点，努力在做强做精零售、拓展多种经营上下功夫、用气力，积极营造销售环境和氛围、合理安排加油员在岗时间、认真落实联量计酬分配办法，全面提升加油站市场竞争力。郑莹于2008年被评为天津市劳动模范；2009年被评为天津市三八红旗手；2009 年获天津市五一劳动奖章。

（谢梓峰）

【向文武】 男，1966 年 1 月出生，土家族，博士研究生学历，中共党员，1990 年 10 月参加工作，教授级高级经济师，现任南京工程公司总经理、党委书记。向文武近几年来，与班子成员精心组织，科学运筹，优质完成了国内最大的合资项目——扬子—巴斯夫主体工程的建设，得到了中外业内同行的一致好评。他带领专业人员积极努力和艰难谈判，成功地开拓海外市场，以 EPC 总承包方式在沙特阿拉伯承担了世界瞩目的 SABIC 公司合同额达 7.5 亿美元的大型聚烯烃项目，引起了海内外业界的高度关注。他团结带领职工成功地实现了 2 家企业的重组，依靠科学管理，实现了从施工型向“工程管理 + 施工型”、从国内到国际、从施工企业向工程公司的“三次”跨越。他关心职工生活，维护职工权益，保持了职工收入的稳步增长，并较早地全面解决了各类用工的同工同酬问题。在他的带领下，企业分别获得江苏省文明单位、江苏省五一劳动奖状、全国“安康杯”竞赛优胜单位、全国模范职工之家等荣誉称号。向文武分别获得全国工程企业优秀企业家、全国能源化学系统五一劳动奖章、江苏省五一劳动奖章等荣誉称号，被评为全国建筑业企业优秀高级职业经理人、江苏省建筑业企业优秀企业家、江苏省新长征突击手，并当选为江苏省人大代表。

（谢梓峰）

【张振连】 男，1972 年 6 月出生，籍贯山东莱芜，汉族，大专学历，中共党员，1991 年 3 月参加工作，高级技师，现为第四建设公司第二管道公司电焊工。张振连是从农民工成长起来的焊接专家。参加工作 20 多年来，他不断学习电焊知识，刻苦钻研焊接技术，工作上兢兢业业，任劳任怨，不惧困难，勇于挑战，掌握了 10 余种特材焊接技术，成为行业内顶尖焊工之一。多次代表中国石化、天津市在全国性的电焊工技能竞赛中技压群芳，取得突出成绩，为祖国的石化建设事业在平凡的岗位上做出不平凡的成绩。他醉心于焊接专业技术，不断提高自身焊接技术理论和实际操作水平，先后攻克多个技术难题，在国外项目施工期间成为免检的金牌焊工。2007 年 8 月，他不顾个人安危，经过近 4 个小时的紧张拼搏，圆满完成湛江东兴炼油厂加氢车间的高压管线 45 毫米裂缝修复任务，顺利通过焊接质量相关检验。他高度重视焊接新设备新技术的应用和培养焊接新人，先后培养了半自动焊、自动焊、二氧化碳气保焊等 20 多名焊接骨干，极大地提高了工作效率和焊接质量。张振连于 2008 年被评为中国石化劳动模范；2009 年被评为中央企业劳动模范。

（谢梓峰）

全国最美青工

【亢嘉颖】 男，汉族，1982 年 4 月出生，本科学历，工程师，现任胜利油田分公司海洋采油厂海二生产管理区采油二队队长。亢嘉颖自 2006 年参加工作以来，一直扎根海上一线，带领采油二队自 2010 年至 2014 年累计生产原油 620 万吨，其中 2013 年原油产量最高达 161 万吨，成为胜利油田产量最高的采油队。先后参与完成 20 项创新成果，创造经济效益 500 多万元，其中 7 项获局级以上奖励，4 项被授予国家实用新型专利。他率领的采油二队先后被授予中央企业青年文明号，中国石化金牌队、“三基”工作先进基层单位，胜利油田基层建设标杆队、金牌队等称号。亢嘉颖获中国石化最美石化一线青工，胜利油田百问不倒油井工况分析先进个人、文明建设先进个人等称号。

（徐子懿）

【程敬博】 男，1981 年 12 月出生，河北石家庄人，中共党员，大学本科学历，工程师，2004 年 7 月参加工作，现任北京燕山分公司化工二厂生产技术部副主任。10 多年来，他始终严格要求自己，不断学习，积极进取，在各方面取得丰硕成果和业绩。他先后参与一聚装置造粒国产化改造、三聚装置造粒 PLC 控制系统升级、国产催化剂 SAL 的工业应用、氢调法高流动聚丙烯产品研发等工作。他参与开发的项目曾获得中国石化科技进步特等奖、燕山石化公司科技进步特等奖等奖项。程敬博先后获首都劳动奖章、全国最美青工（第二季）、北京优秀青年工程师、燕山石化公司劳动模范、燕山石化公司十大青年标兵、燕山石化公司青年岗位能手等荣誉称号。

（徐子懿）

全国优秀共青团员

【马秋霞】 女，汉族，1987 年 7 月出生，共青团员，大专学历，四川维尼纶厂分检车间高级工。马秋霞参加工作以来，刻苦钻研专业理论，积极参加现场实践，仅用2年时间便完成了别人10年的积累，2012年以优异成绩成功考取分析高级工。她长期参加爱心促和谐青年志愿者活动，关爱帮扶社区的2位空巢老人，送去祝福和关爱；参加“冬日阳光，温暖你我”关爱留守儿童新春公益活动，为重庆市长寿区和云阳县的留守儿童送去新年礼物和祝福，传递青春正能量。2014年，她积极参加重庆市第三届青年职业技能大赛，取得化工分析检验工第1名的优异成绩，获国家职业资格证书二级（技师），并被授予2014年度重庆市十大青年职业标兵、2014年度重庆市青年岗位能手称号。

（徐子懿）

全国技术能手

【唐元生】 男，汉族，1969年12月出生，籍贯山东淄博，大学专科学历，中共党员，1988年参加工作，现任第十建设公司电焊工高级技师。唐元生掌握数十种材料焊接工艺，解决铝镁合金冬季施工焊缝开裂等难题30余项，研发了金属管道导磁屏蔽罩消磁焊接技术。获中国石化科技进步奖1项、国家授权专利5件。2005年获中国石化职业技能竞赛焊工第1名，先后获中国石化技术能手、中央企业技术能手等称号。

（丁新兴）

【张义铁】 男，汉族，1980年3月出生，籍贯湖南邵东，大学专科学历，中共党员，1997年参加工作，现任江汉油田采油工高级技师，湖北省首席技师和中国石化技能大师。张义铁建立江汉油田第1个技师工作室，率领团队提出170条增产措施，研制出新型减速箱堵漏盖板等19项技术成果，获国家授权专利6件。2007年获中国石化职业技能竞赛集输工第一名，先后获中国石化技术能手、中国石化青年岗位能手、中央企业青年岗位能手、湖北省五一劳动奖章、湖北省劳动模范等荣誉称号，2013年享受国务院政府特殊津贴，获全国五一劳动奖章。

（丁新兴）

【苏鹤昉】 男，汉族，1973年3月出生，籍贯浙江宁波，大学专科学历，中共党员，1994年参加工作，现任镇海炼化乙烯装置操作工高级技师。苏鹤昉创造“发散式吹扫法”，缩短乙烯装置开工时间；提出的置换流程优化方案、压缩机抽汽阀阀位调整方案和低压凝液管网投用优化方案，效益明显，为创国内乙烯装置连续稳定运行天数新纪录做出了贡献。他所带班组获中央企业学习型红旗班组标杆称号。2011年获中国石化技术能手称号。

（丁新兴）

【杜书东】 男，汉族，1966年11月出生，籍贯山东商河，大学本科学历，中共党员，1987年参加工作，现任石油工程公司石油钻井工高级技师、山东省首席技师和中国石化技能大师。杜书东处理和解决27次起钻遇卡等井下复杂情况。以他名字命名的“杜书东创新工作室”共获国家授权专利18件、技术成果62项。他主编的《石油钻井工》职业技能鉴定试题集和培训教程正式出版。2012年获国家技能人才培育突出贡献个人奖。

（丁新兴）

【张松梅】 女，汉族，1973年1月出生，籍贯北京房山，大学专科学历，中共党员，1992年参加工作，现任北京石油加油站操作员高级技师。作为站长，张松梅研究提出多个先进的服务理念和销售技巧，带领全站创造年销量北京市第一的好成绩。先后获北京市劳动奖章、中国石化劳动模范、中央企业劳动模范、中国石化青年成长成才典型标兵、北京市劳动模范、中国石化技术能手等荣誉和称号。

（丁新兴）

统计资料

表 1 **石化集团公司主要经济指标** 亿元

项目＼年份	2014	2013	2012	2011	2010	2009
工业总产值(现价)	19 266.79	19 642.70	19 531.81	19 051.97	14 792.16	10 418.68
实现利税总额	3 662.55	4 050.61	3 799.18	4 005.07	3 477.19	2 738.89
利　润	788.53	1 148.15	1 046.62	1 200.91	1 056.67	816.91
年末职工总数/万人	57.75	59.79	61.55	62.21	62.23	61.92
工资总额	518.28	510.41	485.68	457.03	361.57	322.07
营业收入	28 899.34	29 450.75	28 306.09	25 519.51	19 690.42	13 754.31
资产总值	22 283.66	21 369.23	19 480.78	17 486.82	14 856.91	12 888.90
负债总值	12 777.07	12 338.93	11 564.86	10 283.43	8 565.79	7 375.17
流动负债	8 168.71	7 379.19	6 603.91	6 121.41	4 974.00	4 600.24
非流动负债	4 608.37	4 959.74	4 960.95	4 162.02	3 591.79	2 774.93

表 2 **石化集团公司主要产品产量及占全行业比重（一）** 万吨

项目＼年份	2014	2013[①]	2012	2011	2010	2009
原　油						
石化集团公司	4 378.47	4 378.01	4 318.25	4 272.85	4 256.08	4 241.55
全行业	21 142.90	20 991.90	20 748.00	20 287.60	20 241.40	18 949.00
占比/%	20.71	20.86	20.81	21.06	21.03	22.38
天然气/亿立方米						
石化集团公司	201.72	186.97	169.36	146.44	125.00	84.68
全行业	1 301.60	1 208.60	1 106.10	1 053.40	957.90	852.70
占比/%	15.50	15.47	15.31	13.90	13.05	9.93
原油加工量						
石化集团公司	23 697.71	23 369.76	22 309.29	21 892.20	21 296.59	18 823.49
全行业	50 277.43	47 769.53	46 328.75	45 110.08	42 680.80	37 286.40
占比/%	47.13	48.92	48.15	48.53	49.90	50.48
汽煤柴润总量						
石化集团公司	14 732.30	14 204.92	13 504.11	13 022.56	12 680.33	11 588.58
全行业	32 234.86	30 149.49	28 935.47	27 535.17	25 981.00	23 737.90
占比/%	45.70	47.11	46.67	47.29	48.81	48.82

续表

项目 \ 年份	2014	2013①	2012	2011	2010	2009
汽　油						
石化集团公司	5 122. 12	4 594. 11	4 108. 52	3 758. 61	3 638. 89	3 490. 00
全行业	1 1029. 85	9 824. 40	8 980. 18	8 136. 98	7 676. 00	7 301. 00
占比/%	46. 44	46. 76	45. 75	46. 19	47. 41	47. 80
煤　油						
石化集团公司	2 074. 51	1 743. 37	1 501. 17	1 373. 13	1 242. 17	1 039. 43
全行业	3 001. 01	2 513. 83	2 156. 01	1 875. 07	1 707. 90	1 487. 70
占比/%	69. 13	69. 35	69. 63	73. 23	72. 73	69. 87
柴　油						
石化集团公司	7 426. 08	7 748. 29	7 780. 99	7 753. 84	7 655. 61	6 925. 92
全行业	17 635. 34	17 220. 33	17 221. 14	16 681. 81	15 824. 90	14 190. 70
占比/%	42. 11	44. 99	45. 18	46. 48	48. 38	48. 81
润滑油						
石化集团公司	109. 58	119. 15	113. 43	136. 98	143. 66	133. 24
全行业	568. 66	590. 94	578. 14	841. 31	772. 20	758. 50
占比/%	19. 27	20. 16	19. 62	16. 28	18. 60	17. 57
燃料油						
石化集团公司	359. 48	424. 42	322. 22	363. 23	411. 66	414. 05
全行业	2 541. 68	2 583. 80	2 361. 22	1 810. 05	1 908. 80	1 894. 80
占比/%	14. 14	16. 43	13. 65	20. 07	21. 57	21. 85

①2013 年全行业数据有调整

表 3　　**石化集团公司主要产品产量及占全行业比重（二）**　　万吨

项目 \ 年份	2014	2013①	2012	2011	2010	2009
乙　烯						
石化集团公司	1 069. 78	997. 98	954. 18	1 003. 75	918. 95	671. 33
全行业	1 696. 70	1 599. 30	1 486. 80	1 527. 50	1 421. 30	1 072. 60
占比/%	63. 05	62. 40	64. 18	65. 71	64. 66	62. 59
纯　苯						

续表

项目 \ 年份	2014	2013①	2012	2011	2010	2009
石化集团公司	399.54	374.53	351.72	359.13	352.15	248.81
全行业	735.57	716.71	700.12	691.00	545.20	466.00
占比/%	54.32	52.26	50.24	51.97	64.59	53.39
对二甲苯						
石化集团公司	479.14	447.79	440.55	441.11	402.31	297.73
全行业	639.85	620.21	640.29	585.24	517.51	355.47
占比/%	74.88	72.20	68.80	75.37	77.74	83.76
精甲醇						
石化集团公司	68.43	53.22	64.90	19.88	32.97	19.71
全行业	3 740.67	2 964.27	2 639.68	2 294.50	1 634.20	1 247.50
占比/%	1.83	1.80	2.46	0.87	2.02	1.58
醋　酸						
石化集团公司	7.50				0.30	2.36
全行业	537.11	438.30	430.05	424.48	383.60	296.80
占比/%	1.40				0.08	0.80
合成氨						
石化集团公司	95.50	115.94	126.43	111.12	119.10	135.15
全行业	5 699.49	5 806.57	5 543.16	5 040.20	4 781.10	5 084.70
占比/%	1.68	2.00	2.28	2.20	2.49	2.66
氮　肥(折合氮100%)						
石化集团公司	30.71	68.71	66.34	54.51	71.14	92.95
全行业	4 651.65	4 816.09	4 654.03	4 444.98	3 849.60	4 688.30
占比/%	0.66	1.43	1.43	1.23	1.85	1.98
尿　素(实物量)						
石化集团公司	9.27	91.78	105.23	77.98	122.34	175.22
全行业	6 995.28	7 207.64	6 578.72	5 732.34	5 463.04	5 903.04
占比/%	0.13	1.27	1.60	1.36	2.24	2.97

①2013 年全行业数据有调整

表 4 **石化集团公司主要产品产量及占全行业比重（三）** 万吨

项目＼年份	2014	2013①	2012	2011	2010	2009
合成纤维原料						
石化集团公司	572.46	626.33	606.25	644.41	597.47	506.56
全行业	2 282.86	2 152.91	2 201.01	1 993.75	1 617.30	1 171.50
占比/%	25.08	29.09	27.54	32.32	36.94	43.24
合成纤维聚合物						
石化集团公司	284.29	328.79	334.13	332.01	325.91	304.90
全行业	1 721.17	1 709.76	1 621.93	1 441.63	1 274.90	1 302.20
占比/%	16.52	19.23	20.60	23.03	25.56	23.41
合成纤维						
石化集团公司	133.13	141.03	135.33	140.33	140.57	131.40
全行业	4 043.86	3 783.97	3 491.52	3 147.28	2 718.60	2 457.90
占比/%	3.29	3.73	3.88	4.46	5.17	5.35
锦　纶						
石化集团公司						
全行业	262.09	235.16	187.79	157.75	145.40	144.10
涤　纶						
石化集团公司	105.30	109.30	104.35	108.38	107.68	99.10
全行业	3 580.97	3 348.93	3 126.56	2 792.71	2 418.40	2 154.30
占比/%	2.94	3.26	3.34	3.88	4.45	4.60
腈　纶						
石化集团公司	25.73	29.27	28.92	29.88	31.02	30.48
全行业	67.67	69.43	69.14	70.71	67.20	69.20
占比/%	38.01	42.15	41.84	42.26	46.17	44.05
维　纶						
石化集团公司	1.62	1.79	1.42	1.55	1.29	1.25
全行业	11.07	10.09	6.03	5.89	5.70	4.70
占比/%	14.67	17.72	23.54	26.25	22.64	26.60
丙　纶						
石化集团公司	0.35	0.57	0.53	0.52	0.58	0.57

续表

年 份 项 目	2014	2013①	2012	2011	2010	2009
全行业	26.76	26.93	32.04	30.47	29.70	27.90
占比/%	1.33	2.11	1.66	1.70	1.95	2.04
其 他(全行业)	95.31	93.42	69.96	89.75	52.20	57.70

①2013 年全行业数据有调整

表 5　　石化集团公司主要产品产量及占全行业比重（四）　　万吨

年 份 项 目	2014	2013①	2012	2011	2010	2009
塑 料						
石化集团公司	1 505.96	1 412.93	1 376.64	1 407.68	1 339.80	1 090.73
全行业	6 950.66	6 303.53	5 257.00	4 941.24	4 391.00	3 686.70
占比/%	21.67	22.41	26.19	28.49	30.51	29.59
聚乙烯						
石化集团公司	711.13	659.66	620.23	655.05	620.03	476.96
全行业	1 336.60	1 173.99	1 030.00	1 015.20	987.60	766.60
占比/%	53.20	56.19	60.22	64.52	62.78	62.22
聚丙烯						
石化集团公司	629.96	581.84	555.10	557.31	520.19	440.48
全行业	1 373.93	1 246.54	1 121.48	995.57	900.70	807.50
占比/%	45.85	46.68	49.50	55.98	57.75	54.55
聚苯乙烯						
石化集团公司	64.87	66.54	67.16	66.93	69.22	62.99
全行业	211.40	210.37	216.27	205.33	193.80	110.90
占比/%	30.69	31.63	31.05	32.60	35.72	56.80
聚氯乙烯						
石化集团公司	22.41	30.83	57.78	58.93	59.63	51.37
全行业	1 629.61	1 529.80	1 341.63	1 311.18	1 151.20	1 015.50
占比/%	1.38	2.02	4.31	4.49	5.18	5.06
合成橡胶						
石化集团公司	124.01	129.23	124.15	127.20	129.04	117.33
全行业	532.39	483.82	384.68	353.64	308.40	277.60
占比/%	23.29	26.71	32.27	35.97	41.84	42.27

①2013 年全行业数据有调整

表 6 中国原油与石油产品进口数量与金额

产品名称	2014 年		2013 年		2012 年		2011 年		2010 年		2009 年	
	数量/万吨	金额/百万美元	数量/万吨	金额/百万美元	数量/万吨	金额/百万美元	数量/万吨	金额/百万美元	数量/万吨	金额/百万美元	数量/万吨	金额/百万美元
原　油	30 835.68	228 138.44	28 214.40	219 548.64	27 109.08	220 398.61	25 254.92	195 131.27	23 931.14	134 935.82	20 378.89	88 895.58
成品油	1 178.12	12 072.98	1 322.14	13 898.67	1 258.94	13 717.82	1 375.25	14 888.06	1 379.16	11 155.10	1 285.98	7 867.97
车用、航空汽油	3.39	34.14	0.04	1.50	0.45	5.22	2.93	31.22	0.01	0.45	4.44	25.27
石脑油	369.77	3 299.56	354.18	3 351.32	309.02	2 999.92	245.02	2 289.95	290.70	2 119.56	265.12	1 478.91
橡胶等溶剂油	2.39	37.35	2.12	32.55	2.44	37.26	2.58	36.62	3.29	36.48	1.93	20.28
壬　烯	3.59	51.24	3.82	56.64	2.63	47.69	2.44	57.89	1.59	25.80	1.93	20.01
其他汽油馏分	29.84	332.57	0	0	0	0	13.88	159.64	8.54	76.85	2.88	26.20
航空煤油	391.44	3 700.64	532.93	5 266.90	526.46	5 392.23	536.72	5 382.99	486.80	3 506.44	576.22	3 220.79
灯用煤油	0	0.01	0	0.02	0	0.02	0	0.02	0	0	0	0
其他煤油馏分	25.29	289.29	135.93	1 480.45	94.27	1 049.61	78.20	861.61	163.32	1 354.92	35.97	297.39
轻柴油	47.39	395.05	26.68	251.62	94.71	911.53	244.05	2 274.03	179.88	1241.58	183.68	922.71
润滑油	31.77	869.49	29.79	782.91	30.32	785.14	34.32	828.33	34.24	685.45	23.65	445.16
润滑脂	2.26	125.52	2.16	113.64	2.01	105.91	2.73	128.03	2.23	100.07	1.67	69.08
润滑油基础油	270.99	2 938.12	234.48	2 561.14	196.63	2 383.29	212.39	2 837.74	208.54	2 007.47	188.48	1 342.16
燃料油	1 790.13	10 955.00	2 354.83	15 034.83	2 688.26	18 637.69	2 683.15	17 260.69	2 308.96	11 060.60	2 407.34	8 661.43
石　蜡	7.62	118.58	5.49	98.09	4.94	96.96	5.40	97.79	4.49	73.55	2.54	49.23
石油沥青	411.02	2 333.72	332.10	2 066.60	273.16	1 750.04	319.01	1 767.27	409.89	2 022.97	333.44	1 214.75
石油焦	534.97	648.04	935.33	1 146.08	701.04	960.79	491.51	911.14	363.54	672.08	329.67	333.47
液体石蜡	13.81	186.37	3.90	55.11	1.35	22.89	1.36	23.16	2.31	28.72	2.78	30.58
液化石油气	710.13	5 982.92	421.10	3 814.88	333.32	3 016.55	340.81	2 908.79	319.62	2 258.65	409.14	2 040.68

表 7

中国原油与石油产品出口数量与金额

产品名称	2014 年		2013 年		2012 年		2011 年		2010 年		2009 年	
	数量/万吨	金额/百万美元	数量/万吨	金额/百万美元	数量/万吨	金额/百万美元	数量/万吨	金额/百万美元	数量/万吨	金额/百万美元	数量/万吨	金额/百万美元
原　油	60.02	490.43	162.03	1 462.57	243.49	2 226.50	252.20	1 909.15	304.22	1 661.45	518.40	2 217.20
成品油	1 980.67	19 583.55	1 715.89	17 254.35	1 265.51	13 326.19	1 344.57	13 080.91	1 700.66	12 454.48	1 641.84	9 317.38
车用、航空汽油	498.39	4 947.31	468.76	4 650.88	292.19	3 035.24	406.01	3 793.80	517.09	3 769.98	494.31	2 828.67
石脑油	13.11	126.64	35.41	353.23	21.55	208.31	49.73	453.42	86.64	629.23	85.47	494.15
橡胶等溶剂油	0.61	8.02	0.74	10.18	0.51	6.32	0.54	8.16	0.53	5.74	0.41	4.07
壬　烯	0	0	0.1	1.61	0	0	0	0	0.05	0.68	0.03	0.35
其他汽油馏分	0	0	0	0	0	0	0	0	0	0	0	0.01
航空煤油	1 051.07	10 280.27	917.51	9 217.61	745.07	7 848.90	653.18	6 504.42	604.77	4 495.06	594.49	3 435.36
其他煤油馏分	2.81	30.26	0.02	0.23	0.02	0.34	3.38	29.95	3.72	24.83	0.17	1.17
轻柴油	399.82	3 897.00	278.16	2 733.47	186.22	1 873.48	203.11	1 879.04	467.27	3 272.32	450.71	2 351.48
润滑油	12.57	258.44	11.53	233.98	10.82	218.16	11.22	204.04	11.26	170.33	10.06	153.11
润滑脂	0.77	16.70	1.10	22.46	1.16	22.30	1.09	18.47	0.97	14.19	0.77	11.72
润滑油基础油	1.52	18.91	2.55	30.71	7.97	113.14	16.29	189.60	8.37	72.11	5.41	37.30
燃料油	940.68	5 770.28	1 135.43	7 254.41	1 164.17	8 011.00	1 234.44	7 739.17	989.73	4 606.99	862.68	3 228.48
石　蜡	48.94	631.19	50.14	637.29	46.96	637.16	45.47	651.85	52.36	703.39	54.85	541.01
石油沥青	20.31	156.93	16.87	135.43	9.57	88.12	23.85	163.82	14.98	84.15	8.17	41.35
石油焦	244.24	612.81	234.03	675.33	230.71	713.78	287.16	1 038.14	195.20	578.73	139.99	305.92
液体石蜡	0.14	1.84	0.10	1.24	0.25	3.47	0.04	0.72	0.04	0.46	0.03	0.19
液化石油气	143.82	1 308.61	125.84	1 211.90	127.00	1 231.98	117.00	1 009.34	91.68	657.86	84.89	442.87

表 8

中国主要石化产品进口数量与金额

产品名称	2014 年		2013 年		2012 年		2011 年		2010 年		2009 年	
	数量/万吨	金额/百万美元	数量/万吨	金额/百万美元	数量/万吨	金额/百万美元	数量/万吨	金额/百万美元	数量/万吨	金额/百万美元	数量/万吨	金额/百万美元
一、初级形状合成树脂与塑料	2 535.08	51 560.06	2 461.72	49 079.25	2 368.83	46 156.74	2 304.18	47 204.05	2 390.34	43 543.16	2 381.23	34 784.65
1. 聚乙烯	910.79	14 325.15	881.53	13 144.65	788.78	10 929.94	744.38	10 869.51	735.81	9 742.51	740.88	8 276.01
低密度聚乙烯	205.39	3 319.55	172.50	2 663.12	157.11	2 245.72	146.03	2 415.36	138.40	2 036.46	134.89	1 577.31
高密度聚乙烯	459.60	7 058.05	473.75	6 920.06	400.98	5 516.81	352.64	4 927.77	349.57	4 442.79	385.90	4 247.99
2. 聚丙烯	363.25	5 816.99	359.30	5 595.81	390.93	5 794.70	377.77	5 875.51	386.81	5 173.85	416.24	4 560.21
3. 聚苯乙烯	84.88	1 524.85	94.66	1 744.89	97.99	1 641.53	103.85	1 690.86	115.20	1 660.95	118.47	1 445.16
可发性聚苯乙烯	6.29	139.24	6.21	127.63	6.08	103.86	7.60	121.30	7.59	105.21	7.75	97.63
其他聚苯乙烯	78.60	1 385.61	88.45	1 617.26	91.91	1 537.67	96.25	1 569.56	107.61	1 555.73	110.72	1 347.53
4. ABS 共聚物	166.83	3 576.64	166.97	3 596.71	166.54	3 622.61	185.27	4 123.49	216.94	4 216.29	216.79	3 397.30
5. 聚氯乙烯	92.58	1 111.45	104.40	1 225.68	120.98	1 367.92	131.64	1 593.86	151.12	1 626.33	195.52	1 597.70
纯聚氯乙烯	80.79	895.25	91.46	996.41	105.96	1 101.28	114.80	1 284.56	129.75	1 295.70	171.55	1 300.08
未塑化聚氯乙烯	3.75	44.88	5.14	65.54	6.99	95.23	8.81	135.23	12.51	156.79	16.71	166.66
已塑化聚氯乙烯	8.05	171.33	7.80	163.72	8.02	171.41	8.03	174.07	8.87	173.84	7.27	130.97
二、合成橡胶及胶乳合计	148.46	3 986.11	152.79	4 429.39	143.71	5 092.85	144.48	5 360.26	156.52	4 267.84	146.78	2 990.82
1. 丁苯橡胶	27.21	603.11	26.97	620.31	29.74	812.23	31.57	879.55	34.84	738.53	36.26	582.21
丁苯胶乳	10.40	154.90	9.26	143.62	9.53	168.67	9.97	176.53	7.91	118.20	4.36	58.08
2. 顺丁橡胶	7.11	163.61	7.75	192.05	7.24	228.25	7.78	266.49	11.37	266.10	16.88	254.00
3. 丁基橡胶	2.91	118.10	3.06	134.12	3.16	157.27	3.37	156.50	4.06	162.52	5.31	184.55
4. 氯丁橡胶	1.97	75.96	1.85	78.15	1.78	81.42	1.78	74.97	2.15	72.95	1.62	50.15

续表

产品名称	2014年		2013年		2012年		2011年		2010年		2009年	
	数量/万吨	金额/百万美元	数量/万吨	金额/百万美元	数量/万吨	金额/百万美元	数量/万吨	金额/百万美元	数量/万吨	金额/百万美元	数量/万吨	金额/百万美元
5. 丁腈橡胶	8.04	149.86	7.19	146.61	6.14	157.89	6.24	171.37	8.42	168.99	8.24	131.69
6. 异戊二烯橡胶	0.46	20.82	0.51	22.45	0.48	22.36	0.53	23.64	1.57	48.62	1.14	27.06
7. 乙丙橡胶	8.20	215.78	9.13	276.53	8.34	332.34	8.66	344.50	8.23	222.88	9.01	198.82
8. 其他合成橡胶	92.56	2 638.88	96.32	2 959.16	86.83	3 301.10	84.56	3 443.24	85.88	2 587.27	68.31	1 562.34
其他胶乳	0.74	11.96	0.62	11.61	0.51	12.01	0.73	16.13	0.78	13.42	0.67	9.92
三、合成纤维	66.66	2 675.53	74.41	2 958.29	72.03	2 830.58	80.50	3 146.61	87.36	2 812.99	85.32	2 206.92
1. 锦　纶	16.49	850.44	18.45	912.79	18.63	903.08	19.32	950.43	21.13	846.60	20.70	630.17
长　丝	15.34	760.98	17.32	818.53	17.47	808.77	18.00	850.65	20.00	767.91	19.78	576.19
短纤维及纤维条	1.15	89.46	1.14	94.26	1.16	94.30	1.32	99.78	1.14	78.70	0.92	53.99
2. 涤　纶	24.46	576.46	24.48	616.63	23.83	568.26	28.22	677.32	31.57	649.19	32.51	567.18
长　丝	11.26	338.38	11.71	376.92	12.64	358.91	16.23	440.51	17.39	425.93	17.57	365.19
短纤维及纤维条	13.19	238.08	12.77	239.71	11.20	209.35	11.99	236.81	14.19	223.26	14.94	202.00
3. 腈纶短纤维及纤维条	15.86	520.18	21.22	667.90	18.66	592.72	19.53	678.76	19.64	556.81	18.01	378.44
4. 丙　纶	0.68	20.08	0.57	17.43	0.56	17.11	0.59	19.03	0.72	20.94	0.72	17.05
长　丝	0.24	8.72	0.17	6.55	0.18	6.52	0.26	9.40	0.39	12.44	0.35	9.09
短纤维及纤维条	0.45	11.35	0.40	10.88	0.39	10.59	0.33	9.63	0.33	8.50	0.37	7.97
5. 氨纶长丝	2.46	222.94	2.02	202.60	1.88	173.27	2.28	194.85	1.88	163.25	1.72	135.00
6. 其　他	6.71	485.44	7.66	540.93	8.47	576.14	10.57	626.23	12.41	576.19	11.66	479.08
长　丝	1.09	140.52	1.17	142.87	1.34	167.13	1.42	157.16	1.54	134.35	1.47	102.33
短纤维及纤维条	5.62	344.92	6.49	398.06	7.13	409.01	9.15	469.07	10.87	441.84	10.20	376.75

续表

产品名称	2014年		2013年		2012年		2011年		2010年		2009年	
	数量/万吨	金额/百万美元	数量/万吨	金额/百万美元	数量/万吨	金额/百万美元	数量/万吨	金额/百万美元	数量/万吨	金额/百万美元	数量/万吨	金额/百万美元
四、制成肥料	955.34	3 348.06	788.97	3 371.64	839.26	4 022.53	787.45	3 437.94	709.64	2 562.85	404.36	1 984.63
尿　素	0.59	3.05	3.04	10.90	17.10	71.44	0.21	1.44	1.33	3.04	3.88	7.70
五、有机化学品												
(一)乙烯、芳烃												
乙　烯	149.72	2 217.50	170.38	2 269.98	142.25	1 793.25	106.04	1 308.15	81.54	943.54	97.46	813.18
纯　苯	60.14	769.74	88.65	1 192.22	43.94	530.95	18.57	206.99	19.72	182.07	62.19	292.09
甲　苯	93.29	1 060.90	81.20	977.86	65.96	773.27	65.51	704.65	82.93	701.86	79.09	512.07
混合二甲苯	1.74	20.21	3.09	45.97	1.64	20.64	2.55	26.89	0.31	2.93	0.48	4.21
邻二甲苯	48.24	610.09	55.53	834.59	69.84	1 053.76	60.25	822.16	65.85	697.49	67.28	562.47
对二甲苯	997.27	12 552.63	905.29	13 764.11	628.58	9 521.15	498.20	7 748.63	352.72	3 660.93	370.53	3 489.08
苯乙烯	373.09	5 948.01	367.50	6 350.92	333.68	4 823.42	360.77	5 078.57	368.71	4 410.43	364.59	3 411.21
乙　苯	1.04	15.21	3.78	56.50	0.71	8.63	1.18	12.97	1.41	14.56	0.21	2.14
(二)主要有机原料												
甲　醇	433.23	1 613.18	485.85	1 875.41	500.11	1 887.30	573.20	2 113.20	518.95	1 530.24	528.80	1 139.56
丁　醇	33.08	370.66	63.82	820.35	70.80	901.47	70.05	1 064.87	86.47	1 208.61	69.28	596.43
辛　醇	20.09	304.30	28.72	441.38	37.31	607.10	36.58	668.20	47.34	778.07	47.00	494.81
醋　酸	1.74	9.61	1.68	7.65	2.14	9.59	1.77	8.29	5.89	22.68	29.82	114.52
苯　酚	21.72	317.32	36.51	545.34	59.40	837.81	76.19	1 253.60	62.40	919.82	57.33	441.00
丙　酮	47.63	528.83	48.87	532.95	69.02	673.59	74.48	760.63	75.22	632.86	55.13	350.42
丁　酮	0.20	3.20	0.26	3.90	0.63	7.87	2.22	34.13	2.98	35.66	4.34	34.38
(三)主要合纤原料及聚合物												
乙二醇	845.03	8 149.15	824.63	8 807.34	796.53	8 303.54	727.02	8 611.74	664.41	5 769.54	582.81	3 525.98

续表

产品名称	2014 年		2013 年		2012 年		2011 年		2010 年		2009 年	
	数量/万吨	金额/百万美元	数量/万吨	金额/百万美元	数量/万吨	金额/百万美元	数量/万吨	金额/百万美元	数量/万吨	金额/百万美元	数量/万吨	金额/百万美元
对苯二甲酸	116. 37	1 072. 93	274. 31	2 990. 29	537. 03	5 867. 65	652. 72	8 240. 48	664. 16	6 243. 49	625. 61	5 007. 97
尼龙 66 盐	0. 84	18. 28	0. 96	20. 91	0. 99	24. 98	1. 02	26. 91	0. 35	7. 44	1. 50	23. 23
丙烯腈	51. 79	1 001. 72	54. 76	982. 75	55. 54	1 041. 05	54. 17	1 250. 33	44. 58	905. 42	45. 10	498. 78
己内酰胺	22. 33	504. 20	45. 29	1 076. 18	70. 66	1 813. 72	63. 33	2 060. 70	63. 14	1 560. 21	60. 13	978. 38
聚酯切片	18. 01	328. 78	18. 90	350. 63	18. 29	324. 48	19. 69	350. 27	23. 74	334. 11	24. 96	275. 87

表 9

中国主要石化产品出口数量与金额

产品名称	2014 年		2013 年		2012 年		2011 年		2010 年		2009 年	
	数量/万吨	金额/百万美元	数量/万吨	金额/百万美元	数量/万吨	金额/百万美元	数量/万吨	金额/百万美元	数量/万吨	金额/百万美元	数量/万吨	金额/百万美元
一、初级形状合成树脂与塑料	764. 38	14 326. 09	633. 43	12 641. 42	535. 16	11 135. 14	486. 31	10 887. 98	387. 63	7 678. 64	296. 65	4 994. 63
1. 聚乙烯	24. 91	410. 37	20. 26	326. 44	28. 77	429. 89	32. 21	486. 36	15. 81	229. 06	6. 19	86. 38
低密度聚乙烯	4. 92	83. 35	4. 66	74. 45	6. 99	110. 56	7. 98	137. 19	7. 88	123. 03	2. 40	37. 23
高密度聚乙烯	15. 71	254. 56	11. 17	174. 92	13. 50	199. 69	17. 60	252. 13	6. 10	79. 72	3. 06	41. 20
2. 聚丙烯	12. 58	234. 85	14. 72	255. 70	14. 16	231. 41	16. 58	277. 60	8. 29	135. 41	4. 48	67. 60
3. 聚苯乙烯	32. 32	585. 83	32. 65	646. 43	33. 53	572. 19	35. 57	593. 22	35. 83	503. 81	27. 49	317. 76
可发性聚苯乙烯	27. 41	477. 23	29. 05	562. 21	29. 85	495. 75	32. 21	522. 29	32. 96	447. 43	25. 89	290. 40
其他聚苯乙烯	4. 91	108. 60	3. 60	84. 22	3. 68	76. 44	3. 36	70. 93	2. 86	56. 39	1. 60	27. 35
4. ABS 共聚物	3. 32	78. 86	3. 13	78. 98	4. 16	101. 80	4. 31	108. 19	5. 50	119. 05	4. 98	88. 47
5. 聚氯乙烯	119. 30	1 164. 36	73. 39	757. 09	45. 40	477. 31	44. 15	527. 63	26. 58	282. 73	27. 56	257. 24
纯聚氯乙烯	111. 07	1 028. 75	66. 22	634. 11	39. 46	379. 28	38. 59	440. 88	22. 46	220. 43	23. 94	206. 90
未塑化聚氯乙烯	1. 94	32. 37	1. 67	27. 39	1. 00	14. 66	0. 99	12. 58	0. 52	7. 23	0. 63	7. 16
已塑化聚氯乙烯	6. 29	103. 24	5. 50	95. 59	4. 95	83. 36	4. 58	74. 16	3. 59	55. 07	2. 98	43. 17
二、合成橡胶及胶乳合计	19. 43	506. 88	21. 19	555. 56	22. 03	719. 29	29. 10	1 046. 60	23. 58	585. 68	10. 35	220. 91
1. 丁苯橡胶	7. 31	174. 28	7. 16	182. 78	7. 53	234. 43	11. 88	386. 61	9. 39	215. 86	4. 18	78. 93
丁苯胶乳	0. 73	10. 69	0. 70	10. 51	0. 69	11. 81	0. 63	10. 25	0. 54	7. 30	0. 33	3. 48
2. 顺丁橡胶	1. 99	40. 39	1. 96	44. 14	2. 54	85. 46	2. 67	105. 11	2. 24	55. 25	1. 37	23. 41
3. 丁基橡胶	0. 03	1. 03	0. 09	3. 01	1. 18	39. 31	0. 40	17. 08	0. 16	7. 06	0. 32	8. 69
4. 氯丁橡胶	0. 29	11. 35	0. 34	14. 10	0. 57	25. 23	0. 80	34. 02	0. 42	13. 66	0. 25	8. 91

续表

产品名称	2014年		2013年		2012年		2011年		2010年		2009年	
	数量/万吨	金额/百万美元	数量/万吨	金额/百万美元	数量/万吨	金额/百万美元	数量/万吨	金额/百万美元	数量/万吨	金额/百万美元	数量/万吨	金额/百万美元
5. 丁腈橡胶	0.95	21.16	1.30	21.36	1.40	26.94	1.58	33.85	1.14	16.98	0.09	2.09
6. 异戊二烯橡胶	0.02	1.34	0.03	1.38	0.02	1.17	0.05	2.19	0.07	2.32	0.07	2.08
7. 乙丙橡胶	0.18	6.59	0.11	3.84	0.21	5.51	0.11	3.30	0.15	3.90	0.22	3.96
8. 其他合成橡胶	8.66	250.74	10.20	284.97	8.59	301.24	11.62	464.43	10.02	270.66	3.84	92.84
其他胶乳	0	0.09	0	0.13	0.01	0.26	0.02	0.24	0.06	0.88	0.06	0.78
三、合成纤维	342.71	7 770.61	294.85	7 266.74	256.27	6 866.59	258.11	7 487.02	216.93	5 137.94	169.46	3 470.78
1. 锦　纶	18.24	794.20	16.18	722.92	15.31	728.48	15.66	814.06	15.42	648.75	12.30	425.28
长　丝	17.87	759.04	15.85	687.76	14.90	686.71	15.08	752.24	14.99	605.22	12.00	399.29
短纤维及纤维条	0.36	35.16	0.34	35.16	0.41	41.77	0.58	61.82	0.43	43.53	0.29	25.99
2. 涤　纶	248.44	4 045.06	204.22	3 597.32	176.59	3 172.92	177.50	3 567.43	141.81	2 275.78	104.12	1 383.62
长　丝	160.43	2 925.43	131.66	2 593.70	110.91	2 220.87	97.73	2 250.63	83.40	1 550.52	63.82	966.77
短纤维及纤维条	88.01	1 119.63	72.56	1 003.62	65.68	952.05	79.77	1 316.80	58.41	725.27	40.29	416.84
3. 腈纶短纤维及纤维条	1.93	52.49	0.94	31.35	0.58	18.55	0.41	13.58	0.44	12.55	0.51	11.48
4. 丙　纶	3.00	90.25	2.78	73.74	2.58	72.05	3.10	69.68	1.64	36.37	1.29	26.69
长　丝	2.33	76.11	2.04	58.11	1.91	56.70	2.39	53.62	1.17	26.81	0.92	20.65
短纤维及纤维条	0.67	14.15	0.73	15.63	0.67	15.35	0.71	16.05	0.47	9.56	0.37	6.03
5. 氨纶长丝	4.55	317.96	4.68	330.68	4.41	295.74	3.45	236.86	3.88	271.93	2.89	183.96
6. 其　他	66.55	2 470.66	66.05	2 510.73	56.80	2 578.86	57.99	2 785.43	53.74	1 892.56	48.36	1 439.75
长　丝	7.45	385.08	7.10	365.76	6.66	327.97	6.07	318.63	5.25	246.61	4.43	180.54
短纤维及纤维条	59.10	2 085.57	58.95	2 144.97	50.14	2 250.88	51.92	2 466.79	48.50	1 645.95	43.93	1 259.21

续表

产品名称	2014 年		2013 年		2012 年		2011 年		2010 年		2009 年	
	数量/万吨	金额/百万美元	数量/万吨	金额/百万美元	数量/万吨	金额/百万美元	数量/万吨	金额/百万美元	数量/万吨	金额/百万美元	数量/万吨	金额/百万美元
四、制成肥料	2 902.94	8 907.90	1 901.03	6 253.53	1 757.86	7 225.57	1 822.77	7 884.09	1 614.09	5 395.62	885.36	2 601.99
尿　素	1 361.55	4 007.88	826.53	2 604.65	694.79	2 638.63	355.88	1 551.26	702.58	2 094.65	337.91	902.06
五、有机化学品												
(一)乙烯、芳烃												
乙　烯	0.02	0.41	0	0.07	0	0.03	0.97	11.65	3.35	33.82	1.54	14.22
纯　苯	7.49	80.79	3.11	31.01	4.94	51.23	11.03	114.87	11.97	101.42	27.81	214.13
甲　苯	0.22	2.99	0.31	4.09	0.67	8.32	0.80	9.17	1.02	8.49	0.81	5.84
混合二甲苯	0.66	7.62	7.33	81.43	4.01	49.01	0.69	7.31	0.64	3.42	0.03	0.46
邻二甲苯	0	0.03	0	0.02	0	0.02	1.91	25.11	0	0.01	0	0
对二甲苯	10.35	128.07	18.11	275.18	19.22	283.94	34.79	528.88	20.97	218.62	33.33	312.41
苯乙烯	2.98	50.65	5.28	92.52	3.40	47.86	7.11	98.54	1.13	13.85	0.79	5.15
乙　苯	0.02	0.36	0.01	0.21	0	0.08	0	0.09	0.03	0.75	0.01	0.10
(二)主要有机原料												
甲　醇	74.93	342.44	77.28	307.98	6.73	26.47	4.39	18.21	1.24	4.24	1.38	3.82
丁　醇	0.80	13.13	0.66	11.86	0.64	11.03	0.67	13.16	0.56	8.06	0.46	6.09
辛　醇	5.44	76.92	0.84	12.98	0.71	11.65	0.36	7.06	0.48	7.79	0.67	6.35
醋　酸	18.11	86.88	17.92	78.17	33.08	147.91	66.71	330.93	21.75	94.04	6.49	30.62
苯　酚	3.95	59.62	0.60	13.08	2.39	38.38	3.84	77.25	4.04	65.38	0.91	10.39
丙　酮	0.05	1.19	0.06	1.17	0.07	1.32	0.10	2.23	0.08	1.38	0.06	0.66
丁　酮	9.28	132.14	6.41	79.83	10.23	134.70	9.34	210.75	4.16	53.66	2.92	25.55
(三)主要合纤原料及聚合物												
乙二醇	0.57	11.53	0.54	8.43	1.08	13.92	0.60	10.19	0.50	7.88	0.67	7.16

续表

产品名称	2014 年		2013 年		2012 年		2011 年		2010 年		2009 年	
	数量/万吨	金额/百万美元	数量/万吨	金额/百万美元	数量/万吨	金额/百万美元	数量/万吨	金额/百万美元	数量/万吨	金额/百万美元	数量/万吨	金额/百万美元
对苯二甲酸	46.27	419.46	12.63	135.40	0.91	9.54	2.71	39.30	0.43	4.96	0.13	1.06
尼龙 66 盐	0	0.02	0	0.04	0.09	3.48	0	0.08	0.01	0.20	0	0.15
丙烯腈	0.01	0.24	0	0	0	0	0	0	0	0	0	0
己内酰胺	0.01	0.24	0.11	2.77	0.64	17.42	0.76	26.66	0.06	1.60	0.16	3.26
聚酯切片	229.84	2 889.33	195.83	2 798.15	136.18	1 943.61	103.97	1 753.37	77.72	976.35	67.96	701.18

表 10　中国石化在《财富》杂志世界 500 强企业中排名

年度	排名
1999	73
2000	58
2001	68
2002	86
2003	70
2004	54
2005	31
2006	23
2007	17
2008	16
2009	9
2010	7
2011	5
2012	5
2013	4
2014	3

附　录

◇ 科技成果获奖名单

◇ 企事业单位名录

◇ 制度性文件一览表

附录 1

科技成果获奖名单

表 1　　**国家技术发明奖**

项目名称	主要完成单位	主要完成者
一等奖		
1. 甲醇制取低碳烯烃(DMTO)技术		刘中民　刘　昱　吕志辉　陈俊武　袁知中　齐　越
二等奖		
1. 有机硅杂化层状分子筛新催化材料及节能异丙苯成套技术		高焕新　周　斌　杨为民　杨卫胜　魏一伦　曹　葵
2. 基于巨磁阻效应的油井管损伤磁记忆检测诊断技术及工业化应用		张来斌　樊建春　宋周成　温　东　谢永金　苏建文
3. 重大化工装置中细颗粒污染物过程减排新技术研发与应用		汪华林　杨　强　李立权　施　磊　黄朝晖　施俊林

表 2　　**国家科学技术进步奖**

项目名称	主要完成单位	主要完成者
一等奖		
1. 元坝超深层生物礁大气田高效勘探及关键技术	中国石油化工股份有限公司勘探南方分公司 中国石油化工股份有限公司石油工程技术研究院	郭旭升　郭彤楼　蔡希源　王志刚　马永生　李真祥　蔡勋育　胡东风　陈祖庆　瞿　佳　唐瑞江　丁士东　凡　睿　雷　鸣　黄仁春
2. 超深井超稠油高效化学降黏技术研发与工业应用	中国石油化工股份有限公司西北油田分公司 中国石油化工股份有限公司石油化工科学研究院 中国石油大学(北京) 中国科学院广州地球化学研究所	刘中云　秦　冰　林　涛　王世洁　郭继香　梁尚斌　韩革华　罗咏涛　肖贤明　李本高　赵海洋　李子甲　任　波　杨祖国　雷　斌

续表

项目名称	主要完成单位	主要完成者
3. 极端条件下重要压力容器的设计、制造与维护	合肥通用机械研究院 华东理工大学 浙江大学 中国特种设备检测研究院 中国第一重型机械集团大连加氢反应器制造有限公司 中国石化集团南京化学工业有限公司 浙江工业大学 中石化洛阳工程有限公司 中国石化工程建设有限公司 中国寰球工程公司	陈学东　涂善东　郑津洋　范志超 轩福贞　寿比南　陈永东　谷　文 王　冰　陈志平　韩　冰　杨国义 崔　军　章小浒　李秀杰
二等奖		
1. 中国石化科技创新体系建设工程	中国石油化工集团公司	
2. 试油测试技术的创新与应用	中国石油化工股份有限公司江苏油田分公司	田　明
3. 复杂油气储层裂缝定量识别与评价关键技术及工业化应用	中国石油大学(北京) 中国石油集团西北地质研究所 中国石油天然气股份有限公司西南油气田分公司 中国石油化工股份有限公司中原油田分公司	曾联波　雍学善　乔文孝　李跃纲 狄帮让　苏　惠　陶　果　安　勇 张　峰　车小花
4. 新一代高性能苯乙烯类热塑性弹性体成套技术	中国石化集团资产经营管理有限公司巴陵石化分公司 四川大学 北京化工大学 湖南百利工程科技股份有限公司	梁红文　张红星　张爱民　李望明 周立新　夏金魁　戴立平　高正明 韩丙勇　邬智勇
5. 高酸重质原油全额高效加工的技术创新及工业应用	中海石油炼化有限责任公司 中海石油炼化有限责任公司惠州炼化分公司 中国石化工程建设有限公司 中海油天津化工研究设计院	董孝利　吴　青　王少飞　陈　淳 袁忠勋　黄梓友　苑少军　郑明光 尤德华　王仲华

表 3　中国石化前瞻性基础性研究科学奖

项目名称	主要完成单位	主要完成者
一等奖		
1. 重油催化裂解生成丙烯的分子反应化学	中国石油化工股份有限公司石油化工科学研究院	谢朝钢　龙　军　张久顺　魏晓丽　朱根权　代振宇
2. 中国海相页岩气富集规律与选区评价	中国石油化工股份有限公司石油勘探开发研究院	金之钧　高　波　李　军　范　明　包书景　聂海宽
二等奖		
1. 具有全新组成和结构的球形载体材料及在聚烯烃催化剂中的应用	中国石油化工股份有限公司北京化工研究院	夏先知　李威莅　刘月祥　凌永泰　张纪贵　赵　瑾
2. 沸石分子筛的多级复合孔道构建及其催化基础	中国石油化工股份有限公司上海石油化工研究院	刘志成　滕加伟　杨贺勤　王传明　祁晓岚　王德举
三等奖		
1. 近/超临界甲醇中油脂转化成生物柴油的反应化学与工程和产品开发	中国石油化工股份有限公司石油化工科学研究院	杜泽学　王海京　胡见波　江雨生　陈艳凤　闵恩泽
2. 加氢催化剂金属与载体相互作用表征体系集成及应用	中国石油化工股份有限公司抚顺石油化工研究院	凌凤香　赵国利　王少军　沈智奇　杨卫亚　季洪海
3. 低渗透油藏 CO_2 非完全混相驱基础理论	中国石油化工股份有限公司石油勘探开发研究院	计秉玉　吕成远　赵淑霞　伦增珉　何应付　石在虹
4. 中国海相深层多元生烃与成藏示踪体系	中国石油化工股份有限公司石油勘探开发研究院	刘文汇　腾格尔　王　杰　陶　成　马亮帮　卢龙飞
5. 基于光纤光栅传感的超声地震物理模拟技术	中国石油化工股份有限公司石油物探技术研究院	赵　群　薛诗桂　陈本池　杨昌喜　王咸彬　刘东方

表 4　中国石化技术发明奖

项目名称	主要完成单位	主要完成者
一等奖		
1. 具有超高活性的高性能聚丙烯 HA 催化剂的开发	中国石油化工股份有限公司北京化工研究院	夏先知　赵　瑾　刘月祥　赵思源　李昌秀　谭　扬　郭正阳　张天一
2. 单晶多空心钛硅分子筛催化剂 HTS－3 研制	中国石油化工股份有限公司石油化工科学研究院 中国石化催化剂有限公司	林　民　舒兴田　史春风　李国繁　朱　斌　戴　泳　尹文胜　罗一斌

续表

项目名称	主要完成单位	主要完成者
	二等奖	
1. 生产过程环境友好的低成本加氢裂化催化剂创制	中国石油化工股份有限公司抚顺石油化工研究院 中国石化催化剂有限公司	刘　昶　杜艳泽　王凤来　关明华 任　靖　张　林　王仲义　孙士可
2. 低渗透油藏精细回注水全程水质控制技术	中国石油化工股份有限公司胜利油田分公司 中石化石油工程建设有限公司	韩　霞　祝　威　王田丽　管善峰 朱信刚　丁　慧　彭松水　王海峰
3. 直接聚合法高熔体强度聚丙烯技术开发及应用	中国石油化工股份有限公司北京化工研究院 中国石油化工股份有限公司镇海炼化分公司 中国石化化工销售有限公司	张师军　宋文波　黄红红　吕明福 周汉学　胡慧杰　孟鸿诚　房　琳
	三等奖	
1. 特超稠油解聚降黏开采关键技术研究	中国石油化工股份有限公司胜利油田分公司	孙克己　王世虎　王秋霞　马爱青 曹嫣镔　杨元亮　贾庆升　曲　丽
2. 江苏复杂断块油田深度调剖技术研究	中国石油化工股份有限公司江苏油田分公司	薛　芸　姚　峰　刘家军　周巨标 邓秀模　钱志鸿　汤元春　朱伟民
3. 复杂探区叠前资料的信噪比一致性补偿技术	中国石油化工股份有限公司石油物探技术研究院	王立歆　刘志成　谢金娥　孙开峰 贾春梅　宋　林　许　璐　徐　颖
4. 双向拉伸聚乳酸膜的研究及制备	中国石油化工股份有限公司北京化工研究院	张师军　张丽英　刘建叶　李　杰 高达利　杨庆泉　权　慧　张　浩
5. 油田含油泥砂物理生化处理技术	中石化石油工程技术服务有限公司 中石化石油工程建设有限公司 北京化工大学 山东省科学院生物研究所	张　建　祝　威　桂召龙　王利君 董　健　李　毅　李清方　董金婷
6. 渭北油田长 3 超浅油藏钻采工程工艺技术	中国石油化工股份有限公司华北分公司	李克智　闫吉曾　魏开鹏　秦玉英 罗　懿　杨同玉　吴旭光　黄宏伟
7. 满足欧 V 排放标准清洁汽油生产技术开发	中国石油化工股份有限公司抚顺石油化工研究院 中国石化湛江东兴石油化工有限公司 中石化洛阳工程有限公司 中国石油化工股份有限公司金陵分公司	赵乐平　吴潮汉　李立权　邢献杰 尤百玲　庄　宇　房　莹　夏　民

表 5 **中国石化科学技术进步奖**

项目名称	主要完成单位	主要完成者
特等奖		
1. 芳烃关键技术开发及应用	中国石油化工股份有限公司石油化工科学研究院 中国石化工程建设有限公司 中国石化海南炼油化工有限公司 中国石化扬子石油化工有限公司 中国石油化工股份有限公司上海石油化工研究院 中石化洛阳工程有限公司	戴厚良 孙丽丽 彭光勤 王德华 汪 琦 修振东 刘永芳 王辉国 王少兵 张明龙 牛俊峰 袁忠勋 孔德金 徐又春 吴德飞 秦文戈 李 强 邢 波 夏志武 苏为群 李旭灿 杜俊杰 尤天利 李啸东 朱振兴 任奎富 杨彦强 杨旭东 杨卫胜 徐向荣
2. 南方海相页岩气富集机理、关键技术与涪陵气田的发现	中国石油化工股份有限公司勘探分公司 中国石油化工股份有限公司江汉油田分公司 中石化中原石油工程有限公司 中国石油化工股份有限公司石油工程技术研究院	郭旭升 郭彤楼 胡东风 李真祥 马永生 冯建辉 魏志红 孙 健 尹正武 赵 陵 李文锦 孙坤忠 易积正 黄仁春 李宇平 牟泽辉 敬朋贵 徐 泓 张汉荣 刘若冰 凡 睿 贾长贵 周德华 刘祖林 杨光玲 刘 虎 盛秋红 冯明刚 黄庆球 李双明
一等奖		
1. 成都凹陷天然气富集规律与高效勘探开发技术	中国石油化工股份有限公司西南油气分公司	杨克明 李书兵 叶素娟 朱宏权 许国民 黄禹忠 张 虹 张 庄 赵 爽 张世华 李 旻 谢刚平 唐 宇 叶泰然 张克银
2. 页岩气水平井钻完井与分段压裂关键技术及工业化应用	中国石油化工股份有限公司石油工程技术研究院 中国石油化工股份有限公司勘探分公司 中国石油化工股份有限公司江汉油田分公司 中国石油化工股份有限公司华东分公司	路保平 曾义金 李文锦 周贤海 方志雄 蒋廷学 孙清德 丁士东 刘 伟 林永学 牛新明 贾长贵 何祖清 吴姬昊 马广军
3. 气相超稳分子筛连续化工艺及其催化剂的开发	中国石油化工股份有限公司石油化工科学研究院 中国石油化工股份有限公司济南分公司 中国石化催化剂有限公司	田辉平 周灵萍 吴艳萍 于大平 柴剑锋 宋 武 毛安国 王世环 魏 闯 许明德 蒙 毅 杨 凌 张蔚琳 王生吉 杨丽静
4. 甲苯甲醇甲基化制二甲苯技术开发及20万吨/年工业试验	中国石化扬子石油化工有限公司 中国石油化工股份有限公司上海石油化工研究院 中石化洛阳工程有限公司	孔德金 戴厚良 周立进 徐又春 杨卫胜 汪 琦 郭劲鹤 邹 薇 朱 兵 孙晓娟 贺来宾 李豫鲁 王繁华 郑均林 李旭灿

续表

项目名称	主要完成单位	主要完成者
5. 催化裂化烟气除尘脱硫脱硝成套技术	中国石油化工股份有限公司镇海炼化分公司 中国石油化工股份有限公司抚顺石油化工研究院 中石化宁波工程有限公司 中石化洛阳工程有限公司	戴宝华　刘忠生　亢万忠　仝　明 彭德强　张　达　陈　昕　王学海 袁　超　黄朝晖　王　伟　李　勇 胡鸿飞　车怡蕾　姜　阳
6. 中国海相碳酸盐岩层系油气富集规律与分布预测	中国石油化工股份有限公司石油勘探开发研究院 中国石油化工股份有限公司勘探分公司 中国石油化工股份有限公司西北油田分公司	金之钧　马永生　何治亮　蔡立国 冯建辉　王国力　郭旭升　漆立新 王　毅　秦建中　孙冬胜　云　露 凡　睿　云金表　钱一雄
7. 滩海油田油水井安全控制技术研究	中国石油化工股份有限公司胜利油田分公司	王增林　孙宝全　张福涛　胡风涛 谷开昭　鹿洪友　王进京　仲如冰 刘红兰　刘玉国　李德忠　李小军 曾凡春　聂飞朋　张国玉
8. 低渗透油藏仿水平井注水开发技术	中国石油化工股份有限公司胜利油田分公司	毕义泉　杨　勇　孟　阳　汪庐山 任允鹏　马　收　赵光宇　石世革 吕广忠　崔玉海　李春芹　田　波 舒华文　王　军　束青林
9. 大幅提高胜利难动用稠油采收率化学强化开采组合新技术开发与应用	中国石油化工股份有限公司石油化工科学研究院 中国石油化工股份有限公司胜利油田分公司	秦　冰　郭省学　李财富　于田田 李　伟　林吉生　李本高　付继彤 侯研博　曹嫣镔　江建林　王善堂 曹秋芳　张仲平　王志敏
10. 高芳烃含量催化柴油加氢转化技术开发与工业应用	中国石油化工股份有限公司抚顺石油化工研究院 中国石油化工股份有限公司金陵分公司 中石化洛阳工程有限公司 中国石油化工股份有限公司茂名分公司	曾榕辉　杜　平　李立权　黄新露 梁文雄　邢献杰　方向晨　蒋广安 卫建军　杜艳泽　徐　宏　裘　峰 祁兴维　鲍文军　唐　超
11. NH 系列聚胺抑制剂的开发与应用	中国石化集团南京化学工业有限公司 中国石油化工股份有限公司江苏油田分公司 中国石油化工股份有限公司华东分公司	袁俊秀　储　政　江瑞晶　兰　林 胡金鹏　王宗敏　睢文云　王　康 郭元恒　黄　冬　杨智中　欧　彪 陈　亮　逯贵广　朱　魁

续表

项目名称	主要完成单位	主要完成者
12. 海油陆采高效开发关键技术	中石化石油工程技术服务有限公司 中国石油化工股份有限公司胜利油田分公司 中石化胜利石油工程有限公司	韩来聚　隋淑玲　唐志军　田同辉 刘成贵　王　军　冯光通　冯　斌 马凤清　薛兆杰　施　进　胡　渤 万绪新　张　强　唐洪林
13. 国产825合金材料高压空冷器成套技术开发	中石化洛阳工程有限公司 中国钢研科技集团有限公司 中国石油化工股份有限公司长岭分公司 攀钢集团江油长城特殊钢有限公司 兰州长征机械有限公司 中国石化工程建设有限公司	张国信　郎宇平　刘建平　方　铁 李春兰　李群生　罗通伟　肖海军 蔡少东　陈海涛　张迎恺　王金光 冯　勇　李双权　郭为民
14. 中原文96枯竭气藏储气库注采技术	中国石油化工股份有限公司天然气分公司 中国石油化工股份有限公司中原油田分公司	孟　伟　付太森　韩　进　张放东 蒲宏斌　孙建华　宋东勇　边　江 赵宇新　全　恺　宋胜利　庞　枫 李敬忠　胡小雪　刘　芳
15. 中国石化合同管理信息系统	石化盈科信息技术有限责任公司	张吉星　李德芳　杜江波　杜广义 孙丽华　潘东高　张晓峰　周兆林 孟庆峰　黄智勇　刘　远　贺兴友
二等奖		
1. 基于云计算的复杂构造与储层叠前深度偏移成像技术研发与应用	中国石油化工股份有限公司石油物探技术研究院	赵改善　杨勤勇　孔祥宁　方伍宝 王立歆　李　博　王永波　姚　江 段心标　孙开峰　徐　颖　严建文
2. 可控震源高效地震采集与处理关键技术研究	中石化石油工程技术服务有限公司 中石化地球物理公司 中国石油化工股份有限公司石油物探技术研究院	田新琦　殷厚成　周　彤　佘德平 王增明　马丽娟　欧少佳　杨　峰 张庆淮　孟祥顺　巩长春　张　洁
3. 塔河超深层碳酸盐岩缝洞型油气藏高精度三维地震技术研究	中国石油化工股份有限公司西北油田分公司	李宗杰　刘　群　徐　颖　王建斌 禹金营　李海英　邓光校　马学军 杨子川　王　震　王胜利　骆福嵩
4. 非均质油藏分层注采工艺技术	中国石油化工股份有限公司中原油田分公司	张振顺　李建雄　赵　杰　何云章 龚险峰　张寿根　户贵华　贾云超 杨立昌　李传乐　祝明华　李　倩
5. 稠油热采热敏封窜堵水技术研发与应用	中国石油化工股份有限公司石油勘探开发研究院	苏长明　赵梦云　苏建政　张汝生 龙秋莲　王　强　张锁兵　赵崇镇 付继彤　王宝田　许　颖　张大年

续表

项目名称	主要完成单位	主要完成者
6. 塔河油田三叠系超深层河道砂油藏与滚动评价研究	中国石油化工股份有限公司西北油田分公司	鲁新便 李宗杰 韩革华 李 雪 张志强 石 玉 盛海波 先 伟 葛善良 李喜莲 骆福嵩 顾伟欣
7. 催化剂生产氮氧化物尾气治理技术开发及工业应用	中国石油化工股份有限公司抚顺石油化工研究院 中国石化催化剂有限公司	回 军 曹光伟 丁云龙 李宝忠 韩建华 刘春阳 任 靖 张 勇 彭爱民 梁喜龙 赵景霞 赵 昕
8. 耐温抗盐聚醚羧酸盐磺酸盐表面活性剂研制及在中原油田的工业应用	中国石油化工股份有限公司上海石油化工研究院 中国石油化工股份有限公司中原油田分公司	沙 鸥 吴信荣 张卫东 林伟民 李应成 杨昌华 沈之芹 王 斌 鲍新宁 董俊艳 杨一青 李海营
9. 高抗冲型均聚聚丙烯系列产品制备技术开发	中国石油化工股份有限公司北京化工研究院 中国石油化工股份有限公司茂名分公司 中国石油化工股份有限公司洛阳分公司	宋文波 柳迎才 梁万军 张师军 林 国 曹豫新 毕福勇 冯家盛 王胜利 施红伟 徐 凯 蔡 伟
10. 地质约束条件下滩坝砂测井评价技术	中石化石油工程技术服务有限公司 中石化胜利石油工程有限公司 中国石油化工股份有限公司石油工程技术研究院	运华云 赵文杰 张晋言 廖东良 刘海河 朱留方 刘魁元 王 鑫 刘 伟 陆黄生 翟 勇 邢 强
11. 青东凹陷石油地质条件研究与有利区带优选	中国石油化工股份有限公司胜利油田分公司	王永诗 石砥石 王亚琳 杨贵丽 马立驰 徐希坤 张 盛 刘晓林 才巨宏 杨永红 赵约翰 杜振京
12. 新一代节能型苯乙烯成套技术开发及工业应用	中国石油化工股份有限公司上海石油化工研究院 中国石化集团资产经营管理有限公司巴陵石化分公司 中石化上海工程有限公司 华东理工大学	刘文杰 颜 刚 吴德荣 朱子彬 缪长喜 潘罗其 洪纯芬 李瑞江 张忠群 杜建文 王玉枫 朱学栋
13. 河南油田陆相页岩油滑溜水降阻剂研制与应用	中国石油化工股份有限公司河南油田分公司 中国石油化工股份有限公司北京化工研究院	杜 凯 刘洪涛 张文龙 陈 祥 彭元东 伊 卓 贾跃立 黄凤兴 蒋尔梁 祝纶宇 解勇珍 赵方园
14. SEBS 纯化关键技术开发及工业应用	中国石化集团资产经营管理有限公司巴陵石化分公司	宁朝晖 梁红文 张红星 张志斌 张君花 夏金魁 彭小寒 邢立江 刘定伦 周燎原 李望明 文 军

续表

项目名称	主要完成单位	主要完成者
15. 降低硫黄回收装置 SO_2 排放新工艺开发	中国石油化工股份有限公司齐鲁分公司 山东三维石化工程股份有限公司 山东齐鲁科力化工研究院有限公司	刘爱华　王昌岭　达建文　孙冠嵩 李铁军　徐永昌　刘剑利　许金山 王建华　李勤树　任建邦　刘增让
16. 大型浮顶储罐雷电安全保障技术研究	中国石油化工股份有限公司青岛安全工程研究院 中国石油化工股份有限公司管道储运分公司	牟善军　刘全桢　刘宝全　王国涛 胡海燕　高　鑫　毕晓蕾　王保东 张婷婷　徐如良　冯民学　傅正财
17. 中西部致密碎屑岩储层评价与预测技术	中国石油化工股份有限公司石油勘探开发研究院	郑和荣　胡宗全　尹　伟　刘春燕 陈纯芳　李　松　王付斌　朱宏权 邱桂强　高金慧　徐士林　马立元
18. 海上多井组长距离移动式修井模块研制	中石化石油工程技术服务有限公司 中石化胜利石油工程有限公司	田海庆　文世鹏　史永晋　杨宝山 李　森　丛　岩　张士华　金健民 于丽萍　赵益民　吴　敏　邬可谊
19. 浅薄层稠油热采水平井注采一体化配套技术	中国石油化工股份有限公司河南油田分公司	郝立军　陈义发　李胜彪　李汉文 李德儒　崔连训　董家斌　陈彩云 宋明臣　苗振宝　马道详　孙同明
20. 大型乙烯裂解炉节能降耗技术创新及产业化示范工程	中国石化工程建设有限公司 中国石油化工股份有限公司北京化工研究院 中国石油化工股份有限公司茂名分公司 中国石化扬子石油化工有限公司 南京天华化学工程有限公司	徐跃华　刘敬坤　张永刚　郭　新 李金科　何承厚　张　悦　史永红 吴善超　陈　林　黄夏林　周　丛
21. 20万吨/年硫黄装置末级硫冷器国产化研制	中国石油化工股份有限公司中原油田分公司 中国石化工程建设有限公司 甘肃蓝科石化高新装备股份有限公司	盛兆顺　尹琦岭　兰宦勤　张延丰 张迎恺　王建军　刘　欢　商剑峰 王和琴　曹英斌　金永灿　张　杰
22. 大型设备吊装溜尾新工艺及装备研发	中石化第十建设有限公司 徐工集团工程机械股份有限公司	孙吉产　樊继贤　冯　强　吴忠宪 马　寅　刘玉宝　章　琢　董克学 蔡学义　赵喜平　王海民　路奎舰
23. 07MnNiMoVDR 钢制大型低温乙烯球罐研制	中国石化工程建设有限公司 中国石油化工股份有限公司天津分公司 中国石油化工股份有限公司镇海炼化分公司 合肥通用机械研究院	段　瑞　陈学东　戚国胜　董玉波 魏　鑫　董玉群　王　冰　夏　莉 窦万波　吴海鑫　罗　平　李春树

续表

项目名称	主要完成单位	主要完成者
24. 加蓬薄油环油藏开发关键技术研究	中国石油化工股份有限公司石油勘探开发研究院	王光付 廖荣凤 黄新波 张永庆 战春光 叶双江 国庆鹏 李发有 陈桂菊 丁一萍 张 涛 刘 华
25. 变压器油系列产品开发及推广应用	中国石油化工股份有限公司润滑油有限公司	何晓瑛 俞巧珍 盛祖红 傅继瑜 魏传良 刘 红 周 霞 涂劲松 张 燕 吕文继 巩 亚 益梅蓉
26. 特高含硫气田环境保护关键技术及应用	中国石油化工股份有限公司中原油田分公司 中国石化工程建设有限公司 胜利油田胜利勘察设计研究院有限公司 辽宁石油化工大学 西南石油大学	孔凡群 王寿平 盛兆顺 熊良淦 张庆生 藏 磊 廖家汉 焦玉清 张晓华 罗东宁 苏国丰 曹英斌
27. 大型 EO 反应器研制	中国石化集团南京化学工业有限公司 中国石化工程建设有限公司 中石化上海工程有限公司 中国石化扬子石油化工有限公司 中国第一重型机械股份公司	李建平 段 瑞 范根芳 谷 文 冯成红 陈 超 张兆文 袁继军 曾赣宁 谢智刚 宋颖坚 李明喜
28. 轻质石油馏分中烃族组成及苯含量的测定 ASTM 标准的制定	中国石油化工股份有限公司石油化工科学研究院	徐广通 陆婉珍 杨婷婷 张建荣 姜元博 张雪静 王亚敏 郑爱国 邹 亢
29. 中国石化新型煤化工产业发展战略研究	中国石油化工集团公司经济技术研究院 中国石化长城能源化工有限公司 中国石化工程建设有限公司 中石化宁波工程有限公司 中石化洛阳工程有限公司 中国石油化工股份有限公司上海石油化工研究院	王基铭 袁晴棠 王子宗 何祚云 安 福 周树理 郭文元 王国良 杨为民 朱 青 张秀东 孙志刚
30. 超深层缓坡型礁滩相气藏精细刻画技术及应用	中国石油化工股份有限公司石油勘探开发研究院 中国石油化工股份有限公司西南油气分公司	武恒志 龙胜祥 刘正中 石志良 刘 言 王秀芝 吴亚军 游瑜春 彭光明 刘 华 缪洪刚 刘国萍
31. 重交沥青生产技术的研究与工业应用	中国石油化工股份有限公司北京燕山分公司 中国石化炼油销售有限公司	彭金瑞 张占群 柴志杰 訾立钧 田同虎 李振谦 付成刚 宋以常 袁卫东 袁洪福 董德安 何启军

续表

项目名称	主要完成单位	主要完成者
32. 汽油在线管道调合成套技术开发及工业应用示范	中国石油化工股份有限公司金陵分公司 华东理工大学	赵日峰 钱 锋 亚宏宇 程 辉 罗建平 杜文莉 刘 铁 唐 超 苗 健 王 健 冯晓东 唐 源
33. 中国石化成品油电子商务平台	石化盈科信息技术有限责任公司	张海潮 左兴凯 夏世祥 王顺江 沈青祁 孙 悦 张德蕊 赵 锴 李 涛 谢 云 武 全 张少华
三等奖		
1. 百万吨级乙烯冷箱的开发与研制	中国石化工程建设有限公司 杭州杭氧股份有限公司 中国石油化工股份有限公司天津分公司 中国石油化工股份有限公司镇海炼化分公司	张淑文 赵百仁 王百森 邱东声 刘 欢 杨 健 马洪波 魏 鑫 王春东
2. 苏北盆地中深层低渗透储层成因机理与定量评价	中国石油化工股份有限公司江苏油田分公司	于雯泉 梁 兵 陆梅娟 高国强 郑元财 马英俊 刘喜欢 罗龙玉 王 路
3. 多极子声波测井仪器研发与评价技术研究	中石化石油工程技术服务有限公司 中石化胜利石油工程有限公司 中国石油化工股份有限公司石油工程技术研究院	朱留方 陆黄生 吴海燕 翟 勇 李永杰 毛克宇 秦黎明 赵海文 高向军
4. 长岭断陷天然气成藏主控因素及区带优选	中国石油化工股份有限公司石油勘探开发研究院	秦 都 赵克斌 陆建林 黄桂雄 闫相宾 李瑞磊 张彦霞 朱建峰 王保华
5. 35MPa 高压喷射钻井技术	中石化石油工程技术服务有限公司 中石化中原石油工程有限公司	舒尚文 侯树刚 蒋金宝 魏风勇 陈养龙 杨 玄 刘明国 杨忠华 彭 彬
6. 火山岩储层测井解释与评价技术	中国石油化工股份有限公司石油勘探开发研究院	李 军 李 浩 李万才 张 军 贾丽华 范宜仁 武清钊 刘志远 谭茂金
7. 东濮凹陷深层油气聚集规律及勘探潜力研究	中国石油化工股份有限公司中原油田分公司	焦大庆 慕小水 谈玉明 彭 君 徐田武 李继东 鹿 坤 张云献 贾云超

续表

项目名称	主要完成单位	主要完成者
8. 塔河及邻区中新生界隐蔽圈闭成藏条件及预测	中国石油化工股份有限公司石油勘探开发研究院	马丽娟 王　明 王　毅 云金表 庞　雯 杨圣彬 张卫彪 冯兴强 林东升
9. 水平井裸眼分段压裂完井工具的研制与应用	中国石油化工股份有限公司石油工程技术研究院	马开华 吴姬昊 李洪春 秦金立 杨同玉 陈　作 姚辉前 朱和明 戴文潮
10. 高温高压防窜防腐蚀固井关键技术及工业化应用	中国石油化工股份有限公司石油工程技术研究院	丁士东 周仕明 吴姬昊 陈　雷 谭春勤 桑来玉 秦金立 王其春 杨广国
11. 三维 VSP 处理关键技术研究及系统集成	中国石油化工股份有限公司胜利油田分公司	王延光 孔庆丰 孟宪军 孙卫国 赵茂强 王　慧 林松辉 陈雨茂 徐　亮
12. 泌阳凹陷陆相页岩油气成藏条件评价	中国石油化工股份有限公司河南油田分公司	王　敏 陈　祥 严永新 章新文 吕明久 朱景修 罗　曦 杨春文 盛　湘
13. 黄土塬地区地震资料处理解释关键技术研究及应用	中国石油化工股份有限公司石油物探技术研究院	胡中平 关　达 居兴国 罗　延 袁联生 张卫华 邬达理 邹少峰 郑四连
14. 采油工程决策支持系统研究与应用	中国石油化工股份有限公司胜利油田分公司	吴柏志 陈　军 薄启炜 王步娥 周　宏 孙　辉 刘从林 师忠卿 范　靖
15. 复合材料桥塞分段封隔技术研究	中石化石油工程技术服务有限公司 中石化江汉石油工程有限公司	袁发勇 张国锋 张国强 向少华 李增科 徐帮才 潘金国 林田兴 邹小红
16. 水平井多级分段压裂排采技术研究	中国石油化工股份有限公司胜利油田分公司	张　煜 郭海萱 郭雄华 钟安海 张俊清 马　收 任占春 郁登朗 王丽萍
17. 深层侧钻水平井膨胀管钻完井技术	中石化石油工程技术服务有限公司 中石化胜利石油工程有限公司 中国石油化工股份有限公司西北油田分公司	张　平 唐　明 何伟国 韩立国 杨兰田 郭元恒 朱万胜 李伟杰 刘爱民

续表

项目名称	主要完成单位	主要完成者
18. 抽油井有杆泵防断关键技术研究	中国石油化工股份有限公司江汉油田分公司	夏志刚　郑瑞波　谢义华　张　炜　邓卫东　贺　春　易湘粤　杨延红　胡方明
19. 高效多元即溶胍胶研究与应用	中国石油化工股份有限公司东北分公司	刘立宏　王娟娟　吉树鹏　赵　磊　靳宝军　张　冲　宋宪实　王友付　乔　雨
20. 气体钻井可循环泡沫技术	中石化石油工程技术服务有限公司 中石化中原石油工程有限公司	王中华　孙　举　曹品鲁　马文英　苏雪霞　李午辰　陶现林　刘光成　宋亚静
21. 盐湖盆地复杂岩性油藏滚动勘探开发技术研究	中国石油化工股份有限公司江汉油田分公司	张水山　李忠平　周红艳　朱美衡　易小芹　黄　倩　张　磊　李　梅　莫　莉
22. 低渗透油藏润湿性控制提高采收率技术研究	中国石油化工股份有限公司胜利油田分公司	程玉桥　张继超　马宝东　宋新旺　李向良　祝仰文　汤战宏　张书栋　张　文
23. 聚合物驱及后续水驱有效分注关键技术	中国石油化工股份有限公司河南油田分公司	彭元东　马宏伟　杨康敏　杨军虎　刘科伟　秦世群　雷雨田　王小勇　单　晶
24. 脱油沥青干法造粒成套技术及颗粒沥青开发	中国石油化工股份有限公司洛阳分公司	任满年　黄婉利　李　彬　张　锋　杨书显　朱自新　黄建林　冀风泰　李保森
25. 高含碳天然气脱碳技术	中国石化集团南京化学工业有限公司 中国石油化工股份有限公司东北油气分公司	毛松柏　周汉林　朱道平　李世广　叶　宁　任华敏　杨绪甲　郑　伟　黄汉根
26. 高效 FCC 再生烟气硫转移剂的开发与应用	中国石油化工股份有限公司石油化工科学研究院 中国石油化工股份有限公司广州分公司 中国石油化工股份有限公司九江分公司 中国石化催化剂有限公司	蒋文斌　赵改萍　蔡　智　杜以村　杨轶男　陈蓓艳　赵树勇　陈齐全　于宏祥
27. 乙烯装置压缩机油国产化研究	中国石油化工股份有限公司润滑油有限公司 中国石油化工股份有限公司茂名分公司	魏文红　庄晓峰　宗　明　杨伟仁　曹　毅　林　国　李　健　栗雪勇　罗玉兰

续表

项目名称	主要完成单位	主要完成者
28. 多产丙烯和异丁烯的催化裂化助剂开发及应用	中国石油化工股份有限公司石油化工科学研究院 中国石化集团资产经营管理有限公司巴陵石化分公司 中国石化催化剂有限公司	陈蓓艳　陈　胜　周　岩　欧阳颖 朱根权　曾光乐　杨　凌　杜建文 刘汉坡
29. 焦化装置掺炼深拔塔河减渣适用性研究	中国石油化工股份有限公司洛阳分公司 中国石油大学(华东)	刘洛新　张　锋　杨军卫　翟志清 沈国平　任满年　肖家治　李　彬 郭立静
30. FBN 系列鸟巢型加氢保护剂创制及工业应用	中国石油化工股份有限公司抚顺石油化工研究院 江西应陶康顺实业有限公司 中国石化湛江东兴石油化工有限公司 中国石化扬子石油化工有限公司 中国石油化工股份有限公司镇海炼化分公司 中国石油化工股份有限公司金陵分公司	梁相程　姚光纯　王仲义　陈奕斌 单　敏　张学辉　郭守权　李士才 夏　民
31. 塔河重质稠油硫化氢脱除剂的工业化试验	中国石油化工股份有限公司石油化工科学研究院 中国石油化工股份有限公司西北油田分公司 中国石油化工股份有限公司西安石化分公司 中国石油化工股份有限公司洛阳分公司	吴明清　王　川　王先锋　李　彬 王振宇　于彦斌　陈瑛璞　常春艳 辜启刚
32. 催化剂高效脱气与汽提技术开发技术	中国石化工程建设有限公司 清华大学 沈阳石蜡化工有限公司	吴　雷　余龙红　陆　刚　魏　飞 王大壮　吴小平　黄荣臻　骞伟中 杨启业
33. 氨肟化路线己内酰胺重排技术提升及工业应用	中国石油化工股份有限公司巴陵分公司	旷志刚　邱　旭　范壮志　王文彬 李先华　严　实　谯　荣　黄江华 赵志国
34. 新型聚丙烯 ND 催化剂技术开发及其在气相聚丙烯工艺的工业应用	中国石油化工股份有限公司北京化工研究院 中国石化催化剂有限公司	高明智　季厚平　秦金来　刘海涛 林春金　孙延举　马吉星　李泽普 王晓东
35. BY－5 型裂解汽油二段加氢催化剂的工业开发和应用	中国石油化工股份有限公司北京化工研究院 中国石油化工股份有限公司北京燕山分公司 中国石化催化剂有限公司	柴忠义　刘宗语　曲宏亮　张敏宏 马　屹　张富春　张　毅　杜　周 钟声远

续表

项目名称	主要完成单位	主要完成者
36. 聚丙烯 NDQ 催化剂的开发及应用	中国石油化工股份有限公司北京化工研究院 中国石化催化剂有限公司 中国石油化工股份有限公司天津分公司 中国石油化工股份有限公司长岭分公司	夏先知　丁　钢　吴文清　柯于峰 刘月祥　杜宏斌　肖春青　李旭柏 赵　瑾
37. 45 万吨/年搅拌式反应器 PX 氧化制 PTA 成套技术	中国石化扬子石油化工有限公司 中国石化工程建设有限公司 中石化上海工程有限公司 华东理工大学 南京工业大学	马秋林　杨　照　邢建良　李维新 刘建新　张海珠　李真泽　王振新 吴　勇
38. 石油化工十三五科技规划研究	中国石油化工股份有限公司上海石油化工研究院 中国石油化工股份有限公司北京化工研究院 中国石油化工股份有限公司石油化工科学研究院 中国石油化工股份有限公司抚顺石油化工研究院	杨学萍　胡云光　张龙贵　刘仲能 张伟清　高大成　周文乐　瞿　勇 齐玉霞
39. 加油站用聚乙烯复合管道系统关键技术开发	中国石油化工股份有限公司北京化工研究院	魏若奇　者东梅　武志军　熊志敏 华　晔　孙佳文　刘玉春　张　毅 丁金海
40. 医用聚丙烯专用料系列化产品的工业化开发	中国石油化工股份有限公司上海石油化工股份有限公司	曲云春　袁松柏　蒋忠辉　陶　红 钟　峰　沈锋明　胡　雄　刘林华 杨惠华
41. 100MW 大型加热炉的研究与开发	中国石化工程建设有限公司 清华大学 洛阳双瑞特种装备有限公司 中国石化海南炼油化工有限公司	蔡建光　厉亚宁　孙　毅　施　刚 吴智信　彭光勤　王海涛　万里平 周桂娟
42. 原油输送综合试验环道建设	中国石油化工股份有限公司管道储运分公司	张惠民　张　宁　王军防　姜和圣 曹旦夫　成旭霞　贾邦龙　殷寿成 董龙涛
43. 丛式井多井联动节能抽油技术研究	中国石油化工股份有限公司胜利油田分公司	田仲强　王民轩　汪云家　张中慧 徐建礼　魏　斌　王顺华　杨　斌 刘丙生

续表

项目名称	主要完成单位	主要完成者
44. 硫黄成型装备成套技术	中国石油化工股份有限公司洛阳分公司 中国石化工程建设有限公司	冀风泰　刘志平　王存智　丁平安 郑学鹏　杨开书　李　浩　谢　勇 白　岩
45. 年产 40 万吨 PTA 空压机工艺控制及节能技术开发应用	中石化上海工程有限公司 中国石油化工股份有限公司上海石油化工股份有限公司	陈　伟　林永明　李非中　秦俊杰 凌元嘉　顾敏章　陈　迎　李润斌 钟　亮
46. 无磷缓蚀阻垢剂的研制及工业应用	中国石油化工股份有限公司北京化工研究院 中国石化集团四川维尼纶厂 中国石化集团北京燕山石油化工有限公司	郦和生　秦会敏　任志峰　董　旭 刘　勇　冯　婕　吴雪洁　袁　政 楼琼慧
47. 中国石化环保总量核算管理系统开发	中国石油化工股份有限公司抚顺石油化工研究院 石化盈科信息技术有限责任公司	陈　俊　闫　松　李宝忠　李　援 单广波　王建平　朱　季　王雪清 刘新友
48. 成品油管输减阻剂研制及应用	中国石化销售有限公司华北分公司 中国石油化工股份有限公司管道储运分公司	董　芳　曹旦夫　郑东前　张　宁 丁泠然　吴　杰　李　皓　魏红军 姜和圣
49. 抗硫高压分离器研发	中国石油化工股份有限公司中原油田分公司 中国石化集团南京化学工业有限公司	李明志　周兵风　黄雪松　尹依娜 侯莲香　韩　冰　高继峰　王洪松 伍丹丹
50. 海上溢油应急处置技术研究及应用	中国石油化工股份有限公司青岛安全工程研究院 中国石油化工股份有限公司胜利油田分公司	牟桂芹　周志国　徐志刚　郭亚逢 马传军　杨文玉　孙春媛　崔书杰 吴　敏
51. 石化装置安全控制系统可靠性技术研究与应用	中国石油化工股份有限公司青岛安全工程研究院 中国石油化工股份有限公司齐鲁分公司 中国石油化工股份有限公司上海石油化工股份有限公司 中国石油化工股份有限公司青岛炼油化工有限责任公司 中国石油化工股份有限公司中原油田分公司 中国石化集团南京化学工业有限公司	李玉明　姜巍巍　曹德舜　庄腾宇 李荣强　孙　军　朱宏林　朱　正 陈　鑫

续表

项目名称	主要完成单位	主要完成者
52. 加油站综合监控分析平台	中国石油化工股份有限公司天津石油分公司	于忠国　张纳军　许渝峰　王维民　杨丽欣　李宝贵　宋　力　蔡玉臣　张　娜
53. 催化重整装置技术分析及远程诊断系统开发及工业应用	中国石油化工股份有限公司石油化工科学研究院 石化盈科信息技术有限责任公司	马爱增　曹东学　臧高山　李　鹏　王永耀　张大庆　张朝俊　陈尧焕　达志坚
54.《石油储备库设计规范》GB 50737—2011	中国石化工程建设有限公司 中石化洛阳工程有限公司	韩　钧　黄左坚　马庚宇　吴文革　武铜柱　张建民　何龙辉　李宏斌　谭立净
55. 中石化油田经营管理分析应用项目	石化盈科信息技术有限责任公司	武国顺　罗　莉　李　伟　陈锡灿　徐启锋　张　磊　周　静　谭继明　周　华
56. 石油工程决策支持系统	中国石油化工股份有限公司石油工程技术研究院	赵金海　肖　波　肖　莉　杨传书　崔　杰　吴建军　李　虎　李昌盛　徐术国
57. 中国石化勘探开发数据模型系列标准编制与推广应用	中国石油化工股份有限公司石油勘探开发研究院 中国石油化工股份有限公司胜利油田分公司 中国石油化工股份有限公司河南油田分公司	李剑峰　万智民　景瑞林　马平生　徐英霞　景　帅　肖　波　付　伟　段鸿杰
58. 石油化工工厂信息系统设计规范	中国石化工程建设有限公司 中石化洛阳工程有限公司 中石化上海工程有限公司 中石化宁波工程有限公司 中石化南京工程有限公司 石化盈科信息技术有限责任公司	高学武　朱春田　宋　禹　康效龙　张京生　林　融　李咏芳　张　伟　范伯涛
59. 中国石化制度与内控管理信息系统	石化盈科信息技术有限责任公司	方春生　齐学忠　高鸿儒　李军航　孙丽华　王　蕾　郑琪宁　顾　贞　张　锐

附录 2

企事业单位名录

序号	单位名称	地址	邮政编码	电话	传真	董事长/经理（厂长）
1	中国石化集团胜利石油管理局 中国石油化工股份有限公司胜利油田分公司	山东省东营市济南路 125 号	257001	（0546）8552074 （0546）8555313	（0546）8221719	孙焕泉
2	中国石化集团中原石油勘探局 中国石油化工股份有限公司中原油田分公司	河南省濮阳市中原路 277 号	457001	（0393）4822151 （0393）4822172	（0393）4828300	孔凡群
3	中国石化集团河南石油勘探局 中国石油化工股份有限公司河南油田分公司	河南省南阳市宛城区油田五一村	473132	（0377）63830011	（0377）63830027	孙清德
4	中国石化集团江汉石油管理局 中国石油化工股份有限公司江汉油田分公司	湖北省潜江市广华寺江汉路 1 号	433124	（0728）6502051	（0728）6502784	孙　健
5	中国石化集团江苏石油勘探局 中国石油化工股份有限公司江苏油田分公司	江苏省扬州市文汇西路 1 号	225009	（0514）87762001	（0514）87761111	李东海
6	中国石化集团上海海洋石油局 中石化海洋石油工程有限公司 中国石油化工股份有限公司上海海洋油气分公司	上海市浦东新区商城路 1225 号	200120	（021）20896811	（021）68769284	邢景宝
7	中国石化集团西北石油局 中国石油化工股份有限公司西北油田分公司	新疆乌鲁木齐市长春南路 466 号中国石化西北石油科研生产园区	830011	（0991）3166583	（0991）6637597	胡广杰
8	中国石化集团西南石油局 中国石油化工股份有限公司西南油气分公司	四川省成都市高新区吉泰路 688 号中国石化西南科研办公基地	610041	（028）65285555	（028）65285666	甘振维
9	中国石化集团东北石油局 中国石油化工股份有限公司东北油气分公司	吉林省长春市绿园区西安大路 4936 号	130062	（0431）87958809	（0431）87974693 （0431）87973631	元　涛

续表

序号	单位名称	地址	邮政编码	电话	传真	董事长/经理（厂长）
10	中国石化集团华北石油局 中国石油化工股份有限公司华北分公司	河南省郑州市中原区陇海西路 199 号	450006	（0371）68629220	（0371）68612902	周荔青
11	中国石化集团华东石油局 中国石油化工股份有限公司华东分公司	江苏省南京市建邺区江东中路 315 号中泰国际广场 6 号楼	210019	（025）58777021	（025）58822349	方志雄
12	中国石油化工股份有限公司勘探分公司	四川省成都市高新区吉泰路 688 号中国石化西南科研办公基地	610041	（028）85164709	（028）85164600	郭旭升
13	中国石化集团北京燕山石油化工有限公司 中国石油化工股份有限公司北京燕山分公司	北京市房山区燕山岗南路 1 号	102500	（010）69347123	（010）69342736	罗　强
14	中国石化集团资产经营管理有限公司齐鲁石化分公司 中国石油化工股份有限公司齐鲁分公司	山东省淄博市临淄区桓公路 15 号	255400	（0533）7180777	（0533）7180406	凌逸群
15	中国石化集团茂名石油化工公司 中国石化集团资产经营管理有限公司茂名石化分公司 中国石油化工股份有限公司茂名分公司	广东省茂名市双山四路 9 号大院	525000	（0668）2243941	（0668）2269317	余夕志
16	中国石油化工股份有限公司镇海炼化分公司	浙江省宁波市镇海区	315207	（0574）86445233	（0574）86270077	张玉明
17	中国石化集团资产经营管理有限公司天津石化分公司 中国石油化工股份有限公司天津分公司	天津市滨海新区（大港）北围堤路（西）160 号	300270	（022）63806666	（022）25991000	朱建民
18	中沙（天津）石化有限公司	天津市滨海新区（大港）北围堤路西 235 号	300271	（022）63809018	（022）63809000	朱建民
19	中国石化上海石油化工股份有限公司	上海市金山区金一路 48 号	200540	（021）57941941	（021）57942267	王治卿

续表

序号	单位名称	地址	邮政编码	电话	传真	董事长/经理（厂长）
20	上海赛科石油化工有限责任公司	上海化学工业区南银河路 557 号	201507	(021)37990088	(021)67250866	吴海君
21	中国石化集团资产经营管理有限公司上海高桥分公司 中国石油化工股份有限公司上海高桥分公司	上海市浦东大道 3000 号	200129	(021)58711001	(021)58712207	侯勇/侯晓明
22	中国石化集团金陵石油化工有限责任公司 中国石油化工股份有限公司金陵分公司	江苏省南京市栖霞区甘家巷街 388 号	210033	(025)58989322	(025)85592004	戚建国
23	中国石化集团资产经营管理有限公司扬子石化分公司 中国石化扬子石油化工有限公司	江苏省南京市化学工业园区大厂新华路 777 号	210048	(025)57782303	(025)57784389	王净依/张建平
24	扬子石化—巴斯夫有限责任公司	江苏省南京市六合区新华东路 8 号	210048	(025)58569813	(025)58569700	王净依
25	福建炼油化工有限公司	福建省泉州市丰泽区安吉路福炼大厦	362011	(0595)27355053	(0595)27355000	顾越峰
26	中国石化集团资产经营管理有限公司武汉分公司 中国石油化工股份有限公司武汉分公司	湖北省武汉市青山区长青路特 1 号	430082	(027)86595156 (027)86595153	(027)86595188	李成峰
27	中韩(武汉)石油化工有限公司	湖北省武汉市化学工业区八吉府大街特 1 号	430000	(027)86630023 (027)86630024	(027)86630049	李成峰
28	中国石化集团资产经营管理有限公司巴陵石化分公司 中国石油化工股份有限公司巴陵分公司	湖南省岳阳市云溪区	414014	(0730)8492348	(0730)8481456	李大为
29	中国石化集团资产经营管理有限公司长岭分公司 中国石油化工股份有限公司长岭分公司	湖南省岳阳市云溪区	414012	(0730)8450025	(0730)8451824	李　华

续表

序号	单位名称	地址	邮政编码	电话	传真	董事长/经理（厂长）
30	中国石化集团资产经营管理有限公司仪征分公司 中国石化仪征化纤股份有限公司	江苏省仪征市长江西路 1 号	211900	（0514）83231693	（0514）83233880	卢立勇
31	中国石化集团南京化学工业有限公司	江苏省南京市六合区大厂葛关路 268 号	210048	（025）57765017	（025）57792812	王　宏
32	中国石化集团资产经营管理有限公司广州分公司 中国石油化工股份有限公司广州分公司	广东省广州市黄埔区石化路 239 号	510726	（020）62123888	（020）82396591	陈　坚
33	中国石化集团资产经营管理有限公司洛阳石化分公司 中国石油化工股份有限公司洛阳分公司	河南省洛阳市吉利区大庆路 1 号	471012	（0379）66992300	（0379）66993999	赵振辉
34	中国石化集团资产经营管理有限公司安庆分公司 中国石油化工股份有限公司安庆分公司	安徽省安庆市石化四路 20 号	246002	（0556）5381717	（0556）5378299	王　彪
35	中国石化海南炼油化工有限公司	海南省洋浦经济开发区	578101	（0898）28820068	（0898）28820099	蔡　智
36	中国石化青岛炼油化工有限责任公司	山东省青岛经济技术开发区千山南路 827 号	266500	（0532）86915971	（0532）86915988	王树德
37	中国石化集团资产经营管理有限公司石家庄分公司 中国石油化工股份有限公司石家庄炼化分公司	河北省石家庄市裕华区石炼路 1 号	050099	（0311）80863108	（0311）80861234	张西义/孙明荣
38	中国石化集团资产经营管理有限公司荆门分公司 中国石油化工股份有限公司荆门分公司	湖北省荆门市掇刀区白庙街办炼厂路	448039	（0724）2271917	（0724）2211539	江寿林
39	中国石化集团四川维尼纶厂	重庆市长寿区维江路 36 号	401254	（023）68976909	（023）68974009	徐正宁/许毅

续表

序号	单位名称	地址	邮政编码	电话	传真	董事长/经理（厂长）
40	中国石化集团资产经营管理有限公司九江分公司 中国石油化工股份有限公司九江分公司	江西省九江市滨江东路 228 号	332004	（0792）8493204	（0792）8617006	覃伟中
41	中国石化集团资产经营管理有限公司宜昌分公司 中国石油化工股份有限公司湖北化肥分公司	湖北省枝江市迎宾大道 15 号	443200	（0717）4212089	（0717）4212660	胡明生
42	中国石化集团资产经营管理有限公司济南分公司 中国石油化工股份有限公司济南分公司	山东省济南市工业南路 26 号	250101	（0531）88832202	（0531）88983622	吕亮功
43	中国石化中原石油化工有限责任公司	河南省濮阳市胜利西路	457000	（0393）4471067	（0393）4416227	李德武/王家纯
44	中国石化集团资产经营管理有限公司沧州分公司 中国石油化工股份有限公司沧州分公司	河北省沧州市交通北大道 50 号	061000	（0317）3552247 （0317）3552095	（0317）3552688	李　敏
45	中国石化润滑油有限公司	北京市海淀区安宁庄西路 6 号	100085	（010）62949873	（010）62917732	宋云昌
46	中国石化青岛石油化工有限责任公司	山东省青岛市李沧区滨海路 8 号	266043	（0532）66762212	（0532）84816954	陈德胜
47	中国石化湛江东兴石油化工有限公司	广东省湛江市霞山区湖光路 15 号	524012	（0759）2606603	（0759）2606888	吴惜伟
48	中国石化北海炼化有限责任公司	广西北海市铁山港区 4 号路	536000	（0779）8528031	（0779）8528888	陈尧焕
49	中国石油化工股份有限公司西安石化分公司	陕西省西安市未央区建章路北段 6 号	710086	（029）84313662	（029）84320522	李少平

续表

序号	单位名称	地址	邮政编码	电话	传真	董事长/经理（厂长）
50	中国石化塔河炼化有限责任公司	新疆库车县天山东路573号	842000	（0997）7979067	（0997）7979016	赵亚新
51	中国石化炼油销售有限公司	上海市长宁区延安西路728号22层	200050	（021）60863300	（021）52381680	胡伟庆
52	中国石化销售有限公司北京石油分公司	北京市东城区广渠家园6号楼	100022	（010）67006615	（010）67006900	陈立国
53	中国石化销售有限公司天津石油分公司	天津市南开区南京路338号石油大厦	300100	（022）27201588	（022）27201555	王文联
54	中国石化销售有限公司河北石油分公司	河北省石家庄市槐安东路6号	050021	（0311）87182351	（0311）87182888	田凤林
55	中国石化销售有限公司山西石油分公司	山西省太原市万柏林区大王路8号	030024	（0351）6197650	（0351）6197567	徐建春
56	中国石化销售有限公司上海石油分公司	上海市黄浦区中山东一路24号甲	200002	（021）63290095	（021）63210762	左兴凯/聂时榜
57	中国石化销售有限公司江苏石油分公司	江苏省南京市中山北路395号	210003	（025）58808888	（025）58803729	许卫东
58	中国石化销售有限公司浙江石油分公司	浙江省杭州市河坊街58号	310009	（0571）87814551	（0571）87818822	徐祥燕
59	中国石化销售有限公司安徽石油分公司	安徽省合肥市屯溪路188号	230009	（0551）62212843	（0551）62212900	郐国庆

续表

序号	单位名称	地址	邮政编码	电话	传真	董事长/经理（厂长）
60	中国石化销售有限公司福建石油分公司	福建省福州市中山路 18 号	350003	（0591）87761873	（0591）87761925	郝国强
61	中国石化销售有限公司江西石油分公司	江西省南昌市东湖区洪都北大道 102 号	330046	（0791）88512247	（0791）88511107	毛陆军
62	中国石化销售有限公司山东石油分公司	山东省济南市经十路 13777 号 9 栋中国石化山东石油大厦	250014	（0531）85856666 （0531）85857777	（0531）85856789	冯东青
63	中国石化销售有限公司河南石油分公司	河南省郑州市郑东新区正光路 16 号	450016	（0371）60689600	（0371）87520299	焦德才
64	中国石化销售有限公司湖北石油分公司	湖北省武汉市解放大道 606 号	430030	（027）68837000	（027）68837100	陈成敏
65	中国石化销售有限公司湖南石油分公司	湖南省长沙市湘春路 113 号	410008	（0731）84841848	（0731）84841801	潘桂妹
66	中国石化销售有限公司广东石油分公司	广东省广州市体育西路 191 号中石化大厦 A 塔	510620	（020）38084610	（020）38084617	何敏君/夏世祥
67	中国石化销售有限公司广西石油分公司	广西南宁市桃源路 67 号	530021	（0771）6757809	（0771）6757889	吴健雄
68	中国石化销售有限公司海南石油分公司	海南省海口市滨海大道 163 号	570311	（0898）68680800	（0898）68680909	徐天民
69	中国石化销售有限公司贵州石油分公司	贵州省贵阳市南明区解放路 21 号石化大厦	550002	（0851）5986622	（0851）5985810	何建新

续表

序号	单位名称	地址	邮政编码	电话	传真	董事长/经理（厂长）
70	中国石化销售有限公司云南石油分公司	云南省昆明市官渡区拓东路45号世博大厦	650011	(0871)63115215	(0871)63115210	左志民
71	中国石化燃料油销售有限公司	北京市朝阳区惠新东街甲6号	100029	(010)69166666	(010)69168888	刘祖荣
72	中国石化销售有限公司辽宁石油分公司	辽宁省沈阳市皇姑区北陵大街21号沈阳天地B座	110032	(024)86859479	(024)86859479	纪　波
73	中国石化销售有限公司四川石油分公司	四川省成都市高新区天府大道中段吉泰路688号中石化西南科研基地	610041	(028)65286810	(028)65286822	杨军泽
74	中国石化销售有限公司重庆石油分公司	重庆市渝中区青年路38号国贸大厦32楼	400010	(023)63107555	(023)63106320	江建华
75	中国石化销售有限公司陕西石油分公司	陕西省西安市莲湖区北大街29号中天大厦10层	710003	(029)87255916	(029)87257202	谭莫羡
76	中国石化销售有限公司内蒙古石油分公司	内蒙古呼和浩特市新城区成吉思汗大街26号日新大厦A座6—10层	010051	(0471)5289806	(0471)5289808	王红兵
77	中国石化销售有限公司新疆石油分公司	新疆乌鲁木齐长春南路466号中国石化科研生产园区2楼B座	830011	(0991)3163087	(0991)3163086	邱发森
78	中国石化销售有限公司吉林石油分公司	吉林省长春市西安大路699号中银大厦B座11层	130061	(0431)88409576	(0431)88409576	胡乐天
79	中国石化销售有限公司黑龙江石油分公司	黑龙江省哈尔滨市道里区群力第五大道1589号	150070	(0451)87763012	(0451)87763111	张天明

续表

序号	单位名称	地址	邮政编码	电话	传真	董事长/经理（厂长）
80	中国石化销售有限公司青海石油分公司	青海省西宁市城西区海湖路 26 号	810000	（0971）6304329	（0971）6317257	刘踊林
81	中国石化销售有限公司甘肃石油分公司	甘肃省兰州市城关区南昌路 1716 号 11 楼	730050	（0931）8870625	（0931）8833795	张宏彦
82	中国石化销售有限公司宁夏石油分公司	宁夏银川市金凤区庆丰街 396 号鼎城商务中心	750002	（0951）5019251 （0951）6662930	（0951）5019813	于海平
83	中国石化销售有限公司西藏石油分公司	西藏拉萨市城关区娘热路 13 号	850000	（0891）6820269	（0891）6820269	伏　韬
84	中国石化销售有限公司华北分公司	天津市华苑产业园区榕苑路 11 号	300384	（022）23059524	（022）23059522	于金广
85	中国石化销售有限公司华东分公司	上海市长宁区愚园路 819 号	200050	（021）62119325	（021）62119327	杨　棣
86	中国石化销售有限公司华中分公司	湖北省武汉市江汉区常青路 39 号	430023	（027）65798028	（027）65798015	申向阳
87	中国石化销售有限公司华南分公司	广东省广州市天河区体育西路 191 号中石化大厦	510620	（020）38083937	（020）38083909	田中山
88	中国石油化工股份有限公司石油勘探开发研究院	北京市海淀区学院路 31 号	100083	（010）82312417	（010）82312089	金之钧
89	中国石化石油工程技术研究院	北京市朝阳区北辰东路 8 号北辰时代大厦 10 层	100101	（010）84988166	（010）84988966	路保平

续表

序号	单位名称	地址	邮政编码	电话	传真	董事长/经理（厂长）
90	中国石油化工股份有限公司石油物探技术研究院	江苏省南京市江宁区上高路219号	211103	（025）68109926	（025）68109900	曲寿利
91	中国石油化工股份有限公司石油化工科学研究院	北京市海淀区学院路18号	100083	（010）62310806	（010）62311290	龙　军
92	中国石油化工股份有限公司北京化工研究院	北京市朝阳区北三环东路14号	100013	（010）59202342	（010）64228661	吴长江
93	中国石油化工股份有限公司抚顺石油化工研究院	辽宁省抚顺市望花区丹东路东段31号	113001	（024）56389234	（024）56429551	方向晨
94	中国石油化工股份有限公司上海石油化工研究院	上海市浦东新区浦东北路1658号	201208	（021）68462197	（021）68462283	杨为民
95	中国石油化工股份有限公司青岛安全工程研究院	山东省青岛市延安三路218号	266071	（0532）83786202	（0532）83861318	孙万付
96	中国石化催化剂有限公司	北京市朝阳区惠新东街甲6号	100029	（010）69166523	（010）69166878	顾松园
97	中石化百川经济贸易公司（中国石油化工集团公司机关服务中心、中国石油化工集团公司机关服务局）	北京市朝阳区朝阳门北大街22号	100728	（010）59960505	（010）59960901	杨　军
98	中国石化国际事业有限公司	北京市朝阳区朝阳门北大街22号	100728	（010）59966049	（010）59760629	王玉冰
99	中国石化集团国际石油勘探开发有限公司	北京市朝阳区惠新东街甲6号	100029	（010）69165033	（010）69165140	王志刚/冯志强

续表

序号	单位名称	地址	邮政编码	电话	传真	董事长/经理（厂长）
100	中石化石油工程技术服务有限公司	北京市朝阳区北辰西路 8 号北辰世纪中心 A 座 7 层	100101	（010）57972399	（010）57972211	焦方正/朱平
101	中国石化集团国际石油工程有限公司	北京市朝阳区惠新东街甲 6 号	100029	（010）69165668	（010）69166708	张永杰
102	中石化海洋石油工程有限公司	上海市浦东新区商城路 1225 号	200120	（021）20896811	（021）68769284	邢景宝
103	中石化石油工程建设公司	北京市朝阳区北辰西路 8 号北辰世纪中心 A 座 7 层	100101	（010）57972337	（010）57972508	左尧久
104	中石化石油工程地球物理有限公司	北京市朝阳区惠新东街甲 6 号	100029	（010）69165619	（010）69165766	赵殿栋
105	中石化石油工程机械有限公司	湖北省武汉市东湖新技术开发区光谷大道 77 号金融港 A2 座 12 层	430205	（027）52306801	（027）52306868	耿宪良/谢永金
106	中石化胜利石油工程有限公司	山东省东营市东营区济南路 125 号	257001	（0546）8714098	（0546）8221719	张　煜
107	中石化中原石油工程有限公司	河南省濮阳市中原路 277 号	457001	（0393）4734156	（0393）4734156	杜广义
108	中石化河南石油工程有限公司	河南省南阳市宛城区河南油田机关大院	473132	（0377）63856636	（0377）63833896	袁建强
109	中石化江汉石油工程有限公司	湖北省潜江市广华江汉油田局机关	433124	（0728）6502636	（0728）6502632	杨国圣

续表

序号	单位名称	地址	邮政编码	电话	传真	董事长/经理（厂长）
110	中石化江苏石油工程有限公司	江苏省扬州市文汇西路 1 号	225009	（0514）87766170	（0514）87766170	陈网根
111	中石化西南石油工程有限公司	四川省成都市高新区吉泰路 688 号中国石化西南科研办公基地	610041	（028）65285566	（028）65285577	徐　进
112	中石化华东石油工程有限公司	江苏省南京市建邺区江东中路 315 号中泰国际广场 6 栋 2005	210019	（025）58777220	（025）58822349	
113	中石化华北石油工程有限公司	河南省郑州市陇海西路 199 号	450006	（0371）86002008	（0371）86002077	常兴浩
114	中石化炼化工程（集团）股份有限公司	北京市朝阳区慧忠北里安园 19 号兰华国际 B 座办公楼	100101	（010）64998000	（010）64998599	陆东/闫少春
115	中国石化工程建设有限公司	北京市朝阳区安慧北里安园 20 号	100101	（010）84878730	（010）64963395	孙丽丽
116	中石化洛阳工程有限公司	河南省洛阳市中州西路 27 号	471003	（0379）64887749	（0379）64887756	王国良/周成平
117	中石化上海工程有限公司	上海市浦东新区张杨路 769 号（银河大厦）	200120	（021）58354214	（021）58358142	吴德荣
118	中石化宁波工程有限公司	浙江省宁波市高新区院士路 660 号	315103	（0574）87975589	（0574）87975199	何建波
119	中石化南京工程有限公司	江苏省南京市江宁区科建路 1189 号	211100	（025）87117317	（025）85561051	徐德勤

续表

序号	单位名称	地址	邮政编码	电话	传真	董事长/经理（厂长）
120	中石化第四建设有限公司	天津市滨海新区大港世纪大道 180 号	300270	（022）63862213	（022）25990156	王国华
121	中石化第五建设有限公司	广东省广州市荔湾区中山七路 81 号	510145	（020）28348128	（020）28348169	田建军
122	中石化第十建设有限公司	山东省青岛市黄岛区漓江西路 677 号	266555	（0532）55681666	（0532）55681000	王存庭
123	中国石化长城能源化工有限公司	北京市朝阳区吉市口路 9 号	100020	（010）59965233	（010）59760059	戴厚良/杨栋
124	中国石化化工销售有限公司	北京市朝阳区朝阳门北大街 22 号	100728	（010）59966916	（010）59760728	常振勇
125	中国国际石油化工联合有限责任公司	北京市朝阳区朝阳门北大街 22 号	100728	（010）59966528	（010）59966698	陈　波
126	中国石油化工股份有限公司天然气分公司	北京市朝阳区惠新东街甲 6 号	100029	（010）69166083	（010）69196617	高爱华
127	中国石化集团新星石油有限责任公司	北京市海淀区北四环中路 263 号	100083	（010）82335150	（010）82335152	张召平
128	中国石化管道储运有限公司	江苏省徐州市泉山区翟山新村	221008	（0516）83453552	（0516）83453386	夏于飞
129	中国石化财务有限责任公司	北京市朝阳区朝阳门北大街 22 号	100728	（010）59966700	（010）59760508	刘运/张保龙

续表

序号	单位名称	地址	邮政编码	电话	传真	董事长/经理（厂长）
130	中国石油化工集团公司经济技术研究院（中国石化咨询公司）	北京市朝阳区安外小关街 24 号	100029	（010）52826100	（010）52826200	戴宝华
131	中国石化报社	北京市东城区安外大街 58 号	100011	（010）84273230	（010）84271822	陈维松
132	中国经济出版社	北京市西城区百万庄北街 3 号	100037	（010）68319282	（010）68319282	栾建民
133	中国石化出版社有限公司	北京市东城区安外大街 58 号	100011	（010）84278950	（010）84289982	王子康
134	石油化工管理干部学院	北京市朝阳区立水桥北甲 1 号	100012	（010）51201203	（010）51201206	章治国/周志明

附录3

制度性文件一览表

序号	标题	文件号
1	中国石油化工集团公司“三重一大”决策制度实施办法	中国石化党组〔2014〕101号
2	直属单位党委工作规则	中国石化党组〔2014〕112号
3	中国石油化工集团公司党组工作规则	中国石化党组〔2014〕150号
4	中国石油化工集团公司党组成员调查研究工作规定	中国石化党组〔2014〕151号
5	直属单位党委向集团公司党组请示报告工作规定	中国石化党组〔2014〕153号
6	中国石化总师办公会制度	中国石化办〔2014〕70号
7	中国石油化工集团公司董事长办公会制度	中国石化办〔2014〕181号
8	中国石油化工集团公司总经理办公会制度	中国石化办〔2014〕182号
9	中国石化总部机关督查催办管理办法	中国石化办〔2014〕261号
10	中国石化对外捐赠管理办法	中国石化办〔2014〕262号
11	中国石油化工集团公司董事会重大决策事项预报告制度	中国石化办〔2014〕303号
12	中国石油化工集团公司与外部董事沟通工作制度	中国石化办〔2014〕304号
13	中国石油化工集团公司董事会专门委员会办事机构工作制度	中国石化办〔2014〕305号
14	中国石化保密工作责任制暂行规定	中国石化办〔2014〕469号
15	中国石油化工集团公司领导班子及高级管理人员年度绩效考核管理办法	中国石化办〔2014〕525号
16	关于进一步加强总部文件管理的若干规定	中国石化办〔2014〕528号
17	中国石油化工股份有限公司内幕信息知情人登记制度	石化股份发〔2014〕310号
18	中国石化建设项目“三同时”管理规定	中国石化计〔2014〕188号
19	中国石化投资绩效考核暂行办法	中国石化计〔2014〕372号
20	中国石化重大投资项目综合评估暂行管理办法	中国石化计投〔2014〕8号
21	中国石油化工集团公司总部研发费用管理办法	中国石化财〔2014〕147号
22	中国石化资产转让进场交易管理暂行办法	中国石化财〔2014〕221号
23	中国石化境外保险业务监管暂行办法	中国石化财〔2014〕229号
24	中国石化“小金库”问题处分办法	中国石化财〔2014〕273号
25	中国石化境外资金平台业务监管办法	中国石化财〔2014〕484号
26	中国石化担保业务管理暂行办法	中国石化财〔2014〕517号
27	中国石化境外业务保险管理暂行办法	中国石化财〔2014〕560号
28	中国石化关联交易管理及结算办法	中国石化财〔2014〕573号

续表

序号	标题	文件号
29	进口原油“买断制”工作实施细则（试行）	石化股份生〔2014〕109 号
30	中国石化国家战略石油储备工作管理办法	中国石化生〔2014〕568 号
31	中国石化设备报废管理规定	中国石化生〔2014〕522 号
32	中国石化长输管道报废管理实施细则（试行）	中国石化生〔2014〕653 号
33	中国石化工业管道报废管理实施细则（试行）	中国石化生〔2014〕657 号
34	中国石化年度绩效考核管理办法（试行）	中国石化企〔2014〕338 号
35	总经理奖励管理办法	中国石化企〔2014〕456 号
36	中国石油化工股份有限公司科技项目分类管理办法（试行）	石化股份科〔2014〕7 号
37	中国石化创新型企业评选管理办法（试行）	中国石化科〔2014〕31 号
38	中国石化总部层面技术管理体系总师履职管理规定（试行）	中国石化科〔2014〕117 号
39	中国石油化工股份有限公司科研项目对外招标管理办法	石化股份科〔2014〕262 号
40	中国石油化工股份有限公司质量事故领导干部处分办法	石化股份科〔2014〕251 号
41	中国石油化工集团公司质量事故领导干部处分办法	中国石化科〔2014〕347 号
42	中国石化法律综合管理信息系统业务应用管理细则	中国石化法〔2014〕627 号
43	中国石化合同管理办法	中国石化法〔2014〕628 号
44	中国石化商标管理办法	中国石化法〔2014〕629 号
45	中国石化授权委托管理办法	中国石化法〔2014〕631 号
46	中国石化境外法律工作管理办法	中国石化法〔2014〕632 号
47	中国石化法律风险管理实施细则	中国石化法〔2014〕669 号
48	总部机关各部门（单位）主要安全职责（安全生产责任制）	中国石化安〔2014〕213 号
49	中国石油化工股份有限公司生产安全事故领导干部处分办法	石化股份安〔2014〕219 号
50	中国石油化工集团公司生产安全事故领导干部处分办法	中国石化安〔2014〕275 号
51	中国石化安全生产保证基金自然灾害及事故损失赔偿细则	中国石化安〔2014〕414 号
52	中国石化输油气长输管道第三方施工管理办法	中国石化安〔2014〕376 号
53	中国石化输油气长输管道巡护管理办法	中国石化安〔2014〕360 号
54	中国石化液化天然气接收站安全管理规定	中国石化安〔2014〕395 号
55	中国石化危险与可操作性分析技术机构和人员管理规定	中国石化安〔2014〕319 号
56	中国石化安全生产保证基金资金管理办法	中国石化安〔2014〕228 号
57	中国石化海（水）上石油重大安全风险作业管理规定	中国石化安〔2014〕520 号
58	中国石化安全专项奖奖励办法	中国石化安〔2014〕532 号
59	中国石化消防安全管理规定	中国石化安〔2014〕534 号
60	中国石化碳排放交易管理办法（试行）	中国石化能〔2014〕240 号

续表

序号	标题	文件号
61	中国石化碳资产管理办法(试行)	中国石化能〔2014〕239 号
62	中国石油化工集团公司环境事件领导干部处分办法	中国石化能〔2014〕287 号
63	中国石油化工股份有限公司环境事件领导干部处分办法	石化股份能〔2014〕226 号
64	中国石化碳排放信息披露管理办法(试行)	中国石化能〔2014〕241 号
65	中国石化固定资产投资项目节能评估和审查管理办法(试行)	中国石化能〔2014〕635 号
66	中国石化境外环境保护管理办法	中国石化能〔2014〕672 号
67	中国石化油田存续企业持续推进全员成本目标管理考评奖励细则(试行)	中国石化矿〔2014〕1 号
68	中国石油化工集团公司工程建设禁令	中国石化建〔2014〕310 号
69	工程建设项目技术拿总单位工作职责规定	中国石化建〔2014〕458 号
70	工程造价从业人员资格管理规定	中国石化建〔2014〕625 号
71	中国石化重要设备材料监造管理办法	中国石化物〔2014〕56 号
72	中国石化供应商动态量化考核业绩引导订货管理办法	中国石化物〔2014〕71 号
73	中国石化重大装备国产化项目管理办法	中国石化物〔2014〕359 号
74	中国石化物资供应过程控制管理办法(试行)	中国石化物〔2014〕608 号
75	中国石化询比价采购管理办法	中国石化物〔2014〕609 号
76	中国石化含有色金属废催化剂统一回收管理办法	中国石化物〔2014〕492 号
77	中国石化境外公共安全风险评估规范(试行)	中国石化外〔2014〕59 号
78	中国石化外事管理规定	中国石化外〔2014〕350 号
79	中国石化因公出国(境)管理实施细则	中国石化外〔2014〕667 号
80	中国石化迎审迎检配合工作管理办法	中国石化审〔2014〕6 号
81	中国石化内部审计分类监督管理办法(试行)	中国石化审〔2014〕32 号
82	中国石化配合国务院国有重点大型企业监事会开展当期监督工作实施细则	中国石化审〔2014〕39 号
83	中国石油化工股份有限公司油气田产能建设项目审计工作指引(试行)	石化股份审〔2014〕227 号
84	中国石油化工集团公司党组巡视成果运用实施办法	中国石化党组〔2014〕98 号
85	中国石油化工集团公司党组巡视工作办法	中国石化党组〔2014〕114 号
86	关于党委落实党风廉政建设主体责任的实施办法(试行)	中国石化党组〔2014〕148 号
87	关于纪委落实党风廉政建设监督责任的实施办法(试行)	中国石化党组〔2014〕149 号
88	中国石油化工集团公司党组巡视组信访工作办法	中国石化纪发〔2014〕23 号
89	关于被巡视单位配合巡视组开展巡视工作的规定	中国石化党组〔2014〕154 号

续表

序号	标题	文件号
90	中国石油化工集团公司党组巡视工作领导小组工作规则	中国石化党组〔2014〕155号
91	中国石油化工集团公司党组巡视组工作规则	中国石化党组〔2014〕156号
92	中国石油化工集团公司职工违纪违规行为处分规定	中国石化监〔2014〕308号
93	中国石油化工股份有限公司职工违纪违规行为处分规定	石化股份监〔2014〕235号
94	中国石油化工集团公司党组巡视工作领导小组办公室工作规则	中国石化巡发〔2014〕1号
95	中国石油化工集团公司纪检监察机构参加生产安全事故调查处理的规定	中国石化监〔2014〕523号
96	基层党支部工作细则	中国石化党组〔2014〕113号
97	中国石化离退休干部情况通报管理办法	中国石化老〔2014〕379号
98	中国石化离退休安全工作实施办法	中国石化老〔2014〕378号
99	总部机关会议室及多功能厅管理规定	中国石化机服办〔2014〕97号
100	总部机关办公用房管理规定	中国石化机服办〔2014〕98号
101	总部机关办公家具管理规定	中国石化机服办〔2014〕99号
102	总部机关办公楼绿植租摆管理规定	中国石化机服办〔2014〕100号
103	中国石油化工股份有限公司在建工程转资管理规定	石化股份财〔2014〕3号
104	中国石油化工股份有限公司资产处置管理规定	石化股份财〔2014〕2号
105	中国石油化工股份有限公司"小金库"问题处分办法	石化股份财〔2014〕229号
106	中国石油化工股份有限公司滚动勘探和油气藏评价管理办法（试行）	石化股份油〔2014〕238号
107	炼油板块持续推进全员成本目标管理考评奖励细则	石化股份炼〔2014〕33号
108	中国石油化工股份有限公司炼油装置非计划停工管理办法	石化股份炼〔2014〕111号
109	炼油装置检修管理考核办法	石化股份炼〔2014〕128号
110	化工板块持续推进全员成本目标管理考评奖励细则（试行）	石化股份化〔2014〕1号
111	中国石油化工股份有限公司化工装置非计划停工管理办法	石化股份化〔2014〕88号
112	中国石化油品销售企业加油站违规事故（事件）责任追究管理规定	石化股份销零〔2014〕33号
113	中国石化销售企业天然气加气站HSE管理办法	石化股份销安〔2014〕39号
114	中国石化销售企业油库规范管理标准	石化股份销安〔2014〕45号
115	中国石化油品销售企业大宗物资采购监管办法（试行）	石化股份销发〔2014〕56号
116	油品销售企业中层职数管理办法（试行）	石化股份销人〔2014〕82号
117	油品销售企业竞争性选拔人才实施办法（试行）	石化股份销人〔2014〕78号
118	油品销售企业人才引进工作管理办法（试行）	石化股份销人〔2014〕76号
119	油品销售企业专业技术职位管理办法（试行）	石化股份销人〔2014〕79号
120	中国石化油品销售企业跨区成品油管道运行管理规定	石化股份销管〔2014〕71号

续表

序号	标题	文件号
121	中国石化油品销售企业成品油管道调度运行管理规定	石化股份销管〔2014〕72 号
122	中国石化油品销售企业成品油管道检测管理规定	石化股份销管〔2014〕70 号
123	油品销售企业人才队伍建设工作考评办法	石化股份销人〔2014〕84 号
124	中国石化油品销售企业投资项目比选管理办法	石化股份销发〔2014〕98 号
125	中国石化油品销售企业加油(加气)站站长管理办法	石化股份销人〔2014〕110 号
126	中国石化销售有限公司机关工作人员廉洁从业行为规范	石化股份销监〔2014〕130 号
127	中国石化油品销售企业非油品配送中心安全管理办法(试行)	石化股份销非油〔2014〕210 号
128	中国石化油品销售企业对外捐赠管理办法	石化股份销办〔2014〕225 号
129	中国石化易捷卡管理办法	石化股份销非油〔2014〕355 号
130	中国石化油品销售企业清罐损耗和回收油品计量管理办法	石化股份销质〔2014〕371 号
131	中国石化油品销售企业计量员管理办法	石化股份销质〔2014〕369 号
132	中国石化油品销售企业成品油管道计量管理办法	石化股份销质〔2014〕370 号
133	中国石化销售企业区域安全管理联动办法(试行)	石化股份销安〔2014〕419 号
134	中国石化油品销售企业液化压缩天然气加气站计量管理办法	石化股份销质〔2014〕432 号
135	中国石化油品销售企业压缩天然气计量管理办法	石化股份销质〔2014〕431 号
136	中国石化销售有限公司安全生产保证基金自然灾害及事故损失赔偿细则	石化股份销安〔2014〕425 号
137	中国石化销售有限公司安全生产保证基金资金管理实施细则	石化股份销安〔2014〕424 号
138	中国石化销售企业短信平台系统应用管理办法(试行)	石化股份销信〔2014〕459 号
139	中国石化油品销售企业投资项目后评价实施办法(试行)	石化股份销监〔2014〕528 号

索 引

◇ 作者索引

◇ 表题索引

作 者 索 引

使 用 说 明

1. 本索引按汉语拼音音序排列。具体如下：以英文字母开头的，排在最前面；汉字标目则按首字的音序、音调依次排列，首字相同时，则以第二个字排序，并依次类推。

2. 在索引中，索引标目之后的数字表示主题内容所在年鉴正文的页码；英文字母 a、b 分别表示左、右两个栏目。

A

B

C

D

J

K

L

M

P

Q

R

S

T

W

X

Y

Z

表 题 索 引

使 用 说 明

1. 本索引采用表题索引法编制。年鉴中所有表题均在标引范围内。
2. 本索引基本上按汉语拼音音序排列。具体如下：以数字开头的，排在最前面；汉字标目则按首字的音序、音调依次排列，首字相同时，则以第二个字排序，并依次类推。
3. 在索引中，索引标目之后的数字表示主题内容所在年鉴正文的页码。

0～9

A

B

C

D

F

G

H

J

K

L

M

N

Q

R

S

T

W

X

Y

Z

卖掉的
商品还能
继续赚钱？

其实很简单，
答案就是SAP HANA。

想过吗？卖掉的设备和零部件还能继续赚钱。
SAP HANA 对全球各地的设备中的数百万个零
部件提供实时监测，提示故障，帮助制造商主动
为客户提供维护服务，创造源源不断的新收入。
了解更多详情，请登陆 sap.cn/hanastories